SHANXI YEARBOOK

2020

中共山西省委党史研究院
（山西省地方志研究院） 编

图书在版编目(CIP)数据

山西年鉴. 2020 / 中共山西省委党史研究院(山西省地方志研究院)编.
— 北京：方志出版社，2020.10

ISBN 978-7-5144-4500-8

Ⅰ.①山… Ⅱ.①中… Ⅲ.①山西—2020—年鉴
Ⅳ.①Z522.5

中国版本图书馆CIP数据核字(2020)第196407号

山西年鉴(2020)

编　　者：中共山西省委党史研究院(山西省地方志研究院)
责任编辑：冯　松

出 版 者：方志出版社
地址　北京市朝阳区潘家园东里9号(国家方志馆4层)
邮编　100021
网址　http://www.fzph.org
发　　行：方志出版社图书经销中心
电话　(010)67110500
经　　销：各地新华书店
印　　刷：山西省史志印刷厂

开　　本：889×1194　1/16
印　　张：43.125
字　　数：1877千字
版　　次：2020年10月第1版　2020年10月第1次印刷
印　　数：0001～3000册

ISBN 978-7-5144-4500-8　　定价：398.00元

山西省地方志编纂委员会

《山西年鉴》编纂人员

办公电话：0351-2534090　2534086　2534066

办公地址：山西省太原市迎泽区五一路36号　　邮　编：030001

电子信箱：sxnianjian2010@sina.cn

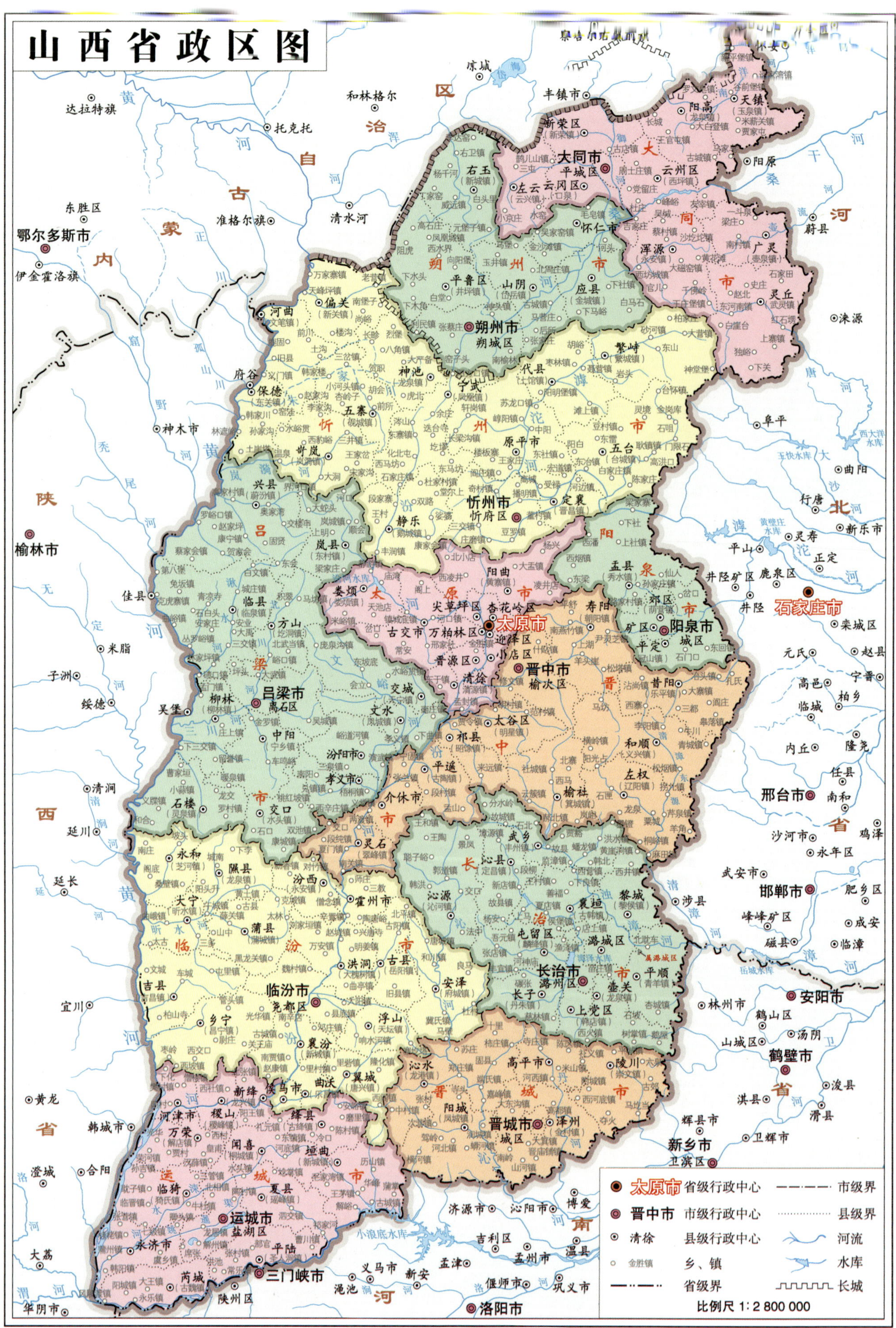

山西省地图集编纂委员会办公室编制　　审图号：晋S(2020)003号　　（资料截至2019年12月）

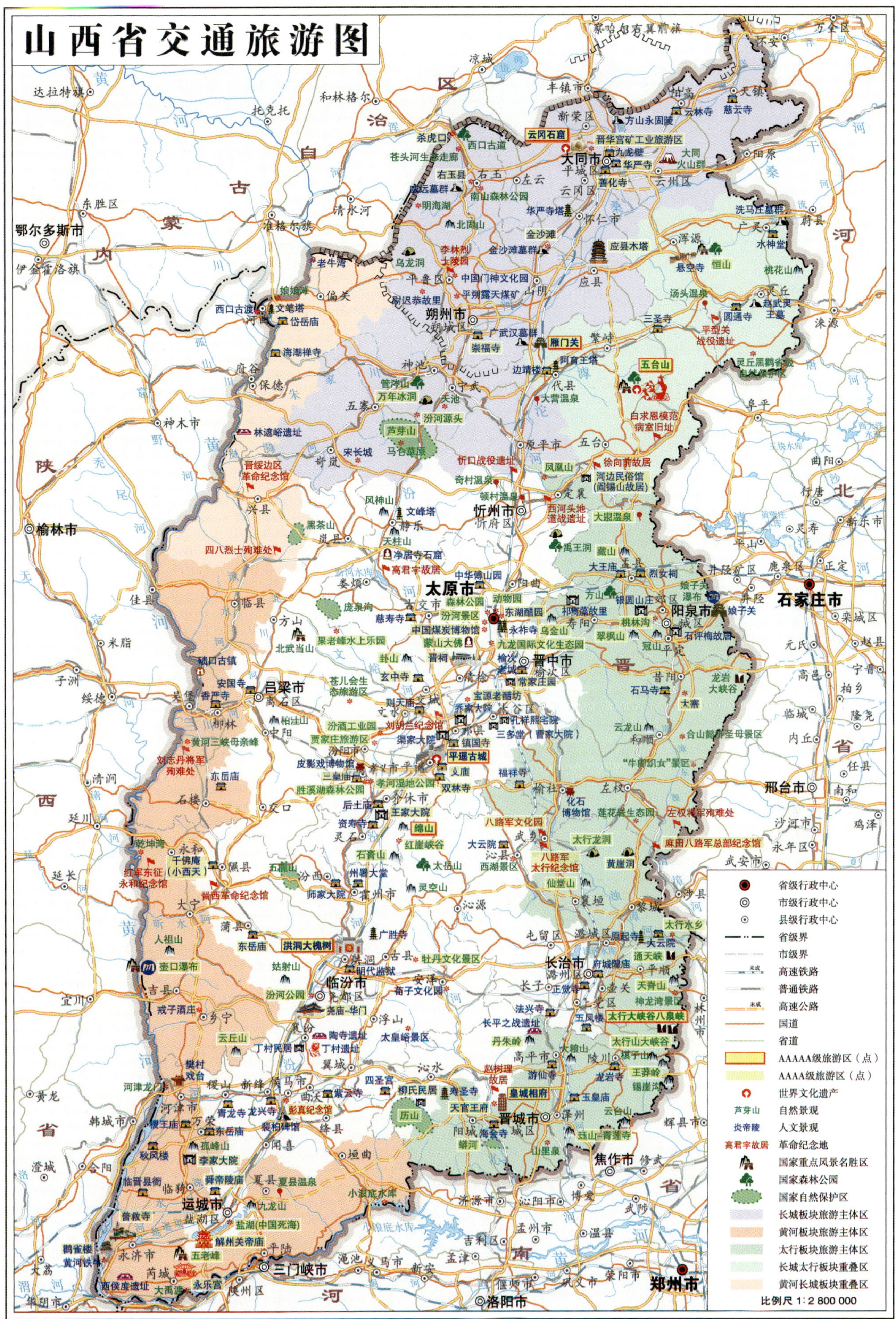

山西省地图集编纂委员会办公室编制　审图号：晋S(2020)003号　(资料截至2019年12月)

2019年是中华人民共和国成立70周年。70年来，尤其是中共十八大以来，山西人民在党的坚强领导下，奋力开拓，砥砺前行，立足太行山黄河水之间的古老土地，创造了沧桑巨变的奇迹，写就了精彩华丽的篇章

经济发展

地区生产总值（亿元）

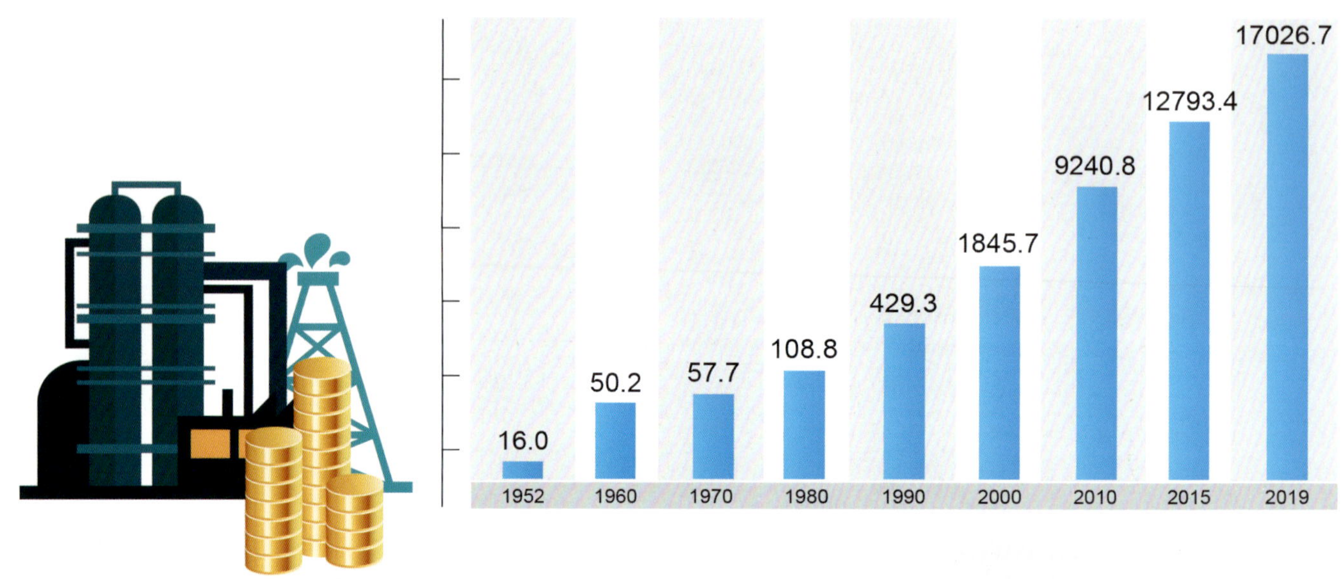

不同产业生产总值（亿元）

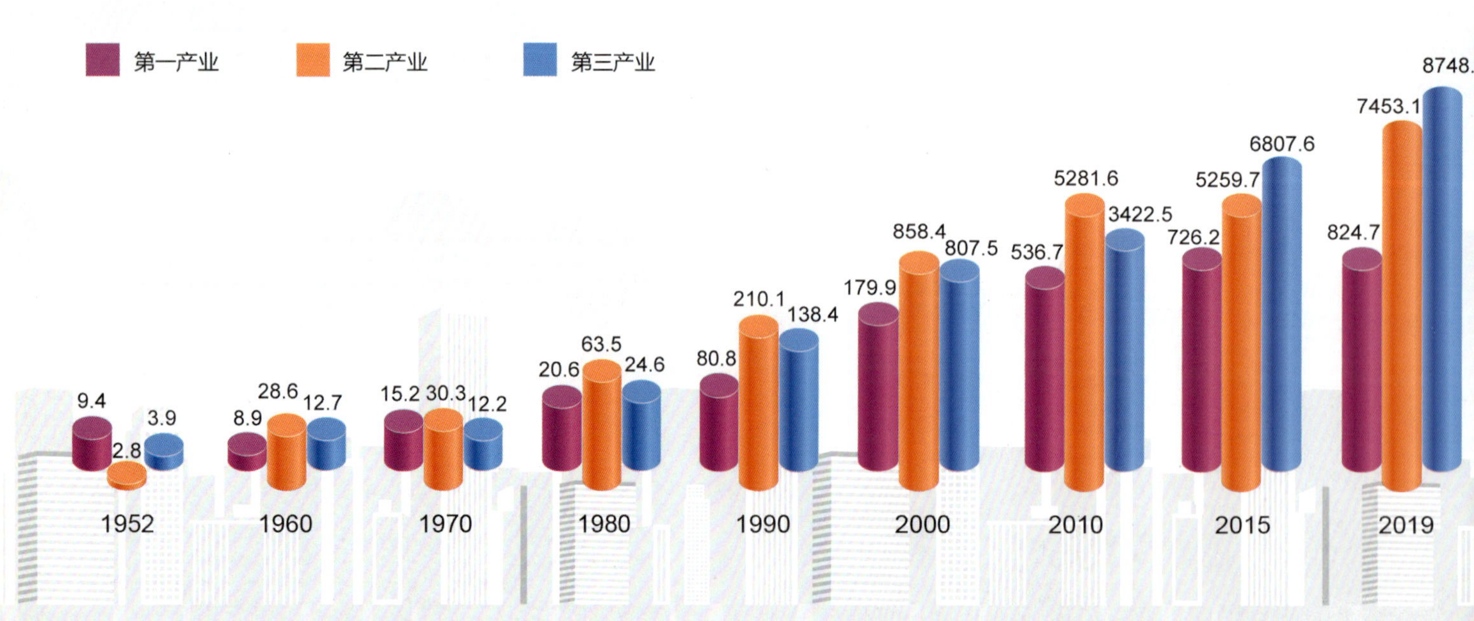

建设投资

全社会固定资产投资（万元）

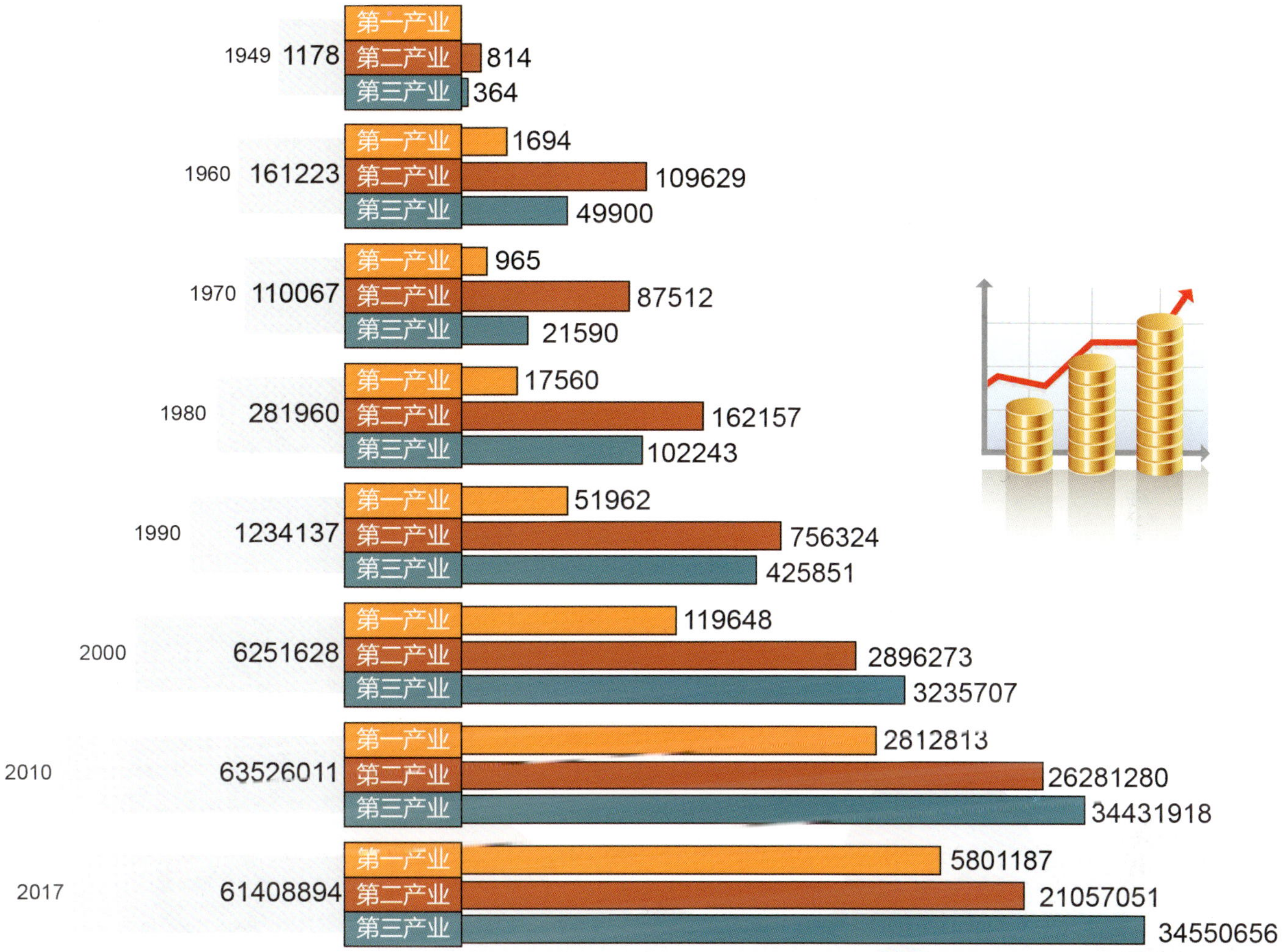

1949 1178
第一产业
第二产业 814
第三产业 364
1960 161223
第一产业 1694
第二产业 109629
第三产业 49900
1970 110067
第一产业 965
第二产业 87512
第三产业 21590
1980 281960
第一产业 17560
第二产业 162157
第三产业 102243
1990 1234137
第一产业 51962
第二产业 756324
第三产业 425851
2000 6251628
第一产业 119648
第二产业 2896273
第三产业 3235707
2010 63526011
第一产业 2812813
第二产业 26281280
第三产业 34431918
2017 61408894
第一产业 5801187
第二产业 21057051
第三产业 34550656

注：2017年国家统计局确定山西为投资统计改革试点省份，固定资产投资采用新口径

利用外资（万美元）

1985 176
1990 3763
2000 63188
2010 116512
2015 325840
2018 359037

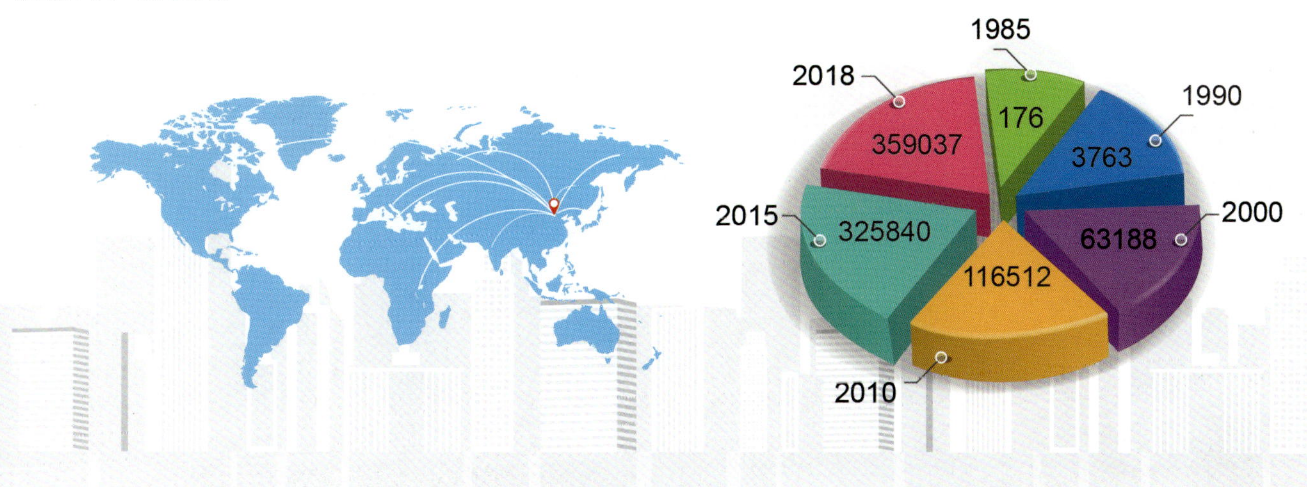

农业生产

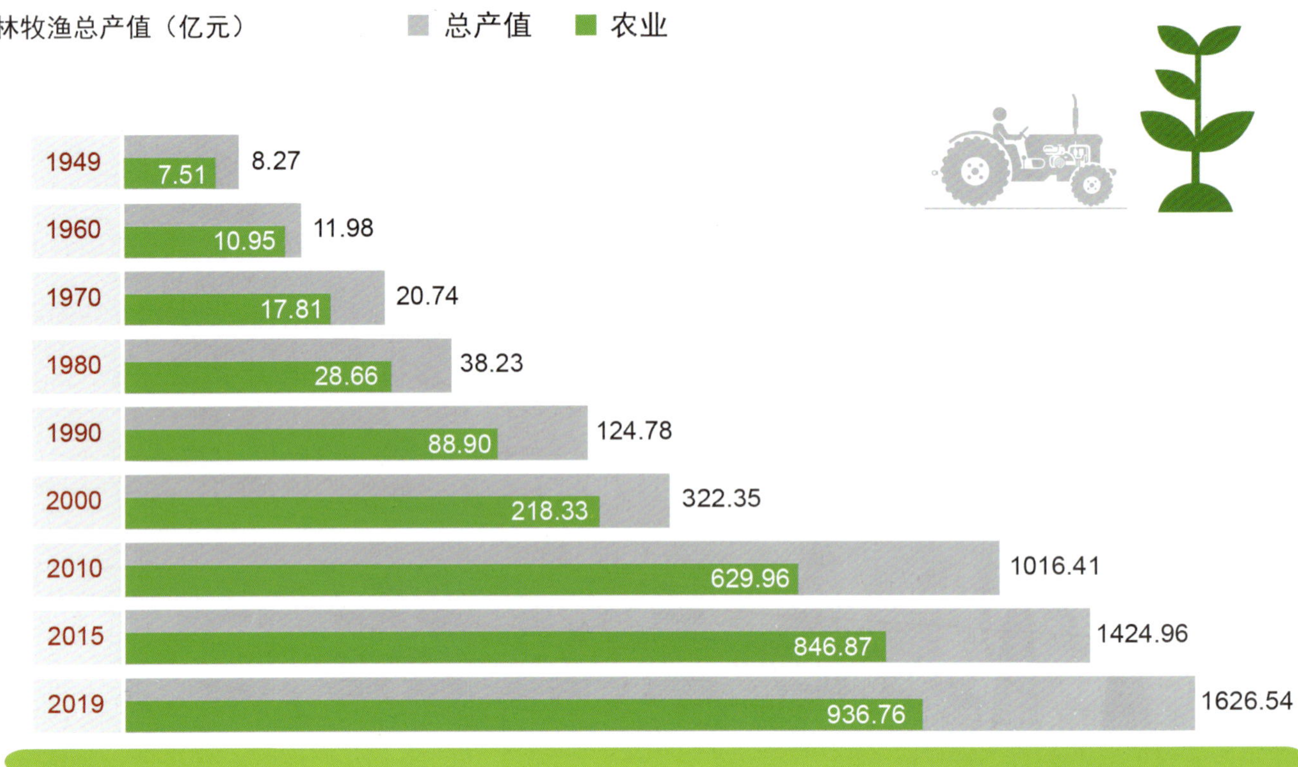

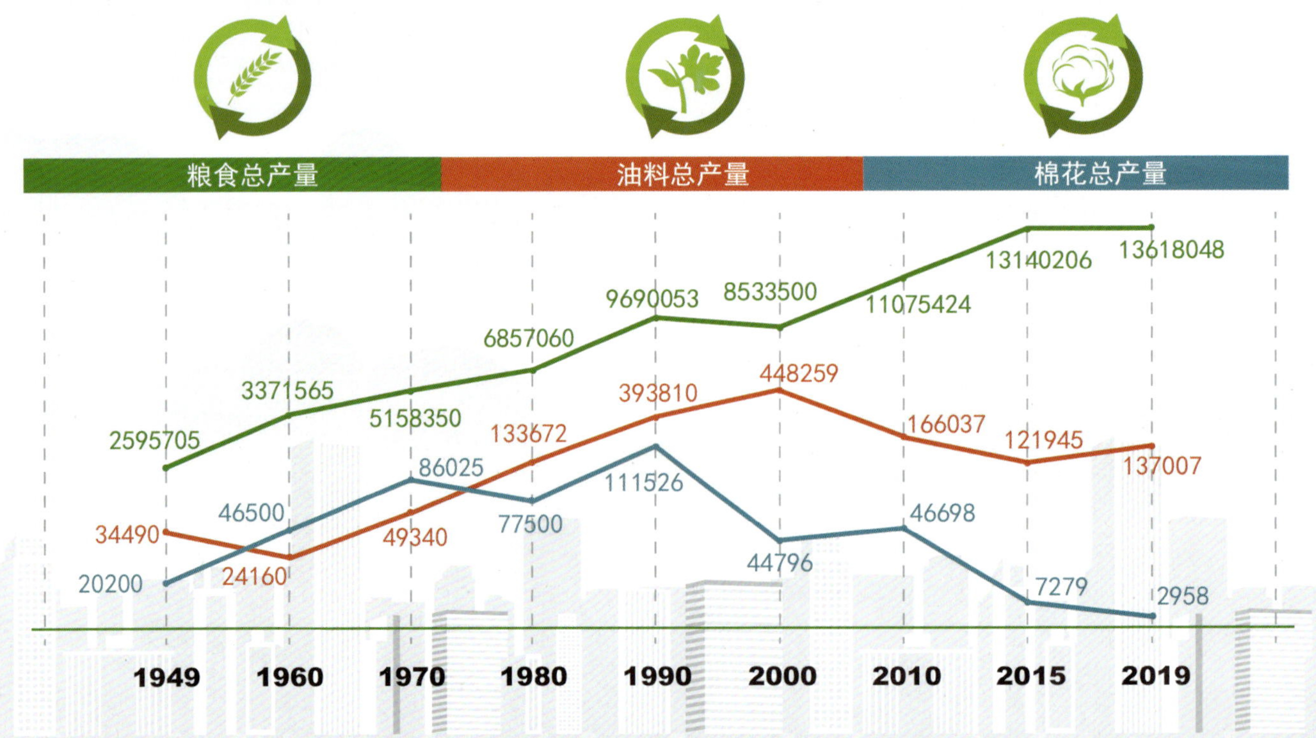

工业生产

主要工业产品产量

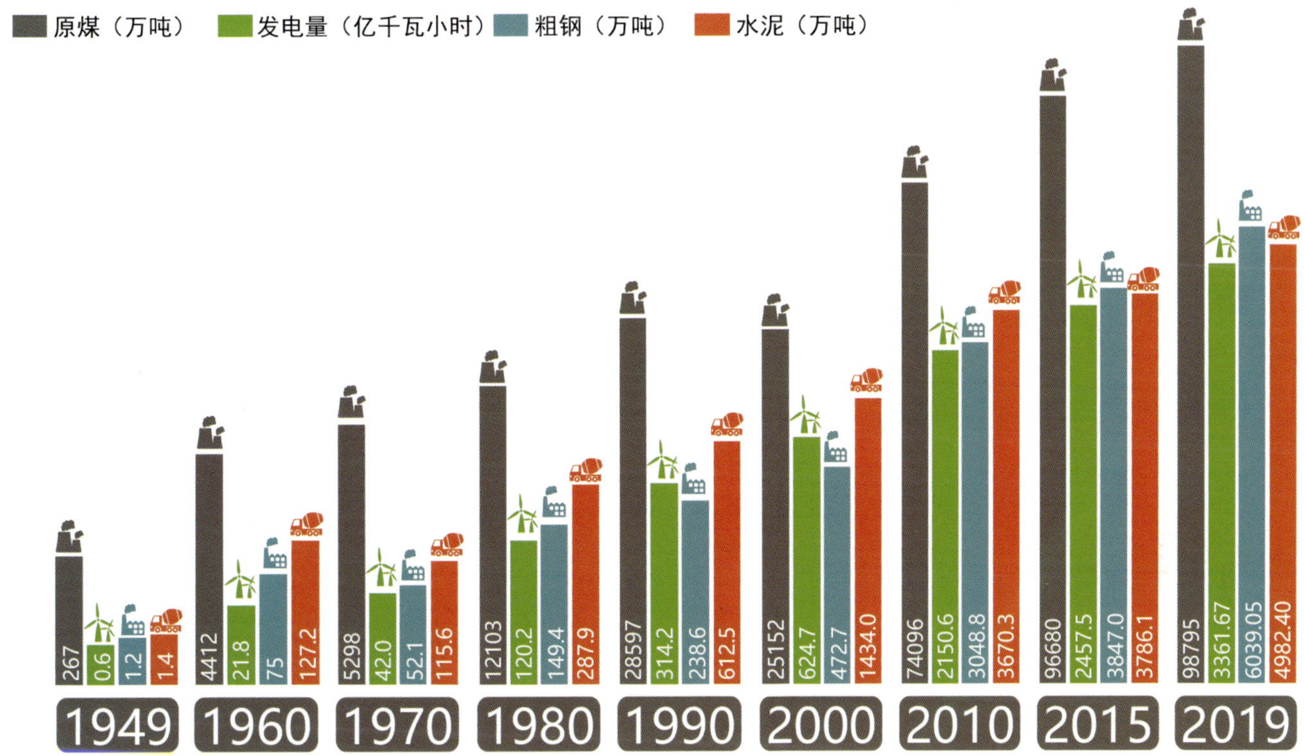

规模以上工业企业数（个）

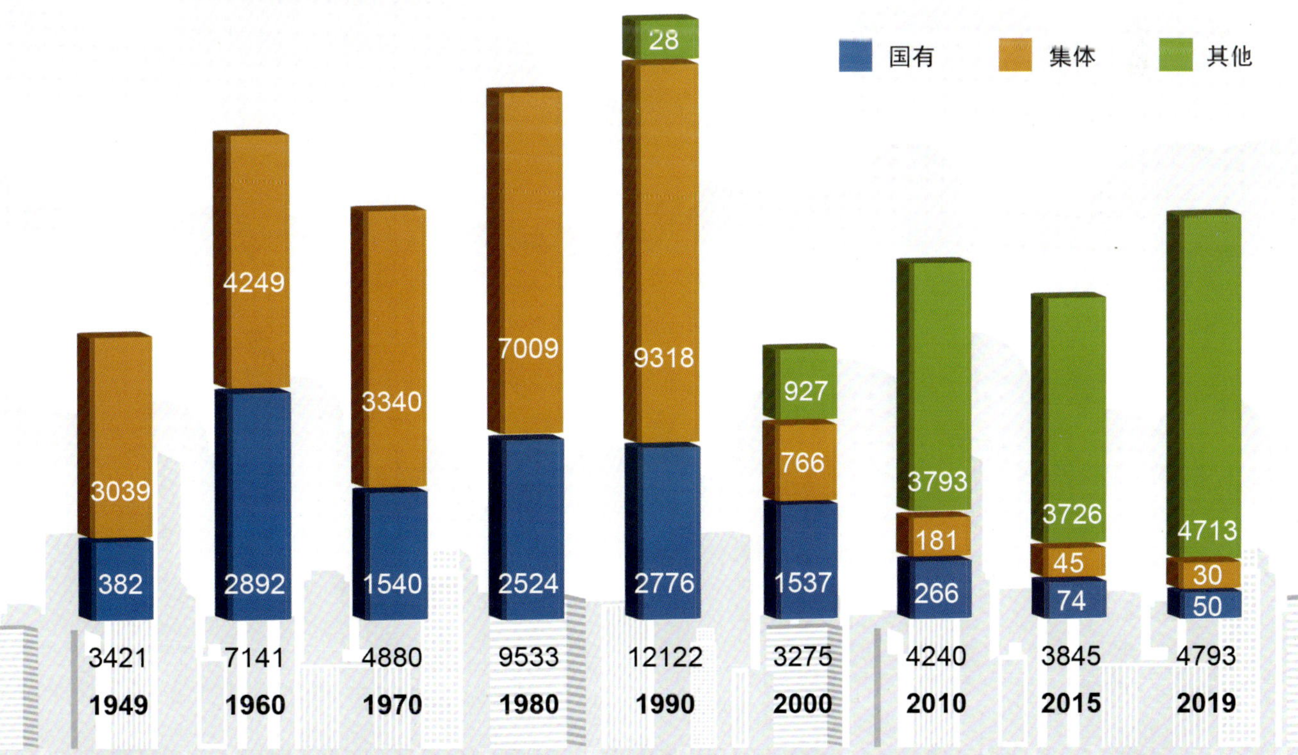

人口就业

全省常住人口（万人）

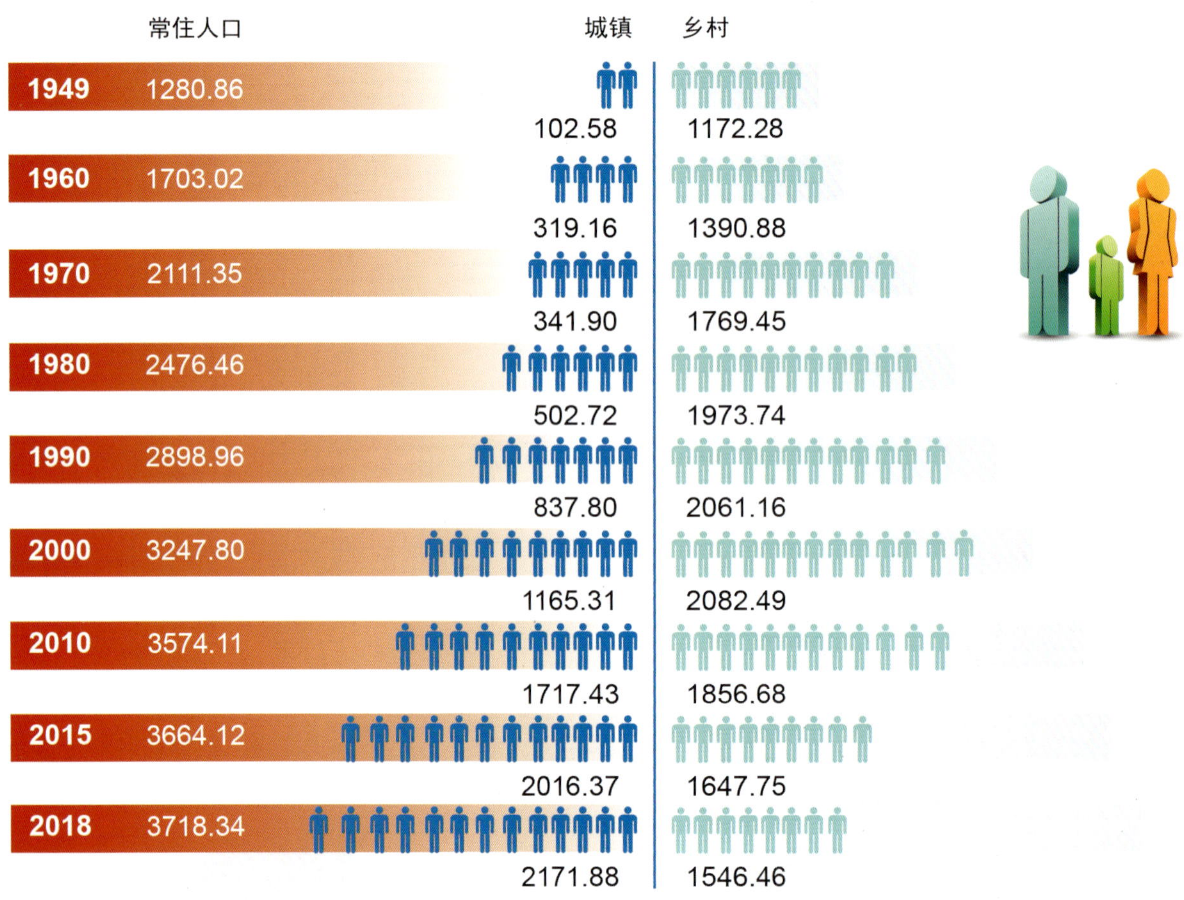

就业基本情况（万人）

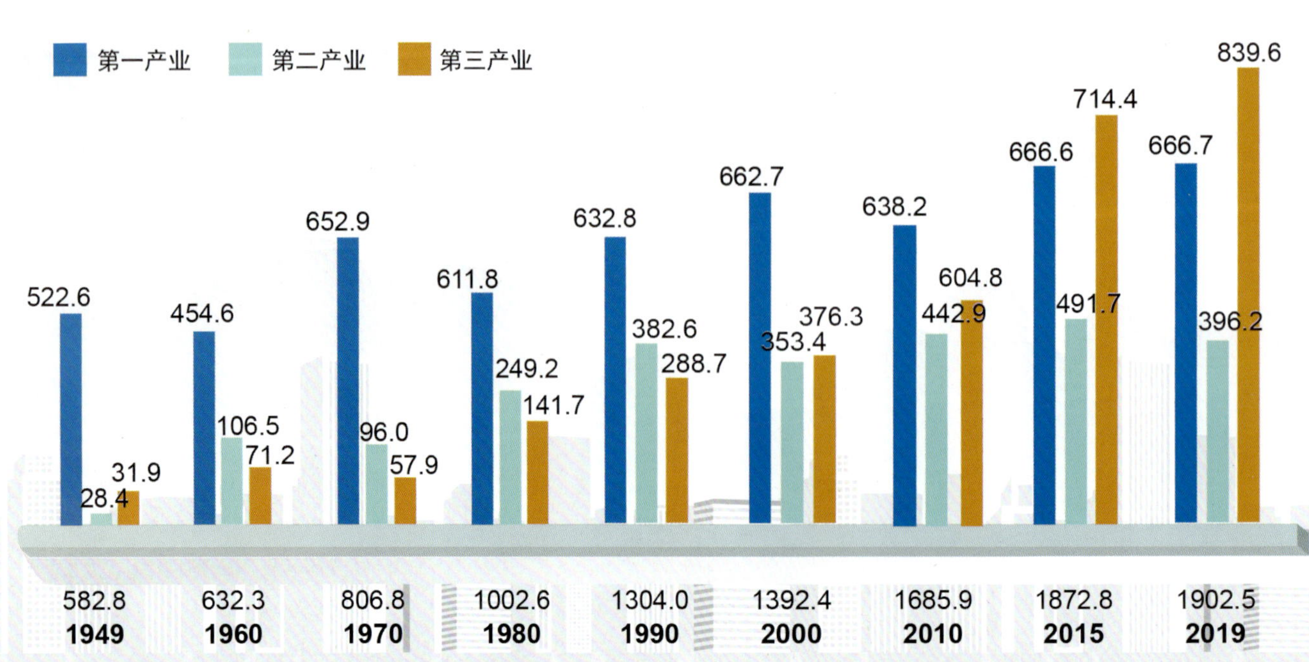

交通运输

主要工业产品产量

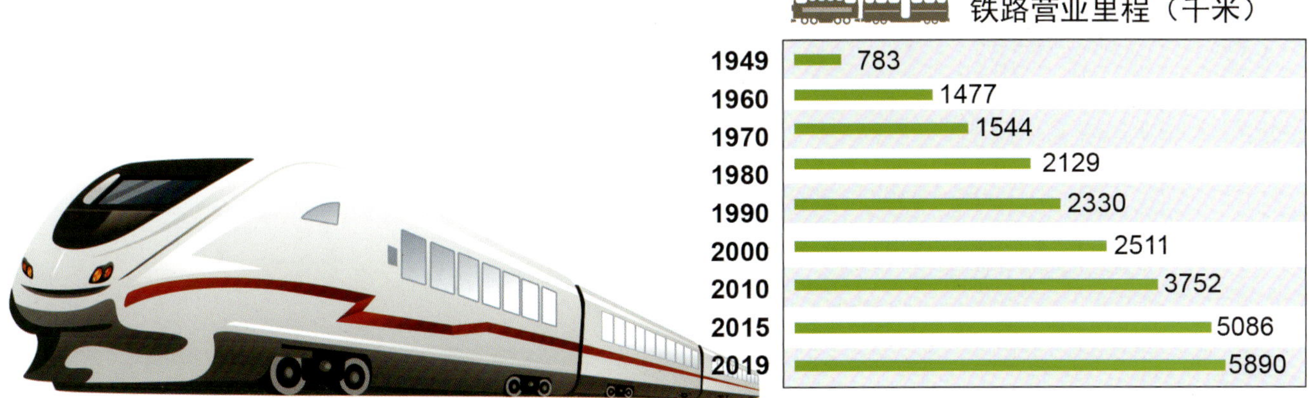

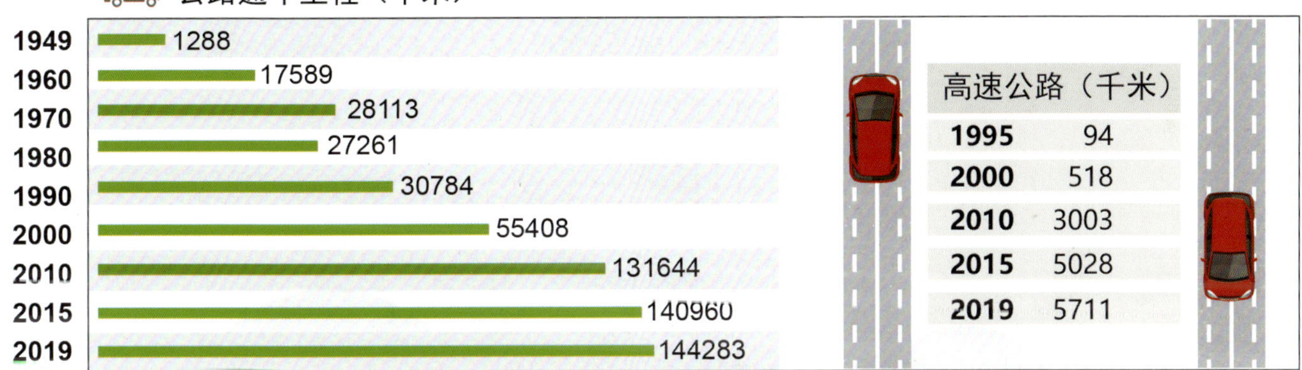

民用汽车（辆）

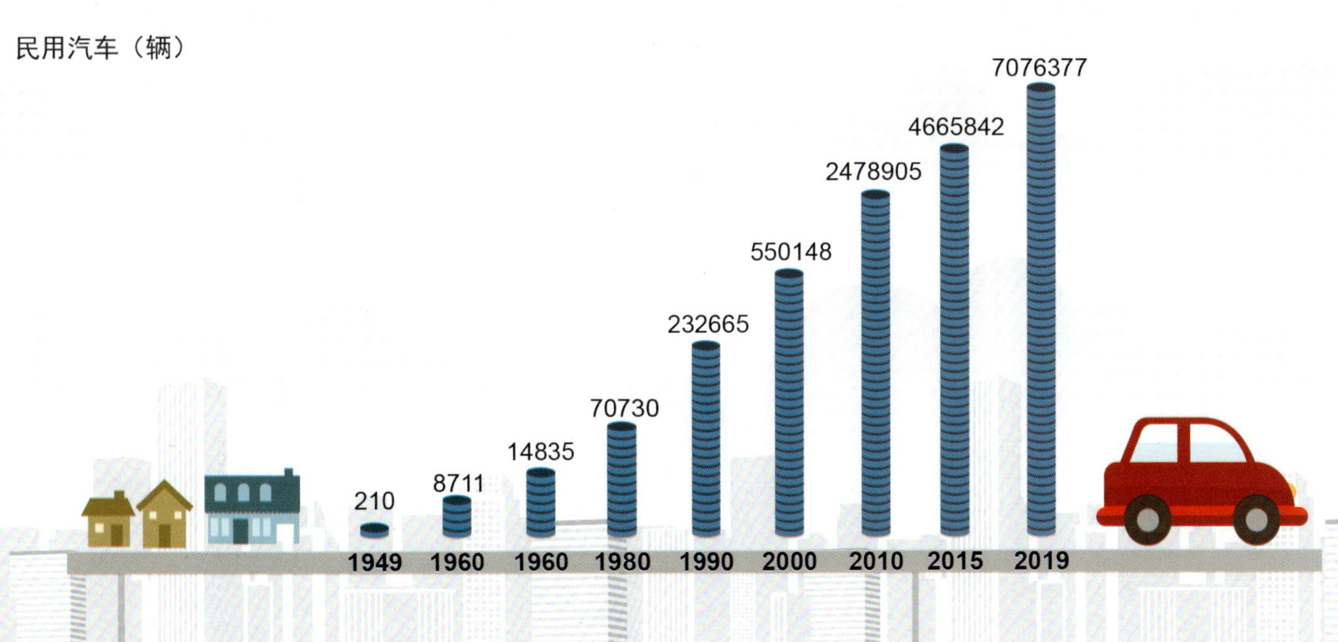

教育医疗

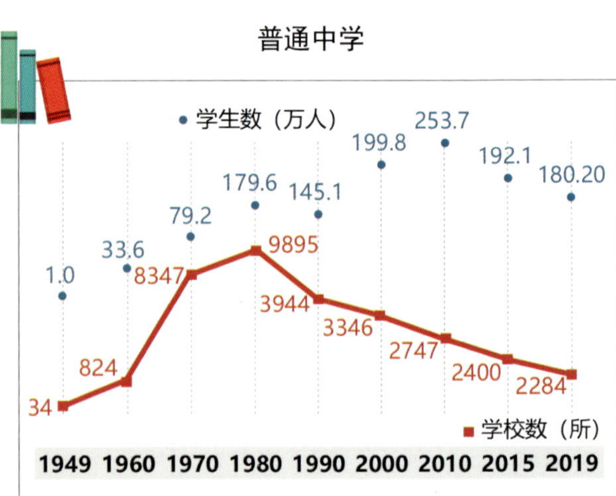

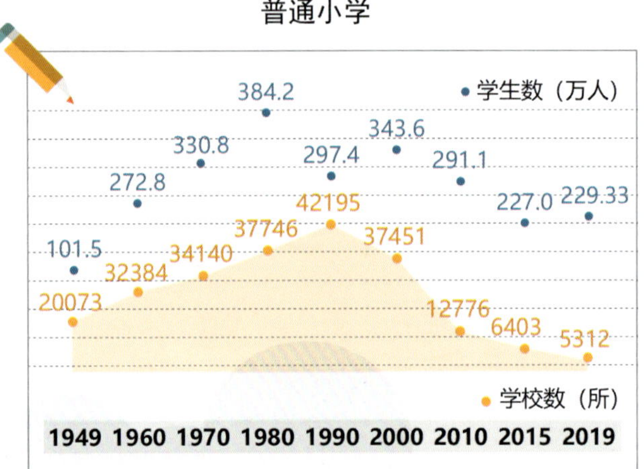

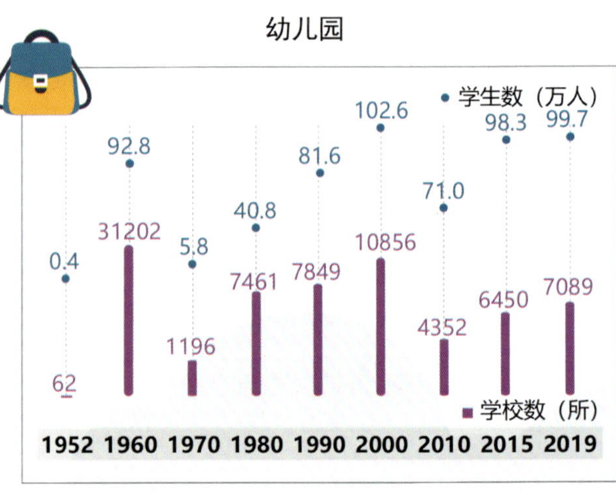

普通高等学校
学生数（万人）
0.05
1.88
0.44
3.31
5.13
12.57
56.29
74.02
80.2
1
48
9
16
26
24
65
79
82
学校数（所）
1949 1960 1970 1980 1990 2000 2010 2015 2019

普通中学
学生数（万人）
1.0
33.6
79.2
179.6
145.1
199.8
253.7
192.1
180.20
34
824
8347
9895
3944
3346
2747
2400
2284
学校数（所）
1949 1960 1970 1980 1990 2000 2010 2015 2019

普通小学
学生数（万人）
101.5
272.8
330.8
384.2
297.4
343.6
291.1
227.0
229.33
20073
32384
34140
37746
42195
37451
12776
6403
5312
学校数（所）
1949 1960 1970 1980 1990 2000 2010 2015 2019

幼儿园
学生数（万人）
0.4
92.8
5.8
40.8
81.6
102.6
71.0
98.3
99.7
62
31202
1196
7461
7849
10856
4352
6450
7089
学校数（所）
1952 1960 1970 1980 1990 2000 2010 2015 2019

51
155
398
2346
2573
716
1201
1274
1398
1949 1960 1970 1980 1990 2000 2010 2015 2019

医院数（个）

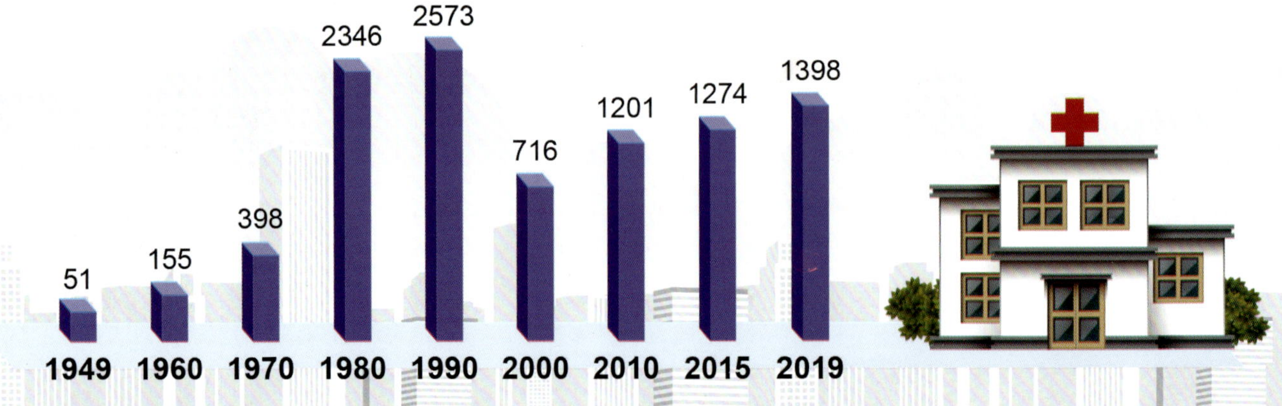

人民生活

社会消费品零售总额（万元）

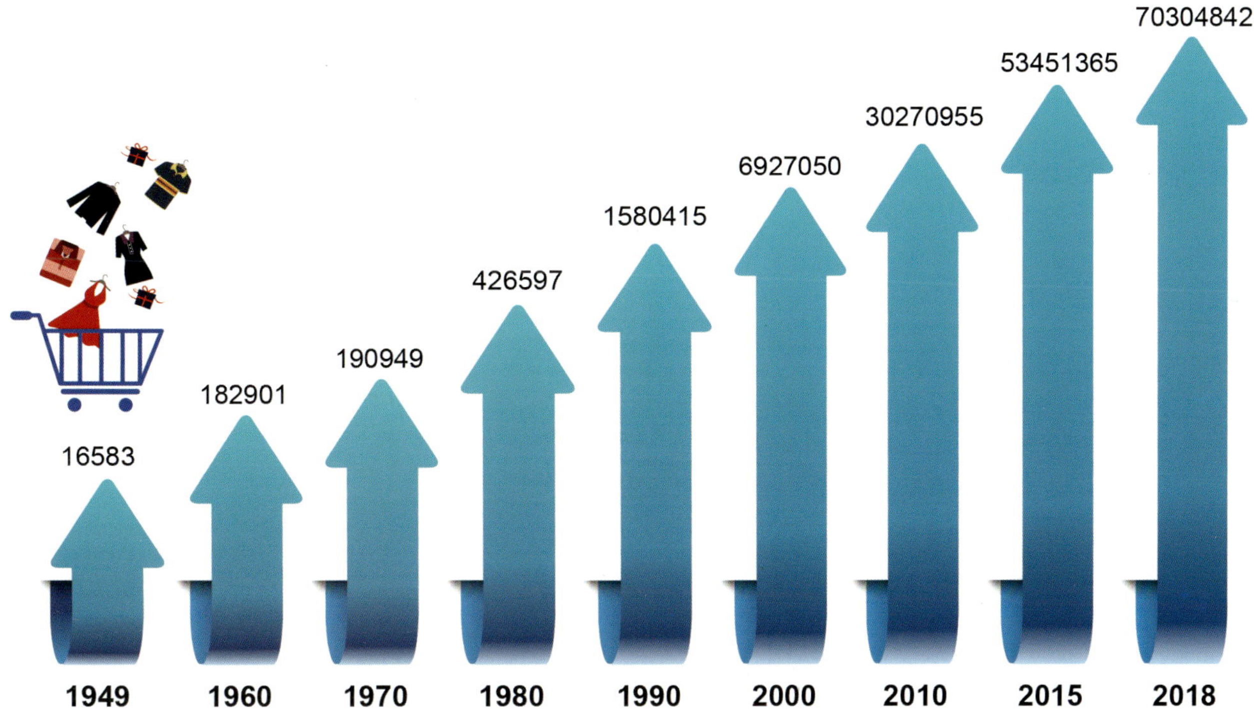

人民生活基本情况

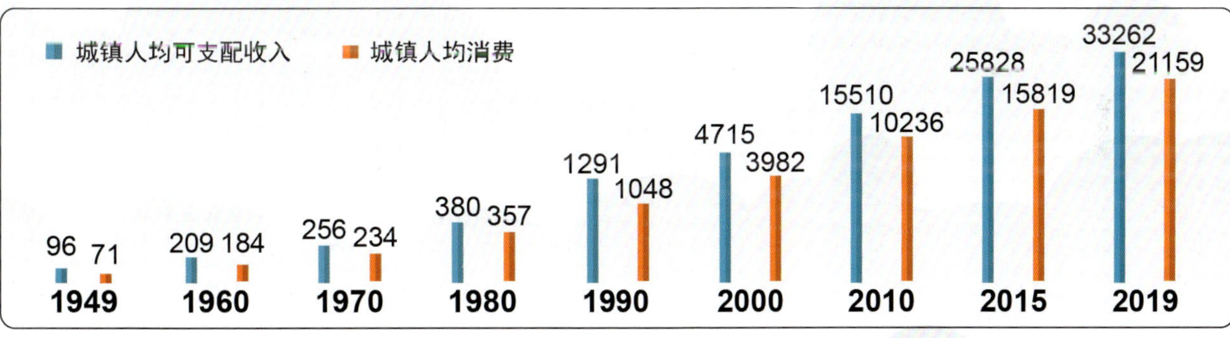

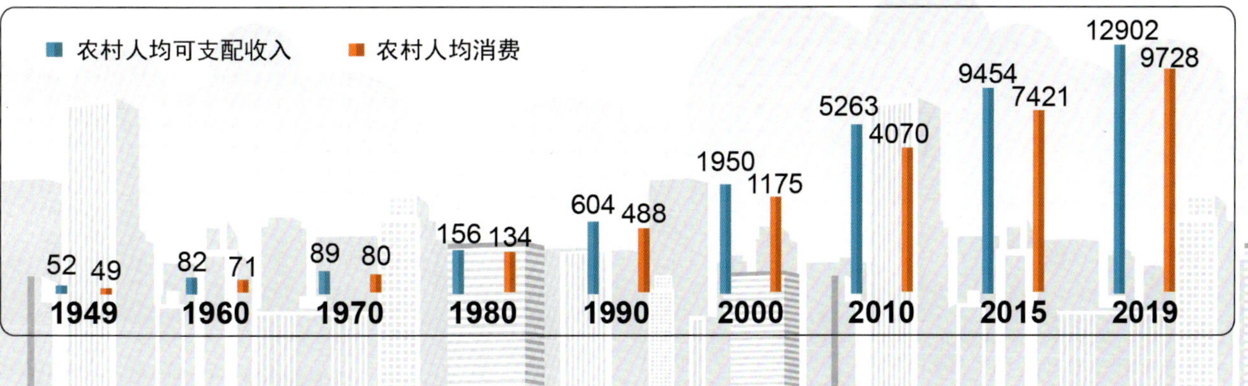

所有数据来自山西省统计局《辉煌山西70年》与《山西统计年鉴》

2019年2月25日,外交部山西全球推介会在北京举行,来自134个国家和国际组织的230多位外交使节和代表,以及120名中外记者,53名国际知名中外企业代表,中央和地方有关部门代表500多人出席活动。省委书记骆惠宁(左一)致辞

2019年12月5日,省委书记楼阳生(前排左二)等领导在第四届山西文化产业博览会上巡视。第四届文博会以“深度融合、创新发展”为主题,以“媒体深度融合、文化旅游融合、文化科技融合”为主线,通过丰富多彩的展览展示和文化活动,突出融、新、精、实四个特点

(李联军摄影)

2019年8月19日至20日,中国共产党山西省第十一届委员会第八次会议举行。全会对坚持和加强党的全面领导,强化党要管党、全面从严治党,以党的政治建设为统领,不断提高党建工作质量,深入推进“不忘初心 牢记使命”主题教育作出全面部署

2019年9月5日,国务院新闻办公室庆祝中华人民共和国成立70周年山西专场新闻发布会举行,吸引了《人民日报》、新华社、中央人民广播电台等数十家境内外媒体的记者,山西迎来高光时刻,发出山西声音,讲述山西故事

2019年12月19日,省委副书记、代省长林武(左二)到焦煤集团官地煤矿、省应急管理厅调研。他强调,要深入贯彻落实习近平总书记关于安全生产的重要论述,按照省委、省政府决策部署,扎实推动安全生产责任,为高质量转型发展提供坚实安全保障

(省应急厅供图)

2019年2月20日,全省"改革创新　奋发有为"大讨论报告会在太原举行

2019年9月16日,全省能源革命综合改革试点动员部署会在太原召开。会议深入贯彻"四个革命 一个合作"能源战略,强调抓好"八个变革　一个合作",全面推进能源领域改革创新

2019年5月12日,第四届“问祖炎帝　寻根高平”海峡两岸同胞神农炎帝故里民间拜祖典礼在高平市举行

2019年7月18日晚,“左权民歌汇·2019国际民歌赛”总决赛在左权县将军广场上演

2019年9月19日至22日,以“举杯汾阳·品味世界”为主题,第三届山西(汾阳·杏花村)世界酒文化博览会在汾阳杏花村经济技术开发区中国汾酒城举行

2019年11月16至19日,2019年中国国际轻型飞机公开赛暨全国轻型飞机锦标赛在大同北岳机场举行。这是中国首次举办国际性轻型飞机比赛

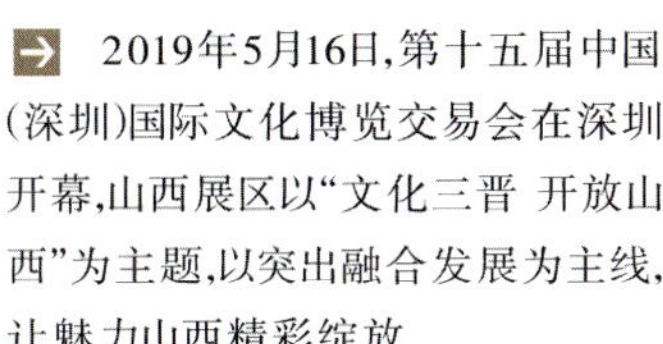
2019年5月16日,第十五届中国(深圳)国际文化博览交易会在深圳开幕,山西展区以“文化三晋 开放山西”为主题,以突出融合发展为主线,让魅力山西精彩绽放

2019年8月8日晚,第二届全国青年运动会开幕式在山西体育中心红灯笼体育场举行。此次青运会是新中国成立以来在山西省举办的规模最大、规格最高的体育盛会

→ 2019年1月29日,全省农村人居环境整治村庄清洁行动启动仪式在定襄县西河头村举行

← 2019年10月13日,“奋进山西”彩车参加庆祝中华人民共和国成立70周年大会群众游行方阵返晋后,在中国(太原)煤炭交易中心南门广场与家乡父老“亲密接触”

↓ 2019年,山西省打造食品功能农业研发高地、农业科技创新高地和技术集成示范推广平台,引领现代农业发展。图为“山西农谷”科创城

2019年,山西省通过光伏扶贫助力脱贫攻坚,图为古县北平万亩光伏发电

2019年,山西省通过农村劳动力转移助力脱贫攻坚,左图为“繁峙绣娘”参加技能培训,右图为天镇县农村妇女接受家政服务培训

↑ 2019年9月29日至10月3日,第六届中国(山西)特色农产品交易博览会在山西省农产品国际交易中心举行,省内外1200多家企业的19大类5000余种展品集中亮相

↑ 2019年5月9日,首届中国·山西曲沃国际蔬菜博览会开幕。9个国家、2个国际组织的19名外宾莅临,11个省市的40家采购商、78家参展商云集,共谋产业提升、品牌打造之策,迈出融入"一带一路"重要一步,奏响实施乡村振兴战略强音

← 山西省灵丘县村级有机农业扶贫模式,曾在2018年中国扶贫国际论坛上被列为联合国粮农组织"扶贫模式类中外减贫案例"。图为2019年8月,灵丘县车河村村民在田间劳作

↑ 2019年,平朔安太堡煤矿同步推进生态治理与矿区开发

(彩版照片除署名外均由山西画报社提供)

序一

国务院办公厅2015年8月印发的《全国地方志事业发展规划纲要(2015—2020年)》(以下简称《规划纲要》)要求,到2020年要做到地方综合年鉴一年一鉴,公开出版,实现省、市、县三级综合年鉴全覆盖。《规划纲要》还要求,坚持存真求实,正确处理质量与进度的关系,将精品意识贯穿于年鉴编纂出版工作全过程。2015年12月,中国地方志指导小组办公室启动中国年鉴精品工程,将其与先期实施的中国志书精品工程视为姊妹工程,一道作为加强地方志质量建设的重要抓手。

实施中国年鉴精品工程有助于推动中华优秀传统文化传承发展。近年来,在党中央、国务院的高度重视和关心支持下,全国地方志事业发展迎来最好的发展时期。年鉴编纂发端于欧洲,鸦片战争后被引入我国,在我国走过了100多年的发展历史。在长期的编纂中,年鉴在内容和形式上不断发展,逐渐演变成为适合反映中国国情、具有鲜明中国特色的一种文化载体,并在改革开放后出现了快速发展的局面。2006年5月,国务院《地方志工作条例》颁布施行,明确将地方综合年鉴纳入地方志工作范畴,年鉴工作走上了有法可依的轨道。《规划纲要》出台,为从依法编鉴转变到依法治鉴指明了方向。2016年12月,中国地方志指导小组印发《全国年鉴事业发展规划(2016—2020年)》,更进一步明确了到2020年全国年鉴事业的任务书、时间表、路线图。经过多年的发展,年鉴工作已经成为地方志工作的重要组成部分,成为中华民族优秀文化传统的有机组成部分,其存史、育人、资政作用日益彰显。实施中国年鉴精品工程,是年鉴工作者紧扣时代脉搏、坚持创新发展的一项重要举措,对于坚定文化自信,传承弘扬好中华优秀传统文化意义重大。

实施中国年鉴精品工程有助于为全面建成小康社会提供更多智力支持和历史借鉴。党的十八大作出全面建成小康社会的战略部署。党的十八届五中全会提出到2020年如期实现全面建成小康社会的目标要求。完成《规划纲要》确定的目标任务是年鉴工作者的神圣使命,更是年鉴工作者以自身力量为全面建成小康社会献上的厚礼。一方面,可以更好地利用年鉴这种年度资料性文献,及时记录各地区在全面建成小康社会伟大征程中每年取得的新成绩和新经验、出现的新情况和新问题、涌现的优秀人物和典型事迹等;另一方面,可以更好地积累地情、国情资料,为推动经济社会发展和深化改革提供智力支持,为推进国家治理体系和治理能力现代化提供历史借鉴。

实施中国年鉴精品工程有助于全面推进地方志事业转型升级。地方志不是单纯修志编鉴工作,而是全体方志人"修志问道,以启未来"的一项事业,这项事业包含着巨大的时代担当与使命追求。地方志工作要在"五大建设"总体布局和"四个全面"战略布局中发挥与其自身价值、功能相匹配的作用,就要因时而谋、乘势而上、顺势而为,全面推进地方志事业转型升级。转型升级,当下最重要的目标就是完成“两全目标”，包括“年鉴全覆盖”目标；长远的目标就是基本形成地方志编修体系、理论研究和学科建设体系、质量保障体系、资源开发利用体系、工作保障体系“五位一体”的地方志事业发展综合体系，包括“五位一体”的年鉴事业发展综合体系。中国年鉴精品工程是一项探索工程，也是一项创新工程，是推进地方志事业转型升级的重要内容。通过实施中国年鉴精品工程，不仅有助于确保年鉴质量，不断编纂出版具有鲜明时代特征、年度特点和地域特色的精品年鉴，也有助于推动年鉴工作适应经济社会发展形势和时代需要，不断改革创新，与时俱进。

多年来，在中国地方志指导小组办公室的指导和全国各级地方志工作机构的共同努力下，年鉴种类数量快速增长，年鉴成果粲然可观，为实施中国年鉴精品工程奠定了坚实的基础。实施中国年鉴精品工程，就是要在全国地方志系统起到示范作用，进一步培育精品意识，打造精品年鉴，以点带面，在提高年鉴质量方面探索出一条切实可行之路，使这项探索工程和创新工程能够积累经验，发挥引领作用。

“万山磅礴，必有主峰；龙衮九章，但挈一领。”实施中国年鉴精品工程，是筑牢地方志事业特别是年鉴事业发展根基之举，其意义与价值不言而喻。但编修出年鉴精品佳作，绝非朝夕之功，需要付出长期艰辛的努力。希望通过实施中国年鉴精品工程，能够进一步推进年鉴质量建设，使年鉴真正成为传承中华民族优秀传统文化的重要载体，成为展示中国国情、地情的重要窗口，成为“为当代提供资政辅治之参考、为后世留下堪存堪鉴之记述”的资源宝库，在全面建成小康社会过程中作出更大贡献。

是为序。

中国社会科学院原副院长
中国地方志指导小组原常务副组长

序二

地方志是中华优秀传统文化的根与魂,积淀着中华优秀传统文化最深层的精神追求,代表着中华民族独特的精神标识。新时代坚持和发展中国特色社会主义,更加需要深刻把握人类发展历史规律,更加需要编修出传承不辍的精品志鉴,才能使后代在对历史的深入思考中汲取智慧、走向未来。伟大的时代,为地方志发展提供了取之不尽、用之不竭的源泉,同时也为全国年鉴工作提供了极大的机遇。

党的十九大报告中明确提出"质量强国","努力实现更高质量、更有效率、更加公平、更可持续的发展",这为年鉴事业高质量发展指明了方向。按时、保质完成《全国地方志事业发展规划纲要(2015—2020年)》规定的"两全目标"任务,打造一批资辅当前、存鉴后世、经得起历史检验的精品佳作,不仅是一种法定职责,而且具有重要的政治意义、现实意义和历史意义。中国特色社会主义进入新时代,年鉴事业也进入新时代,呈现快速、稳步发展态势,在各方面都取得了新的显著成绩,包括年鉴编纂进度大大加快,年鉴编纂范围不断扩大,年鉴资源优势得到充分发挥,年鉴开发利用水平全面提升,而且年鉴质量保障机制逐步完善、质量持续提升。因此,在全社会关注质量发展的黄金时期,尤其是在完成"两全目标"任务的关键期,在狠抓进度的时候,实施中国年鉴精品工程更是恰当其时。年鉴工作者要投身于时代,为时代放歌,书写复兴华章,把出品更多的精品年鉴使命落实在实现中国梦的恢宏大业中。

习近平总书记说,精品之所以"精",就在于其思想精深、艺术精湛、制作精良。中国年鉴精品工程紧扣时代脉搏,拓宽视野,围绕人民群众的美好生活,用精品记录新时代,为新时代新气象新作为留下真实、鲜活、生动、翔实的记录。实施中国年鉴精品工程,既是全面贯彻落实《全国地方志事业发展规划纲要(2015—2020年)》的重要举措,也是培育精品意识和精品年鉴、提高年鉴质量的重要手段;既是发挥年鉴存史、资治、教化功能的根基所在,也是年鉴工作者坚持创新发展、传承弘扬中华优秀传统文化的关键步骤。这不仅有助于坚定文化自信,讲述好中国故事,传播好中国声音,更有助于为决胜全面建成小康社会提供更多智力支持和更大精神动力。

实施中国年鉴精品工程顺应地方志进入新时代的历史潮流。"充实之谓美,充实而有光辉之谓大。"党的十九大报告指出,我国的社会主要矛盾已经转化为人民日益增长的美好生活需要和不平衡不充分的发展之间的矛盾。党章修正案、宪法修正案把习近平新时代中国特色社会主义思想确立为我们党和国家的行动指南,我国的发展进入到新的历史方位。为适应这些重大变化,党和国家随之出台更多重大的举措、推出更多有力的措施。年鉴如何全方位地、开创性地记述这些历史性变化,如何充分记述我们党领导人民进行的伟大斗争、建设的伟大工程、推进的伟大事业、实现的伟大梦想,是新时代地方志工作需要深入思考探究的问题。中国年鉴精品工程正是呼应新时代新变化新要求，致力于在全国地方志系统进一步培育精品意识、打造精品年鉴，从而以点带面，在提高年鉴质量方面探索出一条切实可行之路，充分发挥中国精品年鉴的辐射效应，引领带动全国范围内年鉴质量的全面提高，切实推动年鉴事业转型升级。

实施中国年鉴精品工程要全面把握以人民为中心的发展理念。以人民为中心，贯穿于改革开放以来我们党推进中国特色社会主义文化建设的全过程。新时代把握新机遇，年鉴作为记录新时代地方年度历史的重要载体，应当以习近平新时代中国特色社会主义思想为指导，牢固确立以人民为中心的理念。中国年鉴精品工程始终坚持人民是历史的创造者和改革开放事业的实践主体，始终坚持文化发展为人民服务、为社会主义服务，充分记录人民的首创精神，凸显人民在文化建设中的主体作用，不断满足人民的精神文化需求。年鉴工作要深深扎根于人民之中，坚持以事系人，记载人民群众中的先进典型，内容充分体现社会民生和为民服务的举措。在此基础上，实施中国年鉴精品工程还要建立精品长效机制，逐步推进精品年鉴传播最优化和效益最大化，使精品年鉴能够不断满足人民群众对美好生活的新需要新期待，在铸就中华文化新辉煌的过程中更好地构筑中国精神、中国价值、中国力量的方向上不断努力。

实施中国年鉴精品工程是坚定文化自信的体现。习近平总书记说，文化兴国运兴，文化强民族强。没有高度的文化自信，没有文化的繁荣兴盛，就没有中华民族的伟大复兴。中华优秀传统文化是中华民族的文化根脉，其蕴含的思想观念、人文精神、道德规范，不仅是我们中国人思想和精神的内核，对解决人类问题也有重要价值。地方志是中华优秀传统文化的精神之脉，是中华优秀传统文化基因的真正传承者和发展者。精品年鉴正是从中华民族世世代代形成和积累的优秀传统文化中汲取营养和智慧，记录传承的文化基因，记录思想精华，展现精神魅力。实施中国年鉴精品工程，以时代精神激活中华优秀传统文化的生命力，推进中华优秀传统文化创造性转化、创新性发展，把传承和弘扬中华优秀传统文化同坚定文化自信统一起来，有助于引导人民树立和坚持正确的历史观、民族观、国家观、文化观，不断增强中华民族的归属感、认同感、尊严感、荣誉感。

用精品记录新时代，用奋斗铸就新辉煌。地方志植根于历史，内涵于历史，镌刻于历史之上，是中华民族在漫长历史中形成的区别于其他民族的独特精神标识，精品年鉴是地方志的“守护者”“传承者”，是地方志成果创造性转化创新性发展的“探路者”“先行者”。习近平总书记强调，凡是传世之作、千古名篇，必然是笃定恒心、倾注心血的作品。希望全国年鉴工作者齐心协力，坚持历史唯物主义立场、观点、方法，立足中国、放眼世界，立时代之潮头，通古今之变化，发思想之先声，推出一批有思想穿透力的精品力作，培养一批年鉴专家，充分发挥存史、育人、资政作用，为推动全国年鉴事业转型升级作出新的更大贡献。

是为序。

中国地方志指导小组秘书长
中国地方志指导小组办公室主任

编 辑 说 明

一、《山西年鉴》是中共山西省委、山西省人民政府组织，中共山西省委党史研究院（山西省地方志研究院）编辑的大型省级年度综合资料性文献。《山西年鉴》编辑始于1985年，《山西年鉴（2020）》为第36部。

二、《山西年鉴》坚持以马克思列宁主义、毛泽东思想、邓小平理论、“三个代表”重要思想、科学发展观、习近平新时代中国特色社会主义思想为指导，坚持辩证唯物主义和历史唯物主义的立场、观点、方法，存真求实，全面、客观、系统地记载山西省自然、政治、经济、文化、社会和生态建设等各个领域的基本情况，反映年度重要事项与发展变化。

三、《山西年鉴（2020）》记述时限除特载、附录等外，均为2019年1月1日至12月31日。

四、《山西年鉴（2020）》框架在延续相对稳定的基础上，作了适当调整。“不忘初心 牢记使命”主题教育活动、“改革创新 奋发有为”大讨论，集中在中国共产党山西省委员会类目记述；增设“应急管理”类目；“商贸服务业”中的“会展”分目提升为“会展”类目。

五、《山西年鉴（2020）》遵循年鉴通例分类编排、设条目记述，全书分4个层次，即类目、分目、次分目、条目，共设类目41个，分目230个，次分目55个，条目2033条。各类统计表59张，图片113幅。全书设中英文目录及索引，索引除主题检索外，增加“图索引”“表索引”，具备详细的检索系统。

六、《山西年鉴（2020）》凡涉及各种机构，在每类目首次出现时用全称，同时标明简称，以后则用简称；凡涉及人物职务，在每类目首次出现时标于姓名前，以后在本类目中再次出现则不再标注。

七、《山西年鉴（2020）》稿件由山西省各级党、政、军机关和企事业单位提供，编辑部予以补充。照片除署名外均由山西画报社提供。

八、《山西年鉴（2020）》条目所涉数据来源多处，相关数据或有差异，遇此当以山西省统计局发布的数据为准。凡计量单位，原则上采用法定单位，个别如“亩”等现实通行、民众认可者遵从习惯。

九、读者可以通过扫描二维码阅读手机版《山西年鉴（2020）》，也可以登录“史志山西”公众号，点击“山西方志”之“山西年鉴”阅读。

目 录

Contents

特 载

大事记

省情概览

自然地理

历史变迁

行政区划

人口 民族 宗教

中国共产党山西省委员会

综 述

重要会议

综合协调

组　织

宣　传

统　战

巡　视

政策研究

网信工作

对台事务

机构编制

省直机关党建

老干部工作

党校教育

党史(方志)编研

山西省人民代表大会

综　述

重要会议

立法工作

监督工作

代表工作

人事任免

山西省人民政府

综　述

重要会议

政务工作

行政审批

人事人才

民主党派 工商联

民革山西省委会

民盟山西省委会

民建山西省委会

民进山西省委会

农工党山西省委会

九三学社山西省委会

山西省工商业联合会

群众团体

山西省总工会

共青团山西省委

山西省妇女联合会

山西省文学艺术界联合会

山西省作家协会

山西省科学技术协会

山西省归国华侨联合会

山西省台湾同胞联谊会

山西省残疾人联合会

山西省红十字会

法　治

立法工作

政法委及综治工作

法治政府建设

公　安

检　察

法　院

司法行政

仲 裁

军 事

山西省军区

武警山西省总队

人民防空

经济管理

年度经济数据

金融监管

审　计

统　计

市场监督管理

农　业

综　述

种植业

林业和草原

畜牧业

渔　业

农产品质量建设

农业机械化

农　垦

农业科研

水　利

水利规划

水利建设

农村水利

水利管理

黄河万家寨水务

工　业

工业经济运行

能源工业

装备制造工业

冶金工业

化学工业

信息服务业

信息基础设施建设

电子商务

通　信

无线电管理

旅游业

综　述

旅游规划

项目建设

旅游服务

旅游管理

经贸合作

招商引资

对外贸易

对外经济合作

金融业

银　行

保　险

证　券

房地产业

房地产投资

房地产市场监管

物业管理

交通运输

综　述

公　路

铁　路

航　空

海　事

城乡建设

城市建设

教　育

综　述

基础教育

职业教育和成人教育

高等教育

科学技术

综　述

科技投入

科技创新

科技成果

成果转化

专业科技服务

文　化

文化场馆

公共文化服务

艺术活动

物质文化遗产

非物质文化遗产

社科研究

文化交流与合作

档　案

大众传媒

综　述

新　闻

出　版

广　电

医疗卫生

综　述

疾病防控

妇幼保健

健康促进

中医中药

医政管理

体　育

第二届全国青年运动会

群众体育

竞技体育

体育产业

脱贫攻坚

组织领导

政策措施

精准脱贫

社会参与

社会生活

人口家庭

劳动就业

安全监管

消防救援

人　物

革命烈士

先进人物

市县概览

太原市

大同市

阳泉市

长治市

晋城市

朔州市

晋中市

运城市

忻州市

临汾市

吕梁市

附　录

文　献

机构设置和负责人名录

索　引

撰稿人名单

CONTENTS

特　载
Special Excerpts

峥嵘七十载　辉煌新山西

伴随着历史前进的步伐，中华人民共和国迎来70华诞。70年来，人民共和国在前进中不断发展，中华民族在世界民族之林迅速崛起，日益壮大强盛。同样，山西这块古老的黄土地也发生了翻天覆地的变化，取得了举世瞩目的成就。特别是党的十八大以来，全省国民经济和社会发展取得了空前发展，一个富有生机、充满活力的新山西在共和国逶迤而又气势磅礴的历史画卷上，浓墨重彩地画下了绚丽多彩、光辉灿烂的一页。

一、经济发展大幅跨越，综合实力显著提升

中华人民共和国成立之初乃至很长一段时期，山西经济增长"波澜起伏"，有过近40%的高增长，有过30%多的跌幅，至改革开放前的20多年时间里，山西负增长的年份就有6个。改革开放后，山西经济尽管经历了各种严峻考验，但经济增长的稳定性明显提高，快速增长的周期不断延长。改革开放以来，山西经济连续五年以上两位数高速增长的时期有两个，第一个是1992年至1997年，期间年均增长11.80%，第二个是2001年至2007年，期间年均增长11.50%。2012年以来，面对复杂的国内外发展环境，山西经济开始振荡下行，经济领域的深层次矛盾和问题开始凸显，出现了"断崖式"下滑的局面，2016年特别是下半年，山西省以"滚石上山"的毅力和决心，爬坡过坎，走出了改革开放以来最困难的时期。党的十九大以来，全省上下坚持以习近平新时代中国特色社会主义思想为指导，深入贯彻党的十九大精神，认真落实省第十一次党代会精神和省委省政府各项决策部署，2017年至2019年，山西经济呈现出稳中向好、好中提质的特征和态势，经济运行的质量和效益不断提升。2017年，地区生产总值达到14484.30亿元，增长6.80%；2018年，达到15958.10亿元，增长6.60%；2019年，达到17026.70亿元，增长6.20%。

随着经济大幅跨越，全省财政收入大幅增长，财政支出结构日益合理，不仅有效发挥了宏观调控功能，同时为实现全省经济转型、民生大幅改善起到了重要的支撑作用。1949年，全省一般公共预算收入847.50万元，2018年达到2292.70亿元，首次突破"两千亿"大关。2019年又达2347.70亿元。财政支出规模持续扩大，由1949年的799万元增至2019年的4710.80亿元。人均GDP不断提高。新中国成立之初，山西人均GDP水平很低，1952年山西人均GDP仅为116元，经过几十年的发展，1978年达到365元。改革开放后，山西

人均水平提高的速度明显加快,1988年超过1000元,1998年超过5000元,2004年超过10000元,2019年山西人均GDP达到45724元,达到中等偏上收入国家水平。

二、产业结构优化升级,供给水平不断提高

70年来,山西坚持巩固加强第一产业、优化升级第二产业、积极发展第三产业,三次产业结构在调整中不断优化,农业基础地位更趋巩固,工业逐步迈向中高端,服务业成长为山西经济第一大产业,经济发展的全面性、协调性和可持续性不断增强。建国初期,山西产业基础薄弱且单一,以农业为主体的年代却难以满足人们的温饱需求,工业结构单一、技术落后。随着工业化进程不断推进,逐步形成了门类齐全且具有山西特色的现代化工业体系。近年来,山西实施一系列加快服务业发展的重大政策举措,第三产业持续较快发展,增加值占比不断提高。

三次产业结构深刻变化,服务业撑起山西经济半壁江山。1958年,第二产业增加值首次超过第一产业,山西进入主要依靠工业推动经济发展的阶段,2015年,第三产业增加值超过第二产业,占GDP的比重超过50%,服务业"压舱石""稳定器"作用开始显现,三次产业协同拉动经济增长的局面形成。1952年至2019年,第三产业增加值占山西GDP的比重从24.20%升至51.40%,第二产业增加值比重从17.20%升至43.80%,第一产业增加值比重从58.60%降至4.80%。三次产业就业结构发生明显变化,服务业就业蓄水池功能日趋明显。2019年底,第三产业就业人员占比为44.10%,第二产业就业人员占比为20.90%,第一产业就业人员占比为35%。

农业基础地位稳固,特色农业日趋壮大。新中国成立初期,农产品供给是影响经济发展和人民生活的重要问题。经过70年发展,农林牧业各类产品得到空前发展,不仅品种丰富,产量同时达到了一个全新的水平。全省粮食产量从1949年的26亿公斤增加到2019年的136.20亿公斤,增长4.20倍。全省肉类总产量已达到90.20万吨,禽蛋产量达到111.40万吨,牛奶产量达到91.80万吨,分别是1978年的5.90倍、28.60倍和54倍。农业经济从单一的粮食生产变为粮食和多种经济作物并重。从播种面积看,粮食作物与经济作物的比例从1949年的95.1:4.9发展为2019年的88.70:11.30,粮食种植比重下调了6.40个百分点。从产值构成情况看,1978年种植业总产值中,粮食与经济作物的比重构成为75:25,到2019年已调整为53.70:46.30,经济作物产值占种植业总产值的比重上升了21.30个百分点。

工业经济快速发展,新兴产业不断成长。70年来,山西工业实现了由技术含量低、门类单一的传统工业向技术密集、门类齐全转变,工业体系更趋完备壮大。主要工业产品产量成倍增长。2019年,全省原煤、焦炭、生铁、发电量、水泥分别比1949年增长369倍、1292.30倍、1354.40倍、5601.80倍、3557.90倍。其中,原煤产量居全国第2,焦炭产量全国第1,粗钢、钢材全国第5,发电量全国第九。党的十八大以来,新兴工业经济进入加速发展时期,新产品快速增长。2012年至2019年,新能源汽车从无到有,2019年产量达到57764辆,太阳能电池产量由26.20万千瓦提高到484.20万千瓦,手机产量由1517万台提高到1862.20万台,煤层气产量达到亿立方米,居全国第一。

能源生产规模化现代化水平显著提升,煤炭外调量贡献巨大。1982年党中央、国务院作出了建设山西能源基地的战略决策,经过持续不断的建设,山西能源基地在全国能源供应中发挥了生力军的作用,为全国经济高速发展提供了强大的动力源,为全国经济发展、保障国家能源安全和改善人民生活做出了不可磨灭的历史性贡献。70年间,山西累计生产原煤192亿吨,外调煤炭辐

射全国2/3以上省份。与此同时，全省能源生产规模化现代化生产水平极大提升，已经形成了4个年生产能力亿吨级和3个5000万吨级以上的煤矿企业。值得一提的是，从2016年、2017年开始，山西按照“建设资源型经济转型发展示范区，打造能源革命排头兵，构建内陆地区对外开放新高地”要求，深入实施创新驱动发展战略，推动能源供给、消费、技术、体制革命和国际合作，加快淘汰落后产能步伐，有效提升了供给质量。

服务业引领经济发展，现代服务业成为增长主力。特别是党的十八大以来，第三产业发展迅速加快。2015年，服务业占地区生产总值比重首超第二产业，成为全省经济第一大产业。2019年服务业对地区生产总值贡献率达59.80%，高于第二产业21.50个百分点，比1978年提升47.90个百分点。山西加快金融业、现代物流、康养等现代服务业发展，努力补齐新兴服务业短板。旅游业在扩大内需、拉动经济增长、提高群众生活品位和质量等方面，显现出日益强大的作用。全省旅游总收入2019年达8026.90亿元，1985年仅为0.48亿元。

消费结构持续升级，新兴消费发展壮大。随着经济发展水平不断提高，人民生活持续改善，从解决温饱到总体小康，正在向全面小康迈进。70年来，山西居民消费升级步伐不断加快，消费形态从基本生活型转向发展享受型，消费品质从中低端转向中高端，服务消费比重不断提高。2017年山西城镇和农村居民家庭恩格尔系数分别下降至23.10%和27.40%，分别低于全国5.50个和3.8个百分点；2017年山西居民人均消费支出中，医疗保健、教育文化娱乐、交通和通信支出占比分别为11.30%、10.90%和10.80%，比2012年分别提高0.30、1.60和0.10个百分点。居民消费不断升级，物质消费由低端迈向中高端，从20世纪80年代的自行车、缝纫机、手表“老三件”到90年代的彩电、冰箱、洗衣机“新三件”，再到新世纪移动电话、计算机和汽车成为消费新宠。2019年年末，全省移动电话用户、宽带接入用户和民用汽车保有量分别为3987.20万户、1126.10万户和713.90万辆，比2012年分别增长44.20%、123.10%和117.90%。

三、投资结构持续优化，基础支撑更加坚实

中华人民共和国成立70年来，山西在固定资产有效投资不断扩大的同时，投资结构持续得到改善。投资结构的改善，不仅促进了全省经济结构、产业结构的持续调整和优化，同时成为新时代以来进一步转变经济发展方式的主要动力。

投资产业结构优化升级，民间投资占据主导地位。一、二、三次产业投资结构比由1949年的0.10:84.10:15.80变为1978年的0.80:61.40:37.80，再变为2019年的4.12:36:59.88，二产投资比重持续下降，三产比重持续上升。近年来，供给侧结构性改革深入推进，短板领域投资不断加大，投资对优化供给结构、提升供给质量支撑作用明显增强。2019年，高技术产业投资增长15.70%，快于全省固定资产投资6.40个百分点。工业技改投资增长20.90%，快于工业投资15.50个百分点，占工业投资比重为35.90%，比2015年提高31.90个百分点。在投资结构不断优化升级的同时，民间投资逐步占据了主导地位。2008年，全省民间投资所占比重为48.40%，到2019年，民间投资所占比重提高到53.50%，民间投资逐步占据了主导地位。

基础设施投资补短板投入不断加大，基础设施建设规模空前。经过70年持续不断的投资建设，特别是改革开放和党的十八大以来，全省基础设施投入不断加大，1978年至2018年全省全社会投资中，基础设施投资累计完成24630.30亿元，基础设施建设规模空前。交通设施建设成效显著。2019年，全省公路通车里程达到14.40万千米，是1978年的4.50倍；高速公路从无到有，2019年底，全省已建成高速公路5711千米，比1996年增长32.60倍。2019年，太原武宿机场累计开通国际及地区航线达23条，年旅客吞吐量超过1400万人次，进一步巩固了全国大型繁忙机场地位。邮电通讯加速发展。2019年，全省完成邮政行业业务总量116.30亿元，比1978年增长174.10倍。快递业务市场规模迅速扩大。全省完成快递业务量由1988年的153万件增至2018年的36414万件，年均增长29.80%。

四、对外开放步伐加快，合作空间不断拓展

直到改革开放前，山西只有少量对外贸易，基本处于相对封闭落后状态。改革开放后，山西积极适应经济全球化、加入WTO以及国际产业资本加速转移的新形势，不断扩大对外开放，持续加快发展方式转变，特别是党的十八大以来，山西着力构建内陆地区对外开放新高地，深度融入国家开放“大战略”，持续建设“大都市”，不断构建“大通道”，积极打造“大平台”，全力培育外贸“新主体”。重点服务业企业勇于“走出去”开展国际战略投资，积极“引进来”强化本地技术和管理水平提升，太原煤炭交易中心等一批产业发展服务平台逐步成型，服务业外向型经济格局开始显现。

进出口规模不断扩大。1949年，山西直接出口额只有145万美元，经过40年改革开放的不断积淀，全省进出口规模稳步扩大。2012年至2019年，全省进出口额从150.40亿美元增加到209.70亿美元。高附加值产品出口占比不断提升，2019年，机电产品出口额占出口总额的72.80%。新增友好城市(省、州)8对，友好合作伙伴19对。

利用外资从无到有，快速增长。党的十八大以来，山西积极承接国际、国内产业转移，不断改善投资发展环境，创新招商引资方式，实行“走出去”和“请进来”相结合，利用外资规模迅速扩张，领域不断拓展。1985年至2019年，全省累计实际利用外资406.90亿美元。与此同时，全省利用外资质量不断提升，外商投资领域从一般制造业向高技术产业和金融、保险等服务业全面拓展。

五、城乡协调稳步发展，民生事业不断改善

70年来，在农村经济体制改革、户籍制度改革等系列政策推动下，山西城镇化进程显著加快，逐步实现了由城乡分割向城乡一体化发展的转变，城乡发展协调性显著增强。

城镇化水平明显提高，以人为核心的新型城镇化扎实推进。70年来，随着农业生产力水平提高和工业化逐步推进，大量农村人口向城市转移。改革开放前，山西绝大部分人口居住在农村，1952年城镇化率仅为9.38%，1978年也只有19.18%，26年的时间内仅提高9.80个百分点。改革开放以来，城镇化进程明显加快，1978年至2018年，城镇化率由19.18%提升至58.41%，提高39.23个百分点。近年来，省委、省政府推进以人为核心的新型城镇化，注重提升城镇化质量，执行各类引进人才政策，农业转移人口市民化进程加快。随着产业发展向城市集中，城镇吸纳就业能力增强。2019年，全省城镇新增就业54.80万人，转移农村劳动力40.20万人。

居民收入大幅度增长。城镇常住居民人均可支配收入由1952年的126元增长到2019年的33262元；农村居民人均可支配收入由1954年的75元增长到2019年的12902元。

居民消费持续增长，消费结构发生质的飞跃。城镇居民人均消费支出由1952年的93元增加到2019年的21159元，农村居民人均消费支出由1954年的70元增加到2019年的9728元。70年来，人民生活品质和品位不断提升。餐桌食品充裕丰富，服装服饰从单一化走向多姿多彩和个性化，手机、互联网的普及使人们日常交往变得更加快捷，家用轿车、旅游、文化娱乐、教育和健康养生等品质消费持续升温，居民居住环境极大改善。

六、科教文卫蓬勃发展，生态文明建设日益加强

科技创新成绩斐然。中华人民共和国成立初

期，山西的科技工作一片空白，科研机构寥寥无几，中华人民共和国的诞生成为山西科技事业腾飞的起点。科技是国家强盛之基，创新是民族进步之魂。70年来，全省科技投入不断加大，科技队伍不断壮大，科技成果不断涌现。2017年，全省科研与试验的经费投入总量为148.20亿元，是2000年的15倍，年均增长17.30%。2019年，专利申请数为31705件，其中，发明专利申请8424件，占专利申请数的比重达到26.60%。

教育事业为社会进步提供人才基础。“十年树木百年树人”。人才是社会进步的最基础源泉。1949年，山西仅有一所高等学校，中等专业学校42所，普通中学34所，小学20073所，各类学校在校学生总数103.30万人，仅占全省总人口的8.1%。2019底，全省普通高等学校82所，比1949年增加81所，中等职业教育学校429所，普通中学1762所，增加1728所；各类学校在校学生总数643万人，是1949年的6.20倍；全省普通本专科招生25.30万人，在校生80.20万人，毕业生21.20万人。

文化、体育长足发展。2019年，全省公共图书馆128个，比1978年增加67个；博物馆152个，比1978年增加137个。出版报纸60种(不含高校校报)19.70亿份，各类杂志201种、2250.20万册，各类图书出版3548种、6328.10万册。截至2019年底，全省共有文化馆130个，文化站1409个；专业艺术表演团体796个；广播电视台119座，电视台2座，调频转播发射台204座，一百瓦以上电视转播发射台170座。体育事业成效显著。2019年年底，全省有体育场232个，比1953年增加231个；体育馆135个，比1958年增加134个。全年运动员在国内外重大比赛中获金、银、铜牌分别为70枚、62枚和91枚(包括非奥运项目比赛)。销售中国体育彩票31.10亿元。

卫生服务体系日臻完善。2019年，全省卫生机构(不含村卫生室)由1949年的1262个增加到4.20万个；卫生机构床位数由1949年的917张增加到21.80万张；卫生技术人员由1949年的4989人增加到25.70万人。

森林覆盖率明显提高。1949年，全省仅有天然林551万亩，森林蓄积量1037万立方米，森林覆盖率仅为2.40%，远低于当时全国8.60%的平均水平，属于全国严重的缺林少绿省份。2010年全省森林覆盖率18%，比新中国初期提高15.60个百分点；2019年达到22.80%，比2010年的森林覆盖率提高4.80个百分点，提升幅度全国领先。

节能降耗取得突出成效。“十一五”“十二五”期间，全省单位GDP能耗分别累计下降22.70%、19.30%，均超额完成目标；2016年至2019年累计下降12.87%，完成“十三五”下降目标的84.79%。

70年披荆斩棘，70年风雨兼程。回首过去，山西人民在中国共产党的坚强领导下，自强不息，奋力开拓，在这块古老的黄土地上描绘出了一副奋发图强的光辉画卷，谱写了一曲催人奋进的壮丽乐章。展望未来，3700万三晋儿女将坚持以习近平新时代中国特色社会主义思想为指导，贯彻新发展理念，坚持推动高质量发展，坚持把供给侧结构性改革与转型综改试验区建设结合作为经济工作主线，改革创新，奋发有为，不断拓展转型发展新局面，为决胜全面建成小康社会、实现“两个一百年”宏伟目标而不懈奋斗！

(摘自山西省统计局《中华人民共和国成立七十周年山西经济社会发展成就系列报告》)

大事记

A Chronicle of Major Events

1月

1日 全省第四次全国经济普查现场登记工作启动。2020年1月23日，省统计局举办新闻发布会，报告本次经济普查全面完成。

新修订的《山西省大气污染防治条例》施行。

全省启用全国统一新版“出生医学证明”(第六版)。

2日 由山西建投四建集团与中铁十二局集团联合体共同承建的重庆西站获中国建筑行业工程质量最高奖——鲁班奖。

3日 全省农信社“晋享生活App”的社会保险费代收代缴业务上线，全省2700余万入保城乡居民可通过农信社办理相关业务。

五台山机场开通“五台山-曼谷”国际航线。

4日 山西省与高水平大学战略合作座谈会暨签约仪式在太原举行。省委书记骆惠宁出席签约仪式并致辞。省委副书记、省长楼阳生代表省政府分别与中国人民大学、中国农业大学、西安交通大学、西北农林科技大学、南京大学、中央财经大学等负责人签署战略合作协议。山西农业大学、山西财经大学分别与相关高校签约。会上，同时签署5个科技合作项目。

山西神溪、沁河源和洪洞汾河国家湿地公园(试点)通过国家林业和草原局验收，正式命名为国家湿地公园。

7日 省委全面深化改革委员会主任骆惠宁主持召开省委全面深化改革委员会第二次会议，审议通过《关于进一步深化河湖长制改革的工作方案》，研究公安机关警务辅助人员管理改革工作。

“山西省外汇管理行政审批系统”上线运行，全省外汇行政审批“一网通办”全面启动。

8日 全省扫黑除恶专项斗争视频会议召开，省委常委、政法委书记商黎光出席并讲话。

省政府印发施行《山西省矿山环境治理恢复基金管理办法》。

山西省交通科学研究院主持完成的“重载水泥混凝土铺路关键技术工程应用”项目、山西潞安矿业(集团)有限公司参与完成的“煤矿柔模复合材料支护安全高回收开采成套技术与装备”项目和山西农业大学参与完成的“灌木林虫灾发生机制与生态调控技术”项目，在2018年度国家科学技术奖励大会上获2018年度国家科学技术进步奖(通用项目)二等奖。

9日 山西机械化建设集团有限公司院士工作站、太原钢铁(集团)有限公司总医院烧创伤院士工作站等14个院士工作站授牌。

10日 由山西省考古研究所、临汾市旅游发展委员会与襄汾县文化局共同主持发掘的山西襄汾陶寺北两周墓地项目，被列为“2018年中国考古新发现”入围项目。

15日 省委副书记、常务副省长林武到省农业种子总站考察省种子质量检测中心和省薯类脱毒中心。

太原市首发全国公交IC卡“一卡通”，标志着山西省11个设区的市城区实现公交IC卡全国“一卡通”全覆盖。

17日 省河长办公室、省检察院联合召开全省“携手清四乱保护河湖生态”百日会战行动启动仪式电视电话会议。会议对河湖管理范围内乱占、乱采、乱堆、乱建等突出问题集中整治行动作出部署。

17日至18日 全国人大常委会副委员长、中华全国总工会主席王东明带领全总慰问团到山西送温暖并调研工会工作。

18日 骆惠宁主持召开十一届省委第102次常委会议，传达中央农村工作会议、全国扶贫开发工作会议和推进农村人居环境整治会议精神，会议通过《关于坚持农业农村优先发展做好“三农”工作的实施意见》。

省政府办公厅印发《关于印发山西省省级公共服务事项目录的通知》《关于公布省政府部门行政审批事项办理时限申请材料清单和“马上办网上办就近办一次办”事项清单的通知》,为全省在线政务服务平台高效运行、加快实现“一网通办”列出清单。

山西省高级人民法院部署在全省三级法院施行“三晋执行护民生——山西法院涉民生案件专项行动”。

第三届中国残疾人冰雪运动季——山西省残疾人冰雪运动季在太原启动。

20日 全省“大棚房”违法违规占用基本农田进行非农建筑问题专项清理整治推进会议在太原召开。

22日 山西省长治市上党区振兴新区振兴村入选“2018全国乡村振兴示范村”。

23日 山西省表彰奖励在全国和省职工职业技能大赛上作出突出贡献的优秀选手、教练组和有关单位。全国决赛数控机床装调维修工第1名董智斌、全国决赛数控机床装调维修工团体第1名教练组各获奖10万元;其他获奖选手和教练组分别获得5万元至5000元不等的奖金;省赛各工种第一名的选手分别获奖两万元,其他优秀选手获得1万元至5000元不等的奖金。

24日 2018年度山西省“十大环保新闻”发布,分别是:山西在全国率先开展省级环保督察“回头看”、山西环保系统开展警示教育活动、山西召开生态环境保护大会、山西出台《打赢蓝天保卫战三年行动计划》、山西查处违法排污“百日行动”取得成效、山西出台大气和水环境质量改善量化问责办法、山西省生态环境厅挂牌、山西修订《山西省大气污染防治条例》、山西建立生态环境损害赔偿制度、山西完成配合保障中央生态环保督察“回头看”工作。

27日至28日 中共中央政治局委员、国务院扶贫开发领导小组组长胡春华到山西省吕梁市调研脱贫攻坚工作,看望贫困群众和基层扶贫干部。他强调,要深入贯彻习近平总书记关于扶贫工作的重要论述,按照党中央、国务院决策部署,进一步增强责任感和紧迫感,切实拿出更多时间精力,采取超常规举措,集中力量解决好“两不愁三保障”面临的突出问题,确保按时保质完成脱贫攻坚目标任务。

29日 山西省获批“国家通用航空业发展示范省”新闻发布会在太原举行。

山西邮政举办第三届“万人返乡专车”公益活动,为山西籍外出务工人员提供从省城太原免费乘车返乡服务,范围辐射全省10个市及沿线的近20个县(市)。

全省农村人居环境整治村庄清洁行动在定襄县西河头村举行启动仪式。

30日 省十三届人大第二次会议通过《山西省开发区条例》,3月1日起施行。

31日 经中国林业产业联合会森林休闲体验分会发布,陵川县棋子山国家森林公园、中阳县吕梁山国有林管理局车鸣峪林场闹泥山庄获2018“中国森林体验基地”称号(全国13家);太谷县美宝山庄和太谷县官寨生态庄园、沁水县山西太行洪谷国家森林公园获2018“中国森林养生基地”称号(全国13家);长治市沁源县景凤乡、阳泉市郊区旧街乡南沟村获2018“中国慢生活休闲体验区、村(镇)”称号(全国13家)。

山西省襄垣县仙堂山、右玉县西口古道和大宁县二郎山经国家林业和草原局审批,列入国家森林公园。

2月

1日 省自然资源厅挂牌出让“榆社—武乡”“武乡东”两个区块煤层气探矿权,标志山西率先在全国挂牌出让煤层气探矿权。

2日 全省“改革创新 奋发有为”大讨论报告会在太原举行。

晋中市太谷县国家农村产业融合发展示范园、运城市万荣县国家农村产业融合发展示范园、忻州市五寨县国家农村产业融合发展示范园和运城市盐湖区国家农村产业融合发展示范园入选国家发改委、农业农村部、工业和信息化部等7部门联合认定的首批国家农村产业融合发展示范园。

太原市清徐县东于镇(架火、迎鼓)、长治市长子县南漳镇(响器)、朔州市怀仁县(怀仁旺火)、晋中市左权县(民歌)、吕梁市中阳县(中阳剪纸)入选文化和旅游部命名的2018—2020年度“中国民间文化艺术之乡”。

运城市夏县、长治市潞城区获国家中医药管理局命名的全国基层中医药工作先进单位。

3日 中共中央组织部办公厅印发第四批“国家高层次人才特殊支持计划”入选人员名单,山西有6人入选。其中,太原理工大学冯国瑞、中北大学薛晨阳、太钢李国平、日化所耿涛入选科技创新领军人才;山西智杰软件公司韩温、中绿环保白惠宾入选科技创业领军人才。

13日 全省工业和信息化工作会议召开。

全省自然资源工作会议召开。

14日 骆惠宁主持召开十一届省委第104次常委会议。会议审议通过《关于深入学习贯彻习近平总书记全面依法治国新理念新思想新战略加快推进全面依法治省工作的实施意见》和《山西省坚决打好防范化解重大风险攻坚战方案》。

15日 国家卫生健康委发布《关于建立全国罕见病诊疗协作网的通知》,建立全国罕见病诊疗协作网,山西10家医院入选第一批医院名单。

其中,山西医科大学第一医院为省级项目牵头医院,山西省人民医院、山西医科大学第二医院、山西大医院、省儿童医院、省心血管病医院、省眼科医院、太原市第三人民医院、临汾市人民医院、长治医学院附属和平医院为项目成员医院。

18日 山西省"改革创新、奋发有为"大讨论动员部署会在太原召开。骆惠宁出席并讲话。

中德合作山西森林可持续经营技术示范林场建设项目在太原签约。

18日至19日 中共中央政治局委员、全国人大常委会副委员长王晨到山西就人大代表工作进行调研,听取即将出席十三届全国人大二次会议的部分全国人大代表的意见建议。他强调要密切联系人民群众,更好发挥代表作用。

19日 全省公安机关推出"省内户口迁移一站式办理"和"临时身份证省内异地办理"两项便民服务措施。

21日 省财政厅采用公开招标方式在上海证券交易所发行2019年首批山西省人民政府新增债券,债券总规模164.50亿元,其中一般债券118.70亿元、专项债券45.80亿元,主要用于交通运输、市政建设、保障性住房、生态环境保护等在建公益性项目建设。

山西建投安装集团华东分部中标杭州至临安城际铁路工程车站(含区间)设备安装及装修工程第三标段项目,中标价10983.0080万元。

22日 山西能投公司所属怡安居物业公司与深圳市彩生活服务集团举行合作签约仪式,全球最大的社区服务运营商平台落户山西。

24日 在《农民日报》组织的"2018中国乡村振兴先锋榜"活动中,山西省临汾市蒲县黎掌村入选"2018中国乡村振兴十大先锋榜"提名名单,山西农产品批发市场、山西省农科院入选"2018中国三农十大创新榜"提名名单。

25日 以"新时代的中国:山西新转型 共享新未来"为主题的外交部山西全球推介活动在外交部蓝厅举行。国务委员兼外交部部长王毅出席并讲话,外交部党委书记齐玉出席。骆惠宁致辞,楼阳生推介。

全省农业农村工作会议召开。全省农村土地承包经营权确权登记颁证全面完成。

26日 楼阳生主持召开省政府第25次常务会议,研究打造双创升级版、促进天然气(煤层气)协调稳定发展、通信基础设施建设等工作。会议通过《关于推动创新创业高质量发展打造双创升级版的实施意见》《促进天然气(煤层气)协调稳定发展的实施意见》《通信基础设施建设三年行动计划》。

27日 太原市急救中心和北方自动控制技术研究所雷锋服务队获中宣部命名的第五批全国学雷锋活动示范点,长治市壶关县桥上乡后脑村民兵连连长牛何松获评为岗位学雷锋标兵。

在2019年国际射联世界杯新德里站比赛决赛中,山西女子射击运动员赵若竹与陕西选手刘宇坤搭档,在10米气步枪混合团体赛中,夺得冠军并打破世界纪录,为中国队拿下本次比赛中的唯一金牌,也为中国队夺得东京奥运会席位。

27日至3月5日 太原市、大同市、阳泉市、晋中市、长治市的各监狱开展以"提升改造效果、展示监狱风貌"为主题的监狱开放日活动。

28日 楼阳生在太原会见德国联邦议院联盟党党团副主席卡斯滕·林内曼一行3人,双方就加强务实合作进行交流。德国客人在晋访问三日。

中国文明网公布2018年学雷锋志愿服务"四个100"先进典型,山西大同市灵丘县红十字会副会长葛才贵、河津市友善志愿服务协会会长吴演生2名个人入选100个最美志愿者,长治市未成年人心理健康教育指导中心、太原理工大学爱心家园2个组织入选100个最佳志愿服务组织;晋城市"同心同梦"关心关爱偏远山区未成年人公益项目、山西经济管理干部学院"艺栖老"志愿服务项目2个项目入选100个最佳志愿服务项目;朔州市平鲁区井坪镇北坪社区、介休市西南街道光明路社区2个社区入选100个最美志愿服务社区。

全省科技工作会议召开。

3月

1日 山西省黎城县人,中国广核集团运营公司大修中心核燃料服务分部工程师、核燃料修复师乔素凯入选由中华全国总工会、中央广播电视总台评选的2018年"大国工匠年度人物"。本年度全国共评出10位。

2日至9日 "天地凝韵晋地琉璃"山西琉璃文化艺术展在太原市美术馆举办。

4日 财政部PPP中心发布2019年1月纳入全国PPP综合信息平台项目管理库项目清单,山西有5个项目新入库。分别是:晋城市人民医院移址扩建PPP项目、晋城市泽州县乡村生活污水处理PPP项目、朔州市朔城区农村生活污水处理PPP项目、山西农谷番茄田园综合体(一期)PPP项目、吕梁市交口县第二污水处理厂建设工程PPP项目。

5日 农业农村部、国家发改委、财政部等9部委公布2018年国家农民合作社示范社名单,山西有96个单位被认定为国家农民合作社示范社。

7日 省委召开全省纪念"三八"国际妇女节109周年座谈会。

中国联通山西分公司首批5G体验厅在太原竣工亮相,标志山西5G时代开启。

8日 2019年北方地区清洁能源供暖峰会暨山西省"太阳能+"多能互补

技术交流会在太原举行。

10日 山西医科大学第一医院、大同市第三人民医院、大同市第五人民医院、临汾市人民医院、运城市中心医院入选复旦大学医院管理研究所发布的2018年第二届中国医院百强院。

11日 太原国际马拉松赛连续第6年被中国田径协会评为"金牌赛事"。

12日 山西省绿化委员会和太原市绿化委员会在阳曲县北山"互联网+全民义务植树"基地联合举办"3·12"植树节省城各界义务植树活动暨"留住乡愁"古树名木认养项目上线启动仪式。

13日 山西省亚宝药业生产的苯磺酸氨氯地平片通过一致性评价。这是山西省首个通过仿制药一致性评价的品种。

14日 太原市全面试行生态安葬奖补制度。

15日 山西国投中实股权投资管理有限公司揭牌暨山西新旧动能转换基金签约仪式在北京举行，标志大型全国性民营联合投资公司进军山西。骆惠宁、楼阳生为山西国投中实股权投资管理有限公司揭牌并见证签约。

16日 太原市环卫工人的形象代言人"橙色夫妻"组合——小桔灯爱心联盟志愿者高昆峰、崔瑞宁在央视播出的"星光大道"节目中，摘得2019年首月"月冠军"。

18日 中共中央宣传部、财政部、文化和旅游部、国家文物局4部门公布《革命文物保护利用片区分县名单（第一批）》，山西有7个市的54个县（区）获列入第一批革命文物保护利用片区分县中的晋冀豫片区。

全省森林草原资源保护工作电视电话会议召开，动员开展"绿卫2019"森林草原执法专项行动，强化野生动物保护、森林草原防火和推进退耕还林重点工作。

18日至20日 中国—东盟中心组织东盟国家驻华女外交官代表团访问山西，走访晋中市榆次区的格盟国际山西瑞光电热厂，参访五台山和平遥古城。

20日 楼阳生主持召开省政府第26次常务会议，研究部署住房和城乡建设、粮食和物资储备、妇女儿童全面发展、医疗保障等工作。

山西省促进产教融合工作厅际联席会议办公室印发《关于确定山西省产教融合试点城市的通知》，确定太原市、大同市、晋中市、长治市为山西省产教融合试点城市。

22日 全省"三晋英才"支持计划启动大会在太原举行。2019年全省选出高端领军人才323人（其中省直276人）、拔尖骨干人才4830人（其中省直3036人）、青年优秀人才7843人（其中省直5134人）。

25日 全省扫黑除恶专项斗争督导工作会议召开。

山西省国宝级古建筑研究保护中心和山西省彩塑壁画保护研究中心挂牌成立。

27日 全省政法机关维护国家政治安全工作会议召开，商黎光出席并讲话。

28日 第二届全国青年运动会圣火采集仪式在运城市芮城县西侯度遗址圣火公园举行，拉开二青会网络火炬传递序幕。

省文旅厅与高德地图在太原市"支前模范村"阳曲县店子底村联合宣布——"山西省旅游扶贫地图"上线。

29日 国家文物局主办的"2018年度全国十大考古新发现"在北京揭晓，山西省考古研究所主持发掘的"山西闻喜酒务头商代墓地项目"入选。

4月

1日 楼阳生主持召开省政府第27次常务会议，研究脱贫攻坚、减税降费、钢铁去产能、清理拖欠民营企业中小企业账款、汾河流域治理等工作。

1日至4日 由台湾地区新党主席郁慕明带队的"长城与抗战缅怀之旅"参访团一行在山西访问，参访忻口战役、平型关大捷等抗战旧址。

2日 太原市政府、山西转型综改示范区、中科曙光三方签订山西先进计算中心暨计算科学产业基地二期高端通用整机智能制造基地项目合作协议。

2日至17日 中央媒体团在山西开展"壮丽70年·奋斗新时代"大型主题采访活动。中央媒体团记者在吕梁市兴县蔡家崖村、汾阳市贾家庄村、长治市平顺县西沟村和屯留区王公庄村等地采访。

3日 "青春心向党·建功新时代"山西省纪念五四运动100周年暨"改革创新、奋发有为"特别主题团日活动在吕梁市兴县晋绥边区革命纪念馆举行。

5日 以"四海归源·清明共祭"为主题的第29届洪洞大槐树文化节寻根祭祖大典在大槐树祭祖广场举行。

8日 楼阳生主持召开省政府第28次常务会议，研究复制推广深圳前海制度创新经验、完善国有金融资本管理等工作。

9日 "山西公安机关打击文物犯罪行动追缴文物移交仪式"在山西博物院举行。省公安厅向省文物局移交文物12633件，其中一级文物73件、二级文物151件、三级文物615件。

11日 骆惠宁主持召开省委第112

次常委会，会议审议通过《山西省2019年国资国企改革行动方案》《省属企业混合所有制改革操作指引》。

第四届海峡两岸神农炎帝经贸文化旅游招商系列活动在高平市羊头山景区祭祀广场举行启动仪式。全部活动到5月15日结束。

11日至13日 第十七届香港国际武术节举行，山西省"通背缠拳"省级传承代表人申葛达与弟子张珉组成的代表队在比赛中取得2金2银。

12日 省政府办公厅印发《山西省土地指标交易调剂暂行办法》。

全省河长制工作暨汾河流域水污染治理攻坚推进会议在太原召开。

13日 连翘产业国家创新联盟成立大会暨学术研讨会在临汾市安泽县召开。

14日 第47届日内瓦国际发明展上，清华大学山西清洁能源研究所阳煤集团"晋华炉"项目获金奖。

15日 全省深化国有企业改革大会在太原召开。骆惠宁出席并讲话。楼阳生主持会议。太钢集团、晋煤集团、潞安集团、国际能源、汾酒集团、山煤集团、国控集团、大地控股8户企业与省国资委现场签订2019年"一企一策"经营业绩目标责任书。

省委办公厅联合省自然资源厅在山西地质博物馆东广场举办"坚持总体国家安全观着力防范化解重大风险"主题展览，并为设在山西地质博物馆的全省首家"国家安全教育实践基地"揭牌。

祁县在中华全国供销合作总社电商公司开展的农村金融支付工作中脱颖而出，成为全国唯一农村金融支付试点县，先行在6个惠农服务社进行"供销宝农通卡"推广发行。

16日 省十三届人大常委会召开第21次主任会议。省人大常委会副主任郭迎光主持会议。会议听取关于开展老年人权益保障、科学技术普及、旅游法律法规联合执法检查的工作方案；通过《山西省人大常委会关于建立"省人大代表建议直通车"的意见》《山西省人大常委会关于加强全省人大代表联络站建设的指导意见》。

省农业农村厅发布全省有机旱作农业示范市、示范县和封闭示范片创建名单（第二批），确定朔州市为有机旱作农业示范市，灵丘、寿阳、盂县、翼城、闻喜5个县为有机旱作农业示范县，太原古交市谷子有机旱作封闭示范片、大同新荣区马铃薯有机旱作封闭示范片、朔州应县蔬菜有机旱作封闭示范片、忻州原平市谷子有机旱作封闭示范片等40个示范片为有机旱作农业封闭示范片。

18日 骆惠宁在太原会见到访的美国驻华大使泰里·布兰斯塔德一行。在晋期间，布兰斯塔德大使一行参观山西博物院，访问山西大学。

省政府批准娄烦、云州、阳高、灵丘、繁峙、神池、岢岚、五寨、河曲、保德、岚县、方山、左权、和顺、武乡、隰县、平陆退出贫困县。

中国联通太原分公司、联通智网科技有限公司与山西大昌汽车集团有限公司在太原签署智能化大数据合作协议，三方将共同打造山西大昌智能化大数据平台项目。

由山西省古建筑集团承建的山西省灵丘县觉山寺塔保护修缮工程项目入选"全国优秀古迹遗址保护项目"。

20日 山西朔州右玉县、临汾隰县和吕梁汾阳市"农作物秸秆综合利用数字化试点项目"入选2018年度全国县域数字农业农村发展水平评价先进县及创新项目名单。

由山西中医药大学牵头的"山西省中医药科技创新联盟"成立大会暨首届学术论坛在太原举行。大会表决通过《山西省中医药科技创新联盟章程》，选举产生联盟领导机构，审议通过《山西省中医药科技创新联盟2019–2020年工作要点》。

22日 "云游行"山西旅游年卡上线。实现从单一旅游到"旅游+互联网""旅游+便民"的转变。

22日至24日 "2019太原煤炭（能源）工业技术与装备展览会暨煤矿灾害防治技术高峰论坛"在中国（太原）煤炭交易中心举行。

23日 全国首个红色文化阅读特色项目—VR党建书房落户山西图书大厦。

24日 省政府办公厅印发《山西省降低社会保险费率实施方案》。

由省文明办指导，山西日报报业集团主办的2018"感动山西"十大人物颁奖会在太原举行。获奖者是晋城市人民医院护士郭蓓蕾，临汾市洪洞县赵城镇沙桥庄村村民张鸣，山西焦煤汾西矿业集团职工梁秀娥，长治市平顺县文物旅游局金灯寺文管所所长冯开平，北京大学硕士在读研究生宋玺，吕梁市岚县人袁润生、青年女导演李珈西、运城市临猗县快递员李朋璇、山西省射击射箭运动管理中心运动员赵若竹，运城市闻喜县公安局局长张少华。

25日至26日 全省教育大会在太原召开，会议审议《山西教育现代化2035》《加快推进山西教育现代化实施方案（2018–2022年）》。

26日 楼阳生在太原会见亚美尼亚洛里州州长安德烈·古卡相，就深化两省州务实合作深入交流。

27日 山西省长治市沁源县森林消防大队获由共青团中央和全国青联评选的2019年"中国青年五四奖章集体"。宋学琴、周小凯、马黎明、贺俊峰4人入选2019年"全国向上向善好青年"。

28日 山西省庆祝"五一"国际劳动节暨劳动模范表彰大会在太原举行。大会授予山西省潞安煤基清洁能源有限责任公司等99个单位"山西省模范单位"称号；授予山西转型综合改革示范区阳曲产业园区事业服务中心等100个集体“山西省模范集体”称号；授予姚武江等96人“山西省特级劳动模范”称号；授予薛晨阳等696人“山西省劳动模范”称号。

29日 2019姚基金公益行动发布会在北京国家会议中心举行，长治市沁源县入选“2019姚基金希望小学篮球季项目示范县”。

30日 楼阳生与德国驻华大使葛策在太原举行工作会谈。双方围绕资源型经济转型发展、构建现代产业体系，深化务实合作进行交流。

太原卫星发射中心用长征四号乙运载火箭，以“一箭双星”方式，发射天绘二号01组卫星。

5月

4日 第二届全国青年运动会(二青会)实体火炬首站传递在运城市芮城县拉开序幕。

5日 第125届中国进出口商品交易会(广交会)落幕。山西先后有151家企业参加交易会，共有432个展位，累计成交11290.9万美元。

山西省庆祝五四青年节暨全省青年投身改革创新推进大会在太原召开。会议表彰优秀青年典型。林武出席并讲话。

6日 楼阳生在太原会见埃塞俄比亚驻华大使特肖梅，双方就开展友好合作深入交流。

晋煤集团业务审批大厅揭牌，首批10个部门的49项审批业务正式进驻，这是山西省国有企业首家建成投用的业务审批大厅。

7日 朔州市公安局刑侦支队一大队大队长王国蕾获公安部授予“全国公安系统二级英雄模范”称号。

8日 楼阳生在太原会见世界银行中国、蒙古和韩国局局长马丁·芮泽一行，双方就加强能源革命领域合作深入交流。

国务院办公厅发布通报，2018年山西省公路水路交通建设工作真抓实干、成效明显，予以督查激励，中央资金将新增5000万元支持山西交通项目建设。

山西省运城市、长治市、吕梁市、晋中市、晋城市、朔州市，太原古交市、尖草坪区、万柏林区，临汾霍州市、曲沃县、蒲县、襄汾县，大同市灵丘县入选2019年度全国农村集体产权制度改革试点单位(第四批)名单。

9日 省政府办公厅印发《山西省推进运输结构调整实施方案》。

9日至13日 首届中国山西·曲沃国际蔬菜博览会在临汾市曲沃县举行。会上，签约项目19个，总金额11.60亿元。

10日 楼阳生主持召开省政府第33次常务会议，深入学习习近平总书记在中央政治局会议审议2018年脱贫攻坚成效考核、解决“两不愁三保障”突出问题座谈会及全国公安工作会议上的重要讲话精神，研究贯彻落实措施，部署深化重点领域改革等工作。

农业农村部农产品质量安全中心公告2019年第一批全国名特优新农产品名录，山西有4市8县的12个农产品入选。分别是：长治市(长子县青椒)，临汾市(吉县苹果、蒲县核桃油)，忻州市(五台县五台山藜麦)，晋中市(榆次区什贴小米、和顺县原醋、和顺县和顺火麻油、和顺县苦荞茶、平遥县平遥牛肉、灵石县宿龙小米、灵石县灵石壶瓶枣、灵石县灵石香菇)。

12日 省政府主办的“新时代海外侨胞、台湾同胞山西(晋城)经贸文化交流合作恳谈会”在晋城市召开。

12日至13日 以“神农炎帝文化与乡村振兴”为主题的新时代海峡两岸神农炎帝文化高端论坛在晋城市举行。

12日至14日 以“绿色生活美丽山西”为主题的2019年中国北京世界园艺博览会“山西日”活动在北京市延庆区世园会园区举行。

13日 骆惠宁主持省委第117次常委会，会议审议通过《山西省2018年脱贫攻坚成效考核整改方案》。

13日 骆惠宁主持召开十一届省委第117次常委会议，传达学习习近平总书记全国公安工作会议重要讲话精神，研究贯彻落实意见；审议通过《山西省2018年脱贫攻坚成效考核整改工作方案》、省属主流媒体深化改革融合发展方案、《2019年省委党内法规制定计划》；听取中央扫黑除恶督导反馈意见整改情况和省委督导情况汇报，就引申扫黑除恶专项斗争作出部署。

14日 中央扫黑除恶第11督导组督导山西“回头看”工作汇报会在太原召开。督导组组长李智勇向省委省政府传达中央扫黑除恶督导“回头看”总体要求和本次“回头看”有关安排，对山西省扫黑除恶专项斗争和督导问题整改取得的成效给予肯定。

15日 省委统一战线工作领导小组在太原市阳曲县召开全省加强农村宗教工作现场会。会议现场参观吉家岗村。

16日 “Soreal焕真·平遥”科技文化旅游系列项目签约仪式在北京人民大会堂举行。山西文旅集团、晋中市平遥县政府与北京当红齐天集团三方合作签约，共同打造平遥古城大型科技文旅融合示范项目。

16日至19日 第二届中国西部国际投资贸易洽谈会(西洽会)在重庆国际博览中心举行。楼阳生率山西代表团参加，山西22家企业参展，综合展区面积300平方米，重点展示装备制造、新一代信息技术、生物医药、新材料、现代农业等领域的新技术、新成果、新产品。汾酒、小米、老陈醋、祁县玻璃等山西特色产品也在会上亮相，全国首家“山西小米”体验馆在重庆落地。

18日 山西省第五次旅游发展大会“华夏古文明·山西好风光”国际旅行商推介会在太原举行。山西有6家重点旅行社分别与丹麦、韩国、美国、新加坡、泰国、西班牙等国的旅行商现场签署互送客源合作协议。

19日 山西晋中平遥县和介休市、晋城市阳城县3县（市）入选中国信息化发展研究院与竞争力智库发布的“2018中国县域旅游竞争力百强县（旅游百强县）名单”。

20日 楼阳生主持召开省政府第35次常务会议，研究中央生态环境保护督察“回头看”及大气污染防治专项督察反馈意见整改工作，听取20个行业监管部门扫黑除恶专项斗争情况汇报，部署深化职业教育改革、完善促进消费体制机制、改善城市人居环境等工作。

20日至22日 第十届全国人大常务委员会副委员长、中国关工委主任顾秀莲到山西，就家庭教育工作调研，出席省关工委相关活动。

21日 省政府批准离石区、交口县、交城县、沁县、蒲县、古县、浮山县、垣曲县、万荣县9个县（区）退出省定贫困县。

22日 2019百度城市大会太原站在中国（太原）煤炭交易中心举办。

23日 骆惠宁在太原会见韩国全罗南道议会议长李勇宰率领的代表团一行，出席山西省人大常委会与全罗南道议会友好交流备忘录签署仪式。

24日 骆惠宁主持召开十一届省委第120次常委会议，审议通过《山西省贯彻落实中央生态环境保护督察“回头看”及大气污染防治专项督察反馈意见整改方案》《山西省公务员职务与职级并行制度实施方案》《关于加强我省退役军人服务保障体系建设的实施意见》。

中国·大同石墨烯+新材料储能产业园项目开工建设。项目由大同墨西科技公司投资，投资额25亿元。

26日 阳煤集团建设的中国纳谷产业园在阳泉市开园，环保技术世界领先的韩国株式会社洁宜特公司、百年煤机制造巨头德国HB布朗公司以及著名的气凝胶生产企业深圳中凝科技公司等中外9家企业首批入驻。

28日至29日 骆惠宁在北京先后与清华大学、北京大学主要负责人举行会谈，就两校分别支持太原理工大学、山西大学加快发展进行深入对接，在助力建设一流学科、开展科研项目合作、联合培养人才、建立定期会晤机制等重大问题上形成共识。

29日 公安部给全国公安机关27个先进集体记集体一等功，授予（追授）10名优秀公安民警全国公安系统二级英雄模范称号。山西公安机关侦破“7·14”涉黑案件专案组获记集体一等功。

30日 山西省第十三届人民代表大会常务委员会第十一次会议通过《山西省企业投资项目承诺制规定》，推进企业投资项目承诺制的实施，提高行政审批效率。

31日 骆惠宁在太原会见台湾地区新党主席、新中华儿女学会荣誉理事长郁慕明一行。

省发改委、省投资促进局在深圳举行山西与粤港澳大湾区合作研讨暨晋深协议下项目签约工作会议。

阳泉市举办“农超携手·消费扶贫”签约仪式，全省首家F2F智慧零售平台落户阳泉。

6月

1日 山西振东制药股份有限公司、亚宝药业集团股份有限公司2家企业入选“2018年度最具科技创新力中药企业”榜单；芪蛭通络胶囊（山西振东制药股份有限公司）和消肿止痛贴（亚宝药业集团股份有限公司）2个中药产品入选“2018年度民族中药匠心产品”榜单。此系中国医药工业信息中心等单位专家评选后在中国中医药业创新大会发布。

山西省首个海峡两岸交流基地在临汾市尧都区尧帝陵景区挂牌。

3日 骆惠宁主持召开十一届省委第122次常委会议，审议通过《在全省开展“不忘初心、牢记使命”主题教育实施方案》《省委常委会开展“不忘初心、牢记使命”主题教育工作安排》。

4日至5日 中共中央政治局常委、全国政协主席汪洋近日在山西省右玉县调研脱贫攻坚工作。他强调要弘扬右玉精神，巩固脱贫成果。

5日 中国人民银行发行平遥古城世界遗产金银纪念币一套。

8日 山西晋中市太谷县中医传统制剂方法——龟龄集传统制作技艺（项目编号Ⅸ-4）入选国家级非遗代表性项目优秀保护实践案例。

10日 骆惠宁主持召开十一届省委第123次常委会议，传达学习中共中央政治局常委、全国政协主席汪洋在山西考察工作重要讲话精神和全国地方政协工作经验交流会精神，听取太原市总体规划及城市设计优化工作汇报，审议通过《山西省涉旅文物保护单位两权分离改革意见》《山西省红十字会改革实施方案》。

11日 “中国工程院廖万清院士工作站”在太原市中心医院挂牌，填补山西真菌及疫苗研究的空白。

12日 省农业农村厅发布《山西省奶业振兴2019年行动计划》。

13日至16日 第二届中蒙俄（大同）国际商品博览会暨经济合作发展

论坛在大同市举行。

16日 骆惠宁在山西驻京办会见世界银行中国、蒙古和韩国局局长马丁·芮泽一行。

17日至26日 骆惠宁率山西代表团赴法国、克罗地亚和韩国访问,推动山西与三国经贸、文化和友好城市交流合作。

18日 由山西车奴网络科技有限公司投资运营车联网综合服务平台暨山西省组织救援网正式上线,覆盖全省118个县。

18日至20日 以"品牌山西·享誉中华"为主题的2019山西品牌中华行(医药专场)活动,依托第19届世界制药原料中国展(CPhI China)在上海浦东新国际博览中心举办。

19日 中国关心下一代工作委员会"少年硅谷"公益项目、山西省第一个人工智能中心在临汾市襄汾县揭牌。

20日 山西省粮食和物资储备局与河南省粮食和物资储备局在郑州市共同举办晋豫粮食产销合作洽谈暨签约仪式。双方达成粮食签约意向140万吨,意向金额30亿元,同时签订晋豫两省粮食产销战略合作协议。

23日 楼阳生为山西省大数据中心揭牌,宣布山西转型综改示范区国际互联网数据专用通道开通。

24日 全省乡村旅游示范村命名暨推进大会在太原举行。全省首批100个AAA级乡村旅游示范村分布情况是:太原9家、大同9家、朔州6家、忻州10家、吕梁6家、晋中12家、阳泉9家、长治11家、晋城10家、临汾10家,运城8家。

阳煤太化气化技改项目——世界首台R-GAS煤气化炉吊装到位。

25日 由中共中央组织部、中共中央宣传部、人力资源社会保障部组织评选的第九届全国"人民满意的公务员"和"人民满意的公务员集体"表彰大会在北京举行。山西有5名个人和3个集体获得表彰,其中5名个人分别是,王永茂(省监狱管理局规划处副处长,阳泉第一监狱党委委员、副总工程师)、巨彦军(晋中市左权县羊角乡人民政府原乡长)、郭进卫(长治市潞州区西街街道党工委书记)、徐宏杰(省信访局综合处主任科员)、闫俊力(太原市城乡管理行政执法局迎泽区分局局长);3个集体分别是,省纪委监委第二审查调查室、朔州市生态环境局右玉分局、晋中市教育局。

山西省公安机关打击文物犯罪行动追缴文物第二次移交仪式在山西博物院举行,公安机关共向文物部门移交文物12780件,其中国家一级文物55件、二级文物114件、三级文物420件。

27日 山西装备制造业"巨无霸"——中车大同公司自主研制的CR240E电传动矿用自卸车下线。这是山西装备制造行业首款大载重电传动矿用自卸车,产品在技术上达到国内领先水平。

28日 省人社厅、省财政厅联合发出《关于2019年调整退休人员基本养老金的通知》,决定从2019年1月1日起,对2018年12月31日前企业和机关事业单位已按规定办理退休(职)手续并按月领取基本养老金的退休人员调整基本养老金。

28日至30日 2019首届中国(山西)国际清洁能源博览会在中国(太原)煤炭交易中心展览中心举行。

29日 太原市入选由中国企业联合会等组织调研发布的2019年度中国企业营商环境(案例)十佳省会城市。山西晋城无烟煤矿业集团有限责任公司入选2019年度中国产业发展十佳领军国企,全国入选的仅两家地方国企之一。

全省首家5G智慧党群生活馆在长治市上党区振兴小镇建成开馆。

7月

1日 全省违法排污大整治"百日清零"专项行动启动。

2日 由工信部指导、中国信息通信研究院主办的"2019年可信云大会"在北京召开。山西省政务云平台获全国"十佳政务云"和"可信政务云认证"称号。

3日 林武在太原会见以全国侨联副主席、澳门归侨总会会长刘艺良为荣誉团长的澳门工商界山西考察团一行。

4日 全省首个"红十字博爱超市"在娄烦县娄烦镇向阳村揭牌运营。

8日 2019年度山西省科技计划揭榜招标项目在清华大学首发。太原重工股份有限公司的"60-89型旋回破碎机设计及制造关键核心技术"项目与清华大学机械系达成初步意向;太原重工股份有限公司的"风电机组载荷计算关键核心技术和计算软件包开发"项目与北京大学工学院、清华大学能动系、山西大学达成初步意向;晋能光伏技术责任有限公司的"异质结太阳能电池用导电浆料核心技术研发"项目与清华大学材料学院和北京氦舶科技有限责任公司达成初步意向;山西大地民基生态环境股份有限公司的"煤基固废制生态修复材料及其应用技术与示范"项目与北京大学工学院和山西大学达成初步意向。

"左权民歌汇·2019国际民歌赛"总决赛在左权县将军广场上演。

10日 大秦铁路股份有限公司、山西太钢不锈钢股份有限公司、山煤国际能源集团股份有限公司、阳泉煤业(集团)股份有限公司、山西西山煤电股份有限公司、山西潞安环保能源开发股份有限公司、永泰能源股份有限公司、阳煤化工股份有限公司等8家企业上榜2019美国《财富》杂志中国500强企业排行榜。

11日至14日 全国人大常委会副委员长吉炳轩率调研组,围绕“不忘初心、牢记使命”主题教育到山西调研,重点了解人大工作和建设、革命老区脱贫攻坚等情况。调研组先后到太原、晋中、吕梁3市实地调研。

12日 晋中市昔阳县大寨乡大寨村、吕梁市汾阳市贾家庄镇贾家庄村、阳泉市平定县娘子关镇娘子关村、长治市上党区振兴新区振兴村、忻州市岢岚县宋家沟乡宋家沟村、晋城市城区北石店镇司徒村、晋中市平遥县段村镇横坡村、临汾市乡宁县关王庙乡坂儿上村入选文化和旅游部会同国家发改委遴选的第一批320个全国乡村旅游重点村名单。

第二届“山西小米”品牌标识使用授权仪式在太原举行。山西省粮食行业协会授予山西沁州黄集团有限公司、山西鑫霏农业开发有限公司、山西石鼓农产品开发有限公司、兴县山花烂漫农业综合开发有限公司等12家企业“山西小米”品牌标识使用资格。

13日 山西杏花村汾酒集团有限责任公司汾酒研究院在北京揭牌成立。

16日至19日 全国人大常委会副委员长陈竺率执法检查组,围绕高等教育法实施情况到山西开展执法检查。分别到太原市、临汾市和运城市部分高校实地检查,听取省、市政府及有关厅局情况汇报和意见建议。

18日 在由中国气象服务协会、中国气象局公共气象服务中心联合主办的2019年“中国天然氧吧”创建活动发布会上,山西省长治市沁源县、临汾市翼城县、忻州市静乐县、运城市夏县4地入选。

晋商银行股份有限公司在香港联合交易所主板挂牌(股票代码:2558.HK),成为山西省本土首家上市银行。

18日至20日 2019中国国际消防安全、应急救援、物联网及安防产品(山西)展览会在中国(太原)煤炭交易中心举行。

21日至27日 以“心随影动见大同”为主题的第五届成龙国际动作电影周在大同市举行。

22日 山西首家高速公路“壳牌”优选加油站在山西交控集团襄汾服务区开始试营业。

美国《财富》(Fortune)杂志全球同步发布最新世界500强企业排行榜。其中,山西省有5家企业上榜,分别是潞安集团(462位)、同煤集团(464位)、焦煤集团(465位)、阳煤集团(469位)、晋煤集团(482位)。

24日 第五届山西省“互联网+”大学生创新创业大赛落幕。中北大学“陶醉科技——四元首陶”项目获冠军。山西医科大学的“辐睿智配——全球分子影像全自动配药行业开拓者”、山西大学的“樱味——农产品生态品牌年轻化的致富梦”项目获亚军。山西大学的“三晋大地的馈赠——靶向抗肿瘤生物导弹:谷糠蛋白FMBP”、山西医科大学的“秸秆塑化膜”、太原理工大学的“‘童心圆’留守儿童帮扶行动”项目获季军。

25日 中国铁路太原局集团有限公司在太原南站举行“坐火车·游山西”2019山西全域旅游铁路行主题推介会,首发“长城号”主题旅游列车。

25日至28日 以“弘扬中华传统文化科技让文物活起来”为主题的太原市数字文物体验展在法国圣但尼市展出。展出项目包括晋祠数字文物体验展和天龙山石窟数字复原展。

26日 全国退役军人工作会议在北京召开。太原市公共交通控股(集团)有限公司职工冯黎明、大同市广灵县养丽食用菌种植合作社理事长高养利、长治市唯美诺双创科技园有限公司董事长杨红涛等11人获“全国模范退役军人”称号。吕梁市退役军人事务局、大同市光荣院获“全国退役军人工作模范单位”称号。晋中市军队离退休干部第二休养所所长张文丽、吕梁市退役军人事务局政策法规和权益维护科科长张文艳获“全国退役军人工作模范个人”称号。

27日 中国规模最大的青铜专题博物馆——山西青铜博物馆正式开馆。

29日 楼阳生主持召开省政府第42次常务会议,研究能源革命综合改革试点行动方案、参与“一带一路”建设、医药卫生体制改革、数字经济发展、清洁取暖等事项。

30日 全国农作物病虫害绿色防控现场会在运城市召开。

山西省2019年文物建筑认养南部片区推介会在运城河津市举行。河津市第四中学校、山西唐人居古典家居文化有限公司等10家企业和集体与认养的河津市关帝庙春秋楼、仓头伯王庙等10处文物建筑所有人签订认养协议。

8月

1日 骆惠宁对党史方志工作批示。强调新时代党史方志工作要有新气象、新作为。

太原市首个垃圾分类示范小区——小店区滨东花园,开始实施垃圾分类定点不落地的投放。

2日 全省“人人持证、技能社会”推进会暨首届全省职业技能大赛启动仪式在中国(太原)煤炭交易中心举行。

山西首家退役军人创业企业“山西猛虎保安服务集团退役军人服务站”在太原挂牌成立。

5日 楼阳生在太原会见尼泊尔驻华大使利拉·马尼·鲍德尔。

6日 由山西芮城县和风陵渡经济

开发区推动的西北塑料发展论坛暨西北塑料交易中心平台上线发布会在芮城风陵渡经济开发区召开。

8日至10日 中共中央政治局委员、国务院副总理孙春兰到山西调研,她强调要精准施策注重实效,做好健康扶贫、教育扶贫工作。

8日至18日 第二届全国青年运动会(二青会)在山西举办。8日,开幕式在山西体育中心红灯笼体育场举行。中共中央政治局委员、国务院副总理孙春兰出席开幕式并宣布开幕。骆惠宁致欢迎辞,二青会组委会主任、国家体育总局局长苟仲文致开幕词。二青会组委会执行主任楼阳生主持开幕式。18日,二青会举行闭幕式,由苟仲文致闭幕词,骆惠宁宣布闭幕。交接仪式上,青运会会旗转交给2023年承办第三届全国青年运动会的广西壮族自治区政府。

由国家体育总局主办的"体育强中国强——庆祝中华人民共和国成立70周年体育事业发展成就展"在山西体育中心主体育场开展。

12日 楼阳生主持召开省政府第43次常务会议,研究退役军人服务保障、户籍制度改革、政务信息化建设、国土空间规划、职业技能培训、扶持农业龙头企业发展等工作。

14日 国家技术转移西北中心运城分中心、丝绸之路经济带技术转移中心运城分中心在运城科技大市场揭牌。

15日 全省中药饮片生产经营企业质量安全承诺大会在太原召开。全省24家中药饮片生产企业和270家药品经营企业法定代表人参会并签订《药品生产质量安全公开承诺书》。

中华健康快车"中国石化光明号"扶贫助盲活动在长治市安康小区启动。

16日 自然资源山西省卫星应用技术中心获自然资源部批准建设。

17日 2019年山西省省级田头市场示范点竞演活动在省农业农村厅举行。吉县超正果业有限公司、云州区汇丰农贸市场有限公司、临猗县荣光果品种植专业合作社等获省级田头市场示范点。

山西转型综改示范区站2019海外项目中国行暨"融智全球"计划在山西综改示范区科技创新孵化基地中国山西留学人员创业园举行。

太原爱尔眼科医院牵头,太原市31家医院参与组建的"太原市眼科联盟"在太原成立。

19日 第十五届精神文明建设"五个一工程"表彰座谈会在北京召开。山西省申报的电视剧《右玉和她的县委书记们》、舞剧《吕梁英雄传》和与福建、宁夏共同申报的广播剧《闽宁镇》3部作品获优秀作品奖。

19日至20日 中共山西省委十一届八次全会在太原举行。会议从七方面对推进从严治党作出部署。

20日 省国资委召开省属企业处置"僵尸企业"培训会议。

21日 骆惠宁在太原会见德国社会民主党代理主席君贝尔一行,双方就共同关心的能源革命等问题进行交流。

23日 晋陕豫黄河金三角区域税收合作联席会议在河南省三门峡市召开。

23日至25日 2019(山西·杏花村)比利时布鲁塞尔国际烈性酒大奖赛在吕梁汾阳市举行。山西汾酒股份公司生产的40度清纯玫瑰汾酒获金奖。

2019中国(太原)创业加盟博览会暨新零售新物流高峰论坛在中国(太原)煤炭交易中心举行。

24日 全省首家"沙棘博览馆"开馆暨"棘时购"电子商务平台上线运营仪式在晋中市经济开发区举行。

26日至30日 楼阳生率山西省政府代表团对日本进行友好访问,推动山西与日本经贸、文化和友城交流合作。

28日至31日 第七届亚洲粉煤灰及脱硫石膏处理与利用技术国际交流大会在朔州市右玉县举行。

29日 平遥煤化(集团)有限责任公司董事长兼总经理郭兴银、亚宝药业集团股份有限公司董事长任武贤、水塔醋业股份有限公司董事长武峥兴获中央统战部、全国工商联等遴选的"第五届全国非公有制经济人士优秀中国特色社会主义事业建设者"称号。

"智慧城轨服务你我·2019年5G时代智慧轨道交通"研讨会在太原举行。期间,举行太原地铁5G联盟成立仪式和联合实验室揭牌仪式。

新版山西省系列标准地图正式上线发布。

29日至31日 以"品牌山西·享誉中华"为主题的2019山西品牌中华行(贵阳站)活动,依托2019中国(贵阳)生态高效畜牧业交易会,在贵州贵阳国际会议展览中心举行。

9月

1日 韩国旅行商山西考察推介会在太原举行。推介会上,中韩8家旅行社代表现场签订推进双方交往与交流的战略合作协议。

2日至8日 以"能源革命看山西"为主题的第十四届全国网络媒体山西行活动在太原、阳泉、晋中、晋城、长治5市开展。

3日 2019阿里云"数字中国行·晋城峰会"在晋城市举行。正式发布晋城市与阿里云共同打造的智能办公平台、晋来办、12345市长热线"一号通"、晋e通等四项数字晋城最新建设成果;晋城市文旅局、农业农村局、金融办、能源局分别与阿里巴巴集团、阿里云智能西北大区、蚂蚁金服集团、高德软件有限公司签署《数创未来——产业转型升级深化战略合作协议》。

4日 文化和旅游部发布关于公示首批国家全域旅游示范区名单的公告,洪洞县、阳城县、平遥县入选。

5日 国务院新闻办公室为庆祝新中国成立70周年举行省(区、市)系列新闻发布会。首场新闻发布会是山西专场举行。中共山西省委书记、山西省人大常委会主任骆惠宁,中共山西省委副书记、山西省人民政府省长楼阳生围绕"争当能源革命排头兵 开创转型发展新局面"作介绍,并答记者问。

第七届全国道德模范座谈会在北京举行。山西省李廷俊(吕梁市中医药研究院名誉院长)入选全国敬业奉献模范。陈秀苗(女,太原市晋源区晋源街道南街村党支部书记)、常明昌(山西农业大学教授)、石建华(忻州市原平市人大常委会原副主任、原平市爱心助学站站长)、李俊伟(晋中市太谷县"鑫炳记"第五代传承人、太谷县鑫炳记食业有限公司总经理)、王建经(长治市沁县市政园林管理中心园林管护队员工)、石双砚(晋城市阳城县北留镇郭峪村村民)、张美静(女,临汾市翼城县西阎镇堡子村村民、翼城县职业中学学生)、宋乔(运城市盐湖区紫薇香河湾小区居民、重庆交通大学在校研究生)入选全国道德模范提名奖。

6日 江铃重型汽车有限公司在苏州交付7辆全球首款L4级全时无人驾驶纯电动重卡Q-truck,标志着江铃重汽已成为国内商用车市场无人驾驶技术的引领者。

6日至8日 首届中国东西方古堡对话活动在晋城市举行。晋城市政府与立陶宛共和国驻华大使、乌克兰驻华使馆外交官、匈牙利驻华使馆外交官共同发布东西方文化交流《晋城宣言》。晋城市文旅局与山西大学历史文化学院、太原理工大学建筑学院签署文旅合作协议。

7日至8日 第六届中国大同·车河国际有机农业论坛在大同市和灵丘县两地举行。

首届"一带一路"法显文化国际交流高峰论坛在法显故里——长治市襄垣县举行。

8日 以"唐风晋韵·激情太马"为主题的2019太原国际马拉松赛举行。

9日 骆惠宁主持省委第132常委会,会议学习贯彻中央全面深入改革委员会5月29日通过的《关于在山西开展能源革命综合改革试点的意见》,并审议通过山西相应的举措文件。

省国资委在厦门举办山西省属国企混改项目专场推介会。此次推介会优选137个混改项目,涉及资金380亿元。推介会现场,14个项目达成合作意向,2个项目现场签约,涉及资金超过30亿元。推介会前的7日至8日,楼阳生会见塞尔维亚副总理兼贸易旅游和电信部部长拉希姆·利亚伊奇一行以及卡塔尔国务大臣艾哈迈德·穆罕默德·萨伊德一行。

10日 省政府批复同意设立静乐现代农业产业示范区,纳入省级开发区管理序列。

省政府新闻办举行公共法律服务"三台融合"新闻发布会,发布全省公共法律服务实体平台、热线平台和网络平台"三台融合"情况。

11日 全省退役军人工作会议召开。荆保山(运城市平陆县国有林场退休工人)、姜宝举(大同市公安局刑事侦查支队支队长)、王艳兵(山西老兵代驾出行汽车服务有限公司总经理)、杨河芬(大同市人社局派驻天镇县张西河乡许家窑村第一书记)、武钢(山西学雷锋志愿服务总队队长)、张国林(临汾市安泽县公安局交警大队女子岗班长)、赵海生(中铁十七局五公司退休职工)、肖耀武(汾阳监狱狱政科科长)、陈建国(芮城县祥合福物业服务有限公司经理)、马晋章(山西祥达后勤服务集团股份有限公司董事长)等10人获山西"最美退役军人"称号。

12日 中国邮政集团公司山西省分公司开通太原至美国芝加哥国际航空直达邮路,这是山西邮政首次开通国际航空邮件直封业务。

16日 山西省能源革命综合改革试点动员部署会在太原召开。会议深入贯彻"四个革命一个合作"能源战略,强调抓好"八个变革,一个合作",全面推进能源领域改革创新。

省工商联召开"2019山西民营企业100强"发布会,发布2019山西民营企业100强、山西民营企业制造业20强、山西民营企业服务业20强榜单和百强民企分析报告。

16日至20日 山西(运城)第二届特色医药交易博览会(医博会)在运城举行。签约13个重大项目,涉及中药材种植及深加工、现代医药等领域,总投资36.72亿元,其中亿元以上项目9项,总投资35.30亿元。

以"走丝绸之路,促合作共赢"为主题的2019年山西品牌丝路行(南美站)活动在巴西、乌拉圭、阿根廷3国举行。

17日 省供销社与省农行在太原举行供销系统委托资产批量转让签约仪式。此次签约,标志着全省供销社系统在省农行遗留多年的政策性财务挂账彻底核销。

19日 山西中部盆地城市群一体化发展推进会在太原以视频连线方式召开。骆惠宁出席并讲话。

由省委组织部、省委宣传部、省民政厅指导,《山西日报》主办的2019年度"山西最美社区干部"评选揭晓。康海金(太原市万柏林区小井峪街道闫家沟社区党委书记)、高秋平(阳泉市城区上站街道德胜街社区党委书记、居委会主任)、沈媛(大同市平城区开源街道民和社区党支部书记、居委会主任)、吴志花(朔州怀仁市海北头乡同仁家园社区党支部书记、居委会主任)、田会涛(忻州原平市北城街道城西社区党委书记)、严学慧(晋中市榆次区安宁街道龙湖社区党总支书记、居委会主任)、田煦荣(吕梁孝义市崇文街道崇北社区党支部书记、居委会主任)、崔永明(长治市潞州区延安南路街道淮海社区党委书记)、刘会元(晋城市城区西街街道北大街社区党支部书记)、王丽君(运城市盐湖区东城街道学苑社区党支部书记、居委会主任)10位获评2019年度"山西最美社区干部"。

19日至22日 第三届山西（汾阳·杏花村）世界酒文化博览会（酒博会）在吕梁市汾阳杏花村经济技术开发区中国汾酒城举行。酒博会由吕梁市政府、中国酒业协会主办,以"举杯汾阳 品味世界"为主题,吸引来自世界各地的650家酒类企业参展参会。

20日 省政府印发《山西省加快5G产业发展的实施意见和若干措施》,提出加快5G网络部署等20项任务,针对选址难、入场难、用电成本高,出台16项具体保障举措。

工业和信息化部网络安全产业发展中心和山西省互联网协会共同发布的《2019年山西省互联网企业20强发展报告》,山西综改示范区18家企业上榜,龙采科技、乐村淘、晋商行科技3家企业位列前三。

22日 全国博物馆高质量发展论坛在太原举行。论坛由山西博物院主办,来自省内外的62个省级博物馆、纪念馆馆长以及相关专家参加。山西博物院同时推出"传承百年,守正创新——山西博物院成立100周年特展""百代标程——董其昌书画艺术展""山鹰之子——安第斯文明特展"3个展览,并举办首次"博物馆之夜"活动。

22日至24日 由省委宣传部与运城市主办的山西运城第30届关公文化旅游节在山西运城举行。

23日 山西省社会科学院（山西省政府发展研究中心）与中国能源研究会在北京共同组织召开山西省能源革命综合改革试点专家咨询座谈会,邀请专家围绕《关于在山西开展能源革命综合改革试点的意见》和《山西能源革命综合改革试点行动方案》建言献策。

24日 农业农村部公布第九批"一村一品"示范村镇名单。山西省运城市临猗县庙上乡(冬枣)、吕梁市文水县胡兰镇保贤村(肉牛)、阳泉市平定县巨城镇半沟村(红薯)、长治市壶关县店上镇绍良村(旱地西红柿)、大同市阳高县罗文皂镇管家堡村(粽子)、忻州市代县胡峪乡望台村(白水杏)、晋中市和顺县横岭镇翟家庄村（肉牛)、临汾市乡宁县枣岭乡湾里村(花椒)、晋城市沁水县土沃乡南阳村(农业观光、康养旅游)等9村镇入选。

24日至27日 中俄检察业务研讨会在太原举行。研讨会由最高人民检察院主办、山西省人民检察院承办。最高人民检察院及山西、新疆、内蒙古、黑龙江、山东、浙江义乌等省市检察院代表组成的中方代表团与俄罗斯检察代表团参会研讨。双方在提高信息技术、加强国际合作、打击犯罪、保护投资企业合法权益等方面达成共识。

25日 由中共中央宣传部、中共中央组织部等9部委联合主办的"最美奋斗者"表彰大会在北京人民大会堂举行,278名个人、22个集体获授"最美奋斗者"称号。其中,山西籍人士申纪兰、郭兰英、任红梅、苏宁(1953~1991)、马六孩(1916~1998)、李培斌(1965~2015)、卫兴华、刘铭庭、李桓英、贺星龙10人获授予"最美奋斗者"称号

首届中国(运城)农民楹联大赛颁奖典礼在万荣县李家大院举行。

26日 省政府举行新闻发布会,公布2019年山西省工艺美术大师评选结果。全省有27人获授"山西省工艺美术大师"称号。其中,太原市1人(王卯全)、大同市3人(李乃航、张世海、师懋勤)、朔州市1人(麻渊)、阳泉市3人(古林子、冯金兰、胡奔校)、吕梁市1人(李晓斌)、晋中市7人(李雅明、梁晓明、张俊娟、胡泳强、庞晋斌、温建明、梁卫国)、长治市4人(任现林、史延林、栗联斌、裴艳清)、临汾市3人(吴志文、赵翠莲、张兆水)、运城市4人(梁杰、马静、韩瑞来、吕仁义)。

27日 2019山西粮食产销衔接会在太原举行。山西省粮食和物资储备局与北京、天津、山东、陕西、吉林、黑龙江等6省市粮食和物资储备局签订省际产销合作协议。

28日 2019中国苹果年会暨山西吉县苹果品牌发展高峰论坛在临汾市吉县东城乡社堤村苹果小镇举行。其间,吉县县政府与山西农业大学、西北农林科技大学签订院县共建协议。多家公司、超市进行吉县苹果产销对接签约,共达成合作意向6000余万元,现场签订采购协议850万元。

山西文旅醋都小镇建设工程在太原市清徐县启动。该工程由山西文旅集团与清徐县共同建设,总投资约55亿元。

29日 中华人民共和国国家勋章和国家荣誉称号颁授仪式在北京人民大会堂举行。山西籍申纪兰获"共和国勋章"、卫兴华"获人民教育家"国家荣誉称号、郭兰英获"人民艺术家"国家荣誉称号。

29日至10月3日 骆惠宁主持召开十一届省委第134次常委会议,传达贯彻中央第二批"不忘初心、牢记使命"主题教育推进会精神,听取全省深化党政机构改革总结情况汇报。

第六届中国(山西)特色农产品交易博览会在山西省农产品交易中心举办。2019年山西农产品区域公用品牌(省级、市级)、功能农产品品牌评选结果在第六届中国(山西)特色农产品交易博览会上揭晓。确定山西

高粱、山西荞麦和山西马铃薯3个品牌为省级农产品区域公用品牌；确定娄烦山药蛋、浑源正北芪、右玉羊肉等11个品牌为市级农产品区域公用品牌；确定"华建诚鑫"压榨一级亚麻籽油、"九州香"富硒小米、"胶芪"阿胶饮料等20个品牌为山西功能农产品品牌。

10月

5日 中国高分十号卫星在太原卫星发射中心由长征四号丙运载火箭发射。

8日 2019年中国北京世界园艺博览会（北京世园会）颁奖典礼在延庆举行，山西园获中华展园金奖、山西展区获中国省区市展区金奖。

9日 以"智享文旅·数聚未来"为主题的2019数字文旅融合创新发展大会（山西）在太原举行。

10日 山西省打造"六最"营商环境、建设服务型政府的政务信息化标志性项目"一部手机三晋通"App上线运行。楼阳生出席启动仪式并讲话。

2019航空工业全国"通航日"主题论坛暨山西通航发展高峰论坛在太原举行。期间，16个具有引领性、示范性和带动性的项目签约，其中投资合作类项目6个、总投资额91.70亿元，贸易类项目1个、贸易额1580万元，战略合作框架协议5个、购买服务类项目1个，技术合作类项目3个。论坛现场启动山西飞行营地网络总规划和建设推广计划，签约"山西省飞行营地项目"。

10日至19日 第三届平遥国际电影展举行。

11日 2019年山西省脱贫攻坚奖表彰大会暨先进事迹报告会在太原召开。会议表彰2019年全省脱贫攻坚先进集体30个和先进个人80名，其中30个集体获"组织创新奖"，80名个人中获奋进奖20人、贡献奖20人、奉献奖20人、创新奖20人。

晋中市榆次区国有乌金山林场、太岳山国有林管理局七里峪林场、太行山国有林管理局禅堂寺林场、古县国有林场获中国林场协会首批"中国森林康养林场"称号。

11日至12日 第二届中国（祁县）玻璃器皿博览会暨"一带一路"中小企业特色产业产品交易会在晋中市祁县红海玻璃文化艺术园举行。

11日至13日 2019尧城（太原）国际通用航空飞行大会在清徐尧城举行，系山西首次以通用航空为主题的高规格综合性航空展会。大会以"建通航示范强省、拓转型发展新空"为主题，组织开展山西通航发展高峰论坛、特技飞行表演、航空体育表演、飞行器静态展示、航空文化科普展、山西特色航空展等11项活动。

12日 楼阳生主持召开省政府第47次常务会议，研究加强新时代退役军人工作、企业技术创新、清理拖欠民营企业中小企业账款、支持互联网物流平台企业发展等事项。

14日 山西怀仁联顺玺达柴沟煤业有限公司、中煤平朔集团有限公司井工一矿、山西东江煤业集团有限公司入选国家安全监管总局确认的第七批一级安全生产标准化煤矿名单。

15日 省政府印发《关于加快推进农业机械化和农机装备产业转型升级的实施意见》。

黄河一号、长城一号、太行一号旅游公路建设首批建成路段启用仪式和现场推进会在晋城市沁水县举行。

山西医科大学李思进教授指导的"辐睿智配——全球分子影像全自动配药行业开拓者"项目获得第五届中国"互联网+"大学生创新创业大赛金奖和最佳人气奖。

16日 省政府批复同意设立隰县现代农业产业示范区，纳入省级开发区管理序列。

国务院核定并公布第八批全国重点文物保护单位名单，全国762处文物单位入选，山西入选79处。

全省双拥模范城（县）命名暨双拥模范单位和个人表彰大会在太原召开。会议命名太原市等58个双拥模范城（市、县），表彰省针灸研究所等96个双拥模范单位和邓江滔等95名双拥模范个人。

18日 2019中国化工学会年会在山东青岛市召开，年会揭晓第十一届"侯德榜化工科学技术奖"评选结果，山西2人获奖。其中，中北大学刘有智教授获"侯德榜化工科技成就奖"，太原理工大学李立博教授获"侯德榜化工科学技术青年奖"。

18日至20日 以"品牌山西·享誉中华"为主题的2019山西品牌中华行（厦门站）活动，依托第16届中国·厦门国际食品交易博览会（厦门食博会），在厦门国际会展中心举行。

19日 山西省贫困地区农特产品进机关、企业、学校、医院和军营的"五进"对接承销展会在太原举行。展会采取"展销结合"模式，全省58个贫困县、190余家贫困地区农特产品生产企业、5家大型电商企业、20名"第一书记"代言的上千种农特产品现场展销。展销产品包括小米、蜂蜜、核桃、土鸡蛋、手工挂面、黑花生、辣酱、梨干等各种农家美味和特色手工艺制品，现场达成采购协议金额超过1000万元。

20日至21日 2019乡村振兴（太谷）论坛在晋中市太谷县阳邑小镇举行。中央农办副主任、农业农村部副部长韩俊，楼阳生出席并讲话。全国各地涉农部门160余名代表参加。

21日 2019中德（山西）经济转型论坛在太原举行。该论坛是2019年太原能源低碳发展论坛重要活动之一，由省商务厅、德国莱法州经济部、比肯费尔德市政府共同主办，以"开放融合与产业升级”为主题。

21日至22日 中共中央政治局常委、国务院副总理韩正到山西调研指导工作。调研考察太钢不锈钢精密带钢有限公司、太原重型机械集团有限责任公司、山西省政务服务中心、太原汾河公园三期工程，参观在中国(太原)煤炭交易中心举办的2019能源革命展。

22日 由外交部、国家发改委、科技部、商务部、国家能源局和山西省政府共同主办的2019年太原能源低碳发展论坛在中国(太原)煤炭交易中心开幕。韩正出席开幕式，宣读国家主席习近平的贺信并发表主旨演讲。论坛以“能源革命国际合作”为主题，以“1+1+6”为主要活动形式。

24日 山西省与非洲东南部国家——马拉维投资合作洽谈会在太原举行。马拉维自然资源、能源与矿业部部长宾托尼·库塞拉一行3人，山西省发改委、省商务厅、省贸促会、省国资委、省工商联以及山西建设投资集团有限公司、山西建筑工程集团、太原锅炉厂、山西省五金商会等20余家企业、商会机构参会。

纪念中国少年先锋队建队70周年暨学习贯彻习近平总书记致中国少年先锋队建队70周年贺信精神座谈会在太原召开。林武参会并讲话。

24日至25日 蒙晋冀(乌大张)长城金三角合作区第六届联席会议在河北张家口市召开。

26日至28日 第九届山西省节能环保、低碳发展博览会在太原举行。

29日 山西省灵河高速晋蒙黄河大桥举行通车仪式。至此，灵河高速公路全线贯通，山西省高速公路网规划中的33个出省口中，与邻省互联互通达到25个。

省自然资源厅等组织的山西省2019年突发地质灾害应急演练在忻州市河曲县楼子营镇梁家碛村举行。

全省相对集中行政许可权改革现场推进会在晋城市召开，标志着山西省“一枚印章管审批”改革在各市、县及开发区全面启动实施。

11月

1日 全省大气污染防治工作电视电话会议召开。

1日至3日 第三届中国(山西)现代物流展暨装备制造业和信息化博览会在太原举行。展会以“智能制造、物流融通、信息助力”为主题。

2日至4日 首届中国(阳泉)国际专利技术与产品交易会在阳泉市举行。现场推介专利项目60余项，有10家参展企业与专利所有者达成合作意向，签订6份合作意向书。

3日 太原卫星发射中心长征四号乙运载火箭点火升空，以“一箭四星”方式将高分七号卫星及精致高分试验卫星、苏丹科学实验卫星一号、天仪十五号卫星“一大三小”4颗卫星送入预定轨道。

5日 第二届中国国际进口博览会太原市(上海)招商引资推介会暨长三角区域合作对接会在上海举行。浙江科明汽车配件有限公司、上海韵达货运有限公司、红星美凯龙等6家企业与太原市签约，涉及高端装备、现代服务业、家居、商贸物流、文创等行业，签约项目总金额228.40亿元。

6日至8日 2019中国绿色涂料涂装交流合作大会暨绿色涂料涂装成果展示会在太原举行。

7日 左权县、阳曲县、沁水县被交通运输部、农业农村部、国务院扶贫办联合命名为“全国‘四好农村路’示范县”。

首届国际食醋创新论坛在太原市清徐县举行。论坛由清徐县委、县政府主办，以“创新发展，国际交流”为主题。

7日至9日 省委十一届九次全会在太原举行。全会对全省学习贯彻党的十九届四中全会重大决策作出全面部署。

8日 国务院批复同意大同云冈机场对外开放。

2019年全国全域旅游工作推进会在河南召开，文化和旅游部正式发布山西获批成为全国第8个省级国家全域旅游示范区创建单位。这是文旅部组建后批准的第一家省级国家全域旅游示范区创建单位。

太原市举行聘任制公务员签约入职仪式，首批4名聘任制公务员分别在太原市交通运输局、行政审批服务管理局、促进外来投资局和大数据应用局正式上岗。

山西省企业联合会、山西省企业家协会联合发布2019山西企业100强，潞安集团以营业收入1775.42亿元排名第一；焦煤集团以营业收入1765.65亿元排名第二；同煤集团以营业收入1765.14亿元排名第三。

9日至11日 以卡恩·穆罕穆德·泰姆尔为团长的巴基斯坦青年代表团一行100人，到山西省交流访问。

10日 运城市平陆县“优之陆”区域公共品牌发布会在太原举行。发布会发布“优之陆”区域公共品牌、品牌标识LOGO、品牌宣传推广口号“优之优味，陆上珍菓”，举行特色农特产品推介展示、授牌首批企业使用品牌等活动。

10日至12日 第六届全国科技馆辅导员大赛总决赛在太原举行，山西省科学技术馆的张哲侨获得展品辅导赛一等奖最高分。

12日 楼阳生主持召开省政府第50次常务会议，研究技能人才培养、高铁外部环境隐患排查整治、相对集中行政许可权改革、中小企业发展、妇幼保健服务、特殊群体个人所得税减征等事项。

省政府批复同意设立云冈、定襄、岢岚、尧都经济技术开发区，纳入省级开发区管理序列。

山西省级双创中心——山西智创城(一期)建成，正式投运。

13日 农业农村部公布2019年中国美丽休闲乡村推介名单，山西有9个乡村入选。分别是：太原市迎泽区郝庄镇董家庄村、忻州市岢岚县宋家沟村、晋中市平遥县段村镇横坡村、阳泉市平定县岔口乡甘泉井村、晋城市阳城县润城镇中庄村、晋城市高平市东城街道办事处沟北村、临汾市安泽县府城镇飞岭村、临汾市乡宁县关王庙乡大河村、运城市永济市城西街道水峪口村。

14时35分，太原卫星发射中心长征六号运载火箭点火升空，以"一箭五星"方式将宁夏一号卫星(钟子号卫星)送入预定轨道。

14日 山西省财政厅、山西省林业和草原局、山西省银保监局联合印发《关于在全省开展政策性商品林保险的通知》，决定从2020年起在全省开展政策性商品林保险。

第十届"中华环境奖"颁奖典礼在人民大会堂举行。右玉县获城镇环境类优秀奖。

中国科学院无人机综合验证基地项目落地临汾市襄汾县。

14日至15日 省政协十二届十次常委会召开。会议围绕"加强汾河流域水污染防治，持续改善生态环境"专题议政建言。

15日 以"东西双向互济、陆海内外联动"为主旨的山东港口集团、中铁集装箱公司走进山西地区服务中西部客户推介会在太原举行。

由中铁十二局集团和山西建投四建集团联合体承建的重庆西站(重庆至贵阳铁路扩能改造工程重庆西站站房及相关工程)获"国家优质工程金奖(国优金奖)"，这是该工程继获"鲁班奖"后新获的又一项国家级大奖。

16日至19日 2019年中国国际轻型飞机公开赛暨全国轻型飞机锦标赛在大同北岳机场举行。这是中国首次举办国际性轻型飞机比赛。

17日 中国科学技术大学与山西省高校战略合作协议签约仪式在太原举行。中国科学技术大学分别与山西大学、太原理工大学、山西财经大学签署战略合作协议。

18日 山西省政府发布《山西省促进民营经济发展办法》，自2020年1月1日起施行。

20日 中国质量协会在广东珠海市召开2019满意中国年会暨全国市场质量信用体系建设交流大会，会上发布2019年全国市场质量信用A等(用户满意)企业名单，山西有11家企业入选。分别是：山西建投安装集团入选用户满意标杆企业，中国邮政集团公司太原市分公司、山西虹安科技股份有限公司、山西机械化建设集团有限公司、天脊煤化工集团股份有限公司、国网山西省电力公司山阴县供电公司、黄河万家寨水利枢纽有限公司入选用户满意企业；山西工业设备安装集团有限公司承建的"新建晋东南建筑业现代化园区"工程、山西建筑工程集团有限公司承建的"古交兴能电厂至太原供热主管线及中级能源站工程1#泵站"工程入选用户满意工程；山西广宇建筑劳务服务有限公司的"建筑劳务服务"项目入选用户满意服务。

2019年国家杰出青年科学基金申请人的最终评定结果公布，山西大学教授杨恒权、贾晓军，太原理工大学教授冯国瑞3位山西科技工作者榜上有名。申请的项目分别为乳液界面催化、量子信息网络与量子光学、遗留煤炭资源开采与灾害防控，获得资助金额均为400万元。

全国税务系统第一台集成业务平台系统的"智能微厅"在山西综改示范区阳曲产业园区率先投入使用。

20日至21日 "上海合作组织：迈向命运共同体"暨2019"一带一路"文化艺术交流合作国际学术研讨会在太原举行。

21日 百度云计算(阳泉)中心项目二期合作协议、山西(阳泉)自动驾驶车路协同示范区项目签约仪式在阳泉经济技术开发区举行。

22日 中国科学院发布《关于公布2019年中国科学院院士增选当选院士名单的公告》，山西太原理工大学赵阳升教授当选。

23日 "华夏古文明，山西好风光"山西旅游推介会在青海西宁举行。重点推介云冈石窟、五台山、平遥古城三大世界文化遗产景区以及雁门关、洪洞大槐树、皇城相府、云丘山、壶口瀑布、太行山大峡谷等重点景区；展出平遥牛肉、隰县玉露香梨、吉县苹果、双合成鲜花饼、闻喜煮饼、雁门清高苦荞茶等特产；展演非物质文化遗产蒲州梆子、特色面食技艺等。晋青两地旅行社、山西省房车协会还与青海省文化和旅游协会签订战略合作协议。

由中国传媒大学、国际旅游传播创意联盟发起创立的国际旅游传播大奖——2019博鳌国际旅游奖(TC奖)在海南琼海市举行的第四届博鳌国际旅游传播论坛上揭晓，山西有6个项目入选获奖。分别为：太原市获评"年度新文化旅游传播城市"，"大美中国·'乡'遇山西好风光"入选"年度文旅整合营销案例榜"，汾阳贾家庄入选"年度文旅小镇品牌榜"，《天下大同 大有不同》入选"年度宣传片榜(形象片榜)"，《皇城有戏》系列入选"年度短视频创意榜"，"华夏古文明 山西好风光"入选"年度传播口号榜"。

25日 骆惠宁主持召开省委全面深入改革委员会(省综改委)第十三次会议，听取《山西省全面深化改革进展情况报告》和《山西省民生领域改革进展情况报告》，审议并原则通过《关于建立山西省国土空间规划体系并监督实施的意见》《山西省残疾人联合会改革实施方案》《山西省计划生育协会改革方案》《山西省人民对外友好协会深化改革实施方案》。

山西省与京津冀地区联动发展工作座谈会在太原召开。会上,9个涉及旅游度假、地热综合利用、大数据产业等领域的项目签约,总投资额近200亿元。

希望工程臻心计划首个青少年心理健康指导服务中心在吕梁市兴县一二〇师学校揭牌投运。

26日 国务院批复同意建设山西晋中国家农业高新技术产业示范区。

首届中德(欧)智能制造产业发展论坛暨太原市尖草坪区、太原不锈钢产业园区招商引资对接会举行。

山西省离退休干部服务管理平台"山西老干部"上线试运行。

26日至27日 全省专精特新"小巨人"企业现场服务对接活动在长治市举行。活动现场对2019年首次认定的26家省级专精特新"小巨人"企业授牌;举行山西股权交易中心"专精特新板"开板暨首批14家企业挂牌仪式;发起成立"山西省专精特新企业金融服务联盟";建设银行山西分行、浦发银行太原分行、广发银行太原分行、长治银行为14家"专精特新板"企业授信1.09亿元。

28日 公安部在北京举行全国公安机关"枫桥式公安派出所"命名揭晓仪式。太原市公安局万柏林分局和平南路派出所、长治市公安局潞州区分局东大街派出所获命名。

国家林业和草原局公布第四批国家林业重点龙头企业名单。吕梁野三坡食品有限责任公司、山西天之润枣业有限公司、阳高县天顺种植养殖综合专业合作社名列其中。

全省尘肺病防治攻坚行动推进电视电话会议召开。

太原卫星发射中心长征四号丙运载火箭点火升空,将高分十二号卫星送入预定轨道。

29日 太原市住房公积金管理融入山西省住房公积金数据互联共享平台,率先在全省开通异地业务办理。

30日 中共中央决定,楼阳生任山西省委书记,骆惠宁不再担任山西省委书记、常委、委员职务。

山西省侨商联合会成立大会召开。会议选举产生山西省侨商联合会第一届理事会。

由中国城市报社等主办的2019中国城市大会在北京召开,发布2019中国城市品牌评价(地级市)前100名榜单(不含省会城市),授予全国11个市、县(区)"文旅融合特色创新示范市"。山西长治市(位列70名)、大同市(位列90名)入选品牌评价榜;朔州市获授"文旅融合特色创新示范市"称号。

12月

3日 省政府办公厅印发《关于全面提升旅游服务质量和水平的实施意见》。

山西农谷招商引资百香果项目在山西农谷大数据中心举行签约仪式。

4日 国务院新闻办公室举行新闻发布会,宣布首批国家农业高新技术产业示范区落地山西晋中和江苏南京。

山西省首届国家机关"谁执法谁普法"履职报告评议会在太原召开。

5日 山西省十三届人大第十五次会议在太原举行。会议接受楼阳生辞去山西省省长的请求,任命林武为山西省副省长,代理山西省省长。

省政府办公厅印发《关于进一步加强全省妇幼保健服务体系和服务能力建设的意见》。

《人民日报》理论版《深入学习贯彻党的十九届四中全会精神》专栏刊登楼阳生署名文章《健全充分发挥中央和地方两个积极性体制机制》。文章围绕学习贯彻党的十九届四中全会精神,深刻领会、认真贯彻落实"健全充分发挥中央和地方两个积极性体制机制"作了阐述。

5日至10日 第四届山西文化产业博览交易会在中国(太原)煤炭交易中心举行。5日,省委书记楼阳生等领导在博览会上巡视。博览会以"深度融合、创新发展"为主题,以"媒体深度融合、文化旅游融合、文化科技融合"为主线,突出"融、新、精、实"四个特点。

6日 中国山西—澳大利亚经贸投资合作推介交流会在澳大利亚文化之都墨尔本举行。推介会上,山旅集团与澳大利亚A and K股份有限公司签署战略合作协议;山西天之润枣业有限公司和澳大利亚爱可诺股份有限公司签订采购合同;山西杏花村汾酒集团有限公司和澳大利亚爱缇匹克巧克力有限公司签署合作备忘录。

在浙江大学CARD中国农业品牌研究中心等主办的2019中国农业品牌百县大会上,"中国农业品牌建设学府奖"揭晓,长治市农产品区域公用品牌"长治神谷"获2019年"优秀品牌案例奖"。

7日 太原理工大学航空航天学院(航空航天研究院)揭牌仪式在山西大学城举行。揭牌仪式后,举办"变革与发展"航空航天主题论坛、航空航天学院(航空航天研究院)授聘及签约仪式、全国高校模拟飞行锦标赛等活动。

在粮油市场报社主办的2019中国粮油财富论坛暨第九届中国粮油影响力公共品牌颁奖盛典上,"运城面粉"获第九届中国粮油影响力公共品牌。"山西小米"获"第九届中国粮油影响力公共品牌"。

8日 省政府办公厅印发《山西省深化公共资源交易平台整合共享实施方案》《山西省公共资源交易平台服务管理细则(试行)》。

9日 楼阳生主持召开省委常委会议,会议审议通过《关于在全省各市县开展相对集中行政许可权改革的实施意见》《山西省以数字政府建设为牵引进一步优化营商环境行动计划》《山西省关于落实〈国家积极应对人口老龄化中长期规划〉的实施意见》。

省政府宣布，晋中市部分行政区划调整，撤销太谷县，设立晋中市太谷区，行政区域管辖范围和政府驻地不变。

10 日 省政府印发《关于同意设立霍州经济技术开发区的批复》，同意设立霍州经济技术开发区，纳入省级开发区管理序列。

11 日 “山西小米”品牌上海推介会在上海浦东新区举行。推介会上，“山西小米”运营中心与上海市良友（集团）有限公司签订战略合作协议。

中国信通院智能物联网研究中心（阳泉）和阳泉大数据与智能物联网应用基地体验中心揭牌仪式在阳泉举行。

11 日至 13 日 中国（太原）煤炭交易中心 2020 年度煤炭交易大会（简称“太交会”）在太原举行。

12 日 山西省林业和草原局公布 2018 年山西省森林资源年度清查结果，全省森林覆盖率 22.79%。

由山西省林业科学研究院牵头，联合山西农业大学等 2 所高校、太原市林业科学研究所等 4 个研究机构、山西省林业工程技术公司等 4 个企业组织申报的“油松国家创新联盟”获批成立。

13 日 《山西省推动创新创业高质量发展 20 条措施》正式实施。

“山西青年智库成立大会暨 2019 年青少年思想政治引领专题论坛”在太原举行。

由中北大学作为牵头单位的国家重点研发计划“科技冬奥”重点专项“智慧冰雪场关键技术研究”项目启动会暨实施方案论证会在中北大学举行。

14 日 山西省法治政府建设汇报会召开，商黎光主持。中央依法治国办第二督察组组长何建中等出席，林武汇报全省法治政府建设工作情况。

由中宣部宣教局等主办的第三届社会主义核心价值观主题微电影征集展示活动优秀作品发布，山西省委宣传部选送的微电影作品《父亲的旱烟袋》《永远的山村》获二等优秀作品奖，《高原上的心愿》《马茹花》获三等优秀作品奖。

16 日 省委组织部公布“山西省青年拔尖人才支持计划”第七批入选名单，共 22 人入选，其中创新类 19 人，创业类 3 人。分别为：山西大学李剑锋、宋鹏，太原理工大学李立博、王孝广，山西财经大学李毅，山西农业大学张建海，太原科技大学楚志兵，中北大学王智，长治学院王志军，山西中医药大学柴智，山西省眼科医院张丽娟，山西省农业科学院郑军，山西省生态环境研究中心李超，太原植物园马洪双，太原钢铁（集团）有限责任公司张威，山西省考古研究所南普恒，山西艺术职业学院刘冬，山西画院邓媛媛，山西省举重摔跤柔道运动管理中心常永祥，圣点世纪科技股份有限公司张烜，临汾博利士纳米材料有限公司张泽芳，天镇县博诚蔬菜公司温军。

首届晋科智库论坛在太原举行。会议为首批省级科技创新智库试点单位和省级科技工作者状况调查站点授牌，为科技创新智库专家颁发聘书，为晋科智库联盟揭牌。论坛由山西省科协主办。

17 日 省政府印发《国家节水行动山西实施方案》。

省政府印发《关于推进健康中国·山西行动的实施意见》。《意见》明确总体目标、主要任务和组织实施。在主要任务部分，从全方位干预健康影响因素、维护全生命周期健康、防控重大疾病、推进中医药强省战略等四方面，实施 16 个专项行动。

全国第二十九个红色书屋揭牌仪式在朔州市朔城区图书馆举行。北京方圆红色文化中心向朔城区捐赠 1000 册红色书籍。

18 日 省政府办公厅印发《山西省推进有机旱作农业发展工作计划》。

怀仁市获由中国轻工业联合会与中国陶瓷工业协会下发的“中国北方日用瓷都”称号。

18 日至 19 日 全国妇联在山西开展“送温暖、三下乡”活动。

19 日 省委副书记、代省长林武到焦煤集团官地矿、省应急管理厅调研。他强调要扎实推动安全生产责任，为高质量转型发展提供坚实安全保障。

山西省 PPP 项目调处中心启动仪式暨“PPP 项目合同多元化解机制”主题沙龙在太原举行，山西成立全国首家 PPP 项目调处中心。

山西转型综改示范区“晋兴板”企业集中挂牌仪式暨融资对接路演活动在太原举办。

中国气象局五台山云物理野外科学试验基地揭牌成立。

20 日 全国焦化行业首家国家 AAA 级旅游景区授牌仪式在山西光大工业旅游示范园区举行。

22 日 山西省太谷县现代农业产业园获认定为第二批国家现代农业产业园，为山西省唯一获认定的国家级现代农业产业园。

第二届山西农谷海峡两岸农业科技论坛在山西农业大学举行。

24 日 国务院批复 24 个城市设立跨境电子商务综合试验区，太原市入选，成为“中国（太原）跨境电子商务综合试验区”。

中共中央宣传部、退役军人事务部、中央军委政治工作部联合发布 2019 年“最美退役军人”先进事迹，山西省退役军人张俊平荣列“最美退役军人”榜单。

农业农村部公布 2019 全国乡村特色产品和能工巧匠目录，山西省 26 项特色产品、10 位能工巧匠位列其

中。上榜的26项乡村特色产品包括特色种植产品7项:广灵小米、北董大蒜、曲沃葡萄、平遥酥梨、绛县大樱桃、安泽连翘、平遥长山药;特色养殖产品2项:沁水刺槐蜂蜜、晋城荆条花蜂蜜;特色食品9项:鑫炳记太谷饼、平遥长昇源黄酒、寿阳油柿子、寿阳韩愈茶食、代县黄酒、壶关郭氏全羊汤、闻喜煮饼、永济桑落酒、鲁因空心挂面;特色手工艺品8项:平定冠窑砂器、平定刻花瓷、河津琉璃工艺品、高平潞绸、蒲县柳编、临汾千层底手工布鞋、平定砂器、永乐桃木雕刻。上榜的10位乡村能工巧匠分别是:雁门民居营造技艺杨贵庭,响铜乐器闫改好,冠窑砂器张宏亮,刻花瓷张文亮,石刻、碑、匾等李志纲、李志鹏,传统手工布鞋侯天龙,黎侯虎高秋英,刘氏老鼓刘建军,郭氏全羊汤郭国芳。

25日 省政府印发《关于同意设立陵川生态文化旅游示范区的批复》《关于同意设立平顺生态文化旅游示范区的批复》《关于同意设立方山生态文化旅游示范区的批复》,同意设立陵川生态文化旅游示范区、平顺生态文化旅游示范区、方山生态文化旅游示范区,纳入省级开发区管理序列。

山西省文化和旅游厅举行"黄河人家、长城人家、太行人家"新闻发布会,发布全省首批175家"三个人家"评定名单。其中"黄河人家"55家,"长城人家"26家,"太行人家"94家。

27日 省政府办公厅印发《关于成立山西省数字政府建设、尘肺病防治攻坚行动、脱贫攻坚普查等3个领导小组的通知》,明确3个领导小组的主要职责及组成人员。

代省长林武主持召开省政府第53次常务会议,学习贯彻落实中央农村工作会议和全国扶贫开发工作会议精神,研究复制推广深圳前海蛇口自贸片区制度创新经验、消防安全、高速公路车辆通行费调整等事项。

山西省农业农村厅出台《关于进一步做好贫困农场脱贫认定及项目建设管理工作的通知》。

2016年至2018年度"赵树理文学奖"揭晓。李晋瑞的《中国丈夫》、王旭东的《复调婚姻》获长篇小说奖;苏二花的《社火》、杨晋林的《纸炮楼》获中篇小说奖;张暄的《解个手到底用多久》、浦歌的《羔羊》获短篇小说奖;张二棍的《入林记》、悦芳的《虚掩的门》获诗歌奖;刘勇的《鸟鸣唤醒的色彩》、指尖的《最后的照相簿》获散文奖;宁志荣的《薛瑄传》、王西兰、冯浩的《中国农民原贵生》、李景平的《流淌进一条河的文学行走》获报告文学奖;王姝的《文本与现实的重逢》、王朝军的《又一种声音》获文学评论奖;宋耀珍的《小镇的秘密·梦想家》获儿童文学奖;侯鹏的《隋唐系列之罗成》获网络文学奖。另外,孔令剑获文学新人奖;曹利军、任慧文获优秀编辑奖;刘慈欣、董群凭借长篇科幻小说《三体Ⅲ·死神永生》及电影剧本《战狼Ⅱ》获荣誉奖。

28日 山西大学、汾酒集团、汾阳市共建的山西大学杏花村学院(山西酿造产业研究院)揭牌成立。

"山西省区块链技术与产业创新发展论坛"在太原举行。

29日 "书香三晋·文化山西"山西省图书馆兴业银行分馆启动仪式在太原举行。

由中国残疾人事业新闻宣传促进会联合中国互联网新闻中心、新华网主办的"2019年度中国残疾人事业新闻人物"揭晓。山西省残疾人运动员高思恩获"2019年度中国残疾人事业特别提名新闻人物",爱心助残企业家张喜伟获"2019年度助残新闻人物"。

30日 15家企业在山西股权交易中心"企业创新板"集中挂牌。

山西省首家省级广告产业园区——山西慧源广告产业园区在朔州市举行揭牌仪式。

山西省运城盐湖高新区成为2019年中国产学研合作创新示范基地。

山西省2019年度流动文化设施配送暨文化资助项目展示系列活动在清徐县政府广场举行。

大张客专开通运营、大西动车全线贯通启动活动在太原、大同、运城三地同步举行,标志着山西构建纵贯南北、连接北京的快速客运通道迈出重要步伐。

31日 中央农村工作领导小组办公室、农业农村部、中宣部、民政部、司法部公布全国乡村治理示范村镇名单,山西省3乡镇30村上榜。其中,3乡镇为全国乡村治理示范乡镇:太原市小店区刘家堡乡、吕梁市汾阳市贾家庄镇、运城市夏县水头镇。30个全国乡村治理示范村为:太原市2个(晋源区晋源街道赵家山村、阳曲县黄寨镇录古咀村)、大同市2个(广灵县壶泉镇涧西村、浑源县西留乡宝峰寨村)、朔州市2个(朔城区张蔡庄乡峙庄村、平鲁区白堂乡西易村)、忻州市3个(岢岚县宋家沟乡宋家沟村、五台县豆村镇西营村、繁峙县光裕堡乡大木瓜村)、吕梁市3个(汾阳市栗家庄乡栗家庄村、汾阳市文峰街道建昌村、汾阳市三泉镇东赵村)、晋中市3个(榆社县社城镇社城村、榆次区北田镇张胡村、寿阳县平头镇黑水村)、阳泉市1个(平定县岔口乡甘泉井村)、长治市3个(上党区振兴新区振兴村、襄垣县古韩镇栗家岭村、沁源县沁河镇麻巷村)、晋城市3个(高平市原村乡良户村、阳城县北留镇皇城村、沁水县郑村镇侯村村)、临汾市4个(尧都区枕头乡枕头村、襄汾县古城镇关村、洪洞县辛村乡南段村、蒲县黑龙关镇黎掌村)、运城市4个(盐湖区龙居镇雷家坡村、河津市下化乡南桑峪村、夏县庙前镇西村、垣曲县皋落乡岭回村)。

(张爱明　高丽锋)

省情概览

A General Introduction of Shanxi Province

自然地理

【位置　面积】**位置**　山西省位于北纬34°34′~40°43′、东经110°14′~114°33′,属于内陆省份,在太行山与黄河北干流域峡谷之间,地处华北西部的黄土高原东翼,是首都北京的西部屏障。省境山环水绕,构成与邻省的天然分界。东隔太行山,与河北省毗邻;西、南跨黄河,与陕西、河南两省相望;北越长城,与内蒙古自治区接壤。在国家经济发展布局中,山西紧靠以北京、天津为中心的"环渤海经济圈",位于由山西、河南、湖北、安徽、湖南、江西组成的"中部六省"的最北端。

面积　山西省域轮廓呈由东北斜向西南的平行四边形,南北长682千米,东西宽385千米,总面积15.68万平方千米,约占全国土地总面积的1.63%,在全国各省(区、市)中列第19位。　(张　峰)

【地质　地貌】**地质**　山西省位于中朝准地台近中央部位,称山西断隆。北抵内蒙古地轴中部,南连秦岭褶皱系,西接鄂尔多斯台坳,东以太行山大断裂为界同华北地坳分开。山西断隆的中轴上,叠加有"S"形汾渭地堑系。山西境内地层发育较全,除上奥陶系上统、志留系、泥盆系、石炭系下统和中统缺失外,其余时代地层均有分布;尤其前寒武系和上古生界地层,在中国北方具有一定的代表性。山西境内岩浆岩类型多,分布较广泛,以侵入岩为主,特别是中生代侵入岩反映出多期次的特点,与许多内生矿产的形成有关,并有全国罕见的碱性岩类。

地貌　山西省地貌景观大体分为基岩山区、黄土高原山区、断陷盆地三大类型。主干山脉有:太行山、吕梁山、中条山、五台山、恒山、太岳山(霍山),多呈北东—南西向或近南北向展布。主要盆地由北向南依次为:阳高盆地、大同盆地、忻州盆地、太原盆地、临汾盆地、运城盆地、长治盆地。山地占全省总面积40%,丘陵占40.30%,平川和河谷面积仅占19.70%。全省北高南低,由东北向西南倾斜。省内最高点为五台山北台顶叶斗峰,海拔3058米;最低点在垣曲县西阳河与黄河汇流处,海拔180米;最大相对高差2878米。　(张　峰)

【气候】2019年,山西省平均年降水量为439.20毫米,较常年(468.30毫米)偏少29.10毫米(偏少6.20%),较上年偏少47.7 0毫米,为近10年来最低值。年平均气温为10.90℃,较常年(9.80℃)偏高1.10℃,较上年偏高0.20℃。从历年气温变化来看,为1961年以来第二高,近10年最高,比最高值(11℃,1999年)偏低0.10℃,与1998年、2006年、2017年持平。平均日照时数为2327.70小时,较常年(2448.50小时)偏少120.80小时。

主要气象灾害、气候事件　2019年影响山西省农作物生长发育的气象灾害及极端气候事件主要有高温、干旱、低温冷冻和连阴雨等。全省出现三次较强的干旱过程,分别是1月上旬至4月上旬,6月下旬至8月上旬和8月中旬至9月中旬。共有1002站次出现≥35℃的高温天气,较常年偏多403站次。夏季共有900站次出现≥35℃的高温天气,较常年偏多349站次。最高气温为42.70℃,7月28日出现在新绛。夏季,山西省冰雹、雷暴大风和短时强降水等强对流天气频发,其中冰雹发生69站次,对局地农作物造成较为严重损失。共发生暴雨90站次,较常年偏多23站次。其中9月暴雨站次最多。寒潮天气共出现787站次,主要在1月至5月和10月至12月,大同县出现寒潮天气最多。全省大范围寒潮过程有3次,出现在3月21日至3月23日、11月24日至26日、12月30日至31日,分别有106站、102站、74站出现寒潮天气,对农作物和经济林果等造成较重损失。9月上旬末到9月中旬,全省大部地区出现5天至12天的连阴雨天气,其中南部运城市部分地区达到10天以上,给山西省秋粮作物和经济林果带来不利影响,对房屋、路基和涵洞造成一定程度的损坏。全省有106个县市出现霾(3763站次)。57天以上区域主要集中在太原盆地、

临汾盆地、运城盆地，其中侯马（111天）、尧都区（105天）和盐湖区（95天）为全省霾出现较多县市。（杨　柳）

【土地资源】　截至2019年底，山西省土地总面积为1566.84万公顷。其中，耕地405.81万公顷，园地40.54万公顷，林地485.34万公顷，草地406.48万公顷，城镇及工矿用地89.72万公顷，交通运输用地28.16万公顷，水域及水利设施用地28.60万公顷，其他土地82.19万公顷。全省国有土地总面积为207.85万公顷，占全省土地总面积的13.26%。其中，耕地6.95万公顷，园地0.82万公顷，林地132.51万公顷，草地18.27万公顷，城镇及工矿用地22.11万公顷，交通运输用地8.74万公顷，水域及水利设施用地16.13万公顷，其他土地2.32万公顷。（王　颖　王　毅）

【矿产资源】　截至2019年底，山西省共发现矿产资源120种，其中，查明资源储量的有62种。保有查明储量居全国前十位的有30种，其中位居全国第一的为煤层气、铝土矿、镁矿、耐火黏土共4种，位居全国第二的为钛矿、蛭石、冶金用白云岩共3种，位居全国第三的为煤炭、铁矾土、珍珠岩共3种。主要矿种保有查明储量分别为：煤炭2708.61亿吨、铁矿38.89亿吨、铝土矿15.11亿吨，煤层气剩余经济可采储量为2172.79亿立方米。（王　颖　王　毅）

【水域资源】　截至2019年底，径流山西河流流域面积10000平方千米以上的河流有7条，按流域面积从大到小排列依次为黄河、永定河、汾河、滹沱河、漳河、卫河、沁河。其中，永定河、滹沱河、漳河、卫河属海河流域，余者属黄河流域。流域面积小于10000平方千米、大于5000平方千米的河流有5条，依次为冶河、红河、涑水河、清漳河、御河，除涑水河属黄河流域外，其余均属海河流域。流域面积小于5000平方千米、大于2000平方千米的河流有21条，依次为沙河、唐河、壶流河、昕水河、三川河、潇河、文峪河、南洋河、浊漳北源、丹河、朱家川河、绵河、昌源河、清水河、姚暹渠、黄水河、淇河、岚漪河、偏关河、浍河、浑河。其中，沙河、唐河、壶流河、南洋河、浊漳北源、绵河、清水河、黄水河、淇河、浑河属海河流域，其余均属黄河流域。流域面积小于2000平方千米、大于1000平方千米的河流有20条，依次为湫水河、乌马河、浊漳西源、县川河、清漳西源、蔚汾河、杨兴河、牧马河、十里河、恢河、屈产河、乌河、温河、岚河、涝河、洪安涧河、段纯河、白马河、磁窑河、杨家川。其中，浊漳西源、清漳西源、牧马河、十里河、恢河、乌河、温河属海河流域，其余均属黄河流域。流域面积小于1000平方千米、大于500平方千米的河流有50条。流域面积小于500平方千米、大于200平方千米的河流有144条。流域面积小于200平方千米、大于100平方千米的河流有204条。流域面积小于100平方千米、大于50平方千米的河流有451条。

按照行政区域来看，山西省各市域50平方千米及以上河流，忻州市最多达157条，太原市最少仅45条，其他市依次为：大同市106条、阳泉市35条、长治市104条、晋城市70条、朔州市85条、晋中市111条、运城市52条、临汾市129条、吕梁市129条；各县域50平方千米及以上河流，平鲁区最多为29条，大同市城区、矿区没有河流。

截至2019年底，山西省水面面积大于1平方千米的湖泊有6个，即晋阳湖、盐池、硝池、鸭子池、伍姓湖、圣天湖。（梁述杰）

【森林资源】　据2015年山西省第九次森林资源连续清查结果，山西省森林面积321.09万公顷，蓄积12923万立方米，森林覆盖率20.50%。全省国有森林面积129.02万公顷，占全省森林面积的40.18%；国有森林蓄积为8411.60万立方米，占全省森林蓄积65.09%。全省现有森林公园143处，其中，国家级25处，省级57处，市县城郊61处。全省现有国有林场211个。（贾向前）

【草原资源】　2019年，山西省共有山地草甸类草地、山地灌丛类草地、山地草原类草地、低湿草甸类草地、疏林草地类草地和暖性灌丛类草地六大草地类型。据20世纪80年代草地资源普查，全省天然草地总面积455.2万公顷，占全省土地总面积的29%。其中，面积在20公顷以上大片天然草地面积371.07万公顷，占天然草地总面积的81.5%；连片在20公顷以上天然草地中三等以上的草地面积260万公顷，占天然草地总面积的57%。截至2019年底，已开发利用的草地资源266.67万公顷，占天然草地总面积的59%。（贾向前）

【湿地资源】　根据2012年第二次全国湿地资源调查结果，山西省各类湿地总面积15.19万公顷，占全省土地总面积的0.97%。其中，河流湿地9.7万公顷，湖泊湿地0.31万公顷，沼泽湿地0.81万公顷，人工湿地4.37万公顷。全省现有湿地公园61处，其中国家级8处，国家级试点11处，省级42处。（贾向前）

历史变迁

【历史溯源】　山西省简称“晋”。系因春秋时期，山西大部分地区为诸侯国晋国领地。战国初（前476年），韩、赵、魏三家分晋，史称“三晋”，今亦用“三晋”称山西省。秦、汉、唐、宋几个朝代都曾在今山西境内置郡、道、路，称为“河东”，所以山西也有“河东”之称。明代在山西置行中书省，习称山西行省，这是山西省名的开始。又因山西在太行山之西，所以也称“山右”。太行与吕梁群山环绕，黄河半抱，汾水中流，诸水相间，共同孕育山西文化。

考古表明：远古时代，山西南部是人类初曙的起源地，运城垣曲的世纪曙猿化石，把类人猿的出现时间向前推进1000万年。旧石器时代，运城芮城县西侯度遗址发现人类用火痕迹,又将中国人类用火历史向前推进100万年。除去考古遗存外,山西运城地区流传着上古时期黄帝、炎帝大战于阪泉之野的传说,炎黄文化自此开始融合发展。尧舜禹时代,"尧都平阳,舜都蒲坂,禹都安邑",构建中华文明的早期城邦时代。位于今临汾襄汾县的陶寺遗址被确认为尧都旧地,很可能就是最早的"中国"。公元前2070年,夏朝建立,国家文明首先在山西大地上出现。商代时,山西地区是商朝"邦畿千里"之地的重要区域,方国、部落遍布。

西周初年(前1031),周成王姬诵分封同母弟叔虞于唐国,并将周王室子孙迁到唐地。唐叔虞死后,子姬燮(亦称姬燮父)继位,迁居到晋水之傍,故将国号改称"晋",是为晋侯燮。春秋时期,晋国一时强盛,晋文公为一方霸主。春秋末期,异姓卿大夫崛起,韩、赵、魏三家分晋,史学界以此作为东周时期春秋与战国的分界点。战国时期,韩、赵、魏三国皆属七雄之一,各自占有山西部分地区。魏国李悝变法、赵国胡服骑射,引领战国时期的改革风潮,并涌现出荀子、韩非子、猗顿等著名商人。

秦汉时期,山西郡县封国并存。汉初,山西地区曾主要为汉文帝刘恒始封代国时的封地。自西汉开始,北方匈奴、乌桓、鲜卑等族部分部落逐渐内附,主要安置在山西地区,山西成为民族融合的重要区域。魏晋南北朝时期,众多民族政权活跃在山西地区,鲜卑族北魏政权统一北方,在平城(今大同)立国98年,推进民族融合,奠定隋唐时期统一多民族国家的多元文化基础。北魏末年、东魏、北齐时期,晋阳被权臣、皇帝相继设为别都,权势大盛。此时,太原天龙山石窟、忻州五台山等地佛教文化蓬勃发展。

隋唐时期,山西为抗击北方突厥势力的前线,也是唐朝龙兴之地。唐朝几位帝王数次扩建晋阳城,并相继封其为"北都""北京",与京都长安、东都洛阳并称"三都""三京"。武则天、杨贵妃、诗人王维等历史人物成长于山西地区。五台山地区有中国现存最早的唐代佛寺建筑遗存。五代时期,山西成为沙陀族军阀割据之地。宋初,晋阳城遭到火焚水灌,化为焦土;太原城则被迁移至阳曲县唐明镇(今太原城所在地)。宋代山西地区为抗击北方政权的前线,晋北地区涌现出杨业、狄青、王彦等抗辽、抗夏、抗金英雄人物。太原城同样为北方地区重要经济、文化中心之一。

金国灭辽、北宋,统治山西地区,文化上涌现出元好问等著名文人,应县木塔等辽代历史建筑至今屹立。金元戏曲鼎盛,戏曲文化遗存丰富。元曲四大家,山西有其三,另有萨都剌堪称一代文杰。明代,山西地区为军事重镇,九边长城军镇独领山西、大同二镇,行"开中盐法",商业繁华。晋南地区成为移民集散地,洪洞大槐树下成为山西根祖文化的发源地。清代,涌现出"天下第一廉吏"于成龙、"康熙帝师"陈廷敬等著名历史人物。明清晋商崛起五百余年,祁县、太古、平遥地区成为清代中国金融业的核心区域,出现中国第一家票号,汇通天下,山西商贸生意遍布海内外,留有乔家大院、常家庄园等遗存。平遥古城为全国现存最为完好的清代古城之一。

抗战时期,山西是抗战前线,晋察冀根据地、晋绥根据地、晋察豫根据地成为重要的抗日根据地。中华人民共和国成立后,山西成为重要的能源基地,支持全国经济建设发展。新时代中国特色社会主义时期,山西开展国家资源型经济转型综合配套改革试验区建设,开始向新的历史阶段迈进。

(编辑部)

【建置沿革】 上古时期,尧、舜、禹建都晋南地域,除相关历史记载外,尧都已被考古发掘证实。夏启始建国家,山西便处于夏朝的统治中心。商朝,山西地区有唐等20多个方国。西周分封唐叔虞,成为晋国立国之始。春秋时期,晋国都城最早在翼(今临汾翼城),之后迁到新田(今侯马)。战国初期,韩、赵、魏三家分晋,占有今山西南部区域。占据山西北部部分地区的代国、中山国则被魏、赵攻灭。战国后期,韩、赵、魏三国相继被秦国灭亡。秦国统一天下后,在山西地区设立河东、太原、雁门、代、上党5郡。

西汉与东汉时期,郡国并存。西汉时山西有6郡,东汉时则被并州、幽州、冀州3州分割管辖,设有7郡。封国则相继有20多个。西汉中期设13州,并州刺史部管辖以晋阳(今太原)为中心的今山西大部地区,并州成为太原的别称之一。曹魏时期,山西西南部有司州管辖平阳、河东2郡,并州管辖太原、雁门等6郡,西晋时略有变化。西晋末年,盘踞在平阳的匈奴部帅刘渊建立前赵(汉赵)政权。后赵、代、后燕等多个部族政权在山西地区相继建国,割据一方。在代北地区,鲜卑拓跋氏建代国,割据云中(今山西大同等地),其政权成为南北朝时期北魏的前身。北魏政权在山西设有9州35郡,山西地区主要为东魏、北齐相继设州郡统治。

隋初取消郡,改设州,州设总管府。在山西设4州,最为重要的是并州总管府。隋代,并州已是全国性的大城市之一。大业初年(605),总管府、州皆废,山西设14郡。唐初先行州(郡)县二级建制,后演变为道统州(府)、州(府)统县三级制。唐朝,山西大部地区属于河东道,辖2府19州110县。主要由河中节度使、河东节度使、泽潞节度使各自管辖部分区域。五代初期,山西中北部为李克用占据。之后相继成为后唐、后晋、后汉的领土。五代后期,中北部为北汉所据,西南部为后周所据。

宋承唐制,实行道、州、县三级行政管理,宋太宗时,改为路、州、县三级。山西大部分地区属于河东路,治所在太原,辖3府、14州、8军、82县。西南部分地区属于永兴军路,辖1府1州10县。辽朝割据燕云十六州,其中包括有今山西大同地区,置西京道,辖1府3州15县。金国灭辽,继而灭北宋,山西被设置西京路、河东北路、河东南路管理,下设府、州、县三级。

元朝实行行省制,中央为中书省,山西为其一部分,下辖冀宁、晋宁、大同三路，其下再设州(府)县管辖。明初设府、州、县三级，山西为行中书省，下辖太原、平阳等5府，之后改设山西布政使司管辖，山西简称“山西行省”，下设6府3直隶州，山西北部另设山西行都司军管区。明清时期，太原设府城，晋阳旧地设太原县城。清承明制，重划府、州区划，山西省辖太原、平阳、汾州等9府，平定、忻州、代州等10直隶州，6散州，总共下辖85县。

中华民国成立后，山西为全国23省之一。民国二年(1913)改为省、县二级制，同年绥远地区脱离山西。山西省内设道，为省、道、县三级。分雁门、冀宁、河东三道，共辖105县。民国十六年(1927)，撤销道一级行政区。抗日战争时期，山西地区被划分为7个行政区，各有所属县。民国二十六年(1937)，侵华日军占领太原，山西省政府短暂迁往晋南地区。民国二十七年(1938)，7个行政区曾被调整为9个，次年又调整为4个。民国二十九年(1940)，行政区又被分为18个，有些为虚设。抗日战争胜利后，全省105个县中，有36县为解放区。1949年，太原、大同相继解放，原绥远省部分划归山西，全省行政辖区归于统一。

中华人民共和国成立初，山西设1市、7专区、92县、8市辖区、2工矿区。1952年底，调整为6专区、4地级市、103县、13市辖区、1镇。1958年，山西若干县市又有调整。从1960年至1966年，全省行政区划趋于稳定，分为5专区、4地级市、96县、10市辖区。1994年，行政区划为5地区、6地级市、14县级市、86县、18市辖区、1县辖区、519镇、1399乡、155街道办事处，合计11地（市)、118县（市、区)、1907乡(镇)。2003年，吕梁地区撤销行政公署，设立吕梁市。行政区划调整主要在撤乡并镇、撤县设区、设立县级市等方面开展工作。截至2018年底，山西省辖11个地级市，117个县(市、区)。 （编辑部）

【人文山西】 **上古传说** 传说女娲为中华始祖，山西晋中、临汾、晋城等地存有女娲遗址及纪念地。相传黄帝与蚩尤之战即在解州（今运城)，炎帝创农业于百谷山（今长治北)，尧建都平阳(今临汾)，舜居蒲坂(今永济)，禹处安邑(今夏县)，治水始于龙门(今河津)。

思想学术 战国时，魏国李悝主导变法，制定《法经》。荀子，安泽人，提出“人性恶”“制天命而用之”，是法家思想之始。子夏，系孔子高足，曾“为魏文侯之师”，在山西传儒学授弟子。魏晋重门第，学术以家族传承，太原王氏、闻喜裴氏等以学问名播数代。隋唐时，王通，万荣人，发扬儒家“仁”学及“王道论”，提出“不以天下易一民之命”的朴素人权理念。宋代，理学奠基人程颢在泽州(今晋城)为官兴学，一时山西书院发达，崇儒重学成风。宋代司马光，夏县人，著《资治通鉴》294卷，为中国首部编年体通史。明代薛瑄，河津人，倡“以气为本”“理只在气中”，开创理学龙门学派。明末清初学者傅山，太原人，将诸子与“六经”并列，冲破传统解读，对理学多有针砭。清初朴学兴起，重考据尚实用，太原阎若璩号称“清初汉学第一人”。其后，寿阳祁寯藻、五台徐继畬、平定张穆等均为知名学者，多有著述，徐继畬《瀛寰志略》影响尤大。

文学艺术 《诗经》中明确反映山西社会的有《唐风》12篇、《魏风》7篇。战国时晋盲乐师师旷，为当时杰出音乐家，多种古籍均有记载。山西出土的侯马盟书是先秦誓体文的实物样本。西汉女诗人班婕妤，娄烦(今朔州)人，当时就有盛名，是五言诗的创立者之一。隋唐诗歌繁盛，不同时期不同诗风多有山西籍诗人。初唐时，王勃、王绩均为龙门(今河津)人；宋之问，汾州(今汾阳)人。盛唐时，王维，祁县人；王之涣，并州(今太原)人，其《登鹳雀楼》流传甚广；王昌龄、王翰均为晋阳(今太原)人。中唐时，柳宗元，解州(今运城)人；卢纶，蒲州(今永济)人；白居易，并州人。晚唐时，温庭筠，祁县人；司空图、聂夷中均为河东(今永济)人。金元时，元好问，秀容(今忻州)人，是当时文坛领袖人物，无论诗词曲赋还是论证表疏，都为世人称赞。元代戏曲发展，泽州创立新的说唱形式诸宫调。元曲有四大家之称，其中三位出自山西。关汉卿，解州人；白朴，隩州(今河曲)人；郑光祖，襄陵(今临汾)人。关汉卿剧作《窦娥冤》成元杂剧代表。明代小说兴起，罗贯中，祁县人，著有《三国演义》。进入现代，以赵树理为代表形成文学上的“山药蛋派”。山西绘画历来不乏名家，但以壁画影响较大，最著名者为芮城永乐宫壁画。

宗教文化 山西宗教以释道为主。佛教西汉时期传入中国，魏晋时名僧有竺法济，大阳(今平陆)人；惠远，楼烦(今代县)人；法显，平阳(今襄垣)人，曾赴印度等地学佛计15年，为中国西行求经第一人；昙鸾，雁门(今代县)人，建交城玄中寺，创佛教净土宗。自晋以降，佛教有兴有衰，但绵延不绝，名僧迭出，寺庙遍及村镇，集中代表为五台山寺庙群。元代三次营建五台山，其时藏传佛教进入，五台山成为融藏汉佛寺于一山之圣地，中国四大佛教名山之首，为佛教四大菩萨之一大智文殊菩萨的道场。道教创于东汉末，隋唐流行于山西，李渊太原起兵曾利用道教符命之说。道教中八仙之一的吕洞宾，永乐(今永济)人，其神话传说流布全国。后道教渐衰，但山西境内尚有相当数量道教建筑遗存，知名者有芮城永乐宫、大同纯阳宫、平遥清虚观、太原纯阳宫。

建筑文化 山西建筑以古建闻名，金代以前木结构建筑106处，占全国同期建筑的70%。五台山佛光寺、南禅寺，芮城广仁王庙，平顺天台庵是全国仅存的唐代建筑。山西古建筑类别众多，包括殿、塔、桥、廊、戏台、牌楼、影壁等，有的是全国唯一。山西古建涵盖中国古代种种营造法式，多配以雕塑、壁画等艺术作品，是古代科技与艺术的结晶，有着极高的历史、科技与文化价值。

晋商文化 明代商业经济发展，

山西商人兴起,成为与徽商比肩的商业群体。晋商由从事贸易开始涉足中介,后又创立专营货币流通的票号,具备了现代金融业的基本性能,至20世纪初走向衰落,晋商从明至清活跃五百年。晋商吃苦耐劳,把握市场,勇于创新;晋商倡导职业道德、行业自律,讲信誉、重诚信,同业慎待相与;晋商讲究用人之道,创股俸制,强化人际互动;晋商重商崇文,注重子弟文化教育,商而优谋仕,有利于文化教育发展。晋商遗存无论是物质的还是非物质的都是文化财富。

民俗信仰 山西民间神灵信仰众多,最突出者为关公信仰。关公即关羽,解州(今运城)人,三国时名将,追随刘备开创蜀汉,屡建功勋,为时人所敬。后经《三国演义》等小说、评话、戏剧之艺术加工,成为妇孺皆知之英雄,"精忠贯日,义气参天"之代表。历代统治者屡次追封,并宣传其"显灵"圣迹,封号由侯、公、王至帝,清时已称"忠义神武关圣大帝"。各地多建关帝庙,奉为武圣,与孔子文圣齐名。佛道两教均引入关公为护法神。民间更有供奉其为武财神者。关公崇拜经千年传播已遍及世界华人圈。今运城关帝庙为武庙之冠。

饮食文化 山西地处的黄土高原在地质形成上早于华北平原,曾是动植物极繁盛之地。运城考古发现的西侯度文化表明,180万年之前已有人类生活,其用火遗迹表明已进入熟食时代。相传神农氏(炎帝)尝百谷教民耕作,古籍所载有禾、粟、稷、黍等。历史上山西是中原汉族与北方少数民族交接融合之地,故形成了独特的饮食文化,以面食为主。山西面食有三大特点:一为花样多,可以拉、削、拨、切、剔、流等,可做出近百种花样;二为用料多,小麦及各种杂粮均可做不同面食;三为吃法多,不仅可煮,还可炒、炸、焖、蒸、烩等,有十几种做法。除此外,还讲究浇头、菜码,从而使面食五味俱全,自有特色。一些面食品种(如花馍等)进入非物质文化遗产保护范畴。

山水文化 山西地貌多样,崇山深川平滩谷地形成各具特色的自然景观,壮丽山水。历代文人墨客、仁人志士途经游历,留下无数寄情抒怀的诗词歌赋,有的超越时空,长久流传,成为名篇名句。如"欲穷千里目,更上一层楼""清明时节雨纷纷,路上行人欲断魂""风在吼,马在叫,黄河在咆哮"等已是妇孺皆知。

红色文化 1924年,中国共产党就在山西建立组织。抗日战争时期,八路军进入山西,创建晋察冀、晋绥、晋冀鲁豫三大抗日根据地,至解放战争时期,山西都是中国共产党领导人民革命斗争的重要依托地,留下了大量的革命史实、革命传统以及活动遗址与纪念建筑。八路军总部设于山西,晋察冀根据地最早出版《毛泽东选集》五卷本,晋察冀《人民日报》系中共中央《人民日报》的前身;国际共产主义战士白求恩曾在山西工作;平型关战役、百团大战均在山西发生;左权、李林、刘胡兰、尹灵芝等一批英雄先烈牺牲于山西,革命历史形成了独具特色、内涵丰富的山西红色文化。

(编辑部)

【经济山西】 古代。山西远古就有先民生存,西侯度遗址180万年前的骨器与用火遗迹,表明原始生产活动。传说舜在河东作《南风歌》,"南风之时兮,可以阜吾民之财兮"体现对财产的关注。东周时晋地已有铁农具与耕牛,"弃责薄敛,施舍分寡。救乏振滞,匡困资无。轻关易道,通商宽农。懋穑劝分,省用足财。利器明德,以厚民性。"(《国语·晋语》)的经济政策撑起了晋国的霸业。秦汉至北朝,经济随社会平稳与战乱呈复杂态势。紧邻北方游牧民族,冲突与融合交错,农牧业并行发展,其西其北以牧为主,其东其南以农为主。各政权"以农立国",田制多次变动,井田制、屯田制、均田制曾为主要经济形式。晋地矿产资源丰富,开采冶炼铸锻诸行兴起,出现官办铸铁作坊。制盐业长盛不衰,盐税铁税是各时期当政者的重要收入。酿酒、制陶、榨油、造纸技术成熟,被贾思勰写入《齐民要术》一书。物资生产推动商贸,内地集市之外边境也有"通关市",从业者有民商也有官商。社会动荡、灾荒、民族融合及统治者的人为造成人口数量的大幅升降和居地的迁徙,北魏曾18次迁百万人于平城。

隋唐五代,晋地经济发展。官方主持兴修水利,唐河东道兴水利35次之多。绛州引汾灌溉1.30万余顷,成为唐代晋地最大的水利工程。北部牧业发达,唐曾专设官吏管理。谷物种植中水稻面积扩大,晋中以南汾涑流域良田亩产2石。上党地区农桑并重,经济作物种类增多。冶铁冶铜发达,铁制品优良,杜甫曾有"焉得并州快剪刀,剪取吴淞半江水"之句。铸钱为冶铜业主要部门,河东绛州、蔚州铸钱炉占天下之四成。煤炭使用普遍,已进入家庭烹饪。盐业技术改进,"蒲州安邑、解县有池五,总曰两池,岁得盐万斛,以供京师。"(《新唐书·食货志》),河东盐税占天下盐利二成。蒲州所造薄白纸成纸中精品。交通发展驿路完备,以晋阳(今太原)为中心形成贸易网络,晋阳人口达25万。

宋金元时,经济在破坏与恢复中循环。宋采洪水"淤田"之法扩大良田增加肥力;金诏令招募饥民办水利,在近水地区劝民稻麦轮作,颁"捕蝗图"督促抗灾。宋用"保甲养马"法保障牧业,农牧业生产一度有较大发展。元时虽引进不少蔬菜及经济作物新品种,但由于对农业欠重视,大量占田充牧场,加之王公封地,寺院占地,灾荒屡发,至元末农业终至凋敝。盐业一直是朝廷主要收入,宋金元在盐业管理上政策不断变化,除官办外对民间盐业运销先后有"交引法""盐钞法""钞引制"的政策。各种手工业继续发展。金代平阳成为山西印刷业基地,平阳所刻印书籍称平水版,仅至今尚有精品存世。元时纺织业以官办为主,在晋宁路、冀宁路设织染提举司,在云内州、大同县、朔州等处设织染局专司其业。西域商人来华活跃,带动商贸,晋地税务关口就有太原、汾州、平阳、洪洞、河中、潞州、大同七处,《马可·波罗游记》中记述太原、平阳、蒲州等城市商品丰盛诸业繁华。

明清两朝，山西经济缓慢发展。明初轻徭薄赋，鼓励垦荒，大兴屯田，山西因灾荒而多次获减租赋，致民心稳定，百业恢复，耕地增加，人口增多。朝廷数次组织从山西移民。明中期之后，朝政腐败，赋税加重，天灾频仍，山西农业趋于衰败。清始，土地被分为官田、民田两类，被圈占之地称“旗地”，是官田的主要成分。后随垦土辟荒及“旗地”转化，民田日增，曾达5000多万亩，但土地兼并严重，土地多集中于大地主之手。清推行“摊丁入亩”税法，加重个体农户负担，山西曾激起民变。明清均倡导官员重农桑，官员多主持督办水利，但地理原因，山西水田最多达300万亩，仍只占耕地60%。煤铁生产明清均先以官办为主，后开民营，明时天下官营冶铁所13处中山西占5处。煤业形成平定、玄冈(今轩岗)、阳曲、大同四处集中之地。潞州缫丝业延续，最盛时长治、潞州、高平织绸机达万张。明时晋商崛起，缘于接近北方边地及本土田少人稠的状况，山西商人从供应边防军队粮食以换取贩盐权开始，发展成经营粮食、木材、茶叶、布帛、铜铁、皮革等诸多物资的商人集团，其商路从江淮湖广至内外蒙古、俄罗斯、朝鲜等地，清达到鼎盛。道光年间，晋商创办票号，以金融票据形式，取代几千年商贸以金银支付的不便，具有了现代银行的某种性质。至晚清，山西票号经营额达七八亿两白银，业务“汇通天下”，晋商富甲天下。

近代。晚清洋务运动影响山西甚晚，19世纪末出现近代工业，但资金缺、管理差、举步维艰，稍好者为官办转民办的火柴局和官办机器局，在山西经济中无足轻重。活动400余年的晋商因列强入侵、太平天国、义和团动乱以及自身保守等原因受创而至衰败，山西经济下滑。辛亥革命后，阎锡山以振兴农业为首，推行六政三事，六政为水利、种树、蚕桑、禁烟、剪发、天足，三事为种棉、造林、畜牧。十多年后的1936年，山西粮产336万吨，棉0.30万吨，油料4.50万吨，水果117.35万吨，大牲畜212.90万头，皆名列全国前茅。凭一省财力物力建成同蒲铁路，时全国共建铁路3727千米中山西占1000千米。成立西北实业公司发展工业，至抗战前，公司总资产达2亿银圆，通过改旧与建新使企业达33个，包括采矿、冶炼、电力、机械、化工、纺织等主要工业门类，员工2万余人。其中煤炭年产427万吨，占全国煤产量的13%。1937年后日军侵入，山西主要工业资源皆落敌手。抗日军民在艰苦斗争中仍抓生产建设，为抗战积蓄财力物力，其中尤以太行根据地为模范。

现代。1949年后，山西经济进入历史新阶段。拥有土地的农民迫切要求发展生产，1950年，长治地区试办10个农业生产合作社，成为全国农业合作化的领先者。阳高县大规模水土治理，其经验1956年被收入中共中央办公厅所编《中国农村的社会主义高潮》一书。昔阳县大寨村抓农田基本建设，改造农村面貌的事迹受到省委、中央的肯定，1964年中央发出“农业学大寨”号召，大寨经验影响全国。限于自然条件，相比各地，山西主要农业经济指标较长时期仍处全国中游。经过社会主义改造，山西国有资源型工业迅速加强，国家加大重化工产业布局，采矿、冶炼、机械、电力、化工等成为山西支柱产业经济。山西作为能源产出与输出大省对全国经济建设做出巨大贡献。原煤60年中生产130亿吨，调出110亿吨。改革开放以来，山西逐步改变经济结构，2012年明确为“国家资源型经济转型综合配套改革”，按“产业转型、生态修复、城乡统筹、民生改善”的方针，走上经济转型发展之路。 **(编辑部)**

【方言】 山西省是汉语方言比较复杂的省份之一。由于地理和历史等诸多原因，山西方言较多地保留古代汉语成分，在语音、词汇和语法方面都有重要特点。与其他北方方言相比，山西方言除晋南多数县市和北部广灵没有入声外，其余各区均有入声。山西方言的入声读音短促，韵母以喉塞音收尾。山西境内与毗邻省份有入声的方言被称为晋语。在词汇语法方面，有以下特点：一是有分音词、合音词和逆序词，二是有丰富的四字格俗语，三是有大量以“圪”为前缀构成的词语，四是保留许多古语词，五是名词、动词、形容词、量词的重叠形式非常丰富。按照《山西方言调查研究报告》的研究，根据入声有无及其他语音特点，山西方言可以分为六个区：

中区：以太原方言为代表，属晋语。语音特点是有入声，平声不分阴阳。分布在晋中一带，包括太原、清徐、晋中、太谷、文水、交城、祁县、平遥、孝义、古交、介休、寿阳、榆社、娄烦、灵石、盂县、阳曲、阳泉、平定、昔阳、和顺与左权等县(市、区)。

西区：以吕梁市离石区方言为代表，属晋语。语音特点是有入声，多数点阴平和上声调型相同，调值接近。分布在晋西一带，包括吕梁、汾阳、中阳、柳林、石楼、临县、方山、兴县、岚县、静乐、隰县、交口、永和、大宁、汾西与蒲县等县(市、区)。

东南区：以长治方言为代表，属晋语。语音特点是有入声，部分点去声分阴阳。分布在晋东南一带，包括长治、长治县、潞城、黎城、平顺、壶关、屯留、长子、沁源、沁县、武乡、襄垣、晋城、阳城、陵川与高平等县(市、区)。

北区：以忻州、大同方言为代表，属晋语。语音特点是有入声，入声不分阴阳。分布在太原以北地区，包括大同、大同县、阳高、天镇、怀仁、左云、右玉、应县、山阴、繁峙、忻州、定襄、原平、五台、代县、浑源、灵丘、朔州、平鲁、神池、宁武、五寨、岢岚、保德、偏关、河曲等县(市、区)。

东北区：仅有广灵县一个点，属冀鲁官话。语音特点是无入声，古入声次浊声母字今读去声。

南区：以临汾、运城方言为代表，属中原官话。语音特点是无入声，古入声次浊声母字今读阴平。分布在山西南部，包括运城、芮城、永济、平陆、临猗、万荣、河津、乡宁、吉县、夏县、闻喜、垣曲、稷山、新绛、绛县、临汾、霍州、古县、安泽、洪洞、浮山、翼城、侯马、曲沃、

襄汾与沁水等县(市、区)。 (安志伟)

行政区划

【概况】 截至2019年底，山西省辖11个设区市,117个县(市、区)。其中，县级市11个，市辖区26个，县80个,镇577个,乡612个,街道207个,共计1398个乡级行政区。

(薛文静)

【行政区划调整】 2019年,山西省民政部门围绕全省转型发展大局,服务打造“示范区”“排头兵”“新高地”的战略部署,配合完成行政区划调整。晋中市太谷县撤县设区获国务院批准,吕梁市柳林县撤县设区、忻州市定襄县撤县设区调整事项上报国务院。适应新型城镇化发展需求,全面启动乡级行政区划调整工作，完成忻州市、运城市、长治市21件乡级行政区划调整事项,超过过去17年的调整总量。 (薛文静)

人口 民族 宗教

【常住人口抽样调查】 2019年,山西省按照国家统计局的统一部署,完成2019年度全省人口变动情况抽样调查工作。调查按照分层、整群、概率比例的抽样方法在全省11个市、117个县(市、区)抽取了1224个乡(镇、街道)、3187个村（居）委会、3196个调查小区，调查登记常住人口70.57万人。调查的标准时间为2019年11月1日零时。经对抽样调查结果进行科学评估,主要数据如下:

根据抽样调查，全省人口出生率为9.12‰,比上年下降0.51个千分点,人口死亡率为5.85‰,比上年上升0.53个千分点,人口自然增长率为3.27‰,比上年下降1.04个千分点。据此推算,我省2019年底常住人口为3729.22万人,比上年增加10.88万人。

(省统计局)

【人口分布】 2019年,山西省各市常住人口根据抽样调查推算，太原市446.19万人；大同市346.30万人;阳泉市141.75万人；长治市347.81万人；晋城市235.30万人；朔州市178.45万人；晋中市338.95万人;运城市537.26万人；忻州市317.28万人；临汾市450.84万人；吕梁市389.09万人。

居住在城镇的人口为2220.75万人,占常住人口的59.55%;居住在乡村的人口为1508.47万人,占常住人口的40.45%。户籍人口城镇化率为41.87%,比上年末提高1.02个百分点。

(省统计局)

【人口构成】 2019年,山西省常住人口根据抽样调查推算,0岁~14岁人口为584.38万人,占常住人口的15.67%;15岁~64岁人口为2735.70万人,占常住人口的73.36%(其中:15岁~59岁人口为2519.70万人，占常住人口的67.57%);65岁及以上人口为409.14万人,占常住人口的10.97%。

常住人口中,60岁及以上人口为625.14万人，占常住人口的16.76%。常住人口中,男性为1897.80万人,占常住人口的50.89%;女性为1831.42万人,占常住人口的49.11%,性别比(女=100)为103.62。

(省统计局)

【民族】 2019年，山西省有54个少数民族成分(缺乌孜别克族)11.68万人。少数民族人口数约占全省总人口的0.31%。人数最多的少数民族是回族,其次是满族。全省117个县(市、区)均有少数民族居住,其中城市居住的约9万人，占少数民族人数的77%;农村居住的近3万人,占少数民族人数的23%。有41个少数民族聚居村。 (董志强)

【宗教】 山西省是全国宗教工作重点省份，全省有信教群众近164万人,信教人口占全省总人口的4.29%。其中,佛教近70万人、道教7万人、伊斯兰教8万人、天主教23万人、基督教56万人。经认定备案的宗教教职人员8213人，依法批准的宗教活动场所2933处,登记的宗教团体246个。全省117个县(市、区)都有宗教工作任务,信教人数在万人以上县有60个,信教群众相对聚居村94个。

(董志强)

表 1　2019 年山西省行政区划一览表

市　名	城　市			市辖区	县	镇	乡	街道	统　计
	合计	地级市	县级市						
	22	11	11	26	80	577	612	207	
太原市	小店区 娄烦县	迎泽区 古交市	杏花岭区	尖草坪区	万柏林区	晋源区	清徐县	阳曲县	1 市 6 区 3 县 21 镇 31 乡 53 街道
大同市	新荣区 浑源县	平城区 左云县	云冈区	云州区	阳高县	天镇县	广灵县	灵丘县	4 区 6 县 33 镇 66 乡 40 街道
阳泉市	城　区	矿　区	郊　区	平定县	盂　县				3 区 2 县 20 镇 12 乡 12 街道
长治市	潞州区 长子县	上党区 武乡县	屯留区 沁　县	潞城区 沁源县	襄垣县	平顺县	黎城县	壶关县	4 区 8 县 70 镇 60 乡 16 街道
晋城市	城　区	沁水县	阳城县	陵川县	泽州县	高平市			1 市 1 区 4 县 48 镇 26 乡 10 街道
朔州市	朔城区	平鲁区	山阴县	应　县	右玉县	怀仁市			1 市 2 区 3 县 19 镇 50 乡 4 街道
晋中市	榆次区 平遥县	太谷区 灵石县	榆社县 介休市	左权县	和顺县	昔阳县	寿阳县	祁　县	1 市 2 区 8 县 59 镇 59 乡 17 街道
运城市	盐湖区 夏　县	临猗县 平陆县	万荣县 芮城县	闻喜县 永济市	稷山县 河津市	新绛县	绛　县	垣曲县	2 市 1 区 10 县 86 镇 50 乡 13 街道
忻州市	忻府区 五寨县	定襄县 岢岚县	五台县 河曲县	代　县 保德县	繁峙县 偏关县	宁武县 原平市	静乐县	神池县	1 市 1 区 12 县 65 镇 115 乡 9 街道
临汾市	尧都区 吉　县 霍州市	曲沃县 乡宁县	翼城县 大宁县	襄汾县 隰　县	洪洞县 永和县	古　县 蒲　县	安泽县 汾西县	浮山县 侯马市	2市1区14县75镇76乡20街道
吕梁市	离石区 方山县	文水县 中阳县	交城县 交口县	兴　县 孝义市	临　县 汾阳市	柳林县	石楼县	岚　县	2市1区10县81镇67乡13街道

（山西省民政厅）

中国共产党山西省委员会

Shanxi Provincial Committee of the Communist Party of China

综　述

【概况】 2019年，中共山西省委坚持以习近平新时代中国特色社会主义思想为指导，全面贯彻党的十九大和十九届二中、三中、四中全会精神，深入贯彻落实习近平总书记视察山西重要讲话精神，坚决贯彻落实党中央决策部署，增强“四个意识”，坚定“四个自信”，做到“两个维护”，统筹推进“五位一体”总体布局，协调推进“四个全面”战略布局，坚持稳中求进工作总基调，贯彻新发展理念，做好“六稳”工作，认真履行把方向、管大局、作决策、保落实职责，团结带领全省党员干部群众锐意进取、攻坚克难，推动各项事业取得新进展新成效。

2019年，中共山西省委深入学习贯彻党的十九届四中全会精神。省委召开常委扩大会议，及时传达学习习近平总书记在党的十九届四中全会上的重要讲话精神和《中共中央关于坚持和完善中国特色社会主义制度推进国家治理体系和治理能力现代化若干重大问题的决定》。召开省委十一届九次全会，对学习贯彻四中全会精神作出部署。楼阳生作为中央宣讲团成员进行首场宣讲，系统阐述和深入解读四中全会精神，现场听众950余人，在县乡村设5个分会场，到太原理工大学同师生面对面交流互动。省委组建宣讲团进行集中宣讲，各地结合实际开展宣讲，面向基层宣讲近4300场，受众90余万人次，形成浓厚氛围。同时，省委严格执行向党中央请示报告制度，以实际行动做到“两个维护”。

2019年，中共山西省委按照党中央统一部署和要求，组织庆祝中华人民共和国成立70周年各项活动。省委把开展庆祝活动摆在2019年工作的突出位置，在全省营造同心共庆祖国华诞的热烈氛围。省级举办主题图片展、文艺展演、万人升国旗、向烈士纪念碑敬献花篮、评选“党的十八大以来山西深化改革、转型发展、改善民生重大举措及成果”等活动，唱响礼赞新中国、奋斗新时代的昂扬旋律。

2019年11月30日，召开全省领导干部会议，中组部负责人宣布中央关于省委省政府主要负责人调整的决定。省委省政府主要领导顺利交接，工作平稳过渡。12月1日，省委书记楼阳生在主持召开的第一次省委常委会会议上，强调要把对习近平总书记忠诚、对党中央忠诚、对人民忠诚、对事业忠诚作为政治品格、政治纪律、政治要求和政治标准，以“绝对忠诚、当好表率，维护团结、共同奋斗，民主集中、朝气蓬勃”三点要求作为常委会的行动标准。12月2日，楼阳生到山西转型综改示范区调研，听取示范区改革创新成果汇报。12月5日，省人大常委会会议表决通过关于林武代理山西省人民政府省长的决定。12月9日，省委召开常委扩大会议，专题重温习近平总书记视察山西重要讲话、在推动中部地区崛起工作座谈会重要讲话、在黄河流域生态保护和高质量发展座谈会重要讲话，楼阳生主持会议并导读，对学习贯彻“三篇光辉文献”作出新的部署。12月23日至24日，省委召开经济工作会议，全面贯彻中央经济工作会议精神。会议强调，要坚定不移贯彻新发展理念，坚定不移将转型综改进行到底，在深化对山西转型发展规律的认识中把握过程论、重点论、系统论、主体论、标准论，提出“四为四高两同步”总体思路和要求，即坚持转型为纲、项目为王、改革为要、创新为上，推动高质量发展、实现高水平崛起、坚持高标准保护、创造高品质生活，确保到2020年与全国同步全面建成小康社会，到2035年与全国同步基本实现社会主义现代化。　（任兆宇）

【三大攻坚战】 2019年，中共山西省委深入学习贯彻习近平总书记在深度贫困地区脱贫攻坚座谈会、解决“两不愁三保障”突出问题座谈会重要讲话精神，坚决落实“四个不摘”“四个不减”重大要求，召开全省攻坚深度贫困推进乡村振兴现场会，开展扶贫领域腐败和作风问题专项治理，确保脱贫工作成效。全年完成剩余17个贫困县摘帽、918个贫困村退出、23.90万人口脱贫，贫困发生率降到0.10%，58个贫困县全部摘帽。

打好污染防治攻坚战，狠抓中央生态环境保护督察及"回头看"问题整改，出台《山西省打赢蓝天保卫战2019年行动计划》，开展违法排污大整治"百日清零"专项行动，实施"散乱污"企业动态清零，PM2.5平均浓度好于周边地区平均水平，"二青蓝"成为靓丽名片。统筹推进饮用水源、黑臭水体、工业废水、城镇污水、农村排水治理，汾河入黄水质退出劣V类。

举办省管主要领导干部坚持底线思维着力防范化解重大风险专题研讨班，紧盯政治、意识形态、经济金融、社会、民生和安全生产等8个重点领域，压实责任、精准发力。推进互联网金融风险专项整治，取缔P2P网贷业务。政府法定债务率下降3.40个百分点，守住不发生区域性金融风险底线。全省群体性事件发生起数和参与人数、刑事案件立案起数和治安案件受案数均下降。全省政治社会大局稳定向好，经济金融健康发展，信访形势持续好转，保障群众安居乐业，发挥首都"护城河"作用。 （任兆宇）

【改革开放】 2019年，中共山西省委加大改革开放力度，增强发展动力和后劲。抓住重点领域和关键环节改革不断发力，推动中央重大改革部署落地见效。年度50项重大改革任务和43项先行先试任务取得预期效果。召开国资国企、政法、教育、农村改革、乡村旅游等专项改革推进会议。根据习近平总书记主持召开中央深改委会议精神和中办国办印发的《关于在山西开展能源革命综合改革试点行动方案》，出台《山西省能源革命综合改革试点行动方案》《山西省能源革命综合改革试点2019—2020工作任务清单》，并召开动员部署会。举办2019年太原能源低碳发展论坛和能源革命展，习近平总书记专门向论坛致贺信，中共中央政治局常委、国务院副总理韩正出席论坛并做主旨演讲，国内外800余名嘉宾出席论坛。按照中央部署，完成党政机构改革任务。省属国企混改推进。出台《山西省开发区条例》，全省开发区数量达到77家。加快推进数字政府建设，引领"放管服效"改革向纵深推进。企业投资项目承诺制改革走在全国前列，入选中组部贯彻落实习近平新时代中国特色社会主义思想攻坚克难案例，以政务信息化改革为突破口优化营商环境做法得到国务院通报表扬。部署开展"一枚印章管审批"改革。开展万名干部入企服务，解决企业实际困难。县乡医疗卫生机构一体化改革持续位于全国前列。电力体制改革综合试点、农业农村改革、城乡义务教育一体化改革、机关事务集中统一管理改革、国家标准化综合改革试点等扎实推进。着眼于打造内陆地区对外开放新高地，融入"一带一路"和京津冀、长三角、粤港澳大湾区等国家重大战略，复制推广深圳前海蛇口自贸片区制度创新经验137条。省委省政府主要领导带队出访，加强对欧洲日韩等国家和地区的经贸人文交流，取得重要合作成果。举办以"走丝绸之路，促合作共赢"为主题的2019年山西品牌丝路行活动。举办"山西新转型　共享新未来"为主题的外交部山西全球推介活动。多元化开拓国际市场，中国(太原)跨境电子商务综合试验区获批。大张高铁通车、大西高铁全线贯通。中欧班列实现常态化运行，全年开行106列。 （任兆宇）

【转型发展】 2019年，中共山西省委贯彻习近平总书记在推动中部地区崛起工作座谈会重要讲话精神，推动转型发展，实施创新驱动、科教兴省、人才强省战略。深化转型项目建设年活动，常委会三次研究重大项目谋划推进工作。召开全省推进工业高质量发展大会，对构建符合高质量发展要求的现代工业体系作出部署。发展新兴产业，持续推动煤炭产业"减优绿"，加快推进传统产业高端化、智能化、绿色化改造。全年全省战略性新兴产业、高技术产业增加值增速快于规模以上工业，非煤工业、制造业增速快于煤炭工业。新培育"专精特新"中小企业305户，高新技术企业总数达到2400余户。省级双创基地达到36家。T100碳纤维、光伏异质结组件、低浓度煤层气发电机组等一批先进产品和技术取得突破。山西大数据中心揭牌，转型综改示范区国际互联网数据专用通道开通。光伏发电领跑基地规模居全国第一。获批国家通用航空业发展示范省，成功举办尧城(太原)国际通用航空飞行大会。退出煤炭产能2745万吨，煤炭先进产能占比提高到68%。退出钢铁产能175万吨，关停淘汰焦炭产能1192万吨。狠抓中央减税降费政策落地，全年新增减税降费约540亿元。支持民企健康发展取得明显成效，清偿拖欠民营企业、中小企业账款比例达到64.40%。山西"农谷"升建国家农业高新技术产业示范区。获批国家全域旅游示范区省级创建单位，黄河、长城、太行三大旅游板块建设取得新进展，累计建成旅游公路1918千米，全省旅游总收入增长19.30%。服务业占地区生产总值比重保持在50%以上。编制山西中部盆地城市群一体化发展规划纲要并召开推进会。全年全省地区生产总值增长6.20%，一般公共预算收入增长2.40%，全社会固定资产投资增长9.30%，社会消费品零售总额增长7.80%。 （任兆宇）

【美丽山西建设】 2019年，中共山西省委牢固树立绿水青山就是金山银山的理念，贯彻习近平总书记在黄河流域生态保护和高质量发展座谈会重要讲话精神，全方位、全地域、全过程开展生态环境保护。推进以"两山七河一流域"为重点的生态修复治理，完成水土流失治理487万亩。坚持"山水林田湖草"整体保护、系统修复、综合治理，完成造林面积521万亩，对269处自然保护地实现统一管理。加快生态文明制度建设，顺利推进生态环境机构垂管改革和生态环境保护综合行政执法改革。落实主体功能区规划，开展生态保护红线划定工作，全面夯实森林生态底线。深化河湖长制改革，推进农业水价综合改革，开展水权交易试点。全省单位能耗下降幅度能够达到"十三五"规划目标时序进度，万元 GDP 二氧化碳排放量、二氧化硫排放量等约束性指标完成全年目标任务，III 类水体比例完成全年目标任务。（任兆宇）

【法治山西建设】 2019 年，中共山西省委坚持发展社会主义民主政治，扎实推进法治山西建设。支持省人大及其常委会依法履行职能，加强重点领域立法，立法的质量和效率提高。坚持把转型综改立法作为重中之重，推进“1+X”转型综改立法。开展保护生态环境、保护文化遗产、保障和改善民生领域等方面立法。省人大常委会作出支持和保障能源革命综合改革试点工作的决定。法律监督和工作监督取得实效。开展庆祝地方人大设立常委会 40 周年宣传活动。落实中央关于完善人大代表联系人民群众制度的意见，实现所有乡镇(街道)人大代表联络站全覆盖。加强人民政协协商民主建设，把提质增效贯穿政治协商、民主监督、参政议政全过程，与沿黄九省(区)全国政协委员联名提案，助力黄河流域生态保护和高质量发展上升为国家重大战略。省政协及其常委会聚焦民营经济发展、改善农村人居环境等开展专项监督。召开庆祝人民政协成立 70 周年座谈会。做好新形势下统战工作，提升政党协商效能，改进党外知识分子、新的社会阶层人士统战工作，加强港澳台统战工作和侨务工作，巩固发展平等团结互助和谐的民族关系。推动宗教领域问题整改向纵深发展。援疆工作质量明显提高。完成省妇联、省文联、省作协、省社科联换届，支持工会、共青团、科协深化改革，支持各群团组织做好工作。学习推广新时代“枫桥经验”，建立健全党组织领导的自治、法治、德治相结合的乡村治理体系。支持省军区完成体制调整改革，支持武警部队建设。全面加强港澳台工作。连续第四年成功举办海峡两岸同胞神农炎帝故里民间拜祖典礼活动，促进两岸同胞情感认同和心灵契合。（任兆宇）

【意识形态工作】 2019 年，中共山西省委严格落实意识形态工作责任制，加强阵地建设和管理，强化突发事件和经济社会热点舆论引导，意识形态形势总体积极健康、向上向好。开展意识形态工作责任制落实情况专项督查。出台《关于开展建设新时代文明实践中心试点工作实施方案》，确定 27 个国家级、省级试点县（市、区）。培育和践行社会主义核心价值观，首批设立 102 个核心价值观示范点。弘扬太行精神、吕梁精神、右玉精神。开展增强“四力”教育实践工作，宣传思想工作队伍整体素质得到提升。深化文化体制改革，推动主要媒体深化改革、融合发展，省级“中央厨房”建成运行。县级融媒体中心建设推进，有 51 个县级融媒体中心与省级技术平台实现互联互通。扎实推进省域国家级文化生态保护试验区建设。全年免费送戏下乡 1.66 万场。电视剧《右玉和她的县委书记们》、舞剧《吕梁英雄传》和广播剧《闸宁镇》获第十五届精神文明建设“五个一工程”优秀作品奖。举办第四届山西文化产业博览交易会，深入贯彻落实习近平总书记关于保护、传承、弘扬黄河文化的指示精神，专门设立“文旅融合·保护传承黄河文化”专区，沿黄 9 省(区)第一次合力系统展示黄河文化。举办第二届全国青年运动会，这是山西省历史上首次承办的全国综合性体育盛会，促进竞技体育发展、全民健身运动和精神文明建设。

（任兆宇）

【民生保障和社会治理】 2019 年，中共山西省委加强民生保障和社会治理，确保人民安居乐业、社会安定有序。践行以人民为中心的发展思想，做好“增加人民福祉”和“促进人的全面发展”两篇文章。城乡居民人均可支配收入分别增长 7.20%、9.80%，全省城镇新增就业 55.70 万人，城镇登记失业率、城镇调查失业率分别小于 3%、6%。坚持“房住不炒”定位，全省房地产稳定可控。棚户区住房改造超额完成年度目标任务。召开全省教育大会。推动学前教育深化改革、规范发展。义务教育“全面改薄”如期完成。北京大学、清华大学对口支持山西大学、太原理工大学取得新的合作成果。完成山西农业大学与山西省农科院合署改革，走出一条“院办校”的强强联合新路子。晋鄂联手共建国家区域医疗中心。提高养老服务水平。社会保障扩面提质。实施“人人持证、技能社会”工程，带动全省劳动者技能就业、技能增收、技能成才。农村人居环境持续改善，新改建“四好农村路”2.40 万千米，完成农村户厕改造 47 万座。大县城、特色镇建设步伐加快，完成 3226 个行政村合并。出台《关于加强新时代全省公安工作的实施意见》。严厉打击一切违法犯罪，荡涤一切污泥浊水，营造良好法治环境和社会环境。开展扫黑除恶专项斗争，总体战果保持在全国第一方阵。落实安全责任，深化安全专项整治，各类生产安全死亡事故起数和死亡人数分别下降 42.30%、38.10%，安全生产形势持续稳定好转。（任兆宇）

【全面从严治党】 2019 年，中共山西省委一以贯之落实全面从严治党方针和要求，实现党内政治生态持久的风清气正。学习贯彻习近平总书记在十九届中央纪委三次全会重要讲话精神，坚决担起“两个维护”之责、管党治党之责，制定《关于贯彻落实〈中共中央关于加强党的政治建设的意见〉的工作措施》。召开以全面从严治党为主题的省委十一届八次全会，从 7 个方面对推动全面从严治党向纵深发展作出部署。以张某某案为鉴部署开展警示教育，促进党员干部筑牢拒腐防变思想堤坝。以政治建设统领党的各项建设，把制度建设贯穿其中，抓好对党中央新发布的党内法规的学习贯彻。支持纪检监察机关发挥职能作用，强化政治监督，推动中央及省委重大工作落地见效。一体推进不敢腐、不能腐、不想腐，扩大反腐败斗争压倒性胜利。全省纪检监察机关立案 26445 件，增长 7%，给予党纪政务处分 24952 人，增长 5%。部署开展能源领域反腐败专项行动。开展人防系统腐败问题等专项治理。“打伞”“破网”同向发力，严查涉黑涉恶腐败问题。深入整治群众身边腐败和作风问题。全省查处违反中央八项规定精神问题2534件，给予党纪政务处分2346人。开展十一届省委第五、第六轮巡视，形成巡视巡察上下联动监督网。出台《关于贯彻〈中共中央办公厅关于解决形式主义突出问题为基层减负的通知〉的工作措施》《关于整治形式主义官僚主义专项行动工作方案》。把从严管理监督干部落到实处。坚持把担当创业与守廉干净贯穿干部选育管用全过程，实现干部队伍状态和素质双提升。继续实施优秀年轻干部挂职锻炼“两大行动”和大力发现培养选拔优秀年轻干部“三年计划”。保持贫困县党政正职和集中连片特困地区的市党政正职稳定。推行公务员职务与职级并行制度。加强干部日常管理监督，强化选人用人监督。组织开展“改革创新、奋发有为”大讨论，激发全省党员干部干事创业的内生动力。加强全省目标责任制管理工作，选树5000名担当作为优秀干部。启动“三晋英才”支持计划。全面提高机关党建的质量和水平。召开市委书记、省直工(党)委书记抓基层党建工作述职评议会，督促扛牢第一责任。出台《关于深化“三基建设”进一步加强基层工作的若干意见》，针对性提出16条举措。（任兆宇）

·“不忘初心、牢记使命”主题教育·

【概况】 2019年，中共山西省委按照中共中央部署，开展“不忘初心、牢记使命”主题教育。贯彻习近平总书记在“不忘初心、牢记使命”主题教育工作会议上的重要讲话精神和“四个到位”“四个注重”等重大要求，全面落实《中共中央关于在全党开展“不忘初心、牢记使命”主题教育的意见》，高度重视、周密安排、扎实推进，中央第8指导组、巡回督导组严督实导，两批单位协调联动、次第展开。全省3890个县处级以上领导班子、4万余名县处级以上党员干部，13万个基层党组织、234万名党员参加，实现全覆盖。狠抓学习教育这个根本，“学习《纲要》进基层万场宣讲活动”直接受众达195万余人次。选树100名“不忘初心、牢记使命”先进典型，编写并组织学习《三晋英模》《山西革命烈士家书》，制作《初心泯灭的歧路》专题片开展警示教育。各级党员干部深入开展调查研究，并举办成果交流会。在省委常委带动下，1.90万名县处级以上领导班子成员讲专题党课。各级党政机关党员干部为群众办实事4.80万件，各基层党组织开展志愿服务22万次。各级领导班子普遍召开对照党章党规找差距专题会、专题民主生活会，各基层党组织召开专题组织生活会，查摆问题并整改落实13.60万项。坚持把整改落实作为重中之重，狠抓中央“8+2”专项整治，结合实际推进脱贫攻坚、违建别墅问题等整改工作，确定整治措施6.50万项。围绕“不忘初心、牢记使命”宗旨，制定或完善规章制度3.40万项，巩固拓展主题教育成果。全省党员干部在主题教育中经受思想淬炼、政治历练和实践锻炼，实现理论学习的再升华、政治忠诚的再对标、素质本领的再提升、群众路线的再教育、清正廉洁的再提纯。（任兆宇）

【主题教育工作会议】 2019年6月6日，全省“不忘初心、牢记使命”主题教育工作会议在太原召开。省委书记、省委“不忘初心、牢记使命”主题教育领导小组组长骆惠宁出席会议并讲话。会议指出，要深入学习贯彻习近平总书记在“不忘初心、牢记使命”主题教育工作会议上的重要讲话精神，把思想和行动统一到党中央决策部署上来，以高度负责的精神推动主题教育高质量开展，确保取得成效。中央“不忘初心、牢记使命”主题教育第8指导组组长杨雄出席会议并讲话。省委副书记、省长楼阳生，省政协主席李佳，中央第8指导组副组长周福启出席会议。省委副书记、省委“不忘初心、牢记使命”主题教育领导小组常务副组长林武主持会议。

中央“不忘初心、牢记使命”主题教育第8指导组成员，省委常委，省人大常委会、省政府、省政协负责人，省法院院长、省检察院检察长出席会议。在晋全国政协专委会有关负责人，正省级老同志和近5年来退出领导岗位的副省级老同志，省委委员、候补委员，省纪委副书记，省直各单位、中央驻晋单位、省管国有企业和本科院校、省委巡视机构主要负责人，各民主党派、工商联主要负责人和无党派代表人士，部分党的十九大代表，省委主题教育领导小组成员及办公室负责人，省委巡回指导组组长、副组长等参加会议。会议以电视电话会议形式召开，各市、县(市、区)设分会场。（严志刚）

【主题教育专题党课暨第三次学用经验交流会】 2019年7月12日，全省“不忘初心、牢记使命”主题教育专题党课暨第三次学用习近平新时代中国特色社会主义思想经验交流会在太原召开。会议深入学习贯彻习近平总书记在主题教育工作会议和中央政治局第十五次集体学习时的重要讲话精神，牢牢把握学习贯彻习近平新时代中国特色社会主义思想这条主线和“不忘初心、牢记使命”这个主题，交流体会、查找差距，明确努力方向，把全省主题教育和学用工作引向深入。

中央“不忘初心、牢记使命”主题教育第8指导组组长杨雄出席会议。楼阳生主持会议。

会上，省纪委监委、省委政法委、省发改委、省扶贫办、山西转型综改示范区、右玉县委负责人作交流发言，太原市委、大同市委、省农业农村厅、潞安集团、山西大学、山西医科大学第一医院作书面交流，展示山西省学用习近平新时代中国特色社会主义思想的新成果。

中央“不忘初心、牢记使命”主题教育第8指导组成员，省委常委，省人大常委会、省政府、省政协负责人，省法检两长，省军区、武警山西总队主要负责人出席会议。省直各部门各单位主要负责人，各市市委书记、市长，各县

(市、区)委书记,省管本科院校、省管国有企业主要负责人，省委主题教育领导小组办公室负责人，省委巡回指导组组长、副组长等参加会议。

会前,7月10日至11日，骆惠宁主持省委常委会第二次集体学习，杨雄出席并提出指导意见，林武、罗清宇、徐广国、胡玉亭、曲孝丽作交流发言。（严志刚）

【主题教育推进会】 2019年7月29日,全省“不忘初心、牢记使命”主题教育推进会在太原召开。骆惠宁出席会议并讲话。会议指出,要深入学习贯彻习近平总书记关于主题教育重要讲话精神，按照党中央的新近部署,明确要求、强化举措、细化安排,始终保持主题教育的正确方向,取得高质量成效。楼阳生主持会议。林武、李佳出席会议。

会上,省委组织部、省直工委、省生态环境厅、省司法厅、阳煤集团负责人作交流发言。

省委常委,省人大常委会、省政府、省政协负责人,省法院院长、省检察院检察长出席会议。主题教育第一批次部门(单位)主要负责人,省委主题教育领导小组办公室负责人,省委主题教育巡回指导组组长、联络员等参加会议。会议以电视电话会议形式召开,各市设分会场。（严志刚）

【省委常委专题民主生活会】 2019年9月1日,省委常委会召开“不忘初心、牢记使命”专题民主生活会。会议紧扣学习贯彻习近平新时代中国特色社会主义思想这一主线，聚焦“不忘初心、牢记使命”这一主题,突出力戒形式主义、官僚主义这一重要内容,围绕“理论学习有收获、思想政治受洗礼、干事创业敢担当、为民服务解难题、清正廉洁作表率”的目标,按照习近平总书记关于“四个对照”“四个找一找” 的要求，盘点收获、检视问题、深刻剖析,明确努力方向和改进措施，巩固深化主题教育成果。

中央主题教育第8指导组组长杨雄出席会议并作点评,副组长周福启出席。骆惠宁主持会议并作总结讲话。楼阳生、林武、李佳参加。

中央主题教育第8指导组、中央组织部有关负责人到会指导。省委主题教育领导小组办公室负责人列席会议。（严志刚）

【主题教育第一批总结暨第二批部署会议】 2019年9月10日,全省“不忘初心、牢记使命”主题教育第一批总结暨第二批部署会议在太原召开,骆惠宁讲话。会议指出,要深入学习贯彻习近平总书记关于主题教育一系列重要指示精神，按照党中央部署要求,巩固深化第一批主题教育成果,开展第二批主题教育，确保全省整个主题教育取得最好成效，拓展全省党的建设和党的事业新局面，以优异成绩庆祝中华人民共和国成立70周年。

中央“不忘初心、牢记使命”主题教育第8巡回中央督导组组长杨雄出席会议并讲话。省委副书记、省长楼阳生，省政协主席李佳，中央第8巡回中央督导组副组长周福启出席会议。省委副书记、省委主题教育领导小组常务副组长林武主持会议。

中央第8巡回督导组成员,省委常委,省人大常委会、省政府、省政协负责人,省法院院长、省检察院检察长出席会议。主题教育第一批单位、驻太原省属本专科院校主要负责人,省委主题教育第一、二批巡回指导组组长,省委主题教育领导小组办公室负责人等参加会议。会议以电视电话形式召开,各市设分会场。（严志刚）

【第二批主题教育推进会】 2019年10月8日,全省第二批“不忘初心、牢记使命” 主题教育推进会在太原召开。骆惠宁出席会议并讲话。会议指出,要深入学习贯彻习近平总书记关于主题教育一系列重要指示精神,按照中央主题教育领导小组召开的第二批推进会的要求,对表对标、狠抓落实,把主题教育这一重大政治任务组织实施好,确保取得预期成效。林武主持会议。

会上,省领导王拥军、徐广国、廉毅敏、商黎光、曲孝丽、贺天才就上下联动抓整治整改分别作专题安排。

省委主题教育领导小组负责人,牵头专项整治整改的省级负责人出席会议。省委主题教育领导小组成员,专项整治整改牵头部门(单位)、“三服务”牵头部门(单位)主要负责人,山西转型综改示范区党工委主题教育领导小组组长,省委第二批主题教育巡回指导组组长、副组长,省委主题教育领导小组办公室负责人等参加会议。会议以电视电话会议形式召开,各市设分会场。（严志刚）

·“改革创新、奋发有为”大讨论·

【大讨论动员部署会】 2019年2月18日,全省“改革创新、奋发有为”大讨论动员部署会在太原召开。骆惠宁出席并讲话。楼阳生主持会议。李佳出席。

动员部署会议指出,大讨论要坚持以习近平新时代中国特色社会主义思想为指导,深入学习贯彻党的十九大精神、习近平总书记视察山西重要讲话精神,高举新时代改革开放旗帜,破除僵化保守,着力解决改革意识不强问题,坚持以改革破解发展难题;破除因循守旧,着力解决创新精神不足问题,坚持以创新激发动力活力;破除封闭狭隘,着力解决扩大开放不够问题,坚持以开放促改革促发展;破除资源依赖,着力解决市场理念不浓问题,坚持以市场打开发展新通途;破除随遇而安,着力解决工作标杆不高问题,坚持以一流标准创造一流业绩;破除慵懒散漫,着力解决作风不实问题,坚持以过硬作风彰显担当作为。要坚决打破不合时宜的惯性思维与做法，真正把高的标准、严的要求树立起来。各地各部门和每个党员干部都要找准六个方面问题在本单位和自己身上的具体表现,并针对性制定改进举措，明确奋斗目标。要坚持知行合一,既解决思想观念层面的问题,又解决实际工作和体制机

制方面的问题。大讨论要重点抓好十个关键环节，即动员部署、学习讨论、举办改革创新先进典型报告会、对标一流述职评议、奖励目标责任考核优秀单位和个人、召开民主生活会和专题组织生活会、推出一批促进改革发展的重大举措、实现一季度“开门红”、深入开展“万名干部入企进村服务”活动、总结交流。省直各部门和市县党委(党组)要按照省委总体要求开展大讨论，防止发生“散光”和“偏光”现象，确保大讨论不走过场，收到预期效果。

会议特别强调，各地各部门各单位要把大讨论作为政治任务摆上重要议事日程，迅速在全省兴起大讨论热潮。要精心组织领导，落实好“十个关键环节”等重点要求，结合实际高质量搞好大讨论各项工作。要对照“六个破除”“六个着力”“六个坚持”，解放思想、改进工作，对标一流、争创佳绩，确保实现“六个新突破”，以大讨论牵引全年工作的开局，带动改革发展稳定和党的建设各项工作，拓展“两转”基础上全省各项事业发展新局面。

在全省开展“改革创新、奋发有为”大讨论，是省委十一届七次全会作出的重大决策。为开展好这场大讨论，省委制定实施方案，成立大讨论领导小组，组建联络督导组，对全省基层党支部书记进行专题培训。会上，省委宣传部、省工信厅、转型综改示范区、太铁、太原理工大学、潞安集团、长治市委、太原市小店区委负责人作表态发言。

会议以视频方式召开。在主会场参加会议的有，省委常委，省人大常委会、省政府、省政协负责人，省法院院长，省检察院检察长；省直各单位、中央驻晋单位、省管本专科院校、省管国有企业和省政府驻外办事处主要负责人，大讨论联络督导组全体成员。在分会场参加会议的有，各市、县(市、区)党委、人大、政府、政协负责人及各部门、各开发区领导班子成员，各乡(镇)、街道主要负责人。

(严志刚)

【大讨论交流总结会议】 2019年5月14日，全省“改革创新、奋发有为”大讨论交流总结会议在太原召开。骆惠宁出席并讲话。楼阳生主持会议。

会议认为，要把习近平新时代中国特色社会主义思想作为领航之标、定盘之星，做到常学常新、常用常新。以自我革命的勇气，破藩篱、去顽疾、立规矩、建制度、正风气，使思想解放的力度跟上时代前行的步伐。要用好先行先试这把“金钥匙”，加快在“赶考”中“补考”，围绕构建现代治理体系和提升现代治理能力，推进重点领域和关键环节改革，在发挥后发优势、培育竞争优势中赢得主动。要坚持问题导向不动摇，弘扬太行精神、吕梁精神、右玉精神，持续攻坚克难，助推高质量转型发展步入新境界、整体工作迈上新台阶。要树牢对标一流的理念，立起勇创一流的志气，高起点、高标准、高质量地推进每一项工作，创造更多“山西模式”“山西经验”。要坚持严管与厚爱相结合，不断完善激励与约束机制，持续做好修复生态、培植土壤的工作，不断推进党员干部队伍状态和素质双提升。要坚持以人民为中心的发展思想，制定政策更加注重倾听群众呼声，推动工作更加注重汲取群众智慧，遇到难题更加注重多向群众请教，落实成效更加注重接受群众评判，增强人民群众的获得感幸福感安全感。

会议明确指出，要准确把握、全面落实这次会议的部署要求，聚焦“六个破除”“六个着力”“六个坚持”持续发力，对标找差补短，更加自觉地以新理念新标准谋划工作，以改革创新精神实现重点突破，以“革命加拼命”劲头奋力作为，把学习、思想和工作的革命不断引向深入，推动全省整体工作上台阶上水平。

会上，太原市、武乡县、同煤集团、山西农业大学、省国资委、中铁太原局集团主要负责人先后作交流发言。

会议以电视电话形式召开。省委常委，省人大常委会、省政府、省政协负责人，省法院院长、省检察院检察长出席会议。省直各单位领导班子成员，中央驻晋单位和省人大、省政协各专门委员会、工作机构主要负责人，驻太原省管本专科院校、国有企业和省直二级局、省政府驻外办事处主要负责人，大讨论联络督导组全体成员在主会场参加会议。各市、县(市、区)设分会场。 (严志刚)

重要会议

【省委全委会议】 2019年，中国共产党山西省第十一届委员会召开两次全体委员会议。即第八次、第九次全体委员会议。

省委十一届八次全体会议。

中国共产党山西省第十一届委员会第八次全体会议于2019年8月19日至20日在太原举行。全会由省委常委会主持。骆惠宁代表省委常委会作重要讲话。出席这次全会的有省委委员77人，省委候补委员2人。省纪委常委和有关方面负责人列席会议。在晋党的十九大基层代表、部分省第十一次党代会基层代表也列席会议。

全会以习近平新时代中国特色社会主义思想为指导，深入贯彻新时代党的建设总要求，总结工作，分析形势，对坚持和加强党的全面领导，强化党要管党、全面从严治党，以党的政治建设为统领，不断提高党建工作质量，深入推进主题教育作出部署。

全会围绕一以贯之落实全面从严治党方针和要求，从七个方面对深入推进全面从严治党作出具体部署。全会指出，要坚持把党的政治建设摆在首位，不断增强“两个维护”的坚定和实效。系统学习习近平新时代中国特色社会主义思想，在学懂弄通做实上下功夫，以理论上的清醒增强政治上的坚定，以是否全面正确有效地贯彻落实习近平新时代中国特色社会主义思想和党中央决策部署为根本检验标准。学习领会和严格执行党章党规，做到常怀忧党之心、为党之责、强党之志。整治落实中央决策部署阳奉阴违问题,完善贯彻落实习近平总书记重要指示批示工作机制。加强对党员干部政治历练和政治素质的考察,针对性开展专题培训,引导党员干部在从严治党、转型综改、三大攻坚战等斗争实践中经风雨、见世面,壮筋骨、长才干。

全会指出,要扩大反腐败斗争压倒性胜利,保持清正廉洁的政治本色。坚持稳中求进,坚持实事求是,坚持依规依纪依法,坚持标本兼治,把“不敢腐不能腐不想腐”一体加以推进,在“不敢腐”上严明纪律、厉行法治、强化威慑,在“不能腐”上健全制度、加强监督、强化约束,在“不想腐”上坚定信念、提高觉悟、增强党性,不断提高正风肃纪反腐质量。加大依规依纪依法查办腐败案件的力度,坚持靶向治疗、精确惩治,突出重点削减存量、零容忍遏制增量,对十八大以来不收敛不收手的,对十九大后仍然不知止、胆大妄为的,要坚决查处。运用张某某等典型案件加大警示教育力度,张某某曾担任领导职务的地方和单位要彻底肃清其流毒影响。要整治违反中央八项规定精神突出问题,加大查处曝光力度。要整治侵害群众利益问题,整治对黄赌毒和黑恶势力听之任之甚至充当“保护伞”问题,厚植党执政的政治基础和群众基础。

全会指出,要持之以恒严肃党内政治生活,进一步加大增强党内政治生活政治性、时代性、原则性、战斗性的力度。全面贯彻新形势下党内政治生活的若干准则,贯彻好民主集中制的各项制度规定,着力提高组织生活质量和效果,加强党内政治文化建设,广泛开展谈心谈话活动,把从严管理监督干部落到实处。对领导干部配偶、子女及其配偶经商办企业行为进行集中规范。推进“法治山西”建设,构建“亲”“清”政商关系,加强公民道德建设,不断铲除滋生消极腐败现象的社会土壤。要鲜明树立干事创业导向,坚持事业为上、以事择人,大力选拔使用心中有责、眼里有活、手上有招的干部,有效解决人岗不相适、结构不优等问题,统筹用好各年龄段干部,从战略高度做好培养选拔优秀年轻干部工作。持续推出担当作为典型,开展不担当不作为专项整治。对受到处分后表现突出的干部,符合条件的可继续使用。实施干部专业化能力提升计划,鼓励干部提升改革创新本领,引导干部提高依法办事能力。各级党政机关要树牢政治机关意识,解决程度不同存在的“昏、懒、庸、贪”现象,带头整治形式主义、官僚主义突出问题,全面提高机关党建的质量和水平。全会指出,扎实推进“不忘初心、牢记使命”主题教育,必须大力弘扬自我革命精神。要把我们党自我革命的丰富思想成果贯穿于学习教育、调查研究、检视问题、整改落实全过程,勇于直面自身的问题,查找工作短板,抓实专项整治整改,确保全省主题教育取得明显成效。

全会审议通过《中共山西省委关于深化“三基建设”进一步加强基层工作的若干意见》。指出,出台“若干意见”是省委加强对基层工作全面领导的重大举措。要认真落实改革基层管理体制、激发基层干部活力、加强基层工作力量、强化基层保障、减轻基层负担、推动基层发展、强化抓基层合力等重点任务,整治基层党组织软弱涣散问题,让广大基层组织和基层干部有明显的获得感。全会指出,全省“三基建设”正处于“三年实现整体提升、全面进步”的关键阶段。各级党委(党组)要把“三基建设”作为战略之举来抓,深化工作措施,通过“三基建设”促进整体工作水平提升。

全会强调,要坚持和加强党对一切工作的领导,以铁肩膀扛起管党治党政治责任,加强党对反腐败工作的集中统一领导,形成长管严管的机制和合力。加大落实党委(党组)主体责任和纪检监察机关监督责任的力度,贯彻加强党对反腐败工作全过程领导的实施意见和实施细则。各级纪检监察机关要精准把握政策,认真履行监督执纪问责和监督调查处置职责,推动纪检监察工作高质量发展。要推进巡视全覆盖,提高精准发现问题的能力。围绕加强对权力运行的制约和监督,加快构建党统一指挥、全面覆盖、权威高效的监督体系。

全会要求,要统筹做好当前各项工作。加强对经济工作的领导,坚定信心,趋利避害,落实省委对做好下半年经济工作的部署,抓住用好能源革命综合改革试点重大机遇,确保经济增长保持在合理区间,扭住“结构反转”不松劲,推动以改促转再发力,把山西转型发展之路走好。要继续做好意识形态、保障和改善民生、维护稳定、安全生产等工作,持续维护全省大局稳定,当好首都“护城河”。全会强调,要组织好庆祝新中国成立70周年系列活动,激发爱国之情,强化爱国之志,汇聚起建功新时代、共筑中国梦的磅礴力量。

全会按照党章和党内有关规定,批准陈永奇、向二牛、孙海潮、张安顺、陈学东辞去省委委员职务,决定递补省委候补委员姜四清、阎俊生、翟红、刘宏新、李中元、李晋平、王创民为省委委员。全会确认省委常委会之前作出的给予王某某同志留党察看一年的处分。

省委十一届九次全体会议。中国共产党山西省第十一届委员会第九次全体会议,于2019年11月7日至9日在太原举行。全会由省委常委会主持。骆惠宁代表省委常委会作重要讲话。出席这次全会的有,省委委员75人,省委候补委员2人。省纪委常委和有关方面负责人列席会议。在晋党的十九大基层代表、部分省第十一次党代会基层代表也列席会议。

全会以习近平总书记在党的十九届四中全会上的重要讲话精神为指导,对全省学习贯彻党的十九届四中全会重大决策作出全面部署。

全会指出,要从政治和战略高度,增强学习贯彻党的十九届四中全会精神的思想和行动自觉。党的十九届四中全会是我们党站在“两个一百年”奋斗目标历史交汇点上召开的一次十分重要的会议,全会就坚持和完善中国特色社会主义制度、推进国家治理体系和治理能力现代化若干重

大问题作出决定,体现以习近平同志为核心的党中央高瞻远瞩的战略眼光和强烈的历史担当。习近平总书记在党的十九届四中全会上的重要讲话,全面回答"坚持和巩固什么、完善和发展什么"等重大问题,为坚持和完善中国特色社会主义制度、推进国家治理体系和治理能力现代化提供科学指南。习近平总书记领航掌舵,是"中国之治"的决定因素,"两个维护"是"中国之制"的根本保证。

全会指出,要全面把握党的十九届四中全会决定提出的总体要求和目标任务,着力提升制度和治理体系建设水平。对需要坚持和巩固的,要坚定不移、自觉践行;对需要完善和发展的,要改革创新、积极探索。要把坚持和完善党的领导制度体系放在首要位置,把党的领导落实到各领域各方面各环节。要完善坚定维护党中央权威和集中统一领导的各项制度,自觉在思想上政治上行动上同以习近平同志为核心的党中央保持高度一致,把党总揽全局、协调各方的根本要求贯彻到各项工作中。

全会指出,学习贯彻党的十九届四中全会精神,是当前和今后一个时期的重要政治任务。各地各部门党委(党组)要切实把思想和行动统一到党中央及省委的部署要求上来,加强统筹指导和督促协调,确保取得扎扎实实的效果。要在学习精神和领会实质上下功夫,结合"不忘初心、牢记使命"主题教育,制定学习培训计划,各级党员领导干部要带头学,各级中心组要把党的十九届四中全会精神作为重点内容分专题研学。要对县处级以上党员领导干部进行全员培训,分期分批对党员干部进行系统培训。要原原本本地学、深入系统地学,理解透重大政治理论问题,把握好重大方针原则,搞清楚重大目标任务。要把学习贯彻党的十九届四中全会精神与学懂弄通做实习近平新时代中国特色社会主义思想结合起来,与感悟党的十八大以来我国国家制度建设和国家治理实践取得的重大成果,以及山西发生的重大转折和变化结合起来,加深理解、深化认识。要在广泛宣传和加强教育上下功夫,全方位、多层次、多声部宣传解读党的十九届四中全会精神,迅速在全省形成学习宣传贯彻热潮。省委决定组建学习贯彻党的十九届四中全会精神宣讲团赴全省宣讲。各地要结合实际开展宣讲工作,主要负责人要带头深入基层宣讲。要抓住干部群众关注的深层次思想问题,有针对性地开展宣传解读,推动党的十九届四中全会精神进企业、进学校、进机关、进农村、进社区、进军营、进网络。要把加强制度理论研究和宣传教育贯穿到各方面各层次宣传工作之中,贯穿到国民教育全过程,不断增强干部群众特别是广大青少年的制度自信。

全会强调,各级领导干部要切实强化制度意识,带头维护制度权威,做制度执行的表率,确保党和国家重大决策部署、重大工作安排都按照制度要求落到实处。要构建全覆盖的制度执行监督机制,把制度执行和监督贯穿区域治理、部门治理、行业治理、基层治理、单位治理的全过程。要把贯彻落实党的十九届四中全会精神,与落实党中央已经部署的各项改革任务紧密结合起来,与山西省正在推进的重大改革有机联系起来,形成一体推动、一体落实的有效工作机制。持续抓好50项重点改革任务和43项先行先试工作,尤其要着力抓好与国家资源型经济转型综合配套改革试验区建设相关的改革、与国家能源革命综合改革试点相关的改革,完成好党中央交给山西的重大改革使命。要把提高治理能力作为新时代干部队伍建设的重大任务,把制度执行力和治理能力作为干部选拔任用、考核评价的重要依据,引导广大干部严格按照制度履行职责、行使权力、开展工作,更好地在制度的轨道上发展山西各项事业。

全会强调,山西正处于改革发展的关键时期,各地各部门各单位要高质量实现全年工作目标,保持经济转型发展的良好态势,保持全省政治社会大局稳定,把全面从严治党进一步引向深入,科学谋划明年乃至"十四五"期间重点工作。各级领导干部在繁重艰巨的任务面前,要不忘初心、牢记使命,始终保持一种昂扬向上的姿态,坚定守底线、勇于攀高峰、奋力拓新局。

(严志刚)

【省委常委会议】 **十一届省委第100次常委会议。**

2019年1月7日召开。骆惠宁主持。会议传达全国扫黑除恶专项斗争视频会议精神,研究山西省贯彻落实意见,听取2018年全省纪检监察机关执纪监督监察工作、省级机构改革、公安现役部队改革和安全生产形势分析汇报,审定《关于加强新时代人民政协党的建设工作的实施意见》和省辖市机构改革方案、深化综合行政执法改革实施意见,讨论《关于2018年国民经济和社会发展主要指标预计完成情况和2019年计划安排的初步建议》《关于2018年财政预算执行情况及2019年财政收支计划建议》。会议还研究其他事项。

十一届省委第101次常委会议。

1月14日召开。骆惠宁主持。会议传达全国宣传部长会议精神,研究山西省贯彻落实意见,听取省人大常委会、省政府、省政协、省法院、省检察院党组2018年度工作汇报。会议还研究其他事项。

十一届省委第102次常委会议。

1月18日召开。骆惠宁主持。会议传达中央农村工作会议、全国扶贫开发工作会议和深入学习浙江"千万工程"经验全面扎实推进农村人居环境整治会议精神,审议通过《关于坚持农业农村优先发展做好"三农"工作的实施意见》,讨论拟提请省十三届人大二次会议、省政协十二届二次会议审议的各项工作报告(送审稿),研究省纪委十一届四次全会文件,听取十一届省委第四轮巡视情况汇报,审定第五轮巡视方案。会议还研究其他事项。

十一届省委第103次常委会议。

1月26日召开。骆惠宁主持。会议学习习近平总书记在省部级主要领导干部坚持底线思维着力防范化解重大风险专题研讨班重要讲话精神，传达中央政法工作会议、全国组织部长会议、全国统战部长会议、全国老干部局长会议和第三十二次全国“扫黄打非”工作会议精神，研究山西省贯彻落实意见，审议通过《中共山西省委常委会2019年工作要点》。会议还研究其他事项。

十一届省委第104次常委会议。

2月14日召开。骆惠宁主持。会议传达第二十六次全国高校党的建设工作会议精神、2019年对台工作会议精神，研究山西省贯彻落实意见，审议通过《关于深入学习贯彻习近平总书记全面依法治国新理念新思想新战略加快推进全面依法治省工作的实施意见》和《山西省坚决打好防范化解重大风险攻坚战方案》，听取第二届全国青运会有关筹备情况和省文联、省作协、省社科联换届筹备情况汇报。会议还研究其他事项。

十一届省委第106次常委会议。

2月27日召开。骆惠宁主持。会议传达贯彻习近平总书记关于信访工作的重要批示精神，研究山西省贯彻落实意见，审议通过《省十三届人大常委会2019年立法计划》《政协山西省委员会2019年度协商工作计划》《山西省落实党对反腐败工作全过程领导实施细则（试行）》等文件。会议还研究其他事项。

十一届省委第109次常委会议。

3月21日召开。骆惠宁主持。会议审议通过《关于贯彻〈中共中央关于加强党的政治建设的意见〉的工作措施》《关于贯彻〈中共中央办公厅关于解决形式主义突出问题为基层减负的通知〉的工作措施》，听取全省“改革创新、奋发有为”大讨论进展情况汇报。会议审议通过《山西省委全面依法治省委员会2019年工作要点》《关于实施“三晋英才”支持计划的决定》。会议还研究其他事项。

十一届省委第112次常委会议。

4月11日召开。骆惠宁主持。会议传达全国巡视工作会议暨十九届中央第三轮巡视动员部署会精神、全国脱贫攻坚专项巡视整改工作电视电话会议精神，研究山西省贯彻落实意见，审议通过《省委全面深化改革委员会2019年重大改革安排及责任分工》，听取全省机构改革情况汇报。会议审定《关于完善国有金融资本管理的实施意见》《山西省2019年国资国企改革行动方案》《省属企业混合所有制改革操作指引》。会议还研究其他事项。

十一届省委第115次常委会议。

4月22日召开。骆惠宁主持。会议分析一季度全省经济形势，研究部署下一步经济工作。听取万名干部入企进村服务情况及省总工会、团省委、省妇联工作情况汇报，会议听取2018年度目标责任考核、市域经济转型升级考核、脱贫攻坚任务考核意见的汇报，同意2019年度考核指标体系设置建议。审议通过《山西省加强高等院校思想政治和党务工作队伍建设的具体措施》。会议还研究其他事项。

十一届省委第117次常委会议。

5月13日召开。骆惠宁主持。会议传达学习习近平总书记在全国公安工作会议重要讲话，研究山西省贯彻落实意见，审议通过《山西省2018年脱贫攻坚成效考核整改工作方案》、省属主流媒体深化改革融合发展方案、《2019年省委党内法规制定计划》，听取中央扫黑除恶督导反馈意见整改情况和省委督导情况汇报，聚焦深挖根治，就引申扫黑除恶专项斗争作出部署。会议还研究其他事项。

十一届省委第120次常委会议。

5月24日召开。骆惠宁主持。会议传达全国学习贯彻干部任用条例座谈会精神、全国公务员工作暨学习贯彻《公务员法》座谈会精神、第十四次全国民政会议精神，研究山西省贯彻落实意见，审议通过《山西省贯彻落实中央生态环境保护督察“回头看”及大气污染防治专项督察反馈意见整改方案》《山西省公务员职务与职级并行制度实施方案》《关于加强我省退役军人服务保障体系建设的实施意见》。会议还研究其他事项。

十一届省委第122次常委会议。

6月3日召开。骆惠宁主持。会议传达学习“不忘初心、牢记使命”主题教育工作会议精神特别是习近平总书记重要讲话精神，审议通过《在全省开展“不忘初心、牢记使命”主题教育实施方案》《省委常委会开展“不忘初心、牢记使命”主题教育工作安排》，传达贯彻全国市县巡察工作推进会精神，研究适时开展整治形式主义官僚主义专项行动。会议还研究其他事项。

十一届省委第123次常委会议。

6月10日召开。骆惠宁主持。会议传达学习中共中央政治局常委、全国政协主席汪洋在山西考察工作重要讲话精神和全国地方政协工作经验交流会精神，研究山西省贯彻落实意见，听取太原市总体规划及城市设计优化工作汇报，审议通过有关改革意见和方案。会议审议通过《山西省涉旅文物保护单位两权分离改革意见》《山西省红十字会改革实施方案》。会议还研究其他事项。

十一届省委第124次常委会议。

7月8日召开。骆惠宁主持。会议传达学习习近平总书记在中央深化党和国家机构改革总结会议上的重要讲话精神，传达中央纪委国家监委“不忘初心、牢记使命”主题教育专题党课暨全国纪检监察工作会议、全国省级党委统战部长会议和第三次全国社会主义学院工作会议、全国党史和文献部门主要负责人会议精神，听取“二青会”筹备工作情况汇报。会议还研究其他事项。

十一届省委第125次常委会议。

7月25日召开。骆惠宁主持。会议分析上半年全省经济形势，研究部署下半年经济工作，传达第七次全国对口支援新疆工作会议精神、全面停止军队有偿服务工作总结表彰大会精神，研究山西省贯彻落实意见。会议还研究其他事项。

十一届省委第126次常委会议。

7月31日召开，骆惠宁主持，会议审议通过《贯彻习近平总书记在推动中部地区崛起工作座谈会上重要讲话精神实现高质量发展的意见》、“不忘初心、牢记使命”主题教育8个方面专项整治方案，研究部署安全生产和意识形态等工作。会议还研究其他事项。

十一届省委第132次常委会议。9月9日召开。骆惠宁主持。会议传达贯彻中央“不忘初心、牢记使命”主题教育第一批总结暨第二批部署会议精神，审议通过山西省开展第二批主题教育实施意见及4个工作方案，深入学习贯彻《关于在山西开展能源革命综合改革试点的意见》，审议通过《山西能源革命综合改革试点变革性、牵引性、标志性重大举措》《山西中部盆地城市群一体化发展规划纲要(2019–2030年)》和《山西省打好防范化解重大金融风险攻坚战实施方案》。会议还研究其他事项。

十一届省委第136次常委会议。10月17日召开。骆惠宁主持。会议传达学习习近平总书记在全国民族团结进步表彰大会重要讲话精神，研究山西省贯彻落实意见，分析前三季度全省经济形势，研究部署下一步经济工作，传达贯彻全国扫黑除恶专项斗争第二次推进会精神，听取2019年太原能源低碳发展论坛及能源革命展、全省推进工业高质量发展大会筹备情况汇报。会议还研究其他事项。

十一届省委第139次常委会议。11月6日召开。骆惠宁主持。会议传达全国省级人大立法工作交流会精神，审议《中共山西省人大常委会党组关于加强全省人大立法工作的意见》，听取“不忘初心、牢记使命”主题教育第一批单位整改落实进展情况汇报，对学习贯彻党的十九届四中全会精神宣讲工作做出部署，讨论拟提请省委十一届九次全会审议的省委常委会工作报告稿。会议审议通过《学习贯彻党的十九届四中全会精神宣讲工作方案》《中共山西省委关于废止、宣布失效和修改部分党内法规和规范性文件的决定》。会议决定将近一年来省委常委会工作报告提请省委十一届九次全会审议。会议还研究其他事项。

十一届省委第140次常委会议。11月25日召开。骆惠宁主持。会议审议通过《关于促进山西省工业高质量发展的指导意见》《关于建立健全城乡融合发展体制机制和政策体系的实施意见》《关于加强新时代退役军人工作的实施意见》。会议还研究其他事项。

12月9日，省委常委会召开会议。省委书记楼阳生主持会议。会议学习贯彻中共中央政治局会议分析研究2020年经济工作、研究部署党风廉政建设和反腐败工作重要精神，传达全国市域社会治理现代化工作会议精神，研究山西省贯彻落实意见，研究部署开展相对集中行政许可权改革、数字政府建设、应对人口老龄化等工作。会议还研究其他事项。

12月19日，省委常委会召开会议。楼阳生主持会议。会议传达学习习近平总书记在中央政治局第十九次集体学习时的重要讲话精神，听取省政府应急管理工作汇报，研究2020年经济社会发展主要指标及财政收支计划安排，研究部署维护社会稳定工作，听取山西省第十二次妇女代表大会筹备情况汇报。会议审议通过《中共山西省委贯彻落实〈中国共产党政法工作条例〉实施细则》《山西省深化改革加强食品安全工作的实施方案》《山西省乡镇党政领导干部选拔任用工作实施办法(试行)》。会议决定，近日召开山西省第十二次妇女代表大会。会议还研究其他事项。

12月31日，省委常委会召开会议。楼阳生主持会议。会议传达学习习近平总书记对做好“三农”工作的重要指示和中央农村工作会议、全国扶贫开发工作会议精神，研究贯彻落实意见，传达贯彻中组部座谈会、全国党校(行政学院)校(院)长会议精神，学习《2019–2023年全国党政领导班子建设规划纲要》《中国共产党党校(行政学院)工作条例》，确定省委经济工作会议相关目标任务分工，听取省十三届人大三次会议、省政协十二届三次会议筹备情况汇报，听取省委第六轮巡视情况汇报，审定第七轮巡视方案，会议审议通过《山西省从律师和法学专家中公开选拔法官、检察官实施办法》《山西省法学会改革实施方案》。会议决定，近期召开省委农村工作暨脱贫攻坚工作会议。会议还研究其他事项。（严志刚）

【省委常委扩大会议】 2019年3月18日，省委召开常委扩大会议，传达贯彻习近平总书记在全国“两会”期间重要讲话精神、全国“两会”精神、中共中央政治局常委王沪宁参加山西代表团审议时的讲话精神。骆惠宁主持并讲话。楼阳生、李佳、郭迎光、孙洪山、杨景海分别就有关工作提出贯彻落实意见。省委常委，省人大常委会、省政府、省政协负责人出席会议。在太原的省委委员、候补委员，省纪委监委班子成员，省直部门主要负责人，省管事业单位、国有骨干企业党委主要负责人，基层党员干部群众代表参加会议。

3月21日，省委召开常委扩大会议。骆惠宁主持并讲话。会议听取乡宁“3·15”山体滑坡救援处置工作综合汇报，研究部署下一阶段工作。楼阳生就有关工作提出要求，岳普煜、贺天才等分别就有关工作做汇报。会议还听取全省开展高陡边坡隐患排查、森林防火专项督查、安全生产大检查“三项工作”进展情况汇报，强调切实增强做好安全风险防范化解工作的责任感和紧迫感，举一反三，综合施策，进一步把防范化解重大风险的各项工作抓实抓细抓到位，确保群众生命财产安全，保持全省政治社会大局稳定、经济持续健康发展。会议还议定下一步工作的若干重大事项。会议以远程视频连线方式召开。省委常委，省人大常委会、省政府、省政协负责人在主会场出席会议，省直有关部门负责人参加会议。现场救援指挥部有关负责人通过视频连线参加会议。

5月24日，省委召开常委扩大会议暨中心组学习会议。骆惠宁主持并讲话。会议传达贯彻习近平总书记在推动中部地区崛起工作座谈会上的重要讲话。会议指出，习近平总书记在推动中部地区崛起工作座谈会上的重要讲话，为中部地区高质量发展指明了方向和任务，具有很强的思想性、战略性、针对性，是指导中部地区崛起的纲领性文献。要把学习贯彻习近平总书记重要讲话精神作为当前和今后一个时期的重要任务，奋力开创全省高质量转型发展新局面。会议决定，制定出台山西省贯彻落实习近平总书记在推动中部地区崛起工作座谈会上重要讲话精神的实施意见，并作出具体部署。省委常委，省人大常委会、省政府、省政协负责人，省委中心组成员、省有关部门主要负责人参加会议。

6月3日，省委召开常委扩大会议暨中心组学习会议。骆惠宁主持并讲话。会议深入学习领会习近平总书记关于能源革命的重要论述，并对坚决扛起开展能源革命综合改革试点主体责任作出安排。省委常委，省人大常委会、省政府、省政协负责人，省委中心组成员、省有关部门主要负责人参加会议。

9月20日，省委召开常委扩大会议。骆惠宁主持并讲话。会议传达党中央召开的黄河流域生态保护和高质量发展座谈会精神，集体学习习近平总书记重要讲话精神，部署山西省贯彻工作。省委常委，省人大常委会、省政府、省政协负责人，省有关部门主要负责人参加会议。

10月26日，省委召开常委扩大会议。骆惠宁主持并讲话。会议进一步学习贯彻习近平主席致2019年太原能源低碳发展论坛的贺信精神，研究部署下一步相关工作。省委常委，省人大常委会、省政府、省政协负责人，省法院院长，省直有关部门主要负责人参加会议。

11月1日，省委召开常委扩大会议。骆惠宁主持。会议传达学习习近平总书记在党的十九届四中全会上的重要讲话和关于中央政治局工作的报告，传达学习《中共中央关于坚持和完善中国特色社会主义制度、推进国家治理体系和治理能力现代化若干重大问题的决定》和习近平总书记关于《决定（讨论稿）》的说明，对抓好学习贯彻提出要求，审议《省委十一届九次全会方案》。会前，安排与会同志学习全会公报。会议决定，中共山西省委十一届九次全会于11月7日至9日在太原召开。会议还研究其他事项。省委常委，省人大常委会、省政府、省政协党员负责人，省法院院长、省检察院检察长出席会议。

12月9日，省委常委会召开扩大会议。会议重温习近平总书记视察山西重要讲话，在推动中部地区崛起工作座谈会上的重要讲话、黄河流域生态保护和高质量发展座谈会上的重要讲话。楼阳生主持会议并导读，就进一步创造性抓好贯彻落实作了讲话。与会同志交流了学习体会。省委常委，省人大常委会、省政府、省政协党员负责人，省法院院长、省检察院检察长出席会议。

12月13日，省委常委会召开扩大会议，传达学习中央经济工作会议精神，研究山西省贯彻落实意见。楼阳生主持会议并讲话。会议决定，12月下旬召开省委经济工作会议，对贯彻落实中央经济工作会议精神，做好2020年经济工作作出部署。省委常委，省人大常委会、省政府、省政协党员负责人，省法院院长出席会议。省委工作机构、省有关部门主要负责人参加会议。 （严志刚）

【省委深改委（省综改委）会议】 省委全面深化改革委员会（简称省委深改委（省综改委））第二次会议于2019年1月7日召开。省委书记、省人大常委会主任、省委深改委主任骆惠宁主持。第二次会议审议通过《关于进一步深化河湖长制改革的工作方案》，研究公安机关警务辅助人员管理改革工作。省委副书记、省长、省委深改委副主任楼阳生出席会议。

省委深改委（省综改委）第三次会议于2月27日召开。骆惠宁主持。第三次会议审议通过《山西省促进区域协调发展指导意见》《山西省土地指标交易调剂暂行办法》《关于鼓励民营企业发起设立民营银行的实施方案》《山西省汾河中上游山水林田湖草生态保护修复工程试点实施方案（2018–2020年）》《关于开展建设新时代文明实践中心试点工作的实施方案》《山西省贸促会深化改革方案》。

省委深改委（省综改委）第四次会议于3月21日召开。骆惠宁主持。第四次会议审议通过《山西省加快推进县级融媒体中心建设的实施方案》。

省委深改委（省综改委）第五次会议于4月11日召开。骆惠宁主持。第五次会议审议通过《省委全面深化改革委员会2019年重大改革安排及责任分工》《山西省2019年国资国企改革行动方案》《省属企业混合所有制改革操作指引》。

省委深改委（省综改委）第六次会议于5月13日召开。骆惠宁主持。第六次会议审议通过省属主流媒体深化改革融合发展方案。

省委深改委第十二次会议于9月9日召开。骆惠宁主持。第十二次会议审议通过《省领导分工负责抓重大改革任务落实制度（试行）》。

省委全面深化改革委员会成员出席会议，省直有关部门负责人列席会议。 （严志刚）

【省委经济工作会议】 2019年，中共山西省委召开两次省委经济工作会议。

1月9日至10日，省委经济工作会议在太原召开。省委书记骆惠宁作重要讲话。楼阳生作具体安排，并作总结讲话。

会议以习近平新时代中国特色社会主义思想为指导，深入贯彻党的十九大和习近平总书记视察山西重要讲话精神，深入贯彻中央经济工作会议和省委十一届六次、七次全会精神，总结2018年经济工作，分析当前经济形势，部署2019年经济工作。

会议提出2019年要抓好6项重点任务，打造山西转型发展的新优势新动力新形象。一是推进能源革命、

优先发展制造业，在创新驱动发展上迈出更大步伐。二是降低企业成本负担、激发市场主体活力，在支持实体经济发展上拿出更实举措。三是扩大有效投资、满足消费需求，为经济平稳健康发展提供更强支撑。四是推进乡村振兴、提高城镇发展质量，推动区域协调发展取得更快进展。五是深化市场化改革、扩大高水平开放，推动体制机制创新实现更大突破。六是打好三大攻坚战、保障和改善民生，让全省人民得到更多实惠。

省委常委，省人大常委会、省政府、省政协负责人，省军区、武警山西总队主要负责人，省法院党组书记、省检察院检察长，省有关部门、中央驻晋单位、各市县主要负责人，省管本专科院校、省管国有企业、省级以上开发区、部分民营企业主要负责人，在晋“两院”院士、科技领域专家学者、重点科研院所负责人等参加会议。

12月23日至24日，省委经济工作会议在太原召开。省委书记楼阳生出席会议并作重要讲话。省委副书记、代省长林武对2020年经济工作作出具体部署，并作总结讲话。省政协主席李佳出席会议。

会议以习近平新时代中国特色社会主义思想为指导，全面贯彻党的十九大和十九届二中、三中、四中全会精神，深入贯彻习近平总书记“三篇光辉文献”精神，坚决贯彻党的基本理论、基本路线、基本方略，增强“四个意识”、坚定“四个自信”、做到“两个维护”，按照中央经济工作会议部署，紧扣全面建成小康社会目标任务，坚持稳中求进工作总基调，坚持新发展理念，坚持以供给侧结构性改革为主线，坚持“四为四高两同步”，加快建设现代化经济体系，坚决打好三大攻坚战，全面做好“六稳”工作，统筹推进稳增长、促改革、调结构、惠民生、防风险、保稳定各项工作，保持经济运行在合理区间，确保“十三五”规划圆满收官，确保山西省与全国同步全面建成小康社会，得到人民认可、经得起历史检验。

会议明确提出“四为四高两同步”的总体思路和要求，强调必须坚持转型为纲、项目为王、改革为要、创新为上，在推动高质量发展、高水平崛起、高标准保护、高品质生活上用非常之力、下恒久之功，确保到2020年与全国同步全面建成小康社会，到2035年与全国同步基本实现社会主义现代化。同时强调，实现“第二个同步”的15年，是山西发展最为关键的窗口期，也是转型综改至关重要的攻坚期。要巩固和拓展近些年来形成的转型发展基本思路、体制政策和良好态势，用“三个五年”的时间分步走，步步为营、久久为功，到2025年转型要出雏形，到2030年基本实现转型，到2035年转型全面实现之日，就是山西基本实现现代化之时。

会议要求抓好8个方面基础性、全局性、牵引性重点工作，推动高质量转型发展开拓新局面。全力打造一流创新生态；久久为功培育壮大新动能；深入开展能源革命综合改革试点；以大都市大县城建设统筹城乡发展；加力推进现代基础设施建设；加快构建内陆地区对外开放新高地；持续打造“六最”营商环境；努力促进人的全面发展。

会议强调，要加强和改进党对经济工作的领导，不断创新领导机制、方式方法，牢牢把握经济工作主动权。抓住第一要务，交出一份“总账”，编好一张蓝图，健全一套机制，强化一种导向，共唱一台好戏。

会议对2020年重点经济工作进行具体部署：贯彻落实新发展理念，加快推进高质量转型发展；聚焦项目建设主抓手，统筹做好“六稳”工作；实施创新驱动战略，全力培育壮大新动能；深化改革开放，增强高质量转型发展动力活力；打好三大攻坚战，加快补齐全面建成小康社会短板；协同推进中心城市建设和乡村振兴，促进城乡区域协调发展；坚持以人民为中心，增进民生福祉；加快数字政府建设，提升政府治理水平。

省委常委，省人大常委会、省政府、省政协负责人，省法院院长、省检察院检察长出席会议。部分省级退休老同志，省直各部门、中央驻晋单位、各市县党政主要负责人，省管本专科院校、省管国有企业、省级以上开发区、部分民营企业主要负责人，在晋“两院”院士、科技领域专家学者、重点科研院所负责人等参加会议。

（严志刚）

【省委农村工作会议】 2019年1月21日，省委农村工作会议以电视电话会议形式开到乡镇一级。会议以习近平新时代中国特色社会主义思想为指导，深入贯彻中央农村工作会议精神和省委十一届七次全会、省委经济工作会议精神，总结2018年全省“三农”工作，研究部署2019年重点任务。会前，骆惠宁对做好“三农”工作作出批示，就加强“三农”工作的领导提出明确要求。

楼阳生就做好“三农”工作提出要求，对重点任务进行强调。省委副书记林武出席会议并讲话。

会上，太原市、朔州市、运城市、原平市、曲沃县、襄垣县作交流发言。

省领导高卫东、李晓波出席会议。省委、省政府有关副秘书长，省委农村工作领导小组、省脱贫攻坚领导小组成员单位主要负责人，省委脱贫攻坚督导组组长、副组长，各市市委副书记、分管副市长、农委主任、扶贫办主任，省农业农村厅班子成员在省主会场参加会议。各市、县党政主要负责人，党委农村工作领导小组、脱贫攻坚领导小组成员单位主要负责人及相关部门负责人、乡镇党委书记在市、县分会场参加会议。（严志刚）

【省委政法工作会议】 2019年2月19日，省委政法工作会议在太原召开。骆惠宁出席会议并讲话。他强调，要深入贯彻习近平总书记在中央政法工作会议上的重要讲话和会议精神，坚持党对政法工作的绝对领导，加快推进社会治理现代化，加快推进政法领域全面深化改革，加快推进政法队伍革命化、正规化、专业化、职业化建设，履行好维护国家政治安全、确保社会大局稳定、促进社会公平正义、保障人民安居乐业的职责任务，当好首都“护城河”,为全省在“两转”基础上全面拓展新局面创造安全的政治环境、稳定的社会环境、公正的法治环境和优质的服务环境,以优异成绩迎接中华人民共和国成立70周年。省委副书记、省长楼阳生,省委副书记林武出席会议。省委常委、政法委书记商黎光主持第一阶段会议,并在第二阶段会议作工作报告。

会议以电视电话会议形式开到市一级。省委常委出席第一阶段会议。省人大常委会、省政府、省政协有关负责人,省法检两长,省军区、省武警总队有关负责人出席会议。省委政法委副书记、委员,省有关单位领导班子成员,各市有关单位主要负责人参加会议。 (严志刚)

【全省公安工作会议】 2019年6月10日,全省公安工作会议在太原召开。骆惠宁出席并讲话。楼阳生,林武出席会议。

省委常委、政法委书记商黎光主持第一阶段会议,并在第二阶段会议上讲话。商黎光围绕政治建设、规范执法、体制机制、基层基础、班子建设、人才建设、科技兴警、从严治警、从优待警、执法环境十个方面作出具体部署。

会议以视频形式开到市。省委常委,省人大常委会、省政府、省政协有关负责人,省法院院长、省检察院检察长出席会议。省委政法委、省法院、省检察院、省公安厅、省司法厅、省国家安全厅领导班子成员,省直有关部门和各市政法委、公安局主要负责人在省主会场参加会议。各市市委书记、市长在当地分会场参加会议。

(严志刚)

【深化党政机构改革总结会议】 2019年10月8日,全省深化党政机构改革总结会议在太原召开。骆惠宁出席并讲话。楼阳生主持会议,李佳出席会议。

骆惠宁强调,要深入学习贯彻习近平总书记在深化党和国家机构改革总结会议上的重要讲话精神,持续巩固拓展机构改革成果,扎实做好“后半篇文章”,以更大力度推进治理体系和治理能力现代化。

楼阳生在主持会议时指出,全省各级各部门要切实把思想和行动统一到中央及省委决策部署上来,高质量完成机构改革“后半篇文章”,为全省在“两转”基础上全面拓展新局面提供有力制度保障。

会上,太原市委、省退役军人事务厅、省市场监督管理局、省行政审批服务管理局、沁水县委主要负责同志先后作交流发言。

省委常委,省人大常委会、省政府、省政协负责人,省法院院长出席会议。省直各部门主要负责人,省委深化党政机构改革领导小组成员及办公室负责人,中央驻晋主要新闻媒体负责人参加会议。会议以电视电话会议形式召开,各市设分会场。

(严志刚)

【全省领导干部会议】 2019年11月30日,山西省召开全省领导干部会议。中央组织部副部长吴玉良出席会议并宣布中央决定:楼阳生同志任山西省委书记,骆惠宁同志不再担任山西省委书记、常委、委员职务。骆惠宁主持会议并讲话,楼阳生、林武讲话。

现职省级领导干部,武警总队主要负责人,副省级以上老同志,省委委员、候补委员,省委、省政府副秘书长,省直单位主要负责人,各市党政正职,省属企事业单位和高等院校主要负责人,中央驻晋单位主要负责人,各民主党派主委、工商联主要负责人等参加会议。 (严志刚)

【外事工作会议】 2019年4月15日,全省外事工作会议在太原召开。省委副书记林武出席会议并讲话。会议传达贯彻中央有关部门会议精神、省委常委会议和省委外事委第一次会议精神,总结2018年全省外事工作,对2019年工作作出安排部署。

林武强调,要紧紧围绕党和国家对外大局做工作,凸显山西特色、汇聚各方力量,在经济、能源、贸易、科技、文化旅游等领域扩大国际交流合作,努力把山西省外事工作优势资源打造成国家对外工作有效资源。要着眼全省改革发展大局下功夫,落实好外交部山西全球推介会成果,发挥好首届山西国际友城大会、太原能源低碳发展论坛两个平台作用,加强整体谋划,做好衔接配合,形成互补效应,力争在新一轮对外开放中抢得先机。 (严志刚)

【高校党的建设工作会议】 2019年4月26日,全省高校党的建设工作会议在太原召开。林武出席会议并讲话。省委常委、宣传部部长廉毅敏就有关文件作说明。省委常委、组织部部长曲孝丽主持会议。副省长张复明出席会议。

会议学习贯彻习近平总书记在全国教育大会、学校思想政治理论课教师座谈会上的重要讲话精神,贯彻落实第二十六次全国高校党的建设工作会议、全省教育大会精神,研究部署高校党的建设和思想政治工作。

省直有关部门、各市党委政府负责人,省本、专科院校主要负责人等参加会议。省委宣传部、省委教育工委和山西医科大学、太原师范学院、山西药科职业学院、运城职业技术学院作交流发言。 (严志刚)

综合协调

【参谋服务】 2019年,省委办公厅紧密围绕省委中心工作,做好参谋服务。全年共起草给中央的报告,省委领导参加中央全会、全国“两会”,出席省委全会、经济工作会、主题教育系列会议等重要会议的讲话等各类文稿1000余篇、500余万字。编发《山西信息》等刊物1651期,向中办报送信息1092期,被采用50余篇。联合举办全国网上群众工作太原峰会暨人民网网民留言办理工作会议,被人民网评为省级留言办理先进单位和机制创新单位。协助妥善处置乡宁“3·15”山体滑坡、沁源“3·29”森林火灾和平遥“11·18”煤矿瓦斯爆炸事故等64起较大突发事件,办理领导干部外出请假报备1425期。审核印发文件408件，前置审核提请省委常委会审议和报省委审定的文件80余件。出台党内法规10部，向中办报备党内法规和规范性文件65件，废止、宣布失效、修改125件。

加强综合协调。完成党和国家领导人以及中央第二生态环境保护督察组等团组到晋调研督导服务保障任务。组织全省各类大中小型会议，组织省委领导参加外交部山西全球推介活动、太原能源低碳发展论坛、二青会开闭幕式等各类活动及随行保障任务110余次，被授予"第二届全国青年运动会组织筹办工作先进集体"。组织省委常委会议、中心组学习会议、省委议事协调机构会议等109次，整理会议记录120余万字，编印2019年省委及办公厅大事记。办理来文来电972件，传阅传批文件3200余次，转办催办4800余件，印制发放50万余份。传递党政军核心密件3500余件，交换文件54万余份，实现连续27年无业务事故差错。

落实全省机构改革部署要求，结合实际迅速有力开展工作。探索部门协作，举办全省统计调查培训班，建立文件共享数据库，完成5971个单位存档文件统计调查工作，申报13个国家重点文件档案保护与开发项目。优化资源配置，防范廉政风险，制定出台《省委办公厅经济活动领域风险防控实施办法(试行)》等制度，完成内部审计工作。 （刘　斌）

【督查督办】 2019年，省委办公厅抓督察工作，推进中央及省委决策部署落地生根。

以建设"督办机关"为抓手，创新推出"善督良查"理念和"五微"工作法，凝聚工作合力，"静悄悄督查"被中办《秘书工作》作为经验刊载。发挥督查"利剑"作用。把贯彻落实习近平总书记重要指示批示和党中央重大决策部署作为头等大事，完善"回头看"等工作机制，扎实做好决策督查、专项督办等各项工作，推动问题解决。凝聚抓落实整体合力。以督促检查为龙头，"三服务"各项工作同向用力、共同发力，加强目标、任务、力量、成果统筹，协调督促相关部门强化主体责任，推动抓落实关口前移、政策配套，形成贯彻落实中央及省委决策部署的强大合力。为基层减负松绑。落实"基层减负年"要求，前3季度，省委文件同比减少39.80%，会议控制在24次以内，带动省级文件、会议同比减少38.90%、30.90%，取消26项省级督查检查考核，形式主义突出、基层负担过重问题得到遏制。

（刘　斌）

【后勤保障】 2019年，省委公安厅狠抓机关大院综合治理，全面推进武警警卫"智慧磐石"工程项目建设。突出精准保障，化解矛盾风险，提升机关财务管理水平。完成东楼办公布局优化等10余项工程和临时用工社会购买服务，加强公用设施设备维修维护和日常服务保障。落实老同志政治生活待遇，用心做好家访慰问、医疗保健、丧事办理等工作。整理立卷各类档案392卷，接待查阅196人次、1320件。彭真纪念馆被命名为"全国关心下一代党史国史教育基地"，共接待游客31.20万人次。提高膳食品质，搞好洗理服务，做好大院绿化养护工作，全年更新改造老化草坪1.40万平方米。完成文秘培训服务保障和省委机关传达室工作，共接待登记29628人次。提升文印服务水平，全年录入排版290万字，印制材料130万份、2353万页。积极探索招待所经营新模式。执行公车管理规定，安全做好各类出行任务。完成应急维修抢修200余次，确保机关水、电、暖、电梯、空调等系统安全运行。组织安排100余人次专家坐诊及健康讲座，完成门诊量7254人次，外出诊疗服务100余批次。 （刘　斌）

组　织

【党组织和党员队伍】 截至2019年底，山西省共产党员总数2515740名，比上年净增44020名。其中，妇女党员633914名，占党员总数25.20%；大专以上文化程度党员1196113名，占党员总数47.55%；35岁及以下党员494872名，占党员总数19.67%。从职业分布上看，党政机关党员198287名，占党员总数7.88%；企事业单位党员811537名，占党员总数32.26%；社会组织单位党员9923名，占党员总数0.39%；农牧渔民党员763200名，占党员总数30.34%；军人、武警党员21名，占党员总数0.00083%；学生党员42072名，占党员总数1.67%；离退休党员535825名，占党员总数21.30%；其他职业党员154875名，占党员总数6.16%。2019年，全省申请入党人数83.20万人，其中被党组织确定为入党积极分子的27.49万名，列为发展对象的7.69万名。

党组织情况。山西省党的各级地方委员会共有129个，其中省级党委1个，市级党委11个，县(市、区)党委117个。基层党组织共有128761个，其中党委5487个，党总支6596个，支部116678个。城市街道基层党组织5385个，其中党委241个，党总支259个，支部4885个；乡镇基层党组织33732个，其中党委1349个，党总支944个，支部31439个；国有企业基层党组织31516个，其中党委1805个，党总支1946个，支部27765个；非公经济组织基层党组织13248个，其中党委198个，党总支274个，支部12776个；事业单位基层党组织25128个，其中党委828个，党总支1565个，支部22735个；机关基层党组织19725个，其中党委876个，党总支1534个，支部17315个；社会组织基层党组织4140个，其中党委54个，党总支68个，支部4018个；其他基层党组织35004个，其中党委1726个，党总支1209个，支部32069个。

2019年，全省各级组织部门以习近平新时代中国特色社会主义思想为指导，贯彻新时代党的组织路线，按照中央、中组部和省委部署要求，开展"不忘初心、牢记使命"主题教育，推进党的组织体系建设，培养选拔忠诚干净担当的高素质干部，集聚爱国奉献的各方面优秀人才，以“高快严实”要求推动全省组织工作全面提质提速提效，取得新进展新成效。

(李德胜)

【主题教育部署落实】 2019年，省委组织部履职尽责，把中央关于主题教育的部署要求落到实处。坚持把主题教育作为一项重大政治任务，会同有关部门组建主题教育领导机构和工作机构，高站位科学谋划、高质量统筹推进、高标准督促指导全省130180个党组织、40562名县处级以上领导干部、234.30万名党员开展主题教育，取得成效。

主题教育始终坚持学习教育围绕主线深学细悟，调查研究围绕主线寻策问道，检视问题围绕主线对标找差距，整改落实围绕主线真改实改。全省各级召开“学用交流会”2288次、举办“学习《纲要》进基层万场宣讲活动”11564场。

主题教育坚持强化整治整改，解决群众最关心最直接最现实的问题。抓好中央部署的专项整治以及省委省政府部署的整治整改任务，以项目化方式推进整改落实。各地各部门整改落实专题民主生活会和专题组织生活会查摆出的问题136021项，其中上下联动整改7894项。坚持开门搞教育，组织开展“三服务”活动和就业、物价等9项服务行动，集中解决一批群众关心的难点痛点问题。

主题教育的全过程中，定期与中央主题教育办、第八巡回指(督)导组沟通对接，及时召开领导小组会议、办公室主任会议调度推动，做好面上指导和政策研究解答。坚持四项重点措施一体推进，注重两个批次协调衔接，针对不同层级不同领域不同对象的特点，协调各巡回指导组从严从实加强督促指导，压紧压实主体责任和第一责任人责任，坚决防止形式主义、官僚主义，推动规定动作达标达效。牵头开展“不担当不作为”问题专项整治，各地各部门共查摆问题21.70万余条，整改17.49万余条，2187人因不担当不作为受到问责，3551名担当作为典型受到褒奖。选拔使用敢于担当作为的干部，选树宣传100名“不忘初心、牢记使命”先进典型，树立可见、可学、可比的好干部标杆。落实关心关爱干部的政策措施，激励干部担当作为20条举措、省直机关干部职工健康体检、异地交流任职干部福利待遇等一批制度措施落地见效，激发担当作为主动性自觉性。

(李德胜)

【干部队伍建设】 2019年，省委组织部突出政治标准，统筹育选管用，为推动全省转型发展提供坚强的干部保证。落实新时期好干部标准，完成省“两会”、省委全会人事安排任务，完成省妇联、省文联、省作协、省社科联换届工作。2019年以来，省委常委会研究任免干部598人次，提拔或使用170人。

召开全省干部教育培训工作会议，推进习近平新时代中国特色社会主义思想课程体系、教材体系、学科体系建设。在主题教育和“改革创新、奋发有为”大讨论中，协调指导各地各部门推进习近平新时代中国特色社会主义思想进教材、进课堂、进头脑。将贯彻落实党中央决策部署、坚决做到“两个维护”情况作为主题教育评估、党委(党组)理论学习中心组学习、民主生活会、年度考核的首要内容，及时查偏纠错。通过主体班次、“专班计划”、联合培训、网络培训等方式培训干部3万余人次，从教育培训上强化忠诚干净担当。

坚持把政治忠诚作为选人用人首要标准，在领导班子换届、干部日常调整、优秀年轻干部专题调研等工作中严把政治关，对政治上不合格的一票否决。紧盯机构改革后领导班子运行状况，由部务会成员带队集中对部分市县、省直单位、国企高校开展平时考核调研，了解掌握领导干部实际表现特别是政治表现。对表党中央要求，对标天津、四川等兄弟省市经验做法，研究制定《山西省领导干部政治素质考察考核办法（试行)》《省管干部政治素质考察操作规程（试行)》，在干部任用考核中先行先试，让干部的政治素质具体化、可评判。

为培养选拔优秀年轻干部，集中1个月时间，省市县三级联动开展优秀年轻干部专题调研，打破层级界限建立省委直接掌握的优秀年轻干部名单。一年来共为54个省管领导班子选配116名50岁以下年轻干部。实施年轻干部“两大行动”“三年计划”，有22名正处级干部提拔为副厅级、3名进一步使用，15名基层锻炼干部留在当地任职。强化政治训练、实践锻炼，选派88名“70后”干部到天津、山东、深圳挂职学习，111名“80后”干部到县锻炼，77名干部参与巡视、信访等专项工作。加强源头建设，2019年招录定向选调生204人，2020年选调范围由北大、清华等31所高校扩大为37所。

在干部管理监督工作上，突出抓早抓小抓苗头，全省各级组织部门共提醒3877人、函询1647人、诫勉873人。改进领导干部个人有关事项报告制度，突出查核结果运用和责任追究，共查核1.26万人。分两批对部分单位和省管干部外出请假报备情况进行抽查。对10所省属高校、24户省管企业开展选人用人专项检查。推进集中规范领导干部配偶、子女及其配偶经商办企业行为工作。开展“一报告两评议”工作，中组部反馈的2018年度省委选人用人工作总体评价持续向好，全省选人用人风气发生根本性转变。

在全国较早启动职务职级套转和晋升工作，省级机关、各市县职级套转全面完成，80多个省级机关（单位)、11个市和90个县(市、区)开展了职级晋升工作，大部分单位转入日常管理，省级机关首次职级套转工资待遇已基本兑现。5名个人、3个集体分别获评为全国“人民满意的公务员”“人民满意的公务员集体”。

制定实施《受处理处分干部教育管理使用办法(试行)》，对11名受过处理处分后表现好的重新安排工作或明确相关待遇，各方面反映良好。制定《一级巡视员管理办法(试行)》《关于规范干部挂职工作有关问题的

2019年10月15日，全省深化"三基建设"加强基层工作推进会暨合并行政村现场会在忻州市召开 （组部办供图）

通知》《关于进一步规范省管干部在社会组织中兼职审批工作的意见》《关于规范省直机关科级及以下干部调配工作的通知》《县级法检"两长"选拔任用工作流程》《关于领导干部不担当不作为问题举报线索办理办法》《关于在三级公立医院正职调整中注重专业化水平的指导意见》，对有关工作进行规范，及时将实践中行之有效的做法上升为可操作、能执行的制度。 （李德胜）

【基层组织】 2019年，省委组织系统严密组织体系，基层党组织政治功能和组织力增强。树立大抓基层的鲜明导向。代省委起草《关于深化"三基建设"进一步加强基层工作的若干意见》，召开全省深化"三基建设"加强基层工作推进会暨合并行政村现场会，对贯彻落实《若干意见》作出安排。制定《山西省乡镇党政领导干部选拔任用工作实施办法（试行）》，将选人用人视野向基层倾斜。制定贯彻落实《农村基层组织工作条例》18条工作措施，推进党支部建设标准化、规范化，推动农村基层党组织在脱贫攻坚、乡村振兴、基层治理中发挥领导作用。连续三年提高乡镇干部工作补贴标准，乡镇（街道）平均办公经费达到80万元以上，全省县域内村级组织运转经费村均达到11.80万元，社区平均达到12.80万元。

专项整治软弱涣散基层党组织。落实中组部集中整顿软弱涣散基层党组织太原片会精神，全省共确定软弱涣散基层党组织4120个，95%的完成整顿。对59个存在违法问题的信教群众聚居村重点整顿。推进村党组织带头人队伍整体优化提升，实施农村干部学历提升工程，实现大学生村官与选调生工作并轨，示范培训乡镇党委书记、农村第一书记、村党组织书记等2300余人次，调整撤换不胜任、不尽职村党组织书记257人。

统筹推进各领域基层党建工作。制定实施《关于加强和改进新时代全省城市基层党建工作的若干措施》，推动8个市制定街道改革、创星升级等一揽子政策措施，初步构建起城市基层党建政策体系和制度机制。明确省管企业党委对直属企业党建工作领导和指导责任，实现明责、履责、考责闭环。按照"当好三个表率、建设模范机关"要求，突出抓好机关党建政治建设等29项重点任务落实。设立省非公经济组织党委、省社会组织党委和省互联网行业党委，健全全省非公和社会组织党建工作体系。

严格发展党员和党员教育管理。贯彻落实《2019—2023年全国党员教育培训工作规划》，提出20条突破性、创新性具体措施。按照中组部部署，指导吕梁市交城县完成排查解决农村发展党员违规违纪问题试点工作，及时总结经验做法，研究制定《山西省发展党员违规违纪问题认定处理意见（试行）》。 （李德胜）

【高端人才引育】 2019年，省委组织部门实施"三晋英才"计划，在高端人才引进培育工作上取得进展。优化整合人才工程，以重点带动整体建设。省委召开"三晋英才"支持计划启动大会，遴选高端领军人才323人、拔尖骨干人才4830人、青年优秀人才7843人，发放人才奖励金2.40亿元，人才创新创造创业活力竞相迸发。2019年共有19人入选"两院"院士、教育部"长江学者奖励计划""杰青""优青"等国家级人才工程；引进144名海外高层次人才和创新团队。

深化体制机制改革，以改革释放人才红利。建立健全以创新能力、质量、贡献为导向的人才评价体系，着力解决唯论文、唯职称、唯学历现象。实施高校毕业生基层成长计划，鼓励引导人才向艰苦边远地区和基层一线流动。鼓励支持事业单位专业技术人员到企业兼职创新，取得合法报酬。对各类知识技术密集、高层次人才集中的事业单位，实行绩效工资总量倾斜，增强人才对改革的满意度、获得感。

强化党管人才原则，以政治引领增强认同。结合主题教育，组织高层次人才开展国情研修、到海南休假疗养，开展"弘扬爱国奋斗精神、建功立业新时代"活动，做好国防军工领域特殊一线岗位人才医疗保健工作。启动首届"山西省优秀人才突出贡献奖"和"山西省人才工作贡献奖"评选活动，加大对人才和人才工作者奖励力度。 （李德胜）

宣 传

【理论学用格局】 2019年，省委宣传部坚持把深入学习宣传贯彻习近平新时代中国特色社会主义思想作为首要政治任务,在学懂弄通做实上下功夫,构建完善全省理论学用大格局。《习近平新时代中国特色社会主义思想学习纲要》发行量党员占比94.10%、位居全国前五,全省第三次学用习近平新时代中国特色社会主义思想经验交流会及分层分领域学用交流会深入开展,持续引深学习宣传贯彻。增强理论武装工作贴近性,3.40万余场"纲要"进基层宣讲活动覆盖城乡,2.80万余场党的十九届四中全会精神基层宣讲活动形成差异化备课、分众化宣讲、现场示范观摩等鲜活经验,新时代文明实践中心、县级融媒体中心、"学习强国"山西学习平台建设扎实推进,全省首批党委(党组)理论学习中心组示范点、基层理论宣讲示范点和党的创新理论实践基地成功创建,大中小学思想政治理论课一体化建设初见成效,推动党的创新理论武装往深里走、往实里走、往心里走。 (丁一鸣)

【意识形态工作】 2019年,省委宣传部坚持"党管宣传、党管意识形态、党管媒体"不动摇,落实意识形态工作责任制,健全并落实研判、通报、报告、督查、检查、考核等制度,维护大局的稳定。打赢网络意识形态斗争,健全网络安全风险通报预警、政治类有害网站快速关闭等机制,处置各类涉晋敏感网络舆情,政治类有害信息监测举报、网络安全等工作成效进入全国第一方阵。加强突发事件的舆论引导,稳妥处置乡宁山体滑坡事故、沁源森林火灾事故、平遥峰岩集团二亩沟煤矿"11·18"瓦斯爆炸事故等引发的舆情。落实主管主办和属地管理原则,统筹加强新闻出版、广播影视、文化市场、讲座论坛等阵地管理,圆满完成广播电视安全播出保障任务,全省"扫黄打非"工作共清理删除各类违法信息19.40万条。 (丁一鸣)

【主流舆论示范】 2019年,省委宣传部巩固拓展实践中形成的好做法好经验,把守正创新落实到思想和行动上,各方面工作呈现新变化新气象。打造哲学社会科学"晋字品牌",设立两个省级重点智库,发挥"百部(篇)工程"等评奖激励作用,推出一批具有学术价值和山西特色的研究成果,《山西抗日战争文献搜集整理与研究》等课题入选国家重点工程。通过深度融合发展,巩固壮大主流舆论,省属主要媒体改革推进,省级"中央厨房"建成运行,首批启动的40个县级融媒体中心基本建成,全省新闻战线运用媒体融合成果、浓墨重彩做好外交部山西全球推介活动、国新办山西专场新闻发布会及"改革创新、奋发有为"大讨论、"二青会"、太原能源低碳发展论坛、国际通航飞行大会等重大主题宣传,推出一批点击率、转发率、点赞率高的融媒体产品,形成网上网下同频共振的舆论强势。聚焦培育时代新人、弘扬时代新风,抓好群众性精神文明创建、社会主义核心价值观示范点建设、学雷锋志愿服务站点建设、主题微电影征集展示、"我们的节日"民俗文化活动等工作,孝义市恢复"全国文明城市"资格,星级文明户创建评选工作助推乡村振兴,全国道德模范巡讲活动等形成强大精神感召,营造向上向善的浓厚氛围。 (丁一鸣)

【文化建设】 2019年,省委宣传部坚持以精品奉献人民,文化创新创造活力竞相迸发,人民群众文化获得感幸福感持续增强。坚持把提高质量作为文艺作品的生命线,电视剧《右玉和她的县委书记们》、图书《傅山全书》、上党梆子《太行娘亲》等获国家级奖项的精品力作不断涌现,大型交响舞蹈史诗《黄河》省内外展演广获好评,山西艺术节、"左权民歌汇"、平遥国际电影展等文化活动影响广泛。提高基本公共文化服务的覆盖面和适用性,新建成山西青铜博物馆等一批高水平公共文化设施,"免费送戏下乡一万场"、全民阅读、农村公益电影放映等惠民文化工程常态化实施,数字文化馆、智慧博物馆等公共数字文化项目建设有力推进。巩固山西文物大省地位,"文明守望工程"累计吸引社会资金约1.30亿元,第八批全国重点文物保护单位名录山西省有79处入选,全省现有国保单位531处、稳居全国第一。加快建设文化旅游强省,擦亮黄河、长城、太行三大文化旅游品牌,山西省成为全国第八家省级国家全域旅游示范区创建单位,长城国家文化公园(山西段)列入建设日程。第四届山西文博会突出"深度融合、创新发展"主题,大力弘扬黄河文化,展会规模、质量、成交额刷新历史纪录。对外文化交流更加频繁,"光影流年——中法友好故事会"等受到国内外广泛关注,全年输出版权122种、创历史新高。

(丁一鸣)

【大宣传局面】 2019年,省委宣传部以贯彻执行《中国共产党宣传工作条例》为契机,持续巩固和完善全党动手、一起来做的大宣传格局。从宣传思想战线自身建设抓起,开展"不忘初心、牢记使命"主题教育和"改革创新、奋发有为"大讨论,推进增强"四力"教育实践工作,落实党风廉政建设责任制,坚决纠正"四风"特别是形式主义、官僚主义,全面加强领导班子、干部队伍、人才队伍建设,完成省文联、省作协、省社科联、省政研会和省记协换届工作,全战线"两个维护"的政治定力和政治能力持续增强,形成更加团结、更有理想、更有干劲的工作局面。构建领导小组议大事、各职能部门抓日常的工作机制,成立宣传思想工作领导小组并建立相关议事协调机制,组织意识形态领导小组成员单位一道研判分析形势,协调实际工作部门与新闻单位联合策划设置主题宣传议题,动员各地各部门深度参与全省性重大宣传活动,汇聚共同做好宣传思想工作的强大合力。

(丁一鸣)

【中华人民共和国成立70周年宣传】 2019年,中共山西省委宣传部把庆祝中华人民共和国成立70周年宣传教育贯穿全年始终,主题图片展、"奋进山西"彩车首都国庆游行及省内巡展、主题文艺晚会等13项重大活动反响热烈，“党的十八大以来山西深化改革、转型发展、改善民生重大举措及成果”评选活动吸引2150余万干部群众热情点赞，“时代新人说——我和祖国共成长”全国主题演讲启动仪式和“绿水青山”主题赛事、“我和我的祖国——红色故事讲解大赛”等群众性宣传教育活动有声有色，“壮丽70年 奋斗新时代”等大型主题采访活动形成声势，优秀文艺作品展演展映展播等群众性主题文化活动丰富多彩，激发全省人民爱党、爱领袖、爱国家、爱社会主义的巨大热情。调整提升后的右玉精神展览馆被命名为全国爱国主义教育示范基地，组织编写《山西革命烈士家书》《三晋英模》并列入山西省“不忘初心，牢记使命”主题教育学习读物，申纪兰等共和国勋章和国家荣誉称号奖章获得者、最美奋斗者、中国好人、时代楷模等模范先进人物辈出，诠释三晋儿女做共和国忠诚脊梁的赤子深情和不懈追求。（丁一鸣）

统 战

【民主党派工作】 2019年，省委统战部组织举办习近平新时代中国特色社会主义思想座谈会、民主党派大讲堂3期、民主党派骨干成员培训班3期等，学习培训1000余人次；各民主党派省委会通过主委会、专题学习会、基层组织座谈会等形式进行宣讲解读，到北京、上海、浙江、江苏、重庆等地学习亮点工作和创新做法，在主流媒体宣传报道20余次，开展活动120余次，深入企业调研90余次。各民主党派开展“不忘合作初心，继续携手前进”主题教育情况得到中央统战部及各民主党派中央的肯定。

紧扣中央关于参政党建设3个文件，制定相关实施意见和分工方案，在各民主党派中开展“四比四促”活动。人民网、新华网、《中国统一战线》杂志、《团结报》等主流媒体对“四比四促”活动进行广泛报道，中央统战部《统战工作》全文刊登印发全国。提升政党协商效能。年度政党协商计划纳入省委常委会工作要点，省委、省政府以及委托有关部门召开协商会、座谈会、情况通报会20余次。建立省委统战部与各民主党派省委会联席会议制度，政党协商效能提升。发挥党派优势作用。支持民主党派参政议政，聚焦全省中心工作建言献策，开展脱贫攻坚民主监督，做到在重大问题上发声、在重点工作上发力。

协调各民主党派省委会围绕山西能源革命综合改革试点、山西省政治生态、构建新型政商关系等课题，建言献策、开展重点调研。

推进政党协商。做到在重大问题上发声、在重点工作上发力。制定并跟进执行《山西省2019年政党协商计划》，将年度政党协商计划纳入省委常委会工作要点，落实政党协商“责任制承办”机制，完善政党协商通报、调研、组织、落实、反馈等各个环节的工作机制。省委、省政府以及委托有关部门召开的协商会、座谈会、情况通报会达20次。支持民主党派建立健全参政议政工作机制，培养骨干队伍，聚焦创新驱动引领高质量发展和山西“示范区”“排头兵”“新高地”三大目标定位建言献策，《关于建立外国人收养中国子女跟踪机制的建议》《动态管理最低生活保障对象，做到“应保尽保、应退尽退”》等得到中央领导批示，《关于推进我省民营企业有效参与国企混改的政策建议》等得到省委、省政府主要领导批示。

助推地方经济发展。从2017年各民主党派省委会到100余个乡村，开展座谈、协商、沟通200余场次，提出意见建议近200条，推进山西省脱贫攻坚战略的实施。九三学社省委会按照引人才、带项目、促发展的思路，积极作为，“九吕合作”“九临合作”捷报频传，葛均波院士工作站落地临汾、李兆申院士工作站落地朔州、顾东风院士工作站落地吕梁，郝跃院士与山西飞虹微纳米光电科技有限公司签署战略合作框架协议，清华附中与吕梁市政府签订战略合作协议。

推进调研工作。推进民主党派“订单式”专题调研工作，向各民主党派省委会通报2019年省委、省政府中心工作，编印各民主党派调研优秀成果集，协调省委、省政府召开党外人士调研成果座谈会。引导各民主党派围绕国计民生开展社会调研，如民盟山西省委会开展“6个1”中长期调研，选取1个乡村、1个企业、1个景区、1个城镇、1个中小学、1个社区作为长期跟踪调研对象，撰写的当代中国乡村纪实报告《乡村调研：宋家沟》一书由商务印书馆出版发行，得到民盟中央肯定并在全盟宣传推广。开展“关爱乡村儿童”系列活动，组织医疗、教育专家，分赴忻州市岢岚县宋家沟小学等4所乡村学校，开展学生健康体检、成长留影、捐赠图书、阅读经典等活动。加强社会主义学院工作。以省委名义召开全省社会主义学院工作会议。推进协调解决山西社院职数编制，教学主业水平明显提升，培训人数由每年600人上升为8000人以上，由全国最末位跃居全国第二。全省11个市均在市委党校挂牌成立社会主义学院。（董志强）

【山西统一战线智库打造】 2019年，山西省有民主党派成员35395人，党外知识分子约300万人，普通高等院校82所，研究领域广泛、分布行业多样。为贯彻落实中央、省委的精神，加强山西统一战线智库建设，发挥统一战线人才荟萃、智力密集的独特优势，更好地为科学决策提供智力支持，山西省委统战部打造山西统一战线智库品牌。

加强顶层设计，形成工作合力。突出统战特色，围绕统一战线重大理论和重点工作开展研究，印发《山西统一战线智库运行办法》。健全工作机构。统战智库在省委统战部领导下开展工作，由省委常委、统战部部长徐广国任主任，加强对智库的统一领导，下设智库办公室，统筹协调推进，打破业务壁垒、打通成果转化堵点。提供经费保障。将统战智库工作经费列入省财政预算并逐年增长；省委统战部每年安排专门经费用于统战智库日常活动。

整合资源优势，发挥最大潜能。建立以党外专业为主体，党内专家为补充的81人的智库专家队伍。依照研究领域划分经济、社会法制、文化科技、生态环保、统战理论等5个专家小组。规范选聘程序，经省委统战部部务会审议通过后，以省委统战部名义聘任，增强专家的荣誉感。完善动态调整机制，使智库队伍的新老交替、优进绌退制度化，逐步形成能进能出、充满活力的智库专家队伍。

完善运行机制，规范服务保障。加强课题管理。制定《山西统一战线智库课题管理办法》。按照省委提出“不求全、不求多、但求准、但求深”要求，对每个课题进行调查研究，做到不调查不建言、不研究不献策、不沟通不议政；在掌握第一手材料的基础上，邀请专家进行科学论证，确保向党委政府提出有分量、可操作、能落实的意见和建议。

注重成果转化，完善激励措施。对每名专家的成果，省委统战部以文件形式通报到本人所在单位。年底召开评比表彰会议，表彰先进个人和优秀成果。对智库专家开展的研究工作，给予经费支持和物质奖励。对智库工作贡献突出的专家，优先考虑进行适当政治安排。

各民主党派紧扣中央及山西省中心工作，聚焦“深入推进‘一带一路’建设”“推动实施乡村振兴战略”“创新驱动引领高质量发展”和山西“示范区”“排头兵”“新高地”三大目标定位积极建言献策。《关于建立外国人收养中国子女跟踪机制的建议》《动态管理最低生活保障对象，做到“应保尽保、应退尽退”》等4篇建议被中央领导批示，《关于推进我省民营企业有效参与国企混改的政策建议》等6篇建议被省委主要领导批示，做到在重大问题上建真言、在重点工作上献实策。（董志强）

【党外知识分子工作】 2019年，省委统战部根据《中央统战部关于印发〈在党外知识分子中深入开展“弘扬爱国奋斗精神、建功立业新时代”活动的实施意见〉的通知》要求，结合山西省党外知识分子工作实际，对活动开展进行安排部署，明确3个方面主要内容和5个方面重要举措。采取专题研讨、报告会、座谈交流等方式，组织专题学习，开展交流研讨，引导党外知识分子自觉弘扬践行爱国奋斗精神，在本职岗位建功立业，做新时代的奋斗者。

加强对新时代党外知识分子思想政治工作的研究。在全省部署开展新时代党外知识分子思想政治工作调研，印发《关于开展新时代党外知识分子思想政治工作调研的通知》，各市和高校、国企统战部门广泛参与，上下联动，共同破题，开展调研，共收到调研报告37篇，掌握一手材料和一线情况。形成《新时代山西省高校党外知识分子思想政治工作研究》调研报告，深入剖析面临的挑战和问题，研究提出加强和改进党外知识分子思想政治工作的思路举措，为加强党外知识分子思想政治工作提供依据和参考。

强化与无党派人士和党外知识分子代表人士联谊交友。根据《关于完善中央统战部同党外知识分子、非公有制经济人士谈心交流制度的意见》精神，采取上门走访、日常谈话等方式，与无党派人士和党外知识分子代表人士进行沟通交流，了解工作生活中的困难，主动反映、协调解决党外知识分子干事创业中的突出问题，激励支持党外知识分子发挥作用、创新奉献。

开展高校党外知识分子统战工作“五好”示范点创建。深化落实《中共山西省委办公厅转发省委统战部、省高校工委〈关于加强新形势下高校统一战线工作的意见〉的通知》精神，打造山西省党外知识分子工作品牌。以全省本科高校为重点，按照“对标一流、夯基提质”的思路，突出“五好”标准，即，主体责任履行好、思想引导工作好、代表队伍建设好、优势作用发挥好、工作机制落实好，在全省本科高校中开展党外知识分子统战工作“五好”示范点创建活动。与省委教育工委联合召开全省高校党外知识分子统战工作“五好”示范点创建活动动员部署会。全省23家本科院校党委分管统战工作的领导和统战部门负责人计50多人参加会议。召开部分高校统战部部长座谈会，听取“五好”示范点创建活动有关工作进展情况汇报，对活动开展进行再动员、再部署。起草撰写《探索开展党外知识分子“五好”示范点创建活动，推动高校统战工作整体发展》实践创新成果材料。（董志强）

【无党派人士工作】 2019年，省委统战部支持无党派人士开展“不忘合作初心，继续携手前进”主题教育活动。根据《中央统战部支持无党派人士开展“不忘合作初心，继续携手前进”主题教育活动有关安排》通知精神，组织召开无党派人士“不忘合作初心，继续携手前进”主题教育活动动员会，印发活动方案，向26名无党派代表人士赠送学习书籍。引导无党派人士把学习研读习近平新时代中国特色社会主义思想作为重中之重，读原著、学原文、悟原理，开展形式多样的学习教育活动，撰写心得体会，进行交流发言，增进无党派人士对中国共产党和中国特色社会主义的政治认同、思想认同、理论认同、情感认同。

创新加强全省“无党派人士”政治面貌规范使用工作。印发《关于加强“无党派人士”政治面貌规范使用工作的通知》，明确“无党派人士”政治面貌规范使用标准、范围、要求和程序。各市、省直和高校、国企、科研院所各单位根据要求进行落实，明确省级无党派人士重点人物、省级无党派人士后备人才和省委统战部重点联系的中青年无党派代表人士三类人员标准，建立完善全省无党派代表人士数据库。督促指导各市做好市县两级无党派代表人士数据库的建立完善工作，明确市县两级人选标准，初步建立人员数据库。为无党派代表人士选拔、培养、使用提供科学参考。

组织举办全省中青年无党派代

表人士培训班。7月8日至12日在山西社会主义学院举办全省中青年无党派代表人士培训班，以各市各单位上报的省级无党派人士后备人才为主，组织89名学员参加培训。培训着重突出政治理论、国情形势、能力素质三大主题，采取课堂教学、参观考察、交流研讨等形式，调动中青年无党派代表人士的主动性和参与性。

（董志强）

【民族宗教工作】 2019年，省委统战部推进宗教工作督查整改，解决民族宗教领域重点难点问题。以铸牢中华民族共同体意识为主线，总结研讨创新民族工作的新路径。开展民族团结进步创建活动，3家单位被国家民委命名为第七批全国民族团结进步示范区（单位），6个集体和7名个人被国务院授予全国民族团结进步模范集体和模范个人称号。做好内地新疆少数民族学生教育管理服务工作，依法加强清真食品安全监管工作，完成二青会少数民族运动员清真餐饮保障工作。做好少数民族发展资金使用管理工作，巩固少数民族聚居村脱贫成果。组织参加第十一届全国少数民族传统体育运动会，共获51个奖牌，获奖项数量创历届之最。

聚焦中央宗教工作督查反馈意见，发挥省委统一战线工作领导小组、省宗教工作领导小组统筹协调作用，不断健全完善宗教工作制度机制，破解一批宗教领域重点难点问题。与省委组织部联合出台《关于加强信教群众聚居村党组织建设的实施意见》，举办全省聚居村及所在乡镇党组织书记培训班。省级五大宗教团体在6月底前全部完成换届任务，破解省天主教20年未换届难题。

（董志强）

【侨务工作】 2019年，省委统战部贯彻落实各项侨务政策，依法维护归侨侨眷合法权益。元旦春节期间开展走访慰问归侨侨眷和华侨华人代表人士活动，共走访生活困难的归侨侨眷、有突出贡献的侨界知识分子和公益人士、归侨侨眷优秀代表人士等49户，发放救济困难慰问金约7万元。组织开展省直侨界迎新春电影招待会、纪念新中国成立70周年慰侨演出，省直单位的归侨侨眷、侨务工作者500余人参加活动。开展困难归侨救助工作，拨付各市华侨事务费45万元，用于救济困难归侨；开展老年归侨健康体检工作，对全省400余名老年归侨进行免费体检活动；为105名省直困难老年归侨按每人每月200元发放生活补助，共发放24.88万元。引导境外重点慈善人士、涉侨基金会参与山西省公益慈善事业。同山西医科大学合作，向应善良福利基金会申请2019年资助贫困大学生项目，为山西医科大学120名贫困生申请“应善良助学金”42万元。向香港惩教社教育基金会申请，资助太谷县郭村小学等4所小学45名学生奖学金18000元。

2019年共受理归侨侨眷、华侨华人来信、来电50余次；落实40名“三侨生”享受中、高考加分政策，依法受理出具华侨回国定居、归侨侨眷身份、延续工龄等证明。

侨务资源涵养。开展海外信息库建设工作。对全省各涉侨单位设立的海外联系站点进行调研摸排，对全省123个海外联系站点进行备案，制定《建立山西海外信息库实施方案》，启动山西海外信息库建立工作。新增海外联系点5个，新增海外重点联系人18人，扩大山西省对外联络渠道。热情接待回国侨团侨校侨领。全年接待来自美国、加拿大、英国、南非等国家的侨团侨社的侨领约76人次，鼓励海外侨领参与山西发展，在文化、教育、旅游、环保、医药、机械制造、工业园区建设等领域达成11项初步合作意向。

（董志强）

【对外交流】 2019年，省委统战部组团出访，搭建交流合作平台。派代表团出访菲律宾、印尼等国，出席菲律宾中华和平发展促进会第二届职员就职典礼活动，结识两地侨团侨社的侨领，拜会菲华商联总会、菲华青年商会等侨团，拜访印尼苏北省棉兰华文中学、印尼棉兰亚洲国际友好学院等，慰问山西省派往印尼棉兰亚洲国际友好学院的华文教师。组团参加第十五届世界华商大会，与英国、爱尔兰侨领广泛交流，走访英国总商会、英国山西商会、英国陕西商会、福建（苏格兰）青年会、爱尔兰华助中心等侨团，与侨领进行交流，就两地开展交流合作达成共识。牵线搭桥助推山西省企业“走出去”。

促进民心相通，做好华文教育工作。选派43位华文教师赴泰国、菲律宾、印尼、希腊、老挝华校教授汉语知识、中华传统文化。外派教师在海外华校协助开展华文教育、培训本土汉语老师，参与学校教学管理工作，提升当地华文教育专业化水平。承办国侨办“2019年华文教育·名师巡讲团”活动。选派山西省优秀教师组团赴美国、日本、韩国宣讲中华传统文化，在当地开展汉字文化、武术鞭杆、腰鼓舞蹈、手工剪纸、面塑、编织等具有山西韵味的中华文化培训，展示中华传统文化的魅力风采。承办国侨办“2019年中华文化大乐园·意大利帕多瓦营”活动。选拔山西省优秀教师组团赴意大利执行“中华文化大乐园”项目，向海外华裔青少年及当地学生宣传中华传统文化，在当地开展书法、国画、围棋、京剧、古筝、锣鼓、武术、舞蹈、剪纸、中国结、空竹、皮影等具有山西韵味的中华文化培训课程。

（董志强）

【新社会阶层工作】 省委统战部召开2019年全省新的社会阶层人士统战工作联席会议第一次会议和第二次会议。

根据山西省新阶层工作的实际情况，2019年4月29日，徐广国主持召开2019年度省新的社会阶层人士统战工作联席会议第一次（扩大）会议，会上传达全国统战部长会议精神、新的社会阶层“深圳会议”精神，增补省新的社会阶层人士统战工作联席会议成员单位，探索完善联席会议的职能，形成有效的工作方式和工作机制，推进新阶层统战工作创新发展，构建“大统战”工作格局。为新的社会阶层人士统战工作实践创新推广城市太原市和实践创新基地山西转型综改示范区授牌，明确实践创新工作主体责任。8月26日召开第二次联席会议成员单位(扩大)会议，传达中央统战部实践创新基地建设经验交流推广片会(北部地区)会议精神，在全省新的社会阶层人士中开展“凝聚新力量，筑梦新时代”主题教育活动和山西省新的社会阶层人士统战实践创新基地及项目创建工作进行安排部署，对《新的社会阶层人士统战工作联席会议制度(修订稿)》修订情况作说明，同时，就贯彻落实山西省《关于加强新的社会阶层代表人士队伍建设的实施意见》进行再动员、再安排。

出台两个决定。省委统战部从2018年开始打造“晋新晋力”山西省新的社会阶层人士统战工作品牌，在全省创建3个实践创新基地和100个新的社会阶层人士活动站，推动山西省新的社会阶层人士统战工作，受到中央统战部的肯定，工作经验在全国交流推广。2019年经过各市、省直各有关单位和各有关协会申报、推荐，省委统战部在调研摸底、考察验收、教育培训的基础上，按照《全省新的社会阶层人士活动站审定原则》，经部务会研究决定，出台《关于创建全省2019年136个新的社会阶层人士活动站的决定》《关于创建全省100个新的社会阶层人士“大师工作室”的决定》，在全省创建2019年第二批新的社会阶层人士活动站136个和100个“大师工作室”。

推进实践创新工作。6月3日至5日，组织太原市委统战部和山西转型综改示范区相关工作人员及新的社会阶层代表人士一行20人，到北京对标一流，进行考察学习。考察组实地参观北京叶青大厦(非公党建楼宇统战)、金融街(新经济组织统战)、宋庄艺术区（自由职业人员统战)三个示范点，分别召开三次座谈会，对新的社会阶层人士统战工作进行交流和探讨。

举办三期培训班。5月10至16日，在厦门大学举办全省新的社会阶层人士培训班，共培训120人；12月4日至6日，在山西社会主义学院举办全省新的社会阶层人士培训班，培训120人。(重点针对新媒体从业人员，特别是网络人士)；12月24日至28日，在清华大学举办全省新的社会阶层人士培训班，培训120人(重点是非遗工美大师工作室负责人、院士专家活动站负责人和网络代表人士)。全年参加培训的新的社会阶层代表人士，省级层面共培训397人，市级层面培训353人，县级层面培训710人。（董志强）

【助推民营经济】 2019年，省委统战部助推民营经济高质量发展。促进民营经济高质量发展，建设高素质民营经济代表人士队伍。推动“30条”落地落实。开展贯彻落实山西省支持民营企业发展大会精神“十大行动”，召开2019年民营企业百强发布会，全年召开6次专题政企对接会，推进建立政企沟通常态化机制。开展“民营企业助力县域经济高质量发展”系列行活动。先后开展绿色发展“右玉行”、消费扶贫“中阳行”、光彩事业“石楼行”、能源革命“园区行”等活动。其中，“右玉行”现场签约项目12个、捐建项目1个，拟投资额18亿元；“石楼行”捐赠钱物120万元，消费扶贫70万元，签约项目14个，拟投资额20.80亿元。促进民营企业家健康成长。开展“千户民企”大调研摸清山西省民营经济家底，实行“三走一请”实现对异地晋商组织和民营企业走访联络全覆盖，组织召开新时代新晋商助推山西转型发展异地山西商会负责人座谈会。筹建晋商学院，定期举办晋商大讲堂活动。组织“向企业家学习”系列活动，山西省3名民营企业家被评为全国第五届优秀中国特色社会主义事业建设者。实施青年一代民营企业家“接力计划”，强化正向激励。构建亲清新型政商关系。以两办名义下发《山西省促进工商联所属商会改革和发展实施方案》。出台《关于构建亲清新型政商关系的若干意见》，明确统战干部和民营企业家日常交往的行为准则。与驻部纪检监察组共同组织开展“山西政商关系及其对政治生态的影响”大调研，推动构建亲清新型政商关系。（董志强）

【港澳台统战工作】 2019年，省委统战部深化交流交往，壮大爱国力量。加强与港澳台代表人士和爱国社团联系交流，接待20个团组、357人到晋参访。注重发挥爱国同乡社团作用，支持成立粤港澳晋商产业促进会、澳门传承关公文化协会，协助港澳爱国同乡社团开展经贸考察、文化交流等各项活动，延长工作手臂，加强交流联系。

着力文化凝心，增强“三个认同”。立足于山西丰厚的历史文化积淀，举办“神农炎帝民间拜祖典礼”“尧都民间祭拜尧帝大典”等活动，1000余名岛内同胞与山西各界代表，同拜人文始祖，弘扬中华文化。支持推动关公文化“走出去”，通过开展一系列具有山西特色的文化交流活动，增强港澳台同胞国家认同、民族认同、文化认同。

凝心聚力，服务工作大局。引导港澳代表人士发挥好“双重积极作用”，在香港“反修例”风波中，港澳爱国人士以各种方式阐明爱国立场，支持中央和特区政府止暴制乱。推动晋港澳经贸合作交流。选拔10名港澳人士列席省政协会议，为山西发展建言献策。对接中华海联会，利用港澳捐资建设50所海联新农村卫生室。

做深活动品牌，加强青年工作。开展香港青年实习活动，组织30余名香港青年学生到晋进行“1+1”实习体验。做好台湾教师“山西古文化之旅”和“台胞青年夏令营山西分营”活动，擦亮对台工作品牌。（董志强）

巡视

【巡视机制】 山西省委巡视机构成立于2004年7月，截至2019年底，由领导小组、巡视办、巡视组组成。巡视组长实行“一次一授权”，巡视人员设人才库。山西省市县巡察机构自

2016年4月起开始组建，组织形式及巡察方式仿省委巡视机构。

2019年，山西省委巡视工作抓住用好党政机构改革契机，市县巡察办全部明确为党委工作机关，市级巡察机构增加33名正处长级巡察专员职数和编制，全省新增巡察干部编制474个，编制数额较前增加1/3。

举办全省巡视巡察干部培训班。组织省委巡视干部分级分批参加省纪委监委全员培训，参与省委组织部调训任务，选派巡视巡察干部参加中央巡视办有关巡视巡察工作培训班。

修订完善7大类33项制度机制，编撰《省委巡视工作手册》。制定《关于加强巡视整改日常监督的指导意见》，明确日常监督主体、责任、方式。引导规范省直单位开展内部巡察工作，印发《省直单位巡察指导意见》。

从纪委监委机关和组织部门动态调整充实巡视干部；建立模块化选配机制，落实办组一体制度，从全省范围选拔年轻优秀干部、纪检监察干部、组工干部、巡察干部、审计专业干部参加巡视。制定出台省委巡视工作"五项纪律要求"，印发关于省委巡视机构工作人员管理办法、关于巡视期间巡视工作人员管理办法，针对巡视省管国有企业制定"五条铁律"，以制度管人管事管权，确保巡视工作严格在纪律制度的框架内进行。压实日常监管责任，压紧党支部书记(组长)第一责任人责任，完善巡视干部重大事项请示办报告制度，加强巡视间歇期干部管理。 (曹天奇)

【巡视主体责任】 2019年，先后4次召开省委常委会研究巡视巡察工作。省委书记履行巡视工作第一责任人的责任，先后21次对巡视巡察工作作出批示，选定巡视对象、审定巡视方案、督促指导落实。4月召开的全省巡视巡察工作会议；8月召开的省委八次全会，将深化政治巡视作为加强党内监督、从严管党治党的重要举措，专列一条作出重大安排。全年先后4次召开领导小组会议，作出批示72次，提出处置意见和整改要求。 (曹天奇)

【巡视全覆盖】 2019年，省委部署开展第五轮、第六轮共2轮巡视。

2019年4月22日至6月28日，省委派出12个巡视组对43个党组织开展专项巡视和常规巡视。其中，3个巡视组对忻州、吕梁、临汾3市及其所辖22个国定贫困县开展脱贫攻坚专项巡视，4个巡视组对省发改委、省工信厅等8个省直单位党组织开展脱贫攻坚专项巡视；5个组对山西大学、太原理工大学等10所高校党委开展常规巡视。第五轮巡视：巡视时间2019年4月22日至6月下旬。对吕梁市及所辖兴县、临县、方山县、石楼县、岚县、中阳县；临汾市及所辖吉县、隰县、汾西县、大宁县、永和县；忻州市及所辖河曲县、保德县、偏关县、神池县、五寨县、岢岚县、繁峙县、代县、静乐县、五台县、宁武县；省发改委、省小企业局、省财政厅、省工信厅、省农信社、省扶贫办、省农业农村厅、省残联开展脱贫攻坚专项巡视；对山西职业技术学院、山西旅游职业学院、山西警官职业学院、山西轻工职业学院、山西机电职业技术学院、晋城职业技术学院、太原理工大学、山西金融职业学院、山西大学、山西交通职业技术学院10所高校开展常规巡视。巡视历时2个月，发现共性问题973个，问题线索171条，涉及厅级干部12人，处级干部57人。省委各巡视组移交整改问题802个，整改605个，整改率为75.44%；共移交问题线索236个，督促被巡视党组织及时处置，给予党纪政务处分93人，组织处理135人，清理规范收回资金1.67亿元。

2019年9月10日至12月10日，省委派出12个巡视组对66个党组织开展专项巡视和常规巡视。其中，8个组对标中央第三轮巡视，对24户省管国有企业党组织开展常规巡视，4个组承接上轮脱贫攻坚专项巡视，完成对7个市及14个国定贫困县、22个省定贫困县的脱贫攻坚专项巡视。第六轮巡视：巡视时间2019年9月6日至12月6日。共巡视太原市及所辖娄烦县、阳曲县；离石区、交口县、柳林县、交城县；晋中市及所辖左权县、和顺县、榆社县、昔阳县；长治市及所辖平顺县、武乡县、壶关县、沁县、沁源县；晋城市及所辖沁水县、陵川县；大同市及所辖天镇县、阳高县、广灵县、灵丘县、浑源县、云州区；朔州市及所辖右玉县、山阴县、平鲁区；蒲县、安泽县、浮山县、乡宁县、古县；运城市及所辖平陆县、闻喜县、夏县、万荣县、垣曲县展开脱贫攻坚专项巡视；对太钢集团、太重集团、国际能源集团、能交投公司、万家寨水务集团、演艺集团、影视集团、交控集团、文旅集团、山西日报传媒集团、国投公司、出版传媒集团、广播电视传媒集团、广电信息网络集团、金控集团(含国信集团)、晋商银行、省保障性安居公司、潞安集团、晋煤集团、阳煤集团、晋能集团、同煤集团、焦煤集团等省管国有企业。巡视历时3个月，采取"1托N"的方式开展。其中，对国企的常规巡视围绕"四个落实"发现共性问题694个，问题线索462条，涉及省管干部56人，处级干部176人；对市县的脱贫攻坚专项巡视围绕"四落实、八看"发现共性问题2459个，问题线索1169条，涉及省管干部1人，处级干部45人。各巡视组在巡视期间共移交整改问题1921个，整改1291个，整改率为67.20%；督促被巡视党组织及时处置巡视移交问题线索，给予党纪政务处分422人，组织处理721人，清理规范收回资金5.46亿元。 (曹天奇)

【巡视整改】 2019年，压实整改责任，以巡视领导小组名义将对被巡视党组织主要负责人的反馈意见通报分管省领导。强化日常监督，将巡视报告等资料全部移交纪委监委，加强对整改工作"三清单"、整改报告的审核把关，强化跟踪督促、追责问责。

将落实巡视整改情况作为深化政治监督的重要内容，全年先后3次开展专项监督检查，覆盖全部被巡视党组织。其中，重点对全省11个市巡视整改落实情况"回头看"，重点反馈的整改率为60%以下的5个市，4个市整改率达到100%,1个市年底前基本完成整改任务;整改存在相关突出问题的13个县(市、区),通过有效措施强化整改落实。（曹天奇）

【巡视巡察联动】 2019年，全省11个市、117个县(市、区)共巡察4001个党组织，发现共性问题41599个，问题线索9018件，涉及9942人,整改不到位问题1532个。向被巡察党组织反馈问题56236个,整改42117个。移交被巡察党组织边巡边改问题4256个,整改4084个,推动被巡察党组织建立健全各项制度9293项。

推动制定出台对村巡察具体规定，各市巡察机构以市县统筹为载体,加强对村(社区)巡察探索实践。截至2019年底，全省巡察村级党组织19011个，覆盖率68.13%。其中,2019年,市县延伸巡查村(社)党组织9994个,发现共性问题27673个,问题线索涉及4156人,立案612人,党纪政务处分538人,移送司法17人。探索建立巡视巡察上下联动监督网,制定出台《巡视巡察上下联动机制》和《巡视巡察协作联动工作机制》2个配套文件。结合每轮巡视方式和巡视对象特点，制定实施联动具体方案。对市县巡视期间,各巡视组选派骨干为市县巡察机构传授省委巡视经验做法,共计授课25次。2019年,省委巡视组先后与11个市巡察机构、15家省属国有企业内部巡察机构开展联动,“专项巡视+机动式巡察”、融合式联动、接力式联动等新的探索实践取得成效。（曹天奇）

政策研究

【省委决策调研服务】 2019年,山西省委政策研究室突出重点问题深度调研。精选调研课题,创新调研方式,丰富调研内容,加强战略性、对策性、典型性和比较性研究。围绕能源革命、经济高质量发展、党政机构改革、转型综改示范区建设、开发区改革创新、生态文明建设、国资国企改革、监察体制改革等重大课题专题调研，刊发《调查与分析》21期、《情况与建议》11期,形成近20万字调研成果。

突出重大课题公开招标。完成常规调研课题工作,提出组织一批重点课题向社会公开招标,借助外脑为省委决策服务。在报请省委同意后,经过多轮研究论证和梳理筛选,确定构建支撑资源型经济转型发展的体制机制研究、山西与京津冀深度融合发展研究、构建创新引领的现代产业体系研究、装备制造业高端化智能化绿色化发展研究等8个题目面向全国公开购买重大课题研究服务。经过严格评选,8个重大课题由国家发改委经济体制与管理研究所、国家发改委能源研究所、中国国际经济交流中心、国研经济研究院有限公司、中国国际工程咨询有限公司、北京大学、上海交通大学、上海财经大学等高端研究机构和专业研究团队承接,在借助国内高端智库为省委决策服务上迈出开拓性一步。

突出典型经验学习推广。着眼为省委领导和省委深改委、省综改委提供决策和工作参考,加强《山西改革信息》《改革动态》编发工作。编发《山西改革信息》134期、《改革动态》24期,及时反映中央及省委改革部署的落实情况、取得的阶段性成效、遇到的困难和问题,及时反映先进省份改革进展和前沿动态,注重总结推广先进经验，强化对改革亮点的典型宣传,加快在省内形成示范效应。其中,《山西争当能源革命排头兵》《山西省晋中市探索打造义务教育优质均衡发展新模式》获中央改革办《改革情况交流》专题刊发。编发《山西工作》12期,刊发转型综改、以改革促转型、机构调整、党的建设、扶贫工作等方面重要文稿150余篇,发挥党刊的喉舌和纽带作用。（许鹏丽）

【改革顶层谋划】 2019年,山西省委政策研究室加强改革顶层谋划。梳理中央历次深改会审议通过涉及山西省的改革方案305项,出台配套方案落实206项,按照中央部署直接落实38项,推进61项;梳理中央和国家部委部署在山西省开展的改革试点98项,完成试点任务38项,推进60项;梳理省委历次深改会审议通过的自主类改革方案69项，完成22项,推进47项。服务省委深改委（省综改委）召开13次会议,研究审议改革议题36项,包括31个重大改革制度性文件。加强改革协调推进。针对改革工作存在的推进不足、合力不够、落地不实等问题,健全完善省领导分工负责抓改革工作制度、省委改革办对接服务省领导抓改革落实工作制度、改革基层联系点制度、改革联络员制度、改革台账建设管理制度、改革方案提交会议审议制度、改革“四书”督察制度、“四维筹划改革”工作制度,推动实体运行。

建立省委书记省长亲自抓的重大改革台账、中央深改会审议出台山西省需配套落实的改革方案台账、山西省制定出台的改革方案台账、年度改革工作要点(重大改革安排)台账、各市党政主要负责同志领衔抓重大改革台账、中央和国家部委在山西省部署开展的改革试点台账、山西省部署开展的先行先试改革台账、“四维”谋划统筹推进改革台账等8本台账,实行跟踪管理和动态更新。夯实省领导分工负责抓改革机制,确定每位分管省领导平均抓6项重大改革、共122项,形成20篇省领导亲自抓重大改革进展情况的报告。聚焦制约转型发展的体制机制瓶颈，探索推出43项先行先试改革事项。加强与中央改革办、国家发改委对接请示,在深改委机构运行、中央改革方案对省级落实要求、改革信息和督察、转型综改工作等方面得到指导和支持。

加强改革平台建设。针对全省改革协同不强、沟通不畅、方法落后等问题,学习中央改革办和四川、贵州、青海等省市经验做法,打造改革信息管理工作平台，从总书记亲切关怀、省委总体要求、山西改革特色和亮点、山西改革态势4个维度立体展示山西改革,设立中央精神、山西部署、改革台账、转型综改、督察评估、信息共享、工作交流 7 个子平台，实现改革推进流程再造，加强与部门、各市间的协调联动，促进改革统筹、协调、督促、检查、验收等工作提质增效，改革信息化建设走在全国第一方阵。（许鹏丽）

【省委决策部署推动落实】 2019 年，山西省委政策研究室在政法、教育、党政机构改革、公安等全省性重大会议召开后，第一时间与相关部门起草通知，对落实会议精神进行任务分解，加强跟踪督促。在全省能源革命综合改革试点动员部署会后，梳理 28 项先行先试改革事项，通过改革信息管理平台下发有关部门，推动抓好落实。参与谋划推动 2019 能源革命展，参与制定完善《山西能源革命综合改革试点行动方案》等相关文件，研究提出 15 项变革性、牵引性、标志性重大举措。做好"改革创新、奋发有为"大讨论组织协调、上传下达、相关材料审核把关等工作。负责万名干部入企进村联络调度，协调组织开展分片巡查督导，4 次下发通知指导推动工作。承担"党的十八大以来山西深化改革、转型发展、改善民生重大举措及成果"评选相关工作。（许鹏丽）

【督察考核】 2019 年，山西省委政策研究室针对督察方式方法不多、精准度不够、改革方案跟踪不紧等问题，坚持整体工作全面督、重点改革专项督，围绕复制前海经验、开发区管运分离等 10 项改革方案落实情况专项督察。参与省委组织的贯彻落实习近平总书记视察山西重要讲话精神第三次实地督导检查。运用"四不两直""双随机""静悄悄"等督察方式，选取 19 个县（市、区）、58 个乡镇，对乡镇机构改革抽查。对农村基本经营制度等 8 项重点改革任务进展情况摸底，推动改革任务持续向纵深突破。

建立改革方案督察台账，开展任务告知书、进度提醒书、督察意见书、整改督办书"四书"督察。选取太原市、长治市部分企业、社区、学校、医院、机关单位建立基层联系点，掌握了解改革落实情况。与省委考核办共同研究提出各市 6 项和各部门 1 至 3 项重点改革任务考核指标体系，修订考核方案，细化评分办法，加大对国企改革、能源革命等重大改革的考核力度，强化对抓改革落实的考核导向。坚持整治形式主义为基层减负，履行省委层面整治形式主义为基层减负专项工作机制成员单位职责，下发《关于在全面深化改革中整治形式主义为基层减负工作措施》，推动在全省改革系统形成上下联动查找问题、采取过硬措施狠抓整改落实的工作局面。（许鹏丽）

【文稿起草】 2019 年，山西省委政策研究室起草省委重要文稿 30 余篇，上报党中央及中央有关部门重要报告 10 个。组织起草省委政法工作、全省能源革命综合改革试点、全省教育工作、全省深化党政机构改革、全省公安工作等重要会议文稿，参与起草省委十一届八次、九次全会等重要会议文稿。牵头起草省委《关于深化"三基建设"进一步加强基层工作的若干意见》《"改革创新、奋发有为"大讨论实施方案》等重要文件，发挥好以文辅政作用。（许鹏丽）

网信工作

【网络宣传】 2019 年，中共山西省委网络安全和信息化委员会办公室（简称省网信办）提高网络内容建设、网络安全保障和信息化发展水平，更多网信工作进入全国第一方阵。

2019 年，省网信办发挥互联网主渠道作用，做好习近平新时代中国特色社会主义思想网上宣传和党的十九届四中全会精神网上宣传。全省新闻网站开设"壮丽 70 年 奋斗新时代"等专题专栏，"70 年点赞山西"话题阅读量突破 6000 万。"不忘初心、牢记使命"主题教育网上宣传工作取得良好效果，组织开展"献礼 70 年 决胜贫困"等主题宣传活动，外交部山西推介活动阅读量超过 6 亿次，实现历史性突破。"能源革命看山西——第十四届全国网络媒体山西行"相关稿件阅读量近 2000 万，抖音"二青会"话题阅读量超过 1220 亿，为营造主旋律高昂的网络舆论环境贡献山西力量。（周 颖）

【网络生态治理】 2019 年，省网信办加强属地网络生态治理，提升网络综合治理能力，防范化解网上意识形态风险。推动应急指挥中心规范化建设，建立网络意识形态领域形势和涉晋敏感舆情分析研判机制；开展 2019"清朗"专项行动，依法注销属地违法违规网站 119 个。深化网络内容管理改革，完成 34 家单位的互联网新闻信息服务许可审批，指导县级融媒体中心开展互联网新闻信息服务许可申报，加强对属地"两微一端"、网络直播、短视频等移动应用的管理和引导。（周 颖）

【网络安全保障】 2019 年，省网信办落实网络安全工作责任制，加强网络安全保障体系建设。以督促指导各级党委（党组）全面落实网络安全工作责任制为重要抓手，加强对全省网络安全工作统筹协调和监督管理，突出抓好关键信息基础设施网络安全和重要时期网络安全保障两条工作主线，提升网络安全风险监测、信息通报、应急管理等基础工作能力，夯实人才、技术和产业等基础支撑体系，全省网络安全工作再上新台阶。全省全年未发生重大网络安全事件，守好山西的网络安全防线。省委网信办被中宣部、中央网信办等十部门联合表彰为 2019 年国家网络安全宣传周活动先进单位。（周 颖）

【网信工作体系建设】 2019 年，省网信办坚决落实《关于加强党的政治建设的意见》要求，制定《关于加强和改进中共山西省委网信办机关党的建设的措施》，树牢政治机关意识，强化政治导向，提高政治本领，增强政治敏锐性和政治鉴别力。紧盯关键时间节点加强警示提醒，开展专项监督检查,推进中央八项规定精神落实。理顺全省网信工作体系,全省11个市均成立正处级建制、列入市委工作机构序列的市委网信办,在县委宣传部加挂县委网信办牌子。强化网信部门的统筹协调作用,发挥网信委各委员单位职能作用。开展增强“四力”教育实践,编制《领导干部互联网条件下工作能力建设学习纲要(试行)》,建设全省网信干部专业能力测评系统。组建山西省网络安全专家智库。围绕网络宣传、舆情应对、新媒体管理、网络安全、区块链技术、互联网行业党建等工作,全年举办9个班次的业务培训,引导和帮助全省网信干部提高政治素养、丰富专业知识、锤炼专业作风,不断提升适应新时代发展要求的履职能力,为开展好网信工作,建设高素质专业化网信干部队伍打下基础。(周　颖)

【省委网络安全和信息化委员会第一次会议】 2019年4月11日,省委网络安全和信息化委员会第一次会议在太原召开。会议听取全省网络安全和信息化工作汇报,审议通过《山西省网信工作重点任务分解方案》《中共山西省委网络安全和信息化委员会工作规则》和《中共山西省委网络安全和信息化委员会办公室工作细则》。会议要求,加强党对网信工作的全面领导,围绕中心、服务大局,以更高站位、更实举措、更高标准推动网信工作,为在“两转”基础上全面拓展新局面提供强大网上舆论支撑、可靠网络安全保障和有力信息化支撑。要坚持正能量是总要求、管得住是硬道理、用得好是真本事,加强正面宣传引导,加快网络综合治理体系建设,筑牢网络安全屏障,全面落实网信领域重点任务。要着眼提高信息化条件下党的领导水平和执政能力,严格落实网络意识形态和网络安全工作责任制,将网络安全和信息化工作情况纳入领导干部考核评价体系。要打造一支政治过硬、本领高强、求实创新、能打胜仗的网信工作队伍。省委网络安全和信息化委员会及其办公室要充分发挥统筹协调、督导落实作用。省委网络安全和信息化委员会委员出席会议,省直有关部门负责人列席会议。(周　颖)

对台事务

【晋台经贸合作】 2019年,省委台湾工作办公室(简称省委台办)邀请接待全国台企联、台湾工商建言会、台盟中央、上海市台协、东莞市台协、台湾医养交流考察团、台湾健康中华促进会投资考察团、新北市商圈联合发展会考察团、台北农产会负责人山西参访团、晋台两岸医疗合作考察团、台湾新光医院医疗合作考察团等25个团组350人次到晋参访考察,团组人数同比增加133.30%。与省商务厅、省投促局等部门深化合作,举办山西(厦门)台资企业恳谈会、山西(福州)台资企业恳谈会、新时代海外侨胞、台湾同胞山西(晋城)经贸交流恳谈会、晋城市农林文旅康融合发展座谈会、山西省与台资企业合作交流恳谈会、第八届晋台经贸交流合作恳谈会、山西省投资环境推介会暨项目对接会、海峡两岸高雄食品展、山西承接长三角地区(台商)产业转移恳谈会等招商推介活动。全年累计签约项目17个,协议投资263亿元,为山西构建内陆地区对外开放新高地提供项目支撑。截至2019年,全省对台贸易进出口总额1298967万元,同比下降0.60%,其中进口1038337万元,同比增长11.60%,出口260630万元,同比下降30.70%。(孙　杰)

【晋台文化交流】 2019年,省委台办组织、指导炎帝神尊赴台巡境活动、新时代海峡两岸神农炎帝文化高端论坛、海峡两岸青少年交流活动”、“人说山西好风光”台湾同胞山西游、武圣关公朝圣大典、关公大义归天1800年金秋大祭、海峡两岸青年书画展和关公精神的时代价值主题论坛等活动,举办第二届台湾大学生吹打乐交流团山西行、第三届屏东基层民众代表山西行、第四届高雄基层民众代表山西行、第九届海峡两岸中小学校长教书育人研讨会、第十二届华夏文明看山西—台湾大学生三晋行、台南艺大代表团山西行、台湾青创会代表团山西行、台湾中华擎天协会山西研习营、台湾青年学生创视野333筑梦之旅、山西在台新娘故乡行等两岸交流活动。加强第二届尧都文化旅游节涉台活动统筹指导,邀请新党主席郁慕明等300多名台胞到晋参加尧帝祭拜大典等活动。(孙　杰)

【对台宣传】 2019年,省委台办邀请部分在晋台胞台商和台湾问题专家,召开学习贯彻习近平总书记在《告台湾同胞书》发表40周年纪念会上的讲话座谈会,组织、指导全省台港澳系统结合基层调研、节日联谊、走访慰问、主题教育等开展重要讲话精神宣讲活动。与中国台湾网共同制作《晋商大院》微视频入岛宣传。邀请8家台湾媒体的16名记者到晋举办“台湾记者三晋行——两岸媒体看山西”采访活动。加强通讯员队伍建设,举办1期通讯员摄影培训班、3期宣传业务知识培训班,对130名干部进行培训,提升信息报送工作质量和效能。协调做好台湾记者到晋采访审批服务工作,全年4批33名台湾记者来晋采访。(孙　杰)

【海峡两岸炎帝故里拜祖典礼】 2019年,省委台办履行活动总体协调联络职责,与晋城市委、市政府在高平成功举办神农炎帝民间拜祖典礼活动。做好台湾同胞邀请、新闻宣传、后勤接待服务等工作,中国国民党前主席吴伯雄等1200多名台胞参加活动。拜祖典礼活动按照“民间性、国家级、全球化”的活动定位,取得一系列务实成果,效果大幅提升,影响持续扩大。(孙　杰)

机构编制

【党政机构改革】 2019年,中共山西

省委机构编制办公室（简称省委编办）在2018年底省直党政机构改革完成的基础上，按照《山西省关于市县机构改革的总体意见》和省委省政府批复的市县机构改革方案，推进各项改革任务。市县机构改革中，在全国率先探索市级党政部门领导职数实行总量控制、动态调整的办法，市级党政部门领导职数设为4名的不超过总数的1/3，处级领导职数核减29.60%；县级党政部门科级领导职数核减31.30%。对市县党政机构和内设机构的编制数量、机构规格、名称等进行统一规范；市委、市人大、市政府、市政协的办公厅名称全部规范为办公室。截至2019年3月，各项改革任务按要求、按计划、按时限完成。10月8日，全省党政机构改革总结会议召开，通过深化机构改革，呈现出“五个更加”的深刻变化：组建和调整11个党委议事协调机构，加强党委职能部门的统一归口协调管理职能，维护党中央集中统一领导更加坚强有力；省级党政机构由63个减少为60个，11个省辖市党政机构由534个调整为529个，117个县（市、区）党政机构由4265个调整为4214个，理顺60多项长期存在的部门职责交叉、关系不顺事项，全省机构职能体系更加顺畅高效；贯彻习近平总书记重要讲话精神，在能源、脱贫攻坚、文化旅游、文物保护等方面，整合组建或优化调整体现山西地方特色的机构，转型发展保障推进机制更加富有活力；强化社会管理和公共服务职能，推进全省5个领域综合行政执法改革，省级执法队伍由13个精简为3个，市级由265个精简为55个，县级由1589个精简为387个，省直5个部门制定出台执法事项目录清单，服务群众工作导向更加鲜明突出；全省1196个乡镇、202个街道科学调整设置机构，实行扁平化和网格化管理，实现工作重心下移，党的执政根基更加夯实牢固。改革后，全省党的领导体系、政府治理体系得到重构性健全，党的领导力、政府执行力得到系统性增强，解决许多长期想解决而没能解决的问题，理顺不少多年想理顺而没有理顺的体制机制，为全省在“两转”基础上全面拓展党的建设和党领导的事业新局面提供制度保障。（王振兴）

【事业单位改革】 2019年，省委编办按照“分类指导、分业推进、分级组织、分步实施”的方针，推进政事分开、事企分开、管办分离，促进公益服务水平提升。完成承担行政职能事业单位改革。完成承担行政职能事业单位改革，省直印发事业单位剥离回归机关行政职能清单，将43个事业单位的107项行政职能以文件形式明确回归行政机关，市县也明确将5776个事业单位承担的行政职能回归机关。推进从事生产经营活动事业单位改革。省直涉改的51个单位改革任务全面完成，召开市县从事生产经营活动事业单位改革推进会，督导市县推进从事生产经营活动事业单位改革。截至2019年12月31日，市县765个单位完成改革任务（中央要求在2020年底前完成），完成率达97.20%。谋划推进公益类事业单位重构性改革。开展深化事业单位改革专题调研。起草深化事业单位改革框架意见，推进省交通厅、省水利厅、省能源局所属事业单位先行试点改革，探索明确改革的思路和举措，3个试点部门事业单位机构和编制均减少60%以上。完成党政机构改革中涉改事业单位的调整转隶工作。根据中央和省委党政机构改革职能调整情况，对435个事业单位进行调整转隶，其中，调整115个事业单位的机构名称，调整优化42个事业单位的职能，撤销10个事业单位，优化整合13个事业单位。改革后，共精简事业机构17个，精减事业编制308名。

（王振兴）

【乡镇（街道）改革】 2019年，省委编办调整优化科学设置乡镇（街道）机构，理顺基层管理和运行机制。简约精干设置乡镇（街道）管理机构。根据整合优化、综合设置乡镇党政机构和事业单位的要求，全省1196个乡镇、202个街道按照党政综合、经济发展、社会事务、公共安全、综合执法等职能，普遍设置3个至5个办公室，2个至3个中心（站），实行扁平化和网格化管理。创新基层人员编制管理。出台《关于创新基层人员编制管理的意见》，从统筹使用各类编制资源，加强充实基层人员力量；优化岗位设置和职责，构建科学合理的工作机制；加大人员补充力度，逐步优化干部结构；探索建立编制周转制度，强化基层人才引领等方面提出具体意见和措施。明确乡镇（街道）审批管理服务执法权限和责任，建立权力清单和责任清单。制定印发《明晰乡镇（街道）权责厘清县乡关系的指导意见》，梳理乡级123项权责事项，解决县乡层级之间职责不清、任务下移、责任落实和属地管理简单随意等突出问题，为基层减负松绑。推进基层整合审批服务执法力量。加强基层建设，贯彻落实省委《关于深化“三基建设”进一步加强基层工作的若干意见》，研究起草《关于深化乡镇（街道）机构改革推进基层整合审批服务执法力量的实施方案（送审稿）》，提出加强和改进乡镇（街道）党的建设，优化乡镇（街道）职能配置、机构设置和人员编制，推进基层综合行政执法改革等6个方面25条具体措施，修改完善后出台。（王振兴）

【机构编制管理】 2019年，省委编办加快推进机构职能、权限、程序、责任法定化。推动多部门信息共享机制和平台建设。优化和完善机构编制实名制系统功能，建立机构编制管理和经济责任审计的协作配合机制。初步建立机构编制与岗位管理、人员聘用、工资管理、社保缴费、财政预算等工作部门联动联办的综合性约束管理平台。配合做好人才发展体制机制改革工作。贯彻省委深化人才体制改革决策部署，完善入编备案流程，县级建立编制周转池制度，鼓励支持充实基层人才，开展和推进人才发展体制机制改革工作。对9个市的75个县区下达3500名特岗教师招聘计划，解决基层教师用编紧张问题。配合做好涉改人员转隶工作。对省直党政机构和事业单位改革涉及的转隶人员进行审核，并全面划转，确保改革任务如期完成。推进中小学教育管理体制机制改革。为加强中小学教师队伍统筹管理，逐步建立事权人权财权相统一的中小学教师管理体制，促进县域内城乡义务教育一体化改革发展，与省教育厅、人社厅、财政厅联合印发《关于加快推进义务教育教师县管校聘管理改革工作的意见》，建立县（市、区）域内中小学教职工编制“总量控制、动态调控”的管理机制，促进教育的均衡发展和相对公平。创新法检两院机构编制管理机制。建立省法检两院协助省委编办统一管理市县法检两院政法专项编制，同时负责本系统实名制管理的工作制度。

2019年，省委编办加强事业单位登记管理和机关群团赋码工作。事业单位设立登记9件，变更登记600件，注销登记24件，证书废止后重新申领2件，机关群团“统一社会信用代码证书”初领、变更39件，省直1595家事业单位2018年度报告向社会进行公示。公开行政许可、行政处罚等信用信息2494条，并同步推送至“信用山西”平台，建立以信用监管为核心的事业单位法人监管机制。加强党政机关事业单位网站开办审核和资格复核，扩大机构编制云平台覆盖面。（王振兴）

省直机关党建

【省直机关政治建设】 2019年，山西省直机关工委以政治建设为统领，增强“四个意识”、坚定“四个自信”、做到“两个维护”。加强总体部署。印发《关于进一步学习贯彻习近平总书记在中央和国家机关党的建设工作会议上的重要讲话精神的通知》，推动掀起宣贯热潮，解决基层党组织弱化、虚化、边缘化问题。细化落实举措。建台账，建立贯彻习总书记视察山西重要讲话精神和关于机关党建重要指示批示精神台账，围绕坚定理想信念、严格执行制度、加强党内监督等方面，明确33项落实举措和59项具体工作，列出时间表，明确责任人，确保习总书记重要讲话精神落地落实。明责任，适应机关党建领导体制新变化新要求，起草制定省直工委、党组（党委）、机关党委、党支部“四级四岗”责任清单，压紧压实各级抓机关党建主体责任。抓落实，突出“一级抓一级、一级带一级”，会同省委组织部，围绕加强党的政治建设等6个方面，印发《全省机关党建工作重点任务》，以清单形式明确机关党建29项重点工作，一体推进机关党建质量提升。按照党中央和省委部署，开展主题教育，树立“抓主题教育就是抓党建”的理念，把四项重点措施贯穿始终，挂图作战，按期推进。严格落实习近平总书记视察山西时对“严肃党内政治生活”提出的要求，把解决民主生活会质量不高问题作为突破口，在“改革创新、奋发有为”大讨论中，改进省直部门班子民主生活会督导办法，会前协助省纪委、省委组织部严格审核材料，会中严格督导，注重纠偏校正，会后首次开展量化评估，民主生活会质量明显提升。坚持问题导向，督促省直机关持续整治机关党建“十个突出问题”，通过“清单式”整改，压紧责任，防止反复，基层党组织的活力增强。（赵　悦）

【省直机关组织建设】 2019年，山西省直机关工委以提升组织力为重点，推动全面从严治党要求落实到每个支部、每名党员。截至2019年底，党组织关系隶属于省直工委的136个厅局共有基层党组织9495个，其中党委643个，总支部456个，支部8396个，党员136545名。按照《全省基层党组织规范化建设标准（试行）》，分领域选树9个先进典型，召开省直机关学习贯彻十九届四中全会精神、深化“三基建设”、推进党支部规范化观摩交流会，以点带面，示范创建。抓软弱涣散，按照“应列尽列、应整尽整”原则，组织3轮调查摸底，对照3类整治问题26种具体情形，分领域分阶段摸排情况，逐一制定整顿方案，精准施策，稳步推进。抓实党组织日常管理。组织换届，共向4个基层党组织发出换届提醒函，指导督促45个省直单位机关党委按期换届，64个单位党组织负责人届中调整，划转3个非公经济企业和社会组织党组织隶属关系。严格党费管理，统计审核省直机关94个单位离退休干部党组织（含73个总支、719个党支部）和17个单位非公经济组织、社会组织党组织（含6个党委、6个总支、147个支部）年度上缴党费情况。印发《关于党费工作有关问题的通知》，督促省直各单位对党费进行自查自审。严格党员发展，制定下发2019年党员发展计划，下达指标4143名。举办11期入党积极分子培训班，受训3000余人。持续推进省直单位互转和全省网上接转组织关系，全年共接转组织关系13000余人次，调整党组织隶属关系11个。组织省直机关党支部书记学习贯彻《条例》示范班。按照省委组织部要求，对省直机关贯彻落实《中国共产党支部工作条例（试行）》情况进行摸底，起草《关于省直机关学习贯彻〈中国共产党支部工作条例（试行）〉情况报告》。（赵　悦）

【省直机关“三基建设”】 2019年，山西省直机关工委常态推进“三基建设”。按照《关于深化“三基建设”进一步加强基层工作若干意见》。对照“三基建设”2019年度重点工作任务清单，对省直机关共性任务和省直工委牵头督导落实的任务进行梳理。以24家省级行业系统主管部门和牵头单位为重点，以调研座谈、汇报推进等方式，开展2轮督导问效，对存在问题进行大起底大排查，清单式推进13项重点任务落实。12月10日召开省直机关学习贯彻党的十九届四中全会精神、深化“三基建设”、推进党支部规范化观摩交流会，128个省直和中央驻晋单位的机关党组织负责人参加会议。实地观摩省公安厅出入境管理局、太原新店强制隔离戒毒所、国网太原供电公司经研所3个党支部规范化建设示范点。山西煤炭地质局物测院党委等3个党组织介绍经验,省财政厅机关党委等6个党组织进行书面交流。促进省直机关基层党组织建设全面进步、全面过硬。围绕突出政治功能、规范组织运行、落实基本制度、创新方式方法、促进深度融合、加大保障力度6个方面,固根基、补弱项,推动省直机关党的建设高质量发展。（赵 悦）

【省直机关效能建设】 2019年,山西省直机关工委履行效能建设牵头职能。督促省直单位落实《效能建设八项制度》,开展服务对象满意度调查,扩大社会监督面。先后两次开展效能督导调研,向16个单位发函提醒,约谈督促10个单位进行问题整改,推动作风转变,营造放管服效改革氛围。同时,把效能建设纳入年度目标责任考核,强化评估结果的运用。（赵 悦）

【基层减负】 2019年5月23日,省直机关工委召开省直机关解决形式主义突出问题为基层减负工作推进会。与省委督查室建立工作联动机制,依据中办印发的《关于解决形式主义突出问题为基层减负的通知》要求,按照省委督查室对省直机关各单位制定的精简目标,督导各单位按季度汇总、分析,推进减负工作落实见效。把为基层减负的成效作为年终效能评估的重要考核内容。6月,电话督促抽查10个省直单位专项整治部署工作进度。8月,抽查指导16个省直单位,开展省委两个实施意见台账、文件会议底数情况以及精简控制问题大排查。9月,结合效能建设明察暗访,抽查20个省直单位,了解专项整治的进展情况。截至2019年底,各单位的发文、会议及督查、检查、考核的数量,与2018年同期相比有下降。（赵 悦）

【"改革创新、奋发有为"典型报告会】 2019年2月26日,全省"改革创新、奋发有为"大讨论省直工委系统先进典型报告会在太原举行。

报告会上,"改革先锋"称号获得者、基层社会治理创新优秀民警代表邱娥国作题为《永远跟党走,永做群众贴心人》的报告;山西省的三位"新时代新担当新作为"先进典型:省发改委党组书记、主任姜四清,省委政法委执法检查处、法官检察官遴选惩戒工作处处长孙朝晖,山西省歌舞剧院有限公司副经理刘波,分别作题为《在推动山西高质量转型发展中担当作为》《以奋发有为诠释政法人的忠诚担当》《从"要在守正、贵在创新、重在实践"中做我省文艺舞台的排头兵》的报告。省直各单位党委(党组)中心组成员、机关党委负责同志、机关干部代表、部分非公企业负责人共400余人参加报告会。（赵 悦）

【省直机关党员干部基本能力竞赛】 2019年7月至10月,省直工委、省直劳竞委以"守初心、担使命,强能力、提素质"为主题,在省直机关组织开展第三届省直机关党员干部职工基本能力竞赛活动。经过3个多月的准备和层层选拔,共有94个单位的232名选手参加决赛,78名(次)选手获奖记功。（赵 悦）

【省直机关文明创建】 2019年,省直机关工委举办公民道德"五个一"品牌活动,开展志愿服务培训,选树表彰省直机关第四届道德模范和精神文明创建先进工作者,召开道德模范先进事迹宣讲报告会,引领社会文明新风尚。召开省直机关支持参与太原创城促进会,建立协作促进机制,为太原创建全国文明城市做出贡献。适应山西省实现"两转"后的形势变化,始终突出政治标准,坚持严格考核、严格管理,在创建过程中把中层干部受处分情况与文明单位考核"脱钩"。同时严格标准,对创建工作滑坡、出现问题的单位及时约谈提醒,直至整改处理。抓好年度考核验收,优化文明单位申报、培训、创建等各环节的运行机制,1月初,完成2018年度省直文明单位、文明单位标兵申报材料的初审工作。1月25日,印发《2018年度省直文明单位验收考核方案》。4月1日,召开2018年度省直文明单位考核工作安排部署会。4月1日至4月19日,10个考核组按照考核方案,以《山西省直文明单位创建管理办法》和《山西省直文明单位考核指标体系》为依据,到省直系统303个申报单位,通过实地查看、听取汇报、查阅资料、座谈问询、闭卷考试等方式开展考核。省直文明办综合各考核组的考核结果和各单位的日常创建工作情况,并对2018年度省直文明单位违纪违法情况和党建工作责任制落实情况征求省法院、省检察院、省直纪检监察工委、省直工委组织部等有关部门意见,结合部分单位存在创建滑坡、停滞和发生影响创建问题等的情况,拟定命名表彰和给予处理的单位名单,经6月28日省直文明委全委会审议通过。7月初,印发《山西省直机关精神文明建设委员会关于表彰2018年度省直文明单位、省直机关第四届道德模范和精神文明建设先进工作者的决定》,对在创建活动中,涌现出的一大批基础工作扎实、创建成效突出、群众高度认可、具有示范作用的省纪委监委机关等679个单位授予"省直文明单位标兵"荣誉称号,省工信厅机关等343个单位授予"省直文明单位"荣誉称号。（赵 悦）

【省直机关教育培训】 2019年,省直机关工委引申大培训、大学习,在完成省直机关处级干部集中轮训全覆盖基础上,通过形式多样的学用交流、理论研讨、辅导报告,把理论武装贯通到机关每个支部、每名党员。按照中央及省委新一轮干部教育培训五年规划要求,以机关党委书记(专职副书记)、党支部书记、党务干部三类人员为重点,依托苏州大学、大寨干部学院、霍州市委党校等培训机构,围绕党建融合式发展、基层党建实务、党支部工作方法、文明创建等工作重点,先后举办10期示范班和专题班,培训1500余人次。注重课程创新设计,既邀请专家学者围绕机关党建等,进行辅导授课,又安排到发达地区、红色教育基地实地考察，拓宽党务干部工作视野，提升抓党建能力素质。针对以往分析思考、解决问题能力不足，缺乏理论与实践有机统一的实际，一手抓理论武装、一手抓学用结合，安排省直机关召开“我为改革创新做什么”交流会和“谈初心、话使命、讲担当”学用习近平新时代中国特色社会主义思想经验交流会，以深化学习、强化思考，促进工作落实。特别是在“改革创新、奋发有为”大讨论中，督促指导省直机关党组（党委）开展对标一流述职评议，对收集到的意见建议进行梳理，并制定“两个清单”积极推进，把学习成效转化为促改革破难题的思想自觉和行动自觉，推动机关党建务实有效。（赵　悦）

老干部工作

【概况】 2019年，山西省有离退休干部538279人（不含中直单位），其中，离休干部12658人，较上年减少1715人；退休干部525621人，较上年增加15815人。离休干部平均年龄90.4岁。全省离退休干部党员266587人。其中，离休干部党员9998人，退休干部党员256589人。全省单建离退休干部党支部5513个。全省共有专职老干部工作人员6255人。

2019年，山西省共举办离退休干部学习报告会、座谈会、辅导讲座1317场次，参加主题知识竞赛的老同志5万余人次，组织1904名离退休干部理论骨干深入基层群众开展宣讲，把党的声音送到村庄、社区。省委老干部局落实省直行政事业单位离退休干部党支部专项工作经费507万元，协助选聘优秀退休干部党员担任商会或民营企业党建指导员，在山西老年大学组建92个学员党员临时党支部。市县两级老干部工作部门推选689名退休干部担任农村、社区党组织书记和党建工作指导员。培树离退休干部先进典型，山西省9名离退休干部先进个人、3个离退休干部先进集体在全国离退休干部“双先”表彰大会上受到表彰。各级老干部工作部门挖掘、宣传1000余名离退休干部的先进典型事迹，举办920多场报告会，直接受众达20余万人。市县两级新建老干部活动中心4个，改扩建活动中心（室）18个；新建老年大学（分校、教学点）16个，改扩建老年大学（分校、教学点）22个，累计投入资金5908.70万元，发挥老干部活动中心、老年大学的主阵地作用。

（郭李芳）

【离退休干部学习】 2019年3月27日，山西省委老干部局组织举办省直离退休干部学习大讲堂2019年第一讲。省直200多名厅局级离退休干部听取专题报告。8月21日，山西省委在太原召开离退休老干部通报会议。省委副书记林武出席并讲话。省委常委、省委秘书长廉毅敏通报全省近期工作形势，省委常委、组织部部长曲孝丽主持会议并传达省委十一届八次全会精神，与会同志一起观看警示教育片。从省人大常委会、省政协领导岗位上退下来的干部胡苏平、张璞、姜新文，省级老干部郑社奎、纪馨芳、董云海、李玉明、孟立正、王民、光敏、彭致圭、白陞、李玉璋、张铭、安焕晓、王雅安、武三松、靳承序、吴慧琴、边鸣涛、郭良孝、王宁、张友君、左世忠、杨司参加会议。在并离退休厅局级老干部参加通报会。（郭李芳）

【离休干部服务管理】 2019年4月2日，山西省委老干部局印发《关于提高离休干部护理费标准的通知》。从2019年1月1日起提高全省离休干部护理费。具体标准是：1937年7月6日前参加革命工作的离休干部护理费标准由每人每月3500元提高到每人每月4200元；1937年7月7日到1945年9月2日参加革命工作的离休干部护理费标准由每人每月2000元提高到每人每月2700元；1945年9月3日到1949年9月30日参加革命工作的离休干部护理费标准由每人每月1300元提高到每人每月2000元。9月24日，根据中组部“组通字〔2019〕30号”文件精神，省委老干部局同省委组织部协调联系，经省委批准，为32名离休干部提高享受按副省（部）长级标准报销医疗费待遇并报中组部备案。协助省委组织部开展提高享受省（部）长级医疗待遇和按省（部）长级标准报销医疗费待遇离休干部的审核上报工作，共计有7名离休干部提高享受省（部）长级医疗待遇，有22名离休干部提高享受按省（部）长级标准报销医疗费待遇。

2019年9月29日，省委老干部局与省国资委在太原联合举办“我和祖国共成长”省直老干部故事报告会 （李　军供图）

10月20日，山西省委老干部局、省老年医学会、省健康协会在山西国贸大厦组织举办省直离退休干部健康讲座，邀请心脑血管病专家、解放军总医院副院长范利教授授课。约200余人听取讲座。11月26日，省委老干部局举行山西省离退休干部数据服务管理平台“山西老干部”上线试运行启动仪式。省委常委、组织部部长曲孝丽出席。共120余人参加活动。12月20日，山西省离退休干部法律服务工作站揭牌。揭牌仪式后，驻站律师作法律知识讲座，为老干部现场提供免费法律咨询服务。 （郭李芳）

【离退休干部活动】 2019年1月26日，省委老干部局在太原青年宫演艺中心举办省城离退休干部迎新春专场慰问演出。太原市实验晋剧院为老同志们演出山西省获奖剧目《傅山进京》。省级老同志李玉明、王民、张铭和省城近千名离退休干部共同观看演出。5月13日至15日，山西省委老干部局与省老年体协共同主办“夕阳乐”省城老干部乒乓球邀请赛。省级老干部王雅安、郭良孝、马友、苏亚君，省老年体协、省乒协有关领导出席。6月17日，由山西省委老干部局主办，省老干部活动中心、省离退休人员咨询服务中心承办的“翰墨丹青·礼赞祖国”省直离退休干部书画展开展式暨第十届山西老年文体艺术节启动仪式在省老干部活动中心举行。省委宣传部、省文旅厅、省老年书画协会有关领导及部分参展单位老同志、局系统干部职工150余人出席开展式。第十届山西老年文体艺术节以“添彩新山西·礼赞新中国”为主题，列入山西省庆祝中华人民共和国成立70周年群众文化系列活动。艺术节历时半年，活动内容包括省城老干部舞蹈大赛、红色电影展映、民族交响音乐会和主题演唱会等8项文体活动，各市和省直单位直接参与老干部20余万人次。6月20日，山西省委组织部、省委老干部局联合举行革命传统教育先进事迹报告会，邀请“绿化将军”张连印为机关党员干部作革命传统教育报告。8月6日，由山西省委老干部局主办，山西老年大学策划编创的庆祝中华人民共和国成立70周年“礼赞新中国 奋进新时代”民族交响音乐会在山西大剧院音乐厅奏响。由山西老年大学145名学员组成的老同志专场演出，省级老干部董云海、李玉明、王民、光敏、姚新章、张铭、薛荣哲、祁寿椿、吴慧琴、边鸣涛、张友君、左世忠等出席，1200余人观看演出。9月20日，山西省直工委与省委老干部局在山西省老干部活动中心联合举办“我和祖国共成长”省直老干部首场故事报告会，200余名省直单位的部分离退休干部代表和在职同志参加。9月至11月，省委老干部局与省国资委、省委军民融合办、山西大学等联合，举办5场省直老干部故事报告会，听众共计1150余人，覆盖省直近130个单位。9月30日，由山西省委老干部局和山西广播电视台主办、山西杏花村汾酒集团有限责任公司协办、山西文艺广播承办的“歌声致敬70年”山西省离退休干部主题演唱会在省城太原举办，该活动列入山西第二届艺术节。省委常委、组织部部长曲孝丽，省级老同志薛荣哲、吴慧琴、边鸣涛、左世忠、左祥等出席并观演。 （郭李芳）

【省级老同志情况通报会】 2019年1月15日，山西省委召开省级老同志情况通报会，通报省委十一届七次全会精神和省委经济工作会议精神。省委常委、秘书长胡玉亭主持并作通报，向老同志转达省委书记骆惠宁的问候。刚从省人大常委会、省政协领导岗位上退下来的同志胡苏平、张璞、姜新文，省级老同志纪馨芳、吴达才、武正国、杨安和、李玉明、孙祥炎、王民、光敏、彭致圭、张铭、张建欣、田喜荣、靳承序、吴慧琴、朱先奇、王宁、张友君、赵耀仁参加会议。（郭李芳）

【老干部工作“双先”表彰大会】 2019年12月16日至17日，全国离退休干部先进集体和先进个人表彰大会、全国老干部局长会议召开。山西省临汾市老区建设促进会党支部等3个集体、长治市委讲师团原团长姜华文等9名个人分获全国离退休干部先进集体、全国离退休干部先进个人。姜华文作为先进个人代表、临汾市老促会党支部副书记刘苏寿作为先进集体代表到京参加会议，姜华文上台接受颁奖。省委常委、组织部部长曲孝丽在会议驻地看望2名参会的老干部。 （郭李芳）

党校教育

【教育培训】 2019年，中共山西省委党校（山西行政学院）（简称党校）坚持以习近平新时代中国特色社会主义思想为指导，举办各类班次75期，培训人数达10154人次。深化教学改革，把“用学术讲政治”的教学改革作为“一号工程”持续推进，举办全省党校（行政学院）系统“用学术讲政治”常务副校（院）长教学研讨班。突出党的理论教育和党性教育主业主课地位。实现习近平新时代中国特色社会主义思想和党的十九大精神系列课程覆盖全部主体班次，学时数占到理论教育总学时50%以上。创新教学内容和培训方式，课程内容年更新率不低于20%。推动领导干部上讲台制度贯彻落实，20多位省部级领导、著名专家学者前来校（院）作报告。加强教学基础建设和教师干部队伍建设，安排教师外出进修和参加延伸培训57人次，开展学员论坛24场，硕博论坛5期。 （孟国丽）

【理论研究成果】 2019年，党校制定《关于进一步提升校（院）科研水平和质量的补充意见》，修订《校（院）理论研究中心（课题组）工作制度与规范》。理研中心在《学习时报》《理论动态》《山西日报》《前进》等党报党刊发表重要理论文章18篇，在省以上报刊发表论文120余篇。组织申报各类课题共计97项，立项23项。组织第12届环渤海地区党校合作与发展论坛，举办全省党校（行政学院）系统庆祝中华人民共和国成立70周年理论研讨会。组织申报省级优秀科研评奖活动，2项成果获省社科联2018年度“百部(篇)工程”研究成果奖。组织全省党校系统第十届科研基金优秀科研成果评奖，评出一等奖6项、二等奖9项、三等奖22项。组织校(院)科研成果量化考核评审和优秀科研成果评选。做好《山西省情资料手册》编辑出版工作。（孟国丽）

【智库建设】 2019年，党校把握党校智库建设定位，抓课题选题设计和研究，增强决策建议报告的针对性时效性。编发报送《决策建议报告》11期，全部得到省级领导肯定性批示。省委省政府制定出台的相关文件、报告吸纳《决策建议报告》的部分内容。省委、省人大、省扶贫办等有关部门邀请相关课题组成员就相关报告内容召开座谈会、研讨会。省人大常委会智库、省政协智库、省统一战线智库等吸收党校多名教研人员成为其专家库人员。在上海社会科学院智库研究中心发布的《中国智库报告》影响力评价中，省委党校(院)的智库影响力排名全国党校（行政学院)系统第8名，位列第一方阵。推动全省党校智库系统协作创新，筹建全省党校新型智库联盟。（孟国丽）

【市县党校指导】 2019年，举办全省党校(行政学院)系统常务副校长“用学术讲政治”教学研讨班、全省党校系统教师提升教学能力网络培训班、全省党校(行政学院)系统骨干师资培训班。举办全省党校(行政学院)系统学习贯彻《条例》研讨班。开展市县两级党校办学质量评估，提出市县两级党校办学质量分类意见，确定6所市委党校和15所县级党校为办学质量一类党校，5所市委党校和26所县级党校为办学质量二类党校，52所县级党校为办学质量三类党校，24所县级党校为办学质量四类党校。

（孟国丽）

党史(方志)编研

【概况】 2019年，中共山西省委党史研究院(山西省地方志研究院)加强党史方志编研、推进全省党史基本著作编纂和志鉴“两全目标”完成，推进省情(方志)馆和信息化平台建设，促进党史方志融合发展形成“大党史方志”工作格局等方面取得成绩。

落实机关党建主体责任，成立院党建工作领导小组。选举产生院第一届机关党委和机关纪委，选优配强党支部书记。深化机构改革，通过班子成员交叉分工、内设机构统一配置、党史方志总体平衡、人员合理调配的方式，促进党史方志干部队伍融合发展和研究力量、资源的统筹整合。加强干部队伍建设；落实“三定”方案，配齐室(部)负责人；争取实行参公管理。坚持正确用人导向，突出政治标准选人用人，激励干部担当作为，强化对政治素质高、业绩突出干部的激励表彰。1人被评为省级劳动模范，2人入选省委宣传部“四个一批”人才，2人入选全国地方志系统先进个人。

加强精神文明建设，成立机关精神文明建设委员会。定期组织学雷锋志愿者活动，开展“送温暖、献爱心”“博爱一日捐”活动。2人参与二青会火炬传递。参加太原市创卫工作，组织干部职工熟知践行太原文明创建应知应会手册。获“省直文明单位标兵”称号。

2019年，加快山西省省情(方志)馆筹建进度，办理完毕划拨供地手续和“国有建设用地划拨决定书”“建设用地批准书”“国有土地使用证”，并对设计方案进行修改完善。

（张　超）

【全国年鉴研讨会在晋中召开】 2019年11月3至4日，2019年全国年鉴研讨会暨中国地方志学会年鉴分会年度会议、第三届全国年鉴论坛在山西省晋中市召开。此次会议是一年一度的年鉴界商讨发展大计的会议，更是在包括“年鉴全覆盖”在内的“两全目标”推进工作进入攻坚拔寨冲刺期的关键时刻召开的一次重要会议。会议对做好下一步全国年鉴工作，提出要求：深入贯彻落实党的十九届四中全会精神，坚持以习近平新时代中国特色社会主义思想武装头脑、指导实践、推进工作。采取有效举措，确保高质量打赢包括“年鉴全覆盖”在内的“两全目标”攻坚战。深化年鉴质量建设，打造无愧于时代、无愧于人民、无愧于历史的精品年鉴。加强队伍建设，为年鉴事业发展提供坚强人才保障。（张　超）

【党史编研】 2019年，省委党史院（省地方志院）跟进研究习近平新时代中国特色社会主义思想山西实践进程，编撰出版《中共山西年鉴(2019)》，完成《山西大事纪要(2018)》《山西大事纪要(2019)》送审稿。

推进重点党史著作《中国共产党与山西抗战》修订再版，35万字。开展重大党史专题研究，编撰出版《山西“三反”“五反”运动》，48万字。完成中央党史和文献研究院安排部署的课题任务，编撰出版《抗日战争时期中国人民伤亡和财产损失调研丛书》B卷本课题大同卷(10万余字)、运城卷(9万余字)。

庆祝中华人民共和国成立70周年，与省委宣传部联合举办辉煌山西70年图片展。编纂出版《辉煌山西70年》，记录中华人民共和国成立以来各历史时期山西建设发展历程中有重大影响的事件，彰显山西特色、山西风采。全书100余万字，图片800余张，得到中共中央党史和文献研究院宣传专项引导资金和山西省2019年度重点文艺作品扶持项目的支持。（张　超）

【方志编纂】 2019年，省委党史院（省地方志院)评审省志16部，编纂出版《山西省志》分志之《文物志》《审判志》《质量技术监督志》《工商行政管理志》《医疗卫生志》《国有资产监管志》《保险业志》《银行业志》《农村信用社志》《电信志》《测绘志》《国防科技工业志》12部，累计出版64部，出版

率 71.90%。

加强对市县志工作的指导。2019年评审9部市县志，审核完成出版《大同市志》以及《阳高县志》《古县志》《山阴县志》，累计出版81部，出版率62.30%。出台《关于加强县(市、区)志质量审查的规定》，加强业务指导，提高市县志编纂质量。

挖掘传统文化资源，服务文化强省，汇聚国家、省、县各级方志出版翻译人才，编纂出版《应县木塔志》，方志出版社列入“一带一路”书香计划向国内外重点推荐。弘扬传统方志文化，采用宣纸印刷、手工线装的方式影印出版清乾隆《山西志辑要》。启动明万历《山西通志》影印、《山西旧志廉政资料汇编》编纂、《山西历史地名词典》增订工作。和山西电视台合作拍摄10集《影像晋志》，每集一县。

推进申报名镇名村志工作，《娘子关镇志》通过中指办初审。《大阳泉村志》《小河村志》镇情简介和村情简介编写基本完成。（张　超）

【年鉴编纂】 2019年，省委党史院（省地方志院）按照中国年鉴精品工程要求，完成《山西年鉴(2019)》，由方志出版社出版。《山西年鉴(2019)》遵循年鉴通例分类编排，共设38个类目，229个分目，55个次分目，1672个条目。全面、客观、系统地记载山西省自然、政治、经济、文化、社会和生态建设等各个领域的基本情况，反映年度重要事项与发展变化。

《山西年鉴(2018)》获中国精品年鉴称号，并获中国地方志优秀成果（年鉴类）特等奖。

2019年，山西省市县三级综合年鉴应编纂129部，全部启动编纂129部，覆盖率100%。当年公开出版46部，即省级1部，市级5部，县(市、区)级40部，出版覆盖率35.66%。

编辑完成《中共山西年鉴(2019)》，由中央文献出版社出版。《中共山西年鉴(2019)》即时跟进、准确记录中共山西省委在习近平新时代中国特色社会主义思想指引下，团结带领全省人民在各条战线取得的重要成绩和发生的重大变化，全面、系统反映中共山西省委年度重点工作和全省各市县、省直各部门年度党的建设及其他重要工作情况。全书设17个栏目，共293.20万字。（张　超）

【《三晋英模》《山西革命烈士家书》被列为主题教育读物】 由省委领导点题，为丰富“不忘初心、牢记使命”主题教育学习书目，省委“不忘初心、牢记使命”主题教育领导小组办公室、省委宣传部、省委党史研究院组织编写《三晋英模》《山西革命烈士家书》。省委党史研究院承担具体编写任务。

6月26日，省委宣传部、省委党史研究院召开征编工作启动会，规范编辑体例，提出编写要求；28日向全社会发出征集革命烈士家书的通告。7月1日，省委党史研究院召开院务会部署具体编写工作。随后，省委宣传部领导数次组织召开两书编撰工作推进会。

8月，两书由山西教育出版社出版。《三晋英模》收录中国共产党成立以来三晋大地涌现的革命先烈、仁人志士及“优秀共产党员”“人民公仆”“人民医生”“劳动模范”“改革先锋”等代表50名。《山西革命烈士家书》收录24位在山西革命和建设事业中奋斗、牺牲的革命烈士的家书，并辅以烈士简介、烈士事迹片段和读后感。省内外传播媒体密切合作，推出《家书中的初心》电视访谈、《忆初心，读家书》广播、书评，将这些典型人物搬上荧屏、音频和新媒体；并推出学生读本，亮相文博会，发挥党史以史鉴今、资政育人作用。新华社、《人民日报》《光明日报》等知名媒体对两书的出版发行和社会反响进行重点报道。

9月5日，省委主题教育领导小组办公室印发《关于做好〈三晋英模〉〈山西革命烈士家书〉学习宣传工作的通知》，要求各地各部门各单位主题教育领导小组办公室做好两书的学习宣传工作。（张　超）

【党史方志数字化建设】 2019年，省委党史院（省地方志院）落实《全国地方志信息化发展规划（2016–2020年）》《全国信息方志与数字方志建设工程实施方案》，山西省数字党史方志综合管理平台通过终审。该平台集资料数字化、OA系统、新媒体三项为一体。编辑印刷《山西年鉴(2018)》(简本)、开通《山西年鉴(2018)》掌上年鉴移动阅读手机版，为读者提供可靠、完整、权威、系统、便捷的电子信息查阅工具书，真正提高年鉴的利用率，扩大年鉴的受众面。（张　超）

【史志宣传】 2019年，省委党史院（省地方志院）扩大党史方志宣传教育。传承红色基因，讲好山西革命故事，在《山西日报》手机版客户端开辟“党史今日”专栏，发表300余篇，9万余字，图片700余幅。

助建市县史志馆工作持续推进，助建昔阳县、侯马市史志馆。向省档案馆、省政府驻上海办事处、大同市委组织部、晋商文化基金赠送史志图书，开设“晋志专柜”，推动读志用志，发挥史志存史、资政、育人作用。

加强党史方志宣传阵地建设，《党史文汇》月刊和《史志学刊》双月刊编辑质量提高，社会影响扩大。《党史文汇》出版12期，刊发文章214篇，总字数130余万字。全年刊发年度主题宣传栏目“巨变共和国70年”文章29篇，“红歌唱响70年”栏目20篇。《史志学刊》出版6期，刊发理论文章65篇，总字数90万字。全年刊发的65篇论文中，国家社科基金项目17篇，省部级社科基金项目8篇。“史志山西”公众号开辟每周一域、晋志讲堂、晋志人物、山西旧志记载中的传统节日等特色栏目，全年推送信息360期1486篇。（张　超）

综 述

【概况】 2019年，山西省人民代表大会常务委员会（简称省人大）扛起以法治方式落实中央及省委重大决策部署的政治责任，创造性地贯彻落实中央及省委的决策部署，为山西省转型综改和各项事业发展作出贡献。审议通过法规20件，其中制定8件、修改8件、废止4件，审查批准设区的市法规65件，审查规范性文件36件，维护国家法制统一，依照法定职责，限于法定范围，遵守法定程序开展监督。听取审议省人民政府、省高级人民法院、省人民检察院工作报告13项，开展执法检查7次。依法任免国家机关工作人员103人次，组织10批宪法宣誓，确保中央及省委人事安排意图顺利实现，依法行使重大事项决定权，作出决议决定4项。在党中央赋予山西省能源革命综合改革试点重大使命后，听取审议相关报告，作出支持保障决定，使党的决策通过法定程序成为全省人民的共同意志，为争当"全国能源革命排头兵"贡献力量。 （郭 强）

【省人大及其常委会组织构成】 截至2019年，山西省人民代表大会设置法制委员会、监察和司法委员会、财政经济委员会、社会建设委员会等4个专门委员会，受省人大领导，大会闭会期间，受省人大常委会领导。省人大常委会设置办公厅、法制工作委员会、教育科学文化卫生工作委员会、农村工作委员会、城乡建设环境保护工作委员会、人事代表工作委员会、民族宗教侨务外事工作委员会、预算工作委员会、研究室、信访局（副厅级）等10个工作机构。 （郭 强）

【重大事项决定】 2019年，省人大重大事项的决定有四项。一、关于批准2019年省本级预算调整方案的决议（2019年5月省十三届人大常委会第十一次会议通过）；二、关于批准2018年省本级财政决算的决议（2019年7月省十三届人大常委会第十二次会议通过）；三、关于山西省耕地占用税适用税额的决定（2019年7月省十三届人大常委会第十二次会议通过）；四、关于支持和保障能源革命综合改革试点工作的决定（2019年9月省十三届人大常委会第十三次会议通过）。 （郭 强）

【人大代表构成】 2019年，山西省第十三届人民代表大会根据相关法律共选举产生人大代表552名，年度内有3名代表因工作变动调离山西，代表资格终止，现实有代表449名，出缺3名。代表名额具体分配如下：太原市73人，大同市52人，朔州市45人，忻州市45人，吕梁市52人，晋中市47人，阳泉市25人，长治市55人，晋城市35人，临汾市62人，运城市64人，解放军14人。 （郭 强）

重要会议

【山西省十三届人大二次会议】 2019年1月26日至30日在太原举行。大会议程：一、听取和审议山西省人民政府工作报告；二、审查和批准山西省人民政府关于山西省2018年国民经济和社会发展计划执行情况与2019年国民经济和社会发展计划（草案）的报告，批准山西省2019年国民经济和社会发展计划；三、审查和批准山西省人民政府关于山西省2018年全省和省本级预算执行情况与2019年全省和省本级预算（草案）的报告，批准山西省2019年省本级预算；四、听取和审议山西省人民代表大会常务委员会工作报告；五、听取和审议山西省高级人民法院工作报告；六、听取和审议山西省人民检察院工作报告；七、审议《山西省开发区条例（草案）》；八、补选；九、通过山西省第十三届人民代表大会有关专门委员会更名和设立的决定以及组成人员名单；十、其他事项。

会议决定：山西省第十三届人民代表大会内务司法委员会更名为山西省第十三届人民代表大会监察和司法委员会；设立山西省第十三届人民代表大会社会建设委员会。

会议选举孙洪山为省高级人民法院院长、郭海刚为省人大常委会秘

2019年1月26日，山西省十三届人民代表大会第二次会议在太原开幕

（郭　强供图）

书长，补选李仁和、李凤岐、武华太、郝权为省人大常委会委员。（郭　强）

【十三届人大常委会第八次会议】2019年1月19日至20日在太原举行。会议议程：一、审议关于调整山西省第十三届人民代表大会第二次会议召开时间的决定（草案）（书面）；二、听取关于山西省第十三届人民代表大会第二次会议筹备工作情况的报告；三、审议山西省第十三届人民代表大会常务委员会向山西省第十三届人民代表大会第二次会议所作的工作报告稿（书面）；四、审议山西省人民代表大会常务委员会代表资格审查委员会关于个别代表的代表资格的报告；五、审议山西省第十三届人民代表大会第二次会议议程（草案）（书面）；六、审议山西省第十三届人民代表大会第二次会议主席团和秘书长名单（草案）（书面）；七、审议山西省第十三届人民代表大会第二次会议议案审查委员会组成人员名单（草案）（书面）；八、审议山西省第十三届人民代表大会第二次会议列席人员名单（草案）（书面）；九、审议《山西省开发区条例（草案）》；十、审议和批准《大同市人民代表大会常务委员会关于修改、大同市人民代表大会常务委员会讨论决定重大事项的规定?的决定》；十一、审议和批准《长治市养犬管理条例》；十二、审议和批准《长治市禁止燃放烟花爆竹规定》；十三、审议和批准《长治市大气污染防治条例》；十四、审议和批准《临汾市饮用水水源地保护条例》；十五、审议关于《山西省国民经济和社会发展第十三个五年规划纲要》实施情况中期评估报告；十六、审议关于2017年度国有资产管理情况的综合报告（书面）；十七、审议关于2017年度金融企业国有资产管理情况的专项报告；十八、人事任免及其他事项。（郭　强）

【十三届人大常委会第九次会议】2019年3月21日在太原举行，会议议程：一、审议《山西省哲学社会科学普及条例（草案）》；二、审议省人大常委会主任会议关于提请审议《山西省推进和保障企业投资项目承诺制改革规定（草案）》的议案；三、审议和批准《太原市道路交通安全管理条例》；四、审议和批准《大同市燃煤污染防治条例》；五、审议和批准《朔州市饮用水水源地保护条例》；六、审议和批准《朔州市应县佛宫寺释迦塔保护条例》；七、审议和批准《忻州市滹沱河流域生态修复与保护条例》；八、审议和批准《忻州市电梯安全管理条例》；九、审议和批准《阳泉市爱国卫生条例》；十、审议和批准《阳泉市市容和环境卫生管理条例》；十一、审议和批准《长治市不可移动文物保护条例》；十二、审议和批准《运城市农村环境卫生管理办法》；十三、审议省人民政府关于2018年度全省环境状况和环境保护目标完成情况与研究处理2017年度报告审议意见情况的报告（满意度测评）；十四、听取关于省十三届人大二次会议代表议案、建议提出和交办情况的报告；十五、审议省人大常委会主任会议关于调整省十三届人大常委会代表资格审查委员会组成人员的议案；十六、人事任免及其他事项。

会议决定任命王成为副省长，决定免去曲孝丽的副省长职务。

（郭　强）

【十三届人大常委会第十次会议】2019年4月28日在太原举行，会议议程：一、审议关于个别代表的代表资格的报告；二、人事任免及其他事项。会议决定任命胡玉亭为副省长。

（郭　强）

【十三届人大常委会第十一次会议】2019年5月28日在太原举行，会议议程是：一、审议《山西省推进企业投资项目承诺制规定（草案）》；二、审议省人大常委会主任会议关于提请审议关于修改《山西省建设工程勘察设计管理条例》等四部地方性法规的议案；三、审议省人民政府关于提请审议《山西省警务辅助人员条例（草案）》的议案；四、审议省人民政府关于提请审议《山西省行政执法条例（修订草案）》的议案；五、审议省人民政府关于提请审议《山西省志愿服务条例（修订草案）》的议案；六、审议省人民政府关于提请审议《山西省水污染防治条例（草案）》的议案；七、审议省人民政府关于提请审议《山西省实施中华人民共和国高等教育法、办法修正案（草案）》的议案；八、审议和批准《朔州市人民代表大会代表议案的提出和处理办法》；九、审议和批准《朔州市人民代表大会代表建议、批评和意

见的提出和处理办法》；十、审议和批准关于2019年省本级预算调整方案（草案）；十一、听取省人民政府关于深化“放管服效”改革情况的报告并进行专题询问；十二、人事任免及其他事项。（郭　强）

【十三届人大常委会第十二次会议】2019年7月29日在太原举行，会议议程是：一、审议《山西省警务辅助人员条例（草案）》；二、审议《山西省行政执法条例（修订草案）》；三、审议《山西省志愿服务条例（修订草案）》；四、审议《山西省水污染防治条例（草案）》；五、审议省人大常委会主任会议关于提请审议《山西省红色文化遗址保护利用条例（草案）》的议案；六、审议省人大常委会主任会议关于提请审议《山西省人民代表大会常务委员会关于废止、山西省城乡规划条例的决定（草案）》的议案；七、审议省人民政府关于提请审议《山西省促进科技成果转化条例（修订草案）》的议案；八、审议省人民政府关于提请审议《山西省雁门关农牧交错带发展促进条例（草案）》的议案；九、审议省人民政府关于提请审议《山西省耕地占用税适用税额的决定（草案）》的议案；十、审议和批准《太原市人大常委会关于废止、太原市水资源管理办法等三部地方性法规的决定》；十一、审议和批准《大同市人大常委会关于修改、大同市体育市场管理办法、等27件法规的决定》；十二、审议和批准《大同市人大常委会关于修改、大同市乡镇人民代表大会工作条例、等2件法规的决定》；十三、审议和批准《临汾市建筑工程施工扬尘污染防治规定》；十四、审议省人民政府关于2019年上半年全省国民经济和社会发展计划执行情况的报告；十五、审议省人民政府关于2018年省本级财政决算和2019年上半年全省预算执行情况的报告，审查和批准2018年省本级财政决算；十六、审议省人民政府关于2018年度省本级预算执行和其他财政收支的审计工作报告；十七、审议省人大常委会执法检查组关于检查老年人权益保障法律法规、科学技术普及法律法规和旅游法律法规实施情况的报告；十八、人事任免及其他事项。

会议接受任建华辞去省监察委员会主任职务的请求，任命王拥军为省监察委员会副主任、决定代理主任。（郭　强）

【十三届人大常委会第十三次会议】2019年9月25日在太原举行，会议议程是：一、传达学习习近平总书记重要指示和省级人大立法工作交流会议精神；二、审议《山西省红色文化遗址保护利用条例（草案）》；三、表决《山西省警务辅助人员条例（草案）》；四、审议《山西省人民代表大会常务委员会关于废止山西省酒类管理条例、山西省盐业管理条例的决定（草案）》；五、审议《山西省人民代表大会常务委员会关于支持和保障能源革命综合改革试点工作的决定（草案）》；六、审议省人大常委会主任会议关于提请审议《山西省优化营商环境条例（草案）》的议案；七、审议省人大常委会主任会议关于提请审议《山西省创新驱动高质量发展条例（草案）》的议案；八、审议省人民政府关于提请审议《山西省土壤污染防治条例（草案）》的议案；九、审议和批准《太原市养犬管理条例》；十、审议和批准《大同市人民代表大会常务委员会关于修改大同市城市节约用水管理条例的决定》；十一、审议和批准《忻州市住宅物业管理条例》；十二、审议和批准《忻州市文明行为促进条例》；十三、审议和批准《晋中市扬尘污染防治条例》；十四、审议省人大常委会执法检查组关于检查《山西省汾河流域生态修复与保护条例》实施情况的报告；十五、审议关于全省检察机关全面开展公益诉讼工作情况的报告；十六、审议关于能源革命推进情况的报告；十七、审议关于支持和促进民营经济发展情况的报告；十八、审议关于深化“放管服效”改革情况报告审议意见研究处理情况的报告并进行满意度测评；十九、审议关于2018年度国有资产管理情况的综合报告（书面）；二十、审议关于2018年度企业国有资产（不含金融企业）管理情况的专项报告；二十一、人事任免及其他事项。

会议决定任命吴伟为副省长。（郭　强）

【十三届人大常委会第十四次会议】2019年11月25日在太原举行，会议议程是：一、审议《山西省促进科技成果转化条例（修订草案）》；二、审议《山西省促进雁门关农牧交错带发展条例（草案）》；三、审议《山西省土壤污染防治条例（草案）》；四、审议《山西省创新驱动高质量发展条例（草案）》；五、审议《山西省优化营商环境条例（草案）》；六、审议《山西省人民代表大会常务委员会关于废止山西省废旧金属收购业治安监督管理暂行条例的决定（草案）》；七、审议《山西省实施中华人民共和国高等教育法、办法（修订草案）》；八、审议省人大常委会主任会议关于提请审议《山西省宗教事务条例（修订草案）》的议案；九、审议省人民政府关于提请审议《山西省消防条例修正案（草案）》的议案；十、审议省人民政府关于提请审议《山西省经济林发展条例（草案）》的议案；十一、审议和批准《太原市海绵城市建设管理条例》；十二、审议和批准《大同市人民代表大会常务委员会关于修改恒山风景名胜区保护条例的决定》；十三、审议和批准《大同市水土保持条例》；十四、审议和批准《朔州市大气污染防治条例》；十五、审议和批准《吕梁市大气污染防治条例》；十六、审议和批准《吕梁市横泉水库饮用水水源保护条例》；十七、审议和批准《吕梁市水污染防治条例》；十八、审议和批准《吕梁市碛口古镇保护条例》；十九、审议和批准《晋中市文明行为促进条例》；二十、审议和批准《晋城市城市绿化条例》；二十一、审议和批准《晋城市村庄规划建设条例》；二十二、审议和批准《运城市大气污染防治条例》；二十三、审议和批准《运城市养犬管理规定》；二十四、审议省人民政府关于2018年度省本

级预算执行和其他财政收支审计查出问题整改情况的报告；二十五、审议省人民政府关于全省脱贫攻坚工作进展情况的报告；二十六、审议省人民政府关于省十三届人大二次会议以来代表建议、批评和意见办理情况的报告；二十七、审议省高级人民法院关于省十三届人大二次会议以来代表建议、批评和意见办理情况的报告；二十八、审议省人民检察院关于省十三届人大二次会议以来代表建议、批评和意见办理情况的报告；二十九、审议省人大监察和司法委员会关于省十三届人大二次会议主席团交付的代表议案审议结果的报告；三十、审议省人大财政经济委员会关于省十三届人大二次会议主席团交付的代表议案审议结果的报告；三十一、审议省人大社会建设委员会关于省十三届人大二次会议主席团交付的代表议案审议结果的报告；三十二、审议省人大常委会人事代表工委关于省十三届人大二次会议主席团交付的代表议案处理情况的报告；三十三、人事任免及其他事项。 （郭　强）

【十三届人大常委会第十五次会议】 2019年12月5日在太原举行，会议议程是：一、审议山西省人民代表大会常务委员会关于召开山西省第十三届人民代表大会第三次会议的决定（草案）；二、审议山西省人民代表大会常务委员会关于接受楼阳生辞去山西省人民政府省长职务请求的决定（草案）；三、审议人事任命议案；四、审议山西省人民代表大会常务委员会关于代理山西省人民政府省长的决定（草案）。

会议决定任命林武为副省长、代理省长。 （郭　强）

立法工作

【地方法规制定、修订、废止】 2019年，山西省人大常委会审议通过地方性法规8项，审议修订地方性法规5项，决定废止地方性法规4项（详见表3）。

监督工作

【省级专项工作报告审议】 2019年，山西省人大常委会审议的省级专项报告主要有：一、省政府关于2018年度全省环境状况和环境保护目标完成情况与研究处理2017年度报告审议意见情况的报告（满意度测评）；二、省政府关于深化“放管服效”改革情况的报告（专题询问）；三、省政府关于2018年省本级财政决算和2019年上半年全省预算执行情况的报告；四、省政府关于2018年度省本级预算执行和其他财政收支的审计工作报告；五、省政府关于2019年上半年全省国民经济和社会发展计划执行情况的报告；六、省政府关于能源革命推进情况的报告；七、省政府关于支持和促进民营经济发展情况的报告；八、省政府关于2018年度国有资产管理情况的综合报告（书面）；九、省政府关于2018年度企业国有资产（不含金融企业）管理情况的专项报告；十、省检察院关于全省检察机关全面开展公益诉讼工作情况的报告；十一、省政府关于2018年度省本级预算执行和其他财政收支审计查出问题整改情况的报告；十二、省政府关于全省脱贫攻坚工作进展情况的报告；十三、省政府、省法院、省检察院关于省十三届人大二次会议以来代表建议、批评和意见办理情况的报告。 （郭　强）

【人大常委会执法检查】 2019年，山西省人大常委会开展的执法检查主要有：一、检查《中华人民共和国老年人权益保障法》《山西省实施〈中华人民共和国老年人权益保障法〉办法》实施情况；二、检查《中华人民共和国科学技术普及法》和《山西省实施〈中华人民共和国科学技术普及法〉办法》实施情况；三、检查《中华人民共和国旅游法》和《山西省旅游条例》实施情况；四、检查《山西省汾河流域生态修复与保护条例》实施情况。 （郭　强）

代表工作

【代表联系工作】 2019年，山西省人大常委会以代表机关建设为引领，以常委会工作任务为牵引，围绕全省大局和中心工作、常委会年度工作要点、主任会议议题、重要工作安排、有关法律法规实施情况、“一府一委两院”履行工作职责情况、人民群众关心的热点难点问题等内容，采取走访、电话、电子邮件、信函、约谈、邀请代表参加执法检查、工作调研等方式与代表联系，了解代表的意愿、要求以及在执行代表职务时遇到的困难和问题，听取代表对省人大常委会及“一府一委两院”等各方面工作的建议、批评和意见等，63名组成人员共联系基层代表573人次，有力地加强省人大常委会同人大代表的联系，畅通社情民意反映渠道，提升常委会的工作实效，充分发挥省人大代表在省人大其常委会各项工作中的作用。 （贾任超）

【代表依法履职保障】 2019年，山西省人大常委会按照党的十九大提出的建好“两个机关”的工作要求，不断创新形式，丰富内容，加强代表依法履职保障、加强代表培训，提升代表素质，连续举办3期人大代表履职专业知识学习班，约440多名全国、省人大代表参加学习，畅通代表提出建议的渠道，制定《山西省人大常委会关于建立省人大代表建议直通车的意见》，开通“省人大代表建议直通车”，出台《关于省人大常委会期间列席代表座谈会工作方案》，建立起省人大常委会会议期间，常委会领导同列席代表座谈机制，出台《山西省人大常委会关于加强全省人大代表联络站建设的指导意见》，在全省所有乡镇和街道建起人大代表联络站1456个，五级代表全部进站联系群众，向群众宣传党的路线方针政策，深入了解基层群众所思所想所盼，推进解决群众关注的热点难点问题，保障代表知情知政，为每位省人大代表订阅《中国人大》《人民代表报》等多

2019年11月27日,省人大常委会副主任卫小春(左三)在太原市杏花岭区调研人大代表联络站建设情况 (郭 强供图)

种学习资料,及时向代表通报山西省政治、经济和社会发展情况、省人大常委会重点工作,为代表全面了解全省经济社会发展情况提供信息支撑、加强代表活动经费管理使用、提请省人大常委会主任会议研究通过《山西省人大常委会关于省人大代表活动经费管理使用的意见》,提高代表活动经费人均标准,进一步明确代表活动经费使用范围和支出标准。

(贾任超)

【人大代表联络站建立】 2019年,全体代表按照《山西省人大常委会关于加强全省人大代表联络站建设的指导意见》,按照就地就近的原则,全部编入全省新建立起的人大代表联络站,开展联系群众活动,听取和反映群众的意见和要求。 (贾任超)

【人大常委会重点督办的代表建议】 2019年,省人大重点督办的代表建议共10项。一、加快忻雄高铁建设;二、新形势下加强产学研合作模式;三、为小学生提供课后校内托管服务助力学生全面发展;四、智慧医疗信息化建设提升群众"获得感";五、运用信息化加快县乡村医疗一体化改革;六、深度挖掘重视全省文化底蕴助推我省旅游发展;七、加大全省交警执法监管提高广大从事协警人员待遇;八、尿毒症罪犯投劳;九、进一步加强重点区域联防联控;十、尽快配套完善农村集体产权制度改革相关政策制度。 (郭 强)

【人大代表议案】 2019年,山西省人大代表在省人大第十三届二次会议共提交议案27件,其中关于制定地方性法规15件,修改地方性法规3件,建议废止地方性法规1件。议案中关于民生的8件,关于经济的4件,关于环境的6件,关于传统文化的3件。

人事任免

【人大及其常委会工作机构人员任免】 2019年,山西省十三届人大二次会议补选郭海刚为省人大常委会秘书长,李仁和、李凤岐、武华太、郝权为省人大常委会委员;决定山西省第十三届人民代表大会内务司法委员会更名为山西省第十三届人民代表大会监察和司法委员会,组成人员为:主任委员白秀平,副主任委员杨增武、郝权、赵贵义,委员王妙婵(女)、王继伟、田晓宇、张奇峰;决定设立山西省第十三届人民代表大会社会建设委员会,组成人员为:主任委员李仁和,副主任委员杨临生、李亚明、梁若皓、张晋仁,委员张炯玮、贾润礼、郭琇(女)、程有录。

山西省十三届人大常委会第八次会议通过关于接受李仁和辞去山西省人民代表大会常务委员会秘书长职务请求的决定、关于接受黄巍辞去山西省人民代表大会常务委员会委员职务请求的决定;任命汤俊权为省人大常委会研究室主任,张钧、段宝燕为省人大常委会法制工作委员会副主任,孙剑纲为省人大常委会研究室副主任;免去汤俊权的省人大常委会副秘书长职务,张晋仁的省人大常委会研究室副主任职务。

山西省十三届人大常委会第九次会议任命李悦娥为省人大常委会代表资格审查委员会主任委员,郭海刚为副主任委员,李仁和、汤俊权为委员;免去郭迎光的省人大常委会代表资格审查委员会主任委员职务,李仁和的副主任委员职务,梁若皓的委员职务。

山西省十三届人大常委会第十次会议任命程银锁为省人大常委会农村工作委员会副主任。

山西省十三届人大常委会第十一次会议任命李鑫为省人大常委会人事代表工作委员会副主任,陈腊平为省人大常委会民族宗教侨务外事工作委员会副主任;免去乔锦瑞的省人大常委会城乡建设环境保护工作委员会副主任职务,秦钟的省人大常委会民族宗教侨务外事工作委员会副主任职务。 (郭 强)

【省人民政府机构人员任免】 2019年,山西省十三届人大常委会第八次会议决定免去林武、陈永奇的副省长职务,李晓波的省工业和信息化厅厅长职务,李凤岐的省卫生健康委员会主任职务。

山西省十三届人大常委会第九次会议决定任命王成为副省长;决定免去曲孝丽的副省长职务。

山西省十三届人大常委会第十次会议决定任命胡玉亭为副省长,潘贤掌为省生态环境厅厅长,陈耳东为

表2　2019年山西省十三届人大二次会议议案一览表

编号	议案名称	议案号
一	关于修改《山西省实施〈中华人民共和国老年人权益保障法〉办法》的议案	0001号
二	关于修改《山西省各级人民代表大会常务委员会监督司法工作办法》部分条款的议案	0002号
三	关于尽快制定《山西省社会科学普及条例》的议案	0003号
四	关于制定《山西省文明行为促进条例》的议案	0004号
五	关于制定《山西省养老服务条例》的议案	0005号
六	关于尽快推进山西省传统村落保护立法的议案	0006号
七	关于尽快制定《山西省饮用水水源保护条例》的议案	0007号
八	关于制定《山西省警务辅助人员管理条例》的议案	0008和0024号
九	关于制定《山西省矛盾纠纷多元化解促进条例》的议案	0009号
十	关于制定《山西省机动车排放污染防治条例》的议案	0010号
十一	关于加快煤层气领域地方立法，尽早制定《山西省煤层气开发利用管理条例》的议案	0011号
十二	关于制定《山西省养犬管理条例》的议案	0012号
十三	关于制定《山西省工业遗产保护与利用条例》的议案	0013号
十四	关于听取审议“支持民营经济发展”专题工作报告的议案	0014号
十五	关于尽快出台我省《城市垃圾管理条例》的议案	0015号
十六	关于制定《山西省公共文化服务保障条例》的议案	0016号
十七	关于尽快制定《山西省优化营商环境条例》的议案	0017号
十八	关于尽快制定《山西省土壤污染防治条例》的议案	0018号
十九	关于尽快出台《山西省保健品销售管理办法》的议案	0019号
二十	关于加强体育产业发展立法的议案	0020号
二十一	关于修改《山西省燃气管理条例》的议案	0021号
二十二	关于修改《山西省各级人民代表大会选举实施细则》的议案	0022号
二十三	关于废止《山西省产品质量监督管理条例》的议案	0023号
二十四	关于尽快启动《山西省环境教育条例》立法工作的议案	0025号
二十五	关于进一步加强我省革命文物保护利用工作立法的议案	0026号
二十六	关于制定《山西省促进大数据发展应用条例》的议案	0027号
二十七	关于出台首部省级美丽乡村建设条例的议案	0028号

省水利厅厅长,武晋为省卫生健康委员会主任;决定免去董一兵的省生态环境厅厅长职务,常书铭的省水利厅厅长职务。

山西省十三届人大常委会第十二次会议决定任命李晋平为省工业和信息化厅厅长。

山西省十三届人大常委会第十三次会议决定任命吴伟为副省长。

山西省十三届人大常委会第十五次会议决定接受楼阳生因工作变动辞去省长职务的请求;会议决定任命林武为副省长、代理省长。

(郭　强)

【省监察委员会人员任免】 2019年,山西省十三届人大常委会第十次会议免去陈学东的省监察委员会副主任职务。

山西省十三届人大常委会第十二次会议接受任建华辞去省监察委员会主任职务的请求;任命王拥军为省监察委员会副主任,决定代理主任;免去郝权的省监察委员会副主任职务。

山西省十三届人大常委会第十四次会议任命王鹏为省监察委员会副主任;免去曾庆勇的省监察委员会副主任职务。(郭　强)

【省人民法院人员任免】 2019年,山西省十三届人大二次会议补选孙洪山为省高级人民法院院长。

山西省十三届人大常委会第八次会议免去刘冀民的省高级人民法院副院长、审判委员会委员职务,袁振民的省高级人民法院审判员职务,李冰、白迎唐的省高级人民法院审判员职务。

山西省十三届人大常委会第九次会议免去董立新的省高级人民法院审判员职务。

山西省十三届人大常委会第十一次会议免去王世明的省高级人民法院审判监督第二庭副庭长、审判员职务,孟兴玲的太原铁路运输法院审判委员会委员、审判员职务,李玉林的大同铁路运输法院副院长、审判委员会委员职务。

山西省十三届人大常委会第十二次会议任命管应时为省高级人民法院副院长、审判委员会委员、审判员,刘泳、王怀师为省高级人民法院审判员,张宏伟为太原铁路运输中级人民法院刑事审判第一庭庭长,荣育宏为太原铁路运输中级人民法院民事审判第一庭庭长,周建宏为太原铁路运输法院副院长、审判委员会委员,张樨为大同铁路运输法院审判委员会委员;免去朱明的省高级人民法院副院长、审判委员会委员职务,赵耀喜、王啸虎的省高级人民法院审判员职务,毛小芳的太原铁路运输中级法院审判委员会委员、审判员职务,张宏伟的太原铁路运输中级人民法院刑事审判第一庭副庭长职务,荣育宏的太原铁路运输中级人民法院民事审判第一庭副庭长职务,张太光的太原铁路运输中级人民法院审判员职务,范世林的太原铁路运输法院副院长、审判委员会委员职务,周建宏的太原铁路运输法院民事审判庭庭长职务,姜阳、肖增辉的大同铁路运输法院副院长、审判委员会委员职务,乔丽奎的临汾铁路运输法院副院长、审判委员会委员职务。

山西省十三届人大常委会第十三次会议免去仇拉锁的省高级人民法院审判委员会委员、审判员职务,郭建岗、韩广春的省高级人民法院审判员职务,郭丽丽、牛兰萍的太原铁路运输法院审判委员会委员、审判员职务;任命吕楠为太原铁路运输中级人民法院刑事审判第一庭副庭长。

山西省十三届人大常委会第十四次会议免去戴春林的省高级人民法院审判监督庭庭长、审判员职务,王永胜的省高级人民法院民事审判第四庭副庭长、审判员职务,任君虹的省高级人民法院审判员职务。

(郭　强)

【省人民检察院人员任免】 2019年,山西省十三届人大常委会第八次会议免去张芬芳的省人民检察院检察员职务,张志浩的永济董村地区人民检察院副检察长、检察委员会委员职务,侯建华的省人民检察院太原铁路运输分院检察员职务。

山西省十三届人大常委会第九次会议免去赵文杰的省人民检察院检察员职务,批准任命南世勤为晋中市人民检察院检察长。

山西省十三届人大常委会第十一次会议免去孙萍的省人民检察院检察员职务,张建华的太原西峪地区人民检察院检察委员会委员职务,张

2019年5月14日至15日,省人大执法检查组深入运城市,就《中华人民共和国科学技术普及法》及《山西省实施〈中华人民共和国科学技术普及法〉办法》实施情况,开展执法检查　(郭　强供图)

存庆的阳泉荫营地区人民检察院副检察长、检察委员会委员职务。

山西省十三届人大常委会第十二次会议任命王宝玥、何芮彬、于海、张宇宏、杨文静为省人民检察院检察员，任尚峰为太原西峪地区人民检察院副检察长、检察委员会委员，李墨为阳泉荫营地区人民检察院检察员，秦潇楠为临汾铁路运输检察院检察员；免去张鑫的省人民检察院检察员职务，杨傲寒的太原西峪地区人民检察院检察委员会委员、检察员职务，姚继堂的永济董村地区人民检察院检察委员会委员职务，韩丽的太原铁路运输检察分院检察委员会委员职务，张军的大同铁路运输检察院副检察长、检察委员会委员职务，任尚峰的临汾铁路运输检察院检察委员会委员、检察员职务。

山西省十三届人大常委会第十三次会议任命姚江华为省人民检察院太原铁路运输分院检察长；免去刘志伟、常天林的省人民检察院检察员职务，刘风伟的太原西峪地区人民检察院检察员职务。

山西省十三届人大常委会第十四次会议任命李彦、张宏思为省人民检察院检察委员会委员；免去胡立本的省人民检察院检察员职务。（郭　强）

表 3　2019 年山西省地方法规制定、修订、废止情况

时　间	法规名称	制　定	修　订	废　止
2019 年 1 月 30 日	《省山西开发区条例》	★		
2019 年 3 月 22 日	《山西省哲学社会科学普及条例》	★		
2019 年 5 月 30 日	《山西省企业投资项目承诺制规定》	★		
2019 年 7 月 31 日	《山西省水污染防治条例》	★		
2019 年 9 月 27 日	《山西省警务辅助人员条例》	★		
2019 年 9 月 27 日	《山西省红色文化遗址保护利用条例》	★		
2019 年 11 月 29 日	《山西省促进雁门关农牧交错带发展条例》	★		
2019 年 11 月 29 日	《山西省土壤污染防治条例》	★		
2019 年 5 月 30 日	《山西省建设工程勘察设计管理条例》《山西省建设工程抗震设防条例》《山西省防震减灾条例》《山西省道路运输条例》		★	
2019 年 7 月 31 日	《山西省行政执法条例(修订)》		★	
2019 年 7 月 31 日	《山西省志愿服务条例(修订)》		★	
2019 年 11 月 29 日	《山西省促进科技成果转化条例(修订)》		★	
2019 年 11 月 29 日	《关于修改〈山西省消防条例〉的决定》		★	
2019 年 7 月 31 日	《山西省城乡规划条例》(			★
2019 年 9 月 27 日	《山西省酒类管理条例》			★
2019 年 9 月 27 日	《山西省盐业管理条例》			★
2019 年 11 月 29 日	《山西省废旧金属收购业治安监督管理暂行条例》			★

山西省人民政府

The People's Government of Shanxi Province

综　述

【转型发展】 2019年，山西省人民政府贯彻党中央、国务院各项部署，推进山西经济转型发展。2019年，山西省延续新旧动能加快转换趋势，数字经济，高端装备制造、新能源汽车、新材料、新能源等新兴产业加速发展。1—11月份非煤工业增加值增长6.40%，对全省工业增长贡献率达57.10%，超过煤炭工业14.20个百分点。新能源装备制造业增长19.50%，新能源汽车增长69.60%，全省高新技术增加值增长6.20%，其中航天器及设备制造业增长1.80倍，战略新兴产业增加值增长8.10%，其中节能环保增长10.60%，新材料产业增长8.70%，光伏电池增长47.50%，铁路机车增长32.40%。2019年全年退出钢铁产能175万吨，关停淘汰焦炭产能1192万吨。获批国家全域旅游示范区省级创建单位，黄河、长城、太行三大旅游板块建设步伐加快，建成旅游公路1981千米，命名认定首批100家3A级乡村旅游示范村。全省旅游总收入、接待国内外游客人数分别增长19.30%、18.50%。服务业占地区生产总值比重超50%。19项“揭榜制”科研项目落地实施，T1000高端碳纤维、光伏异质组件、低浓度煤层发电机组等一批先进产品和技术取得突破，“智创城”省级双创中心启动运营。2019年是深化转型项目建设年，全省各级部门完善并联审批、职能部门责任、项目管理、省市县三级联动、监督考核六大常态化机制，保障项目顺利化推进。全省新登记各类市场主体48.60万户，“专精特新”中心企业305户，高新技术企业超过2400户，转型动力强劲。

（杜天生）

【民生保障】 2019年，山西省实施“人人持证，技能社会”工程，技能培训人数达104.70万。建设认定616所普惠性幼儿园，建设改造500余所乡镇寄宿制学校，6000所中小学实现优质教育资源共享和一体化发展。“1331”工程深入实施，山西农大与农科院合署改革取得实质性进展，筹建中国科学院大学太原能源材料学院。县域医疗卫生一体化改革全国领先。城镇退休人员基本养老金月人均增加174元。城乡居民基本医保人均财政补助标准提高30元，达到520元，城乡最低生活保障标准平均每人每月分别提高55元、57元。山西青铜博物馆建成开馆。数字文化馆总分馆体系初步建立。公共文化服务水平提升。2019年，实施惠民实事8件，分别是：实施全民技能培训素质提升工程，实施5万名残疾预防重点干预和残疾儿童抢救性康复项目，为58个贫困县农村妇女提供两癌检察服务，为全省城乡妇女提供免费产前筛查与诊断服务，新建500个农村老年人日间照料中心，免费送戏下乡一万场，实施经济困难高龄和失能老年人关爱行动，实施免费法律咨询便民工程。

（杜天生）

【脱贫攻坚】 2019年，山西省全方位大力度脱贫攻坚，最后17个贫困县全部进入脱贫摘帽程序，剩余918个贫困村全部退出，23.90万贫困人口脱贫，脱贫攻坚取得决定性胜利。生态扶贫是山西脱贫攻坚工作的亮点。实施退耕还林奖补、荒山绿化务工、森林管护就业、经济林提质增效、特色林业综合增收“五大项目”，吸纳贫困户参与，带动52.30万贫困人口增收。通过易地搬迁，以3350个深度贫困自然村为重点，推进整体搬迁，统筹解决“人钱地房树村稳”等7个问题，推进产业就业扶贫，实施“一村一品一主体”策略，带动95.50万贫困人口增收。发展光伏、乡村旅游、电商扶贫、全民技能提升工程转移就业贫困人口32万。采取“三保险三救助”“双签约”“一站式结算”体系，贫困人口住院综合报销率达90%。教育扶贫健全义务教育控辍保学机制，对各阶段贫困生应助尽助，农村低保打通双向进入通道。所有贫困县均超3600元的省定扶贫指导线，44.90万贫困人口纳入低保，占农村低保对象的45.70%。 （杜天生）

【对外开放】 2019年，山西省人民政府将构建内陆对外开放新高地作为山西转型发展的重要目标之一。加快省内基础设施及出省通道建设，主动融入国家“一带一路”及京津冀、长三角、粤港澳大湾区等大战略。中欧(中亚)班列实现常态化运行，全省累计开通国际及地区航线23条，太原武宿机场吞吐量突破1400万人次。大张客专开通，大西线全线贯通，太郑高铁进入全线铺轨阶段，右玉至平鲁，阳城至蟒河高速公路建成，高速公路出省口达27个，大同航空口岸正式开放，五台山航空口岸首飞通航，国际陆港、海关特殊监管区加快建设，太原国际邮件互换局邮件处理量达434.80万件。国际互联网数据专用通道正式开通。依托山西能源优势，挖掘山西文旅产业深厚的历史文化底蕴，加大力度对外推介山西，举办外交部全球推介活动，积极参加进博会、中非合作洽谈、中博会、厦洽会等重要展会，新增国际友好城市8对，友好合作伙伴19对，与山西省贸易往来的国家和地区达180个。同时加快开发区、口岸、综合保税区、无水港等开放平台建设，截至2019年7月，山西省级及以上开发区达66家，东融南承西联北拓的开放战略发展态势已具雏形。（杜天生）

重要会议

【省政府常务会议】 2019年，山西省人民政府共召开常务会议34次。

第20次常务会议。2019年1月2日召开，楼阳生主持。听取《2018年国民经济社会发展主要指标预计完成情况和2019年计划安排的初步建议》；听取《关于2018年财政预算执行情况及2019年财政收支计划建议的汇报》；研究通过《关于扩大进口促进对外贸易平衡发展的实施意见》。研究通过有关人事任免。

第21次常务会议。2019年1月10日召开，楼阳生主持。听取有关人事任免事项报告。

第22次常务会议。2019年1月16日召开，楼阳生主持。研究通过《关于坚持农业农村优先发展做好“三农”工作的实施意见》；讨论通过《山西省促进区域协调发展指导意见》；研究通过《关于对被征地农民实行基本养老保险补贴的指导意见》。研究通过有关人事任免事项。

第23次常务会议。2019年1月20日召开，楼阳生主持。听取有关人事任免事项报告。

第25次常务会议。2019年2月26日召开，楼阳生主持。审议通过《关于推动创新创业高质量发展打造双创升级版实施意见》《关于促进天然气（煤层气）协调稳定发展的实施意见》《山西省通信基础设施建设三年行动计划》《省本级证明事项取消清单》。

第26次常务会议。2019年3月20日召开，楼阳生主持。听取关于习近平总书记对住建工作重要批示精神及住建部有关要求和本省贯彻落实意见的汇报、关于认真落实李克强总理等领导同志重要批示精神切实加强全省粮食和物资储备安全保障能力建设的汇报。研究通过有关人事任免事项报告。

第27次常务会议。2019年4月1日召开，楼阳生主持。学习贯彻全国脱贫攻坚专项巡视整改工作电视电话会议精神，研究山西省贯彻落实意见，审议通过《全省“三保障”和农村饮水安全突出问题摸底排查情况报告》《2018年26个贫困县摘帽退出情况报告》。研究通过有关人事任免事项。

第28次常务会议。2019年4月8日召开，楼阳生主持。听取关于山西省复制推广深圳前海蛇口自贸片区制度创新经验工作情况的汇报，审议《关于完善国有金融资本管理的实施意见》。研究通过有关人事任免事项。

第29次常务会议。2019年4月15日召开，楼阳生主持。听取有关人事任免事项报告。

第30次常务会议。2019年4月19日召开，楼阳生主持。听取关于一季度全省经济形势、优化《山西省农村人居环境整治三年行动方案》农村改厕相关指标。审议通过《2019年区域经济转型升级考核评价指标目标》。

第31次常务会议。2019年4月22日召开，楼阳生主持。研究人事任免事宜。

第32次常务会议。2019年4月29日召开，楼阳生主持。审议通过《山西省建立更加有效的区域协调发展新机制的实施方案》《山西省全面推进工程建设项目审批制度改革实施方案》《山西省涉旅文物保护单位两权分离改革指导意见》，听取关于大同市建设山西通用航空业发展示范市、省部共建“一带一路”(祁县)中小企业特色产业合作区建设方案、调整山西省森林覆盖率建设指标等情况的汇报。

第34次常务会议。2019年5月14日召开，楼阳生主持。研究通过人事任免事宜。

第35次常务会议。2019年5月20日召开，省长楼阳生主持。学习全国深化职业教育改革电视电话会议精神，研究山西省贯彻落实措施；审议《山西省贯彻落实中央生态环境保护督察“回头看”及大气污染防治专项督察反馈意见整改方案》《山西中部盆地城市群一体化发展规划(2019—2030)》；听取本省20个行业监管部门开展扫黑除恶专项斗争情况汇报。

第36次常务会议。2019年5月23日召开，楼阳生主持。传达学习习近平总书记在推动中部崛起工作座谈会上的重要讲话精神；审议《关于应对中美贸易摩擦全面拓展国际市场的工作措施》《山西省深化企业投资项目承诺制改革行动方案》。审议有关人事任免事项。

第37次常务会议。2019年5月31日召开，楼阳生主持。学习中办、国办《关于法治政府建设与责任落实督察工作规定》和国务院《重大行政决策程序暂行条例》，听取全省法治政府建设情况、山西省全面建设小康社会实现程度有关情况汇报，审议《关于新时代学前教育深化改革规范发展的实施意见》。

第38次常务会议。2019年6月20日召开，楼阳生主持。学习习近平总书记对垃圾分类工作的重要指示精神,审议《加快推进全省城市生活垃圾分类工作的实施意见》;审议《山西省焦化行业压减过剩产能打好污染防治攻坚战行动方案》;听取山西省职业农民生产技能评价标准编制情况、山西省首批100家AAA级乡村旅游示范村评定情况的汇报。

第39次常务会议。2019年6月25日召开,楼阳生主持。听取关于山西省对口支援新疆工作情况、推进落实山西省国家标准化综合改革试点工作情况的汇报;审议《关于推动高质量发展的实施意见》《山西省行政执法公示办法》;研究关于阳泉市南庄煤炭集团有限责任公司西上庄煤矿采矿权新立并办理采矿许可证和阳煤集团、蓝焰公司在煤炭矿业权范围内申请与煤层气探矿权新立登记、郭家沟400万吨/年煤矿新建项目以及临猗黄河大桥及引线和运三高速三门峡高铁黄河大桥连接线工程PPP项目包实施方案等事宜。

第40次常务会议。2019年7月5日召开,楼阳生主持。学习听取中办、国办《关于做好当前财政收支预算管理支持落实减税降费政策的通知》精神,审议《山西省贯彻落实习近平总书记在推动中部地区崛起工作座谈会上重要讲话精神的实施意见》《关于做好易地扶贫搬迁后续扶持工作的实施意见》。研究有关人事任免等事宜。

第41次常务会议。2019年7月23日召开,楼阳生主持。听取上半年全省经济形势分析、二青会安保维稳工作有关情况的汇报,审议《山西省违建别墅问题清查整治专项行动实施方案》《山西省城市品质提升行动方案(2019—2022年)》《山西省土壤污染防治2019年行动计划》。

第42次常务会议。2019年7月29日召开,楼阳生主持。审议《山西能源革命综合改革试点行动方案》《山西省加快推进数字经济发展的实施意见》《山西省加快数字经济发展的若干政策》,听取贯彻落实全国医改工作电视电话会议精神及山西省医改工作情况、山西省参与"一带一路"建设工作情况汇报。

第43次常务会议。2019年8月12日召开,楼阳生主持。学习全国退役军人工作会议精神、全国户籍制度改革推进电视电话会议精神,研究山西省贯彻落实意见,审议《山西省政务信息化项目建设管理办法》《汾河流域生态景观规划编制导则》。听取山西省政务信息化建设、设立静乐现代农业产业示范区及山西省与华中科技大学同济医学院附属同济医院、协和医院合作共建区域医疗中心等情况汇报。

第44次常务会议。2019年8月23日召开,楼阳生主持。审议《山西省打好防范化解重大金融风险攻坚战实施方案》《全省各类交易场所整合工作的意见》《山西省标准厂房建设三年(2019—2021年)实施方案》,听取关于全省七类地方金融机构监管情况、《关于推进政府性融资担保机构进一步发挥作用的意见》落实情况、山西省国土空间规划编制情况的汇报,研究山西"智创城"省级双创中心筹建、山西建投集团引战混改工作等事宜。

第45次常务会议。2019年9月12日召开,楼阳生主持。传达学习国务委员王勇到山西调研安全生产和应急管理工作时作出的重要指示精神;审议《山西省关于5G产业发展的实施意见》《山西省关于加快5G产业发展的若干政策》《关于进一步加强扶贫资产管理的意见》。研究关于设立隰县现代农业产业示范区、河曲经济技术开发区有关事项。

第46次常务会议。2019年9月30日召开,楼阳生主持。学习黄河流域生态保护和高质量发展座谈会议精神,研究山西省贯彻落实意见;审议《关于促进山西省工业高质量发展的指导意见》;听取山西省"数字政府"领导驾驶舱建设情况和关于设立云岗、岢岚、定襄经济技术开发区及尧都高新技术产业开发区的汇报。研究有关人事事宜。

第47次常务会议。2019年10月12日召开,楼阳生主持。研究部署加强山西省通航产业发展有关工作;听取全省清理拖欠民营企业中小企业账款工作情况、关于开发利用煤炭采空区(废弃矿井)煤层气资源有关情况汇报;审议《山西省企业技术创新发展三年行动计划》。

第48次常务会议。2019年10月18日召开,楼阳生主持。审议《山西省政府与中国煤炭科工集团全面合作框架协议》《山西省政府与机械科学研究总院集团战略合作协议》;安排部署山西农业大学和山西省农业科学院合署改革有关工作。研究有关人事任免事宜。

第49次常务会议。2019年10月26日召开,楼阳生主持。学习贯彻习近平主席致2019年太原能源低碳发展论坛的贺信精神,传达政治局常委、国务院副总理韩正在2019年太原能源低碳发展论坛上的主旨演讲和在晋调研期间讲话精神;审议《关于我省稳定外贸增长多元开拓国际市场若干措施》《山西省培育建设大数据产业基地的实施意见》。听取关于山西省政府专项债券发行及项目配套融资工作、太原市有关工作情况、省公安厅原五一路办公用房资源整合调整意见等汇报。研究有关人事任免事宜。

第50次常务会议。2019年11月12日召开,楼阳生主持。学习贯彻习近平总书记对技能人才工作的重要指示精神,听取山西省构建"人人持证、技能社会"工作情况汇报;审议《关于在全省各市县开展相对集中行政许可权改革的实施意见》;研究关于设立霍州经济技术开发区和人事任免事宜。

第51次常务会议。2019年11月27日召开,楼阳生主持。深入学习贯彻习近平总书记关于能源革命重要论述,传达学习李克强总理在国家能源委员会第一次会议上的重要讲话精神,听取山西省推进能源革命综合改革试点工作情况汇报;审议《关于推进健康中国·山西行动的实施意见》《关于贯彻〈深化改革加强食品安全工作的意见〉的若干措施》《山西省加快有机旱作农业发展推进计划》;研究设立方山、平顺、陵川生态文化旅游示范区事宜。

第52次常务会议。2019年12月9日召开，林武主持。审议《关于我省加强和改进乡村治理的实施意见》、关于《山西省警务辅助人员条例》的11项配套制度、《太原武宿国际机场总体规划(2019版)》；传达学习国务院"证照分离"改革全覆盖试点工作培训动员部署电视电话会议精神，研究山西省贯彻落实意见。

第53次常务会议。2019年12月27日召开，林武主持。传达学习中央农村工作会议和全国扶贫开发工作会议精神，研究山西省贯彻落实意见；审议《关于山西省复制推广深圳前海蛇口自贸片区制度创新经验事项清单(第二批)》《山西省统筹推进自然资源资产产权制度改革的实施意见》；研究设立平城现代农业产业示范区及有关人事任免事宜。（杜天生）

【全省深化国企改革大会】 2019年4月15日，全省深化国有企业改革大会在太原召开。骆惠宁出席并讲话。楼阳生主持会议。李佳出席。

骆惠宁强调，深化国资国企改革是推动山西省高质量转型发展的关键一招，一定要把国资国企改革的成效，体现到提高国有经济发展的活力、动力和竞争力上来，体现到构建现代产业体系上来，体现到实现"三大目标"上来，形成转型发展持久的强劲态势。

楼阳生在主持会议时指出，2018年召开省属国有企业深化改革转型发展推进会，2019年又召开深化国有企业改革大会，充分表明省委、省政府推动国资国企改革向纵深发展的坚定决心。

第一次全体会议以电视电话会议形式开到市一级，会前集中观看《以改革加速度，拓展转型新局面》专题片。

副省长王一新在第二次全体会议上对抓好会议精神的贯彻落实提出要求。太原市、阳泉市、潞安集团、晋煤集团、汾酒集团、山西大地控股集团负责人作了交流发言。

省委常委，省人大常委会、省政府、省政协有关负责人，省委国有企业改革发展和党建工作领导小组成员单位、省直有关部门、中央驻晋单位、有关金融机构主要负责人，各市市长，省属国有企业负责人在主会场参加会议。（严志刚）

【全省目标管理工作会议】 2019年4月25日，全省目标管理工作会议在太原召开。骆惠宁出席会议并讲话，楼阳生主持会议，李佳出席。

骆惠宁强调要认真贯彻中央出台的《党政领导干部考核工作条例》，充分发挥考核的指挥棒作用，牵引全省在"两转"基础上全面拓展新局面，确保高质量完成全年工作目标，以优异成绩庆祝新中国成立70周年。

楼阳生在主持会议时指出，要深刻领会省委狠抓目标管理工作的重大部署，切实把会议提出的各项工作要求落到实处。要紧盯2019年考核工作目标，切实加强组织领导，细化任务分工，建立工作台账，明确时间进度、工作举措和责任主体，层层传导压力。要继续保持实现一季度"开门红"的良好态势，讲担当、重担当，善作为、勤作为，以过硬作风确保高质量完成全年工作目标。

林武通报2018年度全省脱贫攻坚成效考核情况，宣读省委、省政府关于表彰2018年度目标责任考核优秀市、优秀单位的决定。省委常委、组织部部长曲孝丽通报全省2018年度目标责任考核工作以及结合优秀等次评定推荐担当作为方面表现突出干部的情况。副省长张复明通报区域经济转型升级考核工作和开发区发展水平考核工作情况。

会上，长治市、临汾市、省财政厅、山西转型综改示范区、临县主要负责人围绕完成2019年度目标责任制作了表态发言。主会场参会人员对各市市长述职进行评议。

会议以电视电话形式开到市一级。省委常委，省人大常委会、省政府、省政协负责人，省法检两长出席会议。各市市长，省直各单位、中央驻晋单位主要负责人在主会场参加会议。（严志刚）

【全省教育大会】 2019年4月25日至26日，全省教育大会在太原召开。骆惠宁出席并讲话，楼阳生作具体部署，李佳出席会议，林武主持会议。

第一次全体会议以视频形式开到市。副省长张复明在第二次全体会议上作总结讲话。会议进行分组讨论，审议《山西教育现代化2035》《加快推进山西教育现代化实施方案(2018—2022年)》，作交流发言。

省委常委，省人大常委会、省政府、省政协有关负责人出席会议。各市市长，省委教育工作领导小组成员单位主要负责人，省直有关部门、中央驻晋单位、全省普通本专科院校主要负责人，省教育厅班子成员在主会场参加会议。各市市委书记在当地分会场参加会议。（严志刚）

【能源革命试点部署大会】 2019年9月16日，全省能源革命综合改革试点动员部署大会在太原召开。骆惠宁出席并讲话，楼阳生主持会议，李佳、林武出席。

会议深入贯彻习近平总书记关于能源革命的重要论述和视察山西重要讲话精神，认真落实中央深改委第八次会议要求，对全面实施中办国办《关于在山西开展能源革命综合改革试点的意见》作出部署。

骆惠宁强调，在山西开展能源革命综合改革试点，是一次为全国探路示范的引领性改革，是一次破解深层次矛盾的关键性改革，是一次贯通各领域的全局性改革。要坚定扛起主体责任，坚决实现"能源革命、牵引转型，国内示范、全球影响"的战略目标。

楼阳生在主持会议时指出，全省各级各部门要认真学习领会习近平总书记关于能源革命的重要论述，要全面落实省委省政府已通过的行动方案和任务清单，尽快推动一批变革性、牵引性、标志性重大举措落地见效，在全省形成深入推进能源革命综合改革试点的强劲态势，加快推动能源治理体系和治理能力现代化，努力交上党和人民满意的时代答卷。

会议以视频方式召开。省委常

委，省人大常委会、省政府、省政协负责人，省法、检两长出席会议。省直各部门、中央驻晋单位、驻太原省管本科院校、省管国有企业主要负责人，各民主党派、工商联负责人，无党派代表人士，在晋两院院士、科研人员代表，部分民营企业家代表，中央主要驻晋新闻单位负责人在主会场参加会议。各市、县(市、区)设分会场。

(严志刚)

【山西中部城市群一体化推进会】 2019年9月19日，山西中部盆地城市群一体化发展推进会在太原召开。骆惠宁出席会议并讲话。李佳、林武出席。

在年初经济工作会议上，省委把山西中部盆地城市群一体化发展提到战略位置。之后，省政府组织编制《山西中部盆地城市群一体化发展规划纲要(2019—2030年)》，省委常委会审议“规划纲要”及相关重大问题，并成立领导小组。此次会议旨在对推进中部盆地城市群一体化发展进行动员部署。

会议以视频连线的方式召开，主会场设在省委会议厅。省委常委、副省长胡玉亭主持并现场调度。会议视频连线首批开工的国家物流枢纽互联互通工程、汾河百公里中游示范区、“晋享云课堂” 教育教学共同体、区域医疗卫生中心、客运班线公交化改造等12个一体化项目现场，有关负责人汇报项目情况。

省委常委，省人大常委会、省政协负责人出席会议。中部盆地城市群一体化发展领导小组成员单位主要负责人，省直有关部门、中央有关驻晋单位负责人，各市市委副书记或常务副市长在主会场参加会议。太原、忻州、吕梁、晋中四市设分会场。

当天下午，领导小组办公室就一体化重点工作，对有关单位和市县负责人进行专题培训。 (严志刚)

【推进工业高质量发展大会】 2019年10月18日，全省推进工业高质量发展大会在太原召开。骆惠宁出席会议并讲话，楼阳生主持第一次全体会议并作具体安排，李佳出席。

会议深入贯彻习近平总书记视察山西重要讲话精神，进一步从全局和战略的高度，对山西省工业高质量发展作出全面部署。会议提出山西工业高质量发展的总体思路、重点任务、重大举措。提出到2030年的“三步跃迁”战略目标。会议对推动工业高质量发展作出具体部署。

会上，副省长王一新宣读《关于表彰山西省优秀企业的决定》，授予太钢等50家企业“山西省优秀企业”称号。省领导为获奖企业进行颁奖。

会议期间，省领导、与会人员集体参观山西工业转型升级成果展。展出全省896项技术和产品中，国际领先117项，国内一流393项；其中92%以上都是近3年涌现出来的创新产品。

省委常委，省人大常委会、省政府、省政协负责人出席会议。省直有关部门、中央驻晋单位、省级以上开发区、部分省管本科院校、省管国有企业、部分驻晋央企主要负责人，各市市委书记、市长及相关负责人，受表彰企业、参展企业、民营企业代表参加会议。 (严志刚)

【2019能源低碳发展论坛】 2019年10月22日，2019年太原能源低碳发展论坛在中国(太原)煤炭交易中心开幕。骆惠宁致欢迎辞，楼阳生主持。捷克前总理博胡斯拉夫·索博特卡，联合国副秘书长刘振民，国务院常务副秘书长丁学东，自然资源部部长陆昊，国务院国资委党委书记、主任郝鹏，省政协主席李佳，省委副书记林武出席。

骆惠宁在致辞中代表省委省政府和山西人民，对莅会嘉宾表示欢迎，对关心支持论坛的各方面人士表示感谢。他说，习近平主席亲自发来贺信，对我们是巨大鼓舞；韩正副总理亲临宣读贺信，并发表主旨演讲，充分体现党中央、国务院对能源革命的高度重视。此次国内外嘉宾齐聚一堂，围绕“能源革命，国际合作”主题，交流先进理念，展示最新成果，探讨前沿课题，加强务实合作，必将对中国乃至世界能源高质量发展产生十分积极的影响。

国家发改委副主任胡祖才在致辞中说，国家发改委积极支持山西在提高能源工业体系质量效益、构建清洁低碳用能模式、推进能源科技创新、深化能源体制改革、扩大能源对外合作等方面取得突破，实现从“煤老大”到能源革命“排头兵”的历史性跨越，为全国能源革命开路领跑。

外交部副部长马朝旭，科技部副部长王曦，财政部副部长余蔚平，生态环境部副部长黄润秋，商务部副部长、贸易谈判副代表俞建华，国家能源局副局长李凡荣，省委常委，省人大常委会、省政府、省政协有关负责人出席。来自英国、美国、德国、俄罗斯、蒙古国、意大利等22个国家和地区的嘉宾，有关国家政要，多个国际组织、国际友好省州、跨国公司负责人；国家部委有关负责人，兄弟省(区、市)和低碳城市政府、能源央企、民营企业负责人，院士专家、社会组织负责人等800余位代表参加。

本次论坛由外交部、国家发改委、科技部、商务部、国家能源局和山西省政府共同主办，主题是“能源革命，国际合作”。论坛以“1+1+6”为主要活动形式，即1场开幕式暨高峰论坛、1个能源革命展、6场分论坛。期间，还将举办第九届全球新能源企业500强峰会，发布全球新能源企业500强榜单，举行国企专场对接，山西省与全球新能源500强企业合作对接暨项目签约仪式及一系列经贸投资、友好交流活动。 (严志刚)

政务工作

【政务督查】 2019年，山西省政府加强政务督查。突出升级改版，全面深化拓展延伸“13710”工作制度。2019年4月至6月期间对“13710”系统进行改版升级，于6月底建设完成“山西省人民政府“13710”大数据督办平台”一期，7月10日起开始试运行。新版“13710”系统与旧版相比，完善重大决策、重要部署的建档立卡、实时跟进、动态跟踪、催办督办、自动归档等功能,在总体架构、操作功能、可视化展示、数据融合分析、互动平台等方面进行创新性探索。截至2019年12月9日,旧版"13710"系统累计交办任务4063项,办结3784项,办结率93.10%。对于进展缓慢的事项,通过系统进行催办、督办、通报,并对省政府领导批示交办的部分重点事项进行线下核查督办。通过"线上"信息化手段督办加"线下"实地核查,减轻基层负担,增强督查效能,全省政府系统抓落实的能力水平和工作效率得到提高。2019年先后有国务院办公厅督查室、海南省政府办公厅、江西省政府办公厅、省委督查室等多家单位对省政府"13710"系统进行学习考察。综合发挥督查激励和问责的作用。针对国务院大督查发现本省的两项典型经验做法,以省政府办公厅名义,印发文件对省行政审批服务管理局、运城市政府等2个单位进行通报表扬。

2019年,针对清理拖欠民营企业中小企业账款工作,约谈工作滞后的大同、吕梁、临汾3个市政府和6家省属国企主要负责人,并以省政府办公厅文件对全省清欠工作情况进行通报。通过对落实有力、工作成效明显的典型事项进行激励表扬,对不落实的典型事项进行约谈问责,推动政府重点工作任务的落实,保障省政府政令畅通。开展政务督查工作。2019年按照国办督查室通知和省政府领导批示精神,对习近平总书记关于运城麦田被毁案件批示、李克强总理关于乡宁地质滑坡事故批示、李克强总理关于长治森林火灾批示、李克强总理关于防旱减灾工作批示、落实中央八项规定情况、国旗升挂和使用情况等6个事项的落实情况进行督办。承办国务院第六次大督查、国务院农村人居环境整治大检查2次国家层面的实地督查;抽调专人配合省委督查室开展"改革创新、奋发有为"大讨论活动督导、省委省政府环保督察、全面依法治省督查等3次专项督查。配合国务院"互联网+督查"相关工作,对平台转办的群众留言,组织进行书面或实地督查,累计报送事项核查处理情况157次。组织开展清理拖欠民营企业中小企业账款、全省城镇污水处理、省直事业单位转企改制、支持航产集团一体化管理省内机场、大西太焦两条高铁项目建设、全省较大安全生产事故查处情况、同煤恒安新区专项治理工作、平顺县环保局拖欠企业账款、沁水县高速路桥工程拖欠农民工工资、武乡县洪水镇下广志村饮水困难、太原市拖欠元立科技公司账款、长治市高河电厂项目回访、苏晋能源存在问题、临汾市燃气配送乱收费、太原市群众反映供暖问题、国办督查室转办两件群众来信等16次实地督查督办。对落实中央纪委国家监委五室对山西反馈意见涉及政府工作部分整改情况、省政府党组会确定的30项重点工作进展情况、省委经济工作会议和政府工作报告重点任务进展情况、落实国发〔2017〕42号文件2019年度工作任务进展情况、全年重点指标任务进展情况、清欠山西建投账款工作、全省玉米旱灾理赔情况等7项重点工作进行跟踪督办。 (杜天生)

【舆情信息编报】 2019年,山西省政府报送《舆情报告》15期,《一周政务舆情汇总》46期(共118条),其中核实办理82件,反馈办理结果52件。楼阳生就"临汾安泽乱收费"、副省长张复明就"太原师范学院校园暴力事件""央视报道乔家大院被摘牌之后",有关领导分别就"临汾村干部堵灶台""山西省多地限行方式不同"等予以批示,转有关部门落实。

按照省领导指示,在"两会"期间重点关注山西省相关动态,编报《舆情专报》10期;重点关注媒体报道山西省通用航空首飞情况,编报《舆情专报》2期;重点关注二青会火炬传递情况,编报《政务舆情专报》5期;二青会举办期间重点关注二青会相关情况,编报《二青会舆情专报》22期;集纳社会公众关切,汇总上报为省领导决策提供参考。 (杜天生)

【政务信息公开】 2019年,山西省政府办公厅通过省政府门户网站主动发布政府信息58521条,其中发布省政府、办公厅文件156件,发布政策解读270条,发布重点领域信息7065条,为社会公众了解经济社会发展政策和改革举措提供便利。围绕生态环境、文化旅游、安全生产、脱贫攻坚、乡村振兴等公众关注的热点问题,召开46场新闻发布会,举办在线访谈10期。受理公民、法人政府信息公开申请102件,按时答复率100%。全年共采用各市、各部门、各单位信息988条。其中,采用各市政务信息557条,各部门政务信息319条,其他单位112条。共编发《晋政信息》94期,《晋政专报》14期,《上报国办信息》379期,其中国办采用71条。 (杜天生)

【政务上云推进】 2019年,山西省人民政府推进政务上云服务。2019年6月,省政府门户网站迁移工作启动。经过一个月的运行,迁移后的网站运行基本平稳。

根据省长楼阳生关于政务信息化建设"五个一"的总体思路,按照省政府第43次常务会议确定的"推动政务信息基础设施集约建设,加快政务信息系统迁移上云步伐"工作要求,省政府门户网站平台将省直部门42家网站分批迁入,实现省级政府网站技术层面的集约化管理。 (杜天生)

行政审批

【行政审批机构】 山西省行政审批服务管理局(简称省行政审批局)于2018年10月26日挂牌成立,是全国首个也是唯一省级行政审批服务管理机构,同时加挂省政务信息管理局牌子,为省政府直属机构。正厅级建制,核定行政编制32名,设办公室、人事处(机关党委)、政务改革管理处(政策法规处)、行政审批管理处、公共资源交易管理处、政务信息管理处、"互联网+监管"协调处7个内设机构。局属事业单位4个:山西省政务服务中心、山西省公共资源交易中心(山西省省级政府采购中心)、山西省经济信息中心、山西省政务服务投诉举报中心。局机关及局属单位共设立3个机关党委、3个党总支、25个党支部,共有党员306人,其中:在职党员201人,离退休党员105人。

2019年,省行政审批局围绕推动山西省营商环境迈入全国第一方阵目标,坚持"三对"要求"六最"标准,持续深化"放管服效"改革,推进政务信息化建设,打造"六最"营商环境。

(李菁菁)

【行政审批服务管理】 2019年,省行政审批局突出优化营商环境这一重要使命,在加快推进"六最"目标上实现新突破。率先开展全省域营商环境评价。根据省政府与国家发改委签署的合作备忘录要求,在全国率先开展全省域营商环境评价工作,发布首部《山西省营商环境评价报告》。牵头组织当地居民和企业对11个市营商环境进行评价,形成居民和企业营商环境评价报告。健全完善全省营商环境跟踪督办机制,制订《山西省营商环境投诉举报跟踪督办暂行办法》。

省行政审批局开展营商环境升级专项行动。参与筹备全省深化"放管服效"改革、优化营商环境电视电话会议,起草《山西省以数字政府建设为牵引进一步优化营商环境行动计划》,对标"六最"标准,推进"五减"专项行动、"一网通办"提速行动、"四个一"改革行动、创新审批专项行动、企业全生命周期便利化服务行动等"六项专项行动"。

省行政审批局配合推动营商环境领域立法工作。推动《山西省优化营商环境条例》出台,为优化营商环境提供法治保障。完成省人大常委会"放管服效"改革专题应询,满意率达96.6%;参加省政协"进一步优化营商环境、树立山西对外开放新形象"专题议政会,听取和吸纳社会各界对优化山西省营商环境的好建议、好举措。(李菁菁)

【政务信息化建设】 2019年,省行政审批局突出统筹政务信息化建设这一重要职能,在提升"一网通办"水平上实现新突破。推进"一局一公司一中心"管理架构建设。按照政务信息化建设"五个一"的思路,起草《山西省加快数字政府建设实施方案》,构建"一局一公司一中心"的政务信息化"品字形"管理架构,从体制机制上杜绝新增"信息孤岛""数据烟囱"。起草《山西省政务信息化项目建设应用管理办法》,对政务信息化项目的规划、立项、审核、招标、建设、验收、安全管理、监督评价等作出明确规定。推进政务信息系统"迁移上云"。围绕"年底前完成全部迁移任务"目标,组织专人对所有迁移系统摸底调查,制定针对性的迁移方案。开发一批重点应用项目。重点开发建设"领导驾驶舱"智慧应用系统、"一颗星"应急指挥平台、工业云服务平台、"互联网+生态环保"系统、协同办公平台等一批重点应用,以数字政府创新成果提升公共服务、社会治理现代化水平。提升"一网通办"水平。推进"一门一网一次"改革,全省一体化在线政务服务平台与国家平台对接,实现省市县乡村五级全覆盖,省级网上可办事项995项,网办率达到85.70%。2019年10月10日,"三晋通"App正式上线运行。截至12月1日,"三晋通"App(应用程序)完成三期优化升级,累计上线事项725项,注册用户近100万户,事项点击办件量300余万条。

(李菁菁)

【行政审批制度改革】 2019年,省行政审批局突出"一枚印章管审批"这一改革重点,在深化行政审批制度改革上实现新突破。

省行政审批局探索省级"一枚印章管审批"改革的有效形式,推动进驻大厅审批部门全部使用部门行政审批专用章。在晋城市实施全省首个全市域相对集中行政许可权改革,将29个单位313项行政审批及关联事项划转至审批服务管理局统一行使,许可事项集中度达到76.70%。10月29日,在晋城市召开全省相对集中行政许可权改革现场推进会,起草并以省委办公厅、省政府办公厅印发《关于在全省各市县开展相对集中行政许可权改革的实施意见》,"一枚印章管审批"改革在全省所有市、县及开发区全面铺开。

省行政审批局推进依法简政放权。省级分22个批次累计取消下放调整职权事项1200余项,各市平均放权近200项;赋予综改示范区省级行政管理权33项,赋权做法推广适用到所有省级以上开发区,市县两级共赋权8384项;围绕激发经济发达镇发展内生动力,编制赋予381项县级经济社会管理权限指导目录。全面对标一流省份,省级审批事项前置申请材料平均精简41%,平均单项事项申请材料数为4.20,省直部门审批时限平均压缩51%,绝大多数省级审批事项实现审批时间全国最短。

省行政审批局引申企业投资项目承诺制改革。在各级政务大厅开设承诺制服务窗口,推行"承诺制+并联审批"模式,承诺制改革在三级政务大厅全面落地。省人大审议通过《山西省企业投资项目承诺制规定》,为推进改革提供坚实法治保障。推行开发区(园区)一般工业项目"全承诺、无审批、拿地即可开工"。

省行政审批局深化"3545"专项改革。企业开办环节压减为企业登记、印章刻制、申领发票3个环节,各环节办理时间均控制在1个工作日内,全省范围实现3天办结目标。优化再造全省不动产登记标准流程,实现查封、抵押、注销登记3天办结,转移登记压缩至5天,其他一般登记压缩至10天。工程建设项目审批管理系统在全国率先上线运行,推动一般性工业项目从立项到竣工验收各环节审批时限压缩至38天,工程建设项目审批时限在100天的基础上减少,晋城市率先实现70天审批目标。

(李菁菁)

【"互联网+监管"】 2019年,省行政审批局突出"互联网+监管"平台,在提升政府监管智能化水平上实现新突破。依托全省一体化在线政务服务平台,由省级统筹建设全省"互联网+监管"系统,省市两级分级部署应用,推动事中事后监管标准化、规范化、精准化。

省行政审批局按照统一标准规范和要求，省、市、县三级监管事项目录清单认领率达到100%，监管事项检查实施清单发布率省直100%，市县98%以上，进入全国第一方阵；监管行为数据汇聚量达到811万条。

省行政审批局整合建设全省统一的“12345”热线平台。按照“一条热线管便民”的改革部署，加快整合省直和市县各类非紧急类政务服务热线，建立为公众提供政务咨询、投诉举报、效能监察的全省统一公共服务热线。

（李菁菁）

【公共资源交易规范】 2019年，省行政审批局突出公共资源交易关键领域，在打造规范高效阳光交易平台上实现新突破。

省行政审批局围绕贯彻落实国务院办公厅有关文件精神，按照“四个统一”要求，起草并以省政府名义印发贯彻落实实施方案和实施细则，将彻底理顺山西省公共资源交易平台整合共享体制机制。

省行政审批局推进平台整合共享。加快省级公共资源电子交易系统建设，完成省市两级交易平台系统一体化建设，实现省、市、县三级互联互通和信息资源共享，解决线上交易与线下办理“双轨制”问题，对工程建设领域招标投标活动进行为期10个月的专项整治。

省行政审批局落实政府采购政策功能。在招标文件编制和政府采购评审中细化完善相应配套措施，在货物、服务类项目操作规程中明确提出首购项目“六优先”原则，对小微企业产品价格扣除由6%的下限提高到10%。起草《落实政府采购支持脱贫攻坚的实施意见》，按要求开展采购文件范本的专项清查行动，取消没有法律依据的不合理条件设置。 （李菁菁）

人事人才

【人才发展体制机制改革】 2019年，山西省人力资源和社会保障厅聚焦国家资源型经济转型综合配套改革试验区建设、能源革命综合改革试点及“1331”工程和“136”工程，开展国家百千万人才工程选拔，9人入选并被授予“有突出贡献中青年专家”荣誉称号；实施专业技术人才知识更新工程，培训急需紧缺高层次人才2929名。加强技能人才队伍建设，全省新增高技能人才5.12万人。落实事业单位基本工资正常增长机制，持续推进以增加知识价值为导向的分配政策落地，对92家省属事业单位、67家市县事业单位实施绩效工资总量倾斜，共涉及7.70万人。 （王俊杰）

【人才创新培养】 2019年，山西省人力资源和社会保障厅推进人事制度改革，全面启动山西大学和太原理工大学管理岗位“职员制”试点，推动两校完成5–8级职员选聘工作，共选聘234人。下达高校辅导员、医疗集团招聘专项计划，制定支持和鼓励事业单位专业技术人员兼职创新政策措施，激发人才创新创造活力。推进人才评价制度改革，在太钢、太重试点工程技术领域高技能人才与专业技术人才职业发展贯通办法，打通两类人才职业发展壁垒。发布《山西省能源领域急需紧缺人才目录》，引导各类人才向能源领域集聚。 （王俊杰）

2019年3月6日，山西省在太原市举办“春风行动”女性专场招聘暨医药卫生行业人才就业洽谈会 （王俊杰供图）

【创业带动就业】 2019年，山西省人力资源和社会保障厅举办山西省星火创业大赛等系列活动，对48个优秀项目实施奖励。开展“春风行动”“民营企业招聘周”“就业服务进校园”“人才智力交流大会”等公共就业服务活动，实施就业政策落实服务落地专项行动，为广大劳动者求职就业搭建平台。在国务院第六次大督查中，运城市服务在外务工创业人员“凤还巢”计划受到国务院办公厅的通报表扬。失业保险援企稳岗加力增效，全省发放稳岗返还资金6.40亿元，同比增长47.40%，惠及3195户企业133.80万名职工，指标完成度全国排名第4，发放额全国排名第9。

（王俊杰）

外 事

【概况】 2019年，山西省人民政府外事办公室（简称省外事办）推进党对外事领导体制改革，省委外办实体化运行，省政府外办设立3个地区处，各市县党委成立外事委，11市外办机构单设，外事机构改革走在全国前列。健全工作机制，提请印发省委外事委工作规则和省委外办工作细则，制定出台履行双重领导职责、综合交流协调机制、定期报告工作3个实施办法，部署开展驻外机构党建调查摸底，外事工作日益规范有序。

山西省外事办在习近平总书记2019年首访欧洲前夕，参加中法联合主办的“光影流年——中法友好故事会”活动，讲述法国前总统戴高乐、蓬皮杜及家人的中国情缘和山西故事，为配合元首外交贡献山西力量。落实习近平总书记出访成果，全力保障省领导出访法、意等国，协办中国(山西)·欧洲企业合作签约见面会、中国(山西)国际煤机合作洽谈会、“平遥电影展在巴黎”等活动，促成“一带一路”框架下多领域交流合作协议，与法国塞纳马恩省、意大利曼托瓦省建立友好关系，为中欧战略伙伴关系提质升级注入山西动力。

2019年，省外事办完成省主要领导出访韩日，举办韩国全罗南道“山西日”，建立与全罗南道省道人大和议会定期交流机制，签署发展未来五年省道友好关系框架协议；会晤日本埼玉县知事，举办中国(山西)·日本经贸与人文合作恳谈会、友好交流图片展，探讨建立研发机构，就打造中日地方合作典范达成共识。接待中国—东盟中心女外交官代表团等22个团组，推动与新加坡酷航开通直航、五台山机场与柬埔寨开通包机合作项目，促进互惠互利和互联互通，配合构建更加友好有利的周边环境。

2019年，省外事办在省委省政府及相关单位的共同努力下，举办中华人民共和国成立70周年首场外交部山西全球推介活动，在所办推介会中大使人数位列第三，是山西省外宣活动中吸引外媒最多的一次，成为首个活动期间签约的省份。引申推介成果，印发9个语种外宣册，向驻外使领馆提供《山西优秀产品推介册》，接待美国等14国驻华大使和6批外媒来访，推动德国拜仁太原足球学校在全国率先奠基。参与组织2019太原论坛，协助承办习近平总书记贺信、韩正副总理出席并发表主旨演讲、外交部新增为主办单位等报批工作，邀请接待22个国家和地区的216名外宾，促成签署能源领域合作项目及协议65项，论坛的国家级、国际性、专业化得到提升。 (李卫兵)

【外事活动服务】 2019年，省外事办服务13位省领导出访31个国家，完成捷克前总理等140个国家和地区代表团94批次1974人次外宾接待任务，安排省领导外事活动62批次1837人次。在密集的对外交往中宣介山西省三大目标定位、三大旅游板块和打造“六最”营商环境等重大部署，积极开拓多元化国际市场，促进能源革命国际合作，争取转型发展外部支撑。仅省主要领导出访就促成60多项合作协议，山西成为全国首个与国际能源署共同发表合作意向的省份。 (李卫兵)

【友城交往】 2019年，省外事办印发国际友好城市工作管理办法，以省主要领导名义向友好省州致结好贺信，启动友好省州来晋留学生奖学金项目，举办“点亮儿童未来”全球庆祝山西站活动。新增友好城市8对、友好合作伙伴27对，连续两年实现高位增长，已与26个国家58个地方政府建立国际友城关系，与47个国家109个地方政府建立友好合作伙伴关系，

表4 2019年山西省新增国际友城一览表

序号	城市	外方城市	结好时间	结好地点	中方签约人	外方签约人
1	山西省	亚美尼亚洛里州	4.25	北京	副省长王一新	州长安德烈·古卡相
2	山西省	意大利曼托瓦省	10.22	太原	副省长胡玉亭	省长莫塞利
3	太原市	韩国顺天市	6.25	全罗南道	常务副市长王立刚	副市长金炳周
4	晋中市	意大利科莫省	10.28	晋中市	市长常书铭	省长菲奥伦佐·邦奇卡斯卡
5	阳泉市	澳大利亚巴瑟斯特市	9.26	巴瑟斯特市	市长雷健坤	市长格雷姆·汉格
6	晋城市	俄罗斯乌里扬诺夫斯克市	9.18	乌里扬诺夫斯克市	市长刘锋	市长潘钦
7	河津市	黑山新海尔采格市	1.23	新海尔采格市	市长赵建喜	市长斯泰凡·卡蒂奇
8	河津市	意大利圣乔治市	10.20	河津市	市长何伟	市长莫塞利

表 5　2019 年山西省主要外事活动一览表

时间	山西省负责人	活动内容	地点
1 月 15 日	副省长贺天才	会见到晋洽谈项目的法中能源协会主席张志成	太原
1 月 15 日	副省长曲孝丽	会见国际标准化组织城市可持续发展标准化技术委员会主席伯纳德·金多兹	太原
1 月 16 日至 25 日	山西境外企业领导巡视团	访问埃塞俄比亚、马拉维、南非三国	太原
2 月 20 日	副省长王一新	会见以恰克图区区长尼玛耶夫·比·日为团长的俄罗斯恰克图区代表团	太原
2 月 27 日	省长楼阳生	会见韩国环境部部长赵明来	太原
2 月 28 日	楼阳生	会见德国联邦议院联盟党党团副主席卡斯滕·林内曼	太原
3 月 11 日	王一新	会见参与山西省高端外国专家项目西洋歌剧教学与演唱探究的西班牙声乐教授玛格丽达·娜蒂维达德、比利时钢琴教授扎维耶·黎维拉	太原
3 月 18 日	省人大常委会副主任卫小春	会见中国—东盟中心代表及东盟国家驻华使馆女外交官参访团	太原
4 月 17 日	贺天才	会见韩国全罗南道行政副知事朴炳昊	太原
4 月 18 日	省委书记、省人大常委会主任骆惠宁	会见美国驻华大使泰里·布兰斯塔德	太原
4 月 19 日至 27 日		加拿大国际文化基金会义诊团一行到晋访问	太原
4 月 25 日	王一新	与亚美尼亚洛里州州长安德烈·古卡相签署《建立友好省州关系协议书》。与亚美尼亚驻华大使谢尔盖·马纳萨良、洛里州州长安德烈·古卡相分别进行交流座谈	太原
4 月 26 日	楼阳生	会见亚美尼亚洛里州州长安德烈·古卡相	太原
4 月 30 日	楼阳生	与德国驻华大使葛策举行工作会谈	太原
4 月 30 日	省委常委、太原市委书记罗清宇	会见德国驻华大使葛策	太原
5 月 6 日	楼阳生	会见埃塞俄比亚驻华大使特肖梅	太原
5 月 8 日	楼阳生	会见世界银行中国、蒙古和韩国局局长马丁·芮泽	太原
5 月 13 日	省对外友协专职副会长靳云艳	与吉尔吉斯共和国纳伦州州长卡伊波夫在“第四届中国—中亚合作对话会”上，签署《中华人民共和国山西省与吉尔吉斯共和国纳伦州建立友好省州关系备忘录》	太原
5 月 23 日	骆惠宁	会见韩国全罗南道议会议长李勇宰率领的代表团一行，并出席山西省人大常委会与全罗南道议会友好交流备忘录签署仪式	太原
5 月 29 日	省委常委、副省长胡玉亭	会见法国开发署署长何睿欧	太原

续表

时间	山西省负责人	活动内容	地点
5月30日	省人大常委会副主任、忻州市委书记李俊明	会见巴西戈亚斯州副州长林肯·格拉齐亚尼·佩雷拉·达·罗沙率领的代表团	太原
6月2日	骆惠宁	会见克罗地亚驻华大使达利欧·米海林	太原
6月4日	王一新	会见壳牌集团执行副总裁、壳牌中国集团主席张新胜	太原
6月16日	骆惠宁	会见世界银行中国、蒙古和韩国局局长马丁·芮泽	太原
6月17日至20日(当地时间)	骆惠宁	率山西代表团对法国友好访问。其间,骆惠宁与国际能源署署长会谈,出席中国(山西)国际煤机合作洽谈会、中国(山西)·欧洲企业合作签约见面会,考察国际著名企业,会见联合国教科文组织负责人,考察法兰西艺术院,出席"平遥电影展在巴黎"活动	
6月19日	胡玉亭	会见捷克摩西州杰米拉·尤维诺娃、吉瑞·纳瑞提尔副州长代表团	太原
6月21日至22日(当地时间)	骆惠宁	率山西代表团对克罗地亚进行友好访问。其间,骆惠宁会见克罗地亚副议长敦契奇、旅游部国务秘书马图希奇等政要,出席中国山西文化旅游(萨格勒布)推介会	
6月23日至26日(当地时间)	骆惠宁	率山西代表团对韩国进行友好访问。其间,骆惠宁会见韩政要和友好人士、世界著名企业负责人,出席中国(山西)·韩国投资贸易恳谈会、全罗南道"山西日"活动	
6月28日	胡玉亭	会见意大利曼托瓦省省长贝尼米诺·莫塞利率领的代表团	太原
7月19日	胡玉亭	会见新加坡驻华大使罗家良	太原
7月26日	骆惠宁	会见韩国21世纪韩中交流协会会长金汉圭	太原
8月5日	楼阳生	会见尼泊尔驻华大使利拉·马尼·鲍德尔	太原
8月14日	王一新	与中非发展基金总裁石纪杨进行工作会谈	太原
8月21日	骆惠宁	会见德国社民党代理主席君贝尔率领的代表团	太原
8月22日	王一新	会见参加2019(山西·杏花村)比利时布鲁塞尔国际烈性酒大奖赛外方主要评委	太原
8月26日至30日	楼阳生	率山西省政府代表团对日本进行友好访问	
9月3日至7日		美国欧喜集团威海公司业务负责人约翰·埃克尔斯一行访晋	太原
9月7日至8日	楼阳生	分别会见参加2019厦门国际投资贸易洽谈会暨丝路投资大会的塞尔维亚副总理兼贸易旅游和电信部部长拉希姆·利亚伊奇、卡塔尔国务大臣艾哈迈德·穆罕默德·萨伊德	厦门
9月11日	省高级人民法院院长孙洪山	会见老挝法官研修班代表团	太原

续表

时间	山西省负责人	活动内容	地点
9月21日至10月1日	省委副书记林武	应邀率代表团对阿根廷、乌拉圭、巴西三国进行考察访问	太原
10月21日	省政协主席李佳	分别会见到晋参加太原能源低碳发展论坛的联合国副秘书长刘振民和蒙古国中戈壁省公民代表会主席苏·苏赫巴特尔、省长奥·巴图额尔德尼	太原
10月21日	林武	会见到晋参加太原能源低碳发展论坛的马拉维自然资源能源矿业部部长宾托尼·库塞拉	太原
10月21日	王一新	分别会见参加太原能源低碳发展论坛的日本能源环保国际促进会会长、CMI株式会社董事长竹川东明，阿海珐氢能集团董事长兼总经理米歇尔·卢瓦索，美国气体技术研究院总裁大卫·卡罗尔	太原
10月22日	林武	会见到晋参加太原能源低碳发展论坛的缅甸自然资源和环境保护部部长翁温	太原
10月22日	胡玉亭	分别会见意大利曼托瓦省省长贝尼米诺·莫塞利和捷克前总理博胡斯拉夫·索博特卡，并与意方签署《中华人民共和国山西省和意大利共和国曼托瓦省建立友好省际关系协议书》	太原
10月22日至26日		应韩国国际交流财团邀请，中国青年友好使者代表团一行赴韩国友好交流，山西省选派的30名优秀青年干部参加此次出访活动	太原
10月23日	王一新	会见柬埔寨商务部国务秘书桑斯雷洛	太原
10月23日	贺天才	会见到晋参加太原能源低碳发展论坛的国际能源署中国合作部主任习爱龙	太原
10月28日		全国对外友协、日本自治体国际化协会、韩国市道知事协议会共同举办的“第21届中日韩友好城市交流大会”在日本爱媛县举办。省对外友协组织阳泉市、晋城市、柳林县等地方代表参会	太原
10月29日	副省长张复明	会见意大利科莫省省长菲奥伦佐·邦奇卡斯卡	太原
11月6日	王一新	分别会见参加第二届中国国际进口博览会的毛里塔尼亚东霍德大区主席姆贝耶尔·穆罕默杜·蒂加尼、白俄罗斯布列斯特州副州长克列茨·安德烈	上海
11月14日	楼阳生	会见波兰驻华大使赛熙军	太原
11月17日至26日	王一新	率山西代表团对孟加拉国、印度、缅甸三国进行友好访问	
11月17日至27日	贺天才	率山西代表团对马达加斯加、肯尼亚、坦桑尼亚三国进行友好访问	
12月20日		全国对外友协与联合国儿童基金会主办，省外事办、省对外友协、太原市外事办承办的“点亮儿童未来”全球庆祝山西站活动在太原市长风商务区举办	太原
12月21日	张复明	会见捷克摩拉维亚——西里西亚州副州长斯坦尼斯瓦夫·弗勒瓦日持内率领的摩西州代表团	太原

续表

时间	山西省负责人	活动内容	地点
12月11日至20日	省人大常委会副主任郭迎光	率团访问希腊、西班牙、埃塞俄比亚	
12月16日	王一新	会见亚洲基础设施投资银行副行长兼秘书长艾德明	太原
12月16日	省人大常委会副主任高卫东	会见乌克兰技术科学院院士礼胜钮克·维克多	太原
12月18日	贺天才	会见博茨瓦纳驻华大使莫图西·帕拉伊	太原
12月19日	代省长林武	会见巴西、埃塞俄比亚两国嘉宾	太原
12月20日	胡玉亭	会见泰国叻丕府府尹查亚乌特·扎通率领的代表团	太原

建立海外联系人21个,山西朋友遍布五大洲,连续4届被全国对外友协授予“国际友好城市交流合作奖”。

2019年,省外事办利用中俄建交70周年契机,参与双方地方合作交流年活动,邀请俄罗斯8个州市政府和企业家代表出席山西品牌丝路行(俄罗斯站),促进地方间经贸、文旅、友城合作向纵深推进。应对中美关系变局,完成美国驻华大使访晋任务,出席中美友城大会暨纪念中美建交40周年庆祝活动,推动落实与爱达荷州政府战略合作框架协议,激活与田纳西州友好省州联系,加强与犹他州可持续发展委员会协作,深化中美地方政府和民间友好交往。 (李卫兵)

【民间外事服务】 2019年,省外事办在严控党政干部出访的同时,引导推动高质量发展等团组出访,其中市场主体出国计划2005批5717人次,占74.42%。推进“放管服效”改革,出台《推行“同步办照”和“照随人走”的实施细则》,会同省财政厅建立网上一站式经费审批程序,为三家国企申请授予一定的外事审批权,APEC卡申请办理稳步提升,企业“走出去”渠道畅通高效。 (李卫兵)

2019年8月26日至30日,省委副书记、省长楼阳生率山西省政府代表团对日本进行友好访问 (李卫兵供图)

【三大攻坚保障】 2019年,省外事办坚持底线思维,坚决打好“精准脱贫、污染防治、防范化解重大风险”三大攻坚战。发挥防渗透等涉外机制作用,举办外交部领保进校园活动,赴非洲6国进行领保巡检,审核展会30批,妥处领保和涉外案(事)件49起。践行“绿水青山”和“金山银山”的“两山”理论,与韩国全罗南道签署生态环境交流协议,促成每年选派环保研修生到埼玉县学习交流,推动环保技术领先的韩国洁宜特公司入驻阳泉“中国纳谷产业园”。助力脱贫攻坚,协助多个国际组织开展义诊帮扶,组织扶贫点小学生参加中国儿童基金会的活动,法国依视路集团等捐赠物资约1000

2019年6月23日至26日，省委书记、省人大常委会主任骆惠宁率山西代表团对韩国进行友好访问　（李卫兵供图）

万元，省外事办获评全省扶贫工作第一等级。（李卫兵）

信　访

【信访系统法治宣传】 2019年5月13日至19日，山西省信访局在全省信访系统组织开展以“循法信访、依法办访”为主题的信访法治宣传周活动。全省组织现场宣传活动221场，参加单位852个，共计发放宣传资料251792份，接受群众咨询58143人次，受益群众160996人，新媒体发布信息数237条，阅读量达503830次。（杨卫兵）

【“信访法治化建设”座谈】 2019年4月1日，山西省信访局组织开展“信访法治化建设”座谈交流。从法治理论层面研讨信访法治化的内涵和外延，从法治实践层面分析当前山西省信访法治化建设存在的问题和不足，从法治思维层面就如何加强信访法治化建设集思广益，深入研究和谋划全省信访法治化建设纵深发展的路径。公检法司机关业务骨干及法学界、法律界专家学者进行座谈交流、研究研讨。（杨卫兵）

【解决信访突出问题推进会】 2019年6月28日，全省解决信访突出问题推进会议在太原召开。会议听取各市上半年信访工作情况汇报，对开展信访工作“规范化提升年”活动、推动解决信访突出问题安排部署。省信访局厅级干部，各处(室、中心)负责人，各市信访局局长，14个省直有关单位信访部门负责人，省委选派到省信访局专项锻炼干部参加会议。（杨卫兵）

【“千案评查”活动开展】 2019年8月上旬至9月上旬，全省信访系统依托信访信息系统平台，对照“三评”项目及标准，对2019年上半年登记办理的信访事项开展“千案评查”活动。各市进行自查，省局各业务处(室)对各市进行随机抽查，各业务处(室)之间推磨互查。针对评查出的问题，省信访局对各市进行点对点通报，提出改进建议。（杨卫兵）

【心理健康服务】 2019年12月4日，山西省信访局接待大厅心理咨询室正式启用，山西医科大学第一医院正式选派专业心理医师进驻，为上访群众、信访干部提供心理健康服务。（杨卫兵）

【获评“2019年人民网网民留言办理工作民心汇聚单位”】 2019年12月12日，人民网《领导留言板》2019年度工作会议暨“创新互联网时代群众工作机制”全国研讨会召开。通过对回复量、留言量、回复率、满意度等各维度数据的综合考量，山西省信访局被人民网评为“2019年人民网网民留言办理工作民心汇聚单位”。（杨卫兵）

【人民调解参与信访工作座谈会】 2019年12月20日，山西省信访局联合省司法厅召开人民调解参与信访工作座谈会。人民调解员、律师介绍入驻信访接待大厅的工作情况、取得的成效及存在的问题，并提出意见建议。（杨卫兵）

政策研究

【文稿起草】 山西省人民政府研究室(简称省政府研究室)是省政府正厅级直属机构，内设机构6个，分别为办公室(机关党委、人事处)、研究一处、研究二处、研究三处、研究四处、研究五处。机关行政编制32名，设主任1名，副主任3名，处级领导职数7正(含机关党委专职副书记1名)6副。

2019年，省政府研究室把文稿起草作为全室工作的生命线，精益求精，甘于奉献，推动文稿服务从高产向高质跨越，全年高标准完成近200多项重要文稿材料和政策文件的起草任务。以高质量的文稿服务全省重大会议，起草完成《省委经济工作会议讲话》《政府工作报告》等重大文稿，为全省全年工作明确方向、找准对策、抓好落实提供“工具书”“路线图”和“任务表”。以高质量的文稿服务中央决策部署的贯彻落实，起草完成省政府领导参加全国“两会”审议《政府工作报告》《计划报告》《预算报告》《外商投资法》等发言提纲，以及《创造性贯彻落实全国“两会”精神 推动山西省高质量转型发展开创新局面》等文稿，推动两会精神在山西省落地生效。

以高质量的文稿服务省政府重点工作安排部署,起草完成全省脱贫攻坚工作会议、全省教育大会、全省河(湖)长制工作暨汾河流域水污染治理攻坚推进会议、山西省第五次旅游发展大会、全省农村集体产权制度改革座谈会、全省攻坚深度贫困推进乡村振兴现场会等讲话稿,做到文字精细、内容具体、措施精准。

以高质量的文稿服务全省对外交流活动,起草完成《在外交部山西全球推介会上的推介词》《在西部开放高峰会上的主题演讲》《在第十一届中部博览会上的致辞》等文稿,完成厦洽会、中博会、2019乡村振兴(太谷)论坛、山西省政府代表团出访日本等重大活动的文稿起草任务。

以高质量的文稿服务政府治理,聚焦提升政府治理能力和治理体系现代化,起草完成《全省"三个专项行动"调度电视电话会议讲话》《省政府廉政工作会议讲话》《全省深化"放管服效"改革优化营商环境电视电话会议讲话》《党的十九届四中全会精神宣讲提纲》等文稿,党组书记作为十九届四中全会精神省委宣讲团成员到大同宣讲,党组成员参加3次政策解读和互动访谈等,推动党的十九届四中全会精神落实到政府治理全过程。

以高质量文稿服务省政府党组中心工作,保障省政府党组会议、常务会议、省长办公会议及省政府党组"不忘初心、牢记使命"主题教育的文稿服务。(武晨炜)

【调研决策参考】 2019年,省政府研究室按照楼阳生"文稿起草和政策研究两条腿走路"指示要求,发挥政策研究优势,为省委、省政府决策和全省发展提供政策服务。研究制定《党中央、国务院重大决策部署和政策措施跟踪暂行办法》,从管理部门、选题确定、研究方式、经费资助、成果应用等方面加以细化,增强对党中央、国务院重大决策部署和政策措施贯彻落实的跟踪研究。密切关注省委省政府各项决策部署推动落实中的痛点、难点、堵点,围绕乡村振兴、惠农政策、数字经济、营商环境等方面,形成调研报告14篇,编发《决策参考》11期,为省政府提供高质量决策参考,《关于支持长治发展LED产业集群打造"山西光谷"的政策建议》等受到省政府主要负责人批示肯定。

(武晨炜)

2019年12月3日,山西省直属机关事务管理局组织全省公共机构节能业务培训 (贾 懿供图)

机关事务

【直属机关事务管理】 2019年,山西省直属机关事务管理局(简称省直机关事务管理局)以政治建设为统领,发挥职能作用,服务中心大局,聚焦服务保障主责主业,高起点谋划,高标准定位,高质量推进,以革命加拼命、累并快乐着的工作精神推动机关事务工作高质量发展,为山西省实现高质量转型发展提供保障。

3月1日,国管局将省直机关事务管理局列为全国唯一的省级机关事务集中统一管理专项试点。省委、省政府高度重视,省委常委会和省委深改委会议审议通过《专项试点实施方案》《省直机关不动产集中统一管理办法》。国管局从政策、业务、宣传、经费等方面给予支持。《专项试点实施方案》明确"九化九统"总体架构。《专项试点任务分解表》细化出69项落实举措,47项制度成果,明确30多家配合单位,为推动试点工作奠定基础。

4月16日,国家机关事务管理局、国家标准化管理委员会下发《关于开展机关事务第二批标准化试点工作的通知》,将山西省直机关事业管理局办公用房管理工作列为分项试点。(贾 懿)

【公务资产管理】 2019年,省直机关事务管理局改进公务资源管理。办公用房管理方面,制定省直机关办公用房资源整合方案,推动省直机关办公用房资源整合。强化制度建设,制定出台办公用房档案管理、巡检考核、清查盘点等5项制度。按照国管局的统一部署,完成全省党政机关办公用房信息统计报告工作。加强上下联动,指导市县机关事务管理部门实施好乡镇办公用房"填平补齐"工程。

公务用车管理方面,对省直机关一般公务用车车辆编制进行核定,从源头加强公务用车管理。规范公务用车使用管理行为,出台《省直机关公务用车使用管理规定》《山西省党政

2019 年 3 月 2 日，省长楼阳生（右一）在省直属机关事务管理局视察"消费扶贫进机关"农特产品展销平台，指导消费扶贫工作　（贾　懿供图）

机关公务用车管理办法实施细则》《全省公务出行联运保障办法》《山西省公务用车平台管理工作规范》。集中精力推进"全省一张网"建设，完成率由30%提升到98%，将省市县各级公务用车的车辆调度、轨迹监控、费用结算、绩效管理等纳入平台全程管理。

不动产管理方面，出台《省直机关不动产集中统一管理办法》，制定《省直机关不动产移交接收管理办法（暂行）》《山西省党政机关办公用房大中修及经费项目管理办法》等，加强省直机关不动产接收管理及统一权属登记、统一规划建设、统一维修改造、统一处置利用。建立省直行政事业单位及所办企业不动产可视化电子台账，登记土地 3.94 万亩，房屋 1270.52 万平方米，初步实现省直机关不动产"摸得清、看得见、管得住、用得好"。　（贾　懿）

【公务接待管理】 2019 年，省直机关事务管理局改进公务接待。全年完成副部级以上领导政务接待 250 余批次。完成二青会、外交部山西全球推介会、2019 太原低碳论坛和省党代会、省"两会"等大型活动和重要会议，以及中央"不忘初心、牢记使命"主题教育指导组、中央扫黑除恶"回头看"督导组等重要团组在晋工作期间的服务保障工作。按照中央及省委的要求，出台山西省差旅伙食费和市内交通费收缴管理规定，制定《省级公务接待管理暂行办法》《全省招商引资接待管理暂行办法》《市县党政机关公务接待年度考评暂行办法》《省级重要政务接待活动联席会议实施办法》等，完善制度建设，规范接待工作。整合省级公务接待资源，建立公安、机场、车站、医疗保障、食品卫生、网络通信等多部门参与的协调联动机制。严格接待经费的使用管理，执行清单制度和审核制度，坚持接待费结算"一客一报""一月一结"，杜绝超范围、超标准接待现象。全年，在接待活动数量同比增长 30%的情况下，接待费用同比降低 48%。　（贾　懿）

【后勤服务保障】 2019 年，省直机关事务管理局改进后勤服务。接收学府办公区、双创办公区、转型综改办公区、省公安厅办公区、省纪委监委办公区以及省高院住宅区的后勤服务管理，实现对物业、餐饮、安保等后勤服务的集中统一管理。起草完成《省直机关后勤服务项目和服务标准》《省级机关服务合同示范文本》《省级机关办公楼物业服务与管理规范》等。加快推进省直机关幼教资源整合，结合事业单位改革，制定省直机关后勤机构改革方案。创建扶贫超市，举办山西贫困地区农特产品"五进"对接承销活动，推动消费扶贫。改造机关食堂，增进职工福祉。

机关运行专项经费，制定标准，出台职工食堂管理制度、福利费管理制度，以及物业费、办公用房维修改造方面的支出定额标准。修订《局机关财务管理办法》《大额资金使用管理办法》《固定资产管理办法》等，明确资金拨付程序，严肃资金使用管理。统筹经费，与省财政厅协调，加强预算编制工作，统一申报集中办公区下年度年管理运行维修经费，为集中统一管理奠定资金基础。制定出台办公用房维修、公务用车更新、后勤物业服务等专项经费管理办法，为推行项目库管理做好准备。

会同相关部门研究出台公房出售和老旧小区改造办法。借鉴中央国家机关及上海、江苏、浙江等地的经验做法，在新建职工住宅等方面探索，启动前期工作，推动部分项目用地落实。抓好晋阳公寓一期尾项工程建设和省级干部周转住房管理，接收汾东公寓、劲松公寓、府东公寓、桃园公寓等 4 个省级干部住宅区，首次实现省级干部集中住宅区统一管理。

（贾　懿）

中国人民政治协商会议山西省委员会

Shanxi Provincial Committee of Chinese People's Political Consultative Conference

综　述

【思想政治建设】 2019年，山西省政协常委会坚持以习近平新时代中国特色社会主义思想武装头脑、统领工作、引领事业，带头增强“四个意识”、坚定“四个自信”、做到“两个维护”。中心组和常委会学习21次，开展座谈交流40次，举办“委员讲坛”和“政协学堂”9期，培训各级委员2000余人次，政协系统12500多人听取中央政协工作会议精神专题宣讲，夯实团结奋斗的共同根基，确保党的决策部署在政协落实落地。

开展“不忘初心、牢记使命”主题教育，与统一战线主题教育相贯通，把学习教育、调查研究、检视问题、整改落实贯穿始终，筑牢信仰之基、补足精神之“钙”、把稳思想之舵，践行人民政协为人民。深入学习中共十九届四中全会精神，深刻领会创造“两大奇迹”背后的“制度密码”，在“坚持和巩固什么、完善和发展什么”等重大问题上深化思想认识、形成广泛共识。学习《中共中央关于新时代加强和改进人民政协工作的意见》，以守正创新精神强弱项、补短板、固根基。跟进学习习近平总书记最新重要讲话精神和重要指示精神，坚持党组和主席班子领学、促学，一体推进常委会、委员和机关干部学习，依托专委会建立学习小组和学习座谈制度，在省委党校、省社科院建立研究基地，推动理论武装走深走实。

深入学习省委经济工作会议精神，一体把握新发展理念要求，以领悟“五论”，深化对山西发展阶段性特征、演进趋势、内在规律的科学认识，增强对“四为四高两同步”总体思路和要求的认知认同，坚定将转型综改进行到底的信念信心。创设“委员讲坛”，围绕脱贫攻坚、协商民主、中美贸易摩擦、区块链技术等重大关切，加强思想引导、政策宣传，助力解决“怎么看”“怎么干”。　(周志清)

【协商建言】 2019年，山西省政协制定《关于全省政协系统助力“三大目标”“三大攻坚战”的实施意见》，以项目化方式持续推进落实。召开17次主席会议、5次常委会议，组织7次专题议政，选择8个专题开展视察调研、5个方面重点提案开展督办。省委书记楼阳生、代省长林武等领导同志就委员建议作出重要批示65件次，职能部门办复政协提案1049件，委员的合理化建议得到重视和采纳。

聚力转型综改、创新驱动。围绕深度融入“一带一路”，召开专题常委会议协商建言，提出7个方面23条建议，推动山西省构建内陆地区对外开放新高地。围绕改革创新、奋发有为，召开常委会议，沟通思想、交换意见，坚定改革信念信心。围绕深化国资国企改革、推进文旅融合、优化营商环境，召开专题议政会议，资政建言，助力相关工作推进。围绕促进科技成果转化条例等4个法规文件，组织委员参与立法协商，构建创新生态。围绕能源革命综改试点，组织科技、经企、工商联等界别委员座谈交流，动员大家走在前、干在先，争做排头兵、“领头雁”。围绕民营经济发展“30条”、转型综改示范区建设等，组织委员开展专项视察，助力相关部署落实落地。围绕制造业高质量发展等重点提案，跟踪督办，凝聚解决问题、推进工作的合力。　(周志清)

【助力民生保障】 2019年，山西省政协围绕“互联网+医疗健康”，组织专题议政，持续跟踪委员建议落实。就深化职业教育产教融合，组织委员视察。集中优势资源，助力“二青会”举办。选择康养事业发展、非物质文化遗产保护等重点提案，开展督办。聚焦就业、收入分配、教育、社会保障、医疗卫生、住房、食品安全、生产安全等民生关切，收集社情民意信息，编报专刊116期，全国政协采用95篇，中央领导及省委、省政府领导批办43件次，推动解决一批人民群众的操心事、烦心事、揪心事，此项工作获全国政协先进。　(周志清)

【统一战线功能强化】 2019年,山西省政协常委会坚持强化统一战线组织功能。深化合作共事,加强团结联谊。促进多党合作,党组成员集体走访各民主党派省委和省工商联机关,深入座谈交流、听取意见建议。召开秘书长联席会议,协调相关事项,支持各民主党派、工商联和无党派人士参加政协各项活动,运用政协平台发表意见、提出建议。促进联谊交友,依托专委会创建"一委一品"、建设"委员之家"12个,走访委员450多人次,深化沟通联络、交流交心。促进民族团结、宗教和谐,围绕宗教场所安全管理开展专题视察,深入少数民族聚居村开展"送文化下乡"活动,协调解决五台山圆照寺应急消防道路建设等难题。发挥港澳委员双重作用,组织港澳委员和特邀人士到山西调研,接洽澳门工商界人士到晋考察,鼓励港澳委员坚定支持特区政府和行政长官依法施政,坚定支持港区警方严正执法、止暴制乱、恢复秩序,坚决同一切破坏"一国两制"和基本法的行为作斗争。 (周志清)

【政协智库】 2019年,山西省政协聘请240名省内外专家学者为智库成员,围绕18个课题深入研究,为23个协商议题提供咨询服务、智力支持,打造高质量履职的新天地。强化制度供给,修订提案、社情民意、视察考察、专题调研、委员履职等条例,建立新闻发布、工作督查等机制,增强政协协商的影响力和实效性。提升协商能力,强化委员学习和履职服务管理,启动"智慧政协"建设,在清华大学建立委员培训基地。改革会议流程,把互动交流、回应委员关切列为专题性常委会议、专题议政会的必要环节,省委、省政府领导及有关职能部门负责人160多人次参加政协协商活动,与委员面对面坦诚交流,通报情况、宣传政策,解疑释惑、增进共识,促进问题解决和工作推进,展现社会主义协商民主的生机与活力。 (周志清)

重要会议

【省政协十二届二次会议】 2019年1月25日至29日,山西省政协十二届二次会议在太原举行。会议审议通过政协第十二届山西省委员会第二次会议议程,副主席席小军代表政协第十二届山西省委员会常务委员会向大会报告工作,副主席李思进向大会作省政协十二届一次会议以来提案工作情况报告。与会委员列席省十三届人大二次会议,协商讨论政府工作报告、省高级人民法院工作报告、省人民检察院工作报告以及其他报告;通过小组讨论、大会发言等方式履职,共提交大会发言材料151篇、提案938件,反映社情民意信息131篇。16位政协委员聚焦"三大目标""三大攻坚战"作大会发言。会议选举李佳为政协第十二届山西省委员会主席,师帅、朱新才、刘海芸(女)为政协第十二届山西省委员会常务委员。会议通过政协第十二届山西省委员会第二次会议政治决议、政协第十二届山西省委员会第二次会议关于常务委员会工作报告的决议、政协第十二届山西省委员会提案委员会关于省政协十二届二次会议提案审查情况的报告。 (周志清)

【省政协十二届常委会议】 2019年,山西省政协第十二届常务委员会召开6次会议,即第五次至十次。

第五次常委会议。1月22日至23日在太原举行。会议决定,省政协十二届二次会议的召开时间由1月24日调至1月25日。会议听取副省长王一新就政府工作报告(征求意见稿)所作的说明,省高级人民法院和省检察院负责人就法、检两院工作报告(征求意见稿)所作的说明,副主席席小军、李思进就省政协常委会工作报告(草案)和提案工作情况的报告(草案)所作的说明。省委组织部负责人作人事事项说明,省委办公厅、省政府办公厅分别通报政协提案办理情况。会议协商讨论省政府、省高院、省检察院等工作报告(征求意见稿),审议通过省政协常委会工作报告、提案工作情况的报告和省政协十二届二次会议议程(草案)、日程等有关事项,听取省政协各专门委员会工作报告。会议通过关于接受郭海刚、杨临生因工作变动,请辞政协第十二届山

2019年3月3日,驻晋全国政协委员步入人民大会堂,出席全国政协十三届二次会议开幕大会 (周志清供图)

西省委员会常务委员、委员的决定;通过关于接受孙才仁、李红斌、张巨山、陈小洪4位委员因工作变动,请辞政协第十二届山西省委员会委员的决定;增补师帅、朱新才、刘海芸(女)、江文波、孙春生、李佳、郝刚、郭威立、程先东、靳建勇10人为政协第十二届山西省委员会委员。决定:曹慧昌任省政协经济委员会副主任,梁宝印任省政协文化文史和学习委员会副主任。

第六次常委会议。1月26日、28日于省政协十二届二次会议期间分别举行。26日,举行第一次全体会议。省委常委、省纪委书记、省监委主任任建华作关于政协第十二届山西省委员会主席、常务委员建议人选名单的说明。会议通过省政协十二届六次常委会议议程,审议政协第十二届山西省委员会第二次会议选举办法(草案),审议通过候选人建议名单,审议通过选举工作总监票人、监票人名单(草案),审议通过政协第十二届山西省委员会关于政协山西省委员会常务委员会工作报告的决议(草案)、政协第十二届山西省委员会第二次会议政治决议(草案),决定提交大会讨论。28日,举行第二次全体会议。会议通过省政协十二届二次会议选举办法、政协主席和常务委员候选人名单,决定提交省政协十二届二次会议第三次全体会议选举。会议通过省政协十二届二次会议选举工作总监票人、监票人名单。审议通过政协第十二届山西省委员会第二次会议关于常务委员会工作报告的决议(草案)、政协第十二届山西省委员会提案委员会关于省政协十二届二次会议提案审查情况的报告(草案)、政协第十二届山西省委员会第二次会议政治决议(草案),决定提交省政协十二届二次会议第四次全体会议审议通过。

第七次常委会议。4月9日至10日在太原举行。会议的主题是:学习贯彻全国"两会"精神,围绕"改革创新、奋发有为"讨论交流。主席李佳出席会议并讲话,副主席李正印、李晓波、张瑞鹏、席小军、李武章、李青山、李思进,秘书长赵光国等常委会组成人员80人出席。李武章传达习近平总书记在全国"两会"期间重要讲话精神和省委常委会(扩大)会议精神,省委政法委常务副书记闫喜春应邀作关于坚持底线思维、防范化解重大风险的专题报告,赵光国作《中国人民政治协商会议山西省委员会委员履职工作规则(修订草案)》的说明,张明星、任武贤、王瑞春、张守耀、常国荣、陆惠德、王雪琴、王少华、常正、孙跃进围绕"改革创新、奋发有为"作大会发言,31位同志作书面发言。委员们突出目标导向、问题导向、效果导向,聚焦"六个破除""六个着力""六个坚持",对标一流、立足实际,谈认识、找差距、讲体会,从不同侧面提出加强和改进政协工作的具体举措和思考建议,反映全省政协系统开展大讨论的成果。会议审议通过修订后的《政协山西省委员会委员履职工作规则》。

第八次常委会议。5月24日在太原举行。会议传达学习中共中央政治局常委、全国政协主席汪洋在全国地方政协工作经验交流会上的讲话精神,学习贯彻省委书记骆惠宁在全省"改革创新、奋发有为"大讨论交流总结会上的讲话精神,就政协系统大讨论交流总结。会议审议通过有关人事事项,决定张岐云任省政协副秘书长,郑富核任省政协经济委员会副主任;免去阎贵林的省政协提案委员会副主任职务,张建全的省政协农业和农村委员会副主任职务;通过《关于接受赵光国请辞政协第十二届山西省委员会秘书长的决定》。

第九次常委会议。8月22日至23日在太原举行。会议的主题是:学习贯彻省委十一届八次全会精神,通报上半年全省经济形势,围绕"深度融合'一带一路',以大通道建设构建内陆地区对外开放新高地"进行专题议政建言。李佳主持闭幕会议并讲话。全国政协经济委员会办公室原主任、局长刘冠峰应邀作《对下半年宏观经济形势以及一带一路建设的几点思考》的专题讲座。袁清茂、武晋、王建林、吴皖中、郝孝义、程先东、张放陶、王岫8位委员围绕会议主题作大会发言,4个省政府职能部门的主要负责人现场回应委员关切。会议审议通过修订后的政协提案工作条例及人事事项,决定免去赵志理的省政协农业和农村委员会副主任职务;通过关于接受马红、张安顺因工作变动,请辞政协第十二届山西省委员会委员的决定。

第十次常委会议。11月14日至15日在太原举行。会议学习贯彻中共十九届四中全会精神,传达学习全国政协十三届九次常委会议和省委十一届九次全会精神,围绕"加强汾河流域水污染防治,持续改善生态环境"专题协商议政。李佳出席并讲话。副省长贺天才应邀在开幕会议上作专题报告。副主席李正印、李晓波、席小军、李武章、李青山、李思进,副秘书长张岐云出席。李青山作政协专题调研情况的报告,王晓立、张明星、翟冬鸿、薛金平、张放陶、栗江鹏、王霄娥等7名省政协常委、委员围绕会议主题作大会发言,4个职能部门的主要负责人现场回应委员关切,生态环境部环境与经济政策研究中心党委书记、主任、国务院特贴专家吴舜泽教授应邀作《关于新形势下水环境保护的思考》的专题讲座。委员们围绕会议主题和2020年度协商议题学习讨论,建言献策,推动政协制度优势更好转化为治理效能。会议审议通过有关人事事项,决定:王晓东任省政协农业和农村委员会副主任,免去冉莉萍的省政协副秘书长职务、李岩的省政协经济委员会副主任职务;通过关于接受翟善清因工作变动请辞政协第十二届山西省委员会委员的决定,通过关于撤销王克信、刘云晨政协第十二届山西省委员会委员的决定。

(周志清)

【省政协十二届主席会议】 2019年，山西省政协十二届委员会主席会议共召开17次会议，即第九次至二十五次。

第九次主席会议。1月21日召开。会议听取省委组织部副部长赵建华关于人事事项的说明，审议通过《关于接受郭海刚、杨临生同志请辞政协第十二届山西省委员会常务委员、委员的决定(草案)》《关于接受孙才仁等同志请辞政协第十二届山西省委员会委员的决定（草案)》《中国人民政治协商会议第十二届山西省委员会委员增补名单（草案)》《关于曹慧昌、梁宝印同志任职的决定(草案)》。议定将以上事项提请省政协十二届五次常委会议审议。会议还听取省政协十二届五次常委会议、省政协十二届二次会议有关情况的汇报。

第十次主席会议。1月26日召开。会议听取省委常委、省纪委书记、省监委主任任建华关于政协第十二届山西省委员会主席、常务委员建议人选名单的说明，审议政协第十二届山西省委员会常务委员会第六次会议议程（草案)、《政协第十二届山西省委员会第二次会议选举办法（草案)》《政协第十二届山西省委员会主席、常务委员候选人建议名单》《政协第十二届山西省委员会第二次会议选举工作总监票人、监票人名单(草案)》《政协第十二届山西省委员会第二次会议关于常务委员会工作报告的决议（草案)》《政协第十二届山西省委员会第二次会议政治决议（草案)》。议定将人事事项和上述草案提请省政协十二届六次常委会议第一次全体会议审议。

第十一次主席会议。1月28日召开。会议听取大会秘书处组织组关于选举办法(草案)、候选人名单(草案)和总监票人、监票人名单(草案)各委员小组讨论情况的汇报，听取大会秘书处文件组关于常委会工作报告的决议(草案)、政治决议(草案)各委员小组讨论情况的汇报。会议审议《政协第十二届山西省委员会第二次会议选举办法（草案)》《政协第十二届山西省委员会主席、常务委员候选人名单（草案)》《政协第十二届山西省委员会第二次会议选举工作总监票人、监票人名单(草案)》《政协第十二届山西省委员会第二次会议关于常务委员会工作报告的决议（草案)》《政协第十二届山西省委员会提案委员会关于省政协十二届二次会议提案审查情况的报告（草案)》《政协第十二届山西省委员会第二次会议政治决议(草案)》。议定将上述草案提请省政协十二届六次常委会议第二次全体会议审议。

第十二次主席会议。2月19日召开。会议传达学习省委“改革创新、奋发有为”大讨论动员部署会精神，审议并原则通过《省政协“改革创新、奋发有为”大讨论实施方案(送审稿)》。审议并原则通过《省政协2019年重点工作安排及责任分工（讨论稿)》。决定2月21日召开全省政协系统电视电话会议，对全省政协系统开展大讨论活动，以大讨论为牵引，助力“三大目标”“三大攻坚战”、做好全年各项工作进行动员部署，以凝聚全省各级政协组织和广大委员的思想共识和工作合力，共同致力于“两转”基础上全面拓展新局面。

第十三次主席会议。2月25日召开。会议审议通过《关于全省政协系统助力“三大目标”“三大攻坚战”的实施意见(送审稿)》，研究确定省政协主席会议成员分工调整。根据工作需要，报省委同意，经中组部备案，主席会议成员分工调整如下：李佳主持省政协全面工作。席小军分管提案委员会、农业和农村委员会、文化文史和学习委员会工作，办公厅工作。李武章分管经济委员会工作。李青山分管人口资源环境委员会、教科卫体委员会工作。席小军、谢红分管社会法制委员会、民族和宗教委员会工作。席小军、李思进分管港澳台侨和外事委员会工作。根据中组部意见，李正印不参加省政协班子分工。根据省委意见，鉴于李晓波、张瑞鹏兼任职务工作的实际情况，暂不参加省政协班子分工。赵光国秘书长主持省政协机关工作和办公厅全面工作，分管调研和委员工作室工作。

第十四次主席会议。3月16日召开。会议审议通过省政协十二届七次常委会议议程(草案)和日程。会议的主题是：学习贯彻全国“两会”精神，落实省委关于开展大讨论的相关部署，围绕“改革创新、奋发有为”讨论交流。议定将以上草案提请省政协十二届七次常委会议审议。原则通过《中国人民政治协商会议山西省委员会委员履职工作规则（修订草案)》，提请省政协十二届七次常委会议审议。审议通过《山西省政协2019年调研视察考察安排》。

第十五次主席会议。4月28日召开。会议传达全国地方政协秘书长工作会议精神，听取省政协“改革创新、奋发有为”大讨论领导小组办公室关于大讨论开展情况的汇报，原则通过《山西省政协智库专家名单》，要求根据讨论意见作进一步补充完善。审议通过《中国人民政治协商会议山西省委员会反映社情民意信息工作条例》《中国人民政治协商会议山西省委员会委员视察考察工作条例》《政协山西省委员会加强和改进调研工作实施办法》。

第十六次主席会议。5月24日召开。会议审议并原则同意省政协十二届八次常委会议议程(草案)和日程，决定此次常委会议于5月24日下午在太原召开，会期半天。会议的主要议题为：传达学习全国地方政协工作经验交流会精神；学习贯彻全省“改革创新、奋发有为”大讨论交流总结会议精神，对全省政协系统开展大讨论进行交流总结。会议听取省委组织部副部长赵建华关于人事事项的说明，审议通过关于张岐云任职的决定(草案)、关于接受赵光国请辞政协第十二届山西省委员会秘书长的决定

（草案）、关于郑富核等职务任免的决定（草案）。议定将以上草案提请省政协十二届八次常委会议审议。

第十七次主席会议。7月26日召开。会议审议并通过《山西省政协智库专家名单》《山西省政协智库建设与管理办法（试行）》《山西省政协智库课题研究管理办法（试行）》《山西省政协智库专项经费管理办法（试行）》《山西省政协智库建设领导小组和领导小组办公室成员名单》《山西省政协智库2019年度立项安排和经费预算》。

第十八次主席会议。7月31日召开。会议听取各专委会上半年工作汇报，研究推进政协履职工作、落实全年目标任务的思路和举措，强调要抓实主题教育。

第十九次主席会议。8月9日召开。会议审议并通过省政协十二届九次常委会议议程（草案）和日程，决定此次常委会议于8月22日至23日在太原召开。会议的主题为：学习贯彻省委十一届八次全会精神，听取关于山西省上半年经济形势的情况通报，围绕"深度融入一带一路、以大通道建设构建内陆地区对外开放新高地"专题议政建言。会议讨论经济委员会《深度融入一带一路，以大通道建设构建内陆地区对外开放新高地调研报告（讨论稿）》，要求经济委根据讨论意见建议修改完善。议定将议程（草案）、调研报告提请省政协十二届九次常委会议审议和讨论。会议审议并原则通过《中国人民政治协商会议山西省委员会提案工作条例（修订草案）》，提请省政协十二届九次常委会议审议。审议通过《政协山西省委员会关于进一步提高提案质量的意见（送审稿）》。

第二十次主席会议。8月21日召开。会议听取并审议通过《关于赵志理同志免职的决定（草案）》《关于接受马红、张安顺同志请辞政协第十二届山西省委员会委员的决定（草案）》的说明，议定提请省政协十二届九次常委会议审议。

第二十一次主席会议。9月6日召开。会议审议并通过《关于撤销王克信政协第十二届山西省委员会委员资格的决定》，议定提请政协第十二届山西省委员会常务委员会第十次会议追认。

第二十二次主席会议。11月1日召开。会议审议并通过《关于撤销刘云晨政协第十二届山西省委员会委员资格的决定》。审议并通过《关于王晓东等同志职务任免的决定（草案）》。审议并通过《关于接受翟善清同志请辞政协第十二届山西省委员会委员的决定（草案）》。审议并通过《关于撤销王克信、刘云晨政协第十二届山西省委员会委员资格的决定（草案）》。议定将以上草案提请省政协十二届十次常委会议审议。

第二十三次主席会议。11月11日召开。会议审议通过省政协十二届十次常委会议议程（草案）、日程，决定此次常委会议于11月14日至15日在太原召开。会议的主要任务是：学习贯彻中共十九届四中全会精神，传达学习全国政协十三届九次常委会议精神，传达学习省委十一届九次全会精神；按照年度协商计划，围绕"加强汾河流域水污染防治，持续改善生态环境"专题议政建言。会议听取《关于"加强汾河流域水污染防治，持续改善生态环境"调研情况报告（讨论稿）》的说明，要求人口资源环境委员会根据意见建议修改完善，提交省政协十二届十次常委会议讨论。议定将以上草案提请省政协十二届十次常委会议审议。会议听取关于《新时代加强和改进人民政协工作的实施意见（代拟稿）》的说明，要求办公厅、调研和委员工作室加强与省委办公厅的协调沟通，按程序做好文件的征求意见、修改完善等工作，为省委政协工作会议做好准备。

第二十四次主席会议。12月11日召开。会议听取各专委会主任2019年度工作总结和2020年度工作计划汇报，分管副主席分别对各专委会进行点评。会议审议通过《专门委员会部分委员调整名单》。根据省政协专门委员会通则和委员变动情况，会议研究决定：经济委员会调入孙春生、郭威立、江文波、程先东，调出张岐云、邓保平；人口资源环境委员会调入刘海芸、郝刚、靳建勇，调出常建忠；农业和农村委员会调入朱新才；文化文史和学习委员会调入邓保平、常建忠；民族和宗教委员会调出王建林。调整后各专委会委员人数（不包括主任、副主任）：提案委员会42名，经济委员会71名，人口资源环境委员会61名，农业和农村委员会48名，教科卫体委员会76名，社会法制委员会58名，民族和宗教委员会32名，文化文史和学习委员会49名，港澳台侨和外事委员会48名。

第二十五次主席会议。12月26日召开。会议审议通过省政协十二届十一次常委会议日程；省政协十二届三次会议秘书处机构设置和工作职责；省政协十二届三次会议全体会议主持人名单。审议并原则通过省政协十二届十一次常委会议议程（草案）；关于召开省政协十二届三次会议的决定（草案）；省政协十二届三次会议议程（草案）、日程（草案）；省政协十二届三次会议秘书长、副秘书长名单（草案），议定将上述文件草案提请省政协十二届十一次常委会议审议。会议听取关于政协山西省委员会常务委员会工作报告（草案）、政协山西省委员会常务委员会关于省政协十二届二次会议以来提案工作情况的报告（草案）的汇报，要求相关工作机构根据反馈意见修改完善后，提请省政协十二届十一次常委会议审议。会议审议并通过《政协山西省委员会2020年度协商计划》《政协山西省委员会关于表彰优秀提案、办理政协提案先进单位和先进工作者的决定》《政协山西省委员会关于表彰2017—2019年度优秀社情民意信息、反映社情民意信息工作先进单位和先进个人的决定》。

（周志清）

专题议政建言

【全省政协系统电视电话会议】 2019年2月21日，山西省政协系统电视电话会议在太原召开。省政协就开展“改革创新、奋发有为”大讨论，助力“三大目标”“三大攻坚战”，做好全年政协工作，作出动员部署。李佳出席并讲话。李正印、李晓波、张瑞鹏、李武章、谢红出席，席小军主持会议。省、市、县(市、区)政协党组和主席会议成员，在晋全国政协委员，省政协常委、委员，省各民主党派、工商联负责人，省、市、县(市、区)政协机关全体干部共3400余人，分别在省城主会场和各市、县(市、区)分会场参加会议。 (周志清)

【互联网+医疗健康专题议政会】 2019年7月5日，山西省政协“互联网+医疗健康”专题议政会举行。李佳主持会议并讲话，副省长王成及省有关部门负责人应邀出席并与委员互动交流。李青山作主题发言，苏亚君、解军、赵彬、徐钧、康文娟、刘艳菊、贾龙斌、杨履世、李伟荣、赵杰10位委员围绕全面提升山西省“互联网+医疗健康”发展水平，满足人民群众对美好生活的新期待先后发言。 (周志清)

【省政协智库成立大会】 2019年7月26日，山西省政协智库成立大会在太原举行。省内外专家学者240人受聘为省政协智库首批成员。李佳出席并讲话，席小军主持会议，李武章、李青山、谢红，副秘书长张岐云和智库成员出席。 (周志清)

【“易地扶贫后续服务”专题议政会】 2019年7月30日，山西省政协“加强和完善易地扶贫搬迁后续公共服务”专题议政会在太原举行。李佳出席会议并讲话，副省长王成及省有关部门负责人应邀出席并与委员坦诚交流。席小军主持会议。谢红作主题发言，介绍政协专题调研成果。韩丽珍、闫丽梅、王亦、梁桐栋、王建成等5名委员和基层政协代表王雪琴先后发言。委员们从公共服务供给、技能培训、产业发展、社区治理、基层党建及盘活资产等方面提出意见和建议。 (周志清)

【“以品牌为抓手，推动农业特色产业”专题议政会】 2019年9月9日，山西省政协“以品牌建设为抓手，推动农业特色产业做大做强”专题议政会在太原举行。李佳、林武、王成出席会议并讲话，席小军主持会议并作主题报告，省有关部门负责人应邀出席并与委员互动交流。政协委员智库成员和基层代表从制度机制、品牌建设、品牌振兴、宣传营销、消费需求、科技创新、公用品牌建设等方面提出意见建议。 (周志清)

【文化和旅游融合发展专题议政会】 2019年9月24日，山西省政协“文化和旅游融合发展”专题议政会在太原举行。李佳、副省长张复明出席会议并讲话，席小军主持会议并作主题报告。省有关部门负责同志应邀出席并与委员互动交流。政协委员从理念融合、职能融合、产业融合、市场融合、服务融合、交流融合等方面提出意见建议。 (周志清)

【人民政协成立70周年座谈会】 2019年9月25日，山西省政协党组理论学习中心组(扩大)学习会议暨庆祝人民政协成立70周年座谈会在太原举行。会议传达学习习近平总书记在中央政协工作会议暨庆祝中国人民政治协商会议成立70周年大会上的重要讲话精神，传达学习汪洋同志总结讲话精神，交流学习体会，安排部署山西省政协系统学习贯彻工作。李佳出席会议并讲话。李正印、李晓波、李武章、谢红出席，席小军主持会议，李思进等5位委员代表参加政协的各党派团体、各族各界人士和市县政协组织发言。十一届省政协副主席张璞、姜新文、李雁红、王宁、张友君，各民主党派省委、省工商联负责人和无党派人士代表，在并全国政协委员、省政协常委，省政协机关党组、秘书长班子成员和各工作机构负责人，各市政协主席，省政协机关全体干部职工参加。 (周志清)

【优化营商环境专题议政会】 2019年10月18日，山西省政协“进一步优化营商环境，树立山西对外开放新形象”专题议政会在太原举行。李佳出席会议并讲话，省委常委、副省长胡玉亭及省有关部门负责人应邀出席并与委员互动交流。席小军主持会议，李思进作主题报告，介绍政协专题调研成果。王维卿、吴伟、杜宏瑞、邢利民、陈炳强、杨继文6位委员先后发言，建议深化改革、扩大开放，做好简政放权的“减法”、创新监管的“加法”、优化服务的“乘法”，优化山西省营商环境。 (周志清)

【国企改革议政会】 2019年11月29日，山西省政协“深化国企改革，加大混改力度，激发国企内生动力”专题议政会在太原举行。李佳出席会议并讲话，副省长王一新通报山西省相关工作推进情况，席小军主持会议。李武章作主题报告，介绍政协专题调研成果。简易、武强、郭颖、李猛、张殿恩、李文森等6位常委、委员先后发言，就加强顶层设计、深化内部治理、拓展基层创新、深化国企改革提出建议。 (周志清)

【吕梁山生态保护与修复专题议政会】 2019年12月10日，山西省政协“加强吕梁山生态保护与修复”专题议政会在太原举行。李佳出席会议并讲话，副省长贺天才通报山西省相关工作推进情况，席小军主持会议。李青山作主题报告，介绍政协专题调研成果。张子玉、刘钢柱、郝金光、柴宝峰、张放陶、屈忠让6位常委、委员、专家先后发言，建议完善顶层设

计，突出水土保持，优化植被结构，创新投入机制，加快吕梁山生态修复治理步伐。（周志清）

重要活动

【省政协“委员讲坛”】 2019年4月26日，山西省政协首期“委员讲坛”在太原举办。李佳出席，李青山主持并致辞。省扶贫开发办公室党组书记、主任刘志杰就山西省脱贫攻坚的形势任务作专题报告。机关党组、秘书长班子成员，各工作机构负责人，部分省政协委员，各民主党派省委会、省工商联机关处级以上干部和省政协机关干部逾200人参加。

7月23日，山西省政协第二期“委员讲坛”在太原举办。席小军出席并讲话。省委党校、省行政学院教授丰存斌就发挥社会主义协商民主重要作用作专题讲座。省政协秘书长班子成员、各工作机构负责人、部分省政协委员、各民主党派省委、工商联机关副处级以上干部和省政协机关全体干部参加。

9月17日，山西省政协第三期“委员讲坛”在太原举办。省政协邀请民进中央经济委员会副主任、清华大学“清华大讲堂”特邀教授王林，围绕“中美贸易战背景下中国经济发展走势及企业选择”作专题讲座。李佳出席，副主席席小军主持。机关党组、秘书长班子成员，各工作机构负责人，部分省政协委员，省各民主党派、工商联机关处级以上干部和省政协机关干部参加。

12月18日，山西省政协第四期“委员讲坛”在太原举办。省政协学习习近平总书记在中央政治局第十八次集体学习时的重要讲话精神，邀请省政协委员、工信部信息通信经济专家委员会委员刘兴亮作题为“区块链在中国：它将如何影响未来”的专题讲座。李佳出席，席小军主持并致辞，谢红、原副主席张璞，机关党组、秘书长班子成员，各工作机构负责人，部分省政协委员，省各民主党派、工商联机关处级以上干部和省政协机关干部逾200人参加学习。（周志清）

【“不忘初心、牢记使命”主题教育专题读书班】 2019年6月24日至26日，山西省政协党组理论学习中心组（扩大）“不忘初心、牢记使命”主题教育专题读书班在右玉干部学院举办。重点学习中共十九大报告和党章，学习《习近平关于“不忘初心、牢记使命”重要论述选编》《习近平新时代中国特色社会主义思想学习纲要》《习近平总书记关于加强和改进人民政协工作的重要思想专题摘编》，结合学习“右玉精神”，围绕做好新时代人民政协工作学习交流。李佳出席并讲话，李正印、李晓波、席小军、李武章、李青山，机关党组、秘书长班子成员，各专委会分党组成员，机关副厅级以上干部及各处室（事业单位）主要负责人参加学习。（周志清）

【“践初心、担使命，在团结奋斗中干出新时代政协的新样子”专题党课】 2019年7月19日，山西省政协党组书记、主席李佳围绕“践初心、担使命，在团结奋斗中干出新时代政协的新样子”，结合学习、调研和检视问题情况，联系政协工作和干部队伍实际，在省政协机关讲授专题党课。省委主题教育巡回指导第三组负责人到会指导。李正印、李晓波、张瑞鹏、席小军、李青山、谢红、李思进，原副主席姜新文，机关党组和秘书长班子成员，各专委会分党组成员，驻机关纪检监察组，机关各党支部书记和全体干部共计140余人参加。（周志清）

【产业升级与转型发展专题培训班】 2019年11月4日至8日，省政协“促进产业升级与转型发展”专题培训班在省政协委员培训基地——清华大学开班。李佳出席开班式，清华大学党委书记、教授陈旭致辞。李佳结合自身学习体会，宣讲中共十九届四中全会精神。山西省近200名省政协委员和机关干部参训。（周志清）

2019年2月25日，驻晋全国政协委员座谈会在太原举行　（周志清供图）

专委会工作

【提案和社情民意】 2019年，山西省政协以“不忘初心、牢记使命”主题教育为牵引，夯实思想根基，提高政治站位。把提案工作作为建言资政和凝聚共识的有效载体。围绕5个重点提案督办，邀请专家学者和政府部门领导向委员、提案者作专题辅导、情况通报，13次组织承办单位与委员协商交流,5次召开重点提案督办座谈会,推动提案建议落实。组织委员到山东、四川等省及本省市县60余个单位开展调研。修订《政协山西省委员会提案工作条例》;制定《提高提案质量的意见》;评比表彰优秀提案;建立全会前提案早选题、早调研、早提交、早审查"四早"工作机制,保证提案立案质量。全年提交提案1207件,立案1049件,全部办复完毕。编制《提案摘报》报省委省政府领导批办,开辟重点提案领办督办之外的提案办理新途径。改进方式方法,形成主席会议部署、办公厅协调、专门委员会具体督办重点提案的工作格局。建立提案建议意见落实情况反馈机制,制发《提案办理效果建议落实情况反馈表》,收集办理建议意见;针对事关大局的重要提案、承办单位办复延期的提案、委员对办复有不同意见的提案、人民群众普遍关注关切的提案等"四类提案",根据办理进度,下达督办通报,提高提案办理质量和效率。建立提案工作联络员队伍,为委员知情明政和提案提办提供服务保障。联合媒体开辟"省市县政协委员这样讲"等栏目,讲好"提案故事"。 (周志清)

【经济委员会工作】 2019年,山西省政协经济委员会把"学、研、查、改"贯穿"不忘初心、牢记使命"主题教育全过程,开展"改革创新、奋发有为"大讨论。围绕"融入一带一路,以大通道建设构建内陆地区对外开放新高地"常委会议题组织委员调研。围绕"深化国企改革,加大混改力度,激发国企内生动力"专题议政会议题,组织委员调研,形成调研报告,为省委、省政府决策提供重要参考。8位委员围绕助力能源革命综合改革试点精准建言,贡献政协智慧和力量。开展学习座谈小组试点。全年组织6次学习座谈活动,先后有109位委员参加,24位委员作发言交流,形成分党组成员领学、党员委员互学、结合问题促学的学习机制。出台《经济委学习调研基地开展活动办法》,为10家委员企业授牌。形成"走、看、听、谈、帮"走访委员活动模式,实现71位委员走访全覆盖,调动委员的履职积极性,增强委员会的凝聚力。发挥经济委专家智库作用,率先成立专家咨询委员会,向35名委员颁发聘书,完成3份专题报告,调研报告的质量和水平提升。制定《加强与对口厅局联系办法》等4项工作制度,编写8本资料汇编。加强提案和社情民意信息工作,获先进单位和先进个人。在《国际商报》打造"委员履职风采"专栏,宣传委员双岗履职。 (周志清)

【人口资源环境委员会工作】 2019年,山西省政协人口资源环境委员会在打造资政精品上求实效。在课题选择上力求"准"。确定"汾河流域水污染防治"和"吕梁山生态保护与修复"作为政协常委会议和专题议政会重点协商课题,将农村人居环境整治作为监督视察议题。在调查研究上力求"实"。坚持问题导向、协同作战、联动调研,形成市县政协调研报告30余篇。在报告起草上力求"精"。形成有新意、有见解、有深度、有质量的综合调研报告3篇,按程序报送省委省政府。省委省政府领导多次作出批示。为省政协智库建设推荐报送人口、资源、环境领域的专家学者110名。分别对"汾河流域水污染防治"和"吕梁山生态保护与修复"开展调研。会同沿黄九省(区)政协人资环委推进黄河流域生态带建设。会同吕梁市政协、阳泉市政协,在调研基础上形成

表6 2019年政协山西省委员会重点提案一览表

序 号	案 由	提案号	督办领导	建议牵头承办单位
1	关于以能源革命为突破 推动我省资源型经济转型的建议	004、016、037、039、095、100、123、213、235、474、490、595、618、650、651、686、737、798、876、895、965、966、1004	席小军	省能源局
2	关于加快制造业高质量发展的建议	006、083、090、116、467、478、656、659、1016	李武章	省发改委
3	关于推进医养结合发展康养事业的建议	012、019、055、283、323、325、628、649、958、984	李思进	省卫健委
4	关于做好非物质文化遗产保护的建议	028、374、706、762、775、776、828、992	席小军	省文旅厅

“关于防治燃煤污染推行‘双改’存在问题的建议”，获中央领导重要批示。强化党建引领作用，组建人资环委党员委员支部，落实党员委员联系党外委员制度。强化委员队伍建设，制定并落实委员联系制度、委员活动小组工作制度、委员调研“备课”制度，强化委员考核机制等。强化干部队伍建设。（周志清）

【农村委员会工作】 2019年，山西省政协农村委员会开展“以品牌建设为抓手，推动农业特色产业做大做强”专题议政协商，结合智库重点研究课题《山西农产品品牌战略研究》，开展调研，召开专题议政会，席小军作主题发言，7位委员分别就制度机制、品牌振兴、宣传营销、消费需求、科技创新、公用品牌建设等进行大会发言，向省委、省政府报送《关于“以品牌建设为抓手，推动农业特色产业做大做强”的建议》，获副省长王成批示。开展“生态扶贫‘五个一批’落实情况”常委视察活动，撰写《关于“生态扶贫‘五个一批’落实情况”的视察报告》。聚焦农业供给侧结构性改革和民生改善加强民主监督，向省委、省政府报送《关于“大力引导支持农村土地流转，推进农业适度规模经营”监督性调研的报告》。会同民盟山西省委会开展“坚持改革创新，加强农技推广队伍建设”监督性调研活动，提出《关于“坚持改革创新，加强农技推广队伍建设”监督性调研的报告》。做好委员提案和社情民意工作，全年共反映提案63件，反映社情民意信息14篇，其中省领导批示2篇。（周志清）

【教科文卫委员会工作】 2019年，山西省政协科教文卫委员会运用“习近平新时代中国特色社会主义思想、习近平总书记关于加强和改进人民政协工作的重要思想专题学习座谈小组”平台，先后开展活动6次，把“党管政协”贯穿于专委会工作全过程。围绕“互联网+医疗健康”和“深化我省职业教育产教融合”议题，采取“常委领题、委员出力、专家指导、充分论证”方式分别调研，召开“互联网+医疗健康”专题议政会，李青山作主题发言，形成《关于加快推进“互联网+医疗健康”发展的建议报告》，上报省委、省政府，省长楼阳生作出重要批示。形成《关于深化我省职业教育产教融合的调研报告》。就《关于加快推进“互联网+医疗健康”发展的建议报告》落实情况跟踪调研，促进履职成果转化。以拓展平台为抓手，在发挥委员主体作用上有新举措。抓好“委员之家”活动。分别围绕“传承优秀传统文化”等主题，开展活动8次。通过组织委员视察比赛场馆，慰问参赛运动员，为省人大代表、省政协委员、高校师生等作专题报告，征集委员建议并以《专报》形式精选上报12期42条，为“二青会”加油鼓劲，获“二青记忆·活动·建言助力奖”。组织委员围绕城市环境建设、加强舆论宣传等开展专题视察，反映社情民意信息10余条。组织委员进行高考巡视、高考录取巡视；与九三学社山西省委会联合开展“脱贫攻坚”专题调研，与中华职教社联合开展“职业教育”专题调研，与文化文史和学习委员会联合开展“成立省政协书画院”前期调研和“太原市城市环境建设”视察活动。

（周志清）

2019年2月20日，全国政协召开远程讨论会，围绕“做好今年工作，迎接人民政协成立70周年”深入交流，省政协主席李佳在太原的山西分会场发言

（周志清供图）

【社会法制委员会工作】 2019年，山西省政协社会法制委员会承办“加强和完善易地扶贫搬迁后续公共服务”专题议政会，梳理委员和相关部门的意见建议，形成《关于“加强和完善易地扶贫搬迁后续公共服务”的建议报告》。开展专项监督视察。向省委、省政府报送《关于“我省支持民营经济发展”政策措施落实情况的监督视察报告》。推进“一委一品”建设，举办“自然资源与生态环境刑事风险防范论坛”。全面增强履职本领，邀请智库专家梁鹤年作“公共政策评估”专题讲座。完成“加强和善易地扶贫搬迁后续公共服务”智库研究课题。与人大法工委、司法厅等有关部门配合，开展立法协商。完成全国政协及辽宁、海南两省专题调研组到晋调研接待工作。把自身建设作为专委会建设的重要内容，完善《工作指南》《对口联系办法》《联动工作办法》《机关干部学习制度》，制定《社法委委员管理办法》《党员委员联系党外委员办法》

《社法委党员委员参加双重组织生活实施办法》等。（周志清）

【民族和宗教委员会工作】 2019年，山西省政协民族和宗教委员会开展《宗教活动场所安全管理》专题视察，完成调研报告，得到省委书记骆惠宁批示。开展省委政协工作大调研，形成调研报告。抓好民族宗教工作，凝聚共识。到山西大学附属中学看望西藏班学生，送去3000元的体育和学习用品；到阳泉市盂县慰问蒙古族同胞，开展"送文化下乡活动"，促进民族宗教工作健康发展；开展"感恩共和国、共筑中国梦"主题演讲活动，凝聚宗教界别共识；参加第五届五台山佛教教育学术研讨活动，助力中国文化"走出去"。抓好平台建设，提升服务能力。建立两个"委员之家"；创新履职方式，开展"上门协商"；参加2019年中国宗教法治高端论坛，提高宗教法治理论水平；吸纳界别优秀人才为"建言资政人才库特聘员"，召开社情民意座谈会，走访慰问委员，解决委员面临的难题，推进建言资政和凝聚共识双向发力。（周志清）

【文化文史和学习委员会工作】 2019年，山西省政协文化文史和学习委员会承办"庆祝新中国成立70周年、人民政协成立70周年书画摄影展"，为凝聚共识发力。承办"文化和旅游融合发展"专题议政会，6位委员和专家作重点发言，省有关部门负责人应邀出席并与委员和专家互动交流，形成《关于推进我省"文化和旅游融合发展"的建议》报省委、省政府。抓好委员学习培训，在清华大学公共管理学院举办"山西省政协促进产业升级与转型发展专题培训班"，共培训委员102人、市(县)政协主席和机关干部69人，共计171人。选址筹建山西政协书画院，搜集资料筹备成立山西政协文史馆。挖掘、抢救山西省悠久历史文化，丰富栏目内容，办好《文史月刊》。与龙源期刊网、知网、维普网、博看网合作进行电子版信息网络传播；与北京世纪超星信息技术发展有限责任公司合作，通过下载超星学习通手机App即可在线免费浏览全部内容，打造知识传播与管理分享平台。（周志清）

【港澳台侨和外事委员会工作】 2019年，山西省政协港澳台侨和外事委员会承办"进一步优化营商环境，树立山西对外开放新形象"专题议政会，组织委员调研，积极议政建言，形成调研报告报送省委、省政府。参加省委政协工作调研组，就贯彻落实中央、省委关于加强和改进政协工作的一系列文件精神以及政协工作的创新发展情况调研。组织港澳委员和部分港澳特邀人士围绕优化营商环境、弘扬中华优秀传统文化、山西经济转型发展情况等主题在晋考察调研。协助接待以省政协常委陆惠德为团长，以全国人大代表、全国侨联副主席刘艺良为荣誉团长的澳门工商界人士山西考察团，做好牵线搭桥、沟通协调和宣传推介山西的工作。鼓励支持港澳委员坚定支持特区政府和行政长官依法施政。加强对口联系，党派、界别联系，全年参加有关单位的各类会议活动10余次，承办或参与大型接待活动5次。抓好"三基建设"。按照"一委一品"要求，创建"委员双月恳谈会"制度。利用提案和反映社情民意形式，履职建言。（周志清）

【调研和委员工作室工作】 2019年，山西省政协调研和委员工作室起草省委政协工作会议、《2019年度政协协商工作计划》、省政协党组2019年工作要点、省政协十二届五次至十次常委会议、省政协十二届二次会议、"不忘初心、牢记使命"主题教育、全国地方政协工作经验交流会山西省政协工作经验材料等各类文稿300余件，通过以文辅政，推进政协事业发展，服务全省工作大局。协同配合开展全省政协工作大调研、省政协理论研究会课题调研，掌握第一手资料，为服务大局打下基础。全年收集社情民意信息11000余篇，编报专刊117期，向全国政协报送388篇，全国政协采用95篇，转送相关部门79篇，省领导作出重要批示25次、部门反馈22次。被省委办公厅评为"信息工作先进单位"。协助承办全国政协办公厅在太原举办2019年反映社情民意信息工作座谈会。为驻晋全国政协委员视察、考察、学习做好服务保障。完善委员履职制度管理体系，修订完成《中国人民政治协商会议山西省委员会委员履职工作规则》《中国人民政治协商会议委员视察考察工作条例》，制定《政协山西省委员会加强和改进调研工作实施办法》等，完善委员履职信息化系统和履职考核工作。（周志清）

山西省纪委 监委

Shanxi Provincial Committee for Discipline Inspection of Communist Party of China
Shanxi Provincial Supervision Committee

综述

【从严治党纵深发展】 2019年，中国共产党山西省纪律检查委员会(简称省纪检委)学习贯彻习近平新时代中国特色社会主义思想，以党的政治建设为统领全面加强党的建设，强化对反腐败工作的领导，坚持把严的标准和实的措施贯穿管党治党全过程、各方面，推进全面从严治党向纵深发展。贯彻落实纪检监察工作高质量发展的理念思路和目标任务，各项工作取得新进展新成效。

开展“不忘初心、牢记使命”主题教育，举行专题党课暨全省纪检监察工作会议，针对性地开展调查研究，开好专题民主生活会，抓实整治整改。推动政治监督具体化常态化，举办专题研讨班，成立专项工作办公室，开展课题研究，抓好试点工作，围绕贯彻党章宪法、执行大政方针、遵守政治纪律、履行政治责任等加强监督，处分存在违反政治纪律行为492人，督促党员干部把“两个维护”落实在具体行动上。组织开展专项监督检查，由省纪委监委班子成员带队，深入各市、省直各单位和省管企业、高校，聚焦习近平总书记视察山西重要讲话和对山西工作重要指示批示精神、党的十九届四中全会精神、党中央重大决策部署及省委重要举措等贯彻落实情况，发现问题2358个，逐一推动整改。加强对各市、重点县(市、区)、省管高校党委班子主题教育专题民主生活会的监督指导，督促检视问题、开展批评和自我批评。严把党风廉政意见回复质量关，综合分析信访举报、谈话函询、巡视巡察、审查调查等情况，全省共回复129487人次。召开贯通落实“两个责任”汇报会，现场点评，强化管党治党政治责任；实施精准问责，全省共问责党组织371个、领导干部2152人。

(闫晓雅)

【中央八项规定精神落实】 2019年，省纪检委坚持日常监督和专项检查相结合，健全联动协作机制，组建机动分队，用好“四风”举报平台，强化节点监督检查和重点问题督办，挤压“四风”问题滋生蔓延空间。紧盯错峰违纪、隐形变异等问题，紧盯“关键少数”“退而不休”等重点，从严处理顶风违纪特别是党的十九大后仍然不收敛不收手行为，全省共查处违反中央八项规定精神问题2534起、处理3546人，其中处分2346人。深化整治形式主义、官僚主义问题，贯彻党中央为基层减负要求和省委工作措施，从领导机关和领导干部抓起，推动解决文山会海、督查检查考核过多过频和过度留痕等问题；紧盯党中央决策部署贯彻落实情况等6方面26类突出问题，督促职能部门加强行业监管，整治不敬畏、不在乎，空泛表态、应景造势等行为。对形式主义、官僚主义问题线索，单列台账、优先处置、限时办结，全省共查处5230起、处理7617人，其中处分4729人。抓住普遍性问题和反复出现的问题，梳理落实中央八项规定精神负面清单，推动完善公车管理、公务接待、商务接待、评比表彰、庆典论坛等20项制度规定，构建长效机制，促进作风养成。

(闫晓雅)

【纪检监察规范化建设】 2019年，省纪检委提出“五个过硬”要求，统筹推进政治建设、业务建设、能力建设、作风建设和纪律建设。协同推进全系统“不忘初心、牢记使命”主题教育，用习近平新时代中国特色社会主义思想武装头脑、凝心聚魂，干部理论素养、政治能力、境界情怀提高。落实机关党建工作责任制，强化党支部政治功能。树立“五用五不用”选人用人鲜明导向，用硬标准选硬干部，省纪委监委提名考察、审核批复、选拔选调干部138人次。实施全员培训、提级培训，省纪委监委举办各类培训班研讨班47期，培训各级纪检监察干部1.50万人次，各市纪委监委同步加强乡镇纪检监察干部培训，实现培训全覆盖、质量有保证。加强机关规范化建设，制定山西省纪检监察干部48字行为规范，省纪委监委机关共梳理不规范事项163项，提出规范化措施253条，规范业务工作、日常管理、机关党建和干部行为。制定加强纪检监察干部监督工作意见，加强内部监督管理，曝光典型案例，查处“灯下黑”问题。全省共处置反映纪检监察干部

问题线索1726件，谈话函询933人，组织处理341人，处分154人，移送审查起诉10人。（闫晓雅）

【巡视巡察全覆盖】 2019年，省纪检委贯彻落实全国巡视工作会议和市县巡察工作推进会议精神，突出“两个维护”，聚焦政治责任，围绕学用习近平新时代中国特色社会主义思想、贯彻党的路线方针政策和党中央及省委重大决策部署、履行全面从严治党“两个责任”、执行新时代党的组织路线、落实巡视整改要求等情况，精准发现问题、纠正偏差。推进巡视全覆盖，对10个市、58个贫困县、8个相关省直单位开展脱贫攻坚专项巡视，对23家省管企业、10所省属高校开展常规巡视，实现对贫困县、省管企业巡视全覆盖，十一届省委巡视覆盖率达62.90%。推进巡视整改，省委巡视工作领导小组成员和省纪委监委、省委组织部班子成员参加巡视反馈，增强巡视反馈的严肃性权威性；压实被巡视党组织整改主体责任，强化纪检监察机关、组织部门整改监督责任；组织开展巡视整改“回头看”和专项监督检查，探索形成“建档立簿、跟踪督促、专项检查、对账销号”巡视整改工作机制。建立健全巡视巡察上下联动、协作联动机制，制定出台省直单位党组织开展巡察工作和市县巡察向村级延伸指导意见，推动巡视巡察向纵深发展。市县两级共巡察党组织7583个，覆盖率达72.30%；延伸巡察村级党组织19011个。健全完善36项巡视巡察工作制度，提升规范化、科学化水平。（闫晓雅）

重要会议

【省纪委十一届四次全会】 2019年1月19日在太原举行。省委书记骆惠宁出席会议并讲话。全会由省纪律检查委员会常务委员会主持。全会以习近平新时代中国特色社会主义思想为指导，贯彻党的十九大和十九届二中、三中全会精神，全面贯彻中央纪委三次全会和省委十一届六次、七次全会及经济工作会议精神，总结2018年全省纪检监察工作，部署2019年任务，审议通过省纪委常委会《坚持稳中求进、深化改革创新，为全面拓展党的建设和党的事业新局面提供坚强政治和纪律保障》工作报告。

全会明确，2019年纪检监察工作的主要任务是：突出党的政治建设，落实“两个维护”根本政治任务。深化纪检监察体制改革，进一步把制度优势转化为治理效能。做实做细监督第一职责，在增强监督效能上探索创新、实现突破。完善巡视巡察战略格局，深化政治巡视。破除形式主义、官僚主义，纠“四风”、树新风。围绕巩固发展反腐败斗争压倒性胜利，推进不敢腐、不能腐、不想腐机制建设。持续整治群众身边腐败和作风问题，增强人民群众的获得感、幸福感、安全感。层层传导压力，强化各级党组织管党治党的主体责任。坚持打铁必须自身硬，打造忠诚干净担当的纪检监察铁军。（闫晓雅）

【省纪委十一届五次全会】 2019年8月21日在太原召开。会议由省纪委常委会主持，省委常委、省纪委书记王拥军讲话。会议的主要任务是，坚持以习近平新时代中国特色社会主义思想和党的十九大精神为指导，深入贯彻省委十一届八次全会精神，对全面落实省委管党治党要求进行部署，推动全面从严治党夺取更大战略性成果，为“两转”基础上继续全面拓展新局面提供坚强政治和纪律保障。会议强调，全省各级纪检监察机关要坚持稳中求进工作总基调，坚持实事求是思想方法，按照省委“五个进一步”要求，以钉钉子精神全面落实省委八次全会确定的目标任务。突出抓好政治监督，做到“两个维护”。深化标本兼治，一体推进不敢腐、不能腐、不想腐。持续发力纠治“四风”，巩固拓展落实中央八项规定精神成果。坚持发现问题和整改落实并重，提高巡视巡察质量。推动全面从严治党向农村、机关、国企、高校拓展延伸，全面打通“最后一公里”。发挥纪检监察机关职能作用，激励干部新时代新担当新作为。（闫晓雅）

纪律监察

【规范化法治化水平提升】 2019年，省纪检委常委会自觉对标对表中央纪委国家监委，从省纪委监委机关做起，推动全系统体制机制、方法作风全方位提升。强化党的集中统一领导，研究制定落实党对反腐败工作全过程领导实施细则，规范党委反腐败领导小组职责，梳理、明确党委审核批准事项，省纪委监委向省委书面请示报告工作9次，省委主要领导对纪检监察工作作出批示291件次，报请省委审核批准初核13件、立案72件、采取留置措施18人、作出处分决定24人。强化上级纪委监委对下级纪委监委的领导和指导，细化“两为主一报告”“三为主一报告”具体办法，线索处置、立案审查等情况逐级按时上报，省纪委监委向中央纪委国家监委书面请示报告工作24次，报备采取和解除留置措施67人次，报批延长留置时间28人、从宽处罚建议10人；备案市县纪委监委采取和解除留置措施700人次。完善省纪委常委会议事决策制度，调整班子成员分工，贯通分管监督检查和审查调查、内设机构和派驻机构，实现“前台”和“后台”打通、机关和派驻协同；优化内设机构职能配置，将“四风”问题和第二种形态的执纪审查职责调整至监督检查室，确保监督“长牙”、纪律“带电”。建立特约监察员制度，省监委选聘30名党代表、人大代表、政协委员、党外人士等担任第一届特约监察员。结合党政机构改革深化省纪委监委派驻机构改革，在22个省管企业和41个省委管理领导班子的高校设置监察专员办公室，在3个省管金融企业设置派驻纪检监察组，推进市级派驻机构改革工作，实现派驻监督体制战略性重塑。健全基层纪检监察组织架构，在乡镇纪委（街道纪工委）加挂县级监委派出监察室牌子。对照监察体制改革以来中央层面出台的制度规定，修订监督执纪执法工作办法和其他工作制度，纪法贯通

2019年6月20日，省委常委、纪委书记王拥军（前排左）在临汾市襄汾县古城镇调研为基层减负工作进展情况 （闫晓雅供图）

更加规范，法法衔接更加顺畅。 （闫晓雅）

【监督执纪工作】 2019年，省纪检委提高监督在全局工作中的摆位，聚焦“关键少数”，综合运用信访监督、个别谈话、列席会议、专项检查、提出纪检监察建议等方法，探索实践“六个强化”“四个突出”“三看四必”等有效做法，抓好抓实近距离常态化监督。贯通运用纪律监督、监察监督、派驻监督、巡视巡察监督，探索建立权责清晰、衔接顺畅、协同高效的联动机制，增强“四个全覆盖”监督效能。深化运用监督执纪“四种形态”，综合考虑事实证据、思想态度和量纪执法标准，精准适用每一种形态，体现党的政策和策略。全省共运用“四种形态”批评教育帮助和处理88066人次，第一、二、三、四种形态分别占比70.80%、23.70%、3.10%、2.40%。着眼激励干部担当作为，对不实举报，经集体研判后直接结；对谈话函询，注重把握时机、节奏、频次和方式方法；对初步核实，做到保密、规范、有序，防止影响干部正常工作；对追责问责，突出严肃、慎重、精准，防止问责不力和问责泛化、简单化；对犯错误同志，做好教育回访工作；对诬告陷害，出台处置办法严厉查处。省纪委监委通报7起诬告陷害典型问题，全省纪检监察机关共为103名干部澄清正名。 （闫晓雅）

反腐败工作

【审查调查工作】 2019年，省纪检委突出重点削减存量，零容忍遏制增量。实行班子成员包案、省市县三级联动，对重大案件统一指挥、直查直办；发挥党委反腐败领导小组作用，各成员单位优势互补形成反腐败工作合力。组织开展能源领域反腐败专项行动，制定加强政治监督9条措施，为能源革命综合改革试点清淤除障。省纪委监委查办一批严重违纪违法案件，全省处分省管干部66人。全省纪检监察机关共受理信访举报83023件，同比下降24.10%；立案26445件，同比增长7%；给予党纪政务处分24952人、同比增长5%，组织处理40577人、同比增长45.80%，其中，处分县处级以上干部825人；移送审查起诉793人。在纪法威慑和政策感召下，135人主动向纪检监察机关投案。深化标本兼治，强化以案促改，深挖发案根源，督促有关部门加强教育、健全制度。制定出台强化警示教育意见，摄制警示教育片《初心泯灭的歧路》，编印33名农村“两委”班子成员违纪违法忏悔录，主题教育期间组织阅读忏悔录、观看警示片，集中开展反思剖析；发布审查调查信息，公布巡视巡察进驻、反馈和整改情况，通报曝光典型案例，做到查处一案、警示一片、规范一方。（闫晓雅）

【群众身边腐败和作风问题整治】 2019年，省纪检委深化扶贫领域腐败和作风问题专项治理，省级负总责、市县抓落实，通过巡视巡察和专项监督检查精准发现问题，督促有关部门整治脱贫攻坚中的形式主义、官僚主义问题，聚焦扶贫资金流向和扶贫项目管理持续强化高压震慑。全省共查处扶贫领域腐败和作风问题6009件、6009人。深挖彻查涉黑涉恶腐败及“保护伞”，做实“两个一律复核”，健全涉黑涉恶问题线索快速移送反馈机制，强化领导包案、直查直办、督查督办，推动“打伞破网”取得重大进展。全省共立案查处涉黑涉恶腐败及“保护伞”案件1452件，处理处分党员干部和公职人员2276人，打掉黑恶势力“保护伞”346人。省纪委监委被评为“全国扫黑除恶专项斗争先进单位”。开展人防系统腐败问题专项整治，紧盯4方面11个廉政风险点，综合运用日常监督、巡视巡察等方式筛线索、查问题，通过提级查办、挂牌督办强化案件工作。全省共立案323件、处分219人，推动追缴易地建设费15.36亿元、补建人防工程79.46万平方米。查处民生领域侵害群众利益问题，结合新华社《国内动态清样》反映问题，推动解决教育、医疗、危房改造及“窗口”单位等方面存在的27个突出问题，全省共查处民生领域“微腐败”14407件、14407人。在主题教育中专项整治漠视侵害群众利益问题，强化工作统筹、督促指导，强化工作调度、协调落实，强化上下联动、开门整治，会同17个省直单位整治4类23项具体问题，先后3次公布整治成果。全省共查处涉及漠视侵害群众利益问题12534件、处分6924人。推进生态环保责任追究、违建“大棚房”清理整治、违建别墅清查整治、利用名贵特产类特殊资源谋取私利专项整治、推动减税降费政策落实等工作。

（闫晓雅）

民主党派　工商联

Democratic Parties
Federation of Industry and Commerce

民革山西省委会

【思想政治建设】 2019年，中国国民党革命委员会山西省委员会（简称民革山西省委会）坚持把学习贯彻习近平新时代中国特色社会主义思想，中共十九大精神和十九届二中、三中、四中全会精神，习近平总书记“三篇光辉文献”精神作为首要政治任务，引领民革全省党员树牢“四个意识”，坚定“四个自信”，坚决做到“两个维护”。贯彻“四新”“三好”总要求和“讲政治、重团结、干实事”的具体要求，通过深入开展思想政治建设年、“改革创新、奋发有为”大讨论、“四比四促”活动、“不忘合作初心，继续携手前进”主题教育活动等，强化思想政治引领；按照有学习资料、有学习笔记、有学习体会的“三有”要求，开展政治理论学习，编印《加强民主党派思想政治建设的实践与思考》等理论文章；围绕庆祝新中国成立和多党合作制度确立70周年，举办迎春茶话会、演讲比赛、手机摄影大赛等庆祝活动，凝聚团结奋斗的思想共识，利用山西民革网站、微信公众号等新媒体平台讲好山西民革故事。

3月1日至5月31日，民革山西省委会开展“我为改革创新做什么”大家谈活动。其间，共有74位优秀党员做客山西民革微信公众号“我为改革创新做什么”大家谈栏目，结合自身工作实际，对表中央精神，对标先进，畅谈加强改革创新的思路举措。3月19日，由民革山西省委会承办的山西省民主党派“改革创新、奋发有为”大讨论主题报告会在太原举行。全国政协副主席、民革中央常务副主席郑建邦应邀出席并作《中国近现代政党制度发展之路》的主题报告。副省长、民革山西省委会主委张复明主持报告会。4月24日，民革山西省委会机关干部一行10人到民革江苏省委会机关开展“改革创新、奋发有为”学习交流活动。6月9日至13日，民革山西省委会组织机关干部一行10人到贵州开展庆祝中华人民共和国成立70周年“不忘合作初心，继续携手前进”学习教育活动。10月13日，民革山西省委会向民革中央发出关于申报忻口战役遗址为民革党员教育基地的请示；11月28日，民革中央将山西省忻州市忻口战役遗址命名为民革党员教育基地。12月20日，民革山西省委会获中共山西省委统战部开展的“我和我的祖国”系列主题宣传“三个一”活动先进单位。

（温　斌）

【组织建设】 2019年，民革山西省委会围绕“坚持原则、探索路径、发挥特色、创新创优”做文章，加强组织建设：以领导班子成员任期承诺制为重点，推进领导班子建设；设定量化目标，实施任务逐级分解落实，狠抓高层次人才发展；抓基层夯基础，示范支部创建做到应创尽创，党员之家建设全面推进；推进内部监督工作，廉政教育力度加大，筑牢干部思想防线；干部人事调整合理规范，为各部室负责人配齐配强，机关整体人员架构更趋合理，为高效履行参政党职能奠定组织基础。

1月5日，民革山西省委会召开班子成员述职暨民主生活会，中共山西省纪委监委驻中共山西省委统战部纪检监察组组长相里岩参加会议。4月16日至17日，民革山西省委会2018年度新党员培训班在山西社会主义学院举办。150余名新党员参加培训。10月28日，民革山西省第九期中青年代表人士综合能力提升培训班开班仪式在暨南大学产业经济研究院干部培训中心举行。该次培训为期五天，民革全省中青年代表人士68人参加培训。11月8日，民革山西省委会召开“不忘合作初心，继续携手前进”主题教育活动班子成员民主生活会。民革中央副主席兼秘书长李惠东出席并点评讲话。12月17日至26日，民革山西省委会到运城、阳泉、临汾、吕梁，就示范支部创建、党员之家建设工作开展督导调研。截至2019年底，全省建成民革党员之家52家，有11个市级委员会，4个县级委员会，192个基层组织（其中省直属基层组织25个），共有党员4930人。

（温　斌）

【参政议政】 2019年，民革山西省委会完善各项参政议政工作机制，按照

2019年6月26日至27日，副省长、民革山西省委会主委张复明（前排中）带队深入方山县开展脱贫攻坚民主监督 （温 斌供图）

“一把手工程”的工作要求，发挥“火车头”引领示范作用，各级组织坚持领导同志会商研定重大课题，各级主委带头开展调查研究、带头撰写提案信息；依托机关信息载体和“处理器”功能，建立建言献策信息库机制，对各级组织和党员报送的信息、提案素材筛选分类、整理修改上报；强化“关键少数”中流砥柱支撑，发挥省人大代表、政协委员以及专委会作用，精选参政议政骨干和各行业各领域专家学者，建成覆盖“三农”、社会法制、组统等方面的专业参政议政队伍；发挥培训班效力，定期对全省参政议政骨干培训。全年民革山西省委会建言献策类信息被全国政协采用1篇，中央统战部采用6篇，民革中央采用7篇，省政协采用6篇，省委统战部采用13篇；获省领导批示10次。

1月25日至29日，民革山西省委会在山西省政协十二届二次会议期间共报送集体提案27件，其中《易地扶贫搬迁要“安居”更要“安心”》作为大会发言。《关于推进医养结合发展的建议》《关于加快甲醇汽车推广应用的建议》获列为重点督办提案。4月21日至27日，民革山西省委会在东南大学举办民革山西省委会参政议政工作青年骨干培训班，来自全省各级组织的85名学员参加培训。培训后收到学员撰写的社情民意信息90余件。12月25日，中共山西省委召开党外人士通报会，中共山西省委常委、省纪委书记、省监察委员会主任王拥军通报全省党风廉政建设和反腐败工作情况，中共山西省委统战部常务副部长师帅通报省委经济工作会议情况。民革山西省委会负责人参加。12月27日，中共山西省委召开党外人士通报会，通报2019年以来全省法院、检察院工作情况，听取各民主党派省委会、省工商联和无党派人士代表的意见建议。民革山西省委会负责人参加。 （温 斌）

【社会服务】 2019年，民革山西省委会突出重点开展脱贫攻坚民主监督，把民主监督过程变成发现问题、解决问题的过程；“智志”双扶，探索创新产业扶贫新模式。搭建平台，开展普法活动体现党派特色和责任担当，在全省建立民革法律义务服务站26个，实现省内地市全覆盖；打造品牌，联合省、市中山艺术院连续五年赴未管所帮教慰问。

1月18日，民革山西省委会负责人带领民革太原市委会及省市中山艺术院、中山书画院5年来第6次走进山西省未成年犯管教所开展以“传递尚美信念、助力文化改造”为主题的帮教慰问活动。5月12日，民革山西省委会负责人带领民革山西省直高校及医卫系统党员到武乡县韩北乡石圪垤村开展帮扶活动，建立“乡村医生培训基地”，培训102名乡村医生。8月16日，民革山西省委会在兴县举行响应全省统一战线“百千百”助力攻坚深度贫困工程捐赠仪式。15名民革党员结对帮扶15名兴县贫困大学生，每人每年资助5000元，已连续资助两年。10月16日，民革山西省委会组织部分民革党员企业家赴中阳县参加全省统一战线“消费扶贫中阳行”暨现场推介会。10月26日，民革山西省委会在吕梁市方山县积翠乡代居村举办“情系积翠”法律、科技、卫生、文化“四下乡”活动，民革山西省委会负责人参加。

（温 斌）

【促进祖国统一】 2019年，民革山西省委会挖掘山西省独特的根祖文化、关公文化等历史文化资源，创新祖国统一工作思路，开展涉台参政议政、加强两岸交流工作。在建言献策中体现价值，持续关注山西省抗战遗址文物保护与利用，撰写《关于申请忻口战役遗址为全国重点文物保护单位的建议》等提案。

1月16日，民革山西省委会在太原主持召开纪念《告台湾同胞书》发表40周年学习座谈和开展“两岸一家亲，迎新送春联”活动。2月12日至17日，“第十八届台湾高校杰出青年到大陆参访团”（简称“杰青团”）一行36人到晋参访，民革山西省委会突出“寻根拜祖”主题，创新聘请研学导师，安排“杰青团”到太原、晋中、临汾、运城四地，感受三晋灿烂的古文化，体悟古中国悠久的历史，领略山西美好风光。4月1日至4日，民革中央副主席张伯军，台湾新党主席郁慕明与两岸专家学者、台湾青年菁英等一行到山西省忻州、大同等地开展“长城与抗战缅怀之旅”活动。参访团在晋期间，中共山西省委副书记林武会见郁慕明主席一行，张复明参加会见。9月9日至

12日，民革山西省委会到安徽参加民革全国祖国统一工作会议。会上，民革山西省委会获评为民革全国祖国统一工作先进集体。山西王静、丁峰、温雪钢三人获评为民革全国祖国统一工作先进个人。9月22日，由民革山西省委会与中共山西省委台办、山西省文联、运城市政协共同主办的海峡两岸青年“关公文化与中华民族伟大复兴”书画展在运城开展。民革中央副主席张伯军、中国书协主席苏士澍、中华文化促进会主席王石、民革山西省委会主委张复明、台湾新党主席郁慕明等出席活动。11月27日至29日，民革山西省委会到福建莆田考察学习当地发挥妈祖文化优势开展对台文化交流的经验和做法，打造关公文化祖统品牌。（温 斌）

民盟山西省委会

【思想政治宣传】 2019年，中国民主同盟山西省委员会（简称民盟山西省委会）先后获民盟中央授予的“民盟机关建设模范集体”“民盟思想政治建设和宣传工作先进单位”“参政议政工作优秀成果奖”“反映社情民意信息工作二等奖”“中国民主同盟组织工作优秀集体奖”“民盟社会服务工作先进集体”等多项奖项。

民盟山西省委会始终把思想政治建设摆在首位，将学习贯彻中共十九大精神和习近平新时代中国特色社会主义思想、“三篇光辉文献”精神和习近平总书记系列重要讲话精神作为学习重点，加强思想引领，增进政治共识，夯实多党合作的共同思想政治基础。

2019年，民盟山西省委会参与在全省上下开展的“改革创新、奋发有为”大讨论，将大讨论活动开展情况报送至省委督导组、省委统战部，编发活动简报32期，全方位、多角度展示民盟山西省委会在开展大讨论中所取得的成效。

开展“四比四促”活动，深化广大盟员对新时代中国特色社会主义参政党职责使命的认识，筑牢多党合作的思想政治基础，编发简报40期。

民盟山西省委会开展“不忘合作初心，继续携手前进”主题教育活动。在活动中，省市领导班子成员到基层盟组织走访调研宣讲累计达99次，全省各级盟组织共举办专题培训班、论坛讲座、宣讲报告会等168场，盟员参加人数6856人次；举办各类书画展、摄影展、文艺演出、录播快闪等活动125场，盟员参加人数达3629人次。编发主题教育活动简报35期。

民盟山西省委会每周三机关“学习讲堂”，设立中共十九大理论学习环节，由各部室轮流领学《习近平新时代中国特色社会主义思想学习纲要》；拓展学习平台，利用《山西民盟》、微信公众平台、网站，组织盟员交流学习心得，畅谈学习体会；创新报道形式和载体，发挥《山西民盟》期刊、民盟山西省委信息网、山西民盟微信公众号等作用，编发开展活动报道。

此外，民盟山西省委会开展“庆祝新中国成立70周年——民盟书画家看山西”文化调研活动；同北京、天津、河北、内蒙古自治区盟组织联合举办“庆祝中华人民共和国成立70周年——中国民主同盟华北五省市区书画联展”。（严 珺 梁俊娜）

【理论研究】 2019年，民盟山西省委会理论研究工作推进。由理论研究课题组承担的《浦熙修传略》获“民盟中央理论研究课题一等奖”。承接并完成民盟中央课题“民盟加强组织建设的实践与探索”，承接并完成中共山西省委统战部的“民主党派基层组织建设情况调查”课题。为民盟湖北省荆州市委会建立邓初民先生陈列馆提供民盟先贤邓初民在山西工作、学习、生活的大量史料。

（严 珺 梁俊娜）

【参政议政】 2019年，民盟山西省委会完成11个年度重点课题调研，完成1项民盟中央“深化农村改革，全面实施乡村振兴战略”重点调研课题，协助民盟中央完成1项“扶持山西博导点建设”的调研课题，完成1项山西省政协农技推广队伍建设问题监督性调研课题。

在山西省政协十二届二次会议上，民盟山西省委会共提交大会发言3篇，集体提案51件，其中立案49件。民盟山西省委会常委、山西农业大学委员会主委杜俊杰代表民盟山西省委会作题为《探索农业托管模式助力农村产业振兴》的大会发言。《关于煤炭分级分质利用的建议》《关于促进智能制造人才培养的建议》获确定为重点督办提案。上报民盟中央提交全国政协十三届二次会议的提案4件，《破除制度障碍 充分发挥要素配置在乡村振兴中的重要作用》获民盟中央作为书面发言提交至全国政协十三届二次会议。在民盟山西省委十一届十次常委会上，有45件提案经过与会代表讨论提交省政协十二届三次全会。

2019年，民盟山西省委会共报送社情民意信息626篇，获全国政协采用30篇，民盟中央采用28篇，省政协采用79篇。在民盟中央社情民意信息通报中，一二季度取得第4名的历史最好成绩；在山西省政协信息工作中一直高分领先。《关于将社会组织优秀人才纳入“三晋英才”计划的建议》《建议突出技术创新在山西能源革命综合改革试点中的核心地位》2篇信息得到分管副省长的批示。《关于建立外国人收养中国子女跟踪机制的建议》信息获中央统战部《零讯》采用，报中央领导。《借举办二青会之契机 同期申办国际飞行大会暨中国航空科技节的建议》《建议密切关注“晋陕豫黄河金三角”区域经济协同发展》《关于在运城地区打造华夏酒祖文化特色园区的建议》获中共山西省委统战部《直言简讯》采用。

（严 珺 梁俊娜）

【“6个1”中长期调研规划】 2019年，民盟山西省委会“6个1”中长期调研规划全面铺开，11个市委会跟进。

以“1个乡村”开展的宋家沟调研，形成25万字书稿《乡村调研：宋家沟》，于2019年3月由商务印书馆出版发行。

以“1个中（小）学”开展的调研，

是以五台县东冶镇北大兴学校为基础、以全省范围内百所乡村学校为目标的“乡村教育调研”，截至2019年底，在3个市的5所学校进行调研，完成1283份调查问卷，对25位代表性人物深度访谈，形成3万余字调研报告。此外，民盟山西省委会与中国社会福利基金会暖流计划公益基金携手，为五台县东冶镇北大兴学校捐赠价值17万余元的爱心羽绒服，配备暖流教室一间。

以“1个企业”开展的调研，民盟山西省委会经过一年多的调研，促成山西大学光学与光量子器件国家重点实验室与中国光大银行太原分行建立基于连续变量的量子保密视频通话系统。

以“1个景区”开展的调研，调研组多次走访省环保厅、省水利厅、省发改委等部门，查阅大量资料，数次到汾河源头、吕梁市岚县岚河流域实地考察、水体取样，形成调研报告《开展汾河流域“质效”提升工程，夯实流域生态环境治理成效》。

以“1个城镇”开展的调研，对山西省运城市的新绛县、绛县的文物活化利用实地考察，经过充分考证，形成《关于我省国保单位“活化”利用现状调研报告》。

以“1个社区”开展的调研，调研组主动与太原市新南二社区取得联系，将城市社区作为新时期推进社会服务工作的重要基地和收集反映社情民意的调研基地，探索新时期社会服务工作模式，开展义诊活动、文化惠民等社会服务活动。

（严　珺　梁俊娜）

【社会服务】 2019年，民盟山西省委会结合“乡村教育”重点调研课题，开展“关爱乡村儿童”系列活动，分别到忻州市岢岚县宋家沟小学、静乐县段家寨中学、五台县北大兴学校、临汾市贺家庄乡小学、吕梁市董寺伯乐希望小学等5所学校开展成长留影、捐赠图书、阅读经典等关爱活动，对乡村儿童的心理健康状况、身体健康状况进行基础检查，形成体检和心理测试报告，以及3万余字的调研报告。

民盟山西省委会巩固“烛光行动”“黄丝带”帮教活动等社会服务品牌，动员社会力量，先后开展捐资助学活动，教师节电影招待会和大型义诊活动，科技扶贫进校园捐赠活动。“爱心大讲堂”是民盟山西省委会帮教工作的品牌项目，从2013年7月开设以来，已在全省监狱场所举行十多场专题讲座。（严　珺　梁俊娜）

2019年，民盟山西省委会结合“乡村教育”重点调研课题，开展“关爱乡村儿童”系列活动 （严　珺供图）

【组织建设】 截至2019年12月31日，山西省民盟盟员总数为11355人。全省共有61个省直属组织，包括11个市级委员会、9个高校委员会、9个总支、32个支部。

民盟山西省委会推进实施“人才强盟”战略，增强组织发展的计划性、主动性和针对性，坚持教育培训与实践锻炼并重，完善代表人士和后备干部队伍培养选拔机制，盟员发展数量稳步增长，盟员结构和层次改善，整体素质提高。

通过修订完善《民盟山西省委员会领导班子成员、秘书长分工联系制度》，制定《民盟山西省委员会常委分工联系制度》，建立专兼职领导班子成员的岗位责任制，结合领导班子成员的专业特长和岗位优势，科学合理分工，完善、落实领导班子联系基层组织制度，发挥领导班子的整体作用。

（严　珺　梁俊娜）

【民盟十二届七次中常会】 2019年6月4日至5日，中国民主同盟第十二届中央常务委员会第七次会议在山西太原举行。全国人大常委会副委员长、民盟中央主席丁仲礼在开幕会上讲话。全国政协副主席、民盟中央常务副主席陈晓光主持开幕会议。中共山西省委常委、统战部部长徐广国代表中共山西省委致辞，山西省人大常委会副主任李悦娥，山西省政协副主席、农工党山西省委主委李思进到会祝贺。民盟中央副主席张平在闭幕会上作总结讲话。民盟中央副主席徐辉主持闭幕会。（严　珺　梁俊娜）

【民盟山西省委十一届四次全体（扩大）会议】 2019年3月20日，民盟山西省十一届四次全体(扩大)会议在太原举行。中共山西省委统战部常务副部长师帅应邀出席会议并讲话。民盟山西省委会主委主持会议并代表第十一届常务委员会作工作报告，盟省委副主委、省委委员、智库成员、各专委会主任、监委会委员以及盟省委机关部门负责人160余人参加会议。

（严　珺　梁俊娜）

【14 位盟员获"庆祝中华人民共和国成立 70 周年"纪念章】 在中华人民共和国成立 70 周年之际，山西省 14 位盟员荣获由中共中央、国务院、中央军委联合颁发的"庆祝中华人民共和国成立 70 周年"纪念章。

获得纪念章的 14 位盟员分别是：民盟山西大学委员会的马兆丰、郭威孚，民盟太原理工大学委员会的丁克元、杨毅、侯萱，民盟山西医科大学委员会的包淑和、彭代忠，民盟太原师范学院委员会的白松鹤，民盟太原科技大学委员会的唐风，民盟山西省农业厅总支部委员会的高仰之，盟省委机关退休干部石生，民盟晋中市委会的周悦，民盟临汾市委会的乔木和民盟新绛支部副主委、运城市新绛县绛州澄泥砚研制所所长蔺涛。

（严 珺 梁俊娜）

民建山西省委会

【理论学习】 2019 年，中国民主建国会山西省委员会（简称民建山西省委会）把学习贯彻习近平新时代中国特色社会主义思想，作为重要政治任务和开展一切工作的主线，贯穿到全年工作的各个领域，体现到全省各级组织的各项任务，落实到凝心、聚力的各个环节。具体做到"三坚持四结合"，即坚持领导班子领学促学，召开 5 次主委会、4 次常委会集体学习；坚持省委会机关干部每周学习，全年共学习近 50 次；坚持骨干会员的培训学习，先后在哈尔滨商业大学、厦门大学、山西社会主义学院举办多批次培训班。把学习贯彻与"不忘合作初心、携手继续前进"主题教育相结合，做到思想上对标对表、行动上紧跟紧随；与重温习近平总书记"三篇光辉文献"相结合，把握山西经济发展格局，增强重整行装再出发的使命感和紧迫感；与学习中共山西省委十一届八次、九次全会精神相结合，发挥组织特色优势，坚定服务转型综改的信念信心；与庆祝中华人民共和国成立 70 周年系列活动相结合，开展征文、艺术展活动，举办座谈会、文艺演出等，汇聚礼赞新中国、奋进新时代的浓厚氛围。通过不断地强化学习，引导全体会员，对照"四新""三好"的要求，不断提高政治站位、凝聚政治共识，增强"四个意识"，坚定"四个自信"，做到"两个维护"。

（张云鹏）

【主题教育】 2019 年，民建山西省委会将"不忘合作初心，继续携手前进""四比四促"主题教育活动作为加强思想政治建设的主载体和主抓手，全年围绕加强理论武装、巩固政治共识、强化责任担当、推进自身建设四大重点目标，创新思路，细化措施，扎实开展，确保主题教育取得效果。在做好常规动作的基础上，创新开展四项活动：观先贤故居。省委会先后组织会内代表人士和机关干部先后到延安、梁家河、孙起孟故居等地瞻仰学习，重温中国共产党带领全国人民浴血奋斗的光辉历程，学习民建先贤爱党爱国爱会的优良传统，感受习近平总书记的为国为民情怀，坚定山西民建建功新时代的信心和决心。强规矩规则。规矩意识是凝聚力战斗力的核心问题。省委会细化梳理民建省委会各项制度，建立完善工作规则、预案，强化规矩意识，严格制度执行，从省委会机关建设抓起，以机关带全会，促进民建自身建设上水平。办摄影大展。结合庆祝新中国成立 70 周年，从全国 23 个省（区、市）征集 300 余幅民建会员摄影作品，评选出 104 幅优秀作品参加第 19 届平遥国际摄影大展。抓骨干培训。骨干会员是民主党派组织的未来。强化骨干会员培训，在多期培训班中注重将政治培训放在首位，将思想引导摆在前面，从培训中发现人才、识别人才，为山西民建培养和发现一批骨干力量。

（张云鹏）

【民主协商】 2019 年，民建山西省委会落实中共山西省委办公厅印发的《山西省 2019 年政党协商计划》精神，做好文件精神对政党协商工作的要求，围绕文件精神和协商议题做好建言献策的组织实施。参加中共山西省委、省政府、省委统战部组织的人事通报协商会、党风廉政建设和反腐败工作情况通报会、《政府工作报告》征求意见座谈会、全省法检两院工作情况通报会、全省经济运行情况通报会，提出诸多建设性意见建议，受到中共山西省委省政府领导的重视和肯定；积极参加中共山西省委经济工作会议，为推动山西省经济社会发展发挥作用，为坚持好、维护好我国新型政党制度在山西的发展和完善贡

2019 年 8 月 9 日，民建山西省委会就构建亲清政商关系进行专题调研

（张云鹏供图）

献力量。(张云鹏)

【参政议政】 2019年,民建山西省委会围绕省委、省政府中心工作,按照民建中央年度重点调研课题方向,找准履职尽责的切入点和突破口,确定"关于推进我省创建国家农村产业融合发展示范园的建议""关于我省推进能源革命路径选择的建议"等年度重点课题调查研究,9篇调研成果获得省委会年度调研课题评审优秀奖。在社情民意反映方面,全年向民建中央、山西省政协、山西省委统战部报送信息223篇,相比上年提高16%,获采用23篇,相比上年提高35%,多篇获中央统战部《零讯》和省委统战部《直言简讯》采用,建言献策工作取得较好成绩。在省政协十二届二次会议上报送提案立案39份,其中《关于加快我省煤基制油的几点建议》进行大会发言,《加快推进我省养老服务业发展的四点建议》等提案被省政协列为重点提案,省政府有关领导领办。

(张云鹏)

【社会服务】 2019年,民建山西省委会多形式服务脱贫攻坚。坚持以习近平总书记关于扶贫工作的重要论述为根本遵循,开展脱贫攻坚民主监督,开展民营企业发展情况大调研,举办民营企业创新与高质量发展研讨会,为全省决战完胜脱贫攻坚献计出力。大力度参与脱贫攻坚。参加省委统战部开展的助力攻坚深度贫困"百千百"工程。动员会员企业家为贫困地区捐款捐物和"三下乡"服务,累计向贫困地区捐款捐物近1000万元,其中受助贫困学生500多人。对10名捐助学子实施"爱在永和"帮扶研学活动,邀请受帮扶学子及部分民建爱心企业家面对面座谈,一同走进山西综改示范区感受企业经营发展,参观山西省博物院领略文化历史变迁。全方位推进脱贫攻坚。贯彻落实民建中央定点扶贫工作领导小组会议精神,主动参与民建中央定点扶贫点的帮扶工作,组织会员企业家到河北丰宁县扶贫调研,捐赠价值近20万元的服装、近8万元的小家电,捐建1个5万元的爱心超市,达成多个消费扶贫意向。(张云鹏)

【组织发展】 2019年,民建山西省委会紧扣中共中央关于加强参政党建设三个文件,组织会员参加以加强中国特色社会主义参政党建设为主题的各类专题研讨班和知识讲座,举办基层组织负责人"三个文件"精神学习交流座谈会及培训班,制定细化落实方案。要求省、市两级组织班子成员分别到各自所联系的基层组织开展调研指导,召开市委委员座谈会,交流经验、倾听意见,多次协调解决落实中的具体困难,确保文件精神在全省落细落地落实,夯实自身建设基础。截至2019年底,全省共有会员6198人,本年度发展会员334名,中青年占比75%以上,中高级知识分子占比75%以上,非公经济人士占比75%以上,这三个75%在山西各党派中分别最高。(张云鹏)

【培训与考核】 2019年,民建山西省委会根据民建中央的要求和省委会的工作安排,先后在哈尔滨商业大学、厦门大学、山西社会主义学院等举办五期专题培训班,对市级领导班子、基层组织负责人、宣传、参政议政骨干会员400余人进行专题培训,用新思想武装会员头脑、提升会员协助各级组织履职尽责和参政议政能力。向民建中央和中共山西省委统战部举办的中青年骨干培训班,厅级干部培训班推荐学员,组织会员参加中共山西省委统战部组织的统战系统大讲堂。据不完全统计,全年参训人员5000多人次。

民建山西省委会落实民建中央制度建设领导小组会议要求和民建中央主席郝明金主席关于制度建设指示精神,在制度落实上查找短板,针对薄弱环节制定措施。贯彻会内监督条例,在修订40项内部规章的基础上,常委会研究制定《中国民主建国会山西省第九届委员会委员履职管理办法》,明确委员职责,把委员管理纳入制度化、规范化管理的轨道,队伍建设得到保证。研究出台《2019年度民建山西省委会市级组织工作考核办法》《民建山西省委会关于评选特色基层组织的方案》《民建山西省委会调研课题管理办法》,实现省委会对市级组织工作首次全面考核、对特色支部建设首次进行量化评比、对建言献策调研成果首次评优奖励,对各级组织和会员触动极大,务实创新的积极性在会内发挥。16个"会员之家"挂牌成立,组织凝聚力提升,履职热情提高,人才队伍建设有较好发展势头。(张云鹏)

民进山西省委会

【组织现况】 中国民主促进会山西省委员会(简称民进山西省委会)于1984年2月14日成立。截至2019年底,机关编制25人,在职21人。设一室四部,即办公室、组织部、宣传部、社会服务部、参政议政部。

全省民进会员总数为6422人,其中女会员3086人、离退休会员1487人,平均年龄为49.60岁。成员界别分布:教育界占60.60%(其中高教11.80%),出版传媒界占2.80%,文化艺术界6.70%,科技界3.20%,医卫界11.60%,其余为人大、政协、政府、司法、党派机关,社会团体,公有制经济,新的社会阶层人士等中高级知识分子。

会员中,担任全国人大常委会委员1人,担任全国政协委员1人;担任省市县级人大代表的有111人,担任省市县级政协委员的有664人。

(赵柱家)

【政治学习】 2019年,民进山西省委会增强政治自觉,加强政治学习,系统学习习近平新时代中国特色社会主义思想,持续推动习近平新时代中国特色社会主义思想入脑入心,增进广大会员对中国共产党和中国特色社会主义的政治认同、思想认同、理论认同、情感认同。提高政治站位,第一时间传达、及时跟进学习贯彻习近平总书记考察山西重要讲话重要指示精神、在中共中央十九届四中全会上的重要讲话精神,通过主题教育活

动推进会、常委会、机关周五学习会等深入开展学习研讨，不断扩大学习成果。顺应形势要求，联系山西民进发展实际，有针对性地重点学习《中共中央关于加强中国特色社会主义参政党建设的意见》等三个文件精神、习近平总书记在党外人士座谈会上的重要讲话和新型政党制度重要论述，为全面加强自身建设提供有力的思想保证和精神动力。

举办两期学习培训班，近400名会员参加；在全省11个市举办庆祝新中国成立70周年书画作品巡展，抒发广大书画界会员爱党爱国的炙热情怀；参观黑茶山四八烈士纪念馆传承红色精神，引导全省各级民进组织和广大会员继承弘扬民进优良传统；注重经常性教育和重点性教育相结合，在阳泉、太原、朔州、大同等地开展“学习中共十九大精神、做时代新人”和“弘扬爱国奋斗精神、建功立业新时代”宣讲活动，推动学习活动从“关键少数”向广大会员延伸。

（赵柱家）

【理论研究】 2019年，正值新中国成立70周年、人民政协成立70周年之际，民进山西省委会开展主题征文活动，征集论文200余篇。参加民进中央、中共山西省委统战部参政党理论研究课题竞标活动，中标山西统一战线智库课题1项。开通山西民进网上会史展览馆，进行会史整理和宣传工作，丰富和完善全省各级民进组织特别是基层组织的会史资料，推动会史档案的电子化建设，构建起开展会史教育和会史研究新平台。（赵柱家）

【宣传报道】 2019年，民进山西省委会发挥“一网一号一刊一报”的协同效应，加强宣传报道，持续营造全省民进开展自身建设和履职尽责的浓厚氛围。全年出版会刊4期，编印工作简报51期，编印“四比四促”和主题教育活动简报41期。山西民进微信公众号编发稿件216篇，阅读人数6.10万人次，累计阅读量10.30万次。山西民进网站编发文稿253篇，民进中央微信公众号和网站、《民主》刊物、《团结报》(网)、《山西日报》《山西政协报》、中共山西省委统战部网站及刊物等刊发各类稿件290余篇，多角度多层次展现山西民进对外宣传新形象。省委会获民进中央评为2019年会刊先进单位。在民进中央主题教育活动总结大会上，省委会作为3个省级发言单位之一，做典型经验交流。

（赵柱家）

2019年9月11日，民进山西省委会围绕山西文旅事业发展，在太原召开研究座谈会 （赵柱家供图）

【参政议政】 2019年，民进山西省委会围绕重点课题开展调查研究，议政建言，开创履职工作新局面。

参与政治协商。围绕中共山西省委、省政府重大决策和重要人事安排、经济形势情况通报及省政府工作报告、省政协的重要协商议题、省纪委监委的反腐倡廉举措等参与协商10余次，就塑造良好社会风尚、增强山西省会展业发展软实力、开展护工劳务派出、推进养老事业的发展等提出意见建议。在政府工作报告征求意见座谈会上，省委会共提出16条修改意见建议，其中10条建议被采纳，为山西省改革发展科学决策提供重要参考。

开展调查研究。按照中共山西省委部署，围绕山西省会展业发展及山西省对外劳务输出等重点调研课题，创新性开展线上和线下专题调研活动。发挥上下联动机制的协调作用，安排各市同步调研，拓展调研深度广度。截至2019年底，形成8项系列化调研成果报送中共山西省委省政府研究落实。一年来，省委会围绕“优化营商环境，激发微观主体活力”开展调研，形成的《原料药垄断现象亟需引起高层重视》报送省有关部门供决策参考。围绕“山西非国有博物馆建设发展”，召开省非国有博物馆馆长座谈会，到成都考察了解当地发展的新理念新举措新实践，形成的建议成果为山西省非国有博物馆建设发展发挥正向助力的作用。围绕山西省精神文明建设调研，形成的《关于塑造我省良好社会风尚的建议》受到省主要领导的积极评价。深耕厚植文化领域，围绕文旅事业发展调研座谈，形成《双向发力推动文旅融合落地落实》报送有关部门，持续助力山西省文旅事业发展。

围绕中心议政建言。向省政协十二届三次会议提交集体提案41件，做题为《从教育源头入手 为培养文旅人才贡献力量》的大会发言。参与民进中央提案工作，获民进中央2019年参政议政成果二等奖1项。反映社情民意信息，向民进中央、省政协、中共山西省委统战部分别报送信息92

篇、137篇、49篇,分别被采用8篇、16篇、2篇。全国政协采用4篇,中央统战部采用2篇,1篇得到国务院副总理胡春华批示。在省政协、中共山西省委统战部关于社情民意信息工作2019年度各民主党派考核评比中,省委会分值均排名前列。 (赵柱家)

【社会服务】 2019年,民进山西省委会发挥文化界别优势,组织开展"春联万家"活动,举办"弘扬爱国奋斗精神 建功立业新时代"高雅艺术进校园吕梁学院专场文艺演出。发挥教育界别优势,先后开展"金融知识进校园""世界读书日,为青春中国接力阅读点赞""美的传承——百幅书法作品进校园"等公益讲座和阅读活动。在阳泉杨家庄学校开展智力支教活动,在太原市社会(儿童)福利院开展"六一"献爱心活动。发挥医卫界别优势,在太原市西温庄乡等地举办医疗义诊及医学科普知识讲座,组织民进山西省肿瘤医院支部、民进汾阳总支在汾阳友爱医院联合建立医疗服务工作站,推进优质医疗资源下基层。 (赵柱家)

【星级创建】 2019年,民进山西省委会推进基层组织建设主题年工作,在推动基层组织实现"强组织、增活力、有作为"的目标和"三个全覆盖"上取得成效。制定《星级创建指南》《星级创建图表》《星级基层组织管理奖励制度》,对基层组织星级创建提出达标指标和提升指标的新要求新标准,完善责任机制、考评机制和管理机制。开通山西民进智慧组工系统和山西民进网上会史展览馆,架起直达各级组织和广大会员的连心桥,为互学互鉴提供新载体。《基层组织工作记录本》《基层组织学习制度》《建立健全基层组织与同级中共党组织加强联系的制度》《山西民进智慧组工和山西民进网上会史展览馆系统管理制度》等10余项制度的制定执行,激发基层组织活力。优化组织结构,成立民进山西省三晋文化支部、民进山西省心血管病医院支部。优化支部设置,民进太原理工大学委员会设置成立4个支部。在民进全国组织工作会议上,山西省3个市委会、17个基层组织获授予先进地方组织和先进基层组织称号,20名会员获授予先进个人荣誉称号,省委会机关领导作经验交流发言。民进中央《组工信息》专报第2期、民进中央网站和微信公众号、团结网对省委会星级创建活动专题报道。 (赵柱家)

【人才强会】 2019年,民进山西省委会按照《民进山西省委会2019年—2022年组织发展规划》,做好会员发现、发展和培养工作。发展新会员271名,制定入会联系人制度,实行入会前培训制度,开展会前培训,举行入会仪式,健全完善人才工作机制,为蓄足人力资源提供支持。高层次会员发展培养取得新成效,有3名会员获"庆祝中华人民共和国成立70周年"纪念章,1名会员入选"国家百千万人才工程",1名会员当选地市副市长,1名会员担任市政协副主席,1名会员当选县级市副市长,1名机关干部下基层实践锻炼。 (赵柱家)

农工党山西省委会

【思想建设】 2019年,中国农工民主党山西省委员会(简称农工党山西省委会)加强学习教育。召开会议集中学。召开21次专题会议,传达学习、深刻领会重要精神。借助网络创新学。引导广大党员通过"学习强国"平台,开展自主学习。走出省外实践学。省市组织到贵州联合举办"不忘合作初心,继续携手前进"主题教育暨"四比四促"活动学习班,开阔学员们的视野。对标一流借鉴学。到民进山西省委会机关和农工党贵州省委会机关开展学习交流,激发机关干部创新工作的主动性与积极性。先进典型领路学。召开2场先进典型宣讲报告会,引导广大党员争做新时代的奋斗者。专家授课感悟学。承办首期山西省民主党派主题教育活动大讲堂,邀请专家学者作关于遵义会议精神的专题报告,教育广大党员继承发扬长征精神,共同走好新时代的长征路。

开展"改革创新、奋发有为"大讨论。骨干队伍先行。对代表人士和骨干党员专题培训,提高综合素质和履职能力,为发挥干事创业领头雁作用提供保障。各级组织联动。7个市委会和全省基层组织全部召开动员部署会,开展形式多样的活动。抓好整改落实。向各级组织征求意见建议161条,建立问题与整改清单,逐条整改落实。

举办庆祝中华人民共和国成立70周年系列活动。开展"我和我的祖国——辉煌70年·同心筑梦"主题征文活动。收到77篇征文,微信公众号选登部分优秀征文。开展"同心共祝祖国好" 随手拍活动。在收集的220余件作品中优选出100件进行展出。各市委会同步举办摄影展。开展"不忘合作初心,继续携手前进"微视频创作活动。部分市委会、省直基层组织创作5部作品,以影像反映自身建设、参政议政、社会服务等方面取得的成果。举办书画摄影展活动。承办农工党中央"美丽中国"美术作品展全国巡展(山西站)活动,举办7场主题教育书画作品巡展。省委会获农工党中央颁发的"优秀组织奖"。开展选树"弘扬爱国奋斗精神、建功立业新时代"优秀典型活动。向农工党中央选送星创活动、"百千百"工程结对帮扶、庆祝改革开放40周年主题征文三个方面的优秀工作成果和三名身边的榜样事迹。省委会获由中共山西省委改革办、省委宣传部、《山西日报》联合颁发的庆祝改革开放40周年主题征文活动"优秀组织奖"。

组织理论征文活动。政协理论研究。向农工党中央和省政协报送21篇关于人民政协成立70周年的理论文章,其中2篇荣获农工党中央2019年理论研究二等奖,1篇获三等奖。统战理论研究。向中共省委统战部报送18篇关于加强和改进统一战线工作的征文。山西工商学院委员会提交的《战动总会在山西的社会动员方式研究》调研课题获得中共省委统战部最高资助金额。党史理论研究。向农工

党中央报送4篇研究成果。

加快宣传阵地建设。新建省委会网站，全面规范版块建设与管理工作。加强“山西农工”微信公众号内涵建设，订阅人数增长28%，在《团结报》团结网微信公众号发布的农工党省级组织微信公众号“团结指数”排行榜中。（杨　露）

【组织建设】　2019年，农工党山西省委会强化省委会领导班子建设。坚持民主集中制。召开10次主委会议，重大问题和重要事项全部通过集体研究决策。按照大讨论和主题教育活动要求，召开两次省委会领导班子专题民主生活会，班子成员结合会前征求的意见建议深入对照检查、开展批评与自我批评、提出整改措施。严格落实领导班子成员联系基层工作制度。班子成员全部参加并指导所联系基层组织的活动与工作，推动基层组织建设。规范基层组织建设。开展星级基层组织创建活动。修订完善工作方案与考评体系，丰富组织活动、参与省委会重要活动。对123个基层组织进行星级评定，其中五星25个、四星24个、三星51个、二星14个、一星9个。开展基层组织创优活动。结合星创考评结果，授予34个基层组织“2018年度先进基层组织暨星级基层组织创建示范点”、31个基层组织“2018年度先进基层组织”称号，发挥示范带动作用。推进农工党党员之家建设。研究制定党员之家建设指导意见和管理办法，制作党员之家牌匾和活动记录手册，从统一名称、固定场所、宣传展示、管理制度等各个方面规范指导。按照“一地一家”“一家一品”原则，7个党员之家挂牌。50余个基层组织在党员之家开展活动，发挥交流学习、共同提高的平台作用。规范基层组织建设。严格执行省直基层组织活动报备制度，34个基层组织累计报备活动80次。对6个省直基层组织领导班子调整、2个省直基层组织更名，在部分地市新建7个基层组织。

加强党员队伍建设。严把党员发展入口关。严审入党申请资料，退回不符合条件的30余份。在审批通过的204名新发展党员中，具有研究生及以上学历的有40名，占比19.60%，其中博士2名；具有副高级及以上职称的有18名，占比8.80%；医药卫生领域的有98名、人口资源和生态环境领域的有6名，分别占比48%、2.90%。实时更新党员数据库和代表人士信息库。加强党员干部培训。举办全省新发展党员培训班，推荐20余名骨干党员参加各类专题培训。注重干部和人才推荐。配合中共省委组织部、统战部完成对党派机关后备干部和优秀党外干部摸底工作。1人由市政协副主席转任市政府副市长，1人由县政协副主席转任县政府副县长，2人转任县四套班子成员。向山西欧美同学会推荐5名理事人选、2名理事预备人选，向省妇联推荐1名代表人选。

开展党内监督工作。开展基层组织建设督导调研。到7个市委会开展督导调研，推动市委会组织建设工作。开展廉洁风险预警提示活动。从“加强领导、广泛发动、省市联动、防控承诺、严格执纪、宣传引导”六个层面同步发力，取得成效。助力各项党务工作。对省委委员履职监督，参与省委会领导班子民主生活会、机关干部述职评议、星级基层组织创建等重点工作，拓宽履职领域，发挥监督作用。开展省际交流。黑龙江、甘肃省委会先后到晋开展经验交流，为强化党内监督工作探索。（杨　露）

2019年8月28日，农工党山西省委会举办“同心共祝祖国好”随手拍摄影展
（杨　露供图）

【参政议政】　2019年，农工党山西省委会加强专委会工作。建立与专委会委员、社情民意信息员的沟通交流、定向约稿机制。严格考核专委会委员履职情况。健全考评体系。把提交建言献策文稿列为省委委员履职考核的重要内容，把议政建言成效作为星创考评的重要指标。创新调研工作流程。首次召开调研工作中期推进会，构建年初申报立项、中期跟踪推进、两轮评比审核、年终交流汇报、推进成果转化的“闭环式”调研工作机制。

注重队伍建设。开展界别专家座谈会。组织法律界、教育界党员专家代表召开议政建言座谈会，建立信息工作群保持常态联系，为参政议政工作提供人才保障。开展多样化培训。组织党员参加各类专题培训。自主举办的各类培训均设置参政议政课程，面向新发展党员和医卫界党员开展专题培训。加强培训后的约稿工作，调动参训党员议政建言的积极性。

提高成果质量。参与政党协商。省委会领导班子成员参加中共省委召开的政党协商会议14次，提出一系列建设性意见建议。开展重点调研和理论研究。高质量完成2篇中共省委统战部订单式调研课题。依托市委会、专委会及党员专家完成25篇调研报告，12月中旬召开的调研成果交流汇报会上，7篇获一等奖、8篇获二等奖、7篇获三等奖。2篇调研报告分别获农工党中央2019年优秀调研报告一等奖、三等奖。向农工党中央第二届人口发展战略研讨会报送3篇论文，2篇入选研讨会论文集，1篇获

列为现场宣讲篇目。提高提案与信息质量。提交省政协提案87件,其中省委会集体提案28件、集体意见建议10件、委员提案59件,5件集体提案入选省政协重点督办提案。1件获农工党中央青年专委会首届青年提案及征文比赛优秀奖。报送社情民意信息169篇次，全国政协采用4篇、农工党中央采用13篇、省委统战部采用4篇、省政协采用8篇。省委会获中共省委统战部评为“2019年度全省统战信息工作先进单位”,1人获评为“2019年度全省统战信息工作优秀信息员”。 (杨　露)

九三学社山西省委会

【组织现况】 九三学社于1958年10月在山西建立组织,1987年经社中央批准更名为九三学社山西省委员会(简称九三学社山西省委会),现为第十届委员会。领导班子成员现有1正7副,常委24人,委员58人;社中央委员4人,常委1人。全省社员中有全国人大代表1人，省人大常委1人,省人大代表8人;有全国政协委员2人、省政协委员29人,其中省政协副主席1人、省政协常委6人。

截至2019年底，全省共有市级组织10个,基层委员会9个,支社委员会18个,社员4360人,高级职称比例43.80%，主体界别社员比例73.20%,担任县级以上人大代表、政协委员职务的社员311名。

九三学社山西省委会设有监督委员会、思想建设研究中心、书画院及10个专门(工作)委员会,机关为正厅级建制,下设办公室、组织部、宣传部、社会服务部、参政议政部共5个工作部门。 (张全双)

【民主党派大讲堂活动】 2019年7月15日，九三学社山西省委会特邀全国政协委员、九三学社中央委员会委员许进在山西省民主党派大讲堂作题为《两代知识分子的理想与追求——忆祖父许德珩与姑爹邓稼先》的报告。省政协副主席、九三学社山西省委主委李青山主持报告会。

许进先生讲述九三学社创始人许德珩和九三学社社员邓稼先的高尚情操与爱国情怀,让大家深切感受到这两位为中国革命事业与科技进步做出卓越贡献的先辈心系国家发展,不计个人得失,锐意创新,淡泊名利的精神。 (张全双)

【“社员之家”成立】 2019年4月30日,九三学社山西省委会首个“社员之家”在省直综改支社成立并举办揭牌仪式。

在新落成九三学社“社员之家”会议室，省直综改支社为10名新社员举行入社宣誓仪式。社省委会肯定省直综改支社的突出表现和成绩,对“社员之家”的建立提出赞扬,希望在今后的工作中发挥好“社员之家”交流平台的作用，为社员提供支持帮助,服务好广大社员,为推进新时代多党合作事业发展再上新台阶。

(张全双)

【能力提升培训班】 2019年8月25日至31日，九三学社山西省委会在厦门大学举办“全面推进组织建设,实现组织建设年目标”能力提升培训班。李青山做动员讲话并作题为《锤炼政治能力,勇于担当作为,努力打造山西九三学社坚强组织队伍》的主题报告。 (张全双)

【九三学社山西省委组织工作会议】 2019年12月21日至22日,九三学社山西省组织工作会议在并召开。李青山出席会议并讲话。

会议传达学习中共十九届四中全会精神、九三学社中央十四届三次全会精神和中共山西省委十一届九次全会精神,客观总结九三学社山西省委近年来取得的成绩,全面分析组织建设中存在的问题,就如何提升各级社组织标准化规范化建设提出具体要求。会议要求各级组织以制度建设为抓手,推进领导班子、后备干部与代表人士队伍和基层组织建设,履行职责,凝心聚力、扎实工作,以组织建设的新成效,推动九三学社山西省委各项工作取得新成绩。会议还组织观摩省直转型综改示范区支社的“社员之家”。 (张全双)

【社会调研】 2019年4月11日至17日，李青山带领部分省政协委员，到宁夏和贵州围绕“互联网+医疗健康”专题考察调研。

调研组一行到宁夏、贵州的各大医院、乡镇卫生院、社区卫生服务中

2019年4月30日,九三学社山西省委会首个“社员之家”在省直综改支社成立并举办揭牌仪式 (张全双供图)

心、远程医疗服务中心等，详细解两省区推进“互联网+医疗健康”所采取的措施、取得的成效和积累的经验。此次考察调研，就是按照“改革创新、奋发有为”大讨论的要求，对标一流，学习借鉴宁夏、贵州推进“互联网+医疗健康”的先进经验和做法，找准山西省存在的差距和不足，提出具有前瞻性、针对性、可操作的意见建议，为推进山西“互联网+医疗健康”发展，提升医疗卫生健康水平贡献智慧和力量。

6月3日至6日，李青山率队在朔州、大同就大健康产业高质量发展调研。调研组一行到医药企业、健康食品企业、黄芪种植合作社、医养结合公寓、康养小镇等，与基层干部、企业负责人、康养老人广泛交流，围绕大健康产业的发展思路和举措、面临的主要问题及困难等，听取各方意见建议。

在与地市主管部门和企业家面对面座谈会上，调研组强调要深刻领会发展大健康产业的重大意义，认识新时代人民群众对健康及健康产品的迫切需求、山西省产业转型升级对大健康产业高质量发展的迫切需求；把握大健康产业发展的趋势、客观规律和内在要求，推动大健康产业高质量发展；要立足省情、市情，发挥比较优势，强化协同，推动大健康产业高质量发展。

11月19日至21日，全国政协常委、副秘书长、提案委副主任，九三学社中央副主席赖明带领调研组到三门峡，调研晋陕豫黄河金三角区域统筹协调发展工作。李青山参加调研。

调研组到灵宝豫灵产业集聚区、芮宝黄河大桥、三门峡大坝和速达电动汽车科技有限公司等地实地察看。通过调研，调研组强调贯彻落实习近平总书记在黄河流域生态保护和高质量发展座谈会上的重要讲话精神，先行先试，激活市场，调动潜力，发挥优势，走出一条高质量发展的路子，共同推动晋陕豫黄河金三角区域成为中西部地区经济发展新的增长极。要抓住关键体制和重点机制，在基础设施、公共服务、产业创新、生态保护等多个领域实现一体化高质量发展，推动区域统筹协调发展再上新台阶。

（张全双）

【全省参政议政骨干培训班】 2019年12月3日，2019年全省参政议政骨干培训班在山西社会主义学院开班，省政协副主席、九三学社山西省委主委李青山出席开班式并讲话，全省社各级组织及各专门（工作）委员会参政议政骨干社员等100余人参加培训。

社省委会主委李青山作《推进参政议政工作 提升履职能力水平》专题讲座，强调要学深悟透习近平新时代中国特色社会主义思想，夯实思想政治基础；增强政党意识，提高政治责任感；要找准新时代履职尽责的切入点，提升参政议政能力和水平。

（张全双）

【参政议政】 2019年，九三学社山西省委会聚焦推动高质量发展、抓好创新生态建设和项目建设深入调查研究，形成一批高质量的调研报告，报送省委省政府作为决策参考。其中，《推进医药工业高质量发展》的调研报告针对企业面临的药食同源产品先期布局滞后、一致性评价政策支持不足等重大紧迫问题，提出切实可行的建议并向楼阳生做书面汇报；《加快山西省科技型民营企业高质量发展》的调研报告作为第十四届“九三论坛”发言材料提交社中央。这些专题调研成果，在中共山西省委、省政府及有关部门的高度重视下，很多建议被吸收采纳，推动相关领域问题的解决和政策的出台。

2019年，九三学社山西省委会提交全国两会提案6件，全省两会集体提案、建议案40余件，5件获确定省长领办、省政协主席督办的重点督办提案，其中《关于多产业融合发展康养产业的建议》作为省政协主席李佳牵头的山西省全国政协委员联名提案提交全国两会。

社情民意信息方面，获中共中央统战部《零讯》采用4篇，省委统战部《直言简讯》采用3篇，获省政协转送全国政协19篇，有2篇建议获《山西内参》采用，并报省领导。其中，《推进基本药物基层有效运行几项措施》得到副总理孙春兰的重要批示；主委李青山提出的《关于防治燃煤污染推行“双改”存在问题的建议》得到副总理韩正批示；《关于规范药品检验用标准物质的建议》得到国务委员王勇批示；李青山就森林火灾多发的问题向省委书记骆惠宁书面汇报统筹规划建设全省森林防火隔离带的建议，得到骆惠宁和副省长王成专门批示。2019年，九三学社山西省委获社中央社情民意信息工作三等奖。（张全双）

【院士工作站落地】 2019年4月13日，临汾市中心医院葛均波院士工作站揭牌成立，这是九三学社山西省委会和临汾市推进“九临合作”和创新发展的重大战略成果。揭牌仪式后，举办中国医师协会心血管内科医师分会基层委员会巡讲暨临汾市心血管医师分会第三届心血管疾病高峰论坛。（张全双）

【“九吕合作”】 2019年5月9日，吕梁市人民政府与清华大学附属中学举行战略合作框架协议签约仪式，这标志着自2018年9月吕梁市委、市政府与九三学社山西省委签订“九吕合作”协议以来，第二项合作项目落地。

签约双方实地参观贺昌中学两个校区和校史馆，进行教育教学调研，开展听评课、同课异构等教研活动，就高效合作交换意见和建议。

7月16日至18日，九三学社中央副主席丛斌率调研组到吕梁市就推进“九吕合作”等事宜进行调研。省政协副主席、吕梁市委书记李正印，省政协副主席、九三学社山西省委会主委李青山，社中央社会服务部部长徐国权，吕梁市市长王立伟等参加活动。

丛斌率调研组先后深入汾阳京东金融小站、汾阳医院、孝义市市民服务中心、孝河湿地公园、离石王营庄蔬菜基地、市军民融合协同创新研究院、华为吕梁大数据中心等地对吕梁市的医疗卫生、生态绿化、社会管理、农业产业、大数据等工作以及“九吕合作”部分项目实施开展情况实地了解，通过座谈会形式，听取吕梁市“九吕合作”有关情况汇报，以及有关部门对推进“九吕合作”的建议和诉求。（张全双）

【“同心树人”教育帮扶】 2019年8月4日至7日，九三学社山西省委会组织太原市成成中学、山西省实验中学的教育专家到威宁民族中学开展“同心树人”教育帮扶活动。此次活动以讲座、精品课、座谈三种形式为威宁民族中学50余名教师、650余名学生开展为期2天的系统培训，涉及内容有课程改革与思政课创新、高三有效复习策略与路径、思政精品课，科目涉及数学、物理、化学、政治、体育。为老师和学生的教与学提供好思路、好方法。两方教学团队共同问诊教学现状、研讨教学策略、交流突破瓶颈，分析教学改革发展策略，共同为威宁民族中学的更好发展建言献策。

（张全双）

【“不忘初心先贤行”系列活动】 2019年9月16日至20日，九三学社山西省委会部分班子成员及机关全体工作人员到常熟、无锡、宜兴、湖州、嘉兴、上海等地开展“不忘初心先贤行”系列学习教育活动。

活动期间参观学习王淦昌故居、王选事迹陈列馆、周培源故居、梁希纪念馆、褚辅成史料陈列室，通过丰富的历史文物、翔实的文史资料和各种展览，领略各位九三学社先贤分别在各自的领域和社会活动中为国家、为民族的强大做出的卓越成就，为祖国的繁荣富强做出的杰出贡献，为九三学社的发展建设做出的巨大成就。通过学习教育，增强九三学社社员光荣感和履职尽责的使命感。（张全双）

山西省工商业联合会

【组织情况】 截至2019年底，山西省工商联共有会员115627，其中各类商会组织会员2727个，包括行业商会723个，异地商会184个，乡镇、街道商会1590个，其他类型商会（如园区、市场、楼宇等）210个。（武学亮）

【思想宣传教育】 2019年，山西省工商业联合会（简称山西省工商联）开展“不忘初心、牢记使命”主题教育。根据中央和省委“不忘初心、牢记使命”主题教育安排部署，落实“守初心、担使命、找差距、抓落实”总要求，先后召开8次任务推进会和部署会，组织13次集中学习，梳理检视101个问题清单，推动习近平新时代中国特色社会主义思想在工商联系统的学用结合。

组织“改革创新、奋发有为”大讨论。根据省委开展“改革创新、奋发有为”大讨论有关要求，通过开展学习交流研讨、挖掘“十个不”共性问题、制定三个目标清单、组织“我为改革创新做什么”大家谈、深入一线开展“千户民企”调研等务实举措，突出问题导向，对标一流找差距、定措施、明整改。

创新推进非公党建工作。制定非公党建“112233”总体思路，全面推动工商联系统党的建设工作。成立中国共产党山西省工商联非公企业和商协会行业党委，制定出台《关于加强和改进工商联所属商协会党的建设工作的实施意见》，加强非公企业党建、商会党建两支队伍人才培育，推动副主席和执常委企业建立党组织，开展商会派驻党建指导员工作，用党建促会建，延伸非公经济领域统战工作的手臂，推动实现党的组织全覆盖。获全省统战工作创新成果奖。

抓好宣传教育引导。制定《山西省工商联2019—2021年度培训规划》，省财政将培训经费列入财政预算，每年拨付300万元。以党员出资人、“新一代”民营企业家、党员职业经理人3类群体为重点开展党建培训，截至2019年底，共举办20余个培训班次，培训人数达3500余人。以讲促学，成功举办12期晋商大讲堂。在中华工商时报、山西日报等媒体发文200多篇，“晋联通”发送信息209期1000余篇，《破题商会党建难点痛点 打造非公党建“山西”品牌》获评为2019年度“创新中国”省级工商联最佳案例。（武学亮）

【参政议政】 2019年，山西省工商联围绕“三走一请”总体安排，相继开展“千户民企”大调研、异地商协会走访调研、基层工商联和商会组织调研等重点调研活动，其中“千户民企”调研报告得到统战部部长徐广国的批示，省委书记楼阳生给予高度肯定，要求省政府推动解决。创新性开启认领课题研究新模式，全年共收到优秀调研报告68篇，为促进民营经济发展提供意见和建议。在2019年全国工商联优秀调研成果评选活动中，山西省工商联获两个二等奖、两个三等奖。

参政议政有新提升。通过联系调研，收集提案素材，召开10余场座谈会恳谈会，形成重点提案建议，其中有2件提案获全国工商联采纳。省两会期间，共计给省政协提交26件团体提案，其中多项提案由省领导亲自督办。其中《关于优化我省民营企业“双创”环境》和《关于建立政策落实综合推进机制，激发市场主体活力》等两篇获省政协优秀提案，山西省工商联推荐的任武贤等多名企业家提案获优秀提案奖。

亲清政商关系有新举措。山西省工商联践行习近平总书记关于构建亲清政商关系重要论述，开展领导干部联系民营企业工作，截至2019年底，全省2056名领导干部联系3511家民营企业，领导干部与企业沟通机制实现常态化。与省委统战部联合出台《关于构建亲清新型政商关系若干意见》，研究出台《山西省工商联构建亲清政商关系正负面清单》，让“亲”“清”政商关系有章可依。

对外联络有新突破。组织召开异地山西商会负责人座谈会，搭建与异地晋商组织的联系平台。开展异地晋商组织走访调研，建立外省晋商组织数据库，形成《关于走访调研外省工商联和异地晋商会有关情况的报告》，获全国工商联组织建设探索实践奖。截至2019年底，建立联系的异地晋商组织（含国内外）共134家，新

增24家。其中,省级异地晋商组织38家，副省级及以下异地晋商组织70家,港澳台晋商组织6家,境外晋商组织20家。　（武学亮）

【服务民营经济】　2019年,山西省工商联“民营企业助力县域经济高质量发展系列行”活动结硕果。为贯彻落实好习近平总书记对“右玉精神”的批示精神，系列行第一站选择右玉。150多名民营企业家现场考察,分板块分行业进行县企、企企、银企精准交流对接,20多个签约项目处于推进中。

举办“2019山西民营企业100强”发布会。2019年入围山西民营百强榜单门槛为年度营业收入14.01亿元,比上年的门槛翻一倍。会上,首次对进入全国民企500强的7家企业每家给予100万元奖励，邀请税务、公安、人社部门进行专场政策宣讲。

创新打造“12345”法律服务模式。“1”是发挥好民营经济综合服务窗口作用。全年共接待来访1000余人次，接到投诉建议29件，办结17件,其中12件处于推进落实中。“2”是建立“政企双月”对接制度。全年组织6期政企对接会,近200条意见建议获相关部门吸收采纳,民企诉求解决。“3”是开展“法律三进”活动。与司法厅联合组织开展法律进商会（民企)系列活动,组织法学专家深入商会和企业开展专场法治宣讲。“4”是加强与政法系统四部门联系协作,搭建法律服务民企长效机制。省检察院检察长、省法院院长、省公安厅厅长等都亲自到工商联或者参加工商联组织的会议,听取意见建议,科学系统地研究出台一系列支持民营企业政策。先后指导成立山西省建筑企业纠纷人民调解委员会等8家人民调解委员会。“5”是建立五项法律服务民企工作制度。与各部门的协作优势转化为制度优势,截至2019年底,与省检察院、省法院、省司法厅、省商务厅共同出台法律服务民营企业5项制度。　（武学亮）

2019年10月30日,省工商联在太原举办民企用地专题政企对接会

（武学亮供图）

【组织建设】　2019年,山西省工商联加强“五好”县级工商联建设。加大对市县工商联的工作指导,增强工商联系统合力,推进“五好”县级工商联建设。在2018–2019年度全国“五好”县级工商联评选中,58家基层工商联获评为“五好”县级工商联。

推动商会改革。制定出台《山西省促进工商联所属商会改革和发展的实施方案》,完善顶层设计。截至2019年底，省工商联审核同意4家商会作为所属商会,7家商协会组织申请工商联作为业务主管部门,5家商协会以团体会员身份加入工商联，各市工商联所属商会改革处于推进中。

强化机关内部建设。抓好机关“三基”建设,全年修订完善预算和财务管理办法等13项制度规定。强化信息报送系统建设，建立覆盖机关部室、各市、县工商联,各省直商协会的信息队伍。分两批组织机关干部参加“统战系统干部改革创新能力提升班”。开展工商联干部到民营企业、商会工作人员到工商联机关“双向挂职”，首批各有2名共4名机关入企和商会到机关工作人员到位。　（武学亮）

山西省总工会

【组织建设】 2019年，山西省总工会(简称省总工会)推动工会组织向新兴领域新兴群体延伸，推动农民工入会实现新提升。全年全省新建基层工会1190个，覆盖单位2429家，发展会员111676人，其中发展农民工入会35680人。截至2019年底，全省共有工会组织56745个，覆盖法人单位161278家，会员7645401名，其中农民工会员2247308名。

截至2019年底，全省11个市总工会、72个县总工会实现主席高配。11个市总工会全部按比例配齐兼职副主席，兼挂职副主席共38名；全省111个县(区)总工会按比例完成兼(挂)职副主席配备共484名。

(肖　翰　文慧霞)

【深化落实党建带工建】 2019年，省总工会推进主题教育。上下联动开展“不忘初心、牢记使命”主题教育和“改革创新、奋发有为”大讨论，把成果体现在锤炼政治忠诚、推动工运事业发展、深化作风建设全过程，学习贯彻习近平新时代中国特色社会主义思想更加入脑入心，“两个维护”更加坚定自觉。省总工会党组在省委主题教育工作座谈会上作交流，《工人日报》头版报道省总工会经验做法。深化落实党建带工建工作机制。出台《关于落实新时代党建带工建的实施意见》《关于贯彻落实〈中国共产党重大事项请示报告条例〉的具体措施》，重大工作主动请省委把关定向，坚持发挥党组领导核心作用，党的决策部署在工会系统持续落实落细，工会系统党的建设水平和工会工作整体水平提质。开展“作风建设年”活动。召开全省工会党风廉政建设大会，党组书记多次组织开展廉政谈话和个人提醒谈话，使教育监管做在平时抓在日常。出台《经济活动管理内部控制制度》等18项制度，工作效能提升。班子成员坚持1/3时间下基层开展“三服务”，文件和会议同比减少30%。在省总工会各直属事业单位开展“作风纪律整顿活动”，得到派驻纪检监察组肯定，并在有关省直单位推广。

(肖　翰　文慧霞)

【劳模经验交流】 2019年4月19日，山西省工会学习贯彻习近平总书记关于工人阶级和工会工作的重要论述暨庆祝“五一”国际劳动节座谈会在太原召开。座谈会上，大同市总、运城市总、晋中市总、晋城市总、省国防科技工业工会、太原晋源区总工会、太原钢铁(集团)有限公司工会、太原重型机械集团有限公司工会8个集体，中国铁路太原局集团公司太原南站售票车间副主任李静、山西云时代技术有限公司高级工程师杨仁兴两名劳模代表，围绕学习贯彻习近平总书记关于工人阶级和工会工作的重要论述作交流发言。王蕾主持会议并讲话。邀请全国劳模、太原市市政工程管理处第二道排水养护管理所水道三组组长王润梅，全国劳模、太原重工锻造分公司锻压厂锻锤工部锤机组组长邱娃等劳模代表参加会议。

(肖　翰　文慧霞)

【职工思想引领】 2019年，省总工会推动省委省政府出台《关于加强和改进新时代产业工人队伍思想政治工作的具体措施》，省总工会领导班子成员带头，组织专家学者、劳动模范、三晋工匠等深入厂矿企业、车间班组进行宣讲，推动学习贯彻习近平新时代中国特色社会主义思想进基层、进企业、进头脑，引领职工听党话跟党走。开展庆祝新中国成立70周年职工系列活动，组织承办“时代新人说——我和祖国共成长”之“劳动筑梦”“绿水青山”和“建党初心”三个主题的全省职工主题演讲比赛，获中宣部等7部委授予“优秀组织奖”。举办“中国梦·劳动美——与共和国同成长、与新时代齐奋进”全省职工歌咏比赛和书法、美术、摄影展览、朗诵音乐会、微影视大赛等活动，联合省委网信办举办“辉煌70年”全省职工网络有奖知识答题活动。开展“巾帼建新功·共筑中国梦”系列活动之喜迎新中国成立七十周年全省女职工摄影作品展评活动，精选展出245幅作品。创新举办“三晋工匠”年度人物发布活动，经过层层选拔、网络投票、专家评审，评选出首届10名“三晋工匠”年度人物、20名“三晋工匠”提名奖，全省职工网络点赞超1300多万次。4月30日，“三晋工匠”发布晚会在山西卫视黄金时段播出，向社会发布“三晋工匠”2018年度人物。《山西日报》和山西卫视新闻联播分别开设“三晋工匠”专栏，报道“三晋工匠”年度人物的先进事迹，唱叫响工会工作新品牌。

（肖　翰　文慧霞）

【“八大群体”入会集中行动】 2019年，省总工会以开展“货车司机等八大群体(分别为：货车司机、快递员、护士护理员、家政服务员、商场信息员、网约送餐员、房产中介员、保安员，全部为农民工创业择业的重要工种)入会集中行动”为牵引，推动工会组织向新兴领域新兴群体延伸，推动农民工入会工作实现新提升。印发《山西省总工会关于开展2019年“工会组建月”暨“货车司机等八大群体入会集中行动”的通知》，同步开展百人以上企业建会专项行动。推动百人以上企业建会81家，发展会员17001人。11月，省总召开贯彻党的十九届四中全会精神深化工会改革暨重点工作冲刺会议，就货车司机等“八大群体”入会工作向各市、各省级产业工会(工委)进行动员部署。通过召开座谈会、现场推进会等形式督导货车司机等八大群体入会工作。“八大群体”共发展会员40594人，其中货车司机22210人。（肖　翰　文慧霞）

【产业工人队伍建设】 2019年，中共山西省委调整全省产业工人队伍建设改革协调小组，省总工会承担领导小组办公室牵头责任。11月21日，组织省协调领导小组调整后的第一次会议，研究全省产业工人队伍建设改革进展情况，就深化改革进行再动员再部署。建立专报制度，对全省产业工人队伍建设情况定期报告，对重点经验、问题专门报告。加快劳模工匠创新工作室建设，全年新建省级创新工作室108个，其中，劳模创新工作室20个，职工创新工作室81个，传统工艺(手艺)大师创新工作室7个。鼓励名师带高徒，推行现代学徒培训制，全省劳模、工匠师徒结对子25523对。推进选树技能带头人活动，全省有6107个企业选树金牌工人、首席技师等16975人。促进产教融合，命名6个企业培训机构和职业院校为“首批山西产业队伍技能培训示范基地”，在省总工会干部学校举办十四期“花开满园”职工职业技能培训班，各行业、各工种参训人员1400余人。

（肖　翰　文慧霞）

【职工职业技能大赛】 2019年1月23日，省总工会、省人力资源和社会保障厅、省科学技术厅、省工业和信息化厅、省住房和城乡建设厅联合召开全省职工职业技能大赛总结大会。为激励先进，树立榜样，营造氛围，省总工会加大表彰力度，对本省在第六届全国职工职业技能大赛中取得优异成绩的选手和教练予以重奖：对全国决赛数控机床装调维修工第1名董智斌、全国决赛数控机床装调维修工团体第1名教练组各奖励10万元；其他获奖选手和教练组分别获得5000元至5万元不等的奖金；对获省赛各工种第一名的选手分别奖励两万元，其他获奖选手获得1万元至5000元不等的奖金。省总工会按程序报请省劳动竞赛委员会对为各工种集训作出突出贡献的集训基地和个人给予记功表彰。会议为获全国决赛各工种前20名的选手和各工种前10名的教练组代表颁发奖金；为获得省赛各工种第一名、第二名的选手和团体总分前三名以及优秀组织奖、突出贡献奖的代表颁奖。获奖代表作典型发言。

（肖　翰　文慧霞）

【“五小六化”竞赛活动】 2019年12月25日至27日，山西省“五小六化”(小发明、小创造、小革新、小设计、小建议；竞赛群众化、管理智能化、内涵科技化、人才高端化、成果产业化、服务多元化)竞赛优秀成果展在省展览馆举行。中华全国总工会副主席、书记处书记、党组成员阎京华，省人大常委会党组书记、副主任郭迎光，省政府党组成员、副省长吴伟，省政协副主席谢红出席。12月25日，举办山西省“五小六化”竞赛活动总结大会。会议表彰在竞赛活动中取得优异成绩、为推动技术创新和经济发展作出突出贡献的集体和个人。两年来，全省3.60万个企事业单位、659.50万人次参赛，收集“五小”成果18万项，获得专利成果3421项，创造经济效益109.60亿元。经过评审，太重集团太

2019年12月25日，山西省“五小六化”竞赛优秀成果展在省展览馆举行

（文慧霞供图）

原重工技术中心王书勇等59名项目带头人获山西省“五小”竞赛优秀成果一等奖；山西天地煤机装备有限公司仇博等256名项目带头人获山西省“五小”竞赛优秀成果二等奖；山西虹安科技股份有限公司高华等463名项目带头人获山西省“五小”竞赛优秀成果三等奖。晋中市总工会、共青团太原市委员会、晋城市科学技术协会等42个单位获山西省“五小六化”竞赛活动优秀组织奖，太原钢铁（集团）有限公司等108个单位获评为山西省“五小六化”竞赛活动优胜单位。省总工会对获得竞赛一、二、三等奖的项目带头人表彰，并分别奖励10000元、8000元、5000元。（肖 翰 文慧霞）

【劳模选树表彰】 2019年4月28日，举行山西省庆祝“五一”国际劳动节暨劳动模范表彰大会，表彰模范单位（集体）和个人994个。省委书记、省人大常委会主任骆惠宁出席并讲话。省委副书记、省长楼阳生主持会议。省政协主席李佳出席。省委副书记林武宣读省委、省政府《关于表彰山西省模范单位（集体）和劳动模范的决定》。省委、省政府授予山西省潞安煤基清洁能源有限责任公司等99个单位“山西省模范单位”称号；授予山西转型综合改革示范区阳曲产业园区事业服务中心等100个集体“山西省模范集体”称号；授予姚武江等96人“山西省特级劳动模范”称号；授予薛晨阳等696人“山西省劳动模范”称号。会议还代为表彰山西获“全国五一劳动奖状”“全国五一劳动奖章”“全国工人先锋号”的22个单位（集体）和16名个人。推动将省级劳模一次性奖励标准从3000元提高到8000元，省特级劳模从5000元提高到10000元。（肖 翰 文慧霞）

【困难职工解困脱困】 山西省在档困难职工由2018年底的约4.10万户，减少到2019年底的不足1万户，城市困难职工解困脱困工作取得成效。8月9日，省总工会召开全省工会城市困难职工解困脱困座谈会暨重点工作推进会。省人大常委会副主任、省总工会主席高卫东就做好山西省城市困难职工解困脱困工作提出明确要求。省总全委会把城市困难职工解困脱困工作列为当年的十项重点工作，组织起草《关于建立全省城市困难职工解困脱困工作长效机制的意见》（以下称《意见》），向25家省直厅局单位逐家进行了三轮征求意见。10月31日，省委办公厅、省政府办公厅正式印发《意见》。11月12日，省总工会出台《山西省总工会关于建立“双包”联系制度的方案》，认真贯彻落实两办《意见》，要求省、市、县总工会分别联系3–5家困难企业，班子成员分别联系2–3户困难职工，机关工会干部和企业工会干部也要联系困难职工，确保到2020年现有建档城市困难职工全部实现解困脱困，同步迈入小康社会，2020年之后能长期巩固。（肖 翰 文慧霞）

【工会援疆】 2019年，省总工会贯彻落实党中央治疆方略和关于兵团向南发展的战略部署，紧扣受援地工会和职工的需求，深化“手拉手”援助行动。6月23日至28日，高卫东带领省总工会援疆工作组，到新疆开展对接援助工作。9月27日，全国民族团结进步表彰大会上，山西省总工会援疆办获“全国民族团结进步模范集体”称号，成为全国工会系统和全省省直单位中唯一受表彰的集体。对援疆工作，省总工会坚持加大投入，强化资金支持。全省各级工会累计投入援助资金909.80万元（含省总投入310万元）。开展对口援疆交流交往工作，全年互访对接31批次159人，职工培训11批次56人，困难职工救助111人，劳模疗养1人。开展人才、文化、民生、设施、产业援疆等工作33批次，保质保量完成全省工会援疆项目。督促确权工会援助项目，根据阜康市总工会来电来信反映关于省总重点援助项目——阜康市总工会综合楼部分场地被调拨、挪用的问题，省总工会援疆办与昌吉州总工会及有关部门沟通协调，依法依规解决工会资产流失问题。总结援助经验做法，编印完成《山西省工会援疆工作2015–2018年资料汇编》。（肖 翰 文慧霞）

【劳动保护“安康杯”竞赛】 2019年3月26日，召开全省工会劳动保护重点工作推进会议，对全省“安康杯”竞赛活动动员部署；举办全省工会劳动保护监督检查员培训班，从工会劳动保护业务、工伤保险、煤矿班组建设等方面对学员培训；贯彻落实全国“安康杯”竞赛组委会办公室要求，围绕省总提出的“美丽·安康·幸福”创建行动，下发《关于以“美丽·安康·幸福”创建行动为统领，开展2019年度“安康杯”竞赛活动的通知》；采取单位自查、听取汇报、查阅档案、现场检查、考核打分等方式，组织11个市分管主席和劳保部长参加全省“安康杯”竞赛交叉检查。与上年相比，2019年“安康杯”竞赛活动涉及范围广泛，参赛行业向非公企业、中小企业延伸，参赛企业扩大到19550家，比上年增长5.20%；参赛班组扩大到18.20万个，比上年增长4.80%；参赛职工扩大到529.90万人，比上年增长4.30%。活动重点更加突出，除煤炭行业井口群众安全工作站星级竞赛之外，逐步向危化行业延伸，突出职工劳动保护技能的提升。竞赛内涵深化，竞赛目标从维护职工安全健康权益向推进维权与生态环境共同提高转变，向提高职工安康幸福指数转变。

（肖 翰 文慧霞）

【职业劳动保护技能竞赛】 2019年10月22日，由山西省总工会、省应急管理厅联合主办，省卫生健康委员会、省工业和信息化厅、省人力资源和社会保障厅协办，全国总工会劳动和经济工作部指导，吕梁市离柳焦煤集团有限公司承办的山西省首届职工职业劳动保护技能竞赛在山西吕安危险化学品应急救援有限公司开赛。全省职工职业劳动保护技能竞赛

每两年举办一届,每届选择一个到两个行业作为重点竞赛。首届竞赛选择安全生产任务比较突出、对职工劳动保护技能要求较高的危化行业。此次竞赛为期3天,比赛内容包括理论考试、正确佩戴防护用具、抽堵盲板、受限空间作业、带压快速堵漏、初期火情应急6个竞赛项目,以最基础的技能、最危险的隐患引导和带动广大职工积极参与。（肖 翰 文慧霞）

【全国危化企业劳动保护技能竞赛座谈会】 2019年10月22日,全国危险化学品生产企业职工职业劳动保护技能竞赛座谈会在山西省孝义市举行。会议交流各省、市工会开展危险化学品生产企业职工职业劳动保护工作的经验和做法。山西省、四川省、江苏省等9个省、市总工会的相关负责人作交流发言。会议指出,山西省首届职工职业劳动保护技能竞赛开展得很有意义、很有特色。近年来,在山西省委和全总的坚强领导下,全省各级工会坚持突出“群防、群控、群治”的特色,把强化组织建设和班组安全建设作为基础工程,以“安康杯”竞赛为重要抓手,把创建星级井口群众安全工作站竞赛作为重要载体,把职业病防治作为重点工作,为促进全省安全生产形势的稳定好转、维护广大职工的安全健康权益作出贡献。（肖 翰 文慧霞）

【“谁执法谁普法”履职评议】 2019年12月4日,山西省首届国家机关“谁执法谁普法”履职报告评议会在太原召开。经过网民投票评分、评议团现场点评打分和评议团前期考察评分三个环节,最终省总工会获得总分排名第一。山西省首届国家机关“谁执法谁普法”履职报告评议活动由山西省委全面依法治省委员会守法普法协调小组举办,是加大全民普法力度,推动国家机关落实“谁执法谁普法”普法责任制的重要举措。省高级人民法院、省住房和城乡建设厅、省监狱管理局、省总工会、中国铁路太原局集团有限公司5个普法工作成效显著以及与保障民生、维护稳定密切相关的单位开展报告评议。评议会上,5个单位分别以领导述职加专题汇报片的形式作“谁执法谁普法”工作履职报告。省总工会坚定落实普法责任制,成立领导机构和工作机构,健全岗位职责和一系列普法工作制度。全省工会组建241个普法宣传队,打造由13.80万人组成的工会劳动法律监督员、劳动争议调解员队伍。同时,省总每年拿出100万余元专项资金,为普法工作提供保障。

（肖 翰 文慧霞）

【港澳工会青年研讨营在晋开营】 2019年9月25日,应中华全国总工会邀请,以“庆祝新中国成立70周年,弘扬爱国主义精神”为主题的“2019港澳工会青年研讨营”在山西太原开营,47名港澳工会青年干部职工走进山西,共话爱国之情。省总工会主席高卫东在开营仪式上致欢迎辞,并为港澳工会青年研讨营营员代表授旗。中国职工交流中心秘书长彭勇在开营仪式上致辞。9月26日至28日,47名港澳工会青年干部职工深入平遥县了解中国传统文化;在潞安集团高河能源公司,参观填充开采示范基地、井口服务站,与一线矿工和企业工会干部交流;在壶关县集店乡学校举行爱心助学捐赠仪式,参观扶贫项目,了解脱贫解困情况。香港工会联合会副理事长梁芳远、澳门工会联合总会副理事长梁普宇在开营仪式上致辞,对全总、山西省总的周密安排和精心组织表示衷心的感谢,希望今后能加强晋港澳工会之间的交流与合作,增进晋港澳工会干部和职工的情谊。（肖 翰 文慧霞）

【服务职工】 2019年,山西省总工会做实工会服务职工工作。省总班子成员分别到各地开展“双包”联系暨“两节”送温暖活动。各级工会筹措款物4633万元,走访慰问困难职工16244户、困难劳模664户。全省各级工会组织结合实际,举办招聘会278场,提供就业服务9万人次。7月19日起,从本级工会经费中投入325万元,由11位省总领导分别到全省各地基层一线开展“不忘初心、牢记使命”主题教育调研暨“送清凉”慰问活动。“金秋助学”发放助学款1107万元,资助2774名困难职工子女圆梦大学。参加国家保障农民工工资支付核查组(到青海省对当地保障农民工工资支付工作考核)和全省农民工工资支付情况专项检查、联席会议,为党政分忧,为农民工解难。“农民工有困难找工会,拿不到工资找工会”专项行动帮助1847名农民工追回欠薪1803万元,支付应急救助周转金100万元。新建省级“妈咪小屋”148个、省级职工心理健康咨询示范基地40家、快递员小家1155个、网运职工之家22个,服务职工品牌擦亮。（肖 翰 文慧霞）

【女职工工作】 2019年,省总工会向全总和全国妇联推荐先进女职工集体和个人,加大对先进典型的挖掘、选树、培育和宣传力度。与省人力资源和社会保障厅联合下发《关于建立工会劳动法律监督“一函两书”制度依法促进企业劳动关系和谐稳定的通知》,推动落实《女职工劳动保护条例》等法律法规。以“贯彻落实男女平等基本国策,促进工作场所性别平等”为主题,组织开展女职工维权行动月活动。全省共有113个县(区)和11856家企业参加活动,参加职工189.90万人,其中女职工140.31万人;集中宣传3886场次,法律咨询2069场次,专题讲座2308场次,知识竞赛443场次。在全省范围内开展职工子女托管服务试点工作,建立工会爱心托管班67个,托管职工子女近3000名。命名首批15个山西省工会爱心托管班,每班补助专项资金2万元。开展“定家规、立家训——书写家国情怀、弘扬时代新风”活动,共征集家规家训故事作品1078余篇、视频500余部。与省直工委、省体育局、省妇联联合举办“强健体魄·阳光生活·

共享青运”2019庆祝“三八”国际劳动妇女节省城女职工迎青运健身活动，与省直工委、省直属机关事务管理局等单位联合举办“相约丽华·缘在工会”省直机关第七届鹊桥联谊活动。（肖　翰　文慧霞）

【女职工“一委一品”创建】 2019年，为培育女职工工作精品品牌，推动女职工工作创新创优，省总工会女职工委员会层层开展“一委一品”工会女职工工作品牌创建活动。全省共报送品牌工作81项，在基层选树特色工作和先进典型的基础上，省总女职工委确定30个示范性品牌工作，发挥典型引领示范效应，增强工会女职工组织的创造力、凝聚力和战斗力。

（肖　翰　文慧霞）

共青团山西省委

【组织建设】 2019年，山西省各级团组织以习近平新时代中国特色社会主义思想为指导，聚焦主责抓引领，围绕中心做贡献，服务青年建机制，改革攻坚强基层，全面从严带队伍，各项工作取得阶段性成效。

截至2019年底，全省共有青年1072.76万名（其中14至27周岁青年603.98万名），团员188.86万名，团员占青年比例为17.61%。基层团委4282个，团（工）委205个，团总支2494个，团支部99648个。专职团干部3924名，挂兼职团干部46761名（不含学生团支部团干部）。（赵舒悦）

【干部队伍建设】 2019年，共青团山西省委加强干部队伍建设。贯彻落实新修订的《党政领导干部选拔任用工作条例》，健全干部正向激励机制，坚持正确选人用人导向，规范干部管理，培养选拔优秀年轻干部，定向选调2名优秀毕业生充实到团省委机关，培养忠诚干净担当的高素质干部，完成公务员职务与职级并行调整。加强人才队伍建设。建立山西青年智库，聘请50余名知名院校专家学者担任研究员，为山西省青少年工作提供智力支持。加强统战、宗教、群团工作。发挥青联作用，为党广泛团结凝聚各族各界青年。成立团省委宗教工作组，制订《团省委宗教工作整改落实“百日攻坚”行动方案》，摸排分析研判高校“信教”大学生情况，整改团员信教问题。推动完成机关工会、团支部换届工作。（赵舒悦）

【中央和省委决策部署贯彻落实】 2019年，共青团山西省委按照全党“不忘初心、牢记使命”主题教育统一部署，全省各级团的领导机关开展学习、调研、检视、整改各项工作，广大团干部“四个意识”更加牢固，“四个自信”更加坚定，“两个维护”更加自觉，增强为党做好青年工作的政治责任感和时代使命感。按照省委“改革创新、奋发有为”大讨论部署，各级团组织以多种方式激发青年创新精神，动员团员青年为山西省转型发展贡献智慧和力量。根据中央和省委纪念五四百年有关安排，各级团组织以“青春心向党·建功新时代”为主题，纪念五四运动100周年，省本级召开山西省纪念五四青年节暨全省青年投身改革创新推进大会。落实中央、省委关于整治形式主义、官僚主义和为基层减负要求，结合省委要求省市县三级团的领导班子深入基层开展工作的指示，推动各级团干部融入青年，树牢群众立场，防止和克服机关化、行政化。全年省市县三级机关干部326人深入基层4.60万天，解决青年成长发展和基层工作问题592项。按照山西省“二青会”要求，招募培训近5万名青年志愿者，完成60余个比赛项目志愿服务任务。团太原市委、团大同市委、团吕梁市委、团晋中市委、团运城市委等获“二青会”组织筹办工作先进集体。（赵舒悦）

【青少年思想政治引领】 2019年，共青团山西省委推进青年大学习行动，依托“六学”开展学习活动1600余次，习近平新时代中国特色社会主义思想更加深入青年人心。组织青年讲师团和清华大学博士生讲师团山西讲习支队，深入基层开展宣讲360余场，推动成立习近平新时代中国特色社会主义思想青年学习小组2000余个，“山西青年”在线学习人数达1000余万人次。太原建立青年马克思主义学习基地，阳泉成立青年党校，长治太行少年军校被团中央确定为全国青少年太行革命传统教育基地。抓住新中国成立70周年、五四运动100周年、少先队建队70周年等重要节点，开展“我和祖国共奋进——国旗下的演讲”“我陪一线在岗青年过五四”“争做新时代好队员”“红领巾爱学习”等主题教育实践活动，把社会主义核心价值观融入青少年思想教育全过程。深化青年马克思主义者培养工程，健全“省市校系”四级联动培养机制，培养青年马克思主义骨干2715人。举办第四届全省文明礼仪体验剧展演，用儿童剧演绎大文明，60余万少先队员参与。加强网络宣传引导，及时开展网络舆论斗争，推出一批弘扬主旋律、传播正能量、深受青少年喜爱的宣传文化产品。发挥典型引领作用，选树各类向善向上青年典型，用青年身边人教育引导青年。探索标本兼治的思想政治引领工作体系，推动团教协作和分层引领，健全完善高校大学生思想动态分析研判工作机制。（赵舒悦）

【创新创业推动】 2019年，山西省各级团组织开展青年创新创业培训、建设创新创业孵化基地、推动青年创新创业企业挂牌“青创板”等，打造“双创”升级版，助力山西省创新生态建设。常态化举办“创青春”“兴晋挑战杯”“振兴杯”等大赛，开展各类青年岗位能手、青年文明号、“五小”等竞赛活动，激发青年创新潜能，强化职业技能。在第六届全国“创青春”大赛中，山西省获1金2铜的历史最好成绩。实施“青春兴晋”行动，面向省内外山西籍学子和青年发布暑期实践岗位，青年建设家乡的热情持续高涨。采取走出去请进来方式加强与国内外各界青年交流，宣传推介山西发展与政策，支持高科技项目落户山西。深化“保护母亲河”活动，举办青少年节水护水创意、创投大赛和校园公益宣讲，动员各界青年参与节水护水、城市创卫、垃圾分类、节能减排等重点工作，为美丽山西建设贡献力量。

（赵舒悦）

【青少年成长服务】 2019年，山西省11个市、117个县（市、区）全部建立青少年工作联席会议制度，协调督促落实国家《中长期青年发展规划（2016—2025年）》。针对青年学业就业创业、婚恋交友、身心健康等多样化需求，启动“千校万岗”大中专学生就业精准帮扶行动，开展青少年自护系列活动，推出山西青友汇婚恋服务项目，落实中央彩票公益金“助力计划”山西省困境青少年服务项目，实施留守儿童关爱计划，举办“城乡手拉手”“红领巾微心愿”等活动，促进青少年健康成长。加强新领域青年服务，深化筑梦计划，推动政府购买青少年社会工作服务项目50个，开展“青春伴飞”公益课堂系列活动，为外卖小哥、网约车司机等新兴领域青年提供针对性服务。发挥未成年人保护委员会作用，强化青少年法制教育，推出大学生模拟法庭大赛、“守护青春”青少年法治广播等形式多样的法治宣传教育活动，团省委获全国普法办评为“七五”普法中期先进集体。加大青少年权益保护，举办“共青团与人大代表、政协委员”面对面活动，提交人大议案、政协提案181件。组建480人的省级青少年维权专员队伍，强化12355青少年服务平台功能，全年提供法律援助、心理咨询等服务1114人次。临汾市“青少年维权专员”服务未成年人司法保护典型案例获央视《今日说法》栏目专题报道。（赵舒悦）

2019年9月22日至25日，省青联在太原举办“祝福香港·点赞祖国”主题活动启动式

（赵舒悦供图）

【基层组织建设】 2019年，共青团山西省委树立“基层建设年”导向，实施“一带三强”提升组织力专项行动，开展基层团组织覆盖“百日清零”工作，集中整理整顿软弱涣散团支部，“智慧团建”录入团组织10.70万个、团员188.90万名。编发基层组织建设、换届工作、团员发展与管理等工作手册，规范基层工作。以多种方式开展各层级团干部培训，覆盖2.70万名团干部，提升青年工作本领。研发线上“社工课程”，对2000余名持证社工进行专题培训，壮大青年工作队伍。规范“学社衔接”“升学衔接”，应届毕业生团员组织关系转接率达到99.02%，扭转以往“离校即失联”的现象。深化“伙伴计划”，加强对青年社会组织的联系和服务，成立山西省青少年服务促进会、山西青年网络作家联盟等枢纽型青年社会组织，延伸团的工作手臂。推动工作力量和资源充实基层，筹集15.50万元招募团建指导员帮助市县两级团委开展基层建设工作，向基层拨付工作经费1000余万元，支持建设示范性“青年之家”82个、标准性“青年之家”39个。长治、临汾探索“青年之家”工作项目和运行模式，服务力、凝聚力增强。（赵舒悦）

【团建难题破解】 2019年，共青团山西省委改进山西省十五届团的委员会建设，分战线设置5个专门委员会，破解重点领域团建难题；建立健全代表委员履职、青年评价等制度，团的代表性、开放性彰显；启用山西共青团政务“钉钉”办公系统，推进“网上共青团”和“山西省青少年大数据平台”建设，精准感知和服务青年，扁平化工作模式逐步建立。推动基层改革，以团中央在山西省确定的2个试点县基层团建综合改革为牵动，在全省选取5个试点县，探索组织动员青年围绕中心服务大局的社会联动机制；深化中学“青源工程”，落实团课改革举措，推动71所高校共青团改革；启动省属企业共青团改革，推动驻晋中央企业建立团建联盟。加强乡镇“大团委”建设，推动农村专业合作社、村办企业、家庭农场等基层单位建立团组织。统筹推进青联、学联、少先队改革，青联基层一线委员比例提升到75%以上，学联、学生会建立“主席团+工作部门”模式，高校学生会和学生社团管理规范，全省5403所中小学校成立少工委，少先队工作手臂得到延伸。

（赵舒悦）

【庆祝五四暨青年投身改革创新大会】 2019年5月5日，山西省庆祝五四青年节暨全省青年投身改革创

新推进大会在太原召开。会议深入学习贯彻习近平总书记在纪念五四运动100周年大会上的重要讲话精神,表彰优秀青年典型,号召广大青年弘扬伟大五四精神,积极投身改革创新,为全面拓展新局面、谱写新时代中国特色社会主义山西篇章贡献先锋力量。山西省委副书记林武出席并讲话。省领导廉毅敏、曲孝丽、卫小春、王成、谢红出席会议。会上,省领导为山西青年五四奖章、五四奖状、青年创业奖、脱贫攻坚青年先锋获奖代表颁奖,青年代表作表态发言,在场全体青年集体宣誓。省直有关部门负责人,团省委班子成员,先进青年典型和各界青年代表共900余人参加会议。 (严志刚)

山西省妇女联合会

【山西省第十二次妇女代表大会】 2019年12月27日,山西省第十二次妇女代表大会在太原开幕。山西省委书记楼阳生,全国妇联副主席、书记处书记张晓兰出席开幕式并讲话。山西省委副书记、代省长林武,省政协主席李佳出席。楼阳生指出,习近平总书记关于妇女和妇女工作的重要论述,科学回答了妇女事业发展的方向性、根本性、战略性问题,为新时代妇女事业发展和妇联工作创新发展提供根本遵循。当前中国正处在实现第一个百年奋斗目标的决胜期,山西正处在转变发展方式、优化经济结构、转换增长动力的转型攻关期。希望广大妇女坚定信念跟党走,做伟大思想的践行者;勇立潮头善作为,做转型发展的推动者;崇德向上扬正气,做文明风尚的引领者;好学尚能强本领,做美好生活的奋斗者。会上,省妇联党组书记、主席黄岑丽代表山西省妇联第十一届执委会作工作报告,省总工会党组书记、常务副主席王蕾代表各人民团体致贺词。省领导廉毅敏、曲孝丽、郭迎光、吴伟,省军区刘兴安出席。来自全省各行各业近600名妇女群众代表,省直有关单位和各人民团体负责人,各市相关负责人参加会议。 (侯少华)

【妇联系统改革】 2019年,山西省妇女联合会(简称省妇联)高举习近平新时代中国特色社会主义思想伟大旗帜,全面贯彻习近平总书记视察山西重要讲话精神,落实中央和省委各项决策部署,围绕中心,服务大局、服务妇女,完成年度各项目标任务。发挥执委作用,“亮、晒、述、评”工作法得到全国妇联肯定,山西半边天微信公众号全年位列全国妇联系统微信公众号影响力排行榜前列。省妇联继续保持“全国文明单位”荣誉。

2019年,省妇联夯实基层基础,指导10个市、116个县级妇联完成换届工作,市级妇联到期换届率为90.91%,县级妇联换届率为99.15%。推进新领域新业态新阶层新群体妇联组织建设,全省17179个“四新”领域组织建有3874个妇女组织。推进省直机关、事业单位妇女组织建设,加强对团体会员和女性社会组织的引导、联系和服务,扩大妇联组织和工作的覆盖面。打造专挂兼相结合的妇联干部队伍,市、县两级妇联共选配挂职副主席101名,市、县、乡三级妇联新增兼职副主席5468名。出台《山西省妇联执委履职考核办法》,在乡镇(街道)、村(社区)妇联全面开展“亮、晒、述、评”工作,激励基层妇联干部和执委发挥作用,服务妇女群众。实施基层妇联“领头雁”培训计划,共举办各级各类妇联干部培训班200余期,提升基层妇联干部履职能力。创新工作方式方法,开展“妇联邀你回娘家”活动,邀请基层妇女代表列席重要会议等,推动形成群众工作群众做的良好局面。实施省妇联“网上妇女之家”建设项目,推动省妇联“半边天网”由信息发布平台向联系服务平台转变。“三八”期间,线上开展“向三八红旗手学习·为三八红旗手点赞”活动,阅读量达到30.70万人次;网络同步直播第五届“晋嫂”家政服务技能大赛,关注收看达19.67万人次。 (侯少华)

【妇女典型选树】 2019年,省妇联推进“十百千万‘三晋巾帼大宣讲’”活动,累计面向广大妇女开展宣讲活动2793场,覆盖33.36万人次。围绕庆祝新中国成立70周年,开展“巾帼心向党 礼赞新中国”群众性宣传教育活动2700余场,覆盖430万人次,引领广大妇女坚定信念听党话跟党走。强化典型选树宣传,评选表彰省三八红旗手148名、三八红旗集体95个。开展“向三八红旗手学习·为三八红旗手点赞”活动,层层举办先进事迹报告会、宣讲会306场,覆盖群众67120人,激励广大妇女见贤思齐、奋进追梦。

(侯少华)

【创业创新巾帼行动】 2019年,省妇联围绕高质量发展,举办第五届“晋嫂”家政服务技能大赛,承办全国巾帼家政职业经理人培训班,推动家政服务扩容提质;挖掘山西省底蕴深厚的妇女手工特色资源,举办“三晋巧姐”创业创新专题培训班,发动各类“三晋巧姐”妇女手工项目参加中国妇女手工创业创新大赛,共推选参赛项目68个,7个项目进入中部赛区预选赛4个项目进入全国半决赛。开展“春风行动”女性大型专场招聘会143场次,帮助近3万名妇女成功就业,激发妇女双创活力。 (侯少华)

【农村妇女素质提升】 2019年,省妇联围绕乡村振兴战略,落实“农村妇女素质提升计划”,累计组织农村电商、乡村旅游、家政服务、特色手工艺等专题培训361期,覆盖近2万名妇女。选树省级“巾帼农业双创示范基地”181个,推动妇女参与农村一、二、三产业的融合发展。开展“推动移风易俗 树立文明乡风”“美丽家园”创建活动666场,累计发动35万余人次参与,引导广大农村妇女弘扬文明新风,共建共享美好家园。 (侯少华)

【妇女权益保障】 2019年,省妇联加大源头维权力度,利用议案、建议、提案等形式建言献策,参与妇女儿童权益保护相关法律、法规、政策的制定、

2019年3月6日，省妇联举办"春风行动"女性专场招聘暨医药卫生行业人才就业洽谈会 （侯少华供图）

修改和执法督导。与有关部门联合出台《关于做好村规民约和居民公约工作的指导意见》《关于进一步健全农村留守儿童和困境儿童关爱服务体系的实施意见》《关于进一步加强事实无人抚养儿童保障工作的实施意见》等。做实基层维权服务，调整省婚姻家庭纠纷预防化解领导机构，完善联动机制。健全婚调工作信息月报制度，全年全省妇联系统共排查婚姻家庭领域矛盾纠纷978件，化解940件，化解率达96.10%。做好日常信访工作，全省妇联系统共接待来电来信来访案件2992件次件。举办全省妇联系统维权干部培训班，提升基层妇联干部维权工作能力。 （侯少华）

【妇女儿童关爱帮扶】 2019年，省妇联启动"把爱带回家"双百万结对寒假特别行动，全省五级妇联组织上下联动，妇女干部、执委积极响应，志愿者优势互补，与留守儿童、困境儿童结成对子，制定帮扶措施，帮助广大儿童和家庭学习法治安全知识，树立良好家风，把党对少年儿童的关爱和温暖送进千家万户。实施贫困母亲两癌救助、特困妇女儿童救助项目，全年共救助贫困患病妇女685名、特困妇女儿童26人。实施"恒爱行动""春蕾计划""母亲水窖""儿童权利倡导和儿童保护"等公益项目，恒爱行动项目编织毛衣2000余件，"春蕾计划"资助贫困学生1026人等，为困境妇女儿童送去关爱和服务。做好贫困县农村妇女免费"两癌"检查民生实事，推进省政府民生实事——贫困县农村妇女免费检查，全省58个贫困县共完成宫颈癌检查408244例、乳腺癌检查408917例。 （侯少华）

【新时代家庭建设】 2019年，省妇联落实习近平总书记"三个注重"重要指示精神，启动实施"家家幸福安康工程"，系统谋划推进新时代家庭工作。推动《山西省家庭教育促进条例》宣传落实，累计开展全媒体宣传100余次、专题学习培训174次，推动形成家校社共同立德树人的育人格局。寻找"最美家庭"活动，评选并揭晓省级最美家庭101户。宣传报道受表彰家庭的感人事迹，晒出"我家最美一瞬间"短视频2353个，举办最美家庭最美家风故事会3万余场。常态化开展家风家训宣传展示活动，举办家庭家教家风巡讲活动991场次、主题实践活动727场次，覆盖26万余人次，引导广大妇女和家庭争做好家庭、涵养好家教、培育好家风，推动社会主义核心价值观在家庭落细落小落实。建立健全家庭教育指导服务体系，推动市、县两级妇联普遍建立家庭教育（网络）指导服务中心。开展"十三五"家庭教育课题征集和研究，编写出版山西省儿童早期家庭教育指导手册《家长早教课堂》。新建家风家教创新实践基地155个、亲子阅读体验基地925个，培训家庭教育骨干师资1605人，开展家庭教育巡回公益讲座3333场、亲子系列活动2088场，为广大家庭提供家庭教育培训指导服务。

（侯少华）

【"建设法治山西·巾帼在行动"活动】 2019年，省妇联参加省人大反家暴方面"小切口"民生立法立项调研论证，参与《山西省实施中华人民共和国农村土地承包法办法》《未成年人保护法》《山西省志愿者服务条例》等相关法律法规的修订工作。制定《山西省妇联2019年法治建设工作要点》，利用"3·8""12·4"等重要节点，开展普法宣传教育活动。在半边天网开设"晋姐学法"线上普法栏目，以实施反家庭暴力法3周年为契机，推出《晋姐学法·反家庭暴力法，您知道多少？》专题栏目，深入社区举办《反家庭暴力法》专题讲座。开展"弘扬宪法精神，推进国家治理体系和治理能力现代化""宪法进机关"等法治宣传活动，引导广大妇女增强宪法意识，自觉尊法学法守法用法。 （侯少华）

【2019中国女企业家走进山西"晋善晋美魅力晋城"主题交流合作活动】 2019年5月20日，2019中国女企业家走进山西"晋善晋美魅力晋城"主题交流合作活动开幕。此次活动以"晋善晋美魅力晋城"为主题，由中国女企业家协会带领300多名协会会员走进山西，通过晋城项目和产品推介、产品展销、合作交流分享以及提升企业家素养主旨论坛、参加"问祖炎帝寻根高平"己亥年海峡两岸神农炎帝民间拜祖典礼等形式，宣传山西，推介晋城，开展合作交流推介。

（侯少华）

表7　2019年山西省三八红旗集体名单一览表

地区、系统	数量	获奖单位
太原	9	太原市迎泽区海边街小学校、太原市杏花岭区新建路小学校、太原市万柏林区教育局、太原市晋源区审计局、太原市第四（女子）看守所、太原市卫生学校、太原市急救中心、太原六味斋食品有限公司、山西晋德帮医药科技有限公司
大同	6	同药集团有限公司、大同市尚瑞文化传媒有限公司、左云县西街学校、灵丘县武灵镇城内小学、大同市新荣区第二小学、大同市第二人民医院眼科
朔州	4	朔州市生态环境局平鲁分局、山西怀仁农村商业银行股份有限公司、应县妇幼保健计划生育服务中心、右玉县北街幼儿园
忻州	6	忻州市第一中学校、忻州市妇幼保健计划生育服务中心、岢岚县妇女儿童工作服务中心、神池县财政局妇委会、忻州市忻府区东楼乡后郝小学、原平市第七幼儿园
吕梁	5	国家税务总局兴县税务局第一税务分局、柳林县市场监督管理局、吕梁市离石区滨河街道龙山社区、吕梁广播电视台、吕梁市住房公积金管理中心
晋中	6	晋中市图书馆、晋中市直属机关事务管理局办公区管理一科、晋中市青少年活动中心、晋中市太谷区直机关第二幼儿园、山西灵石农村商业银行股份有限公司、国家税务总局榆社县税务局
阳泉	4	中国移动通信集团山西有限公司平定县分公司、盂县农商银行学府苑支行、阳泉市郊区荫营镇妇联、国家税务总局阳泉市税务局收入核算科
长治	5	长治市屯留区民政局、国家税务总局襄垣县税务局、武乡县机关幼儿园、沁县郭村镇政府、长治市人民检察院第七检察部
晋城	4	晋城市新闻传媒集团有限公司移动端编辑部、晋城市第二人民医院、陵川县平城镇妇联、沁水县园林绿化服务中心绿化大队
临汾	8	临汾市尧都区人社局、临汾市看守所女子管教大队、翼城县教育科技局、山西省农村信用社联合社临汾办事处、安泽县医疗集团、曲沃县委党校、国家税务总局古县税务局第一税务分局、临汾市疾病预防控制中心
运城	7	运城市盐湖区实验小学、永济市教育科技局、山西新华书店集团河津有限公司、稷山县稷峰镇妇联、闻喜中学、芮城中学、运城民航机场有限公司
省法院	1	太原市杏花岭区人民法院立案庭
省教育系统	2	山西医科大学计划财务处、山西工程职业学院思政部
省公安系统	3	大同市公安局刑事技术支队DNA实验室、晋城市公安局审计处、运城市公安局出入境管理处
省财政厅	1	山西省财政厅国库支付中心
省文旅系统	1	山西风雅颂女子合唱团
省卫健系统	3	山西医科大学第二医院风湿免疫科、山西省肿瘤医院泌尿外科、山西省中西医结合医院产科
省国资委	2	山西绿洲纺织有限责任公司、大同机场地勤服务部服务室
省税务系统	2	国家税务总局太原不锈钢产业园区税务局、国家税务总局稷山县税务局第一税务分局
省体育系统	2	山西射击队女子手枪班、山西省跆拳道队女子组
省金融系统	2	兴业银行股份有限公司晋城分行、中国建设银行股份有限公司山西省分行个人金融部

续表

地区、系统	数量	获奖单位
省机关事务管理局	1	山西丽华大酒店餐饮部前厅服务组
省扶贫办	1	长治市扶贫开发办公室
省军民融合办	2	山西北方机械制造有限责任公司工艺技术研究所、中国兵器工业集团第二〇七研究所网络化信息体系行动控制软件团队
省总工会	3	山西三元煤业股份有限公司主提升班组、临汾市植保植检站、山西太长高速公路有限责任公司榆次收费站
省残联	1	山西省女子盲人柔道队
省电力公司	1	国网长治供电公司电力调控中心监控班
中国移动山西分公司	2	中国移动山西公司大同分公司客户服务部、中国移动山西公司阳泉矿区分公司
中国电信山西分公司	1	中国电信股份有限公司晋中分公司榆次城西分局
中国联通山西分公司	2	中国联合网络通信有限公司太原市分公司政企客户事业部、中国联合网络通信有限公司吕梁市分公司离石区运营中心永宁中路营业厅
省军区(驻晋部队)	2	63716部队一营二连、93601部队通信站二连

山西省文学艺术界联合会

【山西省文联第九次代表大会】 2019年4月11日至14日，山西省文学艺术界联合会第九次代表大会在太原召开。来自全省的414名文艺工作者代表和23名特邀代表参会。山西省委书记、省人大常委会主任骆惠宁，省委副书记、省长楼阳生，中国文联党组成员、副主席李前光和其他省委常委、政协主席、人大主持工作副主任、省政府联系文联工作的副省长出席大会开幕式。会议期间，审议并通过山西省文联第八届委员会所作的工作报告，修订山西省文联章程，选举产生山西省文联新一届领导机构。（樊丽红）

【书法文化活动】 2019年1月12日，由中国文学艺术界联合会、中国书法家协会、山西省文学艺术界联合会、山西省书法家协会、中共武乡县委、武乡县人民政府主办，中国文联书法艺术中心、中共武乡县委宣传部、武乡县文学艺术界联合会、武乡县书法家协会、八路军太行纪念馆、中央数字电视书画频道山西工作中心承办的2019年中国文联、中国书协书法家“同心同书·祖国新春好”书法文化惠民公益活动——送万福进万家走进武乡启动仪式在八路军太行纪念馆举行。11日，北京大学艺术学院教授高译作《美的艺术——中国画审美分析》的中国书法志愿服务公益讲座。（樊丽红）

【文化援疆】 2019年10月15日至21日，山西省文联组织书画艺术家到新疆昌吉、五家渠、奇台及北塔山等地开展为期一周的“大美三晋 情系新疆”文化援疆活动。艺术家们到学校、戍边连队、哈萨克族群众家中、农场场站，捐赠文化用品、举办晋疆两地书画作品联展、瞻仰革命纪念馆，为边疆群众、守边战士、援疆干部送去文化盛宴。（樊丽红）

【“崇德尚艺”巡回宣讲】 2019年10月22日，由中国文联主办、中国文联国内联络部与山西省文联承办的“崇德尚艺做有信仰有情怀有担当的新时代文艺工作者巡回宣讲活动”在山西饭店举行。活动现场，利用大屏幕影音并茂的特点，结合PPT演示、视频播放等手段，增强现场宣讲的效果，提高观众的参与度、认同感。（樊丽红）

【中国少儿戏曲小梅花山西获九朵】 2019年7月12至16日，第23届“中国少儿戏曲小梅花荟萃”活动在上海市金山区举行。163个节目、174名选手进入现场展演终审环节，选手表演剧目涵盖京剧、昆曲、越剧、评剧、晋剧近30个剧种。山西省报送的小选手技压群芳，共获得9朵小梅花。第23届中国少儿戏曲小梅花荟萃活动集体项目评选7月17日至21日在江苏张家港举办。山西省报送的《夜奔》获传承类集体节目第一名。（樊丽红）

2019 年 9 月 27 日至 10 月 9 日，由省委宣传部、省文联联合主办的“辉煌七十年”庆祝新中国成立 70 周年山西省书画摄影作品展在山西美术馆举办

（樊丽红供图）

【“辉煌七十年”书法美术摄影展】 2019 年 9 月 27 日，由省委宣传部、省文联联合主办的“辉煌七十年”庆祝新中国成立 70 周年山西省书法美术摄影作品展在山西美术馆开幕。展览收到来自全省各地的书画摄影作品 6323 件，入展作品 612 件。（樊丽红）

【民族民间舞讲座培训】 2019 年 11 月 26 日至 28 日，由山西省舞蹈家协会主办，大同市舞蹈家协会和大同市文化艺术学校承办的 2019 年山西省舞蹈家协会“深入生活、扎根人民”主题实践活动之民族民间舞名家讲座培训班在大同举行。四位舞蹈家刘润泽、金效平、王和平、李莉以讲座的形式，与来自山西省百余名舞蹈工作者展开学术交流。（樊丽红）

【原创歌曲采风征集】 2019 年 5 月 27 日至 31 日，组织 30 余位知名词曲作家、歌唱家到运城，开展为期 5 天的“礼赞新时代 共圆中国梦”原创歌曲采风活动。活动征集到近 200 首作品，于 9 月 24 日，评选出《光辉的形象》《火红的藜麦》《我的名字叫山西》等 20 首获奖作品。（樊丽红）

山西省作家协会

【概况】 山西省作家协会（简称省作协）前身是山西省文学工作者协会，与省文联为一个单位，成立于 1949 年 12 月。1984 年 9 月，与省文联分署办公。1991 年，由中国作家协会山西分会更名为山西省作家协会。省作协基层工作由各团体会员负责，省作协共有团体会员 20 个，包括 11 个市文联，9 个企业文协（作协）。全省共有省作协会员 3006 名，中国作协会员 266 名。

省作协由省委派出党组主持工作，最高机构为山西省作家协会代表大会，原则上每 5 年召开 1 次，选举产生出全省委员会和常设领导机构主席团，累计共召开七届代表大会。省作协第七次代表大会于 2019 年 4 月召开，选举产生第七届全委会委员 108 人，选举产生主席团主席 1 人、副主席 14 名和主席团委员 23 名。（许小登）

【“深入生活、扎根人民”推动创作】 2019 年，山西省作协以“庆祝新中国成立 70 周年”“不忘初心、牢记使命”等为主题，组织作家到新疆和山西的太原、朔州、运城、永和、汾阳、高平、山西杏花村汾酒厂等地采风，组织撰写系列作品。围绕新中国成立 70 周年，配合“二青会”召开，组织撰写《初心与使命——新中国山西体育 70 年 70 人》。组织 30 余位作家到芮城县开展“美丽中国·生态山西”采风活动，组织撰写《黄河边上的绿太阳》系列作品。省作协联合省委宣传部等单位以及各市、县委宣传部、文联作协，开展“著名作家看山西”之“全国文学院院长三晋行”“晋鄂作家三晋行”等采风活动，组织全国各地著名作家到太原、晋中、吕梁、吉县、永济、洪洞等地采风对话。全年组织近 500 位作家采风 15 批次。一批作品在《人民文学》等重要报刊发表，并被《小说选刊》《小说月报》等权威选刊转载。如蒋韵《你好，安娜》入选中国作协《长篇小说选刊》第四届长篇小说年度金榜。《边将》《活水》《水土中国》《笔落三千年》《一粒微尘》《主观书：我一无所是》《主观书笔记》《闪亮的铁轨》《天地间一场大戏》《垫脚箱》等一批优秀作品出版问世。一批作家作品获重要文学奖项。如葛水平《空山草马》获第七届花城文学奖中短篇小说奖，闫文盛《坐井观天者的困乏》获第十五届“滇池文学奖·年度最佳散文奖”，孔令剑入选《诗刊》社第 35 届“青春诗会”等。据不完全统计，2019 年山西省作家获得 40 余项各类重要奖项。著名评论家李炳银将山西报告文学誉为“黄土高原崛起的‘文学高峰’”。根据山西省作家刘慈欣小说改编的同名电影《流浪地球》引发全球关注。根据刘慈欣科幻小说《乡村教师》改编的电影《疯狂的外星人》成为 2019 年春节档最受欢迎的影片之一。2019 年，山西省作协推出《活水》《一个人的哈达图》《赵家洼》《2019 激战沁源》《再回 1949》等作品。“晋军新方阵”第六辑出版“晋军新六家”6 部作品。“双百工程”新出版 2 部历史文化人物传记和多部长篇小说。2 部作品列入中国作协重点作品扶持项目。联合山西出版传媒集团召开文学精品创作出版战略合作座谈会。推荐 2 位作家进入

中国作协深入生活创作项目扶持行列。反映湄公河惨案的长篇纪实文学《大湄公河》刚出版便连续入选多种好书排行榜，销售近2万册。中国作协与省委宣传部在北京召开研讨会。山西省作家协会被中国作协评为"深入生活、扎根人民"主题实践先进集体；鲁顺民、蒋殊获中国作协"深入生活、扎根人民"主题实践先进个人。（许小登）

【文学队伍建设】 2019年，山西省作协组织开展"2018全国小小说大赛""首届右玉《黄河》年度文学奖"等5次征文评奖表彰活动。新组建网络文学专业委员会、儿童文学专业委员会、权益保护和道德建设专业委员会。联合橙瓜网等全国70余家单位，举办第四届"橙瓜网络文学奖"评选活动。组织召开山西网络文学工作会暨首届网络作家培训班。组织网络作家参与新兴领域青年大学习暨全国第三期青年网络作家"青社学堂"专题培训班、中国作协网络文学现实题材创作培训班等多种培训。组织网络文学院工作者参加中国网络文学工作会、网络文学组织负责人培训班等。到朔州、忻州、运城等地举办基层作家培训班。针对实际举办中青年作家、编剧高研班，儿童文学创作培训班，推荐作家和文学工作者参加中国作协等组织的中青年作家高研班、基层作协负责人培训、全国内刊编辑培训班、增强"四力"专题培训等。全年推荐13人加入中国作协，吸收省作协新会员172人。（许小登）

【山西文学影响力扩大】 2019年，山西省作协扩大山西文学影响力。加强和改进文学评论。实施签约评论家制度，对首届签约评论家创作成果进行总结指导，10人入选。提升研讨活动的针对性。立足"一院两刊"继续举办三晋新锐作家群系列研讨活动、《黄河》与作者系列研讨会、《山西文学》春秋两季改稿会及有关创作研讨活动，联合《小说选刊》召开"新中国文学70年与新时代创作"研讨会。参与并举办全国性文学活动。支持首届吕梁文学季大型文学活动。山西文学院与河北、重庆两地文学院建立联盟，联合推介优秀青年作家。承办中骏杯《小说选刊》奖颁奖活动，全年各刊质量提升。《黄河》刊发的《风烈》荣获第十届"茅台杯"《小说选刊》年度中篇小说奖，《简直像春天》入选中国作协2019年度《中国少数民族文学之星》丛书，由作家出版社出版。《山西文学》开设"小小说"栏目。刊发的《小花旦的故事》荣获2019年首届"《钟山》之星"文学奖，《港漂记忆拼图》荣获"网络时代的文学——未来网络文学家年度新人"文学奖。两刊全年有57篇（次）作品被全国各选刊选载、连载，同比增长103%。（许小登）

【文学活动进基层】 2019年，山西省作协与社会各界合作开展服务活动。联合太原市图书馆举办"文学会客厅公益讲座"，联合山西省图书馆开展"南华视角阅读推广公益活动"，联合山西大学商务印书馆分馆举办"大学堂·东方经纬文学讲坛"，联合共青团山西省委、晋商博物院、山西文艺广播、太原书城、新华书店等单位，以及社区、学校等基层单位开展公益活动，累计全年举办各种活动50余场，受众达3000余人。省作协开展"山西作家走进基层"系列活动。组织省内专家、学者到太原、临汾、晋城、安泽、代县、沁源，以及太原钢铁集团有限公司、山西农业大学等地开展"山西作家走进基层"系列文学活动。（许小登）

2019年11月29日，省作协召开2016-2018年度赵树理文学奖终评工作会议

（许小登供图）

山西省科学技术协会

【组织建设】 2019年，山西省科学技术协会（简称山西省科协）有市级科协11个；县（市、区）科协117个，其中独立建制117个；乡镇科协1112个，街道科协336个；行业科协2个，分别是省国防科协、省电力科协。省科协所属省级学会有135个，其中，理科学会17个，工科学会34个，农科学会16个，医科学会21个，综合交叉学科学会47个。企业科协、园区科协、高校科协等科协基层组织壮大。

中国科协和山西省政府于2018年10月签订全面战略合作协议。省科协做好牵头工作，重点工作落实。截至2019年底，中国科协2019年给予山西有关项目资金支持达5800万元，在促进科技经济融合和产业转型升级等方面给予支持。

6月13日至19日，山西省科协以"汇聚双创活力 澎湃发展动力"为主题，会同省发改委等单位组织全国大众创业万众创新活动周山西分会场系列活动。共举办活动19场，展示展出项目286个，现场观众达2.20万人次。“创响山西”系列评选活动线上线下共收到选票63万，关注人数突破2000万人次。除主题展示外，举办论坛、报告会等14场，群众性竞赛活动3场。（吕　伟）

【科技创新智库建设】 2019年，山西省科协在山西经济管理干部学院等单位新建智库试点6个，在阳煤集团华越机械公司等单位新建省级科技工作者状况调查站点6个，累计建成省级科技工作者状况调查站点17个；成立晋科智库联盟，召开首届晋科智库论坛；围绕科技支撑山西省高质量发展，在全省科协系统开展“我为改革创新作贡献”建言献策活动；围绕装备制造业转型升级、战略性新兴产业集群培育等方向开展专项课题研究21项；以“能源革命排头兵的突破点研究”“能源革命综合改革试点下山西新能源发展机制”等为题编发《调研动态》8期，遴选优秀调研报告编发《科学决策参考》，报送省委、省政府及相关部门。

受中国科协委托，山西省科协牵头组织高层次专家对中部地区《国家中长期科学和技术发展规划纲要（2006—2020）》实施情况、8个全国双创示范基地建设情况开展评估工作，推动科技创新智库建设。（吕　伟）

【学术交流】 2019年，山西省科协举办“2019山西省科协年会”主场活动，围绕“改革创新、科技引领——助力能源革命与产业转型”主题，组织院士专家特邀报告会、党政领导与院士专家座谈会等主场活动，围绕先进铸造、有机旱作、绿色发展等主题举办12场分会场活动，7名院士参加年会活动。支持省级学会、市级科协举办标志性年会、高端前沿学术论坛24项，其中全国及国际性学术活动3项、区域性学术活动4项，省级学术活动16项，市级科协举办学术活动1项。支持省级学会承办中国地理学会、中国农业工程学会等5家全国学会在省内举办学术年会、研讨会等学术会议。

省气象学会组织第三届气象科普讲解大赛；连续17年举办学会年会，学会年会连续3年被选定为省科协年会分会。省机械工程学会开展科技成果评价（鉴定）工作和全民技能提升工程培训，参与中国工程院“山西省工业高质量发展战略研究报告”撰写；成为山西省创新券平台成员单位，为省内科技型中小微企业提供智力支持。省林学会在朔州市右玉县开展风沙区生态修复暨右玉精神学习专题调研，承办中国林学会风沙区生态修复与右玉精神学术研讨会；举办“山西省沙棘产业发展研讨会”。省金属学会承接政府转移职能，开展冶金行业成果评价工作；承办中国金属学会首届不锈钢科技发展论坛。省土木建筑学会成立专家委员会、标准化技术委员会、总工程师工作委员会，提升学会服务能力。（吕　伟）

2019年9月19日，山西省全国科普日活动启动仪式在山西省科技馆举行
（吕　伟供图）

【科普教育活动】 2019年，山西省科协在长治市、吕梁市开展公民科学素质抽样调查，及时跟踪监测山西省“十三五”公民科学素质发展状况，并举办“让我们共同行动，保护生态环境”生态环保宣传、“太阳、地球和天气”气象科普等一系列公众科学素质特色活动；37万人参与山西省公众科学素质网络知识大赛，答题总人次达531万；举办科学传播专家科普巡回报告会60余场；开展2019年山西省“全国科普日”系列活动，全省各地举办展览展示、科普讲座、科普宣传、现场咨询等活动1086项；省科协举办的“中国科普摄影大赛”，成为全国科协系统知名科普文化品牌，共收到稿件9736件，精选的100幅优秀作品在第19届中国平遥国际摄影大展展出；开展全省青少年科技创新大赛、青少年机器人竞赛等多项活动，参与中小学生26万人次。

山西科技馆免费开放252天，接待观众120万人次；流动科技馆深入40个站点巡展，受众58.60万人次；科普大篷车深入基层39所学校，受众4.10万人次；“科技馆进校园”活动走进26所中小学校，受众8000余人。为集中连片贫困区新建农村中学科技馆6所，配发科普大篷车1辆。

9月19日，举行2019年山西省全国科普日活动启动仪式。活动主题是“礼赞共和国、智慧新生活”，围绕科普协同创新、发展两翼齐飞，聚焦社会热点、传播科学思想，弘扬科学精神、激励爱国奋斗，对标攻坚任务、助力全面小康四个方面展开。太原理工大学优秀科技成果展、中北大学可产业化项目展览、太原市青少年科技创新大赛少年儿童科学幻想绘画展等展览展示；科技助力精准扶贫项目，无人机、活性炭产品等创新产品；心肺复苏、创伤止血等急救技术成为公众观看学习最多的项目。

9月至11月，省科协组织聘请的科学传播专家到全省各市县农村、社区、学校、企业开展为期两个月的系列科普报告。（吕 伟）

【企业科技服务】 2019年，山西省科协在企业中开展科技专利信息服务、创新方法培训、科技成果转化等项目，促进创新能力提升，共计培训专利应用工程师300人，知识产权应用人才350人，创新骨干人才130人，形成创新改进成果30项；从2019创新创业成果交易会上引入国内外最新优秀科技成果260项；完成技术合同登记73份，技术交易额1.07亿元，为企业免税6594.71万元；“金桥工程”立项58个；新建学会服务站22个；承接中国科协2019年产学研融合发展项目3个；“讲理想、比贡献”活动征集企业技术创新建议1000余项。（吕 伟）

【学会改革创新】 2019年，山西省科协以学会换届为契机，推动学会依章履职。实施学会改革创新和服务能力提升项目，推进学会试点承接政府转移职能工作。有5个学会9个项目被确定为2019年承能试点学会和项目，涉及科技评估、技术标准研制等多个领域。省科协所属16个学会成为省科技进步奖提名组织单位。

省科协64项深化改革任务完成60项，实现全省科协系统深化改革工作的全覆盖。

实施包点联系市、县（市、区）工作制度，2019年向基层下达各类项目资金2035万元，支持市县科协围绕提升基层科普服务能力、科技助力精准扶贫等开展工作。

围绕“3+1”试点工作先后在忻州、临汾、阳泉等地开展分片调研交流。举办山西省基层科协“3+1”工作培训班，全省11个市117个县（市、区）普遍开展“3+1”建设，忻州市忻府区科协“3+1”试点工作，获中国科协评为“十佳深化改革县级科协”。

（吕 伟）

【科普信息化建设】 2019年，山西省科协推动科普文化产业发展，提升优质科普内容供给能力。实施省城公交楼宇电视“科普每一天”工程，编播科普专题片48期，覆盖太原2800多辆公交车和500多个公共场所；为全省基层科协配发挂图2000套、手册60000本、海报7000张；开发图书、挂图、动漫、视频、H5海报、科学图解等优质科普资源300余套件，新增资源量400GB。（吕 伟）

【院士专家工作站建设】 2019年，山西省科协新建院士、专家工作站18个，开展“院士专家山西行”活动20场。全年全省科协系统累计建立院士工作站125个、专家工作站4个，共计引进院士专家121名，院士专家团队660余人。（吕 伟）

【科技工作者之家】 2019年，山西省科协向省科协八大代表征集代表建议案，听取科技工作者的意见建议；打造“山西省科技工作者之家”网络服务平台和微信公众号，办好“山西科协”“山西科普”等微信平台，开展网上建家交友活动，为山西省科技工作者提供服务；“山西省科技工作者之家”网站更新内容2148条，微信发布各类信息357条；全省科协系统开展“全国科技工作者日”系列活动。（吕 伟）

【2019年山西省科协年会】 2019年9月24日，山西省科协和中共晋城市委、晋城市人民政府联合主办的2019年山西省科协年会主场活动在晋城市启动。年会主题为“改革创新 科技引领——助力能源革命与产业转型”，从8月中旬开始，到10月底结束，分“学术引领”“助力转型”“科学传播”三大板块。年会期间，省科协举办1个主场活动和12个分会场，有20多位院士、150多位国内外知名专家和学术团体在山西开展一系列活动。

省科协举行国家级学会服务站、专家工作站授牌和省级学会服务站授牌。经晋城市科协倡议，晋城市、长治市、运城市、郑州市、洛阳市、开封市等晋豫两省六市科协联合发起成立中原经济区科技创新联盟。

（吕 伟）

山西省归国华侨联合会

【组织建设】 2019年，山西省归国华侨联合会（简称山西省侨联）争取地方党委政府对侨联工作的重视和支持。稷山县、临猗县、大同市新荣区成立县级侨联，全省县级侨联达63个。11月14日，召开省属高校侨联组织建设推进会，推行“地方侨联+大学侨联+校友会”工作机制，推动大同大学、山西工程技术学院成立侨联。新建各种形式“侨胞之家”百余个，全省“侨胞之家”总数达到307个，申请中国侨联项目经费，对23个“侨胞之家”提质升级和开展活动给予支持。（刘 超）

【侨联公益活动】 2019年，山西省侨联组建“侨爱心——送温暖医疗队”到大同、忻州市举办义诊宣传活动。由15位来自省城各大医院专家教授及当地医生组成“侨爱心——送温暖”医疗队，为大同、忻州当地侨胞和各界群众近万人开展义诊及法治宣传。开展“精准脱贫·光明行”活动，举办义诊466场，为2.50万名困难群众实施白内障免费筛查，实施免费手术1700例。开展“侨爱心·健康行”——股骨头康复器捐赠公益活动，捐赠股骨头康复器42台、司迈等离子双极电切电凝系统4台。开展“爱心助学送温暖”捐赠活动，为中阳县各小学捐赠价值15万元的书包和图书。

（刘 超）

【山西侨界青年在行动主题活动】 2019年4月13日至14日，由中国侨联指导，山西省侨联、晋中市政府共同主办的“改革创新、奋发有为”山西侨界青年在行动主题活动在晋中市灵石县举行。中国侨联顾问、中国侨联青年委员会会长乔卫出席活动并讲话。来自全省各市海归协会、省侨联新侨创新创业联盟成员单位以及全国部分海归组织的300余名侨界企业家及青年海归代表围绕“改革创新、奋发有为”主题，共商侨界青年助力山西改革开放大计。其间，晋中市、灵石县分别进行投资环境以及相关园区、重点产业项目招商引资推介，组织参观考察省级重点工程东方希望铝系综合循环经济园区项目，参观中国华侨国际文化交流基地、山西天星集团爱国主义和艰苦奋斗展览以及主要产业产品展示，举办“讴歌新时代·改革再出发”山西侨界青年文艺晚会。 （刘　超）

【侨联法律顾问工作】 2019年4月25日，山西省侨联法律顾问委员会工作会暨山西省涉侨人民调解委员会成立大会在并召开。中国侨联法顾委主任、最高人民检察院原常务副检察长张耕出席大会。112名侨界专家成为省侨联特聘专家委员会第二届委员，为山西转型综改提供人才储备和技术支撑，是继11个试点省份后率先成立的省级涉侨涉外纠纷人民调解委员会，调委会获省司法厅推荐为省高院特约调解组织。9月21日，山西省涉侨纠纷人民调解委员会主办“粤晋涉侨涉外法律服务深度战略合作座谈会”。省侨联、太原司法局、省律师协会有关领导应邀出席，省侨联顾委委员、省涉侨调委会调解员及特邀法律专家、学者和律师等27人参加会议，与会专家学者一致认为，做好“粤晋涉侨涉外法律服务深度战略合作”有利于推动山西省涉侨涉外法律服务体系建设。 （刘　超）

【侨联海外交流】 2019年5月15日至22日，山西省侨联一行出访美国、加拿大，拜会海外华人高新技术协会、中美企业峰会、美国华人总商会、美中文化交流协会、美国加州山西商会、加拿大华人社团联席会、加拿大山西华人联合总会和加拿大温哥华山西同乡会，签订省侨联海外联系点友好合作协议8份，与加拿大列治文市政府就建立友好城市交流。 （刘　超）

【海外侨胞“寻根三晋活动”】 2019年5月31日至6月2日，山西省侨联主办的2019“海外侨胞故乡行——寻根三晋活动”在临汾举行，中国侨联顾问唐闻生等领导与来自28个国家和地区的100余名海外侨胞参加活动。其间，侨胞参加2019第二届尧都民间祭拜尧帝大典、2019山西临汾(尧都)招商引资推介会等活动，在尧都区、侯马市、曲沃县参加项目推介和实地考察，签约项目15个。 （刘　超）

【第三届香港关公节】 2019年6月22日至23日，山西省侨联在香港主办第三届香港关公节。省投资促进局、省海外联谊会、省工商联、省文旅厅和香港山西商会等在港华人社团及香港各界群众5000余人次参加活动。省侨联整合全省各级侨联组织的资源优势，实施走出去战略，将关公文化融入“一带一路”建设，拓展与“一带一路”沿线国家开展友好交流，推动关公文化走向世界。 （刘　超）

【“2019中国寻根之旅”夏令营】 2019年7月至10月，山西省侨联承办15期“2019中国寻根之旅”夏令营，来自美国、捷克、泰国等10余个国家520名海外华裔青少年感受中华文化魅力，增强其对中华民族、中华文化的认同感和自豪感。 （刘　超）

2019年7月7日，2019“中国寻根之旅”夏令营山西太原营在太原旅游职业学院开营，来自加拿大、美国、意大利和澳大利亚的120余名华裔青少年及海外领队和教师参加本期夏令营 （刘　超供图）

【中阳县招商引资及特色产品推介】 2019年9月4日至5日，山西省侨联新侨创新创业联盟第三届理事大会暨中阳县招商引资及特色产品推介会在吕梁市中阳县举办，300余名海归双创人才、各界代表参加活动。山西省华侨公益基金会、山西省侨联新侨创新创业联盟等领导分别与中阳县有关部门签订11项合作协议和捐赠协议，用实际行动助力山西省脱贫攻坚。 （刘　超）

【海内外侨领侨商座谈交流会】 2019年9月9日，山西省侨联在厦门主办“海内外侨领侨商座谈交流会”，来自美国中华总商会、加拿大福建工商联会总会、澳大利亚澳中文化促进会、厦门福清商会、北京福州商会等海内外侨团、商会的30余位侨领侨商参加。省商务厅、省投促局、省长三角招商局有关负责人就侨领侨商关注的问题做解答，对山西的营商环境和重点产业项目进行推介。9月10日，省侨联负责人在厦门出席2019中美企业峰会投资合作与影视文化高峰论坛并作主题推介，与参会的500名中美两国企业家互动交流。（刘　超）

【侨联特聘专家委员会大会】2019年11月14日，山西省侨联特聘专家委员会第二届委员大会暨促进山西创新发展交流会在太原召开，聘请海内外侨界112名专家为省侨联特聘专家委员会第二届委员。省委常委、统战部部长徐广国对开好此次会议作出批示，省政协副主席李思进、中国侨联经济科技部副部长夏付东出席会议并讲话。（刘　超）

【山西省侨商联合会成立】2019年11月30日，山西省侨商联合会成立大会在太原召开，吸引300余名投身山西建设、支持山西发展的侨商成为初始会员，为山西转型综改积累侨界能量。省人大常委会副主任卫小春、中国侨联秘书长陈迈出席会议并讲话，中国侨商联合会副会长兼秘书长安晨到会祝贺。（刘　超）

山西省台湾同胞联谊会

【概况】2019年，省台联以政治建设为统领，筑牢思想根基，强化政治引领，主动担当作为，服务定居台胞力求高标准，争取台湾民心做到长坚持，壮大爱国统一力量实现新突破，晋台经贸合作、助力转型发展、结对子帮扶台商企业等工作取得新成效。在全国台联系统首创台商恳亲参访团模式，连续三年邀请在晋台商亲属到晋参访，组织台商亲属了解山西经济发展情况和在晋台商的生产经营状况，推动晋台经贸交流合作，最大限度争取台商亲属对台商在晋投资的支持，吸引更多的台商宣传山西、投资山西、发展山西，截至2019年底，多个台资项目在山西落地，签约资金超过1亿元。（唐　浩）

【意识形态引导】省台联意识形态工作领导组定期组织学习研讨，定期开展分析研判，针对2019年6月以来香港特区出现的违法暴力事件，主动回应机关党员干部的关切，举办《提高政治站位，增强制度自信，提升党员干部的意识形态能力》专题党课，着重讲述“香港问题的发生背景、香港问题发生的原因、中央如何解决香港问题”，提升机关党员干部的意识形态能力，增强中国特色社会主义制度自信，坚定党员干部在对台工作中始终保持正确政治方向的信心。（唐　浩）

【晋台交流合作】2019年4月14日至21日，“台商恳亲暨经贸参访团”一行16人到晋参访交流考察。在晋交流考察期间，参访团参观考察晋中农谷海峡两岸农业园区，签订入园招商协议，考察晋中灵石县、大同灵丘县羊肚菌种植基地、大棚示范点，分别签订总价值300万元的农业新品种新科技产品合作协议、农业扶贫项目合作协议。双方就农业方面的发展和未来的形式座谈交流探讨。（张继革）

【台胞到晋参访】2019年5月7日至14日，台湾中华两岸文化经济交流协会会长孙红文女士携参访团16人到晋进行为期8天的参访活动，深入了解山西的历史文化，感受山西淳朴的民风和悠久的历史文化。（张林红）

【京津冀晋台籍中青年社会实践】2019年7月31日，由北京市台联、天津市台联、河北省台联、山西省台联共同举办的“京津冀晋台籍中青年社会实践活动”在京开班，120余人参加活动，全国台联副会长杨毅周出席活动并致辞。活动的主题为“我和我亲爱的祖国”，激励广大中青年台胞继承和弘扬老一辈台胞爱国爱乡、期盼和平统一的初心，牢记党中央赋予的新的历史使命，伴随新时代迈向“两个一百年”奋斗目标的坚定步伐，把握大势、志存高远、勇于担当、勠力前行，在推进祖国和平统一进程中争当排头兵。“京津冀晋台籍中青年社会实践活动”自2015年开始，连续举办四届，参训中青年台胞和台联系统干部400余人次。（景丽娟）

2019年5月7日至14日，台湾中华两岸文化经济交流协会参访团到晋参访，图为参观省博物馆（张继革供图）

山西省残疾人联合会

【概况】 2019年，山西省残疾人联合会（简称山西省残联）机关内设办公室（机关党委）、研究室、维权部、组织联络部、康复部、教育就业部、宣传文体部、计划财务部、人事部9个工作部门；下设山西省康复研究中心、山西省残疾人就业服务指导中心、山西省残疾人辅助器具资源中心、山西省残疾人职业教育中心、山西省残联信息中心、山西省聋儿康复教育研究中心、山西省残联后勤服务中心、山西省脑瘫康复医院8个直属事业单位，共有编制251人；主管社会基金组织1个：山西省残疾人福利基金会。全省共有各类残疾人215.70万人，占全省总人口比例6.04%。其中：视力残疾人22.20万人，占10.30%；听力残疾人45.60万人，占21.14%；言语残疾4万人，占1.87%；智力残疾人12.10万人，占5.62%；肢体残疾人81.80万人，占37.90%；精神残疾人12.50万人，占5.77%；多重残疾人37.50万人，占17.40%。 （陈贺峰）

【残疾人康复就业】 2019年，山西省残联推进残疾人康复事业与就业服务。省政府民生实事项目为6.90万人提供残疾预防重点干预和残疾儿童抢救性康复服务，任务完成率138%。精准康复服务行动为15.20万名残疾人提供基本康复服务，服务率91.91%，其中辅助器具适配服务7.80万名残疾人，适配率为95.92%，建档立卡贫困残疾人基本辅助器具适配率实现95%以上的目标。教育保障方面，残疾儿童少年入学率达到96.50%，中央彩票公益金助学项目资助718名学龄前残疾儿童，省彩票公益金助学项目资助560名残疾大学生和残疾人家庭子女大学生，对520名残疾青壮年文盲开展扫盲行动。联合有关部门出台《山西省推广国家通用手语实施方案》和《山西省推广国家通用盲文实施方案》。就业服务方面，按比例就业、“就业援助月”等措施带动6896人实现稳定就业，为10000余名残疾人提供职业技能培训。参加第六届全国残疾人职业技能大赛总成绩排名第22，取得历届竞赛的最好成绩。与山西恒伦医疗集团合作举办订单式口腔技能培训班，考核合格的学员全部留用上岗，就业率达78%。文化体育方面，举办“我和我的祖国”山西省残疾人书法绘画手工艺作品展，开展残疾人读书日、残疾人文化周等活动，残疾人文化进家庭“五个一”项目惠及1160户残疾人家庭。举办山西省残疾人冰雪运动季活动，组织1.50万名残疾人参加第十三次全国特奥日和第九届残疾人健身周活动，建设55个残疾人体育健身示范点。组团参加第十届全国残疾人运动会暨第七届特奥会，女子S12/S13级100米蝶泳成绩打破全国纪录，山西代表团被组委会授予体育道德风尚奖。基建和信息化建设方面，建成或在建康复、托养和综合服务设施124个，会同省发改委向国家申报的2020年9个县级残疾人康复、托养和综合服务设施建设项目获准实施。省残疾人综合康复中心二期工程建设推进，省级配套项目资金1亿元，龙城北街27亩建设用地办理土地预审手续，办理有关房产手续和不动产登记。残疾人基本服务状况和需求信息数据动态更新工作精准推进，全省应登记对象99万人，完成登记95万人，其中入户调查93万人，入户率达97.90%。开展第三代智能化残疾人证试点工作，共发放2.50万余张智能卡。 （陈贺峰）

【残疾人权益保护】 2019年，山西省残联创新举措，完善残疾人权益保障。办理省人大代表、省政协委员提出的涉及保障残疾人权益的建议5件、提案9件。成立省级残疾人法律救助工作站，按期开通残疾人法律救助工作管理系统，对37个残疾人法律救助案件给予补助。省本级共接待来信来访201人（件）次，“12385”残疾人服务热线提供政策咨询、投诉请求、意见建议等服务368次。为4325户贫困重度残疾人家庭实施无障碍改造。为9600名下肢残疾人发放机动轮椅车燃油补贴。 （陈贺峰）

【残疾人事业环境】 2019年，山西省残联动员各方，残疾人事业发展环境优化。第六次全国自强模范暨助残先进表彰大会上，全省14个先进对象受到习近平总书记等党和国家领导人的接见；全省表彰大会表彰172个先进对象。省市两级和半数县级广播电视台节目均加配字幕，山西公共频道播出手语节目。省图书馆坚持开展助盲专题文化活动，获“全国星级文化助盲志愿者服务单位”荣誉。开展第二十九次全国助残日活动。各专门协会发挥桥梁纽带作用，开展或参加各类征文、朗诵、书法绘画、特奥日联谊比赛和迷你马拉松等活动并获得佳绩。省残疾人福利基金会全年募集资金物资3356.20万元，救助残疾人10000余人次。加快残联改革步伐，经中国残联审核、省综改委通过的《山西省残疾人联合会改革方案》以省政府办公厅名义印发。 （陈贺峰）

【集善助残·口腔健康行】 2019年5月19日第二十九个全国助残日，山西省残疾人福利基金会与恒伦医疗科技股份有限公司共同发起的“集善助残·口腔健康行”大型公益活动启动仪式在太原市南宫广场举行。该次活动凡山西户籍的残疾人及其家属，持有效证明，在恒伦口腔医院、恒伦口腔国际中心及市内18家直营门诊部、大同美源口腔医院、忻州门诊部、长治门诊部均可接受救助。救助治疗项目涵盖基础洁牙、补牙、拔牙、根管治疗、活动假牙修复等基本口腔疾病治疗各方面需求。符合治疗条件的残疾人患者及家属，均可通过帮扶专线4006-555-800咨询报名申请项目救助。 （陈贺峰）

【残疾人事业普法宣传活动】 2019年5月19日是第二十九个全国助残日，省残联在太原市南宫广场举办残疾人事业法律法规和优惠政策普法宣传活动，活动主题是“自强脱贫、助残共享”。该次活动旨在向全社会大力宣传残疾人事业法律法规，让广大残疾人知晓自己的法定权利和义务，让社会公众了解应当履行的社会责任，在全社会营造理解、尊重、关心、帮助残疾人的良好人文环境，鼓励广大残疾人自尊、自信、自强、自立。现场发放《残疾人保障法》《残疾预防和残疾人康复条例》《残疾人教育条例》《无障碍环境建设条例》《残疾人就业条例》等残疾人事业法律法规翻印读本500余本，涉及康复、教育、就业和社会保障的宣传页600余份，解答问题30余个。

（陈贺峰）

【语言康复教师技能大赛】 2019年5月14日至23日，由省聋儿康复教育研究中心牵头的山西省听力语言康复教师技能大赛举行。大赛从教育康复理论、个别化教育教学能力、教学评估与诊断、玩教具制作四大板块，对参赛人员进行考核选拔。聋儿中心对各市康复机构选送的20名学员进行高标准、高质量、严要求的辅导培训。大赛选出3名优秀学员组队参加全国比赛。（陈贺峰）

【盲人医疗按摩考试】 2019年9月21日，由原卫生部、人力资源和社会保障部、国家中医药管理局、中国残联共同组织的全国盲人医疗按摩考试统一开考。山西考区考试在太原进行，172名考生参加考试。自2010年以来，全省有714人次参加考试，有220人通过全国盲人医疗按摩考试。

（陈贺峰）

【山西省残疾人冰雪运动季】 2019年1月18日，主题为“乐享冰雪、助力冬奥、康复健身、共奔小康”的第三届中国残疾人冰雪运动季——山西省残疾人冰雪运动季在太原启动。来自太原市杏花岭特教学校、晋中市特教学校师生，省残疾人田径、游泳、柔道队运动员、教练员共计120余人参与此次活动。“中国残疾人冰雪运动季”是中国残疾人联合会为参与筹办2022年北京冬奥会、冬残奥会，使更多残疾人融入“三亿人参与冰雪运动”而创建的残疾人大众冰雪活动平台。自2016年起，每年冬季都会举办，已成为残疾人参与奥运、赏冰乐雪、冬季健身的品牌活动。（陈贺峰）

【残疾人旱地冰壶比赛】 2019年3月19日至22日，省残联、省体育局共同举办2019年山西省残疾人旱地冰壶比赛。本次比赛共有太原、大同、忻州、阳泉、长治、晋城、临汾、运城8个市19支代表队参加。90名残疾运动员参赛。经过激烈角逐，运城一队、长治二队、运城二队分别获听力组比赛第一、二、三名；运城代表队、长治一队、忻州代表队分别获轮椅组比赛第一、二、三名；晋城代表队、运城代表队、太原代表队分别获智力组比赛第一、二、三名。（陈贺峰）

【张佳玉在世界残奥田径赛获佳绩】 2019年世界残奥田径大奖赛（北京站）暨第7届中国残疾人田径公开赛于5月6日至13日在北京举办，山西省长治籍运动员张佳玉代表中国参赛并获得女子F56级标枪金牌、铅球铜牌、铁饼第四名的佳绩。张佳玉是晋中市特殊教育学校的一名学生，2013年开始从事残疾人体育训练，2015年获第九届全国残运会女子标枪F56级季军，2017年、2018年获全国残疾人田径锦标赛女子标枪F56级冠军，是该项目全国纪录保持者。该次大奖赛由世界残奥田径委员会批准，中国残奥委员会主办，中国残疾人体育运动管理中心承办。来自15个国家和地区的253名残疾运动员角逐249个小项，赛事总规模超600人。

（陈贺峰）

【全国第十届残运会山西成绩】 2019年8月20日，全国第十届残运会暨第七届特奥会山西代表团出征动员誓师大会在太原召开。山西省体育代表团由136人组成，85名运动员将代表全省残疾人参加田径、游泳、盲人柔道、乒乓球、飞镖、轮滑等13个大项154个小项的比赛。在提前举行的比赛中，山西省残疾人运动员先后参加9个项目的比赛，特奥足球项目获得第一名，轮椅击剑女子佩剑项目获得团体第三名，其他项目分别获2个第四名、4个第五名、3个第六名、1个第七名和2个第八名。

9月1日，全国第十届残疾人运动会暨第七届特殊奥林匹克运动会在天津落幕。山西省残疾人运动员在比赛中顽强拼搏、奋勇争先，创造优异成绩。在残运会项目中获7金9银9铜，其中，郑杰桐的女子S12/S13级100米蝶泳成绩打破全国纪录；在特奥比赛项目中获19金26银13铜。王英昌在田径赛场获得男子听障组110米栏金牌；盲人柔道3枚，分别为贺妙琪的男子100公斤级金牌，吴璞琪的男子73公斤级和男子73公斤以下无差别级金牌；游泳3枚，郑杰桐获得S12级100米蛙泳、S12级200米混合泳、S12/S13级100米蝶泳的金牌。山西代表团被组委会授予体育道德风尚奖，实现运动成绩和精神文明双丰收。（陈贺峰）

【专家团队走进脑瘫康复医院】 2019年9月25日，由中国康复医学会组织、“康复中国万里行”组委会主办的“2019康复中国万里行”活动专家团走进山西省脑瘫康复医院，开展参观考察、座谈交流活动。“康复中国万里行”活动发起人李克、广州医科大学附属第五医院康复医学科原主任陈建平、沈阳市康复医院特聘康复专家宋哲主任、中国社会福利基金会孙文静主任等专家一行12人与医院院长沙佳宽进行座谈，并参观一线临床治疗科室。在针灸室、运动疗法室，专家团队对部分患者进行康复训练操作指导，分享交流他们对此类患者的康复治疗方案和诊疗经验。陈建平代表“2019康复中国万里行”专家团队向医院授予“康复中国万里行支持单位”锦旗。

（陈贺峰）

【参加全国残疾人技能大赛】 2019年10月27日，第六届全国残疾人职业技能大赛暨第三届全国残疾人展能节在浙江嘉兴开幕。国务委员、国务院残疾人工作委员会主任王勇宣布第六届全国残疾人职业技能大赛暨第三届全国残疾人展能节开幕。山西省副省长、山西省代表团团长吴伟出席开幕式并陪同与会领导参观山西省展能馆。山西省以“晋商文化,大院文化,同行追梦,共享阳光”为主题,在布展设计上重点突出非遗项目。通过这些项目,充分展示山西特色和山西省残疾人风采。本届大赛由中国残疾人联合会、人力资源和社会保障部主办,浙江省人民政府、中共嘉兴市委、嘉兴市人民政府承办。来自全国各省、自治区、直辖市和新疆生产建设兵团、黑龙江农垦总局等33个代表团的892名肢体、视力和听力言语残疾人选手参加26个项目的角逐。所有选手均是上年全国各地技能大赛的优胜者,各个项目优胜者将获“全国技术能手”称号。山西省24名残疾人能工巧匠在海报设计、刺绣、剪纸、陶艺、盲人保健按摩和中西面点制作等13个项目中大显身手。山西省李国瑞、褚震2名选手分获陶艺、摄影艺术创作项目第八名。总成绩榜上,山西代表团排名第22位,总成绩超过上届,被授予“道德风尚奖”。另外,3名选手荣获“优秀技能奖”,4名选手荣获“锐意拼搏奖”。

(陈贺峰)

【自强模范暨助残先进表彰大会】2019年9月18日,山西省第六次自强模范暨助残先进表彰大会在太原召开,林武出席会议并讲话。他强调,要深入学习贯彻习近平总书记关于残疾人事业的重要论述,大力弘扬身残志坚精神和扶残助残美德,促进残疾人全面发展和共同富裕,进一步做好新时代残疾人工作。省人大常委会副主任高卫东、省政协副主席席小军出席会议。省政府党组成员、副省长吴伟主持会议。会前,省领导接见全体与会代表并合影留念。会议宣读表彰决定并颁奖,自强模范和助残先进集体代表作发言。

(严志刚)

山西省红十字会

【概况】2019年,山西省红十字会参照公务员管理体制,设置4个部室,分别为办公室、赈济救护部、组织宣传部、监事会秘书处,编制22人。下辖1个直属事业单位——山西省红十字会社会工作服务中心,共编制8人。现任山西省红十字会名誉会长楼阳生,会长吴伟。全省11个市及117个县(区、市)均建立红十字会,实现独立自主开展工作。全省共有基层组织730个,会员11万余人,红十字志愿者2.50万余人。

山西红十字运动创始于1911年。省红十字会原由省卫生厅代管。2004年理顺管理体制,成为省政府领导联系、独立自主开展人道救助工作的社会救助团体。2017年,新修订的《中华人民共和国红十字会法》颁布施行,为红十字事业改革发展提供法律保障。

红十字会动员社会力量支持和参与红十字公益活动,在“三救”(备灾救灾、应急救护、人道救助)、“三献”(推动无偿献血、造血干细胞捐献、遗体与人体器官捐献)以及宣传国际人道法和红十字运动基本原则、红十字青少年和志愿服务活动、国际及地区间的交流与合作等方面开展工作,人道救助领域不断扩大,受益弱势群众数量不断上升。

(侯晓俊)

【组织建设】2019年,山西省红十字会以全面学习贯彻《中国红十字会总会改革方案》为契机,以增强红十字组织的政治性、先进性、群众性为目标,坚持围绕大局、服务基层、服务易受损人群,各项人道救助工作取得成效,多项工作走在全国红十字系统前列。省红十字会荣获全国第五届红十字应急救护大赛季军,会机关赈济救护部获“全国红十字系统先进集体”“全省助残先进集体”“山西省脱贫攻坚奖、组织创新奖”等荣誉。

山西红十字会机关设办公室、赈济救护部、事业发展部、下辖两直属事业单位:造血干细胞捐献者资料库山西分库、备灾救护中心。

(侯晓俊)

【人道救助】2019年,山西省红十字会推动建立省市县三级红会联动开展人道资源动员工作机制,探索形成“广泛性动员、开放式合作、项目化管理、创新型发展”红十字募捐新模式,开展“博爱一日捐”等募捐活动,全省各级募集款物8.78亿元(含意向捐赠),其中省本级募集8.54亿元(含意向捐赠),实施并落地款物价值总计8781.91万元,其中,“国奶扶贫工程”项目在全省34个县开展婴幼儿配方奶粉支助活动,为1.50万户家庭发放婴幼儿配方奶粉57542罐,价值1226.30万元。围绕脱贫攻坚大局开展人道救助服务。在全国率先成立山西红十字医疗联盟,建立山西红十字干细胞组织资源库,逐步做大“博爱助医、助学、助困、助老、助残、助幼”六助品牌。加大中国红基会“红十字天使计划”等大病救助项目实施力度,开展贫困家庭大病患者人道救助,发放救助资金519.85万元,290人受益;开展“博爱送万家”活动,投入款物价值234余万元,3000余户家庭受益;在5个国家级贫困县建设“博爱家园”项目,5个5A景区建设救护站项目,建设“博爱书屋”7个、“博爱卫生站”4所、生命健康安全教育基地2所、博爱小学1所,对115名乡村医生进行诊疗能力培训;在全省设立“红十字博爱超市”587个,发放衣物价值630万元;面向贫困地区开展“一双筷子、一块毛巾”健康生活理念公益互助项目,“红十字·青少年眼健康山西行”项目使3000余名贫困家庭儿童受益;组织太原市老年大学学员走进山区关爱贫困地区留守儿童,为孩子们织毛衣、送爱心。红十字养老服务工作闯出全国经验。争取红十字总会支持,开展曜阳关爱行动,为全省红十字福寿安康养老基地配置康复设备价值340余万元,举办全省养老服务工作推进会和护理员培训班2期。承办中国红十字会养老服务工作经验交流会，山西省养老服务工作经验在此次会议以及“第五届中国养老服务业发展高峰论坛”上做经验介绍。“曜阳快助”全国总部建设项目落户大同公元三九八集团。全省红十字福寿安康养老基地达到33个，红十字养老服务工作走进全国第一方阵。（侯晓俊）

2019年，山西省红十字会健全完善应急体系建设，向机场、火车站等人流密集场所投放AED机（侯晓俊供图）

【红十字应急体系建设】 2019年，山西省红十字应急救援体系健全完善。新增备灾救灾仓储面积5000平方米，全省备灾物资储备库达到10个，仓储面积9600平方米，储备物资价值近2000万元。应对沁源森林火灾，累计调拨并接收总会、兄弟省及社会捐赠总计价值267万余元的救援救助物资，实现快速调拨、快速发运、快速分送，救援能力得到检验。在全省117个县（区、市）建立红十字森林防火服务站；举办山西省红十字赈济救援队应急演练暨应急能力提升培训班，与省应急厅等单位签约建立应急救援工作联动机制，全省红十字救援队伍达到21支。做强应急救护知识普及培训品牌。全年全省各级红十字会落实省委书记楼阳生关于“要开展应急救护普及工作”的指示批示，打造“红十字救在身边”品牌，发挥红十字会在群众性应急救护工作中的主体作用。争取省财政中央专项彩票公益金的支持，推行“红十字关爱生命健康教育”项目，在应急救护知识普及培训“五进”基础上，探索拓展“5+N”模式。与应急管理、教育、交通、退役军人事务、军区、旅游、铁路、煤矿、电力、扶贫、党校等部门和中央及省属企业合作，开展应急救护知识普及培训工作。开展“平安春运、安全过年、红十字‘救’在身边”应急救护知识普及宣传主题活动；举办全省首届红十字应急救护大赛；首次将红十字应急救护培训内容纳入全省安全监管人员培训课程；红十字应急救护被纳入二青会赛事志愿者岗前培训内容；选派红十字救护员队伍参加第五届全国红十字应急救护大赛并获三等奖。联合省应急管理厅等单位部门开展应急救护培训“七进”活动，推广向太原武宿国际机场、太原南站、太原站等全省人流密集公共场所配置投放AED机。全省累计完成初级救护员培训4.50万余名，普及救护知识达58万余人次；参与大型赛事23次，红十字志愿者参与人数达到1.10万余人次，配置投放AED46台。（侯晓俊）

【献血及器官捐献】 “三献”动员稳步推进，2019年动员全省近40万人进行无偿献血，献血量近140吨，宣传普及无偿献血人数160余万人，实现山西省临床用血完全来源于无偿献血；完成3500人份造血干细胞志愿者入库任务，回访志愿者1.80万人，全年实现捐献17人；启动山西省首个省级人体器官捐献者纪念缅怀园建设，全年全省报名登记人体器官捐献2万余人，实现公民逝世后人体器官捐献84例，捐献器官245例，救助238人。16个省市来山西学习“统一协调、统一获取、统一分配、统一管理、统一救助”的“五统一”模式，山西省经验在国际器官捐献大会上进行交流。（侯晓俊）

【红十字志愿服务】 2019年，山西省红十字学会举办“我和我的祖国——红十字志愿者之歌”诵读会，向新成立的90余支红十字志愿服务队授旗，组织各级红十字会和志愿者骨干赴珠海进行红十字志愿服务工作调研。山西省红十字志愿者协会获得省民政厅批准。对孝义市实验中学、稷山县职业学校的红十字青少年工作进行调研督导。举办2019年大学生红十字志愿者骨干训练营，举办全省高校艾滋病青年同伴教育培训班1期。（侯晓俊）

法　治

Rule of Law

立法工作

【地方性法规制定】 2019年，山西省人民代表大会及常务委员会通过的地方性法规主要有：一、《山西省开发区条例》（2019年1月30日省十三届人民代表大会第二次会议通过）；二、《山西省哲学社会科学普及条例》（2019年3月22日省十三届人大常委会第九次会议通过）；三、《山西省企业投资项目承诺制规定》（2019年5月30日省十三届人大常委会第十一次会议通过）；四、《山西省水污染防治条例》（2019年7月31日省十三届人大常委会第十二次会议通过）；五、《山西省警务辅助人员条例》（2019年9月27日省十三届人大常委会第十三次会议通过）；六、《山西省红色文化遗址保护利用条例》（2019年9月27日省十三届人大常委会第十三次会议通过）；七、《山西省促进雁门关农牧交错带发展条例》（2019年11月29日省十三届人大常委会第十四次会议通过）；八、《山西省土壤污染防治条例》（2019年11月29日省十三届人大常委会第十四次会议通过）。（郭　强）

【地方性法规修订】 2019年，山西省人民代表大会常务委员会修订的地方性法规主要有：一、关于修改《山西省建设工程勘察设计管理条例》等四部地方性法规的决定：《山西省建设工程勘察设计管理条例》《山西省建设工程抗震设防条例》《山西省防震减灾条例》《山西省道路运输条例》（2019年5月30日省十三届人大常委会第十一次会议通过）；二、《山西省行政执法条例（修订）》（2019年7月31日省十三届人大常委会第十二次会议通过）；三、《山西省志愿服务条例（修订）》（2019年7月31日省十三届人大常委会第十二次会议通过）；四、《山西省促进科技成果转化条例（修订）》（2019年11月29日省十三届人大常委会第十四次会议通过）；五、《关于修改〈山西省消防条例〉的决定》（2019年11月29日省十三届人大常委会第十四次会议通过）。（郭　强）

【地方性法规废止】 2019年，山西省人民代表大会常务委员会废止的地方性法规主要有：一、《山西省城乡规划条例》（2019年7月31日省十三届人大常委会第十二次会议废止）；二、《山西省酒类管理条例》（2019年9月27日省十三届人大常委会第十三次会议废止）；三、《山西省盐业管理条例》（2019年9月27日省十三届人大常委会第十三次会议废止）；四、《山西省废旧金属收购业治安监督管理暂行条例》（2019年11月29日省十三届人大常委会第十四次会议废止）。（郭　强）

政法委及综治工作

【风险防控】 2019年，中国共产党山西省委员会政法委员会（简称山西省委政法委）推动成立省委平安山西建设领导小组，健全完善信息会商、监测预警、协调联动、防范化解等工作机制，开展防风险保安全护稳定专项行动，实现“五个坚决防止”的底线要求。开展矛盾隐患排查化解，排查发现涉稳风险点2335个，并全部建立风险清单，排除隐患、堵塞漏洞。推进命案侦破和逃犯“清零”攻坚行动，破获命案积案107起，追逃率排名全国第七。打击“盗抢骗”“黄赌毒”、食药环等群众身边违法犯罪。全省刑事案件、八类严重暴力案件、“黄赌毒”案件数同比分别下降4.10%、27.80%、29.20%。（成　伟）

【扫黑除恶】 2019年，山西省共打掉黑恶势力团伙516个，其中黑社会性质组织104个，恶势力犯罪集团174个，恶势力团伙238个，全省扫黑除恶专项斗争总体战果全国排名第五，中央扫黑办考核的8项指标中山西省有5项进入前5，8个省直单位被评为全国先进单位、排名全国第二，在全省“深化改革、转型发展、改善民生重大举措及成果评选”中，扫黑除恶得票位列改善民生15个项目之首。创新建立涉黑涉恶查办“一制度两台账”、线索核查省级统一受理、快速移送和重大涉黑涉恶案件评查会商等制度。推动各级行业监管部门对13个领域2865个重点问题开展集中整治，发出风险提示函、检察建议书、司法建议书4569份，堵塞行业监管漏洞，山西省“三书两办”经验在全国推广。

（成 伟）

【政法领域体制改革】 2019年，山西省委政法委印发《全省政法领域全面深化改革重点任务及分工方案》，明确39项重点改革任务。推动出台《山西省警务辅助人员条例》，11项配套制度在内的辅警管理制度体系搭建完成；法官检察官管理制度健全规范，累计遴选员额制法官3691名、检察官2955名；与省纪委监委、省法院、省检察院联合印发《关于查究员额法官检察官错案责任有关问题纪要》，在全国首家建立错案责任查究工作衔接机制。 （成 伟）

【法治保障】 2019年，山西省委政法委出台《全省政法机关支持服务保障民营企业发展的指导意见》“1+4”制度体系、《依法保护企业家合法权益营造企业家健康成长环境的指导意见》等文件。推动出台《全省产权保护2019年重点任务》，督办企业涉法维权案件问题9件，督办涉党政机关未结案件187件。全面深化“放管服效”改革和最多跑一次改革，相关经验在全国会议上作交流。印发《关于推动在中华人民共和国成立70周年之际对部分服刑犯予以特赦工作的方案》，成立省委政法委特赦实施工作协调小组。 （成 伟）

【执法监督】 2019年，山西省委政法委支持和监督政法单位依法行使职权，推进严格执法、公正司法。深化执法检查、执法巡查、案件评查，启动重大案件会商协调机制，对政法单位在办案中有较大分歧的案件进行会商，统一法律适用标准，解决办案中的程序性问题。全年会商协调重大疑难复杂案件31件，督办39件，评查319件。授权各市对14个基层单位开展巡查工作。推动涉法涉诉信访风险排查化解工作，交办各地的124件重点案件全部办核。 （成 伟）

【社会治理】 2019年，山西省委政法委在全省确定培养10个县区、100个乡镇、1000个社区（村）作为“枫桥经验”先导区，率先在全国印发《关于推进市域社会治理现代化指导意见》，率先在省级层面成立法学会市域社会治理研究会。加强综治中心规范化建设，创新心理服务体系建设和网格化服务管理，探索矛盾纠纷多元化解机制，通过开辟平台、整合资源、引入机构，增强基层矛盾纠纷调解效率。推进“雪亮工程”建设，累计建设公共安全视频监控摄像头250万台。

（成 伟）

【政法综合信息平台建设】 2019年，山西省委政法委完成山西政法综合信息网扩容改造工程，骨干网络带宽由千兆提升到万兆，实现各级党委政法委、公安、司法行政系统四级网络纵向全面覆盖联通；搭建政法跨部门大数据办案平台，初步实现省政法系统设施联通、网络畅通、平台贯通、数据融通；推进206智能辅助办案系统试点应用，在太原、朔州市先行试点的基础上，全省各级政法单位全面推广应用，走在全国7个试点省份前列。

（成 伟）

【法治宣传】 2019年，山西省委政法委开展政法系统迎国庆十大系列宣传活动，在第四届平安中国微电影微视频微动漫比赛中获最佳微电影奖、亚洲微电影艺术节金海棠奖等14个奖项。开展“新时代山西政法工作新作为”“枫桥经验基层记者行”等集中采访活动。实施政法网宣铁军“百千万”工程，组建网军队伍5800余人。制定出台“三同步”工作的实施意见，妥善应对处置重点政法舆情。组织开展网评工作56次，被中央网信办评为“网评队伍建设优秀集体”。开展政法新媒体矩阵规范年活动，组织策划系列主题宣传活动。 （成 伟）

【队伍建设】 2019年，山西省委政法委开展“大练兵、大比武、大培训”活动，加强全省政法队伍革命化、正规化、专业化、职业化建设。制定出台全省政法队伍教育培训五年规划。依托太行干部学院、中国政法大学建立政治轮训基地和专业化能力提升基地，全年共举办党政领导干部履职能力提升和各类干部专业能力培训班共9个班次、1016人次。出台《关于新形势下推进政法机关政治督察常态化全覆盖的指导意见》，建立“五查联动”工作机制。开展队伍集中整肃和警示教育，进一步净化政法系统政治生态。 （成 伟）

法治政府建设

【全面依法治省】 2019年，省司法厅坚持全面依法治省正确方向。在全国首家以省委办公厅、省政府办公厅名义印发《关于深入学习贯彻习近平总书记全面依法治国新理念新思想新战略、加快推进全面依法治省工作的意见》，在新思想引领下推动全面依法治省各项工作。加强理论课题研究和实践指导，开展法治建设全覆盖大调研，摸清省、市、县各级依法治理工作现状、体制机制运行情况和人才队伍情况。

推动建立依法治省新机制。在全国首家将“健全完善党委领导法治建设体制机制”作为省委重要改革任务，推动成立立法、执法、司法、守法普法4个协调小组，制定“两规则一细则”等8项工作制度，省、市、县三级法治建设领导机构全部建立并有效运行。在全国率先印发试行规定，启动全省及各市、各部门的备案工作。制定《山西省全面依法治省督察工作实施细则》，为全省督察工作长远发展奠定制度基础。对表推进省委全面依法治省委员会40项重点任务，组建习近平总书记全面依法治国新理念新思想新战略讲师团，推进实施22个法治惠民实事项目；组织开展法治蓝皮书编撰工作，编写《法治山西建设年度报告(2019)》；推进20

项全面依法治省和司法行政理论研究课题，1项被司法部立项推进。组织开展法治政府建设全面督察，落实法治政府建设主体责任。（王 娇）

【法规规章起草与清理】 2019年，省司法厅完成31件地方性法规的起草和26件政府规章审查工作提交省人大和省政府。开展政府规章清理，修改、废止4件问题规章。

其中，《山西省促进民营经济发展办法》是全国首部促进民营经济发展的省级政府规章，《山西省政务数据资产管理办法》，是全国首家对政务数据资产进行规范和管理的政府规章。《山西省雁门关农牧交错带促进发展条例》是我国农牧交错带建设领域第一部地方性法规，《山西省水污染防治条例》在全国第二家完成修订并发布施行，《山西省土壤污染防治条例》《山西省人民政府关于坚决打赢汾河流域治理攻坚战的决定》等地方性法规和政府规章，为山西省打赢污染防治攻坚战提供法治保障。（王 娇）

【规范性文件审核】 2019年，省司法厅推动省政府办公厅印发《关于全面推行行政规范性文件合法性审核机制的实施意见》，完成《山西省行政规范性文件审核备案办法（审议稿）》，对行政规范性文件审核主体的责任以及审核程序作规范。2019年审核省政府及政府各部门制定的行政文件325件。（王 娇）

【行政执法制度建立】 2019年，省司法厅行政执法公示制度、执法全过程记录制度、重大执法决定法制审核制度全面推行，构建"12644"工作体系，即修订1部执法条例、构建2个工作机制、健全6项制度、采取4项具体措施、实现4个保障，在中部省份中率先建立推行三项制度联席会议，建立完善18项相关制度；在全国率先对省级行政执法条例重新修订，率先完成执法主体和人员清理工作，依法确定64个省本级行政执法主体并予以公告。（王 娇）

【法治政府理论研究】 2019年，省司法厅发布《全省2018年法治政府建设情况报告》，在全省组织开展2019年法治政府建设示范创建工作，向中央依法治国办推选两个综合示范创建候选地区和3个单项示范创建候选项目。

研究起草依法治省办《专家决策咨询办法》和《调查研究工作办法》，制定2019年全面依法治省和司法行政课题研究方案。其中，申报的《加快推进全面依法治省进程、打造最好法治营商环境的研究与探索》课题入选司法部研究课题项目。

开展全面依法治省大调研和法治人才队伍建设情况调研，形成《法治工作人才队伍有关情况报告》和《全面依法治省有关情况调研报告》。印发《关于开展"短板大调研"活动的通知》，组织开展全省司法行政系统查短板、补弱项工作。（王 娇）

【行政复议与应诉】 2019年，省司法厅加强工作联动，与省高院联合召开行政复议与行政诉讼联席会议和省直机关领导干部集中旁听庭审活动。推进政府和司法行政机关复议职能分设，建立行政复议机构与行政审判机构联席会议机制，加强信息化、规范化建设和案件统计分析工作，提高基层行政复议应诉工作水平。组织参加"全国行政复议统一形象标识设计征集"活动，推送的行政复议统一标志设计方案被司法部评为最佳设计奖。全年共办理省本级行政复议案件219件，行政应诉案件51件。（王 娇）

公 安

【公安机关"放管服效"改革】 2019年，山西省公安机关深化"一网通一次办"服务群众服务企业平台功能应用。将人口信息系统与"一网通一次办"后台打通，实现群众业务申办信息的同步传输、共享应用。整合服务群众、服务企业事项377项，先后研发上线服务企业平台浏览功能、军人身份注册功能、出入境业务线上支付、户政业务线上支付功能，提升群众应用体验。在全省400个建设银行网点布局1000余台STM机，实现无犯罪记录证明、临时身份证明开具打印等20项服务群众功能应用。截至2019年底，"一网通一次办"平台实名注册用户2124万人，占全省15至70岁人口的88.50%，办理群众业务4513万余件，注册企业74万余家，办理企业业务2033万余件，提供查询服务1.50亿余次，受理咨询建议6.40万余条。

深化户籍制度改革。提请省政府下发《关于全面调整放宽户口迁移政策的通知》，重点推进各类人才和在城镇已就业的农业转移人口、租赁房屋人口在城市落户。精简户口迁移流程，群众只需持相关材料到迁入地公安机关办理迁入手续，不再往返于迁出、迁入地，降低办户成本。

出台便民利企措施。制定出台《2019年山西省公安厅便民利企37条措施》，包括便民措施20条、利企措施17条，受到社会各界普遍好评。在全国首创居民身份证、驾驶证、行驶证、护照等证件当天受理、当天制证、当天寄出，推动公安行政成本全面下降，以货运车辆电子通行证为例，每张电子通行证可节约路费、纸张、耗材约20元，服务企业平台上线以来，办理电子通行证38.20万余次，总计节约费用760万余元。自9月1日实行至2019年底，共制发各类证件190余万个，做到时间最短、服务最优、群众最满意。在全国率先推出"交通违法学习教育平台"，在线学习最高抵扣6分的交通违法记分，惠及全省1038万机动车驾驶人。截至2019年底，平台用户数达118.60万余人，参加考试250.70万余人次，抵扣违法记分9785次。（王瑞成）

【重大活动安保】 2019年，山西省公安机关将维护中华人民共和国成立70周年大庆安全稳定作为政治责任，以省市县"一长三班两平台"安保实战指挥体系为依托，落实对"人、事、物、地、网、组织”的动态化、信息化、实时化管控。完善“进京全线路应急处置工作机制”和“晋京联勤联指工作机制”，完成70周年大庆安保任务，省公安厅被公安部记集体一等功。全警做好第二届全国青年运动会安保工作，建成安保维稳协同指挥作战平台，组建14个专门工作组，制定19类2580种工作规范。以大数据为引领，综合运用融合卡口、人像比对、视频监控等智能手段，会同有关部门全面加强火炬传递、开闭幕式及正赛期间等各环节情报搜集核查、安检防暴查控、社会治安防控、网络舆情管控、交通秩序维护等工作，完成中华人民共和国成立以来山西省承办的规模最大、规格最高综合性体育赛事的安保工作，公安部称赞这是全国利用大数据开展重大赛事安保工作的典型。（王瑞成）

【经济犯罪案件侦破】 2019年，山西省公安机关对全省网贷P2P平台、各类交易场所、私募基金等开展“过筛”式排查，有针对性地监测管控化解风险，共发现隐患线索47条，破案9起，移送行政监管部门处置5条。建成经济金融风险监测预警处置平台，汇聚402万家企业全要素信息，预警提示风险23次，立案侦查6起。开展“猎狐2019”专项行动，劝返境外逃犯19名，缉捕率达42%。按照公安部统一部署，开展打击非法集资犯罪专项行动，共破获非法吸收公众存款案件155起、集资诈骗类案件29起。侦办“晋商贷”“香野乡村”等重大涉众型经济犯罪案件，严防经济风险向政治安全领域传导。（王瑞成）

【基层治安新策】 2019年，山西省公安系统在维护社会基层治安方面推出新举措。依托公安大数据，开发“掌上派出所”和派出所工作平台，部署“百所创建、千所提升”工程，网上网下同步开展“枫桥式公安派出所”创建活动，太原市公安局万柏林分局和平南路派出所、长治市公安局潞州区分局东大街派出所成为全国首批“枫桥式公安派出所”。实行市区“一区一警”“相邻警务区联勤”、农村“一区多警”，在2862个城乡社区警务室配备社区民警4243人，开展特殊人群管理、治安防范巡逻、矛盾纠纷排查调处、法制宣传教育等工作。建立“党委牵头、公安主导、司法协作、全面参与”调解工作机制，推广“四员五老”做法，全面开展矛盾纠纷排查化解工作，受到公安部领导肯定。（王瑞成）

【扫黑除恶先进单位】 2019年，山西省公安系统聚焦三年目标，实施“十二项延伸打击”，形成“打伞破网”“打财断血”“深挖根治”一体推进的斗争格局，全省三年累计打掉黑恶势力团伙1482个，其中黑社会性质组织174个，恶势力犯罪集团436个，恶势力犯罪团伙872个，抓获犯罪嫌疑人13224人，破获刑事案件12330起，查扣资产252.02亿元，整体战果居全国第一方阵，全国扫黑除恶专项斗争领导小组授予山西省公安厅“全国扫黑除恶专项斗争先进单位”，公安部在全国推广山西省经验做法。

（王瑞成）

【文物犯罪整治专项行动】 2019年，山西省公安系统以综合打击整治临汾、运城2市13个文物犯罪突出县为重点，以打击文物犯罪情报研判专班和太原、晋中、临汾、运城4个办案中心为抓手，以组建“涉案文物鉴定专家库”为支撑，累计破获文物犯罪案件1207起，打掉文物犯罪团伙208个，抓获文物犯罪嫌疑人1920人，追缴涉案文物37656件，其中，一级文物248件、二级文物397件、三级文物1392件，破案数、收缴涉案文物数排名全国第一，盗掘古墓葬案件自2018年5月以来保持“零发案”。特别是获“2018年度全国十大考古新发现”的酒务头商代墓地，境内外接力追查活动，不花一分一厘、依法收缴追回，开辟多条追缴海外被盗文物通道，义尊、义方彝、晋公盘等200余件国宝级珍贵文物在饱经颠沛流离之苦后重归故里。以山西公安机关打击文物犯罪专项行动追缴国宝级文物为重要支撑的“山西青铜博物馆”于2019年7月27日向社会公众开放，社会反响强烈。国务委员、公安部部长赵克志批示“工作有力，成绩显著”；中央扫黑除恶第2督导组、第11督导组、全国扫黑办特派督导组对山西公安机关打击文物犯罪专项行动取得的显著成效予以肯定。（王瑞成）

【刑事犯罪案件侦破】 2019年，山西省公安系统坚持“命案必破”，侦破2019年现发命案229起，破案率99.57%。侦破20世纪80年代至21世纪命案积案107起，创历史新高。追逃行动抓获在逃人员15594人，同比上升15.20%。部署开展“破小案、破串案”专项会战，共立“盗抢骗”案件69800起，破23664起，破案率33.90%。开展打击“黄赌毒”专项行动，查破涉黄涉赌治安案件5972起。以开展“两打两控”专项行动为主线，开展禁毒人民战争三年攻坚战，共破获毒品案件17728起，强制戒毒3062人，社区戒毒1042人，现有吸毒人员同比下降3.32%，实现毒品零种植、零产量，易制毒化学品严管控、零流失，病残吸毒人员应收尽收，国家禁毒委督导组对山西省禁毒工作给予肯定。在全国省级公安机关内部率先开展毒品成分监测工作，对全省130个污水处理厂、117个重点场所、河流水域全覆盖监测49种毒品或毒品代谢物，为准确研判毒情、精准打击毒品违法犯罪提供科学依据。开展集中打击食药环犯罪“昆仑”行动、整治食品安全问题联合行动、黄河流域水污染防治攻坚战等专项行动，破获食品、药品类违法犯罪案件1895起，破获假冒伪劣及侵犯知识产权案件158起，破获破坏生态环境案件818起，“昆仑”行动总体成效居全国第五，发起全国协查案件列全国第二。全省治安案件发案数同比下降0.70%，刑事案件发案数同比下降4.50%，八类重大刑事案件发案数同比下降24.60%，

社会治安持续向好。（王瑞成）

【“净网2019”专项行动】2019年，山西省公安系统以“净网2019”专项行动为抓手，围绕侵犯公民个人信息、网络赌博、网络淫秽色情等突出网络违法犯罪，强化网上乱象整治和网络安全秩序治理，共侦办网络违法犯罪案件1800余起。以“立体打防网络电信诈骗犯罪工作平台”为抓手，以合成作战专班为依托，融合各警种技术手段，创新打击战法，打击电信网络新型违法犯罪战果大幅提升，破获本省电信网络诈骗案件4551起，同比上升215.80%，抓获犯罪嫌疑人2084人，同比上升360.04%，法院判决此类案件山西省位列全国第三。（王瑞成）

【执法规范化建设】2019年，山西省公安机关以山西公安大数据为支撑，执法全流程智能管理平台将17个警种执法数据全面整合，建成应用执法全流程智能管理平台，联通“四中心一场所”，并通过大数据深度应用、分析研判，管住接处警源头、受立案和审核移送、办案、情报研判、涉案财物管理、监管“六个环节”，实现对执法全流程、全环节、全要素的实时化、智能化、精细化监督管理，将执法办案“十个规范指引”全部嵌入平台，实现执法办案全要素、全环节、全流程网上办理、网上指引、网上监督，让每个环节都能“管得住”、每处细节都能“看得见”、每起案件都是“明白账”。在推广应用执法全流程智能管理平台的基础上，建立通报约谈制度，全面开展平台应用检查，着力打造万柏林、尧都平台应用示范点，带动全省平台应用水平的提高。开发案件进展自动公开告知、智能终端现场制作电子笔录、远程提讯、多元化外部监督等功能，实战实效性不断强化。2019年平台共立刑事案件92496起，行政案件298962起，实现所有行政、刑事案件都进入平台；接处警音视频上传率达99.76%，案件音视频上传率达99.84%，涉案财物入库率达99.56%。2019年以来，检察机关退侦案件同比下降30.51%，纠正违法同比下降34.26%，监督立案撤案同比下降27.26%，纠正漏捕同比下降16.98%，得到部省领导的充分肯定，《人民公安报》头版头条介绍山西省经验做法。

加强执法办案场所建设，推进基层所队执法办案场所、案卷管理场所、涉案财物管理场所信息化智能化一体改造。部署开展办案场所安全隐患专项整治，建立每日网上巡查机制，发现消除安全隐患1531处。全省242个智能化办案中心全部建立“正式民警+辅警”的专业队伍，负责入区登记、人身安全检查、信息采集、候问看管、投所送押等辅助工作，提升办案中心规范化和安全水平。

加强执法监督工作，下发《关于对敲诈勒索刑事案件严格审核把关的紧急通知》《关于依法做好敏感案（事）件办理工作的通知》等，对全省各类案件中人民群众反映强烈、存在执法突出问题案件进行评查，倒逼民警树立规范执法意识。建立最差典型案件评查警示制度，累计通报47起带有执法突出问题的典型差案，解决以往监督虚化、触动不了办案单位和办案民警的问题。（王瑞成）

2019年，山西公安厅在太原举行“2019年山西公安侦破命案积案破百起”新闻发布会（省公安厅供图）

【公安大数据建设】2019年，山西省公安机关以全省同构模式搭建“全省一朵云，两级多中心”的大数据架构，建设省、市两级公安大数据中心，实现全省资源的实时监控、动态管理、统一调度、全局共享，建成应用山西公安大数据平台及16个基础应用模块，强化数据治理、分析挖掘，建成人员、地址、物品、案事件、组织、关系等六大主题库，服务器总量达到6125台，存储总量达到200PB。接入公安、政务、社会、互联网等四大类10.28万亿条数据，每日增量440亿条。对接警种业务需求，完成“新中国成立70周年安保维稳协同指挥作战平台”“经济金融风险监测预警处置平台”“智慧监管平台”等14个业务应用系统建设，在实战中发挥重要作用。山西公安大数据成为全国公安系统大数据建设的“山西亮点”。（王瑞成）

【从优待警】2019年，山西省公安机关开展70周年大庆安保战时关怀慰问工作，“山西公安文艺小分队”到全省一线公安机关开展战时主题宣传慰问演出，市、县两级公安机关共走访慰问708个集体，15128名民警、辅警，发放慰问金90余万元。做实民警身体健康防护，举办现场急救培训班，邀请专家团队对全省公安民警、辅警开展心脑血管疾病防治讲解培训，并定期向全省民警、辅警推送身心健康知识。健全完善民警职业风险保障机制，与省卫健委联合下发《关于开展从优待警落实警医协作工作措施的通知》，保障广大民警能够享受便捷、高效、优质的医疗服务。强化民警战时心理疏导，在109个县级公安机关、278个基层所队开展心理辅导讲座，服务民警、辅警17433人次，确保始终保持队伍旺盛的战斗力。推进基层“五小工程”建设，市县公安机关经费保障标准较5年前增长77%。省公安厅机关搬迁新址，办公环境、硬件条件等一举跨入全国省级公安机关一流水平。（王瑞成）

【命案侦破】 2019年，山西省公安机关把命案侦破和追逃攻坚作为践行“以人民为中心”发展理念的重要举措，发挥山西公安大数据威力，全面落实大数据“抄底战法”，综合应用新技术、新手段助力刑事侦查打击，命案侦破、追逃攻坚实现历史新突破。全省共立现行命案232起，破案231起，破案率99.60%；破获历年命案积案105起，创造山西省侦破命案积案历史新高；年内未发生一次杀死超过三人以上的恶性刑事案件。

（王瑞成）

【逃犯追捕】 2019年，山西省公安机关利用全国库、地方库数据资源，对具备DNA、指纹等比对条件的再比对、再分析；对仍留存的案件现场重新勘查，进一步提取生物检材，发现痕迹物证，利用DNA检验鉴定等“新技术”检验“旧物证”；对有犯罪嫌疑人照片的，运用人像比对技术，分析嫌疑人活动轨迹和区域；对有“漂白”身份嫌疑的，在全国人口库、监所人像库中进行人脸再比对、再甄别，运用一切可以运用的手段，成功抓获一批潜逃多年的重大逃犯，破获一批久侦不破的重大案件。抓获涉枪涉爆违法人员288人，抓获部督涉枪涉爆在逃人员14人。破获30年以上命案积案1起，20年以上30年以下命案积案34起，10年以上20年以下命案积案64起；累计抓获公安部A级通缉令逃犯8名，共抓获网上逃犯10917人，同比上升27.82%，特别是成功抓获公安部A级通缉逃犯8名，网上逃犯库存下降72.20%，排全国第六名。

（王瑞成）

【中小学幼儿园安全防控】 2019年，山西省公安机关推进硬隔离等防冲撞设施建设，完成38930处重点场所、部位建设任务，建成硬隔离设施114560个，完成率96.50%。开展护校安园专项行动，制定中小学幼儿园十项安全规范，在全省15221所中小学幼儿园周边设立警务室5842个、治安岗亭2532个、护学岗14758个。在全省10007辆公交车上安装驾驶区隔离设施，6003辆公交车配备专职安全员。全省未发生影响校园安全、公交安全的个人极端案事件。

（王瑞成）

【危爆物品安全监管】 2019年，山西作为民爆物品生产使用大省，年生产使用雷管1亿枚，在全国排第一，生产使用炸药40万吨，在全国排第二。全年全省公安机关全面强化安全监管，整改隐患2444起，收缴炸药357吨、雷管61万枚、易制爆化学品76吨；同时主动出击，查处涉爆案件123起，抓获涉爆违法犯罪人员171人，其中部督在逃人员13人，实现爆炸案件事故“零发生”、民爆物品“零流失”，在公安部民爆物品整治区域协作会议上作经验介绍。（王瑞成）

【全省域电子数据勘验一体化】 2019年，山西省公安机关建设“电子数据勘查取证分析中心”和“电子数据勘查取证分析一体化平台”，打造全省一张网、合成作战一平台、一个实验室的山西特色平台体系，打通与警综平台、执法全流程、大数据中心数据共享通道，省厅和11个市、117个县全部实现联网自动勘验，工作流程网上流转、省市县三级联网协同，共勘验各类案件850起，电子数据介质4116部。（王瑞成）

【交通管理机构】 山西省公安厅交通管理局（山西省公安厅交通警察总队）（简称省交管局）是省公安厅依法管理全省城乡道路交通的职能部门，副厅级建制，承担着对全省各级公安交警部门进行业务指导和督促检查的职能，同时承担省道路交通安全领导小组办公室工作。

2019年，全省公安交管工作整体推进、重点突破、亮点纷呈：完成新中国成立70周年大庆交通安保工作，交通安全专项整治排名全国前列，公安部领导表扬山西省交通安全整治行动“工作力度大、综合评价好”；深化公安交管“放管服”改革，在全国率先推出“交通违法学习教育平台”；推动农村公路平交路口“一灯一带”建设，提前翻倍完成公安部、交通运输部要求的建设任务；盘活道路交通事故社会救助基金，为困难群众提供救助；强力推进执法全流程智能管理平台建设应用，解决执法监督手段不足等问题；货车靠右行治理“山西模式”的经验在全国推广。（杜 虹）

【交通安全整治】 2019年，省交管局召开全省道路交通安全工作会议、全省公安交警70周年大庆安保工作动员部署视频会，与各市政府分管副市长签订道路交通安全工作目标责任书，安排部署全省道路交通安全工作和大庆交通安保工作。省交管局发挥省道路交通安全领导小组办公室作用，下发《2019年全省公安交警预防重特大道路交通事故工作方案》，继续开展“百日安全行动”“除隐患、防事故、保大庆”交通安全整治攻坚战、冬季交通安全攻坚行动等，班子成员多次集体研究突出问题和薄弱环节，灵活运用高精度研判、高密度通报、高频次调度三种手段，开展源头隐患清零、路面秩序净化、农村安全守护、宣传警示曝光、社会协同共治“五大行动”，实现“控大防小”的事故预防目标。2019年，山西省公安机关坚持教育为主、处罚为辅，在公安“一网通办”平台上开设交通违法学习教育系统，通过学习交通法规抵扣违法分数，广受群众欢迎，上线使用者达119

万余人，每天学习 4.90 万余人，参加考试 4.65 万人，共考试合格 19.90 万余人，提交免分 9900 余次。（杜　虹）

【交通安全风险隐患排查】 2019 年，全省先后部署开展公路交通事故多发点段及严重安全隐患、城市建城区道路人行横道与中间分车绿带相交处交通安全隐患、汛期交通安全隐患路段、学校周边路段交通安全隐患、公路隧道严重交通安全隐患以及农村公路平交路口影响行车视距交通安全隐患排查，对排查发现的隐患全部抄送道路管养部门。对存在安全隐患的路段提请省政府纳入“13710”系统挂牌督办，并向交通运输、应急管理等部门通报隐患信息，推动相关市、县级人民政府对本区域隐患路段进行挂牌督办。落实省政府“3·1”事故防范和整改措施持续“回头看”工作，系统推进高速公路重点隐患治理，会同省交控集团对影响交通安全的七类问题进行集中排查，通报相关部门。两次牵头召集主要责任部门召开联席会议，推动解决收费站和主线路段拥堵问题，化解降低危化品运输车易聚集和易结冰桥梁车辆通行安全风险，统筹建设隧道入口阻拦系统，完成多处雾区引导防撞系统安装任务，落实风险较高事故多发路段整改。

（杜　虹）

【重点交通违法行为专项整治】 在普通公路，交警部门组织开展各类专项行动，打击穿插超越、不按规定车道行驶、假牌套牌假证、酒驾醉驾等违法行为。“货车靠右通行”整治成效巩固深化，清华大学、北京交通大学等专家肯定山西省工作并将其概括为“货车行车秩序治理山西模式”，山西省在公安部宜昌现场会上介绍经验，货车靠右行治理“山西模式”成为山西交管工作的一张靓丽的名片。在农村道路，试点“路长制”等工作模式，借助农村派出所等力量，组建农村执法小分队，发挥“尖刀”作用，采取异地用警、灵活机动的打击方式，到问题突出的乡镇、农村地区查处面包车超员、农用车辆违法载人等重点交通违法行为。在高速公路，组织开展统一行动，依托大数据、缉查布控系统应用，开展疲劳驾驶、货车不按规定车道行驶、非法占用应急车道、隧道内交通违法、行人上高速、分心驾驶等专项治理。在城市道路，提请省政府下发《关于开展城市道路交通综合整治工作的通知》，推动形成政府牵头、部门协同、参与的共建、共享、共治模式。全省 11 个市创建精品示范路，开展“零酒驾”创建等活动，召开全省城市道路交通秩序整治工作推进会，查处机动车不礼让斑马线和非机动车、行人交通违法行为，通过整治，城市交通秩序改观。

（杜　虹）

【重点车辆和驾驶人源头管理】 2019 年，全省交警部门围绕人、车、路、企业源头，坚持平时每月、临战每周、战时每天排查分析重点车辆、重点驾驶人源头隐患数据的工作机制，强化考核排名、通报约谈、关联企业业务、建立问责机制、实地督导检查、举办培训班、召开推进会、强化宣传曝光等多项措施，逐车追查、逐人清查、逐企督办，在纪念新中国成立 70 周年期间，全省大型公路客车、大型旅游客车、危化品运输车“三率”（报废率、检验率、违法处理率）均达到 100%。（杜　虹）

【农村交通安全工作】 2019 年，省交管局协调组织省公安厅、省交通运输厅、山西保监局及省人保财险公司联合在朔州、运城两次召开全省农村道路交通安全工作现场推进会，引申全省农村公路平交路口“一灯一带”建设和警保合作、推进农村“两站两员”建设工作。以省公安厅名义与省交通运输厅联合下发《山西省农村公路平交路口“一灯一带”三年建设工作方案》，在全省农村平交路口增设信号灯和减速带，分别超额完成公安部、交通运输部下达的建设任务。以省公安厅名义和山西银保监局联合下发《深化警保合作推进农村“两站两员”建设工作方案》，并制发《山西省农村交通安全“两站两员”建设及运行指导意见》，联合人保财险山西省分公司下发三年实施方案，新建（改建）标准警保合作劝导站，超额完成公安部年度建设任务。督促推进全省使用农村道路交通安全管理信息系统“山西农安通”手机 App。（杜　虹）

【点对点交通安全宣传】 开展“五大曝光行动”。省交管局配合交通违法查处、隐患治理、事故预防等工作，在全省组织召开“五大曝光行动”新闻通气会，曝光酒驾醉驾交通违法行为、事故多发路段、突出交通违法和典型事故案例、高危风险企业和终身禁驾名单，强化警示宣传和事故预防，在公安部交管局考核中名列前茅。突出“双微”“头条”“抖音”、快手等新兴媒体宣传。强化融媒体深度合作，“山西交警”抖音号位列省级政务号排行榜首位，并持续位列全国交警政务号前三名。保持传统媒体宣传力度不减，在中央、省级主流媒体刊播交通安全宣传教育题材。提升宣传教育效果。在节假日、开学放假等重点时段，针对重点车辆驾驶人、学生、运输企业和重大交通事故案例等开展宣传教育，联合企业开展“举报违法奖大礼，互联生活平安行”“打造零酒驾街区”等活动，开通专门的栏目和话题，出品交警题材网剧，形式活泼，贴近民生，群众喜闻乐见，宣传教育效果显著。加强常态化宣传教育。全省公安交警开展交通安全宣传进企业、进学校、进社区、进农村、进家庭、进媒体、进网络“七进”活动和全国、全省交通安全日以及全国中小学生安全教育日、“畅行安全路、幸福奔小康”“美丽乡村安全行、电影下乡康”“美丽进万村”等主题宣传活动，提升全民安全法治意识和文明交通素质。省交管局被全国普法办公室评为“七五”普法中期先进集体。（杜　虹）

【交通安全共管共治】 2019 年，省交管局提请省政府印发《关于进一步加强道路交通安全工作的实施意见》，向各市政府、省道路交通安全领导小组各成员单位下发预警和通报，以省公安厅名义联合省交通运输厅部署开展加强营运车辆动态监控及营运客车安全带使用"两个专项工作"，与省运管局联合加强公路和旅游客运车辆交通安全管理，联合省交通运输厅、省文旅厅等部门对交通安全高风险企业负责人进行集中约谈并曝光，督促生产厂家召回存在缺陷的纯电动客车(全国首例因设计缺陷大批量召回电动客车)，推动各级政府落实属地管理责任、部门落实行业监管责任、企业落实主体责任。（杜 虹）

【交管改革措施落实】 2019年，省交管局深化改革措施落实。落实省公安厅"一网通办"和"精准服务企业平台"工作要求，打造"掌上交警队"。配合推进山西公安机关政务服务派出所"一网通办"工作。推动派出所办理交管业务，建设交管业务社会代办网点，构建"家门口的交警队"。在全国率先推出"交通违法学习教育"平台。通过在线学习考试，抵扣交通违法记分，惠及全省机动车驾驶人。推出驾驶证、行驶证"当日申领、当日制证、当日寄出"等便民举措。坚持放管并重。联合邮政集团公司山西省分公司在大同市召开全省公安交警深化"放管服"改革推进会。强化分析研判和预警通报，修订监管工作规范，加强体验式暗访检查，向社会公布收费标准和监督举报电话，同步开展打击买分卖分、车托、非法中介专项行动，分流全省各市业务量，"车托"现象减少，窗口排长队问题基本消除，解决改革进展不平衡和细节落实不到位的问题，实现改革措施从有没有、好不好向优不优的转变，群众满意度提升。

（杜 虹）

【交通事故社会救助基金】 2019年，省交管局提请省政府组织多部门专题研究推进工作，建立省救助基金管理联席会议机制并成立办公室，发挥职能作用，代表省政府细化全省工作部署，推动市、县两级建立工作机制、明确责任单位和推进时间节点等，并通过招标选定中国人寿财产保险股份有限公司山西省分公司作为基金管理人。新修订的《山西省道路交通事故社会救助基金管理办法》于10月8日全面实施，实现省人寿财险一家审批、一个标准，由当面审批改为网上审批，由事前审批改为事后审批，实行"先抢救、后付费""先垫付、后办理"，简化救助程序、增加救助功能、拓展救助范围、延长救助时间，防止群众因交通事故致伤致残致贫。

（杜 虹）

【大数据交通管理平台建设】 2019年，省交管局实施大数据战略，构建立体化、信息化、智能化交通管理大数据平台，在完成公安交管数据"上云"基础上，推进大数据深度应用工作，全面建设总队、支队、大队、中队、单警五级分类应用平台。完成交通态势、多维画像分析、"两客一危"风险预警、危化品运输车管理分析等功能的开发。

2019年，省交管局明确全省各地联网任务和数据质量要求、维护管理职责等，为公安大数据平台建设提供支撑。京昆高速山西段交通安全防控体系示范路和太古隧道交通秩序综合管控系统项目建成并投入使用。

2019年，省交管局出台《集成指挥平台分级分析研判工作制度》，构建三级分析研判机制，依托省公安厅大数据平台，对重点车辆的全省通行分布情况进行统计分析，为科学决策和精准管控提供数据支持。全省强化集成指挥平台应用，通过平台查获各类交通违法行为，针对重点车辆管控，采取约谈企业负责人、集中警示教育驾驶员等措施，遏制违法行为和相关交通事故的发生。（杜 虹）

【高速公路公安卡口智能感知系统建设】 2019年，省交管局结合省界收费站撤销政策落实，按照省公安厅安排，以进京通道为重点，推进省界公安检查站建设，确定"两共享三统筹""两同步三保障"原则和具体实施意见，收费站和检查站拆建工作按照"一站一策一方案"规划布局有序推进。按照省厅公安卡口智能感知平台建设规划，立足交警业务需求，推进高速公路公安卡口智能感知系统建设。（杜 虹）

检 察

【概况】 2019年，山西省检察机关以贯彻习近平新时代中国特色社会主义思想"大学习、大调研、大落实、大提升"活动为抓手，推进"四大检察""十大业务"落实落地，抓好扫黑除恶专项斗争，优化营商环境，开展执法司法规范化活动，做好刑事、民事、行政、公益诉讼等工作，执法规范化、队伍专业化、管理科学化和保障现代化建设。服务三大攻坚战。严厉打击以金融创新为名实施的非法吸收公众存款、集资诈骗等涉众型金融犯罪，起诉"晋商贷"等一批典型案件并加大追赃挽损力度。参与污染防治攻坚战，批捕破坏生态环境犯罪370人，起诉753人。服务脱贫攻坚战，起诉挪用、侵占扶贫专项资金等犯罪64人。（刘百锁）

【扫黑除恶专项斗争】 2019年，山西省检察机关统筹全省办案力量，对涉黑涉恶案件实施"一案一团队"，专案专办，快捕快诉。全省检察机关共批捕涉黑恶犯罪880件2249人；起诉涉黑恶犯罪784件5145人，起诉率97.30%，居全国前列。

省检察院对涉黑和重大涉恶案件的定性统一把关。拟作不捕不诉的，一律上提一级审核。对侦查机关以涉黑涉恶移送审查起诉的，依法不予认定111件。监督立案33件，追诉漏犯262人，不捕151人，不诉89人。

推行签字背书制度，将是否存在未发现的"保护伞"、黑恶财产线索作为办案必审重点，移送"保护伞"线索395件，同比上升234%。一案一总结，一类问题一建议，针对行业乱象和管理漏洞发出检察建议198条。

（刘百锁）

【未成年人司法保护】 2019年，山西省检察机关履行职责，聚焦办案主业,做优未成年人刑事检察。构建"教育为主、惩罚为辅"的未检温情办案模式,最大限度"教育、感化、挽救"涉罪未成年人,各级未检部门践行"少捕、慎诉、少监禁"的刑事政策。全年,未成年人犯罪不捕率上升4.90%。不诉率上升2.10%。未成年人犯罪羁押率下降,未成年人刑事政策得到较好的落实。全年累计帮教286人。严厉惩治侵害未成年人犯罪,批捕721人,起诉1149人。与省教育厅建立联席会议制度,深化"一号检察建议"落实。联合教育部门查访学校、幼儿园1097所,发出检察建议225件,督促整改各类问题163个。三级院检察长和1428名检察官兼任中小学法治副校长。综合运用附条件不起诉、封存犯罪记录、精准帮教等机制,帮助366名未成年人回归社会。（刘百锁）

【刑事诉讼监督】 2019年,山西省检察机关在公安机关建立派驻检察机制,前移监督关口。监督立案774件,追诉漏犯1355人,监督撤案433件,对不构成犯罪或证据不足的不捕2943人、不诉1434人。对认为确有错误的刑事裁判提出抗诉551件,法院审结479件,采纳307件。全面推开监狱巡回检察,构建"1+5"巡回检察工作机制。部署对全省21所监狱开展2轮跨区域交叉巡回检察,指导各地开展19次常规巡回检察,共监督纠正各类问题547个。审查减刑、假释、暂予监外执行案件17382件,监督纠正681件。开展羁押必要性审查,提出变更强制措施1640人。

（刘百锁）

【民事诉讼监督】 2019年,山西省检察机关共受理民事诉讼监督案件5787件,其中办结不服民事生效判决、裁定、调解书监督案件2349件,提出抗诉187件,法院再审改变率为82.90%;提出再审检察建议122件,法院采纳78件;受理民事审判程序违法情形的监督案件1261件,提出监督意见1071件,法院采纳1081件(含2018年结存);受理民事执行活动违法情形的监督案件1237件,提出检察建议944件,法院采纳921件;办理虚假诉讼监督案件32件,提出检察建议17件,提出抗诉15件,改判22件;受理弱势群体支持起诉案件1062件,支持起诉973件,法院采纳980件(含2018年结存);办理和解息诉案件1155件,促成和解73件,撤回监督申请348件,其他方式处理734件。抗诉再审改变率、再审检察建议采纳率等六项业务指标居全国前10位。（刘百锁）

【行政诉讼监督】 2019年,山西省检察机关受理审查行政诉讼监督案件744件,办结772件,同比分别上升11.60%、12.80%。土地行政确权等一批典型案件提出抗诉,抗诉数位居全国第8。对行政审判程序提出监督意见158件,法院采纳154件,位居全国第6。以法院行政非诉执行为重点,加强对法院行政执行活动的监督,提出监督意见263件,法院全部采纳。

（刘百锁）

【公益诉讼检察】 2019年,山西省检察机关发现公益诉讼案件线索5370件,立案4725件,发出诉前检察建议4398件,有关行政机关采纳整改率为99.10%。提起民事损害赔偿公益诉讼143件,移送违法犯罪线索41件。

融入"两山七河一流域"生态治理,与省河长制办公室联合开展"携手清四乱、保护母亲河"百日会战,办理公益诉讼案件1223件,发出诉前检察建议1193件,督促整改1036件,清理污染和非法占用的河道741千米。加大矿产领域生态环境保护力度,办理一批无序开采破坏生态环境公益诉讼典型案件。针对大同浑源32家矿企私挖滥采、严重破坏生态环境问题,向省直5个厅局和市、县有关部门发出检察建议,移送犯罪线索31件,对11家矿企提起民事公益诉讼进行追偿,推动当地植树170余万株,生态治理4万余亩。

与陕西、河南两省联合部署助力汾渭平原大气污染防治专项行动,督促整治违法排污企业200家。会同省林业草原局对7个国家级自然保护区、39个省级自然保护区开展专项监督,办理公益诉讼案件65件,督促整改48件。

推进"保障千家万户舌尖上的安全"专项监督活动,办理公益诉讼案件919件,发出诉前检察建议817件。落实"四个最严"要求,严厉打击制售假药劣药、有毒有害食品等犯罪,起诉434人。探索建立民事公益诉讼惩罚性赔偿机制。

部署开展文物保护专项监督,对管理不到位、修缮维护不及时等问题,督促整改188件。会同军事检察机关和退役军人事务部门组织开展英雄烈士纪念设施保护公益行动,推动修复重点纪念设施22处。督促保护英烈设施56座、国家重点文物保护单位30个,省级文物保护单位65个,市级文物保护单位169个,行政机关申请文物保护专项资金2582万元。

（刘百锁）

【检察综合配套改革】 截至2019年底,山西省检察机关6大类32类83项改革任务基本完成。完成内设机构改革。突出专业化建设,完成检察机关恢复重建以来涉及部门最多最广、职能调整幅度最大的机构变革。按照案件类型组建刑事检察办案机构,单设民事、行政检察机构,增设公益诉讼检察机构,实现刑事、民事、行政、公益诉讼"四大检察"齐头并进。

推进认罪认罚从宽制度落实。到12月,适用率达到84.60%,93.80%的被告人一审服判息诉。

构建"案—件比"办案质效评价体系。强化引导侦查,提升移送审查起诉案件质量,坚决杜绝借时限办案等问题,"件"数减少近30%,平均办案时限缩短7天,办案质效排名大幅提升至全国第13位。

坚持领导干部带头办案。各级院领导以重大疑难复杂案件为重点共办案26723件,占比14%,位居全国第2。其中检察长办案5016件,出庭支持公诉286件,列席同级人民法院审判委员会会议311次。召开全省检察机关领导干部办案"三个效果"有机统一交流会,实现更好的政治效果、法律效果、社会效果。

配合国家监察体制改革。完善“法法衔接”机制，与省监察委员会统一职务犯罪证据标准，细化提前介入、退回补充调查等程序，对司法人员徇私枉法等职务犯罪案件管辖、移送进行规范。受理监察机关移送职务犯罪 792 人，起诉 751 人，退回补充调查 60 人。立案侦查司法工作人员利用职权实施侵犯公民权利、损害司法公正犯罪 21 人，起诉 11 人。

（刘百锁）

2019 年 4 月 28 日，省检察院举办“我将无我奋斗，不负人民重托——共和国建设者走进检察机关”为主题的检察开放日活动，邀请 16 位劳动模范代表走进省检察院，近距离地感知检察工作 （刘百锁供图）

【人民监督员工作】 2019 年，山西省检察机关推进人民监督员工作。向地方各级人大及其常委会报告工作 326 次，办理代表建议、批评和意见 256 件。共向政协通报检察工作，健全与各民主党派、工商联的联系机制。加强与代表、委员的沟通联系，开展走访、座谈、视察工作、参与案件公开审查等活动。三级检察院同步举办“我将无我奋斗、不负人民重托——共和国建设者走进检察机关”等 3 个主题检察开放日，11000 余名代表、委员及社会各界人士走进检察机关。加大案件信息公开力度，公开法律文书 26021 份，发布重要案件信息 2916 条，召开新闻发布会 20 次，利用新媒体推送检察信息 7 万余条。（刘百锁）

【检察助力营商环境优化】 2019 年，全省检察机关开展“支持和服务企业家创新创业营造良好法治环境”专项检察工作，为民营企业发展营造良好的法治环境，促进山西省营商环境优化。全年共办理各类侵犯民营企业合法权益犯罪案件 338 件 745 人，其中提起公诉 296 件 627 人。依法对 44 名涉民营企业从业人员作出不批准逮捕决定，对 42 名积极挽损、认罪认罚的涉案民营企业从业人员作出不起诉决定。办理涉民营企业民事生效判决、裁定、调解书监督案件 253 件，提出抗诉 20 件，涉案金额共为 2.12 亿元；办理涉民企民事审判程序监督案件 54 件，提出检察建议 48 件，涉案金额共为 2367.20 万元；办理涉民企民事执行监督案件共 67 件，提出检察建议 55 件，涉案金额共为 7396.50 万元。依法办理涉民营企业行政监督案件 15 件。与工商联建立联系协作机制、信息共享机制等 7 项工作制度。制发《山西省人民检察院民事行政检察和公益诉讼案件专家咨询论证工作办法》，聘任 20 位专家成立专家委员会，提供“外脑”支持。建立清单台账，发挥大数据优势。制发《关于在专项检察工作中建立任务清单和台账管理机制的通知》。开展保护民营企业财产权知识产权专项行动、涉民营企业案件刑事犯罪专项立案监督、民事行政专项检察监督、刑事执行专项监督、刑事强制措施专项监督和办案期限专项监督共六项专项监督活动。起诉制假售假、侵犯知识产权、合同诈骗等破坏经济秩序犯罪 3623 人。结合扫黑除恶，起诉强揽工程、非法高利放贷、欺行霸市等破坏公平竞争犯罪 2232 人。编撰约 47 万字的《山西省检察机关服务保障民营经济发展刑事司法保护指引手册》《山西省检察机关支持服务保障民营经济发展典型案例汇编》等资料向全省检察机关发放，并向工商联、民营企业赠阅。督办核查省工商联、企业家提供的 10 余起重点案件线索，及时向省工商联及涉案企业通报处理情况。开展涉企案件风险评估。坚持和发展新时代“枫桥经验”，健全完善案件风险评估预警机制，及时办理民营企业的控告、申诉和举报。依托 12309 检察服务中心，搭建检察综合服务平台，建立快速处置反馈机制，为涉民企案件开通“绿色通道”。全省检察机关共举办“检察护航民企发展”检察开放日 129 场，邀请人大代表、政协委员及民营企业共计 1601 人走进检察机关，听取法律服务保障民营经济发展意见建议。 （刘百锁）

【职务犯罪检察】 2019 年，全省检察机关共受理监察委员会移送案件 588 件 792 人，提起公诉 565 件 752 人，退回监察委员会补充调查 39 件，全省检察机关受理监委移送审查起诉案件提前介入率达到 70%，其中，省院、市院的介入率达 100%。与山西省监察委员会共同制定《常见职务犯罪案件证据参考》。省检察院依法办理 11 起职务犯罪案件。 （刘百锁）

【破坏生态违法专项打击】 2019 年，山西省检察机关受理移送批准逮捕破坏生态环境违法犯罪案件 206 件

386人,批准逮捕159件309人,不批捕46件93人;受理审查起诉破坏生态环境违法犯罪案件382件756人,提起公诉332件628人,不起诉38件113人;立案监督10件7人3企业。(刘百锁)

【来信来访处理】2019年,全省检察机关落实"群众来信件件有回复"制度,做好信访保障工作,涉法涉诉信访工作平稳健康发展。全年全省各级院共办理群众信访17558件(次),其中,来信6311件(次),来访8728件(次),其他渠道信访2519件(次)。省院办理群众信访8003件(次),其中,来信3114件(次)、来访2538件(次),办理"12309"网站网络访472件(次),接听"12309"检察服务热线电话1864件(次),办理"12309"检察群众意见箱信访15件(次)。省院受理涉法涉诉信访案件245件,其中,不服刑事裁判申诉113件、不服民事裁判申请监督67件、不服行政裁判申请监督46件、其他14件。省院督促市、县院办理国家司法救助案件833件,同比增长16.20%;发放救助791件1137人756.67万元;采用其他方式救助24件28人。抓好12309检察服务中心文明接待窗口建设,印制山西省人民检察院"12309"检察服务中心联系卡,方便群众与检察机关的联系。保护特殊群体合法权益。帮助农民工、老年人等弱势群体打官司,支持起诉1063件,依法保护其合法权益。(刘百锁)

【律师参与化解信访】2019年,省检察院贯彻落实省委政法委《关于建立律师参与化解和代理涉法涉诉信访案件制度的实施意见(试行)》和《山西省人民检察院开展律师参与化解和代理涉法涉诉信访案件工作实施细则(试行)》。省律师协会主动落实该制度,坚持提前择优选择值班律师安排值班;省检察院坚持对照律师值班表,监督律师到岗到位。全年共有532人(次)的值班律师作为第三方,在省检察院12309检察服务中心接待大厅接待来访群众276件(次),并配合省检察院工作人员对相关信访人一同释法说理,取得良好效果。(刘百锁)

【检察数据化应用】2019年,全省检察机关基础建设水平提升。电子检务工程基本完成数据中心、两地三中心体系和六大平台的部署。检察工作网完成全省线路铺设、运行平台建设及各级院局域网基础环境建设。远程提讯系统建设完成;远程庭审、远程送达系统相继开展,"三远一网"建设将有效促进全检业务信息化。编制完成《山西省人民检察院安可替代工程实施方案》。"智慧检务"可研报告编制工作走在全国前列。联盟链政法协同办案平台建设工作,基本完成检察院端软硬件系统的建设,推动政法机关间数据信息的共享。部署量刑建议智能辅助办案系统,拓展统一业务系统应用,为办案提供大数据辅助。在全省推广刑事案件智能辅助办案系统(206系统),提升案件的流转和办结效率。建立大数据辅助办案系统,用法律法规数据库形成检察干警办公办案的"智慧外脑"。部署全省智能语音云平台系统,为检察干警录入文件案卷的工作提速增效。(刘百锁)

法 院

【概况】2019年,山西省高级人民法院(简称省法院)坚决强化落实中央及省委重大决策部署的执行力,改善政治生态,推动以审判执行为中心的各项工作高质量发展。全省法院全年受理各类案件504940件,审执结485368件,同比分别上升10.60%和12.27%;结案率为96.12%,同比增长1.43个百分点,案件收结比达100.95%;法官人均结案142.38件。省法院受理各类案件9183件,审结8427件,同比分别上升1.95%和0.06%。司法质效核心指标均为历史最好水平。

省法院系统坚持党对法院工作的绝对领导,贯彻落实《中国共产党政法工作条例》,及时向党委请示报告工作,第一时间传达学习中央、省委重要会议精神,研究落实中央、省委重大决策部署。严格落实意识形态责任制和"三同步"工作原则,统筹协调、监督指导全省法院重大敏感案件处置工作,引导涉法舆论生态。

省法院主动服务保障大局,推进扫黑除恶专项斗争,坚持"打伞破网",紧盯"打财断血",依法审结陈某某等一批重大案件,综合审判质效位列全国第四,省法院获评为全国法院扫黑除恶专项斗争先进单位。营造法治化营商环境,支持市场主体健康发展,助力发展动能转换,主动服务打赢风险防控、污染防治、脱贫攻坚三大攻坚战,保障房生态文明建设,支持"放管服效"改革,促进行政机关依法行政。推动切实解决执行难,巩固成果、持续发力,执行工作网络直播效果显著,执行工作办案质效全国位次整体前移。

省法院围绕建设一站式多元解纷机制、一站式诉讼服务中心,加快推进诉讼服务改革,开通集约化12368诉讼服务热线,全面实现全国跨域立案和网上立案,全年网上立案28664件、办理业务463.92万次。探索矛盾纠纷多元化解工作模式,推进涉诉信访机制改革,全面推行公益律师值班制度。强化审判管理改革,加大量化考核审判质效约束性重点指标力度,推进收结案均衡运行、良性循环。如期完成全省基层法院内设机构改革,对人案矛盾最为突出的部分法院调整专项编制和员额法官比例限制,优化人力资源配置。

省法院坚持抓党建带队建促审判,创新机关党建工作模式,增强基层党组织政治功能。一体推进司法巡查、审务督察,实现全省12个中院政治督察全覆盖。营造干事创业环境,开展"改革创新、奋发有为"大讨论,组织评选全省法院担当作为优秀干警、十佳执行干警。狠抓纪律作风建设,落实中央八项规定精神,以"严纪律、强作风、树正气"为目标,在全省法院开展"纪律作风整顿年"活动和

“以案为鉴、以案促改”集中整治，坚决纠治形式主义、官僚主义，“庸、懒、散、怠、乱、浮”整肃一体推进，深挖彻查、严肃处理违纪违法问题，全年严肃处理违纪违法干警147人。

（白　婕）

【涉黑涉恶案件审理】 2019年，省法院贯彻党中央决策部署，准确把握扫黑除恶专项斗争形势任务，紧盯重大涉黑涉恶案件审理，坚持铁案标准，确保办理的每一起案件都经得起法律和历史的检验。加大“打财断血”“打伞破网”力度，坚持源头治理、深挖彻查，确保打准打狠、打深打透、除恶务尽。健全机制，推动快审快判，集中优势兵力，实行专案专班，全力保证办案质量、效率和效果。全年一审审结黑社会性质组织犯罪案件67件954人、恶势力犯罪案件618件3035人，对983名被告人处以五年以上有期徒刑，2003名黑恶势力犯罪分子被判处财产刑，陈鸿志、朱强、任爱军等一批民愤极大、社会影响极其恶劣的黑社会性质组织获依法严惩。（白　婕）

【助力市场主体健康发展】 2019年，省法院支持市场主体健康发展，编写发放《民营企业法律风险防控100个提示》，与省工商联共同搭建促进非公有制经济健康发展服务保障平台，推动司法服务和社会需求精准对接，为企业健康发展提供周到便捷的司法服务。组织制定出台破产案件立案指引、加强“僵尸企业”破产审判工作和建立破产案件快速审理机制等三个指导意见，审理破产清算、重整案件45件，服务市场主体规范发展、有序退出。加强产权保护，研究制定加强产权司法保护、推进知识产权审判“三合一”改革和构建知识产权纠纷多元化解机制三个意见，建立知识产权审判专家库和知识产权调研基地，助力创新驱动发展。（白　婕）

【助力打赢“三大攻坚战”】 2019年，省法院全力打赢三大攻坚战（三大攻坚战是指防范化解重大风险、精准脱贫、污染防治）。首先，防范化解金融风险，制定《加强金融审判工作指导意见》，与银保监局、证监局建立定期联系工作机制，开展涉证券期货案件多元化解，依法稳妥审结非法集资、金融诈骗等犯罪案件531件，审理涉金融民商事案件74274件。服务“三农”工作，开展特色农业知名品牌知识产权保护情况专题调研，提出加强老字号保护、做优做强地理标志产品司法建议，依法审理涉农经济和劳动纠纷，维护农村经营主体权益，审结土地承包流转、林权转让等涉农案件2089件。审理贪污、挪用扶贫款物等扶贫领域职务犯罪案件43件。其次，省法院开展精准脱贫工作，包点帮扶的浑源县大仁庄乡4个贫困村基本实现整体脱贫，接受第三方评估。第三，推动污染防治，服务生态文明建设，运用司法手段保护“绿水青山”，组织制定出台《关于审理环境民事公益诉讼案件的指导意见》，推进环境公益诉讼制度全面实施，依法审结各类环境资源类刑事案件378件、环境资源类民事案件359件、涉生态环境保护行政案件307件和社会组织起诉的环境公益诉讼案件9件。（白　婕）

【行政审判工作】 2019年，省法院加强行政审判工作，支持和监督行政机关依法履行职责，依法保障行政相对人合法权益。总结行政机关在征收拆迁行政执法领域和应诉中存在的问题，专题发布行政审判白皮书，提出改进依法行政工作的司法建议，支持城中村、棚户区改造和城市发展建设。发布涉土地资源、环境保护、市场监管等行政管理领域，包含许可、强制、处罚等行政行为的十大行政审判案例，对规范行政行为、促进群众依法维权和提升行政审判工作水平起到示范和引导作用。支持“放管服效”改革，完善“府院联动”机制，提高依法行政意识。全年受理行政一审案件5157件，审结4975件。（白　婕）

【执行工作】 2019年，省法院对标“基本解决执行难”核心指标，坚持攻坚之后不放松不懈怠，稳定执行力量配备与资源配套，巩固成果持续发力。组织研究制定全省统一适用的《执行实施案件办理程序标准指引》《关于建立执行案件全程管理、动态监督机制的规定》，提升执行工作的规范化、科学化水平，全年受理各类执行案件148603件，执结142138件，执行标的310亿元，结案率达95.65%，同比上升3.07%，1月和11月，省法院分别组织“三晋执行护民生”和“晋法出击”全媒体直播活动，300多家媒体四个小时不间断同步直播，点击量总计超过1.91亿次，创全国法院记录。（白　婕）

【诉讼服务改革】 2019年，省法院打造开放互动、交融共享的集约化诉讼服务体系，制定立案、调解、速裁等23项服务标准，推动诉讼服务中心功能集约化，实现诉服事项“最多跑一次”。推动网上服务功能集约化，打造全天候、全地域、全流程的智能化服务平台，全年网上立案28664件，办理业务463.92万次，实现立案服务“一次不用跑”。在全国法院首创性开通覆盖三级法院的集约化12368诉讼服务热线，拓展服务功能、提升服务水平，为当事人和法官交流开辟全程留痕、有据可查的规范化联系通道。

（白　婕）

【纠纷解决机制改革】 2019年，省法院探索“多元参与、集成作业、一门通调”的矛盾纠纷多元化解工作模式，在诉讼服务中心引入人民调解、行政调解、行业调解、仲裁、公证等机构，全面推行公益律师值班制度，全省法院首批聘请553名调解员和55个调解组织，发挥社会矛盾诉前过滤功能。全年诉前调解各类纠纷63117件。推动法院诉讼服务中心与综治中心、网格化管理中心、道交纠纷调解中心等建立网上联动机制，打造以人民法庭为中心，以乡镇、社区为节点的全覆盖联动联调工作网络。（白　婕）

【审判体制改革】 2019年，省法院聚焦审判质效的提升，强化审判管理改革,研究制定《全省法院2019年度审判质效约束性重点指标》,对审判质量、审判效率、司法公开、信息化应用等四个方面12项质量指标和执行质量、执行效率、执行公开、执行力度等五个方面121项指标量化考核。实行网上巡查常态化,强化动态监控,实现对立案、开庭、裁判、送达、归档等各流程节点的协调、预警、催办、督办、考评,实化流程管控,突出审限管理,推进收结案均衡运行、良性循环。如期完成基层法院内设机构改革,按照科学配置、提高效能的原则,理顺职能、整合机构,管理层级向扁平化推进、工作力量向审判一线下沉。建立全省法院编制动态调剂机制,将172个中央政法专项编制调整到人案矛盾最为突出的14个基层法院,4个中院和28个基层法院争取到突破员额比例限制,资源配置优化。 (白 婕)

【智慧法院建设】 2019年,省法院推进现代科技与法院工作的深度融合,促进法院工作全面提升,全面深化电子卷宗随案同步生成和深度应用,同步生成诉讼案件电子卷宗339565件,联合山西大学、中国知网建立全国首家“法院大数据与智能应用”实验室,研发的“刑罚变更类案件智慧判案辅助系统”入选第二届“数字中国”成果展。 (白 婕)

【审判公开】 2019年,省法院落实审判公开原则,坚持主动、依法、全面、实质公开,全面推进审务执行公开,最大限度保障人民群众的知情权、参与权、表达权和监督权。全年公开诉讼案件309558件、裁判文书433965篇和15598名被执行人相关信息,直播庭审106084场。开展法官“六进”活动,省法院行政庭被评为2019年度全国普法先进单位,省法院被推荐参加2020年度全国普法优秀单位评选。 (白 婕)

司法行政

【概况】 2019年是山西省司法厅完成重新组建的第一年。山西省司法厅坚持政治引领、党建先行,建立并实行“首题必政治”常态化学习制度。落实全面从严治党“两个责任”,以党建统领各项工作,推动全面从严治党向基层延伸。174名领导干部开展调研,梳理制定问题清单,落实整改,建立长效机制。“挂图作战”推动重点工作进入全国第一方阵;把司法所建设作为龙头工程,出台管长远、强基础、适应新时代发展的实施意见;支持民营企业发展成效明显,形成改革创新的良好势头。

在省厅机关平稳有序改革基础上,指导市县司法行政机关做好机构改革工作。完成全系统“四化”建设大调研,制定31条整改举措。完成省厅机关公务员职务职级并行和监狱戒毒系统执法勤务类警员职务序列改革,建立直属院校毕业生入警便捷机制。出台《关于推进机关干部下沉司法所工作的实施方案》等系列文件,开展干部轮岗交流,选派干部到基层司法所“蹲苗”历练,推动监狱戒毒民警参与社区矫正用警工作,完成第一书记、驻村扶贫队员更换工作。

出台《维护监狱人民警察依法履职权益规定》;激励干部担当作为,在晋中监狱开展“鼓励民警担当作为”试点工作;开展典型选树,李培斌同志被授予新中国成立70周年“最美奋斗者”称号,王永茂获评全国“人民满意的公务员”,受到习近平总书记等中央领导接见。 (王 娇)

【行政许可权改革】 2019年,省司法厅推进省市县综合行政执法体制改革,制定市场监管、生态环境保护、文化市场、交通运输、农业5大领域近3500项的综合执法事项指导目录。研究解决晋城市开展相对集中行政许可权试点工作和省综改示范区、高平市、灵石县等地试点中的法律问题,确保全省相对集中行政许可权改革依法推进。 (王 娇)

【证明事项清理】 2019年,省司法厅推进“放管服效”改革。取消并公布省、市两级不必要的证明事项491项。在全省27个县(市直单位)开展证明事项承诺制试点,便民利民惠民效果显现。利用司法部“群众批评—证明事项清理投诉监督平台”,高效办理群众投诉批评建议事项,当事人满意率100%。确认省本级行政裁决事项21项,各市行政裁决事项151项。 (王 娇)

【行政审批管理】 2019年,省司法厅推进行政审批信息化建设。研发运用《山西省司法行政审批管理系统》,将省、市、县三级司法行政机关全部纳入审批流程;同省政务服务网实现对接,实现审批流程数据实时对接;将法律法规确定的条件要求嵌入审批系统,实现部分审批条件的智能化审批。推行初审+复审工作模式,明确审批环节、审批责任人和审批时限,实行审批流程再造,主要业务实现“最多跑一次”。全年办理各项行政审批、服务事项5291件,解答各类咨询1万余次,按期办结率100%。(王 娇)

【刑罚执行机制完善】 2019年,省司法厅推进大整治大整改,完善刑罚执行机制,建立刑罚执行联席会议机制,推动出台《山西省监狱罪犯立功、重大立功认定审批办法》《进一步推进假释工作的指导意见》,狱内发案率得到有效控制。推动出台《关于加强和改进监狱工作意见的任务分工方案》,以“五大改造”带动罪犯改造质量逐步提高。出台《罪犯物质奖励办法(试行)》,修订完善《罪犯计分考核办法》,试点开展规范化监区建设三年行动,建成2个规范化示范监区。监狱煤矿关闭退出基本完成,“三供一业”维修改造成效明显。

(王 娇)

【戒毒工作】 2019年,省司法厅开展医疗基础建设年活动,13个场所医疗机构及省戒毒康复医院全部纳入社会医疗机构专科联盟，成立13个社区康复工作综合指导站。推进规范化建设年活动，统一基本戒毒模式稳步落地，主要工作指标进入全国第一方阵。推动戒毒系统生产劳动管理规范化建设，完成戒毒人员“一卡通”系统用途转换工作。（王　娇）

【社区矫正】 2019年，省司法厅加强对社区矫正对象教育管理，实现执法规范化、监管信息化、教育专业化、帮扶社会化、工作制度化。

维护社区矫正安全稳定，先后开展社区矫正安全隐患大排查、社区矫正安全隐患“回头看”等活动。建立省、市、县、所四级定期分析研判机制，召开各级分析研判会议，及时解决安全隐患问题。部署加强和改进社区矫正对象边控工作，与边控机关协调联系，建立长效管理机制。

丰富教育矫治形式，充实教育矫治内容，拓宽教育矫治载体，推进教育矫治工作开展。一是“一县一品”教育矫治新格局初步形成；组织各地开展以爱国主义教育、法治教育、警示教育为主题，以集中教育、个别谈话、心理矫治为载体的形式多样的教育矫治活动。开展走访谈话，增强教育矫正的针对性、专业性和科学性。做好适应性帮扶工作，指导市县两级结合实际进行帮扶活动。全省建立帮扶场所243个，其中，社区服务基地183个、就业基地60个，为社区矫正对象提供场所、搭建平台，帮助其掌握多项职业技能。

加快推进“智慧矫正”建设，在全省16个县（区、市）司法局开展试点工作，“山西省社区矫正管理信息系统”新增视频功能，全部完成督察系统县级连通。（王　娇）

【安置帮教】 2019年，省司法厅严格刑释解矫人员衔接工作，全面落实必接必送制度。加强对刑满释放人员的救助管理，协调相关部门抓好政策落实。在国庆节等重要时间节点组织开展安全稳定大排查，从源头上杜绝安全隐患。搭建好人民陪审员、人民监督员履职服务平台，组织人民监督员参加检察院公开日等活动，举办全国人民陪审员选任管理系统培训班，会同省厅立法二处确定太原市小店区、大同市灵丘县等五个县（区）为立法研究服务基地，配合责任单位征集群众立法建议，提高立法公众参与度。（王　娇）

【人民调解】 2019年，省司法厅坚持发展“枫桥经验”，组织全省人民调解队伍预防和调解各类矛盾纠纷16.30万件。全面实现访调对接，在省级层面派驻调解员分别入驻省委、省政府信访大厅，在县（市、区）一级实现访调对接工作全覆盖。设立品牌调解室199个，人民调解参与信访工作实现县区全覆盖，调解信访纠纷5000余件。成立山西省人民调解协会，开启山西省人民调解新篇章。设立11个民营企业纠纷行业性、专业性人民调解组织，将排查化解涉企纠纷作为全省人民调解组织的重点工作予以全面推进，为民营企业发展营造和谐稳定社会环境。（王　娇）

【公共法律服务】 2019年，省司法厅开展便民工程。将“实施免费法律咨询便民工程”列入省政府2019年民生实事。开展便民工程集中攻坚活动，组织主题宣传1418次，深入乡村、街道、社区、企业“送法上门”3967次，解答咨询27266人次，集中攻坚活动受到司法部肯定。

强化实体平台建设。建成省级公共法律服务中心1个，市级公共法律服务中心5个（太原、阳泉、长治、运城、朔州），县级公共法律服务中心117个，乡级公共法律服务工作站1418个，实现县、乡两级公共法律服务中心（站）全覆盖，建成村级公共法律服务工作室25962个，占全省村（居）总数的91.10%。

完善法网功能，实现全省法律服务机构和人员综合查询。开通律师、公证、司法鉴定、人民调解、法律援助5大法律服务网上预约，60余项山西司法行政审批事项上网；开通“12348”山西法网Web端、微信公众号，开发微信小程序，为群众和企业提供线上一站式公共法律服务。

加快推进三台融合发展。贯彻落实中办国办关于加强公共法律服务体系建设的意见，公共法律服务实体、电话、网络三大平台逐步实现“三

2019年12月30日，2019年《山西法治蓝皮书》新闻发布会在太原举行

（王　娇供图）

台融合”。9月10日召开全省公共法律服务“三台融合”新闻发布会,扩大社会影响力。

推进司法所建设这一龙头工程。联合省委组织部等5部门出台《关于加强新时代司法所建设工作的实施意见》,全面开展新时代司法所支部、队伍、阵地、能力、制度和信息化“六大建设”,对全体工作人员进行业务轮训,相关工作经验在全国司法所工作会议上做发言交流。 (王 娇)

【公证工作】 2019年,省司法厅推动公证体制改革创新,落实联合下发的公证机制创新意见,加强分类指导。起草下发《山西省司法厅关于公证服务和保障民营企业发展的意见》,为民营企业发展提供多层次、宽领域、全时空、高效率的公证法律服务,为市场经济发展营造良好的法治环境。开展年度优秀公证案例选编工作,编辑《2019年公证优秀案例汇编》,在山西法制报和山西司法行政网等媒体予以发布。 (王 娇)

【法律援助】 2019年,省司法厅深化便民服务,做好特殊群体法律援助工作。开展“法援惠民生·关爱残疾人”品牌建设活动。在“全国助残日期间”组织志愿律师开展法治宣传,制作残疾人法律援助服务微视频。在山西法律服务网上,设置无障碍服务;建立法律援助公众号,增设残疾人专区,组建残疾人法律援助律师信息库。开展农民工劳动合同普查与法律体检活动,全省开展现场法律咨询100余场,设立农民工欠薪维权“绿色通道”,做好根治拖欠农民工工资工作。放宽经济困难标准,扩大法律援助范围。深化便民服务,畅通援助渠道,组织法律专业人员深入军营、敬老院、孤儿院等开展宣传活动、举办法制讲座、现场提供面对面的咨询,切实为群众提供贴心便捷的法律服务。

开展刑事案件律师辩护全覆盖,全省共确定81个刑辩全覆盖试点县,建立市、县协调联动工作机制,完善法律援助律师值班制度,确保刑事案件全覆盖工作顺利开展。

组织开展2019年度星级法律援助律师(基层法律服务工作者)评定工作。全省共评出星级法律援助律师763名,星级基层法律服务工作者239名。8月份与省财政厅联合印发《山西省法律援助补贴办法》的通知,提高法律援助补贴标准,为困难群众获得免费的优质法律援助服务提供保障。 (王 娇)

【司法鉴定】 2019年,省司法厅落实严格准入要求,加强准入考评工作。制定出台《山西省司法厅关于印发〈山西省法医类、物证类、声像资料司法鉴定业务登记考评制度(试行)〉〈山西省法医类、物证类、声像资料司法鉴定人执业资格登记考评制度(试行)〉的通知》,选聘105名省内外专家组成考评专家库。组织专家对8家申请鉴定业务的机构、180名申请执业资格的人员进行考评。

强化司法鉴定能力验证和认证认可工作。出台《关于暂停鉴定机构未通过能力验证项目对应鉴定事项执业资格的通知》《关于开展能力验证测量审核工作的通知》,组织召开全省推进司法鉴定资质认定工作座谈会,推进全省司法鉴定能力验证和资质认定工作。组织21家机构参加34个项目的测量审核,对2家机构进行《毛发中滥用物质的定性分析》能力验证专项检查。

推进司法鉴定整改工作。注重加强行业监管,严肃查处违法违规执业行为,提升司法鉴定公信力。

(王 娇)

【普法依法治理】 2019年,省司法厅推动省委全面依法治省委员会守法普法协调小组率先召开第一次全体会议,制定印发工作细则、工作要点;发挥协调作用,推动全省11个市建立工作机构并发挥作用。公布《省级部门普法责任清单》实现全覆盖,举办全省首届国家机关“谁执法谁普法”履职报告评议会,开通网络直播吸引226万人次观看,推动“谁执法谁普法”普法责任制的落地落实。

推进“八二宪法”历史资料陈列室项目建设,创新开展“法治邮路送万家”活动,组织、指导各地各单位围绕宪法进企业、进农村、进机关、进校园、进社区、进军营、进网络七个宪法主题日开展“12·4”国家宪法日系列宣传活动。联合省高院印发推进国家工作人员旁听庭审活动常态化制度化实施意见,组织78家省直单位厅级领导现场旁听;开展“法律进高校”活动,组织法律工作者在全省80余所高校开展以案释法活动500余场,联合团省委等部门举办第九届全省大学生模拟法庭大赛,全省高校形成尊法学法守法用法的浓厚氛围。

加强动态管理,明确全省现有国家级“民主法治示范村(社区)”118个,巩固民主法治示范村(社区)的创建质量和示范效果;开展“法律进商会(民企)”活动,为2986家企业进行法治体检,推动119家商会、913家民企聘请法律顾问,组织开展现场普法活动和法治讲座5000余场,发放宣传资料130余万册。

依托全国普法依法治理信息管理平台,建立完善日常工作台账,及时掌握、指导全省普法依法治理工作;命名11个全省法治宣传教育基地,实现全省行政村(社区)法治文化阵地100%全覆盖;发挥媒体作用,邀请相关专家、律师剖析典型案例、解读法律法规,《以案释法》《法在身边》累计播出60期;组织参加全国“我与宪法”微视频、法治动漫微视频征集活动,均获得优秀组织奖,获奖作品数创历史新高。 (王 娇)

【司法考试】 2019年,省司法厅完成2019年国家统一法律职业资格考试工作。省市两级“党委政府领导、司法行政系统牵头、部门协同配合”的国家统一法律职业资格考试协调工作机制全部建立。举办全省考试管理干部业务培训班、召开全省法考工作会议和督考工作会议,开展机位摸底和测试工作,设置考区,编排考点考场。执行试卷、数据安全保密制度。实现网上视频巡考与实地督考全覆盖，视频巡考省级平台建设全国领先，无纸化资格审核系统首次启用。2019年全省客观题考试报名人数14073人，参考人数11562人，参考率为82.20%，考试成绩合格率为36.30%；主观题考试报名人数5822人，参考人数5735人，考试成绩合格率为22.30%。

完成2018年度法律职业资格考试成绩合格人员申请授予法律职业资格的审核、制证及证书发放工作。成立审核工作领导小组，2019年1月和7月组织开展法律职业资格集中审核工作。经审核，全省授予考试合格人员法律职业资格2670人。

（王 娇）

【监狱管理】 2019年，山西省监狱管理局连续13年实现“四无”目标，平遥监狱创造连续25年无脱逃最长纪录。先后解决各类安全隐患1330条，防范和化解重大安全风险。推进扫黑除恶专项斗争，涉黑恶罪犯应收尽收，及时转递涉黑涉恶线索，配合公安机关抓获逃犯4名。

山西省监狱管理局先后清理废止监狱管理执法制度16项、修订10项、新制定20项。加强民警学法用法考法。依法完成罪犯特赦工作。开展减刑假释暂予监外执行专项检查。组织违规会见、罪犯分流和改造岗位安排专项整顿，开展罪犯亲情电话拨打情况全面检查，维护执法制度权威。

坚持瞄准短板、整治整改，围绕中央第八巡视组下沉调研、司法部驻在式检查、检察院巡回检察、司法厅政治督察反馈问题，集中力量整治整改。实行全系统党组织集中统一领导。成立党委办公室，明确抓党风廉政建设的工作职责，解决驻厅纪检组与监狱纪委之间存在断层的问题。建立法检监三方联席会议制度；罪犯劳动补偿费纳入预算管理。

坚持对标一流、勇于创新，工作亮点鲜明。在全国率先推动省委政法委、省检察院、省教育厅、省人社厅等有关部门出台《关于加强监狱民警履职保障的意见》《山西省监狱罪犯重大立功认定审批办法》《关于将罪犯文化教育和职业技能培训纳入政府教育（培训）规划的实施意见》，得到司法部领导批示，转发全国监狱系统学习推广。

从严治警、从优待警，队伍形象好转。开展“三信三清”教育，组织专题警示教育109场次，肃清“5·17”案件腐败流毒。推进大培训大练兵活动，组织各类培训班38期，累计培训5174人次。严格按照干部选拔任用程序和规定，选拔任用处级领导干部83人。建立民警执法保障机制，完成警员职务套改工作，落实从优待警各项政策，激发民警队伍活力。

主动向省委省政府、司法部汇报反映，争取支持，推动解决监狱工作难题。推动省委省政府办公厅印发贯彻中办《贯彻落实〈关于加强和改进监狱工作的意见〉若干举措》，明确各地市和省政府各部门支持监狱工作的责任任务。全系统共安排社会警示教育144场（次），参加人员7758人次。积极开展监狱开放日、大型社会帮教活动，与山西大学、太原理工大学等院校合作，开展传统文化和技能培训，收到良好社会效果。

2019年2月27日至3月5日，省监狱管理局按照司法部部署和省监狱管理局统一安排，太原市、大同市、阳泉市、晋中市、长治市的各监狱开展以“提升改造效果、展示监狱风貌”为主题的监狱开放日活动。来自监狱驻地的人大代表，政协委员，法检两院、公安机关、驻监武警部队、乡镇、企业、行政村等各界人士代表以及部分服刑人员家属，刑满释放再就业代表，新闻媒体记者200余人参加活动。让社会公众走进监狱，了解监狱，增强监狱执法透明度，既是监狱全面深化改革、落实司法公开、创新社会治理和监督方式的一种新探索，也是监狱回应社会关切，强化法治宣传教育的一种新实践，增进社会各界对新时代监狱工作的了解、监督和指导力度。

（李 豪）

【监狱系统扫黑除恶】 2019年3月21日，省监狱管理局召开全系统2019年扫黑除恶专项斗争推进会。省监狱局调整扫黑除恶专项斗争领导小组人员，明确工作职责，完善组织架构，配齐配强工作力量。建立全系统扫黑除恶专项斗争进展情况月通报制度。组织开展扫黑除恶第三轮专项督导，深化“四级”履责督导谈话机制。5月9日，全系统就两高两部联合印发的四个《意见》，举办扫黑除恶专题培训。以配合中央第14督导组开展谈话调研为契机，持续加大宣传发动力度，部署开展集中深挖犯罪线索专项活动。与公安机关配合，抓住专项斗争有利时机，共同破获一批积案要案，将两名逃匿长达20年之久的命案嫌犯成功抓获，另成功捕回两名在逃20多年的罪犯，1名保外就医期间脱逃罪犯迫于形势政策压力主动到案，彰显专项斗争优势成果。

（李 豪）

【监狱民警权益保障机制】 2019年7月29日，省司法厅印发《关于印发〈山西省维护监狱人民警察依法履职权益规定（试行）〉的通知》，出台规范性文件保障监狱民警严格依法履行职责、行使职权，维护监狱警察执法形象，提升监狱执法公信力和执法权威。8月，省政法委印发《关于加强监狱民警履职保障的意见》，省人民检察院印发《关于印发〈山西省人民检察院关于支持和保障监狱民警依法履职的意见〉的通知》保障监狱人民警察依法履职权益。在此基础上，监狱局制定《维护民警依法履职权益工作措施》，民警执法权益保障机制完善。

（李 豪）

【法治监狱建设】 2019年，省监狱管理局制订出台《法治监狱建设工作要点》《监狱系统普法依法治理工作要点》，局主要负责人履行法治建设第一责任人职责，全系统民警开展学法用法守法考法活动，推进监狱管理执法制度清理工作，全系统法治观念、法治意识提高。12月4日，省司法厅党委委员、副厅长，监狱局党委书记、局长王锁成，在山西省首届国家机关

"谁普法谁执法"履职报告评议会上，代表省监狱局作工作履职报告，经网络投票、评议团前期考察评分、评议团现场点评打分等3个环节，省监狱管理局获优秀等次。 （李 豪）

【律师工作】 2019年，山西省共有律师事务所812个，注册工作人员10229人，其中专职律师8373人。有9985个单位聘请常年法律顾问。全年度律师代理民事诉讼63588件，行政诉讼2564件，刑事代理21517件，其他法律事务9249件。

2019年，省司法厅加强律师、基层法律服务队伍建设，完成全省律师及律师事务所、基层法律服务工作者及基层法律服务所考核备案工作，做好省政府、厅机关法律顾问及公职公司律师工作，重新制定山西省《公职律师管理办法》《公司律师管理办法》，村（居）法律顾问工作制度完善。

10月21日，省律师协会行业行风监督委员会召开2019年全体工作会议，审议通过进行行风监督的有关意见。12月20日，省司法厅新修订的《山西省律师变更执业机构管理办法》开始实施。

2019年，省司法厅推进两个与律师有关试点工作。根据最高人民法院、司法部统一部署，印发《关于开展刑事案件律师辩护全覆盖试点工作的通知》和《关于开展律师调解工作的实施意见》，部署在太原市和一半以上的县（市、区）开展刑事案件律师辩护全覆盖试点工作，在全省范围内开展律师调解试点工作。联合省法院召开全省刑事案件律师辩护全覆盖和律师调解试点工作推进会。 （王 娇）

仲 裁

【司法仲裁】 2019年，省司法厅推广深圳前海蛇口仲裁工作创新经验。贯彻中央两办文件精神，起草形成《关于贯彻〈关于完善仲裁制度提高仲裁公信力的若干意见〉的工作措施（送审稿）》报省政府。印发《山西省司法厅关于印发〈山西仲裁行业发展秩序清理整顿专项行动实施方案〉的通知》，开展全省仲裁行业发展秩序清理整顿专项行动。 （王 娇）

【劳动人事仲裁】 2019年，山西省立案受理劳动人事争议案件共8886件（其中包含上期末累计未结争议案77件）。立案受理案件涉及劳动者人数10809人，涉案金额46439.49万元，当期审结案件8765件，期末累计未结案121件，仲裁结案率98.64%，全国排名第4，调解成功率71.95%，全国排名第6。 （王俊杰）

【裁审衔接】 2019年5月9日至11日，山西省人力资源和社会保障厅与省高院、省总工会联合举办调解仲裁审判多元处理机制培训班，探索裁审衔接工作规律，提升办案人员合力化解矛盾纠纷能力。开展"护薪"行动。8月，与省高院、省总工会等部门联合转发《关于实施"护薪"行动全力做好拖欠农民工工资争议处理工作的通知》，建立并畅通拖欠农民工工资处理"绿色通道"。摸排去产能、处置"僵尸企业"劳动争议处理情况。10月，组织全省深入摸排去产能、处置"僵尸企业"劳动争议处理情况，总结分析并提出山西省对策建议。 （王俊杰）

【调解组织建设】 2019年，山西省人社厅提升基层劳动人事争议调解组织建设水平。6月，完成国家级乡镇（街道）劳动争议调解综合示范单位太谷县胡村镇劳动争议调解中心示范工作检查验收；8月至9月，完成全省乡镇（街道）劳动人事争议调解综合示范工作调研总结。在组织仲裁员、调解员参加人社部举办的各类业务培训班基础上，按照《劳动人事争议仲裁员任职培训大纲》要求，9月26日至27日，举办全省仲裁员能力提升培训班，将思想政治教育、行风建设教育纳入培训课程，打造政治过硬、本领高强的专业化仲裁队伍。从10月15日起，组织100名调解员和92名仲裁员参加为期2个月的远程培训，提升调解仲裁工作效能和服务能力。

（王俊杰）

【调解仲裁信息化建设】 2019年，山西省人社厅按照人社部"互联网+调解仲裁"2020行动计划，完成仲裁在线信息查询、申请预约等功能试点工作。优化调解仲裁办案系统模块设置，在线办案率从2018年11月的10%提高至2019年10月的65%，提前完成人社部2019年年底在线办案率达到60%的目标任务。完善和修改调解仲裁办案系统指标代码，在全国第一批实现监测数据顺利导入。召开全省调解仲裁数据统计暨信息化建设工作推进会。开展"互联网+调解"服务平台推广工作。 （王俊杰）

山西省军区

【概况】 2019年,山西省军区学习贯彻习近平新时代中国特色社会主义思想和习近平强军思想,开展“不忘初心、牢记使命”“传承红色基因、担当强军重任”主题教育,着力铸魂育人、服务备战、正风肃纪、强基固本,全区始终保持高度集中统一。

党的创新理论武装。坚持每月组织党委理论学习中心组带机关理论学习,举办两期师团职领导干部理论培训。坚持试点先行,统筹推进“传承红色基因、担当强军重任”主题教育和年度其他思想教育落实,积极研究探索利用网络加强和改进民兵思想政治教育的方法路子。

服务保证备战打仗。加强政治工作作战数据建设,在全省建立优化网络舆情监控力量和舆论宣传力量。召开小型座谈会,总结分析乡宁山体滑坡救援、沁源森林火灾扑救等任务中政治工作存在的问题和不足,研究制定对策措施。以中部战区“三战”骨干集训为契机,对战场取证、信息制品制作、特情处置等战法进行深入研究。积极协调地方有关部门,研究探索构建省军区“三战”军地协作机制和拥军支前军地协调机制。

党组织建设。突出涉及官兵切身利益问题、历史遗留和疑难棘手问题整治,8次召开领导小组会议推进落实,124项问题得到解决。下发《关于健全人武部党委班子有关问题的通知》,着力加强基层党组织建设。出台《基干民兵预建党组织工作规定》,探索加强非公企业党管武装工作落实的制度措施。严格落实党委中心组理论学习和纪委集体学习制度,汲取吴某某严重违反政治纪律问题教训,引导党员干部严守政治纪律政治规矩“生命线”,自觉强化“四个意识”。持续推进肃清流毒影响工作,从思想、组织、信息进行深入起底,按要求严肃处理涉案人员,推动肃清工作落细落实。督促落实民主集中制、双重组织生活等基本制度,提高党内政治生活质量。先后对涉及干部选拔任用、评优评先、兼任地方常委以及文职人员任职晋级等共568名党员干部进行廉政审核,把好廉洁关口,确保部队高度集中统一纯洁可靠。

人力资源工作。扎实推进军委国防动员部干部考核试点任务,有效破解干部考核标准难把握、指标难量化、实绩难衡量等难题,试点情况上报军委政治工作部。首次面向全军退役士兵招聘文职人员,高标准完成文职人员招考工作,指导各军分区(警备区)面向社会公开招聘人武部职工,完成专武干部资格认证工作。

正风肃纪。高标准迎接军委巡视和军委国防动员部党委巡察,梳理细化19个方面79项整改任务,研究制定141条整改措施并逐项抓好落实。扎实开展党风党纪党规教育,党委书记、纪委书记带头上纪律党课,组织观看《忏悔与警示》教育片和《铁纪强军》教育片。

山西省军区抓好《中国共产党问责条例》《军队实行党的问责工作规定》贯彻落实,督导各级党委认真履行从严管党治党主体责任。党委纪委领导坚持靠前指挥、跟进督导,对纪委重要活动、重要信访案件、部队风气建设倾向性问题亲自部署、亲自过问、亲自协调解决,为纪检监察工作开展提供有力支持。结合党委全会、民主生活会、主官交接、年终考核等时机,把党风廉政建设作为重要内容,必讲必考必查,持续督导“两个责任”落细落实。

山西省军区牢固树立越往后越严的鲜明导向,纠治执纪不规范、处分挂空挡、相关待遇调整不到位等问题,督导有关部门对2名羁押人员、3名受重处分人员福利保障待遇及时调整落实。组织强清拒不腾退住房1套。全年共受理信访举报23件,对15件问题线索进行直查和督办,运用“四种形态”,先后对1人约谈函询,对9人实施诫勉谈话,给予9人党纪政纪处分,追缴违纪款110余万元,对55名瞒报漏报个人有关事项人员情况进行梳理甄别,依规依纪提出处理意见,2名干部被取消后备资格,在全区产生强烈震慑。

基层建设。贯彻福州集训会议精神,研究制定抓建基层《三年规划》,配套“三个一线”(一线指挥部、一线战斗堡垒、一线带兵人)建设《指导手册》和《考评标准》,提高各级自建抓建能力。研究制定《帮建基层工作方案》,围绕"帮根本、帮班子、帮任务、帮解难题、帮安全"内容,贯穿全年实施帮建。

国防教育。组织开展"赞颂辉煌成就、军民同心筑梦"主题宣传教育系列活动和"爱我国防"快闪文艺宣传活动。举办第八期县处级领导干部国防专题研究班,组织全省大中小学生参加全国"百万少年抒写国防"主题国防教育活动,总结推广运城国防教育"三进"(进景区、进场馆、进校园)活动经验,持续推进国防教育"十园百街千站"(十个国防主题公园、一百条国防主题街道、一千个国防主题公交站)和"双百"(一百所国防教育示范学校、一百个国防教育示范社区〔村〕)工程建设,完成第二届全国国防教育竞技大赛承办任务。2019年,在2018年创建首批72所国防教育示范学校、78个国防教育示范村镇(社区)的基础上,经省国防教育办公室考核评审,建成41所国防教育示范学校、44个国防教育示范村镇(社区)。截至2019年底,全省各市、县(市、区)建成国防主题公园(广场)69个、国防主题街道105条、国防主题公交站711个。

老干部服务保障。专题组织干休所网络医疗服务培训和新聘文职人员岗前培训,常态采取专家授课、在线答疑等方式提升医护人员业务水平。组织"庆祝中华人民共和国成立70周年纪念章"颁发仪式暨"不忘初心、牢记使命"三晋老兵风采宣传活动。建立干休所遗留难点问题台账,区分类别积极推动解决,省军区本级能够解决的已基本解决。退休干部移交完成率132%。

脱贫攻坚、军转安置、党史军史工作。探索"精准扶贫+国防教育"模式,省军区帮建的94个贫困村,年内已全部实现脱贫。认真做好新时代双拥工作,会同省委、省政府组织新一届全省双拥模范城(县)表彰大会,协调解决官兵关切的家属安置、教育优待等问题。军地联合出台《关于加强新时代退役军人工作的意见》《关于改进计划分配军转干部安置办法的通知》,做好退役军人工作。贯彻落实军委国防动员系统党史军史工作领导小组第一次会议精神,起草下发省军区党委《贯彻落实中央军委〈传承红色基因实施纲要〉的措施》,推进挖掘整理红色资源工作,调整完善省军区军史馆布展内容,筹划建设山西革命军史馆,完成军委政治工作部赋予的重大编纂任务,山西省军区由军队系统推荐,被表彰为"全国地方志工作先进集体"。

(邓宏刚　刘　鑫　张培荣)

【综合协调保障】 2019年,山西省军区修订《省军区机关基本工作规范》,进一步理顺办局工作,细化职责清单。下力纠治"五多"(会议多、文电多、检查多、评比多、下派工作组多)问题,出台《省军区机关解决"五多"问题为基层减负的具体措施》,明确5个方面22条硬性措施,使年度会议、文电、检查、评比及下派工作组总量比去年减少20%。在军委《军队情况摘报》刊稿1篇,在《军委国防动员部要讯》刊稿37篇,在《中部战区要讯》刊稿18篇,在中部战区排名第一。配合军委国际军事合作办公室完成销毁侵华日军遗弃生化武器候选场地确定的有关工作。服务驻中部战区审计中心完成审计协调有关工作。完成主题教育问题整改及上级巡视巡察审计反馈有关问题整改协调。完成全区军事实力统计工作。细致做好机要保密、文电文印、机关食堂、车辆派遣、公差勤务等服务保障。

(朱德贵　郑荣杰)

【安全管理】 2019年,山西省军区把安全稳定摆在突出位置,强力落实党委首长对安全工作的指示,始终保持大事大抓的强劲态势。从严加强部队管控,春节、两会、国庆等特殊敏感时期,都专题召开会议或下发通知进行安排部署,省军区组成3个工作组对部队进行安全大检查,当场下发问题清单,督促抓好整改落实,高标准迎接军委国防动员部检查抽查。坚持依法从严治军,广泛开展"严格落实条令、正规部队秩序"活动,依托运城军分区组织规范化管理试点,严格规范各项秩序,不断提升正规化建设水平。突出抓好安全防范,持续开展安全大检查、保密专项检查以及"百日安全"等活动,组织风险评估集中会审和军事危险源专项调查普查,排查梳理安全风险28个、危险源21个,逐一制定具体防范措施,部队安全基础不断巩固。　(朱德贵　郑荣杰)

【"传承红色基因、担当强军重任"主题教育】 2019年4月30日,山西省军区召开"传承红色基因、担当强军重任"主题教育部署会暨"右玉精神"主题宣讲报告会,邀请朔州市新组建的"右玉精神报告团"为全区官兵作主题宣讲报告,从不同角度、不同侧面生动诠释"右玉精神"的深刻内涵和时代价值。朔州、吕梁军分区分别介绍主题教育试点先行的做法。主题教育全面展开。主题教育结合学习贯彻"右玉精神",着眼"增强四个意识、坚定四个自信、做到两个维护、贯彻军委主席负责制",紧贴形势任务和官兵思想实际,紧跟国内外热点问题,着力抓好各类思想教育和意识形态领域工作,着重探索"省军区统资源、军分区上大课、人武部搞活动、干休所讲传统"的思想教育新路子。特别是针对民兵人员难集中、教育难开展、师资难统筹,以及内容老套、方法单一、手段滞后等问题,依托晋城军分区,在泽州县浪井民兵营试点探索利用网络加强和改进新时代民兵思想政治教育的方法路子,形成推进民兵网络思想政治教育的基本思路。

(苗　鹏　郝晓斌)

【战备训练】 2019年,山西省军区战备训练工作突出实案抓实备、紧盯实战抓实训、多措并举优保障、紧贴岗位强素质。

实案准备。贯彻军委军事工作会议精神,上下联动修订3级3类46种方案预案,完成中部战区赋予的国防动员单位作战能力标准体系试点,研究拟制作战指挥中心三级部署指挥编成和联合作战指挥保障流程标准，依案组织军地联合演练、课题训练考评，开展省军区首长机关实案研究，加强作战值勤组织领导，完善民兵信息工作机制，高标准迎接军委国防动员部实兵拉动检验，始终保持良好战备状态。牵头组织参加中部专项演练备勤、迎接军委干部工作考核、国庆70周年安保备勤、“3·15”乡宁山体滑坡、“3·29”沁源山林火灾扑救、“二青会”安保备勤、火箭发射残骸搜寻等重大行动。

实战练兵。全面深化按纲施训，首长机关、基干民兵、预编预备役人员等各级各类训练任务有效落实。深化完善民兵基地化轮训备勤模式，出台《山西省基干民兵基地化轮训备勤规范》。组织开展参谋骨干、专武干部、军事教师、通信业务、教练员5类人员比武竞赛，掀起群众性练兵热潮。深化实案实训，严密组织山西省“太行-2019”军地联合演练，军地联合遂行任务能力得到有效提升。深化转化研究成果，编写《国防动员单位课题训练创新指南》《专职人民武装干部应急应战行动组织指挥训练》，形成评审稿。

信息通信保障。以阳泉军分区为试点，全面展开省军区视频会议和4G应急指挥系统升级改造。结合任务行动和训练演练，优化完善“太行一号”辅助决策、指挥保障等功能。参加军委、战区信息网络编组联训，指导完成6类185个重要目标成果整编，编印《每周要情综合》50余期，组织2批次通信职业技能等级鉴定。常态组织信息通联保障及战备秩序抽查，集中部署“网穹一号”监测模块，全面开展信息系统清查和病毒查杀封控，各项保障及时高效、安全顺畅。

军事设施保护。全省5个地市7个县区开展军事设施保护专项调研，指导完成全省国防工程管理现状专项核查，办理工程建设、民用机场开放、航空摄影等审批核查20余批次。健全完善国防工程维管领导小组，落实维管专业队伍30余支，军事设施依法抓管水平不断提高。

学生军训和职业教育。协调完成高校大学生军训任务，选派16名大、中学生参加第六届全国学生军事训练营，取得1个一等奖、2个二等奖的好成绩。召开任务部署会，安排3个试点单位先期论证，军事职业教育稳步推进。选拔推荐12人参加军校招收士兵学员考试，5人被录取。完成招生任务，组织官兵军队高等教育自学考试，招生职教工作平稳顺利。

（梁　菲）

【国防动员】 2019年，山西省军区国防动员工作紧紧围绕“抓实国防动员、输送优质兵员、建强民兵队伍”三大主业，完成年度各项任务。

动员工作。加强军地协调，扎实推进《山西省关于完善国防动员体系的实施意见》和《山西省国防动员“十三五”规划》落实。召开全省国防动员领域重点工作部署会，将年度70项改革任务，分解落实到军地57个部门，督导19个牵头单位，制定“路线图”“施工图”，先后3个波次收集情况，持续跟踪问效，截至2019年底，已落实60项任务，其余10项因有关上位法正在修订、缺乏政策支撑等客观因素暂无法落实。紧跟“智慧山西”建设步伐，指导大同军分区深入探索“智慧国防动员”系统建设，在全国率先建成并投入实践运用，《中国国防报》、山西电视台等媒体进行报道，《军队情况摘报》和军委国防动员部、中部战区《要讯》均予以刊发。着眼为军委“192”战略演习提供可靠数据支撑，严密组织年度潜力调查，专题组织省级36个任务单位召开推进会，组织市县两级调查员培训，先后两次集中进行数据会审，着力治虚、防伪、查漏。在军委国防动员部和中部战区会审中，山西省报送的50余万条数据受到好评。结合工作实践，注重加强瓶颈性问题研究，上报的2条建议，被军委国防动员部采纳。

兵员征集。认真贯彻落实国务院、中央军委《征兵命令》和全国征兵工作会议精神，加强领导，周密筹划，严密实施，完成新兵征集和士官直招任务，其中征集大学生占比创历史新高。省政府、省军区联合印发《全省征兵工作领导小组及办公室工作规则》和《征兵工作责任制度》，省长楼阳生亲自担任省征兵工作领导小组组长，省市县三级全部实现征兵工作政府“一把手”负责制，为征兵工作提供坚强领导。联合省教育厅首次专题召开全省大学生征兵工作推进会议和高校征兵骨干业务培训，高校征集主阵地更加聚焦。为全省高考录取新生寄送宣传册，为全省手机用户群发宣传短信，连续组织多场宣传和送兵活动，有效调动大学生参军积极性。会同省卫健委出台改进征兵体检“四项措施”，抽调第三方医院随机对7个县（市、区）男兵进行复检，退兵率较往年下降。首次封闭式集中组织女兵征集，在全省范围精选优质兵员，全程网上公开公示，主动接受群众监督。深刻汲取某省征兵违纪教训，严格执行公开公示纪律规定，细致做好未定兵人员思想工作。省市县三级建立征兵舆情监控军地对接机制，及时处理各类信息，征兵工作总体平稳有序。

（张　炜）

【保障服务】 2019年，山西省军区保障局聚焦主业，狠抓落实，完成年度各项工作任务。

战备训练保障。服务备战打仗主业，牢固立起战斗力标准，突出保中心、保重点。按照战区、省军区应急作战方案体系构建总体安排，组织对各种保障方案及应对突发事件处置预案进行修订，方案体系更加完善配套。不断优化全区武器装备编配结构，调整配发现役、民兵装备，保障训练消耗弹药，为部队战备训练、日常执勤和遂行任务提供保障。组织业务培训，先后分专业、多层次组织财务军需、运输营房等业务骨干集训，选拔选送专业士兵参加上级业务培训和技能鉴定，为有效履行职责奠定良好基础。

停止有偿服务。全面停止381个有偿服务项目，应停尽停354个，15个委托管理项目和12个特殊项目经过军委审定，全部完成任务，走在28

个省军区前列。省军区15个首批移交融通公司项目中,14个完成交接,运城军分区1个项目因承租方存在违法问题,协调地方政府、法院推进解决。积极发挥军地桥梁纽带作用,协调帮助驻晋部队做实全面停止军队有偿服务,多次召开资产移交对接会、推进会,帮助部队和公司解决资产移交工作中的棘手问题,驻晋部队79个移交项目,已有77个完成交接。

住房清理整治。按照《关于对党的十八大以来受到重处分原军级以上干部住房进行清理的实施意见》,强力推进5名受重处分原军级以上干部住房清理,既积极稳妥做工作,又采取措施果断强清,严格按照时间节点完成清理任务。督导太原警备区和临汾军分区加快推进经适房超70平方米以上住房清理,会同地方管理部门共同登门做工作,按时完成2户正师职超面积1倍以上退休已移交地方安置人员住房清理工作。针对审计工作组指出的少报6套军职干部经适房面积、未报2套师职经适房问题,呈报省政府领导批示机关管理局和退役军人事务厅协助配合清退,军地联合登门入户做工作,宣讲政策形势,传导责任压力,8户军师职住户均按时签订腾退承诺书。

重点行业领域整肃治理。按照军委后勤保障部和军委国防动员部通知要求,结合省军区部队实际,采取清计划、清合同、清账本、清经费、清库存、清项目和清住房等办法,就省军区财务、军需能源、医疗卫生、军事设施建设、采购等行业领域整肃治理开展"回头看",共发现和解决各类问题17项,后勤重点行业领域管理秩序得到规范。

退役报废车辆装备处理。结合省军区系统车辆来源复杂、种类多样的实际,审核认定车辆属性。聘请地方专业人员,成立专门技术小组,对各单位上报的已退役报废车辆装备进行技术复查。招标选定报废汽车回收企业,定期现地督导车辆回收毁型工作。完成全区134台退役报废车辆装备处理。

物业管理调整改革。为提升机关小区物业管理水平,调整物业管理方式,解决原物业公司与住户矛盾突出的问题。主动与驻地政府部门沟通,争取政府在小区绿化美化等方面的政策和资金支持,对基础设施设备进行维修。机关筹集经费对部分楼顶防水进行整修,更换部分老旧破损设施。组织召开业主代表协商会,发放调查问卷,随机走访调查业主,与业主沟通,争取各方面的支持和帮助,收集整理提升小区管理水平的意见建议。

落实职工待遇。为全面规范和落实职工待遇政策制度,联合政治工作局采取核对人员档案、核查工薪资料、校验财务账目的方式,逐人逐项会审复核,解决省军区本级职工各项待遇历史欠账共3618.92万元,其中:补发职工各项津贴补贴702人2048.53万元,预留职工养老保险及职业年金301人913.04万元,弥补职工住房补贴经费缺口175人657.35万元。 (朱志安 叶晓晨)

【交通战备工作】 2019年,山西省强化国防交通保障体系建设,优质完成重大交通保障任务。

申报交通战备项目。6月,根据国家交通战备办公室《关于编报2020—2022年交通战备项目的通知》要求,紧贴山西省战备工作实际和行业特点,按照预算需求科学合理、绩效目标翔实准确的原则,编报山西省国防交通公路工程专业保障队伍演练和山西省交通战备物资储备计划2项入库申报书。

组织交通战备干部培训。9月17日至21日,为落实《国防交通训练管理暂行规定》,在天津陆军军事交通学院对全省交通战备新任职干部及业务骨干进行系统培训。同时,配合交通运输部完成全国交通战备系统干部在山西省的培训工作,并组织120余名培训人员到太古隧道交通战备设防工程现地教学,受到交通运输部和培训学员好评。

实施道路交通保障。2019年,先后完成部队跨区机动、新中国成立70周年大阅兵部队往返过境等交通保障任务,用实际行动赢得保障部队官兵一致好评。

开展国防交通专业保障队伍组织整顿。经过组织整顿,山西省公路局组建公路工程保障大队,下辖3个中队,每个中队下辖一个钢桥架设区队。山西省交控集团组建公路工程保障大队和养护应急保障大队,山西省地方海事局组建水路运输保障中队,上海金汇通用航空股份有限公司山西分公司组建航空应急保障中队。

落实国防交通动员改革任务。完成《山西省交通运输厅〈关于推动完善国防动员体系的实施意见〉重点任务分工推进计划》《山西省交通运输厅关于〈山西省国防动员建设"十三五"规划〉重点任务分工推进计划》和《省交通战备动员能力标准(初稿)》的制定工作。起草《山西省实施〈国防交通法〉细则(初稿)》。 (景匀停)

【队伍建设"一个意见""三个办法"出台】 2019年1月8日,山西省军区党委出台《山西省军区全面规范和加强职工队伍建设管理使用工作的意见(试行)》《山西省军区军队职工管理办法(试行)》《山西省军区人民武装部职工管理办法(试行)》《山西省军区聘用社会人员管理办法(试行)》(简称"一个意见、三个办法"),对军队职工、人武部职工和社会聘用人员的编配职数岗位、职级调整、工资保险待遇、管理教育、培训考核和激励奖惩等内容进行全面规范。《意见》和《办法》的贯彻实施,有效破解人武部人少事多的矛盾,推进历史遗留问题的解决,有力促进全区职工队伍建设,职工队伍面貌焕然一新。

(刘春松)

【"2019感动山西国防新闻人物"评选】 2019年10月至12月,山西省军区开展"2019感动山西国防动员新闻人物"评选活动。通过寻访评选和全媒报道,评选出"2019感动山西国防新闻人物"8名个人(太原铁路局大同站退休职工王玉龙、岚县人武部职工郭军、长治市壶关县桥上乡后脑村民兵连连长牛何松、晋能集团临汾公司武装部部长杨卫东、太原广播电视台社教法制频道记者周燕、稷山县人武部政治工作科干事刘泽鹏、山西省交通战备道路运输应急保障忻州总队队长张志远、盂县县委宣传部退休干部崔达道)和1个集体(李林英雄民兵班)。2020年1月9日,省军区在军人俱乐部举行"2019感动山西国防新闻人物"颁奖典礼。出席省军区党委十一届三次全体(扩大)会议的领导、省军区机关全体干部及直属单位官兵参加典礼仪式,各师团级单位组织所属官兵、职工、专武干部、离退休老干部和民兵应急分队人员通过电视电话会议系统同步观看颁奖典礼。 (苗 鹏 郝晓斌)

【双拥模范表彰大会】 2019年10月16日,山西省委、省政府、省军区在太原召开全省新一届双拥模范城(县)命名暨双拥模范单位和个人表彰大会,省委书记骆惠宁,省委副书记、省长楼阳生,省政协主席李佳,省委副书记林武,省委常委、省委秘书长廉毅敏,省委常委、省委政法委书记商黎光,省委常委、副省长胡玉亭及军地领导参加会议。会议命名太原市等58个双拥模范城(县),运城市代表双拥模范城(县)作表态发言,对省针灸研究所等96个双拥模范单位和95名双拥模范个人进行表彰并为受表彰代表颁奖。 (马养军 邓宏刚)

【"太原警备司令部"撤牌】 2019年10月11日,根据军委改革和编制办公室《对警备工作使用对外名称和指定警备专职参谋的意见》要求,山西省军区办公室对外使用"山西省军区警备办公室"名称,取消"太原警备司令部"对外名称。 (郭志伟)

【参与处置"3·15"乡宁滑坡救援】 2019年3月15日,山西省临汾市乡宁县枣岭乡卫生院北侧发生山体滑坡,致两栋居民家属楼(共14户)及一座小型洗浴中心垮塌,部分居民被掩埋。接到情况报告后,省军区迅即反应,第一时间启动应急预案,组织临汾、太原民兵专业救援分队实施全力救援,为最大限度挽救群众生命赢得宝贵时间。 (王向伟)

【参与处置"3·29"沁源火灾救援行动】 2019年3月29日至4月7日,山西省长治市沁源县王陶乡王陶村发生森林火情。在战区和地方指挥部统一指挥下,成立军队现场指挥机构,组织战区部队和山西武警1600余人,民兵680余人。协助修筑并拓宽2条隔离带计9千米,沿隔离带全线开挖蓄水池35个,修筑长约500米、宽10米的上山道路3条,组织16批次民兵无人机分队空中侦察,有力支援了森林火灾扑救行动,取得救灾行动的全面胜利。截至4月7日10时00分,明火全部扑灭。 (王向伟)

【中部战区联合作战能力标准体系建设试点】 2019年4月,根据中部战区国防动员能力标准建设集中研究会安排部署,山西省军区按照"军地一体、上下联动、统分结合、逐步完善"的思路,紧贴战区联合作战能力标准建设体系需求,紧扣省军区防卫防护作战任务和国防动员实际,按照依据国防动员单位军事训练大纲、标准略高于大纲,参照平时建设、要求严于平时的原则,以既能评估指挥机构核心能力,又能为建设发展提供标准为目标,在战区机关指导下,经过聚力研究攻关、邀请专家帮建、反复修订完善,形成省军区、军分区、人武部指挥机构作战能力标准体系建设成果。 (阚占军)

【国防工程管理现状专项普查核查】 2019年5月,山西省军区根据军委后勤保障部统一安排,采取"逐个工程过、逐个问题过"的方法,按照"调阅资料、现地勘察、逐级核实、反馈情况"的步骤,指导太原警备区和大同、朔州、忻州军分区,完成全省337处国防工程管理现状专项核查,进一步核对掌握准确实力,更新工程档案数据,摸清维护管理现状,查清历史遗留问题,为下一步规范国防工程维护管理机制奠定基础。 (王向伟)

【组织新大纲配套教材试用论证】 2019年3月中旬至8月下旬,山西省军区根据军委国防动员部要求,山西省军区采取训练与试用相结合、理论与实践相结合、研究与论证相结合的方法,组织11个军分区(警备区)、16个人武部及18支民兵分队共计1400余人,对3本新大纲配套教材、26个训练课目进行试用论证,采集试训数据43条,梳理29条意见建议,形成"四个一"成果(一份试训论证报告、一份试用意见汇总清单、一套训练教案、一套训练课件),完成指定教材试用论证工作,各级组训能力和训练水平提升。 (赵 舜)

【高校学生军训创新课题研究】 2019年,山西省军区为增强教育科学研究为教育实践服务的针对性,联合省教育厅委托省教育科学规划领导小组办公室,组织开展全省学生军事训练课题专项研究。通过课题申报、集中评审,共立项省级重点课题5个,规划课题8个。 (杨 慧)

【"智慧国防动员"试点成果现场会】 2019年3月19日,山西省军区组织省市军地领导、国防动员委员会各专业办公室负责人在大同市召开推广"智慧国防动员"系统建设试点成果现场会。"智慧国防动员"系统,是省军区紧跟全省"智慧山西"建设步伐,指导大同军分区开展起来的,经过一年多攻坚研发,在全国率先建成并投入实践运用。该系统以实现信息链、指挥链、行动链和数据采集自动化、态势掌握精准化、辅助指挥智能化、任务跟踪全程化、系统国产可控化等"三链五化"为目标,实现精准掌控潜力、智能辅助决策及高效指挥协同。《中国国防报》、山西电视台等媒体对这一做法进行全面报道,《军队情况摘报》和军委国防动员部、中部战区《要讯》均予以刊发。 (项 栋)

【党史军史编研和专题馆布展】 2019年,山西省军区推进挖掘整理红色资源工作,完成2018年《山西军事年鉴》《山西军事大事记》编纂,推进《中国军事地理志(山西卷)》撰写,被中国地方志指导小组表彰为“全国地方志工作先进集体”。

3月至8月,山西省军区集中展开省军区军史馆专题馆的施工布展工作。专题馆开辟20个展厅,其中八路军总部及三大主力115师、120师、129师各1个展厅,北方局牺盟会山西新军1个展厅,中央后委、西北局、陕甘宁晋绥联军司令部、休干系统各1个展厅,每个军分区(警备区)各1个展厅。8月1日正式开馆。全年共接待来自党政机关、企事业单位、中小学校、幼儿园、社区、驻太原铁路局军事代表办事处等军地单位160余个,参观人数达6000余人。

(李升科 王怀平)

【红色资源挖掘整理】 2019年,山西省军区起草下发《关于做好红色资源挖掘整理工作的通知》。军区党史军事部门按照《通知》要求,采取走出去考察、当事人寻访、联合式挖掘、抢救性利用等方法,以《山西省红色文化遗址保护利用条例(草案)》确认的红色文化遗址为主要依据,以红军东征、中共中央北方局、中央后委,八路军总部及115、120、129三大主力师,晋察冀边区(北岳区)、晋冀鲁豫边区(太行区、太岳区)、晋绥边区(晋西北区、晋西南区)等在山西的活动情况及历史遗存为主要线索,按照“革命人物、革命遗址、革命文物、革命精神”四大类内容,进行挖掘整理。

3月至9月,山西省军区在干休所开展“桑榆为霞,学习路上”老干部影音文献资料数据归档整理活动,启动“四库一平台”(红色记忆库、著作资料库、夕阳风采库、光荣印记库和向“三老”学习云平台)建设。4月至6月,针对新接收老干部较多、档案查阅管理不便等情况,启动老干部数字档案库建设工作,安排专人分门别类逐份进行扫描归档,完成本级管理健在及已故的863名老干部数字档案扫描工作。按照统一部署,在军史馆单独开设老干部工作展厅,经科学设计布展计划,收集整理资料藏品,实现省军区本级对老干部工作的综合宣传展示。结合整理完善相关资料,建成省军区离退休干部工作服务平台。

6月至11月,依托《山西画报》逐期对省军区老干部事迹进行专题宣传报道,结合庆祝中华人民共和国成立70周年,编印《启承辉煌》老干部书画作品选集和“老兵初心故事”丛书,多角度展现省军区老干部风采,与山西科教频道“都市110”栏目合作,拍摄3集国庆特别节目,与山西科教频道“看山西”栏目合作,拍摄2集《勋章》系列纪录片。

(张国庭 边军强 张经韬)

【纪念章颁发暨老兵风采宣传】 2019年9月25日,山西省军区与山西省委、省政府共同举行“庆祝中华人民共和国成立70周年”纪念章颁发仪式暨“不忘初心、牢记使命”三晋老兵风采宣传活动启动仪式,共500余人参加活动。省委常委、政法委书记商黎光为省军区5位离退休人员代表颁发纪念章和纪念奖杯。此次共颁发纪念章354枚。

(边军强 张经韬)

【专武干部比武竞赛】 2019年4月14日至27日,山西省军区组织全省117名现任乡镇(街道)武装部部长进行集训比武。集训以新《民兵军事训练大纲》为依据,以民兵分队典型任务行动组织指挥为重点,完成军事理论、基本技能、业务工作和组织指挥4类33个课目的学习训练,对6个比武课目、3个集体课目进行考核评比。

(赵 舜)

【专武干部资格认证】 2019年,山西省军区通过征求省委组织部、省编办、省人社厅意见建议,细化完善专武干部资格认证的内容办法。检查督导各军分区(警备区)落实专武干部资格认证制度情况,全省在岗在位1334名专武干部,完成资格认证1218名。

(刘春松)

【“直通车”加积分选岗的军转安置办法】 2019年2月,为使转业安置在公平公正基础上更大程度实现“人岗相适、人事相宜”,军地组成联合调研组,深入驻晋部队和各地市安置部门走访调研。在广泛讨论、反复论证的基础上,省退役军人安置工作领导小组、省委组织部、省人社厅、省退役军人事务厅、省军区政治工作局联合出台《关于改进计划分配军转干部安置

2019年6月20日,山西省军区组织年度参谋骨干集训暨比武竞赛活动

(赵文韬供图)

办法的通知》。新办法创新实现“积分选岗+直通车”新模式，即：在原有“积分选岗”的基础上，开启专业人才对口安置、特殊人才选调安置、个别单位双向联系安置、重点对象直接安置4类“直通车”；考核赋分上更加突出服役期间德才表现和特殊贡献，立功赋分由原来的平时二等功上限2次、三等功4次，调整为不限次数，明确高原、高山、海岛、荒漠、戈壁、牧区、林区7类艰苦地区服役赋分权重，增设任现职期间确定为后备(优秀)干部、专业技术职称、海外基地任职和战区级以上单位表彰4个赋分项目。

(侯 懿 苏林和)

【军委国防动员部检查考评深化民兵调整改革工作】 2019年11月7日至9日，军委国防动员部工作组对山西省军区本级、临汾军分区和尧都区人武部民兵调整改革落实情况进行检查考评，并在运城军分区组织民兵建设调研。省军区首长与机关各办局部分领导一同检查调研。山西省民兵调整改革工作受到军委国防动员部首长和检查组肯定。

(胡 敏 杨 辉)

【《民兵经费保障标准和管理暂行办法》出台】 2019年11月25日，山西省政府、省军区印发《民兵经费保障标准和管理暂行办法》，规范民兵事业费的开支范围、标准、监督管理和绩效评价，细化完善民兵军事训练、政治工作、组织建设、武器装备管理维修等开支项目，使长期制约民兵建设经费保障无依据问题，得到解决。

(胡 敏 杨 辉)

【全省征兵工作规则制度修订出台】 2019年4月，根据《中华人民共和国兵役法》《征兵工作条例》等有关法律、法规，结合山西省机构改革实际，省政府、省军区联合印发《全省征兵工作领导小组及办公室工作规则》和《征兵工作责任制度》，明确规定各级征兵工作领导小组组长原则上由同级人民政府主要负责人担任，军地有关负责人任副组长。成员由各级人民政府办公厅(室)、组织部、宣传部、发改委、教育厅(局)、公安厅(局)、民政厅(局)、财政厅(局)、人力资源社会保障厅(局)、交通运输厅(局)、卫生健康厅(局)、退役军人事务厅(局)、广播电视厅(局)，以及各级工会、共青团、妇联和省军区动员局、政治工作局、保障局等军地有关部门和单位负责人组成，各高等院校统一纳入所在设区的市征兵工作领导小组成员单位。领导小组成员单位根据征兵工作形势任务和军地机构改革情况及时进行调整，并保持人员相对稳定。

(吴 鹏)

武警山西省总队

【概况】 2019年，武警山西省总队深入学习党的十九大精神和习近平新时代中国特色社会主义思想、习近平强军思想，刚性执行军委主席负责制“三项机制”，严密组织团以上干部理论轮训，各级政治能力不断增强。精心组织两项主题教育，开展党史、新中国史、军史和爱国主义学习教育，奏响“我和我的祖国”时代强音，集聚爱党爱国的硬核力量。参与脱贫攻坚，投入800余万元帮扶62个发展项目，挂钩的15个村全部脱贫。打好意识形态领域斗争进攻仗，开展隐蔽斗争和“四反”工作，处置网络舆情事件，确保部队高度集中统一和纯洁巩固。

备战打仗。规范落实战备建设，精心组织维稳行动，青运会安保取得完胜，全年完成临时警卫、涉黑抓捕、抢险救援等任务。推进执勤目标“智慧磐石”工程建设，研究制定撤勤中队转型、执勤减员增效意见，加强“门上、墙上、路上”防范措施，实现连续21年执勤无事故。承办武警部队军事职业教育改革部署会，组织魔鬼周、野营拉练、卫士演习等演训活动，备战武警部队各项比武竞赛，部队训练成绩整体优良。

改革规划。聚焦指挥体系运行、机关职责界定、部队编制落实等核心关键，立起后墙、倒排工期、全力攻坚，形势进度每月专议，规划执行全程调控，整编任务全部完成。推进重点项目，率先建成总队“七室”和支队“一室一站”，训练场地99.70%达标，训练机构场地100%达标，“四会”教练员100%达标，4个教导队被武警部队评定为一级。紧盯难点问题攻关，完成9处土地确权和权属认定，按时移交4个偿偿委托管理项目，协调解决紧缺装备。“十三五”规划5个方面重大项目26项建设内容有序展开，推进落实率达92.90%。

基层基础。聚焦建强“三个一线”，实施挂钩帮建、联系帮建、精准帮建，组织纲要集训、党务培训、业务轮训和大调研活动，打造9个红色中队和“六好”先进典型，为部队承诺的10件实事全部兑现。聚力纠治“五多”问题为基层减负，压减比武竞赛和演训活动6项，完成全军和武警部队“四个秩序”试点。开展“带新促老”“四知三责两到位”活动，推广手机网络管理平台，组织百日安全竞赛和涉网“四清”整治，安全基础得到巩固。

保障效益。坚持为兵为战为基层服务导向，投入资金用于战备训练和改善生活条件，为363名官兵办理住房公积金贷款1.76亿元，协调地方解决装备短缺难题。推动后装训练纳入军事训练，拉动考核“一组五队”，组织专业兵比武，保打赢能力提高。深化后勤重点领域问题“清仓归零”、装备系统“五清”整治，整改问题405个，涉及金额1663万元，行业秩序更加规范。办好公寓房建设、惠兵政策落实等实事好事，全覆盖开展医疗巡诊、生活设施巡检、装备巡修和“大篷车下基层”活动，服务中心的贡献率、基层官兵的获得感增强。

从严治党。做好军委党的建设会议“下篇文章”，严格党内政治生活，35次组织专题纪律党课，2次召开民主生活会，红脸出汗、拉袖提醒富有成效。紧盯常规巡察问题整改，回访巡察4个支队，发现各类问题80余处，追缴违规款项69.17万元。查处违规领取工资补助和违规借款、收受钱物等“微腐败”问题，依规依纪处理

129名不如实报告个人事项人员。在正风反腐高压严治态势下,部队遵规守纪氛围浓厚,总队政治生态越来越清爽。 (许 炜)

【冬季实战化野营拉练】 2019年1月2日至6日,为深入贯彻习近平强军思想,树立备战打仗鲜明导向,积极营造"开训即开战"的浓厚练兵氛围,总队组织所属部队开展冬季实战化野营拉练。共设置徒步行军、搜剿战斗、反劫持、防化洗消等25个训练课目,灵活运用情况诱导、实兵显示等方式在陌生环境下进行训练,达到历练指挥、摔打部队、提升能力的目标。此次野营拉练,以反恐维稳行动作为基本作战样式,按照"全程一背景、作战多样式、随机活导调"模式,突出实战牵引、实兵对抗、实效检验,昼夜连贯组织实施。实战化野营拉练有效检验部队遂行任务的能力,探索实战化演训活动的路子。 (许 炜)

【"二青会"安保任务】 2019年1月8日至8月18日,武警山西省总队圆满完成第二届全国青年运动会圣火采集、火炬传递、场馆警戒、青运村警卫、开幕式安保以及社会面联勤武装巡逻等任务。任务中广大官兵精神抖擞、严守岗位、忠于职守,实现"平安青运"目标,打赢"迎大庆、保大庆"的前哨战。任务期间,突出专班专司,强力推进落实,研究构建立体、全域、高效的安保体系。 (许 炜)

【黑恶势力抓捕】 2019年2月28日,武警运城支队出动兵力,历时5个多小时,未消耗一枪一弹,先后在6个地域,协同公安机关抓捕以张某、李某为首的"套路贷"黑恶团伙成员6名、收缴车辆5台、管制刀具2把,打击黑恶势力,维护社会稳定。4月29日,运城支队再次出动兵力,协同公安机关结合现场情况,采取"边侦边搜、边搜边抓、边抓边查"等战法,相继在隆福国际娱乐会所、阳光新天地KTV、阳光旗舰K吧、永利国际大酒店4个场所,捣毁黑恶势力团伙6个,抓获犯罪嫌疑人62名,完成抓捕任务。 (许 炜)

【"3·15"山体滑坡抢险救援任务】 2019年3月15日至21日,武警山西省总队动用兵力、车辆、装备器材,完成临汾市乡宁县"3·15"山体滑坡抢险救援任务。15日20时52分,接省应急管理厅灾情通报后,总队迅即启动应急响应机制,第一时间派出乡宁中队、临汾支队、机动支队兵力,赶赴现场增援处置。总队领导第一时间到达作战勤务指挥中心值守,组织协调部队行动。救援过程中,参战官兵积极克服天气、环境、空间等不良影响,连续战斗7昼夜,共协助搜救32人。 (许 炜)

【参加中部指挥演练】 2019年4月22日至23日,中部战区组织以"遂行特大洪涝灾害救援"为课题的指挥演练,中部战区本级、部分战区军种和军级单位参加演练,总队首长机关相关人员全程跟训。演练紧密结合辖区自然灾害多发频发特点和季节性特征,以"辖区长江、黄河、滹沱河流域发生严重洪涝灾害,部分特大城市出现严重内涝"为背景,采取昼夜连续实施方法,按照理论提示、演练实施、检讨小结三个步骤组织实施。 (许 炜)

【参加国庆阅兵官兵载誉归来】 2019年10月8日,武警山西省总队举行欢迎仪式,欢迎9名参加庆祝中华人民共和国成立70周年阅兵官兵载誉归来。总队领导及部分党委常委和部门副职以上领导参加仪式。参加阅兵的4名官兵代表以各自参阅身份,站在不同角度,分别汇报参加阅兵的亲身感受和深刻体会,一致表示,要珍惜阅兵荣誉、用好阅兵经验、讲好阅兵故事,在本职工作岗位上发扬阅兵精神,带动身边更多的战友,为总队发展贡献自己的力量。 (许 炜)

人民防空

【概况】 2019年,山西省人民防空办公室(简称省人防办)真抓实干,各项工作任务有效落实。

提高科学谋划能力。制定机关及直属单位《年度工作任务责任书》,召开全省人防系统工作会议,向各市人防办下发《年度工作任务责任状》,明确建设任务,完善工作清单,压实落实责任。

开展"改革创新、奋发有为"大讨论活动。组织学习培训。5月,在中山大学组织省人防办机关干部、直属单位负责人和市县人防办领导举办"山西省人防干部专业化能力提升专题培训班",丰富专业知识、强化专业能力、锤炼专业作风、培育专业精神,提升履职尽责专业素养。

开展干部队伍建设。组织公务员职务职级并行工作,按照好干部标准,选拔配备机关和直属单位领导干部,优化干部队伍结构;开展机关和直属单位年度考核和表彰推优工作,奖励先进,鞭策后进,调动干部职工工作积极性。

开展调研督导。围绕扶贫攻坚和人防工作开展调研,与基层领导沟通交流,现场推进重难点任务。

(拜江宏)

【人防多项推进】 全省人防系统"准军事化"训练效果明显。2019年3月、9月、12月,分别组织3次人防系统准军事化集训。各市组织开展形式多样的训练活动,长治、晋城、临汾、运城市人防联合开展军事训练周活动;大同、朔州、忻州、太原市人防联合签订机动系统跨区支援保障协议,晋中人防组织"整合-2019"晋豫两省5市跨区拉动演练;太原、大同、忻州、吕梁参加"嵩山-2019"实战化跨区支援协同演练。

人防机动指挥通信系统跨区拉动演练完成。2019年11月4至7日,组织山西省人防机动指挥通信系统跨区拉动支援保障演练。省办机关、

2019 年 6 月 29 日，山西省人民防空会议在太原召开　（拜江宏供图）

省人防办信息保障中心和吕梁、阳泉、长治、晋城等 4 市人防办以及技术保障人员共 57 人参加，动用各种保障车辆 15 台。演练人防机动指挥通信系统跨区支援保障能力检验等 5 项内容。

全年国家人防重点城市结合民用建筑修建防空地下室持续推进。全年新竣工验收人防工程与投入使用，开发利用率 100%；并利用人防工程及设施设备安排就业人员。

开展人防教育进机关、进学校、进社区、进企业、进网络“五进”活动。利用“5·12”“9·18”和新中国成立 70 周年、“12·4”宪法宣传日等重大节日和活动，各级人防部门在中、小学校、社区和企业及时开展人防知识技能宣传，覆盖人数 312 万人（年初目标为 300 万人）。向人民网、新华网等网络媒体投稿 380 余篇，编印 6 期人防杂志和 1 期增刊、600 册《山西人防巡礼》，制作《山西人防纪实》宣传片，提高人防宣传效果。

防空防灾体验馆如期开馆运行。山西省防空防灾体验馆经过升级改造，于 5 月 27 日对社会开放。截至 2019 年底，接待机关事业单位、中小学校和社会群众 129 万余人。（拜江宏）

【人防腐败问题专项治理】 2019 年，省人防办坚决贯彻习近平总书记等中央领导对人防系统腐败问题专项治理的重要批示精神，在省委省政府省纪委监委的坚强领导下，成立领导机构，细化工作方案，召开会议部署，营造浓厚氛围；成立督导检查组，采取“办领导包片、处长包市、派驻纪检组全程监督”形式，对市县人防系统腐败问题专项治理工作集中督导检查，加大指导协调力度，组织政策解读；开展“回头看”，查缺补漏；梳理现有规章制度和内部规定，建立完善相关法规制度；督促市县政府认真落实国务院、中央军委要求和人防法律法规的规定，清理和废除相抵触的政府文件，推动人防建设规范化发展。（拜江宏）

【开展人民防空行业整治】 按照国家人防办统一部署，山西省人防办组织对省内 16 家防护设备生产企业的综合条件和人员、场地设备、经营情况核查，对 1 家企业取消资质，对问题较多的 5 家企业责令暂停销售，对 10 家基本满足资质条件的企业要求整改。截至 2019 年底，15 家企业从业条件全部达到要求。（拜江宏）

2019 年 3 月 18 日，全省人防系统开训动员大会在长治召开　（拜江宏供图）

年度经济数据

【概况】 2019年，山西省地区生产总值17026.68亿元，按不变价格计算，比上年增长6.20%。其中，第一产业增加值824.72亿元，增长2.10%，占地区生产总值的比重4.80%；第二产业增加值7453.09亿元，增长5.70%，占地区生产总值的比重43.80%；第三产业增加值8748.87亿元，增长7%，占地区生产总值的比重51.40%。人均地区生产总值45724元，按2019年平均汇率计算为6628美元。

一般公共预算收入完成2347.60亿元，增长2.40%。税收收入完成1783.50亿元，增长8.40%，其中，国内增值税、企业所得税、个人所得税、资源税和城市维护建设税共计完成税收1487.80亿元，增长7.80%。

一般公共预算支出4713.10亿元，增长10%。其中，教育、卫生健康、社会保障和就业、住房保障、交通运输、节能环保、城乡社区等民生支出2929.10亿元，增长13.70%。

全省居民消费价格比上年上涨2.70%。工业生产者出厂价格下降0.30%，其中，生产资料价格下降0.30%，生活资料价格持平。工业生产者购进价格上涨1.10%。固定资产投资价格上涨4.00%。农业生产资料价格上涨4.70%。

城镇新增就业54.80万人。转移农村劳动力40.20万人。年末城镇登记失业率2.70%。 （省统计局）

【农业】 2019年，山西省农作物种植面积352.45万公顷，比上年减少3.08万公顷。其中，粮食种植面积312.62万公顷，减少1.09万公顷；油料种植面积9.98万公顷，减少1.21万公顷；蔬菜种植面积18.04万公顷，增加3.40千公顷。在粮食种植面积中，玉米种植面积171.50万公顷，减少3.26万公顷；小麦种植面积54.68万公顷，减少1.35万公顷。果园面积37.49万公顷，增加1.16万公顷。完成造林面积34.74万公顷，增长2.10%。

表8 2019年山西省主要农林产品产量及其增长速度统计表

产品名称	产量（万吨）	比上年增长(%)
粮　食	1361.80	-1.30
其中：玉米	939.40	-4.30
小麦	226.20	-1
谷子	50.50	6.80
豆类	34.20	-3.90
薯类（折粮）	60.80	17.90
油　料	13.70	-11.40
蔬菜及食用菌	827.80	0.70
水　果	862.70	14.90
其中：瓜果类	54.50	2.90
园林水果	808.20	15.90
食用坚果	24.50	95.80
其中：核　桃	23.70	98

猪牛羊肉总产量71.40万吨，下降7.40%。其中，猪肉产量56.80万吨，下降9.10%；牛肉产量6.60万吨，增长1.70%；羊肉产量8万吨，下降1.20%。牛奶产量91.80万吨，增长13.30%。禽蛋产量111.40万吨，增长8.60%。水产品产量4.60万吨，下降3.10%。年末生猪存栏451.40万头，生猪出栏739.90万头。

机械耕地面积264.70万公顷，机械播种面积264.83万公顷，机械收获面积193.01万公顷，增速均与上年持平。 （省统计局）

【工业和建筑业】 2019年，山西省规模以上工业增加值比上年增长5.30%。其中，煤炭工业增加值增长4.10%，非煤工业增加值增长6.50%。规模以上工业中，战略性新兴产业增加值增长7.40%。其中，新能源汽车产业增长61.60%，节能环保产业增长12.10%，新材料产业增长9.80%，新一代信息技术产业增长5.90%。

全省发电装机容量9249.20万千瓦，比上年末增长5.60%。其中，火电装机容量6687.20万千瓦，增长0.90%；并网风电装机容量1251.50万千瓦，增长20%；并网太阳能发电装机容量1087.80万千瓦，增长25.90%；水电装机容量222.80万千瓦，与上年末持平。

全省规模以上工业企业实现营业收入21123.50亿元，比上年增长4.40%。分门类看，采矿业8294.10亿元，增长4.70%；制造业10495.40亿元，增长4%；电力、热力、燃气及水生产和供应业2333.90亿元，增长5.40%。

规模以上工业企业实现利税总

额 2337.20 亿元，比上年下降 13.40%；实现利润总额 1184 亿元，下降 13.10%，其中，国有控股企业实现利润总额 598.60 亿元，下降 2.60%。规模以上工业企业每百元营业收入中的成本为 81.15 元，规模以上工业企业营业收入利润率为 5.61%。

表 9 2019 年山西省规模以上工业主要工业产品产量及其增长速度统计表

产品名称	单位	产量	比上年增长(%)
原煤	万吨	97109.40	6.10
煤层气	亿立方米	64.10	13.70
铁矿石原矿	万吨	5782.20	2.20
液体乳	万吨	50.90	13.20
食醋	万吨	48.90	−8.70
白酒	万千升	20.90	23.50
卷烟	亿支	153	2.70
焦炭	万吨	9699.50	2.80
纯苯	万吨	26	7.10
精甲醇	万吨	369	10.60
化肥(折 100%)	万吨	398.50	6.40
初级形态塑料	万吨	97.80	8.50
化学药品原药	万吨	2.70	−8.20
水泥	万吨	4982.40	11.40
耐火材料制品	万吨	158.30	12.40
石墨及碳素制品	万吨	104.10	7.30
生铁	万吨	5557.10	9.30
粗钢	万吨	6039.10	12.10
钢材	万吨	5594.20	14.20
精炼铜	万吨	13.80	−23.30
氧化铝	万吨	1996.30	−1.30
原铝	万吨	78.90	−20
镁	万吨	11.70	18.30
铸铁件	万吨	128.90	−10.20
锻件	万吨	54.10	3
矿山专用设备	万吨	41.20	10.90
汽车	万辆	6.60	−40.20
其中：新能源汽车	万辆	5.80	31.90
铁路机车	辆	90	−19.60
铁路货车	辆	3783	−15.40
太阳能电池	万千瓦	484.20	41.20
移动通信手持机	万台	1862.20	−5.90
发电量(全社会)	亿千瓦时	3253.20	5.40

建筑业增加值 894.76 亿元，按不变价增长 8%。资质以上建筑业企业完成总产值 4653.30 亿元，增长 14.30%，共签订合同额 10456.60 亿元，增长 15.60%。房屋建筑施工面积 16990.30 万平方米，增长 2%，竣工面积 3836.40 万平方米，增长 3.90%。资质以上建筑业企业共 3292 家，增加 369 家，其中，特级企业 20 家，增加 8 家，一级企业 270 家，增加 85 家。

（省统计局）

表 10 2019 年山西省规模以上工业增加值增长速度统计表

指 标	比上年增长(%)
规模以上工业	5.30
其中：采矿业	4.30
制造业	7
电力、热力、燃气及水生产和供应业	4.10
其中：国有控股企业	5.10
其中：集体企业	0.30
股份制企业	5.50
外商及港澳台商投资企业	5.20
其中：能源工业	3.90
材料与化学工业	5.30
消费品工业	11.50
装备制造业	7.20
其他工业	44.50

表 11 2019 年山西省规模以上工业企业营业收入及其增长速度统计表

指 标	2019 年（亿元）	比上年增长(%)
规模以上工业	21123.50	4.40
采矿业	8294.10	4.70
制造业	10495.40	4
电力、热力、燃气及水生产和供应业	2333.90	5.40

【能源】 2019 年，山西省一次能源生产折标准煤 7.60 亿吨，增长 6.90%；二次能源生产折标准煤 5.30 亿吨，增长 4.90%。全年向省外输送电力 991.30 亿千瓦小时，增长 6.90%。全省全社会用电总量 2261.90 亿千瓦小时。其中，第一产业用电 17.30 亿千瓦小时，占全社会用电量的比重 0.80%；第二产业用电 1746.50 亿千瓦小时，占全社会用电量的比重 77.20%，其中，工业用电 1722.80 亿千瓦小时；第三产业用电 284.50 亿千瓦小时，占全社会用电量的比重 12.60%；城乡居民生活用电 213.60 亿千瓦小时，占全社会用电量的比重 9.40%。（省统计局）

【固定资产投资】 2019 年，山西省固定资产投资（不含跨省、农户）增长 9.30%。在固定资产投资中，国有及国有控股投资增长 10.10%，民间投资增长 7.90%。分登记注册类型看，内资企业投资增长 9.70%；外商及港澳台商企业投资下降 9.20%。分构成看，建筑安装工程投资增长 9.40%，设备工器具购置投资下降 3.70%，其他投资增长 24.40%。分产业看，第一产业投资增长 16.30%；第二产业投资增长 5.30%，其中，工业投资增长 5.40%；第三产业投资增长 11.40%，其中，基础设施投资增长 13.90%。工业投资中，企业技改投资增长 20.90%；制造业投资增长 0.10%；煤炭工业投资增长 16.70%，非煤工业投资增长 3.10%。

在建固定资产投资项目（不含房地产开发项目）10871 个。其中，亿元以上项目 3110 个，亿元以上项目完成投资增长 11.10%。

表 12 2019 年山西省分行业固定资产投资（不含跨省、农户）及其增长速度统计表

行 业	比上年增长(%)
总计	9.30
农林牧渔业	20.60
采矿业	19.50
制造业	0.10
电力、热力、燃气及水生产和供应业	4.10
建筑业	−73.50
批发和零售业	12.90
交通运输、仓储和邮政业	29.90
住宿和餐饮业	45.60
信息传输、软件和信息技术服务业	23.30
金融业	−9.90
房地产业	12.40
租赁和商务服务业	−3.70
科学研究和技术服务业	72
水利、环境和公共设施管理业	0.10
居民服务、修理和其他服务业	0
教育	21.70
卫生、社会工作	−4.20
文化、体育和娱乐业	2.20
公共管理、社会保障和社会组织	−37.20

房地产开发投资 1656.50 亿元，增长 20.30%。其中，住宅投资 1296.50 亿元，增长 25.40%；商业营业用房投资

138.40 亿元，下降 9.60%。（省统计局）

【国内贸易】 2019 年，山西省社会消费品零售总额 7909.20 亿元，增长 7.80%。按经营地统计，城镇消费品零售额 6408.50 亿元，增长 7.60%；乡村消费品零售额 1500.70 亿元，增长 8.60%。按消费形态统计，商品零售额 7242.30 亿元，增长 7.70%；餐饮收入额 666.90 亿元，增长 8.90%。

表 13 2019 年山西省房地产开发和销售情况统计表

指 标	单 位	绝对数	比上年增长(%)
投资完成额	亿 元	1656.50	20.30
其中：住宅	亿 元	1296.50	25.40
房屋施工面积	万平方米	19548.5	15.30
其中：住宅	万平方米	14323.8	16.30
房屋新开工面积	万平方米	4879.10	26
其中：住宅	万平方米	3771.70	27.50
房屋竣工面积	万平方米	2739.20	94.60
其中：住宅	万平方米	1985.30	81.40
商品房销售面积	万平方米	2366.10	0.20
其中：住宅	万平方米	2169.30	−2.10
商品房待售面积	万平方米	966.30	−1.90
其中：住宅	万平方米	571.10	−10.70
商品房销售额	亿 元	1631.80	1.30
其中：住宅	亿 元	1452.40	−1.40

限额以上单位消费品零售额 2187.50 亿元，下降 0.30%。其中，限额以上单位网上零售额 61.90 亿元，增长 25.20%。

实有市场主体 258.10 万户，增长 9.70%。全年全省新登记市场主体 48.40 万户，增长 11.60%。（省统计局）

【区域开发及对外贸易】 2019 年，山西省进出口总额 1446.90 亿元，增长 5.70%。其中，进口额 640 亿元，增长 14.60%；出口额 806.90 亿元，下降 0.40%。

出口煤炭（煤及褐煤）7.10 万吨，增长 698.70%；出口焦炭（焦炭及半焦炭）18 万吨，增长 79.80%；出口镁及其制品 5.90 万吨，增长 44.60%；出口钢材 112.30 万吨，下降 13.50%，其中，不锈钢 66 万吨，下降 23.70%。出口机电产品 587.60 亿元，增长 3%；出口高新技术产品 513.20 亿元，增长 2.80%。

表 14 2019 年山西省限额以上单位商品零售额及其增长速度统计表

指 标	绝对数（亿元）	比上年增长(%)
汽车类	647.70	−3.10
石油及制品类	354.50	−9.40
金银珠宝类	39.30	1.40
家用电器和音像器材类	144.90	7.20
通信器材类	16.80	11.20
粮油、食品类	208.30	6.80
饮料类	24.80	−1.30
烟酒类	77.90	2.90
服装、鞋帽、针纺织品类	213.10	1.30
化妆品类	30	6.40
体育、娱乐用品类	3.60	−17.60

进口铁矿砂（铁矿砂及其精矿）934 万吨，增长 6%，进口金额 61.50 亿元，增长 62%；进口机电产品 357.30 亿元，增长 13.70%。

表 15 2019 年山西省进出口总额及其增长速度统计表

指 标	绝对数（亿元）	比上年增长(%)
进出口总额	1446.90	5.70
出口额	806.90	−0.40
其中：一般贸易	239.40	5.60
加工贸易	540.30	−5.90
其中：机电产品	587.60	3
高新技术产品	513.20	2.80
其中：国有企业	142.40	−9.90
外商投资企业	504	−1.30
进口额	640	14.60
其中：一般贸易	276.20	39.20
加工贸易	326.80	−7.90
其中：机电产品	357.30	13.70
高新技术产品	307.30	15.80
其中：国有企业	201.30	9.50
外商投资企业	319.50	7.80

“山西品牌丝路行”举办俄罗斯、西欧、南美、澳洲 4 站活动，举办各类推介洽谈、品牌展览、友城交流等活动 82 场次，签署贸易投资、工商合作机制、友城建设等各类协议 43 项，实现意向订单额 3 亿元。

新设立外商直接投资企业 72 家；按全口径统计实际使用外商直接投资金额 13.60 亿美元，下降 42.50%。

对外承包工程新签合同额 19.20 亿美元，增长 89%；完成营业额 15.80 亿美元，增长 12.30%。

表 16 2019 年与山西有贸易往来的主要国家进出口情况统计表

国家	出口额（万元）	比上年增长(%)	进口额（万元）	比上年增长(%)
印度	364346	4.80	39171	117.20
印度尼西亚	65242	4.80	206936	108.20
日本	542853	48.90	464042	46.10
新加坡	158397	33.70	93679	54.80
韩国	290240	−14.8	298846	−39
越南	172436	84.20	405055	38.10
南非	36718	17.80	465590	29.20
英国	340451	0.80	9654	−59.70
意大利	309901	34.80	63137	−26.60
荷兰	346152	−52	1260	−79
俄罗斯联邦	281682	−23.5	12028	255.90
捷克	241570	24.10	9418	343.30
巴西	172001	64.40	156153	54.60
加拿大	246379	3.30	97713	50.70
美国	2543274	4.60	69720	0.80
澳大利亚	190534	123	543018	28

纳入统计的省级及以上开发区 64 个，全年区内税收收入 638 亿元，比上年增长 18.80%；“四上”企业主营业务收入 12513.40 亿元，比上年增长 9.90%。（省统计局）

【交通、邮电和旅游】 2019 年，山西省公路线路里程 14.40 万千米，其中，高速公路 5711 千米。民用航空航线 242 条。全年旅客运输量 24341.80 万人，比上年下降 5.20%。旅客运输周转量 395.60 亿人千米，增长 0.40%。货物运输量 21.90 亿吨，增长 3.70%。货物运输周转量 4690.40 亿吨千米，增长 4.50%。

民用汽车保有量 713.90 万辆（包括三轮汽车和低速货车 6.30 万辆），比上年末增长 8.90%，其中私人汽车 644.10 万辆，增长 8.90%。本年新注册汽车 64.50 万辆，下降 3.50%。年末轿车保有量 442.30 万辆，增长 8.70%，其中，私人轿车 421.50 万辆，增长 8.80%。

完成邮政业务总量 116.30 亿元，增长 23.70%；电信业务总量 2374.60 亿元，增长 73.30%。年末移动电话用户 3987.20 万户，其中，4G 移动电话用户 3202.40 万户。全省宽带接入用户 1126.10 万户，增长 13.60%。

表17 2019年山西省客货运输量及其增长速度统计表

指 标	单 位	绝对数	比上年增长(%)
旅客运输量	万人	24341.80	−5.20
其中:铁路	万人	8153	2.50
公路	万人	14009.30	0.40
民航	万人	2037.10	10.50
水运	万人	142.40	−11.60
旅客运输周转量	亿人千米	395.60	0.40
其中:铁路	亿人千米	236.70	1.10
公路	亿人千米	158.80	−0.50
货物运输量	万吨	219312.4	3.70
其中:铁路	万吨	91321.20	7.10
公路	万吨	127960.6	1.40
民航	万吨	6.70	9.60
水运	万吨	23.90	3
货物运输周转量	亿吨千米	4690.40	4.50
其中:铁路	亿吨千米	2774.70	7.50
公路	亿吨千米	1915.60	0.40

商业住宿设施接待入境过夜游客76.20万人次，接待国内旅游者8.30亿人次，分别增长6.60%和18.50%；旅游外汇收入4.10亿美元，增长8.50%;国内旅游收入7999.40亿元,增长19.40%;旅游总收入8026.90亿元,增长19.30%。 （省统计局）

【金融】 2019年，山西省金融机构本外币各项存款余额38381.40亿元,比年初增加3029亿元，比年初增长8.60%。各项贷款余额28119.40亿元,比年初增加2752.40亿元,增长10.90%。

表18 2019年年末山西省金融机构本外币存贷款及其增长速度统计表

指 标	年末数(亿元)	比年初增长(%)
各项存款余额	38381.4	8.60
其中:住户存款	22636	10.70
非金融企业存款	9718.60	7.60
各项贷款余额	28119.4	10.90
其中:短期贷款	9129.10	7.30
中长期贷款	16824.9	11.90
其中:个人消费性贷款(人民币)	3847.30	17.40

农村金融合作机构（农村信用社、农村合作银行、农村商业银行）人民币存款余额8358.80亿元，比年初增加681亿元,比年初增长8.90%;人民币贷款余额5315.90亿元，比年初增加550.60亿元,增长11.60%。

共有上市公司37家。全省辖区证券市场各类证券成交额58220.80亿元,增长26.10%。其中,股票成交额18373.20亿元,增长31.20%;基金成交额719.90亿元,下降50%;债券成交额39095.70亿元,增长26.40%。年末投资者资金账户累计开户数447.10万户,增长78%。

保费收入883.30亿元，增长7.10%。其中,寿险业务保费收入491.80亿元,下降0.90%;健康险业务保费收入145.70亿元,增长34.60%;意外险业务保费收入18.50亿元，增长12.20%;财产险业务保费收入227.40亿元,增长6.80%。全年支付各类赔款及给付278.60亿元,增长4.20%。（省统计局）

【教育】 2019年，共有幼儿园7089所,小学5312所,普通初中1762所,普通高中522所,中等职业教育学校429所,普通高等学校82所,成人高等学校10所。全省学前教育毛入园率89.80%，小学学龄儿童净入学率99.95%,高中阶段毛入学率94.65%。

（省统计局）

表19 2019年山西省各类教育发展情况统计表

指 标	招生(万人)	在校生(万人)	毕业生(万人)
研究生	1.41	4.08	1
普通本专科	25.34	80.20	21.18
成人本专科	4.01	9.23	2.50
中等职业教育	13.68	38.41	13.67
普通高中	22.47	66.01	24.44
初中	37.78	114.19	37.53
小学	39.87	229.33	38.66
特殊教育	0.40	1.83	0.23
学前教育	32.39	99.70	35.52

【科学技术】 2019年,山西省共有省、市、县产品质量监督检验和计量检定技术机构147个,国家检测中心8个。全年监督抽查8092家企业10类303种14487批次的产品和商品。全年完成强制检定计量器具792万台件。

专利申请量31705件,增长17%。其中,发明专利申请量8424件,下降10.30%。全省专利授权量16598件,增长10.20%。其中,发明专利授权量2300件，增长0.70%。国家级企业技术中心29家,省级企业技术中心315家。

气象台站109个,开展电话天气自动答询的台站11个。全省气象系统开展人工影响天气业务的单位118个,防雹、增雨累计受益面积为全省域内,增雨量30亿立方米。全省有天气预报服务Intel网站1个，卫星云图接收站16个。专业综合地震台站7个，省级地震台网中心1个,省级数字测震地震台网1个。全年全省发生M3.0级以上地震0次。

（省统计局）

【文化、卫生健康和体育】 2019年，山西省共有文化馆130个，文化站1409个(其中,乡镇综合文化站1196个)。专业艺术表演团体796个。公共图书馆128个。出版报纸60种(不含高校校报)、19.70亿份,各类杂志201种、2250.2万册，各类图书3548种、6328.10万册。广播电视台119座,电视台2座,中短波转播发射台15座,调频转播发射台204座,一百瓦以上电视转播发射台170座。广播人口覆盖率98.90%，电视人口覆盖率99.60%,有线电视用户382万户。

共有卫生机构(含诊所、村卫生室)4.20万个,床位21.80万张。专业公共卫生机构445个，妇幼保健院(所、站)131个。全省卫生机构共有卫生技术人员25.70万人。卫生院卫生技术人员2.30万人,其中,农村乡镇卫生院卫生技术人员2.10万人。社区卫生服务中心（站）卫生技术人员1.20万人,专业公共卫生机构技术人员1.60万人,妇幼保健(所、站)卫生技术人员0.80万人。

有体育场232个，体育馆135个。全年全省运动员在国内外重大比赛中获金、银、铜牌分别为70枚、62枚和91枚（包括非奥运项目比赛）。全年全省经常参加体育锻炼人数1100万人，开展全民健身项目100项。全年全省销售中国体育彩票31.08亿元,下降27.50%。 （省统计局）

【人民生活和社会保障】 2019年，山西省城镇居民人均可支配收入33262元，增长7.20%，城镇居民人均消费支出21159元，增长6.90%；农村居民人均可支配收入12902元，增长9.80%，农村居民人均消费支出9728元，增长6.10%。按全省居民五等份收入分组，城镇低收入组人均可支配收入13870元，增长8.90%；农村低收入组人均可支配收入4986元，增长13.70%。

表20 2019年山西省居民消费价格比上年涨幅统计表

指　标	涨幅(%)
居民消费价格	2.70
食品烟酒	6.30
衣　着	1.10
居　住	1.70
生活用品及服务	0.40
交通和通信	−1.30
教育文化和娱乐	2.90
医疗保健	1.80
其他用品及服务	2.50

参加城镇职工基本养老保险871.30万人，比上年末增加33.80万人；参加城乡居民基本养老保险1627.80万人，增加48.50万人；参加城镇职工基本医疗保险702万人，增加15.40万人；参加城乡居民基本医疗保险2564.30万人，减少16万人；参加失业保险443.90万人，增加12.80万人；参加工伤保险624.20万人，增加27.40万人；参加生育保险489.60万人，增加7.70万人。得到城市最低生活保障救济人数28万人，全年共发放城市最低保障资金16亿元。13万人纳入农村五保供养。城镇有各种社区服务设施7688个，其中，综合性社区服务中心517个。各类收养性单位床位数63034张，收养人数31390人。国家抚恤、补助各类优抚对象19.50万人。全年销售福利彩票33.23亿元，筹集社会福利资金10.02亿元，接受社会各界捐赠款0.11亿元。（省统计局）

【资源、环境和安全生产】 2019年，山西省大型水库蓄水量7亿立方米。全省森林面积357.20万公顷，森林覆盖率22.80%。黄河、海河流域山西段共监测100个断面，达到Ⅲ类以上(包括Ⅰ、Ⅱ、Ⅲ类)水质标准的断面占57%，达到Ⅳ类水质标准的断面占16%，达到Ⅴ类水质标准的断面占11.0%，劣Ⅴ类水质标准的断面占16%。

各类自然灾害造成直接经济损失120.80亿元，比上年增长9.60%；农作物受灾面积142.20万公顷，增加68.80%，其中，绝收面积28.90万公顷，增加53.20%。

共发生各类生产安全亡人事故640起，下降32.80%；死亡762人，下降28.80%。全年全省煤炭百万吨死亡率为0.05。（省统计局）

宏观经济调控

【概况】 2019年，全省发展改革系统在经济管理中坚持稳中求进工作总基调，坚持新发展理念，落实高质量发展要求，全面落实省委省政府决策部署，促进和保障全省经济社会平稳发展。在外部环境趋紧、经济下行压力加大的背景下，发挥经济综合部门职责，统筹做好稳增长、促改革、调结构、惠民生、防风险、保稳定各项工作，推动年度目标实现。经济总量由2016年全国24位提升到21位。服务业增加值增长7.10%左右，“压舱石”作用发挥。在全国市场预期波动、投资增速持续放缓的严峻挑战中，持续深化企业投资项目承诺制改革试点，深化转型项目建设，布局引导标准厂房建设，争取项目建设资金，开展投资项目工作大调研，建成运行投资项目在线审批监管平台二期工程，推动全省投资逆势上扬，增速在全国排名大幅进位。全年全省固定资产投资增长8.40%，高于全国3.20个百分点。在贯彻能源安全新战略、加快打造能源革命排头兵的进程中，研究起草、协调推动出台《关于在山西开展能源革命综合改革试点的意见》，5月29日，中央深改委第八次会议审议通过，8月底中办、国办正式印发。围绕深化投融资体制改革，打造“六最”营商环境，放大企业投资项目承诺制改革政策红利，试点项目审批时间平均缩短一半以上。开发区实现一般工业项目“全承诺、零审批、拿地即可开工”，山西省承诺制改革入选“2019年中国改革年度案例”。在落实国家逆周期调节政策、做好“六稳”工作的基础上，坚持培育壮大新动能与改造提升传统产业并举，推动通用航空、新能源汽车、新材料等产业发展壮大，促进全省经济结构优化。全年煤炭占工业比重继续下降0.50个百分点，制造业比重继续上升0.40个百分点。全省战略性新兴产业增长8.10%，快于规上工业2.70个百分点。创新工作思路，破解重大交通基础设施建设难题，太原至怀仁动车组开通运营，年底开通至大同南，山西高铁实现南北贯通。大张高铁年内开通，雄忻、太延等铁路前期工作推进。太原机场改扩建加快推进，朔州民用机场获国务院、中央军委批复，太原西北二环、朔州至神池、离石至隰县、黎城至霍州等4个“断头路”项目开工。围绕“两不愁三保障”做好易地扶贫搬迁、以工代赈，保障天然气供应，医疗、教育、采煤沉陷区治理等重点民生工程。做好重要商品保供稳价工作，全年居民消费价格上涨2.60%，低于全国0.20个百分点。（张宇丰）

【能源综改试点进展】 2019年，山西省能源革命综合改革试点坚实落地。

能源革命综合改革试点获批。对接中央财办、国家发改委、国家能源局，牵头完成《关于在山西开展能源革命综合改革试点的意见》起草工作。多轮对接财政部等相关八部委，争取最大政策支持。《试点意见》赋予山西省建设“五大基地”战略定位，在推动非常规天然气高质量发展、促进煤炭清洁高效利用、放开市场准入推动能源投资多元化、建立能源商品市场化价格形成机制、完善能源资源开发综合补偿机制等领域给予山西省一批突破性政策和改革授权。

科学制定推进综合改革试点的任务书、路线图。同步起草《山西能源革命综合改革试点行动方案》，确定85项改革发展任务。按照分步推进、分类实施的原则，制定《山西能源革命综合改革试点2019—2020年工作任务清单》，确定在2019年、2020年两年推进的重大改革、重大事项、重大攻关和重大项目。为加快国家改革赋权和支持政策落地，制定《山西能源革命综合改革试点省部对接任务清单》。11个市抓紧制定出台与《行动方案》相衔接的行动计划。

有序启动一批重点任务。争取国家大宗固废综合利用基地。加快推进电力调峰基地建设，垣曲抽水蓄能电站项目完成核准。研究编制煤层气增储上产方案，2022年200亿立方米产量目标分解到年度、矿区、企业。承接国家煤层气开发项目（包括对外合作项目）备案授权下放山西管理，编制完成山西省煤层气备案管理办法。加快推进山西电网优化改接项目前期工作。启动晋城煤层气交易中心设立工作。开展与世界银行战略合作，推动设立山西能源转型和绿色发展贷款项目。（张宇丰）

【转型项目建设】 2019年是山西转型项目建设年。

加大基础设施补短板力度。出台《推进基础设施领域补短板实施方案》，细化确定9大领域建设任务和重点项目。浩吉铁路、太原铁路枢纽西南环线建成通车。推进集大原高铁项目前期工作，反复沟通争取国家发改委、国家铁路局分别提前开展可研评审、行业评审，大幅提前项目开工时间。雄忻、太延、长邯聊、运三客专等铁路通道前期工作有序推进。芮城通用机场开工，万荣、乡宁、永和等通用机场获得军方选址批复。截至2019年底，全省基础设施投资增长14.90%，高于全国10.90个百分点。

加快项目推进进度。建成运行山西省投资项目在线审批监管平台二期，国家发改委评为大数据应用示范平台。开展进工地、解难题等专题活动，加快项目手续协调办理，共为3113个项目办理5814项手续。开展稳投资专题调研，协调推动用地报批和用地供应。建立重点工程分级调度机制，按月调度重点工程，全年省市两级重点工程完成投资2330.10亿元，提前完成全年目标任务。

强化项目要素保障。采取公开申报、排队通报、省本级配套等措施，全年争取到中央预算内投资81.70亿元，增长11.30%，创"十三五"以来新高。建立地方政府专项债券项目安排协调机制，连续5批次组织储备入库项目1000个，争取国家发改委279.20亿元专项债券额度，会同财政部门将国家提前下达的160亿元额度安排到具体项目。开展银企对接，通过金融服务平台发布转型项目338个、重点工程195个。

激发民间投资活力。清理规范民间资本准入限制性政策，编制形成120项民间投资推介项目清单，推广PPP模式，全省纳入PPP项目信息检测服务平台项目达200余个。依托在线平台建立向民间资本推介项目长效机制，公开推介项目460余个。报请省政府出台《山西省标准厂房建设实施方案（2019—2021年）》，全省三年布局建设约3000万平方米标准厂房，获得国务院大督查肯定。扭转全省民间投资2018年以来连续负增长的被动局面，实现由负转正、平稳增长，全年全省民间投资增长7.60%，高于全国3.10个百分点。（张宇丰）

【现代产业体系构建】 2019年，山西省构建现代产业体系取得新成效。

加快新兴产业突围破局。紧抓获批国家通用航空业发展示范省有利契机，推进通用机场建设，举办2019尧城（太原）国际通用航空飞行大会，批复大同通用航空业发展示范市，大同轻飞获得民航生产许可证。推动大运、成功、江铃等汽车企业加快项目建设投产步伐，支持山西耀邦等环保特种汽车项目建设，全省新能源汽车产能历史性突破30万辆。推进煤—电—铝镁—材一体化发展，推动吕梁局域电网增网扩容，满足项目投产用电需求。在现有省级开发区之外推进首批12个特色产业集聚区试点，在新材料、生物医药、汽车零部件等领域推动支持一批创新公共服务平台和重大产业化项目建设，支持忻州集成电路、长治节能环保、晋中新能源汽车3个战略性新兴产业集群发展。

推动传统产业改造升级。坚决执行国家煤炭钢铁行业去产能政策，会同有关厅局完成2745万吨煤炭、175万吨粗钢去产能任务，提前一年完成"十三五"去产能任务。争取国家预算内资金3亿元，首次用于支持煤矿智能化改造。争取国家发改委在最新修订的《产业结构调整指导目录（2019年本）》中采纳山西意见，将白酒由限制类调整为允许类，将100立方米以上的短流程铸造类高炉由淘汰类调整为允许类，为山西省白酒、铸造产业转型升级争取政策机遇。推动长治国家级产业转型升级示范区建设，长治市因老工业基地调整改造等工作成效突出，连续三次受国务院表彰。

加快现代服务业发展。加强服务业运行研判调度，完善服务业清单化管理、定期调度、督办督查、考核激励、约谈通报等推进机制。加快服务业集聚区建设，出台《山西省现代服务业集聚区认定管理办法（试行）》，认定并安排资金支持6家现代服务业集聚区试点建设。争取国家服务业发展引导资金扶持中科院大同分所、忻州检验检测中心等生产性服务业公共服务平台项目。争取山西省成为国家物流降本增效综合改革试点省，太原入选首批国家物流枢纽城市。

打造"双创"升级版。出台推动创新创业高质量发展打造双创升级版的实施意见，起草推动创新创业高质量发展20条措施。加快36家省级双创示范基地和15家省级工程研究中心建设，推动"智创城"省级双创中心投运。举办2019年全国"双创"活动周山西分会场活动。

激发实体经济活力。出台山西省做好"僵尸企业"及去产能企业债务处置工作的实施意见，明确"僵尸企业"范围和认定标准。加大企业债券对实体经济的支持力度，全年发行企业债券75.40亿元。推进市场化法治化债转股，组织举办全国市场化债转股政策宣讲和项目对接会山西专场，累计签约1481.30亿元，落地资金301.75亿元，创近年新高。开展清理涉企行政事业性收费等降成本工作，完善高速公路差异化收费政策，取消高速公路省界收费站工作基本完成。（张宇丰）

【经济改革推进】 2019年，山西省经济改革开放多方面推进。

深化企业投资项目承诺制改革。出台实施《深化企业投资项目承诺制改革行动方案》，政府统一服务事项由10项增加为14项，企业承诺事项由6项增加为8项，取消施工图审查，区域环评、能评取得重大进展，开发区一般工业项目实现“全承诺、零审批、拿地即可开工”。印发《深化企业投资项目承诺制改革行动方案任务分工》《企业投资项目承诺制统计工作暂行办法》，组织开展承诺制改革专项培训，对全省11市（县、区）改革试点进展情况全面调研督导。全年试点项目2287个，较上年增加989个。探索在晋中全市域核准类企业投资项目试行承诺制。

贯彻落实《国务院关于支持山西省进一步深化改革促进资源型经济转型发展的意见》（国发〔2017〕42号，以下简称国发42号文）。报请出台《关于突出重点做好2019年贯彻落实国发42号文件的通知》，明确13项年度重点任务、20条推进举措。围绕落地难、落地慢的关键领域，研究提出突出抓好的10项引领性改革任务。印发任务分解方案，建立工作台账管理季报制度，统筹推进各项改革任务，按月梳理汇总推进情况。截至2019年底，13项年度任务、20条推进举措基本完成，10项引领性改革任务推进。

推进能源领域重点改革。两批次累计降低山西电网一般工商业电价6.62分/千瓦时，降幅达11.40%，完成一般工商业平均电价再降低10%的任务。创新循环经济园区电网运行模式，在吕梁市局域网探索倒阶梯输配电价、风火打捆供电等集成性支持政策，降低园区用电成本。协调秦淮大数据中心实现目标电价0.295元/千瓦时。借鉴苏晋股权合作模式，起草深化与河北能源合作战略协议。依托晋北至江苏特高压外送通道，以燃煤机组和新能源机组按比例打捆外送的方式，扩大清洁能源外送。引入民营资本建设储气设施，促进储气设施集约化、规模化运营。

推动价格改革。完善山西省2019年至2021年“煤改电”用电价格政策，理顺居民用天然气销售价格。取消有形建筑市场交易服务费、地产和矿业权交易手续费，放开律师服务收费、基层法律服务收费，规范公证服务收费，山西省政府定价经营服务性收费由15项缩减为11项，省定涉企行政事业性收费实现清零。

加强推动社会信用体系等改革任务。印发加强政务诚信和个人诚信体系建设的实施意见，研究制定《构建以信用为基础的新型监管机制的实施意见》。省市两级信用信息共享平台和信用网站全面建立，归集各类信用信息1.20亿条，涵盖全省400万法人和2600万自然人主体，全省企业、社会组织、机关事业单位统一社会信用代码赋码率达100%。率先落地“逢报必查、逢办必查”制度，省发改委办公系统嵌入信用信息核查，为办理项目审批、资金扶持提供参考。实施市场准入负面清单制度，开展《市场准入负面清单（2019年版）》修订工作。争取国家将太重集团、文旅集团、大地公司列入国家第四批混改试点。

扩大对内对外开放。出台《贯彻落实国家发展改革委支持山西省与京津冀地区加强协作实现联动发展意见行动计划》，会同国家发改委组织召开山西省与京津冀地区联动发展工作座谈会，加强与京津冀深度对接，投资总额近200亿元的合作项目签约，北京、天津、河北均出台与山西省加强联动发展的相关意见，全年山西省与京津冀地区签约项目总投资超过4400亿元，占全省招商引资项目总投资的30%，山西与京津冀地区联动发展取得成效，获京津冀协同发展领导小组通报表扬。起草并推动省人民政府与深圳市人民政府签署深化全面战略合作框架协议，举办山西与粤港澳大湾区项目签约工作会议，签约一批重大项目。出台《山西省贯彻习近平总书记在推动中部地区崛起工作座谈会上重要讲话精神实现高质量发展的意见》，印发《山西省承接东部地区产业转移工作方案》，起草《山西省精准对接北京市产业发展合作框架协议》。启动山西省《黄河流域生态保护和高质量发展规划纲要》前期工作。帮助省内企业申请境外发行美元债券13亿美元。（张宇丰）

【城乡协调发展】 2019年，山西省城乡区域协调发展迈出新步伐。

构建区域协调发展制度体系。出台《山西中部盆地城市群一体化发展规划纲要（2019—2030年）》，启动编制山西中部盆地城市群轨道交通线网规划，12个公共服务一体化示范项目有序推进。出台《山西省建立更加有效的区域协调发展新机制实施方案》《山西省关于促进区域协调发展的指导意见》，支持不同区域人才、资本等各类生产要素有序流动。

实施乡村振兴战略。加快推进农业产业融合发展，太谷县、万荣县、五寨县、盐湖区成为首批国家农村产业融合发展示范园，开展阳高县、孝义市、曲沃县第二批示范园创建工作。支持河津、岢岚等6县（市）开展农村人居环境整治。推进高标准农田、耕地水土流失综合治理、节水灌溉等工程建设，对部分旱地进行中低产田改造。支持特色粮食产业发展，加快推进粮食仓储设施建设，提升粮食安全保障水平。

推进新型城镇化建设。印发《2019年新型城镇化建设重点任务》，明确加快农业转移人口市民化、优化城镇化布局形态等5方面24项重点任务。《山西省关于建立健全城乡融合发展体制机制和政策体系的实施意见》，以省委、省政府两办名义印发实施。争取2.30亿元专项资金用于支持老工业基地调整改造。2019年全省户籍城镇化率为41.87%，同比提高1.02个百分点。（张宇丰）

【民生工程加力】 2019年，山西省民生工程建设加力。

推进脱贫攻坚。落实省委脱贫攻坚专项巡视整改要求，建立问题清单、整改清单、责任清单和整改工作台账，定人、定责、定目标，定时间、定任务、定标准，抓好整改落实。制定山西省《2019年以工代赈扶贫行动计划》，出台《关于进一步发挥以工代赈政策作用助力打赢脱贫攻坚战的工作措施》，开展以工代赈投资计划执行情况全省大督查行动。编报《关于报送易地扶贫搬迁大型安置点配套基本公共服务设施补短板实施方案及项目清单的报告》和投资建议计划，争取国家对大型安置点配套的教育和医疗项目予以支持。落实"一县一策"重点任务，推动永和县、宁武县等扶贫项目。

保障天然气（煤层气）供应。制定《天然气（煤层气）产供储销体系建设工作要点》《促进天然气（煤层气）协调稳定发展的实施意见》。加大与三大油沟通力度，全年争取合同气量63.40亿立方米，较上年增加4.60亿立方米。开展10座应急储气调峰设施建设，入冬前形成储气能力1.24亿立方米。坚持应急保供值班调度，确保入冬以来全省保暖保供工作平稳有序。

优化公共服务供给。部署推动社会领域公共服务补短板、强弱项、提质量重点工作，扩大公共服务有效供给。起草《山西省基本公共服务标准》，确保覆盖全民、兜住底线、均等享有。持续深化产教融合，制定三年行动计划，认定太原、大同、晋中、长治等4个产教融合城市建设试点，建立产教融合型实训基地项目储备库。争取国家区域医疗中心首批试点，华中科大同济医院与山西省白求恩医院签署托管协议。支持山西传媒学院综合实训楼等项目建设。实施普惠养老专项行动，新增养老床位1300张。组织协调各市、省直有关部门完成二青会场馆建设任务。编制全省社会足球场地设施细化建设规划并有序推进。完成援疆工作年度任务。

推进采煤沉陷区综合治理。协调各专项办公室联动推进采煤沉陷区综合治理，完善村庄搬迁后的土地复垦及旧房拆除政策，规范搬迁安置集中新建小区配套基础设施和公共服务设施项目管理，将中央和省级补助资金向贫困县倾斜。实施项目清单管理，按月调度工程进度，截至2019年底，采煤沉陷区综合治理搬迁安置集中新建小区竣工7.60万户、入住2.70万户，货币化补偿签订协议6.90万户、完成补偿4.50万户。

做好保供稳价工作。出台《关于做好当前重要食品保供稳价工作的通知》《关于进一步完善产供储销体系稳定蔬菜生产供应和价格水平的实施意见》，多措并举稳定蔬菜、水果、鸡蛋等重要民生食品价格。稳定猪肉价格，完成全省冻猪肉收储任务，在中秋、国庆有序投放。启动物价联动机制，组织各级各相关部门下达价格临时补贴4.30亿元，保障困难群众生活基本稳定。（张宇丰）

土地资源管理

【概况】 2019年，山西省自然资源系统争取新增建设用地计划指标10.95万亩，是上年的2.63倍，批准用地14.30万亩（国务院批准3.60万亩，省政府批准10.70万亩），供应用地19.60万亩，其中，工矿仓储供应用地4.90万亩，同比增长57.10%。调整18个县乡级土地利用总体规划，为转型项目落地提供规划保障。优化批供流程、开辟"绿色通道"，保障大张高铁、大西高铁等重大项目用地。服务开发区设立及建设项目用地，省级以上开发区批准用地3.05万亩，同比增长1.30倍，供应土地3.80万亩。强化精准脱贫举措，贫困县增减挂钩节余指标交易3.31万亩，金额59.29亿元，是年初下达交易任务的2.21倍。开展清理"批而未用"土地专项行动，"批而未供"土地消化8.55万亩，闲置土地处置3.64万亩，年度任务完成率分别为113.68%、204.74%。强化节约集约用地考核评价，推进城镇低效用地再开发，规范采矿用地方式改革试点工作，推进地价管理。

（王　颖　王　毅）

【自然资源规划】 2019年，经过3轮省级核查，全省117个县级调查成果全部上报，数据准确率高于全国平均水平。统筹推进省市县三级国土空间规划编制工作，出台《山西省建立国土空间规划体系并监督实施意见》，初步完成省级规划文本编制，建立"一张图"信息平台，同步展开村庄规划摸底调查，基本形成盐湖区域保护与发展规划。推进自然资源标准化工作，省卫星应用中心开建运行。启动运行卫片执法防灾减灾信息系统，及时发现并处置违法用地、非法采矿、侵占损害林地行为以及地质灾害、森林防火等灾险情。全省国有土地使用权出让、新增建设用地有偿使用费、矿业权出让收益1282.19亿元，同比增长32.12%。

（王　颖　王　毅）

【用地管理改革】 2019年，泽州县"三块地"改革成效明显，完成征收土地13宗269.29亩，集体经营性建设用地入市38宗1299亩，退出宅基地2546户，复垦土地1669.40亩，形成"山西经验"，为《土地管理法》修订提供参考依据。以"多规合一"为基础，规划用地"多审合一""多证合一"走在全国前列。完善工业用地弹性出让制度，出让土地13宗、面积361亩，"标准地"改革步入全国先进，建设用地二级市场制度不断完善，行政审批时限大幅压减，自然资源资产产权制度、建设项目压覆重要矿产资源承诺制改革、推行区域地质灾害危险性评估成效明显。办理不动产登记证书54.50万本（不含农村），同比增长22.20%，颁发证明36.30万本，同比增长47.60%，完成存量数据整合，实施统一标准流程，推进“一窗受理、并行办理”，解决历史遗留问题，提前完成压缩时限目标，先进地区进入全国第一梯队，数据汇交登记稳居第一方阵，朔州市“房证同交”模式领跑全国。（王 颖 王 毅）

【煤层气管理】 2019年，省自然资源厅加大煤层气管理体制改革力度，起草煤层气勘查开采管理办法草案，制定“三气”综合开发试点方案等配套政策，推进部委托试点向国家综合改革试点迈进。公开出让15个煤层气勘查区块，其中2个区块确认出让收益9.20亿元，首期上缴财政2.76亿元，终结了煤层气矿业权无偿取得的历史。批准7宗煤炭矿业权增列煤层气矿业权。调整完善矿业权和建设用地报批涉及的各类保护地核查机制，由“企业到处跑”变为“部门主动查”。精简煤层气审批要件和流程，资料清单压缩至10类93项，审批时限压缩至10个工作日（矿业权新立登记为20个工作日）。在全国率先实施煤层气资源开发利用、矿山地质环境保护与土地复垦“三合一”方案改革。挂牌推进19个煤层气重大项目，持续推动增储上产。加强油气督察工作，公布18个对外合作区块督察结果。2019年煤层气产量71.40亿立方米，增长26.40%。

（王 颖 王 毅）

【矿产矿权管理】 2019年，省自然资源厅坚持煤炭“减”“优”“绿”，依法关闭过剩产能矿井18座、退出产能1895万吨。彻底解决矿业权与自然保护区、泉域重点保护区重叠问题，截至2019年底，累计处置矿业权311宗，退出面积1138平方公里。协调推进26座国家先进产能煤矿手续办理，10座取得采矿许可证。推进解决大型国企煤矿矿业权重叠问题，解决五台山风景区关闭矿遗留问题。组织6宗煤炭资源公开出让，推进4宗设采矿权深部资源协议出让。深化绿色矿山建设，全省65家矿山企业达到国家绿色矿山建设标准。完成2019年矿业权人勘查开采信息填报和公示任务，勘查项目公示率达100%。（王 颖 王 毅）

【地质灾害防控】 2019年，省自然资源系统11市、117县均建立地质灾害防治技术支撑体系，确定全省9大重点防治区域，部署以高陡边坡为重点的地质灾害隐患排查专项行动，排查出隐患点10927处，其中高陡边坡4895处，威胁人口36万人、财产118亿元。推进4000户农村地质灾害治理搬迁和综合治理，消除高陡边坡隐患150处。实施公益性地质找矿和地质调查，使用2019年度省级地质勘查专项资金，立项49个，270个实施的项目有94个完成勘查作业，可提交各类矿产地20个，铝土矿超2亿吨、铁矿石超10亿吨、煤炭约24亿吨，其中，孝义铝土矿单矿体达1.70亿吨，属特大型；大同石墨矿超5500万吨，属超大型。完成对山西综改示范区潇河产业园区全范围城市地质调查工作。（王 颖 王 毅）

【测绘地理信息】 2019年，山西省启动“十四五”基础测绘规划编制，推进省级基础测绘更新和地理信息数据库建设，推动省级卫星导航定位基准站网和全省航空航天遥感影像统筹利用工作，实施测绘项目登记、测绘行业综合统计，加强测绘信用信息和测绘质量管理，开展不动产测绘专项成果质量监督抽查，举办测绘地理信息技能大赛，测绘地理信息行业管理有序。在全国率先完成地理信息资源目录服务系统市级子站建设，“天地图·山西”公共服务平台建设及应用综合评估为五星，发布山西省系列标准地图，有效开展测绘法宣传日暨国家版图意识宣传周活动，获优秀组织单位称号，地理信息管理水平和服务保障能力提升。（王 颖 王 毅）

【资源执法监察】 2019年，省自然资源厅组织全省自然资源重大工程项目督察，实施“月报告、周统计”和“双通报”机制，开展大棚房问题清理整治、打击非法违法用地用矿、违建别墅问题清查整治和扫黑除恶专项斗争，排查大棚房问题7893个，违法违规占用耕地4486.97亩；排查违法用地问题1426个、查处整改1368个，非法采矿问题591个、查处整改571个；排查认定违建别墅109处、处置到位106处，处置率全国领先；摸排扫黑除恶问题线索1292条、移交332条，出具认定结果107件。严格卫片执法监察，约谈7市29县，依法依规

2019年10月12日，由省自然资源厅组织、省地质环境监测中心起草编制的山西省地方标准《山西省矿山地质环境调查规范》通过评审（王 颖供图）

处理夏县违法占地、晋中百草坡违法批地、原平利泽矿业公司非法采矿等案件。 （王 颖 王 毅）

国有资产监管

【概况】 山西省人民政府国有资产监督管理委员会（简称省国资委）组建于2004年7月，是山西省人民政府直属正厅级特设机构，根据省政府授权，对监管企业履行出资人职责，监管省属企业（不含金融、文化类企业）的国有资产。截至2019年底，机关共设16个内设机构，管理5户直属事业单位，直接监管省属企业28户。

截至2019年底，省国资委监管企业（以下简称省属企业）资产总额3.171万亿元，同比增长7.30%；全年累计实现营业收入1.386万亿元，同比增长2.80%；完成增加值2681.90亿元，同比增长0.50%；利润324亿元，同比增长5.20%；净利润158.20亿元，同比增长4.70%；上缴税费933.30亿元，同比增长9.90%；实现利税1154.70亿元，同比降低5.20%。

（赵 樾）

【国资监管体制机制完善】 2019年，省国资委科学转变职能。修订完善省国资委权责清单，制定以管资本为主推进职能转变方案等制度。创新监管方式。实施分类监管、智慧监管、阳光监管，完成省属企业功能界定分类，国资监管大数据平台、大数据展示平台、协同办公系统启动整体试运行，搭建省属国企阳光采购服务平台，建设合作商资信评价大数据库。强化穿透式监管。建立常态化工作约谈机制和违规经营投资责任追究制度。开展省属国企建设项目、非主业投资、商贸业务和高风险业务专项审计。强化投资监管，开展审计调查，组织实施省属企业目标完成情况第三方评估工作。强化服务意识。用好“一线工作法”，每月深入一户企业开展调研、集中办公，现场解决问题。加快指导推动市县国资国企改革。 （赵 樾）

【国有资产布局规划】 2019年，省国资委系统规划国资布局。构建全省域国有资本布局结构统计监测体系，对省属国企“一主三辅两培育”产业目录实行动态调整。加大重点领域重组整合。山西燃气集团挂牌成立并完成增资扩股，潞安现代化工公司组建完成，民爆集团初步完成股权多元化改革，筹组山西煤机集团。培育新产业、新动能。制定《2019年省属企业高质量转型发展行动计划》，组织7户省属煤炭企业编制新兴产业专项规划，引导形成良性互补的协同产业布局。推进能源革命试点。退出落后产能，发展先进产能。推进煤炭清洁高效开发利用，推动煤电联营，发展风电和光伏发电，推进电力结构向新能源发电升级。构建创新生态体系模式，支持企业加大创新力度，激发科研人才活力。 （赵 樾）

【混合所有制改革】 2019年，省国资委完善混合所有制改革配套政策。制订出台《省属企业混合所有制改革操作指引》《省属企业“腾笼换鸟”国有产权转让收入收支管理实施细则》《山西省国有控股混合所有制企业开展员工持股试点的意见》。加快推动集团层面混改实现破冰。太重集团、文旅集团、大地公司等三户企业首次被列入第四批全国国企混改试点名单，汾酒集团实现整体上市。推动子分公司混改。省属企业二级及以下子公司混改率达到75.90%。推动混改项目落地。持续加大对53个“腾笼换鸟”项目和108个混改项目的推介力度，先后利用第十三届中国（河南）国际投资贸易洽谈会、山西—环渤海（天津）投资交流会、“一带一路”晋商国际（北京）合作推进会、第二届中国国企混改与企业并购（成都）峰会、2019年厦洽会等大型会议开展路演推介。推动员工持股试点，批复3户企业开展试点，2户企业年底前完成员工出资入股，实现实质性落地。支持省属企业开展资本运作。大地国际在港股上市，实现省属国有企业境外上市“零的突破”。充实完善省属企业上市挂牌后备资源库，共有107家企业纳入上市（挂牌）后备资源库，筛选出20家重点辅导企业，重点推进晋能清洁能源科技股份公司、格盟国际能源有限公司、北方铜业股份有限公司等3户企业的IPO工作。

（赵 樾）

【市场化经营机制建设】 2019年，省国资委探索开展落实董事会职权试点。印发《关于开展落实省属企业董事会职权试点工作的实施意见》；开展外部董事委派工作，配套制定外部董事履职规程，向省属企业派出外部董事45名，覆盖面超过三分之一。深化“一企一策”契约化管理考核。召开经营业绩考核指标听证会，建立经营业绩考核季报动态检测制度；完善指标体系，突出对转型发展、创新投入的考核；突出防控风险，加强资产负债率、应收账款下降率等指标的考核。加大市场化选聘力度，开展职业经理人试点。深化企业“三项制度”改革。制定《关于深入推进省属企业内部三项制度改革的通知》及工资总额管理办法。分类构建长效激励约束机制，针对上市公司、非上市公司和科技型企业，允许股权奖励、股权期权等多种方式进行激励。限制性股票激励在汾酒集团落地。 （赵 樾）

【重大风险防范化解】 2019年，省国资委健全风险防控机制。组织召开全省国企系统防范化解重大风险工作会议，成立省国资委防范化解重大风险领导小组，印发《坚决打好防范化解省属国企重大风险攻坚战行动方案》。加强投资决策管理。明确省属企业“一主三辅”目录，严控目录以外的产业领域投资行为；制定《山西省省属国有企业投资风险监督管理办法》和投资负面清单；制定《关于加强和改进企业国有资产监督防止国有资产流失的实施意见》，建立月报制度，梳理省属国企停建、缓建项目。健全监测预警和早期干预机制。建立省属国企债券兑付提前15天预警制度，山西国企被列为全国信用度最好的板块。处置高速公路债务。制定处置方案,采取措施顺利平移政府债务2600亿元,每年节约财务费用30亿元,风险隐患彻底消除。推进企业去杠杆。加快推动市场化债转股落地,加大力度清理应收账款。抓好偿还民营企业、中小企业账款工作。 (赵 樾)

【山西省属国企混改项目专场推介会】 2019年9月9日,省国资委在厦洽会上举办山西省属国企混改项目专场推介会。此次推介会优选137个混改项目,涉及资金380亿元。推介会现场有14个项目达成合作意向,2个项目签约,涉及资金超过30亿元。 (赵 樾)

【国有企业遗留问题攻坚】 2019年,省国资委基本完成"三供一业"分离移交,在此基础上加速维修改造工作。医疗、教育机构的重组、撤并和剥离工作有序进行,消防机构分类改革完成。推进厂办大集体改革,完成改革任务的62.27%。在有改革任务的18家省属企业中,完成6户。在有改革任务的6个市(县)中,完成3个市。推进国有企业退休人员社会化管理工作,印发《山西省国有企业退休人员社会化管理工作方案》,同煤集团退休人员社会化管理试点工作初步完成。打赢瘦身健体"处僵治困"攻坚战,处置"僵尸企业"115户,完成全年的层级压减工作目标任务。推进脱钩破产工作,推进经营性国有资产集中统一监管。 (赵 樾)

财 政

【概况】 2019年,山西省财政系统落实积极的财政政策,加强财政收支管理,深化财政体制改革,改革和发展取得新的成绩。

全年全省一般公共预算收入完成2347.60亿元,同比增长2.40%,增收55亿元。在大规模减税降费情况下,完成备案预算收入。2019年全省一般公共预算收入增幅前高后低,受跨期税款影响,一季度累计增长23.90%,受减税降费影响,5月开始负增长,累计增幅开始下降,年底降到2.40%。面对收入增幅逐月下降的严峻形势,各级财政部门及时调整预算,优化支出结构,加强资金统筹,确保三大攻坚战,推进"三保"任务较好完成。

2019年,围绕加力提效落实积极的财政政策,全省财政系统共完成五件大事:一是落实减税降费政策,实打实、硬碰硬减轻企业负担;二是争取中央支持,加大县级转移支付力度;三是开源挖潜,严格财政支出管理;四是强化逆周期调节,支持稳增长、调结构、转方式;五是管好用好政府债券资金,防范政府债务风险。

(梁智腾 卫忠梅)

【地方财政收入】 2019年,全省一般公共预算收入完成2347.60亿元,为年度预算(2311.40亿元)的101.60%,比上年增长2.40%,增收55亿元。分项目看,税收收入完成1783.50亿元,为年度预算(1811.20亿元)的98.50%,增长8.40%,增收137.90亿元;非税收入完成564.10亿元,为年度预算(500.20亿元)的112%,下降12.80%,减收82.90亿元。分级次看,省级收入完成709.70亿元,为年度预算(700亿元)的101.40%,下降6.80%,减收52亿元;市县收入完成1637.90亿元,为年度预算(1611.40亿元)的101.60%,增长7%,增收107.10亿元。

(梁智腾 卫忠梅)

【地方财政支出】 2019年,山西省一般公共预算支出4713.10亿元,为年度调整预算(5022.90亿元)的93.80%,比上年增长10%,增支427.70亿元。其中:省级一般公共预算支出846.40亿元,增长6.50%,增支51.80亿元;市县一般公共预算支出3866.70亿元,增长10.80%,增支375.90亿元。 (梁智腾 卫忠梅)

【财政改革深化】 2019年,山西省财政按照省政府部署,提出全省耕地占用税适用税额建议,保障耕地占用税法如期实施。出台山西省医疗卫生领域财政事权和支出责任划分改革实施方案。针对体制型直管县财权事权不匹配、项目申报不顺畅等问题,进一步完善管理措施,推动省直管县财政体制改革落地。制定《省级财政专项资金管理办法》,采取措施加强和规范预算编制的科学性、约束刚性和绩效性。印发《省级财政项目支出定额标准体系建设实施方案》,出台省直机关政务信息化系统运维、办公用房物业费和维修改造等三个项目支出标准。规范省直机关食堂运行办法,加强差旅伙食费和市内交通费收缴管理。推开财政电子票据改革。在全国率先探索推行政府采购新型采购人制度。市县法检两院财物省级统管改革持续推进,统管机制进一步健全。开展政府综合财务报告试点编制工作。国库集中支付电子化业务在市级全面铺开,国库动态监控系统覆盖到所有市县。全省部门预决算公开率达到100%,公开内容细化。实施绩效管理,选取部分项目开展事前绩效评估试点,试点项目预算审减率达42.20%。把绩效目标作为预算安排的前置条件,绩效目标设定审核比例达100%。开展预算项目绩效指标体系建设试点工作。对47个省级重点支出项目进行跟踪监控,对37个财政重点支出项目和2个部门整体支出开展重点绩效评价。深入贯彻实施政府会计准则制度。加强对会计师事务所、代理记账机构、资产评估机构的事中事后监管,优化会计服务市场管理。对380户生态环保、医药医疗、金融及融资平台等领域的企业和机构进行会计监督检查。对全省财政暂付款进行核查摸底,压实分年度消化责任。开展惠民惠农财政补贴资金"一卡通"专项治理,构建长效管理机制。全面清理和修订完善财政内控制度,内控工作重心由"定制度"向"查漏洞"推进。 (梁智腾 卫忠梅)

【减税降费政策落实】 2019年,山西省落实减税降费政策,减轻企业负担。全面落实中央降低增值税税率、小微企业普惠性税收减免、个人所得税专项附加扣除等各项减税政策，在全国率先出台并顶格执行减征增值税小规模纳税人的“六税两费”政策，同时自加压力、自选动作，将全省城镇土地使用税适用税额普遍降低25%。顶格减征地方文化事业建设费，降低国家重大水利工程建设基金和民航发展基金等政府性基金征收标准，减免不动产登记费、商标注册收费、易地扶贫搬迁有关政府性基金和行政事业性收费。下调城镇职工基本养老保险单位缴费比例，降低失业保险、工伤保险费率。组织开展减税降费政策实施效果专项检查，严格规范政府非税收入管理，加大违规涉企收费查处力度。全省全年新增减税降费超过560亿元，减负力度和规模均为近年来最大。7月，为进一步掌握山西省减税降费政策实施情况，省财政厅与省税务局、省人社厅就开展减税降费专项调研工作举行协调会，省财政厅副巡视员、省实施减税降费工作协调小组办公室主任魏志华出席会议并讲话。会议通报前期减税、降低社保费率、清理规范行政事业性收费和政府性基金等政策制定和工作推进情况；部署减税降费专项调研工作，明确各部门任务分工、调研方式等具体要求；对下一步全省减税降费的重点工作进行安排部署。

（梁智腾　卫忠梅）

【中央补助及转移支付】 2019年，山西省财政争取中央支持，加大县级转移支付力度。选派业务骨干主动参与财政部政策制定等相关工作，反映山西省建议诉求，争取山西省利益。2019年，中央下达本省新增政府债务规模645亿元，增长40.50%；均衡性转移支付444.20亿元，增长10.10%；资源枯竭城市转移支付10.50亿元，增长27.20%。受2018年收入高速增长的影响，在年初预判中央对本省阶段性财力补助有可能取消，县级基本财力保障奖补资金难以增加的情况下，最终享受到中央阶段性财力补助28.60亿元，不仅没有取消，还增长13%，增幅全国第一，增量全国第二；县级基本财力保障奖补资金82.50亿元，不降反增，增长16.40%，增幅全国第一。

（梁智腾　卫忠梅）

【财政存量资金盘活】 2019年，山西省财政开源挖潜，严格财政支出管理。将部分政府性基金收入、国有资本经营收入调入一般公共预算，提高省级国有资本收益上缴比例至26%和21%，“两权价款”收缴力度加大，省级调入预算稳定调节基金133.50亿元，比上年增加34.60亿元。在连续多年压减一般性支出的基础上，2019年年初压减5%，年中按不低于5%的比例再次压减部门一般性支出。省级累计压减支出19.10亿元，节省下的资金全部用于支持重点项目建设和民生改善。收回部门单位长期沉淀闲置的以及年底前难以使用的资金，省级收回18.80亿元。各市县采取措施，对一般性支出进行压减，对存量资金进行清理。全年全省盘活财政存量资金1259.17亿元，盘活率达86.24%。

（梁智腾　卫忠梅）

【财政促进高质量发展】 2019年，山西省财政促进有效投资。落实资金91亿元，保障本省产业聚集、教育现代化、生态文明等重大政府投资项目支出需求。筹资210亿元支持本省铁路、公路等交通基础设施建设。扶持和鼓励民营资本通过PPP模式参与市政工程、交通运输、文化旅游、生态环保等领域建设，山西省PPP入库项目总数和投资额分别居全国第12位和第15位，连续三年在全国排位前移。

推动产业升级。争取奖补资金2.70亿元，推进化解山西省煤炭、钢铁行业过剩产能。拨付新能源汽车补贴资金20亿元，加快山西省新能源汽车产业发展。设立5亿元的大数据发展专项资金，支持物联网、云计算、数据中心等数字产业发展。

提升创新能力。省本级预算安排科技支出20.58亿元，增长7.90%。省级企业技改资金规模达到25亿元，11个市都设立技改资金，为企业参与重大科技专项或重点研发计划、首购首用首台套重大技术装备、重大创新产品给予补贴或奖励。出台鼓励知识产权质押融资财政支持政策及政府采购支持创新产品和服务实施细则，支持中小微企业创新发展。拨付资金2.60亿元实施“三晋英才”、海外高层次人才引进和青年拔尖人才支持计划。

（梁智腾　卫忠梅）

【企业发展金融支持】 2019年，山西省财政采取多种举措支持企业改革

2019年7月18日至19日，省财政厅工作人员到乡村调研撬动金融和社会资本助力乡村振兴工作

（梁智腾供图）

发展。完善国有金融资本管理。出台省属国有金融资本出资人职责清单和绩效评价等办法，构建国有金融资本管理制度“四梁八柱”。支持山西金控与国信集团合并，推动晋商银行在港交所成功上市，建立健全以省再担保集团为龙头的全省融资担保体系，指导金控集团推进中煤保险等子公司开展混合所有制改革。

加快国企国资改革。制定《省属国有企业“腾笼换鸟”收入收支管理实施细则》，明确相关产权转让收入在企业和政府间的分配方式。省本级收取国有产权转让收入19.20亿元，实现了零的突破。持续推动解决“三供一业”和厂办大集体国有企业改革历史遗留问题。

促进民营经济发展。下达中小企业发展专项资金2.70亿元，支持小微企业创业创新。针对融资难融资贵问题，搭建全国领先的省级“政采智贷”平台，累计为102户企业发放贷款2.50亿元。对符合条件的政府性融资担保机构给予风险补偿和保费补贴，鼓励开展小微企业、“三农”和战略新兴产业融资业务。各市县接续还贷周转资金规模达到56.30亿元，解决企业资金接续难题。

（梁智腾　卫忠梅）

【生态资金投入】 2019年，山西省财政加大生态环保投入。拨付环保资金69亿元，助推全省生态环境持续改善。支持开展全省北方地区冬季清洁取暖试点。支持加快推进汾河中上游山水林田湖草生态保护修复工程。出台《山西省生态环境损害赔偿资金管理办法》和《省内流域上下游横向生态补偿机制实施意见》，省对县级生态转移支付补助范围扩大到省级自然保护区，初步构建起市场化、多元化的生态保护补偿机制。财政“保战略”功能增强。（梁智腾　卫忠梅）

【政府债券资金管理】 2019年，山西省财政管好用好政府债券资金，坚决防范政府债务风险。发挥政府债券在支持基础设施建设、弥补经济发展短板方面的作用，全年发行政府债券757亿元，主要用于交通运输、市政建设、教科文卫、农林水、生态环保、保障性住房以及其他公益性基础设施建设项目，带动基本建设投资1897亿元。首次发行15年和20年超长期限品种，全部债券9月发行完毕，比往年提前42天。加快债券使用进度，除个别项目受施工进度影响外，10月底前全部支付到位。发挥省级债务风险低、承载空间大的优势，拿出18亿元对承担重大建设项目的4个贫困县和3个债务高风险县，以“省借县用，省偿还、县财力逐年上解还省”的方式予以支持，保障县级重点项目建设资金需求。建立全口径债务风险等级评定制度，每半年对省本级和市县全口径债务风险情况测算评估，风险等级直接通报地方党委政府。出台财政部门政府隐性债务问责工作实施办法，压实隐性债务管理责任。全省隐性债务化解任务超额完成，政府债务余额控制在限额之内，债务率预计56.50%，低于全国平均水平。

（梁智腾　卫忠梅）

【农村振兴资金保障】 2019年，山西省财政推进农业农村发展。安排乡村振兴专项资金17亿元，深化农业供给侧结构性改革，实施乡村振兴战略。安排农业生产发展资金54.90亿元，重点支持具有区域优势、地方特色的农业项目。筹措资金33.60亿元，集中支持高标准农田建设。完成全省农村安全饮水巩固提升工程任务。农业信贷担保在保量突破3500户21亿元，连续两年翻番，项目代偿率远低于国家控制线和平均线。农村综合改革和村级公益事业建设一事一议财政奖补工作推进。

（梁智腾　卫忠梅）

【民生保障投入】 2019年，山西省财政保障基本民生改善。落实国家普惠性就业创业政策，统筹资金19.40亿元支持就业创业工作，筹集38.70亿元用于职业技能提升，支持高校毕业生、农民工和退役军人等重点群体就业。建立全省学前教育生均公用经费拨款制度，实现生均拨款制度从学前教育到高等教育的全覆盖。按学生按学科分配省属本科院校基本支出，提高保障水平、扩大办学自主权。按“一县一比例”分配教育扶贫资金，确保建档立卡家庭经济困难学生应助尽助。下达高校“1331”工程建设资金4.30亿元，并实行负面清单管理。安排资金1亿元支持山西大学和太原理工大学率先发展。山西财政税务专科学校等四所高职院校入选国家“双高计划”首批建设单位。落实取消药品加成和省级公立医院基本医疗服务财政补助政策。安排资金3亿元支持实施“136”兴医工程。适应提高统筹层次需要，制定企业职工基本养老保险基金省级统筹缺口责任分担办法。城镇退休人员基本养老金月人均增加174元，企业退休人员基本养老金实现“十五连涨”。提高部分优抚对象等人员财政补助标准，城乡居民基本医疗保险和基本公共卫生服务财政补助标准每人每年分别提高30元和14元，城乡低保保障标准平均每人每月分别提高55元和57元，经济困难的高龄和失能老年人补贴每人每月分别提高20元和40元。全省农村低保标准全部超过国家扶贫标准，实现农村低保制度与扶贫开发政策衔接。启动物价上涨联动机制，向困难群众发放临时价格补贴4.40亿元。解决部分退役士兵养老保险和医疗保险未参保和中断缴费问题。完善基层组织运转经费保障机制，推进乡镇机关基础设施均等化工作，提高乡镇工作干部待遇。节俭高效举办“二青”盛会。省政府确定的八件民生实事所需资金全部保障到位。财政“保基本”作用彰显。（梁智腾　卫忠梅）

财政监管

【概况】 2019年，财政部山西监管局（简称山西监管局）聚焦重大财税体制改革和国家重大战略实施，以机构更名设立为契机，明确新职责，提高财政预算监管水平。全年开展各项工作90项，动态监控468户驻晋中央预算单位授权支付资金；审核中央对地方转移支付申报项目9个166.47

亿元；监控10个中央对地方转移支付项目执行情况，动态监控山西省扶贫资金186.92亿元；全覆盖核查山西省2018年新增和置换地方政府债券681.90亿元，现场观察山西省政府2019年3批公开发行债券467.47亿元；审批退付一般增值税5.37亿元；累计征收非税收入9.16亿元；审核国库直接支付1.08亿元；信息排名在监管局系统为第二，11篇上报信息被办公厅采用报部领导及中办国办，扶贫领域存在的问题相关信息受到党和国家领导人批示；全覆盖服务山西全国人大代表委员88名；参加省直机关党员干部职工基本能力竞赛，荣获组织奖，1名干部获二等奖；《山西日报》专题报道参加山西省入企服务干部先进事迹；连续第7年获“省直文明单位标兵”称号。（郭　帅）

【中央重大政策落实】 2019年，山西监管局关注中央重大政策落实情况，推动落地见效。开展财政扶贫资金管理使用情况和脱贫攻坚项目实施管理情况核查调研。开展减税降费政策措施实施效果评估调研和专项检查。对辖区内100家企业减税降费政策实施效果开展评估调研，按季上报减税降费政策措施实施效果评估报告。对山西省省本级、2个地市本级及所辖2个区县开展专项检查，针对政策落地过程中出现的困难和问题，提出完善政策的建议，促进减税降费政策措施落地见效，推动减税降费工作向实向深开展。完成财政支持脱贫攻坚和惠民惠农财政补贴资金调研核查。完成对忻州市静乐县财政局财政支持脱贫攻坚和惠民惠农财政补贴资金专项核查。并对静乐县应纳入未纳入惠民惠农“一卡通”专项治理的其他相关补贴进行核查，发现问题金额1036.43万元，促进惠民惠农政策落实，保障群众利益。撰写相关信息被中办采用，并受到党和国家领导人批示。开展到期税收优惠政策及重大财税政策的评估前期准备。开展上市公司财政补贴专项核实评估。开展山西省财政补贴摸底调查，严格按照分类标准对不合理项目重新分类，提出相关建议。完成重装企业退税转增国家资本金落实情况核查、山西省政府投资基金管理情况调研、山西中部崛起战略实施情况调研等。（郭　帅）

【地方收支监管】 2019年，山西监管局将地方财政可持续发展作为关注重点，加强对属地经济发展形势和地方财政运行状况的调查研究，管理属地中央各项财政收支，督促地方财政部门集中财力保基本、兜底线，确保基层财政稳定运行。地方财政收入监管力度加大。紧盯山西省财政收入变化趋势，加强监管，提高收入质量。强化非税收入征收管理。全年征收非税收入9.16亿元。完成2018年度部分中央非税收入汇算清缴工作。完成向山西省财政厅提供2018年可再生能源电价附加增值税相关数据的提供，协助做好中央和省两级结算。完成10户单位2013年度非税票据核销审核工作。严格一般增值税先征后退审核。全年办理文化企业、监狱、煤层气三大行业111户次的退税申请，并对10户次开展真实性实地审核，核减98.47万元，审批退付一般增值税5.37亿元。定期与国库对账，确保退税资金安全。

完成2018年地方预决算公开情况专项检查。根据财政部统一安排，对山西省本级6个市县2018年预算和2017年决算公开的完整性、及时性、详细程度和真实性实施检查，针对发现的问题提出政策建议，以推进预决算公开制度的规范实施。

开展县级“保工资、保运转、保基本民生”有关情况核查调研。在综合分析全省财政收支运行情况基础上，实地抽查一县两区“三保”运行情况，调研发现各类未达保障标准缺口3150.88万元，撰写信息《县级“三保”存在的问题》被办公厅采用，上报部领导及中办国办。完成中欧班列补贴规范工作执行情况核查调研，开展相关分析与评价。（郭　帅）

【数据动态监控】 2019年，山西监管局将预算审核重心调整到基础数据的增减变化上，利用国库动态监控等系统及时制止和纠正发现的问题。强化驻晋中央预算单位预算编制审核。开展驻晋中央预算单位2020年“一上”预算审核。对414个单位开展审核，共净核减实有人数21人，净核减事业单位预计新增8人，净核增预算资金96.03万元，核减新增车辆预算36台，核减租用房屋面积14.53平方

2019年12月13日，财政监管人员开展城乡居民基本医疗保险基金运行情况调研（郭　帅供图）

米；审核5户单位项目资金5875.80万元。汇总16家驻晋中央垂直管理二级预算单位(含参公)公车改革情况上报财政部，其中保留车辆124台，取消车辆163台，车改后每年节约公务交通费支出共计456.07万元，平均节支率15.15%。全过程监控中央预算单位预算执行。实施财政授权支付动态监控。通过财政国库动态监控平台，对468户驻晋中央预算单位中央财政授权支付资金进行实时监控、疑点核查，发现3个单位6笔违规支付，均督促调账整改。做好银行账户日常管理工作。审核新开立银行账户21户，办理备案43户；年检196户预算单位470个银行账户，发现12户未参加年检，1户未审批、30户未备案，系统中年检不合格账户1个。受理审核8户次预算单位国库直接支付申请，审核同意支付资金1.08亿元。完成淡季商业储备化肥利息补贴、国家储备石油(成品油)的成本补助、国家战略物资储备的成本补贴、政策性粮棉油销售价差亏损、军粮差价补贴资金审核，并对国家储备棉、糖按季开展审核。加强驻晋中央金融企业财务制度执行监控。根据财政部委托，对中国农业银行朔州分行的委托处置资产进行梳理审核，出具证明；对中国证券监督管理委员会山西监管局固定资产报废申请开展审核出具审核意见。完成对交通银行山西省分行、中国农业银行山西省分行等金融机构呆账核销、贷款减免和银行抵债等三项业务检查。开展驻晋国有金融企业工资总额、负责人履职待遇和业务支出以及中央金融企业负责人薪酬情况检查，为规范相关制度提供基础信息。 (郭　帅)

【转移支付审核】 2019年，山西监管局严格审核地方转移支付申报项目，剔除各项不合理申报项目和资金。

完成中央财政城镇保障性安居工程专项资金审核。实地抽查两个市本级和23个县(市、区)，涉及资金10.49亿元，占全省申报资金的39.02%。核定租赁补贴申报超额实施计划数1674户；核减城市棚户区改造申报4555套，核减率3.89%，核定未按计划实施数11924套。审核发现中央专项资金上年结余存在差异、计划存在一定盲目性、资金管理有待加强等问题，并提出管理建议。

完成城乡义务教育补助经费审核。实地抽审忻州市及下辖神池、五寨两个县，审核32.24亿元中央城乡义务教育补助经费，发现问题资金133万元，提出相关政策建议，撰写《城乡义务教育补助政策有待调整完善》信息被部办公厅采用，上报部领导、中办、国办。

完成城乡居民基本医保补助资金审核。共审核资金79.15亿元，核减2018年度参保人数18.88万人，核减499万元，发现2018年6月底筹集资金未到位3398.55万元。完成城乡居民基本医疗保险基金运行情况调研，为贯彻落实财政部新出台的医疗保险补助资金管理办法提供第一手资料，并参与山西省2019年度中央财政城乡居民基本医疗保险补助资金集中会审，发现6个地市收不抵支，医保基金出现赤字。

完成城乡居民基本养老保险补助资金审核。共审核保险补助资金88.33亿元，纠正信息系统申报数据错误问题，督促财政部门及时拨付补助资金。

完成2018年度节能与新能源公交车推广应用情况审核。审核补助资金5.30亿元，抽查审核5个市县新能源汽车推广应用情况，核减运营里程未达到补贴公里车辆32辆176万元，同意上报新增及更换新能源公交车1588辆。

完成2018年度煤层气补贴审核。共审核14家中央企业和50家地方企业的煤层气开发利用补贴，涉及资金13.95亿元。剔除2018年不符合规定企业1户，扣除补贴资金676.30万元；核减2019年预计补贴资金9429.72万元。

开展民航发展基金投资补助项目预算审核。完成对补充申报2019年民航发展基金投资补助项目预算审核，同意使用民航发展基金投资补助项目预算资金1.47亿元，使用民航发展基金投资补助集中安排项目资金2990万元；完成对2020年民航发展基金提前下达部分投资补助项目预算申报审核，审核同意使用民航发展基金用于机场自主安排项目资金1.19亿元，使用民航发展基金投资补助集中安排项目资金1710万元。

完成普惠金融专项发展资金审核。对15户申请定向费用补贴的金融机构开展实地审核，审核认定山西省2019年度申请中央普惠金融专项发展资金3229.61万元。通过审核更好地发挥政策引领作用，引导金融服务向普惠方向延伸。完成军工企业“两维费”审核项目。 (郭　帅)

【重点项目资金监控】 2019年，山西监管局重视转移支付资金的执行，重点监控转移支付资金在各级财政分配下达情况、预算单位具体使用情况等，把视线延伸到基层单位和财政资金终端，对使用不当的资金督促改进管理，或提出调整或退出的建议，确保财政资金用到“刀刃”上并产生实效。开展2018年度中央转移支付资金下发指标对账工作。对账金额1765.47亿元，发现差异7.17亿元，并对差异原因进行核实。

开展财政扶贫资金动态监控。通过财政扶贫资金动态监控平台对山西省扶贫资金开展动态监控，山西省2019年扶贫资金投入总量为186.92亿元，已下达的扶贫资金186.68亿元，已支出160.88亿元，支出进度86.20%。在动态监控过程中，发现预算下达及时性预警47条、是否上传附件预警1046条、支出预警76条、到人到户补助预警136条、项目绩效预警605条，均按月上报财政部。

开展绩效目标填报专项审核。对财政扶贫资金动态监控平台中山西省2019年财政扶贫项目资金绩效目标填报进度和质量开展专项审核，逐条审核项目绩效目标填报，发现34类问题涉及1934个项目，向财政厅发整改函5期。

开展财政专项扶贫资金巡视审计问题整改情况核查。对两个深度贫困县制定巡视审计问题整改措施和落实情况开展核查，确认两个县对审计署反馈3大类8个问题全部完成整改，涉及资金6673.48万元。开展贫困县涉农资金整合试点情况核查。对山西省财政厅及两个深度贫困县涉农资金整合试点情况开展核查，涉及2018年统筹整合资金14.73亿元。完成“探索建立涉农资金统筹整合长效机制”专题调研，摸清省级推进涉农资金统筹整合进展、行业内涉农资金整合、行业间涉农资金统筹整合以及改革完善涉农资金管理体制机制等情况。开展车购税用于农村公路建设情况核实调研。重点对资金量大、建设任务重的临汾市隰县和洪洞县、吕梁市岚县和兴县2018年度车购税用于农村公路建设资金投入使用情况及形成实物量情况进行核实调研，将发现的问题撰写《“四好农村路”推进中的问题应予重视》工作简报，被办公厅采用并上报中办国办。完成国开行、农发行专项债券贴息、农业保险保费补贴等审核及财政系统脱贫攻坚排查梳理“回头看”工作，保障转移支付资金的效益和安全。（郭　帅）

【重要项目绩效评价】 2019年，山西监管局开展重大政策、重要项目的绩效评价，为政策调整、资金分配提供重要依据，提升财政资源配置效率和财政资金使用效益。完成2018年度旅游发展基金补助地方项目资金绩效评价工作。实地对两个县2018年旅游发展基金补助地方项目资金贷款贴息、旅游厕所建设项目进行审核，绩效评价资金为3161万元，撰写《旅游产业发展中的问题应引起重视》工作简报被办公厅采用，上报部领导及中办国办。完成“三供一业”分离移交财政支出绩效评价工作。实地核查3个市部分省属原下放中央企业项目管理实施、改造完成、经济效益和社会效益等情况，对2017年山西省19户中央下放企业职工家属区分离移交使用的中央财政补助资金29.19亿元开展绩效评价。针对发现的问题提出建议，撰写《完善“三供一业”补助资金政策的建议》工作简报被重点推荐。完成2018年城镇保障性安居工程专项资金绩效评价。对山西省2018年城镇保障性安居工程财政资金使用和管理情况开展绩效评价，对其评价报告及附表内容的真实性、完整性进行审核，并对两个市本级和23个县（市、区）实地抽查，全面准确评价全省及抽查地市保障性安居工程的工作成效。完成中小企业发展专项资金（小微企业创业创新基地城市示范方向）绩效评价。对太原市综改区和阳曲县等地进行实地核查，抽查公共服务、税费减免和融资支持等情况，发现4个主要问题，提出建议。完成中央基建投资用于易地扶贫搬迁部分资金绩效评价。对资金涉及的两个县开展实地评价，发现5个问题，提出建议，并总结经验做法。对山西省扶贫项目资金绩效自评开展抽审，随机抽取6县70个项目开展实地审核，发现数据填报不准确项目47个。（郭　帅）

【地方政府债务监控】 2019年，山西监管局利用债务管理系统探索开展动态监管，重点关注地方政府债务限额管理、预算管理等，严控法定限额内债务风险，对发现的风险隐患及时与财政厅沟通，提出管理意见，推进地方政府债务监管。

完成2018年地方政府债券发行使用情况核查。对涉及2018年地方政府债券发行、使用管理的各类主体，各级政府及其所属部门开展全方位核查，全覆盖核查山西省2018年新增和置换地方政府债券681.90亿元，核查率达100%。重点关注新增债券、置换债券、再融资债券的发行及使用情况。核查从地方政府债券的下达到使用，采取追踪到底的核查方式，追溯到债券资金使用的最终端，确保不漏查。

牵头开展地方政府违法违规举债融资和隐性债务核查。牵头组织地方政府违法违规举债融资和隐性债务核查，对两个市核查发现新增漏报隐性债务32亿元，向省政府移交问题线索8条；发现一融资平台公司违规发行公司债券18亿元以及一个区政府违规实施PPP项目等，上报财政部，山西省委常委、常务副省长胡玉亭作出“认真整改”的重要批示。履行牵头职责，科学严谨制定工作方案，搜集相关问题，做好沟通和汇报，并汇总35个监管局核查结果上报财政部。完成《地方政府隐性债务问责办法》落实情况调研等。

开展吕梁市政府债务督导调研。对吕梁市政府债务、隐性债务情况开展调研，了解市县政府债务情况、特别是隐性债务化解方案和化解进度，存在的困难和问题，并提出相关建议。对2018年新增债券资金支出率较低的县开展督导，针对个别地方债务指标预警、个别项目支出进度缓慢问题，分析原因并提出具体整改要求。

开展隐性债务化解方案落实情况监督。在全省摸底自查的基础上，对两个市本级和20个县（市、区）年度化债任务完成情况、化债措施落实情况开展监督，并对化债方案可行性开展评估。

完成政府外贷专项审核。实地审核外贷项目的内部控制制度和监督检查制度，并审核贷款资金的使用情况和财务会计制度执行情况等，发现部分数据不实、未签署转贷协议等问题，督促完成整改。

完成对山西省政府2019年三批公开发行债券467.47亿元现场观察，完成地方政府法定债务限额空间核实确认等工作。（郭　帅）

【会计信息质量监督检查】 2019年，山西监管局强化会计师事务所、资产评估事务所监管。根据财政部要求，对辖区内37家上市公司2018年度财务报告开展分析工作，贯彻财政部加强对会计师事务所、资产评估事务所商誉减值审计业务的监管，并进行持续跟踪，上报《关于山西省上市公司商誉及其减值准备的调研报告》。

会计信息质量检查。根据财政部工作部署,开展对北京天圆全会计师事务所(特殊普通合伙)2019年会计评估监督检查,进行交换意见工作。跟踪督促朔黄项目推进。跟踪督促朔黄铁路公司涉及山西省的事项和部分项目的推进工作,通过跟踪问效,在经济增速下行、企业减税降费的大形势下,朔黄铁路公司对山西分税保持增长,投资在逐步落实。(郭 帅)

税 务

【概况】 2019年,国家税务总局山西省税务局(简称省税务局)全系统累计完成各项收入3707.06亿元(含海关代征增值税、消费税,未扣减出口退税),同比增长8.64%,增收294.92亿元。其中:税收收入完成3140.27亿元,同比增长8.26%,增收239.72亿元;非税收入完成171.18亿元,同比增长4.22%,增收6.93亿元;社保费及职业年金收入完成395.61亿元,同比增长13.9%,增收48.27亿元。全省收入主要有五个特点:一是税收总量增长、增速回落,与经济发展的协调性增强;二是增值税、企业所得税、资源税是增收主力,减税降费对相关税种影响较大;三是第二产业税收增速较快,煤炭税收主导地位依然稳固;四是税收结构优化,非传统行业税收引领支撑作用明显,部分新兴行业税收快速增长;五是非税收入征收平稳,社会保险费收入实现较快增长。

(徐 靖)

【减税降费】 2019年,省税务局建立"省委领导、政府牵头、部门联动、社会参与"的减税降费协同共治格局,以最大力度、最优服务、最严标准,确保各项减税降费政策措施落实到位,助力山西省经济高质量转型发展。全年累计培训基层税务干部2.37万人次、纳税人81.58万人次。举办大企业税企高层对话会、"法人知税 银企联税"主题沙龙、行业协会座谈、女企业家深入研讨等,提振企业家、法人投资发展信心。推广"减税降费成效测算表",对全省正常纳税的14.60万户一般纳税人、32万户小规模纳税人,逐户建立"铁账本"档案,帮助算好纳税人"收益账"。全年全省累计新增减税410.57亿元。山西省出台的城镇土地使用税减按75%征收政策减税11.95亿元,税务部门征收的社保费降费17.15亿元,减税降费成效显著,促进经济发展,激发市场活力。个人所得税新增减税带来超过62亿元的新增消费,拉动社会消费品零售总额增长约0.80个百分点;研发费用税前加计扣除比例提高,推动规上工业企业研发费用同比大幅增长52.40%;全省新设立税务登记户数24.02万户,同比增长26.39%。(徐 靖)

【社会保险费和非税收入】 2019年,省税务局构建税务部门与人社、医保、协作银行等部门全面对接机制。在平移原有缴费渠道的基础上,实现从"多元化缴费"向"便捷化缴费"转变,开通微信服务城乡居民社保缴费。加大宣传培训辅导力度,定向精准推送降费政策,开展社保降率分户核算和测算分析,推动社保降费政策落实落地。加强督促指导,全省各统筹区域均实现社保费共享平台数据完全交互。在负责征收省直机关事业单位社会保险费和相关税费中,畅通与省社保局数据交换,实现社保信息大数据共享,缴费办理时间由20分钟压缩至3分钟以内。推行电子退库业务,退税申请资料大幅精简,退税办理总时长由7个工作日缩减至1个工作日。在非税收入征管方面,以"规范征缴管理、提高征缴效率、降低征缴成本、优化缴费服务"为工作思路,聚焦首批划转项目平稳承接,聚焦减税降费政策落地生根、聚焦已征非税项目规范征管。(徐 靖)

【依法治税】 2019年,省税务局成立省税务局全面依法行政领导小组和重大税务案件审理委员会,组织召开各市税务局主要负责人2018年度履行法治建设第一责任人职责情况的法治考核测评会议。全面推行"三项制度",促进税务执法更加规范、公正、透明。组织开展与现行开放政策不符、与《外商投资法》不相符的规范性文件清理工作,试点推行重大税收执法说明理由制度,《山西省加强税收法治建设优化税收营商环境报告》入选《法治山西蓝皮书》。法律顾问就政府采购合同、政府信息公开和复议案件等事项进行合法性审核。公职律师参与"三重一大"、重案审理、执法督察和税务稽查等工作。(徐 靖)

【税种管理】 2019年,省税务局推进个人所得税改革,强化全员全额扣缴申报管理,创新代开发票环节个人所得税管理,建立"开票不征、申报缴纳、事后核查、风险处置"的个人所得税征管新模式。以落实减税降费政策措施为主线,深化增值税税制改革。对全省增值税一般纳税人开展"网格化管理+清单化服务",一对一为纳税人送政策、送服务、问需求、算红利。推行出口退税无纸化申报办税,实现各类涉税事项网上办。2019年全省共办理出口退(免)税44.96亿元。强化车辆购置税管理,实现申报、缴税、上牌全流程电子化、无纸化。加强废矿物油再生油品免征消费税管理。以年度纳税申报为主线,强化宣传辅导,优化管理服务,统一管理标准,提升企业所得税汇算清缴质效。重点强化煤炭资源税和疏干排水水资源税征管,做好资源税地方立法及税法实施准备工作。持续加强环境保护税征收管理和部门协作,强化重点项目和重点税源管控。2019年共完成资源和环境税收入432.19亿元,同比增长61.13亿元,增幅16.47%,占全部税收收入的13.87%。制定落实小规模纳税人城市维护建设税等地方税费"6税2费"减半征收优惠政策,全年69万余户企业享受减免金额共计9.55亿元。做好财产行为税分析评估,促进财产行为税收入稳定增长。(徐 靖)

【纳税服务】 2019年,省税务局以"新税务·新服务"为主题,开展"便民办税春风行动",推出5类18项71条便民办税服务措施。落实《国家税务总局山西省税务局进一步优化税收营商环境行动方案(2018 年—2020 年)》,做好复制推广深圳前海蛇口自贸区经验创新工作,开展山西全省域营商环境评价试点工作。组织开展万名税务干部入企服务工作,推进银税合作扩面提质增效。加强办税服务厅管理,提升办税服务质效,规范全省自助办税服务管理工作,加快建设自助办税"一体化""智能化"服务管理平台,在办税服务厅开展导税咨询资料预审服务,拓展"最多跑一次"事项,全面贯彻落实《全国税务机关纳税服务规范(3.0 版)》和《税收征管操作规范》。开展 2019 年企业纳税信用评价工作,深化"银税互动",推进以信换贷、以税增信,全年全省各银行业金融机构累计向 11602 户诚信纳税企业发放贷款 223.08 亿元。做好纳税服务投诉工作,加强涉税专业服务监管。全年山西 12366 纳税服务热线共受理咨询电话 555126 个,通过网络平台答复咨询 938 条;微信公众号共发布各类信息 920 条,关注量达到 346182 次。明确职责,规范运行,加强沟通,提高人大建议政协提案办理工作的质量和效率。全年共办理人大建议 21 件,政协提案 9 件。 (徐 靖)

【征收管理】 2019 年,省税务局持续优化发票申领程序,简化税控设备领用、发行等程序,清理新办企业领用发票前置事项,压缩企业发票申领时间,合理确定票种核定标准,全省办税服务厅均实现新办企业首次办理申领发票时间压缩至 1 天以内。与省市场监督管理局、省公安厅联合下发《关于持续深化压缩企业开办时间的意见》,打造"六最"营商环境。简化税务注销程序,在全国范围内率先取消纸质清税证明,推行电子清税证明,实行企业注销"一网"服务。简化个体工商户申报次数,将原按月申报的个体工商户全部实行按季申报,户均年办税时间由 6 小时降低为 2 小时左右。推出试点取消纸质资料报送等 10 项便民办税缴费新举措,为纳税人和缴费人办实事、解难题。建成省级大企业税收信息化平台,实现数据管理的标准化、规范化和制度化,构建完整的大企业"数据集市"试点项目,初步实现数据互联、模型共享、风险互推。

(徐 靖)

【税务稽查】 2019 年,省税务局以"全力查处税收违法案件"为中心,突出抓好打击虚开骗税违法犯罪两年专项行动、扫黑除恶专项斗争、重点税源随机抽查,集中力量对影视行业税收秩序进行规范。全年共立案检查 4647 户、督导企业自查 611 户,查补收入 15.64 亿元。发现涉黑涉恶线索数 109 条,涉及企业 161 户、个人 173 名,收到"打财断血""打伞破网"的效果。打击虚开骗税工作涉及的 1794 户全部按时查处,利用信息化战法打掉 4 个虚开犯罪团伙,查明接受虚开发票 9.82 万份,涉及税额 29.35 亿元,对外虚开发票 11.13 万份,涉及税额 37.64 亿元;移送公安机关 271 户,震慑效应充分显现。推进"双随机、一公开"监管,开展随机抽查 510 户次。组织全省 755 户影视行业企业和 55 名影视行业高收入从业人员开展自查自纠,入库收入 993 万元。落实"黑名单"和"联合惩戒"制度,全年共公布重大税收违法失信案件 169 户。

(徐 靖)

【电子税务】 2019 年,省税务局优化电子税务局,上线 292 项功能,其中,117 项实现全程网上办,覆盖纳税人日常业务的 80%以上,提供 15 个税种 6 项收费的申报缴纳。先后推出网签三方协议、跨区域涉税事项套餐、跨区经营企业所得税预缴台账录入等创新举措。建立电子税务局"体验师"制度,邀请体验师对电子税务局的功能模块提出意见,完善电子税务局功能,提升用户操作体验。优化网络结构,形成以 1 个省级节点、24 个地市级节点、333 个县区级节点、753 个县级以下节点共 1039 个网络节点组成的广域网络。提升应用系统安全防护,在税务总局、公安部组织的网络攻防实战演习中均未被攻破,在省公安厅组织开展的网络攻防实战演习中,获山西省网络与信息安全通报中心"最佳防守单位"。 (徐 靖)

【税收经济分析制度确立】 2019 年,省税务局制定出台《国家税务总局山西省税务局税收经济分析制度》,成立税收经济分析工作领导小组,确保全省税收经济分析工作的高质量推进。开展"以税咨政提站位 建言献策促发展"主题活动,问需党委政府、重点企业、相关单位,着力提升税收经

2019 年 4 月 25 日,税务工作人员为纳税人作减税降费政策解答

(徐 靖供图)

济分析选题的针对性、有效性。2019年,撰写的7篇税收经济分析报告获得省委、省政府领导的表扬性批示,6篇经济分析报告被省委省政府内参类刊物采用。加强区域分析合作,与陕西省、内蒙古区、新疆区税务局共同协作完成《能源革命卓有成效 转型发展仍需加力——基于晋陕蒙新四省(区)比较分析》报告,服务区域协调发展。 (徐 靖)

【大数据和风险管理】 2019年,省税务局通过山西政务信息资源数据共享交换平台,与省公安厅、省卫健委、省教育厅实现数据对接,全年向其提供各类数据2052万条;通过"金税三期"决策支持风险管理系统推送104期风险任务,涉及风险纳税人31351户,共查补入库税款3.85亿元,加收滞纳金5885.65万元,风险分析识别命中率100%;通过跨区域风险管理系统,向外省税务机关发布协作任务2538条,接收协作任务2695条,按时处置率为100%。以团队为核心,保障税收风险管理质量,对重点行业、重点企业、跨区域联动分析开展人工专业复评,坚持集体审议,对风险应对结果严格把关,实施税收风险事前、事中、事后全流程链条式管理。

(徐 靖)

【国际税收】 2019年,省税务局落实境外投资者以分配利润直接投资暂不征收预提所得税政策,全年共为3户企业办理延迟缴纳税款105万元。执行国际税收协定,全省非居民企业享受税收协定待遇37笔,减免税额

表21 2019年山西省一般公共预算收入统计表

单位:万元

项 目	金 额
收入总计	23477478
一、税收收入	17836582
增值税	7187011
企业所得税	2714835
个人所得税	367602
资源税	3830339
城市维护建设税	780028
房产税	431293
印花税	311637
城镇土地使用税	349055
土地增值税	608414
车船税	242133
耕地占用税	105994
契税	750681
烟叶税	1810
环境保护税	141789
其他税收收入	13961
二、非税收入	5640896
专项收入	1317689
行政事业性收费收入	897082
罚款收入	667553
国有资本经营预算收入	16769
国有资源(资产)有偿使用收入	2271994
其他收入	469809

(省统计局提供)

7212.09万元。推进服务"一带一路"建设,联合省商务厅、国家外汇管理局山西省分局共同举办"面向未来、服务'一带一路',优化环境、促进引进外资"国际税收政策宣讲会,成立"双语服务团队"。开展跨国企业利润水平监控工作,推动反避税工作转型升级。编写《中国居民赴波黑投资税收指南》,更新完善《中国居民赴马其顿投资税收指南》《中国居民赴克罗地亚投资税收指南》。加强国际税收征管协作,利用税收情报交换,追缴大额税款3201.30万元。 (徐 靖)

【督察内审】 2019年,省税务局聚焦"督、审、控、评、谏、联"六大工作职能,坚持在"内"字上下功夫,在"防"字上谋突破,在"改"字上求实效。提升税收执法督察效能,2019年共开展税收执法督察项目39个,涉及5个市局、49个县局,制定整改措施105条。先后对税务总局推送的两批19件重大风险数据线索开展核查。开展财务收支审计、专项审计,共开展内部审计项目72个,其中,内部财务审计项目36个,专项审计项目36个。落实税收执法责任制工作,内控平台日常考核确认执法过错行为共计492条,过错责任追究共计259人次。配合外部监督,省以下税务机关接受外部监督检查23次。

(徐 靖)

【税收科研】 2019年,省税务局与北京航空航天大学产业经济研究所申报"减税降费背景下优化税收营商环境途径研究"课题,研究成果得到税务总局税收科研所、评审验收专家组成员充分肯定并顺利结题。组织开展课题研究,立项"建国70周年山西税收发展回顾与启示"等14项课题,共完成30余篇、25万字的课题报告。组织省、市、县三级9个科研调研基地开展减税降费专题调研,撰写18篇研究报告上报税务总局,部分调研报告被税务总局相关资料刊登。承担完成中国税务学会"建筑装饰行业减税降费效应分析与途径研究"和中国国际税收研究会"大数据应用于税收征管问题研究"课题研究。加强学术交流与合作。与山西省社科院联合编撰《2020山西税收与经济发展蓝皮书》。 (徐 靖)

金融监管

·中国人民银行太原中心支行·

【概况】 2019年,山西省金融运行总体稳健,社会融资规模快速增长,融资结构优化,资产负债规模稳步增长,各项存贷款增长较快,存贷款增量均创历史新高,货币政策逆周期调节作用增强,贷款市场报价利率(LPR)形成机制改革推进,贷款利率同比降低,银行体系流动性整体充裕,金融机构不良贷款实现双降,盈利能力同比提升。

社会融资规模增长较快。截至2019年底,山西省社会融资规模存量为43034.46亿元,同比增长10.40%,较年初增加4221.78亿元,同比多增596.19亿元。全年四个季度,山西省社会融资规模存量同比增速分别快于GDP累计同比增速2个、2.3个、4个和4.2个百分点。结构整体优于上年。金融机构对实体经济发放的人民币贷款和外币贷款增长显著。2019年全年对实体经济发放的本外币贷款新增2738.9亿元,同比多增77.74亿元。地方政府专项债券新增660.98亿元,同比多增33.73亿元。企业债券和股票融资增长较快。全年企业债券和股票融资新增608.43亿元,同比多增67.29亿元。委托贷款、信托贷款和未贴现的银行承兑汇票表外三项融资总体减少88.90亿元,同比少减464.8亿元。

资产负债规模增长。截至2019年底,山西省银行业资产总额48773.70亿元,同比增长7.70%;负债总额46904.30亿元,同比增长7.50%;所有者权益1869.39亿元,同比增长14.40%。银行业信贷资产占总资产的57.66%,较上年提高1.81个百分点;同业资产较上年压降220亿元,非标投资较上年压降188亿元。

各项贷款增长较快。截至2019年底,山西省金融机构本外币各项贷款余额28119.37亿元,同比增长11.34%,低于上年同期0.54个百分点。各项贷款较年初增加2752.44亿元,同比多增84.44亿元,货币政策逆周期调节作用发挥。

从贷款期限看,中长期贷款占比依然较大,但增势减弱。2019年,新增中长期贷款1784.03亿元,占全部贷款增量的64.80%;贷款增量同比少增423.60亿元,农村信用社和股份制商业银行中长期贷款较年初分别下降109.13亿元和85.53亿元。

从行业投向看,交通运输业、租赁商务服务业、制造业三行业新增贷款占比较大。2019年,交通运输业、租赁商务服务业、制造业合计新增贷款1262.86亿元,占全部行业新增贷款的51.33%。

各项存款增长平稳。截至2019年末,山西省金融机构本外币各项存款余额38381.44亿元,同比增长8.61%,高于上年同期1.01个百分点。各项存款较年初增加3029.01亿元,同比多增539.75亿元,增量创历史同期新高。

存款增长主要体现在个人存款和单位存款增加较多。(1)住户存款增势强劲。截至2019年末,住户存款余额22636亿元,同比增长10.8%,较年初增加2184.30亿元,占全部新增存款的58.20%,同比多增459.50亿元,增速及增量均创2014年以来同期新高。(2)金融机构积极发行大额存单,带动住户和企业部门存款增长。2019年,山西省金融机构新增大额存单1370.88亿元,占新增存款的45.26%。(3)非金融企业存款增长显著。2019年,非金融企业存款增长683.54亿元,占新增存款的22.57%,同比多增60亿元。 (扈照轼)

【信贷结构】 2019年,山西省金融信贷结构总体合理可控。(1)对关键领域的信贷投放持续加大。山西省金融机构新增制造业贷款195.21亿元,同比多增165.25亿元,占全省工业贷款增量的43.40%,同比提高18个百分点。(2)支持薄弱环节补短板成效明显。截至2019年底,山西省涉农贷款余额10390.04亿元,同比增长3.90%,较年初增加469.81亿元,占各项贷款新增额的17.07%。山西省金融机构民营经济贷款余额7667.10亿元,同比增长3.90%,高于上年同期8.30个百分点,较年初增加317亿元,同比多增161.80亿元;民营经济贷款增量占各项贷款增量的11.50%,较上年同期提高5.7个百分点。山西省普惠型小微企业贷款余额1625.53亿元,较年初增长17.41%,快于各项贷款增速6.56个百分点。山西省获得贷款的普惠型小微企业户数达到46.09万户,较年初增加7.72万户。山西省金融精准扶贫贷款余额920.5亿元,较年初增加15.37亿元,增长1.70%。(3)房地产信贷政策得到较好落实。截至2019年末,房地产贷款余额4462.49亿元,同比增长15.26%,低于上年同期22.54个百分点;房地产贷款较年初增加590.71亿元,同比少增471.32亿元。其中,个人住房贷款余额2809.33亿元,同比增长15.95%,低于上年同期13.67个百分点,贷款较年初增加386.34亿元,同比少增167.32亿元。

贷款利率稳中有降,小微企业贷款利率下降明显。2019年,贷款市场报价利率(LPR)改革工作扎实推进。1月至12月,山西省金融机构人民币贷款加权平均利率为6.266%,同比降低0.172个百分点。其中,小微企业贷款利率为7.25%,同比降低0.082个百分点,总体呈现下降趋势。12月,普惠型小微企业贷款加权平均利率8.076%,较年初降低0.545个百分点。银行体系流动性整体充裕。2019年,人行太原支行执行各类定向降准政策,向山西省金融机构累计释放流动性443.42亿元。通过发放再贷款、再贴现、常备借贷便利等货币政策工具向市场注入流动性706.62亿元,为山西省金融机构提供合理充裕的流动性支持。从期限配置看,山西省地方法人金融机构流动性比例平均水平为50%,所有金融机构均满足25%的监管标准。

非金融企业债务融资。截至2019年底,山西省企业在银行间市场累计募集资金1.34万亿元,同比增长17.23%,居全国第7位,中部六省第1位。累计支持60家企业,涉及煤炭、冶金、电力、交通、化工、机械、公用事业等10个行业。存量融资规模为3980.36亿元,同比增长5.14%,居全国第8位,中部六省第1位。全年累计发行1970.40亿元,全国位列第7位。2019年,山西省企业债务融资工具加权平均发行利率为4.44%,同比下降1.05个百分点,共为企业节约融资成本20.69亿元。利率低于各企业贷款平均利率1.23个百分点,提升实体经济的活力。

金融机构不良贷款实现双降,盈利能力同比提升。截至2019年底,山西省银行业金融机构账面不良贷款余额652.50亿元,较年初减少116.30亿元;不良贷款率2.32%,较年初下降0.72百分点。截至2019年底,山西省银行业存款类金融机构盈利491.16亿元,同比增盈81.71亿元。其中,政策性银行盈利同比多增27.16亿元,国有银行盈利同比多增57.27亿元。 (扈照轼)

【货币政策调控运用】 2019年,中国人民银行太原中心支行(简称人行太原支行)贯彻落实稳健货币政策,强化政策引领和窗口指导,为实体经济发展营造适宜的货币金融环境。全年通过落实降低存款准备金政策,向山西省金融机构释放长期资金443.42亿元,通过常备借贷便利向市场注入流动性101.62亿元,保持金融机构流动性合理充裕。发挥货币政策工具的结构性引导作用,累计发放再贷款、再贴现605亿元,引导信贷资金流向涉农、民营和小微企业、贫困地区等薄弱环节。推进贷款利率形成机制改革。全年全省金融机构人民币贷款加权平均利率6.266%,同比降低0.172个百分点。截至2019年底,山西省金融机构本外币各项贷款余额28119.37亿元,同比增长11.34%;比年初增加2752.44亿元,同比多增84.44亿元。 (扈照轼)

【民营和小微企业金融服务】 2019年,人行太原支行按季开展小微企业信贷政策效果评估,定期通报民营和小微企业贷款增长情况。与山西省财政厅等部门联合制定《小微企业贷款风险补偿资金管理办法》。实施"一企一策"金融服务,精准对接山西省内重点农业龙头企业,开展针对性融资辅导。与太原市政府联合举办民营和小微企业融资洽谈会、转型发展融资对接会。截至2019年底,全省民营企业贷款同比增速快于上年同期8.30个百分点;普惠型小微企业贷款较年初增速快于各项贷款6.56个百分点;小微企业获贷户数较年初增长16.75%;12月,普惠型小微企业贷款加权平均利率同比降低0.545个百分点,总体呈现"量增、面扩、价降"趋势。 (扈照轼)

【金融风险监测与防控】 2019年,人行太原支行防范化解重大金融风险。配合制定山西省防范化解重大金融风险攻坚战实施方案并推动落实。制定《金融委办公室山西金融监管协调机制》和《山西省金融风险信息交流与共享办法》,促进金融监管行动协调与信息互通。开展高风险金融机构风险化解专项行动,从机构、市、省三个层面,分别制定风险化解方案,得到山西省政府领导批示。组织摸排运城市担保圈(链)风险状况,推动金融监管部门采取一致行动,拆圈解链化解风险。推动化解高负债企业风险,持续跟踪重点企业融资风险化解进程,建立与相关市中心支行的联合会商机制,分层级开展风险提示,推动风险稳步化解。妥善处置太行村镇银行集中取款事件。应对包商银行涉及山西省风险,债权收购协议签署工作得到包商银行接管组肯定。强化风险监测预警。2019年,人行太原支行完成日常风险监测评估、中央银行金融机构评级、现场核查和风险差别费率核定等工作;严格执行金融风险监测

定期报告制度、大型问题企业监测制度和重大事项报告制度，及时发现、预警、报告风险。（扈照轼）

【新版人民币发行】 2019年，人行太原支行加强货币金银管理。推进新版人民币发行工作。完成2019年版第五套50元及以下面额人民币发行工作。发行前摆布到位，通过人员培训、机具升级等措施，多渠道提升银行机具人员鉴别能力。通过广告屏循环播放宣传片、“千人进千村”专题宣传以及新版人民币“5221宣传兑换套餐”和“826反假鉴别套餐”等渠道，提高公众对人民币的识别度。全年累计收缴假人民币917.81万元、106912张(枚)，分别同比下降10.30%和18.20%。（扈照轼）

【支付体系建设】 2019年，人行太原支行支付结算业务系统平稳运行。全年全省共有92家银行网点加入现代化支付系统;85家银行网点加入人民币银行结算账户管理系统。现代化支付系统发起、接收业务19752.39万笔、同比增长11.30%，金额74.67万亿元、同比增长40.97%。规范人民币银行结算账户管理系统。全年全省共办理单位人民币结算账户开立267535户、撤销124017户、变更113991户，受理并上报中国人民银行总行联网核查社会公众投诉126笔。上线运行“山西省银行结算账户管理辅助系统”，实现银政信息共享、企业注册和预约开户一网通办、银行账户资料电子化传输等功能，企业开户更加便捷安全高效。账户审批实现“当日办结”，窗口工作服务人员实现零投诉。非现金支付工具投放上升。截至2019年底，山西省59家发卡机构累计发卡18980.66万张，同比增长8.99%。特约商户累计36.82万户，同比下降29.30%;POS机82.99万台，同比下降23.84%;ATM机2.63万台，同比增长1.60%;全省银行卡交易507406.61万笔，同比增长6.08%;金额149584.99亿元，同比下降2.18%。2019年底，全省共建设农村“金融综合服务站”29546个，实现有条件的行政村全覆盖;全省所有县域全部建成1至2个与扶贫、特色产业结合的特色示范服务站，其中，18个贫困县共建成特色服务站66个，支付业务助推脱贫攻坚发挥成效。全年全省累计办理助农取款业务272.83万笔，取款金额17.26亿元;累计办理“农民工银行卡特色服务”跨行交易业务4.93万笔，交易总金额5080.40万元。（扈照轼）

【社会信用体系建设】 2019年，人行太原支行提升征信管理和服务水平。2019年底，金融信用信息基础数据库为山西省26.33万户企业和2139万自然人建立信用档案。全年累计提供企业征信系统查询15.89万次，个人征信系统查询834万次;累计向省公安局、法院、检察院、审计署特派办、中小企业局等机关提供企业和个人信用报告查询813笔、1018笔。二代征信系统切换上线运行。实现省级政府采购平台与中征应收账款融资服务平台对接，为中小企业提供便捷的全流程线上应收账款融资服务。截至2019年底，应收账款融资服务平台累计登记全省融资业务1647笔，融资金额2181.59亿元，同比增长9.60%。2019年底，全省农村信用信息平台共收录365万企业及个体工商户基本信息、542万农户户主信息和54万户贫困户基本信息，应用范围逐步扩大，农村信用体系建设扎实推进。全省评定信用户13万户、信用村100个、信用乡(镇)29个，共为90万农户建立信用档案，有51万农户累计获批贷款332亿元。履行行政许可和行政处罚信用信息“双公示”推送职责，全年向山西省信用信息共享平台推送“双公示”信息19万余条。拓宽征信查询渠道，在全省开设商业银行代理查询网点28个，推动征信窗口服务规范化标准化建设，征信查询的可获得性提升。实施金融信用信息基础数据库接入机构分类监管，推进征信管理现场检查、信息泄露风险自查自纠和重点抽查工作，强化征信信息安全合规监管。2019年底，山西省中央银行内部企业评级系统上传企业3680户，其中，可接收级以上小微企业767户，小微企业评级通过率81.60%。全省通过中央银行内部评级以信贷资产质押发放再贷款6笔，金额10亿元，发放质押贷款47笔，金额13亿元，推进中央银行内部评级工作。（扈照轼）

【反洗钱监管】 2019年，人行太原支行推进反洗钱工作和扫黑除恶专项

2019年10月10日，中国人民银行太原中心支行与太原市人民政府联合举办2019年太原转型发展融资对接会（扈照轼供图）

斗争，完善监管制度建设，印发《山西省反洗钱行政处罚裁量基准实施细则（试行）》《山西省法人金融机构洗钱和恐怖融资风险评估指标执行规程(2019版)》。强化反洗钱执法检查和行政处罚。2019年全省共检查机构74家，处罚机构18家，处罚金额909.54万元，规范机构的反洗钱工作。开展对法人义务机构的洗钱和恐怖融资风险评估工作。全年全省共选取24家法人金融机构开展洗钱风险评估，基本掌握辖内金融机构的洗钱风险点。推进反洗钱工作信息化建设。2019年自主开发洗钱和恐怖融资风险评估信息管理系统、反洗钱监管信息管理系统和反洗钱知识测试系统。开展反洗钱分类评级工作，督促义务机构加强洗钱风险管控。差别化运用反洗钱监管措施。对全辖义务机构实施监管走访39家，约谈44家，质询8家，督促义务机构提升反洗钱工作有效性。推进扫黑除恶专项斗争工作。印发《关于深入推进2019年度扫黑除恶专项斗争的指导意见》《涉黑洗钱风险监测指标建设指引》《山西省金融机构涉黑涉恶可疑交易监测及可疑账户查控工作指引》。发挥线索协查与案件侦办协作机制作用。2019年，协助公安部门查询461家涉黑企业和652个涉黑个人账户信息；协助省纪委监委查询账户信息50次，涉及9个企业、309名个人。明确摸排重点，强化线索排查移送。全年全省人民银行系统共报送涉黑涉恶线索408条。协助侦办大案要案。2019年，参与“3·16涉黑专案”并协助税务部门侦办“2·27”“6·25”“7·14”等专案。推动山西省第一例涉黑洗钱犯罪案件宣判。（扈照轼）

【金融法治环境建设】 2019年，山西省各级人民法院审结民间借贷、证券期货、互联网金融等各类案件40859件，金融风险得到化解。审结破坏市场经济秩序的虚假出资、合同诈骗等案件838件，审结各类合同纠纷案件139135件，营商环境的法治化水平提高。全年全省人民银行和外汇管理系统共作出行政处罚案件60余件，处罚款金额1400余万元，维护辖区金融秩序，确保辖区金融市场稳健运行。山西省人民银行系统全年共受理金融消费者投诉664件，同比增长79.95%，办结率94.73%。解答金融消费者咨询7917件，同比增长22.10%。

加强金融法治宣传工作。全年全省金融机构采取多种形式面向社会开展金融法治宣传活动，涉及反洗钱、征信知识、票据管理、反假货币、支付结算、银行卡管理、金融消费权益保护等多个方面。联合山西省地方金融监管局、省教育厅、山西银保监局、山西证监局共同签署《关于构建山西省金融知识普及教育长效机制合作备忘录》，探索形成以开展“金融与诚信”知识主题教育活动为载体、以嵌入德育课程与多学科渗透相结合的方式推动金融知识纳入国民教育体系的“山西模式”。成立山西省金融消费权益保护协会和金融消费纠纷人民调解委员会，推进金融消费纠纷多元化非诉解决机制建设。

（扈照轼）

【外汇管理与服务】 2019年1月13日至14日，人行太原支行组织召开2019年全省人民银行工作会议暨外汇管理工作会议。提出2019年主要工作任务是贯彻执行稳健的货币政策，服务实体经济发展；加强重点领域风险防控，维护辖区金融稳定；全面提高金融服务与管理水平；切实改善外汇管理与服务；进一步加强内部管理。2019年，人行太原支行出台《关于支持扩大进口促进对外贸易平衡发展的实施意见》，推出服务外贸企业的10条措施。推动跨境金融区块链服务平台在山西省落地，推动跨国公司跨境资金集中运营业务“扩容增量”，推动复制推广深圳前海蛇口自贸片区制度创新经验，牵头复制的第一批12项创新经验基本具备落地条件。外汇管理行政审批系统接入山西省政务服务网并上线运行，外汇管理行政审批效率提升，行政许可事项办结时间由20个工作日缩短至5个工作日，部分事项实现“马上办”。上线山西省税务备案电子化系统，企业办事时间由1至2天缩短至10至20分钟。外汇管理与服务得到优化。

（扈照轼）

【中央银行会计系统升级换版】 2019年4月27日，人行太原支行组织完成2019年中央银行会计核算集中系统(简称ACS)升级换版工作。首次升级换版优化完善系统功能5项，新增系统功能11项，增加信息管理子系统(简称AMIS)若干报表。辖内116台ACS客户端软件、59台AMIS客户端软件成功升级至V2.9版、V2.7版，全部登录验证无误。

10月26日，组织完成第二次升级换版工作。辖内115台ACS客户端软件、62台AMIS客户端软件成功升级至V2.10版、V2.9版，全部登录验证无误。二次升级换版优化完善系统功能7项，新增系统功能5项，提高ACS业务处置能力，增加AMIS若干报表，满足业务管理和统计分析的需要。（扈照轼）

【太原转型发展融资对接】 2019年10月10日，人行太原支行与太原市政府联合举办2019年太原转型发展融资对接会。会前，各金融机构按照“主办行+开户行”的“双覆盖”模式，与800余个太原市重点项目对接。会上，20家金融机构和35个项目企业现场签订授信协议，授信额度超过417亿元。会后，各金融机构和参会的200余家企业现场开展融资意向洽谈活动。人民银行推动银行资金落实、政府推动项目开工落地的“双推动”方式，有利于提高对接效率，助推经济高质量发展。（扈照轼）

·中国银行保险监督管理委员会山西监管局·

【实体经济发展支持】 2019年，中国银行保险监督管理委员会山西监管局(简称山西银保监局)引导全省银行业保险业围绕地方经济发展、优化资源配置，截至2019年底，各项贷款较年初增长11.23%，存贷比同比上升

1.97个百分点；保险业在晋累计投资1284亿元。深化供给侧结构性改革，联合印发实施意见做好"僵尸企业"和去产能企业债务处置。降低融资成本，累计取消或减免收费468项，为16.79万户企业减免息费11.21亿元，为1.39万户企业转贷续贷3822.14亿元。主动协调有关部门，开展环境污染强制责任保险试点，发展电梯责任保险，提高地震巨灾风险抵御能力。简化理赔流程，迅速做好乡宁山体滑坡、沁源森林火灾事故应急处置和理赔工作。（贯杰伟）

【普惠金融发展】 2019年，山西银保监局制定民营企业金融服务工作要点，开展政策实施后评估，发展贷款保证保险，民营经济贷款余额较年初增长3.94%。召开小微企业金融服务工作通报会，落实单列信贷计划、贷款利息收入免征增值税、提高不良容忍度等政策，法人银行普惠型小微企业贷款总体完成"两增两控"目标。联合省税务局印发通知深化"银税互动"，累计向13504户诚信纳税企业发放贷款293亿元。联合省医保局、财政厅印发《关于进一步做好城乡居民大病保险工作的通知》，协调推进城乡居民医疗保险及大病保险省级统筹工作。组织消保工作考核评价和专项检查，举办"3·15"教育宣传周和金融知识宣传月活动，开展12378热线升级改造，消费者投诉处理满意度达99.40%。（贯杰伟）

【重点领域风险防控】 2019年，山西银保监局开展银行机构部分重点领域风险排查、保险产品专项检查和治乱打非回头看检查，做好偿二代风险综合评级。重点监管车险综合费用率，严格执行"报行合一"，车险综合费用率下降7.96个百分点。整顿规范人身保险市场秩序。整治保险中介非法合作展业，排查违规销售情况。开展银行保险机构案件警示教育活动和"智能PLUS"员工行为稽核调查，实施案件风险防控专项检查，辖内银行机构堵截风险事件578件、避免损失858.44万元。开展"护航2019"反保险欺诈专项行动。推进P2P网络借贷风险专项整治。联合开展非法金融活动集中整治和防范非法集资宣传月活动，推进扫黑除恶专项斗争。组织开展国家网络安全宣传周系列活动，举办网络安全线上知识竞赛和法人机构网络安全攻防大赛。

（贯杰伟）

【信用风险化解】 2019年，山西银保监局建立大额风险暴露监测和整改台账，开展全面评估和"回头看"，制定达标规划。发挥债委会作用帮扶困难企业122家、续贷329亿元，推动10家企业试点联合授信。关注逾贷比变化，做实资产质量分类，坚持"五个一批"大力处置不良贷款，不良贷款率较年初下降0.72个百分点。加强房地产市场风险研判，严控资金违规流入房地产市场。（贯杰伟）

【重点机构风险处置】 2019年，山西银保监局监测银行流动性风险、非正常满期给付与集中退保风险，做好应急预案。成立监管服务组，启动审慎监管程序，督促有关机构做好增资扩股、不良清收等工作。指导省联社制订改制化险年度计划，全年15家农商银行开业。压实主发起行责任，推动实施风险处置规划，对30家村镇银行全面现场检查。（贯杰伟）

【公司治理机制建设】 2019年，山西银保监局修订公司章程模板，指导69家法人银行完成章程修改。举办法人银行机构公司治理培训，开展城商行"两会一层"合规履职评价、农商行开业前高管人员公司治理测评，对6家银行保险机构进行公司治理试评估。强化股东股权动态监管，完善股东信息库，细化关联关系披露要求，推动70家法人银行完成股权托管。

（贯杰伟）

·中国证券监督管理委员会山西监管局·

【省委省政府高度重视资本市场】 2019年山西省委经济工作会议和政府工作报告把支持金融业发展壮大、用好资本市场作为重点工作进行部署，提出要善于用好用活上市公司，要实施"上市公司+"战略，力争实现整体上市、新股上市两个"零的突破"，现有上市公司要加强市值管理，逐步提升资产证券化率。2019年3月15日，在全国人代会闭幕的当天下午，省委书记骆惠宁带队到访证监会，与证监会主席易会满就资本市场支持山西省进一步深化改革、促进资源型经济转型发展进行深入交谈，达成重要共识。在全国"两会"期间，山西代表团向全国人大提出"恳请中国证监会给予山西资本市场政策支持"的重点建议。（张　军）

【资本市场重点领域风险防范化解】 2019年，中国证券监督管理委员会山西监管局（简称山西证监局）贯彻落实资本市场防范化解重大风险的指导意见，敬畏风险，增强忧患意识，建立全领域监管数据分析、舆情监控机制和风险排查监测机制，对辖区资本市场各类风险隐患保持足够的警惕性和敏感性。强化内外协作，两次向省政府有关领导专题汇报辖区资本市场重点领域风险情况、问题及工作建议，得到省政府高度重视。全年提早发现并及时处置2起交易所债券、资产证券化产品兑付风险，移交处置1例疑似股权众筹风险线索，1家机构23只27.13亿元未备案资管产品得到全部妥善清退，压缩各类非标资管产品规模82.36亿元。明确重点领域重点风险主体，逐家研究制订化解风险预案，分类施策。支持企业主动以市场化、法制化手段缓释风险，维护企业正常生产经营。截至2019年底，辖区质押高风险公司较全年最高时减少3家；发生实质违约的交易所债券规模仅占辖区全部债券余额的2.73%；累计收回逾期资管产品本金4.46亿元。辖区资本市场重点领域风险情况清楚、重点明确、处置积极，没有发生风险外溢和蔓延，全年未发生1例质押股票强制平仓、退市、重大违

法违规及由风险衍生的群体性风险事件。(张 军)

【日常监管】 2019年,山西证监局坚持问题和风险导向,明确高风险领域和重点监管对象,提高监管的针对性和实效性。提升日常监管中的科技水平和效果。强化日常非现场监管发现问题、解决问题的能力,提升各类市场主体规范运作水平。全年以问题和风险为导向,结合双随机要求开展各类现场检查70余次。对各类监管对象累计采取日常监管措施99件,同比增加54.69%;采取行政监管措施19件,同比增加46.15%;移送稽查提起立案调查1起。(张 军)

【稽查执法】 2019年,山西证监局加大稽查执法力度,保障监管法治性和威慑力。发挥与国资、公安、法院、工信、金融等部门的沟通协作机制作用,提升办案质效。继续探索发挥区域联合作战的新型调查模式优势,联合办理主办案件2起。全年累计办理各类案件23起,其中,主办案件12起,协办及通信协查11件。完善案件审理工作流程,依法开展审理工作。截至2019年底,在审案件8起,其中,作出行政处罚决定1起,进入事先告知程序3起,经结案或进入事先告知程序的案件涉及主体6个,罚款金额约为30万元。审结的行政处罚案件罚款全部缴纳,被证监会作为典型案例在新闻发布会上宣传。(张 军)

【投资者教育和保护工作】 2019年,山西证监局完善山西省多层次资本市场各类主体参与并主动履责的立体化投资者保护工作机制。开展多种形式投资者保护和投教活动,组织市场主体发放宣传资料近10万余份,累计开展活动600余次,吸引线上线下约20万人次参与。与省教育厅等五部门签署《关于构建山西省金融知识普及教育长效机制合作备忘录》,健全金融知识纳入国民教育联动机制。推动多家机构与山西财经大学等省内多所高校合作开展金融知识国民教育。落实证券期货纠纷多元化解体系,发挥纠纷调解作用。2019年共受理调解案件6件,成功实施调解5件次。处理信访投诉,维护投资者合法权益。做好"两会""国庆"等重大活动和敏感节点的信访维稳工作。重视涉及债券违约、产品兑付等高风险主体的投诉纠纷处理,杜绝群体性投诉风险。处理投资者诉求,全年接收515件信访诉求全部得到办理。(张 军)

【企业上市培育推动】 2019年3月,山西证监局向省政府报送《关于推动省内企业在上海证券交易所科创板上市的相关意见》,筛选上报3家科创板后备企业资源,对10家上市后备企业进行调研,推进上市进程。联合省地方金融监管局、太原市金融办、沪深证券交易所等组织挂牌企业和拟上市企业参加各类上市政策宣讲培训会议,提升企业利用资本市场的意识和水平。加强监管,促进拟上市、挂牌企业规范发展,做好企业首发上市辅导备案和验收工作。联合省地方金融监管局和小企业发展促进局共同印发《山西省资本市场县域工程试点实施方案》,发挥多层次资本市场在扶持县域中小企业成长,畅通县域企业直接融资渠道,培植县域特色主导产业的作用,并取得突破。(张 军)

【上市公司规范发展】 2019年,山西证监局以上市公司控股股东、实际控制人、董监高等关键少数为抓手,落实有关提高上市公司质量的安排部署,强化集中培训、专题培训和上门培训,召开董秘座谈会,提高规范运作意识和能力。引导和推动上市公司用好再融资和并购重组工具,通过资产注入、置换等加快解决同业竞争和关联交易问题,提升持续盈利能力。2019年三季报显示,辖区37家上市公司合计总资产9477.99亿元、净资产3662.08亿元;累计实现营业收入3508.49亿元,净利润307.04亿元。18家公司在年内累计实施分红128.25亿元,较上年多分16.48亿元。上市公司主体规范运作意识和信息披露质量有效提升,未发生重大违法违规问题和退市、立案等重大风险。(张 军)

【经济社会转型中资本支持】 2019年,山西证监局贯彻落实证监会党委和山西省委、省政府关于资本市场支持经济社会转型发展的安排部署,围绕用好用活上市公司、实施"上市公司+"战略下功夫,在整体上市、新股上市两个方面寻求"零的突破",强化上市公司市值管理和规范运作,逐步提升资产证券化率。围绕支持《山西打造全国能源革命排头兵行动方案》落实,推动煤炭类上市公司并购重组,提升资产质量和持续经营能力,7家煤炭类企业融资292.2亿元。《关于在山西开展能源革命综合改革试点的意见》出台后,加强协调配合,主动进行期现结合交易课题和措施的研究,开展完善能源商品市场定价机制的先行探索。在落实"深化改革促进资源型经济转型发展的意见"方面,围绕"积极争取大同、晋城两个金融改革试验区落地"任务,支持相关证券期货公司加大在两地布局布点力度,支持当地企业主动对接资本市场扩大直接融资,6家企业在区域股权交易市场完成挂牌。(张 军)

【上市(挂牌)公司发展】 截至2019年底,山西省共有A股上市公司37家,同比减少1家,盛和资源注册地迁出,无新增、无退市,其中,主板30家,中小板4家,创业板3家,数量在全国排第23位;上市公司总股本787.42亿股,同比下降2.01%;流通股本755.57亿股,同比增长2.49%;总市值(含限售)5157.92亿元,同比增长24.86%;流通市值4931.50亿元,同比增长24.86%,总市值在全国排第21位,在中部六省排第5位,全国排名比上年同期下降一位。新三板挂牌公司83家,年度新增3家、摘牌9家,数量在全国排第19位。拟上市公司14家,分别为尚风科技、晋商银行、兴高能源、水塔醋业、华翔集团、晋能清洁、大运汽车、壶化集团、

紫林醋业、金度生活、精英数智、多尔晋泽、恒伦医疗、锦波生物，年度新增4家；其中，大运汽车、壶化集团、华翔集团3家企业在证监会排队审核，精英数智在上交所科创板排队审核。（张　军）

审　计

·地方审计·

【概况】 2019年，山西省审计厅（简称省审计厅）完成10大类140项审计任务，在2019年度目标责任考核中获评为“优秀”等次。截至2019年底，共报送各类审计报告、专题报告、信息等254篇，领导批示91篇次，提出建议645条，推动建立健全规章制度24项。移送问题线索129件、106人，涉及金额28.39亿元。选配100多名审计业务骨干配合纪检监察、巡视等部门查处一批案件线索。

（秦　旭）

【政策落实跟踪审计】 2019年，省审计厅把推动国家和省重大政策措施落实到位作为首要政治任务，密切跟踪、持续跟进，抽查单位2188个、项目1338个，发现问题金额113.93亿元，促进统筹使用资金245亿元，促进清理拖欠民营企业账款10.11亿元。

（秦　旭）

【财政审计】 2019年，省审计厅贯彻绩效审计理念，坚持“数据先行”，对16个省级部门2018年度预算执行情况审计，延伸审计二、三级预算单位165个，涉及预算资金106.01亿元，揭示反映预算编制、收入征管、预算分配等方面的问题，促进财政预算管理改革。（秦　旭）

【民生资金审计】 2019年，省审计厅坚持以人民为中心的发展思想，聚焦打好脱贫攻坚战，对32个贫困县开展扶贫审计，发现问题金额13.57亿元，移送处理事项171件，盘活扶贫资金1.03亿元，追回被侵占挪用资金2410.68万元，促进政策落实14项，

2019年3月23日，山西省审计厅在太原召开全省审计工作会议

（秦　旭供图）

完善规章制度20项，处理处分责任人84名，扶贫审计的经验做法在全国审计系统推广交流；对32个县惠农补贴“一卡通”管理使用情况专项审计，查出问题金额6.45亿元，移送案件线索40起；对全省养老保险基金审计，发现隐瞒冒领、重复领取和违规发放养老保险金1.17亿元，追回6372.41万元。（秦　旭）

【政府投资审计】 2019年，省审计厅坚持突出重点、加大力度、确保质量，对黎城至长治高速改扩建、二青会筹备工作等6个投资项目审计，核减投资额1.50亿元。对太原、晋中、临汾3个市保障性安居工程跟踪审计，追回和盘活资金8965.11万元、收回和加快分配住房550套，移送违纪违法问题线索15件。对亚行、世行7项国外贷援款项目审计，发现问题金额4.26亿元。（秦　旭）

【金融审计】 2019年，省审计厅对省属九大企业、10户金融企业开展资产负债情况和全省199家国有控（参）股地方金融及类金融机构经营状况的审计调查，全面反映基本状况，揭示重大风险和突出问题，推动国企国资改革深化。（秦　旭）

【资源环境审计】 2019年，省审计厅执行领导干部自然资源资产离任审计规定，制定全省工作方案，对18名县委书记、市（县）长开展审计；聚焦打好污染防治攻坚战，开展全省大气环境保护和污染防治专项审计，抽查大气污染治理项目546个，查出违规资金22.60亿元。（秦　旭）

【经济责任审计】 2019年，省审计厅聚焦经济责任，创新“经济责任审计+”模式，实行“五个同步审”，对80名省管领导干部开展经济责任审计，查出主要问题金额302.58亿元。

（秦　旭）

【省委审计委员会会议】 2019年2月14日，省委书记、省委审计委员会主任骆惠宁主持召开省委审计委员会第一次会议。会议传达全国审计工作会议精神，审议通过《中共山西省委审计委员会工作规则》和《中共山西省委审计委员会办公室工作细则》。研究山西省贯彻落实意见，强调山西省在“两转”基础上全面拓展新局面提供审计监督保障。（秦　旭）

·国家审计监督·

【审计成果】 2019年，审计署驻太原特派员办事处（简称太原办）共开展

16个审计项目，审计信息被审计署审计要情、重要信息要目等采用48篇，审计查出主要问题涉及金额997.76亿元，促进整改落实40.19亿元，促进制定整改措施91项，通过审计署以及报经批准后以太原办名义向司法、纪检监察等部门移送问题线索16起。在山西省政策跟踪审计中，聚焦山西确立的“打造全国能源革命排头兵”战略目标和党中央赋予山西省建设国家资源型经济转型综合配套改革试验区等重大任务的完成情况，国家重大政策措施落实情况跟踪审计，对山西推进能源革命综合改革试点情况进行专题调研，对转型综合改革示范区招商引资、项目建设等情况进行调查，在肯定制度性成果的同时，揭示发展中的困难和问题。聚焦“放管服”改革、“六稳”等国家重大政策措施贯彻落实情况，对精简行政审批事项、深化减税降费、清理拖欠民营企业中小企业账款等情况进行调查，为营造“六最”营商环境、促进山西经济高质量发展建言献策。（李　妍）

【三大攻坚战相关审计】2019年，太原办在财政和金融审计中，持续关注风险隐患，发现政府债务和隐性债务规模大，有向金融风险传导的苗头；每季度重点跟踪审计一个国定贫困县，紧盯精准、安全、绩效，发现健康扶贫过度兜底、扶贫就业培训质量不高、社会扶贫组织亟待规范等问题；在环渤海地区环境审计中，聚焦生态环境保护政策、资金、项目推进落实情况，结合实际就京津冀协同发展生态环保率先突破、大规模国土绿化行动等重点内容开展专题研究。在各领域专项审计及深化金融审计中，发现农合机构供给侧结构性改革面临突出问题、地方银行金融机构潜存信息科技风险、民营企业仍存融资难融资贵等问题。深化投资审计，揭示民航领域航空安全管理中存在的突出问题。深化民生审计，揭示山西省退役军人基本养老保险存在接续困难等问题，促进相关主管部门出台2项制度。（李　妍）

【重大问题线索】2019年，太原办聚焦财政资金分配、国有资产处置、公共资源交易等重要领域和关键环节靶向发力，揭示违纪违法问题线索，促进反腐倡廉。查处个别金融机构高管人员利用职务便利为亲属谋取利益、民营企业违规操纵市场牟取巨额利益等重大违法违纪问题线索。查处扶贫资金申报、发放过程中骗取套取、优亲厚友等行为，以及挪用扶贫资金等问题线索，惩治群众身边的“微腐败”，促进反腐倡廉。（李　妍）

2019年10月9日，审计署太原特派办审计人员在某隧洞段施工现场查看节水供水重大水利工程进展情况（李　妍供图）

【创新管理】2019年，太原办依法审计，加强法治化规范化建设。坚持职权法定，制定《审理工作实施办法》，强化审计文书的审理审核，完善审计报告质量评分标准，规范责任认定相关证据的获取，强化大项目现场管理，夯实各环节质量控制责任，建立审理和审计业务会议情况通报制度。加大法治宣传力度，开展“国家宪法宣传周”、法治扶贫等活动，向被审计单位开展法治宣传。组织开展“宪法微视频”征集活动，报送的作品获得全国普法办第三届“我与宪法”活动优秀奖。统筹融合，形成“一盘棋”。贯彻落实“两统筹”要求，与山西、内蒙古两省区审计机关建立联席会议制度，全年召开对接会13次，建立健全“统一报备、相互通报”机制，实现“数据、资料、信息、成果、报告”五类共享。立足政策跟踪审计平台，实施“一案一图一册一会”，即制定项目实施方案、项目推进图、项目督导手册，定期召开项目调度会，设立“项目人员分布地图”，强化过程跟踪督导，提升审计工作质量和效率。科技强审，构建“大格局”。加强顶层设计，组建“4+2”大数据审计核心分析团队。发挥数据引领和精准导航作用，探索常态化非现场分析新模式，运用关联分析、图斑分析、文本分析等新方法，采取ARCGIS、商业智能、谷歌地图热点分析等新技术，开展数据多维分析。开辟大数据审计交流平台，推出10期“大数据审计技术小课堂”，成立兴趣小组，举办“技术沙龙”，深化新技术运用。（李　妍）

统　计

【国情国力调查】2019年，山西省统计局（简称省统计局）完成第四次全国经济普查工作。加强调度指挥，协调部门、市县形成合力，完成全省54.70万个法人和产业活动单位、103.50万家个体户普查登记；查遗补漏，严把审核验收关口，确保普查数据质量；做好普查数据发布和资料开发应用，发挥普查作用。国务院经普办和国家统计局给予肯定。做好第三次全国农业普查收官，29个重点课题研究取得重要成果。及时启动第七次全国人口普查前期准备工作，为开展普查奠定基础。（张奇科）

【统计造假防惩】 2019年，省统计局推动完善防惩统计造假责任体系建设。落实目标责任考核和区域经济转型升级考评统计造假“一票否决制”，提出统计否决意见。执行上级统计部门对下级统计部门领导班子的协管要求。推进乡镇统计员派出制、首席统计员制，多种形式加强基层统计力量。健全防惩统计造假制度体系。制定《统计机构负责人和统计人员防范和惩治统计造假、弄虚作假责任制职责分工》、“双随机”抽查制度、领导干部违规干预统计工作记录制度，完善失信企业联合惩戒制度及统计人员信用档案管理制度，扎紧织密防惩统计造假制度笼子。组织开展统计执法检查和专项整治。省统计局对6市8县开展统计执法检查，对41家企业开展“双随机”抽查。深化中央巡视国家统计局和全国人大常委会检查统计法实施情况山西整改工作，开展统计造假专项整治并纳入省纪委监委专项整治漠视侵害群众利益问题重要内容，配合国家统计局首轮统计督察，主动自查自纠、整改落实。加大普法宣传和警示教育力度。编印6万余册统计法律法规口袋书、宣传手册发送到全省各级各部门和联网直报单位，将50家统计违法企业行政处罚信息推送到“信用山西”公示，对认定的3家统计严重失信企业联合惩戒。省政府发文通报典型统计违法案件，警示教育广大干部树立依法统计意识。（张奇科）

【统计改革创新】 2019年，省统计局完成2016、2017年度山西自然资源资产负债表编制工作，组织试编2017年度山西资产负债表。推进季度GDP核算“双轨制”运行，实现年度统一核算。开展生态文明建设目标年度评价。规范能源统计基础工作，建立山西省绿色发展统计报表制度。深化投资统计改革，创新名录库和调查单位管理，改进工业新经济、电子商务、互联网经济统计和小微企业统计调查，实施服务业部分行业事业单位统计调查，开展“三新”经济、“乡村振兴”调查监测，强化人口动态统计监测、研究与试验发展统计改革、部门综合统计联网直报，完善促进民营经济政策落实和发展成果监测体系，探索工业高质量发展指数和新经济增加值核算，构建具有山西特色的新时代现代化统计调查体系。（张奇科）

【统计监测服务】 2019年，省统计局加强经济运行预警预判，建立主要指标预测预判机制，加大预判频率，优化预测方法，科学研判经济运行走势，服务全省宏观调控。向省领导呈报统计专报47篇、专题报告50余篇，编印统计分析报告226篇，大量观点和建议得到采纳，20余篇报告获省领导批示，在省委省政府科学决策中体现统计作为。发挥区域经济转型升级考评导向作用。建立区域经济转型升级考核评价综合统计报表制度，突出工业结构反转、创新驱动、开发区建设、招商引资等目标导向，强化进度监测和对比分析，推动全省高质量转型发展。发挥智库作用。编发《山西经济运行监测》，编印年度山西发展报告丛书，开展“新中国成立70周年发展成就”系列分析，做好省委全会、经济工作会和省“两会”统计服务，定期召开新闻发布会，多渠道多平台发布解读统计信息，服务公众需求，引导社会预期。（张奇科）

【统计基层基础建设】 2019年，省统计局开展省直单位和系统人员专业能力测评，举办第十二期三级统计局局长培训班，在厦门大学等名校培训3期系统干部，滚动实施联网直报企业业务培训，统计能力提升。推进统计基层基础规范化建设。开展基层基础规范化建设抽查验收，108个县级统计机构、1227个乡级统计机构通过规范化建设验收，通过率分别达到92.30%和87.80%。加强数据质量控制。修订完善《山西省统计局数据质量审核评估管理办法》，强化过程管理和监督，提高数据质量。加强统计信息化建设。创新提升OA办公系统功能，全省政务办公OA系统向市、县延伸；开发完善基础数据地理信息分析功能，建成统计数据资源管理体系；探索开展大数据统计应

2019年9月24日，山西省统计局举办第十届统计开放日活动 （张奇科供图）

用试点，推进统计基础云平台智能化升级。（张奇科）

【统计规范化】 2019年，省统计局加强部门统计服务和指导。修订完善省直单位统计岗位职业能力测评办法，组织开展部门统计从业人员专业能力测评，38个省直部门131人通过测评。依法监管统计调查行为。出台《山西省地方统计调查项目管理暂行办法》，严格报批和审批。向国家报批统计报表制度11项，审批市级报表制度4项、部门统计调查项目9项，完成首例涉外调查机构资格认定许可，地方统计调查行为规范。加强部门协作。构建部门信息共享机制，利用部门行政记录更新维护基本单位名录库；加强协作配合，合力预测预判预警，共同研判把脉山西发展形势。

（张奇科）

·国家统计·

【概况】 2019年，国家统计局山西调查总队有13项工作在国家统计局年度考核中获得较好成绩。其中，经济社会信息、纪检监察、网络安全、网络信息报送、《中国信息报》新闻宣传等5项工作获优秀等次，综合统计、新闻宣传、农村统计调查、城市统计调查、住户调查、人事管理、党建、信息化建设等8项工作获良好等次。山西调查总队全年信息采用得分在省委名列省直单位第一，连续十一年获“省直文明单位标兵”，连续六年被评为“促进山西经济社会发展突出贡献单位”。（贾　帅）

【粮食产量调查】 2019年，山西省粮食总产量136.18亿千克，比上年减少1.86亿千克，下降1.35%。其中，夏粮产量22.77亿千克，比上年下降0.97%；秋粮产量113.41亿千克，比上年下降1.42%。全省粮食总产量虽比上年有所下降，但仍保持135亿千克以上的生产水平。随着农业供给侧结构性改革持续推进，粮食作物种植结构优化调整。全年全省粮食作物播种面积4689.25万亩，比上年减少16.34万亩，下降0.35%。分品种来看，小麦面积820.2万亩，比上年下降2.40%；玉米面积2572.56万亩，比上年下降1.90%；大豆面积193.71万亩，比上年下降14.20%；谷子面积317.30万亩，比上年增长7%；高粱面积99.70万亩，比上年增长102%；马铃薯面积243.57万亩，比上年增长3.40%。

（贾　帅）

2019年5月7日，国家统计局山西调查总队工作人员开展居民消费价格数据采集工作（贾　帅供图）

【畜禽调查】 2019年，山西省主要畜禽生产呈现生猪养殖回暖、肉牛肉羊基本平稳、家禽奶业快速发展态势。截至2019年底，全省生猪存栏451.40万头，同比下降17.80%，降幅较三季度收窄3.30个百分点；环比增长3.90%，增幅较三季度扩大3.40个百分点。全年出栏生猪739.90万头，同比下降9.20%；猪肉产量56.80万吨，同比下降9.10%。山西牛存栏103.80万头，同比增长1.80%。其中，肉牛存栏55.50万头，同比增长4.30%；奶牛存栏31.90万头，同比增长0.50%。全年牛出栏44.80万头，同比增长1.80%；牛肉产量6.60万吨，同比增长1.70%。山西羊存栏868.90万头，同比下降0.80%，其中山羊存栏343万头，同比下降0.30%；绵羊存栏525.90万头，同比下降1.10%。全年羊出栏554.60万头，同比下降0.70%；羊肉产量8万吨，同比下降1.20%。截至2019年底，山西家禽存栏12129万只，同比增长18.90%；全年出栏家禽14055.60万只，同比增长17.40%；禽肉产量18.70万吨，同比增长23.80%；禽蛋产量111.40万吨，同比增长8.60%。（贾　帅）

【工业生产者价格调查(PPI)】 2019年，山西工业生产者出厂价格同比平均下降0.3%，涨跌幅较上年(6.70%)下降7个百分点；工业生产者购进价格同比平均上涨1.10%，涨跌幅较上年(15.20%)下降14.10个百分点。价格总水平呈平稳状态。

从同比看，2019年1月至12月，山西工业生产者价格出厂价格各月同比涨跌幅分别为1.80%、1.40%、1.10%、1.70%、2.70%、1.50%、−0.10%、−0.80%、−2%、−3.20%、−3.90%、−3.10%。同比指数整体呈波动下行趋稳走势。从环比看，2019年1月至12月，山西工业生产者出厂价格环比涨跌幅分别为−1.6%、0.1%、−0.50%、−0.30%、1%、0.20%、−1.20%、0.60%、0.0%、−0.70%、−0.30%、−0.30%。全年环比指数中7个月上涨，1个月持平，4个月下降，总体呈小幅波动态势。（贾　帅）

市场监督管理

【市场监管体制改革】 2019年，山西省市场监督管理局(简称省市场监管局)开展市场监管体制改革，整合所属事业单位。1月14日，根据省委编办《关于省盐务管理局及其所属11个市盐务管理分局机构编制调整的通知》，省盐务管理局及其所属11个市盐务管理分局由原省食品药品监督管理局管理调整为省市场监督管理局管理，自收自支事业编制数由221名调整为169名，收回自收自支事业编制52名。2月2日，省市场监管局与省委编办、省财政厅、省人社厅协调，联合下发《关于盐务管理体制改革调整的通知》，将市级盐务管理分局由省统一管理调整为市级市场监管部门管理；将省盐务管理局34名人员编制经费继续由省级财政预算予以保障；各市盐务管理分局135名人员编制经费纳入各市财政预算予以保障；根据中央和山西省党政机构改革、综合行政执法改革要求，将盐务管理分局纳入各市党政机构改革统筹考虑。

2月1日，省委编办同意将省科技厅所属国家知识产权局专利局太原代办处、原省食品药品监督管理局所属山西省食品质量安全监督检验研究院(国家农副产品及白酒质量监督检验中心)和原省工商行政管理局和原省质量技术监督局所属事业单位划转至省市场监督管理局管理；同意将所属事业单位更名、整合和撤销，并对主要职能进行调整。

5月21日，山西省工商行政管理局经济检查总队更名为山西省市场监督管理局经济检查总队，按照综合行政执法改革要求推进改革。

5月29日，经省委编办常务会研究，同意山西省工业标准化研究院(国家煤及煤化工产品质量监督检验中心)加挂“山西省能源产品质量监督检验研究院”牌子，并对其职能进行调整。

6月11日，省委编办同意将山西转型综合改革示范区工商行政管理局、山西转型综合改革示范区质量技术监督局合并，组建山西转型综合改革示范区市场监督管理局，增加食品药品监管职能，正处级建制，作为省市场监督管理局派驻机构，负责示范区市场监督管理工作。

8月13日，山西省大容量计量站(国家大容量第二计量站)移交运城市管理，为运城市政府直属事业单位。

行业协会商会与行政机关脱钩改革。按时完成山西省广告协会、山西省商标协会、山西省计量协会脱钩和人员分流安置工作。

10月，省市场监督管理局启动中国(山西·新能源和智能制造装备)知识产权保护中心创建工作，并向省委编办提出该机构的性质、编制以及职责等相关建议。 (彭　博)

【市场监管法治建设】 2019年，省市场监管局印发《2019年度“谁执法谁普法”普法责任清单》。4月2日，制定并印发《2019年度“谁执法谁普法”普法责任清单》。全省各级市场监管机关发放各类普法宣传资料133余万份，参与人数53万余人。5月，成立局法治市场监管建设领导小组。12月，印发《法治市场监管建设领导小组工作规则（试行)》《法治市场监管建设领导小组办公室工作细则（试行)》，建立健全工作部署、工作报告、工作协调、调查研究、重大事项请示报告、工作联络、督察督办等10项工作机制。 (彭　博)

【执法稽查】 2019年6月28日，省市场监管局召开全省打击侵权假冒工作会议，强调要严厉打击侵权假冒行为，打造“六最”营商环境。全省办理侵权假冒行政案件2241起，涉案金额1260万余元。

全年办理执法稽查案件1.13万件，案值7493.92万元，罚没款1.12亿元，移送司法机关案件94件。其中，查处保健案件393件，货值939.20万元，罚没款369.66万元；查处传销案件16件，罚没款82.80万元；查处反垄断案件8件，价格违法案件98件，罚没款3500余万元，退还用户1000余万元；查处广告违法案件432件，罚没款633.73万元；查处网络违法经营案件224件，罚没款141.39万元。 (彭　博)

【质量监检机构增加】 2019年1月15日，经国家市监总局批准，国家煤层气产品质量监督检验中心（山西）成立，填补中国在煤层气质检领域的空白。2月22日，全国唯一的国家法兰锻件产品质量监督检验中心（山西)在定襄正式通过评审进入运行。4月2日，经省市监局批准，山西省杂粮产品质量检验中心成立。该中心的成立为忻州市建设“中国杂粮之都”、中国杂粮特色农产品优势区、杂粮产业融合园区、国家级杂粮产地交易市场和山西忻州杂粮出口平台提供技术支撑。11月28日，国家硅铝质耐火材料质量监督检验中心(山西)在阳泉市郊区白泉工业园区揭牌。截至2019年底，全省共有10个国家检验中心，建成9个(玻璃器皿、法兰、煤层气、耐火材料、煤矿设备及安全计量、纺机、煤及煤化工产品、不锈钢、农副产品及白酒)，1个在建(煤基合成油)；2019年共申报科技项目14个。其中，申报总局科技项目5个，中央引导地方科技发展项目3项，省科技厅项目6个。 (彭　博)

【市场监管行政审批】 2019年，省市场监管局推动审批事项便民服务，将审批事项集中于审批大厅、局职责范围共有审批事项37项，进驻审批大厅29项，不宜进驻8项。全年政务窗口共受理审批事项5815件，办结5588件。 (彭　博)

【市场监管新闻发布】 2019年，省市场监管局组织召开3·15国际消费者权益日新闻发布会、12315投诉举报平台整合新闻通气会、企业注销“一网通”服务平台启动仪式新闻发布会、食品安全监管举办例行新闻发布会、缺陷消费品召回工作新闻发布会、典型不公平合同格式条款新闻发布会及例行新闻发布会等10次新闻发布会。（彭　博）

·工商行政管理·

【企业登记注册】 2019年3月22日起，山西省市场监督管理局取消企业名称预核准，关闭企业名称登记网上申报系统，推行企业名称自主申报。6月20日，山西省市场监督管理局与省城五大国有银行山西省分行、招商银行股份有限公司太原分行签订“政银战略合作协议”，实现注册企业营业执照打印、账户开立一站式服务。8月28日，山西省企业注销“一网通”服务平台上线运行。平台由山西省市场监督管理局牵头建设，对接山西省人力资源和社会保障厅、山西省商务厅、太原海关、山西省税务局业务系统。清算组备案及注销公告均改为通过网络免费公示，实现清税信息的共享应用；企业注销“一网通办”平台上线运行，共办理注销业务23.30万户。12月31日前，山西省实现企业开办时间由5个工作日压缩至3个工作日，提前完成国务院提出的目标要求。简化登记流程，申请材料由16件精简至8件。实行“证照分离”改革工作。自2018年11月10日以来，山西省对国务院明确的第一批106项涉企行政审批事项全面实行“证照分离”改革，解决“办照容易办证难”“准入不准营”问题。截至2019年底，全省共办理涉及“证照分离”改革事项登记注册业务13.30万件，惠及企业超过12.30万户。多措并举规范注册登记工作。2019年7月1日，起草并印发《山西省市场监督管理局关于办理撤销冒用他人身份信息取得市场主体登记有关问题的指导意见》，依法规范处理市场主体在登记注册过程中，以冒用他人身份信息方式，提交虚假材料骗取登记注册的违法行为；7月4日，起草并印发《山西省市场监督管理局关于印发企业名称争议处理暂行办法的通知》，为公平、及时处理企业名称争议，保护企业名称自然人、法人或非法人组织的合法权益，维护公平竞争秩序提供支撑；8月9日，起草并印发《山西省市场监督管理局关于印发〈个体工商户登记管理办法实施细则〉的通知，针对个体工商户登记难的现象，规范登记流程及标准；针对连锁型企业“一照多址”的登记需求，出台《关于做好“一照多址”登记工作的指导意见》，解决企业面临的实际困难。截至2019年底，全省新登记市场主体48.6万户，同比增长10.21%。全省实有市场主体数量达到257.60万户，同比增长9.82%。其中企业67.90万户，同比增长9.65%（含私营企业60.60万户，同比增长9.68%；外资企业3513户，同比增长3.51%）；个体工商户179.5万户，同比增长10.61%；农民专业合作社10.10万户，同比下降1.59%。（彭　博）

【“双随机、一公开”监管】 2019年7月16日，省政府印发《关于在市场监管领域全面实行部门联合“双随机、一公开”监管的通知》，成立由分管副省长任组长，市场监管、发展改革、教育、公安等16个部门参加的省市场监管领域“双随机、一公开”监管工作领导小组。明确提出“三步走”目标：第一步，2019年底前实现全省市场监管部门“双随机、一公开”监管全覆盖、常态化；第二步，2020年10月底前实现市场监管领域相关部门“双随机、一公开”监管全覆盖，在市场监管领域联合“双随机、一公开”监管常态化；第三步，到2022年底基本实现综合监管、智慧监管。省市场监管局依托国家企业信用信息公示系统，建成全省统一的“双随机、一公开”监管工作平台。截至2019年底，共为省市县三级共3910个政府部门、23832名执法人员分配账号和密码，为全省各级各有关部门实施抽查检查，结果集中统一公示和综合运用提供技术支撑。统筹制定《山西省市场监管局2019年度双随机抽查工作计划》，出台《山西省市场监管部门“双随机、一公开”抽查工作细则》《监管平台使用手册》《建库操作手册》《抽查流程规范》等制度。对照抽查事项清单和部门职责确定45个“检查对象名录库分库”，指导省市县三级建立完善检查对象名录库和执法检查人员名录库。截至2019年底，“双随机、一公开”监管工作平台涵盖市场监管部门的检查对象257万户，执法检查人员1.40万人。全年组织开展1043次“双随机、一公开”抽查任务，抽取企业4.11万户，抽查企业比例达6.07%，高于总局5%要求。开展部门“双随机”联合抽查33次，初步实现“进一次门、查多项事”。强化信用监管基础。“一张网”共归集公示各类市场主体登记备案信息445.30万余户、行政许可信息111万余条、行政处罚信息8.02万条、股权出资信息4994条、动产抵押信息5296条、抽查检查结果信息34.70万余条，累计为1385户失信企业实施信用修复。开展联合惩戒工作。2019年，全省经营异常名录企业实有9.70万余户、严重违法失信企业2万余户；通过国家总局与司法系统实现数据共享，获取失信被执行人数据，在市场准入环节，自动拦截对失信被执行人提出的任职申请依法进行限制，累计达4777人次；对公、检、法等相关部门提出的司法协助请求累计实施1.44万次。（彭　博）

【消费者权益保护】 2019年3月13日，山西省3·15国际消费者权益日新闻发布会暨“信用让消费更放心”年主题宣传活动启动仪式在太原举行。会上公布2018年全省市场监管系统消费维权典型案例、全省消费投诉十大热点等。5月31日，召开12315投诉举报平台整合新闻通气会。山西省率先在全国系统完成12315消费维权热线和信息化平台整合工作，实现“一号对外、多线并号、集中接听、各级承办部门依责办理”的工作目标，受到国家总局的通报表扬。全年全省各级12315机构共受理消费者咨询投诉举报11.53万件，同比增加21.89%。其中，咨询6.99

万件，同比增加48.14%，占受理总量的60.71%；投诉3.74万件，同比减少9.76%，占受理总量的32.47%；举报7861件，同比增加34.31%，占受理总量的6.82%。投诉案件中，调解成功数1.17万件，为消费者挽回经济损失2760.85万元，争议金额5950.59万元。（彭　博）

【合同示范帮农】 2019年12月4日，省市场监管局与山西省农业农村厅联合印发《关于印发部分涉农合同示范文本的通知》，印制农产品、禽畜养殖等8个涉农合同示范文本，供全省涉农企业、经营者、农民参考使用，助推农民脱贫攻坚工作。（彭　博）

【动产抵押登记】 2019年，省市场监管局加强动产抵押登记，畅通动产抵押融资渠道，促进各类市场主体融资发展。2019年全省共办理线上动产抵押登记2270份，其中，内资企业2217份，外商投资企业16份，个体工商户和农业生产经营者37份。实现主债权金额744.98亿元。（彭　博）

【反垄断和反不正当竞争】 2019年1月18日，省市场监管局牵头省公安厅、省民政厅等12部门开展全省联合整治"保健"市场乱象百日行动，围绕"六个整治重点""十项违法行为"，对"保健"市场违法违规行为严厉查处。累计查处案件393起，案值939.20万元，罚没款369.66万元。5月22日，召开省公平竞争审查工作联席会议第一次全体会议，审议通过《山西省公平竞争审查工作联席会议工作规则》和《2019山西省公平竞争审查工作重点》。省市县三级政府和部门，实现公平竞争制度全覆盖。截至2019年底，全省11个市政府和117个县（市、区）政府联席会议组成全部调整到位，并召开联席会议。山西转型综合改革示范区以及11个市级开发区（产业园）也参照省级做法调整联席会议组成。省政府连续两年将11个市政府、30个省公平竞争审查联席会议成员单位落实公平竞争审查制度进展情况，列入省政府"13710"督办系统，有效推进公平竞争审查制度落地。2019年9至10月，省公平竞争审查联席会议办公室组织力量，到全省11个市政府、22个县政府及64个行政部门进行调研督导，对进度迟缓、问题较多的市级政府，以省公平竞争审查联席会议办公室的名义，给市长发函督促抓紧整改。对照公平竞争审查四个方面、"18个不得"的标准，2019年全年，省政府办公厅审查文件110份，省公平竞争审查联席会议30个成员单位审查文件351份，11个市政府和行政部门审查文件1326份，县级审查文件1622份。按照"稳妥有序、分类处置"原则，开展对存量政策措施的清理，截至2019年底，全省共清理存量文件3906份，废止107份，调整54份。围绕公章刻制、建材、公用事业、原料药等民生领域，加强线索排查，全省共查处各类价格和反垄断案件106件，退还用户1070.23万元，罚没款3589.43万元，其中，省本级查处各类价格和反垄断案件72件，退还用户1021.49万元，罚没款2130.85万元。9月5日，国家总局反垄断局西安会议上，山西作典型交流发言。（彭　博）

【网络交易监管】 2019年6月25日，省市场监管局组织召开网络市场监管厅际联席会议第三次全体会议，省网信办、省发改委、省公安厅、省商务厅、省通信管理局、省邮政局、太原海关、省药监局八家联席会议成员单位参会。

7月至11月，组织开展2019网剑专项行动。全省市场监管系统开展网上检查网站（店）1.97万个次，实地检查网站（店）3521个次，查处网络违法经营案件191件，移送公安机关案件2件，罚没款113.87万元。全省共有网络市场主体14.35万户，其中电商平台53个，自建网站经营者4.18万户，平台内经营户8.7万户，微信公众号1.5万个。全省各级联席会议成员单位共查处网络违法经营案件1153件，清理违法违规信息50.89万条，关停网站（店、账号）1168个，查处网络违法经营案件224件，移送公安机关案件2件，罚没款141.39万元。（彭　博）

【广告监管】 2019年12月30日，山西省首家省级广告产业园区——山西慧源广告产业园区揭牌成立，实现全省省级广告产业园区零的突破。全年全省广告经营单位3.60万户，广告从业人员12.85万人，主营广告业务企业6490户，占全部广告经营单位数量的18.03%。开展"三品一械"广告整治行动，抽查检查生产企业16家，抽查率50%。（彭　博）

·质量技术监管·

【产品质量提升行动】 2019年3月，省市场监管局与国家总局对接，首次建立山西省产品质量监督抽查信息化系统（e-CQS），基本实现监督抽查信息在线采集、传递和汇总。9月6日，全国"质量月"暨质量开放日活动（山西）启动仪式在太原举行。质量月期间，省市场监管局围绕"共创中国质量 建设质量强国"主题举行活动。10月，省委、省政府出台《关于开展质量提升行动的实施意见》。11月12日，全省质量提升行动推讲会召开，推动山西省质量总体水平提升。（彭　博）

【产品质量随机抽查】 2019年，山西省市场监管局建立产品质量随机抽查事项清单，完善重点产品企业名录库，施行"抽检分离"和"盲样检验"。全年完成260余种12897批次产品质量监督抽查任务。其中，对123种6126批次产品质量监督抽查任务进行招标，占总任务的47.50%。参与监督抽查任务的检验机构由2018年的11家增加至21家。（彭　博）

【特种设备安全监察】 2019年3月1日，全省特种设备安全工作电视电话会议在太原召开。出台事中事后监管四项措施，落实特种设备使用单位"双随机、一公开"监管任务，治理各类安全隐患8319条，下发安全监察指令书4686份；完成14.30万台

(套)在用设备定期检验和2.50万台(套)新设备监督检验,对全省7516.20公里油气管道进行定期检验,覆盖率达93.78%。12月,省市场监督管理局成立全省特种设备安全标准化技术委员会,负责制定、修订特种设备行业领域内的地方标准,研究并建立全省特种设备安全标准体系。截至2019年底,全省在用特种设备29.16万台(套),其中锅炉8423台、压力容器9.90万台、电梯12.47万台、起重机械4.97万台、场(厂)内机动车辆9228辆、客用索道39条、大型游乐设施531台(套)。另有在册气瓶167.59万只,压力管道1.90万余公里。全年共检查企业1.26万家,发现各类隐患7170个,消除隐患7170个。(彭　博)

【计量管理】 2019年7月16日山西省正式批准成立首家省级产业计量测试中心——山西重型装备产业计量测试中心。10月22日,批准太原钢铁(集团)有限公司建设"山西不锈钢及新材料产业计量测试中心"。11月28日,批准国网山西省电力公司计量中心筹建"山西电能仪器仪表产业计量测试中心"。2019年,省市场监管局围绕"民用四表"问题,重点开展智能电能表状态评价与更换试点工作,制定"智能电能表状态评价与更换技术规范",此项工作走在全国第一方阵。开展计量专项检查,共检查加油站2591家,检查加油机11933台,加油机检定合格率达到97%;检查眼镜配制场所1887家,检查计量器具6258台,责令整改397家。(彭　博)

【标准化管理】 2019年,省市场监管局修订《地方标准管理办法》等9项制度,标准化工作经费纳入市县财政预算。6月10日,印发《小麦种植职业农民生产技能要求与评价》等山西省地方标准,是在全国首次发布13项职业农民生产技能考核评价地方标准。8月15日启动第一届山西省标准创新贡献奖评选工作。共评出35个获奖项目。其中,特殊贡献奖2个,一等奖3个,二等奖10个,三等奖20个。10月9日,山西省国家标准化综合改革试点第二次推进会暨省部联席会议召开。明确试点方案任务,实现"六高",即高质量转型、高起点创新、高水平保护、高效益管理、高效能行政、高水平服务,推进标准化"五大工程"建设。全年发布省级地方标准231项,其中农业101项,工业33项,社会管理和公共服务52项,服务业45项。清理地方标准两批,共废止194项。全省累计制修订发布省级地方标准1514项,其中农业925项、工业308项、服务业143项、社会管理和公共服务138项。(彭　博)

【认证认可与检验检测监管】 2019年8月5日,省市场监管局联合省生态环境厅、省药监局,共同组织"双随机"抽查启动仪式。对生态环境监测、尾气排放检测机构和医疗器械检测机构开展联合随机抽查。开展认证活动监督检查,全省检查质量管理体系认证证书336张,获证组织331家;有机产品认证证书43张,获证组织32家;责令改正15起;开展强制性电线电缆产品认证有效性抽查,全省共抽查100批次电线电缆产品、91张产品认证证书,检测合格率为69%。5月,在省市县三级同步建立检验检测机构诚信档案,覆盖全省省级资质认定检验检测机构共计16个行业923家机构,摸清监管底数和基本情况。截至2019年底,全省有检验检测机构1047家。发放认证证书21330张,全国综合排名第21位,全国占比0.96%;获证组织9175家,全国综合排名第20位,全国占比1.34%。2019年新发换发认证证书11118张,同比增长94.40%,新获证和换证组织5480家,同比增长83.70%。(彭　博)

·食品监督管理·

【食品安全委员会成立】 2019年1月22日,省市场监管局安全生产和食品安全委员会成立。6月28日,省食品安全委员会召开2019年第一次全体会议。7月8日至10日,由省局承办的国家市场监管总局食品安全抽检信息化系统联络员会议在太原市召开。(彭　博)

【第二批食品安全示范县】 2019年12月,山西省食品安全委员会在对全省32个示范县创建情况中期督导和第三方满意度调查基础上,依据《山西省食品安全示范县(市、区)验收评价细则》对第二批山西省食品安全示范县评估验收。评选出太原市小店区、迎泽区、万柏林区,岢岚县,怀仁市,汾阳市,古县,平定县,平遥县,新绛县,高平市,永济市,垣曲县,万荣县,大宁县,晋中市榆次区,岚县,临猗县,河津市,沁水县20个食品安全示范县,并以省食安委名义命名授牌。(彭　博)

【食品生产与流通】 2019年,山西省共有获证食品生产企业3076家,小作坊4976家,婴幼儿配方乳粉1家。共有食品销售经营者22.16万家,其中:批发企业1.77万家,零售经营者12.87万家,网络食品经营者3256家,特殊食品经营者4.85万家(其中,经营保健食品2.77万家,经营特殊医学用途配方食品1543家,婴幼儿配方乳粉1.06万家,其他婴幼儿配方食品4211家),销售类食品小经营店4万余家。全省共有食用农产品集中交易市场214家,食用农产品批发市场70家。(彭　博)

【食品安全专项整治】 2019年,省市场监管局聚焦民生领域开展整治侵害群众利益问题专项行动,立案108件,罚没款164.57万元,下达责令整改通知书113份;聚焦校园及周边开展隐患排查和"明厨亮灶",共检查学校食堂及周边食品经营者1.46万户次,约谈424户,责令改正2150户次,"明厨亮灶"达到93.60%,其中高校食堂实现全覆盖。聚焦农村和城乡接合部开展打击假冒伪劣行动,共检查经营单位5.28万家,下达责令整改通知书2950份,查收过期食品4095.80千克。(彭　博)

【食品安全抽检】 2019年,省市县三级共完成抽检任务11.40万批次,超计划任务62.20%,同比增长65.40%。样品总体合格率98.40%,同比提升0.60个百分点。全省市场监管部门食品抽检量达到3.07批次/千人。

(彭　博)

·药品监督管理·

【概况】 2019年,山西省药品监督管理局(简称省药监局)开展集中整治,强化风险管控,引导社会共治,全省没有发生区域性、系统性风险和重大药品安全事故。

药品安全政治责任。聚焦药品安全的突出问题,加强对市县药品监管工作的指导,探索建立权责明确、协作顺畅、覆盖全面的药品监督检查工作机制。

防范和化解药品安全风险。抓住重点品种、重点单位、薄弱环节和难点问题,开展集中整治和专项治理,打击违法违规行为,严防重大药品安全事故和区域性、系统性风险。加强监督抽检和问题处置,研判潜在风险,完善药品安全应急处置机制,加强舆情监测应对。以安全风险高、投诉举报集中的品种为重点,开展高风险药品生产企业风险排查、原料药生产企业监督检查,监督企业持续合法合规生产,保障药品质量安全;以中药注射剂、多组分生化药、血液制品等高风险企业为重点,组织开展药品GMP跟踪检查,监督企业对缺陷项目整改;定期开展药品生产风险研判,探索药品重大风险防范化解工作措施,确保各类风险能够得到妥善应对、精准施策和靶向发力。

推进药品流通体制机制改革。破除固化的利益藩篱,让市场对资源配置起决定性作用,通过建立标准,完善市场准入退出机制,打破药品批发企业多年来停止审批的局面。制订发布《开办药品批发企业现代物流技术规范》《开展药品委托储存、配送服务技术规范》《开办药品零售企业验收实施标准》3个地方标准,形成企业合理有序进入退出的良性循环。出台《关于推动药品流通企业转型升级创新发展的实施意见》,深度释放改革政策红利,推动全省药品流通行业转型升级、创新发展。推进深度整合市场资源,支持开展药品第三方物流,促进优化药品流通企业资源配置、做好资源整合,最大限度降本增效,形成新的行业竞争优势。

打造行政审批与监管新模式。制定出台《进一步深化行政审批制度改革的实施方案》,创新"宽进、快办、严管"模式,实现行政审批、技术审查和日常监管相分离,使行政审批更加规范,事中事后监管更加有力;探索政务服务新形式,设立创新服务专岗,专门负责创新、创业项目的指导和跟踪服务,对企业实施"全流程指导、点对点对接、一站式审批";建立并联审批机制,实行合并检查制度和"当场办结"服务,优化流程、减少环节,通过"一次受理、多口协同、一并办理",提高行政审批效能。

实施干部能力提升工程。按照"人岗相适"要求,将药品专业干部配备到药品专业监管岗位上,发挥专业优势和专业特长,提升监管效率。强化对《疫苗管理法》和新的《药品管理法》的学习宣传培训。

(冯子刚)

【中药饮片集中治理】 2019年,省药监局针对中药饮片市场存在的以假充真、以次充好、掺杂使假、染色增重等乱象,查处违法违规行为。一是与省公安厅、省卫健委联手,出台《联合开展中药饮片质量集中整治工作方案》,并制定《山西省药品监督管理局中药饮片质量专项整治工作方案》,形成药监、公安、卫健三部门横向联合,省、市、县三级上下联动,全省一盘棋的工作格局。二是发挥专业优势,全省范围内抽调中药专家、抽样人员、执法人员组成检查组,以老专家、老药工打头阵,对涉及重点内容、重点环节、重点品种的中药饮片生产、经营、使用单位进行针对性突击检查,发现一线实际问题。三是坚持监检结合。通过针对重点问题实施精准靶向抽验,找出问题特点,发现全省中药饮片问题主要以外源输入性为主,产品质量上非药用品种、虫蛀霉变、杂质等重点问题突出,基层药店、医疗机构问题较多。四是坚持舆论宣传先行,构建药品安全共治格局。采取分众化、差异化方式宣传普及中药饮片安全知识教育,督促相关

2019年1月23日至24日,副省长曲孝丽(前排中)到运城、长治调研药品医疗器械生产企业,了解企业仿制药一致性评价和生物制药、中药制剂、医疗器械创新发展工作

(冯子刚供图)

企业落实药品质量安全主体责任，增强消费者的自我保护意识和识别能力。专项整治期间，全省共完成中药饮片专项抽验1869批次，查出不合格233批次，共出动药品监管执法人员43334人次，检查15127家次，对违法线索及检验不合格立案238件，移送公安机关办理案件10件，案值共100137元，罚没款共计36.10万元。（冯子刚）

【药械生产经营行为规范】 2019年，省药监局把专项整治作为解决突出问题、防范安全风险的有效手段，采取随机抽查、交叉检查、飞行检查等办法，突出问题得到遏制。(1)集中整治执业药师"挂证"行为。针对药品零售企业执业药师不在岗、不按处方销售处方药等突出问题，组织全省开展为期6个月的执业药师"挂证"行为专项整治，共检查药品零售企业10181家次，变更执业药师注册证979张，查实"挂证"执业药师95家，处罚459家，罚款44.50万元，收回GSP证书13张，撤销GSP证书7张，注销经营许可证25张。(2)组织开展医疗器械专项整治行动。部署整治以会销方式超范围经营医疗器械专项行动，打击以"保健"为名开展的扰乱市场秩序、欺诈消费者的违法违规行为，共检查各类企业548家。采用飞行检查、交叉检查的方式，开展无菌和植入性医疗器械专项检查，责令整改680家，注销经营许可证13张，立案80起，罚没款72.95万元。组织开展医疗器械"清网"专项行动，强化网络销售监督管理，查处违法经营行为，共监督检查企业83家，注销2家。(3)开展化妆品风险排查专项整治。针对利用网络生产销售非法添加禁用物质、假冒化妆品等突出问题，在全省部署开展"线上净网线下清源"风险排查专项整治工作，全省线上核查网络销售平台17家、网络销售者360家，线下检查经营单位1783家，责令整改371家。开展违法宣称"药妆""EGF"(表皮生长因子)、干细胞化妆品等非特殊用途化妆品专项清查，共检查企业2611家次，注销相关产品108个，集中销毁产品及包材共计50.40万余支。（冯子刚）

【药品全程监管】 2019年，省药监局把日常检查作为事中事后监管的主要手段，采取跟踪检查、系统检查、专项检查等方式，强化"两品一械"质量安全。(1)药品注册方面，与省卫健委联合开展药物临床试验机构、医疗机构制剂注册品种、传统中药制剂备案品种等专项监督检查，检查GCP机构9家、医疗机构制剂品种148个。(2)药品生产方面，以中药注射剂、血液制品、多组分生化药、芬太尼类精神药品等高风险品种为重点开展监督检查，检查各类企业511家次，发现缺陷708条。(3)药品流通方面，抓住疫苗、含特殊药品复方制剂、中药配方颗粒、中药饮片、终止妊娠药品、基本药物等重点品种，全省共检查生产经营企业和医疗机构22858家次，责令整改5054家，立案845起，罚没款187.92万元，移送公安机关16起。(4)医疗器械方面，以无菌和植入类医疗器械为重点，加强医疗器械生产经营使用单位监管，共检查各类企业7403家次，责令整改1124家，注销经营许可和备案证53张，立案106起，罚没款120.76万元。(5)化妆品方面，组织检查特殊用途化妆品、宣称祛痘、祛疤、抗皱、抗衰老等非特殊用途化妆品、进口化妆品及面膜类产品，共检查生产经营单位7871家，涉及化妆品品种12618个，责令整改1366家。加强国产非特殊用途化妆品备案后检查，共检查627个品种，责令整改166个。（冯子刚）

【药品风险排查治理】 2019年，省药监局在开展专项整治和日常检查的同时，狠抓风险排查治理，提升风险管控能力。(1)防范化解药品重大风险。研判"两品一械"重大风险，采取隐患分类研判、检查分级实施、风险重点防控等措施，化解药品安全隐患，全省共排查各类风险隐患12237条，整治11325条，整治率为92.50%。(2)保障"二青会"药品安全。制定药品安全保障工作方案，从含兴奋剂药品的生产、批发、零售、互联网销售以及标签说明书5个方面进行安排部署。强化省、市、县监管部门三级联动，建立"日报告""零报告"制度，重点排查药品经营企业1136家，"二青会"期间未发生一例药源性兴奋剂事件。(3)完善不良反应直报体系。针对部分企业药品不良反应监测体系不健全、召回机制不顺畅、应对能力不足等问题，部署开展药品不良反应监测体系专项检查，对全省79家制剂生产企业开展全覆盖检查。全省共收集药品不良反应报告46543例，调查处置，防范化解药品不良反应事件。（冯子刚）

【药品等违法违规行为打击】 2019年，山西省共检查药品、医疗器械和化妆品生产经营单位9.83万家次，责令整改15626家，停产停业31家，捣毁窝点6个，立案查处2177件，罚没款667.13万元，依法收回GMP证书2张、GSP证书100张，撤销GSP证书21张，注销经营许可证81张。完善行刑衔接机制，与省检察院、省公安厅、省市场监管局联合印发《联动机制暂行规定》，建立线索通报协查、涉案物品检验鉴定、案件移送等8大机制。全年为各级公安机关案件检验97批次，出具认定意见150份，移送涉刑案件39起，先后破获大同刘某无证经营中药饮片案、吕梁任某销售假药等大要案件。与公安机关联合侦破一起特大非法经营药品案，涉案金额高达4000余万元，一举抓获犯罪嫌疑人8名，现场查获各类药品100余种5万余盒。（冯子刚）

【药品监督抽检】 2019年，省药监局以基本药物、中药注射剂、中药材、中药饮片、医疗机构制剂等不良反应多、临床用量大、安全风险高的品种为重点，全年完成"两品一械"抽样8974批次，发现不合格产品311批次，发布质量公告4期。同时，组织对监督抽检数据进行综合分析，汇总各品种可能存在的共性问题和"潜规则”问题，研判潜在风险隐患，开展专项整治。山西省药监局获“药品抽检组织工作表现突出的单位”，山西省食品药品检验所获“抽样工作表现突出的单位”“检验管理工作表现突出的单位”“质量分析工作表现突出的单位”，连续12年受到表彰。

（冯子刚）

【药品监管改革创新】 2019年，省药监局以服务全省经济社会发展大局为主线，营造药品监管“六最”营商环境。(1)行政审批制度改革力度加大。重新梳理调整审批事项，减少审批层级，优化审批流程，授权窗口带班人员行使审批决定权直接办结，审批事项总时限整体压缩54%。继续加大“减证便民”力度，精简审批材料，申报材料压缩37%。推行“网上全程办理”，实施执业药师“不见面审批”，审批效率提高75%，提前实现政务服务事项“一网通办”90%的目标，创造药监审批“加速度”。(2)审评审批制度改革深入推进。协调出台任务分工方案，明确13个厅局的职责分工和目标任务。强化精准对接、精准服务，17个文号完成研究并上报国家药审中心，3个文号通过国家药监局现场检查。亚宝药业集团股份有限公司的苯磺酸氨氯地平片通过一致性评价。推动出台一致性评价资金奖励政策，13个品种获奖励资金1775万元。(3)药品流通体制改革进展顺利。以山西开展国家标准化综合改革试点为契机，将《开展药品委托储备、配送服务技术规范》《开办药品零售企业验收实施标准》等纳入地方性标准建设中，完成申报发布。出台《关于推动药品流通企业转型升级创新发展的实施意见》，以鼓励企业兼并重组、探索开展多仓协同、推行首营品种档案电子化等多元化的政策引导，推动医药企业转型升级和创新发展。(4)疫苗管理体制改革取得重要进展。成立疫苗厅际联席会议制度，召开第一次全体成员会议，推动省委办公厅、省政府办公厅印发《关于改革和完善疫苗管理体制的实施意见》。（冯子刚）

【药品安全治理】 2019年，省药监局突出药品监管专业性，提升基础支撑和保障能力，推动药品安全治理体系和治理能力现代化。(1)提升业务监管能力。全年共培训13批次1368人次。(2)提升依法行政能力。成立法治建设领导组。组织《药品管理法》《疫苗管理法》宣传贯彻，对监管人员、企业质量负责人等进行针对性普法宣传。出台《案件查办规定》。(3)提升检验检测能力。1265万元专项资金用于市级实验室改造、检验扩项和检验检测机构装备能力提升。组织申报省科技厅“科技奖励项目”3项、检验检测机构能力验证19项。成立“山西省药品标准化技术委员会”，制修订地方标准23项，通过审评14项。

（冯子刚）

【药械社会监督】 2019年，省药监局建立省市县三级举报平台，全年共受理药械投诉举报99件，接转国家药监局交办事项52件。全省共设立宣传会场260个，发放宣传资料近20万份、接受群众咨询3万余人次，开展公益讲座45场。化妆品安全科普宣传周活动获国家药监局“优秀组织活动奖”，受到通报表扬。40万元专项经费用于扶贫村提水灌溉工程维修项目，组织开展“访贫问寒·心连心送温暖”活动，全年组织干部入户结对356人次，宣讲扶贫政策836户次，帮扶销售苹果80万千克，果农平均增收4000余元。被评为“全省干部驻村帮扶工作模范单位”。（冯子刚）

知识产权管理

·版　权·

【版权执法监管】 山西省版权局（简称省版权局）联合省通信管理局、公安厅、互联网信息办公室于2019年6月至10月牵头开展第15次打击网络侵权盗版专项治理“剑网行动”。全省全年共查办侵犯著作权案件48起。版权领域打击侵权假冒工作通过国家考核，为全省加分0.40分。建设省级版权执法骨干库的做法被江苏等版权工作先进地区学习采用。省委宣传部和省公安厅联合办理的“圣城家园网”侵犯著作权案，入选全国2019年10大版权案件，被《检察日报》列为全国2019年10大典型刑事案件。省版权局版权管理处连续9年获评为全国打击侵权盗版有功集体。（郝子谋）

【版权宣传教育】 2019年，省版权局围绕“加强知识产权保护，推动转型跨越发展”的宣传主题，于4月19日至4月26日组织全省各市宣传部版权管理部门开展版权宣传活动，在全社会营造“尊重知识、崇尚创新、诚信守法”的舆论氛围。

版权宣传进校园。省版权局重点选择山西传媒学院、太原理工大学等创意密集型高校进行版权宣传活动，开设版权宣传专题讲座。太原市、晋城市向各小学发放《小学生漫画版权读本》3000册、宣传资料4000余份，组织学生开展制作课件板报、诵读版权读本、开设主题课堂、互动交流演讲等多种主题活动。

版权宣传进企业。晋中市平遥县文化中心组织平遥推光漆器企业和部分文创企业，开办版权知识讲座、发放宣传资料、解答企业版权咨询、现场受理文创版权登记100余件；吕梁市向全市书店及印刷企业发放宣传资料及海报，开展现场版权咨询。

版权宣传进媒体。全省各市运用报纸、广播电视、门户网站、公交移动电视、户外LED屏、微信微博等媒介，通过刊登公益广告、设置专栏专题、播放公益视频、开展版权问答等方式宣传。

版权宣传进街区。省版权局在平遥古城广场开展版权宣传活动。太原市组织出版物经营者和文化艺术学校学生在南宫广场开展版权宣传。大同市邀请专家进行《数字经济时代的版权产业发展与保护》专题讲座。

版权宣传进影院。在全省部分影

院开展以“保护电影版权,打击盗录盗播”为主题的版权宣传活动,通过在显著位置张贴版权宣传海报、在影片播放前插播版权公益广告等方式,倡导广大观众主动抵制盗录盗播影片。

版权宣传进社区。太原市、忻州市、运城市等市采取发放版权宣传资料,张贴条幅、海报,开展现场咨询等形式,进街道、进社区、进居委会、进机场讲解识别盗版图书常识,设立“侵权盗版举报点”。(郝子谋)

【软件正版化长效管理】 2019年,省版权局下发《山西省2019年推进使用正版软件工作计划》,确立坚持统一领导、属地(行业)管理、科学有序、逐步推进的工作原则,和规范正版软件使用管理、加强软件使用情况全覆盖检查等年度重点任务。

省版权局牵头对省推进使用正版软件工作领导组组成情况调整,由省委常委、宣传部部长吕岩松任组长。对省直各单位软件正版化工作责任人信息数据库核实清理,对因机构改革等原因造成的软件正版化工作责任人变动进行及时调整。

分9个组对全省94个省级党政机关、人大、政协、法检两院、民主党派、人民团体正版化工作责任落实情况、软件正版化工作实施情况、软件安装使用情况、软件资产管理和长效机制建设情况等方面全覆盖检查。

(郝子谋)

【版权执法机制】 2019年,省版权局加强行政执法与刑事司法衔接配合机制,联合省公安厅加强大案要案办理。在圣城家园网案件查办过程中,省版权局、长治市文化综合执法队等对案件全程跟踪、全程配合、全程参与,配合公安部门开展案件侦查、证据认定、案件办理等具体工作。加强版权执法能力建设。吸收各市版权管理部门、文化市场行政综合执法部门版权执法精干力量,建设省级版权执法骨干库,破解网络版权执法难题;与山西省高院开展版权执法与司法审判工作座谈交流并深入交换意见;组织开展全省版权执法人员培训、版权执法骨干培训、政府机关软件正版化工作培训等各类业务培训,参加全国版权培训班,全省共计500余人次参训。(郝子谋)

【版权公共服务体系建设】 2019年,省版权局转变管理思路,超前服务预防侵权,发挥作品版权登记工作在厘清版权权属、化解版权纠纷、提供权利证据、避免版权侵权等方面的重要作用,授权山西省版权保护中心开展作品登记工作,全年完成作品版权登记500余件。

全年创建全国版权示范单位1个,省级示范单位11个,省级示范园区2个。(郝子谋)

·专 利·

【专利增量】 2019年,山西省专利申请量31705件,增长16.97%。其中,发明专利申请8424件,下降10.34%;全省专利授权量16598件,增长10.21%,其中,发明专利授权量2300件,增长0.70%;全省有效发明专利1.42万件,同比增长10.43%;全省每万人发明专利拥有量3.84件,较上年增加0.30件。全省注册商标达到17.30万件,同比增长33.27%。全年商标申请量4.65万件,同比增长18.76%;全省商标注册量3.72万件,同比增长60.86%;全省有效注册商标17.31万件,同比增长33.27%。

(彭 博)

【专利促进与奖励】 2019年8月29日,省市场监管局印发《山西省市场监管局专利奖补专项资金管理实施细则(试行)》,组织开展2017年至2019年三季度发明专利奖补资助项目推荐工作。全省共推荐4964个授权发明专利和6个中国专利优秀奖项目。10月8日,省人民政府办公厅印发《山西省全面推进知识产权强省建设行动方案》,明确知识产权强省建设指导思想、发展目标、重点工作、保障措施,并从构建高价值专利培育体系、构建知识产权大保护体系、加快知识产权转化运用三个方面,确定15条支持政策和保障措施。11月27日,副省长吴伟主持召开首届山西省专利奖励委员会会议,依据《山西省专利奖励办法》和专家评审意见,审定通过首届山西省专利奖一等奖4个、二等奖15个、三等奖25个。11月29日,第十三届中国专利周山西活动启动。(彭 博)

【专利信息公共服务体系】 2019年,省市场监管局向社会免费开放“新一代地方专利信息服务检索及分析系统”,搭建“山西省知识产权信息公共服务网”,推动山西省有条件的企事业单位向国家知识产权局申报技术与创新支持(TISC)中心,向国家知识产权局申报为太原代办处增设商标受理窗口。(彭 博)

【专利融资】 2019年,省市场监管局制定知识产权对外转让审查细则、专利推广实施资助专项资金管理办法和省级专利权质押贷款资助实施细则,全省专利质押融资2.75亿元。太重集团、亚宝药业获得国家知识产权示范企业称号,实现零的突破。

(彭 博)

·商 标·

【新商标申请】 2019年,山西省商标申请量共8104件,涉及企业100家。其中,商标申请量超过150件的企业有5家,分别是山西杏花村酒厂有限公司854件,太原国投商业运营管理公司777件,乡宁县云丘山旅游开发公司246件,山西宝清化工公司204件,中青文字文化传播公司201件,山西腾瑞电子商务公司193件,山西阿大电子商务公司190件,山西健康动力医疗科技公司162件。

(彭 博)

【地理标志标识】 2019年,山西省新增“运城面粉”“绛县大樱桃”等12件地理标志证明商标。截至2019年底,山西省共有地理标志证明商标62件,地理标志产品26件。全省获准使用地理标志产品专用标志的企业114

家。2019年9月在临汾市隰县召开全省地理标志助推产业精准扶贫交流会。隰县介绍"应用地理标志打造稀有好梨"的经验。（彭 博）

【地理标志商标新注册人获奖】 2019年，山西省市场监督管理局对本年度10个地理标志证明商标新注册人进行奖励，每个注册人奖励3万元。10个地理商标为：阳曲小米、岢岚绒山羊、垣曲桑蚕、垣曲草鸡、垣曲猕猴桃、平顺大花袍花椒、平顺马铃薯、陵川潞党参、陵川连翘、沁水蜂蜜。本次奖励资金规定品牌注册企业用于标志专用权保护、品牌宣传和培育，专款专用。（彭 博）

能源监督管理

【监督管理机构】 国家能源局山西监管办公室（简称山西能源监管办），主要职能是监管电力市场运行，规范电力市场秩序；监管电网和油气管网设施的公平开放；监管电力调度交易，监督电力普遍服务政策的实施；负责电力等能源行政执法工作，查处有关违法违规行为，监督检查有关电价；负责除核安全外的电力运行安全、电力建设工程施工安全、工程质量安全的监督管理以及电力应急和可靠性管理，组织或参与电力事故调查处理；负责组织实施电力业务许可以及依法设定的其他行政许可；负责协调有关跨省、跨区能源监管业务；负责法律法规授权以及国家能源局下达或交办的有关事项监管。截至2019年底，山西能源监管办内设机构有综合处、市场监管处、行业监管处、电力安全监管处、资质管理处、稽查处六个职能处室。（潘 洁）

【能源市场监管】 2019年，山西能源监管办主要电力业务工作成效显著。市场建设成绩突出。截至10月底，市场成员在册1255家，同比增长75%；省内直接交易均价315.95元/兆瓦时，低于燃煤标杆价16.05元/兆瓦时，成交电量共计617.91亿千瓦时，累计减轻用户负担14.50亿元。电力现货试点稳中有进。按照国家能源局要求，做好试运行启动相关准备工作。会同相关部门完善试点方案和技术支持系统，建成以"全电量优化、新能源优先"为核心原则，满足全电量进入、统一平衡的"双优型"电力现货市场。市场规则体系不断完善。先后印发一系列电力中长期交易规则配套文件，明确电量偏差免考工作的审核原则和测算标准，简化办理流程，增强市场主体参与的积极性。出台《山西电力合同电子化管理办法（暂行）》，提高市场主体合同履约能力和合同签订效率。辅助服务市场机制优化。完善电力辅助服务市场化建设，完善调峰市场参与机制，保障火电机组参与调峰辅助服务的合理收益，促进主体灵活性改造积极性，缓解供暖期电网调峰压力。推进储能建设工作。召开山西储能产业发展座谈会，充分进行论证，形成《山西储能产业发展座谈会的论证意见》《储能技术及产业发展在山西的路径选择可行性研究报告》，上报省政府。培育4家发电集团开展独立储能试点工作（容量为百兆瓦级），10家发电企业开展储能联合火电试点工作，走在全国前列。推进增量配电业务改革试点工作。开展电力业务许可证（供电类）的发放工作，服务企业，培育售电主体，深入试点企业，实地审查增量配电许可条件，提出具体的整改措施。（潘 洁）

【电力安全监管】 2019年，山西能源监管办开展电网安全风险管控，组织编制《山西省电网运行安全风险分析报告（2017–2018年度）》，梳理二级及以上电网运行安全风险4项（其中一级电网风险0项，二级电网风险4项），并研究制定风险的监视、控制措施。加强电力监控系统建设，分3个阶段开展电力监控系统安全防护专项检查工作，针对6个方面工作对289个省调发电企业进行督查，印发督查通报督促企业落实整改，实现系统备案、等保测评、安全防护评估工作推进。开展涉网安全专项监管工作，结合2017年并网电厂涉网安全专项检查"回头看"工作，督促并网电厂切实开展发电机组并网安全性评价工作，组织省电力调度机构指导发电企业加强发电机组涉网安全隐患排查工作，彻底消除涉网安全隐患。

发挥电力安委会平台作用，完成对11家省级电力集团公司2017年度安全目标责任考核工作。做好春节、"两会"保电工作，重点督查保供电、保供热工作，对存在的问题提出整改建议并跟踪问效。

开展电力建设施工安全专项监管，举办电力建设施工现场"强制性条文"执行要求和电力建设工程施工现场监理站工作要求讲座。（潘 洁）

【能源行业监管】 2019年，山西能源监管办开展清洁取暖监管调研。聚焦冬春季节"气荒"问题，开展民生用气、清洁取暖等一系列调研和专项监管。与地方有关部门建立协同监管机制，向企业明确保供要求。下发《关于开展山西省保障民生用气专项监管工作的通知》。开展光伏发电专项监管。联合有关部门，围绕规划执行、并网接入、发电运行及价格补贴政策执行情况等内容，重点关注光伏领跑者项目、光伏扶贫项目以及新能源微电网示范项目中的分布式光伏项目，上报专项监管报告，下发整改通知并跟踪后续整改落实情况，评价山西省光伏发电基本情况，促进山西省光伏发电行业健康可持续发展。推进油气管网公平开放。以山西能源监管一体化平台为载体加强信息公开与信息报送。明确油气企业与上下游用户按照天然气购销合同标准文本规范合同条款，向山西能源监管办备案。开展信息公开和信息报送专项监管，对省内长输管网企业进行现场督查，促进管网企业信息公开和信息报送工作规范。推动信息平台建设落地。山西能源监管一体化平台系统于7月上旬通过功能验收。平台主体功能开发基本完成并投入运行。加强煤电去产能政策落实监管。会同省发改委开展煤电项目核准建设情况监管，督促省内核准（在建）煤电项目办理报建审批事项，并将开工支持性文件报告备案。加强能源供需形势运行分析。每季定期召开全省煤电油气供需形势分析座谈会，编写《山西能源供需形势分析报告》，提出监管意见建议上报国家能源局和山西省政府。以统计年报为抓手，加强电力监管统计分析。组织各有关电力企业开展2018年度电力监管统计年报数据会审、新版电力监管统计调查制度宣传贯彻和山西能源监管一体化平台培训，确保每一指标项目的填报符合规范要求，满足监管需要。（潘　洁）

【能源资质管理】 2019年，山西能源监管办推动阳光审批机制。落实“放管服效”工作和国家能源局“最多跑一次”服务要求，在门户网站提供全面翔实的填报指南，全部审批业务网上办理，开通许可证邮寄服务，实现“企业最多跑一次”，甚至“一次不用跑”，给企业减轻负担。建立资质许可审批随机抽取机制，办理时限压缩，行政审批透明化。加强事中事后监管，对专项监管中发现的违规企业列入国家能源局监管公告的黑名单，跟进对违规企业的处理；通知即将到期的企业提交延续申请，注销未延续承装（修、试）企业，完善进入退出机制。开展无证机组、超期服役机组后续监管工作，做好保障民生供热工作。8月到大同调研协商解决大同市冬季民生供热问题，提出合理化建议。开展信用信息归集工作，成立山西能源监管办能源行业信用信息归集工作领导小组，对信用信息归集工作实施统一领导、推动落实。（潘　洁）

【能源行政执法】 2019年，山西能源监管办推进“获得电力”重点监管工作。开展优化营商供电环境专项行动，组织4个专家组对4个地市供电公司及基层供电所、营业厅开展明察暗访专项行动，组织召开全省“获得电力”优质服务现场推进会，到企业开展专项调研，建立承装（修、试）企业定期报送制度，精简小微企业办电手续，确保用户“获得电力”便利水平提升。加强行政执法。针对供电监管检查中发现的违法违规行为，开展调查取证和行政处罚工作。修订完善《山西能源监管办行政处罚程序规定》，健全行政处罚的程序，组织召开拟处罚案件讨论会和行政处罚委员会预备会议，确保所处罚的案件符合程序和要求。开展12398能源监管热线标识普及和宣传工作。将12398能源监管热线（简称“12398热线”）标识普及和宣传有关要求纳入年度供电监管检查范畴。对全省12家煤炭、油气和5家新申领电力业务许可证（供电类）等能源企业进行专项检查和考核。办理12398投诉举报，按月发布通报。（潘　洁）

太原海关

【概况】 2019年，太原海关推进“五关”建设，开展“精品海关”建设“提升年”工作，服务山西开放型经济发展。开办各级领导干部及全员专题培训班422期，受训1.90万人次。

坚持底线思维防范化解重大风险，制定《太原海关防范化解重大风险工作机制（试行）》及相关工作方案，梳理8个方面29项风险点，制定48项对应措施。严防固体废物等洋垃圾走私进境，开展“蓝天2019”专项行动，对省内固体废物利用企业集中研判、调研摸排。打击象牙等濒危物种及制品走私，查扣象牙制品69件、红珊瑚制品7件、砗磲制品18件，查获走私活体绿鬣蜥等蜥蜴类动物175只。落实脱贫攻坚部署，配齐配强驻村扶贫工作队，通过推广特色产业、医疗教育扶贫、“消费扶贫”等方式开展“精准扶贫”。（宋　阳）

【海关系统机构改革】 2019年1月14日，太原海关机构、职责、人员全部到位，年内6个隶属海关更名挂牌及开关运行，忻州海关处于筹建中。3月接受海关总署机构改革专项验收。完成事业单位机构改革和原商检培训中心撤销工作，配合开展缉私局机构改革工作。10月25日总署党委批准太原海关党组改设党委，第一时间印发《太原海关党委工作规则（试行）》，启动关检原党组、原党组纪检组规范性文件的清理工作。（宋　阳）

【业务领域改革】 2019年，太原海关推广全国海关通关一体化改革，持续推进汇总征税、提前申报等20余项具体改革任务。落实《海关全面深化业务改革2020框架方案》，探索内陆海关“两步申报”改革模式，10月获批成为全国改革试点。各业务现场“无纸化”系列改革稳步推进。开展全面深度融合全员培训，组建关区兼职教师干部队伍，开展业务条线岗位大练兵活动，持续解决岗位人员资质问题。（宋　阳）

【贸易便利化】 2019年，太原海关深化“放管服”改革，进出口环节需验核的监管证件由86种精简到44种。压缩整体通关时间取得成效，全年关区进出口货物整体通关时间分别为38.65、3.35小时，较2017年底分别减少80.41、8.14小时，压缩比分别为67.54%、70.84%。加强国际贸易“单一窗口”标准版建设，主要申报业务提前实现100%通过“单一窗口”办理。指导企业应对国外技术性贸易措施，关于定襄法兰行业国外技术性贸易措施的研究报告获省委省政府主要领导的批示。（宋　阳）

【海关监管】 2019年，太原海关加强实际监管。提升事前监管的预见性，部署新一代风控、查管系统。发挥二级风险防控中心效能，持续加强贸易渠道风险分析布控。加强事中实货监管的精准性，推动“双随机、一公开”向全执法领域拓展。2019年征收税款28.16亿元，与上年同期相比（下同）增长84.05%；监管货运量1370.41万吨，增长88.40%；监管进出境航班4363架次，增长35.60%；监管进出境人员48.80万人次，增长22.50%。口岸检疫

防线更为牢固。筑牢卫生检疫"三道防线",助力山西成为全国第五个、北方地区首个消除疟疾达标省份。联防联控防止疫情疫病传入传出,妥善处置1例入境人员传染性肺结核病例。聚焦省级农业发展战略,与省农业农村厅联合推进出口食品农产品质量安全示范区建设。严密防控非洲猪瘟。保障冻山羊肉、活牛、活猪等特色农产品安全供港。保持打击走私高压态势。开展"国门利剑2019"专项行动,首次在一年内侦办2起总署缉私局一级挂牌督办案件,首次侦办跨境电商渠道走私奶粉及日化用品进境案,案值约1.20亿元。1905打击走私枪支配件系列案件得到海关总署领导的批示肯定,破获的走私象牙制品案得到公安部领导批示。（宋 阳）

【海关服务能力建设】 2019年,太原海关落实国务院稳外贸稳外资工作部署,对接省委省政府提出的扩大开放新思路、新要求,出台稳外贸稳外资34项工作举措。2019年,山西省进出口总值1446.89亿元人民币,同比增长5.70%。加强宏观政策和外贸政策研究,开展中美贸易摩擦分析研判,为省领导提供决策依据。支持山西全面扩大对外开放。9月20日,长治海关挂牌开关。出台《促进武宿综保区高水平开放高质量发展年度推进计划》,协调推进武宿综保区二期整改取得实质性进展,区内监管进出口货值4993.73万元,增长69.82%。支持太原航空口岸新开国际航线,做好大同、运城、五台山航空口岸临时开放监管工作,大同云冈机场12月11日获批正式对外开放。监管中欧班列102列。推动大同国际陆港保税物流中心(B型)5月5日获批设立。促推太原国际邮件互换局（交换站）4月10日运营,截至2019年底,共监管进出境邮递物品291.55万件,开通1条国际直邮航线。扶持外贸主体发展,扶持进出口企业做大做强,服务企业减负增效。帮助山西进出口企业享受税收优惠政策,减免税款1.18亿元。支持富士康各公司开展苹果手机和主板模组全球维修业务。助推跨境电商新业态发展,支持太原获批设立跨境电子商务综合试验区。服务运城国际果品交易博览会等会展。

（宋 阳）

【海关依法行政】 2019年,太原海关成立制度建设工作领导小组,制定"行政执法公示、执法全过程记录、重大执法决定法制审核"等3项制度的实施细则。通过开展制度规范集中清理、规范、修订等相关工作,完成74项规章制度修订工作,初步形成科学完备、管用适用的制度规范体系。全面推行海关行政审批网上办理平台,行政审批事项全部实现全流程网上办理。（宋 阳）

【科技兴关】 2019年,太原海关组建太原海关科技委员会、网信工作领导小组,制定发布《太原海关党委关于全面推进科技兴关的实施意见》等9个制度。推动重大科技项目按时落地。开展10项署级科技课题研究。4人入选署级科技评估专家库。

建立"一核三中心"检疫检测布局,实现差异化发展。大同杂粮、运城果蔬2个新建国家检测重点实验室通过总署现场验收,国家重点实验室达到5个。保健中心传染病防控能力大幅提升,检出3例输入性恶性疟疾。保障第二届全国青年运动会兴奋剂和食品安全检测工作。

智慧海关网络准入系统、智慧卫生检疫系统在关区上线。整合优化跨境电商辅助系统,推广H2018综合业务系统。部署入侵检测防御、风险态势感知等专用系统,构建起网络安全保障体系。开展安全隐患排查,网络安全运维保障能力提升。（宋 阳）

口岸管理

【概况】 截至2019年底,山西省共有4个航空口岸,分别是正式对外开放口岸2个,即太原和大同空运口岸;临时对外开放口岸2个,即运城和忻州空运口岸。

航空口岸。2019年7月2日,五台山—曼谷航线实现首航。11月8日,大同空运口岸经国务院批复同意对外开放。截至2019年底,山西空运口岸出入境人员411658人次（同比增长12.22%),出入境飞机2800架次(同比减少0.04%)。其中,太原空运口岸出入境人员368160人次,出入境飞机2517架次;大同空运口岸进出境人员27087人次,进出境飞机173架次。运城空运口岸进出境人员1474人次,进出境飞机10架次。忻州空运口岸进出境人员14937人次,进出境飞机100架次。

国际邮件。2019年4月10日,太原国际邮件互换局正式运营。至年底,太原海关共监管太原国际邮件互换局(兼交换站)进出境邮递物品共计291.55万件(信函类109.86万件,印刷品0.28万件,包裹类181.41万件)。9月12日,太原至美国芝加哥的国际航空直达邮路开通,这是山西省邮政首次开通国际航空邮件的直封、直飞、直达业务,该条直达邮路每周三、五、日共三个频次。

中欧中亚班列。2019年,中欧中亚班列共开行106列,其中中欧班列开行33列(中鼎物流园31列、大同2列)、中亚班列开行54列(中鼎物流园52列、大同2列)、返程19列(中欧—中鼎物流园15列,中亚—中鼎物流园4列)。（宋晓徽）

【口岸营商环境优化】 2019年4月26日,山西省商务厅制定出台山西省优化口岸营商环境,促进跨境贸易便利化水平工作措施,在规范和降低口岸合规成本、精简进出口环节监管证件、压缩进出口整体通关时间、优化通关流程和作业方式、加快推进跨境电商发展等5个方面提出19条工作举措。8月6日,省口岸办组织省发改委、省财政厅等单位和部门,共同开展太原航空口岸进出口环节收费排查工作,确保减税降费举措落到实处。12月12日,山西省国际贸易"单一窗口"出口退税申报功能上线运行。2019年,全省深化"放管服"改革,进出口环节需验核的监管证件由86

种精简到44种。全年关区进出口货物整体通关时间分别为38.65小时、3.35小时，优于全国进口41.40小时、出口4小时的平均水平，较2017年分别减少80.41小时、8.14小时，压缩比分别为67.54%、70.84%。进出口货物、舱单和运输工具申报业务提前实现100%通过国际贸易“单一窗口”办理。（宋晓徽）

【大同国际陆港保税物流中心获批】2019年5月20日，海关总署、财政部、国家税务总局和国家外汇管理局四部委联合批复，同意设立大同国际陆港保税物流中心(B型)。这是山西省继方略、兰花之后，第3个获批的保税物流中心(B型)。（宋晓徽）

【中欧班列便利化通关】2019年10月30日，太原海关与满洲里海关签署《服务“一带一路”建设促进中欧班列便利化通关合作备忘录》，创新中欧班列口岸准入(出)监管模式，共同促进中欧班列便利化通关。

11月28日，山西省第100列中欧(中亚)班列开出，标志着山西省提前1个月完成全年中欧班列开行100列的任务目标，山西省向“常态化”“钟摆式”开行又迈进一步。（宋晓徽）

【木材市场首次落地中鼎物流园】2019年9月25日，山西中鼎集团晋欧物流木材场地开张，标志着山西省木材市场首次落地中鼎物流园。加之中欧班列的固定，对解决山西省木材供应紧缺，木材市场散、小、乱现状有推动作用。（宋晓徽）

【食用干黄粉虫首次出口】2019年11月14日，大同海发生物科技有限公司生产的500千克食用干黄粉虫出口韩国。这是山西省食用干黄粉虫首次出口。（宋晓徽）

【口岸监管与服务】2019年，太原海关出台《促进武宿综保区高水平开放高质量发展年度推进计划》，海关总署可复制推广的8项实施细则全部落地。协调推进武宿综保区二期整改，截至2019年底，区内监管进出口货值4993.73万元，增长69.82%。拓展省内开放平台，健全口岸功能，支持口岸开放平台建设。推动大同国际陆港保税物流中心(B型)获批设立。促推太原国际邮件互换局(交换站)4月10日运营。支持大同进口肉类指定监管场地扩大业务。支持申建临汾侯马综合保税区、阳泉市保税物流中心(B型)。太原海关扶持进出口企业清理整治涉企收费，加大知识产权保护力度，打击虚假贸易，营造良好外贸环境。落实减税降费政策，为山西进出口企业减免税款1.18亿元人民币。支持太原航空口岸新开国际航线，继续做好航空口岸临时开放监管工作，运城机场连续6次，五台山机场连续3次获批继续对外临时开放，大同机场口岸正式开放获批，五台山机场7月2日实现国际航班首飞。统计预警分析监测加强，为山西省政府提供决策依据，向省政府报送进出口统计速报、分析报告、专报等70余份。推广全国海关通关一体化改革，持续推进汇总征税、提前申报等20余项具体改革任务。落实《海关全面深化业务改革2020框架方案》，推进重点领域和关键环节改革，探索内陆海关“两步申报”改革模式，10月获批成为全国改革试点，“两段准入”改革平稳衔接。推行海关内部核批“一步作业”，简化并下放直接退运、暂时进出口货物及延期等部分审批权限。优化关税征管全流程服务，为企业提供归类先例、税收要素预裁定等服务；推动属地纳税人管理制度落地，打造企业可选择、结果可预期的纳税模式。推动“双随机、一公开”向全执法领域拓展，定期开展检查。增强后续监管的协同性，加大稽核查力度，办结稽查作业43家，稽查作业有效率达65%，引导更多企业开展主动披露。全年征收税款28.16亿元，与上年同期相比(下同)增长84.05%；监管货运量1370.41万吨，增长88.4%；进口查验率3.76%，出口查验率1.68%。建立以总关技术中心为核心，大同、运城、晋城设立分中心的“一核三中心”检疫检测布局，实现差异化发展。推动地方政府搭建公共检测技术平台，“大同杂粮检疫检测、运城温带果蔬检疫”2个新建国家检测重点实验室顺利通过总署现场验收，关区国家重点实验室达到5个。保健中心传染病防控能力得到提升，检出3例输入性恶性疟。并做好第二届全国青年运动会兴奋剂和食品安全检测工作。联防联控防止疫情疫病传入传出，重点做好埃博拉出血热、黄热病等传染病防控工作。（宋晓徽）

【山西出入境边防总站成立】山西省公安边防总队于2018年底退出现役，成建制划转国家移民管理机构。2019年1月1日，山西出入境边防检查总站挂牌成立，担负着太原正式开放口岸和大同、运城、忻州临时开放口岸出入境人员及交通运输工具的边防检查和维护国家主权及安全的重任，同时承担北京首都机场及周边省份省会机场国际航班的备降检查任务。（宋晓徽）

【口岸安保管控】2019年，山西出入境边防检查总站研究制定总站全年安保工作总方案及执法执勤安全隐患排查、强化往来港澳口岸管控、岗位技能练兵和保密检查等4个配套子方案；通过抽查检查，对各口岸执法执勤情况进行实地检查和视频调度；与省公安厅国保总队签订口岸排查处置涉稳人员协作机制和防“闯关”协作机制，调整完善与安全、海关缉私、公安反恐、出入境、治安等单位在情报交流、信息推送、协查处置等方面的协作事项，实现与安保协作单位“一体化、一条心”联动。全年总站完成全国“两会”、70周年大庆、“二青会”、太原低碳能源发展论坛等系列重大边防安保任务。期间，配合查处移交公安部A级通缉令回国投案人员1名，查获在逃人员1名，查获入境旅客携带违禁刊物14册。开展“三非”外国人治理工作，与省公安厅出入境管理局建立协作机制，在全体执勤民警手机安装“外管通”App，制发《前台询问外语手册》口袋书，开展专题培训，加强对临时入境外国人出境情况跟踪管理；依法依规做好边控工作，执行《边控工作规定》，结合总站实际制定《山西边检总站接布控工作流程规定》，通过出入境综合数据平台进行接控资料审核、运用远程查询功能进行录入检验，确保数据精准和接布控工作万无一失；开展常态化分析研判，加强API系统和综合数据平台运用，开展全面排查防范化解移民管理领域风险隐患活动和执法执勤风险隐患排查活动。全年总站查验出入境人员411658人次，创历史新高，连续26年保持全省口岸安全稳定。

总站服务临时开放口岸，组建5个执勤队和1个技术队，以太原一站之警力保障三个临时口岸开放；确保高效快捷通关，启用10条自助查验通道，在执勤现场设置“两公布一提示”公告牌，对节假日期间客流高峰进行预测，实施客流高峰预警管理，实现“不超过30分钟”的服务承诺，旅客满意率为100%；展示边检国门名片，增设流动服务岗位，对外国人密集班次提供双语服务，设置“特别通道”对需扶助人员提供便利服务，体现边检人文关怀。（宋晓徽）

【太原武宿综合保税区】 位于山西太原经济技术开发区东、武宿国际机场西，规划面积2.94平方千米，于2012年8月26日经国务院批准设立，2013年12月正式封关运营，是山西省首个综合保税区。2019年3月，海关总署同意在武宿综保区建设进境水果指定口岸查验场和进境冰鲜水产品指定口岸。截至2019年底，太原武宿综合保税区进出口总值6071万元，同比增长54.90%。区内以保税加工、保税物流和跨境电商业务为主，项目主要包括法兰加工、电池检测、飞机维修等。（宋晓徽）

【山西方略保税物流中心】 位于临汾市侯马市，于2008年12月经国务院授权，海关总署、财政部、税务总局、外汇管理局等“四部委”联合批准设立，于2009年6月通过国家正式验收并封关运营。截至2019年底，方略保税物流中心累计为山西省企业办理报关报检5851票，占侯马关区总票数的95%以上；监管货物1151万吨（方），货值17.40亿美元，（其中，2019年累计完成242票，监管货物17.23万吨，监管货值0.156亿美元）；客户有晋城富士康、汇源果汁、蓝星化工、永济新时速、汤荣汽配等100多家，辐射至澳大利亚、巴西、印尼、墨西哥等20多个国家和地区，覆盖铁矿砂、铜精粉、果汁生产线、聚苯醚、医疗设备等20多类150多个品种，累计为企业提供融资30.8亿元，直接、间接汇聚和带动全省绿色税收17亿元；直接、间接带动2000人以上就业岗位；使所服务企业降低物流、交易、融资等综合成本10%以上，效率提高15%以上。（宋晓徽）

【山西兰花保税物流中心（B型）】 位于山西晋城市东部，占地面积0.12平方千米，总仓储面积5.16万平方米，于2017年3月1日通过国家四部委验收，8月15日封关运营。截至2019年底，山西兰花保税物流中心（B型）完成进出口保税物流业务总计1596笔，同比增长379.30%。进出口总额9380.81万美元，合计6.48亿元，同比增长32.80%。其中，深加工结转“一日游”业务总计1532笔，进出口总额6611.39万美元，合计4.58亿元；保税进出口业务64笔，进出口总额2769.42万美元，合计1.90亿元。（宋晓徽）

【大同国际陆港保税物流中心】 位于大同市开发区，规划占地6707亩，总投资56亿元。项目依托大同经济技术开发区的产业集聚优势规划建设十大功能区域。截至2019年底，一期项目建成4个功能区，分别是：进口肉类指定查验场、国家级杂粮检疫检测中心、电子口岸“单一窗口”、B型保税物流中心。其中，进口肉类制定查验场、国家杂粮检疫检测重点实验室已投入使用，B型保税物流中心于2019年5月20日正式获批复。

（宋晓徽）

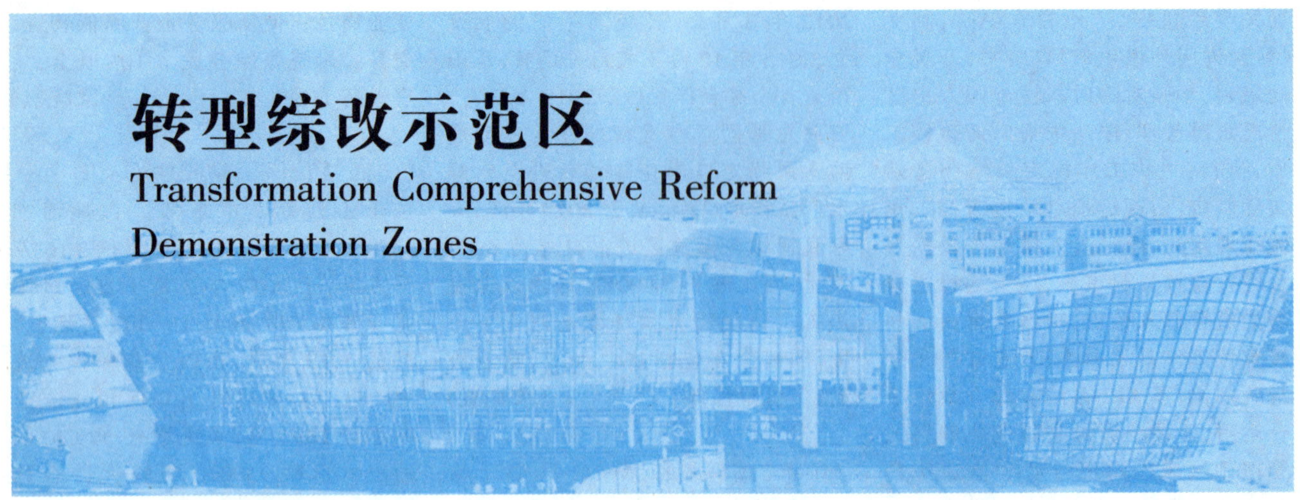

转型综改示范区

Transformation Comprehensive Reform Demonstration Zones

综　述

【概况】 2019年，山西省共有不同层级的大小开发区63个，当年开发区内规模以上工业总产值9736.10亿元，税收638亿元，进出口总额998.80亿元。投资实际到位外资58.30亿元，境内省外资542.60亿元。

2019年，山西转型综合改革示范区完成地区生产总值524.80亿元，同比增长10.40%；规上工业增加值232.60亿元，增长9%；固定资产投资222.40亿元，增长43.80%；工业投资115.20亿元，增长14.20%；一般预算收入36.60亿元，增长6%。

2019年3月23日，山西转型综合改革示范区获"全国模范劳动关系和谐工业园区"荣誉称号。

中国山西留学人员创业园(原太原留学人员创业园)连续两年提档升级。2019年11月21日，被科技部火炬中心评为2018年度国家级科技企业孵化器"B"类。

山西转型综合改革示范区紫林路综合管廊项目被中国安全产业协会建筑行业分会授予"安全事业突出贡献奖"。

4月10日至14日，山西综改示范区科技成果转化项目——清华大学山西清洁能源研究院晋华炉项目参加第47届日内瓦国际发明展并获金奖。

4月28日，山西转型综合改革示范区阳曲产业园区事业服务中心获"山西省模范集体"荣誉称号。

6月5日，山西综改示范区亚宝药业获"中国医药工业百强""中国医药行业成长50强""中国大健康产业先锋企业"等6项大奖。

7月11日，山西综改示范区被评为"全国模范劳动关系和谐工业园区"。

7月，山西综改示范区精英数智科技股份有限公司、山西长达交通设施有限公司2家企业入选国家首批248家专精特新"小巨人"企业名单。同时，26家优秀企业入选山西省2019年专精特新"小巨人"企业名单。

8月6日，山西锦波生物医药股份有限公司生产的首批1217盒、价值24万元的化妆品销往台湾，实现"零突破"。

10月，山西综改示范区清控创新基地(太原)获"国家小型微型企业创业创新示范基地"称号。

山西转型综合改革示范区获太原市2018年度安全生产目标责任制考核优秀单位。

11月，山西综改示范区山西科泰航天防务技术股份有限公司、山西长达交通设施有限公司等65家企业入选2019年省级"专精特新"中小企业名单。 （韩晓艳　编辑部）

【机构职能调整】 2019年，根据国家、省、市机构改革要求，山西转型综合改革示范区管委会对部分工作机构和下属事业单位进行更名和职能调整。

"安全生产监督运行部"更名为"应急管理部"。主要职责：负责应急管理及防灾减灾工作；负责消防管理工作；负责安全生产综合监督管理和工矿商贸行业安全生产监督管理工作；统筹全区职业卫生监督检查工作；负责组织指导协调安全生产类、自然灾害类等突发事件应急救援；按照"分级分类监管"的原则，依法组织开展生产安全事故调查处理；负责省、市应急管理部门要求承接的相关工作。

"创新发展部"职能调整为：统筹科技发展和创新体系建设工作；统筹各类经济社会普查和统计工作；负责战略性新兴产业发展规划编制、执行工作；协调解决经济运行中的问题；负责示范区内高新技术企业、专利、知识产权管理工作；负责示范区产业项目立项工作；负责各类科技项目申报、扶持、落实工作；负责加快公共创新服务平台建设工作；负责科技政策、技改政策的协调兑现工作；负责创新创业基地、平台和孵化器管理工作；负责外国专家服务工作。

"投资合作部"职能调整为：统筹招商引资、招才引智工作；负责拟定招商引资政策措施；负责招商电子网络系统建设工作；负责外事侨务、出国境审核工作；负责与驻外使领馆商务机构和各投资贸易中介组织交流合作工作；负责产业项目招商，兼顾科技成果转化项目招商、产业基金类项目招商等其他项目招商工作。

“党群工作部”调整删减职责：负责精神文明建设工作。

“山西转型综合改革示范区信息产业发展中心”变更为“山西转型综合改革示范区对外联络宣传中心”。主要职责：对接国家、省、市相关部门，协调国家级高新区、国家级经开区相关事务；负责自由贸易试验区和信息产业、创意产业等各类产业基地申报、建设、管理工作；负责对外联络工作；负责区域合作工作；负责示范区思想政治宣传工作；负责示范区门户网站、报纸、杂志的管理工作；正确引导社会舆论、网络舆情；负责全区新闻媒体和新闻报道，对外宣传工作；负责精神文明建设工作；负责组织参加各类展览会、洽谈会及招商宣传、形象策划、推介工作；承办示范区党工委、管委会交办的其他事项。

“山西转型综合改革示范区宣传信息中心”变更为“山西转型综合改革示范区发展规划中心”。主要职责：负责组织开展关于示范区发展建设的规划研究工作；负责组织编制、修改示范区各类城乡规划；负责示范区有关城乡规划管理制度的起草制定工作；参与示范区建设项目年度实施计划、土地利用计划的制定工作；参与示范区各类建设项目的规划选址工作；负责示范区财政投资项目、商业项目建设工程设计方案的组织论证工作；参与示范区工业、科研项目工程设计方案的会研审查工作；负责示范区信息化规划建设；承办示范区党工委、管委会交办的其他事项。

“山西转型综合改革示范区成果转化促进服务中心”职能调整为：主要负责科技成果转化项目招商，兼顾产业项目招商、产业基金类项目招商等其他项目招商工作；负责科技成果引进、转移、转化、交易工作；完善研发、转化、交易、服务等功能集成化工作；配合完成科技成果转化管理办法、政策措施的落实工作；承办示范区党工委、管委会交办的其他事项。

“山西转型综合改革示范区投融资促进中心”职能调整为：主要负责使用产业基金类项目招商，兼顾产业项目招商、科技成果转化项目招商等其他项目招商工作；负责示范区投融资体系建设管理工作，搭建投融资信息服务平台；负责金融科技产业结合工作；组织协调投融资机构支持产业发展工作，负责产业基金的使用和管理工作；创新融资方式，推动企业的股权交易和上市工作；承办示范区党工委、管委会交办的其他事项。

“山西转型综合改革示范区发展战略研究中心”加挂“中国工程科技发展战略山西研究院”牌子。

（韩晓艳）

【产业引进】 2019 年，山西转型综合改革示范区完善“龙头企业+研发机构+关键配套企业”招商新模式，全年新引进深圳出口型电子信息产业园、腾讯智能制造数字产业园等重点新兴产业项目 70 个，计划总投资 1011 亿元。电子信息、智能制造、生物医药及食品、新材料及加工等 4 个千亿级产业集群基本架构日益丰实。

（韩晓艳）

【项目完成】 2019 年，山西转型综合改革示范区全年新开工产业项目 63 个，计划总投资约 301 亿元，固定资产投资到位资金 84 亿元。当年签约项目新开工 54 个，开工率 77.10%。在建基础设施和公共服务设施项目 120 个，计划总投资 245.80 亿元。其中，新开工项目 43 个，计划总投资 34.80 亿元；续建项目 77 个，计划总投资 211 亿元。（韩晓艳）

【制度完善】 2019 年，山西转型综合改革示范区修订完善 26 项政策制度。将所有政策细化为普惠、培育、协议三大类，实现普惠类清单化、培育类“公式”化、协议类“字典”化，提高政策体系的覆盖面、量化率、针对性和可操作性，推动“1+3+26”思想指引+体制机制政策制度体系由 1.0 版升级到 2.0 版。（韩晓艳）

【营商环境优化】 2019 年，山西转型综合改革示范区坚持服务立区，再造“六最”营商环境新优势。优化“一网通办”系统，编制 2.0 升级版，在实现企业开办、投资审批、政策兑现、项目管理、企业服务、招标采购、公车服务等事项全部“一网通办”的基础上，实施“一颗电子印章管审批”，撤销所有审批窗口，取消政务服务审批事项纸质申报材料，做到“不见面审批”。设立“一网通办”服务专区，建立咨询导办制度，面向企业发布《办什么》《怎么办》《实际案例》等规范化、标准化的办事清单和办事指南，开启线上线下“保姆式”帮办服务。深化企业投资项目承诺制改革，细化规范承诺制服务监管流程，实现全承诺、零审批、拿地即开工。企业开办时间缩短至 2~3 个工作日，企业投资审批、验收压缩至 33 个工作日以内。在强化和完善“一网一线”、咨询中介、大型科学仪器设备共享、科技成果交易等服务平台功能的基础上，新上线运行金融、人力资源两大服务平台。启动智慧园区建设，制定专项规划，搭建大数据智慧管理平台总体架构。综合运营管理中心和云平台、数字底座两大数字基础平台以及智慧工地、智慧环卫、智慧城管、智慧环保、智慧执法、智慧应急、智慧公安、智慧交警、智慧政务、对企服务等首期 9 个应用模块上线试运行。（韩晓艳）

【融合模式】 2019 年，山西转型综合改革示范区实施创新驱动，初步形成“平台+科研+产业+资本+人才”融合发展模式。启动运行“智创城”省级双创中心，打通管理、服务、孵化、转化等全链条创新链，引领辐射全省、全市打造“双创”升级版。新引进西安电子科技大学大数据研究中心、山西生物质新材料产业研究院等高端研发机构，中科院山西先进计算中心、清华大学山西清洁能源研究院、山西高等创新研究院等新型研发机构建成投运。启动与英国牛津大学、清华大学、浙江大学、北京航空航天大学、华东理工大学、中国钢铁研究总院、中煤科工集团、赛迪信息产业集团等高校和科研院所的成果转化合作。新成立融资担保公司，为13家中小微企业担保融资9200万元。产业发展、成果转化、基础设施建设3支母基金及5支子基金为区内12家企业投资9.80亿元。（韩晓艳）

【绿色发展】 2019年，山西转型综合改革示范区践行绿色发展理念，坚持五规合一，实施《规划建设十五条》，新出台《建筑节能及绿色建筑发展实施方案》和《装配式建筑扶持办法》，加快开展超低能耗建筑建设试点。建立环保督查巡查闭合回路机制，构建三维立体执法网络。探索推行工业项目"标准地"试点改革，实行事先做评价、事前定标准、事中作承诺、事后强监管。（韩晓艳）

【跨境商务】 2019年12月24日，太原成为山西省首个获批设立国家跨境电子商务综合试验区的城市，山西综改示范区武宿综合保税区成为综合试验区的具体承接载体和平台。建成全省首条国际互联网数据专用通道。综保区完成进出口货值4713万元，同比增长102.60%。（韩晓艳）

【安全监管】 2019年，山西转型综合改革示范区压实安全生产责任，健全应急处置机制，提升安全监管效能，构建安全标准体系，提升全民安全意识，保持安全生产稳中向好的良好态势。聚焦重点领域，针对梳理出的80项防范风险事项，制定《示范区防范化解重大风险工作方案》，完善风险防控机制，动态排查风险隐患，从源头上预防和消除风险隐患。

（韩晓艳）

投资促进

【概况】 山西省投资促进局（简称省投促局）是经省政府批准的副厅级全额预算事业单位。2019年，在职人员76人，退休人员34人。内设8个处室。所属省投资服务中心为处级建制自收自支事业单位。省投促局开展"改革创新、奋发有为"大讨论和"不忘初心、牢记使命"主题教育活动，以"三大目标"为牵引，强化全省投促系统"投资山西第一站、跟踪服务全过程"理念，围绕提升招商引资质量这一中心，统筹全省投资促进系统、省各有关部门、省政府驻外招商局、商协会多方面力量，在创新方式、搭建平台、区域协同、展会创新、优化环境等重点工作上取得新突破。（周英巧）

【招商引资项目】 2019年，山西省签约招商引资项目2884个，计划总投资15626.50亿元，完成年度招商引资目标任务的130.20%。招商引资开工项目2203个，计划总投资6237.40亿元，当年签约并开工项目2051个，开工率71.10%。全省招商引资形成固定资产投资项目到位资金1854.70亿元，完成年度目标任务的161.30%。其中，引进30亿元以上重大项目29个，到位资金256亿元。（周英巧）

【"全过程"模式招商】 2019年，省投促局采用"全过程"模式招商，山西省（南昌）投资环境推介和项目对接会，围绕先进装备制造、电子信息、现代医疗器械、新材料、文化旅游等领域，会上共签约25个项目，总投资496.90亿元；围绕产业领域探索专业招商。协同组织2019航空工业全国"通航日"论坛暨山西通航发展高峰论坛，会上签约16个项目，签约金额近百亿元；实行招才引智促招商。召开晋才支持家乡建设（北京）恳谈会，树立"项目引进即人才引进"的理念，协同省人才管理机构，实现"人才、资本、产业"的有机融合。与智利代表团、以色列代表团座谈，促进两国与山西省开展合作；围绕国家级、国际性平台开展综合性招商活动。依托外交部山西全球推介活动的平台，举办山西省与跨国企业合作恳谈会，推介山西省投资环境和政策，展示山西省对外开放新形象；依托"2019年北京世界园艺博览会"，举办"北京世园会'省区市日'山西招商引资推介对接会暨第三届'一带一路'晋商国际合作推进会"；成为2019厦洽会主宾省，参加2019厦洽会北京、上海、广州、香港、澳门信息发布暨项目对接会，通过投洽会平台宣传、推介山西。厦洽会期间，采用"1+4+N"模式。即：省级层面一场招商引资推介对接活动；工信、环保、文旅、国资各职能部门围绕重点发展产业分别举办四个专题对接会；太原市、朔州市和长治市分别举办N场精准对接活动。依托"2019太原能源低碳发展论坛"组织举行山西省与全球新能源500强企业合作对接暨项目签约仪式，会上共签约24个项目；围绕重点区域开展专题性招商活动。与省环渤海招商局共同举办山西—环渤海地区投资合作交流会，聚焦京津冀，加大承接产业转移力度。面向台湾地区。协同省台办共同举办晋台经贸交流恳谈会暨台湾文旅康养产业发展研讨会；定位日本地区，举办中国（山西）·日本经贸与人文合作恳谈会，会上签约27个项目及协议。（周英巧）

【营商环境建设】 2019年，省投促局建立投资客商跟踪服务工作机制。为打造"投资山西第一站、跟踪服务全过程"的平台，发挥省投资促进局在"双招双引"中的桥梁、纽带作用，为外来投资者提供服务，建立投资客商跟踪服务工作机制。全年共为80余批客商提供投资服务。其中，项目投资类49个，产品、技术推广类21个，政策咨询类6个，需协调解决问题4个，同时达成合作项目3个。重庆八戒网络股份有限公司，经过对接跟踪服务，与山西省太原市、晋城市、长治市签署项目合作协议。发挥"96301"投资服务热线作用。省投促局利用山西省举办的重大招商引资活动、参与的各大会议展会、招商引资培训活动以及主流媒体和自媒体、短信等方式对热线进行多形式、多维度、多层次宣传，提高热线知名度，加强境内外对山西的关注，提升山西对外开放形象。热线加深服务深度，对有投资意向的咨询电话主动撮合对接。建立山西省外来投资企业投诉服务工作联席会议制度。2019 年 4 月，省投促局以省政府办公厅文件下发《关于同意建立山西省外来投资企业投诉服务工作联席会议制度的函》。由 32 家省直机关、部门联合、协同，成为优化营商环境的共同主体，建立比较权威的省级层面系统化、专业化的协调机制，实现对外来投资企业遇到问题或难题的针对性、全过程跟踪服务，打破单部门解决问题的壁垒。设立中国国际经济贸易仲裁委员会山西办事处投资促进局工作站。工作站依据仲裁办事处相关规则开展咨询服务与仲裁协调工作，发挥省投促局在招商引资、投资促进、区域合作和投诉协调领域的业务工作职能，对接中国国际经济贸易仲裁委员会，为广大在晋投资者提供仲裁咨询和程序便利，结合山西省情实际，提供独具特色、兼顾公平效率的行业争议解决服务，降低企业仲裁、调解、维权成本。在招商引资项目落地中，直接或间接做跟踪服务全过程的协调工作。省投促局与省委政法委建立企业涉法维权问题协调工作机制。与省委政法委、省工信厅、省司法厅等有关部门，第一时间受理处置企业反映的涉法维权问题，并在实际工作中起到明显效果。加强投诉协调工作。2019 年，省投促局主动靠前服务企业，联合各部门打出组合拳，降低企业维权成本，邀请专业人员提出权威建议。全年共受理投诉案件(帮助企业解困)26 起，涉及拖欠款、司法维权、新官不理旧账等问题；办结 14 起，结案率 54%。

(周英巧)

【区域经济合作】 2019 年，省投促局创建省政府合作协议推进落实新模式。围绕以省政府名义签署协议及其项下项目，按照所属地分类，与省直部门、省政府驻京办、省环渤海、珠三角、长三角招商局及所属地的商协会形成工作合力。通过组织相关协议单位分别开展对接交流活动，推进多层次、宽领域的合作，初步在全国形成省际间协议推进新模式和框架。

2019 年，省投促局利用在京举行的大型跨国商会交流会，同中国美国商会等 18 家外国在华商会组织进行友好交流，为开启山西省与欧美等国商会合作奠定基础；深化与日本的多方面合作交流。召开中日 IT 产业人才培养交流座谈会、中日康养产业交流对接会，加强山西省与日本康养产业等方面的合作，助力山西加快对外开放步伐。策划并组织实施中国(山西)·日本经贸与人文合作恳谈会，推进山西与日本在新时期的经济社会全面合作。

省投促局构建亲清政商关系帮扶民营企业发展。(1)与河南省晋商会合作推进政企交流。中原经济区商会企业座谈暨项目对接会是落实省投资促进局支持民营企业发展八项举措的切实之举，为开展类似活动探索路径，树立典范。(2)推动商会组成联盟服务山西发展。召开长江经济带山西商会联盟成立暨南昌交流研讨座谈会，表决通过《长江经济带山西商会联盟章程》，长江经济带山西商会联盟成立。(3)以展会平台带动民营经济发展。在参展企业征集、展区设置环节，落实全省支持民营企业发展大会会议精神要求，加大对民营企业和商协会的扶持力度。(4)首次组织民营企业交易团参加第二届“进博会”。期间，组织民营企业交易团同巴西企业、澳门及葡语国企进行精准对接交流，推动双方贸易往来，构建合作共赢新蓝图。

省投促局围绕京津冀协同发展、粤港澳大湾区、黄河经济带等国家发展战略，依托河南“投洽会”等重点展会平台及投洽会主宾省身份，举办多场商会企业座谈、调研拜访、合作交流会及项目推介会，与各省商务投促部门、当地商会及重点企业搭建起互联互通、合作共赢的沟通渠道，通过融入区域性经济带，逐步实现以展会平台带动辐射山西全境产业发展、对外开放及投资促进事业的新发展。

(周英巧)

开发园区发展

·太原不锈钢产业园区·

【经济运行】 2019 年，太原不锈钢产业园区一般公共预算收入完成 2.65 亿元；固定资产投资完成 12.03 亿元，其中，工业固投完成 8.38 亿元，增长 20%；非煤产业产值完成 88 亿元，增长 16%；规模以上企业工业增加值完成 16.50 亿元，实现增速 15%；入区企业数、高新技术企业数均超额完成目标任务。 (郭　微)

【基础设施建设】 2019 年，太原不锈钢产业园区开展设施功能提升攻坚行动，钢园北路北段道路工程完成前期工作，北延道排工程完成设计招标。全年开展工程建筑质量检查抽查 43 次，提出质量问题 126 条，整改率 100%。建立人防系统专项治理《未批先建项目台账》和《不建不缴项目台账》，对历史遗留问题进行人防工程补建或人防易地建设费追缴，补建面积 1159 平方米，追缴易地建设费 458 万元。在阳兴南街、钢政街等人流密集区域设置烟头收容器，丰津街安装路灯 24 盏。环卫机扫作业道路 18 条，共 27 万平方米，做到每日冲洗 2 次，机扫 2 次；人工清扫保洁形成条块结合、无缝隙、全覆盖的模式。完成丰源西路、兴安南二巷行道树补栽和阳兴南街绿化补栽补种工作，补栽行道树 180 株，绿篱 6000 平方米；“二青会”及国庆节期间，在阳兴南街沿线摆放花卉 4 万余盆。新建公厕 2 座。

(郭　微)

【招商引资】 2019 年，太原不锈钢产业园区以高端制造业、网络信息产业和现代服务业为主攻方向，加强招商引资工作，推行“一包七”领导干部企业包联制度，促进重点项目落地建设。全年谋划转型项目 31 个，其中，新建项目 6 个，续建项目 25 个，开复工率为 100%。组织队伍到北京、佛山、成都、南昌、厦门、上海等地区，参加系列招商活动20余次，对接项目30余个，新签约项目10个，总投资50.47亿元。中国长城、居然小镇、同创谷培育项目等落户园区。联合尖草坪区举办“中德（太原）智能制造产业发展论坛”，意向引进一批德国优秀制造企业，打造“中德工业园”。鼓励现有企业提高产品质量，扩大生产规模，增强企业活力，提高经济效益。全年共实施5个技改项目，新增投资2.18亿元。（郭　微）

【服务企业】 2019年，太原不锈钢产业园区提升审批效能，加大企业培育扶持力度，营造优质营商环境。推行项目无审批承诺制，落实“两集中、两到位”，建立一次性告知、首问负责、限时办结等系列制度，接通“太原市行政审批管理信息系统”和“山西省政务服务事项管理系统”，动态调整的399项权责清单事项已同步至“全国一体化在线政务服务平台山西政务服务平台”。组织企业开展省、市技术改造专项资金申报工作，为4家企业争取技改专项资金1820万元，为两家企业争取工业转型升级资金1142万元。为民营企业支付拖欠账款94万元。科技型中小企业全年净增加14家，帮助帝思曼、锦荣、陆森等17家企业申报高企认定。兑现科技鼓励政策奖励资金300余万元。协助鼎荣与中行达成2500万元的贷款协议。（郭　微）

【融合发展】 2019年，太原不锈钢产业园区与尖草坪区按照“区区融合建机制”的思路，推动有关工作落地落实。一是区区融合。强化两区干部职工“一家人”意识，通过联席会议、联合行动等方式，实现两区之间协作配合，形成“1+1>2”的局面。重点工作同推进，联合开展秋冬防执法、创城乱象整治、工地“六个百分百”落实等工作。民生工作同保障，成立天朗美域社区筹备组，近3000户居民受益。二是军民融合。先后启动《太原北部军民融合创新基地产业研究》《军民融合科技园城市设计》《太原北部军民融合创新基地（中北大学板块）起步区控制性详细规划》的编制工作。“三纵三横”骨干路网涉及的征拆工作完成，征拆17.2万平方米。实施“两纵两横”市政道路建设工程均完成总工程量的90%以上。（郭　微）

【安全环保】 2019年，太原不锈钢产业园区抓好安全生产和环境保护工作，守好经济高质量发展底线，保持安全稳定、环境优良的态势。一是以长效机制巩固安全生产成效。园区完善安全生产责任体系，全年各类安全生产事故均为零。完成安全生产责任制挂牌136家，实现监管全覆盖。推进双重预防机制建设，全面落实风险辨识、分级和管控工作，92家企业依托太原市双重预防平台实现线上线下监管实体运行。开展建筑工地和防汛安全生产专项行动、“防风险、保平安、护二青、迎大庆”消防专项执法检查等各类安全生产检查10余次，共排查安全隐患1300余条，监督检查覆盖率100%，隐患整改复查率100%。组织举办安全事故应急救援演练，提升对应急工作的响应程度。二是以强化监管改善生态环境质量。园区制定《降尘污染防治攻坚行动方案》《进一步强化降尘污染防治工作实施方案》《建筑工地管控38条》《生产企业八个“百分百”》等系列制度，全年开展各类环保联合执法出动780余人次，填写笔录150余份，对27起违法案件处罚款68.90万元。完成整改环保督察交办问题，生态环境部强化监督组交办问题23件，省委、省政府“百日清零”太原组交办问题18件。（郭　微）

·晋中经济技术开发区·

【经济运行】 2019年，山西转型综合改革示范区晋中开发区（简称晋中开发区）围绕“项目建设再出发，转型发展不停步”工作主题，抓项目、促投资，抓改革、促转型，地区生产总值完成126.65亿元，同比增长10.70%；工业增加值完成66.17亿元，同比增长28.10%；固定资产投资完成146.64亿元，同比增长9.17%；社会消费品零售总额完成102.73亿元，同比增长8.30%；一般预算收入完成9.33亿元，同比增长13.22%。地区生产总值、固定资产投资、社会消费品零售总额3项指标全部突破百亿元大关，规上工业总产值突破300亿元大关，税收收入突破30亿元大关，经济体量实现跃升，综合实力增强。（张　茸）

【项目建设】 2019年，晋中开发区建设库项目共有142项，总投资近800亿元，当年完成投资146.64亿元，同比增长9.17%，其中，投资亿元以上产业转型项目50项，累计完成投资65.39亿元；全年有18户新建产业项目投产运营，18户技改项目完成技术改造，新增产值近51亿元。中铁云轨、美锦氢燃料电池动力系统及氢燃料商用车、海玉食品等项目实现当年签约，当年开工，为开发区转型发展注入强劲动能。（张　茸）

【基础设施建设】 2019年，晋中开发区完成道路等基础设施建设投资约48.35亿元，其中，智慧南街、龙田横一路、纵三路、七号路西延、诚信西街，秋村北侧规划路、物流园北侧路、上营东路、工业园区10号路、普洛斯西侧路等区级道路工程完成工程量的90%以上；蕴华街西延、广安街东段、横一路、兴源路等4项新建道路工程全面启动，至年底完成投资2.30亿元。投资4156.70万元，完成水、电迁改及配套工程14项，涉及5大产业园区18家企业。持续加大土地出让清表力度，全年出让土地1481亩，确保产业项目开工建设和城建重点工程推进。（张　茸）

【科技创新】 2019年，晋中开发区鼓励和引导区内企业加大研发力度、开展科技创新。全年培育申报高新技术企业共55户，认定和转入高新技术企业共47户，截至2019年底拥有高新技术企业总数达100户。相继出台《山西转型综合改革示范区晋中开发区促进科技创新扶持办法（试行）》《山西转型综合改革示范区晋中开发区科技计划管理办法（试行）》《山西转型综合改革示范区晋中开发区科技企业孵化器管理暂行办法(试行)》《山西转型综合改革示范区晋中开发区科技孵化器管理办法实施细则(试行)》《山西转型综合改革示范区晋中开发区科技孵化器种子资金使用管理暂行办法》等科技政策，推动科技工作规范高效开展。（张 茸）

【招商引资】 2019年，晋中开发区通过举办晋中市2019重大项目签约大会，组织和参加第十一届中国中部投资贸易博览会、第二届"进博会"、第十五届深圳"文博会"等一系列自主精准招商等方式，新引进项目136项，项目总投资368.05亿元。其中，自主招商36项，项目总投资344.20亿元；以商招商项目100项，项目总投资23.85亿元；包括500强项目两户，投资50亿元以上项目3项，任务完成率居全市第一。引进中铁云轨生产基地项目、美锦氢能燃料电池动力系统及氢燃料商用车生产等一批项目，推进金科山西智慧科技城、北方功能食品产业园、山西博通创意园、晋晟鼎业等标准化厂房的以商招商工作，"筑巢""引凤"双轮驱动，使企业能够"拎包入住"。（张 茸）

【产业发展】 2019年，晋中开发区围绕打造新能源汽车、智能制造、医药健康、功能食品、现代物流等五大新兴产业集群，加快推进新兴产业积聚成势。新能源汽车产业作为全区最大的特色优势产业，在产业发展上以全市仅有的两家产值超百亿元企业之一的吉利新能源汽车为龙头，通过其带动作用引进吉利核心零部件生产供应商，形成产业氛围，整车制造规模初现。2019年以吉利为代表的新能源汽车产业，完成产值139.73亿元，主营业务收入109.95亿元；以经纬智能为代表的装备制造产业，完成产值100.49亿元，主营业务收入105.76亿元；以德元堂为代表的医药化工产业，完成产值17.48亿元，主营业务收入15.60亿元；以娃哈哈、海玉食品、尚品天香、双合成等食品企业为重点的功能食品，完成产值16.82亿元，主营业务收入13.74亿元。（张 茸）

【营商环境优化】 2019年，晋中开发区先后出台《示范区晋中开发区深化企业投资项目承诺制改革实施方案》《示范区晋中开发区深化企业投资项目承诺制改革工作方案》，率先在全省实现项目开工前手续"零审批"模式，推进区域评估文件编制和政府服务事项落实。

晋中开发区一站式政务服务中心建成运行，"互联网+政务服务"平台进入试运行，实现互联网统一门户，数据资料共享，全过程电子监察，多终端预约申报。依托"互联网+政务服务"平台，搭建网上入驻、动态管理的"中介超市"管理系统平台，建设中介服务网上交易系统，开展行政审批中介服务事项梳理，减少不必要的中介服务事项。

注销"一网通"服务平台正式上线，实现市场主体准入、退出的良性循环。确保压缩企业开办时间完成既定目标。通过全程电子化办理营业执照，提高企业登记无纸化、智能化水平。对企业提交的申请材料齐全的，1个工作日内发放营业执照。（张 茸）

【体制机制改革】 2019年，晋中开发区创新选人用人机制，通过设置主办职员岗位，选聘39名优秀年轻主办职员，建立"一岗多责、一专多能、动态管理、择优选聘"的职员等级晋升制度，拓展基层职员职业发展空间；实施特岗特薪、特职特聘，拿出30个专业化岗位进行社会化选聘，建立以事定岗、以岗择人、以绩定酬的用人机制和激励机制。

在全区推行绩效考核工作纪实日志制度，推进常规管理向绩效管理转变；修订完善2019年度考核指标体系，对部门的主体功能实行差异化考核，实行部分绩效目标考核进展情况季度通报制度。

实践"管运分离"开发运营模式，通过开发建设集团公司累计引进社会资本约10亿元参与到开发建设中来，带动和引进各市场主体投资超100亿元，全区共计铺开建设精工谷、智能制造产业园、金科山西智慧科技城、北方食品功能产业园、山西博通创意园等200万平方米标准厂房，有120万平方米具备入驻条件，超百户企业入驻，以商招商、独立运营取得实质性进展。

出台《工业不动产管理办法》与《办理规程》等制度，涉及土地、规划、产业准入、消防环保、产权分割、预(销)售许可、不动产登记等方面的工作。10月，晋中开发区向山西博通创意园标准化厂房项目颁发"工业不动产预售备案证"，成为山西省首张"工业不动产预售备案证"，"工业楼宇"预售开全省先河。（张 茸）

【人才引进】 2019年，晋中开发区实施人才强区战略，财政设立1500万元人才培养奖励资金，用于实施各项人才扶持奖励补贴项目；专注人才培育，当年入选省委联系服务专家、省"百人计划""三晋英才"等高端人才74名。（张 茸）

【公共服务平台】 2019年，晋中开发区推进科技孵化器建设，培养以信息、高端智能制造、医药健康、新材料、通用航空等产业为代表的新兴产业和高新技术企业，开展招商引才、创业服务、载体建设等工作，2019年经省级部门认定省级以上众创空间2户，区内省级以上众创空间总数达5户，在全省开发区中名列前三名。

推进双创基地建设。依托区内条件成熟的企业，围绕壮大开发区战略性新兴产业，培育双创主体，双创示范基地建设规模、创新创业能力等各项指标稳步增长，2019年新增省级重点实验室1户、省级企业技术中心1户、市级企业技术中心5户；市级企业技术研发中心1户。

推进校地合作平台建设。2019年，组织区内企业与太原理工大学开展全面合作，全年太原理工大学与区内35户企业、10个项目实现对接支持,联合区内企业申报晋中市科技局科技计划项目16项,其中,有一项获山西省科技进步二等奖;与3户企业合作基地挂牌,与5户企业建立实习基地;与山西中聚晶科半导体有限公司联合申报并获批"山西省新型智能传感与检测研究生教育创新中心",与山西经纬化纤机械股份有限公司签订研究生联合培养实践基地(培育)协议书,计划共同申报山西省研究生联合培养实践基地。 (张 茸)

【安全生产】 2019年,晋中开发区健全应急体制,建立开发区应急救援指挥体系,成立应急救援总指挥部和6个专项应急指挥部,分别负责相应类别事故灾难等突发事件的防范治理和应对处置工作;开展防范化解风险行动,"二青会""中秋""国庆"专项行动,安全生产集中整治暨百日攻坚专项行动等一系列安全生产专项整治。 (张 茸)

【生态环保】 2019年,晋中开发区完善生态环境保护管理制度,健全保障措施。在大气污染治理中,采取管控措施,2019年市城区空气综合指数平均为5.50,好转率全省第一;在水污染治理中,加强对园区工业企业废水排放监管,2019年郝村断面水环境质量达到考核要求;在土壤污染治理中,全面落实2019年1月1日实施的《中华人民共和国土壤污染防治法》,按程序规范转移危险废物。落实"双随机"监管方式,完善对企业的事中事后监管的关键环节,全年共完成双随机检查企业101家;配合、保障、落实各级生态环境保护督察工作,并以环境执法大练兵、百日清零、各类专项排查为契机,对区内工业企业开展专项检查,存量企业污染治理设施运行逐步规范。 (张 茸)

·晋城经济技术开发区·

【经济运行】 2019年,晋城经济技术开发区总面积86.80平方千米,地区生产总值157.01亿元,入区企业3853家,形成光机电、高端装备制造和生产性服务业"三大主导产业"的转型发展格局。光机电、高端装备制造和生产性服务业占据总产值的半壁江山;转型产业矩阵中汇聚世界500强"富士康、中船重工、晋煤集团"在内的各类新兴规上企业79家。晋城经济技术开发区被确定为省级循环化改造示范试点园区。在全国219家国家级开发区考核中位列119名,较2018年上升1位。

2019年,晋城经济技术开发区规模以上工业总产值468.21亿元,同比增长56.21%;规模以上工业增加值增速13.50%。一般公共预算收入完成3.72亿元,同比增长10%(一区一园)。进出口完成68.30亿元。战略性新兴产业产值102.09亿元,同比增长21.70%。 (张晶晶)

【项目建设】 2019年,晋城经济技术开发区实施"一区四园"建设。主区和金匠工业园,面积20.7平方千米,以光机电、装备制造和生产性服务业为主;北石店工业园,面积1.98平方千米,以装备制造、生物医药、清洁能源产业为主;巴公工业园,面积49.22平方千米,以装备制造、煤化工、冶炼铸造产业为主;北留周村工业园,面积14.94平方千米,以煤化工、煤电产业为主。 (张晶晶)

【改革创新】 2019年,晋城市委市政府出台《关于支持晋城经济技术开发区改革创新发展的实施意见》《关于支持晋城经济技术开发区加快发展的若干措施》。晋城经济技术开发区1月30日,召开"改革创新专题研讨暨全区工作会议"。实施"一办法一方案一清单""三个一"绩效管理制度体系。聘请第三方机构对全区岗位设置进行优化设计。制定《开发区关于实施管理和运营分离改革的总体方案》,推进园区运营平台公司建设。 (张晶晶)

【基础设施建设】 2019年,晋城经济技术开发区利用3亿元财政资金撬动总投资26.26亿元的9项基础设施建设,涵盖市政道路、标准地、污水处理、生态修复等多个领域,提高金匠工业园基础设施配套水平。 (张晶晶)

【营商环境】 2019年,晋城经济技术开发区行政审批局进驻市政务大厅,出台"管家式服务十二条",制定《进一步落实"管家式服务"十二条行动方案》及并联审批等配套制度,将"一窗通办""一枚印章管审批""两不跑腿两不见面"、帮办代办落到实处。 (张晶晶)

【招商引资】 2019年,晋城经济技术开发区出台《专家咨询委员会管理办法》《招商代表管理办法》。实施以根寻链、以赛育苗、飞地育成、平台导入4条招商路径。形成"1+3"招商机制,以项目经理制为总抓手实施项目摘牌制、项目跟踪制和项目打卡制。全区签约项目31个,总投资188.70亿元;当年开工项目21个,当年签约项目开工率67.70%,到位资金37.80亿元。5月13日,开展集群招商,组织54名客商参观光机电产业园的各项配套设施及部分入园企业。9月3日至4日,参展深圳光博会,并举办首届晋城光机电产业高层次人才创业创新大赛。 (张晶晶)

·大同经济技术开发区·

【经济运行】 大同经济技术开发区是1992年11月经山西省人民政府批准设立的首批省级开发区之一。2010年12月经国务院批准升级为国家级经济技术开发区,是全省获批的第二家国家级经济开发区。大同经开区总规划面积239.40平方千米,起步区规划面积46平方千米。截至2019年年底,开发区建成医药工业园区、装备制造园区、高新技术园区、现代服务园区、御东园区五大产业园区,打造通航产业园区、中银纺织产业园等特色产业园区,初步形成以医药和装备制造为支柱,新能源、新材料、电子信息、通用航空、商贸物流、食品加工为辅助的产业布局。

2019年,大同经济技术开发区地区生产总值完成97.88亿元，增长13.10%；规上工业增加值完成50.15亿元,增长20.70%;一般公共预算收入完成6.34亿元,增长25.40%;固定资产投资完成87.57亿元，增长16.70%；社会消费品零售总额完成32.45亿元,增长7.70%;外贸进出口总额完成40.31亿元,增长83.64%。主要经济指标全部完成目标任务。

（张维新）

【转型升级】 2019年,大同经济技术开发区转型升级步伐加快。坚持质效齐升,出台《促进制造业高质量发展的若干政策意见》等扶持政策。全年新增“小升规”企业6户,19户规上企业利税保持两位数增长；投资强度、产出强度和税收强度分别达到469.64万元/亩、208.78万元/亩、12.02万元/亩;1家企业晋升省级“专精特新”行列;4家企业通过高新技术认定。主导产业保持稳定增长势头。1月至12月,11家规上医药企业实现产值96.47亿元,增长10.5%;24家规上装备制造企业实现产值74.53亿元,增长48%。两个主导产业产值占全区规上工业总产值的90.88%。(张维新)

【基础设施建设】 2019年,大同经济技术开发区加大基础设施建设投入力度。实施湖东片提质升级工程,恒安街道路拓宽工程主线通车,转型创新厅基本建成,新能源汽车服务城开工建设。“氢都”新能源产业城基础配套完善,“七横七纵”道路和氢都公园投入使用，总建筑面积30万平方米的标准化厂房项目主体全部完成,部分投入使用。 （张维新）

【商贸工作】 2019年,大同经济技术开发区深化“放管服效”改革。推进相对集中行政许可权改革,“一枚印章管审批”基本完成,推进企业投资项目承诺制改革，审批时间压缩至45个工作日,建设政务服务一张网平台基本完成。开展“证照分离”“多证合一”改革,企业开办时间缩短为1天。提高审批服务质量,引入中介服务机构实施项目评估评审。实施科技创新驱动,打造创新氛围。先后获批“国家外贸转型升级基地”“省级双创示范基地”,向国家、省、市共争取双创建设资金4485万元。推动政产学研合作。建设太原理工—泰瑞集团科研中心公共服务平台、大同宏鑫岩棉院士专家工作站、尚镁科技大同国际镁轻量化研究院,推动普德药业与北京大学联合研发紫杉醇项目。推动双创载体升级换代。全年新增省级众创空间4个、市级众创空间7个,新增在孵企业102家,孵化毕业企业12家。上海漕河泾(大同)创新创业园开园;京东云(大同)电商生态产业园有60余家企业入驻。推进公共服务平台建设。以产业导向为突破口,依托同药集团大同生物医药产业研发公共服务平台、泰瑞集团装配式建筑研发公共服务平台搭建大同经开区重大仪器共享平台，服务全区企业和周边院校。落实扶持政策。落实国家、省、市减税降费、扶持奖励等各项政策。全年累计减免各类税收2.80亿元,补贴扶持资金8748万元，争取上级财政专项资金3.50亿元。为14家企业申请“打捆用户”电力直接交易。 （张维新）

【招商引资】 2019年,大同经济技术开发区加大招商引资力度,培育新的增长动能,确定更加注重实效的对外招商策略。结合大同市优势和经开区产业规划实际，定位招商主攻方向；选定江浙沪、深圳等优质区域作为重点招商区位;寻找已布局产业上下游链条与经开区资源优势最为匹配的项目和企业作为精准招商对象。建立“项目考察、尽职调查、法务意见、专家意见、集体研究”5个环节的项目辨别审核机制,坚决防范招商引资可能引发的风险。全年全区签约项目37个,总签约额302.04亿元。其中,引进上市公司3家，世界500强1家;10亿元以上转型项目6个。20个新签约项目开工,开工率54.10%,到位资金27.56亿元。 （张维新）

【项目建设】 2019年,大同经济技术开发区围绕“企业化管理项目,一线化紧盯项目”的推进思路,建立包联领导、项目协调组和园区服务中心三支力量服务项目的体制,形成“一对多、多对一”的“沙漏式”服务体系,制定一个项目、一位包联领导、一个服务专班、一本台账的“四个一”工作机制，为企业提供全方位“保姆式”服务,推进项目规划图变施工图。全年开复工项目96个，实际完成投资77.70亿元,超额完成年度目标任务。其中,工业项目50个,全年完成投资50.73亿元,增长18.50%。氢都驰拓、新研氢能、奥赛斯等29个项目开工建设,中银羊毛、普云大数据、瑞城建筑等21个续建项目加快实施，氢都驰拓、石墨烯等14个项目建成投产，其中,氢都驰拓、尚镁合金、石墨烯等项目当年开工当年投产。 （张维新）

【“三化三制”改革】 2019年,大同经济技术开发区推进“三化三制”改革。在全员岗位聘任制方面,8部5园区12位正职通过竞聘方式完成聘任;针对运行中反映出来的人岗不适问题，对部分干部岗位微调，做到人岗相适、人事相宜。在绩效工资制方面,成立考核办,出台《大同经开区绩效考核办法》,完善《大同经开区薪酬管理实施办法》，明确薪酬分配与转型成效、服务质量、企业评价直接挂钩,职员干事创业热情激发。在市场化改革方面,推进“管运分离”“管建分离”。出台《大同经开区实行“管运分离”改革全面实施公司化运营的实施方案》；区经发投公司通过市场化方式运作标准化厂房建设;在湖东片提质升级工程中引入PPP模式;云中电力公司在装备园区开展增量配电试点工作；与国开行、农发行对接的项目建设融资方案,进入实操阶段。在“专业化”改革方面,推进人才“专业化”。选派13名优秀干部到北京、上海、商务部、投促局等地挂职锻炼;委托第三方公开招聘10名大学本科以上学历工作人员；派遣23名中层干部到上海漕河泾进行学习园区管理课程。推进园区建设“专业化”。“氢都”大同新能源产业城初具规模,农产品精深加工产业园区建设前期工作完成,氢都驰拓、石墨烯等一批产业园项目相继入驻,装备园区"园中园"模式取得实质性突破。在"国际化"改革方面,大同国际陆港申报保税物流中心(B型)获批。引进总投资12.70亿元的德国卡本泰克新一代红外线供暖系统项目,组建国家级供暖系统研发及生产中心。 (张维新)

·风陵渡经济开发区·

【经济运行】 风陵渡经济开发区位于山西最南端,晋、陕、豫黄河金三角腹地,华北、西北、中原三大经济区域的交汇处,是山西的"南大门"和对外开放的"窗口",地理位置得天独厚,素有"鸡鸣一声听三省"的美称。1992年11月经山西省人民政府批准设立,2006年3月经国家发改委审核公告。风陵渡经济开发区包括"一区两园",风陵渡工业园和芮城工业园规划面积27.60平方千米,其中风陵渡工业园21.60平方千米、芮城工业园6平方千米。

2019年,全区地区生产总值完成10.80亿元;工业总产值完成31.80亿元,其中,规模以上企业工业总产值完成28.90亿元;工业增加值完成7.30亿元,其中,规模以上企业工业增加值完成6.60亿元;企业主营业务收入完成52.80亿元;外贸进出口总额完成0.50亿元;固定资产投资完成5.20亿元;招商引资到位境内省外资金3.10亿元;税收收入完成3.70亿元;公共预算收入完成0.47亿元。

(刘 毅)

【招商引资】 2019年,风陵渡经济开发区面向长三角、珠三角、环渤海、黄河金三角等地区,组织招商引资活动18次,接待外来入区考察团15个,对接洽谈项目21个,签约项目8个,总投资62.28亿元;当年开工项目5个,到位资金1.98亿元,开工率62.50%。建立招商平台。建立商会、协会、"区区合作""三创小镇""以企招企"五大招商平台,全方位开展招商引资工作。明确招商重点。以现代医药及医药包装、化工新材料、商贸物流"三大产业"作为主攻方向,制定招商图谱,围绕招商目标,明确招商服务主体,党工委、管委会班子成员每人包联一个招商项目产业链,培育产业集群。健全招商机制。成立招商小分队,建立"三人包联服务小组+专人协调对接"工作机制,实行精准招商。完善奖励机制、激励机制、经费保障机制、人才保障机制及督查督导机制,出台风陵渡经济开发区招商引资活动管理办法,招商引资优惠政策、奖励激励办法,高层次人才引进管理办法等,为招商引资工作提供支撑。

(刘 毅)

【项目建设】 2019年,风陵渡经济开发区按照"一主两副、产业融合、同类整合"的要求,重点发展现代医药及医药包装、化工新材料、商贸物流等三大主导产业,延伸产业链条,形成产业集聚,打造全省重要的医药产业基地、化工新材料产业基地和晋陕豫黄河金三角区域重要的商贸物流集散地。截至2019年底,开发区共有入统在建项目20个,总投资15.89亿元,累计完成投资7.50亿元,全年完成投资5.15亿元,同比增长38.90%,完成年初承诺目标任务。建成投产项目4个,分别是总投资1.66亿元的众智鑫环保建材粉煤灰综合利用一期项目、总投资1亿元的宏明空调项目、总投资7500万元的银莹顺表面施胶剂项目、总投资2000万元的建仁煤炭低硫洁净型煤项目。(刘 毅)

【产业集聚】 2019年,风陵渡经济开发区现代医药及医药包装、化工新材料、商贸物流"三大主导产业"产值收入23.25亿元,占规上工业总产值的80.48%;主导产业主营业务收入46.45亿元,占全区"四上"企业主营业务收入的87.96%。其中,现代医药及医药包装产业全年完成产值19.74亿元,同比增长9.79%,占全区规模以上工业产值比重68.34%,代表性企业分别是亚宝药业集团股份有限公司、山西嘉生医药化工有限公司、山西千岫制药有限公司。化工新材料产业完成产值3.51亿元,同比增长24.01%,占全区规模以上工业产值比重12.14%,代表性企业分别是山西升佳化工有限公司、山西海泰电子材料有限公司、山西义诺电子材料有限公司。商贸物流产业主营业务收入25.29亿元,同比增长9.94%,代表性企业是山西亚宝医药经销有限公司、运城市风陵渡开发区延长加油站、运城市风陵渡开发区恒泽物流有限公司。 (刘 毅)

【体制机制改革】 2019年,风陵渡经济开发区深化"三制"改革,激发体制机制活力。全面实行领导班子任期制、全员聘用制、绩效工资制。内设机构由原有22个精简整合为7个,建立"1+6"的体制机制构架,实行"部长+主管+主办"的市场化、企业化运行机制。2019年1月,开始实行绩效工资制,结合实际情况,完善《风陵渡经济开发区绩效考核方案》,对2019年重点项目工作量化成块,考核评价以效取酬,将考核结果与个人绩效奖挂钩,真正实现多劳多得、不劳不得。实行"秒调、年调、周期调"的用人机制,将招商引资作为"年调"竞聘的承诺条件。探索实施"选聘、选调、选派"的市场化、专业化人才机制,选派开发区4名年轻干部入企挂职锻炼,让年轻干部在项目一线打磨锻炼、增长才干。"三化"改革稳步推进。建立专业化招商引资平台。建立五大招商平台,全方位开展招商引资活动。与全国各塑料行业协会合作,共建西北塑料交易中心、塑料循环利用示范园。与中国高科技产业化研究会科技成果转化协作工作委员会合作,打造特色载体,提供专业咨询服务。探索国际化合作平台。对接港资企业康明国际(香港),引进山西宏明空调项目,国际化合作逐渐起步。探索市场化运营模式。成立丰瑞基础设施开发建设公司,以市场主体的姿态对园区基础设施进行建设开发管理;成立鼎新产业投资开发公司,侧重于产业投资、资本运营及股权招商,形成以市场化方式参与项目建设机制。成立开发区

追梦企业管理有限公司，为入区软经济项目提供服务和管理。（刘　毅）

【科技创新】 2019年，风陵渡经济开发区围绕科技专利和创新成果转换，鼓励企业推进技术创新，引导企业申报高新技术企业和专利技术。截至2019年底，共有国家级高新技术企业6家，国家级企业技术中心1家，省级企业技术中心1家，市级企业技术中心3家，省级实验室1家，省级科技孵化器1个，科技创新平台2家，省级民营科技企业1家，博士后科研工作站1个，院士工作站1个。全年开发区高新技术企业实现产值20.80亿元，高新技术企业收入18.4亿元，完成专利申报量28项，授权发明专利60项，授权实用新型专利66项，授权外观专利64项，推动企业创新发展。

在搭建创新平台方面，风陵渡经济开发区依托省级科技企业孵化器“三创小镇”平台，选择市场发展前景好、技术领先、处于产业链高端的早期项目予以投资和孵化。全年“三创小镇”注册企业83家，实现税收1294万元。（刘　毅）

【开放合作】 2019年，风陵渡经济开发区坚持“引进来”与“走出去”相结合，扩大对外开放，加强区域合作，以开放合作打开发展新通途。推进区区合作。与省综改示范区、常州滨江开发区、江苏宜兴陶瓷产业园区在战略规划、管运分离、招商引资、转型发展和人才交流等方面开展合作，建立友好协作关系，学习先进的管理经验和运作模式，逐步建立优势互补、产业对接、技术合作、信息互通机制，承接制造业和新材料等产业转移，推进产业发展协同协作，加快实现经济转型升级。加强与协会合作。与广东省工业园区协会签订战略合作协议，引进西北塑料交易中心项目；与中国高科技产业化研究会科技成果转化协作工作委员会签订特色载体项目申报合作协议；借助山西省芮城县产业协同创新北京联络处平台，为风陵渡经济开发区打造特色载体提供专业咨询服务，推动园区中小企业创新创业再升级。深化黄河金三角区域合作。组织人员到黄河金三角区域学习考察，解放思想，拓宽视野，增强发展信心。分别与灵宝市豫灵产业园、渭南经济技术开发区签订友好合作协议。通过与豫、陕两个园区的合作，探索黄河金三角次区域合作模式，加快融入晋陕豫黄河金三角区域协调发展大平台。（刘　毅）

【市政建设】 2019年，风陵渡经济开发区市政基础设施建设投资完成2237.98万元。其中，财政投资完成492万元；社会资本投资完成1745.98万元；市场化运营水平不断提高。以举办全国二青会圣火取火仪式为契机，加大城市基础设施建设和环境卫生整治力度。新建、改造城市道路1.60千米，美化城市道路面积2.34万平方米，新增城区绿化面积1万余平方米，清运城市、城乡接合部死角垃圾3500余立方米。坚持每周二“全民集中清扫日”，实行领导包街、全民动员、全员上阵的卫生整治责任制；实行“门前五包”责任制，对主次干道、背街小巷、窗口地带等开展全方位整治，全面树立文明新风，消除风陵陋貌。委托深圳市三境建筑设计事务所对“山西南大门”进行概念设计。抢抓国家发改委、国家能源局组织开展第四批增量配电业务改革试点的机遇，申报第四批增量配电业务改革试点项目。（刘　毅）

【行政审批制度改革】 2019年，风陵渡经济开发区行政审批大厅根据《芮城县人民政府关于赋予芮城县风陵渡经济开发区县级行政管理权目录》，对行政审批事项进行梳理，将内设机构51项审批事项全部划转至行政审批大厅，设立14个“窗口”，启用“行政审批专用章”，实现“一枚印章管审批”。为确保企业办事“只进一扇门”，市场监管、税务征缴、公安刻章、不动产登记均入驻行政审批大厅，减少企业跑腿次数，实现“一个大厅办证”。实行“受审分离”，大厅一楼综合受理，二楼集中审批，通过“综合受理、内部流转、综合出件”的工作模式，让“信息多跑路、数据多跑路、业务人员多跑路、企业群众少跑路”，做到利企便民，为企业发展营造宽松环境。（刘　毅）

【土地集约节约利用】 2019年，风陵渡经济开发区开展土地集约节约利

2019年8月6日，西北塑料产业发展论坛暨“西北塑料交易中心”平台上线发布会在风陵渡经济开发区举行　（刘　毅供图）

用知识宣传教育,树立"以亩均效益论英雄"的新理念,根据土地集约节约利用的政策法规要求,研究制定项目入区的准入门槛,强化工业项目建设用地的投资强度、容积率等控制指标刚性要求,对不符合国家产业政策、土地供应政策和投资强度达不到要求的项目,严禁入区。符合政策条件要求的项目,尽可能在确定的工业集中区安排工业用地。建立企业"亩产效益"台账,每月向社会公布企业亩均税收情况,实行差异化管理。截至2019年底,开发土地面积358公顷。其中,工业项目建设用地233.69公顷,占65.28%;基础设施用地72.60公顷,占20.28%。

风陵渡经济开发区投资强度平均为318.2万元/亩,产出强度平均为98.34万元/亩,税收强度为6.97万元/亩。 (刘　毅)

【安全生产】 2019年,风陵渡经济开发区贯彻落实"党政同责、一岗双责、齐抓共管"工作机制,开展安全生产大检查,对辖区企业进行隐患排查,同时随机抽取市应急专家库内3名专家对开发区辖区内涉危化工企业进行隐患排查,共排查安全隐患74处,并对所有隐患下达《责令限期整改指令书》,要求企业加强安全生产意识,筑牢安全生产防线,建立长效机制,做到警钟长鸣。 (刘　毅)

【生态环保】 2019年,风陵渡经济开发区坚持走绿色生态发展之路,万元工业增加值能耗降低率52%,万元工业增加值用水量降低率58%,二氧化硫排放量降低率47%,氮氧化物排放量降低率60%,化学需氧量(COD)排放量降低率14%,氨氮排放量降低率37%,烟尘排放量降低率59%,工业粉尘排放量降低率92%,工业用水重复利用率98.50%,工业固体废物综合利用率99.78%,生活垃圾无害化处理率100%。 (刘　毅)

·绛县经济开发区·

【经济运行】 山西绛县经济开发区(原山西省华信经济技术开发区)是1997年12月31日经山西省政府批准成立的省级开发区,2006年经国家发改委审核更名为山西绛县经济开发区,规划面积14.98平方千米。

绛县经济开发区地处晋、陕、豫黄河"金三角"地区,交通便捷,区内的自备铁路专线与南同蒲铁路相连,一级公路与闻济高速和晋侯高速出口相连距大西高铁、侯马海关半小时车程,距运城关公机场一小时车程,距太原、西安、郑州三个省会城市300千米左右,高速直通。经过近20年的发展,绛县经济开发区形成以汽车零部件为主的铸造机加工产业、现代煤化工产业、食品医药产业、轻工产业四大产业。截至2019年底,开发区共有注册企业326户。其中,工业企业63户,规模以上工业企业22户,是省级新型工业化(装备制造)产业示范基地。

2019年,绛县经济开发区22家规模以上工业企业完成产值59.36亿元,同比增长20.99%,销售收入完成57.68亿元,同比增长26.10%;增加值完成9.71亿元,同比增长10.22%;固定资产投资完成5.76亿元,同比增长20.10%;工业投资完成5.60亿元,同比增长19.05%;实际利用外资完成637.185万元,同比增长36.74%;进出口完成2.50亿元;财政总收入完成8055万元;公共预算收入完成2899万元。 (张瑞士　李浩然)

【"三化三制"改革】 "三制"改革上,2019年6月,绛县经济开发区新一届党工委、管委会领导班子组建,将原有的15个内设机构精简整合为"6+1",139名工作人员精简为124人。"三化"改革上,开发区与北京中金万瑞签订委托招商协议,与上海东方龙、上海华东华院签订园区发展战略合作协议;确定双创孵化基地、泰鑫源民营工业园、污水处理厂、供水项目、垃圾处理项目、增量配电网项目等为改革目标,探索双创孵化基地、泰鑫源民营工业园、污水处理厂进行管运分离试点,开发区向国际化、市场化、专业化的发展水平迈进。 (张瑞士　李浩然)

【招商引资】 2019年,绛县经济开发区完善优惠招商政策,构建优惠政策体系,采用"月调度、季通报、年考评"的办法,开展全员招商,以奖惩激发内力,每月召开招商引资和项目建设推进会,将项目引进情况"赛马挂榜",树立"凭实绩论英雄、以贡献定奖惩"的导向,领导干部带头外出招商,共组织招商小分队外出招商20余次,全年共对接招商线索180余条,完成项目签约13个,协议总投资17.22亿元,到位资金3.18亿元,其中,当年签约并开工项目13个。 (张瑞士　李浩然)

【项目建设】 2019年,绛县经济开发区重点项目30项,总投资60.36亿元。其中,前期谋划项目14项,总投资28.95亿元。在建项目16项,总投资31.41亿元,完成投资5.76亿元。其中,续建项目3项,总投资14.19亿元,完成投资2.58亿元;新开工项目13项,总投资17.22亿元,完成投资3.18亿元。 (张瑞士　李浩然)

【行政审批】 2019年,绛县经济开发区完成相对集中权改革,环保、安监、城建、发改等行政事项全部入驻行政审批大厅,实现"一枚印章管审批",入区项目全生命周期的服务管理。全年办理各类行政许可和其他公共服务事项1096件,同比增长142%;"网上办"事项达80%以上;面向自然人提供现场办理和上门办理事项"就近办"达60%。 (张瑞士　李浩然)

·临汾经济开发区·

【项目建设】 2019年,临汾经济开发区出台《临汾经济开发区深化转型项目建设年行动方案》《关于2019年重点项目包联工作的通知》和《关于领导班子包联挂牌推进重大项目的通

知》，加强转型项目建设，多次召开重点项目推进会，梳理、解决、落实项目推进过程中存在的问题，夯实项目投资基础。建立重点项目领导包联和跟踪服务机制，对36个项目实行“一对一”入企帮扶，26个重点项目包联挂牌推进，全年完成固定资产投资15.62亿元，新开工项目8个，包括甲骨文（临汾）信息产业园、甘亭工业园110千伏输变电工程、甘亭工业园220千伏输变电工程、工业园南外环东延道路工程、临汾经济开发区第六大道、临汾移动公司2019年建设项目、中骏国际社区三组团（南区）项目、中骏国际社区三组团（东区）项目、中骏国际社区三组团（西区）项目，其中，亿元以上重大项目4个，包括甲骨文（临汾）信息产业园、甘亭工业园220千伏输变电工程、临汾移动公司2019年建设项目、工业园南外环东延道路工程。

按照省、市深化转型项目建设年实施方案的要求，临汾开发区谋划1个省级重点项目和2个市级重点项目。分别为材料成型工业自动化及信息化技术改造项目、“互联网+”协同制造机加工智能化工厂升级建设项目、年产10万台（套）智能汽车零部件生产项目。三个项目当年计划投资额合计5.77亿元，达到全年固定资产任务的26.23%。 （白　静）

【基础设施建设】 2019年，临汾经济开发区完成市区东大街（河汾路至河汾四路）工程，打通“断头路”，部分临时建筑拆除，完成剩余40米段道路工程建设，打通东大街南段道路，增加向阳西路至河汾路的另一条主干通道，方便周边居民出行。启动甘亭工业园基础设施道路项目前期手续办理工作，完成南外环东延道路工程、东外环南段道路工程、第九大道南段道路工程等基础设施道路项目的部分手续，各条道路工程推进。加快推进甘亭新型工业园孵化基地标准化厂房和新能源产业园厂房续建工程，完成4座厂房15600平方米、配套用房573平方米，以及地下管网、道路的建设任务。新能源产业园厂房续建工程筑巢引凤，签约进驻“烯炭复合动力锂电池项目”，该项目由临汾经济开发区烯谷能源有限公司投资22.77亿元建设。 （白　静）

【招商引资】 2019年，临汾经济开发区修订完善招商引资办法，出台“黄金十条”，采取精准招商、全员招商、以商招商、中介招商、股权招商、基金招商等多种形式，提升招商效率，扩大招商范围。开展“走出去”招商，增强招商主动性，承办推介活动，实行会议招商。11月28日，在深圳举办“智能制造 共享未来”为主题的招商引资推介会，会上与14家企业达成合作意向，签订合作协议。

为鼓励和吸引投资者来投资兴业，临汾经济开发区党工委、管委会出台《临汾经济开发区鼓励投资优惠办法》，优化企业最关注关心的扶持办法，在科技孵化、企业上市、高新技术、招才引智、招商中介等方面给予奖励，为推动产业结构优化升级，提升区域产业核心竞争力提供支撑。

全年临汾开发区共签约项目7个，总投资额115亿元，分别是投资98亿元的游侠智能汽车临汾超级工厂项目、投资10亿元的山西华翔智能制造产业园项目、投资2.3824亿元的移动公司2019年网络基础建设投资项目、投资2.0869亿元的中骏国际社区三组团、投资1.3364亿元的220千伏变电站建设项目、投资0.5848亿元的110千伏变电站建设项目、投资0.70亿元的南海石化能源山西总部中心项目。开工项目5个，签约项目开工率达71%。 （白　静）

【营商环境】 2019年，临汾经济开发区在全面放宽市场准入条件方面，推进“先照后证”“证照分离”改革，严格执行国家市场监督管理总局公布的《工商登记前置审批事项目录》，消减200多项工商登记前审批事项，放宽市场准入门槛，降低市场主体成本，解决“准入不准营”难题，推进照后减证，调动企业和社会创业创新积极性；坚持“非禁即入”原则。凡是市场主体基于自愿的经营商事行为，不属于法律法规禁止进入的领域，不危害国家安全，不损害第三方和社会公共利益，一律不设置审批限制、审批障碍，不以任何形式限制准入；在推进注册登记便利化方面，推进网上行政审批改革、名称登记、设立登记全程电子化，建立健全“零见面”企业登记工作机制。

2019年11月28日，临汾经济开发区在深圳举办“招商引资”推介会，与14家企业签订合作协议 （白　静供图）

在政务大厅内设立企业自助登记专区,配备电脑和指导人员,指导企业办理全程电子化登记。提高市场主体登记管理的信息化、规范化水平,加快推进工商登记便利化步伐,实现企业办理登记多跑"网路"少跑"马路";落实市场主体住所(经营场所)申报登记制,企业凭市场主体住所(经营场所)申报承诺表即可申请登记,不再提交房产使用证等证明材料;实行"审核合一"登记制度及简易事项当场登记;探索容缺审批制度,在基本审批条件具备,主要申报材料齐全且符合法定形式接受前提下,缺少非关键性材料,或非关键性材料存在缺陷、瑕疵,登记机关一次性告知补正的材料、时限,申请人做出在期限内补正材料的书面承诺。

在完善市场主体退出机制方面,保障市场交易秩序和交易安全,推进企业注销便利化,提高行政服务效率,将企业注销公告登报制度改为统一在国家企业信用信息公示网由企业自主公示,优化企业注销流程,减少注销登记提交材料,依托一体化在线政务平台,引导使用企业注销"一网通"服务,网上办理注销登记,方便企业退出市场,实现市场主体退出的便利化。 (白　静)

【政务服务】 2019年,临汾经济开发区政务中心深化"放管服效"改革,软、硬件"两手抓、两手硬"。优化"互联网+政务服务"平台"一张网"和"临开政务在线"公众号,完善服务功能,方便客户了解政务动态和办事情况。实行首问负责制、一次性告知制、服务承诺制、限时办结制等,清理事项,简化程序,优化流程,更新公开《服务指南》,提高服务能力。推行特色服务,提升服务效率。发挥导办作用,开通重点项目绿色通道,实行全程代办、预约服务、上门服务、延时服务,为客户提供"需求式"服务,最大程度便民利企。强化服务礼仪和业务培训,打破窗口壁垒,做到人人精通入厅所有业务,随时帮办导服,全方位提供便利服务。优化窗口设置,将原来按部门设置窗口转变为三类一区,分别为项目类、市场准入类、事务类综合窗口和涉税服务区,涉及职能部门8个,使客户办事集中便利,尽量少询问、少跑腿。实行"朝九晚五"工作制,尽可能方便客户利用有效时间办事。压缩企业开办时间。协调刻章公司进驻大厅,实现厅内一小时刻章完成,企业开办手续一天内办结。打造"一体化""一站式"大厅。

临汾经济开发区在全市率先实现企业开办3个工作日、登记1个工作日完成。推广"需求式"服务,全面加强政务服务标准化建设,全年共办理审批和其他服务事项48606件,办结率100%。 (白　静)

【改革创新】 2019年,临汾经济开发区与清华启迪有限公司、大同证券公司、中国现代集团有限公司、上海邦尔德企业管理咨询有限公司等开展合作,聘请国内专家教授和企业高管担任开发区经济顾问和管委会主任助理,提升临汾开发区专业化管理水平;与太行基金公司等开展合作,成立产业引导基金,开展多元化融资;"三制"改革全面完成,按照"领导班子任期制、全员岗位聘任制、绩效工资考核制"要求,临汾开发区围绕"创新人事薪酬制度,理顺职责关系,合理设置机构,高效配置人力资源,科学搭建人事管理体系"的总体目标,制定工作方案,规范机构设置;严格工作程序,注重精准选用,将自主报名、民主推荐、综合考察、民主测评、个别谈话、集体研究等程序贯穿选聘工作始终,确保选聘工作公平、公正、公开,完成全员聘用工作;初步建立工作业绩考核机制,修订完善《临汾经济开发区绩效考核办法(试行)》《临汾经济开发区绩效工资管理办法(试行)》,激励先进,鞭策后进,调动干部干事创业的积极性和创造性。制定《临汾经济开发区干部职工考勤办法》,严肃考勤纪律,并将考勤工作纳入绩效考核管理体系。行政审批制度改革深入推进,相对集中行政许可权改革任务完成,走在全市前列。 (白　静)

【效能建设】 2019年,临汾经济开发区开展安全生产、信访维稳、不正当竞争、商标侵权、特种设备、金融风险排查、税务排查、网络监管、市容市貌整治、拖欠农民工工资、土地清理等专项行动,统计、保密、档案、督查等工作有序推进,确保辖区重大安全生产事故和群体性越级上访事件"零发生"。 (白　静)

【行政审批制度改革】 2049年,临汾经济开发区成立关于推进相对集中行政许可权改革工作领导组,负责改革工作的统筹协调和整体推进,制定《临汾经济开发区推进相对集中行政许可权改革实施方案》,明确临汾开发区相对行政许可权改革的工作任务,科学划转审批事项;合理选定划转人员;设计优化组织架构;设立综合服务窗口;加强事中事后监管。

探索企业投资项目审批服务模式,制定企业投资项目审批服务体系,对企业投资项目审批过程跟踪服务,制定企业投资项目审批服务台账,为投资项目早开工、早建设、早生产、早运营提供保障;制定首办负责制、一次性告知制、服务承诺制、限时办结制、上门服务制、重大项目跟踪服务制等相关制度,为增强服务意识,提高办事效率、提升服务质量奠定制度基础;出台《临汾经济开发区"一窗受理"实施办法》《临汾经济开发区行政审批事中事后监管办法》《临汾经济开发区行政审批专家管理办法(试行)》《临汾经济开发区行政审批重要事项联席会议制度(试行)》《临汾经济开发区行政审批联合核查和勘验工作管理办法(试行)》等制度,为加强审批服务,推进审批过程跟踪服务体系奠定基础。 (白　静)

【生态文明建设】 2019年,临汾经济开发区开展秋冬季大气污染综合治理攻坚行动、"散乱污"综合整治、建筑工地扬尘治理、违法排污大整治"百日清零"专项行动、城市大清洁专项行动、燃气锅炉低氮升级改造等工作，建立大气污染防治工作机制和重污染天气应急联动机制，按照全市统一安排部署，对佛塑企业关停。配合全市靓城提质行动，提高城市管理水平，改善城市面貌。（白　静）

·侯马经济开发区·

【经济运行】 侯马经济开发区是1997年经省政府批准设立的省级开发区，2000年挂牌运行，总面积24.78平方千米。

侯马经济开发区抢抓机遇，在全省率先搭建起山西方略保税物流中心、加工贸易梯度转移重点承接地、中国现代物流产业基地、国家电子商务示范基地、国家级绿色园区五个国家级发展平台，成为全省唯一享有保税物流、加工贸易、电子商务等多重国家优惠政策的经济开发区。借助“五个国家级”平台效应，侯马经济开发区重点发展智能制造、医疗健康和现代物流等优势产业，引进各类企业1800余家。

2019年，全开发区地区生产总值完成19.50亿元，同比增长2.70%；财政总收入完成2.15亿元，同比增长5.35%；一般公共预算收入完成0.94亿元，同比增长8.08%；固定资产投资完成10.10亿元，同比增长31%；进出口额累计完成1568万元，同比增长190%，高质量发展的动能增强。

（牛　辉）

【招商引资】 2019年，侯马经济开发区在天津承办2019山西临汾市（环渤海）产业合作对接会。全年引进项目320个，签约总投资113.86亿元，其中，工业项目14个、现代服务业项目306个。总投资30亿元的中信机电科研试验生产基地项目，是建区以来规模最大、投资最多、影响最广的龙头项目，将提升智能制造产业数字化、网络化、智能化水平，形成全新“生态圈”。（牛　辉）

【项目建设】 2019年，侯马经济开发区实施“五个一批”重点项目工程。谋划的22个重大项目，投资到位8.51亿元。海星智慧标准厂房、晋航重工标准厂房等20个项目按计划开工，昱贤磁电、福特沃德等8个项目当年竣工、当年投产，三大产业集聚发展持续提速。（牛　辉）

【创新活力提升】 2019年，侯马经济开发区“三化”改革稳步推进。专业化上，培养本土人才，好利阀公司5名骨干入围“三晋英才”。市场化上，先行引入第三方机构，为企业提供“环保管家”公共服务；柔性引进招商大使，对接洽谈一批重大项目。国际化上，与德国德中创新联盟签订产业园区合作协议，聘请2名高级顾问。“三制”改革高质量完成，绩效考核全面推行，绩效工资实施到位。（牛　辉）

【发展平台功能完善】 2019年，侯马经济开发区被工信部授予山西唯一的国家级“绿色园区”，被省发改委授予“省级双创示范基地”，被省中小企业发展促进局授予“省级大中小企业融通型创新创业特色载体”，还与临汾职业技术学院共建产教融合实训基地，搭建校企人才对接平台。拥有5个国家级和8个省级发展平台，支撑经济发展的平台体系日益壮大，引领作用加强。（牛　辉）

【营商环境优化】 2019年，侯马经济开发区复制综改示范区做法，打造“六最”营商环境，建立窗口式政策兑现机制，完善政务服务、企业服务、中介服务等六大服务体系，兑现企业扶持资金598万元。在全省优化营商环境评价中排名第一。（牛　辉）

【安全环保】 2019年，侯马经济开发区落实安全环保责任制，建立安全环保双预防机制，整改安全隐患232处。推进生态环境综合治理，严把项目入区关，实行“一站式”环保管家服务，深化环境管理体系运行，构建横到边、纵到底的责任体系。（牛　辉）

【对外开放】 2019年，侯马经济开发区为融入国家“一带一路”倡议，贯彻落实省委、省政府打造对外开放新高地的目标，深化国际合作交流。6月，组织经贸代表团赴德国马格德堡市、匈牙利巴拉顿伯格拉尔市，开展产业合作交流。9月，邀请德国萨安州中国中心主任一行考察开发区。10月，邀请德国中国研发创新联盟秘书长尹

2019年12月25日，侯马经济开发区中信机电科研试验生产基地项目落地开工

（牛　辉供图）

航参加山西省商务厅举办的中德合作经济论坛，并赴开发区考察，签订中外合作产业园合作协议。11月1日，参加"2019年青岛德国商务周暨中德隐形冠军企业投资与合作论坛"，并与德国Transfact软件公司、青岛德创重工、德国隐形冠军企业协会等进行交流洽谈合作。12月18日，到北京拜访中国德国工商大会总部，就合作举办中德产业推介论坛、参加国际展会展览、组织德资企业代表团考察开发区等事宜达成共识，加快推进中德合作园区建设。 (牛 辉)

·平定经济技术开发区·

【经济运行】 平定经济技术开发区是2017年8月省政府批准设立的省级开发区，规划面积46.52平方千米，整体布局为"一区两园五个组团"，"一区"即开发区整体；"两园"即龙川工业园和新型工业园；"五个组团"即现代化工及新材料、陶瓷、煤电铝、新能源、装备制造等五个主导产业。2017年9月29日，平定经济技术开发区管委会挂牌成立。主要负责开发区经济运行和发展、招商引资和企业服务工作；负责推进开发区科技创新、产业创新、管理创新、体制机制等全面创新，实现创新驱动发展；负责推动开发区产业转型升级，发展开发区现代化工、新材料、装备制造等主导产业。

2019年，平定经济技术开发区有入区入统的工业企业23家，其中：规上工业企业18家，规下工业企业5家。工业投资完成78551万元，同比增幅57.23%；工业增加值完成123063万元（可比价），同比增幅16.40%；实际利用外资完成2625.92万元，同比增幅64.60%；投资强度实现286.66万元/亩；产出强度实现161万元/亩；税收强度实现5.74万元/亩。 (董松华)

【招商引资】 2019年，平定经济技术开发区围绕全省"转型项目建设年"活动，坚持"项目为王"的工作方针，立足园区主导产业和重点项目定位，全方位筑巢引凤。全年参加省、市招商活动10余次，组织开展招商洽谈活动30余次，修改和完善开发区不同区域项目的招商政策，提出和实施对阳煤平定化工重点项目的150万元奖补。通过产业战略合作、园中园项目招商，专业团队招商，以商招商，发挥本地煤(炭)、石(灰岩)、铝(矾土)、紫(砂)、玄(武岩)矿产资源优势招商，化工园区"九通一平"要素配套优势招商等方式，全年签约招商项目20个，签约总投资额130多亿元。 (董松华)

【改革创新】 2019年，平定经济技术开发区全面推进改革创新，形成典型经验和亮点工作。借助阳煤集团的投资能力、管理能力和市场影响力，实施开发区管委会和阳煤集团在龙川化工园区2平方千米管运分离的战略合作，落实"七通一平"建设条件，整体交给阳煤集团运营，布局系列产业项目，实现"五年三步走，实现双百亿"的战略目标。在全市率先开展土地弹性出让改革和1300亩的工业用地(标准地)试点建设工作，探索实行项目用地的有偿租赁，实现土地供给多样化，破解土地制约难题，促进招商引资工作和项目落地。通过推进园区内的菲尔德兽药项目，由开发区提供土地和政策，企业负责平台打造、项目招引和市场化运营，打造"园中园"发展模式。 (董松华)

【"三化三制"改革】 2019年，平定经济技术开发区推进"三化三制"改革，推动开发区运营专业化、市场化、国际化，落实领导班子任期制、全员岗位聘任制、绩效薪酬制。专岗聘用管委会主任助理、技术总监、工程总监、法律顾问等，做到人岗相适，发挥专业化人才的作用。组建龙川创投公司和中辉工程建设公司，实行市场化运作。从上年起，连续两年将县财政每年投入开发区基础设施建设撬动资金3000万元全部转到创投公司，成为开发区国有资产管理、投融资、PPP项目合作的"母公司"。2019年，采用类PPP模式，实施污水处理厂、国有天然气特许经营权等项目，解决开发区基础设施建设"钱从哪里来"的问题，避免政府对开发区直接投资形成的隐性和显性债务。 (董松华)

农业

Agriculture

综述

【概况】 2019年，山西省实现农林牧渔业增加值874.90亿元，比上年增长2.20%。农民收入实现较快增长，全年农村居民人均可支配收入为12902元，增长9.80%。粮食生产克服严重旱情和草地贪夜蛾等重大病虫害等不利影响，面积和总产量保持稳定，全年粮食播种面积4689.30万亩，总产量136.20亿千克。全省蔬菜播种面积270.60万亩，比上年增长1.90%；蔬菜及食用菌产量827.80万吨，增长0.70%。水果总产量808.20万吨，增长15.90%，其中苹果增长29.70%，出口量占全国近50%。畜牧业生产逐步恢复，生猪存出栏全年分别为451.40万头、739.90万头，同比分别下降17.80%、9.20%。牛羊禽总体稳中有增。全省牛、羊、家禽存栏分别增长1.80%、-0.80%、18.90%，出栏分别增长1.80%、-0.70%、17.40%。全省肉（猪牛羊禽类）、蛋、奶总产量分别达91.20万吨、111.40万吨、91.80万吨，同比分别增长-2.20%、8.60%和13.30%。农产品加工业加快发展。全省各类农产品加工企业超过3000家，全年农产品加工业完成销售收入1935亿元，同比增长7.40%。销售收入500万元以上的农产品加工企业1768家，实现销售收入1252.50亿元，同比增长9.80%。 （王宏伟）

【山西农谷建设】 2019年，山西省晋中市获批国家农业高新技术产业示范区，启动运行国家功能杂粮技术创新中心、功能农业（食品）研究院等研发平台。制定山西农谷标准化技术规程38个，开发出富硒小米、藜麦黄酒等功能性食品10余种，打造有机绿色农业品牌7个，举办乡村振兴（太谷）论坛。 （王宏伟）

【农产品结构变革】 2019年，在政策激励引导和市场需求增加下，山西省种植业结构优化。全省中药材、特色杂粮作物种植面积增加，玉米面积减少。杂粮面积比上年增加52.80万亩，谷子面积比上年增加21万亩。按照“增猪、稳鸡、发展牛羊驴等草食畜”的思路，发展规模化养殖，规模养殖场占全省养殖量的60%以上。 （王宏伟）

【农产品加工业发展】 2019年，山西省出台扶持农业产业化龙头企业发展若干意见，其中10项扶持政策涉及资金3.96亿元，扶持农业龙头企业160多家。探索推出“银担新农贷”“青贮贷”等新型金融支农产品，安排贴息资金6000万元，撬动银行贷款27亿余元。安排9000万元支持培育46家联合体。 （王宏伟）

【产业园区建设】 2019年，山西省隰县申报国家级现代农业产业园，太谷、万荣创建完成度均超过90%。新创建省级现代农业产业园20个，规划建设万荣、静乐、隰县等10个现代农业产业示范区，实现“园、区”政策共享、平台共建、一体推进。大同黄花、临猗苹果、隰县玉露香梨、安泽连翘申报国家级特优区，全省国家级特优区达到8个。 （王宏伟）

【新产业新业态培育】 2019年，山西省培育形成晋源花卉小镇等一批城郊农业典型，选择1市10县开展农村农林文旅康产业融合发展试点，“互联网+”农产品出村进城有效开展，新建益农信息社6900个，全省累计达到14900个，覆盖全省55%的行政村。 （王宏伟）

【山西农业品牌打造】 2019年，山西省“三品”认证3702个，全国排名第12位。登记保护农产品地理标志161个。重点围绕杂粮、水果、食用菌、中药材等，制修订农业地方标准71项。打造山西小米、山西陈醋、山西玉露香梨、山西核桃、山西高粱、山西荞麦、山西马铃薯等一批省级农产品区域公用品牌。 （王宏伟）

【农村集体产权制度改革】 2019年，山西省推进农村集体产权制度改革，连续三年扩大试点范围，在做好8市93个县（市、区）中央试点的基础上，将太原、大同、临汾三市纳入省级改革试点，实现整省推进，全省农村集体经济组织基本完成清产核资和成员身份确认。忻州、阳泉两市和屯留、

2019年9月29日,第六届中国(山西)特色农产品交易博览会在太谷县山西省农产品国际交易中心开幕 (省农业农村厅供图)

河津、沁水、大宁4县(市、区)基本完成股份制改革任务。修订《山西省实施〈中华人民共和国农村土地承包法〉办法》。开展承包地确权登记颁证"回头看",颁发土地承包经营权证书509万份,发证率97.80%。全年流转承包地近1000万亩。 (王宏伟)

【新型农业经营主体培育】 2019年,山西省累计培育合作社联合社399家,国家示范社362家、省级示范社2909家,创建省级示范家庭农场122家,全省家庭农场达10317个。 (王宏伟)

【农技推广体系改革】 2019年,山西省坚持市场化改革方向,在怀仁、原平等21个县开展改革试点,探索形成定额取酬、增值提成、增量分成三种取酬模式。落实省委"人人持证 技能社会"要求,在全国率先制定发布玉米、小麦、水果、蔬菜等20个方面职业农民技能评价地方标准,填补国内空白。培训新型职业农民5.12万人,颁发"山西省职业农民技能证"4.34万人,累计培训新型职业农民48万人。 (王宏伟)

【农业生产托管服务】 2019年,山西省在全国率先颁布农业生产托管地方标准,制定农业生产托管绩效评价办法。在全省81个县开展试点,翼城县"强化三级托管,开展四化服务,确保五个降减增效"的生产托管模式,入选全国20个典型案例。全程托管试点区域粮食亩均增产20%以上,农民亩均增收350元以上,服务主体年收入增加20%以上。 (王宏伟)

种植业

【概况】 2019年,山西省推进农业供给侧结构性改革做深做细,增加特色优质农产品供给。粮食总产136180万吨,蔬菜总产827.80万吨,种植业结构继续调整,巩固玉米调整成果,稳定玉米生产。优化种植结构,培育杂粮、蔬菜、鲜干果、中药材等特色优势产业。加强市场信息服务,引导农民合理确定种植结构,把结构调整落实到地块。扩大杂粮、特色水果、中药材、优质饲草和青贮玉米等高效作物种植,使粮经饲三元结构优化。全年全省特色杂粮面积约增加85万亩,其中谷子增加20.62万亩、高粱增加50.33万亩。在旱灾之年,耐旱杂粮面积的增加,对稳定全省粮食产量起到重要作用。药材种植面积91.57万亩,产量达到39.83万吨。水果产量达到808.20万吨,比上年增加15.90%。 (孙跃武)

【农业生产统筹安排】 2019年,山西省农业农村厅召开全省春季田管暨春耕备耕工作视频会议,对山西省春季农业生产各项工作进行部署。印发《山西省2019年种植业工作要点》《关于抓好2019年粮食生产工作的通知》和《关于千方百计抓好秋粮生产 奋力夺取全年粮食丰收的通知》,对全年种植业重点工作特别是粮食生产工作进行安排。编制2019年冬小麦、玉米、杂粮生产技术指导意见,在小麦春管、春播、"三夏"等重要农时季节,以明电下发紧急通知,对农业生产和防灾减灾工作作出安排。下发《2019年冬小麦春季田间管理意见的通知》《加强小麦冬前田间管理的通知》《2019年山西省推进现代种业发展工作要点》《2019年山西省防病治虫保丰收行动方案的通知》等。根据生产形势,提前预判、统筹安排部署重要农时、关键环节工作。在春耕备耕、"三夏"生产及夏季防灾减灾等时节,开展生产督导。掌握实时生产动态,确保措施落实到位。 (孙跃武)

【粮食生产功能区划定】 2019年,山西省粮食生产功能区划定任务2120万亩,分布在84个县(市、区)。省委、省政府对粮食生产功能区划定工作高度重视,成立省分管领导任组长的领导小组,以省政府办公厅文件印发划建管护的通知,制定出台全省划定工作方案,任务全部分解到市、落实到县。多次召开全省技术培训会及全省划定成果验收工作培训会,下发相关技术规程、数据库规范及划定成果验收实施细则。完成全省粮食生产功能区划定成果初验和核验工作,并将省级划定成果汇交农业农村部,共完成划定面积2160.80万亩,其中,小麦897.20万亩、玉米1860.30万亩、复种区596.70万亩。山西省全面完成2120万亩粮食生产功能区划定任务,并全部建档立卡、上图入库,并将数据汇交农业农村部。 (孙跃武)

【粮食生产】 2019年，据国家统计局山西调查总队统计，全年粮食总产量136.18亿千克，减产1.35%，但仍为历史第五高产年份。全省小麦单产276千克/亩，比上年272千克/亩增加4千克/亩，增产1.50%。 （孙跃武）

【蔬菜生产】 2019年，山西省在稳定现有设施蔬菜种植面积，稳定冬春供应的基础上，发挥山西省夏秋冷凉的资源优势，推进特色露地蔬菜规模开发。全年全省蔬菜及食用菌播种面积为270.60万亩，比上年增加1.90%；产量达到827.80万吨，比上年增加0.70%。全年蔬菜价格总体情况与上年相当。打造设施蔬菜产业集群。加大资金支持力度，太原市安排1.30亿资金，大同市安排1.15亿元，吕梁市安排1.50亿农业生产发展资金，支持设施蔬菜发展。太原市新建高标准日光温室2000多亩，总投资2亿元以上。晋中市太谷县依托农谷建设，建设番茄小镇。晋城市高平市实施香菇数字农业项目。推进特色露地蔬菜开发。大同黄花菜，壶关旱地西红柿，寿阳苗子白，忻定盆地辣椒，夏县、大宁西瓜，沿黄节水莲菜，永济芦笋，曲沃、榆次、原平、应县大蒜，平遥长山药，应县胡萝卜等特色蔬菜规模发展，提升产品附加值和市场占有率。探索支持蔬菜生产保险。与省保险机构就蔬菜产业保险探索出台种植保险，临县试点食用菌价格保险，泽州县试点主栽蔬菜价格保险。全省重点推广日晒高温覆膜法防治韭蛆技术、蔬菜编绳播种节本增效集成技术、冷凉地区夏季食用菌高效栽培技术和集约化育苗、水肥一体化、黏虫板、防虫网、高温闷棚等蔬菜绿色生产集成技术，减少化肥、农药用量，推进蔬菜绿色发展。 （孙跃武）

【水果生产】 2019年，山西省推进果品产业集群建设。全省干鲜果品总贮藏能力380万吨，全省现有贮藏干鲜果恒温库、气调库870余座。主要深加工产品有苹果浓缩汁、果汁、果酒、果醋、果酱、罐头、果脯、果脆片、果丁、果饼干等10余种类，果品深加工能力约57万吨，消化果品能力280余万吨，产值约60亿元。出口水果加工品有苹果浓缩汁、果脯、果罐头、果酱等4个种类。集成推广果实套袋、果园生草、疏花疏果、生物覆盖、铺反光膜、增施有机肥、高光效树形改造、人工授粉、病虫害无害化防治、节水灌溉10项关键技术，全省新技术应用面积累计达到1800万亩。宣传山西品牌，拓宽产品销售途径。大同市举办黄花丰收月等系列活动，运城市召开韭菜绿色发展交流会，太原市清徐县通过联合社与唐久便利、金虎便利合作。打造蔬菜品牌，助力蔬菜产品销售。开展运城水果出口平台项目建设。重点打造“运城苹果”“隰县玉露香梨”“吉县苹果”三大水果地域品牌。举办第四届山西(运城)国际果品交易博览会。运城水果出口国家和地区已由37个增加到63个，出口品种21个，水果年出口额达4.60亿美元，占全省88%。发布全国首支苹果主产区现货价格指数“新华—中国(运城)苹果价格指数”。 （孙跃武）

【惠农政策】 2019年，中央安排山西省农业支持保护补贴资金28.77亿元，用于支持耕地地力保护和粮食适度规模经营。省财政安排4.36亿元，共计33.13亿元，对全省符合条件的耕地确权面积进行补贴。根据《财政部农业农村部关于全面推开农业“三项补贴”改革工作的通知》精神，山西省从上年起，对农业支持保护补贴用于耕地地力保护的补贴资金按照土地确权登记颁证面积发放，补贴标准为每亩统一补贴67元。中央财政和省财政共下达2019年产粮(油)大县奖励资金3.39亿元，用于对22个产粮大县、15个产油大县进行奖补。

（孙跃武）

【绿色高质高效行动】 2019年，山西省农业农村厅在集成“全环节”绿色高效技术，构建“全过程”社会化服务体系，打造“全链条”产业融合模式，引领“全县域”农业绿色发展4个方面取得进展，开展高质高效示范创建。全年农业农村部安排山西省粮食高产高效创建资金3200万元，在10个产业基础好、特色鲜明的县整建制推进高质高效示范创建。利用省财政专项资金2000万元，在全省37个县创建小麦、杂粮、油料、玉米、马铃薯及其他作物绿色高质高效示范片43个。全省集成推广19项绿色高产高效技术模式。 （孙跃武）

【有机旱作农业】 2019年，山西省农业农村厅以示范创建为抓手，推进耕地质量提升、农水集约增效、旱作良种攻关、农技集成创新、农机配套融合、绿色循环发展等六大工程，实现示范片11个市全覆盖，累计制定有机旱作标准58项，探索形成谷子地膜覆盖机械化穴播、小麦探墒沟播等有机旱作技术模式并加以推广。制定下发加快有机旱作农业发展年度行动计划。(1)突出示范带动，抓好3市10县70个示范片的创建工作，制定印发典型示范创建方案，全省形成具有山西特色的有机旱作技术模式。(2)建立专家联系包县包片服务制度，成立由100名农业领域专家组成的专家库，在技术指导、标准建设、瓶颈攻关、农机配套等方面发挥作用。(3)开展调研指导，分5个组到晋中、朔州、长治、临汾、运城等市县就有机旱作农业发展情况进行调研。(4)承办全国旱作节水工作交流会，承办全国旱作节水农业工作交流会和培训班，在寿阳和山阴召开。全国22省(市、区)的代表参加交流会并现场观摩。壶关县晋庄村有机旱作封闭示范片谷子平均亩产达到578.20千克。

（王宏伟 孙跃武）

【疫情灾情控制】 2019年，山西省农业农村厅科学应对重大动植物疫情和严重干旱，将疫情虫情灾情控制在最小范围。累计防治草地贪夜蛾面积10.19万亩次，防治效果达90%以上。从4月开始，每月印发当前农业防灾减灾工作通知，收集、汇总全省受旱情况，安排部署农业防灾减灾工作。与财政厅联合向农业农村部和财政部申请农业生产救灾资金1000万元用于灾后农业生产恢复。抽调技术人员组成5个抗旱工作服务组到全省11市25个县45个乡镇57个村服务。10月，组织8个调研组到长治、阳泉、晋中、临汾、晋城5个旱情较重的市开展实地调研。调研组共到16个县33个乡（镇）68个村，走访110余个农户以及合作社、种粮大户等新型经营主体，与部分基层干部和群众进行座谈交流，了解旱灾造成的影响和基层抗旱工作落实情况。协调各地农业农村部门与保险公司开展合作，做好灾情查勘和理赔工作。做好农情信息调度工作，将全省农业生产动态特别是受灾情况上报农业农村部和省委、省政府。与相关部门沟通协调，加强与气象、水利等部门的沟通，及时掌握全省天气变化趋势和农田浇灌情况。举办农情信息员培训班，对全省11个市级信息员和16个部级基点县信息员进行培训。

（王宏伟　孙跃武）

【种业发展】 2019年，山西省农业农村厅加快品种更新换代，保障农业用种安全。《山西省非主要农作物品种认定办法》于2019年9月5日开始施行，组织召开《认定办法》宣贯座谈会，筹备组建非主要农作物品种认定专家库。加大引进谷子、燕麦、荞麦、高粱、绿豆、红芸豆、鲜食玉米、马铃薯等8种特色作物新品种，建立展示示范点60个，通过试验、示范筛选出绿色、抗旱、节水、适宜机械化作业的杂粮新品种6个。加快特色良种繁育基地建设，在大同阳高县、朔州右玉县和平鲁区、吕梁兴县、晋中左权县、长治襄垣县6个县（区）建设特色良种提纯复壮繁育基地1.66万亩，其中谷子品种提纯复壮繁育基地8360亩，黍子、莜麦、荞麦品种提纯复壮繁育基地各2760亩，辐射带动全省杂粮良种普及率达到68%。完成马铃薯、小麦良种繁育基地项目建设，建设马铃薯原种基地120亩，原种基地7700亩，小麦良种基地2万亩。科学组织品种试验，严格审定引种备案。全年全省承担玉米、小麦、大豆、棉花、油菜、马铃薯6种农作物46个区组510个品种110个试验点次的国家级区域试验、生产试验任务，组织安排5种主要农作物305个品种42个区组305个试验点的省级品种试验。开展5个联合体144个试验点142个品种的普通玉米联合体试验，28个品种35个试验点的特殊用途品种自主试验，提高试验效率。严格品种审定，审定通过90个主要农作物品种，其中，玉米品种85个、大豆品种2个、棉花品种3个。另外，完成外省审定与山西省属于同一适宜生态区的主要农作物品种引种备案149个，其中玉米品种145个，小麦品种4个。加大品种展示示范，做好主导品种推介。在大同市、朔州市、太原市、长治市、晋城市、运城市等6市建立省级新品种展示示范基地7个，展示示范谷子、黍子、高粱、大豆、向日葵、青贮玉米、机收玉米、马铃薯、小麦、甘薯等10种作物213个品种，展示示范面积768亩。推介出玉米品种金科玉3306等10个，青贮玉米品种峰单189等9个，谷子品种长生07号等10个，高粱品种凤杂18号等5个，马铃薯品种希森6号等8个，甘薯品种济薯26等6个。规范非主要农作物品种管理，全年全省共上报14种作物93个品种，农业农村部公告15种作物46个品种（含去年上报今年公告品种），累计共18种作物333个品种通过复核，农业农村部公告品种224个。做好市场品种备案。全省种子市场主体备案数量共8176个，分支机构4个，有678个网点涉及多种备案类型。

（孙跃武）

【病虫害防治】 2019年，山西省农业农村厅开展农药使用量零增长行动，推进专业化统防统治和绿色防控，保障农业生产安全、农产品质量安全和农业生态环境安全。2019年，各级农业部门开展病虫草鼠害防控，将总体危害损失率控制在5%以内。据统计，全年全省农作物病虫害总的发生面积9935.80万亩次，累计防治农作物病虫9702.47万亩次，占病虫发生面积的97.65%。初步测算，通过防控全年共挽回粮食损失8.94亿千克，蔬菜16.24亿千克，水果19.31亿千克，油料1589.67万千克，总经济效益52.76亿元。在全省建立11个高标准农作物病虫绿色防控示范基地和11个农作物病虫害绿色防控与统防统治融合示范基地。举办草地贪夜蛾及各类测报技术培训3600余场次，培训农民技术员23万余人次。支持新型植保机械购置使用，全年全省的植保无人机保有量突破1000架，较上年增加521架，增幅高达96.30%。以山西省农作物病虫疫情监测分中心（省级）田间监测点建设项目为抓手，总投资1568万元，在省站及6个市、县（区）改造升级和新建一批农作物病虫疫情监测分中心（省级）田间监测点。

（孙跃武）

【高标准农田建设】 2019年，山西省农业农村厅起草《农田建设项目工程管护暂行办法》《山西省农业农村厅农田建设项目管理实施办法》等一系列管理制度。山西省共开工建设高标准农田173.84万亩，其中高效节水灌溉90.80万亩，建设高标准农田建设190.06万亩。

（孙跃武）

【马铃薯基地建设】 2019年，山西省农业农村厅加快脱毒种薯繁育推广。组织开展马铃薯原原种、原种、一级种薯的脱毒种薯繁育，搞好以脱毒种薯和旱作节水为核心的马铃薯新品种、新技术展示示范和高产创建工作，为加快贫困县脱贫步伐，落实“8311”产业扶贫优质鲜食马铃薯生产示范基地建设年度任务。印发《2019年优质鲜食马铃薯生产示范基地项目工作方案》，在大同、朔州、忻州、太原、吕梁、晋中、临汾7个市的11县共建设2.30万亩优质鲜食马铃薯生产示范基地。

（孙跃武）

林业和草原

【概况】 2019年，山西省林业和草原局围绕美丽山西建设，坚持绿化彩化财化同步。全年林草投资111.56亿元，其中中央财政 40.86 亿元，地方财政 63.65 亿元。林草产值 534.99 亿元，其中第一产业 414.18 亿元、第二产业 59.31 亿元、第三产业 61.50 亿元，三产比例 77:11:12。（贯向前）

【干果经济林和特色灌木经济林建设】 2019 年，山西省林业和草原局新发展干果特色经济林 6.91 万公顷（新建 5.91 万公顷，改造 1 万公顷），总面积 130 万公顷(其中包括核桃 56 万公顷，红枣 20.60 万公顷）。根据省委、省政府《关于支持右玉县绿色发展暨生态文化旅游开发区建设的若干措施》要求，在右玉县完成改造天然沙棘 0.26 万公顷。全省建设技术推广实训基地 10 个，经济林示范园 20 个。吕梁野三坡食品有限责任公司、山西天之润枣业有限公司、阳高县天顺种植养殖综合专业合作社入选第四批国家林业重点龙头企业。第六届中国(山西)特色农产品交易博览会展出核桃、红枣、仁用杏、连翘、沙棘等 15 个系列 50 多个品种的干果特色经济林产品。种苗产业发展，完成育苗 8 万公顷，占年计划 120%，其中，新育苗 1.53 万公顷，占年计划 115%；苗木产量约 61.90 亿株。山西农业大学培育申报的“晋欧 1 号”“农大 6 号”“农大 7 号”欧李 3 个品种通过国家审定。加快森林旅游康养产业发展，《北武当山风景名胜区成世番旅游服务区详细规划》获得国家批复。晋中市榆次区国有乌金山林场、山西省太岳山国有林管理局七里峪林场、山西省太行山国有林管理局禅堂寺林场、山西省古县国有林场被评为首批全国森林康养林场。经国家林业和草原局批准成立襄垣县仙堂山、大宁县二郎山、右玉县西口古道 3 处国家级森林公园，是 25 年来全省设立国家森林公园最多的一年。金山森林体验基地、棋子山森林体验基地、云丘山森林养生基地、太行洪谷森林养生基地入选森林体验和森林养生国家重点建设基地名单。沁源县获认定为“国家林下经济示范基地”，全省“国家林下经济示范基地”累计增加到 8 处。完成木本油料产业状况调查，全省种植面积 63.20 万公顷。中国林业产业联合会评定森林康养试点县 2 个、森林康养试点镇 1 个、森林康养试点基地 32 个、“森林康养人家”5 个。森林旅游、疗养和休闲人数达到 2067 万人次，收入 29.50 亿元，直接带动其他产业产值 10.20 亿元。在 2019 年北京世界园艺博览会上，山西园获各类奖项 487 个，其中，室内展区和室外展园双获金奖，山西省林业和草原局荣获最佳组织奖。（贯向前）

【林业有害生物防治】 2019 年，山西省林业有害生物灾害发生 23.06 万公顷，完成林业有害生物防治 18.09 万公顷，成灾率为 0.80‰，低于省政府确定的年度成灾率考核指标。重点加强美国白蛾、松材线虫病等重大林业有害生物预防工作，其中完成松材线虫病普查面积 196.80 万公顷，完成国家林业和草原局 2015—2017 年重大林业有害生物预防工作的考核目标任务，保持无美国白蛾、松材线虫病等重大疫情发生的态势。扩大应用无人机飞防的试点范围，在五台山地区开展落叶松鞘蛾的联防联治，关帝林局原平川林场、太原市古交市、吕梁市交城县三方交界地带开展落叶松叶蜂的联防联治。推行以生物防治为主的措施，繁育 600 多万头肿腿蜂、30 万头异色瓢虫用于无公害防治，防治率达 95.40%。开展检疫执法专项行动，出动执法检验人员 1599 人次，检查涉木单位 780 个，查获并销毁松材线虫病疫区调入的木质包装材料 100 立方米，查处行政案件 17 起，刑事案件 1 起。（贯向前）

【市县林草工作】 2019 年，山西省各市县林草工作各具特色。太原市完成造林 1.28 万公顷，其中市县级造林 5400 公顷。大同市完成造林 2.91 万公顷。运城市绿化美化村庄 222 个，完成通道绿化和提档升级 500 余千米。晋城市 2200 公顷国省营造林任务全部完成，义务植树 300 万株，绿化村庄 39 个。晋中市在寿阳、榆次、太谷打造 130 千米的“乡村振兴示范廊带”。临汾市围绕实施生态扶贫“五个一批”项目，222 家扶贫攻坚造林专业合作社带动贫困群众 5910 人，完成造林 1.93 万公顷。吕梁市突出围绕推进黄河流域高质量发展战略，完成造林 6.97 万公顷。朔州市 68 家扶贫攻坚造林专业合作社带动贫困群众 971 人，完成造林 0.91 万公顷。忻州市将沙棘“小灌木”做成“大产业”，重

2019 年 6 月，山西省太原市北山生态园被全国绿化委员会办公室授予国家“互联网 + 全民义务植树”基地称号（省林业和草原局供图）

点在偏关县推进实施“一县一策”沙棘脱贫主导产业，新建沙棘林1900公顷。阳泉市完成义务植树200余万株。长治市发展经济林产业，其中以核桃、花椒为主的干果经济林达到6.29万公顷，以连翘为主的特色经济林达到11.13万公顷。运城市以创建国家森林城市为抓手，投入9.50亿元，完成造林1.57万公顷。（贾向前）

【沁源两场森林和草原火灾处置】 2019年3月14日和3月29日，沁源县中峪乡东王勇村和王陶乡郭家坪村附近分别发生森林火灾。其中3月14日的森林火灾系田间耕作使用明火所致，过火面积75公顷；武俊文、阴楷、牛鹏飞、平亚琦、霍成和杨智丞6名森林消防队员被评为烈士。3月29日的森林火灾系架空铝绞线在强风作用下发生碰撞，接触放电产生的高温熔化物掉落引燃地面枯草所致，过火面积1.194万公顷。沁源县的两场森林和草原火灾发生后，党中央、国务院和省委、省政府高度重视，调集精干力量扑救，控制火灾蔓延，最终全部扑灭，沁源县20名相关责任人员受到问责处理。（贾向前）

【森林资源年度清查】 2019年，开展森林资源年度清查工作，是山西省打破国家林业和草原局每五年开展一次森林资源清查的办法，创新森林资源管理机制、压实市县政府责任的具体体现。9月17日，山西省林业和草原局召开“山西省森林资源年度清查成果(2018年)”评审会，与会专家对《山西省森林资源年度清查成果报告(2018年度)》评审。12月12日，山西省林业和草原局公布2018年山西省森林资源年度清查结果，确定全省森林覆盖率为22.79%。专家认为山西省森林资源年度清查建立在抽样理论基础上，首次确立覆盖省、市、县三级的森林资源年度清查体系，实现省、市、县三级森林覆盖率年度出数，提交的成果资料完整翔实，客观反映全省林业生态建设成效。（贾向前）

【历山混沟原始森林科考】 2019年5月6日至20日，山西省林业和草原局组织对历山混沟原始森林第二次科学考察。历山混沟原始森林面积94公顷，是华北地区唯一一块原始森林。在1984年第一次科学考察后，至今仍保持着原始状态下的森林群落，对于研究黄河中下游暖温带森林植被的演变过程和森林变迁史具有很高的价值。混沟原始林第二次综合科考，旨在检验生态保护成效，为构建以国家公园为主体的自然保护地体系，推进山水林田湖草整体修复、系统治理，推进生态文明和美丽山西建设提供科学依据。9月10日，历山混沟原始森林第二次综合科学考察成果通过评审论证。本次科考记录到维管束植物443种，其中山西新记录种8种；记录到陆生脊椎动物111种，其中山西新记录种1种（蓝喉仙鹟[wēng]）。生物多样性指数达到1.84，比1984年提高8%左右。（贾向前）

【国土绿化右玉现场推进会】 2019年9月25日至26日，全省国土绿化右玉现场推进会在朔州市右玉县召开。会议总结近年来全省国土绿化成效，坚持“增绿补绿护绿”协调推进，“绿化彩化财化”同步发力，实现生态、经济、社会效益有机统一。坚持以创新促增绿，推动以市场化造林为主的“八大机制”落地见效，深化集体林权制度改革和国有林场改革，激发国土绿化新动能。逐级建立造林绿化目标责任制，领导带头造林，加强组织协调，落实考核奖惩。加强困难地造林技术攻关，探索抗旱造林、混交造林、近自然育林的造林模式，提高国土绿化水平。加大国土绿化宣传动员力度，推动形成人人参与、共建共享氛围。山西省副省长贺天才出席会议并讲话，省政府副秘书长高建军主持会议。（贾向前）

【世界园艺博览会山西展园】 2019年4月29日至10月7日在2019北京世界园艺博览会上，山西展园获奖项487个。其中，综合类设计布置奖室内展厅和室外展园双双获金奖；室内展品竞赛获40个特等奖，83个金奖，130个银奖和203个铜奖；优质果品获金奖5个，银奖4个，铜奖8个，优秀奖11个。山西省林业和草原局获最佳组织奖。山西展园2017年4月经省政府批准，8月18日开工，2019年4月21日全部竣工。主要思路是以“晋商大院”为蓝本，以“表里山河”为根基，以“荀子文化”为内涵，以“花冠上的新山西”为视角，全方位展现“三晋新景观、美丽新家园”的主题。展园由室外展园和室内展厅两部分组成。室外展园占地3050平方米，在布局上以太行山、吕梁山、汾河水为骨架；在植物配置上以树木、花草、果蔬见奇效；在建筑上以砖雕、木雕、石雕聚匠心；在文化上以先秦思想家荀子开坛讲学显底蕴。室内展厅100平方米，主要以建设美丽家园、共享绿色生活为主题，以建筑文化为载体，以花卉艺术为手法，集中展现“晋绿、晋彩、晋善、晋美”的风韵。5月12日至14日，山西省在2019北京世界园艺博览会上举办为期3天的“山西日”活动，开展招商引资暨“一带一路”晋商国际合作推介会、文旅精准营销活动、太原城市主题活动等一系列宣传。（贾向前）

畜牧业

【畜牧业生产】 2019年，山西省生猪存栏451.40万头、出栏739.90万头，同比分别增长17.80%和下降9.20%；家禽存栏12129万只、出栏11968.50万只，同比均下降2.90%；牛存栏103.80万头、出栏肉牛44.80万头，同比分别增长1.80%和1.80%；羊存栏868.90万只、出栏554.60万只，同比分别下降0.80%和0.70%。肉、蛋、奶产量分别达90.20万吨、111.40万吨、91.81万吨，基本满足城乡居民的消费需求。畜牧业产值达370亿元，占农业总产值的25%，是农村经济的重要组成部分。（郑晓静）

【畜产品市场】 (1)生猪。2019年,受全国价格影响,2月以来,山西省生猪产品价格持续上涨,8月开始超常规拉升,直至进入11月出现回落。活猪、猪肉价格每千克分别为20.15元、32.16元,同比上涨68%、54%。全国同期活猪、猪肉价格分别为21.16元、33.73元,山西省比全国分别低1.01元和1.57元。猪粮比价平均10.33:1。全省没有发生脱档断销,调出省外生猪近70万头。

(2)家禽。家禽产品价格回升,趋势呈季节性波动。鸡蛋趋势上为1月产销旺季价格平稳、2–3月消化囤货积存价格下跌,4–9月受消费增加和“中秋、国庆”节日拉动,价格波动上行。全年鸡蛋平均每千克价格9.29元,比上年同期上涨10%。正常年份10月份蛋价为持续回落态势,2019年受生猪价格大幅拉升影响,10月下半月蛋价快速上涨,进入11月回落。饲养一只蛋鸡一个产蛋周期平均盈利约50元。一个饲养周期只均可盈利约60–70元,养殖效益可观。活鸡和白条鸡受周期性波动及猪肉涨价替代消费增加双重影响,价格上涨。活鸡和白条鸡平均每千克分别为16.92元和20.15元,同比分别上涨21%和21%。出栏肉鸡只均盈利8–10元,养殖效益处于历史最好水平。

(3)奶业。生鲜乳收购价格同比小幅下跌。生鲜乳收购价格也出现反弹,每千克3.99元,同比上涨12.10%。单产7.50吨的奶牛,头均盈利4000元。

(4)牛羊。牛羊肉需求加大,价格上涨。牛肉价格每千克64.06元,同比上涨12%;活牛每千克28.56元,同比上涨12%。出售一头育肥牛盈利3000–4000元。羊肉每千克68.24元,同比上涨16%。活羊每千克28.19元,同比上涨14%。出售一只育肥羊盈利约300–400元。 (郑晓静)

【畜禽养殖规模化标准化】 2019年,山西省备案规模养殖场达到20600个,其中年出栏生猪500头以上的养殖场3808个,年出栏肉鸡5万只以上的养殖场753个,年存栏蛋鸡1万只以上的养殖场1914家,年出栏羊200只以上的养殖场7841个,年存栏奶牛100头以上的养殖场354个,年出栏肉牛100头以上的养殖场522个。规模化养殖占到全省养殖量的73%,成为养殖的主要形式。山西省制定《山西省规模猪场粪水全量还田技术规程》《畜禽粪污沼渣基质化栽培叶菜技术规程》等5个设施农业生产施用沼渣沼液地方标准。开展标准化示范创建。5个场被评为国家畜禽养殖标准化示范场。 (郑晓静)

【奶业振兴】 2019年,山西省人民政府将奶业强省建设列为全省农业农村工作“五项硬任务”之一。制定出台《山西省人民政府办公厅关于推进奶业振兴保障乳品质量安全的实施意见》和《山西省奶业振兴行动计划》。对100个家庭牧场和40个标准化示范场升级改造,奶牛规模化养殖率从上年的60%提高到70%。全省奶牛存栏达到34万头,集中分布在朔州、大同、忻州、太原和晋中等五个市,占全省91%。100头以上的养殖场(户)比重为68%。全省牛奶总产量92万吨,在全国排第10位。山西省共有生鲜乳收购站230个,其中:乳品企业开办15个,奶畜养殖场开办93个,奶农合作社开办137个;运输车161辆。全省乳制品加工企业共12个,乳制品种类包括巴氏消毒奶、UHT奶、奶粉和酸奶,日产生鲜乳2000吨,乳品加工企业日加工销售1400吨,占70%,其余销往外省。

(王宏伟 郑晓静)

【畜牧业扶持政策】 2019年,山西省加大粪污资源化利用。争取中央投资3675万元、省级财政投资8000万元,建设689个规模养殖场粪污处理设施和畜禽粪污集中处理中心20个。

奶牛养殖场建设。整合中央投资和省级资金8800万元,改造升级奶牛家庭牧场和专业合作社100个,建设奶牛标准化示范场40个,占到全省年存栏奶牛200头以上户的53%。

山西省现代畜牧业提升工程建设项目。省级财政共补助1200万元。建设省级现代牛产业技术推广基地、现代禽产业技术推广基地、现代羊产业技术推广基地各1个,建设大同市、临汾市畜产品质量安全检验检测机构各1个。 (郑晓静)

【种畜禽保护与利用】 2019年,山西省加强地方畜禽品种资源保护与利用。建成5个国家级畜禽遗传资源品种的保种场、1个国家级畜禽遗传资源保护区、2个省级畜禽遗传资源保护区。《2019年山西省畜禽遗传资源保护与利用三年行动方案》出台,并下发《2019年山西省现代畜禽种业发展工作要点》,2019年度国家保种项目顺利实施,已建成马身猪资源备份场并开展备份保存工作,边鸡种群完成第十三世代的繁育,吕梁黑山羊完成组群和第一世代繁育,阳城北方中蜂保护区通过验收,国家级太行山羊保种场成功申请,晋南牛地方畜禽品种的种质创新工作开展。

种畜禽场标准创建有序推进。8个省级种畜禽场和2个省级种公猪站现场评审完成,建立省级种畜禽场监督抽查对象目录库,完成山西省“互联网+监管”系统监管事项检查实施清单编写。 (郑晓静)

【牛育种】 2019年,山西省生产荷斯坦犊牛33头,从国内引入西门塔尔系公牛8头,从澳大利亚引进西门塔尔公牛9头、红安格斯种公牛3头。进口1000只高产奶用冻精,在全省选择2–3个场开展纵向联合育种。对新增的37头种公牛进行基因组检测。全年共生产冻精101万支,其中肉牛80万支、奶牛21万支。检测冻精3260批,其中活力合格率为95%,有效精子合格率为100%,畸形率合格率为98.80%,细菌合格率为96.50%。发放奶肉牛冻精60.40万剂,其中肉牛冻精发放40.10万剂,奶牛冻精发放20.30万剂。向外省销售冻精26.50万剂。

开展DHI奶牛生产性能测定49个牛场,涉及奶牛20.92万头次,参测牛头数达到3.50万头。后裔测定工作顺利开展，为28个奶牛场共发放后裔测定冻精1.58万支，收集朽种记录2935条，定胎记录814条，产犊记录735条，儿牛出生记录416条。全年在10个奶牛场开展荷斯坦母牛线性鉴定，共鉴定1500头。（郑晓静）

【畜禽粪污资源化利用】 2019年，山西省完成1407个畜禽规模养殖场粪污处理设施建设，规模养殖场粪污处理设施配套率达到90%，其中汾河流域达到95%，畜禽粪污资源化利用率不断提高。制定畜禽粪污集中处理中心建设标准规程，示范引导规模场和散养户在畜禽粪污就地就近还田利用的基础上进行集中收集和处理，指导建设集中处理中心20个，解决散养密集区畜禽粪污资源化利用问题。全省畜禽粪污综合利用率达76%，其中汾河流域达到85%。种养结合开拓新途径。在吉县召开种养大县果畜循环座谈会，以“种养结合、农牧循环”为主题，围绕吉县、隰县等种植大县和文水、怀仁等养殖大县的现状、有机肥需求和畜禽粪污资源化利用，开展畜禽粪污资源化供需对接，为种养结合开辟一条新途径。先进模式广泛推广。总结推广洪洞县晋丰绿能畜禽粪污集中处理模式和大同市平城区天和牧业、高平市玮源养殖专业合作社、临猗县丰淋牧业、中阳县厚通科技等种养结合模式，其中全量还田、种养结合“丰淋模式”被农业农村部列为典型示范模式，在全国进行推广宣传。（郑晓静）

【屠宰企业标准化】 2019年，山西省生猪屠宰企业布局得到优化。按照“屠宰与养殖相匹配、屠宰与消费相匹配”的原则，对屠宰企业重点进行布局，改造升级晋城市、长治市、晋中市、运城市等养猪重点区域的屠宰企业。生猪屠宰企业资格审核工作加强，通过农业农村部审核的生猪屠宰企业64家。屠宰企业标准化创建工作加强，按照“集中屠宰、品牌经营、冷链运输、冷鲜上市”的原则，引导企业提升屠宰能力和管理水平，生产行为得到规范。屠宰场监管加强，生猪移动风险防控、生猪经纪人监管、生猪屠宰企业冷库储存货物排查、生猪进厂检验、运猪车辆及屠宰工具设备清洗消毒、待宰期间观察、肉品检验等工作得到强化。（郑晓静）

【金融支持新模式】 2019年，山西省畜牧局与山西省农业担保有限公司、邮储银行山西分行合作，发放贷款5600多万元，授信2.50亿元，取得金融支持畜牧的重大突破。（郑晓静）

【雁门关农牧交错带示范区建设】 2019年，山西省推进雁门关粮改饲、草畜一体化示范区建设。推进立法工作。省人大常委会第十四次会议通过《山西省促进雁门关农牧交错带发展条例》，并于2020年1月1日起施行。种植业结构优化。通过调减籽粒玉米、扩大饲草和经济作物种植面积，全年苜蓿、青贮玉米、燕麦草等优质饲草种植面积达到136万亩，比上年增长1个百分点，粮经饲比例达到52:19:31。饲草业发展成一大新兴产业。推行“引草入田、粮草轮作”，全区优质牧草种植面积达到160万亩，新增饲草种植面积22万亩。实施朔同牧草高效节水灌溉工程，高产苜蓿生产基地达到20万亩，苜蓿、青贮玉米等种植收储实现全程机械化。（郑晓静）

【饲料兽药生产】 2019年，山西省共有各类饲料生产企业205家，产品涵盖猪鸡牛羊和水产品饲料、饲料添加剂饲料。全省饲料总产量共305.80万吨，饲料行业生产总值102亿元。全省兽药企业共105个，其中生物制品企业2个，产品涵盖水产用药、畜禽用药、蜂药。主要分布在运城市、太原市、晋中市等，其中运城市兽药企业达70家。（郑晓静）

【动物疫病防控】 2019年，山西省加强动物疫病强制免疫。制定出台《2019年山西省强制免疫病种“先打后补”实施方案》，共10个市56个县147个养殖场开展“先打后补”。全省共免疫畜禽4.20亿头(只、羽)，应免免疫密度达到100%。其中:猪口蹄疫共免疫1257万头次，牛口蹄疫共免疫367万头次，羊口蹄疫共免疫2273万只次；布鲁氏菌病免疫1837万头(只)，高致病性禽流感免疫鸡21663万羽次，小反刍兽疫免疫羊2137万只，猪瘟免疫猪1404万头；高致病性猪蓝耳病免疫猪500万头；新城疫免疫鸡11155.10万羽。（郑晓静）

【动物疫病监测】 2019年，山西省共监测样品51.68万份，其中血清学37.50万份、病原学14.15万份。高致病性禽流感、口蹄疫、新城疫、小反刍兽疫、猪瘟、高致病性猪蓝耳病免疫抗体合格率均达到97.17%、89.70%、97.30%、86.08%、88.84%、79.13%。（郑晓静）

【动物疫病净化】 2019年，山西省制定出台《规模奶牛场(种牛场)、种羊场净化指南》，将奶牛场结核病、布病等两病净化列入奶牛企业扶持必备条件之一。人畜共患病综合防控力度加大，全省畜间监测样品2万余份，个体平均阳性畜为1.44%，场群平均阳性率4.73%。（郑晓静）

【突发动物疫情应急处置】 2019年，山西省修订《突发动物疫情应急预案》，省级应急物资储备得到强化。共储备疫苗、消毒药品、防护用品、扑杀器械等价值100万元的物资。市级和县级按照30万元、10万元的标准进行应急物资储备。（郑晓静）

【免疫疫苗管理】 2019年，山西省疫苗管理强化。出台《山西省动物防疫等补助经费管理办法实施细则》《山西省重大动物疫病疫苗管理办法》《山西省动物疫病防控财政支持政策实施方案》，从疫苗采购、调拨、储运、使用、报废、资金补助、经费管理及监测检查等方面严格管理制度。冷链体系建设强化。全省11个市级动物疫病预防控制中心均有冷冻库和冷藏库，晋中、临汾、阳泉、晋城等4市有低温运输车；117个农业县中83个有冷藏库,47个的县级疫控中心有冷冻库;30个县级疫控中心有低温运输车。“山西省动物疫病强制免疫疫苗管理系统”投入运行,强制免疫疫苗管理规范。

基层动物防疫体系建设。全省11个市均成立农业农村局,行政职能全部划归到农业农村局,117个涉农县(市、区)有28个并入县农业农村局,88个县保留事业单位性质畜牧兽医中心,但行政职能全部划归到县农业农村局;全省1196个乡镇的1187个乡镇畜牧兽医站中,有57个县的486个并入乡镇政府。 (郑晓静)

【非洲猪瘟防控】 2019年,山西省出台《山西省非洲猪瘟防控工作方案(2019年)》《关于强化生猪及其产品市场监管加强非洲猪瘟疫情防控的紧急通知》等13个文件,督促指导全省年出栏500头以上养猪场建立清洗、消毒、无害化处理等防控关键措施,对全省1879个生猪经纪人和2510辆畜禽承运车辆进行备案管理,指导全省121家生猪屠宰企业全部落实非洲猪瘟自检和官方兽医派驻两项制度,11个市级、85个县级兽医实验室及98个屠宰企业开展检测比对,保障疫情防控和生猪有序调运。起草修订《山西省突发动物疫情应急预案》,组织山西省防治重大动物疫病指挥部22家成员单位召开非洲猪瘟应急响应桌面推演,部门联动应急处置能力得到加强。 (郑晓静)

【动物检疫】 2019年,山西省实施产地检疫畜禽共2.50亿头(只、羽)。全省234个畜禽屠宰场(点)屠宰检疫畜禽共1.40亿头(只、羽),检出病害畜禽数量50.70万头(只、羽)。

动物及其产品跨省调运审批审查。严格跨省引进种用乳用动物及其精液、胚胎、种蛋审批。共审核跨省引进种用乳用动物及其精液、胚胎、种蛋审批事项资料67宗,其中:种鸡4批共20万套、种猪62批共2.10万头、奶牛1批100头,种畜禽流通规范得到保障。对外省供货的养殖或屠宰加工企业进行备案资格审查,共推荐企业60家。会同太原海关对山西省供港生猪企业百世食安农牧业有限公司供港运输线路进行规划和核定,供港生猪共4批980头。

病死畜禽无害化处理体系建设。全省专业病死畜禽无害化处理厂达到29个,2019年建设完成并投入运行的13个分布在泽州县、高平市、沁水县(2个)、陵川县、阳高县、怀仁县、平遥县、太谷区、闻喜县、文水县、武乡县和万荣县12个县(市、区),专业处理量占全省处理问题的60%以上。 (郑晓静)

【畜产品质量安全保障】 2019年,山西省完成兽药质量监督抽检任务、畜禽产品质量安全例行监测和委托检测工作、兽用生物制品质量监管和批签发工作、饲料常规检测任务共计3781批次。协助国家饲料中心赴河北进行饲料抽样54批。完成中国兽医药品监察所举办的费休氏法水分测定能力验证和中国食品药品研究院举办的牛奶中氯霉素残留检测能力验证,对比结果均为满意。山西省财政支持建设省级和市级生鲜乳检测中心各1个。全年抽检生鲜乳样品586批,合格率达到99.70%。全省生鲜乳质量安全水平稳步提高。

科技成果转化与技术推广。完成“新型发酵工艺生产高效维生素D3产品科技成果转化和技术推广”项目,项目实施后,蛋鸡产蛋率由82%提高到85.50%,产蛋高峰延长15天,种猪情期受胎率由87%提高到90.30%,每头能繁母猪年均产仔数增加1.70头。参与“真菌毒素多色可视化App快速检测技术及装备研究”,获批承担“山西省畜禽粪污兽药残留现状调查”省重点研发计划项目。 (郑晓静)

【兽用抗菌药使用减量化示范】 2020年3月16日,农业农村部畜牧兽医局公布2019年上报的全国首批兽用抗菌药使用减量化行动试点达标企业81家,山西省有山西桦桂农业科技发展有限公司(太原阳曲)、晋中市金粮农业科技开发有限公司(晋中榆次)、山西南山百世食安农牧业有限公司(吕梁交口)三家企业位列其中。 (郑晓静)

【兽医行业监管】 2019年,山西省官方兽医资格确认完成,新确认官方兽医249名,取消官方兽医资格410名,全省官方兽医达4288名。

省级兽医实验室完成升级改造,质量管理体系文件修订完善,“兽医实验室信息管理系统”采购并运行,组织32家市县级兽医实验室开展考核,实验室管理水平大幅提升。

参加2019年省级兽医实验室检测能力比对,结果连续5年正确。组织43个市县级兽医实验室开展检测比对,省、市、县三级检测能力提升。

山西省首届农业行业职业技能大赛成功举办,全省畜牧产品质量安全检测技术水平提高。 (郑晓静)

渔 业

【概况】 2019年,山西省水产品总产量为46307吨,比上年同期减少3.07%,环保要求和干旱导致养殖产量、捕捞产量有所减少。渔业经济总产值为98517.56万元,比上年增长7.72%。

(王宏伟)

【水产养殖绿色发展】 2019年,山西省完成市级规划编制发布工作,科学划定禁止养殖区、限制养殖区和养殖区,统筹生产发展与环境保护,稳定水产健康养殖面积,保障养殖生产空间。推动水产养殖业绿色发展和产业转型升级。 (王宏伟)

【水产品质量安全监控】 2019年,山西省把渔业水环境的改善和保护作为保障水产品质量安全的首要任务,全年共监测水域8600公顷。水产品质量安全监控范围覆盖全省11个市和51个县。全年产地水产品质量安全监督抽查合格率达到100%。配合完成二青会产地水产品监督检验方案。

(王宏伟)

【增殖放流活动】 2019年,山西省开

展重要水生生物增殖放流活动计划,共投放鲢鳙鱼、草鱼、赤眼鳟等鱼类700万尾,达到促进养护资源、修复生态的目的。 (王宏伟)

【渔政渔船管理】 2019年,山西省开展“渔政亮剑2019”系列专题执法行动,打击非法捕捞,加强黄河禁渔期、禁渔区管理,保持执法高压态势,严厉打击、坚决取缔国家和地方公布的禁用渔具以及网目尺寸严重违反国家标准的违规渔具。全年检查渔船184艘次,全年渔船受检率达到100%,实现渔业安全事故“零”发生。 (王宏伟)

农产品质量建设

【农产品质量安全保障】 2019年,山西省狠抓农产品质量安全建设,推进第二批10个省级农产品质量安全县创建工作,新建2个省级出口食品农产品质量安全示范区,部省监测抽检总体合格率为98.80%,农产品质量安全形势总体平稳向好,没有发生重大农产品质量安全事件。完成第二届全国青年运动会食用农产品保障工作,确保二青会的食用农产品质量安全。 (王宏伟)

【农产品区域公用品牌建设】 2019年,山西省农业农村厅加快打造区域公用品牌,推进特优区和产业园建设。打造山西小米、山西陈醋、山西玉露香梨、山西核桃、山西高粱、山西荞麦、山西马铃薯等一批省级农产品区域公用品牌。 (王宏伟)

【农产品出口平台建设】 2019年,山西省运城农产品出口平台作用凸显,忻州杂粮市场建设快速推进。运城(临汾)农产品出口平台在全国率先创立发布苹果现货价格指数,新建水果出口标准化示范园区基地36个,新认证出口注册果园41个,果品出口企业或专业合作社达到110家,出口国家和地区达到64个,水果年出口量达到41万吨,增长8.10%,水果出口额达到4.50亿美元,连续6年果品为山西省农产品出口的第一大种类,占全省农产品出品量的80%以上。举办第四届山西(运城)国际果品博览会。盐湖区红香酥梨首次出口马尔代夫,鲜梨首次出口澳大利亚,樱桃首次出口马来西亚、泰国,冬枣首次出口新加坡、阿联酋,山楂首次出口日本,柿子、甜瓜首次出口加拿大;水果出口美、加等高端市场数量同比增长11%。国家级忻州杂粮市场采取政府和社会资本合作模式,总投资约10亿元,在规划创建的“中国杂粮之都”产业融合核心园区内建设全国性农产品产地市场。全年杂粮出口额达到1291万美元,出口量达到9700吨,出口企业达到15家。 (王宏伟)

【农业标准化建设】 2019年,山西省农业农村厅加快推进农业标准化建设,新发布各类农业地方标准75项,在全国率先制订《职业农民生产技能要求与评价》地方标准,率先颁布农业生产托管服务规范地方标准,新认证“三品”生产主体1810家,“三品”有效认证产品3263个,认证数量由全国第20位上升到第12位,新登记农产品地理标志154个。 (王宏伟)

【新农品品种推广】 2019年,山西省承担玉米、小麦、大豆、棉花4种主要农作物501个品种84个试验点次的国家级区域试验、生产试验任务,组织安排玉米、小麦、大豆、棉花、水稻5种主要农作物378个品种277个试验点的省级统一品种试验。拓宽品种试验渠道,5个玉米科企联合体开展试验,试验品种173个,试验点134个;玉米、大豆特殊用途品种开展自行试验,试验品种38个,试验点46个;2个育繁推一体化企业开展绿色通道试验,试验品种33个,试验点28个。全年审定通过90个主要农作物品种,其中玉米品种85个,大豆品种2个,棉花品种3个。

开展主要农作物审定品种同一适宜生态区引种备案工作,全年共发布四次引种备案公告,引种备案品种269个,其中玉米品种263个、小麦品种4个、棉花品种2个。开展非主要农作物品种登记初审工作,全年共向农业农村部上报5批16种作物129个品种,公告16种作物95个品种。加大旱作良种引进试验、展示、示范及良种繁育基地建设,从省外引进谷子、黍子、高粱、大豆、食用向日葵、青贮玉米、马铃薯、小麦等各类农作物品种229个,分别在大同灵丘、朔州山阴、临汾蒲县、长治北郊等地组织引进筛选试验,筛选抗旱节水品种30多个,在全省11个市开展抗旱节水新品种展示,建设抗旱节水新品种展示基地5600亩。建立谷子、莜麦、荞麦、黍子良种繁育和提纯复壮基地1.66万亩。 (王宏伟)

农业机械化

【概况】 2019年,山西省农机总动力达到1517万千瓦,比上年增加76万千瓦,增幅5.30%。其中大中型拖拉机保有量达到10.50万台,玉米联合收割机达到2.30万台,畜牧业、设施农业、林果业、农产品初加工等机械协调发展,多功能、高效率、高性能、复式作业机械占比提高。全省机耕、机播、机收面积分别完成262.90万公顷、258.30万公顷、191.10万公顷,机耕、机播、机收水平分别达到81.40%、73.90%和54.70%,与上年相比分别提高1.20个、0.90个和2.10个百分点。全省主要农作物耕种收综合机械化率达到71.20%,比上年提高1.40个百分点,农业生产由人畜力作业为主进入以机械作业为主的新阶段。培育农机示范合作社40个、示范家庭农场15个、示范农机大户15个。扶持10个农机合作社开展规范化、智能化建设。举办第四届山西省农机操作手培训技能大赛。与中国农行山西省分行签约支持农机化发展50亿储备贷款,截至2019年底,为200多个农机合作社发放贷款1550万元。清理农机合作社“空壳社”560个。整合投入1400多万元,在43个贫困县开展农机资产收益扶贫试点，吸纳和带动贫困户675户。开展新型职业农民培育(农机操作手培训)2510人。怀仁县潘杨和农机专业合作社和晋中市众鑫农机服务专业合作社获农业农村部确定为全国第一批“全程机械化+综合农事”服务中心典型。全省新注册登记拖拉机、联合收割机1.20万台，检验2.70万台，新训新考驾驶员4700多人，期满换发驾驶证4400多人，报废注销变型拖拉机3.30万台。全省未接到基层上报农机事故。机械化有机旱作农业发展。制定出台2019年机械化有机旱作农业行动计划，在全省推进农田宜机化改造、机械化秸秆还田、农机深松整地、机械化生态保护、机械化秸秆综合利用、农机农艺配套、智慧农机建设等重点有机旱作农业工程。截至2019年底，全省共安排项目资金9840万元，投入6120台深松机械，实施农机深松整地作业面积545万亩，远程监测终端保有量达到9032台，基本实现补助面积监测全覆盖。实施农作物机械化秸秆还田。全省农作物秸秆机械化还田面积达到2262万亩。其中：小麦秸秆机械化还田作业680万亩，玉米秸秆机械化还田作业1566万亩，谷子、高粱等秸秆机械化还田作业16万亩。全省农作物秸秆机械化加工转化量目标任务342万吨，截至2019年底，达到351万吨，其中，秸秆饲料化利用量280.40万吨，燃料化利用量59.40万吨，基料化利用量6.70万吨，原料化利用量4.50万吨。全年投入省财政资金1000万元用于有机旱作农业机械化秸秆粉碎还田作业补助试点项目，补助面积50万亩，每亩补助20元。按照向财政贫困县倾斜、农林交错带倾斜的原则，向11市的30个县下达秸秆粉碎还田试点项目。加快实施“2+7”主要农作物全程机械化推进行动。结合山西省实际，围绕小麦、玉米和马铃薯、高粱、胡麻、莜麦、谷子、荞麦、豆类等“2+7”主要农作物，聚焦耕整地、种植、植保、收获、烘干、秸秆处理六个主要环节，在全省建设全程机械化示范点101个，在21个县43个乡74个村开展率先实现农业机械化示范创建活动。全省主要农作物全程机械化作业面积达到2500多万亩，农作物耕种收综合机械化率达到71.20%，高出全国平均水平1.20个百分点。（刘　洋）

【农机运用】2019年，春耕期间全省投入各种农业机械50万台，完成秸秆还田380万亩，机械耕整地2725万亩，机械浇灌地667万亩，机械深松整地195万亩，机械播种2363万亩，其中机播春玉米1869万亩，机播马铃薯、豆类等杂粮面积494万亩。“三夏”生产。全省收获小麦785万亩，其中机收770万亩，机收率达到98.10%，完成玉米、豆类复播面积550万亩，其中机播玉米470万亩、豆类53万亩，机播率达到95.10%。“三夏”期间，全省各级农机部门共培训机手、修理工1.90万人，检修各类农业机械15万台，设立24小时值班电话45个，成立跨区机收接待服务站93个。全省日均投入联合收割机5000余台、播种机4000余台，高峰期联合收割机日均达到1.10万多台，播种机8000多台。

“三秋”期间，全省投入各类农机具32万台，其中玉米联合收获机2.10万台、播种机4.90万台；培训机手、修理工2.90万人，检修各类农业机械数量15.20万台；玉米收获面积2201万亩，其中机收面积1549万亩，机收率达到70%；马铃薯机收128.54万亩，大豆机收24.70万亩，牧草机械化收获总量为104万吨，其中机械打捆50.50万吨。冬小麦播种面积754万亩，其中机播面积749万亩，机播率达到99%。（刘　洋）

【农机购置补贴】2019年，一是制定出台《山西省农机购置补贴机具核验工作要点(试行)》《关于做好2019年农机购置补贴政策落实工作的通知》《关于进一步加强农机购置补贴政策监管强化纪律约束的通知》，补贴工作规范。二是针对农机购置补贴实施过程中出现的新情况、新问题，委托第三方机构，对山西省2018—2020年农机购置补贴一览表优化分类分档调整和补贴额集中测算，补贴工作合理。三是实行农机购置补贴辅助管理系统常年连续开放，实现农民“无缝”“随时”申请；简化核验手续，对牌证管理机具，免于现场实物核验；推广使用手机App技术，开展非现场补贴申请、补贴机具核验预约等服务，因地制宜开展补贴办理“一站式”服务，实现购机者补贴办理“最多跑一次”。四是全程公开，补贴工作透明。五是农机购置补贴全过程实行绩效考核。

（刘　洋）

【社会化服务】2019年，省农机局出台《山西省农业机械发展中心关于进一步做好农机合作社规范化建设的指导意见》，印发《山西省农业机械发展中心关于对农机合作社规范化建设开展督导调研的通知》，指导和督促农机合作社开展规范化建设。以项目建设为支撑，引导农机合作社由过去单一的产中机械化作业服务向产前、产后机械化服务拓展和延伸，由过去产中的粗放式作业深化到精准作业，由过去传统管理模式向信息化管理模式转变。2019年，按财政资金分配要求，安排105万元用于扶持10个农机合作社开展规范化、智能化建设。以“1、2、3”创建为目标，确立2019年培育省级农机示范合作社40个、机械化家庭农场15个、农机示范大户15个。以“战略合作”为契机，助推农机合作经营组织发展。为解决合作社融资难、融资贵的问题，5月17日，山西省农机发展中心和中国农业银行股份有限公司山西省分行在太原举行“支持农机化发展50亿元储备贷款战略合作”签约仪式。截至2019年底，向全省农机合作社发放贷款近1亿元。以农机手大赛为依托，组织开展以赛代训技能活动。8月上旬，在晋中市祁县举办第四届山西省农机操作手培训技能大赛，共有90余名选手参加比赛。以“空壳社”清理为抓手，促进农机合作社依法依规健康发展。从8月开始在全省范围内开展“空壳社”清理工作。由市级农机部门牵头，组织各县农机部门对辖区内的农机合作社逐个对照、核实、检查，将正常经营但未纳入农机部门管理的农机合作社信息录入“山西省农机服务组织信息系统”；将建社至今未开展农机经营、服务活动的农机合作社和无场地、无拖拉机、无农机作业服务内容的“三无”合作社以及名不副实、涉嫌以合作社名义套取财政项目扶持资金的合作社从“山西省农机服务组织信息系统”剔除。各地共清理出“空壳”合作社560个。（刘　洋）

【丘陵山区机械化】　2019年，在全省建立4个省级丘陵山区农机化示范区、11个市级示范区，探索“企业+合作社+基地+农户”的农机化技术推广新模式，示范推广不同作物、不同地区、不同耕作制度的丘陵山区农机化发展技术集成模式。在21个县35个乡58个村开展率先实现农业机械化示范创建活动，共修建机耕道32.8千米、机库棚3576平方米，硬化场地4170平方米。扶持建设农村磨坊、油坊升级改造建设示范点22个，高标准农产品处理及初加工装备技术示范点29个，引进榨油、碾米、烘干、冷藏等加工机械217台(套)，示范推广新型、高效农副产品加工装备2364台套。优势特色产业机械化。全省共建立果园、牧草（畜禽）、蔬菜生产机械化示范区8个，引进各类装备118台(套)，辐射示范推广各类装备500多台套，举办各类现场演示活动11次，培训农民及技术推广人员1200人次。开展牧草生产、青贮机械化技术试验示范，推进饲草料机械化；建设秸秆饲草加工示范点3个，开展畜禽养殖工程工艺、饲喂技术、废弃物资源化利用技术演示和交流，促进畜禽养殖机械系统优化升级。创建4个果园机械化管护技术装备应用示范区，围绕果品生产耕作、施肥、植保、采摘、分级、运输、冷藏保鲜等作业环节，开展以果园管护及水肥一体化为主的技术示范应用，发展果园微耕机、果园植保、果品转运、果品分级和冷藏保鲜机械等装备，引进各类果园机械41台(套)。建设2个设施农业机械化生产示范区，集成推广播种、植保、水肥一体化、智能环控、采运等高效设施农业机械化装备72台(套)。（刘　洋）

【农机示范推广培训】　2019年，省农机局举办第十四届北方现代农业装备推广展示交易会，展示国内10余个省(自治区、直辖市)86家农机生产企业500多台件农机产品。举办“全国春耕生产农机化技术培训班暨山西省春季农业生产农机化新技术装备培训”。全省全年共组织现场演示培训活动129次，培训农机技术骨干和农机手1.50万人次。全省农机推广系统共培训新技术、新机具培训技术推广人员和农民技术员141期次，培训8091人次。全省建设农机新技术推广示范点（含市县共建点)107个，其中市县共建点34个。（刘　洋）

【农产品初加工机械化】　2019年，省农机局发展新型、高效、节能农副产品加工机械2600台，新建农村油磨坊升级改造建设示范点16个，新建高标准农产品处理及初加工装备技术示范点25个，新增加工新装备、新技术培训人数2600人。投入省级项目资金250万元，扶持贫困地区建设小型、便民、省钱、安全的农村磨坊油坊，实现“磨面不出村、榨油不出乡”的项目目标。先后在16个县(市、区）扶持建设农村磨坊油坊升级改造建设示范点54个，在32个县(市、区）新建高标准农产品处理及初加工装备技术示范点37个，示范推广新型、高效、节能农产品加工装备3622台(套)，形成8万吨的农副产品加工能力，加工收益达到650万元。

（刘　洋）

【农业机械化示范县村】　2019年，山西省创建农业机械化综合示范县21个，综合示范乡30个，综合示范村60个。截至2019年底，在21个项目实施县完成智慧农机信息平台建设，建立2000亩全程机械化示范区23个、示范乡44个、示范村75个，引进各类机械化作业装备251台，辐射带动作业面积11.70万亩，举办展演示活动51次，修建机耕道32.83千米、机库棚3576平方米，硬化场地4170平方米。

（刘　洋）

【农机安全监理】　截至2019年底，山西省未接到基层上报农机事故，全省新注册登记拖拉机、联合收割机12345台(其中拖拉机8864台，联合收割机3481台)，检验26731台，新训新考驾驶员4656人，期满换发驾

2019年8月5日，第四届山西省农机操作手培训技能大赛在晋中市祁县举行

（省农机中心供图）

驶证4929人。全年开展变型拖拉机专项整治,加强与公安交警部门的沟通,建立联席会议制度,研究解决专项整治工作中出现的困难和问题,及时消除事故隐患。针对全国各地出现的变型拖拉机假牌假证现象,配合相关部门做好车辆信息的协查工作。截至2019年底,全省共报废注销变型拖拉机32830台,剩余36330台;结合全国"安全生产月"活动,重点开展:送农机安全知识下乡活动、安全发展主题宣讲活动、农机"安全生产宣传咨询日"活动、新闻媒体集中宣传报道活动、农机事故警示教育和应急演练活动、"三夏"农机安全生产大检查活动、农机安全监理大培训活动。据统计,活动月期间,全省利用安全生产咨询日、集庙会、展示会、年度检审验、驾驶员复训等散发各种宣传手册、资料5万余份;开展现场农机安全宣传活动154次,标语、横幅、展板专栏392个,发放农机安全短信7455人次,有关媒体报道52篇,参加宣传活动监管人员956人次,参加执法活动监管人员1185人次,培训农机驾驶人员1362人次,开展农机安全检查216次,检查农业机械4541台,纠正违章312起。 (刘 洋)

【智慧农机】 截至2019年底,全省共有86个县建成县级智慧农机系统,2个市建成市级统一智慧农机平台,省级平台于2019年3月上线,逐步整合市、县级智慧农机平台。山西省智慧农机大数据云平台由六大模块组成:农机大数据分析系统、农机作业远程监测与补贴系统、农机监理、农机社会化服务、山西农机市场、农机好帮手App。云平台优化农机资源配置,精确统计作业面积,保障国家资金安全等作用,全省信息化远程监测作业面积达到补贴面积的90%以上,实现信息化远程监测省市县全覆盖。 (刘 洋)

农 垦

【概况】 截至2019年底,山西农垦系统共有国有农场(公司)30个,其中,省属农场(公司)8个,市属农场9个,县属农场13个,分布在全省9市、26县(区)境内。垦区年末总人口32025人,其中农场总人口31413人,职工3480人、离休10人、退休3564人。

垦区国土总面积30.32万亩,其中耕地9.34万亩、牧草地6.63万亩、林地9.03万亩、居民点及工业用地1.51万亩、其他3.81万亩。

垦区经济发展基本情况。

第一产业。农业供给侧结构性改革推进,粮食作物种植结构稳中调优。垦区突出发展蔬菜、水果等高产、高收益优势农产品,减少玉米种植面积;精心打造杂粮产业。

2019年实现农林牧渔业总产值33535.34万元,比上年减少6.95%,其中,种植业产值15577.04万元;牧业生产总值15499.10万元,农林牧渔服务业产值1995万元。

全年农作物种植面积6275.50公顷,比上年减少9.30公顷。其中,粮食种植面积4841.35公顷,比上年减少393.92公顷;油料种植面积59公顷,比上年增加36公顷;蔬菜种植面积634.33公顷,比上年增加114.50公顷。在粮食种植面积中,玉米种植面积4084.06公顷,比上年减少297.57公顷;小麦种植面积603公顷,比上年增加290.33公顷。果园面积163.50公顷,比上年减少78.27公顷。

全年粮食产量37197.41吨,比上年减少1482.93吨,减产3.83%。其中,夏粮4490吨,比上年增长187.82%;秋粮32707.41吨,比上年减少11.89%;蔬菜瓜果12265.90吨,比上年减少18.65%;其他作物青饲料30143.62吨,比上年增长23417.63吨。蔬菜瓜果虽然比年播种面积增加,但4月受霜冻影响,产量减少。

畜牧业生产持续稳定发展,但受非洲猪瘟影响,太原果树场一生猪屠宰企业破产,猪肉产量大幅减少。2019年大牲畜存栏11654头,比上年增长12.50%;其中:牛11606头,比上年增长17.17%,其中良种及改良种乳牛8696头,比上年增长3.57%。全垦区肉类总产量3060吨,比上年减少28.28%。其中,猪肉产量197吨,比上年减少90.07%;牛肉产量721吨,比上年增长166.71%;羊肉产量2058吨,比上年增长5.60%。牛奶产量30840吨,比上年增长0.20%。禽蛋产量2073吨,比上年减少0.38%。

农业生产机械化水平强化,机械化率提高。截至2019年底,农业机械总动力27935千瓦,比上年增长3.20%。农业用大中型拖拉机44台,农用小型及手扶拖拉机1175台,播种机84台。发展设施农业温室408187平方米,大棚213720平方米。当年实现机耕面积5518.30公顷,占当年耕地面积的86%;当年实现机播面积5010.65公顷,占农作物播种面积的80%。

第二产业。垦区工业生产受原材料供求矛盾和价格上涨等多重不利因素的影响,规模以上非国有工业企业减少7个。全年全垦区工业企业81家,工业总产值42139.16万,其中:国有工业企业1个。规模以上工业增加值31251.16万元,比上年减少33.30%;工业销售产值22460.21万元,比上年减少15.99%。

第三产业。第三产业发展平稳,截至2019年底,交通运输单位43个,与上年一样,年末从业人员110人,全年从业人员报酬298万元,固定资产总值644万元,实现营业总收入684万元,全年货运量15.35万吨,客运量5.30万人。批发零售业、住宿餐饮业、服务业年末单位2221个,从业人员4304人,从业人员劳动报酬10408.64万元,固定资产总值5606.67万元,销售额或收入43823.11万元。

全年实现国民生产总值6.43亿元,比上年增长1.74%。其中,第一产业增加值1.54亿元,比上年增长4.05%,占生产总值的24%;第二产业增加值2.61亿元,比上年增长0.38%,占生产总值的41%;第三产业增加值2.28亿元,比上年增长1.78%,占生产总值的35%。2019年垦区非国有经济实现总产值

48977.55 万元，比上年增长 1.87%，占垦区经济总量的 76%。（李国华）

【农垦改革深化】 2019 年，山西省农垦系统巩固国有农场办社会职能改革及土地确权工作成果。扩大上年山西省基本完成国有农场办社会职能改革和土地使用权确权登记发证“两个 3 年”任务成果，一是有 5 个农场分别与当地政府争取落实到办社会职能改革补助资金 433.38 万元，其中有 3 个农场的补助资金均从 2019 年起纳入当地政府每年的财政预算，1 个农场是从 2020 年起纳入当地财政预算，1 个农场是一次性补助；二是争取将农场确权发证的 9.34 万亩耕地纳入农业支持保护补贴范围，让强农惠农政策惠及每个农场职工；三是举办全省农垦土地确权成果建库上图培训班，详细讲解成果数据填报、检查及错误修改等系统操作，现场指导审核，按农业农村部农垦局要求按时完成山西省农垦土地确权成果建库上图工作；四是配合农垦渔业局做好国有农场办社会职能改革再“回头看”工作，落实每个农场办社会职能改革中的人员安置、资产移交、债务化解、经费保障、职能衔接、政策覆盖等重点举措。

引申垦区集团化、农场企业化改革。一是摸清家底。组织开展全省农垦改革发展大调研，了解全省 26 个国有农场的土地、人员、资产等基本情况、生产经营及改革发展情况，特别是对中央农垦改革发展文件中提出的“一衔接、两覆盖”政策落实情况进行调研，掌握数据资料。二是建立台账。建立中央部署改革方案落实台账，明确脱贫攻坚、垦区区域集团化和农场企业化、办社会职能改革、土地确权登记发证工作等四个目标任务，制定主要举措，两次将落实情况及存在问题按时报送。三是积极准备。开展全省农垦垦区集团化、农垦企业化改革情况调查，总结农垦改革的主要做法和经验，以及改革过程中遇到的难题和问题，探讨解决的措施和途径。

加快农垦危房改造竣工验收。加大对农垦危房改造项目竣工验收的督促力度。截至 2019 年底，山西省农垦危房改造项目基本完工，各项目农场进行竣工验收等收尾工作。

（李国华）

农业科研

【概况】 山西省农业科学院前身可追溯到 1903 年的山西农事试验场，1959 年 2 月更名为山西省农业科学院。全院下设 23 个专业研究所、4 个研究中心和 3 个农业试验站，分布在全省 9 个市。2019 年 10 月 19 日，山西省委、省政府决定：山西农业大学和山西省农业科学院合署改革，合署后单位名称为“山西农业大学”，保留山西省农业科学院的牌子。

全院拥有国家高粱产业技术创新战略联盟及 29 个国家现代农业产业技术体系综合试验站。建有省级重点实验室 9 个、省级工程技术研究中心 2 个、农作物种质资源库 1 个、海外高层次人才创新创业基地 1 个、省级重点学科点 4 个，拥有山西省农业科技创新联盟及 6 个省级产业技术创新战略联盟，与山西大学合办山西大学生物工程学院并开设硕士学位授予点 3 个，博士后科研工作站 1 个。编辑出版《华北农学报》《村委主任》《山西农业科学》《果树资源学报》等专业刊物，建有山西农业科技服务网站。（朱俊菲）

【农科院成果展示】 2019 年 9 月 29 日开幕的第六届中国（山西）特色农产品交易博览会（简称农博会）上，山西农业科学院展示近年在科研中取得的诸多成果，其中农作物新品种 115 个，新产品 62 项，新技术 78 项。在农业科技交流合作展区就展有 50 项，在农业科技创新展区展有 11 项研究的 20 项成果。这些成果都具有自主知识产权，涵盖有机旱地作物、新品种选育、新产品研发三大方面。

（朱俊菲）

2019 年 7 月 6 日，山西农业大学科研团队开展羊驼养殖服务工作，现场对林乡四季饲养管理人员进行羊驼养殖培训。羊驼原产于南美洲安第斯高地国家。2002 年，山西农业大学从澳大利亚引进一种新的动物物种——羊驼，填补我国羊驼养殖的空白，丰富我国动物物种资源库（朱俊菲供图）

表 22　2019 年山西省农业科学院获国家授权发明专利一览表

专利名称	完成单位
棉花试管苗地沟移栽方法	棉花研究所
一种 PPC 降解地膜的快速测试方法	农业资源与经济研究所
一种番茄 PSY1 基因的 CRISPR–Cas9 体系构建及其应用	蔬菜研究所
一种红枣粒的加工方法	农产品加工研究所
一种枣树超氧化物歧化酶基因及其应用	农业资源与经济研究所
	生物技术研究中心
小麦抗条锈病基因<i>Yr69</i>及其连锁的 SSR 分子标记以及使用方法	作物科学研究所
一种北方用糯高粱不育系和保持系的选育方法	高粱研究所
一种抗丝黑穗病高粱育种方法	高粱研究所
亚麻粕脱毒及综合利用的方法	农产品加工研究所
一种棉花愈伤快速诱导增殖的处理方法	棉花研究所、运城学院
一种用于防治西葫芦根腐病的生物种衣剂及其制备方法	蔬菜研究所
北方农牧区高质量耕作层土壤构建方法	现代农业研究中心
一种鲜脆枣片及枣粉的生产方法	农产品加工研究所
一种枣粒的生产方法	农产品加工研究所
一种用于碳稳定同位素检测植物样品的前处理方法及应用	旱地农业研究中心
一种温室大棚后坡护植利用方法及大棚结构	园艺研究所
荞麦皮(壳)防潮防霉抑菌涂层及其制备方法	农产品加工研究所
富含花青素多 VC 黑小麦膳食纤维复合片的制备方法	农产品加工研究所
一种提高核桃产量的栽培方法	经济作物研究所
一株分离自传统发酵食品酸粥的短乳杆菌及其应用	农作物品种资源研究所
利用错期播种鉴定水地小麦灌浆期耐高温耐干热风性方法	小麦研究所
一株分离自传统发酵食品酸粥的醋酸菌及其应用	农作物品种资源研究所
一种高效氟氯氰菊酯纳米乳液组合物及其制备方法	植物保护研究所
日光温室内置保温提效自动装置	农产品贮藏保鲜研究所
高乳酸食醋制备方法	农产品加工研究所
马尾松聚戊烯醇提取方法及应用	饲料兽药研究所
一种谷子的高产栽培方法	经济作物研究所
小麦 TaSAP1 基因的内含子 TaSAP1in1 序列及其应用	旱地农业研究中心
一种果树高挂与树下微喷灌系统	果树研究所
一种提高杂交大豆制种蜂群访花的方法	园艺研究所
液体菌种管道内置切碎器	食用菌研究所
一种修复仔猪肠道微生态及肠黏膜损伤的中药制剂	畜牧兽医研究所
小麦蛋白 TaMYB7A 及其编码基因与应用	小麦研究所
一种大豆多四粒荚创新种质汾豆 96 选育方法	经济作物研究所
一种杂交谷子免间苗种植方法	旱地农业研究中心
矸石山复垦土壤用微生物制剂及使用该制剂复垦煤矸石土壤的方法	农业环境与资源研究所

续　表

专利名称	完成单位
一种谷子机械收割免谷穗缠绕的条带种植方法	小麦研究所
一种利用叶片冻害鉴定小麦耐春霜冻的方法	小麦研究所
一种豌豆育种立式轴流脱粒分选机	右玉农业试验站

表 23　2019 年山西省农业科学院获国家授权实用新型专利一览表

专利名称	完成单位
一种羊用可照明加温式开膣器	畜牧兽医研究所
一种分离式田间试验牌订合器	谷子研究所
一种萝卜种植用杀虫装置	蔬菜研究所
便携式手推油菜播种楼	棉花研究所
一种藜麦移苗器	农业环境与资源研究所
一种玉露香梨根部节水灌溉装置	果树研究所
一种玉米田间试验用施肥器	高寒区作物研究所
一种立体萝卜种植架	蔬菜研究所
一种畜牧养殖自动喂料装置	畜牧兽医研究所
一种食用菌活性物质自动提取装置	食用菌研究所
一种藜麦精量播种施肥一体机	农业环境与资源研究所
一种马铃薯种植用起垄设备	高寒区作物研究所
一种兔耳用采血设备	畜牧兽医研究所
一种水果套袋器	植物保护研究所
一种新型害虫诱捕器	果树研究所
立式液压榨油机的压榨桶固定装置	农产品加工研究所
一种棉花高效施肥设备	棉花研究所
一种玉米秸秆还田收割机用秸秆粉碎机构	旱地农业研究中心
一种食用菌装袋开启器	食用菌研究所
一种日光温室地源蓄热增温系统	现代农业研究中心 太原市十八度温室工程有限公司
一种小麦植株防倒伏装置	小麦研究所
一种高粱种子套袋的自交设备	高粱研究所
一种山楂取籽器	果树研究所
一种易于植物换盆并能显示土壤含水状况的花盆	园艺研究所
一种户外水肥一体壁挂式花盆	园艺研究所
一种小麦栽培用循环滴灌装置	农业资源与经济研究所
一种快速测量小麦株高穗长的尺子	小麦研究所
一种黍子探墒播种机	右玉农业试验站
一种药肥水一体化浇灌装置	果树研究所

续 表

专利名称	完成单位
通风控制系统	农产品贮藏保鲜研究所
一种藜麦种子发芽装置	玉米研究所
一种秋白菜高效栽培用的施肥装置	高寒区作物研究所
一种西瓜悬吊栽培藤架	农业资源与经济研究所
一种蔬果保鲜装置	农产品贮藏保鲜研究所
一种小麦育种装置	作物科学研究所
一种便于拆装刀辊的秸秆粉碎翻压机	农业环境与资源研究所
一种具有秸秆粉碎功能的旋耕一体机	农业环境与资源研究所
一种盆栽蔬菜种植盆	棉花研究所
基于防爆环境的气动压滤装置	农产品加工研究所
一种自动搅拌料粉的空气加压治螨喷粉枪	园艺研究所
一种利用农业秸秆制备无土栽培营养液的装置	棉花研究所
一种科研用小型粉状农药拌种机	高寒区作物研究所
一种用于白菜育苗的播种器	蔬菜研究所
便携式手动葵花籽单盘脱粒机	作物科学研究所
一种育苗嫁接工具	蔬菜研究所
一种新型畜产品屠宰清洗设备	畜牧兽医研究所
一种盆栽蔬菜快递包装结构	棉花研究所
一种农用型简易玉米田施肥装置	小麦研究所
一种畜力锄草装置	小麦研究所
一种粮用编织袋撑口器	玉米研究所
一种小粒种子沟播设备	谷子研究所
一种带检测装置的化肥喷撒机	农业环境与资源研究所
颗粒肥料的撒施机具	农产品加工研究所
一种筛选根瘤菌的装置	高寒区作物研究所
一种藜麦育种装置	玉米研究所
一种多功能省力除草农具	果树研究所
一种多孔进水滴灌施肥罐	高寒区作物研究所
一种用于玉米脱粒的玉米粒剥离装置	玉米研究所
一种可检测播种质量的播种机	农业环境与资源研究所
一种燕麦加工用红外灭酶装置	农产品加工研究所
一种矿区复垦生地绿肥加工用自动粉碎装置	农业环境与资源研究所
一种带调整落种装置的小籽粒播种机	农业环境与资源研究所
一种谷子收割脱粒机	玉米研究所
一种模拟农田增降温设施	小麦研究所
一种用于为大棚中果蔬授粉的蜂箱	园艺研究所

续 表

专利名称	完成单位
一种小麦自走式喷药设备	小麦研究所
一种实现果蔬保鲜库自然冷源利用和均温净气的导流系统	农产品贮藏保鲜研究所
一种果蔬保鲜库自动化差压预冷系统	农产品贮藏保鲜研究所
一种藜麦脱壳机	玉米研究所
一种小麦播种装置	棉花研究所
用于作物杂交授粉的隔离套袋	棉花研究所
一种谷子杀雄袋立杆	作物科学研究所
一种塑膜切卷机	隰县农业试验站
一种畜产品检测样品处理装置	畜牧兽医研究所
一种可采集兔子体重的兔笼	畜牧兽医研究所
一种移动式西红柿栽培装置	农业资源与经济研究所
一种西红柿分级排列装置	农业资源与经济研究所
一种用于芸豆分选的筛分装置	玉米研究所
一种辣椒高效育种固定装置	蔬菜研究所
一种谷子用烘干装置	玉米研究所
一种便携式中草药种苗移栽装置	高寒区作物研究所
一种防雨型高粱晾晒架	高粱研究所
一种方便施肥的辣椒育种装置	蔬菜研究所
一种沙棘黑茶的制备装置	农产品加工研究所
一种培育马铃薯耐旱材料实生种子装置	高寒区作物研究所
一种分层式除烟装置	作物科学研究所
一种矿区复垦生地绿肥加工用上料装置	农业环境与资源研究所
一种芦笋育苗打孔装置	蔬菜研究所
大白菜游离小孢子培养快捷消毒装置	蔬菜研究所
一种实验室人工气调配气系统	农产品贮藏保鲜研究所
亚麻籽皮清洗装置	农产品加工研究所
一种果蔬冷库制冷设备辅助散热装置	农产品贮藏保鲜研究所
一种绿豆播种装置	旱地农业研究中心
一种用于果蔬热烫的果蔬盛装容器	农产品加工研究所
一种果蔬生产用洗涤容器	农产品加工研究所
一种果汁压榨装置	农产品加工研究所
一种便携式红芸豆定量播种栽培装置	旱地农业研究中心
一种小麦等距离单粒播种器	棉花研究所
一种畜产品检验处理多功能操作台	畜牧兽医研究所
一种用于苜蓿种子的精细筛选装置	畜牧兽医研究所
一种多功能藜麦播种机	玉米研究所
一种藜麦移栽机	玉米研究所

续 表

专利名称	完成单位
一种小麦种植药剂拌种装置	小麦研究所
一种甘薯育苗栽培挖孔装置	玉米研究所
一种自动控制液位的两用蜜蜂饲喂装置	园艺研究所
一种荞麦穴播简易播种机	右玉农业试验站
一种用于微生物发酵的密封罐	农产品加工研究所
一种玉米播种机	作物科学研究所
一种玉米施肥播种覆膜机	玉米研究所
一种玉米脱粒装置	作物科学研究所
一种便于操作的柿子削皮机	果树研究所
一种方便操作的微生物发酵培养箱	农产品加工研究所
一种用于微生物发酵的废料收集装置	农产品加工研究所
一种微生物发酵用搅拌混合装置	农产品加工研究所
一种玉米穴播机防缠绕装置	小麦研究所 洪洞县金牛农业机械有限公司
一种手持式玉米放苗器	农业环境与资源研究所
一种手推式地膜结皮破除器	农业环境与资源研究所
一种用于高粱排涝抗旱的储水灌溉装置	高粱研究所
一种提高高粱授粉纯度的授粉袋	高粱研究所
一种蔬菜穴盘育苗辅助工具	蔬菜研究所
一种新型的西瓜种植大棚用立体培育架	生物技术研究中心
一种甜瓜基质袋栽培结构	生物技术研究中心
一种柿饼制作设备	果树研究所
一种小麦叶片叶绿素提取后放置装置	小麦研究所
一种荞麦穴播播种机	玉米研究所
一种水溶肥料冲施桶	蔬菜研究所
用于育种的高粱穗收获剪	高粱研究所
一种小麦筛选装置	生物技术研究中心
一种简易田间直角测量仪	蔬菜研究所
一种便于更换空气过滤器的超净工作台	食用菌研究所
一种食品加工用搅拌装置	棉花研究所
一种草莓原生质体分离用平底培养皿	果树研究所
一种果树栽培塑料大棚	果树研究所
一种新型樱桃去核器	果树研究所
一种小麦加工除尘设备	生物技术研究中心
一种黄酒发酵液提取煎酒一体化装置	高粱研究所
高效淋醋装置	农产品加工研究所
一种荞麦种植用松土施肥装置	农产品加工研究所

续 表

专利名称	完成单位
一种简单实用的藜麦播种机	玉米研究所
一种多功能玉米脱粒机	农作物品种资源研究所
一种新型果树嫁接防风支架	果树研究所
可调式动物嘴套	畜牧兽医研究所
一种小麦叶片叶绿素提取装置	小麦研究所
一种悬挂牵引式免耕玉米播种机	棉花研究所
一种糯玉米淀粉研磨设备	农产品加工研究所
一种多功能高精度无残留臭氧处理机	植物保护研究所
	农业科技信息研究所
一种糯米玉米黄酒发酵设备	农产品加工研究所
一种果树辅助定量授粉装置	果树研究所
一种牛羊养殖用粪便清理装置	畜牧兽医研究所
一种易取放牛永久性瘤胃瘘管装置	畜牧兽医研究所
一种藜麦加工装置	玉米研究所
一种玉米定点定量深施肥装置	棉花研究所
一种米蛾卵计量和撒布装置	植物保护研究所
一种重力控制型玉米芯排出装置	农作物品种资源研究所
一种微生物分离检测装置	生物技术研究中心
检验微生物培养箱	生物技术研究中心
	农业环境与资源研究所
一种多功能小麦叶片性状测定装置	小麦研究所、山西农业大学
电动式果树果实摘取装置	果树研究所
果树栽培用开角装置	果树研究所
大豆育种用恒温浸泡除杂装置	作物科学研究所
一种动物保定台	畜牧兽医研究所
一种枣去核设备	果树研究所
一种用于制作柿饼晾晒用托架	果树研究所
一种播种量可调的谷子播种装置	玉米研究所
一种反季节香菇出菇棚	食用菌研究所
一种树木水肥药和营养液的输液套具	果树研究所
一种预防梨黑皮病的冷藏转运箱	农产品贮藏保鲜研究所
一种微生物检验装置	农业资源与经济研究所
一种新型果蔬保鲜容器	农产品贮藏保鲜研究所
一种人力旱地作物探墒点播器	旱地农业研究中心
一种小麦试验田划行器	作物科学研究所
一种月季捻枝修剪设备	园艺研究所
一种萱草组培设备	园艺研究所

续 表

专利名称	完成单位
一种小地老虎的卵收集装置	植物保护研究所
一种新型玉米种植用农药喷洒装置	玉米研究所
液体培养基多层除菌滤器	蔬菜研究所
一种玉米清洗筛选装置	玉米研究所
一种重金属污染土壤净化设备	棉花研究所
一种用于半野生大豆牧草的发酵设备	经济作物研究所
微生物发光接种针	植物保护研究所
齿轮水泵防冻装置	农产品加工研究所
一种大棚农作物种植信息监测系统	园艺研究所
一种大田经济作物自动避集雨浇灌系统	旱地农业研究中心
一种外置悬挂产箱	畜牧兽医研究所
一种育苗温室	蔬菜研究所
一种用于枣树生长的支架结构	园艺研究所
一种适用于地下害虫幼虫饲养的养虫盒	植物保护研究所
榛子自动开口装置	果树研究所
一种甘薯分级机	玉米研究所
一种温室简易运输车	蔬菜研究所
一种治理滩涂盐碱的排水装置	玉米研究所
绿豆拌种装置	作物科学研究所
一种玉米幼苗移植装置	玉米研究所
一种温室通风墙体	蔬菜研究所
一种白灵菇雾化催蕾器	食用菌研究所
榛子快速炒制装置	果树研究所
一种苹果保鲜箱	农产品贮藏保鲜研究所
一种大型真菌野外组织分离培养容器	食用菌研究所
病害病原菌接种保湿带	植物保护研究所
一种播种器及其组成的播种机	农作物品种资源研究所
一种红枣汁过滤机	农产品加工研究所
一种红枣清洗机	农产品加工研究所
一种红枣固态发酵罐	农产品加工研究所
一种用于肉羊育肥的中草药添加剂制备装置	饲料兽药研究所
一种适宜藜麦种植装置	玉米研究所
一种用于桃树栽培的专用架	果树研究所
一种软枣猕猴桃用育苗盘	果树研究所
一种草莓脱毒苗体育苗用方便拆卸的育苗架	果树研究所
一种柿子去皮装置	果树研究所
一种牧草种子干燥装置	畜牧兽医研究所

续 表

专利名称	完成单位
一种中耕松土装置	蔬菜研究所
一种可快速搭建的自动低温环境的模拟控温棚	棉花研究所
一种可伸缩、变形、自由组合式喷雾器装置	棉花研究所
人工行走间苗及中耕装置	高粱研究所
盐碱地玉米、高粱推土覆膜播种机	高粱研究所
一种农家有机肥抛撒装置	小麦研究所
一种燕麦穴播机	高寒区作物研究所
一种间距可调节式玉米种植机	玉米研究所
鲜食玉米剥粒器	玉米研究所
一种玉米育种用授粉器	玉米研究所
一种悬挂式羊用舔砖架	畜牧兽医研究所
一种基于物联网远距离无线温度传感器	高粱研究所 山西谷满仓农业科技有限公司
一种玉米株高及穗位测量装置	玉米研究所
一种放苗装置	农作物品种资源研究所
一种花生小区试验用简易收获装置	小麦研究所
杏用果实采摘装置	果树研究所
一种紫花苜蓿非离体快速生根扦插装置	高寒区作物研究所
果树用营养液注射装置	果树研究所
一种果树用定量施肥灌根装置	果树研究所
一种密植果园地下渗灌装置	果树研究所
一种花生用辅助授粉器	小麦研究所
一种燕麦红外灭酶机	农作物品种资源研究所
一种马铃薯自动清洗装置	高寒区作物研究所
一种农业有机固体废弃物循环利用处理装置	玉米研究所
一种测定苜蓿根系分枝分级结构的装置	高寒区作物研究所
一种农业气象灾害预警系统	畜牧兽医研究所

表 24 2019 年山西省农业科学院获国家授权外观设计专利一览表

专利名称	完成单位
蔬菜种植盆	棉花研究所
包装盒(花精虫草茶)	食用菌研究所
黏虫板	果树研究所
包装盒(精杞虫草茶)	食用菌研究所
包装盒(蕈菌功能饮料)	食用菌研究所
棉花试验人员组合式工作服	棉花研究所

表 25 2019 年获山西省市场监督管理局颁布的山西省地方标准

名 称	主要起草单位
山西小杂粮加工技术规范 小米	谷子研究所
有机旱作谷子种植规程	谷子研究所
荞麦米加工技术规范	农产品加工研究所
苦荞米加工技术规范	农产品加工研究所
莜麦粉加工技术规范	农产品加工研究所
苦荞麦粉加工技术规范	农产品加工研究所
藜麦配方施肥技术规程	农业环境与资源研究所
南部水地小麦节水节肥(化肥)高效栽培技术规程	小麦研究所
旱地春播玉米氮肥淋失控制技术规程	农业环境与资源研究所
玉米机械探墒抗旱播种艺机一体化技术规程	旱地农业研究中心
灵芝仿野生栽培技术规范	食用菌研究所
保护地越夏西葫芦生产技术规程	棉花研究所
细叶韭栽培技术规程	玉米研究所
栗南瓜密植轻简栽培技术规程	园艺研究所
薄皮甜瓜大棚轻简化栽培技术规程	园艺研究所
设施番茄西方蜜蜂授粉技术规程	园艺研究所
甜樱桃红玛瑙栽培技术规程	果树研究所
甜樱桃苗木繁育技术规程	果树研究所
红富士苹果无袋栽培技术规程	现代农业研究中心
旱坡地晚实核桃丰产栽培技术规程	经济作物研究所
林下柴胡仿野生栽培技术规程	经济作物研究所
旱作马铃薯微垄覆膜种植技术规程	隰县农业试验站
胡麻抗旱保苗技术规程	高寒区作物研究所
旱地玉米休闲期秸秆粉碎浅旋覆盖栽培技术规程	谷子研究所
有机食用向日葵生产技术规程	经济作物研究所
绿豆分段机械收获配套栽培技术规程	作物科学研究所
高秆粒用高粱防倒伏栽培技术规程	高粱研究所
半野生大豆牧草种子生产技术规程	经济作物研究所
水地小麦化肥农药精准减施增产增效技术规程	小麦研究所
黑小麦富硒栽培技术规程	小麦研究所
旱地优质全糯小麦生产技术规程	小麦研究所
鲜食大豆生产技术规程	作物科学研究所
大白菜雄性不育系转育技术规程	蔬菜研究所
花青素提取专用黑玉米旱地生产技术规程	农作物品种资源研究所
天敌赤眼蜂繁育与防控果树害虫技术规程	植物保护研究所
小菜蛾性诱芯监测应用技术规范	植物保护研究所
鲜枣脆片用枣质量要求	农产品加工研究所

续 表

名 称	主要起草单位
梨园病害虫农药减量化防控技术规程	植物保护研究所
旱作覆膜玉米化肥农药减施增效综合技术规程	农业环境与资源研究所
硬茬地春玉米施肥旋耕沟播镇压一体化技术规程	农业环境与资源研究所
旱作萝卜日光温室集约化育苗关键技术规程	蔬菜研究所
柿栽培技术规程	果树研究所
临黄1号枣旱作栽培技术规程	果树研究所
丹霞苹果栽培技术规程	果树研究所
金冠酥育苗技术规程	生物技术研究中心
高粱降解渗水地膜精量穴播技术规程	农业资源与经济研究所
	山西微通渗水膜生物科技有限公司
芸豆抗旱性鉴定评价技术规程	旱地农业研究中心
幼龄核桃林下套种矮秆高粱栽培技术规程	经济作物研究所
甘薯育苗技术规程	玉米研究所
降解渗水地膜垄背微沟机穴播技术规程	农业资源与经济研究所
玉米人工授粉操作规程	小麦研究所
设施草莓土传病害防控技术规程	果树研究所
梨木虱测报调查规范	果树研究所
小麦蚜虫监测及防控技术规程	小麦研究所
红香酥梨采后贮运技术规程	农产品贮藏保鲜研究所

表26 2019年山西省农业科学院通过国家审(鉴)定新品种目录

品种名称	作物类别	选育单位
运豆101	大豆	棉花研究所
品育8155	小麦	小麦研究所
长5553	小麦	谷子研究所
瑞普908	玉米	玉米研究所
		山西三联现代种业科技有限公司
晋糯20号	玉米	山西大丰种业有限公司
金科玉3306	玉米	山西大丰种业有限公司
福盛园57	玉米	山西强盛种业有限公司
强盛198	玉米	山西强盛种业有限公司
强盛133	玉米	山西强盛种业有限公司
DF607	玉米	山西大丰种业有限公司
强盛333	玉米	山西强盛种业有限公司
强盛223	玉米	山西强盛种业有限公司
强盛339	玉米	山西强盛种业有限公司
盛玉67号	玉米	山西强盛种业有限公司

续 表

品种名称	作物类别	选育单位
强盛 229	玉米	山西强盛种业有限公司
强盛 121	玉米	山西强盛种业有限公司
强盛 130	玉米	山西强盛种业有限公司

表 27 2019 年山西省农业科学院通过山西省审(认)定新品种目录

品种名称	作物类别	选育单位
众德丰 1 号	玉米	农作物品种资源研究所
梅亚 1602	玉米	作物科学研究所
同玉 008	玉米	高寒区作物研究所
梅亚 8099	玉米	作物科学研究所
赛德 9 号	玉米	作物科学研究所
众德丰 6 号	玉米	玉米研究所
并单 70	玉米	作物科学研究所
太玉 191	玉米	作物科学研究所
强盛 190	玉米	山西强盛种业有限公司
赛博 188	玉米	作物科学研究所
航天 358	玉米	玉米研究所
晋坤玉 1 号	玉米	谷子研究所
强盛 192	玉米	山西强盛种业有限公司
太玉 959	玉米	作物科学研究所
长单 716	玉米	谷子研究所
正科育 1 号	玉米	玉米研究所
DF789	玉米	山西大丰种业有限公司
DF777	玉米	山西大丰种业有限公司
DF790	玉米	山西大丰种业有限公司
畅玉 99	玉米	玉米研究所
并单 1606	玉米	作物科学研究所
DF6896	玉米	山西大丰种业有限公司
运单 74	玉米	棉花研究所
DF617	玉米	山西大丰种业有限公司
赛博 173	玉米	作物科学研究所
晋糯 20 号	玉米	山西大丰种业有限公司
晋糯 17	玉米	玉米研究所
晋糯 28	玉米	旱地农业研究中心
晋甜糯 1 号	玉米	旱地农业研究中心
彩甜糯 1965	玉米	山西大丰种业有限公司
黑甜糯 639	玉米	高粱研究所

续　表

品种名称	作物类别	选育单位
晋甜加糯 2 号	玉米	玉米研究所
紫玉 194	玉米	农作物品种资源研究所
紫玉 119	玉米	农作物品种资源研究所
长豆 34 号	大豆	谷子研究所
优势豆–A–5	大豆	农作物品种资源研究所
运 H11160	棉花	棉花研究所
运 B259	棉花	棉花研究所
临研 151	冬小麦	小麦研究所
晋麦 105 号	冬小麦	小麦研究所
长 5638	冬小麦	谷子研究所
晋麦 106 号	冬小麦	经济作物研究所
晋太 1508	冬小麦	作物科学研究所
太麦 103	冬小麦	作物科学研究所
龙麦 1 号	冬小麦	作物科学研究所
长 6388	冬小麦	谷子研究所
太 714	冬小麦	作物科学研究所
晋太 1515	冬小麦	作物科学研究所
晋麦 107 号	冬小麦	经济作物研究所
冬黑 1206	冬小麦	小麦研究所
太紫 6336	冬小麦	作物科学研究所
丰鼎 475	玉米	现代农业研究中心
大槐 99	玉米	小麦研究所
华美 368	玉米	作物科学研究所
强盛 388	玉米	玉米研究所

表 28　2019 年山西省农业科学院获国家植物新品种保护权目录

品种名称	作物类别	品种权单位
长生 11	谷子	谷子研究所
长农 41 号	谷子	谷子研究所
长农 44 号	谷子	谷子研究所
晋玉 1A	玉米	生物技术研究中心
lgx158	玉米	山西大丰种业有限公司
lgx231	玉米	山西大丰种业有限公司
F151	玉米	山西大丰种业有限公司
F141	玉米	山西大丰种业有限公司
A1473	玉米	山西大丰种业有限公司
A4159	玉米	山西大丰种业有限公司

续 表

品种名称	作物类别	品种权单位
A4308	玉米	山西大丰种业有限公司
FD118	玉米	山西大丰种业有限公司
F124	玉米	山西大丰种业有限公司
13F26	玉米	山西大丰种业有限公司
DF638	玉米	山西大丰种业有限公司
DF632	玉米	山西大丰种业有限公司
DF636	玉米	山西大丰种业有限公司
DF651	玉米	山西大丰种业有限公司
DF688	玉米	山西大丰种业有限公司
大丰 31	玉米	山西大丰种业有限公司
大丰 1401	玉米	山西大丰种业有限公司
大丰 1407	玉米	山西大丰种业有限公司
大丰 1411	玉米	山西大丰种业有限公司
强盛 399	玉米	山西强盛种业有限公司
A4190	玉米	山西大丰种业有限公司
金科玉 3306	玉米	山西大丰种业有限公司
金科玉 3308	玉米	山西大丰种业有限公司
X1267	玉米	山西大丰种业有限公司

（朱俊菲）

水利规划

【水利规划编制】 2019年，山西省水利厅编制《山西省水利改革与发展"十四五"规划思路报告》，提出"十四五"期间水利改革与发展的主要任务和分区发展战略，初步确定18项省级专项支撑规划编制目录清单；编制《山西省基础设施补短板水利领域实施方案》，谋划防洪抗旱、供水、生态修复、信息化、农村水电和水利监管六大方面补短板项目和措施，匡算总投资2139.70亿元，为下一步水利改革发展提供项目储备。制定《汾河流域生态景观规划编制导则》，指导沿汾各市、县高标准编制汾河全流域生态景观规划。编制《山西省黄河流域生态保护和高质量发展水利专题研究报告》和《山西省黄河流域生态保护和高质量发展水利行动方案》，为山西省黄河流域生态保护和高质量发展规划纲要奠定基础。（杨 晶）

【水利建设投资计划执行】 2019年，山西省共落实各级各类水利投资154.07亿元，其中：中央投资48.36亿元，较上年增加14.90亿元；省级财政性资金53.12亿元；市县财政16.21亿元；企业、私人、贷款及其他水利投资36.38亿元，与上年基本持平。依托中交汾河投资控股有限公司及永定河流域投资公司，加大"七河"流域生态修复与保护项目的市场融资力度，争取地方政府债券31.91亿元。截至2019年底，纳入水利统计管理系统的项目共完成投资39.42亿元，完成率84.88%。（杨 晶）

水利建设

【水利建设概况】 2019年，山西省累计完成水利投资151.50亿元。全省已建成水库608座，其中大型水库9座，中型水库69座，现有大中型水库库容49亿立方米。全年实际灌溉面积2295千公顷。小型水利设施累计达到8460处。小型水利灌溉面积123.77千公顷。累计除涝面积89.25千公顷。万亩以上灌区115处，万亩以上机电灌站68处，防渗长度15017.29千米。累计堤防长度10945.64千米。水利工程总供水量78.56亿立方米。当年地下水开采量30.17亿立方米，水土流失累计治理面积7086.02千公顷，新增水土流失累计治理面积359.89千公顷。当年改善和提高农村饮水安全人口451.80万人。城乡供水工程年供水量13.18亿立方米。全省小水电全年发电量3.0029亿千瓦时；水产品总量46307吨。（杨 晶）

【大小水网建设】 2019年，山西大水网是省委、省政府确定的重大基础设施项目，中部引黄、东山供水、小浪底引黄、辛安泉供水工程四大骨干工程，惠及6市34县，受益人口1033万人，受益区覆盖13个国家级贫困县、7个省级贫困县，年总供水能力11.20亿立方米。工程主要建设任务包括枢纽工程和输水工程两大部分。截至2019年底，枢纽工程均基本完工，最艰巨的685千米隧洞掘进任务取得重大突破，年初的12个"卡脖子"标段，年内攻克8个，累计掘进661.30千米，占比96.60%，工程建设进入收官阶段。中部引黄两台水泵机组完成调试，具备向保德王家岭电厂供水条件；东山供水工程隧洞工程全部贯通，实现海河流域牵手汾河流域，具备跨流域引调水条件；小浪底引黄工程于12月24日上水试运行，具备向板涧河水库的调水条件；辛安泉工程累计供水2478万立方米，漳头水电站发电583.50万千瓦小时。"两纵十横"布局的大水网共受益覆盖96个县，其中52个县需通过实施县域小水网发挥供水效益。2018年省政府办公厅印发《关于加快推进全省县域小水网工程建设的通知》，截至2019年底，批复51个县域小水网规划，5座安排资金建设，19座前期取得进展。完成太谷县小水网配套侯城乡灌区改造工程、祁县小水网配套昌源河灌区改造工程。（杨 晶）

【灌区改造】 2019年，山西省新争取的节水改造项目涉及浑源凌云口、代县峨河、朔州浑河、朔州南高灌、朔州恢河、介休洪山、洪洞霍泉、临县湫水河8个灌区。推进农业灌溉"总量控制、定额管理"制度,加大节水宣传,提高群众节水意识;利用墒情测报、灌区测控水信息化、IC卡射频等技术,保障农田灌溉水有效利用系数提升,利用系数达到0.546。 (杨 晶)

【病险水库除险加固】 2019年,中央水利建设投资安排山西省病险水库除险加固项目共6个(其中:中型3项、小型3项)。6项工程(续建1项、新建5项)均已开工。 (杨 晶)

农村水利

【农村饮水安全】 2019年,山西省农村饮水安全工作重点解决2019年省委、省政府确定的17个脱贫县、22万脱贫人口涉及的饮水安全问题,同时兼顾非贫困县的农村饮水安全巩固提升工作,力争改善提高300万农村群众的饮水安全条件。建成巩固提升工程4961处,451.80万人口、44.70万贫困人口受益,全省饮水安全问题全部解决,超额完成省委、省政府确定的改善提高300万农村群众的饮水安全条件年度目标任务。17个2019年脱贫县22万人口安全饮水达标率均达到100%。落实农村饮水安全管理县级人民政府的主体责任、水行政主管等部门的行业监管责任、供水单位的运行管理责任"三个责任",建立健全县级农村饮水安全工程运行管理机构、运行管理办法和运行管理经费"三项制度"。

山西省政府办公厅印发《山西省农村饮水安全运行管理改革实施方案》,聚焦管理责任不落实、运行机制不完善等问题,为基层做好农村饮水安全工程运行管理工作提供政策依据。

《山西省饮水型氟超标地方病防治工作实施方案(2018—2020年)》印发,投入氟改水专项资金5.56亿元,解决氟超标人口89.48万人,氟改水任务全部完成。

12月4日,全省农村饮水安全工程标准化建设暨运行管理现场推进会在晋中市祁县召开,对推进农村饮水安全工程建设和运行管理工作进行再动员、再部署、再落实。

(杨 晶)

【农村水利水电】 2019年,山西省全年下达农村水电项目投资2449万元,除平顺、壶关、五台、宁武县的200万元资金被整合使用外,其余2249万元资金全部完成。 (杨 晶)

【农业水价改革】 山西省根据水源、工程类型的差异性和特点,主要采取"大中型泵站灌区电价、水价补贴,大中型自流灌区小幅稳步调整,井灌区水权分配及交易"的三种改革模式,开展农业水价综合改革。截至2019年底,完成农业水价综合改革实施面积300万亩。 (杨 晶)

【农村绿色水电建设】 2019年,襄垣县东宁静一级等7座水电站成功创建为全国绿色小水电站,山西省绿色小水电站累计达到16座;全年新增5座安全生产标准化达标电站,全省累计达到31座;15个农村水电增效扩容改造项目和28个河流生态修复项目全部完成建设任务并通过完工验收,改造后装机容量达到4.49万千瓦,修复减脱水河段80.04千米;完成沁水等6个农村水电直供电片区农村水电网升级改造项目可研报告批复,6个水电直供电片区部分水电网改造工程全部完成。 (杨 晶)

水利管理

【水政水法】 2019年,山西省水利厅加强水法规制度建设。3月22日,山西省第十三届人民代表大会常务委员会第九次会议批准《忻州市滹沱河流域生态修复与保护条例》颁布实施。《山西省河长制工作条例》完成草案起草。《山西省泉域水资源保护条例》《山西省水工程管理条例》《山西河道管理条例》等地方性水法规正在修正或修订。印发《山西省水利厅关于印发全面推进水行政执法公示制度全过程记录制度重大执法规定审核制度实施方案的通知》,列出任务清单,制定落实日期,明确责任人,全面推行行政执法三项制度。起草并印发《山西省水利厅重大行政决策和规范性文件审查办法》,对省直各厅局委转交的地方性法规、部门规章和规范性文件,从合法性、合规性、适当性、协调性等方面进行审核。在全省开展"水利法治创建示范县"试点工作。山西省人大常委会开展《山西省汾河流域生态修复与保护条例》执法检查,同时把执法检查过程作为普法、宣传的过程。

行政执法。2019年,山西省以水政监察队伍建设、能力建设、制度建设、效能建设为重点,提升水政队伍执法能力。开展以河湖执法为重点专项行动。参与"携手清四乱,保护河湖生态"百日会战行动。制定印发《山西省水利厅关于开展全省河湖违法陈年积案"清零"行动通知》。督促市县水利局按照水利部《关于进一步加强河湖执法工作的通知》要求,制定措施方案,建立执法台账、执法全过程记录等制度,优化法治舆论环境,完善执法体制机制。

法制宣传。严格落实"谁执法谁普法"责任制。制定普法计划和普法责任清单,构建全社会广泛参与的"大普法"教育机制。下发《山西省水利厅2019年"世界水日""中国水周"宣传活动安排》,在"世界水日""中国水周"宣传活动期间,设立宣传站点,向市民发放节水宣传页,回答群众问题,并在广播电视举办各种纪念宣传活动,在微信中、微信群转发节水知识。举办"节水优先、空间均衡、系统治理、两手发力"新时期治水方针、《山西省行政执法条例》、"全面推进三项制度""水政执法务实"等内容的法制讲座和培训班。组织基层水利单位参加山西省司法厅举办的普法宣传活动,《法治节水》等微视频及行政执法创新案例获得普法宣传组织奖。 (杨 晶)

【行业监管】 2019年,山西省水利厅加强行业监管。监督检查强化。2019年,山西省开展农村饮水安全暗访调研、农村饮水问题排查、淤地坝安全检查、河湖"清四乱"检查、防汛和水库安全运行检查等工作,组织开展2019年脱贫县饮水安全完成情况暗访督查。实施水利建设工程质量监督,对正在衬砌施工作业的隧洞实体质量雷达抽检3356米,混凝土强度检测78组,原材料及中间产品"飞检"66组。编制《山西省水利工程施工质量管理规范》《山西省水利工程施工质量管理标准化评价实施细则(试行)》,推进质量管理标准化,在全省117项在建项目施工过程中开展施工质量管理标准化动态评价,形成质量评价结果944条。配合水利部完成中小河流治理工程、重大水利工程、大型灌区续建配套与节水改造工程、水利建设投资计划执行情况稽察和水利资金检查、水利安全巡查等工作。在全省开展中小水利工程建设管理问题排查,共排查项目598个,排查问题155个,截至年底,已整改到位151个。

开展安全生产专项整治。开展防范化解安全风险大排查、大起底、大整治工作,排查企业274家,累计排查一般隐患354项,累计整改354项;累计排查一般风险356项,落实管控678项;累计排查较大风险34项,落实管控152项。以防坍塌、防坠落为重点,着重治理高空施工平台、起重机械、脚手架、模板支撑等作业中存在的违法行为,严厉查处未编制专项施工方案或未按照方案施工等问题,累计检查企业267家,累计排查一般隐患301项,累计整改301项。围绕防范化解水库垮坝等重大安全风险,完成全省229座蓄水水库的安全"体检"工作。制定《全省水利行业安全生产集中整治工作实施方案》,组织开展岁末年初水利行业安全生产集中整治工作。 (杨　晶)

【水利标准化建设】 2019年4月25日,山西省水利标准委员会(简称水利标委会)成立大会暨第一届委员会第一次全体会议召开,讨论并表决《水利标委会章程(草案)》《秘书处细则(草案)》《年度工作计划(草案)》,确定标委会委员40人。2019年,水利标委会向省市场监管局推荐"水工隧洞混凝土衬砌施工技术规范"等12项新制订标准申报2019年度山西省推荐性地方标准,"山西用水定额"(代替标准编号DB14/T 1049—2015)申报推荐性地方标准修订标准,通过二次审查。 (杨　晶)

【水利信息化建设】 2019年1月10日至11日,山西省水利厅网络与安全信息领导小组向全省11个市、厅机关和厅直54家直属单位下发《山西省水利厅关于开展水利网络与信息系统安全摸底整改的通知》《山西省水利厅办公室关于开展网站和信息系统自查整改的紧急通知》,在全省开展水利系统网络与信息系统大摸底行动,对厅直各单位开发和管理的信息系统和网站进行排查。

山西省水利厅数据能力中心正式启动建设,其主要功能是实现包括防汛抗旱、水资源、水土保持监测与管理、农田水利管理、水利工程建设与管理、水质监测与管理、水利信息公众服务和水利行政等各水利应用系统功能、运行环境和安全保障,同时为水利门户网站提供平台和数据支持。

河湖长制信息平台建成运行。山西省汾河灌区续建配套与节水改造工程信息化建设项目等9个重点水利工程单位的信息化调度、全线信息自动化建设、全省地下水超采区综合治理信息化等项目均已开工建设。

加强水利信息化监管。依托水利部水利安监信息系统,推进"安全监管+信息化"模式。省、市、县三级水行政监管部门和全省水利企事业单位全部联网,实现单位自改自报、部门实时监控、全省水利行业安全生产"智慧"监管模式。

推进省水利厅办公自动化系统升级改造工作。办公自动化系统的升级改造工作在原有系统的基础上,将办公网络拓展到厅机关各处室,基本实现公文流转电子化,增加原有软件系统的功能,接入更多业务数据,更加方便信息查询与管理等工作。 (杨　晶)

【水利改革】 2019年,山西省水利厅完成省委、省政府提出的全面深化河湖长制改革12项任务。开展农业水价综合改革,完成300万亩改革任务。编制《山西省水库运行管理体制机制改革研究报告》《山西省小型水利工程管理体制改革实施方案》,推进水利工程管理体制改革。以汾河和永定河为试点,引进战略投资方,推进水利投融资改革。 (杨　晶)

黄河万家寨水务

【概况】 2019年,山西省黄河万家寨水务集团(简称集团公司)提升企业核心竞争力和供水服务保障能力,为山西及京津冀经济社会发展和生态文明建设提供水资源保障。全年未发生安全生产责任事故,未发生环境质量责任事故。

集团公司加强生产管理,挖掘供水潜力,启动所有备用机组,五机联合运行,加大对汾河和永定河的生态补水量,实现"两个跨越"。供水区域实现由"引黄入晋"到"引黄入京"的跨越。将引黄水经桑干河、永定河调入北京市,跨流域长距离生态补水,惠及北京和河北。围绕安全稳定供水,采取与设备厂家、专业技术公司合作,科学安排主设备大修,加强主要机电设备、特种设备和沿线水工建筑维护保养,保障设备运行安全。主要工程完好率99%,主要设备完好率100%,两项均达到完好率不低于90%的年度目标任务。探索经济运行方式,定期统计运行数据,分析对比节能效果,及时改进优化。开展学习型单位建设,加强生产岗位技能培训学习,组织召开生产知识竞赛活动。

完成《生产系统标准体系设计大纲》编制。

集团公司抓好黄河水资源保护、水资源利用、水污染治理。聚焦生态环保行业，在子公司层面推进混改，筛选优质资产和项目支持混合所有制经济改革。注册成立山西黄河水务生态环保控股有限公司，签约河津市农村生活污水综合利用PPP项目，完成20千米管网铺设。 (闫淑铮)

2019年，引黄工程引水6.56亿立方米，创历史新高 (闫淑铮供图)

【2019年引黄工程引供水量创历史新高】 2019年，引黄工程从黄河引水6.56亿立方米，创历史最高水平。2019年，集团公司将总干线3座泵站已安装15台机组全部投入供水运行，确保充足供水、安全供水、优质供水。全年向太原市供水1.11亿立方米，向朔州、大同供水0.73亿立方米，向汾河实施生态补水2.55亿立方米，向桑干河、永定河生态供水2.10亿立方米。 (闫淑铮)

【黄河古贤水利枢纽项目出资人协议】 2019年9月20日，黄河古贤水利枢纽有限公司出资人会议在河南郑州召开，黄河水务集团公司代表作为山西方出资人签署出资人协议，标志着古贤项目法人组建迈出重要一步。 (闫淑铮)

【黄河水务生态环保控股公司成立】 2019年3月18日，经山西省市场监督管理局批准，集团公司控股公司山西黄河水务生态环保控股有限公司注册成立，由6家股东组成。6月20日，集团公司签约河津市农村生活污水综合利用PPP项目框架协议，主要负责该项目中的投融资、建设以及建成后的运营维护。该项目是山西省农村污水治理第一个入库的PPP项目。截至2019年底，开工建设11个站点，完成103千米管网铺设。 (闫淑铮)

【引黄工程南干线输水单方水耗电量创历史新低】 2019年，黄河水务集团第一阶段输水取得南干线供水单方水耗电量2.057度/方的历年新低。经统计，输水运行自实施经济运行8年以来，节约电费已超1.007亿元。 (闫淑铮)

【引黄工程建设】 2019年，引黄工程全能力配套工程（泵站二期扩机工程）建设年内签订7个设备采购合同，相关设备开始生产，同时完成2个机电安装标的合同签订，施工单位已进场开展工作；清徐原水直供工程41.60千米主体工程全线贯通，具备向阳煤太化供水的条件，4月向晋阳湖景区供水110万立方米；阳曲供水工程项目，管道累计安装24.20千米，完成末端调蓄水池大坝填筑和泵站基础处理工程；综改示范区供水工程原水工程及净水厂可研报备，初设报告完成，输配水管网完成61千米管道铺设，启动建设应急供水工程，以保障潇河园区首批入驻企业前期用水需求。 (闫淑铮)

工业经济运行

【概况】 2019年，山西省规模以上工业增加值整体呈现稳中有进的态势。

1.工业增速同比加快，排名大幅进位。一季度、上半年分别增长8.20%和6.90%，实现"开门红"和"双过半"任务；下半年以来，受市场需求不足、环保压力加大等因素共同影响，工业增速连续4个月回落，全年同比增长5.30%（全国增长5.70%），全国排名第18位，位次较上年大幅提升8位，超过预期目标0.30个百分点。

按轻重工业分类：2019年，轻工业增加值同比增长10%、重工业增长5%。按经济类型分类：国有企业增长4.40%、集体企业增长0.30%、股份合作企业下降18.50%、股份制企业增长5.50%、外商及港澳台投资企业增长5.20%、其他经济类型企业下降12.50%。按隶属关系分类：中央企业增长5.20%、地方企业增长5.3%、其他类型企业增长4.40%。

五大行业全部正增长：2019年，全省能源工业增加值同比增长3.90%，材料与化学工业增长5.30%，消费品工业增长11.50%，装备制造业增长7.20%，其他工业增长44.50%。

2019年地市增加值全部实现正增长：朔州（8.90%）、晋城（7.60%）、大同（6%）和运城（5.40%）4市增速快于全省；吕梁（4.60%）、太原（4.50%）、长治（4.50%）、晋中（4.20%）、临汾（3.50%）、阳泉（3.40%）和忻州（2.10%）7市不达全省平均水平。

2.多数产品产量较快增长。2019年，山西省15种主要工业产品产量10增5降，其中：原煤、焦炭、水泥、生铁、粗钢、钢材、发电量、煤层气、新能源汽车和光伏电池分别增长6.10%、2.80%、11.40%、9.30%、12.10%、14.20%、5.40%、13.70%、31.90%和41.20%；原铝、氧化铝、化学药品原药、手机和光缆同比下降。

3.出厂价格指数持续下行。2019年以来，山西省工业生产者出厂价格指数涨幅持续低于购进价格指数涨幅，其中：出厂价格指数7月份起连续六个月同比下降，全年平均下降0.30%，较上年回落7个百分点；购进价格指数10月份起连续三个月同比下降，全年平均上涨1.10%，较上年回落4.40个百分点。

4.重点企业生产降幅收窄。2019年，重点工业企业安排调整生产，拓展多元市场，上半年生产保持较快增长，进入下半年，受市场需求不足等因素影响，企业生产持续下降，但总体仍保持平稳增长。重点企业全年完成产值10155.40亿元，同比增长2.90%，增速较上年回落9个百分点，其中：煤炭和非煤企业同比分别增长2.20%和3.20%，非煤企业中，钢铁、电力、装备制造、轻工、纺织、建材、医药企业产值增长，有色、焦化、化工企业产值下降。

5.先行指标总体平稳。工业用电平稳增长。2019年，山西省发电量完成3253.20亿千瓦时，同比增长5.40%，增速较上年放缓6.30个百分点；全社会用电量2261.90亿千瓦时，增长4.70%，放缓3.80个百分点，其中：工业用电量1722.80亿千瓦时，增长3.30%，放缓4.60个百分点；外送电量991.30亿千瓦时，增长6.90%，放缓12.70个百分点。

货物运输增势趋缓。2019年，山西省公路货物运输量完成127961万吨，同比增长1.40%，增速较上年回落8.50个百分点。全省铁路货物运输量完成75441.70万吨，同比增长5.80%，增速较上年回落12.90个百分点，其中：煤运量65887.90万吨，增长5.80%；其他物资运量完成9553.80万吨，增长5.50%。晋煤外运量完成59918.30万吨，增长8.10%。

企业开工率好于同期。2019年，全省工业企业开工情况较上年好转。春节过后，企业加快复工复产，开工率逐月回升，3月至9月连续7个月在90%以上，四季度受市场不振、部分企业检修、环保安全停限产等因素影响，开工率有所回落，但仍高于上年同期水平。

工业新动能加速成长。2019年，山西省装备制造业增长7.20%，其中：新能源装备制造业增长18.60%、汽车制造业增长16.90%。高技术产业和战略性新兴产业增长较快。全省高技术产业（制造业）增加值增长5.90%，战略性新兴产业增加值增长7.40%。部

分工业新产品产量高速增长。新能源汽车产量增长31.90%，光伏电池增长41.20%。

转型升级扎实推进。煤与非煤共同发力，2019年，受制造业增速(7%)加快拉动，非煤工业增长6.50%，对全省工业增长的贡献率达到61.20%，超过煤炭工业22.40个百分点，是工业增长的主要动力。重点项目加快建设，省级重点推进的102个牵引性强、战略意义重大的亿元以上工业转型升级重点项目，有45个项目建成投产或部分投产。技术改造持续发挥引领带动作用，2019年，全省工业投资同比增长5.40%，其中工业技改投资同比增长20.90%，对工业投资的拉动作用明显。增量项目带动效应显现，全省重点推进的100个预增产值亿元以上工业增长点项目，建成投产(或试生产)73个，累计完成产值210.70亿元。

营业收入较快增长。2019年，山西省规上工业企业完成营业收入21123.50亿元，同比增长4.40%；发生营业成本17142.50亿元，增长6.70%；实现利润1184亿元，下降13.10%；实现利税2337.20亿元，下降13.40%。全省规上工业每百元营业收入中的成本81.10元，同比增加1.70元；每百元营业收入中的费用11.90元，减少0.01元；资产负债率71.30%，下降0.70个百分点。（董晨阳）

【信息化和工业化融合发展】 2019年，山西省工业和信息化厅(简称省工信厅)推进"企业上云"行动计划。开展"企业上云"服务体系项目招标，确定"'企业上云'评估课题研究"和"'企业上云'第三方评估监测"的第三方服务机构。推动"企业上云"公共服务平台上线运行，开展"企业上云"云服务券的发放和管理，提升云服务平台数据处理服务能力。组织征集第二批"企业上云"云服务商暨工业互联网服务资源池组成单位，山西龙采科技有限公司等45户企业入选。

工业互联网发展应用不断深入。会同省通信管理局组织召开"工业互联网发展管理与建设应用培训班"。会同省国资委组织召开"省属国资企业工业互联网发展工作座谈会"。推动工业互联网二级标识解析节点建设，11月14日，由大同市政府和同煤集团共同建设的国家首个煤炭行业工业互联网标识解析二级节点上线运行，与国家顶级节点对接。

两化融合管理体系贯标持续推进。组织开展省级两化融合管理体系贯标试点企业申报工作，通过工业云服务平台实现线上申报审核。经企业在线注册、省市县三级在线审核、专家评审等环节，最终共遴选确认试点企业37户。

5G创新发展迈入新阶段。编制并推动省政府印发《山西省加快5G产业发展实施意见》《山西省加快5G发展若干政策》。推动省政府与中国移动通信集团签署5G战略合作协议，深化双方合作，建设5G精品网

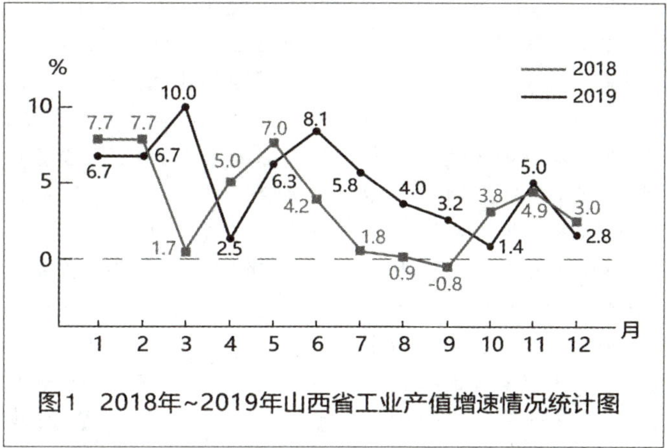

图1 2018年~2019年山西省工业产值增速情况统计图

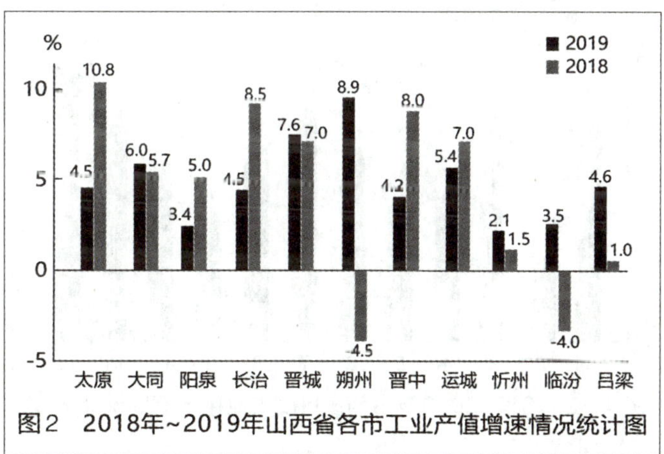

图2 2018年~2019年山西省各市工业产值增速情况统计图

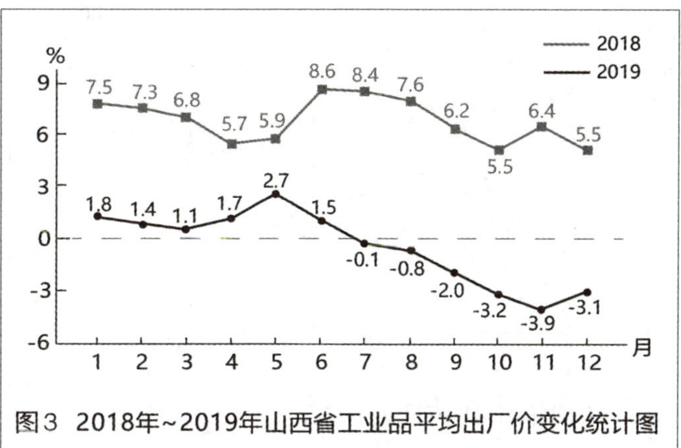

图3 2018年~2019年山西省工业品平均出厂价变化统计图

络，推进5G在各行各业的示范应用，实现互利共赢发展。

组织实施技改两化融合及信息化专项。2019年，经山西综改示范区和各市工信局推荐，共收集"两化融合及信息化专项"项目50个，其中38个项目通过评审，下达奖励资金13402万元。（董晨阳）

【数字经济支持发展】 2019年，山西省工信厅围绕"网、数、智、器、芯"五大领域，加快全省工业数字化、网络化、智能化发展步伐。

完善山西数字经济顶层设计。制定印发《山西省加快推进数字经济发展的实施意见和若干政策》和《关于加快我省数据标注产业发展的实施意见》，研究编制大数据特色产业布局规划。探索建立数字经济发展评价体系，编制完成《数字山西建设指南（2019年）》。落实山西省大数据相关政策措施，会同省财政厅编制印发《数字经济专项资金管理办法》和《省级人工智能基础数据产业发展引导专项资金管理暂行办法》；2019年共支持大数据领域项目46个，安排资金3206.24万元。

基础设施支撑能力增强。网络支撑方面，全省互联网省际出口带宽、光纤到户（FTTH）端口总数、移动宽带用户普及率等关键指标取得显著提升，全国排位靠前。省综改区国际互联网数据专用通道于2019年6月开通运营，成为山西省首条通达我国互联网国际出入口局的直连高速通道，提升园区国际互联网访问性能，推进综改区产业转型，服务山西省外向型经济发展。数字基础设施方面，全省已建、在建数据中心设计机架达到18.24万个，具备数据中心业务运营资质企业21家。

核心数字产业呈现发展态势。数据标注产业，百度在综改区建立全国第一个数据标注产业基地，截至2019年底，20余家企业入住，标注人员2000余人，2019年收入亿元以上。信创产业，山西百信、龙芯中科、中标软件、中科曙光、中国长城等项目先后落地太原，省内20余户信创领域骨干企业、高校、研究机构等单位共同发起成立山西省信创工作委员会，9家企业成为中国电子工业标准技术协会信创工委会会员单位，初步构建信创产业生态。数据应用，山西省涌现出云时代、精英数智、清众科技、和信基业、全球蛙等一批行业领军企业，研发的大数据产品涉及政务、能源、工业等20余个领域。

行业创新发展基础夯实。全省建立3个大数据学院，设立大数据本科专业14个、专科专业9个，每年毕业生超过两千人，人才培养体系逐步建立。全省共建立数字经济领域院士工作站16个，省级行业技术中心9个，企业技术中心29个，研究生教育创新中心18个，成为行业创新发展的关键支撑。省内重点高校积极探索产学研用协同创新发展模式，推动组建山西智能大数据研究院、山西大学大数据科学与产业研究院等一批新型研发机构，成为联合国内外科研力量、衔接产学研链条环节、培养实用型产业人才的重要创新平台。

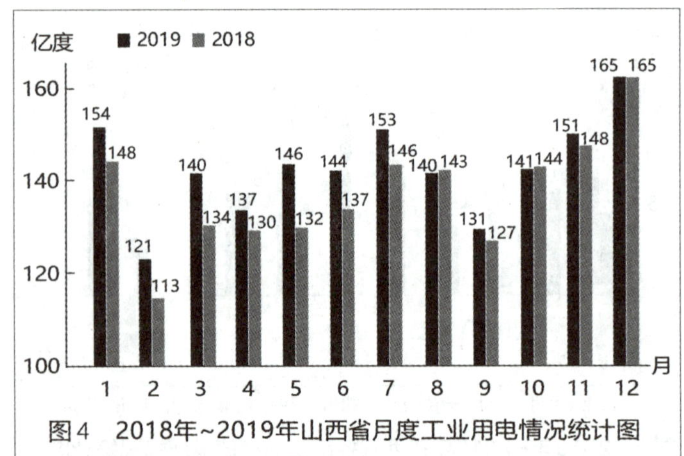

图4　2018年~2019年山西省月度工业用电情况统计图

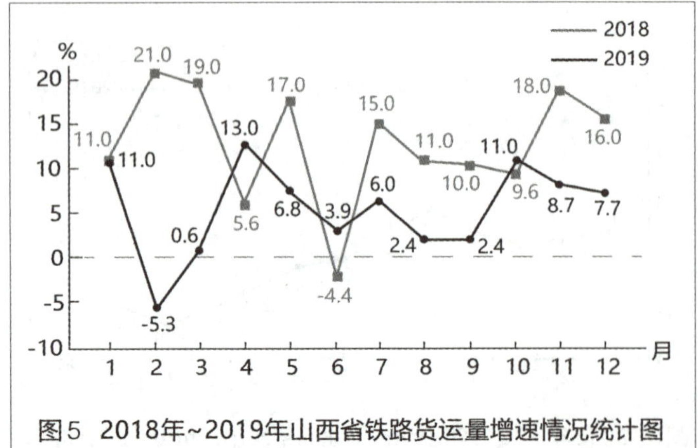

图5　2018年~2019年山西省铁路货运量增速情况统计图

大数据与实体经济深度融合。推动山西曙光、和信基业、清众科技等国家级大数据试点示范项目建设应用，以及全球蛙区域新零售平台、精英科技"煤矿大脑"、科大自控"智慧矿山"等项目快速落地和推广。推动阳泉智能物联网应用基地建设。

推动猪八戒网"互联网+"生产性服务业产业园区先后落地太原、长治、晋城等地。推动中国工商银行与省政府签署战略合作协议，加强数字经济领域信贷支持力度，打造"线上+线下"金融生态场景。开展扶贫大数据优秀案例、大数据试点示范项目等征集工作。

促进产业交流合作。举办产业峰会。与吕梁市共同举办"数谷吕梁 智赢未来"第三届吕梁大数据产业发展推进会，与中国工程科技发展战略山西研究院共同举办“山西省区块链技术与产业创新发展论坛”。发挥产业联盟作用，举办数字经济产业政策宣传和交流活动，强化产业链协同合作。开展专项培训。举办“大数据及人工智能技术”高级研修班、未来产业发展大数据业务工作培训班等培训，强化各级领导干部和企业数字经济发展能力。扩大产业交流合作。组织省内重点企业、研究机构以及重点产业园区，参加各类峰会论坛，对标一流，加大合作力度，提升创新水平。

（董晨阳）

【信息化大数据平台建设】 2019年，山西省工信厅搭建完成山西省工业云服务平台。推动省级工业云平台建设，与科大国创公司进行充分沟通对接，明确开发需求，4月28日完成基础平台在省政务云平台环境上的部署。截至2019年底，平台有5500多家企业注册上线，实现规模以上企业全覆盖，初步实现运行监测调度、技改项目申报、服务企业、技术创新管理、软件服务企业直报、专家库、产供销对接等功能，成为工业经济发展重要支撑。

（董晨阳）

能源工业

·综 述·

【能源状况】 2019年，山西省煤炭产量9.85亿吨，增长6.20%。商品煤销量8.70亿吨，同比增长5.96%。电力结构优化，“风光”装机双双破千万千瓦。全省发电总装机容量9249万千瓦。其中：火电装机6687万千瓦，水电装机223万千瓦，风电装机1251万千瓦，光伏装机1088万千瓦。发电量3253亿千瓦时，增长5%。全社会用电量累计2262亿千瓦时，增长4.60%。煤层气地面开发和井下瓦斯抽采量、利用量增长。煤层气产量71.40亿立方米，增长26.40%，利用量66.10亿立方米，增长29.60%。煤矿瓦斯抽采量64.60亿立方米，利用量28.60亿立方米。重点项目建设有序推进。计划投资879.40亿元，完成投资930.60亿元，完成率105.80%。能源消费总量控制在目标任务以内，全省能源产业结构优化，清洁能源发展升级步伐加快，能源安全保障能力提升，为全省经济高质量转型发展作出贡献。

（秦旭日 李伟斌）

【能耗“双控”推进】 2019年，山西省能耗“双控”任务，约谈未完成“双控”目标的地市，及时传导责任压力，严控高耗能产业和产能过剩行业，扭转能耗快速上升势头。加强重点用能单位管理，创新合同能源管理服务模式。制定《山西省区域能评实施意见（试行）》，推动承诺制改革区域能评工作落实，及时发布各市节能目标完成情况，11个地市行动加快推进节能降耗工作。 （秦旭日 李伟斌）

【清洁取暖工作】 2019年，山西省能源局牵头组织成员单位深入调研，形成《全省清洁取暖工作调研报告》，组织落实北方地区清洁取暖试点城市备案任务，研究制定工作方案，建立日常调度、信息互通共享和评价奖惩考核等工作机制，统筹推进全省清洁取暖工作，拓宽农村清洁取暖路径，在全省组织开展生物质和洁净煤清洁取暖试点。全省冬季清洁取暖改造完成142.94万户，完成率105.90%。

（秦旭日 李伟斌）

【能源科技创新】 2019年，山西省能源局全行业加大科技创新驱动力度，申报科研课题和项目，一些关键技术取得新进展。潞安集团参与研制的“煤矿柔模复合材料支护安全高回收开采成套技术与装备”获国家科学技术进步二等奖。同煤集团1500万吨级智能化放顶煤开采装备投运，成为特厚煤层智能化开采领跑者。大唐云冈热电的大温差热电联产供热技术实践应用，获国家发改委评为“最佳节能技术”和“最佳节能实践”双十佳项目。（秦旭日 李伟斌）

【能源体制机制革命】 2019年，山西省能源革命综合改革试点开局良好。配合修改完善能源革命综合改革试点意见，为中央深改委的审议通过作出努力。传达学习全省能源革命综合改革试点动员部署大会精神，围绕“八个变革、一个合作”重点任务和15项重大举措，做好新闻宣传、政策解读工作。制定《行动计划》，细化分解任务，明确工作目标，有力有序推进。

（秦旭日 李伟斌）

【能源合作空间拓展】 2019年，山西省能源局召开山西省能源对外合作交流座谈会，围绕21世纪国际能源发展方向、山西能源转型思路等方面探讨。推动山西省与国际能源署共同签署“能源合作声明”。采取强力举措，争取世行支持山西省能源转型与绿色增长项目。

国内合作扩大。谋划建设新的500千伏交流输电通道，促进“晋电送冀”深度合作，加强与浙江省的对接沟通，争取新建输电通道，实现“晋电送浙”。深化与江苏省的合作，依托晋北~江苏特高压外送通道，以燃煤机组和新能源机组“打捆外送”的方式，扩大清洁能源外送。全年外送江苏电量同比增加48亿千瓦时，增幅30%。推进周边省份天然气、煤制气主干管网联通及沿海LNG输气通道建设，增强天然气应急互保能力。对接中国三峡集团，省政府与三峡集团签署“战略合作框架协议”。推动省政府与华能集团签订战略合作协议。 （秦旭日 李伟斌）

【能源政务环境优化】 2019年，山西省能源局审批事项管理体系完善。推进全国一体化在线政务服务平台建设，审批事项再削减30%，实现政务服务事项“四级四同”“一网通办”，建立横向可比对、上下可衔接的标准化审批管理体系。审批服务便利化水平提升。完善“山西能源”微信公众号审批服务应用，推进“一部手机三晋通”审批服务事项上线运行，60%的审批事项实现“掌上办”“指尖办”。审批服务效能提升。落实一次性告知、限时办结等行政效能制度，规范行政审批中介服务，实现审批服务“只进一扇门”“最多跑一次”。 （秦旭日 李伟斌）

·煤炭工业·

【概况】 2019年,山西省煤产量9.85亿吨,增长6.20%,商品煤销售8.70亿吨,同比增长5.96%。其中原煤生产97109.40万吨,比2018年增长6.10%,焦炭生产9699.50万吨,比2018年增长2.80%,煤层气64.10亿立方米,比2018年增长13.70%,煤产品价格变化,其中主要品种动力煤、主焦煤、化工煤价格均下降,最高降幅15%。 (编辑部)

【煤炭"减优绿"推进】 2019年,山西省退出产能2745万吨,其中:关闭煤矿18座、退出产能1895万吨,核减6座煤矿产能850万吨。"十三五"前四年共关闭煤矿106座,退出产能11586万吨,提前完成山西省"十三五"任务。在晋央企关闭煤矿18座,退出产能4335万吨。减量置换和减量重组推进。完成57座资源整合煤矿的产能置换方案确认,产能5145万吨。协调省直部门审查29个重组方案,审查通过的14个上报省政府。先进产能占比大幅提高。完成26座矿井的生产能力核定现场核查,批复18座,净增能力3200万吨。煤炭先进产能占比达68%。绿色开采试点有序推进。明确10座绿色开采试点煤矿,首批确定8座煤矿开展井下矸石智能分选。率先在全国出台充填开采产能增量置换办法,推进矸石返井、井下矸石智能分选、充填开采、保水开采、煤与瓦斯共采等试点工作。潞安集团在高河膏体充填开采技术试点的基础上,研究应用采空区矸石回填等新技术,形成示范带动效应。煤炭洗选管理强化。印发《关于全省煤炭洗选行业产业升级实现规范发展的意见》,为规范煤炭洗选发展提供政策依据。制定下发《山西省淘汰煤炭洗选企业暂行规定》,从源头上强化对生态环境的保护。

(秦旭日 李伟斌)

【煤成气产业发展】 2019年,山西省产业体系初步形成。沁水盆地、鄂尔多斯盆地东缘两大产业化基地全面开发的格局形成。天然气压缩液化能力基本满足市场需求,区域储气调峰设施加快建设,天然气产供储销体系趋于完善。吕梁市提出"增气减煤、控量提效、延长链条"的发展思路,抓紧推进。增储上产取得突破。加强煤成气勘采用变革顶层设计,研究制定增储上产激励约束机制,社会投资在市场中有序集聚,主体油气企业技术创新能力提高,致密砂岩气勘探开采全面发力。输气管道布局完善。吉县—延长跨省输气管道项目山西段完成初审,太长线与鄂安沧连接线一期工程完工,全省油气管道里程达到8500千米。煤矿瓦斯抽采利用效果提升。与晋城市人民政府、晋城市能源局联合承办全国煤矿瓦斯抽采利用现场会,总结经验,部署瓦斯综合利用试点示范工作。煤炭采空区煤层气综合利用迈出新步伐。开展煤炭采空区(废弃矿井)煤层气抽采试验,引导各类市场主体有序抽采采空区煤层气,规模化利用残存煤层气资源。

(秦旭日 李伟斌)

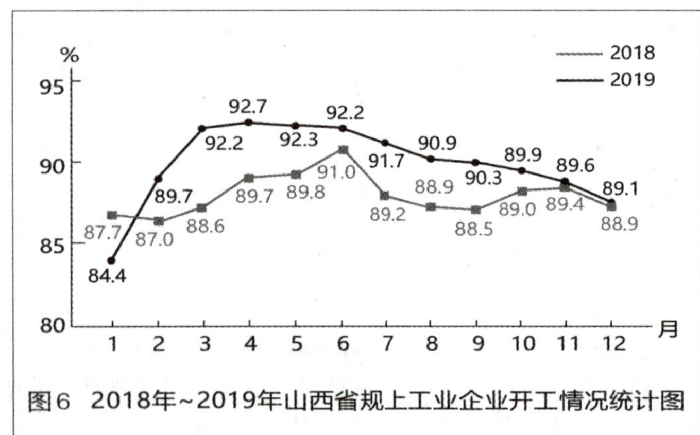

图6 2018年~2019年山西省规上工业企业开工情况统计图

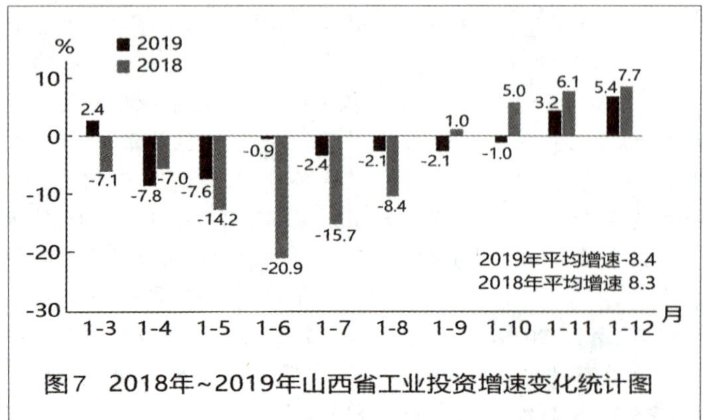

图7 2018年~2019年山西省工业投资增速变化统计图

【煤矿智能化建设】 2019年,山西省推动煤炭开采由机械化、自动化、数字化向智能化发展,打造无人智能开采新模式。引导企业加强科技创新,加快智能化建设步伐。阳煤集团应用百度云天工智能物联网先进技术,开创煤化工领域智能工厂先河。山煤集团长春兴煤业打造"云控矿山",拓展智能开采工作面范围。

(秦旭日 李伟斌)

【晋能集团】 晋能集团组建于2013年5月,由山西煤炭运销集团和山西国际电力集团合并重组成立,是山西省属重点国有企业。截至2019年底,集团总资产2962亿元,拥有3家板块公司、11家市公司、70家直属公司以及通宝能源1家上市公司,在册员工9.30万人。2019年,商品煤量完成7862万吨,同比增长12.40%;上网电量完成248.40亿千瓦时,同比增长17.10%;光伏风电上网电量完成22.60亿千瓦时,同比增长8%;光伏组件销量完成1.79GW,同比增长10%;售电量(地电公司、售电公司)完成 120.10 亿千瓦时,同比增长 14.90%;营业收入完成 1058 亿元,同比增长 2.10%;利润总额实现 41.80 亿元,同比增长 17.90%。质量发展指标好中趋优。资产负债率 75.60%,同比下降 1.78 个百分点;净资产收益率增幅明显;全员劳动生产率和国有资本保值增值率全面完成;约束性指标全面达标。

2019 年,晋能集团在中国能源集团 500 强排名第 37 位,中国煤炭产量 50 强排名第 8 位,全球新能源企业 500 强排名第 180 位,中国"2019 最具影响力绿色发展企业品牌","山西省优秀企业"。全球新能源企业 500 强排名 369 位。

安全生产。以强化"一头一尾"管理为重点,推进以矿长为首的安全生产管理团队。提升探放水、瓦斯抽放、机电、瓦检、安监等基层管理水平,推进煤矿风险分级管控、隐患排查治理和安全生产标准化动态达标工作,全年 12 座煤矿达到一级标准、55 座煤矿达到二级标准,全年完成培训 1.40 万班次,培训 48.70 万人次,职工素质有效提升。全年查出隐患 34270 条,整改率达到 99%,预防安全重大事故的发生。

清洁能源产业。光伏电池组件新增产能 460MW,总产能突破 2GW;光伏电池组件产销量 1.79GW,出口至"一带一路"沿线 10 多个国家和地区,出口率达到 60%以上,成为全国国有光伏电池组件领军企业。新建和收购"双管齐下",全年新增光伏风电发电装机 89.61 万千瓦,在役在建光伏、风电发电装机达到 265.48 万千瓦,总装机位列全省第一。

煤炭产业。推进 "减""优""绿"。2019 年关闭退出矿井 2 座,累计关闭退出 13 座,淘汰产能 985 万吨。新增 3 座一级标准化矿井,先进产能占比达到 56.10%。统筹兼顾,突出重点,抓好主力矿井的高效率运营,16 座主力矿井的利润占到全部生产矿井的 87.60%。形成 1 个 2500 万吨级、2 个 1500 万吨级、1 个 1000 万吨级的煤炭生产区域,4 个区域利润均超过 10 亿元,特别是长治公司实现利润近 30 亿元。合理安排采掘接替,忻州、长治、临汾 3 家公司搬家倒面不停产,实现效率效益"双提升"。向洗选要效益,原煤入选量由 4139 万吨提高到 5150 万吨,入选率 55.87%,洗煤能力利用率达 72.49%;大同、临汾公司按照应洗尽洗的要求,提高精煤产量和销售价格,实现煤炭销售利润最大化。

电力电网。推进电力体制改革,强化管理,电厂运行效率稳步提高。发电量同比增长 17.30%,上网电量同比增长 17.10%,供热量同比增长 10.70%。推进煤电产业市场化融合互保,长治公司向长治热电内部供煤 55.38 万吨,带动长治热电增加利润 5000 万元。晋能电力加强运营管理,盈利能力增强,9 座电厂同比减亏 7 亿元,带动电力产业整体盈利近 1 亿元;天桥水电、长治热电、国锦煤电、国峰煤电的发电量均创最好水平;嘉节热电在全国燃气机组效能竞赛中排名第一。吕梁局域网运行稳定,全年向中铝华润基地供电 25.70 亿千瓦时。市场化售电量快速增长,全年长协电量同比增长 39%。

房地产业。推进"专业化、集约化、品牌化",完成股权整合,初步实现专业化管理。重点解决晋能壹号公馆、城南逸居等遗留问题,山西国际金融中心交付使用,万景嘉苑二期、国电满庭春、泽美大厦等项目顺利推进。完成商品房销售面积 14.70 万平方米,同比增长 47.30%。

现代服务业和金融产业。全省煤炭企业生产经营信息采集和物流服务"两个平台"建设顺利推进,进入实质建设阶段。清洁能源科技公司 IPO 上市工作稳步推进,投资公司、产业基金公司、融资租赁公司积极开拓非银行金融市场,财务公司筹建转入实施阶段。

重点改革。完成保德煤电和中航蓝田股权划转等上级交办的任务。加快推进"腾笼换鸟"工作,大同煤销国电股权转让方案已通过省政府批准。累计压减企业 60 户,完成省国资委考核任务 120%;处置"僵尸企业"20 户,累计完成 43 户,完成省政府年度考核任务。售电公司混合所有制改革完成混改方案,上报省国资委。推进贸易体制改革,将集团的 384 户贸易企业压减至 48 家,为贸易企业规范运行、做实做强奠定基础。

科技创新。加大科技投入力度,全年技术投入 10 亿元,开展科技创新重点项目 33 项。加大先进技术研发和应用,光伏超高效异质结电池转

2019 年,晋能集团嘉节热电厂在全国燃气机组效能竞赛中排名第一

(秦旭日供图)

换率达到24.73%，继续保持国际领先水平；在长治三元、能投辽源等煤矿推广充填开采技术，在晋城、阳泉、晋中等9家公司推广沿空留巷技术；阳光发电建成山西首个5G创新实验室；大土河热电探索建设智能电厂。集团新增授权专利28项、成果鉴定1项、著作权9项。

资金管理。强制还本付息，落实信贷资金“五条红线”制度，全年还本52亿元；加强清收清欠，累计清回旧欠42亿元，超额完成全年清欠指标；推进“三调三降一保”和采矿权价款资产评估入账工作，保证集团资金链安全。

污染防治推进。以煤矿和电厂为重点，开展生态环境保护标准化建设与考核工作，补齐环境保护管理台账、自行监测和危废管理三个短板，推进污染防治设施提标改造，全年完成投资3.4亿元，建成31个环保项目，申领换发排污许可证49个，工程项目环保竣工验收9个，运行的燃煤燃气电厂全部实现超低排放，生产矿井全部实现达标排放，各产业板块全年未发生重大环保事件。

2019年，晋煤集团加强项目扶贫，投资近100万元，在石楼县13个村建成光伏电站配套设施，为5个帮扶村常住户安装太阳能灯。推进产业扶贫，建成的3个光伏扶贫项目，每年为3个贫困县增加1100万元的收入，解决3670户深度贫困人口脱贫问题。强化精准帮扶，在石楼县5个帮扶村增加78名帮扶责任人。集团帮扶的15个村全部实现整村脱贫。

（李慧芳）

·电力工业·

【电源结构优化】 2019年，山西省在役运行煤电机组全部完成超低排放改造，高参数、大容量、低排放机组占比提高，60万千瓦以上机组占火电装机的36.34%，风电、光伏成为全省第二、第三大电源。全省关停火电机组110万千瓦，超出国家任务36%。电网建设推进。蒙西—天津南特高压配套电源接入线路中，昱光二期项目建成投运。晋东南特高压长治站配套电源工程和太原北、大同新荣等500千伏输变电工程有序推进。电源点项目调控有序。先后争取国家将山西省4个项目列入煤电应急调峰储备电源，8个项目移出停缓建名单，3个外送通道配套电源项目列入2019年投产计划。晋电外送规模扩大。向国家争取增加2019年跨省区输电计划，山西省跨省跨区输电计划达894.40亿千瓦时，同比净增加158亿千瓦时。

（秦旭日　李伟斌）

【电力体制改革】 2019年，山西省电力直接交易规模扩大。放开煤炭、钢铁、有色、建材和各类园区电力市场，放开比例居全国前列。全年完成交易电量965亿千瓦时，超出年初目标20.60%，约占全省工业用电量的58%，交易均价较上年降低1.76分/千瓦时，全年向下游释放改革红利41.20亿元，同比增加约25亿元。鼓励新能源企业与“煤改电”用户开展交易，参与跨省区交易，促进新能源消纳，新能源利用率达99.30%。电力现货市场加快建设。建立电力现货市场专题研讨机制，市场共识凝聚。山西省成为全国首个开展连续7天现货市场结算试运行的省份，电力现货市场建设进入实操阶段，实现里程碑式突破。增量配电业务改革深化。建立增量配电业务改革推进机制，山西省增量配电业务试点项目达到20个，占全国总数的5.20%，实现11个市改革试点全覆盖。电力需求侧管理推进。在全国率先出台《关于加快培育电能服务产业发展的意见》，加快构建现代电能服务体系。组织开展全省电能服务产业发展论坛，267个工业用户参会互动交流。成立全国首家电能服务产业协会，搭建电能服务交流平台，打造“互联网+电力”大数据平台，全省工业企业电能管理水平提升。

（秦旭日　李伟斌）

【电力安全监管】 2019年，山西省能源局制定下发电力相关企业安全生产分级监管职责的通知，建立省、市、县分级监管管理机制，逐级落实属地监管责任，消除监管盲区和漏洞。开展煤炭建设项目事中事后监管。明确监管内容，规范监管行为，压实主体责任，开展建设项目工程质量监督，加快项目落地见效。落实电力安全监管。组织6次安全大检查，确保春节、“二青会”等重要时期电力安全稳定运行。阳泉市组织开展“电力安全文化大讲堂”，搭建电力企业交流平台。履行油气管道保护职责。落实属地监管责任和管道企业主体责任，推进全省管道保护工作，开展汛期油气管道外部隐患排查治理和集中整治行动。

（秦旭日　李伟斌）

【国网山西省电力公司】 截至2019年底，国网山西省电力公司总装机88676.02兆瓦。其中，江苏直调装机容量3300兆瓦（阳城电厂）；华北直调装机容量9440兆瓦（含西龙池抽蓄电站）；山西直调装机容量70400.22兆瓦（不含应急调峰储备电源2100兆瓦）；地区小电厂合计容量5535.78兆瓦。山西省调装机以火电为主，常规火电厂65座、燃煤机组154台，容量46415兆瓦（不含应急调峰储备电源3厂/6台/2100兆瓦），占比66%；燃气、煤层气电厂7座，容量2308.80兆瓦，占比3.30%；水电站3座，容量868兆瓦，占比1.20%；风电场121座，容量12692.10兆瓦，占比18%；光伏电站139座，容量8116.32兆瓦，占比11.50%。常规火电机组当中，供热机组129台，容量34825兆瓦，占比68%；空冷机组134台，容量40055兆瓦，占比86.30%；循环流化床机组61台，容量11665兆瓦，占比25.10%。

截至2019年底，山西电网共有220千伏及以上电压等级变电站274座，主变615台（含换流变24台），变电容量141604.70兆伏安（含换流变容量9723.12兆伏安）。其中，1000千伏交流特高压变电站3座，变压器5台，容量15000兆伏安；±800千伏直流特高压换流站1座，换流变24台，容量9723.12兆伏安；500千伏变电站24座（含榆社开闭站），主变46台，容量40500兆伏安；220千伏变电站246座，主变540台，容量

76381.57兆伏安。截至2019年底，山西电网共有110千伏变电站963座，主变1998台，容量82450.64兆伏安；其中用户站424座，主变889台，容量39699.54兆伏安。35千伏变电站1779座，主变3575台，容量30432.41兆伏安；其中用户站1213座，主变2447台，容量19526.66兆伏安。

截至2019年底，山西电网共有220千伏及以上输电线路877条，线路长度26024.51千米(不含过境跨省输电线路)。其中1000千伏交流特高压线路9条，境内长度1283.92千米；±800千伏直流特高压双极线路2条，境内长度615.82千米；500千伏线路102条，长度6279.06千米；220千伏线路764条，17845.707千米(其中省调线路659条，16176.91千米)。另有过境跨省输电线路(资产属于国网公司、华北分部及浙江公司等单位)42条，全长15761.48千米，山西境内长度5404.89千米。截至2019年底，山西电网共有110千伏线路1985条，线路长度24087.12千米；其中用户线路682条，长度7533.56千米。35千伏线路3302条，线路长度27814.33千米；其中用户线路1911条，长度15207.63千米。 (龙 云)

【电网建设与发展】 2019年，国网山西省电力公司全面完成"十三五"山西电网主网架滚动规划，"网格化"规划覆盖所有县域。"西电东送"山西段前期文件全部取齐，89项工程取得核准。开展"基建管理提效年"活动，加快重点工程建设，开工长治特高压配套、太焦电铁配套等67项工程；投产神泉、木瓜界电厂送出工程，雁淮直流利用效率提高；投运卧湖第三回线工程，断面受阻缓解；大同、长治光伏基地配套，蒙华、大张电铁配套等一批省重点项目投运。提升城乡供电水平，用户平均停电时长同比减少1.71小时，报修同比下降31%，"两率一户"提前一年半实现"十三五"目标。强化质量管控，3项输变电工程分获国网优质工程金银奖，榆横—晋中—潍坊工程获国家优质工程金奖和中国电力优质工程奖，6项配网工程入选国网"百佳"。省市级质量检测中心通过总部验收，具备30类物资B级以上检测能力。

印发《"蓝领红带"工程实施方案》，在全省成立32个"蓝领红带"工程临时党支部，以电网建设中的难点问题为导向，实现目标同向、学习同抓、工作同步、责任同担，将电网建设一线打造成为党组织发挥堡垒作用、党员发挥先锋模范作用的红色阵地，实现党的建设与电网建设同向聚合、相融并进。通过加强党建引领，发挥党组织把方向、管大局、保落实作用，助推电网建设优质高效。 (龙 云)

【电力工业经营管理】 2019年，国网山西省电力公司推动"晋电送浙"和"晋冀能源合作"，全年完成省内售电量1768.80亿千瓦时，同比增长6.70%；完成外送电量518.40亿千瓦时，同比增长11.10%。光伏扶贫项目累计并网108万千瓦，惠及20万贫困户；消费扶贫金额超600万元，定点扶贫任务总体完成，国网山西电力入选山西省扶贫"两个考核"先进单位。服务打赢污染防治攻坚战，新能源并网容量、发电量分别增长29.80%、14.50%，利用率保持在99%以上。推动改造工矿企业冲天炉127台，新增居民"煤改电"24.90万户。

适应输配电价改革要求，部署实施10项经营举措，推进多维精益管理变革，确保稳健经营。坚持精益规划引领，实施全口径全业务项目化规划，建成省级统一项目储备库，5400个项目精准入库。持续降本增效，收付款"省级集中"上线应用，现金流实现"日排程"。加快实施国企改革，组建省级产业管理公司，省管产业单位压减至45户。3家晋能高载能企业实质移交，化学清洗公司完成混改。完成省管产业单位电商化采购任务，明业公司入选国家电网优秀施工示范企业。"三供一业"完工率均达80%以上。全面深化内部改革，承接总部"放管服"事项154项，下放基层79项，权责配置优化。成立省级营销服务中心，市公司设计资源整合重组，运营管理效率提升。 (龙 云)

【电力工业安全生产】 2019年，国网山西省电力公司树立安全生产红线意识，开展"防风险、保安全、迎大庆"等专项行动，确保"三杜绝三防范"安全目标。落实安全生产责任制，开展

2019年2月21日，国网山西电力临汾供电公司通过WMS系统应用射频识别(RFID)物联网技术，对仓储物资实现电子化、信息化、智能化的综合管理

(龙 云供图)

安全巡查，滚动修编全员安全责任清单，制定安全述职等6项制度，安全基础夯实。深化现场管控，推进基建安全专项整治，严格分包队伍准入审核，各级领导人员“四不两直”督查2740次，三级督查覆盖现场1.60万个，各类现场平稳有序。保障大电网安全，应对用电负荷、外送电力、新能源出力均创新高等挑战，优化电网运行方式，完成雁淮近区等补强工程，强化自然灾害监测预警，成功处置山火险情，电网保持稳定运行。加强运维管理，500千伏及以上输电运检业务实现专业化管理。治理老旧变电站60座，查改林区、“三跨”等隐患713项，二次系统“排雷”3253项。全面落实特高压站消防提升措施，在运变电站实现100%消防备案，10千伏线路、配变停运率同比下降42%、34%。应对300余万次网络攻击，完成国家网络攻防演习任务，获山西省“护网2019”防御成绩第一名。（龙 云）

【电力营销】 2019年，国网山西省电力公司适应山西省能源供给侧改革和电力体制改革的新要求，开拓市场，净增接电容量1648.40万千伏安，同比增长29.40%。电能替代73.30亿千瓦时，同比增长15.30%。牵头成立山西省电能服务产业协会、充电行业协会，成为山西省电力行业协会单位，公司的行业影响力和带动力提升。构建中长期与现货有序衔接的电力市场体系，创新双挂双摘省间交易等品种，直接交易电量943亿千瓦时，同比增长46.40%；现货市场率先实现连续7天结算试运行。

完善电能服务管理平台建设。设计开发实施宏观经济分析、负荷预测、需求响应、电能替代、综合节能服务网络平台5个一级功能模块。支撑电能替代及需求侧管理工作开展。深化省级电力需求侧平台功能应用。2019年省级需求侧平台申请接入用能企业383家，完成联调企业345家，申请接入监测点50804个，实际接入监测点37144个。开展电能替代潜力挖掘及节能量审核认定，对充电桩、工业电窑炉、蓄热电采暖、热泵四大行业进行替代潜力、经济效益和环保效益分析，出具电能替代潜力分析报告。出具27份节能典型项目能效测评报告，确保项目真实有效，保证项目质量和收益，降低项目实施风险。由国网山西综合能源公司牵头成立山西省电能服务产业协会，发展各类会员单位65家；承办山西省电能服务产业发展高峰论坛、增量配电业务改革试点现场推进会、电力市场化交易座谈会等，多措并举提升行业话语权和企业品牌；参加2019中国（山西）国际清洁能源博览会，在山西经济日报、山西新闻网等多媒体平台刊发新闻报道。

（龙 云）

【电力优质服务】 2019年，国网山西省电力公司优化电力营商环境，发布支持民营企业发展12项措施，减环节、缩时间、降费用，在山西省营商环境测评中“获得电力指数”优于其他指标。落实一般工商业再降10%要求，减少客户用电成本13亿元。构建“两优一强”（优化服务渠道，优化办事流程，强化互联应用）的营销服务新体系，推进“互联网+电力营销”服务模式转型，变革以布点营业厅坐等客户上门的传统模式，加快应用全业务“网上营业厅”在线平台，推进客户服务事项“应上尽上、全程在线”，同步开展营配末端网格化综合服务，细分服务网格，构建网格服务责任组，实施“线上客户预约、线下网格员上门”，变客户上门为主动上门，推行“网上办、马上办、一次办”。

打造智能电费管理新模式。构建全业务链关键节点自动校核新机制，提升抄核收精细化管理水平，精简环节、开展电费预算、试算，自动抄核率提升至98%；建设营财银一体化实时对账体系，实现电费回收数据实时、准确与电费单据的精准匹配。推进与国网电商公司的战略合作，推广应用企业电费网银，完善客户缴费“一次都不跑”的新型服务模式。作为国网公司试点单位，实现收款“省级集中”。持续深化新型资金管理体系建设，引导客户改变缴费习惯，深度规范电费资金管控，减少企业客户往返营业厅次数。（龙 云）

·新能源工业·

【新能源发展】 2019年，山西省风电和光伏平价竞价项目建设加快。推动晋北风电基地和中南部低风速风电项目建设，风电项目新增投产16个，规模157万千瓦。新开工82个，规模410万千瓦，完成投资157亿元。安排100万千瓦光伏平价上网项目，争取到光伏竞价补贴项目307万千瓦，新开工29个，规模200万千瓦，完成投资60亿元。朔州市2019年新安排的3个集中式光伏竞价电站项目，全部按承诺时间并网发电。抽水蓄能电站项目建设有序推进。垣曲抽水蓄能电站完成核准工作，浑源抽水蓄能电站完成可研审查。光伏装备制造快速发展。晋能集团异质结光伏电池组件转换效率突破24.70%，走在世界前列。

（秦旭日 李伟斌）

【氢能源汽车基地建设】 2019年，位于山西转型综改示范区潇河产业园区的山西德志时代新能源汽车制造股份有限公司的生产基地完成基本生产准备工作。自2017年项目建设启动以来，德志公司与国内外20余位科学家建立合作关系，在氢能基础理论和技术路线，氢燃料电池系统等领域进行研究，到2019年已拥有几十项燃料电池领域专利技术。

（编辑部）

装备制造工业

【概况】 2019年，山西省装备制造业增加值同比增长7.20%，其中：通信设备制造业增长6.70%，汽车制造业增长16.90%，重型装备制造业增长2.10%，新能源装备制造业增长18.60%，其他装备制造业增长4.30%。全省装备制造业实现营业收入2454.40亿元，同比增长2.20%；实现利润74.10亿元，下降22.30%。757户

规模以上机电企业中165户亏损，亏损面21.80%；亏损企业亏损额25.90亿元，同比下降5.10%。（董晨阳）

【装备制造重点投资项目】山西省14大标志性、牵引性产业集群中，装备有煤机、轨道交通、通用航空3大集群；山西省66家工业类开发区中有33个以装备制造为主导产业；装备行业拥有省级工业转型升级亿元以上项目93项，标杆项目5项；有重点项目111项，总投资超过875亿元。“中铁云轨交通建设有限公司云轨生产基地”“山西清慧机械制造有限公司年产5000万件轨道交通新型材料结构件”“向明智装带式输送机智能化生产线建设（一期）”“禧佑源航空科技集团有限公司太原飞机拆解基地”“大同通航产业园”等一批重点项目正在有序推进。（董晨阳）

【装备制造行业建设】2019年，山西装备制造业门类齐全，煤机装备、轨道交通装备、通用航空、风电装备、农业机械等发展较快。煤机装备产业加快推进联合重组、降本增效、产业升级，全面攻关核心产品“三机一架”为基础的煤机成套设备集成和智能化技术，打造全国最大、世界知名的煤机装备研发、制造和集成服务基地，拥有山西天地煤机、太重煤机、平阳重工、科达自控等重点企业；轨道交通装备产业成为全国电力机车、货车、轮轴轮对、牵引电传动系统等轨道交通装备的重要生产基地，初步形成以中车集团所属太原、大同、永济公司以及太重集团、晋西车轴、智奇等大中型企业为主，一批中小企业为辅的整车组装、零部件和原材料等相互配套的产业体系。中车大同电力机车公司是国内大功率、重载电力机车研发制造的重点企业，中车太原机车车辆公司是我国铁路货车、工程机械车的重点生产企业和电力机车检修龙头企业，中车永济电机公司是国内牵引电传动系统的行业领军企业。风电装备产业形成整机制造、发电机、齿轮箱、主轴、控制系统、法兰、塔筒、轮毂等较为完备的产业链，其中太重自主研发1.50兆瓦、2兆瓦、2.50兆瓦、3兆瓦和5兆瓦等五种整机机型；中车永济、汾西重工在发电机等领域奠定行业领导地位；定襄法兰形成产业集群；江淮重工具备多型号风电制动器的研发生产能力。通用航空产业统筹布局“先进航空材料—通航飞机研发与制造—机场建设及航线规划—通航大数据共享服务—无人机货运系统”全产业链，打造国家通用航空业发展示范省。其中大同通航产业园（中德园）建设项目、轻型航空发动机制造产业园、禧佑源太原飞机拆解基地项目加快推进。农机装备产业共有各类农机企业约100多家，产品涉及种植业、畜牧养殖业、林果业、农产品初加工、农用运输、水利排灌、农村可再生能源等装备行业7大门类100多个品种。（董晨阳）

2019年10月18日，山西工业转型升级成果展在省展览馆开幕（董晨阳供图）

【装备制造企业技术创新】2019年，山西装备制造企业拥有国家级企业技术中心11户（2019年新增3户国家级技术中心均为装备制造业）、省级技术中心82户；拥有增材制造、轨道交通等4个联盟；装备制造、物联网和人工智能2个标委会；拥有CRH380B动车组轮对、电牵引采煤机、掩护式液压支架、江铃重汽发动机、1000GFRQ燃气发电机组、晋华炉等优势创新产品。培养一大批技术精湛、爱岗敬业的产业技术人员，以及具有较强创新能力的领军人才。（董晨阳）

冶金工业

【概况】山西省是全国第五钢铁大省，共有钢铁联合企业27户，主要集中在临汾、运城、太原、长治、吕梁等5市，生铁、粗钢、钢材产能分别为6230万吨、7380万吨、6920万吨，主要产品有建筑用棒线材以及热轧卷板、冷轧卷板、热轧中厚板、焊管、精密带钢等碳钢和不锈钢系列产品。主要企业有太钢集团（1294万吨）、晋南钢铁（580万吨）、山西建龙（525万吨）、高义钢铁（410万吨）、晋钢集团（445万吨），五大企业粗钢产能占比约44%。太原钢铁（集团）有限公司（简称太钢集团）是山西省唯一粗钢产能过1000万的钢铁企业，也是全球工艺技术装备水平最先进、品种规格最全的不锈钢企业，截至2019年底，形成年产1294万吨钢，其中不锈钢450万吨的生产能力，不锈钢、不锈复合板、铁路行业用钢、双相钢、耐热钢、造币钢、高牌号硅钢、车轴钢、纯铁、9%Ni钢等多个品种市场占有率国内第一。截至2019年底,全省规上钢铁企业241户,其中黑色金属矿采选业127户,黑色金属冶炼及压延加工业114户;实现利润143.20亿元(占全省比重12.10%),总资产3347.40亿元(占全省比重8.10%),总负债2189.20亿元,资产负债率65.40%,从业人员15.20万人(占全省比重8%);亏损企业84户,亏损面34.90%,亏损企业亏损额10.30亿元。全年全省生铁产量5557.10万吨,同比增长9.30%;粗钢6039.10万吨,同比增长12.10%;钢材5594.20万吨,同比增长14.20%;不锈钢417.60万吨,同比增长0.20%。全年全省压减粗钢产能175万吨,全面完成国家下达"十三五"化解钢铁过剩产能总任务。 (董晨阳)

【有色金属工业】 山西省主要以铝、镁、铜为三大主要品种。截至2019年底,全省规上有色企业110户,其中有色金属矿采选业22户,有色金属冶炼及压延加工业88户。2019年营业收入841.50亿元,占全省的4%,同比减少5.70%;实现利润-5.50亿元,同比由盈转亏;实现利税12亿元,同比减少74.20%。亏损企业55户,亏损面50%,亏损企业亏损额25.60亿元。2019年,全省原铝产量78.90万吨(占全国的2.25%)3504,同比减少15.40%;氧化铝1996.30万吨(占全国的27.54%),同比减少1.40%;精炼铜13.81万吨(占全国的1.40%),同比减少23.20%;金属镁12万吨(占全国的12.40%),同比增长23.70%。 (董晨阳)

【冶金工业项目建设】 钢铁行业。太钢集团钢铁主业转型升级重大项目进展顺利,棒线材生产线升级改造项目建成投产,高端冷轧取向硅钢、不锈钢中板项目推进。新材料产业多点突破,千吨级碳纤维项目三期工程推进,二期高端碱性耐材项目推进。袁家村铁矿绿色升级资源综合利用改造项目实现负荷试车,尖山胶带排岩系统升段、峨口铁矿露天转地下开采和新建尾矿库等工程加速推进,石灰石矿资源接续项目落地。山西晋南钢铁集团(简称晋钢集团)2×1860立方米高炉及配套2×150吨转炉、2×220平方米烧结项目建成投产。山西建龙实业1×1680立方米高炉项目建成投产。晋钢集团总投资136.60亿元建设晋钢智造科技产业园,其中包括2×1250立方米高炉、4×100吨转炉产能置换项目,配套建设年产350万吨1580毫米热轧卷板生产线、年产160万吨1450毫米冷轧薄板生产线等,提升省内热轧卷板自给率,填补省内冷轧系列产品空白,推动钢铁生产向绿色环保、多元高端、循环高效、智能智造转型。山西建邦集团启动置换建设1×1280立方米炼铁高炉、2×100吨炼钢转炉、1×65吨合金钢电炉及配套项目,规划年产30万吨高纯生铁+20万吨铸铁型材新材料技术改造项目。

有色金属行业。2019年6月28日,吕梁局域电网安稳系统投运,输电负荷提升至40万千瓦,全面保障山西中铝华润一期工程1/2产能投运。吕梁局域电网二期工程固贤变电站—红旭开关站双回、蔚汾变电站—红旭开关站单回两项220千伏线路工程完成核准、招标等相关手续。2019年12月24日,吕梁局域电网二期供电线路举行开工典礼,预计2020年10月建成投运,届时可保障山西中铝华润一期43.20万吨合金铝产能全部释放。2019年6月,中铝山西新材料深水铸造生产线项目顺利投产,稳定并扩大A356.2方棒产品在周边市场的占有率。中铝山西新材料再建15000吨/年拟薄水铝石生产线,拟薄水铝石生产能力达到3万吨/年。山西盛日华庆环保科技有限公司赤泥综合利用生产净水剂项目一期20万吨年底进入试生产。2019年11月8日,忻州南苑铝业有限公司年产20万吨再生铝合金锭项目正式点火,标志其年产20万吨再生铝合金锭项目正式生产。中条山集团针对"新建高性能压延铜带箔和覆铜板项目",重新选址运城经济技术开发区,完成部分长周期设备选型招标工作。针对"侯马北铜公司节能技术改造(综合回收)项目",将原150万吨综合回收项目调整变更为节能技术改造(综合回收)项目,获得省国资委批复。对铜矿峪矿实行技术升级改造,将采矿年产能由720万吨提升到900万吨,选矿年产能由770万吨提升到1000万吨,增创效益7650万元。 (董晨阳)

【冶金工业兼并重组】 太钢集团以稳定原料来源、保证产品质量为目标

2019年5月9日,山西省工信厅召开山西省大数据产业工作座谈会

(董晨阳供图)

推进重大资产重组，聚焦镍铁和铬铁两个重点领域，加紧筹划和推进项目实施。2019年与国内最大铬铁生产企业合作建设年产25万吨铬铁项目，打造全球工艺技术最先进、生产成本最低、生产效率最高、资源综合利用最好的铬铁行业标杆企业；山西立恒钢铁集团在安泽县合作启动焦炉煤气综合利用项目，总投资26亿元，主体装备6.78米捣固焦炉，配套超低排放环保设施，项目建成后实现年产焦炭190万吨、焦炉煤气7.60亿立方米。（董晨阳）

化学工业

【概况】 2019年，山西省化学工业规模以上企业320户，实现营业收入855.20亿元，同比减少0.60%，工业增加值同比增长1.50%，增速较2018年回落12.90个百分点；尿素（折含N100%）、聚氯乙烯、精甲醇、煤制油品（含化学品）和乙二醇等产品产量分别为334万吨、95.60万吨、369万吨、122.45万吨和35.10万吨。

传统煤化工产业。山西省传统煤化工产品主要是化肥、电石、聚氯乙烯等。化肥产能约1200万吨，其中尿素产能约1040万吨，主要分布在晋城、运城等市，重点企业有天泽煤化工、晋煤集团、兰花集团、阳煤集团等；电石产能66万吨，主要生产企业为阳煤昔阳化工；聚氯乙烯产能130万吨，主要分布在晋中、长治等市，重点企业有榆社化工、瑞恒化工等。

炼焦化产品深加工。山西省焦化建成产能1.40亿吨，每年可副产200亿立方米焦炉煤气、300万吨左右煤焦油、100万吨左右粗苯，为山西省发展煤焦化特色产业奠定基础。古县正泰集团、聚源煤化分别建成年产1亿立方米焦炉气制天然气项目，沃能化工年产30万吨焦炉煤气制乙二醇联产LNG项目预计2020年上半年投产；宏特煤化工建成具有自主知识产权的15万吨煤系针状焦装置、国内首套4万吨萘法制苯酐装置、25万吨特种沥青浸渍剂装置；金州煤焦建成5万吨煤系针状焦生产装置；潞宝集团、阳光集团、永东化工等企业采用连续蒸馏工艺先后建成30万吨煤焦油加工装置；阳煤太化新材料、潞宝兴海新材料、兰花科创等企业建成粗苯精制生产己内酰胺生产线，产能分别为20万吨、10万吨、20万吨，潞宝兴海新材料年产3万吨锦纶6棉型短纤维项目已试生产。

现代煤化工产业。山西省现代煤化工产品主要是煤制油、煤制乙二醇、煤制甲醇等。煤制油建成产能176万吨，产品有高端润滑油基础油、碳氢环保溶剂、费托蜡、特种燃料、专属化学品等。煤制乙二醇建成产能40万吨，生产企业有阳煤平定化工、阳煤寿阳化工。甲醇建成产能约660万吨，主要分布在晋城、大同、长治等市，重点企业有晋煤华昱、兰花集团、同煤广发、潞宝集团等。煤制气方面，大同地区布局中海油年产40亿立方米天然气项目。

盐化工及精细化工。盐化工方面，依托运城盐湖芒硝资源，山焦盐化主要生产元明粉、硫酸镁、硫酸钡和硫化碱，产能分别为40万吨、4万吨、4万吨和1.70万吨。精细化工主要集中在运城市，主要产品有减水剂、荧光增白剂等，生产企业主要有山西格瑞特建筑科技股份有限公司，减水剂产能22万吨；山西金凯奇建材科技有限公司，减水剂产能13万吨；山西青山有限公司，荧光增白剂产能5万吨。（董晨阳）

【化工产业布局】 2019年，山西省煤化工产业依托资源、能源、区位和技术等优势，逐渐显现出向大型企业和资源集中地发展的趋势。长治、晋城地区形成以天脊集团、天泽集团、兰花集团等企业为龙头的全国最大的高浓度氮肥、复合肥生产基地和以潞安集团、晋煤集团为核心的现代煤化工产业集群，潞安集团180万吨/年高硫煤清洁利用油化电热一体化示范项目和晋煤华昱年产100万吨/年甲醇项目陆续投产；临汾、晋中、吕梁等地区依托当地丰富的焦炭资源，形成炼焦化产品深加工基地，实现焦炉煤气高附加值利用、煤焦油深加工、粗苯加氢及精制利用，阳煤寿阳煤制乙二醇项目建成投产，宏特煤化工建成15万吨煤系针状焦装置；运城地区依托丰喜集团、青山化工等企业形成化肥和精细化工为特色的大型化工基地；随着大同地区中海油煤制天然气项目、朔州地区煤炭分质分级利用项目的落地，晋北特色煤化工基地建设步伐加快。（董晨阳）

【煤化工发展服务合作】 2019年，山西省组织召开各类座谈会、研讨会、洽谈会，与重点企业负责人及技术专家、科研院所、高等院校权威专家学者研究探讨产业转型升级路径、明确行业发展思路；深入基层开展调研，研究分析行业现状，编制《化工行业2019年行动计划》《焦化行业高质量绿色发展三年行动计划》，明确行业年度推进目标、重点任务和推进措施，推动行业发展。

组织化工焦化企业赴山东省、榆林市、鄂尔多斯市与相关部门单位及企业开展对标活动；深入阳煤化工集团、晋煤集团等单位专题调研，形成《晋城市无烟块煤市场转型产业升级调研报告》《山西省焦化行业发展情况调研报告》；组织召开金融技术推介会，为生产企业、研发平台、金融机构搭建多方合作平台，促进技术成果有效转化，推动产业项目加快建设。（董晨阳）

新材料产业

【概况】 2019年，山西省新材料产业拥有规模以上企业150户，实现营业收入1295.90亿元，部分细分行业处于国内领先地位，部分产品和技术接近国际水平。全省各地市县开发区推进新材料产业发展，涉及以高性能合金等材料生产为代表的金属新材料，以生物可降解聚酯等材料生产为代表的化工新材料，以环保耐火材料与半导体材料生产等为代表的无机非金属新材料，以高性能碳纤维与石墨烯等材料生产为代表的前沿新材料四大产业领域，全年支持推动50家企业开展50个新材料项目建设。

(董晨阳)

【金属新材料产业项目】 2019年，山西省推动金属新材料产业开展土建施工等基础设施建设、设备采购调试和生产工作。大同的山西巴瑞新材料有限公司年产8000吨合金铸件开工建设。太原市精诚镁合金科技有限公司新能源汽车镁合金配件生产线项目，设备采购完毕。山西灵石亨泰荣和金属压铸件有限公司年产10万吨铸件项目(二期)项目进行安装调试。太原市三高能源发展有限公司年产100万件精密高强度汽车配件项目进行土建施工。山西中铝华润有限公司一期轻合金项目完成厂房建设。大同尚镁科技有限公司年产3万吨高性能镁合金轮毂材料及100万只轮毂产业化项目建成4000平方米车间。长治的山西中德新材料科技股份有限公司中德新能源汽车轻量化铝镁合金(通航配套)二期主体钢构工房完成。中海油太原贵金属有限公司铂网催化剂迁(扩)建项目部分投产，吕梁的山西中磁尚善科技有限公司金属磁粉芯电感新材料项目部分投产，大同市云州区栋梁实业发展有限公司年产15000吨航空、航天、高铁、汽车特种专用硬质高精级新材料加工项目、运城的山西东睦华晟粉末冶金有限公司高强度粉末冶金汽车链轮激光淬火生产线项目建成投产。

(董晨阳)

【化工新材料产业项目】 2019年，山西省推动化工新材料产业开展前期工作，推动部分项目基础设施建设和生产工作。吕梁的金晖兆隆高新科技股份有限公司生物可降解聚酯2万吨/年产能提升改造，以及晋城的山西海诺科技股份有限公司新建高性能空心玻璃微珠制备新型系列高科技节能环保保温材料项目(第二期第一阶段)进行前期工作。晋城的山西省投资集团蓝天科技有限公司年产700万升工业尾气净化装置项目开工建设。晋中的山西青科恒安矿业新材料有限公司PVC-RTP高压力管在安装调试。位于山西综改区的太原禄纬堡高端碱性耐火材料建成投产。

(董晨阳)

【无机非金属新材料产业项目】 2019年，山西省推动无机非金属新材料产业开展前期工作，推动部分项目设备采购、基础设施建设和生产工作。位于朔州的山西玉竹新材料科技股份有限公司80kt针状硅酸钙新材料和700万平方米绝热保温硅酸钙板项目进行前期工作。晋城的山西长征动力科技有限公司三元锂动力电池一期项目开工建设。位于山西综改示范区的山西烁科晶体有限公司中国电科(山西)碳化硅材料产业基地(一期)项目主体封顶，山西中电科新能源技术有限公司中国电科(山西)新能源产业基地(一期)主体钢结构施工完工。忻州的山西华晶恒基新材料有限公司蓝宝石晶体及晶片制造加工项目、晋中的山西平晶光电科技有限公司中科钢研节能科技有限公司平遥中科钢研新材料产业基地项目、阳泉的山西贝特瑞新能源科技有限公司30000吨高端人造石墨生产线建设项目、长治的山西中科潞安紫外光电科技有限公司年产3000万颗紫外LED芯片项目设备购安。长治的山西沁新能源集团股份有限公司新创科技分公司锂离子电池负极材料建设项目进行安装调试。朔州的山西晋坤矿产品股份有限公司年产10万吨颜料级超微细煅烧煤系高岭土技术升级改造示范工程项目、朔州的山西三元碳素有限责任公司年产10万吨超高功率石墨电极(含11万吨煤系针状焦)项目、晋中的山西聚贤石墨新材料有限公司聚贤10万吨/年超高功率石墨电极项目部分投产。

(董晨阳)

【前沿新材料产业项目】 2019年，太原的山西钢科碳材料有限公司太钢高端碳纤维千吨级基地三期工程年产1800吨高性能碳纤维项目进行前期工作。山西综改区的山西锦波生物医药股份有限公司III型人源胶原蛋白工业化技改项目、阳泉的山西阳中新材有限责任公司新型纳米二氧化硅气凝胶技术的应用研究及工业性示范项目已开工建设。晋城的陵川县骅磊盛纳米新材料有限公司年产50万吨活性氧化钙和10万吨纳米碳酸钙建设项目安装调试。晋城的山西兰花华明纳米材料股份有限公司年产50万吨纳米新型材料项目和运城的

2019年8月23日，山西省工信厅与晋商银行签署支持新材料产业发展战略合作协议 (董晨阳供图)

山西东方资源发展有限公司年产48万吨无机纤维及其下游产品产业化项目部分投产。临汾博利士纳米材料有限公司年产200吨纳米级硅溶胶中试线研发基地项目和位于运城的中铝山西新材料有限公司碳素系统挖潜创效项目建成投产。（董晨阳）

建材工业

【概况】 2019年，山西省建材企业495户，亏损企业数160户。全省建材行业累计实现营业收入538.80亿元，同比增长4.80%；实现利税56.80亿元，同比下降0.90%；实现利润总额34亿元，同比增长3.30%。（董晨阳）

【建材行业管理】 2019年，山西省加大水泥行业错峰生产和区域市场治理。省工信厅、省生态环境厅联合出台《2019年水泥熟料企业夏秋季错峰生产工作的指导意见》，推动全省水泥企业年错峰生产停窑天数达到160天以上，为控产量、稳价格、增效益、节能减排起到作用。参加晋冀鲁豫C12+4去产能工作小组及晋冀鲁豫蒙陕区域去产能工作协调小组组织的各项会议，了解周边区域水泥技术、市场发展及相关政策信息，营造公平的区域市场发展和营运环境。（董晨阳）

【建材行业发展】 2019年，山西省水泥熟料产量3562.97万吨，同比增长8.27%；水泥产量4982.40万吨，同比增长11.42%；商品混凝土产量3004.96万立方米，同比增长15.89%；陶瓷砖产量6417.42万平方米，同比增长24.26%；砖产量8.80亿块，同比增长9.30%；瓦产量7011万片，同比增长24.66%；石灰石产量392.51万吨，同比增长17.56万吨；平板玻璃产量1846.90万重量箱，同比下降12.95%；石膏板产量2299.50万平方米，同比下降24.28%。（董晨阳）

【建材行业促优】 2019年，山西省做好建材品牌培育工作。完成一年一度环渤海区域建材行业最具影响力企业、知名品牌、诚信企业和技术创新型企业的评选工作。在天津召开环渤海地区建材行业表彰大会暨新闻发布会，2019年山西省有4家企业获“诚信企业”称号、4个品牌获得“知名品牌”、1家企业获得“最具影响力企业”称号。

山西省水泥产业发展战略联盟成立。由山西省建材工业协会牵头，以山西境内水泥企业（含熟料企业和粉磨站）为主体，联合有关企事业单位、高校、科研院所、水泥产业链上下游关联企业等相关机构，按照自愿参与、平等合作、协同互助、责权明晰、融通发展、合作共赢、发展共享的原则，发起成立水泥产业发展战略联盟。

加强职工培训和开展职业技能鉴定。2019年，共对近300多名水泥中央控制室操作员、化学分析、物理检验、质量控制4个工种岗位人员进行理论知识及操作技能培训，经考试合格颁发相应岗位资格证书。2019年7月，聘请国家及省内专家，对部分水泥企业化验室主任和质量统计员进行岗位培训，经考核合格后，颁发相应岗位资格证书。（董晨阳）

国防科技工业

【概况】 2019年，山西省国防科技工业以习近平新时代中国特色社会主义思想为指导，坚决贯彻习近平总书记视察山西重要讲话精神，全面落实省委省政府各项决策部署，壮大军工和民爆经济实力，推动国防科技工业高质量发展，军工经济保持良好的发展态势。全省军工重点项目投资完成额、军工行业主要经济指标均呈现两位数增长，全行业营业收入同比增长9.23%，利润同比增长42.49%，职工年收入同比增长15.71%。（赵登斌）

【武器装备科研生产】 2019年，山西省国防科技工业围绕军品重点型号、重点项目和重要节点，主动对接服务，协调军队、地市有关部门解决中信机电制造公司、中北大学等20个企事业单位23项要素保障和产品配套问题，保障军品科研生产和重点型号任务的“绿色通道”畅通。加强军工固定资产投资项目管理，配合国家国防科工局和相关军工集团对6家企业的7个项目完成验收，对9家单位的22个项目的招标情况进行监督备案。加强许可指导服务和监管，促进军品科研生产能力提升。组织开展26家企事业单位的二类许可年度自查；完成5户企业许可延续现场审查和5户企业许可监督抽查，被查单位全部合格；完成20家企业武器装备科研生产备案凭证审查。建设军民协同创新项目库入库项目169项，新争取科研经费9491万元，全省军工科研项目全部完成。发挥协同创新研究院智库作用，策划专业领域研究课题，组建团队开展研究。（赵登斌）

【军工安全监管】 2019年，山西省国防科工办健全和完善安全生产责任体系。落实企业全员安全生产责任制，对41个军工单位和28个民爆企业下达年度安全生产工作目标责任书，制定军工系统和民爆行业安全生产分级属地监管办法，推动安全生产压力层层传递。突出重点，抓好重要节点安全生产工作，落实风险管控措施，防止各类生产安全事故的发生，全年军工单位和民爆企业共排查整改安全隐患3433条。开展安全生产监督检查，强化军工和民爆隐患排查整改，进行安全生产违规违章行为专项整治、10人以上危险作业场所核查治理和军工危化品登记工作，完成13个单位军工安全生产标准化建设现场评审指导监督，开展为期四个月的安全生产集中整治工作，全年军工系统和民爆行业安全生产形势平稳，完成省政府下达的安全生产控制指标和工作目标。

山西省国防科工办按照上级要求，组织进行重大风险情况分析及预案编制，制定防范化解重大风险攻坚战方案，配合公安部门开展涉枪爆专项整治，完成国家有关枪、弹协查任务，开展第二期军工反奸防谍工作培训。进行军工信访形势分析研判，制定措施，协调解决群众合理诉求，全年接待信访29件、144人次，做到件件有着落、有回音。

山西省国防科工办加强保密日常监督管理，修订完善机关保密管理三个制度，规范涉密人员、涉密载体、涉密会议管理。对机关涉密计算机“三合一”软硬件系统进行调整升级，并启用自查自评系统，安装互联网自动监测系统。改进和加强军工保密资质政策的宣讲辅导，为扩大“民参军”提供服务。开展新建军工项目周边安全保密环境现场审核工作，成为较早开展该项工作的省份之一，得到国家国防科工局的肯定。夯实保密保卫基础，全年未发生失泄密案件和邪教人员滋扰破坏等事件。（赵登斌）

【民爆安全监管】 2019年，山西民爆行业贯彻落实《工信部关于推进民爆行业高质量发展意见》，制定《山西省民爆行业高质量发展实施规划》，以建设民爆强省为目标，以深化改革为主题，推动企业技术创新，提高智能制造和本质安全水平；持续推动企业拆线撤点工作，化解过剩产能，增加优质供给；持续推动企业重组整合，做大做强，实现全省民爆行业安全发展、高质量发展。

2019年，山西省国防科工办推进全省民爆企业重组整合。省属国有4家民爆生产企业重组整合为山西省民爆集团公司，完成挂牌。组建集团组织机构，实现三证合一，产品结构布局、产能调整等各项工作有序推进，民爆企业重组整合实现历史性突破。壶化集团收购河南汤阴昊安公司4200万发工业雷管产能，并全部置换为数码电子雷管。制定全省工业雷管整合规划。

2019年，山西省国防科工办贯彻落实工信部《民爆行业安全管理水平提升三年专项行动计划》，强化企业安全生产主体责任的落实和地方各级政府监管责任的落实，层层签订安全生产工作目标责任书，落实公司季查、分公司月查、车间周查、班组日查的隐患排查治理工作制度。省、市、县安全监管部门加大监管力度，组织各企业开展安全生产专项整治、集中整治和安全隐患自查等活动，发现安全隐患得以消除，始终保持全省民爆行业安全形势持续向好的态势，全年未发生生产安全事故。全年共为11个生产企业办理延续生产许可证，办理安全生产许可和销售许可事项30件（次）；硝酸铵出口实现窗口一站式办结，出口审批212件，出口硝酸铵1.78万吨；对全省民爆企业178名主要负责人和安全生产管理人员进行安全管理培训。（赵登斌）

消费品工业

【概况】 2019年，山西省消费品工业规模以上企业488家，工业增加值同比增长11.50%；主营业务收入937亿元，同比增长0.40%；利润73.80亿元，同比增长15.30%。

（黄永建　王　彬）

【食品行业经济指标】 截至2019年底，山西省食品工业规模以上企业共281家，规模以上企业共完成营业业务收入592.40亿元，同比下降1.10%；利润总额53.20亿元，同比增长31%；利税总额122.90亿元，同比增长14.30%。

农副食品加工业。1月至12月，全省规模以上企业152户，实现营业收入229.50亿元，同比增长0.70%；利润总额8.30亿元，同比增长93%；利税总额8.90亿元，同比增长78%。其中，食用植物油加工营业收入同比增长9.50%，利润持平；肉制品加工完成营业收入15.50亿元，同比增长2%。

食品制造业。1月至12月，全省75家规模以上企业，实现营业收入125.40亿元，同比增长3.40%；利润总额9.20亿元，同比增长15%；利税总额12.80亿元，同比增长10.30%。其中，乳制品制造业略有涨幅，共完成营业收入36.70亿元，同比增长7.30%；食醋类制造业有所回落，共完成营业收入15.20亿元，同比下降15.10%；利润总额同比下降5.90%。

酒、饮料和精制茶制造业。1月至12月，全省实现营业收入191.60亿元，同比下降7.30%；利润总额31.80亿元，同比增长28.20%；利税总额82.70亿元，同比增长15%。其中，白酒制造业有所下滑，累计完成营业收入136.90亿元，同比下降9.20%，利润总额同比增长31.10%，利税总额同比增长16.20%。在饮料制造中，果菜汁饮料制造规模企业21家，营业收入较同期下降4.20%，利润总额同比下降28.60%。

烟草制造业。2019年完成营业收入45.90亿元，同比增长6%；利润总额3.90亿元，同比增长11.40%；利税总额30.40亿元，同比增长6.30%。

（黄永建　王　彬）

【医药行业经济指标】 2019年，全省现有医药企业130余家，其中规模以上企业94家。2019年，工业增加值增长3.40%；完成主营业务收入230.30亿元，同比增长8.90%；实现利润18.20亿元，同比下降10.80%。主要产品产量：原料药青霉素盐类4584吨、克拉维酸钾1000吨、头孢类100吨、土霉素2594吨、甲硝唑403吨。（董晨阳）

【轻工行业经济指标】 2019年，全省现有规模以上企业73家。2019年，工业增加值增长8.20%；主营业务收入249亿元（统计局分类117.10亿元），同比下降4%；利润5亿元，同比下降3.80%。主要产品产量：日用陶瓷32亿件，日用玻璃25.40万吨，机制纸及纸板60.90万吨，烟草产量153亿支，塑料制品17.32万吨。（董晨阳）

【纺织行业经济指标】 2019年，全省现有纺织企业340余家，其中规模以上企业41家。2019年，工业增加值下降3.90%；主营业务收入43.20亿元，同比下降2.90%；利润1.30亿元，同比持平。主要产品产量：棉、麻及混纺纱2.50万吨，棉、麻及混纺布2000万米，印染布2亿米，服装2000万件。

（董晨阳）

【重点项目建设】 2019年，山西重点支持宗酒白酒自动化生产技术改造、振东制药抗肿瘤药物拉洛他赛脂质系列产品创新研制和产业化项目等7

个项目，累计支持资金4110万元。按照“事后奖励、事前拨付、递进奖励、未过收回”的原则，制定仿制药一致性评价奖励方案，支持首批8户企业13个品种，下达奖励资金1775万元。（董晨阳）

【产品质量提升】 2019年，山西省组织召开全省食品工业企业诚信管理体系国家标准暨婴幼儿配方乳粉质量安全追溯体系建设培训，推动工信部将汾酒股份纳入全国白酒质量安全追溯体系建设第一批试点单位，推动山西雅士利接入全国食品工业企业质量安全追溯平台。（董晨阳）

【产业交流合作】 2019年，山西省组织振东、汾酒、锦波等5户企业参加中国（山西）·韩国投资贸易恳谈会、全罗南道“山西日”活动，开展专题推介和特色产品展示。组织服装、塑料、陶瓷等重点企业到江苏、上海、山东、浙江等省市，开展对标交流。在山西工业转型成果展期间，组织23家企业对73个门类175件重点产品展示。协助中汾酒业解决生产许可、不动产登记等22个问题，推进汾酒集团与中汾酒业深度合作。（董晨阳）

【食品行业活动】 2019年，山西省食品行业参与或举办多项活动，促进行业共同发展。

5月22日，由中国调味品协会食醋专业委员会、调味料酒专业委员会、清徐县人民政府联合主办的2019年中国食醋及调味料酒产业创新发展论坛在太原召开。

6月18日，山西2019年食品安全宣传周活动在太原启动。24家知名食品企业组成的方阵现场向全社会承诺“守卫食品安全，让消费更放心”。

6月27日，2019全国食品安全宣传周（山西）系列活动之一“互联网+食品安全”交流研讨会，在太原举行。

8月23日，2019（山西·杏花村）比利时布鲁塞尔国际烈性酒大奖赛在汾阳市举行开幕式并正式开赛。来自59个国家和地区的1748款酒品参赛，其中国际样品酒1125款，国内样品酒623款。邀请的国内国际评委来自29个国家和地区，共计104名，其中国际评委84名。

11月28日，山西省食品工业协会联合山西杏花村汾酒厂股份有限公司、山西省酿酒工业协会等五家酒企共同起草的《清香型大曲白酒》团体标准正式发布，12月20日开始实施。

12月1日起，《山西小米》团体标准正式实施。该标准由山西省粮科所、山西省农科院谷子所、山西粮食质量监测中心、山西大学生命科学学院、山西省杂粮学会、山西功能农业研究院、山西省农科院农产品加工研究所联合起草，适用于使用“山西小米”区域公共品牌商标的小米。

（黄永建 王 彬）

【绿色食品、有机农产品认证】 2019年4月7日，山西省农业农村厅公布2019年绿色食品、有机农产品认证名录，有290个单位、473个产品获得绿色食品认证，44个单位、136个产品获有机农产品认证。（黄永建 王 彬）

【山西食品企业获多项传统食品奖项】 2019年7月30日，由中国食品工业协会主办的全国食品工业科技进步与质量工作会议同期举行。山西省获奖企业有“中国传统食品标志性产品”：六味斋名干系列产品、山西老陈醋、平遥牛肉；“中国传统食品工艺大师”：山西老陈醋制作技艺武耀文；六味斋酱肉制作技艺曲书平、武志明，豆制品制作技艺巩宝亮。

（黄永建 王 彬）

表29 2019年山西省分地区食品工业经济效益主要指标表

单位：亿元

指标代码	企业单位数	营业收入		利润总额		利税总额	
		总量（亿）	增减%	总量（亿）	增减%	总量（亿）	增减%
山西	281	592.40	−1.10	53.20	31	122.90	14.30
太原	34	117.80	4.80	9.30	16.30	37.20	7.50
大同	19	10	−7.40	0.10	−83.30	0.30	−62.50
阳泉	5	2.70	8	0.10	0	0.10	0
长治	21	51.30	8	0.80	166.70	1.30	62.50
晋城	11	18.30	32.60	0.90	125	0.60	500
朔州	22	23.50	0.40	1.10	83.30	1.70	41.70
晋中	49	94.90	18.30	4.70	235.70	6.60	83.30
运城	44	45.70	−10	3	15.40	3.50	6.10
忻州	22	9.70	5.40	0.50	0	0.60	−25
临汾	12	8.70	−7.40	−0.10	0	0	−100
吕梁	42	209.90	−12.20	32.70	24.30	70.80	13.60

中小企业

【中小企业发展】 2019年，山西省中小企业高质量创新转型发展。

全面调查摸底。建立完善年主营业务收入500—2000万元的基础企业培育库和1000—2000万元的重点企业培育库，加强跟踪监测，实施动态调整。强化帮扶指导。围绕目标任务，完善帮扶机制，省市县三级上下联动，开展入企服务，攻难点、解苦点、缓痛点、疏堵点，解决企业上规升级意愿不强、潜力不大、动力不足等突出问题。落实资金奖励。安排专项资金对2018年首次达到规模以上的522户小微工业企业进行奖励。通过“培育一批、改造一批、引进一批”三条途径，扭转2013—2016年全省规上工业企业户数逐年递减的态势，为全省工业经济增添新骨干。到2018年底，全省规上企业数量创历史新高，首次突破4000家，达到4164户，较2016年净增616户。截至2019年底，主营业务收入达到2000万元以上的达到494户。

发展步伐加快。从发展规划、资金扶持、素质提升等方面，打出政策组合拳，引导中小企业走“专精特新”发展之路。加强整体规划。结合“中国制造2025”、智能制造、互联网+等重大战略，研究制定《全省中小企业“专精特新”培育五年行动计划》。强化政策支持。研究出台《关于进一步促进中小微企业创业创新转型发展的若干措施》，对认定的省级“专精特新”中小企业给予不超过30万元的一次性奖励。提升素质。组织100名“专精特新”中小企业董事长、总经理到北京大学进行系统进修培训，引领提升企业综合素质。注重梯次培育。建立“专精特新”“小巨人”“单项冠军”梯次培育计划，首次开展专精特新“小巨人”企业、行业及细分市场“单项冠军”企业培育认定工作。全省新培育认定“专精特新”中小企业累计达到712户以上，一批主营业务突出、竞争力强、成长性好、专注于细分市场的中小企业脱颖而出；2019年首次认定省级专精特新“小巨人”企业26户，被国家工信部认定国家级专精特新“小巨人”企业2户；将对申报的85户中小企业进行“单项冠军”评审认定。

发展环境优化。修订《促进发展条例》。根据省人大常委会的立法工作安排，成立《山西省促进中小企业发展条例》（简称《条例》）起草组，开展《条例》立法相关工作。通过研究国内外最新政策、坚持问题导向、坚持开门立法、开展调研及吸收借鉴先进的经验等方式，形成《条例（草案）》第三稿。

推进政策落地。组织相关专家，以宣传贯彻《中小企业促进法》为主线，举办“送政策、送专家、送服务”到基层和“法律进企业”的“三送一进”服务活动。通过相关新闻媒介宣传、微信公众号推送，中小微企业扶持政策的社会知晓率提高。召开省促进中小企业发展领导小组办公室会议，推动各成员单位抓好中办国办印发的《关于促进中小企业健康发展的指导意见》贯彻落实。组织开展“回头看”活动，对中小微企业扶持政策落实情况进行全面梳理，总结评估、推动落实。

维护合法权益。设立多个“山西省中小企业维权服务工作站”，开通“法律百事通”服务热线，建立法律维权公共服务平台，开展中小企业普法宣传教育、企业健康巡诊等活动，提供法律咨询服务，保障中小企业的合法权益。

开展帮扶指导。建立服务企业常态化机制，健全领导干部联系帮扶企业工作制度，省市县三级选派精兵强将，开展帮扶服务，参加“万名干部入企服务”“民营企业走访调研”等多项活动，践行“亲”“清”新型政商关系，宣传解读政策、开展专题调研、组织供需对接、实施跟踪辅导，帮助解决困难。

（边　疆）

2019年11月1日，山西省工信厅在山西省展览馆组织召开山西省现代物流与供应链联盟成立大会（董晨阳供图）

【中小企业创新创业工程】 开展双创活动。2019年，“创享行”沙龙活动举办8期，参加正式对接路演企业58家。举办2019年“创客中国”山西省中小企业创新创业大赛。全省报名参赛项目达到832家，12个项目进入全国500强，5个项目进入全国200强。获工信部、财政部“创客中国”大赛秘书处颁发的优秀组织单位荣誉。

推进“双创”基地建设。新认定省级小微企业双创基地19家，新公告省级双创示范基地6家，向国家推荐3家优秀单位申报国家级双创示范基地。截至2019年底，全省省级小微企业双创基地达到165个，入驻企业6455余户，吸纳就业13.50万余人，取得经济效益和社会效益。

打造双创特色载体。会同省财政厅组织开展2019年国家中小企业创新创业特色载体申报建设工作，太原经济技术开发区建设双创提质升级开发区试点获国家正式认定。积极支

持全省各优质省级开发区打造省级大中小企业融通型创新创业特色载体，忻州开发区等5家开发区申报。

（边　疆）

【中小企业公共服务体系完善】 推进平台网络运营水平。印发《省级枢纽平台运营考核办法》《窗口平台运营评价办法》及《专业子平台管理办法》，规范平台网络运营管理。截至2019年底，省中小企业服务平台上企业注册数达到46041个，服务机构注册数达到1586个，开展服务活动次数达到2148次。推进服务活动开展，举办第二届全省中小企业服务对接活动，200多家服务机构和800多家中小企业参加，涉及股改挂牌、股权投资立项、创业贷款、财税服务、法律服务、咨询管理等方面，效果显著。

加强服务机构培育。开展第八批省级示范平台认定工作，新认定21家服务机构为省级中小企业公共服务示范平台，有3家服务机构被认定为2019年度国家级公共服务示范平台。截至2019年底，全省国家级示范平台达到6家，省级示范平台达到55家。开展典型企业三年服务计划工作，选取一批典型企业，集聚优质服务资源，精准对接服务，帮助企业做精做实，做大做强。

优化人才培训。组织举办清华大学山西省中小企业、民营企业董事长研修班，北京大学山西省“专精特新”中小企业专题研修班，浙江大学山西省脱贫攻坚专题研修班，组织到德国研修。组织举办第五期和第六期山西省中小企业大讲堂。指导各市中小企业主管部门开展企业人才培育工作，帮助各市协调联系培训机构、授课老师等培训资源，协助各市做好培训课程制定，解答各地在组织培训过程中遇到的疑惑，针对各地遇到的困难和问题，帮助分析、提供解决方案。截至2019年底，指导各市中小企业主管部门培训各类中小企业人员5000余人，培训取得良好效果和社会反响。

2019年9月10日，山西省工信厅主办，太原市工信局、山西省股权交易中心承办的“企业创新板”2019年第一批集中挂牌活动在山西省股权交易中心成功举办

（董晨阳供图）

帮助开拓市场。组织省内企业参加第十六届中国国际中小企业博览会、津洽会、中部六省博览会、厦洽会等国内外展会。成功申报“一带一路”(祁县)中小企业特色产业合作区、联合相关部门和祁县县委县政府共同主办第二届中国(祁县)玻璃器皿博览会暨“一带一路”中小企业特色产业产品交易会，促进中小企业的对外交流合作。

加强运行监测。建立完善省市县乡“四级联动”和全面统计、22个产业集群、50个创业基地、1500户重点企业、200户企业手机快速调查“五位一体”的运行监测体系，全面掌握运行情况，强化预测预警分析，为各级各部门指导中小企业发展提供决策依据，为全省经济保持总体平稳发展态势作出贡献。

（边　疆）

【城镇集体工业】 2019年，山西省城镇集体工业联合社(以下简称“城联社”)发展情况、定位及经济来源各不相同。有11个市直县(处)级建制城联社，其中太原、大同、晋中、忻州、长治、晋城、吕梁、临汾和运城9家市城联社为参公事业单位，全额财政拨款；阳泉、朔州2家市城联社为全额财政拨款事业单位。截至2019年底，市级城联社机关共有编制264人，实有在职人员228人。

全省117个县(市区)有101个县(市区)设有城联社，其中，31个为参公事业单位，37个为全额事业单位，18个为差额事业单位，10个为自收自支事业单位，5个为经济实体，其他16个单位或因在2010年机构改革后无事业单位法人登记证，单位性质不明确，或与其他单位合署办公。截至2019年底，县级城联社共有编制1033个，实有在职职工942人。

截至2019年底，全省城联系统职工总数82952人，其中在职职工48224人，离退休职工34728人。资产总额358亿元，负债总额188亿元。2019年完成工业总产值124亿元，主营业务收入118亿元，工业增加值53亿元，实现利税24亿元。（孙红秀）

表30　2019年山西省限额以上食品加工业商品零售额及其增长速度统计表

单位：亿元

指　标	绝对数	比上年增长(%)
粮油、食品类	208.30	6.80
饮料类	24.80	−1.30
烟酒类	77.90	2.90

表31　2019年山西省食品工业主要产品产量及其增长速度情况表

产品名称	计量单位	总产量	同比增长(%)
粮　食	万吨	1361.80	−1.30
其中:玉　米	万吨	939.40	−4.30
小　麦	万吨	226.20	−1
谷　子	万吨	50.50	6.80
豆　类	万吨	34.20	−3.90
薯　类(折粮)	万吨	60.80	17.90
油　料	万吨	13.70	−11.40
蔬菜及食用菌	万吨	827.80	0.70
水　果	万吨	862.70	14.90
其中:瓜果类	万吨	54.50	2.90
园林水果	万吨	808.20	15.90
食用坚果	万吨	24.50	95.80
其中:核　桃	万吨	23.70	98
其中:猪　肉	万吨	56.80	−9.10
牛　肉	万吨	6.60	1.70
羊　肉	万吨	8	−1.20
禽、蛋	万吨	111.40	8.60
水产品	万吨	4.60	−3.10
方便面	万吨	1.80	−3.60
小麦粉	万吨	9.30	0
乳制品	万吨	47.20	3.70
液体乳	万吨	50.90	13.20
罐　头	万吨	2	100
糖　果	万吨	0.40	8.90
食　醋	万吨	48.90	−8.70
白　酒(折65度商品量)	万千升	20.90	23.50
啤　酒	万千升	18	1
饮料酒	万千升	40.50	16.90
饮　料	万吨	119.50	11.80
其中:碳酸饮料类	万吨	19	4.40
包装饮用水	万吨	38.10	13
果汁和蔬菜汁饮料	万吨	20.50	6.80
卷　烟	亿支	153	2.70

(黄永建　王　彬)

表 32 2019 年山西省主要工业产品产量统计表

产品名称	计量单位	2019 年	同比(%)	2018 年	同比(%)
原煤	万吨	97109.40	6.10	89340	3.70
焦炭	万吨	9699.50	2.80	9256.20	11.30
水泥	万吨	4982.40	11.40	4127.30	15.70
生铁	万吨	5557.10	9.30	4761.30	14.80
粗钢	万吨	6039.10	12.10	5386.20	19.90
钢材	万吨	5594.20	14.20	4903.30	17.80
原铝	万吨	78.90	−20	93.30	−5.30
氧化铝	万吨	1996.30	−1.30	2024.50	2.30
发电量	亿千瓦小时	3238	3.70	3041.70	8.80
煤层气	亿立方米	64.10	13.70	3041.70	8.80
化学药品原药	吨	26749.10	−8.20	27830	2.50
手机	万台	1862.20	−5.90	1979.40	−3.30
新能源汽车	辆	57764	31.90	43778	167.90
光伏电池	万千瓦	484.20	41.20	349.30	71.10
光缆	万芯千米	94.60	−31.10	137.40	−34.40

表 33 2019 年山西省重点行业用电情况统计表

单位:%

行 业	2019 年	同比%	2018 年	同比%
全省工业用电	1722.80	3.30	1667.10	7.90
煤炭行业	299	3.90	287.80	11.10
钢铁行业	292.20	−0.50	293.70	10.80
有色行业	156.50	−17	188.50	5.90
化工行业	183	4.90	174.50	1.70
电力行业	444.80	7.80	412.70	3.20
汽车制造业	1.80	100.70	0.87	49.20
食品行业	14.30	8	13.20	10
铁路船舶航空航天制造	4.40	−22.30	5.70	48.60
计算机通信电子制造业	7	1.30	6.90	850.40

表34 2019年山西省规模以上工业主要行业增速情况统计表

主要行业	增加值(%)	
	12月	1—12月
总 计	2.80	5.30
一、能源工业	0.60	3.90
煤炭工业	−1.10	4.10
煤层气采掘业	12.70	17.50
炼焦工业	2.20	0.20
电力工业	9	4.40
新能源发电	14.30	3.20
热力燃气工业	−7.70	2.80
二、材料与化学工业	9.90	5.30
钢铁工业	21.20	9.60
有色金属工业	−15.20	−7
建材工业	1	7.30
化学工业	5.70	1.50
三、消费品工业	7.90	11.50
食品工业	13.40	15.80
医药工业	−4.30	3.40
纺织工业	27.80	−3.90
其他消费品工业	8.50	8.20
四、装备制造业	−9.30	7.20
通信设备制造业	1.40	6.70
汽车制造业	−12.10	16.90
重型装备制造业	−36	2.10
新能源装备制造业	35.90	18.60
其他装备制造业	3.60	4.30
五、其他工业	86.40	44.50
总计中:非煤工业	6.30	6.50
制造业	6.70	7

注:数据由省统计局提供;统计口径为规模以上工业企业。

表 35　2019 年山西省重点监测产品产量情况统计表

产品名称		单　位	1–12 月	同比增长(%)
煤炭	原煤	万吨	97109.40	6.10
焦炭	焦炭	万吨	9699.50	2.80
煤层气	煤层气	亿立方米	64.10	13.70
冶金	生铁	万吨	5557.10	9.30
	粗钢	万吨	6039.10	12.10
	钢材	万吨	5594.20	14.20
	原铝	万吨	78.90	−20
	氧化铝	万吨	1996.30	−1.30
	铁合金	万吨	165	−0.30
	不锈钢	万吨	417.60	0.20
	精炼铜	万吨	13.80	−23.30
	金属镁	万吨	11.70	18.30
化工	硫酸(折 100%)	万吨	49.50	−0.90
	化肥(折纯)	万吨	398.50	6.40
	尿素(折含 N100%)	万吨	334.80	3.30
	聚氯乙烯树脂	万吨	95.60	8.80
	精甲醇	万吨	369	10.60
	合成橡胶	吨	54991.20	17.90
建材	水泥	万吨	4982.40	11.40
	平板玻璃	万重量箱	1846.90	−12.90
轻工	纱	吨	24891.50	−18.10
	布	万米	2067.20	−13.80
	机制纸及纸板	万吨	60.90	13.50
	合成洗涤剂	吨	67527.70	1.40
食品	卷烟	亿支	153	2.70
	白酒(折 65 度,商品量)	千升	209322.90	23.50
	软饮料	万吨	119.50	6.40
	液体乳	万吨	50.90	13.20
	食醋	万吨	48.90	−8.70
其他	汽车	辆	65780	−40.20
	改装汽车	辆	48166	14.40
	新能源汽车	辆	57764	31.90
	车轴	吨	90496.40	−6.70
	手机	万台	1862.20	−5.90
	化学药品原药	吨	26749.10	−8.20
	光伏电池	万千瓦	484.20	41.20
	光缆	万芯千米	94.60	−31.10

表 36　2019 年山西省重点工业产品价格变化情况（含税价）统计表

产品名称	单位	2019 年平均价	增减	同比%
环渤海动力煤	元/吨	574.40	3.60	0.60
5500 动力煤（太原）	元/吨	542.80	−2.60	−0.50
5000 动力煤（太原）	元/吨	483.50	−30.90	−6.40
主焦煤（太原）	元/吨	1331.50	30.60	2.30
喷吹煤（太原）	元/吨	934	−96.20	−10.30
化工煤（太原）	元/吨	947.40	−151.10	−15.90
一级冶金焦炭	元/吨	1941.90	−208.20	−10.70
二级冶金焦炭	元/吨	1764.30	−227.40	−12.90
线材	元/吨	3756.70	−158.30	−4.20
304B 不锈钢	元/吨	15078.80	−354.50	−2.40
电解铝	元/吨	13998.70	−194.80	−1.40
氧化铝	元/吨	2696.90	−254.20	−9.40
尿素	元/吨	1741.70	−159.10	−9.10
甲醇	元/吨	1952.90	−638.40	−32.70
聚氯乙烯	元/吨	6567.50	−2.30	0
氯丁橡胶	元/吨	31667.20	−1563.10	−4.90
水泥	元/吨	337.10	27.10	8
平板玻璃	元/重量箱	66.40	2.40	3.60

（董晨阳）

建筑业

综 述

【概况】 2019年，山西省住房和城乡建设厅(简称省住建厅)制定出台《关于加快培育我省全过程工程咨询企业的通知》，推进工程建设组织管理模式改革，提升工程建设项目投资决策水平和工程质量效益；推动山西省全过程工程咨询行业快速发展，促进企业做大做强做优；培育高端工程咨询专业人才队伍。印发《关于简化住房城乡建设领域企业资质申报材料的通知》和《关于部分建筑业企业资质审批试行告知承诺制的通知》，持续深化建筑业"放管服效"改革，推进工程建设项目审批制度改革；强化建筑业运行监测，坚持月分析、月调度、月排名，及时查找问题、制定措施，确保全省建筑业运行平稳。全年全省完成建筑业总产值达4653.30亿元，比上年增加581.80亿元，同比增长14.30%。

2019年，山西省共有建筑施工企业2999个，较上年度增加7个。建筑从业人员113万人，较上年度增加4万人。建筑业总产值4653.28亿元，较上年度增加556.23亿元。建筑业竣工产值1675.32亿元，较上年度增加167.94亿元。建筑房屋竣工面积3836万平方米，较上年度增加81万平方米。建筑企业资产负债率75.30%，较上年度减少1.10%，产值利润率2.20%，较上年减少0.10%。 (米玉婷)

【建筑市场监管】 2019年，省住建厅制定印发《房屋建筑和市政基础设施工程设计招标评标办法》，规范山西省房屋建筑和市政基础设施工程设计招标评标活动，维护建筑市场秩序，保证工程质量安全，保护招标投标当事人的合法权益；加强建筑市场监督执法检查力度，印发《关于开展2019年度建筑市场"双随机、一公开"执法检查工作的通知》，随机抽取289个在建工程项目进行市场行为检查，涉及建设单位264家、施工单位274家、监理单位208家，对问题比较突出的255个项目下达216份执法建议书，形成建筑市场执法"风暴效应"；开展资质动态考核，为459家勘察、设计、监理核定动态考核结论，作为市场监管、招标投标和评优评先参考依据；加强企业批后监管力度，全年共撤回、注销、撤销338家企业相关资质(其中建筑业249家，勘察设计64家，监理25家)。 (米玉婷)

【建筑科技】 2019年，省住建厅开展建设科技成果登记和转移转化工作，加强全省建设行业科技成果管理，规范科技成果登记与发布等相关事项，及时、准确和完整地汇集发布科技成果信息，促进行业科技成果转移转化，经省级以上部门鉴定和专家审

2019年，山西省建筑业生产继续保持较快增长的态势，同比增长14.30%，比全国平均5.70%的增速快8.60个百分点 (省住建厅供图)

定，90项建设科技成果予以登记。开展科学技术计划项目申报工作，列入住房和城乡建设部科学技术计划项目11项，山西省科技厅科学技术计划项目5项，省住建厅科学技术计划项目30项。（米玉婷）

【智慧建筑信息化建设】 2019年，省住建厅会同省建设银行开发建设"智慧建筑管理服务信息"平台，形成集建筑用工管理、建筑市场监管、工程建设企业信用评价、项目现场信息化监管、工程担保管理、建材价格发布、建筑市场运行监测于一体的综合化管理服务信息平台，构建工程建设领域的大数据分析决策系统，全面提升建筑行业信息化水平，推动政府职能向"减审批、强监管、优服务"的模式转变。依托"智慧建筑"平台，试行开展建设工程企业信用评价工作，完成857家建设业企业信用评价（其中建筑工程施工总承包二级以上企业541家，工程勘察企业44家，设计甲级资质企业108家，工程监理企业164家），评价结果作为企业招投标、评优评先的参考依据，督促引导全省建设类企业诚信经营，营造公平公正的建筑市场环境。（米玉婷）

建筑质量

【概况】 2019年，山西省共发生房建与市政工程生产安全事故8起，死亡11人，同比事故起数减少10起、死亡人数减少7人；推进工程质量安全提升行动，落实工程质量终身责任制，实现"两书一牌"全覆盖，工程质量保持总体受控状态。（米玉婷）

【建筑施工安全监管机制完善】 2019年，山西省住建厅制定《危险性较大的分部分项工程安全管理实施细则》和《山西省建筑施工安全手册》；印发《关于切实做好工矿商贸企业建筑施工安全生产工作的通知》，解决监管缺位问题；印发《关于进一步加强全省农村"煤改气"工程质量安全监督管理工作的通知》，严格农村"煤改气"工程建设管理程序。（米玉婷）

【安全专项整治】 2019年，山西省住建厅下发《深化建筑施工安全生产专项整治和开展安全"体检"工作方案》，围绕建筑工程质量安全、城市轨道交通、城镇燃气、农村"煤改气"工程、建筑外墙外保温系统等9个方面开展集中检查。针对太原市连续发生2起污水管网施工安全事故，印发《关于开展全省污水管网施工和污水处理运营维护安全专项整治的通知》，开展为期2个月的专项整治。（米玉婷）

【安全常态监督】 2019年，山西省住建厅开展"三个专项行动"集中检查工作，对太原、忻州、阳泉、晋中、吕梁5市住建领域安全管理进行集中检查，共抽查房屋建筑与市政基础设施工程45项、城镇燃气企业8家、汽车加气站15个、农村"煤改气"项目3项、桥梁（涵洞）11个、农村既有房屋12处，发现安全隐患183条，责令16个项目限期整改，责令6个项目（企业）停工整改。组织开展2019年度建筑工程质量安全"双随机、一公开"执法检查，共检查11个市35个项目，发现隐患298条，通报项目8个，省、市挂牌督办项目11个，涉及施工企业19家，将通报、督办企业记录不良信用信息，扣综合信用分10分。9月17日至20日，住建部对山西省太原市房建市政工程4个项目和轨道交通项目4个标段，开展全国建筑市场和工程质量安全监督检查，下达执法建议书1份。（米玉婷）

【装配式建筑推动】 2019年，山西省统筹推进装配式建筑产业基地、示范项目建设，加快完善地方标准，召开工作会、产业基地推介会、示范项目观摩会、设计导则宣传贯彻会，调动主管部门和各方主体积极性，推动装配式建筑发展。印发《山西省装配式混凝土建筑工程施工质量管理技术导则（试行）》《山西省装配式建筑设计导则》《装配式建筑评价标准》等。全年认定省级装配式建筑产业基地12个，示范项目5个。新开工装配式建筑559.85万平方米。（米玉婷）

【工程质量管理制度健全】 2019年，山西省住建厅编制《山西省工程质量管理手册》和《山西省工程安全管理手册》，印发《山西省装配式混凝土建筑工程施工质量管理技术导则（试行）》《山西省建筑工程质量管理标准化工作方案》，工程质量管理制度体系进一步完善。（米玉婷）

【工程质量控制】 2019年，山西省所有在建项目"两书一牌一档"全覆盖，工程质量保持总体受控状态。2019年，全省共创建中国建设工程鲁班奖3项，国家优质工程奖8项；山西省汾水杯质量奖32项，省级优良工程60项，省级优质结构工程136项。（米玉婷）

【房建工程质量监管】 2019年，山西省住建厅组织开展全省在建安置住房和保障性住房质量专项排查工作，对工程质量责任落实、工程实体质量及执法检查情况逐一排查。开展房地产项目工程质量安全和保障性住房工程质量安全2次监督执法检查，通报项目4个。省市县三级住建部门开展质量安全监督执法检查3582余次，检查工程6175项，下发监督执法检查整改单5018份。（米玉婷）

【施工图审查制度】 2019年，山西省住建厅印发《关于进一步深化施工图审查制度改革加强勘察设计质量管理的意见（试行）》，从7月1日起取消施工图审查环节，实行勘察设计质量承诺制、重要工程专家论证制。（米玉婷）

【工法标准与鉴定】 山西省住建厅批准709项为2018年度省级施工工法，完成920项关键技术鉴定工作。87项工程作为2018年度建筑业新技术应用示范工程通过验收。确定202个项目为2019年度山西省建筑业新技术应用示范工程项目。（米玉婷）

【建工技能大赛】 2019年9月6日至8日，山西省住建厅联合省人社厅、省教育厅、省总工会、团省委举办2019年中国技能大赛——山西省“建投工匠杯”建筑职业技能大赛。大赛由山西建筑职业技术学院承办，山西省城乡建设学校协办，中铁三局集团有限公司、中铁十二局集团有限公司、中铁十七局集团有限公司、山西建设投资集团有限公司提供技术支持，大赛分为砌筑、电焊、防水、钢筋四大工种。共有来自11个市、15支代表队、204名选手(砌筑50名、电焊56名、防水45名、钢筋53名)参加，共有44名选手获各类个人奖项，3支队伍获团体奖，7支队伍获突出贡献奖，4支队伍获最佳进步奖。（米玉婷）

建筑管理

【工程建设项目审批管理】 2019年5月20日，山西省政府办公厅印发《山西省全面推进工程建设项目审批制度改革的实施方案》，部署全省改革工作。山西省住建厅牵头抓总，协调省直17个部门强化顶层设计，全面落实“减、放、并、转、调”等改革举措，实施审批流程再造，省、市分别制定配套制度办法（试行)30个和323个，建立起一套统一完整的审批管理制度体系。审批事项由改革前的107项压减至62项，压减42.10%；申请材料由220项精简至97项，减少55.90%；工程建设项目从立项到竣工审批时间减至97个工作日内，一般性工业项目审批时间减至45个工作日内。（米玉婷）

【省市县三级线上审批系统全覆盖】 2019年，山西省住建厅采用“省统筹建设、市(含综改区)细化部署、一竿子插到底”的建设模式，于2019年6月24日在全国率先建成覆盖省市县三级的工程建设项目审批管理系统。系统具备项目前期策划生成、全流程并联限时审批、事中事后监管三大功能。8月14日，山西省11个设区市全部实现工程建设项目线上审批，至年底，通过系统完成462项工程建设项目审批手续。（米玉婷）

【建筑新技术推广】 2019年6月11日至14日，省住建厅组织开展2019年度建筑节能宣传周活动。结合绿色建筑、装配式建筑及新技术、新产品推广等工作，组织开展装配式建筑产业基地推介会、装配式建筑项目观摩会、山西省装配式建筑设计导则宣贯会、全省建筑节能和绿色建筑集中示范区建设座谈会、建筑节能产品(技术)推广交流会等形式多样、内容丰富的宣传活动。开设《山西建设大讲堂》，主旨是“解读最新政策、推广先进技术、分享发展经验、促进山西建设”。2019年，讲座以绿色高质量发展为主题，邀请国内知名专家专题演讲《点绿成金的探索》《业主是建筑创新发展的发动机——以BIM技术应用为例》《敢为天下先 永远争第一——“空中造楼机”》等。（米玉婷）

【工程建设标准体系表编制】 2019年，省住建厅将现行和在编的国家标准、行业标准、地方标准进行梳理，提出今后一段时间急需和待编的标准目录近400项，构成山西省工程建设标准体系表(共分规划设计、质量安全、节能科技、城建交通、房地产与村镇建设5个分体系表)，完成工程建设标准体系夯基垒台、立柱架梁的工作。（米玉婷）

【建筑标准设立】 2019年，省住建厅批准发布城市综合管廊工程、建筑信息模型(BIM)应用、土壤源热泵系统工程、建筑固废再生利用、农村危险房屋改造加固、太阳能热水系统建筑一体化、地下连续墙等技术标准和养老服务设施、电动汽车充电站及充电桩等建设标准24项，数量位居全国第4。（米玉婷）

【工程计价规范标准】 2019年，省住建厅联合省发改委、省财政厅在全国率先制定印发《在我省房屋建筑和市政基础设施工程中推行施工过程结算的通知》。制定发布《城市轨道交通工程预算定额及取费标准》，填补山西省城市轨道交通工程一直没有计价依据的空白。制定发布《BIM技术应用费用计价参考依据(收费标准)》，推动山西省建筑信息模型(BIM)技术在工程建设中应用。（米玉婷）

【工程造价咨询市场监管】 2019年，省住建厅对全省工程造价咨询市场专项治理，共清理25家资质不合格的工程造价咨询企业、规范221家造价咨询企业在晋分支机构管理，规范注册造价工程师执业行为，维护造价咨询市场秩序和社会公共利益。组织制定《工程造价咨询市场信用管理办法》，利用“全省建筑市场监管公共服务平台”进行信用管理，在工程造价咨询行业积极倡导诚实守信的经营风尚，完善造价咨询企业守信激励、失信惩戒的工作机制。（米玉婷）

【建筑法规健全】 2019年，省住建厅开展《山西省传统村落传统院落传统建筑保护条例》和《山西省城市生活垃圾分类管理规定》起草、修订、报送工作。开展法规清理工作。完成政府规章集中清理工作，申请省司法厅废止《山西省村庄和集镇规划建设管理实施办法》。加强规范性文件备案审查。对规范性文件和其他厅局的发文均进行合法性公平性审查。加强立法上下联动。参与指导太原市、忻州市住建领域地方性法规修订和论证工作，加强立法层级沟通、协调。（米玉婷）

【执法监督】 省住建厅印发《山西省住房城乡建设系统行政执法(行政处罚、行政强制)文书示范文本》，在全省统一适用。建立行政执法“三项制度”。起草并在全省住建系统印发“三项制度”实施方案，明确任务分工和时间节点；起草行政执法公示办法和重大行政执法决定法制审核办法，牵头编制行政执法人员清单、执法事项清单、执法流程图等，加强执法人员管理和执法事项梳理。负责全厅行政处罚案件立案、告知、决定法制审核和其他重大行政执法决定合法性审核。通报上年度行政执法案卷评查工作，开展2019年全省住建系统行政执法案卷评查工作。牵头组织全厅“互联网+监管”梳理监管事项目录清单和检查实施清单工作。（米玉婷）

综　述

【概况】 2019年,山西省消费品市场运行平稳,呈现稳定增长的发展态势。1月至12月,全省社会消费品零售总额完成7909.20亿元,同比增长7.80%,比年度增长目标高0.30个百分点。增速全国排名第14位。山西省商务厅以"示范区""排头兵""新高地"三大目标为牵引,推动全省商务高质量发展。抓住开发区"二次创新创业"关键期,以推进"三化三制"改革和加快转型项目建设为重点,推进开区改革创新。开发区数量达到77个,产业布局更加完善,初步形成一批战略性新兴产业集群,开发区产业承载力和经济增长带动效应逐步增强,营商环境优化,转型综改主战场作用凸显。优化完善招商机制和招商方式,构建清亲便捷的招商环境,树立"投资山西"的品牌。省商务厅坚持以"一带一路"大商圈和能源产业博览会、中国国际进口博览会等重大平台,推动开放型经济发展,落实稳外贸稳外资政策,有效应对中美经贸摩擦,培育外贸新增长点,加快推进对外开放平台建设,引进海外优质企业和先进技术入驻山西,加强与"一带一路"沿线国家的经贸往来,推动山西省企业走出去。省商务厅把握社会消费趋势新特点,创新畅通农产品上行和工业品下乡流通方式,促进供需两端有效衔接,开展各式各样的主题消费促进活动,优化消费环境,推动内贸流通高质量发展。（黄健文）

【农产品流通体系完善】 2019年5月,国务院办公厅以国办发[2019]20号文件对山西省临猗县等10个县市进行督查激励表彰。省商务厅下发《山西省商务厅关于做好复制推广公益性农产品示范市场发展模式的通知》,总结提炼美特好超市、丈子头农产品物流园的公益性市场建设经验,同时在各市开展公益性农产品示范市场建设,推动建立15个省级农产品公益市场,丈子头农产品物流园成为全国首批公益性农产品示范市场。推进农产品产销对接工作,组织贫困县企业参加第四届丝博会、全省深度贫困地区农特产品展示展销会、苏宁消费展销会、全国农商互联大会等产销对接活动,共有20个示范县的32个企业参加全国农商互联大会,现场销售额约1000万元,签订意向合同约5000万元。省商务厅做好消费扶贫工作,印发《深入开展商务领域消费扶贫工作实施方案》,成立消费扶贫领导组,整体部署和细致谋划消费扶贫。全年全省举办各类农产品产销对接消费扶贫活动131场,参加活动供应商(农业生产主体)有1479家,采购商2224家,达成贫困地区采购金额1亿元,覆盖建档立卡贫困户8605户。推动建成7个跨区域农产品流通基础设施项目,穗华物流园、晋北现代农产品物流园、潞卓e家、吕梁山猪、百莱千果等一批农产品供应链顺利建成,山西农产品交易中心成为山西"农谷"重要支撑。（黄健文）

【商业零售业】 2019年,山西省商品零售额7242.20亿元,同比增长7.70%。其中限额以上商品零售额2103.60亿元,同比下降0.40%。网络零售额377.90亿元,同比增长14.30%。其中限上网络零售额61.90亿元,同比增长25.20%。实物商品网络零售额153.50亿元,占网络零售额的40.60%,同比增长18.50%;非实物商品网络零售额224.40亿元,占网络零售额的59.40%,同比增长12.40%。

（黄健文）

【特色商业街建设】 2019年,山西省商务厅印发《关于开展2019年度特色商业街培育和认定工作的通知》,新认定运城岚山根·运城印象、忻州秀容古城、长治壶关常平温泉小镇等8条特色商业街。对2018年评审认定的商业街给予共计240万元的财政奖励,用于开展特色商业街区公共设施的升级改造、功能完善、配套服务、环境整治、消防安全以及品牌宣传、促销推广活动。采取回访、"回头看"以及现场抽查等多种方式,指导督促特色商业街运营主体按照规定使用财政奖励资金。山西省特色商业街数量增长,功能特色凸显,消费带动作

2019 年 3 月 15 日，省商务厅开展“诚信晋商 共铸诚信”3·15 主题活动

（黄健文供图）

用提升。截至 2019 年底，全省共认定特色商业街 32 条，特色商业街营业额 36.80 亿元，日均客流 35.50 万人，安排就业人员 33000 人。（黄健文）

【诚信营商环境创建】 2019 年，山西省商务厅制定《山西省开展 2019 年“诚信兴商宣传月”活动的实施方案》，2019 年 9 月开展“诚信兴商宣传月”活动，围绕“弘扬诚信理念 促进高质量发展”活动主题，开展商务领域倡导诚信经营，助力消费升级和诚信体系建设。推进商务诚信体系建设试点工作，省商务诚信公共服务平台进入试运行阶段。截至 2019 年底，平台共计接入 278 余万家市场主体，覆盖省内全部商务流通领域，汇集近亿条数据，市场化数据达 12 万余条，公众访问总量达到 518279 次，日均访问量达到 2561 次，日最高访问量达到 24759 次。山西省商务诚信公众服务平台应用工作被中宣部学习强国平台山西学习平台选为山西新征程学习材料。省商务厅印发《山西省单用途商业预付卡专项整治工作实施方案》，开展单用途商业预付卡专项整治工作，将预付卡经营行为纳入商务诚信公共服务平台。印发《山西省商务厅关于迅速开展农村市场假冒伪劣商品问题摸底排查工作的紧急通知》《山西省商务厅关于迅速开展农村市场假冒伪劣食品专项整治行动的通知》，组织开展农村假冒伪劣食品专项整治行动工作，规范市场秩序。（黄健文）

住宿餐饮

【住宿餐饮业经营】 2019 年，山西省住宿、餐饮业营业额 103.32 亿元，接待国内游客 83390 万人次，接待入境过夜游客 76.20 万人次。旅游总收入 8026.90 亿元。限额以上住宿业法人企业 348 个，其中旅游饭店 180 个，一般旅馆 187 个，客房总收入 31.14 亿元，其中通过公共网络实现收入 3 亿元。餐饮业法人企业 471 个，其中正餐服务 458 个、快餐服务 9 个。餐费收入 65.39 亿元，其中通过网络实现餐费收入 2.89 亿元。（编辑部）

【星级饭店】 2019 年，山西省共有五星级酒店 16 所，其中太原市 4 所，大同市 1 所，晋中市 2 所，阳泉市 1 所，长治市 2 所，朔州市 1 所，晋城市 2 所，忻州市 1 所，吕梁市 1 所，运城市 1 所。四星级饭店 57 所，除省会太原市有 12 所外，各地级市中较多者为晋城市 9 所，大同市 8 所。（编辑部）

粮食和物资储备

【概况】 2019 年，山西省粮食总产量 1361.80 万吨，减少 18.60 万吨，减产 1.30%。其中，夏粮产量 227.70 万吨，减产 1%；秋粮产量 1134.10 万吨，减产 1.40%。全省粮食消费量 1316.10 万吨，比上年减少 23.10 万吨，减幅 1.70%，消费量相对保持稳定。小麦产销缺口 298.40 万吨，稻谷产销缺口 110.10 万吨，玉米产大于销 459.90 万吨，大豆产销缺口 55.20 万吨。总体看，粮食产销基本平衡，品种结构矛盾依然突出。全年全省粮食收购量 693 万吨，比上年增加 17 万吨；全省销售粮食 842 万吨，比上年增加 26.70 万吨。截至 2019 年底，全省国有粮食企业 525 个，粮食行业从业人员 4.91 万人，比 2018 年末增加 363 人。按照国家要求，山西省建立数量真实、质量良好、储存安全、管理规范的地方储备体系，保障全省粮食安全。

全省粮食和物资储备系统主要管理重要物资储备和救灾物资储备。重要物资储备品种有应急生活必需品储备和猪肉储备。应急生活必需品储备中，省级储备包括饮用水（瓶装）、饼干、方便面，具体规模为饮用水（瓶装）1350 吨、饼干 225 吨、方便面 317 吨；市级储备中，有 7 个市建立市级应急生活必需品储备，大同、忻州、临汾、运城尚未建立市级储备，2019 年底实际储备总量为饮用水（瓶装）7084 吨、饼干、方便面 2551 吨。此外，各市结合实际情况建立分品种生活必需品储备。猪肉储备中，省级活体猪储备规模为 60000 头（3000 吨），由省内 24 家企业承储；冻猪肉储备省级 500 吨；市级 1.02 万吨。救灾物资储备包括帐篷、折叠床、棉被褥、棉衣裤、棉大衣、单衣裤、毛毯、睡袋、照明设备等。（赵 钢）

【粮食保供稳价能力提升】 2019 年，省粮食和物资储备局执行收购政策，强化服务举措，保护农民利益，全年共收购粮食 693 万吨，同比增长 2.50%；销售粮食 842 万吨，同比增长

3.30%。深化与省农发行合作，拓展与中国银行山西分行战略合作，多渠道筹集收购资金77.70亿元。强化粮食市场监测预警，建立各类监测点248个，覆盖70%以上行政区域。建立健全分级储备体系和储备粮轮换吞吐调节机制，保供稳价基础有效夯实。持续深化产销合作，举办2019山西粮食产销衔接会，签约总量共计285万吨。组团参加第二届中国粮食交易大会，成交粮食总量74万吨、总额20亿元。依据军粮全国统筹改革精神，率先开展军供粮源统筹。完成“便民晋粮”App一期开发。

依法管粮管储水平明显提高。完成全国政策性粮食库存数量和质量大清查，共发现问题1015个，完成整改944个。制定印发《关于切实加强省级储备粮管理的意见》，建立健全监督评价和承储主体动态调整机制。开展“两个安全”检查，全年未发生安全储粮和安全生产事故。加强救灾和重要应急物资管理，建立省级救灾物资调拨机制，向晋城市调运省级救灾物资支持抗洪抢险救灾。建立健全省、市两级肉食品应急储备体系，中秋、国庆期间投放冻猪肉储备4985吨，投放出栏活体猪4979吨，保证节日期间肉食品供应。（赵　钢）

【粮食产销衔接】 2019年6月20日，山西省粮食和物资储备局与河南省粮食和物资储备局共同举办晋豫粮食产销合作洽谈暨签约仪式。本次洽谈签约：河南焦作市和山西太原市签订政府间粮食产销战略合作协议；河南豫粮集团与山西粮油集团、河南豫粮好粮油公司与山西小米运营中心签订企业间产销合作协议；焦作市粮食集团有限公司与太原河西国家粮食储备库、焦作市穗丰粮食储备有限公司与太原市粮食局阎家沟储备库签订产销合作协议。9月26日至27日，2019山西粮食产销衔接会在太原举办，这是山西省连续第9年举办的粮食产销盛会。国家粮食和物资储备局党组成员、副局长韩卫江，山西省委常委、副省长胡玉亭出席会议并致辞。来自北京、天津、河北、内蒙古、陕西、辽宁、吉林、黑龙江、安徽、山东、河南、广东等12个省（区、市）粮食和物资储备局代表，益海嘉里（太原）投资有限公司、北京福临门食品有限公司、五得利面粉集团等150余家大型企业代表参会，其中70家企业现场集中签约，签约数量创历年之最；山西省粮食和物资储备局与北京、天津、山东、陕西、吉林、黑龙江等6省市粮食和物资储备局签订省际间产销合作协议。会议期间，省际间和省内外粮食企业签约粮油购销总量共计28.65亿千克，其中调出玉米杂粮16.05亿千克，调入小麦10亿千克、大米2.05亿千克、豆粕0.55亿千克，在保证全省口粮消费需求的同时，拓宽玉米杂粮外销渠道，提升粮食安全保障水平。（赵　钢）

【参加第二届中国粮食交易大会】 2019年6月21日至23日，第二届中国粮食交易大会在郑州举行。山西省政府组团参加。第十三届全国人大代表、大寨村党总支书记郭凤莲出席活动，并为“山西小米”代言。期间，国家发展改革委党组成员、国家粮食和物资储备局党组书记、局长张务锋，河南省副省长武国定，大寨村党总支书记郭凤莲以及山西、河南省有关领导现场参观山西粮油展区，品鉴山西小米，听取企业品牌介绍。省市县粮食行政部门组织粮食贸易、加工、物流等106家企业、600余人现场参会。截至6月23日，山西代表团粮食交易总成交量74万吨，总成交额20亿元，分别占全国交易总量和总金额的4.90%、4.80%，为大会带去招商引资项目1个，交易成果丰硕。（赵　钢）

【全国政策性粮食数量和质量大清查】 山西省成立由分管副省长牵头的大清查工作协调机制，市、县级建立由政府分管领导负责的大清查协调机制。下发实施方案，明确准备、自查、普查、省级抽查等阶段任务，建立各级政府、有关部门、政策性粮食企业、普查组长、检查人员五级负责制，省政府与市政府、市政府与县政府层层签订责任书，全面压实企业主体责任、政府管理责任和部门监管责任。制定自查督导、省级普查和质量清查3个工作方案，编制5项工作指引，精准指导大清查全过程。省级压茬举办三期培训班，全省培训业务骨干和师资1054人次。落实大清查工作经费698.73万元，保障大清查正常开展。成立大清查专家库，解答大清查问题500余条。统筹组织普查工作，全省共组织普查组36个，检查人员512人，邀请人大代表、政协委员等129人参与。普查组按照“有仓必到、有粮必查、有账必核、查必彻底、全程留痕”的要求，对178个企业的3144个货位进行全面清查。质量扦样采取自查与普查融合方式，组成30个扦样组，178人进行扦样，扦样过程全程记录。自查、普查阶段，全省派出督导组41个，对政策性粮食企业进行全覆盖督导。由省大清查协调机制成员单位领导带队，组成3个抽查组，对太原、晋中、长治等市的15个承储企业进行抽查，检验自查、普查效果。检查结果显示，山西省政策性粮食库存情况整体良好，账实基本相符，质量安全总体良好，各种政策性粮食轮换政策执行基本到位，费用补贴基本按期拨付，库贷基本一致，库存粮情基本稳定，储存安全。按照边查边改、立查立改的要求，下达数量检查和质量检查发现问题整改通知，建立问题清单和整改台账，落实整改责任主体，分级督促整改落实。召开全省大清查问题整改“回头看”暨“双随机”抽查应用系统培训会议，对重大问题、重要问题进行督查督办，推动问题整改落实。截至2019年底，大清查共发现问题1015个，完成整改944个。（赵　钢）

【“优质粮食工程”项目】 2019年3月6日，全省“优质粮食工程”项目推进视频会议在太原召开。会议深入贯彻落实国家和省委、省政府关于“优质粮食工程”的决策部署，研究安排下一步山西省深入推进工作的措施。5月27日至28日，全省“优质粮食工程"专题培训班在太原举行。传达全国培训会议精神,解读《财政部、国家粮食和储备局关于深入实施"优质粮食工程"的意见》及"优质粮食工程"3个子项《实施指南》,并进行现场答疑。会议重点针对"中国好粮油"行动计划实施方案、建设项目等内容进行现场指导,并根据各示范县、企业总投资规模对国家补助资金进行分解。各市粮食和物资储备局"中国好粮油"行动计划分管领导、负责"优质粮食工程"统筹和3个子项的科长,"中国好粮油"行动计划示范县粮食部门负责人、示范企业负责人等参加培训。9月23日至25日,山西省粮食和物资储备局在朔州市山阴县先后召开"优质粮食工程"工作推进会以及全省粮食产业经济经验交流会,为山西"优质粮食工程"项目实施以及粮食产业经济发展理清思路,指明方向,通过凝聚共识、交流互鉴,为推动粮食产业的高质量发展,构建新时代粮食安全保障体系提供支撑。 (赵 钢)

【物资应急保障】 2019年8月16日,接山西省应急管理厅调拨指令,山西省粮食和物资储备局紧急向晋城市阳城县(遭受严重洪涝灾害)组织调运100张折叠床、50顶帐篷、100件棉大衣、100条棉被等省级救灾物资,支持灾区做好受灾群众转移安置和生活救助等工作。 (赵 钢)

【"山西小米"品牌建设】 2019年2月27日,2019年度"山西小米"品牌建设推进会在太原召开。4月18日至19日,在天津市举办山西省天津市粮食产销合作推进会暨"山西小米"品牌推介活动。山西小米运营中心有限公司与天津利达粮油有限公司签订战略合作协议。5月16日,借第二届中国西部国际投资贸易洽谈会在重庆国际博览中心盛大启幕之机,全国首家"山西小米"体验馆在重庆落地,总面积180平方米。6月22日,山西省粮食和物资储备局在香港举办"山西小米香港座谈推介会"。山西小米运营中心有限公司与香港餐饮联业协会主席签署合作框架协议。12月3日,"山西小米"品牌建设座谈会在山西省粮食和物资储备局机关召开。围绕"山西小米"品牌建设存在的问题、下一步工作思路和建议研讨,提出2020年"山西小米"品牌建设工作要点。12月11日,"山西小米"上海系列推介活动在沪成功举办。活动期间还举办山西上海两地粮食行政部门座谈会和两地企业座谈会。两地粮食行政部门和企业在合作交流等方面达成共识。12月12日,分别在上海浦东新区、长宁区、普陀区、黄浦区、徐汇区、闵行区举办6场中型社区推介活动。12月27日,"山西小米"品牌建设推进会在长治市召开。会议就"山西小米"品牌建设面临的形势、取得的进展及谋划的布局进行总结分析研判,提出2020年"山西小米"品牌建设的十大重点任务,明确下一步"山西小米"品牌建设的发展方向。 (赵 钢)

2019年2月27日,2019年度"山西小米"品牌建设推进会在太原召开(赵 钢供图)

供销合作

【概况】 2019年,山西省供销社(简称省供销社)经济运行稳中有进,主要指标快速增长。全系统购进总额完成998.50亿元,同比增长24.40%;销售总额完成1103.20亿元,同比增长24.80%,汇总利润3.10亿元,同比增长16.87%,销售增幅名列全国第4。四大传统主营业务持续稳定,占全系统销售总额的95.70%。消费品类销售额468.30亿元,对销售总额增长贡献率达40.30%。全系统成立专业电子商务公司达120家,电子商务销售额达29.70亿元,同比增长48.50%。中药材、小杂粮交易额同比分别增长14.20倍、5.90倍。年经济规模突破10亿元的县社达到30个,新增7个;突破亿元的企业达到117个,新增28个;突破亿元的基层社达到83个,新增35个。20个综改推进县销售总额同比增长36.60%,比全系统平均水平高11.80个百分点。 (尤伟斌)

【供销系统综合改革】 2019年,省供销社系统作为推动"三农"工作的重要力量日益显现。6月25日,省政府常务会议专门听取供销社综合改革工作情况汇报,市县政府拿出近6000万元支持供销社化解在农业银行的历史债务。20个重点推进县按照"3+N"的工作思路,推动综改工作。省社将经济运行、行业扶贫、专项试点经验复制推广等多项工作纳入"领导包市、处室包县"的工作机制。按照省委安排,督查综合改革,省委改革办主动参与。针对督查中发现的13个突出问题，制定《2019年综合改革督查问题整改工作方案》，提出50项工作措施，全面整改。省社制定《供销合作社综合改革专项试点经验复制推广工作方案》，安排部署7个方面专项试点经验复制推广工作。（尤伟斌）

【供销系统基层组织建设】 2019年，省社先后出台《关于进一步加强基层组织建设的指导意见》《关于进一步做好开放办社工作的指导意见》，召开全省供销社基层组织建设现场推进会和“三位一体”培训会。全系统培育全国“百强县级供销社”，盐湖区、河津市、平遥县、怀仁市供销社符合条件。晋中市强化基层社合作经济组织属性专项试点工作通过总社验收，得到肯定，并在全国推广，副省长王成对此作重要批示。2019年，新增农民合作社312个，达到1769个；新组建农民合作社联合社102个，达到253个；新建农村综合服务社527个，达到11493个；新增农民专业合作社示范社7个，达到187个；新增基层社标杆社2个，达到14个。全系统2019年新增入社入股农户21.35万户，新增入社农民63.33万人，达到85.26万户，252.94万人。（尤伟斌）

【服务模式创新】 2019年，省供销社系统坚持公益性与经营性、专业性与综合性相结合，以土地托管服务为重点，规范建设惠农服务平台，为农民和新型农业经营主体提供“一站式”的农业社会化服务，开创服务主体多元化、服务链条全程化、服务形式多样化的为农服务新局面。2019年全系统新建惠农服务中心128个、提升48个，新建惠农服务站305个、提升103个，新建庄稼医院90个、改造24个，新增土地托管面积88711公顷，土地服务面积108721公顷，土地托管、服务面积达到1108720.75公顷，全部超额完成年初目标任务，农业社会化服务体系建设迈上新台阶。（尤伟斌）

【供销电商网点建设】 2019年，省社系统发挥“农芯乐”电商平台上联全国总社“供销e家”、下接市县终端网点的网络优势，按照“补网、扩网、升网”的原则，改造传统仓储设施，整合社会有效资源，实施“五免一扶持”优惠政策，农村流通服务信息化水平显著提高。构建仓储物流服务体系。编制全系统2020—2025年“新农村现代流通网络规划”，征集系统项目500余个，布局构建农产品、日用品等七大骨干业务网络。在全系统重点培育支持农芯乐省级仓储物流、山西农资集团农资电商运营服务中心等30个项目。截至2019年底，山西供销物流产业集团基本形成仓储配送先进、分拣调度智能、业务合作广泛的仓储物流服务型龙头企业。推进电商网点建设。规范提升、新建扩面贫困村电商网点，拓展现有网点服务功能。截至2019年底，全系统累计建设村级体验店14000多个，覆盖贫困村4000多个，占全省贫困村的50%以上，其中2019年新建贫困村电商网点560个。促进农村电子商务融合发展。利用全系统渠道广阔，结合各类展示展销活动，将全省特色产品推向全国，做大做强业务规模。开展鲜活农产品“走出山西 网上行”活动，全年举办49场展销活动，其中，实体展销活动25场，网上展销活动24场，销售额3亿元。全年全系统实现电商交易额87亿元。

（尤伟斌）

【供销系统转型发展】 2019年，省社系统实施“一特一新”战略，省社组建成立山西省盐业集团有限责任公司、山西供销物流产业集团有限公司、山西晋果食品冷链物流集团有限公司、山西供销置业集团有限责任公司，变集体所有制为混合所有制。加快企业转型升级。落实省政府杂粮和中药材市场建设两个实施方案和省社行动计划。农资集团承建的大同（阳高）杂粮产地交易市场投入使用；省盐业集团全面布局山西中药材全产业链，以“晋药网”为依托，发展各类药商1000余户。通过建设产地季节性交易市场和中药材仓储物流体系，系统龙头带动作用明显。晋果食品冷链物流集团由冷库向冷链物流业转型。各市、县供销社不断加快企业转型升级和结构调整，加强联合合作，整合社会资源，延伸产业链条，经营服务领域拓展。加强社有资产监管。健全直属企业监督管理机制，优化社有资产布局和结构，提高社有资产运营质量和效益，强化“三重一大”监督检查和督导考核，实现社有资产保值增值。

（尤伟斌）

【供销系统历史债务化解】 2019年，省社化解历史债务取得突破。2018年，省社与农行山西省分行签订《供销系统委托资产批量转让协议》，省市县三级供销社协调各市政府筹集

2019年6月24日，新绛县油桃节开幕（尤伟斌供图）

化债资金，以6601.62万元化解本息近23个亿元的历史债务。此举标志着全省供销社系统在全省农行多年未能解决的不良历史债务彻底解决。“三位一体”综合合作试点工作进展顺利。截至2019年底，15个试点县政府均已出台《实施方案》；成立乡镇级农合联28个，县级农合联6个。资金互助试点工作推进。按照省社工作要求，截至2019年底，16个省级资金互助试点运行规范，业务持续发展，每个市选择的2个以上的专业合作社，开展资金互助合作试点布局基本完成。16个省级试点和10个市级试点参与资金互助社员户数为5913户，同比增长215.87%；期末可用互助资金额3728.42万元，为社员提供金融服务1.26亿元，未出现不良借款。（尤伟斌）

【供销系统项目建设年活动】 2019年，省社系统推进项目建设年活动，筹划建设一批好项目、大项目。省供销合作社在长治召开全系统项目建设推进现场会。各级供销社加大项目推进力度，优质杂粮产地交易市场、中药材电子交易中心、汽车充电站充电桩、再生资源回收利用、惠农服务中心等项目建设持续推进。各级社充分利用社有资产特别是土地、仓库等优势资源，增强联合意识，多渠道盘活资产，结合地域经济发展，对接各类项目资金，转变招商引资模式，实现互利共赢发展。招商引资数额达6.60亿元，阳泉市供销社洽谈引进的2个项目多达3亿元。（尤伟斌）

成品油销售

【概况】 中国石化销售有限公司山西石油分公司（简称山西石油分公司）前身为成立于1951年的中国石油公司太原支公司，1991年改为山西省石油总公司，1998年整体上划中国石化集团公司，2000年10月重组改制为中国石油化工股份有限公司山西石油分公司，按照中国石化油品销售系统改革重组安排，2014年更名为中国石化销售有限公司山西石油分公司，2019年更名为中国石化销售股份有限公司山西石油分公司。

山西石油分公司现为中国石化在山西唯一的、也是全省最大的成品油销售企业，承担成品油资源配置、供应的主要任务，主营汽油、柴油、煤油、润滑油、天然气及非油品业务。

山西石油分公司下辖11个市分公司、112个县（区）公司，截至2019年底，用工总量8189人，在用油库13座，在营加油站1317座，非油品便利店1087座，资产总额96.62亿元。（王喜梅）

【经营统筹协调】 2019年，山西石油分公司采销存统筹上，建立进销存价联动机制，用好资源顺推模型，把握采调节奏，把控库存水平，扩大外采效益；营销统筹上，以App为抓手，推进以油促非、以非促油、线上线下融合；量价统筹上，合理统筹量价关系，减少非理性竞争；物流运行统筹上，优化资源流向，拓展管输扩距，全口径降低物流费用；市场环境统筹上，推动政府“打非治违”，经营环境改善。（王喜梅）

【营销市场攻坚】 2019年，山西石油分公司优化零售竞争策略，集中开展“双差”整治，培育打造星级站；坚持直分销梯次定价、“一户一价”，开展会员积分、App抢单、全商品营销，实现量效齐增；强化天然气“一户一策”营销，完善加气站手续提高在营率；强化非油品业务结构调整、业务拓展，实行门店培育计划，推行标准化分类管理，开展主题营销及核心商品促销，加快拓展汽服、广告业务。

山西石油分公司出台网络发展专项奖励办法，协调政府落实“拆一还一”，避免拆除1座，获取补偿3座，续租77座。加大无效低效站清理盘活，长期歇业站复营22座、低效站终止合同60座、自有低效站关停33座。开展双改施工、证照补办、发展遗留问题整改攻坚，当年防渗改造完成率达到96%，补办完善证照556份。（王喜梅）

【石化体制改革】 2019年，山西石油分公司调整管控模式，实现审计监督业务一级管理；深化“三项制度”改革，“三能”机制建设推进；开展全员竞争上岗、扩大家庭驻站式委托管理、完成油库“大班制”改革；完善考核分配和对标管理体系，将考核结果与薪酬分配直接挂钩。（王喜梅）

【太原滨河加油站升级改造】 2019年，山西石油分公司针对一批大要站功能单一、设备老化、通过率低，难以适应车流量增大、消费者需求多元的市场变化现状，确定实施提量升级改造计划。太原滨河加油站用17天时间完成升级改造，2019年4月29日滨河站重新开业。（王喜梅）

【首家“ETC+无感加油”加油站】 2019年12月9日，山西省内首家“ETC+无感加油”系统在中石化山西晋中石油分公司猫儿岭加油站正式上线。上线后车主提前在“无感支付”微信小程序或建行手机银行App无感出行绑定车辆信息，进入油站即可完成车辆自动识别、快速支付等功能，整个过程车主无须下车，无须掏银行卡或现金，从加完油到付款只需3秒钟。（王喜梅）

烟草专卖

【概况】 山西省烟草公司成立于1982年4月，山西省烟草专卖局成立于1983年7月，1984年6月，山西省烟草公司上划中国烟草总公司，改制更名为中国烟草总公司山西省公司（简称省烟草局）。2019年，山西省烟草专卖局（公司）下辖太原、大同、阳泉、长治、晋城、朔州、忻州、吕梁、晋中、临汾、运城11个市级烟草专卖局（公司），116个县级烟草专卖局（营销部）。省局（公司）机关下设14个职能处室、8个专业部门。截至2019年底，总资产195.32亿元，资产负债率13.74%。从业人员7055人。

（朱永胜）

【烟草打假打私】 2019年，山西省烟草专卖局出台专卖管理工作高质量发展三年规划，建立出台《晋冀蒙烟草专卖联合打击涉烟违法犯罪活动工作协作机制》，形成区域专卖联动、联防、联打工作格局。与省公安厅网安总队、技侦总队分别建立出台《山西省联合打击互联网涉烟违法犯罪工作机制》《山西省公安厅技术侦察总队与省烟草专卖局专卖监督管理处联合打击寄递渠道涉烟违法犯罪情报共享合作机制》，加大与公安多警种联合办案力度。开展打击互联网涉烟违法犯罪专项行动和清理整顿卷烟市场专项行动，各市局完成省局下达的硬任务。全省全年共查处假烟案件2010起，走私烟案件351起，其中5万元以上假私烟案件49起。查处假烟29903.4件，案值1946.79万元；查处走私卷烟380.36件，案值256.78万元。向公安机关移送案件65起，公安、司法机关依法拘留120人、逮捕82人、判刑85人。破获符合国家局标准的网络案件24起，其中大同、晋中、忻州、临汾市局共破获部督案件4起。

（朱永胜）

【烟草重大案件】 2019年，破获公安部集中打击食品药品和环境犯罪"昆仑"行动首批督办案件2起，公安部、国家局督办案件2起。分别为：大同市局"1·05"非法经营烟草专卖品案件，涉及山西、上海、辽宁、福建、吉林、河南、安徽等省份，查获走私加热不燃烧卷烟0.44万支，涉案金额达5000余万元，锁定11名犯罪嫌疑人，其中9人被依法实施逮捕或判刑，2人网上追逃。晋中"4·09"非法经营假冒卷烟案件，涉及山西、福建、广西等27个省（自治区），查获假冒卷烟4.22万支，涉案金额达3600万元，锁定6名犯罪嫌疑人，其中2人被逮捕，1人被直诉，3人网上追逃。忻州市局"9·23"非法生产烟草专卖品案件，涉及山西、内蒙古、河南、安徽、福建、湖北等省，共查获制假设备10台，制假原辅材料21.04吨，涉案金额达3700余万元，共逮捕涉案嫌疑人21人。临汾市局"12·13"特大制售假烟网络案件，涉及山西、福建、河南等省，共查获制假设备6台，制假原辅材料24.60吨，假烟2300万支，45名犯罪嫌疑人被判刑。（朱永胜）

【烟草市场监管】 2019年，省市烟草专卖局完善"打击严厉、管理到位、疏导及时、服务周到"的市场监管体系，推广应用"互联网+监管"系统，实行"双随机、一公开"监管，提升监管效能，执行"一户一码"管理，依法严管违法卖烟大户，加强对加热不燃烧卷烟的监管打击，加大对电子烟等相关产品的监管力度。省局坚持季度市场监管督查，实地抽查零售户12800余户，约占全省零售户总数的11%，各市局市场净化率全部稳定达到97%以上。

（朱永胜）

【烟草证件管理】 2019年，山西省烟草专卖局作为国家局确定的试点单位，率先上线并规范应用"烟草行业一体化在线政务服务平台"，实现网上申请办理烟草专卖零售许可证，形成试点经验，发挥试点作用；出台《山西省烟草专卖局关于烟草制品零售点合理布局的指导意见》，组织开展许可证管理专项检查，对存在问题限期整改，行政许可管理和服务能力规范提升。截至2019年底，全省烟草系统共有持证零售户128031户，其中城市持证零售户66760户、农村持证零售户61271户。（朱永胜）

【内部专卖监督管理】 2019年，山西省烟草专卖局出台《真烟非法流通案件调查处理工作制度》《关于开展全省系统规范卷烟经营专项检查的工作方案》，组织开展"天价烟"回头看专项检查，加强日常监管，组织开展废弃烟草专卖品专项检查、卷烟经营网上异地监管，真烟非法流通持续保持在低位可控状态，未发生国家局督办的真烟非法流通案件。（朱永胜）

【卷烟（雪茄烟）经营】 2019年，省烟草局制定出台《关于优化卷烟品牌规格布局的指导意见》和《关于成立卷烟品牌管理委员会的通知》，开展品牌布局优化和引入退出管理。全年共清退卷烟品牌规格35个、引进54个。全年协助召开三次新品研究会，组织开展三次新品引入以及一次在销品规测评工作。抓好低价位卷烟衔接，引进红金龙（硬新版）、钻石（鸿运）、宏声（软特）以及雄狮（红）等五类卷烟落地销售，缓解全省低价位卷烟品规资源不足的局面；抓好工商协同衔接，召开山昆、黄山和重庆工商协同会，制定出台《加强山昆自有品牌及云产烟品牌终端陈列培育工作方案》。全年全省销售重点品牌卷烟559.77亿支（111.95万箱），同比增长4.81%，增幅高于全国平均水平2.62个百分点；销量占比84.16%，同比提高3.10个百分点。

2019年，省烟草局制定印发《高质量推进卷烟零售客户诚信自律互助小组建设指导意见》，先后在朔州和大同召开小组建设推进会和提升会，小组建设实现由"要我建"向"我要建"的深刻转变，全省建成小组8218组，覆盖零售客户10.70万户，小组成员占比达85.17%。全面深化市场化取向改革，坚决落实执行"一禁止、三公开"，完成省级卷烟营销平台选点投放、品牌引退、信息公开等功能调整升级。建立健全营销制度体系，结合"天价烟"治理和样品烟管理要求，修订完善货源投放、客户分档、货款结算、宣传促销等管理制度。制定印发《进一步加强全省系统营销队伍建设指导意见》，组织开展"走一遍、查一遍、考一遍、讲一遍"的"卷烟营销在基层"、市场化取向改革落实情况"回头看"工作、营销序列"讲责任"工作述责述绩会。（朱永胜）

【烟叶产销】 2019年，山西省种植烤烟1.90万亩，共有种烟农户637户，签订烟叶种植合同637份，收购烟叶5.66万担，其中上等烟比例47%，中等烟叶比例53%，烟叶收购均价26.18元/千克，同比减少0.08元/千克，烟农实现总收入7409.09万元，同比增加1065.21万元，户均收入11.63万元，同比增加0.99万元。协调蒙昆等工业公司消化历史库存烟叶近1.56

万担，为地方政府盘活资金4351万元，近4年来首次实现烟叶零库存。

在山西省烟草种植面积中，机械化耕地面积1.90万亩，起垄1.90万亩，移栽1.90万亩，覆膜1.90万亩，施肥1.90万亩，湿润育苗技术推广9967亩，轮作15713亩，沤制有机肥16000亩，小苗深栽6263亩，开展烟田废弃地膜捡拾17767亩。（朱永胜）

【烟草企业精益管理】 2019年，山西烟草建立内部审计中心，出台审计整改管理办法，实施审计整改全过程跟踪、规范化操作。创新质检工作机制，出台相关管理制度，设立大同、临汾卷烟鉴别检验小组，全年质量监督、鉴别检验各类样品46290批次，出具检验报告8034份。调整《山西烟草》季刊为双月刊，开辟新专栏，提升办刊质量。组织开展论文征集活动，在中国烟草学会优秀论文评选中获一等奖1名、二等奖2名、三等奖6名的好成绩。建立省局三级例会工作督办机制、检视督导考评机制、工作业绩和工作质量"双百分"考核机制。

山西烟草加强成本控制，实现降本增效521万元，完成国家局下达任务的124.05%。三项费用率在连续三年下降的前提下，同比下降0.44个百分点，达到4.51%，较行业平均水平低1.53个百分点。组织开展资产盘点清查，出租资产134项，取得租赁收入847.84万元；处置无效资产1372项，取得处置收益498.98万元。修订财务开支管理办法，出台对外捐赠管理办法，规范财务开支流程、权限和标准及对外捐赠管理；修订银行账户和银行存款管理办法，引入银行竞争性磋商机制，将原有按年结息转变为按月、按季结息，通过认购优先股对资金进行长期布局，增加货币资金净收益，全年实现资金收益5.49亿元，同比增加7168万元。

山西烟草借助山昆公司技术力量开展物流设备工商联修，全年节省维修费、工时费300余万元。系统解决异型烟分拣难题，分拣效率同比提高2.58%。建立分层分类对标新模式，提升物流综合管理运行效能，单箱配送费用77.63元、单箱可控费用31.93元，排名行业第一。11月2日至3日，在运城市公司举办山西省烟草系统首届"责任杯"物流岗位及消防技能竞赛。全省烟草系统11个市局（公司）物流配送中心100余名参赛选手参加竞赛，运城市局（公司）获团体一等奖，晋中、忻州市局（公司）获团体二等奖，晋城、长治、临汾市局（公司）获团体三等奖。

在全国烟草行业第三十届优秀质量管理小组成果发布会上，运城市公司物流配送中心"执行者"QC小组的成果"分拣线静电消除装置的研制"获一等奖，晋城市公司物流配送中心"锲子"QC小组"提高卷烟塑封膜回收率"和太原市公司物流配送中心"精细严"QC小组"异型烟烟姿调整装置的研制"两项成果荣获二等奖，其中运城市公司QC成果连续两年获一等奖。

山西烟草建立健全采购管理体系，修订全省系统采购管理实施办法等采购核心制度，制定车辆采购管理和库内供应商比质比价等配套制度，推行采购管理信息化，探索建立小零散物品电商采购模式，推进采购管理规范运行、降本增效。（朱永胜）

邮　政

【概况】 2019年，山西省邮政实现业务收入38.67亿元，完成集团预算目标100.12%，排名全国第五；同比增长8.85%，排名全国第六，增幅比上年进23位。四大板块中，寄递实现收入5.94亿元，同比增长29.19%，完成集团预算103.55%，收入增幅、完成进度连续12个月保持全国前列。代理金融实现收入27.48亿元，完成集团预算104.40%，同比增长3.59%。集邮与文传实现收入4.58亿元，完成集团预算108.96%；同比增长12.42%。其中，函件增幅全国第二，报刊增幅全国第2，集邮增幅全国第七。渠道平台实现收入2.02亿元，完成集团预算114.80%；同比增长28.70%。其中，分销增幅全国第三，增值业务增幅全国第八。

2019年新增金融总资产161.80亿元，排全国第21位。代理保险期缴保费规模排全国第13位。

2019年，全省邮政劳动生产率17.25万元/人，比上年同期增长4.93%。

2019年全省固定资产投资1.41亿元。新建太原邮件处理中心、侯马培训基地教学楼宿舍楼改造、忻州忻府区生产楼等建设项目按进度开展；全省邮政普遍服务、机要通信基础设施、营业网点改造，以及服务"三农"项目建设正在推进。寄递发展支撑力度持续加大。增配45条伸缩皮带机，购置454辆三轮摩托车和电动三轮车。代理金融网点能力建设加强，更新和新增CRS、ITM、清分机、叫号机、三代社保制卡机、生命特征采集仪等设备1500余台。加大安防建设和安全保障投入，安装169辆运钞车GPS跟踪定位系统，购置59套智能枪柜、260套网点防护舱、130套网点联动门，更新市分监控中心服务器。

加快自主软件研发，分户管户业绩认定、邮件预收寄、低值易耗品管理、邮件快寄实名监控、工会管理系统等5项科技项目完成验收；固定资产投资计划管理、客户授信预警管理、网点包材直配、代理金融网点VIP联网叫号、短信转发平台、电子图书馆、"员工宝"三期等7项科技项目立项开发。完成电视电话会议系统、远程集中监控、19个系统硬件资源池和设备更新。

经争取，新建太原邮件处理中心列入省发改委2019年国家物流枢纽短板项目和2020年物流业领域在建、新建重大项目，同时列入省工信厅2020年工业和信息化领域转型升级重点项目。"三供一业"按集团要求推进，第一、第二批补助资金拨付到位，工程结算审计正在进行。

普遍服务和特殊服务能力提高。农村乡镇网点覆盖率、建制村直接通邮率均达100%；全程时限指标总体达标；平信条码化率99.32%，信息断点率下降至0.93‰。920个电子化营

2019年12月2日,中国邮政山西省分公司与山西省司法厅、《法制日报》社联合开通山西省“法治邮路”,并开展“送法进万家”活动 (李　江供图)

业网点“第三方支付”开通率89%。县及县以上《人民日报》《山西日报》当日见报率达100%。与省司法厅、法制日报社联合开通“法治邮路”。狠抓寄递渠道安全,完成“两会”、军运会、“二青会”、进博会、建国70周年庆祝活动等重大服务保障工作。机要通信质量保持全红,实现“十三连冠”。

全省邮政涌现出一批优秀个人和先进集体:运城盐湖三路里支局投递员刘全有、大同城区武定支局经理陈瑞叶、长治市场营销部经理程亚丽、吕梁方山渠道平台中心经理李剑4人获山西省劳动模范称号。

忻州市分公司获“2018年度全国邮政用户满意企业”称号,同时获工业和信息化部授予“2019年信息通信行业用户满意企业”称号。在由中国质量协会、全国用户委员会发布的2019年全国市场质量信用A等企业名单中,太原市分公司再次获“2019—2022年AA·用户满意级企业”称号。运城市分公司获省委、省政府授予2019年“山西省模范单位”称号。太原并州路支局获共青团中央授予“2017—2018年度全国青年文明号”称号,成为邮政系统获此殊荣的18个先进集体之一。

在2019年全国交通运输文化建设优秀成果评比中,晋中、太原、吕梁市分公司分别获“党建文化”“服务文化”“公益文化”建设优秀单位称号;省公司获“廉政文化建设优秀单位”称号。运城市分公司“暑期爱心托管班”获全国总工会“2019年度全国爱心托管班”称号。大同、晋中市分公司“恳谈会”获省总工会授予“心理健康咨询示范基地”称号。太原邮区中心局技术支撑中心(朱迎春职工创新工作室)在2019年国防邮电产业“三型”班组评比中获“创新型班组”称号,成为全国邮政系统获此殊荣的唯一班组。龙城国际饭店蝉联“2019山西十大百姓放心餐饮酒店品牌”。 (李　江)

【两果品入选中国邮政名优农产品】

2019年,山西隰县玉露香梨、吉县苹果入选中国邮政集团公司首批50种“中国邮政名优农产品”并获中国邮政集团公司统一冠名为“邮政农品”品牌。打造“邮政农品”品牌,是中国邮政做精农产品进城,助力精准脱贫和乡村振兴战略的重要举措。中国邮政集团公司将对首批入选的名优农产品给予重点支持,并建立由134款商品组成的农产品商品库,根据入选项目运作情况进行优化递补。 (李　江)

【邮政“二青会”特许产品发布会】

2019年6月1日,“二青会”特许产品发布会暨《儿童游戏(二)》邮票首发式在太原举办。发布会发布的产品按照“记载青运里程、突出山西特色、彰显时代特点”的开发方向,分邮品、金属、钞币、文创4大类30余款,其中,包括有《青春有约》“二青会”个性化邮票、《青春的约会,拼搏的舞台》邮折、《运动项目》异形明信片、“二青会”场馆、比赛项目明信片、开闭幕式纪念封、“山西欢迎您”异形邮折等邮品,以及吉祥物毛绒玩具、晴雨两用伞、文化衫、魔术巾、钥匙扣、杯子、杯垫、文具等文创产品。现场设立2处主题邮局,2名小邮迷共同为《儿童游戏(二)》邮票揭幕,互动问答、幸运抽奖等环节,使广大群众能够更真切、更亲近地接触“二青会”、感知“二青会”、参与“二青会”。 (李　江)

【首条国际航空直达邮路开通】

2019年9月12日,开通太原至美国芝加哥的国际航空直达邮路,标志山西省邮政首次开办国际航空邮件的直封业务。开办太原至美国芝加哥的国际航空邮件直封业务,首次实现国际航空邮件在山西省省内查验、放行等通关手续后,直接发往寄达国家和地区。该条直达邮路每周三、五、日共三个频次。由山西省寄达美国全境的国际邮件寄递全程时间将缩短2天以上,满足社会民众对邮寄包裹时限的需求,让人们感受到直封国际邮路带来的便捷。 (李　江)

【“邮政杯”朗读《山西日报》活动】

2019年9月17日,“邮政杯”全民朗读《山西日报》活动在太原启动。活动是山西省创新传播和推广党报的一次有益尝试,引导广大党员干部群众养成关心时事政治、拓宽知识视野的良好习惯,创新党报传播途径,巩固壮大主流思想舆论阵地。由省委宣传部、省委教育工委、团省委、山西日报报业集团、省邮政公司联合组织,面向全省大中小学生和广大党员干部群众开展。活动时间持续到2020年3月

15日。参赛者可通过山西日报客户端线上报名，选取一篇《山西日报》上的文章（或部分）进行朗读，并录制成视频上传至山西日报客户端，参与网络投票评选。（李 江）

【扶持发展措施】 2019年，山西省基本形成以五年规划、支持快递业发展若干措施、电商快递协同发展实施意见为主，支持服务业、物流业、电子商务、跨境电商发展为辅的省级宏观政策体系，和以邮政业减税降费、邮政车辆免费通行高速公路、快递车辆市内通行、校园快递服务管理等为主的省市配套支撑政策体系。快递车辆通行政策实现省市全覆盖，太原局在“八统一”基础上实现快递配送车辆信息化管理，忻州局推动180名快递小哥申报驾驶证D本。

2019年，太原国际邮件互换局共处理进出口国际邮件434万件，拉动跨境电商出口交易额2.90亿元。

加强行政许可审批时限管控，邮政普遍服务5项行政审批的承诺时限在法定基础上压减一半，快递许可审批平均办结时限压缩至法定时限的2/5。末端网点备案实现常态化。（裴璟睿）

【快递网络建设】 2019年，山西邮政行业服务网络完善。邮政普遍服务网点乡镇覆盖率、建制村直接通邮率、县级城市党报当日见报率、普通包裹按址投递率、平信条码化率均保持在100%。加强邮政综合服务平台建设，全省警邮合作覆盖63个县，税邮合作覆盖95个县，政邮合作覆盖35个县。推进分拨中心自动化规范化和营业网点标准化建设，省市主要品牌寄递企业分拨中心基本实现自动化（半自动化），171个分拨中心实现规范化；城市自营网点标准化率达到98%。全省设置智能快递柜1101组；快递末端公共服务站达到1071个。建成示范性快递物流园区15个，入驻快递企业61家。

依托全省丰富农产品资源和新兴制造业，推进邮政快递“进村、进厂”。省市局先后采取部门联席、政企对接、跨界座谈等方式，引导交通、农业、电商、供销、电信等部门共建共享共用基础资源，结盟发展、合作共赢。省快递协会牵头推进省级邮政快递企业签订邮快合作下乡进村框架协议。各级邮政快递企业主动延伸服务，推出驻村设点、果园直发、直线专配等个性化产品，邮政企业打造“一市一品”项目20个，销售农特产品2.64万吨；快递企业打造吉县苹果、沁水蜂蜜、平遥牛肉等“一地一品”项目24个，“一县一品”项目12个。其中运城“快递+苹果”项目突破两千万件，顺丰、申通分别建立晋南水果预处理中心和生鲜直发中心。围绕应县陶瓷、祁县玻璃器皿等新兴制造业打造快递服务先进制造业项目15个。

推进快递员关爱工程，联合省市人社部门开展快递工程技术人员职称评审，晋中、太原、忻州、大同、晋城、长治等市112名快递从业人员获评初级工程师。联合共青团省委开展“快递从业青年服务月”活动，与省红十字会签订“关爱快递小哥博爱行动”框架协议，联合省快递协会在春节、暑期和快递业务旺季开展快递员关爱慰问活动。省快递协会牵头选拔优秀选手参加第二届全国邮政行业职业技能竞赛，荣获个人一等奖1名、二等奖2名、三等奖1名和团体优胜奖、优秀技术指导奖。20名中通快递小哥参加国庆70周年“美好生活”方阵游行，9名快递小哥参加“二青会”火炬传递，百世李朋璇获评“感动山西”“感动交通”十大人物，并入选中国青年百人代表团到俄罗斯访问，圆通刘文玉获评“省劳动模范”，中通王凯入选“三晋英才”支持计划。（裴璟睿）

【邮政绿色环保】 2019年，召开全省邮政业绿色环保工作推进会，印发方案，成立领导小组，打造升级版“9571”工程。省市局紧抓主要品牌、关键指标，举办培训班、召开座谈会、印制宣传画、发出倡议书、组织现场观摩，开展“邮来已久、绿动未来”主题宣传活动。其中，快递包装废弃物回收装置实现邮政自营网点、快递许可企业和分支机构全覆盖；电子面单使用率达到99%；电商快件不再二次包装率达到79%以上；可循环中转袋达到191.70万条，使用率83%；新能源或清洁能源快递汽车达到620辆。应对行业运行风险。加强动态监测，做好品骏快递业务调整期间寄递渠道网络运行和

2019年7月18日，太原市快递企业参加“文明交通我先行、助力创城迎二青”誓师大会

（裴璟睿供图）

从业人员队伍稳定工作。(裴璟睿)

【邮政整治行动】 2019年,山西省邮政管理局开展大排查大走访大整治专项行动。针对农村网点运营不稳、末端违规收费、建制村直接通邮、行业绿色发展、寄递渠道安全保障等行业薄弱环节进行大起底。坚持企业自查与市局排查相结合,边排查边整治。省局派出四个小组,不打招呼、不发通知,直奔基层,坚持"原汁原味"反馈,发现并移交问题线索100条。各市局高度重视、照单全收、即知即改,严肃查处违法违规行为。专项行动集中发现和解决一批影响行业安全和服务质量的突出问题,重新梳理和评估全省行业发展现状特别是村级寄递服务现状,震慑屡查屡有、屡改屡犯的违法违规行为。(裴璟睿)

【邮政服务监管】 2019年,山西省邮政管理局以信息化监管为突破口,持续深化分级管理、达标专项检查和建制村直接通邮核查,季度下发通报并召开省级邮政企业通报会,推进全省邮政普遍服务从数字达标向质量达标转变。完成邮政局所营业服务和位置信息采集,1212个局所配置监控设施。试点开展建制村投递服务信息化监管工作,打卡率达到96%。开展巡视专用邮政信箱专项检查。开展机要通信专项检查,实现营业场所、营业环节检查全覆盖。做好建国70周年等重大题材纪特邮票销售检查工作。邮政社会监督员实现信息化管理。(裴璟睿)

【邮政市场监管】 2019年,山西省邮政管理局针对快递业务经营许可、市场秩序、服务质量开展"双随机一公开"检查,动态管理"一单两库",依法注销32家停产停业许可企业,完成169个许可预警企业的清理工作。出台《山西省快递末端网点管理细则(试行)》。发挥省市快递业信用评定委员会作用,加快推进行业信用体系建设。做好邮政用品用具生产监制和集邮市场监管工作。坚持申诉监管联动,强化服务质量,监管季度召开快递服务质量提升联席会议,全省快递服务申诉处理满意率达到99.40%。(裴璟睿)

【邮政业安全】 2019年,山西省邮政管理局出台强化落实企业安全生产主体责任的实施意见,推进寄递企业建立完善安全生产管理机构,推行安全制度和安全监管台账。强化"三项制度"落实,推进过机安检持证上岗和双人轮岗,全省配置安检机282台,持证人员达到572人。市级品牌快递企业分拨中心视频监控联网实现全覆盖,忻州市区快递营业场所建立智慧消防预警系统。太原邮区中心局邮件处理中心发报刊组、晋中大盈速递服务有限公司城东分公司等单位被国家邮政局、共青团中央认定为2019年度全国邮政行业青年安全生产示范岗,同时入选共青团中央、应急管理部联合认定的全国青年安全生产示范岗候选集体。

出台全省邮政业安全生产领域改革发展实施意见,召开全省寄递渠道安全管理领导小组会议,全面部署寄递渠道安全管理相关工作,完善体制机制、明确责任分工。发挥部门联动机制作用,联合省公安厅、应急管理厅等开展执法检查。配合相关部门做好寄递渠道反恐、禁毒、涉枪涉爆、扫黄打非、打击侵权假冒等专项工作。开展以"防风险、除隐患、遏事故"为主题"安全生产月"活动。联合省公安厅修订邮政快递企业及员工可疑线索举报奖励办法。

做好重大活动期间寄递渠道安全服务保障工作。组织人员外出学习举办过大型赛事省份的先进经验,结合全省实际详细制定工作方案,并向30个省级邮政管理部门发出协助函;召开动员部署会议,层层分解压实责任,组织邮政快递企业现场宣誓,确保万无一失。二青会、国庆期间,省市局领导带队开展多轮次现场督导,定期视频巡检分拨中心,执行24小时值班值守和每日零报告制度,对进入比赛场地等核心区域的快件实行"二次安检"。(裴璟睿)

物流业

【概况】 2019年,山西省被国家列为6个物流降本增效综合改革试点省份之一,开展物流降本增效综合改革试点,印发《山西省物流降本增效综合改革试点行动方案》。全省物流运行保持总体平稳,社会物流总额增长稳中有升。物流景气指数平均为52%,保持在较高景气区间,业务总量、新订单、设备利用率、库存周转次数等指标全年均保持50%以上的景气区间,行业活动保持活跃。物流业总收入2022.90亿元,同比增长3.40%,增速低于国家5.60个百分点。

2019年,山西省工业和信息化厅(以下简称工信厅)首次对23家符合条件的物流企业拨付奖励资金520万元,引导全省物流企业提升运营质量、提高综合竞争力。对山西中鲁物流城项目一期工程等3个项目建设支持2672万元,落实省级技术改造资金物流企业园区基础设施、技术装备升级等项目的支持。落实高速公路差异化收费新政策。全年全省高速公路优惠通行费14.49亿元,其中货车优惠通行费13.98亿元,享受到优惠政策的货车通行量共计4035.74万辆次。(董晨阳)

【社会物流费用构成】 2019年,山西省社会物流总费用同比增长2.9%,增速低于上年同期8.20个百分点,低于全国同期4.40个百分点;与GDP的比率为17.80%,比上年同期提高0.20个百分点,高于全国同期(14.70%)3.10个百分点。(董晨阳)

【物流总额及构成】 2019年,全省社会物流总额为32483.10亿元,按可比价格计算,同比增长6.50%,增速比上年同期提升0.90个百分点,高于全国同期(5.90%)0.60个百分点。(董晨阳)

【物流需求结构调整】 2019年,全省物流总额增长,需求结构调整。单位与居民物品总额继续保持高速增长,

同比增长 20.40%，消费升级促进民生类物流市场快速发展，全省快递服务企业业务量累计完成 3.64 亿件、收入 49.40 亿元，同比分别增长 20.10%和 28.20%，人均快递量达到 9.70 件，比上年多 1.60 件。进口货物物流总额从主要品类看，集成电路、各类矿砂、手机用零件等进口额保持高位增长推高进口增速；从区域看，对东盟、“一带一路”沿线国家、日本和澳大利亚口等国家和地区进口均保持快速增长，增速分别达到 24.90%、26.80%、47.60%和 28.10%。工业品物流总额增速比上年提高 1.20 个百分点，占全社会物流总额的比重下降 1.60 个百分点。（董晨阳）

【物流运输结构调整】 2019 年，山西省货运以煤炭、焦炭、矿石、钢铁等大宗货物运输为主，大秦、瓦日、朔黄等既有铁路综合利用效率得以提升。开通至天津港的五定班列。推进“公转铁”工作。推动铁路专用线共用、发挥闲置专用线效能。全年全省公路累计完成货运量 12.79 亿吨，同比增长 1.30%，道路货运周转量 1915.60 亿吨公里，同比增长 0.40%；全省铁路累计完成货运量 9.13 亿吨，同比增长 7.20%，铁路货运周转量 2774.70 亿吨公里，同比增长 7.50%。（董晨阳）

【物流主体实力】 2019 年底，山西省从事物流行业企业 13715 家。A 级物流企业 67 家，其中 AAAA 级以上物流企业 44 家（AAAAA 级 3 家）。2 家骨干物流信息平台试点。2019 年全省新增 A 级物流企业 19 家，其中 AAAA 级 11 家。中鼎物流园等 4 家物流园区入选全国优秀物流园区；山西快成物流科技有限公司入选 2019 年度中国物流企业/民营物流企业 50 强。山西永旺物流园区、侯马物流园区入选山西省首批现代服务业集聚区试点。（董晨阳）

【物流基础与枢纽建设】 2019 年，山西省与物流业相关的交通运输、仓储和邮政业，批发和零售业固定资产投资分别增长 29.90%、12.90%，全省公路通车里程达到 14.40 万千米（高速公路 5711 千米），公路密度达到 92.10 千米/百平方千米。全省铁路营业里程 5890.40 千米（高铁 836.7 千米），比上年度新增 471.40 千米，铁路密度达到 3.80 千米/百平方千米。2019 年国家首批重点建设 23 个物流枢纽，太原被确定为陆港型（生产服务型）国家物流枢纽。中鼎物流园支撑太原物流枢纽建设，提升运营水平，园区 2019 年货运吞吐量突破 620 万吨。中欧（中亚）班列实现常态化运营，2019 年开行中欧（中亚）班列 107 列，实现比 2018 年翻一番的既定目标。（董晨阳）

【物流平台搭建】 2019 年，山西省工信厅推动物流公共信息平台建设。鼓励中国（太原）煤炭交易中心信息平台、中鼎智慧物流云平台等物流公共信息平台在推动能源革命、中欧班列运行等关键领域发挥支撑作用，推动快成物流、经纬通达等 7 家网络货运平台试点企业提升经营质量。流标委会获准筹建。山西省现代物流与供应链联盟成立，政企协同着力提升物流行业组织化程度。（董晨阳）

【农村物流基础设施建设】 2019 年，山西省又有武乡县、临县、原平市、临猗县 4 个县确定为国家级电子商务进农村综合示范县，累计 45 个县被评为国家级示范县，累计获得中央财政资金 81850 万元，发展农村电子商务，健全完善物流基础设施。示范县整合本地供应链资源及物流快递企业资源，对接合作，依托乡镇、村电商服务站点，打通本地乡镇、村物流快递配送的出入口，解决工业品下行和农产品上行双向流通“最后、最初一公里”的问题。加强物流基础设施建设，优化物流节点布局及配送路线，截至 2019 年底，全省示范县已基本将县域内物流快递整合，完成配送线路合理规划，配送成本降低，配送效率提高，初步解决农村物流配送难题，基本建成从村到县到全国的电商物流配送体系，贫困地区乡镇快递网络覆盖达 100%，村级快递网络覆盖

表 37　2019 年山西省社会物流费用构成

指标	绝对值(亿元)	构成(%)	同比增速(%)
社会物流总费用	3038	100	2.90
其中：运输费用	1865.30	61.80	1.70
保管费用	908.10	29.40	6
管理费用	264.60	8.80	1.80

表 38　2019 年山西省物流总额及构成

指标	绝对值(亿元)	构成(%)	可比增速(%)
社会物流总额	32483.10	100	6.50
其中：农产品物流总额	1626.20	5	2
工业品物流总额	19807.40	61	5.30
进口货物物流总额	640	1.90	15.20
省外物品流入物流总额	8624.80	26.60	6.60
再生资源物流总额	40.20	0.10	432.70
单位与居民物品物流总额	1744.50	5.40	20.40

率达70%以上。武乡创新的“蚂蚁到村”物流方案，实现“收件不出村，发件不进城”的便捷服务；灵丘县探索共同配送，打造共享仓库，实现物流快递进村次日达。（张志鹏）

【供应链体系建设试点】 2019年，山西省商务厅开展省级供应链体系建设试点。会同省公安厅、省交通厅等有关部门转发《城乡高效配送专项行动计划(2017–2020)》，提出在完善城乡三级配送网络，网络共享共用，技术标准应用，配送模式创新等方面的具体贯彻落实意见。组织推进商务部30个国家级城乡高效配送试点城市（太原市、临汾市）推动城乡消费升级。确定大同市农产品供应链为省级供应链体系建设试点项目，给予资金和政策支持。指导太原市按照流通领域现代供应链体系建设，保证试点项目时效性、完备性和合规性，确定12家企业承担建设快消品、医药、家居三个行业的现代供应链体系。在全国供应链体系建设工作会上，太原市快消品多仓共配、医药单元化配送、家居标准化智能化供应链建设经验，受到商务部充分认可并在全国推广。完成太原市供应链体系建设试点中期评估，评估结果显示，物流单元标准化率由60%提高至80%，仓储利用率提高了15%(原先利用率为60%)，供应链综合成本降低20%，平均库存周转天数下降。截至2019年底，太原市城乡配送仓库利用率达到70%，共同配送率达到40%，试点企业绿色仓库和新能源车辆比例均大幅提高。

（张志鹏）

【太原成为全国首批国家物流枢纽】 2019年9月11日，发展改革委员会、交通运输部联合发布2019年国家物流枢纽建设名单，山西太原依托太原局集团公司中鼎物流园完备的基础设施和较强的区域带动优势，成为首批23个国家物流枢纽之一。首批入选的23个国家物流枢纽涵盖陆港型、空港型、港口型、生产服务型、商贸服务型、陆上边境口岸型6种类型，对实施“一带一路”建设、京津冀协同发展、长江经济带发展、粤港澳大湾区建设、长三角区域一体化发展、西部陆海新通道等重大战略形成支撑。太原是唯一上榜的陆港型（生产服务型）国家物流枢纽。中鼎物流园以发展多式联运为核心，率先引入自动化集装箱场站，探索推广“一单制”，吸引近百家物流企业进驻，园区年吞吐量接近600万吨，先后获评为国家第二批“示范物流园”和“多式联运示范工程”。园区集铁路、公路、口岸、内陆港为一体，具有运营主体单一、八大产业园聚集等特色优势。（孙淑环）

家政及养老服务

【家政服务业】 2019年，山西省家政服务协会（简称省家政协会）以满足人民群众日益增长的家政服务需求为出发点，重点围绕提高服务能力、优化服务结构、提升服务质量、改善服务环境、规范市场秩序等方面着力，促进家政服务业标准化、职业化、规范化发展。全年全省家政企业投资持续增加，增速较快。截至2019年底，全省370余家企业10余万名家政服务人员注册登记，通过识别授权6.30万人。据不完全统计，全省家政服务市场企业营业收入达60余亿元。

（李世杰）

【家政服务行业标准化建设】 2019年，省家政协会协完成《家政服务从业人员基本要求》(DB14/T1880–2019)和《家政服务溯源管理规范》(DB14/T1881–2019)两个地方标准修订。7月，由山西省市场监督管理局发布实施。《月子护理机构服务基本要求》已起草完成，正在逐级申报。

（李世杰）

【“天镇保姆品牌”推广】 2019年9月，山西省家政协会组织省内部分家政服务企业参加人力资源和社会保障部在大同市和包头市召开的家政服务经验交流暨精准扶贫对接会。会后，省家政协会组织有关家政服务企业向北京等地输送高级家政服务人员300余名。推广“天镇保姆品牌”，将红马甲集团股份公司和运城妈咪乐家政服务公司确定为“天镇保姆推介联络站”。（李世杰）

【养老服务业】 截至2019年底，山西省建成社会力量举办或经营的养老床位数21.46万张，其中，社会办养老机构床位9.31万张、公办民营机构床位数5.76万张、社会办居家社区养老床位数6.39万张，占养老床位总数的32.50%。全省新建成街道日间照料中心506个、社区老年人助餐点1986家、城乡标准化居家养老服务中心258个。开展适老住区新建、改建，全年新建改建适老住区59个。全省虚拟养老院达68家，基本保障全省养老服务信息化的“县县通”。在全省范围构建15分钟养老服务圈半径，鼓励养老机构将专业化服务延伸到周边社区。将“提供居家上门服务的老人占辖区老年人总数”比例纳入全省高质量发展考核指标，全省享受上门居家服务的老年人总数达到100余万人。（编辑部）

综述

【概况】 据不完全统计,2019年山西省举办展览活动171场,其中市场化办展162场,党政机关办展9场。展览总面积134万平方米,较2018年同期增长26.28%。引进会议类活动7场。 (黄健文)

【会展管理】 2019年,山西省商务厅推进全省会展活动市场化进程,会展结构得到优化。引进并培育一批规模较大、专业化水平较高的会议和展览,涉及能源、装备制造、文化、医药、农产品等多个行业。发挥会展业发展专项奖补资金作用,对引进的“2019年全国清洁能源供暖峰会暨太阳能+多能互补技术交流会”“中国中西部洗染节”“2019中国太原宠物产业博览会”“2019中国(山西)国际现代农业博览会”等会议和展览,以及山西省自办的“2019第20届山西医疗器械展览交易会”“2019春季天天第22届山西广告展”“2019中国(山西)暖通展览会”“第十八届2019太原煤炭(能源)工业技术与装备展览会”“中国·太原国际汽车产业博览会”“山西孕婴童产业博览会(第二届山西孕博会)”“山西青少年教育暨装备博览会”“2019第20届中国山西国际美容美发美体化妆用品博览会”“中国(山西)国际清洁能源博览会”等会议和展览,开展现场查看和评估调查,及时了解展会实时动态。引进济南至合会展有限公司在山西省设立分公司。规范党政机关办展活动。组织参加国家级专业展会,9月9日至12日,组织全省知名酒企参加由国家商务部与贵州省人民政府共同主办的国家级、国际性、专业化展会——第九届中国(贵州)国际酒类博览会。山西省展区面积144平米,汾酒集团以“不忘初心·汾酒与祖国同行——共和国国宴用酒”为主题参展,17家酒类生产企业参展,展区按白酒、葡萄酒、功能性酒分类,为企业搭建走出去的平台、提供合作机会。各市根据产业特色,培育“以会带展、以展促会”模式,如中国(山西)特色农产品交易博览会、山西(朔州)陶瓷进出口交易会、第四届山西(运城)国际果品交易博览会、平遥国际摄影大展、山西(汾阳·杏花村)世界酒文化博览会等,促进会展产业链升级发展。 (张志鹏)

【省外展会】 2019年,山西省投促局组织参加8场国家级、区域性重点展会,分别是河南投洽会、津洽会、丝博会、西洽会、中博会、青洽会、兰洽会、西博会,参加第二十四届澳门国际贸易投资展览会,首次实现境外展会“零”的突破。全年共实现展览面积2969平方米,同比增长96%,山西展区累计设置301个专业展位(展架)及405块宣传版面,展示山西省321家企业的850种优质特色产品。参展企业现场销售额突破576万元,同比增长44%,实现意向签约654家,意向签约金额3.66亿元,同比增长3.70倍,全年累计发布938个山西重点招商引资项目,参观人数突破11万余人次。2019年,山西作为厦洽会主宾省参展,创下多项参展之最:参展面积最大(1242平方米),参展企业最多(128家),参展企业质量最高,展览成效最好,展览形式创新最多。 (周英巧)

会展展馆

【中国(太原)煤炭交易中心】 2019年,中国(太原)煤炭交易中心成立8个市场化服务团队,建立覆盖全省、辐射全国的市场化服务网络,以产品为抓手,以客户(包括各级政府)为中心,发挥交易中心“公开、公平、公正”的第三方服务平台优势,推行市场化服务,各团队根据各自区域特点深入开展服务,同时又根据实际跨区域联合作战,多部门、多区域形成联动机制,共同开拓市场、服务客户。创新业务模式。研究出台《全流程交易行动方案》和《市场化交易行动方案》。重新构建业务链条,创新手段方法,全流程交易各环节紧密关联,做实合同签订、交易交收、货款结算以及供应链金融各项服务工作。开启市场化交易新模式，推出竞价销售、竞价采购、挂牌销售、挂牌采购等服务产品，为企业客户服务，增加交易机会，降低交易成本，提高交易效率。

以客户为中心开展市场化服务。走出大楼，走出太原，到市场、到企业、到一线，主动与省内各大煤炭集团、政府各部门及各地市煤炭企业对接，深入市场开展服务，培养锻炼队伍，市场化服务在全省范围内铺开，抓住煤炭主产地和主集散地，面向全国拓展市场。推陈出新做产品。根据市场反馈和交易实践，改进全流程交易和市场化交易产品，减少客户需要履行的程序，各项流程更加便捷，效率提高，实现智能化交易。对能源电子商务平台三次优化升级，建立全新的市场化交易专区、全流程交易专区、交易交收、金融结算、能源行情、期现结合、大数据平台等七大功能版块，上线“票付通”结算系统，实现线上货款结算。制定客户服务管理办法、研发客户服务管理系统，建立起全中心上下联动、密切衔接的客户服务机制，服务客户的能力提升。

平台前移搞服务。利用交易中心“国”字号交易平台优势，发挥第三方平台的公信力和影响力，把平台和服务前移至各地市及县区，为当地煤炭产业上下游企业提供市场化交易、合同签订、交易交收、货款结算、供应链融资、市场信息等服务。为政府及相关部门提供信息汇总、大数据应用、政策咨询、预测预警等服务，建立价格发现和形成机制，发挥市场调节功能，促进区域煤炭经济转型发展。按照中国煤炭工业协会、中国煤炭运销协会及省工信厅委托，开展煤炭中长期合同履约监管工作，解决企业在执行过程中的相关需求和存在的问题。配合省能源局科学测算全省电煤中长期合同基准指导价，做好省内电煤中长期合同签订工作。

2019年，中国（太原）煤炭交易中心发挥现代化场馆、设施、服务优势，内拓外引、打造品牌，引领会展业高质量发展。举办太原能源低碳发展论坛、能源革命展等国家级、国际性活动，以及第四届山西文化产业博览会、太原国际汽车展等知名展会。承接太谷农展馆运营服务工作，输出管理经验，推动山西省会展业发展。全年共举办各类会展活动160场，参会参展达260万人次。由交易中心发起主办的晋·道大讲堂，运营水平提升，线上关注人数平均每场达2万人以上，最多时单场线上人数达4.80万余人，成为山西省信息交流、文化传播新载体，建设公共文化服务新亮点。 （逯培锋）

【山西省展览馆】 2019年，山西省展览馆本着“重点工作求突破，单项工作争先进，整体工作创特色”的总体要求，坚定信心，砥砺前行，使各项工作取得新进展和新突破。展览和展会是主业，也是全馆的中心工作，在服务好展览展会的同时，探索“走出去引进来”和“常设固定展”的办展模式，多渠道拓展业务、打造展馆新形象，全年举办大中型政府类展览、推介会、展销会、企业活动、艺术展等各种类型展览51场，取得良好的经济效益和社会反响。 （韩一平）

主要会展

【国际现代农业博览会】 2019年8月29日至31日，2019中国（山西）国际现代农业博览会暨现代农业发展高峰论坛在山西省展览馆举行。展览以“绿色、创新、共享、智慧”为主题，旨在配合国家相关政策的落实和实施，转变农业发展方式、助力农业供给侧结构性改革、推动农业产业融合、促进农业提质增效和经济发展，吸引200多家国内外品牌企业携最新技术产品前来参展。展会同期举办现代农业发展高峰论坛，包括智慧农业专题论坛，设施农业专题论坛，农产品产销对接会，农资产销对接会，园区招商推介会等，围绕大会主题及行业发展趋势、产业政策、发展规划、技术革新、经营管理、投融资等各个层面深入交流探讨，为行业发展出谋划策。 （韩一平）

【国际畜牧业交易会】 2019年11月13日至15日，第十一届山西（太原）国际畜牧业交易会在山西省展览馆举行。展会以养殖企业为核心，涉及畜牧行业上下游产业链条各个环节的相关产品与服务，吸引上百家业内企业参展。展会立足生产，面向消费，对国内外优良畜禽品种、饲料、添加剂、兽药、畜产品及相关现代畜牧装备等新技术、新成果进行集中展示，开展山西养猪技术猪病防疫知识讲座、山西规模养鸡疾病防治技术讲座等活动。此次畜牧业交易会为行业搭建交流、展示、商贸与合作的平台，有利于推动畜牧及相关产业的发展，也有利于打造畜产品的新形象，推进畜牧业现代化，提升畜产品的知名度和美誉度。 （韩一平）

【第三届全国小米品鉴大会】 2019年12月26日，第二届全国小米品鉴大会在长治市举办。大会由中国粮食行业协会、国家粮食和物资储备局科学研究院、山西省粮食和物资储备局、长治市人民政府共同举办。来自山西、陕西、山东、甘肃、河北、内蒙古、辽宁、吉林、黑龙江等9省60余家企业参加。会议期间，国家粮科院首席研究员李爱科、山西农业大学教授郭平毅、安徽燕之坊食品有限公司销售总监曹俊杰分别从小米营养保健功能、山西小米产业动态及小米产品销售等方面作专题报告。山西小米运营中心有限公司与福州市粮食批发交易市场管理处、东莞市常平粮油市场经营管理有限公司；长治小米运营中心有限公司与安徽燕之坊食品有限公司、杭州粮油物流中心批发交易市场有限公司、苏州市粮食批发交易市场服务有限公司分别签署战略合作协议。 （赵　钢）

【第六届中国（山西）特色农产品交易博览会】 2019年9月29日至10月3日，第六届中国（山西）特色农产品交易博览会在山西省农产品国际交易中心（太谷）举办。博览会主题为“推进乡村振兴，助力脱贫攻坚，坚持绿色发展，唱响山西品牌”。本届农博会展区2万平方米，参展企业近百家，展品19大类5000余种。

（黄永建 王 彬）

【粮食产业发展论坛】 2019年9月26日，全省粮食产业发展论坛在太原举办。出席此次论坛的有国家粮食和物资储备局、山西省粮食和物资储备局领导，各市发展改革委，山西粮油集团及有关方面粮油企业的代表们等。论坛上，国家粮食和物资储备局专家从粮食供求宏观形势、粮食市场运行态势、粮食产业发展趋势三方面深度解读。中原粮食集团多福多食品有限公司韩红军从主食产业高质量发展的方向目标、当前主食产业发展存在的问题和困难、推进主食产业高质量发展的思考及建议三方面对主食产业化发展作全面介绍。浙江大学CARD中国农业品牌研究中心课题组研究员、芒种品牌管理机构杨巧佳讲述农产品区域公用品牌创建战略方法，以及如何在实战中创建差异化的粮食产业品牌，为在当下竞争激烈的品牌经济环境中，实现品牌溢价，产业转型升级提供思路、方法和行动方案。 （赵 钢）

【2020年度煤炭交易大会】 2019年12月11日，中国（太原）煤炭交易中心2020年度煤炭交易大会开幕。举办开幕式暨高峰论坛，煤炭中长协签约，交易业务说明会，交易类、物流类、市场运行分析类、展览展示六大类20场活动，共有来自省内外450余家煤炭供运需企业，以及国家发改委、中国煤炭工业协会、中国煤炭运销协会等国家行业管理部门，省发改委、省工信厅、省能源局、省金融办等省直部门以及朔州、长治、临汾等相关地市的领导和企业代表参会，会议期间，共有近万人次参与各项活动。为煤炭产业链企业搭建起交流合作的桥梁，促进产运需高效衔接，营造统一开放、竞争有序的市场环境。会议规模、质量、成果均刷新历届记录，服务功能提升，合作各方歆享盛会，“太交会”的品牌影响力提升。 （逯培锋）

【工业转型升级成果展】 2019年10月16日至24日，庆祝中华人民共和国成立70周年山西工业转型升级成果展在山西省展览馆举行。成果展主题为创新、智能、绿色、高端，展会现场集中展示山西省近3年来9大领域234家企业395个门类共896件技术创新产品。展区分室内（8000平方米）、室外（2000平方米）两大展区，共10000平方米。室内展区分序厅、电子信息、大数据、装备（智能）制造、新材料、消费品、绿色能源、绿色制造、创新发展9个板块。室外展区主要有新能源汽车板块，以及装备（智能）制造板块的部分煤机装备、军工装备等。展览集中反映出山西省近年来工业转型升级的成效和水平，展示山西省近年来践行新发展理念、培育发展新动能，在技术创新、招商引资、招才引智等方面取得的重要成果；展示山西制造、山西品牌、山西新优势新动力的新形象；展示山西工业经济转型升级发展发生的翻天覆地的变化。

（韩一平）

【节能环保、低碳发展博览会】 2019年10月26日至28日，第九届山西省节能环保、低碳发展博览会在山西省展览馆举行。博览会主题为“绿色、节约、合作、交流”，展出面积2万平方米，设标准展位1000余个，共邀请到北京、深圳、河北、山西、浙江、山东、福建、广西等省市共计200余家企业参展参会。展区分别设置市（县）、中央和省属国有单位等大型能化企业节能环保综合成果以及诸多门类的节能环保技术产品等展区，展品覆盖清洁能源、建筑建材、环保水处理、环卫技术与垃圾分类、煤改电及新能源汽车等大批科技领先产品。展会同期举办有关于水污染防治与生态环境修复方面的技术交流会，并进行多项节能减排、低碳发展技术产品的推介会，以及山西生态文明建设高峰论坛及项目签约等活动。 （韩一平）

【装备制造业和信息化博览会】 2019年11月1日至3日，第三届中国（山西）现代物流展暨装备制造业和信息化博览会在山西省展览馆举行。展会以“智能制造，物流融通，信息助力”为主题，汇集众多企业到会展示交易，涵盖现代物流、园区建设、智慧物流及装备制造，大数据、信息化及数字经济等。期间，举办山西省现代物流与供应链联盟成立启动及高峰论坛活动。展会聚合形成集展览展示、贸易洽谈、合作交流、立体物流产业平台，为推进山西省现代物流发展，为企业拓展业务、推广品牌带来发展和合作机遇；为观展人群拓宽行业视野、创新创业带来商机；为物流业，制造业，信息化发展业和区域经济联动发展带来新契机和新动力。

（韩一平）

【暖通展览会】 2019年4月12日至14日，2019中国（山西）暖通展览会、山西第三届可再生能源博览会在山西省展览馆举行。来自省内外300余家暖通企业携新型节能、环保、低碳、绿色、清洁采暖等千余种产品集中亮相。展会响应山西省“煤改清洁能源”号召，通过展览展示、投资洽谈、技术研讨、信息传播等方式，为业内人士打造的专业交流平台。展会共有350余家企业及1000多种产品参展，成为行业内颇具规模和影响力的大型展会。

（韩一平）

【交通产业博览会】 2019年11月7日至9日，由中国交通运输协会交通工程设施分会主办的中国（山西）交通产业博览会在山西展览馆举行。展会以“智能 绿色 高速 安全”为主题，设置“交通建设、公共交通、智能交通、交通安全、交通照明、智能停车与立体车库、交通道路养护施工、高速公路信息化”八大主题板块，实现交通运输行业新理念、新技术、新材料、新装备发展成就的综合展示。同期举办有“第四届全省交通行业公路养护创新发展专题研讨会”。

（韩一平）

【汽车后市场暨物流博览会】 2019年9月6日至8日，由山西省汽贸联盟商会主办，山西峰之桥文化传播有限公司承办的2019第四届中国（太原）汽车后市场暨物流博览会在山西省展览馆举行。博览会参观人流量近3万人次，展览面积超过1万平方米。展会是山西省政府重点支持的会展项目，是山西省最大、最专业的商用车和工程机械配件博览会。为汽车后市场厂家宣传品牌形象、开拓市场范围、提升销售业绩、促进产销融合、展示汽车后市场文化发挥作用。

（韩一平）

【“五小六化”竞赛优秀成果展】 2019年12月25日至27日，山西省“五小六化”竞赛优秀成果展在山西省展览馆举行。此次竞赛有3.60万家企事业单位，712.50万人次的职工和学生参赛，共收集“五小”成果19.10万项，其中3650项成果获得专利，创效122.20亿元。成果展展示全省“五小六化”竞赛优秀成果共有550余项，展区内11个市各单设一个展区，省科协、团省委分别单设一个展区，省国防工会、省煤矿工会、国网山西省电力公司工会分别单设一个展区，其他产业工会集中在一个展区，共设17个展区。大赛呈现三方合力凝聚、转型特色凸显、创新引领先行、竞赛领域拓宽、支持力度提高5个特点，为全省创新驱动、转型发展作出贡献。

（韩一平）

【大众创业万众创新分会场】 2019年6月13日至19日，2019年全国大众创业万众创新活动周山西分会场活动在山西省展览馆举行。省委副书记、省长楼阳生出席并宣布开幕。双创活动周期间，山西分会场围绕“展、论、赛、宣、训”五大部分展开，举办启动仪式、创新创业成果主题展示和省级双创示范基地建设推进报告会、山西省“双创”赋能高质量发展论坛、“我行你也行”创客报告会、“互联网+”大学生创新创业大赛专题讲座等15项论坛交流活动，“创响山西”系列推选活动、山西省科技工作者双创大赛、第三届“我是创客小达人”青少年创新创业大赛、第三届“三晋新农人”创业创新竞赛活动等4项群众性竞赛，以及“三新经济”及其在山西的新实践培训会等。山西创新创业成果主题展示展出项目286个，展示面积约6000平方米，现场直接参与山西分会场活动的观众达到2.20万人次，是历年来展览展示规模最大、参与人数最多的一次。“创响山西”系列推选活动群众积极参与，活动期间线上线下共收到选票63万份，关注人数2000万人次。（韩一平）

【第三届世界酒文化博览会】 2019年9月19日至22日，第三届山西（汾阳·杏花村）世界酒文化博览会在汾阳杏花村经济技术开发区中国汾酒城举办。博览会的主题是“举杯汾阳　品味世界”。本届会展面积3.50万平方米，参展企业650家。

（黄永建　王　彬）

【2019中国山西食品餐饮旅游博览会】 2019年9月27日至10月7日，以“舜风唐韵、面都永济”为主题的第四届中国山西食品餐饮旅游博览会暨2019中国永济（国际）面食文化节在运城永济市水峪口古镇举行。

（黄永建　王　彬）

【“老牌新品　时代匠心”图片展】 2019年9月19日至25日，山西省食品工业协会与山西省老字号协会共同主办的“老牌新品　时代匠心”山西老字号图片回顾展暨山西省二十强品牌食品企业展，在山西平遥开展。这次图片展是作为“第十九届平遥国际摄影大展”的分展区而举行，共展老照片300余幅。

（黄永建　王　彬）

【秋季茶产业博览会】 2019年9月20日至24日，2019中国（太原）第二届秋季茶产业博览会在山西省展览馆举行。茶博会总展出面积近万平方米，设国际标准展位200多个，划分为国际茶展区、全国名茶区、山西药茶保健茶专区、普洱茶区、黑茶区、紫砂区、茶具/陶瓷区，来自云南、贵州、福建、安徽、湖南、广西等产茶区。展会推出中国茶产业绿色发展高峰论坛、山西省茶艺师大赛、山西人民喜爱的茶叶品牌评选、“黔茶出山香飘三晋”贵州名茶推介等活动，让广大茶友了解茶文化的内涵、感受茶文化的熏陶。

（韩一平）

【太原年货会】 2019年1月4日至15日，第二届太原年货会在山西省展览馆举行。年货会由旭峰太原精品年货会、第七届山西省科普惠农特色优质农产品展销会、第二届“第一书记年货节”、阳曲县第三届年货会暨“回村过年”系列活动、清徐县首届年货会共同组成。展会以传承发展中华优秀传统年庆文化为办展宗旨，丰富春节商品市场供应，注重百姓物质文化需求，通过丰富精彩的年庆文化活动，暖心周到的展会服务，打造集“展示交流、洽谈销售、文化娱乐”为一体的年庆平台。同时，注重搭平台、树品牌、促对接、助脱贫，集中展示销售科普惠农特色优质农产品等山西功能农产品，组织开展“农超对接”“农市对接”“农商对接”“农社对接”等农产品营销推介活动，拓宽农产品销售渠道，助力农民增产增收。展会为期12天，展馆面积约1万平方米，参展人流量总数达到18万人次，展会零售额和签订订单合作意向金额近1亿元。（韩一平）

【赏石文化博览会】 2019年3月9日至15日，2019中国太原第二届赏石文化及相关产业博览会在山西省展览馆举行。博览会征集到山西百名书法名家的精品力作，举办“石谭墨缘”书法展和“表里山河　形胜之地”三晋风光摄影展，将观赏石展、书法展和摄影展完美融合，达到天然艺术和人文艺术的协调统一，实现赏石文化和中国传统文化的融合发展，提高中华文化自觉和文化自信，对推动山西文化旅游产业的发展发挥重要的作用。

（韩一平）

【青少年教育暨装备博览会】 2019年5月31日至6月2日，由《山西晚报》主办的2019年山西青少年教育暨装备博览会在山西省展览馆举行。博览会参展企业共计100多家，其中大型参展企业有20多家，参展范围包括学术、装备、机构、服务四大方面，以展示教育新技术新产品、标准化教育装备建设、推广教育改革创新理念为三大主要内容，举办多场教育装备展示、经验交流会、模式推介会、才艺比赛等活动，打造山西省乃至全国的教育行业盛会。（韩一平）

信息基础设施建设

【网络基础设施建设】 2019年，山西电信普遍服务助力乡村振兴成效显著。连续组织实施五批电信普遍服务试点项目，总投资30.80亿元，惠及7677个行政村的光纤宽带网络和4G网络，解决农村偏远地区60多万家庭用户的信息通信需求问题。前四批全面完工并投入使用。截至2019年底，全省行政村光纤网络接入率为98.30%，4G网络覆盖率为98.80%。8月底第五批项目竣工，山西省将基本实现所有行政村光纤网络和4G网络双覆盖。

山西首条国际互联网数据专用通道开通。提前一个月完成建设任务并具备接入试运营条件。经第三方测评，通道面向全球的国际互联网访问丢包率达到欧美发达国家水平，面向全球的国际互联网访问时延优于日本、韩国、中国香港等发达国家（地区）中位水平，为山西省发展外向型经济奠定良好的网络基础。

5G建设步伐加快。开通5G基站2300个，实现太原市标志性体验区域及其他有5G应用需求的区域5G网络覆盖。“二青会”场馆5G网络全覆盖，在全国首次实现大型综合体育运动会5G网络直播，完成省委省政府提出的在“二青会”上实现5G标志性体验任务。

工业互联网开局良好。国家首个煤炭行业工业互联网标识解析二级节点在大同煤矿集团公司上线运行，助力全省能源革命综合改革试点和工业高质量发展。指导省互联网协会举办2019山西省工业互联网发展峰会，加快推动山西省5G和工业互联网融合发展。

推进NB-IoT和IPv6网络部署。三家企业部署超过1.70万个NB-IoT基站，实现乡镇以上区域全覆盖，在自动抄表、金融POS机、智能物流等方面得到应用。推动终端设备IPv6升级改造，全省获得IPv6地址的LTE终端比例达95%，固定宽带终端比例达50%。全省通过IPv6上网的活跃用户连接达到2800万。

（魏程明）

【通信基础设施建设三年行动】 2019年3月11日，省政府办公厅印发《山西省通信基础设施建设三年行动计划》，提出实施六大工程任务、四个专项行动。4月2日，山西省政府新闻办举行《山西省通信基础设施建设三年行动计划》新闻发布会。 （魏程明）

【“二青会”通信保障】 2019年4月28日，在全国第二届青年运动会决战动员誓师大会现场，省委副书记、省长楼阳生打通省内首个5G电话。

2019年12月13日，2019山西省工业互联网发展峰会在太原举办

（魏程明供图）

8月8日至18日,第二届全国青年运动会在山西省举行。这是山西通信业首次承担的保障规模最大、保障业务最全、保障时间最长、保障范围最广的一次重要通信保障任务。全行业以高度政治责任感和使命感,周密部署,全力以赴,高效协同,及时反应,以一流标准,一流水平,完美表现,完成保障任务。（魏程明）

【转型综改示范区国际互联网数据专用通道开通】 2019年6月23日,楼阳生宣布山西转型综改示范区国际互联网数据专用通道开通,这是山西省首条通达中国互联网国际出入口局的直连高速通道。（魏程明）

【《山西省加快5G产业发展的实施意见和若干措施》印发】 2019年9月20日,省政府印发《山西省加快5G产业发展的实施意见和若干措施》,提出加快5G网络部署等20项任务,针对选址难、入场难、用电成本高,出台16项具体保障举措。（魏程明）

【山西省“携号转网”服务首日试运行】 2019年11月10日,山西省“携号转网”服务首日试运行,山西联通、移动、电信10日至14日每地市开放1家自办营业厅共33个提供携转服务,15位用户成功携转。（魏程明）

2019年9月18日,省商务厅厅长韩春霖(前排左三)一行到长治调研电商扶贫工作（黄健文供图）

电子商务

【电商发展】 2019年,山西省商务厅开展2019年度“主体培育行动”重点企业遴选工作,确定50家入围企业。联合浙江天猫网络有限公司、阿里巴巴(中国)软件有限公司举办天猫食品行业(山西)对接会,帮助山西省电商企业拓宽网络营销渠道,全省400余家电商企业参会。指导大同市、京东商城举办“山西省电商大会暨京东三晋好物节”活动,百余家品牌企业、电商企业参加,搭建企业与京东系电商的交流平台。发展电子商务新业态,与阿里巴巴合作推动电商直播,山西省成为阿里巴巴全国首批11个“村播计划”的试点省份,20个县入围,100余家淘宝店铺获得阿里巴巴直播权限。（黄健文）

【电商进农村】 2019年,山西省商务厅扩大电子商务综合示范覆盖范围,指导帮助武乡县、临县、原平市、临猗县4个县(市)入选为2019年国家级电子商务进农村综合示范县。截至2019年底,山西省电子商务进农村示范县总数达到45个,获中央财政资金8.20亿元。指导示范县整合区域内的物流快递资源,合理规划配送线路,降低配送成本,提高配送效率,初步解决农村物流配送难题,基本建成从村到县到全国的电商物流配送体系,贫困地区乡镇快递网络覆盖达100%,村级快递网络覆盖率达70%以上。省商务厅示范县依托历史、文化、产品优势,加强与国内知名电商平台合作,发掘当地特色农副产品,打造县域公共品牌,截至2019年底,共发布“一方粮川”“一品岚州”“吉地吉品”等35个县域公共品牌。完善电商公共服务体系,加强县级电商公共服务中心、物流配送中心、村级电商服务站点建设,构建县乡村三级服务网络,截至2019年底,示范县共建设49个县级电商公共服务中心、37个物流配送中心、37个农产品展示中心、6626个村级电商服务站点。（黄健文）

【电商扶贫】 2019年,山西省商务厅组织制定《山西省2019年电商扶贫行动计划》,指导武乡县举办“小米春播节”促销活动,当天通过淘宝直播销售小米近百万元,为全省小米销售探索新的销售方式。指导临县走进快手直播和淘宝直播间,通过直播电商带动农产品销售,累计组织扶贫销售专场10场,带动销售农特产品600多万元。指导山西原产地官方旗舰店开展天猫寻味-神池月饼专场活动,采取线上线下融合的方式塑造神池月饼地域品牌。（黄健文）

通　信

·综　述·

【概况】 2019年,山西省有3家基础电信运营企业(联通、移动、电信),主要经营移动通信、固定电话、互联网等业务。1家通信基础设施综合服务企业(铁塔),主要经营通信铁塔、基站机房的建设运维业务。177 家增值电信业务企业，从事互联网信息服务、互联网接入服务、互联网数据中心服务等业务。27 家移动通信转售业务试点企业。90 余家通信工程建设企业。全行业从业人员约 13 万人。

截至 2019 年底，山西省电信业务总量累计完成 2405.70 亿元，同比增长 75.90%。电信业务收入累计完成 241.20 亿元，同比减少 0.80%。FTTH（光纤到户）端口总数占宽带接入端口总数的比重高达 96%，在全国排第 4 位。光纤宽带用户数占固定宽带接入用户总数比例高达 97.50%，稳居全国第 1 位。使用 100Mbps 以上速率的宽带用户占比高达 92.10%，在全国排第 1 位。4G 基站 14.20 万个（位居全国第 19 位）。光缆总长度 127.90 万千米（位居全国第 18 位）。互联网省际出口带宽 18291G（位居全国第 14 位）。NB-IoT（移动窄带物联网）基站 1.70 万个，实现乡镇以上全覆盖。电信用户满意指数连续 18 年超 80，本年度指数 85.23，超额完成质量强省生产性服务业顾客满意度考核目标。围绕省委省政府大数据发展战略，三家基础电信企业建设数据中心 33 个，机架数 2.91 万个。在建数据中心机房 14 个，机架数 7.92 万个。

（魏程明）

【网络全面发展】 2019 年，山西省固定宽带接入用户总数达 1164.60 万户，比上年末新增 38.50 万户，其中光纤宽带用户总数达 1139.70 万户，占比达 97.90%，占比在全国居第 1 位。使用 100Mbps 以上速率的宽带用户总数达 1080.60 万户，占固定宽带接入用户的 92.80%，占比在全国排第 3 位。全省家庭宽带用户总数达 1042.80 万户，固定宽带家庭普及率达 82.60%，在全国排第 25 位。全省移动通信基站总数达 24.50 万个，其中 4G 基站总数达 15.60 万个。NB-IoT（移动窄带物联网）基站 1.60 万个，实现乡镇以上全覆盖。全省累计建成 5G 基站 11512 个，累计开通 5G 基站 11123 个，提前实现全省设区市中心城区 5G 网络连续覆盖的年度目标任务，实现重要场景和高价值区域的网络覆盖，全省 117 个县（区）主城区全部都开始 5G 基站建设。全省 IPv6 活跃连接数达到 3032 万。各电信运营企业自营移动互联网应用（App）的 IPv6 浓度稳步提升，新部署的网关、无线路由器、智能家居终端全部默认支持 IPv4/IPv6 双栈。接入网试点企业持续深化门户网站 IPv6 改造，二级、三级链接的 IPv6 支持占比稳步提升。

全年，山西省取得互联网新闻信息服务许可的新闻单位共 37 家，具体服务形式包括：互联网站 38 个，应用程序 26 个，论坛 1 个，公众账号 140 个，共计 205 个服务项。

（周　颖）

【通信行业治理】 2019 年，省通信局"放管服"改革推进。出台增值电信业务经营许可证受理审批工作实施细则，优化办事流程，提高审批效率，推进审批标准化，许可审批用时较法定时限缩短 60%。

网络降费力度加大。提前超额完成降费指标，截至 2019 年底，中小企业宽带和专线平均资费较 2018 年年底相比分别下降 59.25%、54.20%，移动流量平均资费下降 40.39%，为用户带来实实在在的获得感。面向贫困用户出台惠民方案 11 项，精准降费惠及 30 余万贫困户，降费金额达 1500 余万元。

携号转网实行。保障人民群众自由选择权，全国率先完成携号转网联调联测，截至 2019 年底，共有 3.20 万用户成功携转。

专项整治成效显著。联合省教育厅发文加强校园电信业务市场管理，简化校园营销方式，普及"绿色迎新"。治理涉及群众利益的热点难点问题，约谈相关运营商，强化端口类垃圾短信息治理工作，研究改进对策，维护用户合法权益。对 700 余栋商务楼宇开展宽带垄断专项整治。加大治理力度，骚扰电话、垃圾短信较 2018 年底分别下降 66.60%、9%。

行风建设和纠风工作推进。完成行风纠风考核五项指标。电信用户满意指数连续 18 年超 80，本年度指数 85.23，超额完成工信部、省政府考核指标值。

互联网基础管理强化。配合互联网内容主管部门查处关闭违法违规网站 261 个，列黑名单网站 11 个。全省网站备案率达 100%。

通信建设市场秩序稳中向好。强化招标投标监管，对通信工程建设项目招投标工作进行专项检查。开展通信工程质量监督检查，对违法企业进行处罚。

（魏程明）

【网络安全保障】 2019 年，省通信局推进防范打击通讯信息诈骗。完成反诈系统与部平台的对接协同、与公安机关的对接联动。全年拦截诈骗电话呼叫比上年下降 53%，向省公安厅反诈中心推送预警信息 5.90 万条，协助公安机关成功劝阻 1.90 万人。

公共互联网网络空间清朗。组织开展"扫黄打非"等 10 余项净化网络环境专项行动，通过互联网综合管理系统下发监测处置指令 2295 条，监测发现并报告各类不良信息网站 2747 个。向省级机关报送专项信息通报 39 期，公告预警信息 13 期。网络安全管理处被评为全国"扫黄打非"先进集体。

电话用户实名登记管理深化。打击电话卡"实名非实人"、个人违法买卖现象，联合关停本人违规出售电话卡 429 张。暗访全省 80%营业网点，整改实名制违规问题 552 个，全省电话用户实名登记合规率持续保持 100%。

网络安全防护和威胁治理能力提升。累计处置网站漏洞、仿冒、网页篡改、病毒注入等网络安全一般事件 258 件。对 288 个机关事业、媒体金融、科教文卫等重点网站实施访问检测，累计发现网络攻击行为 4934 次、信息窃取行为 830.14 万次，锁定并处置恶意攻击 IP 数量 166 个。初步对山西省工业互联网安全实施检测，发现并上报网络攻击事件 9258 条。

应急通信保障能力提高。完成"长治沁源 3·29 森林火灾"应急通信保障工作，受到工信部应急通信保障中心的书面表扬。组织全省通信业完成"二青会"、中华人民共和国成立 70

周年庆祝活动等重大活动的应急通信和网络信息安全保障任务。在2019年召开的山西省人民防空会议上，省通信局作为“十二五”期间人民防空指挥能力建设表现突出单位，荣获集体一等功。 （魏程明）

·电 信·

【概况】 2019年，中国电信山西分公司（简称电信山西分公司）全行业业务收入31.83亿元，同比增幅0.061%，高于行业平均水平，收入份额13.31%，较上年同期提升0.30%；移动用户到达433.17万户，宽带用户217.72万户，用户户均流量达7.44G；天翼高清用户渗透率达69.19%；欢go客户端用户数到达246.55万户；全省有销渠道3341个，新零售门店累计拓展55家，打造智慧家庭体验市级标杆厅店123家。

以激发活力为核心，持续创新、提升三维联动改革实效。在划小承包方面，围绕宽带攻防一体运营思路，推动城市社区清单化服务销售体系建设，开展以店包片工作。在划分1269个四级单元的基础上，开展五级包片工作，全省网格区域划分五级片区1185个片，完成承包1056个；聚焦新兴业务，深化行业客户专业化划小承包，加速推进政企市场经营机制改革；探索划小承包新模式，太原公司开展分局制改革，临汾公司开展县域承包试点工作。在倒三角支撑方面，强化对一线的支撑工作，设立综合支撑中心，推动倒三角支撑工作集约化和落实逆向考核评价工作；推动“大平台，小团队”建设，完成工作助手上线，优化和推动倒三角支撑平台建设和推广，加大倒三角支撑深度；建立逆向派单机制，提供“一点接入、全程响应”的服务支撑。提供面向市公司的一点受理渠道，以易问为抓手，打破纵向省、市、县三级层级，打破横向部门与专业间的壁垒，实现各级专家团队与一线员工“无缝对接”。在专业化运营方面，落实综合渠道体系，强化渠道积分应用，通过积分应用建立统一评价体系，小CEO、县经理、市经理评价模型；成立客户经营中心，推动新发展和存量客户经营并重；强化实战培训、标杆带动、下沉帮扶，为一线提供针对性的营销服务方法和方案，提升专业运营能力。

贯彻“以人民为中心”的理念，聚焦用户使用痛点，提升移动网络和产品服务能力。聚焦“转圈、卡顿、掉线”等网络弱覆盖、高负荷、产品体验不佳等问题，推进健网络、优产品专项工作；聚焦投诉重点、难点问题，强化源头治理，优化投诉处理流程，加强横纵向考核，提升问题解决效率；营造全员服务新氛围，开展“守初心担使命，全员服务在行动”教育传播活动，打造客户服务文化。2019年，实现客户感知新突破，综合满意度行业第一，宽带、手机上网行业第一；完成越级有效申诉率压降20%、三个专项越级申诉率压降30%的管控目标，未出现“恶意扣费”“恶意限制用户更改套餐”“恶意限制用户停机销户”事件。

围绕加强信息基础设施建设，构建泛在、高速的基础网络。累计建设开通4G基站2.50万个，覆盖率达96%；保持省内行业首张窄带移动物联网领先优势，累计建设NB-IOT基站2.36万个，完成全省覆盖；发展高速光纤网络推进全光城市建设，全省末梢端口累计达789万线，分光器端口累计达458.20万线，城市区域覆盖率达93.80%；农村区域覆盖率33.20%；IP骨干网出省带宽达5T，IP城域网出口带宽达到6T；天翼云山西资源池扩容20000核，上线IPV4/IPV6双栈能力，服务上云客户1078家；采用“2+2+9”架构建设山西云基础设施，启用朔州、阳泉、长治、晋城IDC机房，IDC基础资源布局成型，累计形成机架能力1708架，IDC网络出口带宽4720G，并加速推进综改区太原数据中心项目建设。（于 俊）

【智慧家庭产品推出】 2019年，电信山西分公司打造“智能宽带、智家平台、智能应用、智能安全、智能服务”五智能力体系，构建“智能宽带、智能应用、智能服务、智享娱乐”四大产品体系，打造全新的终端、业务和服务生态。基于在智慧家庭领域的能力布局，以领先的信息通信技术和服务，打造开放的赋能开放，为家庭用户提供舒心、安心、称心智慧家庭产品，满足用户多元化、个性化、品质化和场景化的信息化需求，致力于为用户创造无限可能的美好生活。同时，优化智慧家庭装维流程，加强装维队伍建设，规范统一智慧家庭工程师服务标准、培训体系以及教材，明确各项智慧家庭产品验收标准，装维能力升级，从产品提供向服务提供转型，向客户提供差异化、显性化、价值化装维服务。

（于 俊）

【爱有天翼志愿服务活动】 2019年3月22日，电信山西分公司在吕梁市岚县赵朝舍村开展“志愿新时代 青春更出彩”爱有天翼志愿服务活动。开展爱有天翼志愿服务捐赠活动，为扶贫点党支部捐赠的党建学习、农业种植书籍，为赵朝舍小学的孩子赠送学习阅读书籍及体育活动用品；开展信息扶贫志愿服务活动，发挥中国电信信息通信服务优势，为建档立卡贫困户提供扶贫专属服务，宣传天翼高清扶贫专区（含农业科技、教育培训、卫生健康、精准扶贫等内容）；开展“献爱心·志愿理发”活动，邀请巴黎欧莱雅专业美发师为当地村民开展免费理发；开展送温暖送健康义诊服务活动，邀请山西省儿童医院妇科、儿科专家开展“2019年送温暖送健康义诊服务活动”，为妇女儿童送去关怀和温暖。弘扬“奉献、友爱、互助、进步”的志愿服务精神和“红色电信”精神，用爱心传承文明、用真情奉献社会，用行动实现诺言。 （于 俊）

【5G智慧物流园】 2019年5月10日，电信山西分公司、金烨国际物流有限公司、天翼智联科技有限公司在金烨国际物流园区内签订5G战略合作协议，共同致力于将金烨国际物流园打造成行业领先的5G智慧物流园。以“5G+智慧”为理念，采用先进的

信息技术及智能化管理为手段，通过系统集成、平台整合，帮助用户将信息化管理覆盖到园区每个角落，使人车货从入园到离开都实现数字登记、网络查询、数据库管理。园区内人与车、车与货、货与路在智慧的网络中运行，相互互动、服务集成，实现园区的智能化、信息化。 （于　俊）

【5G 联合创新工作室】 2019 年 6 月 16 日，电信山西分公司 5G 联合创新工作室成立，旨在通过整合电信云网能力及内部资源，并加强与优秀能力方的合作，输出 5G 场景化方案及产品，推动 5G 赋能行业转型发展。对内进行 5G 及云网融合场景化产品及应用的赋能基地，面向前后端、面向省市县广泛渠道体系开展 5G 云网融合场景化培训，通过 5G 引领带动前后协同、上下协同的生产及营销赋能。融合开展 5G 为主题的客户场景化宣传活动，在展现电信 5G 网络情况及相关应用场景，通过演示厅进行 5G 技术的普及和实际应用的体验，形成营销推动力。形成 5G 产品创新孵化基地，结合具体客户应用需求，整合电信、设备方和应用方能力，与高校和基地合作，形成 5G 创新应用成果，并将具体成果进行推广，带动相关行业规模化发展。 （于　俊）

【5G 智慧博物馆】 2019 年 7 月 3 日，电信山西分公司与山西博物院 5G 合作启动仪式在山西博物院举行。电信山西分公司发挥自身在 5G、人工智能、云计算、物联网等信息与通信解决方案的创新优势，利用增强现实 AR、虚拟现实 VR 和人工智能 AI 等新技术，让数字化虚拟体验成为可能，让蕴藏于博物院中的中华文明焕发全新的光彩，让参观者获得穿越时空的新奇体验。山西博物院 5G 示范应用，推动山西 5G 产业走在全国前列。

（于　俊）

【DICT 行业能力基地】 2019 年 8 月 29 日，电信山西分公司首个省内"DICT 行业能力基地"在长治挂牌成立。对外推动本地 DICT 业务生产运营，汇聚产业链厂商及互联网企业能力，结合电信企业优势，提供有客户价值的创新产品、应用服务与解决方案，打造特定行业与技术领域的省内标杆项目，带动全省政企 DICT 业务规模发展；对内实施省内横向、纵向政企团队实训赋能工作，总结经验、复制推广，并作为省内行业应用专家人选的培养与选拔基地，带动全省政企"四个能力、一个体系"建设的全面、深入开展。 （于　俊）

【5G+ 智慧矿业联合创新实验室】 2019 年 10 月 30 日，在中国电信 5G+工业互联网高峰论坛的签约仪式上，电信山西分公司与山西焦煤集团签订《5G 业务合作协议》，推进 5G+能源和制造行业的业务合作，使 5G、AI、大数据、云计算、物联网、工业互联网等新技术与能源、制造行业深度融合，打造示范标杆。在智慧矿山、智能工厂等项目上开展基于 5G 应用的广泛合作，并共同建立"5G+智慧矿业联合创新实验室"，推进 5G 在智慧矿井、智慧矿区以及智慧化工等领域的创新应用。 （于　俊）

【5G 商用】 2019 年 10 月 31 日，电信山西分公司召开 5G 商用发布会，宣布中国电信 5G 正式商用。面向公众客户推出 5G 套餐、5G 会员权益和 5G 特色应用；用户可以通过使用 5G 套餐或者加升级包的方式，实现不换卡、不换号轻松升 5G；5G 会员可享受生态合作伙伴权益及网络权益；并推出云 VR/AR、云游戏、超高清视频、云电脑等 5G 特色应用，向客户提供更好的使用体验。面向政企客户，发挥 5G 超大带宽、超低时延特征及边缘计算等能力，发挥"5G 天翼云 AI"特色，提供工业互联网、智慧城市、智慧医疗、智慧教育、交通物流、智慧能源等 5G 行业云网解决方案。

（于　俊）

【5G+ 智慧医疗】 2019 年 11 月 26 日，电信山西分公司与山西省眼科医院、浙江视联智慧医疗科技有限公司在山西省眼科医院远程医疗中心举行 5G 远程医疗启动会。会议现场，一台高端人工晶状体植入手术示教大片，被实时传送到 1300 公里外的成都中医药大学附属银海眼科医院、300 公里外的运城眼科医院和长治市人民医院学习交流。之后，电信山西

2019 年 11 月 26 日，中国电信山西分公司与山西省眼科医院、浙江视联智慧医疗科技有限公司在山西省眼科医院远程医疗中心举行 5G 远程医疗启动会

（于　俊供图）

公司分别与山西省眼科医院、视联智慧医疗签署5G战略协议。（于 俊）

【智能制造与工业互联网】 2019年12月13日，在2019山西省工业互联网发展峰会上，电信山西分公司举办以"智能制造与工业互联网"为主题的分论坛活动，并搭建涵盖5G+工业互联网3大板块、7个子项的现场演示区，展示中国电信在国内工业领域依托自身企业优势所构建的以"工业连接为基础，数据汇聚为核心，能力输出为价值"的工业互联网生态。（于 俊）

【物联网业务】 2019年，电信山西分公司物联网用户规模突破100万户，涵盖水务、燃气、热力、烟感、充电桩、农业、监控、车联网等行业。2019年3月组织开展山西省物联网生态合作伙伴招募工作，面向全国公开招募在智慧抄表、电动车监控、智慧小镇及园区、智能烟感、智能市政、车联网等10个领域的行业技术领先企业，共同创造山西物联网合作新时代。基于政府"三供一业"政策，实现NB大规模商用，围绕智慧城市八大场景，实现产品多元化、平台引领发展。（于 俊）

【学校联网攻坚行动】 2019年，电信山西分公司承接完成教育部学校联网攻坚行动，落实接入中小学带宽不足100M免费提速至100M提速降费政策，并针对教育部下发山西省接入385所中小学的目标，组织各地市从央企政治站位角度，高质量推进接入学校提速任务。2019年9月底，100%完成教育部下发电信山西分公司385所接入学校提速工作，获集团公司、省市教育主管部门及学校认可。（于 俊）

【千兆宽带部署】 2019年，电信山西分公司响应国家网络强国战略，加速带宽资源释放，加快布局智家产品体系，推进千兆宽带部署，推出千兆宽带产品体系优化计划，主推带宽300M起步，融合全部切换至300M起，面向高端试点小区推出500M、1000M带宽产品。同步加强千兆应用升级，结合500/1000M大带宽，加速WIFI 6终端引入，面向中高端用户推出"500M+全屋WIFI6"升级体验。（于 俊）

【第四批电信普遍服务】 2019年，电信山西分公司贯彻落实党中央、国务院关于"精准扶贫，精准脱贫"决策部署，加快农村基础设施建设、缩小城乡"数字鸿沟"，承接完成第四批电信普遍服务建设工作。在项目建设过程中，电信山西公司组织精兵强将，积极协调资源，克服施工窗口期短（其中大同5个月冻土期）、地形复杂施工强度大、整村搬迁、建设清单变更频繁、环保严查、铁塔供货等问题和困难，完成光纤宽带覆盖34个行政村，建设4G基站317个，覆盖318个行政村，为偏远地区老百姓提供优质、优惠的信息服务。（于 俊）

【云基础设施建设】 2019年，电信山西分公司加快推进云基层设施建设，推进太原数据中心园区建设，启动太原生产楼IDC机房改造项目，布局阳泉、临汾、朔州公司IDC机房建设，完成忻州、运城公司IDC机房扩容，新增IDC机架297架，IDC网络出口带宽增加至4.72T。推动云资源池集约化建设，形成对内统一的云基础设施，提升政企上云能力；提高定制服务器使用比例，提升云资源池利用率，IT云资源池综合资源利用率达到51.30%；推进各业务平台向云资源池迁移，逐步支持IPv6，提升业务平台安全能力，加强用户信息安全保护。提升CDN网络能力，支撑高清业务发展；新建CDN网络二平面融合平台，实现两个平面协同，具备内容加速、PSP加速、Cache缓存能力；完成天翼高清优品包系统建设，支持天翼高清直接点播腾讯视频内容。（于 俊）

【5G网络共建共享】 2019年，电信山西分公司与联通山西分公司积极贯彻落实双方集团公司5G网络共建共享工作部署，建立5G网络共建共享省级统一协调工作机制，按照"开放、合作、包容、创新、共赢"的总要求，积极主动研究探索5G基站建设协调措施，推进5G网络共建共享。9月9日双方签署《5G网络共建共享框架合作协议书》；9月26日召开5G网络共建共享工作推进会；9月28日凌晨3时40分，山西境内的首个5G共享站点开通，双方5G终端测试速率均达1Gbps以上。

双方在市场、服务、建设及维护等方面的全面对接，建立联合工作组及对接机制，推进5G网络联合规划及建设工作，聚焦双方"最大公约数"，推进山西5G网络共建共享工作有序、高效的开展，实现"1+1>2"的初心和目标。截至2019年底，双方具备条件的共享基站全部开通，5G在服务基站总数达到380个。（于 俊）

【BSS3.0系统上线】 2019年6月9日，电信山西分公司完成BSS3.0系统的割接上线，标志着BSS系统完成从"单业务支撑"到"强化市场使能、一线赋能"的深度变革和转型。BSS3.0项目是对BSS系统从底层架构到上层应用的全面变革，项目复杂度大，从项目启动到稳定运营历时19个月，完成业务需求梳理、系统功能开发、多轮次系统功能测试、性能测试、安全测试、使用人员培训、使用人员验收测试、集团验收测试、割接方案制定、应急保障及服务预案制定、系统割接、割接后运营保障等工作，采用"平台+应用"的分布式架构、集团研发中心PaaS组件、OpenAPI接口和集团规范BSS模型和主数据，在销售品上架、客户经营支撑、受理效率提升等方面，逐步显现并将持续发挥其优势。初步具备销售品上架流程和客户经营支撑流程两流程的四个能力，即快速市场反应能力、精确细分市场能力、精准客户经营能力、实时事件营销能力，发挥BSS3.0系统的市场使能和一线赋能作用。（于 俊）

【提速降费落实】 2019年，电信山西分公司推进提速降费工作。提速惠企，降低中小企业宽带及专线平均资费。为了推动互联网和实体经济深度融合发展，互联网专线业务价格在2018年下调10%的基础上，2019年度中小企业专线、宽带平均资费再次下调21%；推进中小企业数据梳理及打标，为524家企业宽带、专线业务进行提速降费工作，降低企业的信息服务使用成本。流量惠民，降低移动网络流量资费。全年对全量流量产品调整套外流量，最高不超过0.03元/MB；推出大流量套餐体验活动，牵引用户向大流量套餐迁转。推进流量达量送红包、送流量、积分兑换流量等活动，鼓励用户使用流量；配合大湾区规划，降低港澳漫游资费；全省流量单价降幅近50%。宽带提速，加大基础网络建设力度。针对低于100M以下低带宽用户，开展无条件提速活动，提升用户质态和感知，面向老用户推出预存话费提速至300M活动。（于　俊）

【携号转网惠民服务】 2019年，电信山西分公司推进“携号转网”惠民服务工作，开展携号转网相关系统改造建设，完成核心网、业务网、IT系统各相关平台升级改造，以及完成业务穿越测试和网间测试，修订完善业务规范、服务细则，提前布置宣贯执行，开展客户体验测试，优化服务方案。11月10日，提供“携号转网”上线服务，按照“方便用户、公平公正、诚实守信、协同配合”原则，保障携号转网服务水平，增强用户的“获得感、幸福感、安全感”。（于　俊）

【骚扰电话治理】 2019年，电信山西分公司开展骚扰电话治理专项整治，骚扰电话拦截系统全年识别过滤疑似骚扰电话170余万条，谢绝来电平台累计注册用户数超5万户。规范骚扰电话专项治理标准化动作。建立省内多入口、多部门联合举报处置流程，分类制定政企语音专线压降、大数据平台处置、个人用户核实处理压降措施。打击和治理骚扰电话，强化在网呼叫中心（含云呼等）、语音中继业务管控，新接入业务按最小化原则严格审核，明确违规处理条款。强化违规关停，针对五类高风险场景实行先停后查，并按同套餐、同渠道、同批次等特征进行延伸核查，连带号码按实名制要求实行先核后停。强化系统拦截，建设骚扰电话拦截系统，增强拦截手段和识别策略。推广使用谢绝来电平台，通过短信、营业厅、网厅等渠道宣传推广，引导用户通过谢绝来电平台封堵骚扰电话。（于　俊）

【沁源火灾通信保障】 2019年3月29日13时，山西省长治市沁源县王陶乡发生森林大火，随后向南向东延烧至郭道等乡镇。火灾发生后，电信山西分公司立即启动战区保障机制，组成战时保障队伍，历时8天7夜，以出色的成绩完成应急通信保障任务，并获工业和信息化部应急保障中心通报表扬。此次保障，电信山西分公司累计出动6辆卫星应急通信车（均开通业务）、抢修车62辆次、6部卫星电话、油机70台次、调拨光缆30千米、出动人员505人次、抢通基站17站次、抢通光缆25段落、累计发电209小时。（于　俊）

【“二青会”通信保障】 2019年8月8日至18日，第二届全国青年运动会在山西省举行。“二青会”通信保障工作是电信山西分公司近年来承担的保障规模最大、保障业务最全、保障范围最广的一次重要通信保障任务。作为“二青会”赞助商，电信山西分公司提供基础通信设施的建设和配套的通信服务、4G及5G移动网络的无缝覆盖以及高清赛事视频转播的优质传输通道、基于天通卫星的应急通信服务，承接完成各比赛场馆的信息化改造、安保网络的建设等工程，并利用电信自身宣传资源为“二青会”提供宣传推广服务。期间，完成57个比赛场馆室分建设和优化、95个接待酒店及运动员休息地移动网覆盖优化、5条互联网专线和10条业务电路；在全省各地市保障223场比赛，出动保障人员1573人次、车辆236辆次，巡检基站1188个，巡检酒店96个，巡检场馆57个，巡检光缆3860公里光缆；开幕式当天，电信公司网络质量优良，视屏直播流畅、无卡顿，获得良好的用户口碑；整个保障期间，做到全省重保站点无断站、各专业网络运行无异常、重点保障网站运行无异常、网络运行优良，完成“二青会”通信保障工作。（于　俊）

【70周年国庆通信与网络信息安全通信保障】 山西作为国庆70周年通信与网络信息安全通信保障的“护城河”省份之一，电信山西公司组织完成国庆70周年通信与网络信息安全通信保障工作。期间，电信山西公司对重要机房、干线等重要网络节点进行现场检查、督战与指导，每日巡检全省一级/二级干线，累计共出动1997人次，车辆1138台次，现场盯守16处，完成4.56万千米的一级/二级干线的巡检保障任务；开展HW专项行动，开展各网络、平台日常安全漏洞核查和整改工作，HW专项行动参与人员156人次；出动应急通信保障人员2545人次，保障车辆1312台次，VoLTE语音接通率99.66%，天翼高清优良率98.64%，发现和处置互联网非法探测或攻击IP共2120个，全省网络、平台、系统、业务安全畅通，起到北京护城河的作用。（于　俊）

【2019年护网专项行动】 2019年5月，电信山西分公司在山西省公安厅主办的“护网2019”专项活动，获“最佳防守单位”。6月，在集团公司的统一组织下参加公安部主办的“护网2019”活动，电信山西分公司在活动中精心组织、沉着应对，实现未被攻破的目标。护网期间，山西分公司共出动220人；封堵IP地址5070个；排查8个高危风险；扫描DCN终端454个，检测和处置安全风险451个；扫描OA终端2114个，检测和处置安全风险2833个；防御8093.66万次攻击，处置安全风险43.41万起，监测日志数量63.44亿条，未出现攻击方入侵迹象。

（于　俊）

【“杜绝漠视群众利益、保障农村网络

畅通”专项工作】 2019年10月，电信山西分公司开展“杜绝漠视侵害群众利益，保障农村通信网络畅通”专项工作，制定专项工作具体方案，包括网络建设方案、网络维护工作方案、客户服务工作方案、市场发展及综合支撑工作方案等，通过纵向省、市、县三级视频会议部署，横线多部门联合行动，推动第三批、第四批普遍服务项目、农村网络维护水平提升、客户投诉闭环管理等工作。农村基站退服平均时长压降到50分钟以内，农村宽带故障平均时长压降到15小时以内；为保护通信基础设施安全、维护通信网络正常运行，积极推动省政府下发《关于在城市品质提升行动中做好通信设施安全保护工作的紧急通知》，为通信设施安全保护提供保障，确保客户网络正常使用。 （于 俊）

【防范通讯信息诈骗】 2019年，电信山西分公司通过完善防诈工作机制、提升诈骗号码打击力度、建立完善技术手段、开展宣传教育工作等推进防范通信信息诈骗工作。狠抓工作机制及落实。调整防范打击通讯信息诈骗领导小组，开展“长春-2019”防范打击通讯信息诈骗专项行动，强化防范打击通讯信息诈骗工作要求。落实举报通报与责任倒查机制，对工信部、公安和集团公司通报的涉诈号码及时完成核查处置，电话核查系统工单处置及时率和准确率均达100%。提升诈骗号码打击力度。2019年，总计处置电话核查系统被举报号码128件次，接应和关停重点诈骗地区归属本省的号码1903个，研判主动关停号码2511个、反欺诈大数据模型自动关停号码23个、配合管局打击仿冒管局诈骗号码22个并将证件拉黑118个。实现对诈骗号码的精确打击和快速压降。建立完善技术手段。根据诈骗号码的漫游地、入网时间、呼出时长、位置信息、套餐信息及呼出次数占比等特征，建立高危地诈骗号码大数据实时筛查模型，并打通与CRM间的接口，实现高危地诈骗号码的自动关停。该功能于9月20日完成开发联调和正式上线，实现对诈骗号码的处置从事后为主向事前预防转变。开展宣传教育工作。9月组织开展网络安全宣传周活动，向全省电信用户发送公益短信440万条，发放2万余份宣传单页，宣传海报1500份，播放音视频500余小时。

（于 俊）

【网络信息安全】 2019年，电信山西分公司共监测并防御境外境内攻击约37万次，按照“谁主管谁负责、谁运营谁负责”的原则，落实网信安全责任，实现“不发生重大网络信息安全事件”的管控目标，并完成工信部年度考核指标。在网络信息安全领域投资2686万元，从组织、制度、手段、机制和队伍五个维度建设“横向到边纵向到底”的网络安全体系，形成涵盖主机层、网络层、应用层、数据层多个层次，防护、监测、响应三级联动的网络安全纵深防御系统。建设不良信息拨测系统，具备未备案网站发现、备案网站的不良信息发现、“一键封堵”功能的处置能力；加强对自营/合作/接入网站、App等互联网应用的内容信息的拨测能力，加强互联网不良信息内容检测管理系统的拨测频次和深度，严防死守，一经发现涉嫌违法违规内容，立即停止网上传输并保存相关记录。确保问题得到100%处置。推进“扫黄打非”、网上反恐工作。按照“只能加强、不能削弱”的原则落实“扫黄打非”专项行动各项工作要求，加强组织部署，夯实工作机制；强化互联网基础管理，抓实安全风险管控；重视技术手段建设，打击网络违法违规活动，加强宣传引导，畅通举报渠道，在网厅设立网上“扫黄打非”举报专区。 （于 俊）

·联 通·

【概况】 2019年，中国联通山西分公司（简称山西联通）坚持党建统领，开展“不忘初心、牢记使命”主题教育，全面接受集团公司党组巡视，落实中央巡视反馈意见对照检查整改，紧扣“活力、精进、可持续”三个关键词，保持战略定力不动摇，应对风险挑战，激发各层级活力，推进“五新”联通建设山西实践，山西联通全省主营收入连续三年实现正增长，全面完成利润预算目标，同比增幅联通集团第一。

4月23日至25日，山西联通代表团参加“联通5G、共见未来”2019上海5G创新发展峰会，获“2019中国联通全球产业链合作伙伴大会”最佳组织省份称号。8月31日，山西联通为600万星级用户开通国际漫游服务。在开通过程中，针对全国集中进行开通国际漫游服务批量业务，开通操作系统出现大量拥塞、截至8月21日全省开通用户数不到70万的情况，多次优化开通方案。截至8月31日，山西省开通国际漫游服务用户达6350299个，完成集团和省市场部制定的开通国际漫游服务目标。在中国通信企业协会通信网络运营专业委员会主办的2019年中国通信网络优化高级研讨会上，山西联通省网优中心获授予“2018-2019年度通信网络优化创新先进单位”。 （黄云霞）

【联通创新转型】 2019年，山西联通坚持创新转型，高质量发展开创新局面。将O2O协同营销体系建设围绕两网一中台，做强触点、做智中台、做优交付，突出在线服务和维系系统能力，持续迭代升级。致力于政企支撑服务能力互联网化转型，沃服务平台全面应用，B/O域贯通，业务交付能力提升，一线赋能更加有力。加快渠道转型步伐，转型自有厅实施新零售运营模式，通过金融、权益和互联网化工具应用，提升运营效能；社会渠道依托百夫长、分期购，实现裂变和双赢，“复兴”行动助力社会渠道网点增加、产能提升。优化基于大数据的存量经营体系，实现用户保有和客户感知双提升，移+宽存量收入保有率同比提升4.50个百分点，提升幅度列联通集团第四，宽带、移网存量用户保有率分别排名第二和第五。

（黄云霞）

【网络故障告警管控】 2019年，山西联通省网管中心开展告警清理显成效，为客户提供更优质服务奠定网络基础。全面摸排，细则管控。制定翔实的告警清理细则，区分核心网、数据网、传输网和无线网四个专业梳理阻断类、退服类、硬件类告警，针对告警产生原因采取告警分类标识、清理冗余数据等手段，为告警清理工作奠定基础。现场指导，快速排障。对于超长活动告警，组成专家组，到各市进行现场告警分析和故障定位，总结告警分析和故障处理经验，形成文档为其他地市同类问题提供支撑。通报考核，加强督促。通过全省微信群对重点网元TOPn告警进行日通报、周分析和月考核，加大督促力度。全网告警数量大幅减少，告警网元比由年初5.30条/网元/日控制到2.50条/网元/日，减少告警风暴对监控系统的压力，提升网络健壮性和故障告警精细化管控能力。 （黄云霞）

【春运网络质量保障】 2019年，山西联通早部署、早安排，以确保春运网络质量和用户感知为目标，在总结往年春运重保经验的基础上，引入互联网和大数据应用分析，于1月21日春运开始前就及早部署安排2019年春运重保工作。提取掌握和安排各市春节活动区域90个、对上年春运期间热点分析的基础上，对2019年春节热点预测，提前储备软硬件资源，开展跨地市网络资源调整工作，按天下发各市移动网用户、人流密集区及网络指标严重恶化小区，区域优化工作站对照每日清单协调地市公司积极开展分析和解决，保障春运期间网络质量和用户感知，确保节日期间省内外用户得到最佳的网络体验。 （黄云霞）

【临汾乡宁山体滑坡抢险联通保障】 2019年3月15日18时，临汾乡宁县枣岭乡发生山体滑坡，在接到政府通信保障命令后，山西联通第一时间启动二级响应通信保障预案，在省通信管理局的领导下成立山西联通应急指挥领导组，组建联通党员先锋通信保障队。19时40分乡宁分公司先遣队伍到达现场，21时10分山西长途电信线务有限公司人员到达现场抢修光缆，22时30分移动应急车辆到达现场，为现场指挥部开通应急指挥专线固话一部、提供卫星电话一部，开通移动应急基站，为现场抢险提供全面保障，通过SEQ大数据平台分析查询，将疑似失联用户推送政府有关部门进行排查、确认。抢险期间，山西联通共出动保障人员30人，移动应急通讯车1辆，其他保障车辆5辆，确保抢险现场联通网络运行稳定，通信畅通。 （黄云霞）

【西侯度遗址“二青会”圣火采集5G支撑】 2019年3月28日，山西联通与省广播电视台合作，独家对芮城西侯度遗址二青会圣火采集仪式进行5G支撑，完成5G+VR视频直播。在芮城西侯度遗址共建成2个5G宏站、2个4G宏站、2个5G Lampsite，实现二青会圣火采集区域5G网络的全覆盖，实现传统媒体与新媒体、新技术的全面融合。本次5G+VR视频直播是指“VR设备+5G网络+视频内容”，特点即5G超小时延、360度全景直播、5G实景实时拼接、实时传输、实时演示，这在全国电视频道转播中尚属首例。通过山西广播电视台公共频道网络直播约20万人参与观看。山西联通对二青会整个赛事进行5G+VR视频直播，运城联通完成通信保障工作。 （黄云霞）

【山西联通签约全省公安综合信息化项目】 2019年1月25日，山西联通中标山西省公安厅山西政法综合信息网、公安信息网扩容改造项目，独家承揽该项目的建设扩容工作。项目合同期为七年，年收入9800万元，借助本项目拓展森林公安和水利公安两个全省组网项目，项目合同期内总收入达到7.28亿元。该项目的签订，提升山西联通在山西乃至全国公安通信市场的公信力，也将在全国公安行业形成行业纵向一体化开发的标杆效应。 （黄云霞）

【联通5G品牌开通首发】 2019年4月27日，山西联通大南门旗舰营业厅举办5G品牌暨迎泽大街5G开通首发仪式，山西联通吴彤副总经理致辞，山西联通的5G发展秉承着"新蓝海的试验场，独角兽的孵化器"合作理念。此次展现全新的5G品牌标识，“让未来生长”，诠释联通5G致力科技创新、赋能行业。自2018年11月13日，山西联通联合华为公司率先在太原市开通省内首个基于NSA组网5G基站以来，山西联通推进5G建设和部局，全省陆续开通覆盖11个地市共19个5G体验厅；独家为圣火采集仪式及整个活动提供5G直播；在山西大医院实现山西首例医疗5G场景实测；对三晋第一街——太原迎泽大街1路公交线全线6.70千米进行5G覆盖，将向公众开放高速体验(5G-WiFi)，打造山西首个智慧公交示范线。山西电视台、黄河电视台、太原电视台、科教频道、公共频道、山西日报等10余家媒体到场报道。 （黄云霞）

【全民健康医疗大数据平台项目签约】 2019年4月5日，山西联通签约山西省全民健康医疗大数据平台项目建设，中标金额2966万元。该项目为山西省卫健委建设全民健康信息共享平台、三大信息资源(电子病历、健康档案、医疗运营)、多项平台服务功能(索引、个人与机构注册、信息资源目录管理等)、四大综合监管功能（医疗服务监管、公共卫生监管、药品监管、医疗资源监管)、大数据分析应用及互联网+医疗健康应用（智能信息提醒、健康档案浏览器)，与11个市级平台、15家委属医院平台对接。服务还包含云平台搭建、1条千兆汇聚数据传输专线连接山西省政务云、11条与各市卫生计生委连接的300兆数据专线及15条与直属医院连接的数据专线建设、升级、运行维护。 （黄云霞）

【联通5G手机登录三晋】 2019年4月17日，山西联通5G手机入驻数字经济演示厅。随着华为 Mate20X 的 5G 体验终端首批到货，山西联通 5G 手机登录三晋，入驻山西联通经济技术演示厅，标志着山西联通 5G 商用的加速落地，展示山西联通在 5G 终端产业链的完整布局。首批 5G 体验终端有 12 个品牌，共 15 款 5G 手机及 5G CPE，包括 OPPO、VIVO、华为、小米、中兴、努比亚等知名品牌。经过 5G 网络环境下的实测，联通 5G 手机实现超过 1Gbps 的连接速度，下载一部 1GB 的高清电影仅需 6 秒，体现出 5G“大带宽、高速率、低时延”真正优势。山西联通经济数字演示厅联合华为、中兴等国内知名通信设备商搭建基于多个场景下的数项 5G 应用展台，全面展示 5G+人工智能、5G+虚拟现实、5G+物联网等多个 5G 应用方向。 （黄云霞）

【“爱心助梦”首批积分公益捐赠】 2019 年 4 月 23 日，山西联通在吕梁山区韩家山中心校，完成首批“爱心助梦”公益捐赠。捐赠过程通过“一直播”平台直播，视频观看人数达到 34.10 万、点赞人数达到 66.90 万。本次活动是山西联通与山西青基会共同发起的“爱心助梦”积分公益捐赠活动，即用户捐出积分以帮助贫困儿童实现“微梦想”。 （黄云霞）

【携号转网业务首呼电话】 2019 年 5 月，山西联通严格按照国务院及工信部“携得了、转得快、用得好”的惠民导向，于 21 日完成设备安装、业务调测、现网配置、携入用户开户等携号转网工程工作，将中国移动与中国电信的测试号码携入中国联通网络，实现换卡不换号的携转业务功能，携入用户主被叫、呼转业务、数据业务测试成功。首个携入通话，标志着山西联通在携号转网业务发展上迈出关键一步，为下一阶段携号转网业务全面开通提供支撑，确保携号转网系统支撑工作完成。 （黄云霞）

【全网华为无线 GUL&OSS 版本升级】 2019 年 5 月 26 日，山西联通完成全网华为无线 GUL&OSS 版本升级，为 5G 网络的快速商用提供支撑。山西联通于 2 月下旬开始，历时 3 个半月对全网华为 GUL&OSS 无线设备进行 SRAN13.1 版本收编升级。面对网设备版本较低、升级跨度大、控制器设备陈旧、涉及设备数量庞大等问题，因事制宜、因点施策，采取一系列有效措施，最终以“零事故、零回退”完成此次升级工作，满足 5G 规划发展及 LTE 900M 项目建设需要。 （黄云霞）

【山西联通 5G 发展峰会暨合作伙伴大会】 2019 年 6 月 21 日，山西联通在中国（太原）煤炭交易中心举办“2019 年山西联通 5G 发展峰会暨合作伙伴大会”，山西省副省长王一新出席盛会并致辞。联通 5G 是本次峰会的主题热点，山西联通与多个成员单位举行 5G 应用签约仪式，启动“5G 体验用户”预约招募，揭晓山西首批 5G 体验用户 5 位嘉宾。在展区，酷炫的 5G 手机集中亮相，与会嘉宾亲身体验华为、中兴、OPPO、vivo、小米、努比亚等一线厂商的 5G 新机；体验高速 5G WIFI，沉浸式 5G+VR，首次展出 8 大行业的 5G 应用场景：5G 融媒体、车联网、智能制造、智慧医疗、智慧能源、智慧城市、智慧酒店、智慧旅游等。 （黄云霞）

【联通 5G 正式商用】 2019 年 10 月 31 日，山西联通在太原市大南门旗舰营业厅举办“极速 5G，联通未来”联通 5G 商用发布会，这是山西联通首次面向公众发布 5G 套餐、5G 终端、5G 网络覆盖以及 5G 服务等相关资讯，标志着 5G 正式商用。商用后，山西联通用户可以不换号卡办 5G，套餐共有七档，包含的流量从 30G 到 200G 不等。华为 Mate30、小米 9 Pro、三星 A90 等 10 多款 5G 终端全面亮相，特推出购机享 12 期免息分期，裸机全款直降等措施。联合山西电信共同打造 5G 商用网络。太原市作为全国第一批 5G 商用城市，其重点街道、重点高校、重点商圈、二青会场馆、青运村、长风商务区、山西大医院等区域实现 5G 覆盖，客户可享受 5G 超高清视频、5G 云游戏等多种 5G 体验。 （黄云霞）

·移　动·

【概况】 2019 年，中国移动通信集团山西有限公司（以下简称“山西移动”）收入增幅提升 7.60 个百分点，继续保持区域主导运营商地位。以融合为基础拓空间，实施“扩容计划、穿石行动、护航行动、网龄运营”等专项活动，4G 客户渗透率达到 77.50%，集团排名第 7。加快实施“单转融”，家庭融合率达到 37.10%，集团排名第 4。宽带和电视业务发展进入快车道，宽带累计净增份额达到 74.70%，集团排名第 10；IPTV 净增 118.60 万户，电视搭载率提升至 52.50%，视频点播业务收入实现从十万级到千万级的跨越。实施政企运营体系改革，形成“省市协同、编队作战”能力，建立与行业龙头、隐形冠军的沟通机制，集团产品收入同比增幅 35.10%，集团排名第 2。移动云收入完成 5857 万元。物联网客户连接数同比增幅 179%。获中国移动政企市场“经营业绩先进奖”和“DICT 拓展突破奖”。以融通为载体增价值，加快渠道转型，完善用户触点体系，建设智慧营业厅 20 个，拓展泛渠道 2.70 万个，电子渠道用户渗透率达到 59%，重点业务线上办理量占比达到 72%。推进智慧中台规划建设，构建面向“一线营销、管理运营、安全风控、网络运维、垂直行业”的五位一体框架，为转型发展提供坚实 IT 保障。大数据智慧赋能成效显著，“数字天网”项目获得 2019 年星河奖——最佳行业大数据应用奖第一名。推进业务营销智能化，上线“千人千面”营销模式，推动网络运维智能化，提升云网融合响应速度。“5G+”计划推进。精准建设 5G 网络，开通 5G 基站 1500 个，实现太原、晋城核心城区以及其他地市标志性精品区域的有效覆盖。储备与建设并行迭代，完成 5400 个

5G基站端到端资源储备。启动AICDE新型能力建设，构建5G产业生态，推动省政府与集团公司签订5G战略合作协议，与综改区、四个市政府以及阳煤集团等头部企业签订33份5G战略合作协议。成立11个联合创新实验室，加强与煤炭能源、重工制造等特色优势行业的创新协同，联合孵化创新应用62个。“智慧青运会”“智慧矿山”两项应用获工信部第二届“绽放杯”5G应用大赛二等奖。集团公司授予“5G+工业互联网优秀实践省”。 （王 婧）

【网络化运营】 2019年，山西移动系统推进省市县组织机构优化调整，强化前端单位对后端部门支撑服务效率的评价。网格化运营全面铺开，建立去行政化的“倒三角”支撑体系，推进云改，搭建“一云多池”的IT云融合资源池和“横向多云、纵向多级”的公有云资源池，实现跨机房跨域资源共享、分钟级资源交付，构建云+网+X类产品体系。提升网络能力，推进TDD/FDD融合组网，综合覆盖率达到97%。完成2G基站设备替换。持续攻坚宽带小区，城市全量小区覆盖率达到95%，打造千兆小区4760个。加强内容网络建设，TOP500网站时延排名集团前10。打造大视频平台，IPTV平台能力达到185万户，CDN基础能力达到6.8T。“二青办”工作模式的实践，为重大项目攻坚提供经验。输出195项在岗技术革新成果。各领域开展一系列管理创新、班组微创新及QC活动。 （王 婧）

【服务品质优化】 2019年，山西移动统筹开展“破冰、领先、阳光、削峰”四大行动，服务品质的差异化优势持续保持领先。实施行风纠风，整治不知情定制、不规范外呼、不规范营销等行为，抓客户信息保护以及垃圾短信、骚扰电话、不良信息综合治理，全面保障客户权益。精简资费数量、简化资费结构，资费套餐满意度排名集团第三。开展4G质量攻坚战、家集客质量提升大会战，“四轮十维”质量评估排名集团第六，家庭宽带客户满意度领先值由负转正，集客业务快速交付能力增强。4G客户满意度表现值、政企客户满意度、营业厅综合满意度均排名集团第一。客户服务综合满意度连续四年保持省内行业第一。 （王 婧）

【压降成本增效益】 2019年，山西移动推进降本增效，通过清理低效无效资产、强化盘活利旧、完善两级集采等手段，累计压降各类成本2.70亿元。实施新的所得税预缴方案，节约现金流9800万元。开展研发费加计扣除，节税860万元。上线集团ERP集中化系统。流程优化推进，重要流程效率较上年平均提升15%。采用“和对讲”产品开展工程现场的智慧管理，快速高效解决施工现场问题。开展“法治移动”建设和“合规护航”计划。强化审计问题立行立改，健全完善问责追责机制，审计成果转化效果持续增强。落实安全生产责任制，常态化开展隐患排查整改，全年无重大事故发生。出台《为基层减负若干举措》，加强会议源头管控，推行公文工单“预算制”，全省性督查检查考核项目由20项合并为6项。 （王 婧）

无线电管理

【概况】 山西省无线电管理局是省工信厅直属机构，正处级建制，负责本行政区域除军事系统外的无线电管理工作，根据审批权限实施无线电频率使用许可，审查无线电台（站）的建设布局和台址，核发无线电台执照及无线电台识别码（含呼号），负责本行政区域无线电监测和干扰查处，协调本行政区域无线电管理相关事宜。

2019年，山西省无线电管理局共审批各类台站1890个，换发执照1347个；指配业余电台呼号930个，核发业余无线电台执照1028个。做好5G基站建设干扰协调工作，与三大电信运营商签署《山西省5G基站干扰协调工作机制》，推进5G基站与卫星地球站等无线电台（站）的干扰协调与相关干扰查处工作，规范5G基站建设规划与“两表一单”的上报工作，完成公众移动通信基站数据电子交互系统建设工作。推进无线电发射设备销售备案工作，完成对136家经营主体的6600多个型号设备的备案审核。全年全省共受理用频设台申请14家，指配双工频率22对、单工频率29个，指配1.8GHz频率5MHz，微波通信频段135MHz。 （李金凤）

【行政审批改革】 2019年，山西省无线电管理局利用“互联网+政务”平台，推进审批服务“就近办”“网上办”“掌上办”“指尖办”，实现申请人“最多跑一次”，甚至是“零跑腿”的不见面审批，提高审批效率，方便设台用户和群众办事。实施“互联网+监管”模式落地，编制“互联网+监管”系统中监管事项目录清单和检查实施清单，录入国家平台，实现监管事项、监管过程、监管数据共享。 （李金凤）

【空中电波秩序维护】 2019年，山西省共查获“黑广播”案件44起，缴获设备44套；查获“伪基站”案件1起，缴获设备1套，查获涉案人员1人。期间，共开展专项监测11125小时，出动监测、执法人员2259人次，出动监测车641车次，动用各类监测设备2572台次。 （李金凤）

【重大活动无线电安全保障】 在2019年全国两会、春节、“二青会”、国庆70周年庆典等重大活动期间，坚持24小时监测值班制度，累计监测时长6540小时。完成第二届全国青年运动会无线电安全保障任务，获授予第二届全国青年运动会组织筹办工作先进集体称号。赛会筹备和竞赛期间，全省共受理赛会各类无线电频率台站设置使用申请98份，核准频率418个，筹集备用频率164个，检测无线电发射设备2318余部，发放无线电设备入场许可标签16000余个，开展场馆及周边地区电磁环境保护性监测3650多小时，出动保障人员

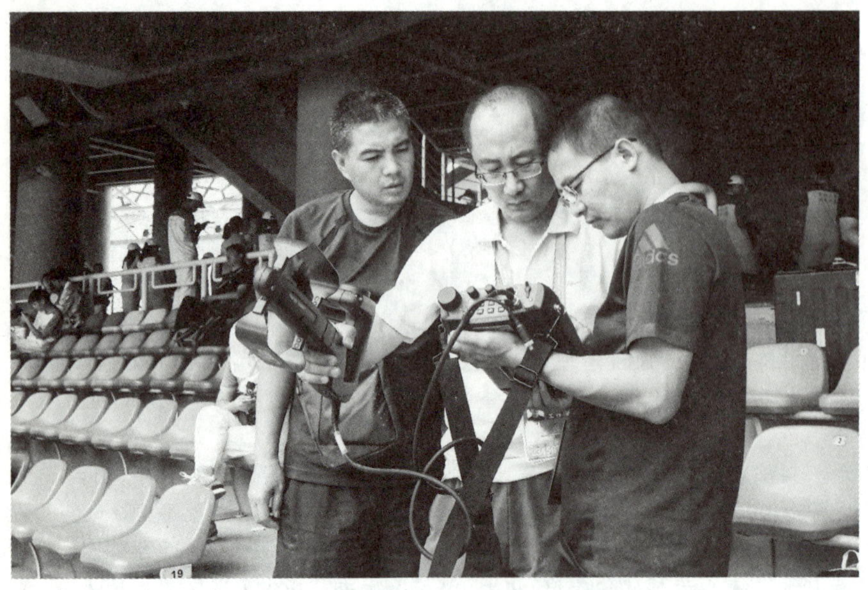

2019年8月6日,无线电工作人员进行"二青会"电磁环境测试 (李金凤供图)

687人次,无线电监测车辆315余台次,无线电监测设备423多台次,清理非法无线电台站11个,排查各类无线电干扰或干扰隐患29起,协助公安制定科学合理的无人机管控方案。完成"国庆"70周年阅兵等庆祝活动无线电安全保障任务,获"国庆"阅兵联合指挥部办公室信息保障组的通报表扬,7名人员受到国家无线电办公室表彰。 (李金凤)

【各类考试保障】 2019年,山西省无线电管理局共组织参加各类考试保障工作246次,累计出动人员3052人次,出动车辆775台次,动用监测设备1414台(套)次,发现作弊信号19个,直接查处8起,实施技术阻断11起,查获涉案设备9套,查获涉案人员2名。 (李金凤)

【无线电干扰排查】 2019年,山西省无线电管理局共排查各类无线电干扰59起。省站、长治、晋中、晋城市局联合排查长治机场GPS信号遭受严重干扰案;忻州市局排查五台山机场军频受干扰案;临汾、晋中市局排查大西、石太高铁所属GSM-R网络受干扰案。全省各地排查手机信号屏蔽器干扰移动通信网络,保障公众移动通信网络畅通。 (李金凤)

【无线电行政执法】 2019年,山西省无线电管理局为规范无线电管理行政处罚自由裁量权,研究制定山西省无线电管理行政处罚自由裁量基准,确保行政处罚的公正、公开、合理;制定行政执法人员清单、行政执法事项清单、随机抽查事项清单、行政执法音像记录清单、重大行政执法决定法制审核目录清单、行政执法事项服务指南和行政执法三项制度相关清单指南流程图。规范行政执法行为,查处一批诸如干扰民航专用通信频率等危害性较大的案件。全年全省共作出行政处罚决定9次,下发责令改正通知书17次,没收违法设备21套,执行罚款2万元。 (李金凤)

【无线电监测】 2019年,山西省无线电监测站和各市无线电监测站开展日常监测工作18590多小时,专项监测3432多小时,特殊监测6710多小时,发现各种不明信号或违规设台线索54个。全年全省共编报频谱监测统计报告132份,上报工信部无线电管理局《山西省无线电频谱监测统计报告》12期。 (李金凤)

【基础技术设施建设】 2019年,山西省无线电监测一体化平台建成并投入运行,无线电监测网络实现县级以上城市全覆盖,无线电监管特种车辆、设备配备基本满足工作需要,各级指挥调度系统及互联互通能力增强。 (李金凤)

旅游业

Tourism

综　述

【概况】 截至2019年底，山西省有A级旅游景区216家，其中AAAAA级景区8家，AAAA级99家。全省星级饭店231家（五星级16家，四星级56家）。旅行社927家（出境组团社99家）。持证导游17000余人。2019年1月至12月，全省接待入境过夜旅游者76.22万人次，同比增长8.46%。全省接待国内旅游83390.14万人次，同比增长18.49%。国内旅游收入7999.35亿元，同比增长19.40%。1月至12月，全省共实现旅游总收入8026.92亿元，同比增长19.29%。

（尚晋军）

【假日旅游】 2019年，山西省假日旅游接待游客1.70亿人次，占全年接待游客总量的20.36%，实现旅游收入915.66亿元，占全年旅游收入11.41%；春节期间，接待游客1766.61万人次，同比增长29.38%，实现旅游综合收入79.56亿元，同比增长26.37%；五一期间，接待游客3984.03万人次，同比增长52.45%，实现旅游综合收入184.47亿元，同比增长60.07%；国庆期间，接待游客6487.16万人次，同比增长18.86%，实现旅游综合收入422.07亿元，同比增长20.67%

（尚晋军）

【国家全域旅游示范区创建】 2019年4月13日至16日，在晋城市阳城县举办国家全域旅游示范区创建验收推进培训班。以黄河、长城、太行三大板块为抓手，打造山西省精品旅游景区带，推动山西省2市18县国家全域旅游示范区创建单位通过验收。随后在5月，山西省文旅厅召开"全域旅游山西模式"论证会，为全域旅游概念论证，科学、严谨、全面充实完善内容，形成山西模式。

山西省文旅厅组织省住建厅、省交通运输厅、省农业农村厅召开专题协调会，对全省重点旅游景区旅游道路沿线全域旅游环境调研整治。山西省文旅厅重点对太原、大同至五台山景区沿途村庄风貌开展调研，提出整治方案，推动三大旅游板块发展。10月，第二期全国全域旅游培训班在洪洞县开班。

11月8日，在河南新县召开的2019全国全域旅游工作推进会上，山西成为全国第8个省级国家全域旅游示范区创建单位。此前，山西的洪洞、阳城、平遥三县已被文化和旅游部认定为首批国家全域旅游示范区。山西省将享受文化和旅游部在旅游基础设施、公共服务建设、旅游项目

表39　2019年度山西省入境旅游主要指标表

指标	计量单位	合计		外国人		香港同胞		澳门同胞		台湾同胞	
		绝对量	同比增长(%)	绝对量	同比增长(%)	绝对量	同比增长(%)	绝对量	同比增长(%)	绝对量	同比增长(%)
接待入境过夜游客人数	人次	762230	6.64	498047	6.89	112693	6.82	45277	14.43	106216	2.37
接待入境过夜游客人天数	人天	2018922	7.88	1362248	8.31	257339.10	7.72	127579.40	12.92	271755.10	3.79
旅游(外汇)收入	万美元	40994.72	8.46	27975.66	9.03	5724.98	8.02	1952.23	15.81	5341.86	3.63

表 40 2019 年度山西省国内旅游主要指标表

指标	计量单位	合计		过夜游客		一日游游客	
		绝对量	同比增长(%)	绝对量	同比增长(%)	绝对量	同比增长(%)
接待国内游客人数	万人次	83390.14	18.49	50701.21	36.70	32688.93	−1.80
国内旅游收入	亿元	7999.35	19.40	4863.60	37.75	3135.75	−1.04

建设、旅游品牌宣传推广、人才培训等方面支持,推动山西省全域旅游发展步入“快车道”。（尚晋军）

旅游规划

【《旅游规划》印发】 2019 年 2 月 21 日,山西省文化和旅游厅(简称文旅厅)研究审议《山西省全域旅游发展规划》,并在修改完善进行合法性审查后报省政府。

10 月 31 日,省旅游改革发展领导小组办公室印发《山西省旅游公共服务体系规划》(简称《规划》)。《规划》结合建设国家全域旅游示范区和构建“331”旅游新格局要求,实现与《山西省太行板块旅游发展总体规划》《山西省长城板块旅游发展总体规划》《山西省黄河板块旅游发展总体规划》三大专项规划的配套,推动全省旅游基础设施建设。（尚晋军）

【“331”旅游新格局】 2019 年,山西省旅游改革发展领导小组主导制定山西省“331”文化旅游发展新格局相应规划。3 月 13 日,全省文化和旅游工作会议就“331”全省域文化旅游空间发展新格局作部署安排。第 1 个“3”是指做强五台山、云冈石窟、平遥古城三大品牌,第 2 个“3”是指隆起黄河、长城、太行三大板块,“1”是指完善大运黄金旅游廊道。“331”文化旅游新格式的落地见效,要求景区为王牵引带动,塑造提升五台山、云冈石窟、平遥古城等龙头性文化旅游品牌,创建一批高等级景区,推进太行山大峡谷八泉峡景区创建国家 AAAAA 级景区,增强市场竞争力,推进景区景点“两权分离”改革,导入 PPP 等新型投融资模式在文化旅游开发方面运用,丰富文旅产品供给。（尚晋军）

项目建设

【黄河、长城、太行三大旅游板块】 2019 年 10 月 15 日上午,长 1539 千米的黄河、长城、太行三大板块旅游公路首批建成路段启用仪式在沁水县举行。

12 月 25 日,山西省文旅厅举行“黄河人家、长城人家、太行人家”新闻发布会,发布山西省首批“黄河人家、长城人家、太行人家”评定名单。2019 年全省评定的“三个人家”有 175 家,其中黄河人家 55 家,长城人家 26 家,太行人家 94 家。省文旅厅将“三个人家”作为三大板块的主推产品之一,在山西电视台、《山西日报》开辟“美丽乡村欢迎您”专栏,对“三个人家”特有的地貌风情、民俗文化、历史遗迹、特色美食等进行推广宣传,拍摄“三个人家”系列短视频,将“三个人家”培育成山西省独有的旅游品牌。

黄河、长城、太行三大品牌口袋书英文编译工作完成。（尚晋军）

【旅游业招商引资】 2019 年 5 月 17 日至 18 日,参加 2019 年文化和旅游产业专项债券及投资基金融资对接交流活动(深圳文博会专场)。7 月 12 日,在太原市举行文化和旅游产业专项债券及投资基金融资对接交流活动(山西专场)。9 月 9 日,在厦门组织召开山西省文旅康养产业专题推介和项目对接会。（尚晋军）

【乡村旅游示范村命名】 2019 年 6 月 24 日,山西省乡村旅游示范村命名暨推进大会在太原举行。楼阳生出席大会并讲话。大会确定全省首批 100 个 AAA 级乡村旅游示范村,发布乡村旅游示范村等级划分与评价标准、乡村旅游示范村创建评定管理办法,全面铺开 300 个乡村旅游扶贫示范村建设,明晰走出富有山西特色的乡村旅游发展路径。省政府为乡村旅游评星级,这在全国尚属首次。（尚晋军）

【旅游景区建设】 截至 2019 年底,全省新增 AAAAA 级景区 1 家,即壶关县太行山八泉峡景区;AAAA 级景区 7 家,分别是忻州市原平市天涯山、高平市炎帝陵、洪洞县广胜寺景区、曲沃县晋园景区、壶关欢乐太行谷、泽州大阳古镇、大同魏都水世界;AAA 级景区 13 家,分别是忻府区忻州古城、五台县徐向前元帅故居、繁峙县平型关景区、忻州市桥儿沟景区、定襄县七岩山景区、榆次后沟古村、太谷阳邑小镇、晋城市砥洎城、晋城市中庄布政李府、临汾市山西光大工业旅游示范园、运城市山西建龙钢铁文化创意园、五台县五峰慧果沙棘产业园、盂县藏山翠谷景区;AA 级景区 2 家,分别是七亘大捷景区、南庄抗战地道景区。（尚晋军）

【旅游厕所革命】 2019 年,山西旅游推进厕所革命。4 月 15 日,实施旅游厕所电子地图上线工作。截至 2019 年底,全省实现 3571 座旅游厕所百度地图定位上线。

7 月 25 日，全省公共文化领域重点改革任务暨旅游厕所革命工作推进会在太原召开。

8 月，举办全省旅游厕所革命培训，全省 11 市、117 县的分管领导和全国旅游厕所管理系统操作员 260 余人参训。同时，以省级培训为示范引领，市县两级文旅行政部门结合各地公共文化发展现状，通过现场授课、实地观摩等形式开展业务培训 50 余场，培训 1 万余人次。（尚晋军）

【旅游商品开发】 2019 年 4 月至 8 月举办主题为“精彩山西 创意未来”的首届山西省文化旅游创意产品设计大赛，大赛评选出创意设计金奖 6 个、银奖 19 个、铜奖 28 个，市场潜力奖 10 个，优秀奖 204 个，入围作品奖 143 个，优秀组织奖 28 个，优秀指导教师奖 29 个，在太原市美术馆举办首届山西省文化旅游创意产品设计大赛颁奖典礼，对获奖作品及优秀作品进行展出。（尚晋军）

【营销宣传推广】 2019 年 5 月 12 日，在北京世园会同行广场多功能厅举办主题为“华夏古文明 山西好风光”的山西文旅精准营销推介会。土耳其、莱索托等国家驻京使领馆、外企、商会、国际组织、外国媒体等单位 130 余人参加推介会。

5 月 18 日，在晋祠宾馆举办山西省第五次旅游发展大会“华夏古文明 山西好风光”国际旅行商推介会。葡萄牙、西班牙等 23 个国家的驻华外交官和国际旅行商代表等 140 余人参加。

5 月 18 日至 20 日，第十一届中国中部投资贸易博览会在南昌举行，省文旅厅组织全省 60 家文旅企业参加活动，向公众展示五台山、平遥古城、云冈石窟三大世界遗产，黄河、长城、太行三大板块，精品演艺节目、非物质文化遗产等文化和旅游产品。

6 月 18 日至 20 日，2019 北京国际旅游博览会在北京国家会议中心举办，来自 80 余个国家和地区、国内 30 个省区市的近千家旅游机构、旅游企业和特邀买家参展。省文旅厅组织全省 11 市、部分县区文化和旅游部门以及省内重点文化旅游企业参展。

7 月 30 日至 8 月 2 日，山西文化旅游推介会分别在广州和深圳举办。推介会上，五台山、云冈石窟、平遥古城世界文化遗产景区等重点景区进行特色推介。

第 24 届中国北方旅游交易会于 10 月 14 日至 16 日在石家庄国际会展中心举办。省文旅厅组织全省市、县两级文旅部门与省内文化和旅游企业参展。博览会重点展示长城、黄河、太行三大旅游板块及云冈石窟、五台山、平遥古城等重点景区形象。

11 月 23 日，由省文旅厅主办的“华夏古文明、山西好风光”山西旅游推介会在青海省西宁市举办。推介会上，两地旅行社、山西省房车协会与青海省文化和旅游协会签订战略合作协议。（尚晋军）

【旅游国际交流宣传】 2019 年 1 月至 12 月，全年组织和派遣境外文旅交流合作团组 32 批次、出访人员 300 余人次（不含营业性演出）；举办“请进来”大型推介交流活动 5 场；配合参与省外事部门会见会谈活动 14 场；组织参加中国国际旅游交易会（昆明）、中国—东盟博览会、中国—阿拉伯国家旅行商大会等活动 8 次。

春节期间，分 6 批组织省内各相关单位 100 余人次到埃及、斯里兰卡等地举办美食周、大庙会、年画展及精品剧目演出等“欢春走出去”系列展演活动。

9 月 1 日至 4 日，组织举办“韩国旅行商山西考察推介会”。邀请韩国全罗南道文化体育观光局、文化财团负责人和中韩双方 70 余家旅行商及媒体代表 100 余人参会。中韩各 4 家旅行社代表现场签署战略合作协议。

9 月 22 日至 30 日组织和派遣山西艺术职业学院华晋舞剧团 55 人演出团携舞剧《粉墨春秋》到匈牙利艾凯尔国家剧院进行 2 场交流演出，为中国驻匈牙利使馆举办的“庆祝中华人民共和国成立 70 周年暨庆祝中匈建交 70 周年”国庆招待会献文艺晚会。

组织参加文化和旅游部、兄弟省区市组织的大洋洲宣传推广活动、2019 中国国际旅游交易会（昆明）、2019 西安丝绸之路国际旅游博览会、2019 厦门海峡两岸旅游博览会、北京亚洲文化旅展、2019 阿拉伯国际旅游展（ATM）、2019 中俄蒙万里茶道联盟会议等活动。

将非遗、演艺、文创等山西特色文化元素创新融入旅游推介项目，先后在意大利罗马、克罗地亚萨格勒布、奥地利维也纳和俄罗斯圣彼得堡等“一带一路”沿线重点国家举办 4 场大型海外推介会。

配合省外事、商务部门完成日本东京、韩国全罗南道推介和演展项目。配合省外事部门工作，完成南非、法国、美国、德国、克罗地亚、韩国、蒙古、意大利等国家来访政要会见交流任务。分别与克罗地亚、韩国、俄罗斯、哈萨克斯坦、白俄罗斯、捷克等国家的地方文旅部门签署官方协定 7 份、推动各国旅行商间签署合作意向 20 余份。对匈牙利等“一带一路”沿线重点国家，依托当地国际展会分批组织旅行商务洽谈会、非遗展演和舞台艺术精品演出等系列活动。

（尚晋军）

旅游服务

【旅游服务质量和水平全面提升】 2019 年 11 月 29 日，山西省政府出台《关于全面提升旅游服务质量和水平的实施意见》，提出“六大行动”。“六大行动”包括龙头景区带动、产品业态创新、公共服务提升、服务要素优化、市场环境提升、政策措施保障行动。解决目前山西旅游产品业态单一、配套设施不完善、市场主体活力不足、服务管理薄弱、发展环境不优等突出问题。

（尚晋军）

【餐饮服务】 2019 年，山西省共有持证餐饮服务单位 7.79 万家，其中，特大型餐馆 43 家，大型餐馆 1213 家，中型餐馆 6772 家，小型餐馆 3.83 万家，快餐店、小吃店和饮品店（含咖啡馆、酒吧、茶座）1.77 万家，集体食堂 1.38 万家（含学校食堂 8192 家），集体用餐配送单位 10 家，中央厨房 14 家。全年新发放食品经营许可证数 1.01 万家、变更 1387 家、注销 2644 家。（彭　博）

【智慧旅游建设】 2019 年 10 月 9 日，2019 数字文旅融合创新发展大会（山西）（简称“数字文旅大会”）在太原举行。该次数字文旅大会是我国首次举办的以数字文旅为主题的全国行业性盛会。大会围绕“智享文旅·数聚未来”主题，共设置六大板块，涵盖“文旅+”“产业+”“科技+”“非遗+”“文创+”五大方向和议题。（尚晋军）

【旅游公交】 2019 年 1 月 21 日，晋城市区至各县（市）城际公交以及旅游公交正式开通。此次开通的晋城至各县（市）城际公交共 7 条线路；开通的旅游公交共有 20 条线路，加上原有的两条线路，全市旅游公交线路达 22 条，覆盖皇城相府、王莽岭等全市 3A 以上的所有景区。客运东站至泽州县各乡镇的城乡公交线路业同步开通。开通的公交线路全部执行惠民票价，最低票价仅 1 元，最高票价 13 元。晋城市形成由 7 条线路、159 台车辆、日发 328 班次的城际公交；13 条线路、100 余台车辆、日发 220 班次的城乡公交；22 条线路、63 台车辆的旅游公交组成的公交网络。

8 月 28 日，长治至临汾城际旅游公交正式开通。城际公交由山西汽运集团临汾汽车运输公司、长治市长益公交有限公司联合运营，试运营期间两地共投放中型高一级以上客车 24 辆，设计日发 20 班次，每 35 分钟一趟，暂定票价 20 元。首班运营时间早 7:00，末班运营时间晚 6:00，由临汾城西客运站始发，途经京昆高速、青兰高速、二广高速，到长治客运东站落客停靠，全程高速直达，中途不设站，单向运营里程 197 千米，预计运行时间 2.50 小时。（师国梁　陈瑞丽）

旅游管理

【旅游市场管理】 2019 年，山西省文旅厅针对春节、“五一”“5·19”、暑期、国庆等重要旅游节点，开展旅行社质保金专项清理整顿行动，共取消 7 家旅行社出境游业务资质和 1 家旅行社经营资质。落实重点营业性演出监管工作常态化机制，加强对大型营业性演出“庞氏骗局”“任贤齐——齐迹演唱会太原站”“2019 山西草莓音乐节”的市场监管。组织召开大型营业性演出现场监管协调会，严格要求演出市场牢守政治安全和安全生产底线，确保演出市场意识形态安全和生产安全。推广全国文化市场技术监管与服务平台，解决审批管理问题 20 余件。组织人员分四组对全省四星、五星级旅游饭店进行专项检查，指导星级饭店提高标准化管理能力。制定下发《山西省文化和旅游厅行业协会商会脱钩实施方案》，完成 13 家协会商会脱钩改革工作。印发《全省性文化和旅游类社会组织规范业务活动自查自纠专项行动方案》，对全省性文化和旅游类社会组织开展自查自纠专项行动。

调整省文旅厅安全生产委员会并明确职责，制定完善安全生产“一岗双责”等相关制度，下发《2019 年全省文化和旅游安全工作实施意见》，建立健全安全生产责任制。2019 年，省文旅厅共出动检查人员 139 人次，检查企业 489 家次，排查隐患 80 条，同时第一时间反馈市文旅局督促整改完毕。

“五一”小长假和国庆节假日前，联合省公安厅和省交通运输厅召开旅游道路交通安全工作会议，对假日期间文化旅游安全工作专题部署。6 月，联合省交通运输厅和省交管局召开道路交通安全工作座谈会，研究解决涉旅道路交通安全工作存在的问题；9 月，联合对部分重点旅游客运企业约谈，对存在安全隐患的道路运输企业在全省旅游行业通报，严禁旅行社租用存在安全隐患的车辆。（尚晋军）

【旅游标准化建设】 2019 年，山西省文旅厅建立标准化工作机制，组建以市场监管、农业、环保、扶贫等相关领域和旅游院校、重点企业为主体的复合型文化旅游标准化专家库，为标准化建设提供有效的人才保证和智力支撑。围绕黄河、长城、太行三大旅游板块建设，紧扣“安、顺、诚、特、需、愉”六字要诀，发布《山西省旅游标准体系（报批稿）》和《乡村旅游示范村等级划分与评价》《旅游扶贫示范村建设指南》《旅游规划导则》共计 14 项地方标准。（尚晋军）

【旅游景区服务整改】 2019 年 7 月 31 日，文化和旅游部给予晋中市乔家大院景区取消旅游景区质量等级处理。8 月 1 日，省文旅厅领导到乔家大院景区进行实地调研、现场督导，研究部署乔家大院景区 AAAAA 摘牌后的整改工作。8 月 5 日，省文旅厅领导再次到晋中市督导乔家大院景区整改工作。8 月 8 日，山西省文旅厅在忻州市召开文化和旅游市场整治行动（北部片区）推进会。8 月 13 日，山西省文旅厅在晋城市召开文化和旅游市场整治行动（南部片区）推进会。（尚晋军）

【文明旅游宣传】 2019 年 5 月至 10 月，省文旅部门分别对八泉峡景区、老军营第三社区、晋源区赤桥村、山西旅游职业学院等 10 个具有代表性的场所，进行文明旅游、文明观演、理性消费、依法维权等主题教育活动。10 场宣传活动共计发放宣传资料 61000 余份，旅游宣传品 7600 余份。（尚晋军）

【旅游安全与应急管理培训】 2019 年 6 月 19 日至 21 日，组织全省文化和旅游行业 160 余人在张壁古堡景区举行全省文化和旅游安全保障与应急管理能力提升培训。培训围绕文化和旅游安全生产形势分析、安全风险与应急管理、文化和旅游场所消防安全、文旅融合安全先行等内容进行授课，实地观摩张壁古堡景区安全管理情况，开展景区消防安全应急演练和地质灾害应急救援演练。（尚晋军）

【导游人员队伍建设】 2019 年，全国导游资格考试（山西考区）报名总人数 5971 人，比上年增加 1178 人，增幅 25%。从报考语种看，共报考 8 个语种，分别为普通话、英语、日语、法语、德语、朝鲜语、西班牙语、俄语。其中普通话 5515 人，占报名总数 92.36%；英语

404人,占报名总数6.77%;小语种52人,占报名总数0.87%。

9月21日,文化和旅游部与中华全国总工会、共青团中央、全国妇联共同举办第四届全国导游大赛,山西省选送的导游张晓旭取得全国第一名的成绩,获"金牌导游员"称号。

(尚晋军)

【景区监督管理】 2019年8月6日,山西省A级景区整改部署会议在太原召开。会上,启动景区环境质量与服务质量双提升行动及A级景区复核工作。会议要求:丰富景区产品业态,满足游客休闲、体验、度假等深层次需求;遏制景区过度商业化行为,靠优质服务赢得游客满意;高标准建设旅游公共服务设施,为游客提供便捷化、人性化服务;加大对景区从业人员的行为管理,提升从业人员素质;整治景区周边环境,确保景区环境质量提升;建立A级景区动态管理和长效核查机制。

(尚晋军)

表41　2019年山西省国家级AAAA级以上景区名录

级别	所在市	景区名称
AAAAA		云冈石窟(大同)、五台山(忻州)、皇城相府(晋城)、绵山(晋中)、平遥古城(晋中)、代县雁门关(忻州)、大槐树寻根祭祖园景区(临汾)、壶关太行山八泉峡景区
AAAA	太原市	晋祠博物馆、中国煤炭博物馆、动物园、太原森林公园、汾河旅游区、东湖醋园旅游区、蒙山景区、清徐宝源老醋坊景区、台骀山滑世界景区、六味斋云梦坞景区、紫林醋文化产业园景区
	大同市	浑源恒山景区、晋华宫矿井下游景区、华严寺、善化寺、城墙景区、大同方特欢乐世界景区、大同魏都水世界
	朔州市	应县木塔景区、右玉生态旅游区、崇福寺、怀仁县金沙滩生态旅游区
	忻州市	河边民俗博物馆、万年冰洞旅游区、芦芽山生态旅游区、汾河源头旅游区、定襄县凤凰山植物园、云中河景区、禹王洞景区、忻州滹源景区、原平天涯山景区
	阳泉市	翠枫山自然风景区、藏山旅游风景名胜区、桃林沟景区、盂县大汖温泉度假区
	晋中市	双林寺彩塑艺术馆、常家庄园、镇国寺、王家大院旅游景区、乌金山景区、麻田八路军总部纪念馆景区、昔阳县大寨景区、石膏山、红崖峡谷、左权县太行龙泉景区、张壁古堡景区、榆次老城景区、九龙国际文化生态旅游区、渠家大院文化旅游区
	吕梁市	汾酒文化景区、卦山景区、玄中寺景区、胜溪湖森林公园景区、孝河湿地公园、贾家庄文化生态旅游区、北武当山风景名胜区、金龙山风景区
	长治市	太行山大峡谷景区、天脊山景区、太行水乡景区、通天峡景区、仙堂山景区、黄崖洞景区、八路军太行纪念馆、八路军文化园景区、太行龙洞景区、振兴小镇景区、壶关欢乐太行谷景区
	晋城市	王莽岭景区、珏山青莲寺景区、蟒河生态景区、柳氏民居、历山原生态农耕文化旅游区、阳城天官王府景区、泽州大阳古镇景区、高平炎帝陵景区
	临汾市	壶口瀑布旅游区、尧庙—华门旅游区、乡宁云丘山景区、古县牡丹文化旅游区、隰县小西天景区、汾河公园、蒲县东岳庙景区、侯马彭真纪念馆、晋国博物馆景区、临汾人祖山景区、曲沃晋园景区、洪洞广胜寺景区
	运城市	普救寺旅游区、关帝庙旅游区、永乐宫旅游区、盐湖景区、垣曲历山景区、李家大院旅游区、五老峰风景名胜区、鹳雀楼景区、神潭大峡谷景区、圣天湖景区、运城大禹渡黄河景区

(尚晋军)

招商引资

【概况】 2019年，山西省共签约招商引资项目2884个，计划总投资15626.50亿元。招商引资开工项目2203个，计划总投资6237.40亿元。开工项目中当年签约并开工项目2051个，开工率71.10%。招商引资形成固定资产投资项目到位资金1854.70亿元；非固定资产投资项目到位资金167.90亿元。 （黄健文）

【招商机制建设】 2019年，省投资促进局印发《全省招商引资工作通报机制》《招商引资重大项目包联机制》和《招商引资重大项目三级协调机制》，要求在招商引资工作通报中排名末位的市，由市领导向省政府作专项说明，增强通报机制的压力传导作用；印发《山西省招商引资考核办法》和《山西省政府驻外办事处（招商局）招商引资考核办法》，充分发挥考核的指挥棒作用，促进各市投促部门及省政府驻外招商局积极作为；与省统计局联合制定《山西省招商引资统计监测制度》和《非固定资产投资项目到位资金统计监测制度》，强化统计监测工作。建立山西省外来投资企业投诉服务工作联席会议制度和建立投资客商跟踪服务工作机制，营造清亲健康的招商环境。省投资促进局组织覆盖全省的路演项目预演，连续推出两批能代表山西产业方向、体现山西招商优势的重点招商项目共311个，总投资额7344亿元。 （黄健文）

【多元化招商方式】 2019年，省投资促进局采取多元化招商方式，实现招商质量和效益的“双提升”。围绕重点区域开展专题性招商活动，与省环渤海招商局共同举办山西—环渤海地区投资合作交流会；加大针对长三角和京津冀地区的承接产业转移力度；协同省台办共同举办晋台经贸交流恳谈会暨台湾文旅康养产业发展研讨会；举办中国（山西）·日本经贸与人文合作恳谈会，会上签约27个项目及协议。围绕国家级、国际性平台开展综合性招商活动。依托外交部山西全球推介活动的平台，举办主题为“山西新转型 共享新未来”的山西省与跨国企业合作恳谈会；依托“2019年北京世界园艺博览会”，举办“北京世园会‘省区市日’山西招商引资推介对接会暨第三届‘一带一路’晋商国际合作推进会”；借助2019厦洽会主宾省身份，参加2019厦洽会北京、上海、广州、香港、澳门信息发布暨项目对接会，通过投洽会平台宣传、推介山西。依托“2019太原能源低碳发展论坛”举行山西省与全球新能源500强企业合作对接暨项目签约仪式，会上共签约24个项目。开展招才引智促招商。召开晋才支持家乡建设（北京）恳谈会，协同省人才管理机构，实现“人才、资本、产业”有机融合。 （黄健文）

【利用外资及港澳台资】 2019年，省商务厅落实2019年版外商及港澳台企业投资准入特别管理措施，清理取消负面清单以外的限制措施。复制推广深圳、前海、蛇口自贸区第一批137项制度创新经验和全国第五批自贸区12条改革试点经验。出台积极有效利用外资推动经济高质量发展的实施意见。完善外资及港澳台资企业投诉工作机制。全年共开展针对外商的重大招商引资活动4场，签约项目61个。2019年，全省实际利用外资及港澳台资13.60亿美元，同比下降42.50%。按行业分类，制造业项目资金到位7.90亿美元，同比下降50.14%；电燃水资金到位2.80亿美元，同比下降44.21%；采矿业资金到位1.90亿美元，同比增长35.09%；住宿和餐饮业资金到位716.91万美元，同比增长1665.79%；信息传输、计算机服务和软件业资金到位2347.01万美元，同比增长436.88%。全省新设外商及港澳台资投资企业72家，同比增长53.19%；合同外资及港澳台资24.50亿美元（含增减资项目），同比下降40.52%。 （黄健文）

对外贸易

【概况】 2019年，山西省进出口完成1446.90亿元，同比增长5.70%，高于全国平均增速2.30个百分点。其中，出口806.90亿元，同比下降0.40%，进口640亿元，同比增长14.60%。民营企业进出口277.61亿元，同比增长26.20%。出口商品结构逐渐优化，高新技术产品出口同比增长2.80%，占出口总额的比重达到63.60%。服务贸易进出口额51.60亿美元，同比下降9%，占全省进出口比重达到24.60%。第二届中国国际进口博览会上，山西省共组织1338家企业、4049人参加展会，采购企业和采购商人数双双超过首届。共达成交易额6.06亿美元，在全国各省(市、区)排名第19位，高于山西省2018年在全国的排位。（黄健文）

【外贸新增长点培育】 2019年，省商务厅印发《全省商务系统包干联系重点外贸企业工作方案》，开展全覆盖包保服务。培育外贸竞争新主体，印发并实施外贸主体攻坚培育行动计划。印发省级外贸企业孵化中心认定管理办法，建立外贸主体孵化对象库。摸排筛选出焦炭、金属镁、外贸综合服务企业等10大类供货企业，制定针对性扶持政策，并对上述企业进行宣传指导。推进4个现有国家外贸转型升级基地提高质量和效益，新增大同西药国家外贸转型升级基地。全年全省进出口、出口、进口实绩企业1554家、1270家、542家，同比净增61家、104家、18家。（黄健文）

【贸易市场拓展】 2019年，山西省商务厅印发并实施国际市场开拓2019年"千企百展"行动计划，全省统筹确定40个重点展会，举办民营企业、外贸空白县和贫困县、山西国际自主品牌、外贸转型升级示范基地等4场境外自办展，组织企业参加广交会、中俄博览会、东盟博览会、中阿博览会、中非经贸博览会。为中小外贸企业免费提供海外卖家资信服务，有针对性提供信息支持。（黄健文）

【开放平台建设】 2019年，省政府向国务院报送申请设立中国（太原）跨境电子商务综合试验区的请示获批。武宿综保区进境冰鲜水产品和水果指定口岸查验场获批。推动太原国际邮件互换局提质扩容，协调推动国际邮件快件纳统。2019年处理进出口邮件434.83万件。大同国际陆港进口肉类指定查验场所、国家杂粮检疫检测重点实验室投入使用，保税物流中心(B型)获批。2019年中欧(中亚)班列共开行106列。（黄健文）

【贸易便利化】 2019年，省商务厅制定实施优化口岸营商环境促进跨境贸易便利化工作措施，开展进出口环节合规成本专项整治，实行清单外一律不向企业收费。大幅压缩通关时间，截至2019年底，山西省进出口货物整体通关时间分别为38.65、3.35小时，均优于全国平均水平，较2017年分别减少80.41、8.14小时，压缩比分别为67.54%、70.84%，提前2年完成国务院要求"到2021年底整体通关时间比2017年压缩一半"的目标任务。国际贸易"单一窗口"金融保险、出口退税功能上线，货物申报、运输工具申报等主要业务覆盖率达100%。加大出口信用保险支持力度，实现出口信用保险全覆盖。（黄健文）

对外经济合作

【"一带一路"参与建设】 2019年，山西省对"一带一路"沿线国家进出口329.98亿元，同比增长8%。省企业对"一带一路"沿线6个国家有新增投资，合计6070万美元，占同期对外投资总额的25.10%。在"一带一路"沿线国家新签对外承包工程合同额3.37亿美元，占同期总额的23.60%；完成营业额9.62亿美元，占同期总额的61%。（黄健文）

【投资与承包工程】 2019年，山西省境内投资者共对全球18个国家和地区的35家境外企业进行非金融类直接投资2.42亿美元，同比下降27.61%，主要分布在马来西亚、马拉维、津巴布韦、德国、毛里求斯、加拿大等国家，涉及制造业、批发零售业、建筑业、租赁和商务服务业等行业。主要投资项目有：山西建龙实业有限公司并购马来西亚东钢集团有限公司、山西建设投资集团有限公司投资山西建工集团(香港)有限公司、山西潞安矿业(集团)有限责任公司投资潞安香港投资贸易有限公司、山西锦盛商贸有限公司投资建设马拉维物贸园区、山西扬帆物流有限公司投资阳光易丰瓷砖（津巴布韦)(私人)有限公司等。2019年对外及港澳台承包工程完成营业额15.76亿美元，同比增长12.40%；新签合同额14.29亿美元，同比增长40.40%。完成营业额项目主要分布在越南、印度、以色列、印度尼西亚、文莱、阿尔及利亚、中非共和国等国家。其中，山西国际经济技术合作有限公司承建的马来西亚南港湾阁项目，总投资约8亿马币，是山西建投集团在马来西亚的首个总承包项目，是山西省属企业在"一带一路"沿线国家承接的合同额最大的房建项目。全年对外劳务合作派出各类劳务人员2714人，年末在外各类劳务人员3549人。（黄健文）

【国际产能合作】 2019年，山西省商务厅召开能源电力国际产能合作融资培训暨越南市场分析会，介绍山西省电力行业发展情况及能源电力系统开展国际产能合作融资方式，推动山西省能源电力企业深度挖掘国际能源市场。举办国际产能合作重点国家和境外经贸合作区投资推介会。邀请埃塞俄比亚驻华公使、孟加拉国驻华使馆商务参赞向山西省企业介绍埃塞俄比亚、孟加拉国投资环境和优惠政策，中交产投、中国港湾、中国路桥公司代表介绍海外园区开发运营情况，为山西省企业获得更多境外投资信息搭建桥梁。（黄健文）

银 行

·中国工商银行山西省分行·

【概况】 2019年，中国工商银行山西省分行（简称工行山西省分行）围绕省委省政府年初经济工作会议精神，坚持稳中求进的工作总基调，贯彻新发展理念，落实发展要求，以“示范区”“排头兵”“新高地”三大目标为牵引，为推动全省经济在由“疲”转“兴”基础上稳中向好，发挥“顶梁柱”“压舱石”的作用。全年实现营业净收入116.98亿元，同比增加11.29亿元，增幅10.68%；实现拨备前利润73.71亿元，同比增加5.49亿元，增幅8.04%；实现净利润43.73亿元，同比增加5.41亿元，增幅14.12%；实现中间业务收入20.26亿元。 （闫洁琼）

【拓户工程】 2019年，工行山西省分行围绕年初制定的“增客户”目标，提出思路，制定策略，公私联动，私私联动，“增客户”取得显著效果。对公客户“量质并举”，拓户成效显著。新增对公结算账户3.62万户，同比增长59%，净增对公结算账户2.37万户，同比增长196%。政府机构改革营销取得成效，改革新设机构开户覆盖率达86%，十大重点领域客户覆盖率超过77%，机构改革营销衍生带动新开各类账户1383户。“一案一账号”项目带动案款账户增加至106户，占全省所有法院的80%。在全省职业年金受托人、托管人、投资管理人的评选工作中，中标山西省职业年金叁号计划受托人、壹号计划托管人和主托管人，“工行成为年金计划管理人评选的最大赢家”。个人客户“速效并重”，规模快速增长。ETC新增绑卡客户119.70万户，增量四行占比43.30%，稳居同业之首。个人客户净增188万户，同比多增91万户，创2011年来最高值，增幅95%。手机银行存量用户突破970万，月均动户突破212万，存量和动户客户均列同业第一，全年净增手机银行138万户。企业手机银行动户客户突破4万户，同比增长87.40%，规模、动户同业第一。新增对公账户手机银行捆绑率达到92%，全国第2。新增企业网银证书版动户数达到2.70万户。依托三融平台及场景创新，全年实现电子账户获客13.10万，为全行线上获客开辟新渠道。全年三方支付绑卡量1500万张，新增290万张，月均有交易动户卡585万张，快捷支付交易额达到3750亿元，位列同业第一。 （闫洁琼）

【公司业务】 2019年，工行山西省分行践行“服务实体 担当普惠 助力山西 晋善晋美”的发展观和业绩观，本外币各项贷款（含贴现）余额2750.86亿元，较年初增加275.13亿元，增幅11.11%，增量四行占比32.59%，余额、增量同业占比继续保持双“第一”。公司贷款较年初增加219亿元，是上年同期的1.80倍，四行占比43.05%，排名第1。全年累计办理票据贴现527.10亿元，同比多增48亿元，同业占比第1。本外币公司贷款累计投放1094.28亿元，创近10年最高水平，同比多投180.19亿元。按照“抓大、抓小、抓新、抓优”的总体策略安排，落实“全融资”理念，推动信贷业务上台阶、增质效、可持续。突出对重点行业的信贷支持。发挥在支持实体经济发展、助力资源型经济转型中的引领作用。交通行业，全年累计投放贷款508.26亿元。电力行业，全年累计投放贷款69.78亿元。煤炭行业，全年累计投放贷款207亿元。公共设施领域，全年累计投放城建行业贷款21.80亿元。突出对新兴行业的资金支持。加快挖掘和培育新能源、装备制造、新型生活型服务等新领域，累计为太重股份、中铁三局、山西建投等客户投放新兴行业贷款115.95亿元。实现先进制造业贷款投放180亿元。突出对重点客户的资金保障。支持七大煤炭集团、太钢集团、太重集团等重点企业集团降低财务成本，2019年累计办理流动资金贷款期限升级业务27户、金额285亿元，与直接融资相比，节约财务费用接近30亿元左右，缓解企业资金压力。突出民营经济和扶贫事业发展。树立“不唯所有制、不唯大小、不唯行业、只唯优劣”的发展理念，抓“敢贷、愿贷、能

贷”机制建设，全年累计投放民营企业贷款72亿元，余额83亿元，净增12亿元。推动产业扶贫和项目扶贫。找准扶贫项目，精准对接产品。2019年产业扶贫和项目扶贫贷款余额20.19亿元，净增4.24亿元，增幅达36%。以供应链创新信贷服务新模式。坚定供应链金融发展方向，创新设计工银e信、电子保理、商票质押、项目供应链、中企云链等标准化方案，开展专项营销活动。截至2019年底，供应链余额12373万元，新增融资8517万元，实现投放113户229笔，累放34896万元，新增11条供应链，业务规模拓展至24条，供应链余额、新增融资、累放额、供应链条数均达历史最好水平。以供应链带动金融扶贫业务发展，促成工行山西省分行与美特好超市、定点扶贫村、两村合作社签订四方合作协议，创新“政府+银行+超市+合作社+农户”合作新模式，解决扶贫工作的可持续性。

（闫洁琼）

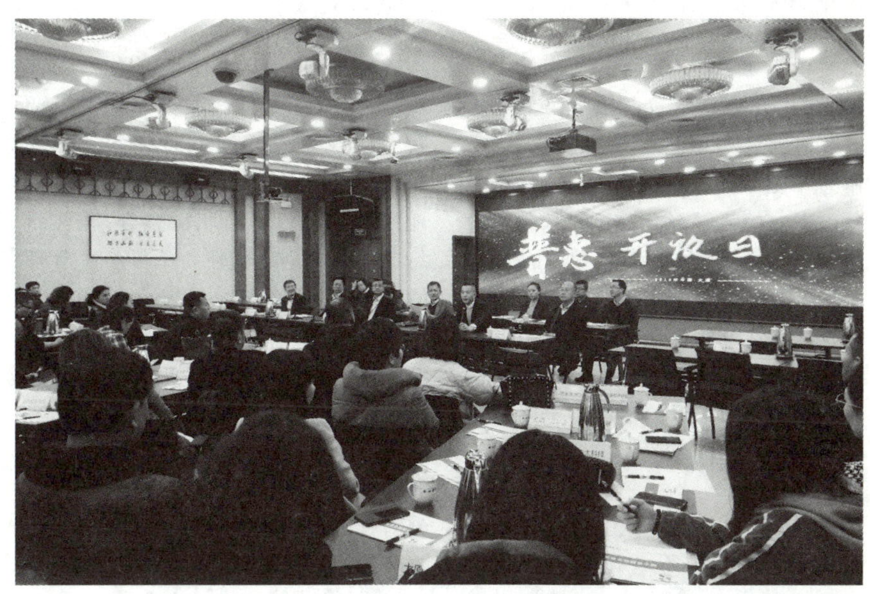

2019年12月17日，工行山西省分行举办首个“普惠开放日”，与38家小微企业就融资服务开展面对面交流 （闫洁琼供图）

【普惠金融】 2019年，工行山西省分行开展“工银普惠行”活动，从融资、融智、融源多个方面推进普惠金融各项工作，构建起“广覆盖、多层次、高效率、可持续”的发展格局，截至2019年底，该行人行定向降准口径贷款余额24.31亿元，较年初净增8.72亿元。银监普惠口径贷款余额23.04亿元，较年初净增8.36亿元。银监普惠口径有贷户2321户，较年初净增1314户。全年普惠贷款投放按照“线上为主、线下为辅”产品推广思路，将线上融资作为批量获客、精准营销的转型抓手，重点推广以“一平台三产品”为核心的小微金融服务体系，实现三大重点产品融资余额（人行口径）净增8.25亿元，线上融资占比94%。其中：以经营快贷白名单客户库为基础，覆盖结算、用工、代缴税、金融资产、泛交易链等业务场景信用类贷款投放，尽调客户924户，目标客户转化率15.69%。完成全省首个线上医保场景经营快贷的批复，开启区域特色产品创新及业务拓展。加强与政策性担保机构合作，加快拓展集群市场，截至2019年底，特色产业集群小微贷款余额2433万元，新审批方案2个，累计投放贷款14笔、贷款金额2915万元；完成6家担保公司准入，落地银担模式1600万元贷款投放，实现线下业务稳健发展。 （闫洁琼）

【个人贷款】 2019年，工行山西省分行落实差别化住房信贷政策，加快推进个贷业务转型，坚持“重点区域、重点企业、重点楼盘”的拓展策略，区域主攻重点集中省城太原和晋中（大太原城市圈）等中心城市，楼盘重点聚焦总分行级房地产开发商，全年太原市、晋中市分行住房贷款增量占到全省的53.30%，总分行级优质开发商投放规模达60.40%。住房存量贷款当中，加大总分行级开发商投入，截至12月底，该行总分行级开发商余额265.10亿元，占全部一手房贷的54.90%，其中总分行级开发商分别占36.80%和18.10%，余额是年初的2.50倍，占比上升近30个百分点。截至2019年底，该行个贷余额（个金口径）505.03亿元，比年初净增82.23亿元，增量占比31.60%，四行占比27.71%，位居四行第一。 （闫洁琼）

【存款业务】 2019年，工行山西省分行围绕总行、省行零售工作会议确定的总体部署，以“奋斗+落实”的态度，以系统构建夯基础、换车换道谋转型两条主线并进，坚持量价协同，推动存款业务均衡高效发展，打造三晋第一零售银行。抓住客户这个核心，推进从做负债向做客户转型。主动适应市场环境和竞争形势变化，坚持客户分层、公私联动，在加强存量客户精耕细作、巩固扩大核心客户既有优势的同时，加强对优质客户、潜力客户的营销拓展，推进从做负债向做客户转型。抓住产品与服务这个重点，提高客户资金沉淀留存比例。个人客户方面，重点强化新产品推广和全产品组合营销渗透，促进客户资金闭环循环。对公客户方面，以更优质的综合金融服务引流客户资金，增加客户黏性，扩大领先优势。截至2019年底，本外币全部存款余额4764.72亿元，较年初增加401.50亿元，增幅9.20%，余额、增量同业占比继续保持双“第一”。其中，储蓄存款时点增量251亿元，在四大银行（工行、农行、中行、建行）占比34%，排名第一；对公及同业存款时点净增148亿元，四行占比56%，排名第一。抓住定价管理这个关键,提升存款量价协同水平。用好存款综合定价和负债利率敏感性分析模型,提升存款定价管理能力和组合营销能力。强化上浮存款比例控制、限额管理,优化负债品种和期限结构。在业绩考核、绩效分配时,结合存款规模及定价因素综合考虑存款贡献,引导全行优化存款结构,控制存款成本。2019 年底利率上浮存款占比 46.74%,较年初下降 0.18 个百分点;存款付息率 1.74%,连续 5 个季度四行排名第一。 (闫洁琼)

【资产质量】 2019 年,工行山西省分行发挥大型银行金融骨干核心作用,将资产质量管控工作锁定为全年工作头等大事,履行风险防范的主体责任,坚守资产质量红线。夯实信贷基础管理,落实专家治贷要求,在省分行组建不良资产管理处置中心,增配多名清收处置经验、信贷资质和法律专长人员,完善清收处置工作机制,细化日常管理工作要求,实现信贷营销、监测、处置全流程的专业化、专职化管理。坚持常规清收和创新清收同步走的处置思路,逐户明确细化处置方案,落实各层级主体责任人,建立省市支三级沟通联络机制,解决协调关键问题,跟踪工作进度,确保方案的有效执行,统筹用好现金清收、债务重组、推动兼并、以物抵贷、打包处置、呆账核销等手段,以更少的财务成本撬动更多的不良资产化解。在依法合规的前提下,探索与资产管理公司、信托、证券、基金子公司、保险、私募股权投资等机构的合作,开拓不良资产创新处置新渠道。紧抓部分行业回暖的有利时机,对预计劣变的大额剪刀差客户实施重点监控,加强与前中后台联动协调,通过合同要素调整、展期等风险缓释措施,化解重点客户贷款劣变。截至 2019 年底,逾期贷款 24.60 亿元,较年初减少 7.14 亿元;剪刀差 2.10 亿元,较年初减少 0.24 亿元。 (闫洁琼)

【渠道管理】 2019 年,工行山西省分行坚持效能优先和体验改善,提升网点竞争能力与服务水平。强化网点服务精益管理。组建包括服务核心团队、网点服务专员和服务督导柔性团队三级服务架构体系的服务工作团队,加大不同层级服务管理职责的落地执行。进行部门职能整合,强化抱怨工单治理。理顺服务工作多头管理的现状,将服务工单分派和消费者权益保护及监管转办投诉等工作职能统一纳入渠道管理部,实现"一条龙"服务,做到有的放矢,改进客户体验。百万户均抱怨工单较同期压降 44%。开展"服务提升 百日行动"专项活动,针对性开展效率治理工作。成立 6 个督导组,分别深入问题网点进行调研督导,专项督导期间,客户平均排队等候时间逐月减少,排队等候时间超过 20 分钟网点逐月下降。网点渠道建设精益化管理提升。持续优化网点装修改造流程,从网点装修立项设计、财审、需求准备、集采、施工、验收、开业等核心环节进行动态监控。截至 2019 年底,网点布局优化 18 家,撤并网点 10 家,装修改造网点 61 家。 (闫洁琼)

【创新发展】 2019 年,工行山西省分行强化创新驱动发展,激发增收新动能。自主开发投产 ETC 线上线下一体化营销平台及 ETC 线上小程序"晋通行",实现"一部手机办 ETC 的目标"。截至 2019 年底,ETC 营销 134.30 万户,营销总量是以往 5 年营销总量的 71 倍。ETC 客户增量稳居山西地区增量市场同业之首。投产"民生山西"App 线上补换卡业务,成为省社保"民生山西"线上项目的合作行,同业首家布放补换卡一体化服务网点,同业首家获批并发行三代社保卡。截至 2019 年底,平台注册用户近 600 万户,发放电子社保卡 429 万张,签发社保钱包近 30 万户。与健康山西签署全面合作协议,在账户管理、聚合支付、资金清算、金融增值服务以及平台运营推广服务等金融服务领域开展全方位深度合作,上线医生端钱包应用。强化 e 商通平台的运维推广,全年累计进件 7.50 万,交易额 130 亿元。推出"e 商通–客如云""e 商通–口袋零钱"综合金融服务平台,全年累计交易额 53.30 亿元,通过"e 商通"平台不仅为工行山西省分行新拓账户 5.80 万户,而且被 8 家省分行广泛应用。 (闫洁琼)

·中国农业银行山西省分行·

【概况】 2019 年,中国农业银行山西省分行(简称农行山西省分行)实施农总行治行兴行"六维方略",坚持省分行党委"五字要求""五项原则",围绕山西省经济工作部署和农总行"六件大事、26 项重点工作"和"六大战役",坚持以党建为统领,以数字化转型为驱动,以问题导向为抓手,精准发力,重点突破,加大对小微企业、脱贫攻坚、乡村振兴、转型发展支持力度,提高金融服务的适应性、竞争力、普惠性,取得"业务提速、份额提升、发展提质、管理进步、考核进位"的良好成绩,在支持全省经济高质量发展过程中发挥金融国家队和主力军的作用。

截至 2019 年底,全行各项存款余额 3680 亿元,比年初增加 311 亿元;核心存款日均余额 3535 亿元,日均增量 218 亿元;各项贷款余额 1991.22 亿元,全年净增 255.71 亿元;经营收益指标全面超同期、超计划。 (李晓伟 武 敏)

【服务地方经济转型】 2019 年,农行山西省分行树立新发展理念,围绕"示范区""排头兵""新高地"三大目标,支持山西省高质量转型发展。支持交控集团债务重组。全年率先完成全部 386 亿元授信使用,出贷 217.25 亿元,占全行年度信贷规模的 84.96%。支持制造业发展。落实《支持太重集团发展任务和责任清单》,为太重集团新增授信 4 亿元,用信总额达到 11.51 亿元;推进 10 亿元市场化债转股项目,支持企业降低财务杠杆。支持基础设施互联互通。对全省"铁、公、机岸、港、网"建设相关项目持续加大信贷投放,截至 2019 年底,交通行业贷款余额达到 568.69 亿元,成为全行第一大贷款行业。支持能源革命综合改革。支持煤炭产业“减、优、绿”发展，推进信贷资源由落后产能矿井向先进产能矿井调整，支持煤炭绿色开采、煤矿智能化改造，防止低水平盲目扩大生产。承销地方政府债券。全年承销地方债98.73亿元，占全省招标总额的13.04%。支持消费提质升级。发展住房按揭、信用卡分期贷款。支持居民住房、购车、装修等消费需求。个人贷款余额达到415.90亿元。增加89.32亿元。增幅达到24%。

（李晓伟　武　敏）

【服务“三农”】 2019年，农行山西省分行坚守中央赋予的“面向三农”的市场定位，围绕山西省乡村振兴“五大重点”和产业兴旺“3473”方略，强化综合金融服务。截至2019年底，县域贷款余额720.83亿元，较年初增加116.63亿元，增量位居四大行第一。支持特色农业发展。以山西省杂粮、畜牧、蔬菜、水果、干果、中药材、酿造七大特色产业为重点，以线上信贷“惠农e贷”为主，推进“一特色产业一e贷”，助力山西省打造特色农业强省。形成服务方案70个，96家县域支行开办率达100%，贷款余额23.94亿元，增长15.70亿元，总量增长190%，实现扩面上量。融入地方政府乡村振兴战略，与吕梁市人民政府签订乡村振兴战略合作协议。在信贷、结算等传统领域和农村网络金融、县域电子商务等农村改革前沿领域开展合作，打造乡村振兴的“新吕梁模式”。与忻州市人民政府签署战略合作协议，围绕忻州乡村振兴七大行动计划，提供20亿元的意向性金融支持。支持全省农机化事业发展。与省农机中心签署战略合作协议，推出“农机贷”，提供不少于50亿元的信贷额度，支持全省各类农机经营、服务主体提升农机经营服务能力。全年发放农机贷467笔、金额4858万元。智慧乡村场景建设取得初步突破。将“三资”管理系统嵌入农行金融服务功能，通过现金管理平台实现银行与农经部门金融业务直连，为用户提供具备全线上审批和电子支付功能的支付监管一体化“三资”管理解决方案，把银行搬进农村社区，拓展和丰富农行山西分行智慧乡村场景。（李晓伟　武　敏）

【普惠金融战略】 2019年，农行山西省分行将普惠金融上升为全行战略，全面加大对小微企业的信贷支持。截至2019年底，普惠领域贷款余额40.81亿元，比年初增长29.73亿元，增量排名位居四大行第1位，其中小微企业贷款余额30.65亿元，增长324.68%，远高于国常会确定的30%增速要求。创新产品，解决小微企业“融资难”问题。面向核心企业上游推出“数据网贷”，面向纳入省政府规范化股改奖励的小微企业独家推出“股改贷”，面向政府采购入围商推出“政采贷”，面向持有城市房地产的企业推出线上线下融合产品“抵押e贷”，基本实现主要小微客群专属信贷产品全覆盖。主动让利，解决小微企业“融资贵”问题。贯彻国常会降低小微企业综合融资成本要求，实施同业最低的定价政策，小微贷款执行利率比银行业最低水平的国有银行平均利率还低0.20个百分点。全年减免小微企业相关费用4647万元。科技赋能，解决小微企业“融资慢”问题。运用移动互联技术，推动小微信贷业务“触网上线”，提升办贷效率。运用大数据技术，与税务信息对接，推出“纳税e贷”，将企业纳税信用转化为融资信用，一体解决融资难、贵、慢问题，全年发放3204亿元，受益企业5089户。

（李晓伟　武　敏）

【绿色金融发展】 2019年，农行山西省分行贯彻“绿色信贷”发展理念，围绕国家打好蓝天、碧水、净土保卫战三大战役，支持绿色交通运输、清洁能源、生态环境、工业节能节水、绿色农业等绿色产业，促进经济结构调整和产业转型升级。截至2019年底，绿色贷款余额305.83亿元，较年初增加26.58亿元。重点支持国电电力山西新能源开发有限公司、大唐山西新能源有限公司、中电投垣曲新能源有限公司等新能源发电项目，以及太焦城际铁路、晋豫鲁铁路、大西铁路、蒙西华中铁路等铁路项目。其中，累计投放40.04亿元项目贷款重点支持太焦城际铁路项目，该项目是山西和河南两省“十二五”规划的重大交通基础设施项目，是国家发改委、交通运输部、中国铁路总公司联合发布的《中长期铁路网规划（2016—2030）》“八纵八横”高速铁路网中的呼南通道的重要组成部分，线路全长362.10千米，途经山西、河南2省5市。项目建成

2019年8月12日，农行山西省分行与山西省文化和旅游厅签署支持乡村旅游扶贫战略合作协议

（李晓伟供图）

后大大缩短区域内主要城市间以及与全国各区域间的时空距离，满足旅客运输需求，对促进地方区域经济可持续发展将产生重要作用。

（李晓伟 武 敏）

【数字化转型】 2019年，农行山西省分行启动"数字化转型"战略。发展移动金融。推进产品和服务线上化、移动化，个人业务基本实现线上交易，掌银客户占到客户总量的近50%，掌银逐渐替代传统柜台，成为服务客户的"主阵地"。发展线上信贷。将小微、农户、个人等信贷业务申请、审批迁移上网，创新数字化信贷产品，实现信贷经营模式颠覆性变革。线上贷款总量达到48.51亿元，全年增长35.54亿元，增幅274%。参与数字政务建设。与省税务局合作上线"智慧社保"，实现缴费172.50万笔、金额4.69亿元；独家代理"居民身份证明工本费"线上线下收缴；与34家法院合作上线费款"一案一账号"管理系统；与省政务审批服务局合作，将线上缴费服务输出省政务服务网PC端；与省住建厅以及各地市公积金中心签署《数据互联共享平台合作协议》，加快智慧公积金线上业务的布局；参与临汾"智慧安泽"、晋中祁县"数字市民"工程建设。发展场景金融。

围绕衣食住行游娱医教等高频场景，将金融服务嵌入客户日常生产生活中。全年增加水、电、暖、气等民生缴费场景1199个，月均代缴金额超过1亿元；推出"智慧电力""智慧校园""智慧出行""智慧医疗"等场景93个，触达客户80余万，交易笔数超过400万；推广ETC线上发行系统，新增ETC用户36.12万户，线上发行量在合作银行中排名第一。打造"三农普惠领域最佳数字生态银行"，实施互联网金融服务三农"一号工程"，以"惠农e贷""惠农e付""惠农e商"为主体，满足县域客户对移动支付、线上信贷、电子商务等的需求。推出农村集体"三资"管理平台，融合资产资源管理、资金管理、股权管理、乡村治理、农村金融服务等五大功能，助力乡村治理信息化、数字化，在长治县、阳高县、临猗县、万荣县和河津市推广。

（李晓伟 武 敏）

【消费者权益维护】 2019年，农行山西省分行落实消费者权益保护要求，坚持以客户为中心，主动作为，提升客户体验。完善消费者权益保护工作机制。制定印发《中国农业银行山西省分行消费者权益保护重大突发事件应急预案》，修订完善《中国农业银行山西省分行消费者权益保护工作实施细则》。做好消费者权益保护工作。召开2019年度消费者权益保护工作委员会工作例会，组织开展全行消费者权益保护工作专题培训，组织开展侵害消费者权益乱象整治排查工作。组织开展"金融消费者权益日"、2019年防范非法集资宣传月、全行普及金融知识万里行及守住"钱袋子"宣传活动、支付安全与防范电信网络新型欺诈和2019年"金融知识普及月"等消保宣传活动。

（李晓伟 武 敏）

·中国银行山西省分行·

【概况】 2019年，中国银行山西省分行（简称中行山西省分行）围绕总行党委"激发活力、敏捷反应、重点突破"十二字方针和"科技引领、创新驱动、转型求实、变革图强"战略要求，坚持稳中求进工作总基调，坚持新发展理念，坚持高质量发展，确保各项决策部署落地见效。

坚持高标准推进全面从严治党，将党的领导同从严治行有机结合起来。加强政治建设，推动全行党建工作高质量发展。将理想信念教育抓在日常、严在经常。推动基层党建全面进步、全面过硬。落实和推动全面从严治党主体责任、监督责任，营造干事创业的良好氛围。制定《关于做大做强支行的若干措施》，内容涵盖基层党建、队伍建设、资源倾斜、福利保障、考核管理、机制流程等多个维度；将若干措施细化为67条内容，明确责任部门及完成时限；建立动态跟踪机制，对各部门落实情况进行跟踪，对落实工作行动迟缓、措施不力的进行提醒。成立省分行帮扶工作组，建立分行领导1对1结对、各部门1对多结对帮扶机制，选取60家基层支行进行帮扶。推动劳动组合优化工作，作为总行三家试点行之一，从"轻、动、活、控"四个方面积极探索，按照"成熟一批、实施一批"的原则和"横向扩面、纵向穿透"的思路分批推进。

深化内控案防建设，保障平稳安全发展。完善管理机制和业务流程，强化科技手段和数据分析运用，加强政策传导、教育培训、知识测试、主题宣传等各环节工作，切实发挥"非现场+现场""二级行自查+省分行抽查"的联动协同，确保内控案防建设落到实处。整合总行风险管理及内控有效性检查，省分行内控案防季深化整治、案件警示教育和条线部门自查，发现问题均全部完成整改。开展员工异常行为、重点业务高风险环节、"伪现金"交易风险、涉黑涉恶、恐怖融资等排查，加强反洗钱全流程管控，从源头堵住风险隐患。分行财务运营、后勤保卫、工青团妇、品牌建设、保密防范、舆情管理等多项工作取得新进步，为全行经营发展提供坚强保障。

业务发展呈现稳中有升、稳中有进的良好态势。经营效益保持稳定。截至2019年底，中行山西省分行营业收入实现63.87亿元，其中，非息业务净收入12.28亿元，同比增加9.40%。实现拨备前利润37.85亿元，实现净利润31.41亿元。（宁裕东）

【存贷规模】 截至2019年底，中行山西省分行人民币两项存款日均新增166.77亿元、时点新增140.23亿元。中行山西省分行两项人民币贷款时点余额1668.18亿元，时点新增177.90亿元，其中，公司贷款余额1365.38元；个人贷款余额302.80亿元。人民币各项贷款增幅、公司贷款增幅均排名当地四大银行第二。

（宁裕东）

【资产质量】 截至2019年底，中行

山西省分行不良授信资产余额较年初减少 4.75 亿元；不良率 0.51%，较年初下降 0.38 个百分点，连续五年实现不良“双降”，资产质量在四大行中保持较好水平。（宁裕东）

【客户基础】 截至 2019 年底，中行山西省分行公司基础客户较年初新增 14222 户，系统排名第 10；公司有效客户较年初新增 1468 户，系统排名第 9。个人有效客户较年初增长 67.02 万人，增幅 9.89%，高于系统平均水平 0.75 个百分点；新营销行政事业客户 1813 户，落地机构改革各类账户 116 户，实现山西省内海关系统账户全覆盖。（宁裕东）

【普惠金融】 2019 年，中行山西省分行普惠金融定向降准口径贷款（人行口径）余额较年初新增 17.24 亿元，增速 141%；普惠型小微企业贷款（银监口径）余额较年初新增 19.79 亿元，增速 275%，两个口径业务规模均实现倍增发展，贷款增速均排名系统第 1。（宁裕东）

【手机银行】 2019 年，中行山西省分行手机银行月均月活客户数较上年增长 66.29%，交易金额较上年增长 26.97%。新增 ETC 记账卡发卡贡献度系统排名第 10，全省市场份额为 8.70%，其中，太原地区市场份额 13.05%。跨境结算、贸易融资与票据融资处于领先市场地位，其中国际收支、国际贸易结算、结售汇业务市场份额均位列四大行第一。（宁裕东）

【行政事业存款】 2019 年，中行山西省分行行政事业存款稳定增长，日均余额 672.32 亿元；时点余额 631.43 亿元，累计争揽中央、省财政、省社保各类存款资金超过 152 亿元。（宁裕东）

【债券发行】 2019 年，中行山西省分行发行债券 16 支、174.70 亿元，承销金额 153.70 亿元，全口径市场份额位列市场第三、四大行第一，地区发债客户覆盖率位列系统第一。（宁裕东）

【养老金、代理保险、年金业务】 2019 年，中行山西省分行养老金业务、代理保险业务排名系统第 1。年金业务取得重大突破，中标山西省职业年金基金管理正式受托资格、山西省职业年金计划第一梯队托管人资格、太钢集团企业年金基金托管人资格、山西省黄河万家寨水务集团有限公司企业年金账户管理人和托管人资格。（宁裕东）

2019 年 5 月 17 日，中国银行山西省分行举办进出口重点客户政策宣讲暨产品推介会（宁裕东供图）

【绿色信贷业务】 2019 年，中行山西省分行助力污染防治，做好绿色信贷业务。对于绿色信贷业务发展情况，多维度分析，对比与兄弟行存在的差距和不足；强化重点帮扶，省分行条线部门牵头搭建沟通交流平台，由完成情况较好的机构介绍先进经验和具体做法，供全行学习和借鉴，完成相对滞后的机构深入剖析原因，共同想办法、定措施。截至 2019 年底，绿色信贷较年初新增 31.52 亿元，增速 19.59%，超过公司贷款平均增速 9.59 个百分点。（宁裕东）

【“2+N”创新工作机制】 2019 年，中行山西省分行坚持创新驱动，增强高质量发展能力。发挥“2+N”创新工作机制作用，制定《山西省分行 2019 年创新工作计划》，实现创新与管理、发展的良性互动。产品创新取得一定突破，叙做山西首笔保兑国内信用证项下二级市场福费廷买入业务，叙做首笔全国柜台债券质押固转浮方向人民币利率掉期业务，叙做全辖首笔组合区间宝、汇利达项下英镑对美元外汇掉期业务；推动科技与业务发展深度融合，打造爱心捐款、交通出行、汽车加油、网上商城、党费收缴、旅游门票优惠购等高活跃度网络金融场景，开发手机银行代收费、ETC 停车场、社保养老保险代发、职业年金代缴、爱心捐款、税易贷、财政集中支付等 33 个特色项目，落地网点信息管理系统（数据通报）、反洗钱监测分析辅助系统、智慧纪检平台等 17 个管理信息系统。（宁裕东）

·中国建设银行山西省分行·

【概况】 2019 年，中国建设银行山西省分行（简称建行山西省分行）以普惠金融、住房租赁、金融科技三大战略带动激活全局，汇聚全员智慧，释放科技力量，构筑第二发展曲线，为山西在“两转”基础上开拓新局面注入金融力量。

全年建行山西省分行经营效益

实现主营业务收入92.10亿元。其中,实现拨备前利润57.60亿元;员工收入增长10%。全量资金余额4352亿元,新增318亿元。核心存款余额3419亿元,新增251亿元。各项贷款余额2353亿元;新增148亿元。中间业务实现收入20.70亿元。账户总量单位人民币结算账户17.80万户,新增2.40万户。资产质量不良贷款余额42.33亿元,不良贷款率1.80%。(薛 峰)

【服务实体经济】 2019年,建行山西省分行助推地方经济提升发展质效。围绕山西省委省政府转型综改试验区建设和供给侧结构性改革的经济发展主线,2019年累计投放各项贷款1700亿元,集中支持公路、铁路、电力、建筑、制造业、城市基础设施建设、乡村振兴等领域,为综改示范区建设累计提供贷款121亿元;支持企业深化改革,参与组建山西交控银团项目,实现投放116亿元。助力供给侧结构性改革。运用债券、基金、并购、投贷联动等多元化投融资手段,培育经济新增长点。承销非金融企业债券145亿元,认购地方政府债89亿元;撬动民间资本35亿元支持市场化债转股,累计落地148亿元,金融机构第1;为省属煤炭重点企业投放保险资金56亿元。增强国际业务服务能力。利用境内外、表内外、本外币等多种渠道和工具,"单一窗口"用户任务完成率建行系统第一,"跨境e+"平台签约客户新增完成率189%,加大对"新高地"的金融支持力度。汇聚众力决胜脱贫攻坚。金融精准扶贫贷款额突破50亿元,增速高于各项贷款平均增速15个百分点。电商扶贫收到订单12万笔,交易额10亿元。定点扶贫、公益扶贫力度加大,189名干部员工加入91个定点扶贫村,投入200多万元捐赠扶贫资金。

(薛 峰)

【社会民生服务】 2019年,建行山西省分行借力新科技穿透下沉,精准滴灌弱势群体。大数据赋能纾解融资难题。推出以"五化"为特色的普惠金融新模式。小微快贷客户、贷款均实现翻番;"惠懂你"App与"三晋通"App成功对接,累计绑定企业4.30万户,余额达18亿元。举办系列产品发布会,"交易快贷""个体工商户经营快贷""云电贷""晋叶云贷""医保云贷""云税贷"等业绩卓著;信用快贷年利率降幅达32%。线上融资服务给小微客户带来融资便利和成本下降。小微快贷、"云税贷"写入两会政府工作报告。B端赋能助推核心企业去杠杆。网络供应链业务累计为48家核心企业投放贷款89亿元,服务上下游小微企业供应商800户,增长171%;二级分行全部破零。"民工惠业务"根植欠薪难题。"民工惠"完成金额18亿元,惠及18万次农民工群体,为破解"农民工讨薪难"蹚出一条新路子。普惠非金融服务走出新格局。"劳动者港湾"覆盖全部对外营业网点,日均服务5000人次。"建行大学"与山西大学签订合作办学协议,邀请其作为成员单位加入新金融人才产教融合联盟;举办金智惠民现场培训班175期,覆盖11个地市,赋能3.50万群体。开展学子暑期下乡实践活动,策划"七彩之旅""拉手行动",引导学生参与助力乡村振兴。(薛 峰)

【智慧政务模式创新】 2019年,建行山西省分行依托金融科技独特优势,聚智赋能释放创新活力。以"一部手机三晋通"App一点切入,立体赋能,为"数字山西"建设贡献建行方案,助力提升社会治理能力。以"三晋通"实现指尖轻松办事。总行与山西省政府签订"数字山西"建设全面合作协议正式上线。完成4期迭代,以"23个办事主题+15个特色主题"上线1178个事项,用户注册553万、点击办件量超1000万。6.50万个审批事项可同步查询;新增农民工工资查询、晋中"中易办"城市频道等特色应用。"三晋通"App写入全省经济工作会议报告和政府工作报告,在2019年山西十大经济新闻暨高质量发展典范评选活动中获"六最"营商环境创优案例。系列项目破解政务服务难题。"互联网+监管"实现规范监管、精准监管、联合监管和对监管的"监管",全国首创嵌入"三晋通"App。工建项目审批系统实现省市县三级覆盖,申请材料、审批事项大幅减少,审批时间大幅缩短。数字房产10个系统平台实现9个上线,解决政府、房地产、百姓多方住房困扰点。智慧建筑"用工实名制管理信息系统"实现省市县三级1700个在建项目10万户农民工信息在线可查询、可监控。智慧政法上线监狱系统、戒毒系统"一指通"平台,纾解司法痛点,预防司法腐败。领导驾驶舱系统对接实现数据汇聚和全面展现,为省级领导科学决策提供参考。立体赋能实现渠道共享。62个政务便民事项同步到全省3.60万个"裕农通"平台,2.50万个行政村全覆盖;145个高频政务事项及58个缴费项嵌入30台政银服务一体机及418个网点的1480台STM,百姓随时随地可办政务。(薛 峰)

【业务创新实践】 2019年,建行山西省分行夯实客户账户经营基础。启动"3+2"攻坚战,ETC、社保卡均居同业第1;个人客户质量明显改善,零资产客户激活比例系统第一;对公加权有效客户新增计划完成率超200%;商户净增完成率128%,系统第二。增强新零售竞争力。个贷余额、新增保持四行第一;信用卡业务6项指标四行首位;创新"晋社区"平台;与山西省最大的零售连锁商"唐久便利"签订协议;"手机银行活跃提升年"效果显著;私人银行家族信托业务新增完成率448%;在晋城等地试点"商户间权益交易市场"C端突围项目,个人客户新增1万户。内外协同提升交易性业务能力。融资租赁收入完成率304%;保函市场份额四行第一;以A档第一梯队成绩中标山西省职业年金受托人资格;资管投行收入同比增长58%;票据贴现收益率系统第2;对公黄金积存新增客户为上年6倍。

(薛 峰)

·中国邮政储蓄银行山西省分行·

【概况】 2019年，中国邮政储蓄银行山西省分行（简称邮储银行山西省分行）紧抓机遇，凝心聚力，扎实工作，经营管理取得良好成绩。截至2019年底，省分行下辖11个二级分行、96个一级支行、1214个网点，其中自营网点263个，代理网点951个，67%的网点分布在县及以下区域，覆盖全省所有县区，从业人员6594人。年末全省总资产规模2706.61亿元，较上年增长126.90亿元，增幅4.92%。（杨宏东）

【资产业务】 2019年底，邮储银行山西省分行各项贷款结余873.67亿元，较上年增长111.30亿元，增幅14.60%。发展小额极速贷、小额信用贷、农保贷，深入开发粮食产销链条客户，全年发放个人经营性贷款82.11亿元，贷款结余83.06亿元，余额净增14.04亿元，结余和净增量均列省内国有大行第1位。全年投放精准扶贫贷款17.84亿元，结余31.73亿元，净增6.07亿元。支持房地产去库存和消费升级，全年发放消费贷款52.03亿元，贷款结余167.89亿元，余额净增25.35亿元。加大小微企业贷款投放，突出抓好房抵贷、小微易贷及民生类产品，发放小企业法人贷款31.89亿元，贷款结余32.09亿元，余额净增6.59亿元，圆满完成“两增”目标。支持全省重点企业和工程项目，全年发放公司贷款267.97亿元，贷款结余414.45亿元，较上年增长93.35亿元，增幅29.07%。办理票据直贴219.93亿元，结余122.88亿元。投资业务取得新突破，中标地方债47亿元，较上年增长31亿元，开展理财投资信用债6亿元、公司客户融资业务6.50亿元。（杨宏东）

【负债业务】 2019年，邮储银行山西省分行拓展负债业务，保持负债规模增长。2019年底，本外币各项存款结余2519.52亿元，较上年增长83.21亿元，增幅3.42%。个人金融以“十大项目”为抓手，做大代收付、社保卡、军服卡、腾讯联名卡等重点项目，实施网点系统化转型，拉动储蓄存款稳定增长，储蓄规模达到2236.78亿元，市场占有率9.88%，在省内同业排名第3位，余额净增93.41亿元，增幅4.36%。公司金融业务坚持项目引领，持续拓展客户行业范围，集中发力财政专项资金、代收付类资金，年末公司存款余额274.11亿元，较上年增加7.13亿元，增幅2.67%，市场占有率1.90%。（杨宏东）

【中间业务】 2019年底，邮储银行山西省分行以提升中间业务收入能力为重点，努力打造基础产品支撑、重点领域拉动、新兴业务创收的格局。做优做强基础及结算业务，同时积极开展代发工资、代发养老、非税收缴、国库集中支付、烟草资金归集、电力资金归集等业务。发挥大资管引擎拉动作用，推动资产管理转型，全行销售理财产品206.61亿元、代销保险67.90亿元、代销基金18.77亿元、代销国债17.65亿元，合计销售310.95亿元。新增发放信用卡32.84万张，结存卡量114.77万张，不良率1.67%。全年销售机构理财30.22亿元，年末托管业务总规模279.55亿元。发行5亿元超短期融资券。（杨宏东）

【资产质量】 2019年底，邮储银行山西省分行发挥授信政策导向作用，加强授信政策调研和特色行业授信政策指引。发展绿色金融，打好污染防治攻坚战，绿色信贷余额净增12.10亿元，增速22.40%，提前完成3年规划任务。强化授信导向作用，支持转型升级企业和项目，有序退出僵尸企业，挤出低效、无效占用的信贷资金，行业集中度风险持续下降，煤炭行业占比首次降至40%以内。强化审查审批把关，精益求精持续信审质量和信审效率，信审管理扎实有效，监测化解风险隐患151个，缓释存量公司贷款客户风险5户。加快不良资产处置，资产质量优化，保持同业前列。截至2019年底，全行贷款不良率0.64%，较上年下降0.04个百分点，分别低于总行限额目标0.47亿元、0.11个百分点。（杨宏东）

【金融服务渠道拓展】 2019年底，邮储银行山西省分行顺应互联网金融发展趋势，打造线上线下综合金融服务渠道。加快智能化网点建设，促进网点转型，提升客户体验。采购布放

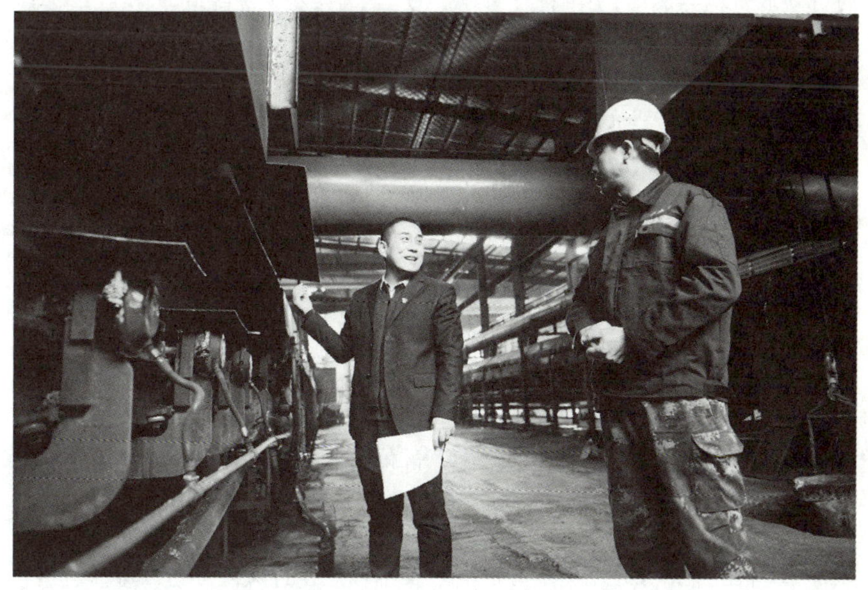

2019年12月12日，邮储银行山西省分行信贷员走进太谷县山西宏坊电力金具制造有限公司了解情况，向其提供资金支持（杨宏东供图）

50台超级柜员机，投放80台华为移动展业通用PAD，解决前期部分PAD运行不稳定、使用体验不佳、维保效率低等问题。完成ITM（智能柜员机）交易无纸化稽核功能，提升网点人员操作体验。对43台离行自助设备优化调整，降本增效。加大自助设备业务培训力度，确保网点设备引导人员持证上岗，提升自助机具分流能力。丰富金融生态场景建设，全行新拓展电子银行客户93万户，客户规模922万户，其中手机银行结存客户732万户。全行电子银行渗透率56.75%、交易替代率95.78%，分别列邮储系统第9位、第12位。新增快捷支付绑卡45.72万张，结存295.40万张。拓展商超、餐饮、娱乐、家居场景，条码收单新增商户1.60万户。

（杨宏东）

【科技支撑】 2019年底，邮储银行山西省分行信息化建设取得新成果，开发上线电力缴费、“税银通”、国库集中支付、社保直联代发等32个项目，推送营销数据800余万条，拓宽资金归集通道，支撑负债、中间业务发展。大数据分析平台建设稳步推进，电子银行、ETC生态圈、信用卡等多项分析成果试点应用。开展安全运行年竞赛活动，成绩连续3年保持满分；护网行动取得优异成绩，全年科技系统保持安全稳定运行。（杨宏东）

【营运管理】 2019年底，邮储银行山西省分行优化业务流程和柜面作业组织，推广统一柜面一期工程项目，组织全辖自营和代理网点全部上线，实现89项柜面业务免填单。完成全行信用卡集中预审上收，提高业务处理质量和效率。完成全行反洗钱集中处理，反洗钱集中处理上线网点率达到100%。探索综合柜员制，严格执行持证上岗，全行双持证率61%。优化流程，推广大数据产品应用系统，深化网点柜面业务分流，全年自营网点压降28个台席，可分流交易离柜率提升至89%，同比提升18个百分点。在总行考核的28个营运指标中，山西省分行18个指标居邮储系统首位、25个指标进入前10。（杨宏东）

·中国农业发展银行山西省分行·

【概况】 2019年，中国农业发展银行山西省分行（简称农发行山西省分行）累放各项贷款158亿元，年末资产规模突破千亿，达到1008亿元，其中贷款余额达946亿元，较年初净增42亿元；对公存款余额345亿元，存贷比274%，信贷资金向省内净流入668亿元；落实普惠金融政策，贷款加权平均利率4.83%，六成的贷款总额执行基准或下浮利率，帮助企业降本增效；全年处置清降不良贷款7.80亿元，实现2个地市、11个县域不良贷款清零、13户不良企业出清，减轻企业和社会负担，服务全省经济转型。（席晓军）

【服务乡村振兴】 2019年，农发行山西省分行紧盯乡村振兴这个“三农”工作总抓手，聚焦薄弱领域和关键环节，服务全省农业农村发展和环境设施改善。稳健合规推进棚户区改造在建项目和新开工项目的信贷支持，全年累放棚改贷款58亿元，自2015年以来共计投放棚改贷款510亿元，支持新建和改扩建安置住房达634万平方米，统筹购买商品房133万平方米，货币补偿6.90万户，惠及人口35万人。投放农村人居环境、生态环境建设与保护贷款6亿元，支持大同污水处理、娄烦饮水和道路、河曲整村提升等项目建设，提升基本公共服务和就地城镇化水平。振兴乡村产业。累放贷款41亿元，支持农业产业园区、土地流转、新型城镇化、农村交通等重点领域建设项目27个，为山西农谷园区建设、太原晋中运城农村土地流转和规模经营、泽州集体土地入市提供高效金融服务，推进落实“藏粮于地、藏粮于技”战略，助力补齐农村基础设施和公共服务短板。扶持民营小微。通过风险补偿基金、供应链金融等方式，解决民营小微企业“融资难”“融资贵”问题，全年新营销民营小微企业58户，审批贷款1.50亿元；完成存量企业续贷31户、1.30亿元；截至2019年底，全行总计支持民营小微企业78户，贷款余额2.20亿元。转换服务模式。推动市场化业务发展，与省财政厅联合下发PPP模式支持乡村振兴项目融资文件，与国信、水投、农担等大型国企签约合作，全年以PPP、公司自营、扶贫过桥三种模式共审批贷款57户、159亿元，同比增加39户、110亿元，较上年实现翻番，持续拓宽金融支持全省乡村振兴项目的创新路径。（席晓军）

【粮食安全维护】 2019年，农发行山西省分行立足山西粮食产销平衡区的实际，统筹做好政策性收储和市场化收购工作。巩固粮食信贷主导地位。全年累放粮油贷款25亿元，较上年增加52%，支持中央和省级粮食收储、轮换200余万吨，确保重要农产品有效供给。支持市场化收购。营销和培育优质客户，投放贷款5.30亿元，支持40户多元市场主体入市收购；开拓支持5个地市11户杂粮收购企业，累放贷款4240万元，打造山西杂粮品牌，支持“小杂粮”做成“大文章”。确保库存粮食安全。与省直有关部门协作，开展全省政策性粮食库存大清查工作，坚持库贷挂钩、账实相符，强化跟踪监督，消除风险隐患，共同守好“三晋粮仓”。（席晓军）

【支持黄河流域生态保护和高质量发展】 2019年，农发行山西省分行提升站位，争做服务黄河流域生态保护的“排头兵”。贯彻落实黄河流域生态保护和高质量发展重大国家战略，迅速响应，强化协作，破解难题，取得初步成效。对接融资需求。第一时间向省政府报告农发行专项优惠政策；与省发改委联合发文，构建合作机制、宣介金融产品、推广信贷模式；与省水投集团签订合作协议，对接项目19个，融资需求达30亿元。用足用好优惠政策。紧抓总行黄河流域生态保护特惠政策出台机遇，通过分类管理、区别办贷，对有关项目实施贷款期限优化、利率优惠、还款计划优化等政策倾斜，同等条件下实施服务优先、办贷优先、规模优先政策，确保办贷环节高效运转。金融支持初见成效。全年审批黄河流域五大领域项目贷款31亿元，投放16亿元；存量项目61个、65亿元，进入项目储备库、正在办理的项目33个、87亿元，涵盖中部引黄、小浪底、东山供水等"大水网"重点工程，为更大规模支持黄河流域生态保护奠定基础。（席晓军）

【金融风险防控】 2019年，农发行山西省分行坚持一手狠抓存量不良贷款清降、一手严防新增不良贷款，风险管理水平迈上新台阶。清降存量。坚持班子成员包片挂户，通过考核、督导、约谈等措施，逐企业落实清收责任。抓现金清收，通过拍卖企业房产、推动企业"退城进郊"、依法收取企业股权拍卖金等措施，向11户企业现金清收4964万元，实现所有不良企业均有现金清收成效，其中现金结零5户。抓批量转让，经过争取总行支持和三级行共同努力，最终完成7户、7.15亿元不良贷款的批转处置，受让率继续位列系统前列，核销处置不良贷款1375万元。防控新增。开展基金投后管理检查，提前回购风险基金6笔共2.28亿元。针对到期中长期贷款多的实际，基层行（组）将提前催收贷款本息作为头等大事和工作习惯，确保本息全额收回；抓住政府隐性债务核算变动之机，推动贷款"应纳尽纳"，信贷资产安全性能提升。深化全面风险管理。出台全面风险管理体系建设实施细则，全方位压实风控责任。通过"请上来"对重点事项请相关基层行参加风控会汇报，"走下去"组织人员有针对性地参加市行贷后管理例会，全面加强风险防控。全面完成三级行印章撤减和印控仪上线，历史性地从物理设施到实际操作降低用印风险。（席晓军）

·华夏银行股份有限公司太原分行·

【概况】 2019年，华夏银行股份有限公司太原分行（简称华夏银行太原分行）以党建为引领，以机制改革为抓手，以资产质量优化为前提，以效益提升为重点，实现质量、规模、效益相统一的发展。2019年，太原分行财务计划性指导作用显现，公司业务托盘作用夯实，零售业务占比和贡献度提升，中间业务收入占比持续提高，资产质量显著优化，"两增"任务完成，普惠金融增速显著，体制机制改革落实，各项基础管理工作推进，各项工作均取得进展，深化推进太原分行经营转型发展。全年实现拨备前利润12.05亿元，不良贷款偏离度每季度均控制在100%以内。

截至2019年底，太原分行有员工935人，其中：正式员工860人，派遣制员工75人，员工平均年龄35岁。本科及以上学历员工893人；研究生及以上学历员工97人。共有44个党支部，党员406人，占全部员工总数的47%。华夏银行太原分行辖内分支机构共30个，除太原市外，在大同、朔州、长治、运城、临汾、晋中共设立6个异地机构，其中一级分行1个、二级分行4个、异地支行2个、县域支行1个、同城支行22个（含社区支行5个），形成以太原为中心、辐射全省的金融服务体系。（韩 雪）

【绩效考核机制改革】 2019年，华夏银行太原分行强化业绩导向，制订《太原分行2019年绩效考核和奖金分配办法》，推进以考核分配为核心的绩效机制改革，建立健全激励约束机制，以分配机制改革为核心，优化部门、经营班子、客户经理的业绩考核，发挥激励作用，打破"大锅饭"，实现"按劳分配""能者多得"。（韩 雪）

【风险合规管理】 2019年，华夏银行太原分行发挥风险管理架构在分行层面的风险防控作用，突出信用风险管控，加强授信风险管理，持续开展操作风险、声誉风险以及业务连续性管理工作，实现"全流程、全业务、全方位"的风险管理覆盖。加强制度建设，完善全面风险评价指标体系，强化全面风险管理在各层级的统筹作用。加大员工合规和案防管理力度，开展"合规管理提升年"活动，推进案防、反洗钱、扫黑除恶等工作，完善声誉风险管理，有效堵截化解声誉风险事件。加强重大事项报告及突发事件管理，严把窗口关，柜面堵截外部风险。全年运行平稳，实现"零案件"目标。（韩 雪）

【客户开发顶层设计】 2019年，华夏银行太原分行围绕山西经济重点战略、重点区域、重点行业和重点客户，由分行领导带队开展高层营销，打造"以大带小、以小固大"的公司客户生态环境。零售金融以"消费信贷、财富管理、收单支付、普惠金融"四大客群为目标，通过加强营销队伍建设、销售费用倾斜、信用卡营销体制改革、金融科技创新、旅游季主题营销等活动，向金融上下游延伸，零售业务规模不断壮大，零售业务占比和贡献度持续提升。普惠金融增速显著。制订下发《太原分行全面加强和提升民营、小微企业金融服务实施意见》，依托"两平台、三产品"，快速带动小微信贷规模及基础客户数量提升，完成监管"两增"任务目标及总行经营计划。贸易金融加快推进客户挖潜与开发，客户基础逐步改善。制定产品服务方案，持续开展"3-3-1-1"客户营销和低效户转化，提高客户依存度和贡献度。网络金融做大手机银行客群，推进手机银行线上渠道建设，与大零售业务有效融合，重点围绕集团客户、物流、招标等多个领域，以企业生态链或垂直领域为切入点，提供网络金融结算产品，形成线上线下客户服务体系。（韩 雪）

【资产质量】 2019年，华夏银行太原分行坚持资产质量就是生命线，把打好资产质量攻坚战作为全年重中之重的任务，确立目标，持续攻坚。强化分行党委对资产质量管控工作的组织领导，组织召开信贷资产质量管理领导组工作会，逐户听取工作进度汇报，研究解决问题，拿出解决方案，推动处置进展。强化目标责任落实，签订《资产质量管控责任书》，将管控目标分解下放，以逾欠贷款“不反弹、不增加”作为基本控制目标，遏制逾欠贷款“前清后冒”。灵活运用打包出售、贷款重组、债务转移等方式，推行不良贷款清收化解。调查摸底、一户一策，制定详实有效、切实可行的处置计划，力推实施。通过市场化方式，强化同业合作，利用政企平台，推动清收处置。2019年，通过各种方式处置表内不良资产累计27.40亿元。

（韩　雪）

【综合金融服务】 2019年，华夏银行太原分行践行“商行+投行”“股权+债权”经营思路，为企业提供一体化、市场化综合金融服务。促进“息差+价差”的综合定价管理水平，提升分行议价能力和中间业务利润占比；强化风险管控，借助市场化力量约束企业信用行为；有机统筹各板块业务，加大产品创新与运用，针对重点客户、创新融资模式，完善业务策略、优化业务流程，提升综合金融服务水平，提高资产创收水平。落实中心推动、边缘革命理念，将传统与创新、前台与后台、流程与部门、品牌与竞争有效结合，推动转型发展。2019年，分行综合运用资产管理、险资计划、银团贷款等业务产品，深化与山西潞安集团的合作，开立银团结算代理户。中标山西晋煤集团50亿元永续中期票据发行资格，以年度最低价格全部销售成功，获山西省政府高度认可；运用撮合思维，与保险公司合作，通过10亿元保险债权计划支持山西焦煤霍州煤电基础设施改造。与证券公司合作，通过3亿元供气合同债权资产支持专项计划支持山西天然气。与26家融资租赁公司合作，通过租赁渠道累计为山西企业融资近110亿元，涵盖煤炭、电力、化工、清洁能源等多个行业。

（韩　雪）

·晋商银行·

【概况】 2019年，晋商银行围绕省委、省政府工作部署，通过产业扶贫、项目扶贫，引导金融资源向扶贫工作倾斜，广大扶贫对象生活改善，完成全年扶贫任务，把党的扶贫政策落实到位。2019年，晋商银行在英国《银行家》杂志发布的“2019全球银行1000强”榜单中排名第421位，较上年提升19位；在中国银行业协会发布的“2019年中国银行业100强”榜单中排名第68位，较上年提升6位；在134家城商行中，资产规模排42位，核心一级资本净额排39位；在中国银保监会监管评级中，评级持续保持2C。7月18日，晋商银行在香港联交所上市，成为山西省首家上市银行。

晋商银行践行社会责任，2019年通过红十字会爱心捐赠以及贫困学生捐资助学等方式累计捐赠110万元。履行纳税义务，累计缴纳税费71.81亿元，其中2019年缴税7.53亿元，为增加地方政府财政收入作出贡献。

2019年，晋商银行发挥法人银行“决策高效、机制灵活”的优势，运用信贷杠杆和融资工具，提升支持地方经济发展的力度。截至2019年底，资产总额、存款余额、贷款余额分别达到2475.71亿元、1553.22亿元、1117.13亿元，资本充足率13.60%，核心一级资本充足率11.47%，拨备覆盖率199.92%，主要监管指标符合监管要求。零售业务持续发力，客户AUM突破1000亿元，存款产品线上销售渠道逐步拓宽，住房按揭业务成为个人贷款业务新的增长点，理财能力位居全国区域银行第12名、山西省区域银行第1名；亮点业务势头强劲，承销业务量在全国主承销商中排名第53位；中间业务收入增长46.96%；信用卡业务实现突破性增长，与京东金融合作推出京东联名信用卡，各项指标在区域性银行中遥遥领先；以存款、理财、投资为主的线上财富管理产品竞争力日益增强。

（闫　慧）

【山西能源革命支持】 2019年，晋商银行落实关于支持省属煤炭集团化解过剩产能加快转型升级的指导意见，加大力度支持煤炭供给侧结构性改革，推动落实省属煤炭集团转型升级中长期专项贷款业务，帮助企业渡过暂时困境，促进省属煤炭集团加快转型发展。发展绿色金融，提升绿色金融专业服务能力和风险防控能力，发展能效信贷、绿色债券和绿色信贷资产证券化，探索碳金融等创新型绿色金融产品，加大对绿色制造、节能环保、清洁能源等重点领域的金融支持，服务推进煤炭智能绿色安全开采和煤炭清洁高效深度利用，支持清洁能源和可再生能源发展，促进山西省资源型经济实现绿色、低碳、循环的转型发展。2019年向企业发放贷款439.66亿元。针对煤炭行业客户转型融资需求，调集各方金融资源，为企业提供高效优质的综合金融服务，累计牵头银团贷款20.50亿元、参与银团贷款4.10亿元，发行超短期融资券10亿元。

（闫　慧）

【转型综改建设支持】 2019年，晋商银行通过嫁接政府和社会资本合作、产业基金等创新业务模式，提升银政企合作效率，服务山西省重大项目建设。通过中长期信贷资金、产业基金、信托、保险、各类债务融资工具、股权融资工具融资等多种方式，发挥金融杠杆作用，撬动山西各类资本向先进制造业、战略性新兴产业、绿色能源、数字产业和山西优势产业集中，助推经济结构持续优化。设立专门机构——综改示范区直属支行，开设授信审批绿色通道，迅速响应市场需求，创新专门金融产品，为山西综改示范区提供综合金融服务方案，更好服务转型综改示范区建设。截至2019年底，累计向20余个重点政府项目、民生工程发放贷款35余亿元。其中，2019年协调全辖机构主动对接省市重点工程项目名单，为PPP项目提供融资12.14亿元，为转型综合改革示

范区相关企业提供信贷支持10亿元，保障市政工程、轨道交通、基础设施等重大项目建设。 （闫 慧）

【山西国资国企改革支持】 2019年，晋商银行发挥金融机构资金、客户、信息优势，嫁接资本市场和省属国企，引入战略投资者，瞄准省属国企混合所有制改革，深化产融结合，创新并购基金、产业基金等金融产品，通过政府引导、市场主导推进产业链集群化发展、产业转型升级和国企重组整合，支持国有资本布局优化和专业化重组。为山西交通控股集团有限公司新增授信支持10亿元，为山西国际能源集团有限公司新增授信支持14亿元，为阳煤集团新增授信支持14亿元，为大同煤矿集团有限公司新增授信支持7.96亿元，为山西国新能源发展集团有限公司新增授信支持6亿元。 （闫 慧）

【民营经济和中小微企业支持】 2019年，晋商银行落实中央支持民营企业改革发展意见，创新中小企业金融服务考核激励机制，通过单列信贷计划、实行内部资金转移定价优惠等形式，强化服务民营企业和小微企业的资源保障，千方百计"降成本"，化解融资难融资贵问题。加大对民营企业和小微企业的续贷支持力度，提高信用贷款和中长期贷款比重。重点推出"简押快贷"和"联链融"两款拳头产品以推动业务发展，解决小微客户融资难问题；制定多层次考核管理办法，加强对小微企业贷款"两增两控"目标管理，成立业务推动小组，专门负责小微业务推动管理工作，组织开展"助小微 惠民生 促发展"民营小微企业金融服务宣传活动、"百行进万企 山西在行动"关注小微企业服务实体经济的宣传活动等。截至2019年底，民营企业贷款余额583.13亿元，占各项贷款的比重50.49%；累计向7139户地方小微企业客户发放贷款888.96亿元。2019年小微企业贷款增速为19.99%，完成普惠型小微企业"两增"任务指标。 （闫 慧）

【绿色和新兴产业支持】 2019年，晋商银行贯彻落实全省经济工作会议关于培育壮大战略性新兴产业和绿色产业的精神，以"提高发展质量和效益为中心"为遵循，拓宽授信审批"绿色通道"，提升对新兴产业和绿色产业的精准支持效率。加大对新兴产业的信贷支持。落实有进有退、有保有压的差异化信贷政策，将有限的信贷资源，优先投向战略新兴产业、文化旅游、民生消费、环保等行业，满足城镇居民在文化、健康、教育等领域的消费需求，为提升山西省经济发展的"含金量、含新量、含绿量"做出努力。加大绿色信贷投放。制订出台《晋商银行绿色金融行动方案》，加快绿色金融债券、绿色信贷资产支持证券、非金融企业绿色债务融资工具等绿色金融产品的创新和运用，聚焦名单化、模式化、限额化管理，迈出打造绿色银行的第一步，为晋商银行发展绿色产业提供支持。完善晋商银行绿色金融产品体系，提出包括绿系列产品、园区贷、国际组织转贷款的绿色信贷体系。截至2019年底，晋商银行绿色信贷表内贷款余额37.43亿元，涉及客户21户，占2019年末全行公司条线表内贷款余额的5.31%。 （闫 慧）

【金融惠民】 2019年，晋商银行树立"以客户为中心"的服务理念，提升金融服务品质，注重客户体验管理，推动内部管理从简单粗放到精细集约转变，全行业务发展的基础更实、质量更优、效率更高。完善服务渠道，推进网点智能化建设，加强24小时自助营业厅建设，在传统网点及社区银行投入布放115台智能柜员机，开通电子银行、银行卡激活、打印对账单、大额现金存取款等便捷服务功能，持续推进手机银行、网上银行功能升级和流程优化，拓展移动支付功能，提升移动应用体验，全年实现优化各项功能服务253项，初步形成线上线下一体化的金融服务格局。打造服务品牌，推出"一本万利""晋升财富""安鑫富"等明星产品以及国内首个财富管理综合量化指数，成为山西省首家发行信用卡的城商行，取得外汇业务、金融衍生品、债券主承销商等一批业务资格，业务资质数量居于全省城商行首位，在业务体系保持快速更新的基础上，探索建设统一的"温暖银行"服务品牌，构建金融服务生态圈的新领域。提升服务效能，完善信息科技风险管理体系，上线核心业务、二代

2019年3月22日，第三届晋升财富论坛暨晋商银行私人银行品牌发布会在太原举办 （闫 慧供图）

2019年7月18日,晋商银行在香港交易所成功上市,成为山西省首家上市银行
(闫　慧供图)

支付、网上支付跨行清算等系统,研发“晋商快付”等支付工具,建立同城、异地灾备中心,提出“敏捷银行”“智慧银行”的建设方向,科技与业务融合、产品与服务创新的力度、深度、广度提升,先后获“中国城商行最具竞争力民族品牌”“中国最具竞争力中小银行”“山西老百姓最喜爱的银行”等称号。(闫　慧)

【惠民税缴平台上线】 2019年1月15日,晋商银行惠民税缴平台上线,成为全国首家实现社保费跨行扣缴的银行。社保税银通平台立足于为全省居民提供更加便捷的缴费服务的设计理念,支持税务机关发起的任意银行账户扣收,实现省内所有区县社保缴费服务的全覆盖,为税收征管工作提供规范、便捷、高效的征缴模式。参保居民不需要前往银行网点,即可完成社保费的扣收,实现由原有扣收模式向现有模式的平滑过渡。社保税银通平台搭建税务局与晋商银行的税银交互渠道,实现征缴信息交互和资金归集入库,为缴费人和征收机关提供便利的征缴通道。(闫　慧)

【非金融企业债务融资工具资格】 根据2019年2月22日中国银行间市场交易商协会发布的《关于承销类会员(地方性银行类)参与非金融企业债务融资工具B类主承销业务市场评价结果的公告》,晋商银行等12家地方银行类会员共同获批非金融企业债务融资工具B类主承销业务资格。此次获批非金融企业债务融资工具B类主承销业务资格具有里程碑式的意义,晋商银行成为山西省内首家获得该业务资格的地方银行,可以以主承销商身份参与银行间债券市场的超短期融资券、短期融资券、中期票据、非公开定向债务融资工具、资产支持票据等非金融企业债务融资工具的承销业务。(闫　慧)

【住房公积金数据互联共享平台】 2019年7月11日,晋商银行与山西省住建厅签署住房公积金数据互联共享平台战略合作协议。

建立公积金数据共享平台是深入贯彻落实山西省委省政府“放管服效”改革的具体举措,是实现各市住房公积金管理中心、各合作银行及公安、民政等相关部门数据信息互联共享的载体,为住房公积金业务办理提供安全、便捷、高效的信息共享服务,为最终实现“让数据多跑路,让百姓少跑路”和提升住房公积金的服务效率及群众满意度提供技术保障。晋商银行将把太原市住房公积金中心作为晋商银行促进金融创新和业务转型的重要合作伙伴,利用晋商银行物理网点优势,围绕提升住房公积金服务效率和群众满意度,推进流程优化,提供一流金融服务。(闫　慧)

【线下刷脸支付山西试点验证】 2019年7月30日,晋商银行成为山西省首个完成在真实消费场景下线下刷脸支付交易验证工作的金融机构。

山西省作为央行支付标准线下刷脸支付交易的首批试点省份,人行太原中心支行根据人民银行总行部署,组织银联山西分公司、晋商银行、山西银联商务等多家试点机构配合,按要求完成系统改造。7月30日,晋商银行完成首笔支付交易,率先启动试点验证工作,为人脸识别线下支付规范应用积累实践经验。(闫　慧)

【获“最具特色手机银行功能奖”】 2019年12月5日,中国金融认证中心(CFCA)联合近百家成员银行举办的“发现与创见”2019银行数字化转型高峰论坛暨第十五届中国电子银行年度盛典在北京召开。晋商银行手机银行凭借丰富的特色服务、良好的用户体验获“2019中国电子银行金榜奖——最具特色手机银行功能奖”。(闫　慧)

【商事“一窗通”系统对接】 2019年12月25日,晋商银行与山西省市场监督管理局签署战略合作协议,启动商事“一窗通”系统对接工作。银政战略合作旨在通过信息共享,开辟高效便捷的银行账户绿色通道,为企业提供优质高效的金融服务,打通山西省内商事登记和金融服务“最后一公里”,为营造省内便利的营商环境作贡献。(闫　慧)

·山西省农村信用社联合社·

【概况】 山西省农村信用社联合社(简称省农信社)是由农民入股组成、

主要为入股农民服务的金融组织，是经中国人民银行批准的合法金融机构。2005 年 8 月，经省委、省政府和中国银保监会批准，山西省农村信用社联合社成立，根据省政府授权履行对全省各县（市、区）社员社的“管理、指导、协调和服务”职能，按照“深耕三农、细作小微、精准扶贫、倾力重点”的服务定位，深化体制改革，加大对实体经济的支持力度。

截至 2019 年底，全系统共有省、市、县、乡四级机构 3187 个，营业网点 3059 个，从业人员 41660 人；资产总额 12833 亿元，较年初净增 1406.23 亿元，增幅 12.30%；各项存款余额 8358.84 亿元，较年初净增 681.02 亿元，增幅 8.87%；各项贷款余额 5315.92 亿元，较年初净增 550.56 亿元，增幅 10.36%；全年实现各项收入 596 亿元，实现经营利润 150 亿元；股本金余额 527.60 亿元，较年初增长 15.90%；资本充足率 9.56%，较年初提高 0.85 个百分点；拨备覆盖率 75.13%，较年初提高 5.37 个百分点。全系统以占全省 22%的存款市场份额，发放全省 40%以上的涉农贷款，50%以上的小微企业贷款、民营企业贷款、扶贫小额贷款，60%以上的农户贷款，在助力全省乡村振兴、民企发展、精准扶贫、转型综改、能源革命等方面，发挥地方金融主力军作用。

（韩晓东）

【实体经济支持】 2019 年，省农信社紧扣助力乡村振兴三年行动计划，完善“三级授信体系”建设，引导信贷资金集中投向“三农”领域。截至 2019 年底，涉农贷款余额 4269.88 亿元，较年初净增 325.98 亿元。制定并落实支持民营企业发展的“三十二条措施”，推行事业部、专营机构等运营模式改革，解决小微企业贷款融资难题。截至 2019 年底，全系统千万元以下（含）小微企业贷款余额 970.97 亿元，较年初净增 113.99 亿元；民营经济贷款余额 3919.55 亿元，较年初净增 211.56 亿元。

（韩晓东）

【现代银行化改革】 2019 年，省农信社坚持高起点谋划、高标准推进、高质量发展，在加速体制机制转型、打造形神兼备的现代银行方面做出探索。在推进县级机构银行化改革方面，坚持“政府领导、监管指导、省社督导、机构主导、多方参与”的“五位一体”工作机制，推进改制化险工作。全年共获得市、县两级政府扶持资金 25.20 亿元；新增 30 亿元低成本资金，扶持 6 家高风险机构发展；全年拨付风险化解资金 20.20 亿元，帮助 10 家机构加快改制进度，全年有 18 家县级机构改制为农商银行，全系统累计改制 89 家，占全省 108 家县级机构总数的 83%，其中，有 52 家机构通过银行化改革脱离高风险行列，长治、运城、阳泉、晋中辖内县级机构全部改制为农商银行。在推进省联社服务职能转变方面，构建“小银行、大平台”发展模式，按照“资源集中化、服务集成化、成本集约化”原则，打造科技信息、资金服务、产品研发、战略合作、电子银行、支付清算、教育培训、客户服务、运营支撑等“九大平台”，在全国农信系统首创设立省级资金服务平台，吸纳全省各县级机构 312 名人员在平台从事资金业务；结合监管意见，将在地市派驻的 8 个办事处全部改组为区域审计中心。在推进法人治理结构完善方面，督促系统各法人机构将党的领导写入《章程》，构建“党委领导核心，社员（股东）大会规范行使权力，理（董）事会战略决策，监事会独立监督，高级管理层授权经营”的现代公司治理体系，先后出台理（董）事会尽职、法人授权等指导意见，指导辖内机构改善法人治理运行机制、健全现代商业银行制度。根据监管意见，协调山西股权交易中心，帮助辖内农商银行及其发起设立的村镇银行开展股权托管，强化股东股权管理。在推进业务发展方式转型方面，坚持“调结构、稳增长、降成本、控风险”的总要求，业务稳定增长，成本有效控制，存款、贷款、收入结构优化。按照“全国先进、省内一流”的标准推进科技信息创新、资金业务创新和服务产品创新。全省统一品牌的信用卡获准发行，研发具有山西农信特色的“晋享 e 付”“晋享生活”等“晋享系列”产品。与国资委、财政厅等 51 家机构建立战略合作关系，战略合作融入各个行业。

（韩晓东）

【普惠金融】 2019 年，省农信社持续推进普惠金融推广，探索线上服务与线下服务相结合、柜面服务与智能服务相结合、物理网点服务与自助机具服务相结合的综合金融服务体系。加大电子银行建设力度，基本形成集手机银行、网上银行、微信银行、第三方支付于一体的线上综合金融服务平台。截至 2019 年底，共有存款户数 2391.16 万户，贷款客户 147.68 万户，累计发行借记卡 2218.10 万张，其中，社保卡 224.86 万张，签发电子社保卡 40.62 万张；累计发行信用卡 20.53 万张；POS 特约商户数为 2 万户；手机银行累计开户数 193.87 万户，微信银行总关注人数 533.89 万；全年电子渠道交易笔数 10.16 亿笔，占交易总笔数的 75.19%。优化物理网点布局，加大自助银行网点、自助设备、POS 机具、助农取款服务点设置和布放力度，截至 2019 年底，累计布放智慧柜员机、现金快柜等智能机具 967 台，建成农村金融服务站 14304 个，建设自助银行 2335 个，安装自助设备 3658 台，拓展特约商户 19951 户，布放 POS 机具 28449 台、流动银行服务车 32 辆，推动解决普惠金融服务“最后一公里”的问题。

（韩晓东）

【“晋享生活 App”】 2019 年 1 月 3 日，省农信社“晋享生活 App”的社会保险费代收代缴业务上线，全省 2700 余万入保城乡居民可通过农信社办理相关业务。截至 2019 年底，全省农信社晋享 e 付可交易商户数达 13.12 万户，晋享生活绑定卡数 288.41 万张，绑定用户数 277.87 万人，第三方支付总开户 1033.13 万户（其中：财付通累计开户数 545.38 万户，支付宝累计开户数 396.70 万户);通过"晋享生活 App"办理城乡居民代收代缴社会保险 453.16 万人、金额达到 11.41 亿元。11 月 15 日,经过设备(软件)招标采购、业务需求开发和系统测试培训,全省农信社上线 ETC 业务。截至 2019 年底,全省开办 ETC 业务的网点共计 320 个,累计发行 ETC 电子标签(OBU)20.54 万套。(韩晓东)

【金融产品研发推广】 2019 年,省农信社满足客户多元化金融服务需求,持续加大产品创新力度,业务种类更加丰富。全系统推广 ETC 业务,为 20.54 万户客户提供服务;全省统一品牌的信用卡获准发行;推进卡业务"一县一品"行业应用,全年在公共交通、公共缴费、医疗等领域拓展行业应用 77 个;研发推广具有山西农信特色的"晋享 e 付""晋享生活"等"晋享系列"产品;在晋享生活平台上线"云闪付""支付宝""美团"等功能以及社保缴费业务,全年新增缴费项目 201 项;在手机银行增加刷脸开通手机银行、线下刷脸支付等功能,新增 ATM 机扫码取款、指纹登录等 20 余项功能及流程。榆社、屯留、昔阳 3 家机构首次发行同业存单,潞州、长子 2 家机构加入利率互换市场,尧都、太原城区和清徐 3 家机构开展可转债和可交换债业务,尧都、潞州等 10 家机构启动公募基金代销资格的申报程序,尧都、泽州、榆次等 9 家机构开通国际代理业务。(韩晓东)

保　险

·中国人寿保险股份有限公司山西省分公司·

【概况】 中国人寿保险股份有限公司山西省分公司(简称中国人寿山西省分公司),截至 2019 年 12 月 31 日,全辖机构总数达 622 个,其中,省级分公司 1 个,市级分公司机构 11 个,县级公司机构 128 个(包含县级营业部),其他营业网点 482 个,全省系统共有合同制员工 4210 名,劳务派遣制员工 230 名。

2019 年,中国人寿山西省分公司经营绩效晋升 2A。保费收入 14.82 亿元,完成预算的 104.04%。临汾、运城、太原、晋中、吕梁、大同、阳泉分公司超额完成标保预算目标。个险销售队伍综合目标超额达成,其中,月均长险举绩、季均有效人力指标分别完成预算的 115.40%、113.40%。太原、大同、吕梁、忻州分公司超额完成个险销售队伍综合目标。

2019 年标准保费同比增长 41.71%,增长率排名全国系统第 9 位,保障型业务增长率排名全国系统第 8 位;保障型产品件均保费 3187 元,同比提升 16.10%;大短险快速增长,个险、银保渠道分别增长 61.28%和 63%,增速分别排全国第三、第六位。掌上保险保费收入 1.28 亿元,同比增长 128%,首次突破亿元大关。长期险首年创费创佣同比增长 29.23%;短期险创费 2.16 亿元,较上年增加 7900 万元,创费率为 27.77%,高于全国系统平均水平。

总保费市场份额达 30.24%,较上年同期提升 0.86 个百分点,领先主要竞争对手 15.25 个百分点。个险首年折标期交保费比值较上年提升 0.62,达到 1.57;销售人力对标比值较上年提升 0.56,达到 1.37。晋中、运城、长治分公司逆转实现"双领先"。(王平均)

【综合经营主力作用】 2019 年,中国人寿山西省分公司树立"一个国寿"理念,发挥综合化经营的主力作用,寿代产、寿代养老分别达到 4.20 亿元和 26.50 亿元,推荐广发银行联名卡 1.44 万张,网销新单保费收入达到 1.34 亿元。担负更多支撑国寿发展责任,保持对全国较高的保费贡献度,总保费收入 182.11 亿元,同比增长 4.89%,总量位居全国第 10 位,比山西省 GDP 排名靠前 14 位;其中,首年期交、十年期、保障型等主要业务指标总量均位居全国系统第 10 位至 13 位,远高于 GDP 排名。(王平均)

【人寿保险销售转型】 2019 年,中国人寿山西省分公司推进转型实践。个险渠道持证人力 55301 人,其中,月均长险举绩人力 20666 人,同比增长 40.63%;季均有效人力 31047 人,同比增长 36.58%。收展队伍月均长险举绩人力 5448 人,季均有效人力 8191 人,同比增长 80%以上。团险渠道季均有效人力达到 1368 人,同比增长 6.9%。银保渠道客户经理月均持证人力 1076 人,月均举绩人力达 317 人。

基础管理水平持续提升,大个险月均三晋达率 59%,月均绝对参会率达 45.17%,日均刷脸人力由年初 13897 人提升到 23397 人,月度参会率 60%以上人力达 28917 人,月度日均 8 分人力达 22110 人。二星级以上职场较年初增长 217 个,数量占比提升 25.30 个百分点;新晋级组经理 2901 个,处经理 213 个,区域总监 7 个;公司直投职场建设费用 5600 万元,充实培训条线员工 129 人;研发新人育成制式培训 10 班,培训 4700 多新人;主管培训实现全覆盖,培训超过 8000 人次。(王平均)

【转型综改服务】 2019 年,中国人寿山西省分公司围绕山西省转型综改示范区建设搞好服务。引导国寿资金入晋,投资额度新增 57 亿元,累计达到 272.44 亿元。践行健康山西战略,大病保险承保全省 11 个市 1396.54 万人,全年累计为 44.08 万人次支付大病赔款 13.37 亿元。中标临汾长期护理保险业务,成为全省首个商保承办长期护理保险业务。保障三晋人民美好生活,累计为全省 128.16 万短期险客户和 270.96 万个人客户提供约 12 万亿元风险保障,为 111.26 万客户提供 31.44 亿元生存给付利益。

(王平均)

【人寿业务经营管理】 2019 年,中国人寿山西省分公司推出理赔探视特色服务及"重疾一日赔"服务,累计完成理赔住院客户探视达 5399 人次;着力缩短服务时效,全省理赔申请支付时效达到 1.11 天,较上年缩短 0.57

天;理赔出险支付时效达到46.60天,较上年缩短32.10天;小额理赔平均索赔支付周期达到0.10天以内。

科技驱动效果提升。无纸化投保出单率达99.93%,较上一年度提升8.04%,排名全国第2位。个人长险智能审核通过率为92.33%,较上年提升5.10%。推广互联网应用,线上获客达128万人,同比增长99%,掌上保险出单超过80万件;新开发自有系统24个,自有系统累计登陆超过7.60万人次。开展数字化职场建设,为839个职场铺设网络,增加智能设备1012台套。

销售与运营融合度提升。推行核保政策,推广核保e化工具的使用;开展"送资源进职场"活动,承办集团客户节,举办双70星级客户服务活动,客户经营成效显著,新增长险客户同比增长25.24%,多保单客户持续增长,VIP客户服务平台累计登陆超过8万人次。 (王平均)

·中国人民财产保险股份有限公司山西省分公司·

【概况】 中国人民财产保险股份有限公司山西省分公司(简称人保财险山西分公司)是中国人民保险集团股份有限公司(PICC Group,2018年《财富》杂志"世界500强"第117位)旗下核心成员和标志性主业中国人民财产保险股份有限公司(PICC P&C)在晋设立的一级机构。截至2019年底,下辖11个市级分公司、221个区县经营机构,141个营销服务部,拥有各类专业管理和销售人员2.53万名。

2019年,人保财险山西分公司为省内企业提供风险保障9763亿元,在司团体客户数量5.27万个,其中国家级重点客户16个、省级重点客户12个。通过深入推进"一保通""光伏扶贫""保险+融资+增信",强化支农支小,解决中小微企业融资难、融资贵,为推进地方金融行业增信多元化发展、促进消费释放内需,贡献人保力量。 (武立昊)

【农业保险服务】 2019年,人保财险山西分公司开办地方特色农业保险产品73个,为全省近72.99万户建档立卡群众提供120亿元风险保障;围绕增进民生福祉,承办11个地市城乡居民大病保险,覆盖全省1207万城乡居民人口,累计为27万人次参保群众赔付12亿元。推广价格、期货、光伏、救助、农村小额意外等政府关心、百姓关注的民生保险,受益群众超过120万人次。融入社会治理现代化,推动"司法+保险"合作模式落地,解决执行难的问题;探索安责险、环责险、电梯责任险"保险+科技+服务"模式,实现风险保障与风险防控有机结合;开展建设工程履约保证保险和关税履约保证保险,联合发改委推动招投标保证保险落地,释放企业经营资金,降低企业经营成本,改善营商环境。打造中国人保"心服务"品牌,开展车险"一站式"理赔服务,推动"警保联动"在全省11个地市全面落地,将"以客户为中心"推向新的高度,"两站两员" 劝导站数量353个,车驾管服务站点57个,客户线上化率53.60%;持续加强理赔铁军建设,强化95518服务平台建设,开展承保理赔满意度回访和投诉专项治理行动,服务效率指标保持区域行业领先。

2019年,人保财险山西分公司累计为全省提供各类风险保障金额8.19万亿元,处理各类赔案173.36万件,支付赔款54.50亿元,共计缴纳税金7.59亿元。 (武立昊)

【实体经济服务】 2019年,人保财险山西分公司与省内政府机关部门和重要企事业单位建立良好的合作关系。全年开展政企互动2156次,实现互动成果285个。创新供给实力增强。支持实体经济,服务民生改善,推动融资增信,为民营企业提供1323亿元风险保障,产业保险保费规模同比增长20.60%。

助力经济转型,发挥保障作用。承保大同煤矿集团,承担风险保障733.27亿元;承保山西晋城无烟煤矿业集团,承担风险保障526亿元;承保潞安矿业集团,承担风险保障364.62亿元;承保山西焦煤集团,承担风险保障249.39亿元;承保太原钢铁集团,承担风险保障237.10亿元;承保中国联通山西公司风险保障145.27亿元;承保国家电网山西公司风险保障138.07亿元;承保中国兵器工业集团风险保障121.70亿元;承保

2019年,人保财险山西省公司推广应用移动互联平台,推进"警保联动"服务深度覆盖 (武立昊供图)

国家电力投资集团山西项目风险保障84.95亿元；承保阳泉煤业集团风险保障82.21亿元；承保黄河万家寨水利枢纽风险保障56.81亿元。

（武立昊）

【大病保险升级】 2019年，人保财险山西分公司构建“基本医疗+大病保险+社保医疗保险”的一体化经营格局。承保11市56县的城乡居民大病保险、城镇职工大病保险、城镇职工补充医疗保险、城镇职工基本医疗意外伤害保险、城乡居民基本医疗意外伤害保险、农村建档立卡贫困人口补充医疗保险、农村建档立卡贫困人口“136兜底”保障保险、山西省“罕见病”专项救助经办业务。社保业务健康险专项系统实现与各市医保系统联网对接和参保人群的“一站式”结算。大病保险覆盖11市56县，参保居民1223万户，提供风险保障5.60万亿元，支付赔款15.07亿元，受益人次96万人次。（武立昊）

【客户服务】 2019年，人保财险山西分公司坚持以客户为中心，强化科技赋能，优化客户接触平台，推进“网上化”“掌上办”“一站式”。在11市35县开通车驾管，设立网点57个、提供5项服务，累计服务超25000人次，增值服务项目11个，全年领取数超量12万人次。通过上线“车主惠”、设立“车主服务中心”“家自车救援中心”，延伸服务触角构建理赔“全天候”服务模式，设立“心服务”站点91个、累计服务客户8515人次。

推动落实数字化战略，将传统服务模式与互联网科技变革有机融合，加强线上线下互联互动，线上赋能、线下承载，应用推广移动互联平台，推进“警保联动”“车驾管”“两站两员”“心服务”等高质量服务深度覆盖，促进队伍融合、信息融合、管理融合，实现客户体验提升。建成“两站两员”劝导站353个、覆盖全省100%的县域。设立“车驾管”服务点58个、累计服务客户2.50万人次。红顶棚“心服务”站。在城市主干道或节假日在高速出入口设立中国人保红顶棚“心服务”站，为客户提供免费矿泉水、泡面，免费现场快修、换胎、搭电、补充玻璃液等增值服务。人伤“全程托付”理赔服务。提供专人引导、小额快赔、伤残自评和协助调解等服务，参与到交通事故处理全过程，解决客户的人身损害侵权赔偿问题和保险赔付问题。

（武立昊）

·中国太平洋人寿保险股份有限公司山西分公司·

【概况】 2019年，中国太平洋人寿保险股份有限公司山西分公司（简称太平洋寿险山西分公司）以“合规重中之重、发展坚定不移、改革稳步推进”为经营指导思想，累计实现保费收入90.26亿元，占山西省保险市场的14.40%，位居第二位，在系统内排名第六位。2019年持续推动协同发展，寿险业务总量稳步提升，保费总量31895万元，同比增幅17.10%；代理健康险增长，实现保费7736万元，同比增幅123.60%。

在客户服务方面，太平洋寿险山西分公司以“客户体验领先市场、服务价值逐步提升、服务能级全面增强、智慧服务提速增效”为策略，全面推进“智能营运”建设，提升创新与服务能力，为公司业务快速发展提供保障。2019年共计处理各类赔案4.83万件，累计给付理赔金5.36亿元，理赔数额大幅增长。

太平洋寿险山西分公司获得集团2019年百个交叉销售示范基地“创新示范分公司”的荣誉。太平洋寿险晋城中支获得集团2019年百个交叉销售示范基地“交叉销售示范区”的荣誉。太平洋寿险太原中支尖草坪营销服务部、太平洋寿险山西分公司原平支公司、太平洋寿险太原中支小店营销服务部获得集团2019年百个交叉销售示范基地“交叉销售示范基地”的荣誉，同时太平洋寿险太原中支董京梅获“集团价值贡献奖销售明星”荣誉称号。（张　熙）

【个人业务板块持续发展】 2019年，太平洋寿险山西分公司个人业务板块聚焦队伍建设和客户经营，实施“练内功、提产能、铸铁军”的经营策略，力争做山西寿险市场健康稳定发展的引领者。

业务规模排名稳定。截至2019年12月，标准保费达成79.50亿元，系统排名第七位；个人业务新保期缴12.70亿元，系统排名第七位，标保及新保规模系统内排名保持稳定。

核心队伍产能提升。推动举绩人数、举绩件数提升，举绩团队基本面形成一定规模，支撑业务达成。按月推动健康人力、绩优人力持续增长，核心团队提升，队伍结构得到改善。截至12月31日，太平洋寿险山西分公司月均健康人数、绩优人数排名全司第五，4个月连续健康人数全司排名第四。2019年月均件均保费较上年同比提升16%。

创新客户经营活动。在推动总公司“保障升级”“一生相伴”“客户俱乐部”等日常客户经营活动的同时，开展分公司特色的季度、月度客户主题活动，借助公司“太保蓝本”“太保家园”“视频医生卡”等有温度的太保服务，提升客户体验，提高公司信誉度和知名度。

培训助力营销。执行新人基础培训，帮助新人持续举绩，实现长期留存；强化主管赋能培训，提升主管自主经营能力；搭建绩优平台，拉升月度绩优人力；优化师资管理及技能提升，实现师资专业技能提升。锻造优秀寿险营销员及培训队伍，实现培训带动销售，助力个险业务完成。（张　熙）

【团体业务协同提效】 2019年，太平洋寿险山西分公司团体业务条线以“专业、效益、协同”的发展策略为指导，聚焦重点市场、重点渠道的重点业务，深挖产能提规模，创新协同强价值，推动短险、长险业务发展，提升经营效能。截至12月31日，累计实现新保营收24919万元，年度达成率95%，同比增长9.90%；一线承保利润目标年度达成率101%，达成年度规划目标。

巩固优势稳增长，多措并举拓增量。聚焦主力业务发展，精耕细作，做强做大，确保持续领先。2019年，农信安贷宝业务逆势上扬，达成保费8214万元，连续3年保持强势增长的良好态势；条线员福、出行类短期险业务同样稳中有升，规模占比达到23%，业务结构得到优化。夯实业务平台搭建，巩固渠道合作。推动"五个一"工程，分支紧密衔接，稳定业务推进；通过系统优化，提升合作效能，在农信、晋商等渠道，沟通线上作业模式，塑型场景销售，开启新征程。开拓创新，谋求业务增量，提升整体规模。开辟新的业务路径；创新渠道特训营，实现个人长险简单产品批量销售。

加强管控降风险，优化结构增利润。优化业务结构，提升产品价值，把握两道防线，从销售前端把控业务品质，开利源、止亏损；优化资源配置，通过加强成本管控，实现降成本，增利润。

借势合力齐动员，助推政保破瓶颈。紧跟政策导向，公司上下不懈推动，中标临汾长护保险项目，取得山西医保业务重大突破。长护服务范围为蒲县、翼城、吉县，共计服务人数10.29万，保费规模513.05万元。

多元竞争早布局，多方协同创价值。在渠道方面，促进资源协同。搭建中燃省级平台，推动BBE、BBC项目落地；与山西农信共建"安贷宝+"综合保险保障体系。在集团内部，不断实现联动协同。2019年协同长江养老中标山西省职业年金项目，取得受托人、投资管理人资格，项目份额为8.75%，保费规模10.67亿元。在公司内部，团个协同初见成效。通过运作"开门红客户经营""协同聚价值、访量提效能""幸福家庭天使计划""年末客户经营活动"等项目，全年团个协同长险转化客户数提升，达成总公司下达目标。 （张 熙）

【新技术应用】 2019年，太平洋寿险太原分公司优化新技术应用优化作业模式，提升客户体验。保险金实时到账。个人客户的教育金、养老金、贷款、理赔金审核完成后，实时支付到客户银行账户。

客户俱乐部健康态服务。开展问医生、优选体检、铂金尊享体检、钻石尊享体检、健康测评、去挂号、约专家、专家说、住院手术安排、康复建议等涵盖预防、就诊、康复等全方位健康医疗服务。

客户俱乐部太保蓝本服务。为符合条件的客户提供日常预防、就医问诊、康复关怀全方位健康医疗服务，包含重疾绿通服务和医疗特权服务。重疾绿通服务是针对加入"太保蓝本·重疾绿通"服务计划的所有会员提供的相关医疗协助服务，含重疾专家预约、重疾专家病房、重疾专家手术、120急救补贴等4项服务；医疗特权服务是为符合条件客户提供的覆盖诊前、诊中、诊后的医疗协助服务，包括健康咨询、专家预约、陪诊服务、专家病房、专家手术、二次诊疗、海外就医协助、多学科会诊MDT、120急救补贴等九个项目。

"智学院"是太平洋寿险自主开发搭建的智能培训平台，旨在通过人工智能，赋能人才建设和队伍培训，有效提升内外勤人员的专业知识与服务技能，树立合规经营的法律意识。作为现有手机端培训平台的补充，可有效加强培训效果的管控。

"智云保"基于智能手机实现"微信社交+人工智能"远程展业模式。业务员通过微信将手机神太录单信息分享给客户，客户使用微信打开链接，通过人脸认证确认身份，完成投保信息确认和签字。"智云保"突破时间、空间的制约，解决投保人为身处异地的被保险人远程投保的难题。

"太e赔"是中国太平洋人寿保险股份有限公司在理赔理念、理赔模式等方面的挑战性变革。通过"太e赔"自助申请理赔的客户，减免递交纸质材料的繁琐，实现理赔申请的无纸化。"太e赔"基于智能化、集约化、无纸化的作业模式下，客户通过移动端对理赔全流程透明可查，赔付信息均在客户移动端主动推送，给保险客户带来极速、极简、有温度的理赔体验。2019年对"太e赔"进行升级，服务范围增加学生险及员福类保险，同时2019年开发"太慧赔"微信小程序，客户可以利用微信小程序轻而简的特性，实现无须下载App即满足客

2019年5月15日至6月30日，太平洋寿险太原分公司开展"健康态 慧生活"客户服务节活动 （张 熙供图）

户及时申请理赔的诉求,为客户提供更为便捷的理赔服务。

为规范调查作业流程,加强调查作业管理,提升业务品质,提高防范风险,实现分支机构调查人员资源共享,减少中间环节,弥合信息上的不对等,让调查人员在一个更大的平台上作业,减少因环境、信息闭塞而造成的风险管理漏洞,研发"云调查"移动作业系统,运用人脸识别、GPS定位、移动双录、视频互动等新技术,革新调查作业模式,再造调查作业流程,改变调查作业生态,人防与技防相结合支持各类调查和突发公共事件应急处置移动作业及服务工作,提升调查效率,防控作业风险,降低作业成本,提升客户体验。 (张 熙)

·中国太平洋财产保险股份有限公司山西分公司·

【概况】 截至2019年底,中国太平洋财产保险股份有限公司山西分公司(简称太平洋产险山西分公司)下设11家中心支公司、81家支公司,职工人数共计1169人。其中,2019年新设立6家机构,分别为大同云州区支公司、天镇支公司、阳高支公司、交口支公司、五台支公司、屯留支公司。

2019年,山西分公司实现保费收入20.14亿元,增速25.33%,超行业15.68个百分点,市场份额8%,同比提升1个百分点,市场排名第3。车险保费收入15亿元,增速14.16%,领先行业11.59个百分点,市场份额8.74%,提升0.89个百分点;非车险保费收入4.13亿元,增速83.25%,领先行业53.35个百分点,市场份额6.02%,提升1.75个百分点,规模升至行业第3;农险保费1.01亿元,增速49.34%,领先行业27.35个百分点,市场份额8.83%,提升1.62个百分点。综合成本率96.87%,同比下降1.96个百分点。

(周苗为)

【经营改革措施】 2019年,太平洋产险山西分公司巩固车险渠道优势,重视存量管理,提升客户信息真实度。推动和落实非车险"强基工程、火炬计划、燎原行动"三大举措,非车险实现跨越式发展,险种增量结构发生根本性变化。推进农险业务发展,加大政策性农险的承保和投入。

太平洋产险山西分公司坚持客户为尊,打造"太保服务"品牌。理赔服务指标领先系统和行业,"太保服务"成为山西分公司在市场上的金字招牌。2019年,获"山西省金融系统优质服务标兵岗""山西省最具竞争力的保险公司"、山西省保险公司经营指标评价A类机构第1名、集团"海洋之星"先进集体称号,再度获总公司"车意险理赔管理优秀分公司"称号,连续第3年获山西省"年度最信赖的财险公司",连续第3次获"山西省行业服务质量评价第一"。

(周苗为)

【内部管控】 2019年,太平洋产险山西分公司加强公司外部经营和内部管理工作,通过夯实各项规章制度的贯彻和落实,提升管理水平,向管理要效益,以管理促发展,通过一系列内控措施促进团队的稳定,强化风险可控,实现降本增效,提质增速。

(周苗为)

【服务创新】 2019年,太平洋产险山西分公司加大创新服务举措,提升业务质量,增强服务意识,争当服务先锋,转变工作作风,创新服务方式。通过完善各项客户服务制度,取得广大客户对保险公司的信任和支持。

(周苗为)

·中国平安人寿保险股份有限公司山西分公司·

【概况】 2019年,中国平安人寿保险股份有限公司山西分公司(简称平安人寿山西分公司)坚守保险行业"守信用、担风险、重服务、合规范"的核心价值理念,秉承总公司"合规经营,专业价值"的经营理念。

全年平安人寿山西分公司累计实现总保费收入79.11亿元,同比增长11.70%,其中个人代理保费64.80亿元,同比增长9%,银行代理渠道年累计实现保费收入5.80亿元,同比增长44.90%。直销业务累计实现保费收入8.50亿元,同比增长15.30%。全年累计为近183.10万客户提供11578.60亿元的保险保障;分公司赔款(给付)累计金额78025.18万元,其中赔款3448.00万元,满期给付累计达到29535.65万元,死伤医疗给付累计达到36381.09万元,年金给付8660.44万元。赔款支出方面,意外险为2074.12万元,短期健康险为1373.88万元,短期健康险简单赔付率为20.70%,为广大人民群众送去充足的保险保障,发挥保险的风险保障功能和损失补偿功能。

2019年,平安人寿山西分公司共上缴各项税款15746.22万元,其中上缴增值税2904.36万元,占总缴纳税款18.45%;累计实现营业收入805658.54万元,增值税税负0.36%;实现营改增后,流转税转入国税增值税,税收贡献体现较高的水平,为山西经济和社会建设,为服务民生作出应有的贡献。 (王 琛)

【业务拓展】 2019年,平安人寿山西分公司利用集团综拓多元化产品,助力队伍无压力获客,先服务后销售,实现从用户到客户"双圈双户"经营模式的转化和再升级。全年个销产及个销养业务有序推动,其中个销产(受太原本部停业影响)保费同比下降3.20%,累计达成80828万元;个销养保费同比增长13.90%,累计达成13148万元。

2019年,综拓各条线累计助力队伍获客1052646个;其中爆款主拓卡助力队伍精准获客,少儿卡助力队伍获客37534个,合家欢助力队伍获客28710个,6月推行学平险主顾开拓新模式,全年学平险客户数69706个,较上年新增13452个(未去重)。制作一年内新人车险,卡式业务主拓产品课程,线上利用微信、知鸟、微信公众号等平台推广,线下配套制作了产养一年内新人训练手册、车险三折页、部课早练手册、车险一页纸等行辅资料助力新人展业。专员层次推动“新人三个一”标准动作，加强对新人的培训辅导。2019年山西个销产3月内新人破零率25.30%，个销产一年内新人首单平均10天，有效地助力新人留存。

人均综拓收入1340元，在产品推动过程中提出链式销售逻辑，帮助代理人通过车险，自助卡产品快速获客后，通过服务经营高效转化寿险，提升收入。将寿险与产养优势产品进行组合销售，提升产品市场竞争力，为客户提供保障。其中2019年学平险圈定少儿客户后，通过服务经营转化寿险件数11630件，转化寿险保费4220.60万元，转化率6.79%。

2019年，产寿推动车险理赔服务支持体系，助力队伍车险获客及客户服务技能提升，紧抓新人及绩优提升产能，分为知识提升及活动体验两部分。其中，核保核赔走进营业区讲座根据队伍对车险理赔的关注点，核保核赔变化点，最新理赔数据及案例，月度更新讲座课件，由各机构产险查勘老师走进营业区进行讲授；绩优查勘游学一日行全省落地，组织车险绩优了解查勘工作流程，提升专业技能，游学包括定损中心、快处中心、现场查勘、柜面体验线上理赔、理赔答疑、证书颁发和合影留念，活动丰富。通过线上微讲堂学习、线下早会宣导反馈、指标追踪、定期会议培训4个模块形成固定的标准化运作流程，搭建月度综拓功能组方案，支持功能日常组运作。为推进功能组标准化运作，制定《综拓功能组操作手册》，召开综拓功能组组长年度培训及荣誉表彰会议。（王　琛）

【客户体验提升】 2019年，平安人寿山西分公司推动“智慧客服”服务，依托生物认证、大数据、人机交互和远程视频等技术，客户通过金管家App等移动入口，即可随时随地办理理赔申请和保单信息确认等传统需要到柜面亲办的保险业务，90%以上的业务客户足不出户自助完成。智慧核心能力覆盖从业务申请到智能推荐全流程，方便客户业务办理，提升客户体验。

全年围绕阅读、健康主题开展各类加值服务，打造广覆盖、高互动、好口碑的服务，活跃与回馈大众客户；促进形成领先的差异化增值服务，助力圈客养客，提升核心竞争力。少年读书说TED演讲比赛、VIP高尔夫沙龙、VIP名人讲座等客户回馈活动及各类线上线下健康服务，吸引客户参与体验，触点NPS值达86%，服务口碑凸显。

为维护客户正当权益，提升客户体验，除统一服务热线95511外，分公司开设有亲访、电话、信函、金管家App等多种投诉渠道，通过官方微信公众号、在各营业场所公布投诉处理流程，便于客户咨询、投诉。对受理的各类投诉案件及时妥善处理，化解客户纠纷。公司在全省定期开展总经理接待日活动及客户座谈会，组织开展贬损客户录音听取工作，配合前线管理部门制定投诉宣讲计划等，提高服务水平和业务品质。（王　琛）

【理赔服务】 2019年，平安人寿山西分公司坚持为客户提供“简单便捷、友善安心”的理赔服务，推行闪赔服务，运用人工智能和医院信息直连等科技优势，通过移动终端、影像技术、大数据应用等，构建智能理赔服务模型，实现手机在线申请理赔，30分钟内赔款到账，减免8–10项理赔申请纸质资料，节约纸张使用，实现绿色环保，让客户享受到极致的“快”和“简单”。截至2019年底，理赔E化覆盖全省近97%的案件，线上电子签名占比超80%，客户足不出户即可申请理赔，理赔速度大幅提升。闪赔服务客户17000余人次，赔付金额3227万余元，最快理赔速度2.30分钟。全年理赔案件54198件，赔付金额4.20亿余元，豁免保费1亿余元，理赔最高金额314万元，理赔客户服务满意度94.60%。加强内部管理，落实服务承诺。依托平安后援集中运营平台，落实理赔全流程各环节标准化作业流程，制定内部考核方案，激发全省理赔人员工作热情，加强专业技能培训和自身素质培养，缩短理赔服务时效，提供热心、贴心、暖心的理赔服务，落实理赔服务承诺。

2019年，全省快速、高效处理重大突发事故（森林火灾、山体滑坡、高速车祸、隧道塌方爆炸等）共18起，为不幸遭受重疾及重特大事故的客户及时送去理赔金，解客户燃眉之急，全年“重疾先赔、特案预赔”服务客户80余人次，累计为客户赔付理赔款863万余元，平均服务时效1天。（王　琛）

【合规经营】 2019年，平安人寿山西分公司为提升分公司合规经营管理水平，加强对各流程的合规管控，促进分公司员工履行合规尽职义务，在外部监管机关及总公司的指导与帮助下，分公司开展各项基础性合规工作，配合监管机关及总公司的各项法律合规事宜，取得成果。

山西分公司以合规理念建设为总揽，落实监管各项宣传方案、精心策划、积极组织、注重效果，围绕合规中心、服务发展大局，以各层级为窗口开展宣传工作。为贯彻落实公司合规文化推广方针，完善合规培训体系，确保覆盖管理层、合规专兼岗、新入职人员、骨干员工及全体内外勤的培训运作有序。培训内容涵盖监管政策、合规风险专题培训、法律风险培训、重要制度解读等方面。通过各项专题培训，培育公司各层级合规意识。

山西分公司全年共计开展5项专题宣传活动（防非宣传月、反洗钱宣传月、扫黑除恶专题宣传、廉政教育专题宣传、正风肃纪专题宣传）；廉政教育专项宣传指导12次；并持续推进合规文化长效宣传指导机制——专题合规晨会（42期）及合规在线月刊（12期）；此外，分公司结合工作实际及监管要求，开展监管专题会议及文件解读工作，如：中介乱象整治、违规代销及非法集资、巩固治乱象成果等。（王　琛）

【保险监管】 2019年,平安人寿山西分公司贯彻“守法+1”的经营理念,要在监管高压态势之下实现公司持续、稳健发展,合规经营的重要性更加凸显。分公司在银保监及总部的统一部署下,秉承一把手负责制,成立由班子领导组成的领导小组,对乱象整治工作全面负责;执行小组层面,乱象整治工作由法律合规部整体牵头,组织、推动各业务条线严格落实排查方案,坚持自查与自纠并重,注重整改实效。

(王 琛)

证 券

【证券经营机构发展】 截至2019年底,山西省有山西证券、大同证券2家证券公司,37家证券分公司和194家证券营业部,比上年新增2家分公司、9家营业部。辖区证券经营机构投资者资金账户总数为447.05万户,客户总资产3923亿元,累计代理证券交易总额5.82万亿元,同比分别增长8.50%、26.30%、9.53%。辖区2家证券公司总资产571.16亿元,同比增长0.34%;累计实现营业收入19.87亿元,同比增长36.19%;累计实现净利润5.98亿元,同比增长一倍,主要是由于经纪业务收入、自营投资收益增加及持仓证券账面浮盈增加。2019年,辖区证券经营机构数量、投资者数量、客户总资产、证券交易额均有所增长;辖区证券公司依赖经纪业务的盈利模式逐步改善,财务顾问服务收入同比增长93.09%。 (张 军)

【期货经营机构发展】 截至2019年12月底,山西省有3家期货公司、6家分公司和23家期货营业部,比上年增加1家分公司。辖区期货经营机构投资者开户数6.33万户,客户保证金余额24.45亿元,期货市场累计成交额为1.55万亿元,分别同比增长15.30%、20.44%、22.67%。3家期货公司总资产14.98亿元,同比增长45.70%;累计实现营业收入2.88亿元,同比增长223.26%;累计实现净利润0.37万元,实现扭亏为盈,主要是三立期货增收节支实现盈利大幅增长。2019年,辖区期货经营机构数量、投资者数量、客户权益、代理交易规模均有所增长,辖区期货公司总资产、净资产均有所增长,资本实力有所增强。但是期货经营机构盈利能力较弱,服务实体经济的深度依然有限。

(张 军)

【公募私募基金发展】 公募基金方面:山西仅有山西证券1家具备公开募集证券投资基金管理资格。截至2019年底,山西证券共管理7只公募基金,存续规模70.83亿元。私募基金方面:截至2019年底,山西省在中国证券投资基金业协会完成登记的私募投资基金管理人61家,同比增长3.39%,年度新增8家,注销6家,在全国排名第31位,中部六省排名第六位。其中,私募股权、创业投资基金管理人51家,私募证券投资基金管理人10家;在中国证券投资基金业协会备案的正在运作的私募基金116只,同比增长36.47%;涉及投资者462人,同比增长48.55%;实缴规模235.48亿元,同比增长31.93%;基金净值233.01亿元。 (张 军)

【资本市场运行】 2019年,山西省资本市场继续保持平稳健康、稳中有进的发展态势。省内上市公司资产规模持续增长,资产负债率略有下降,去杠杆效果得到巩固,经营业绩行业特征明显,不同行业差距较大;受证监会再融资新规、减持新规影响,上市公司股权融资下滑幅度较大,部分上市公司持续盈利能力下降,退市、债券违约、违规风险隐患较大。辖区证券期货经营机构资本实力不断增强,代理交易规模同比实现增长,其中,山西省证券交易额增速明显,在中部六省排名第一,大于全国增速;证券公司拓展业务范围,积极布局,提升综合性证券服务实力,发展规模稳步提升;期货公司盈利大幅增长,实现扭亏为盈,但总体资本实力较弱、业务单一、竞争力差;证券期货投资者数量稳定增加,投资者权益得到较好保护,市场秩序良好。资本市场直接融资在社会融资中占比稳定增长,辖区社会融资结构得到改善和优化。 (张 军)

【直接融资】 2019年,山西省资本市场融资继续保持稳中向好的发展态势,全年实现资本市场直接融资1812.37亿元,同比增长22.02%。其中:上市公司增发股份融资12.87亿元,公司债融资594.20亿元,企业债融资75.40亿元,证券公司柜台市场融资252.38亿元,资产支持证券(ABS)融资32.58亿元,私募股权、创投基金融资78.76亿元,新三板挂牌公司定向增发融资1.30亿元,山西区域性股权市场融资7.91亿元,地方政府债券融资756.97亿元。 (张 军)

房地产投资

【房地产企业经营】 2019年,山西省共有房地产企业2389个,较上年减少29个。按控股情况,国有控股198个,集体控股29个,私人控股2039个,其余为外商等控股。全年度房地产投资1656.50亿元,其中住宅建筑投资1296.47亿元。房地产施工面积19548.50万平方米,其中住宅14323.80万平方米。全年竣工面积2739.21万平方米,其中住宅1985.30万平方米。房地产企业营业收入1326.51亿元,营业利润71.05亿元。

房地产资金来源中,上年结余585.11亿元,本年实际到位资金2159.42亿元。其中国内贷款147.59亿元,自筹976.24亿元,预售定金预付款等640.46亿元。 (米玉婷)

【房地产市场运行】 2019年,山西省完成房地产开发投资1656.50亿元,同比增长20.30%;房屋施工面积1.95亿平方米,同比增长15.30%;房屋新开工面积4879.10万平方米,同比增长26%;房屋竣工面积2739.20万平方米,同比增长94.60%;商品房销售面积2366.10万平方米,同比增长0.20%。

(米玉婷)

【商品房销售】 2019年,山西省商品房销售182563套,面积2169.33万平方米,销售额1452.40亿元。其中,现房35946套,面积420.42万平方米,销售额176.20亿元;期房146617套,面积1748.90万平方米,销售额1276.20亿元。在销售房中,144平方米以上住房21719套,高档公寓、别墅2545套。 (米玉婷)

房地产市场监管

【住房租赁市场规范和发展】 2019年,山西省住建厅培育租赁市场主体,拓展房源筹集渠道,全省新增专营或兼营住房租赁业务的企业44个,开展新建和改建租赁住房试点项目28个。加强住房租赁市场监管和服务,与省建行协作完善住房租赁综合服务平台,新增租赁房源3万套。印发《山西省住房租赁中介机构乱象专项整治工作方案》,开展住房租赁中介机构乱象专项整治,集中曝光各市查处的70个违法违规典型案例。 (米玉婷)

【房地产市场监管加强】 2019年,山西省住建厅为加强房地产交易管理,转发《住房城乡建设部关于进一步规范和加强房屋网签备案工作的指导意见》,加快推进房屋网签备案全覆盖,按照住建部要求,完成房屋网签备案系统全国联网。加大房地产市场整顿力度。开展房地产市场秩序规范整治、房地产领域矛盾纠纷排查化解、住宅专项维修资金集中清缴三个专项行动。 (米玉婷)

【市场调控】 2019年,山西省住建厅报请山西省政府成立山西省保障性安居工程建设和稳定房地产市场领导小组,强化对防范化解房地产市场风险的集中领导和统筹安排。加强房地产市场监测和考核。加强房地产市场监测分析,按月度编制房地产市场分析报告,建立月度分析、季度评价、年度考核的房地产市场监测预警机制,对房地产市场波动较大的城市进行预警通报。加快制定实施住房发展规划。下发《住房发展规划编制导则》《关于做好住房发展规划编制和实施工作的通知》,要求各市加快编制实施住房发展规划,稳定市场预期。

(米玉婷)

【房屋交易历史遗留问题加快解决】 2019年,在大同市召开全省现场会,学习大同经验,先后开展3次专题调研,形成《全省国有土地上房屋交易历史遗留问题专题调研报告》,省长楼阳生、副省长贺天才作批示;起草《关于加快解决国有建设用地上房屋交易和不动产登记历史遗留问题的意见(代拟稿)》,12月27日经省政府

2019 年 9 月 25 日，“2019 太原市房地产商会供应商招商大会暨新进品牌房企合作交流会”在太原举行 （省房地产协会供图）

第 53 次常务会议审议通过。 （米玉婷）

【商品房全装修】 2019 年，山西省住建厅加快推进住宅全装修工作，印发《加快推进住宅全装修工作任务分解方案》，加快发展全装修住宅，提高全装修住宅覆盖率。据调研摸底，截至 2019 年底，山西省新建商品住房全装修覆盖率比年初提高 5.40 个百分点。完善房地产项目库，实施分级调度，重点推进挂牌房地产项目建设。 （米玉婷）

【数字房产平台建设】 2019 年 10 月 18 日，山西“数字房产”战略合作签约仪式在太原举行，住建部房地产市场监管司司长张其光、副司长王策出席。该平台由省住建厅与中国建设银行山西省分行共同建设，旨在打造省市县纵向联通、部门间横向共享、功能覆盖房地产市场监管全领域的“山西省房地产市场监管数字平台”，实现从房地产开发、房屋交易、物业服务到房屋征收的全流程、全方位、全领域、全生命周期闭环管理，有力提升房地产市场监管效能，不断提高行业信息化水平，推动房地产行业加快转型发展步伐。 （米玉婷）

物业管理

【全省物业管理行业情况】 截至 2019 年底，山西省物业管理企业 3877 家，从业人员 133620 人，管理区域 11545 个，组建业主大会 1198 个，物业服务项目 7786 个，其中住宅 6512 个，非住宅 1274 个；物业服务面积 78667.02 万平方米，其中住宅 73317.36 万平方米，非住宅 5349.66 万平方米；非物业公司管理：业主企业管理 698 个，其他人员管理 1219 个，物业公司：主营业务收入 34.69 亿元；企业利润 2.01 亿元；利润率 0.50%。 （米玉婷）

【物业服务标准体系建设】 2019 年，山西省住建厅健全物业管理服务标准，提升服务水平。12 月，在《住宅物业服务标准》《写字楼物业费服务标准》《工业园区物业服务标准》《场馆物业服务标准》基础上，出台《高校物业服务标准》，健全物业服务标准体系，引导物业服务企业找准市场定位，转变管理者的角色，强化服务意识，提高物业服务的规范化和标准化水平，为推进物业服务业健康发展提供依据和保障。 （李国红　米玉婷）

【物业单位监管】 2019 年，山西省住建厅出台《关于进一步做好“多证合一”后房地产企业事中事后监管工作的通知》，要求各市按照“双随机，一公开”的要求，对办理“多证合一”后的房地产经纪机构和物业服务企业加强监督管理。制定随机抽查事项清单，建立健全“双随机”抽查机制，对发现的违法违规行为，依法依规加大惩处力度。通过现场检查、合同抽查、投诉受理等方式，采取约谈、书面警示、记入信用档案、公开通报、列入黑名单等措施，打击违法违规行为。建立健全企业信用档案，搭建信用体系基础平台，建立信用信息与工商等相关职能部门间的互通机制，完善信用公开制度，合理应用信用评价结果。 （李国红　米玉婷）

【物业市场监管】 2019 年，山西省住建厅强化市场监管，规范市场秩序。加快推进信用体系建设，构建以信用为核心的市场监管新模式。出台《关于开展 2017 年度房地产企业资质动态考核及信用评价工作的通知》，开展物业服务企业信用等级评价工作，采取记入信用档案、公开通报、列入黑名单等措施，严厉打击违法违规行为，强化守信激励和失信惩戒机制，促进物业服务企业讲诚信、守规则，规范物业市场秩序。

（李国红　米玉婷）

【物业服务地方性法规制度逐步完善】 2019 年，山西省致力完善系统配套的地方性物业服务的相关法规。省人民代表大会在修订《山西省物业管理条例》以后，又先后批准《大同市物业管理条例》《太原市物业管理条例》《忻州市住宅物业管理条例》等地方性行政法规。

太原、大同、忻州、晋中、阳泉、长治、晋城、临汾等也分别制定地方性的《住宅小区物业管理规范》和《物业服务收费标准》。太原、大同、忻州等城市还制定《电梯安全管理条例》《城市生活垃圾管理办法》，逐步形成系统配套的物业服务地方性法规和政府规章。（米玉婷）

【物业管理行业服务标准化建设逐步加强】 2019年，山西省物业管理行业加强标准化、规范化建设。从2012年起至2019年底逐年编制制定行业标准：省房地产业协会主持编制《住宅物业服务标准》《写字楼物业服务标准》《工业园区物业服务标准》《场馆物业服务标准》《高等院校物业服务标准》。经山西省住房城乡建设厅批准成为山西省工程建设地方标准，山西省物业管理行业逐步形成一个统一的地方性行业服务标准。（米玉婷）

【业主大会、业委会建立发展】 2019年，山西省从多方面为业主大会、业委会的成立和工作的开展创造良好环境。据统计，截至2019年底，物业服务企业管理的小区共6512个（建筑面积7.86亿平方米），其中成立业委会小区有1198个，住宅小区业委会成立率为18.39%。（米玉婷）

2019年12月5日，2019(第十二届)山西地产年度盛典暨太原市房地产商会年会在太原举行（省房地产协会供图）

【四选手获“全国住房和城乡建设行业技术能手”称号】 2019年6月28日，住房和城乡建设部决定为在2017年、2018年全国物业管理行业职业技能竞赛中获得优异成绩的选手，授予“全国技术能手”和“全国住房和城乡建设行业技术能手”称号并颁发奖章、奖牌和证书。山西省保利物业发展股份有限公司太原分公司冯皓、李宁，山西国信物业管理服务有限公司秦记珍，山西田森物业管理股份有限公司张计生受到住建部表彰，获颁“全国住房和城乡建设行业技术能手”证书。获奖人数在各省代表队中名列前茅。（米玉婷）

【两家企业入围2019物业服务企业综合实力500强】 2019年10月，由中国物业管理协会、上海易居房地产研究院中国房地产测评中心联合主办，北京中物研协信息科技有限公司承办的《2019物业服务企业发展指数测评报告》和《2019物业服务企业综合实力500强》发布。山西蓝泰物业集团有限公司居综合实力500强第210位，山西华杉物业管理服务有限公司居第479位。（米玉婷）

综 述

【概况】 2019年,山西省交通运输系统完成高速公路省界收费站撤站、旅游公路首批建成路段启用、厅属事业单位改革和综合行政执法改革全面实施,一批重大复杂项目开工等急难险重任务。全年完成投资545亿元,完成年度目标任务的127%,同比增长17.60%,在建项目总投资规模达到1829亿元。投资方式和结构发生积极变化,一批公路PPP项目落地见效,社会资本投资占比70%以上。全年公路、水路营业性货运量分别完成12.80亿吨和23.86万吨,同比增长1.40%和3.10%;民航货邮运输量完成6.70万吨,同比增长9.60%;公路、水路营业性客运量分别完成1.40亿人次和142万人次;民航旅客运输量完成2037.10万人,同比增长10.50%,太原武宿机场吞吐量突破1400万人次。全省累计收取车辆通行费226.09亿元。

2019年,山西省交通运输厅开展交通强国建设工作,组织申报并入列全国第二批交通强国建设试点。开工黎城至霍州、太原西北二环等6个项目,建成右玉至平鲁、阳城至蟒河2个项目。新增通车里程106千米,总里程达到5711千米。打通1个出省口,规划的33个出省口已建成27个。开工和续建37个项目,国道209线杨家营至堡子湾改建工程等10个项目完工,累计完成新改建及路面改造329千米。PPP模式路面改造工程开工建设。隧道提质升级做法受到交通运输部肯定,全国公路隧道提质升级专项行动现场调研活动在太原举办。"四好农村路"和三大板块旅游公路建设推进。新改建农村公路2.45万千米,占到全国新改建里程的1/12。全省所有具备条件的建制村实现通硬化路。创建阳曲、左权、沁水3个全国示范县和夏县、交口等9个省级示范县。黄河一号、长城一号、太行一号旅游公路完工1128千米,省政府在沁水县召开现场推进会。太原、运城、大同、长治、临汾机场改扩建推进,晋城、朔州机场已获场址批复,芮城、阳城通用机场开工建设,原平、河曲、武乡、沁源、平遥、盂县等通用机场加快前期工作。全省第一个综合客运枢纽太原客运东南站主体工程完工,大同综合客运枢纽基本完工,阳泉、长治、晋城等综合客运枢纽站场项目推进。忻州偏关黄河万家寨客运码头基本建成,东寨等"十三五"规划的22个渡口码头改造工程已完成15个。

2019年,全省各市完成很多各具特色的交通运输亮点工作。太原市完成太长高速退城、滨河东路南延及一批城市主次干道新建改造等重大任务,按期完成环城旅游公路暨公路自行车赛道,保证环太原国际公路自行车比赛举办;大同市彻底整治恒安新区电瓶车老大难问题;朔州市完成"城乡交通运输一体化"试点任务;忻州市创新农村公路养护模式,大部分县将养护经费列入县级财政预算;阳泉市安全生产事故较上年下降70%以上,高速公路ETC发行率位列全省第一;吕梁市探索"脱贫+养护"的农村公路养护管理新模式;晋中市创建交通综合执法改革示范市;临汾市重视"四好农村路"建设,开展市级示范县创建活动,并在蒲县试点推广路长制;长治市8县区实现城乡客运一体化全覆盖,3县区实现农村物流节点行政村全覆盖,平顺县作为全省唯一入选区县上榜《全国客运发展典型案例集》;运城市严把农村公路建设质量关,推广标准化施工;晋城市加快推进"市域公交一体化"提质工程。

(师国梁　陈瑞丽)

【交通运输体制改革】 2019年,省交通运输厅作为省委省政府确定的先行先试单位,推进厅属事业单位改革和综合行政执法改革,同步推进清理规范、分类改革与承担行政职能事业单位改革、公益性事业单位改革、从事生产经营活动事业单位改革,推动省委编委审议通过《厅属事业单位改革实施意见》,6个新组建事业单位挂牌成立,8个事业单位重构,厅属处级以上事业单位从65个减少为31个,厅直事业单位由18个减少为9个。梳理、规范和精简执法事项,下发和公布省、市、县三级交通运输部门执法事项试行清单，在全国率先出台《关于深化交通运输综合行政执法改革的实施意见》，交通运输部在山西召开华北、东北片区综合行政执法改革座谈会，对全省做法给予肯定。省级层面，推动省委编委审议通过《关于组建省高速公路综合行政执法队伍的意见》，并正式报请中央编办审批，实行高速公路综合执法省以下垂直管理体制；市县层面，将普通国省干线公路路政和工程质量安全监督执法职责及相关编制和人员划转市县交通运输综合行政执法机构，市、县交通运输综合行政执法机构全部挂牌。（师国梁　陈瑞丽）

【交通运输供给侧结构性改革】2019年，山西省交通运输厅推进物流业降本增效，实施高速公路差异化收费政策。全年优惠通行费14.49亿元，同比增长12.13%，惠及货车4035.74万辆次，占全省货车总量次的36.40%。调整优化运输产业结构。以省政府办公厅名义印发《山西省推进运输结构调整实施方案》。全年全省铁路货物运输总量完成9.13亿吨，同比增加6054万吨，增长7.10%，多式联运、甩挂运输等先进运输组织方式呈现良好发展势头。协助山西交控集团推进《山西省高速公路债务风险化解方案》落实，交控集团与国开行签订的2607亿元银团贷款全部投放到位，以省交通厅为承贷主体的高速公路债务置换和主题变更工作完成，全省高速公路政府债务风险基本化解。拓宽互联互通空间。太原至芝加哥、大阪、莫斯科，大同至暹粒，五台山至曼谷航线相继开通，太原至莫斯科航线加密，全省累计开通国际及地区航线23条。助推中欧铁路班列市场化开行，开拓至明斯克、塔什干、杜伊斯堡等物流通道，覆盖9国22城市，开行中欧中亚班列167列，节约运输时间50%至67%。优化营商环境。实施“放管服效”改革，再次取消行政审批1项、下放6项。政务服务窗口全年办理审批事项10.16万件，全部按时办结，进驻省政务服务大厅的审批事项可网办率达100%，全年全程网上共办理73667件，占比达到72.70%。组织开展大件运输许可大走访和入企服务活动，保障太重集团特大重产品顺利安全运输。推进城乡区域交通运输一体化。实施公交优先发展战略，全省新增更新公交车1904辆，公交专用道总长度达到398千米，11个设区市城市公交车实现交通“一卡通”。太原、临汾“公交都市”创建工作稳步推进，在临汾市开展“我的公交我的城”重大主题宣传活动。全省开通定制公交16条，微循环公交6条，太原、晋城、长治、临汾4市加快发展城际公交、旅游公交。推动山西中部盆地班线公交化改造，介休至孝义客运班线改造已完成。加快推进城乡货运物流一体化建设，完善农产品物流服务，统一全省农村物流站点标识，助推城乡经济融合发展。

（师国梁　陈瑞丽）

【交通运输法治和安全管理】2019年，省交通运输厅推进法治建设第一责任人职责，明确工作清单18项。修订地方性法规和政府规章4项，完成合法性审查的重大行政决策34件，完成规范性文件合法性和公平竞争审核20件，办理行政复议案件131件、行政应诉和民事应诉8件。开展“平安交通”创建活动，开展扫黑除恶专项斗争、反恐维稳、“扫黄打非”、禁毒等工作，共向省政法委移送涉黑涉恶线索200条。稳步推进重点治乱，整治5218个乱点。春运、全国两会、“二青会”、70周年国庆期间，全系统保持和谐稳定。在2018年集中开展柴油货车和散装物料运输车污染治理的基础上，2019年重点建立长效机制，实现交通运输污染治理的精准管控和常态治理。推动中央环保督察“回头看”及大气污染防治专项督察反馈意见整改工作，实施道路扬尘污染综合治理，推动路域环境综合整治，助推环境空气质量改善。开展机动车排放污染维修治理站建设工作，全省尾气检测及维修信息管理系统平台及第一批132个维修站建成并实现数据互通。落实河湖长制工作要求，推进“一河一策”工作任务落实，加强河湖航道的治理保护。规范网约车行业。出台《山西省网约车经营者申请线上服务能力认定工作指引》。联合网信等相关部门推动建立网约车事中事后联合监管工作机制，全省有7个设区市开展网约车运输证许可工作，9个设区市开展网约车驾驶员证许可工作，加快网约车合规化进程。完成高速公路沿线广告设施清理。从9月至12月底，历时4个月全部清理完毕全省高速公路沿线5105处广告设施。落实民生实事。全省新增通客车建制村818个，完成年度目标的164%，建制村通客车率达99.40%，晋中、运城、大同、朔州、晋城5市提前实现“全覆盖”。道路普通货运车辆实现全省范围内异地网上年审。汽车维修电子健康档案系统实现省级系统全覆盖和部省系统数据互联互通。“司机之家”和船员“口袋工程”按计划完成。“12328”综合服务水平保持在全国前列。

2019年，全省交通运输系统开展高速公路风险较高路段排查整治、团雾多发路段排查整治、隧道提质升级、桥梁安全防护能力提升、长陡坡安全通行能力提升等一系列安全生产专项整治行动，全系统累计排查各类安全隐患8285项，整改8081项，整改率97.54%。完善应急值班视频点名系统建设，实现与部、与各市交通局及厅直相关单位的视频连线快速响应；推进全省“两客一危”重点营运车辆智能视频监控报警系统安装工作，超额完成省政府下达的安装任务；推进农村公路平交路口“一灯一带”建设工作，减少平交路口安全事故，新增平交路口减速带1390个，超额完成年度目标任务；坚定“抓治超就是抓安全”的理念，推动路警联合执法，加强源头监管，超限超载率始终控制在0.20%以内，继续保持全国领先地位。民航方面，构建起全省机场净空和电磁环境保护综合管理体系,提升民航安全管理水平。水运方面,清理整顿黄河"三无"采砂船舶445艘。开展安全生产宣传教育"七进"活动和"安全生产月"活动,加强应急演练,全系统全年安全生产形势总体平稳。（师国梁　陈瑞丽）

【智慧绿色交通】 2019年,省交通运输厅推进信息化建设,公路建设智慧监管平台上线试运行。9月底,全国第五届绿色公路技术交流会在阳蟒高速公路公司召开,向全国推广山西经验。全省新增更新公交车新能源占比100%,朔州、忻州、阳泉、长治、临汾5市率先实现中心城区新能源公交车全覆盖,太原、大同绿色货运配送示范工程顺利推进。调动行业和社会力量开展科技攻关,7项研究成果获省科学技术奖,获奖数量在省直单位中名列前茅,29个科技项目完成验收。长临高速等10个建设项目平安工地考核全部合格,运宝黄河大桥项目创造世界同类型桥梁最大跨径记录,获第十三届"中国钢结构金奖"。（师国梁　陈瑞丽）

公　路

【高速公路建设】 2019年4月8日,神池至岢岚高速公路正式开通运营。项目是国家高速公路网呼和浩特至北海高速公路(G59)重要组成部分。起点位于神池县东湖乡西北,接神池至河曲高速公路东湖枢纽,经五寨、岢岚,终点位于岢岚县高家会乡西会村,接岢岚至临县高速公路岢岚枢纽,纵贯忻州市西部腹地,全长63.907千米。全线设计速度100千米/小时,双向四车道高速公路技术标准,路基宽度26米。设虎鼻、五寨、三井3个收费站,五寨服务区1处。

4月23日,京乌高速山西段正式开通运营。项目起于大同市天镇县平远堡村(冀晋界),接京乌高速公路河北段在建的胶泥湾至西洋河高速公路,终于内蒙古兴和县韩家营村南(晋蒙界),接京乌高速公路内蒙古段已建成的韩家营村至呼和浩特高速公路,路线全长8.885千米,采用双向六车道高速公路标准建设,设计速度100千米/小时,路基宽度33.50米。

6月2日,右(玉)平(鲁)高速公路建成通车。项目总长64.45千米。起点位于右玉县高墙框村东南,与已建成的大呼高速相接,途经右玉县右卫镇、新城镇、威远镇、高家堡乡和平鲁区向阳堡乡、西水界乡,共6个乡镇39个自然村及一个大型工业园区,终点止于平鲁区铺上村东,与山平高速、朔州环城高速相接。全线路基宽26米,采用双向四车道高速公路标,设计时速100千米/小时,设有匝道收费站2处(右玉西收费站、平鲁北收费站),服务区1处(右玉南服务区),隧道管理站1处(右玉隧道管理站),总占地面积439.58公顷,概算投资47.54亿元。

6月9日,太原市城南地区通达桥、晋阳桥、迎宾桥三座跨汾河大桥以及滨河东路南延工程正式通车。太长高速退城改造项目太原南主线收费站通车。主线收费站项目位于小店区北格镇辛村和梁家庄境内,地处太长高速公路K13+310(G55桩号K775+089)处,与滨河东路、迎宾桥形成无缝对接,占地面积15.36公顷,一期为应急工程,包括2座小桥1道涵洞、17条车道和大棚、6千米路面踏铺、治超点及机电工程,是全省首个ETC全覆盖收费站。

8月23日,运城至灵宝高速公路运宝黄河大桥开通运营。该项目是国家高速公路网G59(呼和浩特至北海)的关键节点。大桥北接运宝高速公路解陌段,由芮城县跨越黄河进入河南,与三门峡至淅川高速公路相连,接入连霍高速公路。桥梁全长1690米,宽32米,设计时速80千米/小时,双向6车道。概算投资9.65亿元。大桥为波形钢腹板矮塔斜拉桥,主桥主跨200米,为世界同类结构桥梁中最大跨径。项目被推荐为交通运输部级"品质工程"示范创建项目,获得地标、专利、工法、QC等科技成果30余项,获"中国钢结构金奖"。

10月29日,S40灵河高速晋蒙黄河大桥收费站开通运营。至此,S40灵河高速全线运营通车。路线全长4.865千米,起点位于河曲县文笔镇科村,跨越黄河后至内蒙古鄂尔多斯准格尔旗龙口镇沙沟子村。路线采用双向六车道高速公路标准建设,设计速度80千米/小时。

12月5日,由山西路桥集团、中铁三局集团联合投资的离石至隰县高速公路PPP项目开工建设。项目起点位于吕梁市柳林县石占沟,顺接临离高速终点,途经柳林、中阳、交口三县,终点与隰吉高速起点相接。全线按照双向四车道高速公路标准设计,设计速度80千米/小时,主线路基宽度为25.50米。桥隧比35.50%,主线桥梁79座18.28千米,隧道7座11.16千米。路线全长82.879千米,投资概算104.90亿元,建设工期4年。

12月5日至6日,阳蟒高速公路路基、桥梁、隧道、路面、交安等工程通过山西路桥集团阳蟒公司组织相关专家的交工验收。

12月25日,昔阳(晋冀界)至榆次高速公路连接线项目开工仪式在寿阳县松塔镇举行。项目起点位于昔阳县孔氏乡刀把口村,途经昔阳、和顺、寿阳、榆次四县(区),终点与太原东二环高速公路相接,全长约127.058千米,估算投资约215亿元。全线按照双向四车道高速公路标准设计,设计速度100千米/小时,整体路基宽度26米。

12月27日,青兰国家高速公路长治至延安联络线山西境黎城至霍州段开工仪式在沁源县北石渠村举行。项目全长151.70千米,总投资估算233.38亿元,建设工期5年。起点位于黎城西(幸福庄)互通,接青兰高速长邯段,自东向西经长治市黎城县、潞城区、襄垣县、沁县、沁源县、临汾市古县、霍州市,终点与霍永线辛庄枢纽相连,是贯穿长治及临汾市北部地区东西走向的重要通道。

12月31日，太原西北二环高速公路正式开工建设。项目全长159.60千米。（师国梁　陈瑞丽）

【公路隧道提质升级】 2019年9月5日，全国公路隧道提质升级专项行动现场会在太原举行。来自全国31个省区市和新疆生产建设兵团的100多名代表现场观摩山西平阳高速阳曲隧道、大南山隧道的提质升级工作，山西、福建、安徽、湖南、贵州、重庆和交通运输部公路科学研究院代表分别作交流发言。山西是全国公路隧道大省，截至2018年底，全省拥有公路隧道994道，总里程1106.78千米，山西省介绍公路隧道改造升级工作及隧道管养经验。

（师国梁　陈瑞丽）

【国庆期间全省路网运行】 2019年10月1日0时至7日24时，全省高速公路各类车辆出口总流量802.60万辆次，日均115.20万辆，同比下降6.70%。全省道路运输共投入营运船舶146艘，完成水路运输850艘次，累计完成客运量13万人次，同比下降10.62%。各级公路管理部门密切监测路网运行情况，实时通过交通运输服务监督平台和交通广播等媒体发布路况信息，处置各类突发事件，为社会公共提供出行服务保障。

（师国梁　陈瑞丽）

【道路运输突发事件应急救援综合演练】 2019年10月31日，2019年全省道路运输突发事件应急救援综合演练在长治市举行。此次演练由公交车旅客疏散应急处置、普通货车相撞及维修救援应急处置、汽车站突发事件应急处置、教练车碰撞应急处置、危货车辆硝酸铵抛洒应急处置、危货车辆碰撞泄漏应急处置等6个演练科目组成，演练的场景都是在实际生活中发生过的真实场景。该次演练由山西省道路运输管理局、长治市交通运输局联合主办，市道路运输管理处承办，市公安局交通警察支队和公交治安支队、市消防救援支队协办，市一运公司、长运公司、市客运东站、一运宏昌公司、山西汽运集团长治物流、天脊集团兴化实业物流仓储、南垂驾校、市恒利汽车维修和潞城区威毅汽车服务公司9家道路运输企业220余人、45辆救援车参加。

（师国梁　陈瑞丽）

【“我的公交我的城”宣传进临汾】 2019年11月6日，由交通运输部主办，中国交通报社、省交通运输厅、临汾市政府承办的2019年“我的公交我的城”重大主题宣传活动临汾站启动仪式在华门广场举行。这是2019年“我的公交我的城”活动全国第二站。活动中，临汾公交10路被评为全国“新能源公交高品质线路”，临汾也被国家交通运输部确定为2019年主题宣传城市之一。

（师国梁　陈瑞丽）

【国省道路面改造工程PPP项目开工】 2019年12月31日，全省国省道路面改造工程PPP项目开工。项目为省政府授权实施的基础设施项目，投资总规模62.70亿元，共69个项目，总里程2242千米，覆盖全省11个省辖市，建设工期1年。项目采用BOT方式，由省公路局具体组织实施，山西晋路投资开发有限公司为政府出资人代表。（师国梁　陈瑞丽）

【高速公路省界收费站取消】 2019年8月16日，省交通运输厅召开深化收费公路制度改革会议，实施收费公路制度改革、取消高速公路省界收费站、实现不停车快捷收费。建设861套门架系统，改造1135条ETC车道、306处治超系统，拆除23处省界收费站并进行正线改造。多方协同联动，宣传推广ETC，全省新增发行364.24万户，累计完成560.74万户，超额完成交通运输部下达的发行任务。高速公路车辆通行费收费标准调整和清理规范地方性车辆通行费减免政策经省政府批准并执行。

（师国梁　陈瑞丽）

铁　路

【概况】 中国铁路太原局集团有限公司（简称太原局集团公司）由中国国家铁路集团有限公司出资的有限责任公司。

截至2019年底，管辖大西高铁、石太客专、张大客专、南同蒲、北同蒲、大秦、侯月、侯阎、石太、太中银、韩原、朔准、太兴、瓦日、京原、京包、太焦、迁曹等干线和支线，与北京、西安、郑州、呼和浩特4个铁路局集团公司交界。

2019年，太原局集团公司以建设“资源型经济转型发展示范区”、打造“能源革命排头兵”和构建“内陆地区对外开放新高地”三大目标为牵引，紧扣高质量发展主线，聚焦交通强国、铁路先行，深化强基达标、提质增效，攻坚“三保三增”，打造管理强局、效益强局。（孙淑环）

【铁路客运服务】 2019年，韩原线首开动车，高铁贯通三晋南北，张大客专开通运营，大同至北京实现1小时42分直达。新增天津西、嘉兴南、桂林北、贵阳北等方向动车。优化动客车开行结构，精准实施运输能力“一日一图”、售票“一车一案”，分线分方向调整售票策略，动车组试水市场化定价，结合市场供求、趟车客座率和客票票价市场化的试行，对动车票价优化调整。深化“山西全域旅游铁路行”，建成太原站全域旅游接待中心，推出“云游山西”年卡。推进站车畅通工程，太原南站东广场开通使用。改善候车、进出站、停车场等配套设施，巩固站车“厕所革命”成效，高铁车站开通电子客票。（孙淑环）

【货物运输】 2019年，太原局集团公司联合山西省工信厅、发改委、交通厅等部门，召开山西省运输结构调整推进大会，分层级建立与省市有关部门、单位的联动机制。按照“一市一策”，梳理8个地市工矿企业及辐射区运量情况，制定“公转铁”方案，开展网格化营销。持续优化定价机制，落实减税降费政策，深化专用线建管用一体化，启用开通闲置专用线，建设环保封闭棚，对接管内煤矿、钢厂、电厂、港口等上下游企业，推进专用线进厂矿、进园区、进港口，打通铁路前后一千米，降低社会物流成本。坚持“稳大秦、增瓦日、打管内、扩交口”，单日装车、发送吨、分界口交车等多项指标创新纪录。（孙淑环）

【安全风险管理】 2019年，太原局集团公司开展高铁环境集中整治大会战，路地联手整治突出隐患。坚守政治红线和职业底线，严抓动客车源头质量，严控动客货混跑风险，深化高铁综合维修生产一体化管理，推进铁路安全地方立法。加强安全管理体系建设，清理完善两级安全管理制度，组织修订安全生产责任制。标准化车间班组岗位、大西高铁标准线、大秦重载标准示范线建设取得成效。强化设备设施基础，集中修、综合修施工完成，安全专项整治推进。落实双重预防机制，明晰“红线”和“禁止性”条款，确保中华人民共和国成立70周年大庆等关键时期安全稳定，实现第4个安全年。（孙淑环）

【资产经营开发】 2019年，太原局集团公司制定实施物流、装备制造、工程施工、广告、旅游5个重点产业发展规划，推进经营项目开发，专用线物流总包和晋太电商中心等项目实现经营创效。淘汰高风险、低效益商贸业务，推动大宗商贸业务链条延伸和服务拓展。加强装备制造领域开发，电务器材制造基地运行，车辆配件大修基地投入生产，新建弹条自动化生产线具备试生产条件，道岔转换设备维护手持终端完成样机试制，新型重载线路轨下垫板上道试验，接头夹板热处理设备优化升级改造到位，动车组齿轮箱循环清洗机完成研发并申请技术评审，电液转辙机占全国铁路提速线路70%以上份额，开辟尼日利亚等海外市场。工程施工业主攻新建铁路专用线、上跨下穿铁路桥涵、既有线改造、铁路专用线环保封闭等重点业务领域，经营规模扩大。推进“一市一列”列车冠名，推出长城号、太行号等动车旅游专列和研学游专列。（孙淑环）

【经营管理】 2019年，太原局集团公司完善两级法人治理结构和运行机制，推进区域合资公司整合重组，“一企一策”加强合资公司管理。构建经营管理“1+12+8+N”制度体系，源头上补强经营领域的机制短板。全面推行经营问题“红线”管理，推动内部审计下审一级，组织开展同级审计，前置防范经营风险和廉政风险。深化全面预算管理，推动业财深度融合。系统研究“三个清单”，过程盯控节支降耗、修程修制改革、劳动组织改革清单落地。开展“三项定额”查定，建立符合实际的标准化定额体系。推行货运专线模式，“一区一点”建设货运业务集中办理中心，实施站车旅客安检体制优化工作。（孙淑环）

【铁路工程建设】 2019年，太原局集团公司坚持质量、安全、进度统筹并举，朔州至准格尔铁路、太原枢纽西南环线、张家口至大同铁路客运专线开通运营。太原至焦作城际铁路、朔州至山阴联络线、聂庄至东港增建二线和东港站改造等在建工程兑现节点。完善敞开办理、融资共建、路地协作机制，建成投产专用线，打通铁路“前后一千米”。补强运输短板，运城北动车组存车场、太原北六场、太原南站东站房等重点改扩建项目投入运营，太原站“两线一台”、湖东车辆段站修线延长等更新改造工程推进。（孙淑环）

【科技创新】 2019年，太原局集团公司首次开行采用新一代无线同步操控系统的2.10万吨重载组合列车，试验1万吨重载列车自动驾驶。首次应用分布式计算架构，建成集团公司数据服务平台，率先在全国铁路部署“安全大数据平台”，推进客票网络通道扩容，更新改造信息机房基础设施。实施铁路领域重要信息系统一体化安全保障示范工程，部署网络安全设备，筹建电子认证服务、集中安全管理、移动应用安全接入、计算环境安全、区域边界安全5个监管平台，实现对管辖范围内铁路网络安全监测、通报预警、快速追踪及安全分析。（孙淑环）

【朔准铁路开通】 2019年1月2日，32091次货物列车从朔州市境内的店坪南站驶出，标志着朔准铁路开通。朔准铁路是国家“十二五”规划的重点工程，东西横跨晋、陕、蒙三省区，线路全长215千米，为单线万吨重载运煤电气化铁路，按国铁Ⅰ级标准建设，设计运输能力每年6000万吨。线路自朔州市境内店坪南站，向西经朔州市朔城区、平鲁区、忻州市偏关县，跨黄河后进入内蒙古自治区准格尔旗的红进塔站。沿途设店坪南、峙峪、平鲁西、南坪、老营、方城、偏关、石城、榆树湾、马栅、油坊坪、五字湾站、乌龙素、红进塔14个车站。（孙淑环）

【韩原线首次开行动车组列车】 2019年5月1日8时33分，D5352次动车组驶入朔州市怀仁东火车站，韩原线首次开行动车组列车。韩原线北起北同蒲线与大秦线的交会点韩家岭站，途经朔州市怀仁市、应县等县市，穿越雁门关隧道后至原平，全长150余千米，为双线电气化铁路，采用重型轨道标准，一次铺设跨区间无缝线路，旅客列车设计时速160千米/小时。（孙淑环）

【太原枢纽西南环线开通】 2019年12月11日，55031次货物列车自太原皇后园站开出，驶入新建成的西南环线，标志着西南环线开通运营。西南环线北起太兴铁路汾河站，途经太原市尖草坪区、万柏林区、晋源区、小店区和晋中市榆次区、经济开发区，汇入太中银铁路中鼎物流园站，沿线新设晋源、西草寨、北格3个车站，改造既有汾河、三给村、太原西、中鼎物流园站，正线长度55.51千米，为国铁Ⅰ级双线电气化铁路，跨区间无缝线路。西南环线穿越太原市中心城区，2

次上跨汾河、6次下穿河道，线路建设中采取的“铁路大直径隧道土压平衡盾构法掘进”在全国铁路推广。太原铁路枢纽是山西境内横向、纵向铁路的交汇中心，连接内蒙古、河北、河南、陕西等地，是华北地区客货运输的重要枢纽。（孙淑环）

【张大客专开通，大西高铁全线贯通】2019年12月30日9时23分，大同开北京的G2506次、太原开大同的D5366次、运城开大同的D9218次列车分别从大同南、太原南、运城北站三地驶出，张大客专开通运营、大西高铁全线贯通。大同到北京由原先的6小时左右压缩至最快1小时42分钟，大同到太原由原先的四、五个小时压缩至最快1小时54分钟。张大客专为双线客运专线，线路全长约136千米，设计时速250千米/小时，设有大同南、阳高南、天镇3个车站，线路进入张家口市后，经怀安站汇入张呼高铁，与京张高铁衔接，成为山西融入环渤海经济圈和“一带一路”的通道。（孙淑环）

【山西全域旅游铁路行主题推介】2019年，太原局集团公司推进“山西全域旅游铁路行”三年行动计划，围绕山西旅游黄河、长城、太行三大板块，打造精品铁路、全面引流入晋等“八大行动”。优化10条主题旅游精品线路列车运行图，与山西省文化旅游投资控股集团有限公司合作，推出云游山西高铁游年卡。（孙淑环）

【“二青会”铁路交通运输服务保障】2019年，太原局集团公司打造“坐火车、观二青”定制服务，启动高铁高峰线，开行太原南至平遥古城“公交化”动车组列车，太原至平遥间高铁动车达到一小时1趟。太原、大同、介休、临汾等地的流动售票车在会场和赛区设立服务台流动售票。在各地大型宾馆、酒店、机场、汽车站安设自动售（取）票机，在各火车站增开应急窗口，全省火车票代售点全部投入使用。开通太原南站东广场，形成东西两大旅客接送通道，太原、太原南两站划定接车专用通道，承接赛事所在地车站为“二青会”开辟绿色通道，在候车室服务台、商务区设置接待站、专用候车区，工作人员和“小蓝帽”志愿者全程引导。（孙淑环）

2019年5月1日，韩原线首次开行动车组列车（孙淑环供图）

【第100列中欧（中亚）班列开行】2019年6月18日，装载1850吨货物的中欧（中亚）班列，由中鼎物流园开往乌兹别克斯坦首都塔什干，这是太原局集团公司开行的第100列中欧（中亚）班列。自中鼎物流园开出首趟中欧班列以来，太原局集团公司先后开行8条常态化中欧（中亚）班列线路，辐射“一带一路”沿线9个国家22个城市。（孙淑环）

【电子客票首次实施】2019年11月20日，大西高铁和韩原线的21个车站安设自助核验闸机，山西高铁首次实施电子客票。截至2019年底，太原局集团公司24个高铁车站开通电子客票。实施电子客票，旅客通过12306网站或App购票成功后，仅凭有效身份证件就可以直接到车站办理乘车手续，进站乘车。（孙淑环）

【“当日达即送”运输新服务】2019年11月11日至20日，太原局集团公司与中铁快运太原分公司联合启动“双11”电商黄金周运输，利用高铁安全快捷和成网运行优势，推出“当日达即送”“高铁极速达”等多种“高铁+专送”运输新服务，对有紧急寄递需求或对时效精准性、安全性有高保障需求的急件递送业务，通过高铁优质稳定的运力衔接同城即时配送网络，提供当日揽收、当日运输和当日配送的“站到门”“门到门”服务，实现快件“即收、即装、即送”。（孙淑环）

【“一家三代火车司机”做客中央电视台】2019年5月1日，太原局集团公司选送“一家三代火车司机”做客中央电视台《美好生活共同创造》特别节目。太原机务段内燃机车司机杨子华和父亲杨庆堂、儿子杨玉峰三代铁路“杨家将”，讲述他们代代薪火传承，参与见证新中国铁路发展变迁。

（孙淑环）

航　空

【概况】2019年，山西航空产业集团有限公司通过打造“机场、通航、航空经济”三大平台，扩大对外开放，吸引各种战略投资，实现营业收入8.05亿元，完成年计划数（7.78亿元）

103.47%，同比增长4.68%，其中航空业务收入4.72亿元，非航空业务收入3.29亿元，分别占比58.93%和41.07%。营业总成本8.30亿元，成本费用占营业收入比重102.24%。营业外收支净额-704万元。全年实现利润3668万元。总资产报酬率为1.11%。

（张 芮）

【航空运输生产】 2019年，山西航空产业集团有限公司所辖5个成员机场共完成运输起降13.99万架次，旅客吞吐量1711.82万人次，货邮吞吐量6.09万吨，同比分别增长4.90%、7.06%、8.93%。其中太原机场完成运输起降10.77万架次，旅客吞吐量1400.26万人次，货邮吞吐量5.76万吨，同比分别增长0.38%、3.05%、7.91%，累计开通客运航线168条，货运航线1条，通航城市86个；大同机场完成运输起降1.23万架次，旅客吞吐量130.71万人次，货邮吞吐量0.19万吨，同比分别增长29.25%、28.62%、19.11%，通航航线21条，通航城市29个；长治机场完成运输起降0.91万架次，旅客吞吐量86.28万人次，货邮吞吐量0.10万吨，同比分别增长18.94%、25.00%、34.58%，通航航线18条，通航城市17个；五台山机场完成运输起降0.60万架次，旅客吞吐量48.72万人次，货邮吞吐量118吨，同比分别增长28.09%、48.64%、116.51%，通航航线21条，通航城市24个；吕梁机场完成运输起降0.48万架次，旅客吞吐量45.85万人次，货邮吞吐量235.10吨，同比分别增长14%、24.82%、127.81%，通航航线14条，通航城市18个。

2019年，全省民用机场在全国237个定期航班通航机场（不含港澳台地区）旅客吞吐量排名中，太原机场排名29；运城机场排名65；大同机场排名94；长治机场排名116；临汾机场排名121；五台山机场排名149；吕梁机场排名152。

（张 芮）

【航空安全管理】 2019年，山西航空产业集团有限公司开展6场系统的宣传贯彻培训，组织管理层和操作层370多人进行安全知识考试；开展心肺复苏术以及AED机实操培训，提升职工和旅客的自救互救能力。组织开展安全生产大检查、安全生产月、安全生产宣传教育等专项活动；建立隐患整改清单，发现一般隐患863个，已整改830个，整改率96%；开展净空和电磁环境管理专项整治，排查净空保护存在问题，协调机场所在地政府和有关部门，对超高建筑物、构筑物进行拆降处理。

加入民航局"中小机场安全综合保障能力提升研究"课题研究组，组织所属支线机场开展自评，推动改进中小机场安全管理措施。完善空防安保长效机制；推进"平安货运"建设，坚持货运整治关口前移，构建航空货运安全环境；加大安保力度，强化联勤联防，完成中华人民共和国成立70周年大庆、"二青会"等重要活动期间的安全保障工作。修订完善应急管理体系建设实施意见、突发事件信息管理办法、突发事件总体应急预案等；全年开展太原机场"砺剑-2019"等应急演练33次。

2019年，山西航空产业集团有限公司所辖各机场未发生重特大运输航空责任事故，未发生劫机、炸机等机上恐怖事件，未发生空防安全严重责任事故，未发生重大航空地面事故和特大航空维修事故，发生2起运输航空一般事故征候。

（张 芮）

【航空市场开拓】 2019年，山西航空产业集团有限公司多点发力加大航空市场开发力度；与太原市文化和旅游局合作，推出"登机牌+景区门票"优惠产品，探索"航空+旅游"的资源共享双赢合作模式；加密阳泉城市航站楼往返班次，延伸平遥城市航站楼班车线路至介休，运输旅客人数实现快速增长。

国内航线：太原机场新增义乌、腾冲、南充等22条航线，不同程度加密至国内主要城市的航线航班；大同机场新增长沙、济南、西宁、郑州等4条航线，加密3条航线；长治机场新增深圳、南京等2条航线，加密1条航线；吕梁机场新增沈阳、贵阳、烟台、昆明等7条航线；五台山机场新增珠海、成都等9条航线。

国际航线：太原机场推进欧洲、美洲、澳洲三条洲际航线平稳运营，加密太原至莫斯科航班；保持至香港、澳门、台湾航线稳定运营，结合"一带一路"倡议，加强与东南亚地区的互通互联，新增太原至泰国甲米、印尼巴厘岛、越南芽庄和柬埔寨暹粒、西哈努克港以及日本大阪航线航班。全年太原机场进出境旅客达42.10万人次，完成年度计划的129.10%。大同机场加强与外籍航空公司合作，开通柬埔寨暹粒、泰国曼谷航班。五台山机场实现航空口岸临时开放，开通南京—五台山—曼谷航线航班。

（张 芮）

【通航产业链建设】 2019年，山西航空产业集团有限公司抓住山西省获批国家通用航空业发展示范省的战略机遇，加快推进通航全产业链各项业务，推进通航集团为主体的运营体制建设。

开通短途运输及低空旅游。4月30日，山西开通由太原尧城通用机场前往大同、吕梁、运城、长治的4条短途运输航线，启动以壶口瀑布为代表的"黄河揽胜"、以太行山大峡谷为代表的"太行风光"、以雁门关为代表的"万里长城"3个低空旅游项目。11月20日，开通太原尧城至石家庄栾城跨省短途运输航线，实现通航短途运输常态化运营；围绕"黄河、长城、太行"三大板块，在壶口瀑布、雁门关、太行大峡谷等景区同步开展低空旅游项目，打响"空中看山西"旅游品牌；山西通航短途运输5条航线累计完成运输起降1332次，飞行时间1280小时，旅客吞吐量8734人次。低空旅游三个航点共完成640个起降架次，载客1859人，飞行164小时。

拓展通航新业务。主办2019尧城（太原）国际通用航空飞行大会，创立山西通航会展品牌；举办"通航看山西"平遥摄影展；协助沁源"3·29"森林火灾抢险救援，完成救援飞机起降222架次，调机4架次，运送水200余吨，搬运阻燃剂3吨，发挥山西应急救援体系中通用航空的作用。

完成运控中心首期建设。在低空空域管理领域先行先试，山西通航运控中心首期建设完成，基本实现运行监控、轨迹监视、飞行数据统计等功能。

与晋中合作开发山西（晋中）航空产业园，在前期签订战略合作框架协议的基础上，初步完成园区场地踏勘、规划工作，达成航空整机制造、航空教育培训、无人机等重大项目引入意向，促进山西省通用航空全产业链落地发展。

谋划通用机场网络布局。参与省内通用机场规划建设，协助推进右玉县、吉县、左云县、柳林县、河曲县等地通用机场、飞行营地、直升机起降场筹建，完善山西通用机场网络。

（张　芮）

【机场基础建设】 截至2019年底，太原机场三期改扩建工程前期工作推进，总规修编、飞行程序修编完成招标，总规修编经省委、省政府审议后，已报民航局审批。太原机场1号航站楼高架桥平台拓宽项目、高架桥结构加固及1、2号航站楼高架桥伸缩缝更换项目主体完工；推进航空业务用房及附属设施改造、货运中心、机坪扩容、桥载设备替代APU等项目。推进长治机场改扩建工程。大同机场机坪扩建工程已上报省发改委获得可研批复，总规修编上报民航华北局审批。吕梁机场生产保障用房项目完工，道面雾封层项目开展可行性研究报告编制。五台山机场应急救援设施设备购置项目获民航华北地区管理局批复。（张　芮）

【太原机场建设】 2019年1月22日零点，1号航站楼高架桥平台准时通车。通车后，1号楼二层落客区由原来的9米宽增加到17米宽，缓解原来高峰时段大量车辆集中落客拥挤不堪的状况。

9月12日，336千克国际邮件经太原机场国际监管库出库装机，标志着太原机场太原—美国芝加哥国际航空邮件直达运输业务正式开通，山西省首条开通国际航空邮件直达业务正式启程。

9月15日，太原武宿国际机场正式启用"电子临时乘机证明"新服务，旅客可以随时随地通过手机办理临时乘机证明。（张　芮）

【三晋通航股权划转协议】 2019年9月26日，山西航空产业集团有限公司与山西省文化旅游投资控股集团有限公司签订山西三晋通用航空有限责任公司股权无偿划转协议。航产集团接收三晋通航后，交由通航集团管理，发挥航产集团在航空产业方面的管理优势，盘活三晋通航运营资质，落实省政府推进通航强省建设的战略部署。（张　芮）

【太原机场协同决策系统（A-CDM）获最高等级评价】 2019年12月13日，民航局运行监控中心、民航机场协会派出人员组成评估工作组，北京首都机场、航科院、民航二所、飞友科技公司派出人员组成评估专家组，对太原武宿机场A-CDM建设进行现场评估。最终对太原机场A-CDM系统建设给予最高等级A级评价。

（张　芮）

【太原机场航空器机坪管制正式移交】 2019年12月25日，太原国际机场有限责任公司与民航山西空管分局共同签署《太原武宿国际机场航空器机坪管制移交框架协议》。太原武宿国际机场航空器机坪管制正式移交。同时，太原机场公司现场指挥中心与山西空管分局管制运行部签署工作协议。（张　芮）

海　事

【概况】 2019年，山西省地方海事局监管水域为黄河、汾河、漳河、沁河流域形成的小浪底库区、万家寨库区、彰泽水库及汾河一库、二库等通航水域65处，全省航道总里程1380千米，通航里程1277千米。其中黄河通航里程970千米。黄河渡口218处，其中政府批准的渡口149处，监管各类船舶3392艘。（师国梁　陈瑞丽）

【海事航运安全监管】 2019年3月22日，全省海事航运工作会议在太原召开。要求重点抓好水上交通安全保障、水路运输服务保障、法治海事建设、海事航运现代化建设、绿色行业建设、党风政风行风建设。

4月24日开始，省地方海事局组成5个督查组，到各市督查水上交通安全监管工作。重点督查各市对"五一"期间水上交通安全监管工作安排部署情况，落实"四不乘船、八不出航"和旅客乘船安全告知制度情况，以及县级海事机构巡查检查和打击非法违法行为情况。

5月26日至6月1日，组织全省30名海事执法人员到厦门海事局参加培训。培训设置船舶安全监管、内河船舶安全检验、海事危防、海事"三化"建设等课程。

9月5日至20日，在全省开展船员安全驾驶教育培训专项行动。船员参加培训覆盖率达到100%。

（师国梁　陈瑞丽）

城市建设

【市政基础设施建设】 2019年,山西省城市(含县城)市政基础设施建设,累计完成投资719亿元,占年计划的114%。其中,新建改造城市道路923千米,新建改造水气热管网3543千米,新建污水管网790千米,改造雨污合流管网537千米,新增绿化面积1958万平方米。 (米玉婷)

【太原地铁1号线工程建设】 2019年12月30日,太原地铁1号线工程开工活动在太原举行。省委书记楼阳生出席活动并宣布工程开工。省委副书记、代省长林武讲话。省委常委、太原市委书记罗清宇主持。省领导廉毅敏、胡玉亭、李晓波出席。

地铁1号线西起西山矿务局站,终至武宿机场站,联结多个铁路、公路客运及航空枢纽,全长28.90千米,预计2024年底通车运营。地铁1号线开工建设,对加快建设国家区域中心城市步伐,推进太原都市区建设和中部盆地城市群一体化发展具有重要意义。 (米玉婷)

【城镇污水处理设施建设】 2019年,山西省住建厅完成13个污水厂的新建扩容;汾河、桑干河流域69座城镇生活污水处理厂,通过采取工程和技术措施全部完成改造达效。强化设施运行监管。报请省政府出台《山西省城镇污水处理厂运行监督管理办法(试行)》,建立运行管理的长效机制;下发《强化全省城镇污水处理厂今冬明春建设运行督导工作方案》,开展为期5个月的专项督导;严格按月通报调度,强化督办整改,实施约谈问责,全省每月排放严重超标的污水厂数量,由1月份的41座减少至0座。 (米玉婷)

【城市生活垃圾分类】 2019年,山西省住建厅组织召开生活垃圾分类专题推进会议,多次开展垃圾分类考察调研,下发《关于全省城市生活垃圾分类工作情况的通报》。指导太原、忻州、长治等城市出台生活垃圾分类工作方案,选择一批居民小区先行先试。加快垃圾处理终端设施建设,太原、阳泉、长治的垃圾焚烧处理设施投入试运行,长治、晋城餐厨垃圾处理设施进入调试阶段。 (米玉婷)

【黑臭水体整治】 2019年,山西省住建厅开展排查和整治效果评估工作,完善"全国城市黑臭水体整治监管平台",针对太原市北张退水渠和晋中市太榆退水渠,专题巡查调研,推动整治进度。指导晋城市成功申报国家黑臭水体治理示范城市,获得4亿元资金支持。全省城市建成区共排查出黑臭水体91个,全部整治完成,整治率达到100%。 (米玉婷)

【城市公厕建设管理】 2019年,山西省住建厅指导各市按照数量、质量双达标的要求,科学布局城市公厕点位,加大城市公厕新建、改造和对外开放力度,鼓励沿街门店、商业门店、宾馆酒店等向社会开放自有厕所,多渠道增加厕所供给。全年共新增城市公厕1224座(含新建和对外开放)。 (米玉婷)

【"二青会"城市风貌整治】 2019年,在"二青会"城市风貌整治工作中建立月统计、月分析和定期调度机制,及时分析研判推进全省整治工作,于"二青会"开幕前完成。全省共拆除违章建筑747个,整饬修饰建筑立面1030.70万平方米,规范施工现场775个,修复美化城市道路711.70千米。 (米玉婷)

【市政公用行业安全监管】 2019年,山西省住建厅以规范燃气经营许可管理,强化液化石油气和农村"煤改气"安全管理为重点,开展专项治理,突出抓好燃气行业的安全生产工作。印发《山西省深化城市桥梁安全工作实施方案》,对城市桥梁安全防护提出要求;开展风险评估和隐患排查整治,推进桥梁护栏升级改造。组织各市制定完善抢险预案和度汛措施,提高应急处置能力,保障城市安全度汛;印发《关于进一步加强城镇排水、污水处理等设施维护作业安全管理工作的通知》，强化城镇排水、污水处理等设施维护作业安全管理工作。

（米玉婷）

城市公共交通

【公交管理】 2019年，山西省交通运输部门优化城市公交及出租汽车管理。开展公交都市创建。开展“公交出行宣传周”“绿色出行宣传月” 活动，倡导绿色出行，在临汾、运城开展“我的公交、我的城”重大主题宣传活动。印发《山西省交通运输厅道路运输管理局关于进一步加强城市公交运营安全工作的通知》《山西省交通运输厅道路运输管理局关于进一步提升全省城市公交行业服务质量的通知》《山西省交通运输厅道路运输管理局关于报送城市公交车安全事故调查报告的通知》等相关政策文件，督促各地强化城市公交运营安全，强化制度保障，解决突出的服务问题，提升服务保障能力，为人民群众提供安全、优质、便捷的城市公共基本出行服务。组织全省行业管理部门和各地公交龙头企业开展全省城市公交综合业务培训，提升管理部门及企业管理人员的管理和服务水平。

（师国梁　陈瑞丽）

【出租汽车管理】 2019年，山西省推进全省出租汽车行业深化改革。举办全省深化出租汽车行业改革综合培训，邀请国内先进地区的行业专家到会交流经验。大同、晋中、阳泉等3个市出台两类改革性文件。强化出租汽车行业管理。维护出租汽车行业稳定，发挥省城市客运联席会议制度优势。9月，组织召开省城市客运联席会议，研判全省出租汽车行业稳定形势，要求各市落实工作责任、推进全省出强化工作措施，做好行业稳定工作。重拳出击整治出租汽车行业乱象。结合中央扫黑除恶专项工作，对出租汽车行业乱象进行有针对性的梳理和整治。10月，邀请大同、晋中、阳泉等地出租汽车管理部门和相关执法部门召开治理出租汽车行业乱象研讨会议，分析乱象原因，研究有效的治理举措；督促各地全面认真梳理行业乱象，并重点督促吕梁、朔州两市整改出租汽车乱象突出问题。开展全省2018年度出租汽车服务质量信誉考核，核定出太原市汽车运输（集团）公司出租汽车分公司等34家AAA级出租汽车企业。

（师国梁　陈瑞丽）

【网约车管理】 2019年，山西省在全省范围内开展网约车许可工作。全省许可网约车平台146家，办理网约车运输证3.27万个、网约车驾驶员证6.46万个；对12家企业作出具备线上服务能力认定的结果。推进网约车规范管理。拟定《山西省交通运输厅、山西省公安厅转发〈交通运输部办公厅、公安部办公厅关于进一步加强网络预约出租汽车和私人小客车合乘安全管理的紧急通知〉的通知》《山西省交通运输厅、山西省互联网信息办公室、山西省通信管理局、山西省公安厅、中国人民银行太原中心支行、国家税务总局山西省税务局、山西省市场监督管理局关于转发《中央网信办秘书局、工业和信息化部办公厅、公安部办公厅、中国人民银行办公厅、国家税务总局办公厅、国家市场监督管理总局办公厅〈关于加强网络预约出租汽车行业事中事后联合监管有关工作的通知〉的通知》，要求相关部门加强网络预约出租汽车行业事中事后联合监管，严格落实网约车平台安全生产和维稳主体责任及驾驶员背景核查等，加快推进网约车合规经营，保障乘客生命财产安全。

（师国梁　陈瑞丽）

园林绿化

【园林城市创建活动】 2019年，山西省继续推进园林城市创建活动，晋中、忻州、运城、河曲、五台、岚县、垣曲、沁水等市县被住建部命名为国家园林城市（县城）。2015—2019年，全省人均公园绿地面积由11.61平方米增加到12.63平方米；城市建成区绿地率由35.69%增加到38.07%；城市建成区绿化覆盖率由40.13%增加到42.29%。

（米玉婷）

【汾河治理美化三期工程】 2019年，太原市治理美化汾河三期工作完成。该工程北起祥云桥南500米，南至迎宾路南2千米，全长12千米，新增水面面积380万平方米、绿地面积约175万平方米，蓄水量达1450万立方米，水深加深至7米，与一、二期形成全长32.50千米的绿色长廊。闸坝中间设置通航船闸，实现全段旅游船只通航，打造“娱乐、运动、生态”三大景观区域。亮化工程设计思路“水墨丹青——漫步汾河”，利用6000余套灯具营造出缤纷璀璨的太原之夜。

（米玉婷）

村镇建设

【乡村治理体系建设】 2019年，山西省坚持农业农村优先发展，完善五级书记抓乡村振兴战略的体制机制，制定领导小组工作规则和省委农办工作细则，制定实施乡村振兴战略实绩考核办法以及2019年考核工作方案。完善乡村治理体系。推荐灵丘县、阳泉郊区、长子县申报全国乡村治理体系建设试点县，选择汾阳市贾家庄镇等11个乡（镇）、岢岚县宋家沟村等62个村开展乡村治理示范村镇创建，选树20个示范农村社区，开展星级文明户创评。实施村级集体经济“破零”工程，全省98.20%的行政村有集体收入。（王宏伟）

【农村人居环境整治】 2019年，山西省在所有行政村集中开展“一拆三清一改”村庄清洁行动和“五清两整一绿”环境整治行动。在2.20万个行政村开展农村生活垃圾集中收运，占行政村总数的78.20%。梯次开展农村生

活污水治理，开工建设300个村庄污水治理项目。（王宏伟）

【农村危房改造】 2019年，山西省完成农村危房改造任务6.96万户（其中四类重点对象2.96万户，贫困边缘户2.35万户，深度贫困县其他户1.65万户），实现存量任务“静态清零”。从精准确定动态改造任务、加大深度贫困地区住房安全保障力度、全面开展住房安全性鉴定、规范农村危房改造标准四个方面逐项施策，出台《农村危险房屋加固改造技术指南》和《农村住房危险性评定办法》，搭建省级农户档案信息检索系统平台，开展“大排查大清底”“静态清零”“深度贫困县技术帮扶”“农村危房鉴定”等专项行动，全面实施第三方评估，强力推进，提高脱贫质量。开展专项整治，在全省就改造进度不平衡、对深度贫困县技术帮扶不够、鉴定不精准不规范、政策实施跟踪机制不完善、补助资金发放不及时、对“失心工程”摸排不够6个方面问题全面排查整改，解决不按图施工等安全隐患300余个；解决群众政策咨询和投诉举报问题74起。（米玉婷）

【农村生活垃圾治理】 2019年，山西省住建厅完成58个县（市、区）的农村生活垃圾收运处置体系建设，除深度贫困县外的107个县（市、区）初步建成收运处置体系，覆盖行政村比例达到80%。开展非正规垃圾堆放点再排查再整治，按照“一处一策”要求，逐点确定整治方法，建立整治台账，逐一销号清零。全省累计排查录入非正规垃圾堆放点9465个，完成非正规生活垃圾堆放点整治8815处，整治率达到93.10%，整治数量居全国第一。介休市投入1亿多元，将原先的垃圾山打造为生态公园。推进农村生活垃圾分类试点，3个国家级示范县和18个省级试点县在1213个行政村开展农村生活垃圾分类试点。（米玉婷）

【建制镇生活污水处理设施建设】 2019年，山西省住建厅开展75个重点镇和4个汾河流经建制镇的生活污水处理设施建设，对7个排放不达标的建制镇生活污水处理厂实施提标改造。开展全面摸排调研。分15个小组，行程2.40万千米，对全省重点镇、汾河干流流经县的一般镇进行实地摸底。到湖北省实地调研乡镇污水治理全覆盖工程，学习经验做法。与64个县（市、区）召开对接会，紧盯“一把手”责任落实，将重点镇生活污水处理设施建设纳入主题教育重点任务台账，开展专项督导行动，分级分类抓好推进不平衡等问题整改。全年共完成39个重点镇、3个汾河流域建制镇和6个镇级污水处理厂提标改造建设任务。（米玉婷）

【传统村落保护】 2019年，山西省住建厅将传统村落、传统院落、传统建筑全部纳入保护对象，建立省、市、县分级保护体系。出台《山西省历史文化名镇名村、传统村落功能复兴和活化利用试点工作方案》，在10个镇村开展活化利用试点。大阳镇、润城镇、上庄村保护利用工作被中央电视台专题报道，小河村、南庄村、岳家寨村、良户村、闫景村入选全省首批AAA级乡村旅游示范村。加快保护项目实施。全年完成中国传统村落保护项目45个，启动项目52个；完成150个中国传统村落保护规划编制；完成200个传统建筑挂牌。（米玉婷）

【共同缔造活动和农房建设试点】 2019年，山西省住建厅以农房建设试点和乡村建筑风貌整治为载体，开展不同类型、不同特色村庄的建设管理模式探索，在娄烦县、灵丘县、岢岚县、沁源县、垣曲县5个县开展农村住房建设试点，在灵丘县、平遥县、岢岚县和泽州县4个县开展设计下乡试点，编制《山西省乡村建筑特色风貌整治导则》《山西省农村住房建设技术导则》，印发共同缔造示范图册800余册；其中灵丘县上沿河村、保德县故城村列入全国第一批共同缔造精选试点村名单。娄烦县羊圈沟村结合易地扶贫搬迁安置，将本土建筑形式与现代节能建造技术相结合，整村试点开展装配式农房建设。灵丘县县委、县政府在农房建设中坚持“三坚持、三主动”，即坚持设计师与农民决策共谋、坚持建设方式因户施策、坚持建筑材料就地取材，引导农民主动参与设计、主动参与建设、主动参与管理，探索建立农房建设长效管理机制。沁源县注重乡村风貌彰显和传统技艺传承，建立本土工匠谱系，开展典型民居研究，梳理传统建造工艺并整理成册，在传统形式农房内完善现代服务设施。（米玉婷）

【“大棚房”清理整治】 2019年，山西省依法依规开展“大棚房”问题专项清理整治行动，共排查农业设施31.16万个，排查问题线索7893个，全部整治整改，4月通过国家核查。（王宏伟）

【农村“厕所革命”】 2019年，山西省坚持因地制宜和尊重农民意愿，研究适合全省不同地区的旱厕改造路径，实行一村一策、一户一策，分类分层次实施。在汾河流经沿线村庄实行整体改厕和粪污治理。全年完成农村改厕47.58万座。（王宏伟）

生态环境质量

【空气质量】 2019年，山西省生态环境空气综合指数为5.74，优良天数为232天，重污染天数为11天，环境空气质量级别整体以良轻为主。与上年相比，综合指数下降0.70%，优良天数减少11天，重污染天数增加1天。

（王　颖　王　毅）

【农村生态环境】 2019年，山西省开展农村生态环境质量监测的40个县域中，沁源县、垣曲县和沁水县3个县农村生态环境质量综合状况为“良”，清徐县综合状况为“较差”，其他36个县综合状况为“一般”。

（王　颖　王　毅）

【水生态环境】 2019年，山西地表水、水源地水、地下水均有所改善。地表水水质。2019年，山西省地表水水质整体呈轻度污染。水质优良（Ⅰ类至Ⅲ类）的断面57个，同比减少1个，重度污染（劣Ⅴ类）的断面16个，同比减少7个。与上年相比，全省地表水环境质量有所好转。城市集中式饮用水源地水质。2019年，26个城市集中式饮用水源地水质达标率为86.80%，与上年相比总体水质保持相对稳定。地下水环境质量。2019年，全省共布设地下水环境质量监测井269眼，实际监测261眼，达标188眼，占72%。（王　颖　王　毅）

【声生态环境】 2019年，山西省城市区域环境噪声、道路交通噪声平均等效声级分别为53.50dB（A）、65.40dB（A），与上年相比声环境质量基本稳定。全省城市功能区噪声昼、夜间达标率分别为88.80%、75.60%，与上年相比，昼、夜间达标率分别提高0.70%、4%。（王　颖　王　毅）

【土壤生态环境】 2019年，山西省共监测529个国家网土壤点位，其中有456个农用地点位（其余为非农业用地）。456个农用地点位的镉、汞、砷、铅、铬、铜、镍、锌、六六六总量、滴滴涕总量、苯并(a)芘均低于农用地土壤污染风险筛选值。（王　颖　王　毅）

【辐射环境】 2019年，山西省辐射环境质量总体良好。实时连续伽马辐射剂量率和累积剂量处于当地天然本底涨落范围内。气溶胶、沉降物、土壤、地表水、饮用水源地水、地下水中天然放射性核素活度浓度处于天然本底水平。空气（水蒸气）和降水中氚活度浓度、空气中气态放射性碘的探测未见异常。城市集中式饮用水水源地水总α和总β活度浓度低于《生活饮用水卫生标准》（GB 5749–2006）规定的限值。环境电磁辐射射频综合场强监测结果远低于《电磁环境控制限值》（GB8702–2014）中规定的公众曝露控制限值12V/m（频率范围为30MHz至3000MHz）。（王　颖　王　毅）

【主要农作物受气候影响】 2019年，山西省冬小麦。2019年，冬小麦生育期内麦区光热条件匹配良好，虽受阶段性干旱、高温和干热风等影响，但总体上对其生长发育及产量形成较为有利。冬前麦区降水及时，冬小麦足墒播种，播种后降水偏少，苗情长势偏差。播种到停止生长期的≥0℃积温为495.50℃，高于上年和历年同期，由于播后降水异常偏少而导致冬小麦冬前群体偏小，冬前长势总体较差。1月下旬和2月上旬末，我省中南部麦区出现两次大范围降雪天气，主产麦区南部大部出现积雪，利于提墒保温，利于冬小麦顺利越冬及后期返青生长。由于3月气温偏高，运城、长治、晋城、晋中大部麦区拔节期不同程度提前，返青到拔节时间明显缩短，同时，因降水异常偏少，南部运城、晋城、临汾部分地区出现不同程度旱情。3中下旬山西省有两次较大范围寒潮过程，但持续时间较短，仅中南部局部旱情较重的弱苗地块冬小麦可能遭受轻度冻害。4月山西省大部地区降水较多，各地均出现入春第一场透雨，有效改善了土壤墒情，麦区大部墒情适宜，对中部冬小麦拔节孕穗和南部冬小麦孕穗抽穗期生长有利。5月中旬开始冬小麦由南至北陆续进入乳熟期，灌浆速率较快；下旬中南部麦区出现高温和干热风天气，运城、临汾、晋城、吕梁地区出现中度到重度干旱，但底墒较好，干热风对旱地冬小麦影响较小，对底墒充足和有灌溉条件的麦区灌浆有利。6月麦区大部气温偏高，降水偏少，以晴好天气为主，部分地区有分布不均的阵性降水,天气条件对冬小麦成熟收晒比较有利。

2019年玉米生育期内降水分布不均、高温、洪涝等气象灾害的发生等对玉米生长发育及产量形成较为不利。4月各地出现春播期第一场好雨,全省大部气温偏高、降水偏多,利于春播作物足墒播种,播种出苗顺利。5月山西省晴天多降水少,光热充足,北中部部分和南部局部地区表层土壤出现中到重度干旱,对春播作物苗期生长较为不利。6月春玉米开始陆续进入拔节期,夏玉米开始播种,中部大部、北部和南部部分地区出现阶段性干旱,对春播作物苗期生长不利;运城大部、大同大部降水偏多,前期旱情有效缓解或解除,对夏收夏种顺利完成有利。7月,春播作物经过营养生长阶段,大部进入生殖生长阶段。中下旬开始山西省出现多次大范围明显降水天气过程,各地旱情得到不同程度的缓解,正值春玉米抽雄吐丝、夏玉米拔节,降水对其生长发育有利。进入8月山西省出现多次大范围降水天气,其中8月上旬出现的强降水过程使得大部地区旱情得到有效缓解,对作物后期产量形成有利,但北部和南部部分地区降水偏少,局部地区旱情持续,对该区大秋作物的产量形成造成一定影响。9月上旬起,玉米陆续进入成熟期,中旬山西省大部地区出现的连阴雨天气,造成部分地区土壤过湿,对秋作物成熟收获不利,9月下旬到10月中旬山西省玉米陆续收获,期间降水前期少,中后期偏多,对玉米收获有一定影响。

(杨 柳)

生态建设

【生态环境治理】 2019年,山西省生态环境厅组织生态保护红线勘界定标试点工作。选取沁源县、朔城区作为勘界定标试点,完成勘界立标试点工作,得到生态环境部肯定。截至2019年底,配合省自然资源厅对生态保护红线评估优化。强化自然保护区监管。按照生态环境部的工作部署,生态环境、林业与草原部门密切配合,出台《山西省“绿盾2019”自然保护区强化监督工作方案》,采取自查、检查、排查、抽查等方法,开展“绿盾2019”自然保护区强化监督工作。对照生态环境部下发的《上年下半年国家级自然保护区遥感监测报告》和《2017-上年山西省省级自然保护区人类活动变化遥感监测报告》,在全省8个国家级自然保护区、38个省级自然保护区全面开展自查工作,对899个人类活动遥感监测疑似点位进行逐点现场核查,建立“绿盾2019”自然保护区强化监督台账。推进台账问题整改,指导地方按照“一点一策”的原则制定整改方案,每季调度问题整改进展,开展自然保护区违法违规问题整改情况“回头看”,坚持整改一条,销号一条,完成“绿盾”任务。推进生态文明示范创建。成功创建右玉县、芮城县、沁源县、沁水县4个“国家生态文明建设示范县”和右玉县1个“绿水青山就是金山银山”实践创新基地,发挥示范引领作用。

(王 颖 王 毅)

【生态保护修复】 2019年,省自然资源厅开展京津冀周边及汾渭平原重点城市废弃露天矿山生态修复,涉及7市27县28.59平方千米。推进国家第三批山水林田湖草生态保护修复试点,太原、忻州6个沿汾河县实施68个项目,总投资83.07亿元,治理面积1472.95平方千米,开工项目18个,落实资金23亿元,完成投资6.77亿元。推动采煤沉陷区综合治理、地质环境治理,开展56个矿山地质环境治理项目初步验收,15个重点复垦区土地复垦项目完成竣工验收。统筹推进农村土地综合整治,泽州县等6县8个试点项目综合整治1.28万亩。

(王 颖 王 毅)

【生态环境保护资金投入使用】 2019年,山西省安排环保专项资金580044.72万元,其中中央资金407140万元(大气污染防治资金366900万元包括冬季清洁取暖的272000万元,水污染防治资金29500万元,土壤污染防治资金4442万元,农村环境整治资金6298万元),省级资金172904.72万元(大气污染防治资金97011.09万元,水污染防治资金72462.81万元,土壤污染防治资金3430.82万元)。依据2019年度预算和省生态环境厅能力建设项目管理办法,分两批安排省本级生态环境能力建设项目的入库征集工作,向省财政厅报送项目19个,共安排资金5156.04万元。 (王 颖 王 毅)

【“七河”流域生态保护与修复】 2019年,山西省落实习近平总书记关于“一定要让山西的母亲河水量丰起来、水质好起来、风光美起来”的重要指示精神,制定专项工作方案,重点推进汾河百公里中游示范区项目,开工建设汾河中游示范区13.50千米项目、汾河新二坝、一坝综合治理等重点工程;完工太原三期汾河治理、古交城区段、稷山城区段等工程。出台《汾河流域生态景观规划编制导则》,同时,加大调水力度,完成汾河生态补水7.06亿立方米(约22个流量,完成省政府下达的汾河干流枯水期不低于15个流量的任务),比上年增加近6亿立方米,汾河入黄断面水质明显改善。2019年初,组织编制《汾河生态修复联合调度总体方案2019年实施方案》《汾河干流生态补水及开源节流工作方案》,实施生态补水。4月12日,山西省召开全省河(湖)长制工作暨汾河流域水污染治理攻坚推进会,对汾河流域治理工作提出明确要求,公布《山西省政府关于坚决打赢汾河流域治理攻坚战的决定》,并于5月12日起施行。 (杨 晶)

【草原生态修复保护】 2019年,山西省林业和草原局安排草原生态修复治理补助资金4400万元,其中,在大同市、朔州市、忻州市的23个县区安排京津风沙源治理工程;在繁峙县开展已垦草原人工种草生态修复试点,在右玉县、黑茶山林局开展退化草地人工种草生态修复试点;在山阴县、太谷县建设2个33公顷本土草种繁育试验区;在关帝林局、中条林局、五台林局开展亚高山草甸生态修复与保护试点;在省直林局和草原面积3.33万公顷以上的县,组织实施亚高山草甸草原有害生物防治工程项目。 (贾向前)

【水土流失综合治理】 2019年，山西省水土流失综合治理面积35.60万公顷，超额完成年初制定的目标任务1.71%。各市分别完成的水土流失综合治理面积为：太原市1.27万公顷，大同市3.55万公顷，朔州市1.98万公顷，忻州市7.11万公顷，吕梁市4.82万公顷，晋中市3.37万公顷，阳泉市1.02万公顷，长治市2.97万公顷，晋城市2.63万公顷，临汾市4.41万公顷，运城市2.47万公顷。

2019年，山西省水土保持总投资达6.87亿元，实施国家水土保持重点建设工程、病险淤地坝除险加固、坡耕地水土流失综合治理、京津风沙源治理水土保持、黄土高原塬面保护、水土保持工程建设以奖代补试点等国家水土保持重点项目。

（杨　晶）

【生态环境法制建设】 2019年，山西省生态环境厅配合省人大常委会制定《山西省水污染防治条例》和《山西省土壤污染防治条例》，并分别于2019年7月31日和2019年11月29日山西省第十三届人民代表大会常务委员会第十二次、第十四次会议审议通过。完成《污水综合排放标准》等8项环境标准的制定。实施规范性文件合法性审查和公平竞争审查制度。2019年，共审查规范性文件9份，提出审查意见12条。出台《山西省生态环境厅关于涉及生态环境领域公平竞争审查职责分工的通知》，规范公平竞争审查制度。

（王　颖　王　毅）

【排污权交易】 2019年，山西共完成排污权交易543宗，累计成交二氧化硫5619吨，化学需氧量333吨，氨氮53吨，氮氧化物10072吨，烟尘2772吨，工业粉尘1875吨，总成交金额3.30亿元。（王　颖　王　毅）

土地资源保护

【土地管理】 2019年，山西省自然资源厅打好土地资源保障发展攻坚战，向自然资源部争取新增建设用地计划指标10.95万亩，是上年的2.63倍。批准建设用地12.30万亩。开展清理"批而未用"土地专项行动，消化"批而未供"土地年度任务5.30万亩，处置2.81万亩。打好脱贫攻坚歼灭战，用活用足土地政策助力脱贫攻坚，为国家级贫困县、省级贫困县分别单列土地计划指标600亩、300亩。推进贫困县城乡建设用地增减挂钩节余指标易地交易，全年完成交易3.23万亩，交易金额58.18亿元，是年初下达任务的2.15倍。自2017年以来，仅增减挂钩节余指标易地交易一项政策，就为贫困县提供资金105.21亿元，"真金白银"的土地政策已经成为贫困县脱贫致富的"源头活水"。全国人大部署的泽州"三块地"改革，形成一整套可示范、可复制、可推广的"山西经验"，部分做法已经成为《土地法》修法的主要依据和重要内容。推进用地预审、选址意见书和土地划拨决定书、建设用地规划许可证等"多审合一""多证合一"改革，探索工业用地弹性出让和"标准地"改革，在晋城市开展农村"点供"用地双平衡试点，畅通绿色通道，优化审批流程，全力保障项目落地。（王树志）

【土地复垦整治】 2019年，山西省自然资源厅争取国家部委重大政策和项目资金支持，实施汾河中上游山水林田湖草生态保护修复试点工程，在太原市、忻州市6个沿汾河县实施68个项目，治理面积1472.95平方千米。加快实施采煤沉陷区综合治理，56个矿山地质环境专项治理、15个重点复垦区土地复垦工程全面收官。落实蓝天保卫战计划，全面防范地质环境破坏和矿山沙尘污染，全省全年没有批准露天矿山建设项目，开展京津冀周边及汾渭平原废弃露天矿山生态修复，推进7市27县28.59平方千米生态修复治理。推进农村人居环境整治改善，投资3000余万元，开展8个土地综合整治新模式试点。

（王树志）

【耕地质量保护与提升】 2019年，山西省农业农村厅推广秸秆还田、深耕整地、增施有机肥、测土配方施肥等耕地质量保护提升技术，实现全省全覆盖。构建全省耕地质量监测网络，山西省现有58个国家级耕地质量监测点、2380个省级耕地质量监测点，及6120个县级耕地质量调查评价点。编制本行政区域年度耕地质量监测报告，全省县域耕地质量等级评价及年度更新评价工作基本完成，耕地质量等级由6.33等提升到6.13等，提升0.20等。（孙跃武）

【化肥使用量零增长】 2019年，山西省农业农村厅制定下发《山西省2020年化肥使用量零增长行动2019年工作方案》和《山西省2019年春季科学施肥指导意见》。配方施肥替代农民习惯施肥。以测土配方施肥技术推广应用为重点，引导农民开展配方施肥。全省共推广测土配方施肥面积4800万亩，采土化验4506个，开展肥料试验354个。有机肥替代化肥。重点做好以"配方肥+有机肥"为主要技术模式的减肥增效示范工作，建立减肥增效示范区8万亩。集中示范"有机肥+水肥一体化""有机肥+配方肥""有机肥+机械深施"技术模式6.20万亩。新型肥料替代传统肥料。在用肥量较大的果树、蔬菜、玉米和小麦等作物上针对性地示范推广有机无机复合肥、高效缓释肥、微生物套餐肥、种肥同穴生物配肥、新型碳能肥等新型肥料，全省推广面积达到380多万亩，带动化肥使用量零增长工作的开展。培育新型农业经营主体，在技术推广、项目实施等工作中，把种植大户、家庭农场和专业合作社等作为重点。培育科学施肥社会化服务组织，在全省培育20个科学施肥社会化服务企业。加强机械化施肥技术推广，结合减肥增效、有机肥替代化肥和高标准农田建设等项目，因地制宜推广化肥深施、种肥同播、分层施肥等机械施肥技术和水肥一体化施肥技术。（孙跃武）

水资源保护

【降水及水资源】 2019年山西省降水资源量约为685.10亿立方米，较常年均值偏少44.90亿立方米，较2018年偏少74.60亿立方米。根据降水资源及丰枯标准，山西省2019年降水资源总量属正常年份。从各市降水资源总量分布看:2019年山西省各市降水资源大部为正常年。其中:太原市、晋中市、阳泉市和长治市等4地市为枯水或异常枯水年份，其余7个地市为正常年份。与上年同期相比:11个市中有10个市降水资源均较上年减少，仅1个市增加。10个市减少量介于1.70亿立方米至20.80亿立方米，忻州市减少最多，为20.80亿立方米，运城市较上年增加9.50亿立方米。

（杨　柳）

【水资源管理制度】 2019年，山西省水资源管理以“节水优先、空间均衡、系统治理、两手发力”十六字为治水方针，以“水利工程补短板，水利行业强监管”为总基调，统筹推进水资源管理工作。

组织完成全省2018年度实行最严格水资源管理制度考核目标完成情况自查工作，用水总量、用水效率、水功能区限制纳污等考核目标全部完成。开展2019年度实行最严格水资源管理制度考核工作自查。印发《国家节水行动山西实施方案》。

（杨　晶）

【地下水超采区综合治理】 2019年4月，中央下达水利发展资金8亿元用于山西省地下水超采综合治理项目。山西省政府批复实施《山西省地下水超采综合治理实施方案(2019年度)》;印发《关于2019年度地下水超采综合治理项目竞争立项的通知》，以竞争立项的方式确定水源置换工程、泉域保护工程22个。印发《山西省地下水超采区综合治理国家试点项目管理办法》，对全省地下水超采区综合治理工作进行规范。截至2019年底，地下水超采区综合治理项目完成中央投资6.67亿元，完成中央投资84.54%，达到水利部要求的年底前完成中央投资80%以上的要求。

（杨　晶）

【水权制度和水资源税改革】 2019年，山西省完成省级水权分配及交易系统搭建，搭建水权初始分配、水权确权管理、水权交易管理等子系统，设置省、市、县三级管理层次，协助县级水行政主管部门完成县域水权初始分配。印发《关于做好2019年度水权制度改革试点工作的通知》，明确清徐、孝义、原平、祁县、长子5个试点县2019年度工作任务及要求。截至2019年底，5个县全年完成水权交易59例，交易水量3.50万立方米。全面实施水资源税改革，截至2019年底，全省共征收水资源税38.62亿元，较2018年35.26亿元增长3.36亿元。针对部分市存在的水资源费历史欠账严重、追缴困难的问题，省水利厅印发《关于进一步做好水资源费清欠追缴工作的通知》。

（杨　晶）

【取用水监管】 2019年，山西省完成编制《山西省县域水资源承载能力评价及2019年度预警方案》，对全省各县级行政区水资源承载能力进行评估，严守用水总量红线控制。制定《山西省水资源论证区域评估管理办法(试行)》。在全省范围内的各类开发区、工业园区、产业聚集区等区域，开展水资源论证区域评估工作，坚持“以水定产”原则，严格控制高耗水新建、改建、扩建项目。国控二期新建取用水国控监测点基本完成，建成后全省可实现监测许可水量46.77亿立方米。地下水超采区监测数据接入国家水资源监控平台，山西省水资源监控信息管理平台建成，实现国控、省控、地下水超采区监测站点的统一运维管理。

（杨　晶）

【岩溶大泉保护】 2019年，山西省印发《关于进一步加强我省岩溶大泉泉域重点保护范围内煤矿泉域水环评工作的函》《关于督促落实泉域重点保护区内煤矿开展泉域水环境影响评价工作的通知》，要求对正在生产、建设或停建但未取得泉域水环评批复的煤矿进行督促整改，限期办理。开展娄烦县晋祠泉域保护工程、朔州市神头泉泉域水源保护治理工程、潞城区辛安泉重点保护区保护工程等泉域保护工程建设。开展岩溶大泉保护相关研究工作，编制完成《古堆泉域保护实施方案》《洪山泉域保护实施方案》《兰村泉域保护实施方案》。

（杨　晶）

【《国家节水行动山西实施方案》印发】 2019年12月17日，山西省人民政府印发《国家节水行动山西实施方案》及分工方案。

（杨　晶）

【全省用水定额】 2019年，山西省水利厅对全省用水定额进行第三次修订，完成《山西省用水定额》(农业类和部分工业类，修订稿)，共补充或修订农业用水定额、18项工业产品的工业用水定额。

（杨　晶）

【节水评价机制】 2019年，山西省水利系统建立省级节水评价机制和省、市、县三级节水评价登记备案制度，截至2019年底，参与开展省级30余项、市县75项引蓄水工程、煤矿、化工、发电等建设项目规划和取水许可申请的节水评价工作。

（杨　晶）

【县域节水型社会达标建设】 2019年，山西省水利厅推动县域节水型社会达标建设，对2018年和2019年两个年度两批32个县的达标建设情况进行验收。截至2019年底，32个县均达到水利部《节水型社会评价标准(试行)》的要求。

（杨　晶）

【水资源评价】 2019年，山西省推进第三次水资源评价工作，已完成《山西省第三次水资源调查评价初步成果》，省水利厅科学技术委员会于6月13日组织会议对《山西省第三次水资源调查评价初步成果》进行审查。水资源调查将全面整理山西水资源情况数据及核心指标，如水资源总量、地表水资源量、地下水资源量、地表水与地下水资源重复量、人均水资源量等，全面客观呈现山西水资源价值信息。山西水资源总量123.80亿立方米，人均381立方米，是全国平均水平的1/7，亩均水资源180立方米，为全国平均1/10。

（杨　晶）

【地下水水质监测】 2019年，省水利厅全部完成国家地下水监测工程建设任务并通过水利部完工验收;完成浅层地下水及重点区域190处地下水水质监测，掌握全省浅层地下水水质现状，实现对地下水水质状况的监控;完成全省119个县(市、区)811眼地下水指标井的水位统测和分析工作。山西地下水分布极不平衡,各类水区占全省面积比为:极贫水区24%,贫水区57%,较富水区11%,富水区7%,极富水区1%。全省流量大于10升/秒的大泉257处,总流量35.50亿立方米/年。（杨　晶）

森林资源保护

【造林绿化】 2019年,山西省政府印发《关于进一步加快我省国土绿化步伐的通知》,召开全省国土绿化右玉现场推进会,掀起大规模国土绿化高潮。坚持调整优化树种结构,增加彩叶树种比例,打造色彩分明、四季不同的林草景观。全年营造林34.74万公顷,其中,人工造林28.91万公顷,封山(沙)育林5.83万公顷,占年初营造林计划的130%。围绕精准提升森林质量,完成2018年度森林抚育任务7.95万公顷,完成2019年度森林抚育任务8.71万公顷。开展义务植树活动,四旁(零星)植树10857.50万株。立足增绿增收互促共赢,实施完成退耕还林3.21万公顷。围绕乡村振兴战略实施,完成村庄绿化500个。开展森林城市和森林乡村创建,组织太原市、昔阳县等2市11县申报"国家森林城市",指导太原市清徐县孟封镇齐南安村等255个行政村申报"国家森林乡村"和运城市垣曲县新城镇左家湾村等6个行政村申报"全国生态文化村"。完成古树名木保护300株。推进第四届中国绿博会山西展园于11月5日正式开工建设。山西省吕梁山国有林管理局、山西省关帝山国有林管理局、山西省太岳山国有林管理局的森林经营碳汇项目通过国家审定。（贾向前）

【森林和草原资源保护】 2019年,山西省林业和草原局按照"多桥梁多隧道、少挖土少垫方"原则,严格征占用林地审批,林地永久性征用2300公顷;临时性占用1600公顷;林业生产服务占用400公顷;缴植被恢复费2.30亿元。审批林木采伐67.28万立方米,生产木材25.75万立方米。完成森林资源管理"一张图"年度更新工作。推进中央环保督察涉及自然保护区的123项问题,整改到位63项。完成269处自然保护地勘界落图,以及历山自然保护区七十二混沟森林综合科考和全国第二次陆生野生动物资源调查山西区块调查工作。贯彻落实《山西省永久性公益林保护条例》,启动省级公益林补偿工作。推动浑源县矿区非法占用林地生态恢复工作,实现一年基本绿化的目标。推进森林资源督查工作,对2018年发现的3008个问题整改到位2109个。开展"绿卫2019"森林草原执法专项行动,查处案件1439起,处理2293人次。加强自然保护区建设管理,开展"绿盾2019"自然保护区专项监督行动,基本解决46个自然保护区焦点问题。吉县人祖山晋升为国家级自然保护区。加强法治建设工作,展开《山西省经济林发展条例》《山西省禁牧休牧条例》立法调研和起草工作。加强非洲猪瘟疫情防控,完成野猪资源调查,全省野猪种群资源分布面积546万公顷,野猪数量达到14.43万头左右。灵空山、历山、绵山、浊漳河等自然保护区开展极小种群野生动植物拯救保护试点。全年发生森林和草原火灾36起,过火面积达到1.37万公顷,受害面积达到1600公顷,受害率0.47‰。（贾向前）

【省直林区建设】 2019年,山西省直林局发挥林草生态建设主力军作用,共营造林8.26万公顷。其中杨树林局0.81万公顷,管涔林局1.12万公顷,五台林局0.81万公顷,关帝林局1.33万公顷,黑茶林局8600公顷,太行林局8000公顷,太岳林局1.16万公顷,吕梁林局6700公顷,中条林局7200公顷。围绕建设"现代林区,美丽林区"的目标,省直林区发展各具特色。关帝林局与中国移动公司签订"云MAS业务"合作项目,探索用科技手段助力林草资源管护的新路子。管涔林局推进"一局联三县"合作造林机制,与河曲、神池等县造林3000公顷。黑茶林局以油松、沙棘为主打建成5个乡土树种扩繁选优采种基地,2个沙棘良种采穗圃。吕梁林局整合标准化造林、未成林管护、森林抚育等工程800公顷,集中打造流域治理样板示范区。太行林局加大乡土阔叶树种的繁育力度,阔叶苗占比50%以上,种类16种。太岳林局与沁源县合作在龙凤河流域实施高标准造林2000公顷。五台林局与灵丘、代县、繁峙、五台4县签订2020年度合作造林协议3700公顷。杨树林局打造完成右玉县煤矿沉陷区生态综合修复工程示范区2400公顷、应县翠屏山退化林分改造工程示范区1100公顷,特色经济林沙棘示范园67公顷。中条林局扩大与德国合作的"中国森林可持续经营规划项目"成果,集中打造纵深15余千米2000公顷的森林经营示范区。（贾向前）

【林果业气候灾害】 2019年山西省对林果业影响的气候事件主要是寒潮、强对流和冰雹天气等。春季前期和后期降水偏少明显,森林火险等级偏高。中期降水量大部偏多,对降低森林火险等级及后期林木生长较为有利,春季出现的寒潮、霜冻等天气致部分地区果树花蕾遭受冻害。3月14日下午16时左右,沁源县沁河镇南石村与中峪乡龙头村间林地发生火情;此次林火过火面积约26.67公顷(其中,灌木林地约20公顷、撂荒地约6.67公顷)。3下旬至5月下旬全省部分地区出现大风霜冻,大同、吕梁、阳泉、晋中、临汾、运城部分地区林果遭受不同程度的损失。5月23日至25日运城市出现35℃以上的高温天气,对苹果、桃等果树幼果造成果面灼伤。夏季出现的强对流、冰雹天气,致使经济林果受灾。（杨　柳）

节能减排

【气候变化应对】 2019年,山西省生态环境厅完成碳强度下降目标。完成山西省上年度控制温室气体排放目标责任落实情况自评估工作,编制自评估报告,经省政府审定后上报生态环境部。经核算,山西省上年度单位

GDP二氧化碳排放同比下降4.05%，超额完成下降3.90%的年度目标。参与全国碳排放权交易。组织完成山西省上年度碳排放报告、核查及监测计划制定工作及复查工作。完成山西省196家发电企业名单和开户相关材料报送生态环境部工作。强化基础能力建设。组织举办山西省生态环境系统应对气候变化能力建设培训等多次培训，协助生态环境部在太原举办全国第四期碳市场配额分配和管理培训班。启动部省合作项目《采掘行业甲烷控排合作机制研究》及《发电行业参与全国碳交易对山西经济发展的影响》等课题研究。完成上年省级温室气体排放清单编制。组织举办首届2019年全国低碳日知识竞赛活动和山西省2019年全国低碳日现场宣传活动。（王 颖 王 毅）

【冶金工业节能减排】 钢铁行业。2019年，太钢集团开展焦化工序环保攻坚，焦炉煤气深度脱硫提标改造、干熄焦烟气脱硫、VOCs治理等项目建成投产；烧结烟气超低排放改造、炼钢二厂南区转炉湿电除尘改造、炼铁厂二次料场封闭、加工厂废钢料场综合治理等一批重点项目陆续建成投运，公司颗粒物、二氧化硫、氮氧化物排放总量比上年降低50.60%；超低排放常态运行后，年排放总量可比上年降低70%；获定为全国首批工业产品绿色设计示范企业。首钢长钢以提升能源利用效率和效益为主线，实现自发电比例62.99%。晋南钢铁集团2019年完成烧结第三代活性炭脱硫脱硝超低排放改造；建成国内首套高炉煤气精脱硫设施，烟气二氧化硫排放浓度小于50毫克/立方米，达到超低排放要求。山西建龙实业完成料场封闭、炼钢除尘、发电脱硫等重点项目建设，实现超低排放深度治理改造。山西建邦集团2019年9月完成无组织排放管控治一体化平台，无组织排放源颗粒物小于5毫克/立方米；2019年11月完成360平方米烧结机烟气脱硫脱硝超低排放改造，达到超低排放要求。

有色金属行业。中铝山西新材料挖掘生产流程副产品附加值，推动脱硫石膏、煤渣等边角废料变废为宝，年创效500万元左右。山西华兴氧化铝焙烧炉超低排放改造项目提前完工，每年新回收氧化铝粉200余吨，节约用电量400万千瓦时。中条山集团2019年10月25日举行陶瓷科技有限公司尾矿综合利用制备建筑陶瓷项目建成暨达产达标仪式，该项目成为中国第一家矿山领域尾矿综合利用制备建筑陶瓷项目，走在世界尾矿综合开发利用的科研、生产前端。11月28日，中条山集团尾矿综合利用又一项目——尾矿制砂试车成功并进入试生产。（董晨阳）

【节能与资源综合利用】 2019年，山西省加大传统产业绿色改造力度，加快发展新型绿色产业，突出资源节约和环境保护，加快推动生产方式绿色化，推进绿色制造示范试点和重点项目建设，加大政策支持力度，培育发展绿色设计产品、绿色工厂、绿色园区和绿色供应链，推进绿色制造体系建设。

山西省节能与资源综合利用产业明确发展资源综合利用龙头企业，加快资源综合利用重点项目建设，加快资源综合利用技术创新和推广应用，推进朔州、长治、晋城工业固废综合利用基地建设，组织各市及有关企业申报工信部第四批绿色制造示范等重点任务。2019年，侯马经济开发区获列绿色园区，富士康精密电子（太原）有限公司等4户企业获列绿色工厂示范，天脊煤化工集团股份有限公司硝酸磷肥等5个产品列入绿色设计产品，中国铁塔股份有限公司山西省分公司获列绿色供应链管理企业。（董晨阳）

【重点技术应用推广】 2019年，山西省实施绿色制造推广专项，推进资源综合利用、能源节约、清洁生产技术改造项目建设，推广应用能量系统优化、低品位工业余热利用等一批先进适用的节能技术，推动煤矸石、粉煤灰、脱硫石膏、冶炼渣等工业固体废弃物的综合利用。

根据国家公布的重点节能技术装备推广目录，结合全省工业发展实际，印发《关于开展能效对标及节能技术推广应用的通知》，重点推广钢铁、有色、建材、焦化、化工、机械等行业多项成熟先进节能技术。（董晨阳）

【节能环保技术应用】 2019年，山西省科学规划煤矸石、粉煤灰、脱硫石膏、冶炼渣等综合利用发展方向，包括煤矸石发电、供热、充填采空区、烧结砖、制水泥、制玻璃微珠，粉煤灰制水泥、新型墙材，脱硫石膏制石膏板、水泥，钢铁冶炼渣粉磨超细粉等固废资源多途径高质量发展。（董晨阳）

【建筑节能】 2019年，山西省加快提升建筑能效。加强监管，确保新建建筑严格执行节能强制标准。提升建筑能效，完成节能75%新建居住建筑节能地方标准编制。全省新设计建筑面积2783.53万平方米，节能65%标准执行率100%，节能专项验收2489.33万平方米，节能标准执行率100%。结合清洁取暖和老旧小区改造，推动既有建筑节能改造。全省累计新开工既有居住建筑节能改造项目694.89万平方米，公共建筑节能改造120.89万平方米。实施能源替代工程。全年全省新建建筑执行可再生能源应用面积1816.14万平方米，新建建筑中可再生能源应用比例65.25%。（米玉婷）

【绿色建筑】 2019年，山西省住建厅印发《山西省住房和城乡建设厅关于加快推进绿色建筑集中示范区建设的通知》，推进绿色建筑集中示范区建设，培育高星级绿色建筑。各市结合实际扩大执行绿色建筑标准范围，推动绿色建筑规模化发展。太原市保障性住房100%执行绿色建筑标准。全省绿色建筑占新建建筑面积比例达58.28%。22个设市城市绿色建筑集中示范区内新建建筑全部执行绿色建筑标准，执行率达到100%。取得绿色建筑评价标识项目40个，共计367.99万平方米。其中二星级、三星级绿色建筑32个，共计298.39万平方米。（米玉婷）

污染防治

【大气污染防治】 2019年，山西省政

府印发《山西省打赢蓝天保卫战2019年行动计划》,"转型、治企、减煤、控车、降尘"五管齐下,推进产业、能源、交通、用地"四大结构"调整。关停淘汰焦化产能1192万吨,退出钢铁产能175万吨、煤炭产能2745万吨,排查整治"散乱污"企业1754家。修订燃煤电厂大气污染物标准,发布锅炉、再生橡胶大气污染物排放标准,全省重点行业全部执行特别排放限值,在役燃煤机组全部完成超低排放改造,钢铁行业全面开展超低排放改造,1609家企业完成无组织排放改造,864家重点企业完成挥发性有机物综合整治,淘汰工业炉窑320台、深度治理1775台。完成256台2.55万蒸吨燃煤锅炉超低排放改造,1512台1万蒸吨燃气锅炉低氮燃烧技术改造;新增"禁煤区"面积1115平方千米;完成冬季清洁取暖改造143万户。铁路货运总量增长7.10%,淘汰老旧车约2.20万辆。开展扬尘综合整治,城市降尘量改善。建立太原及周边区域(1+30)大气污染联防联控机制,完成第二届全国青年运动会和中华人民共和国成立70周年庆祝活动空气质量保障任务,"二青蓝"成为山西靓丽名片。持续开展秋冬季大气污染综合治理攻坚行动,组建秋冬季大气攻坚指挥部,加强形势研判和重污染天气预报预警,下达重污染天气应对调度令13次。与上年相比,2019年全省环境空气质量综合指数下降10.80%,细颗粒物平均浓度下降2%,二氧化硫平均浓度下降20%。

(王　颖　王　毅)

【水污染治理攻坚】 2019年4月12日,省政府召开全省河(湖)长制工作暨汾河流域水污染治理攻坚推进会议,省委副书记、省长楼阳生签署《关于坚决打赢汾河流域治理攻坚战的决定》,决定的要点是"一河带六河、七河全推进"。各省级河长带头巡河,靠前指挥,督办重点难点问题,推动河流水质改善。汾河流域水污染治理主要围绕四个方面。

树立标准,"百日清零"。颁布实施《山西省水污染防治条例》,出台《山西省污水综合排放标准》《山西省农村生活污水处理设施水污染物排放标准》等地方标准。开展违法排污大整治"百日清零"专项行动,将水污染治理重点工程及县级饮用水水源地整治纳入"十个清零"范围,解决汾河流域突出水环境问题220余个;实施磁窑河流域水环境整治专项督察,肃清流域违法排污问题。

倒排工期、自加压力。用3个月的时间,建成72座地表水跨界断面水质自动监测站,实现全省跨县界水质自动站全覆盖,彻底厘清市县治污责任。

拉网排查,精准控制。拉网式排查汾河流域2039个入河排污口,采取"查、测、溯、治"全面完成整治工作,对保留的1124个入河排污口按月实施监测,纳入日常管理,实现规范化管控。扭住工程治污基础,省政府下达148项水污染治理重点工程,截至2019年底,基本建成投运,有效发挥治污效益。

联勤出动,全省铺开。以汾河流域为重点,山西省全面发起消除地表水国考劣Ⅴ类断面总攻,住建、水利、生态环境、农业农村、公安等部门联动联勤,协同推进各项任务,各市针对突出问题创新工作方法,均实现市域范围水环境质量改善。

(王　颖　王　毅)

【土壤污染防治】 2019年,山西省生态环境厅编发《山西省土壤污染防治2019年行动计划》,3月完成农用地土壤污染状况详查,年底完成重点行业企业用地调查信息采集、风险筛查纠偏及相关质控工作。强化农用地土壤污染风险管控,配合省农业农村厅印发《耕地土壤环境质量类别划分工作方案》和《山西省受污染耕地安全利用总体方案》,全面启动全省土壤环境质量类别划定工作和受污染耕地安全利用工作。开展涉镉等重金属重点行业企业排查整治,截至2019年底,列入整治清单中的18家企业有16家完成整治工作,其余2家开展整治工作。严格建设用地土壤污染风险管控,印发《关于加强污染地块再开发利用联动监管工作的通知》和《山西省建设用地土壤污染防治相关活动技术文件省级评审工作规程(试行)》,建立污染地块联动监管机制,明确山西省建设用地土壤污染防治相关活动技术文件评审工作规程。开展土壤污染治理与修复技术应用试点项目,其中2个农用地试点项目完成并通过验收,其余6个污染地块项目均已启动。推进土壤污染防治立法,制定《山西省土壤污染防治条例》,经省十三届人大常委会第十四次会议审议通过,于2020年1月1日起施行。(王　颖　王　毅)

【危险废物污染防治】 2019年,山西省生态环境厅强化危险废物环境管理。组织省市县三级生态环境部门开展危险废物规范化管理督查考核,省级考核中产废单位抽查合格率89.39%,较上年提升约10%;经营单位合格率91.71%,较上年提升1%。提高信息化管理水平,全省固废系统危险废物申报登记产废单位数量3100余家,较上年度提升约81%;申报登记产废量约300万吨,较上年度增长约96%。印发《山西省废铅蓄电池收集和跨区域转运制度试点工作实施方案》,推进山西省建立废铅蓄电池收集体系。加强工业固体废物排查整治。对全省固体废物堆存场所、固体废物非法倾倒(贮存、填埋)点排查整治,推进206座矸石山生态恢复治理,遏制一批非法倾倒行为,强化固体废物全过程监管。严格管控重金属总量。动态建立全省全口径涉重金属行业企业清单,全省共有169家涉重企业,实施重金属减排工程23个;与生态环境部对接上年度的评估核算情况,山西省具备完成2020年重金属总量控制及减排任务的条件。严抓电器审核、尾矿库排查及"双打"等工作。按季度向生态环境部上报电器审核、"双打"和易制毒化学品无害化销毁信息及报告。开展全省尾矿库信息调查,全面禁止洋垃圾入境,积极推进电石法用汞强度减半和化学物质国际履约工作。(王　颖　王　毅)

【辐射环境污染防治】 2019年,山西省例行执法检查省生态环境厅核发的有辐射安全许可证的63家核技术利用单位。完成山西省城市放射性废物库安全防护升级改造,配置放射性废源收贮专用车，全年收贮39家核技术利用单位98枚废放射源。完成41个国控点和122个省控点样品采集、现场监测、实验室分析、数据汇总及环境质量报告编制工作。提升实验室的分析能力，完成实验室7个检测项目（生物中γ核素、空气中碘、气溶胶中锶-90、沉降灰中锶-90、气溶胶中铯-137、沉降灰中铯-137、气溶胶中铅-210）的资质认定。装备高压直流输变电工程电磁环境监测系统设备。完成第二次全国污染源普查山西省范围内伴生放射性矿普查工作。召开山西省2019年度辐射环境监测技术交流培训会，举行辐射环境监测考核大比武。组织由省生态环境厅等6部门联合举办的2019年山西省生态环境监测专业技术人员辐射监测专项大比武，选派代表参加第二届全国生态环境监测专业技术人员大比武，在忻州市国家电投集团山西铝业有限公司厂区开展"雁门卫士—2019"辐射事故应急监测演练。

（王　颖　王　毅）

【噪声污染防治】 2019年，山西省生态环境厅推进城市声环境功能区划分工作，印发《关于全省声环境功能区划情况的通报》；编写上年度环境噪声污染防治工作报告；在2019年省考、国考期间印发考点周围噪声监管通知，通过环保、公安、城管等部门联动的方式开展"绿色护考"；参加环境噪声污染防治报告初稿讨论会，分享山西经验做法；参加山西省国考录用公务员联席会议，调整相关社会生活噪声职责内容。（王　颖　王　毅）

【机动车污染防治】 2019年，山西省生态环境厅制定《山西省柴油货车污染治理攻坚战行动计划实施方案》。加强新生产车辆环保达标监管，印发《关于山西省实施国家第六阶段机动车排放标准的通告》，在重点区域提前实施机动车国六排放标准。强化生产、销售环节机动车达标监管及在用车辆环保达标监管。打击排放检验机构弄虚作假等违法行为。制定并印发《山西省机动车排放检验机构检验服务记分制管理制度（试行）》，通过省级机动车环境管理综合业务平台和现场检查2种方式，对82家次检验机构进行抽查并印发通报，各市实现全覆盖。推动建立机动车检测/维护（I/M）制度。先后下发《关于加快推进机动车排放检测和维修治理信息联网工作的通知》《关于全面实施机动车排放检测与强制维护（I/M）制度的通知》，明确"全省自2019年12月30日起，全面实施I/M制度"。加强入户监督抽测。2019年，共摸排用车大户1077家，入户抽测柴油车9972辆次，超标906辆次。加大路检路查工作力度。各市均已建立生态环境部门检测取证、公安交管部门实施处罚、交通运输部门监督维修的联合执法机制，共设立固定执法站点176个。开展机动车监管能力建设。截至2019年底，山西省已建成机动车遥感监测信息联网平台，实现国家、省、市三级联网，共建成93套固定式、16台移动式遥感监测设备、328台便携式检测设备。加强非道路移动机械监管。11市均划定非道路移动机械高排放禁用区或低排放控制区；开展非道路移动机械摸底调查和编码登记，实施动态管理，共核发环保登记号码33922个；加大对非道路移动机械监管力度，共检测非道路移动机械16337辆，清场1328辆，处罚37辆。

（王　颖　王　毅）

【"百日清零"专项行动】 2019年，山西省生态环境系统从7月1日至10月15日开展全省违法排污大整治"百日清零"专项行动，累计检查污染源22234个，移交当地政府各类环境问题5363个，整改完成5294个，"清零率"为98.71%。全省细颗粒物平均浓度连续达标，6月至9月，细颗粒物平均浓度同比下降7.30%。其中，8月细颗粒物平均浓度25微克/立方米，同比下降21.90%。9月，全省地表水考核断面劣V类13个，较6月减少5个。特别是9月当月水质优良断面达到34个。"百日清零"期间，全省处罚案件2078件，罚款金额1.25亿元；查处五类典型案件316件，其中按日计罚5件，查封扣押140件，限产停产118件，行政拘留49件，移送刑事案件4件。全省严重超标的重点排污企业由一季度的31家，到三季度实现动态"清零"。"百日清零"专项行动期间新闻媒体广泛宣传报道、刊播"百日清零"新闻690条；省生态环境厅在"两微一网"开设"百日清零"专栏，编发新闻207条。省、市两级召开新闻发布会15次，印发工作简报265期；省指挥部向社会公开典型环境违法犯罪案例16起。

（王　颖　王　毅）

环境监管

【中央环保督察"回头看"】 根据2017年中央第二生态环境保护督察组对山西省开展生态环境保护督查的意见，《山西省贯彻落实中央第二环境保护督察组反馈意见整改方案》包含60项整改任务、755个整改项目。截至2019年底，60项整改任务中，完成48项。

2019年5月6日，中央督察组向山西省反馈督察意见。6月17日，山西省向国务院上报《山西省贯彻落实中央生态环境保护督察"回头看"及大气污染防治专项督察反馈意见整改方案》；9月5日，经党中央、国务院审核同意，于12月26日向社会公开并印发各整改单位。整改方案将反馈意见分为38项整改任务、524个整改项目。截至2019年底，38项整改任务，完成27项，推进11项。

（王　颖　王　毅）

【环保督察】 2019年，山西省生态环境厅实行省级例行督察。2016年7月至2017年11月，经省委省政府批准，省督察领导小组分4批对11市在全国率先开展省级环保督察，实现市县全覆盖，共受理信访举报5718件，转办5326件，集中处理4507件违法违规案件，罚款金额4856万元，累计批评问责1163人。各市共确定整改任务461项，截至2019年底，完成315项，推进达到序时进度125项，未完成或未达序时进度21项，其中占比较大者为运城7项，吕梁4项，太原、大同各3项。

专项督察。2019年2月22日至4月22日，省生态环境厅联合省公安厅对磁窑河流域3市7县开展为期2

个月的专项督察，期间派出4个行动组，徒步巡河158千米(含支流)，巡查排污口54个，检查涉水企业104家，共发现环境问题58个。查获涉嫌破坏生态环境违法犯罪典型案件线索17起，其中，涉嫌渗坑排放5起、土焦油加工4起、炼铅黑窝点1个、暗管排放7起(含2起渗坑排放)。案件线索移送公安6起，移交当地生态环境部门处理9起。通过专项督察，磁窑河流域水质改善。2019年9月7日至30日，省督察组对全省11市及省综改区中央环保督察及督察“回头看”整改情况开展为期20天的省级专项督察，共核查企业、工地、水体1754个，组织走访132个相关部门，谈话1170人次，问询302人，发现问题1101个，转办问题568件(个)，罚款2272.7万元，移送公安13件，推动中央环保督察及督察“回头看”问题整改。

定点督察。2019年11月至12月，针对汾阳市短期二氧化硫飙升、介休市空气环境质量排名靠后等问题，省督察组对2市开展定点督察，督促被督察单位明确整改措施，扭转2市空气质量恶化的势头。

（王　颖　王　毅）

【生态环境监测】 2019年，山西省生态环境厅与省气象局开展全省环境空气质量会商，每天发布全省未来3天环境空气质量预报信息，完成“二青会”期间山西省空气质量预报预警。实现县级以上降尘监测网络全覆盖，每月向社会发布11市和117个县(市、区)降尘监测结果，完善全省环境空气质量监测网络。落实国控、省控环境空气质量自动监测站点由第三方运维的制度，预防人为干扰环境监测行为发生，强化对全省环境空气监测的质量管理。按照时间与质量并重的原则，如期建成71个地表水跨界断面水质自动监测站。开展土壤环境质量监测，完成国家网529个土壤环境监测点位的样品采集、制备、流转、保存、分析测试、质量控制等工作。做好18个被考核县域的生态环境质量监测，推动国家重点生态功能区县域生态环境质量考核。贯彻《山西省深化环境监测改革提高环境监测数据质量实施方案》，对60家社会环境监测单位监督检查，推进全省社会环境监测行业实现依法监测、科学监测、诚信监测。推动2100家排污单位开展自行监测及信息公开，强力推进VOCs重点排污单位强化自动监控设备建设，为山西打好污染防治攻坚战提供监测数据支撑。

（王　颖　王　毅）

【区域环评改革】 2019年，山西省生态环境厅制定《关于深化企业投资项目承诺制相关环境影响评价承诺事项配套制度》，规范实施告知承诺制审批操作流程、格式文本、信用监管服务办法。8月，出台《推行区域环评改革意见实施细则》，明确改革内容、要求和程序。在全省25个成员单位、十几个厅局中率先全面完成承诺制改革四项任务，受到省承诺制领导组表扬和肯定。（王　颖　王　毅）

【排污许可制度管理】 2019年，山西省提前完成2017年–2018年发证的火电、造纸等24个重点行业开展固定污染源排污许可清理整顿试点工作。印发《关于做好2019年排污许可制实施工作的通知》《关于进一步加强环境影响评价和排放管理工作的通知》，转发《生态环境部办公厅关于在京津冀及周边地区、汾渭平原强化监督工作中加强排污许可执法监管的通知》，组织开展排污许可证核发质量和排污许可证执行报告报送情况抽查，加大执法检查力度，打击无证排污和不按证排污的违法行为，确保排污许可制度落实。

（王　颖　王　毅）

【行政审批制度改革】 2019年，山西省生态环境厅推进承诺制改革。按照省政府《山西省深化企业投资项目承诺制改革行动方案》要求，依据省政府《关于推行区域环评改革的实施意见》，制定《区域环评改革实施细则》，配套出台《山西省建设项目环境影响评价文件审批事项实施告知承诺制相关配套制度(试行)》，明确环评审批告知承诺适用范围、操作程序等细则。最大限度赋予开发区审批权限。报请省政府印发《加强环境保护促进开发区绿色发展的实施意见》，除法律、规章规定必须由生态环境部和省级环保部门审批权限外，其余环评审批权限全部下放至开发区。加大环评权限下放。两次调整下放环评审批权限，除规定的垃圾处置利用、电镀、工业固废及危废医废处置利用等11类由市级审批的项目外，90%以上的建设项目由县级进行审批。大幅压缩审批时限。行政审批事项由原来的19项再次精简为16项。压缩审批时限，在法定审批时限的基础上压减50%，方便企业和群众办事。提高行政审批效率。取消水土保持方案批复、行业部门预审作为环评前置条件；简化申报要求，申报材料由原来的9项压减为4项，实行环评与选址意见、用地预审等并联审批。实行“一站式服务”。落实岗位责任制、限时办结制、一次性告知等制度，推行受理条件、办理程序、办结时限等“一站式服务”；开通网上申报渠道，开辟转型和重大项目“绿色通道”，实行“提前介入、主动对接、动态跟踪”等措施，促进项目落地。发挥规划环评约束作用。分析区域环境承载力，以空间、总量和准入环境管控为切入点，强化“三线一单”硬约束，对未制定行业或园区规划的、不符合行业或园区规划环评结论及审查意见的项目环评，一律不予受理审批，发挥规划环评在优化空间布局和推动产业转型升级的促进作用。严格重污染项目审批管理。修订发布《山西省生态环境厅审批环境影响评价文件的建设项目目录(2019年本)》。通过调整审批权限，明确对“两高一危一化”重污染项目实施严格监督管理，对重污染项目布局不合理、产能未减量(等量)置换、污染防治措施无法确保达标排放、未制定污染物倍量削减方案、未完成提标改造和居民搬迁未完成等情形，实行“六个一律不批”，严格环境准入。

（王　颖　王　毅）

【生态环境损害赔偿制度改革】 2019年，山西省各市成立生态环境损害赔偿制度改革领导机构、制定实施方案，开展案例研究和社会宣传。将生态环境损害赔偿制度改革工作纳入省政府“13710”督办项目，督促各领导小组成员单位积极推进改革工作，按月上报改革进展情况。联合省财政厅等5部门出台《山西省生态环境损害赔偿制度资金使用办法》，明确资金的存储和使用，为生态损害赔偿资金落实提供制度保障。颁布实施《山西省生态环境损害事件报告及调查办法》《山西省生态环境损害修复评估管理办法》《山西省生态环境损害赔偿磋商管理办法》《山西省生态环境损害赔偿信息公开和公众参与办法》，将生态环境损害赔偿制度从调查、评估、磋商和公众参与各方面程序化、规范化，保障改革工作的落实，确保生态环境修复效果。配合省高级人民法院出台《关于办理生态环境损害赔偿协议司法确认案件的若干意见(试行)》，从司法层面确认生态环境损害赔偿制度的强制化。截至2019年底，全省共收集生态环境损害赔偿案件及线索22件，结案16件，未结案6件，赔偿金额约1.20亿元，其中涉及土壤污染修复和水污染修复案件居多。（王颖 王毅）

【生态环境应急管理】 2019年，山西省共发生突发环境事件15起。其中，11起为交通事故引发的次生环境事件，4起为生产安全事故引发的次生环境事件，均为一般突发环境事件。通过采取措施，科学有序处置，未造成次生环境污染，确保全省生态环境的安全稳定。（王颖 王毅）

【生态环境信访】 2019年，山西省生态环境系统共受理信访件14201件，其中来信1162封，同比增长24%；电子邮件835件，同比增长5%；电话(含12369热线)11887件，同比减少14%；来访317批487人次，来访批次同比减少36%，来访人次同比减少33%。反映环境污染与生态环境破坏的信访件13915件，约占总数的98%，突出问题是大气污染、噪声污染、水污染和固体废物污染，分别占总数的61%、21%、7%、5%。省本级共受理环境信访件225件，其中来信155件（包含生态环境部转办64件），同比减少36%；接待来访70批99人次，重复访20批次22人。来访批次同比减少42%，来访人次同比减少64%。全部信访事项均妥善依法处理，按期办结率达100%，有力地维护群众环境权益，提供“阳光服务”完成各项工作任务。（王颖 王毅）

【生态环境宣传教育】 2019年，山西省生态环境厅组织新闻发布会10次，及时向《人民日报》、新华社、中央人民广播电台等30多家国家级和省级新闻媒体通报生态环保工作。新闻稿件发稿量大幅增长，2019年在《中国环境报》发稿140余篇条，同比增长1倍多；新媒体建设中，“双微”影响力排名进入全国前10，多次受到生态环境部通报表扬，先后有10多篇优质稿件被生态环境部安排在微信矩阵中转发，2019年在山西省生态环境厅官方微博、微信发布消息1300多条，微博微信粉丝量稳定增长；开展社会化宣传动员。组织六五环境日宣传活动，开展“山西最美环保人”评选活动，建设美丽山西新闻采访活动，绿色读书月“诵读经典”活动。在全省组织“环境宣教入企行”活动，促进企业自觉履行法律责任，加大污染防治力度。推进环保设施向公众开放，先后组织28次公众开放日活动，共有1800多名普通群众在山西省环境监测中心站等7家环保开放设施单位进行现场参观。筹备环保新春盛典，采用互联网全球直播，实现线上线下有效互动，推动形成共建共享的生态环境保护新格局；开展环境文化活动，用艺术产品感染人。邀请省内外30名作家记者开展“美丽中国·生态山西”作家采风活动，采风作品集《黄河边上的绿太阳》于年底出版。与省文联联合开展“生态山西‘音’为有你” 环保公益歌词歌曲征集活动，打造“生态山西”环保公益歌曲新品牌。与省文联共同举办环境主题摄影比赛展览，吸引上千人参观。

（王颖 王毅）

【河道采砂管理】 2019年9月30日，山西省政府第46次常务会议审议通过《山西省河道采砂管理办法(试行)》。12月上旬《规范山西省河道采砂管理工作方案》编制完成。

（杨晶）

【河湖管理范围划界】 2018年初，山西省组织编制《山西省河道和水库工程管理范围划界技术规定》，在全省开展河湖划界工作。截至2019年底，汾河、桑干河、滹沱河、沁河、漳河5条省管河道划界工作全部完成，流域面积1000平方千米以上河道完成划界5280千米，完成率达到80%。水面面积1平方千米以上湖泊划界工作全部完成。（杨晶）

【河长制湖长制强化】 2019年，山西省构建“河湖长+河湖长助理+巡河湖员”工作模式。建立省、市、县党委、政府双总河长体系；涑水河、唐河(沙河)、文峪河分别增设省级河长，为10位省级河长配备10名河长助理，分别由水利、生态环境厅副厅级以上领导干部担任。截至2019年底，全省落实河湖长21819人，河湖长助理1042人，巡河湖员10099人。全年累计巡河49万余人次。

编制“一河一档”。山西省完成11条河的“一河一档”验收工作，包括汾河、桑干河、御河、滹沱河、沁河、漳河、潇河(含太榆退水渠)、黄河山西段、涑水河、唐河和沙河。

2019年6月底，山西省河长制湖长制管理信息系统正式上线，系统面向各级河长、河长办工作人员、社会公众，提供不同层次的管理、考核、上报、查询等信息服务。

河湖长制立法。山西《关于启动我省河湖长制专项立法工作的建议》列入2020年立法计划中。

2019年，累计排查发现“四乱”问题2323处，完成整治2313处，整治率99.60%。累计清理阻水林木及高秆作物2688亩，清理违章建筑10万平方米，清理非法采砂102处，清淤191万立方米，清理垃圾等违章堆积物269.20万立方米。截至2019年底，汾河入黄口庙前断面、涑水河入黄口张留庄段面、沿桑干河所有国考断面均退出劣V类。（杨晶）

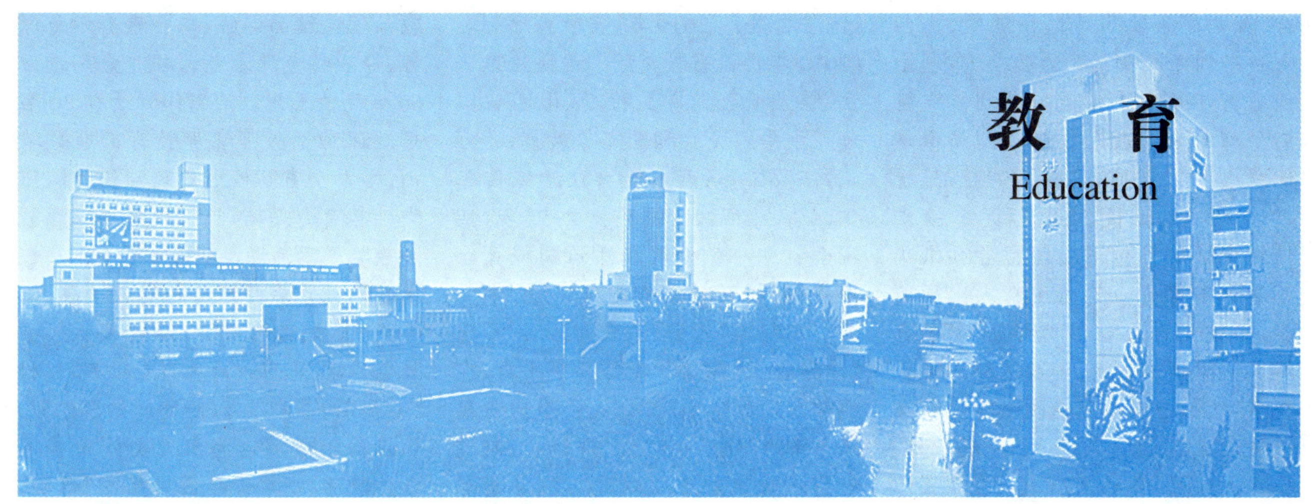

教 育

Education

综 述

【概况】 2019年,山西省共有各级各类学历教育学校1.52万所,在校生641.16万人,教职工59.55万人。其中:幼儿园7089所,在园幼儿99.70万人;义务教育阶段学校7074所,在校生343.52万人;高中阶段学校(含技工学校)951所,在校生104.42万人(普通高中522所,在校生66.01万人;中等职业教育学校429所,在校生38.41万人);普通高等学校82所,包括本科院校33所(含独立学院8所)、高职高专院校49所;成人高等学校10所;研究生培养机构16个,包括普通高校12个、科研机构4个。在学研究生4.08万人(博士0.31万人、硕士3.77万人),普通本专科在校生80.20万人(普通本科51.58万人、普通专科28.62万人),成人本专科在校生9.24万人(成人本科6.62万人、成人专科2.62万人)。 (冯 皓)

【教育经费】 2019年,山西省教育经费收入985.02亿元,具体来源渠道为:一般公共预算安排的教育经费767.68亿元,政府性基金预算安排的教育经费收入38.31亿元,企业办学中的企业拨款2.31亿元,民办学校中举办者投入2.45亿元,捐赠收入0.33亿元,事业收入164.34亿元,其他教育经费9.60亿元。全省教育和其他部门教育经费总支出864.95亿元。 (冯 皓)

【教育领域综合改革】 2019年,山西省教育厅(简称省教育厅)印发《落实省委全面深化改革委员会2019年重大改革安排及责任分工的通知》,健全改革台账管理制度,建立统筹协调推进改革的工作机制。启动《山西教育现代化2035》《加快推进山西教育现代化实施方案(2019—2023)》编制工作。指导各地按照"1+X+Y"的思路,实施"八大行动计划"和"5+N"省级试点,推进城乡义务教育一体化发展。继续推进普通高中学生综合素质评价、选课走班、生涯规划教育三项改革。落实省委、省政府《关于全面深化新时代教师队伍建设改革的实施意见》。联合省委编办、省人社厅、省财政厅印发《关于加快推进义务教育教师县管校聘管理改革工作的意见》,推进义务教育阶段教师"县管校聘"管理改革。起草《山西省深化职业教育改革实施方案》,印发《山西省高等职业院校与普通本科院校应用型人才贯通培养实施方案(试行)》,推进职业教育改革发展。制定出台《山西省民办学校分类登记实施办法》《山西省营利性民办学校监督管理实施办法》,推进民办学校分类管理分类登记。落实《山西省学校美育改革发展备忘录》各项内容,山西师范大学山西梆子戏艺术教育、山西大学晋剧艺术教育获批教育部中华优秀传统文化传承基地。 (冯 皓)

【教育行政审批制度改革】 2019年,省教育厅印发《山西省教育厅行政审批专家评审管理办法(试行)》,建立省教育厅行政审批专家库5个;制定《山西省教育厅行政审批工作机制》,形成《山西省教育厅政务服务事项目录标准清单》。全年共受理办结行政审批事项307件。持续开展"减证便民"专项行动,开展"互联网+政务服务"建设。"一网通办"工作取得进展,厅内系统数据完成上云迁移,网上办理事项实现100%,一部手机"三晋通"App项目涵盖全部19项行政审批事项。启动应用国家"互联网+监管"系统,建立监管事项目录清单14类25项和检查实施清单12项,完善"两单一库"建设,落实"双随机一公开"监管工作。 (冯 皓)

【人才发展体制改革】 2019年,省教育厅组织召开推进高校加快引进高层次人才会议,2人成为"长江学者奖励计划"青年学者,2人入选国家杰出青年基金支持计划,3人入选国家优秀青年基金支持计划("小杰青")。山西大学钱宇华成为山西省首个全球高被引科学家。山西大学引进复旦大学肖艳红为该校长江学者特聘教授,太原科技大学全职引进长江学者胡季帆,长治医学院全职引进长江学者谭铮。依托各类省级人才项目和平台,加快高层次人才队伍建设,山西大学李剑锋等9人入选2019年度山西省青年拔尖人才支持计划,支持彭堃墀等8人获评全省“创新奉献优秀人才”。1906名教师荣获“三晋英才”称号,划拨3248万元省级支持经费。统筹推进出国留学和来华留学,省筹资金选派119人出国留学。在韩国举办首届“留学山西”教育展。太原师范学院、山西医科大学晋祠学院、山西机电职业技术学院获准接收国际学生。(冯　皓)

【“三基建设”】 2019年,省教育厅印发《深入推进“三基建设”工作实施方案》《关于进一步加强教育系统基础工作的指导意见》《加强“三基建设”2019年度重点任务清单》,召开全省教育系统三基建设(基层组织、基础工作、基本能力)工作现场推进会,补齐短板、建强载体,确保完成三年总目标。修订覆盖教育系统各级机关、各类学校、各岗位干部职工的《山西省教育行政干部专业能力标准》等十大类标准,制定高校管理岗位和专业技术岗位工作人员培训大纲,完成教育系统28.49万人专业能力测试工作,优秀率达27%。(冯　皓)

【依法治教】 2019年,省教育厅制定《2019年山西省教育厅“谁执法谁普法”普法责任清单》;推动《山西省实施〈中华人民共和国高等教育法〉办法》修改工作;开展教育法治宣传工作,配备兼职法治副校长7857人,实现全省中小学校兼职法治副校长全覆盖;创新开展全省教育系统“学宪法 讲宪法”“六个一”系列活动,开设“学宪法 讲宪法”微信公众平台,在线学习人数达10万余人;组织省属高校举办“法治大讲堂”31场次;制定教育行政执法三项制度实施方案等行政执法制度,加强规范性文件监督管理工作,52件省教育厅文件公布失效废止,承办5件规范性文件的合法性审查。全面推进国家工作人员旁听庭审活动常态化制度化;做好行政复议与应诉工作。被全国普法办评为“七五”普法中期先进集体。(冯　皓)

【学校思想政治建设】 2019年,省委办公厅、省政府办公厅制定出台《山西省加强高等院校思想政治和党务工作队伍建设的具体措施》,统筹全省高校思政和党务工作队伍建设工作。在全省高校全面启动实施“课程思政”教学改革,支持建设一批思想政治理论精品课程、综合素养示范课程、专业特色课示范课程。分别选派60名高校思想政治工作骨干和30名思政课骨干教师参加教育部有关培训,举办全省高校思想政治工作队伍党性教育专题培训班;开展思政课教师教学展示活动,获得首届全国高校思政课教学展示活动一等奖1项、二等奖11项;遴选立项174个高校哲学社会科学(思想政治教育专项)项目和19项高校教学改革(思想政治理论课)项目。开展“青春为祖国歌唱”高校网络拉歌活动和“青春告白祖国”活动,多所高校思政工作和思政工作者的理论文章入选教育部2020年“高校思想政治工作精品项目”和《高校思想政治工作研究文库》。

2019年10月12日,山西省在中国“互联网+”大学生创新创业大赛中实现金奖零突破 (冯　皓供图)

2019年,山西省教育系统将学习贯彻习近平新时代中国特色社会主义思想作为首要政治任务,开展党的十九大精神分层分类集中轮训,教育厅领导带头宣讲,让十九大精神第一时间进教材、进课堂、进头脑。在全省高校遴选专职思政课骨干教师、专职辅导员骨干、优秀大学生组成3支宣讲团,到全省各级各类学校、企业、社区、机关、农村开展学习习近平新时代中国特色社会主义思想“三团巡讲”活动,累计宣讲890余场,受众达27万余人。以省委第六督查组督查反馈问题整改为契机,由教育厅主要领导牵头,聚焦五大方面15个问题严改实改。启动山西“教育大讲堂”专题讲座,各高校全年举办培训班311场(次),培训37000余人次。(冯　皓)

【教育督导】 2019年,省教育厅部署第一轮第二年幼儿园办园行为督导评估工作,11个市117个县(市、区)督导评估完成率达到128%。实现全省所有经审批注册的幼儿园(含民办)责任督学挂牌督导全覆盖。国家教育督导检查组2018年11月要求17个县级政府义务教育基本均衡发展存在问题得到整改。太原市迎泽区、晋中市太谷县、阳泉市盂县成为“县域义务教育优质均衡发展改革试点”项目。推动国家部署的出生于2002年9月1日至2011年8月31日九年间的67671名疑似失学儿童少年情况核查和劝返复学工作。完成全国义务教育阶段第二轮第二年四、八年级语文、艺术学习质量以及课程开设、条件保障、教师配备、学科教学和学校管理等相关影响因素监测。省教育厅再次被教育部基础教育质量监测中心授予“省级优秀组织单位”。吕梁学院、长治学院通过教育部本科教学工作合格评估、审核评估。中小学生欺凌和暴力事件发生起数逐年减少。省、市、县三级教育督导机构300名人员参加第1期国家级教育督导网络培训，参与学习率100%，并列全国第1；平均学时49课时，并列全国第1；必修课完成率99%，并列全国第2；选修课完成率99%，并列全国第2；研修考试完成率98%，并列全国第2；督导案例分享完成率98%，并列全国第3；研修成果完成率92%，并列全国第5；主题研讨完成率95%，并列全国第6。（冯　皓）

基础教育

【学前教育】　2019年，省教育厅提请省委省政府出台《关于学前教育深化改革规范发展的实施意见》，推进学前教育普及普惠安全优质发展。建设认定普惠性幼儿园616所。开展城镇小区配套幼儿园专项治理，推动城镇小区配套幼儿园办成公办园或委托办成普惠性民办幼儿园。加强乡镇中心园建设和管理，全省95%以上有入园需求的乡镇均建有中心幼儿园。开展幼儿园小学化专项治理和第七个全国学前教育宣传月活动。（冯　皓）

【义务教育】　2019年，省教育厅以县为单位编制农村义务教育学校布局规划，一县一策优化农村学校布局。在长治召开全省中小学寄宿制学校建设现场会，推广长治经验，全省2019年建设改造508所乡镇寄宿制学校。“全面改薄”项目规划任务完成。省市县逐级编制2019–2020年项目规划。到2019年底，全省110个县（市、区）基本消除大班额。实施基础教育信息化2.0行动计划，遴选72所中小学校开展数字校园建设试点。印发《山西省中小学创客教育指导意见》，开展中小学创客教育。全省所有县区开展“学校联盟”“集团化办学”“学区化管理”等办学模式改革，6000余所中小学实现优质教育资源共享。晋中深化义务教育综合改革、推动城乡教育优质均衡发展典型经验，被中央深改办列入全国十大改革案例，向全国示范推广。省政府召开全省新时代第一次基础教育工作会议。在2019年召开的全国基础教育工作会议上山西省作典型经验发言。“城乡义务教育一体化改革不断深化，促进县域优质教育资源共享”入选“党的十八大以来山西深化改革、转型发展、改善民生重大举措及成果”。（冯　皓）

【普通高中教育】　2019年，省教育厅实施高中阶段教育普及提升计划，推进普通高中育人方式改革。组织各市县教育行政部门有关人员、教研部门负责人和普通高中学校校长、各学科教研人员、骨干教师和有关高校负责招生人员6000余人次，通过座谈、实地调研、数据监测、个别访谈等方式，开展自评，摸清全省高考综合改革各项基础条件底数。研究起草各市高考综合改革目标任务书；全省累计投入资金，指导督促各地持续改善高中办学条件。科学编制普通高中招生计划，印发《关于做好消除普通高中大班额和调整优化小规模高中有关工作的通知》，推动各地优化高中布局结构和办学规模。（冯　皓）

【特殊教育】　2019年，省教育厅联合省委宣传部等部门印发《山西省推广国家通用手语实施方案》《山西省推广国家通用盲文实施方案》。加大特殊教育资源中心和资源教室建设，下达2019年省级特教补助经费，全面改善特殊教育学校办学条件。会同省残联健全残疾儿童少年入学数据核对机制，全省117个县（市、区）全部成立残疾人教育专家委员会，坚持“一人一案”，做好入学安置工作。开展特教专干、新任教师、特教校长和专任教师培训，全年培训470人次。（冯　皓）

【校园安全稳定】　2019年，山西省教育厅推进遏制重特大事故、危险化学品、电气火灾、安全隐患四项专项检查，联合省公安厅制定出台《关于切实加强高校领域安全稳定工作的意见》，对学校领域安全稳定风险评估、隐患排查、涉稳事件处置等重点工作形成联动机制。成立检查复核组，检查复核全省学校安全风险排查暨2018年度省级“平安校园”建设。在全省集中开展学校及周边综合治理专项整治。2月，在教育部对各省校园周边综治考核中获全国第2名；3月，省教育厅被省安委办评为全省安全生产工作先进单位；4月，被省委政法委评为全省扫黑除恶专项斗争先进单位。（冯　皓）

职业教育和成人教育

【职业院校基础建设】　2019年，山西省教育厅投入27050万元，立项建设高水平重点专业和高水平实训基地项目154个，其中2900万元用于支持15个贫困县县级职教中心建设17个项目。娄烦县、山阴县、隰县、安泽县四个县通过省级督导评估验收，实现山西省县级职教中心达标建设全覆盖。山西工程职业技术学院与山西煤炭职业技术学院合并为山西工程职业学院。（冯　皓）

【职业院校专业建设】　2019年，山西省教育厅建立重点项目工作监督机制，持续抓好20所优质高职院校、100个省级示范中职和100个高职骨干专业建设。山西财政税务专科学校、山西工程职业技术学院、山西职业技术学院、山西机电职业技术学院入选教育部“双高计划”建设项目。全省新增普通中专教育专业或专业方向57个，新增职业中专教育专业或专业方向22个，新增高等职业教育专业124个、撤销老旧专业26个。

(冯　皓)

【职业院校扩招】 2019年,山西省教育厅等七部门联合印发《山西省高职扩招专项工作实施方案》，组织全省高职院校面向退役军人、下岗失业人员、农民工和新型职业农民开展扩大招生专项工作。截至2019年底，录取135660人,其中高职扩招录取39487人。 (冯　皓)

【职业院校产教融合】 2019年,山西省教育厅对教育部第三批现代学徒制试点进行年检,遴选确定第二批省级试点单位和试点专业。开展“1+X”试点工作,第一批遴选确定六个专业领域内的13所中职、13所高职、3所本科院校共6400人，第二批遴选确定十个专业领域的16所中职、13所高职、1所本科院校共4500人。指导山西职业技术学院新成立山西省现代服务职业教育集团,达到省级职业教育集团11个，市级职业教育集团14个。指导各市职业院校主动对接产教融合试点城市建设规划。(冯　皓)

【职业技能大赛】 2019年,山西省教育厅举办山西省职业教育活动周,43所职业院校师生代表、各院校合作企业代表、中小学师生代表等3000余人参加启动仪式。组织第十一届中等职业学校“文明风采”竞赛活动,155所学校参加省级复赛,参赛作品1151件。组织第十三届全省职业院校技能大赛,设置赛项97个,有262所职业院校的7900多名师生参赛。组织88所中高职学校596名选手参加全国职业院校技能大赛，取得6个一等奖、37个二等奖和72个三等奖的成绩。组织山西省2019年教学能力大赛,940名中高职教师301件作品参赛，推荐其中24件优秀作品参加全国职业院校教学能力大赛,获得一等奖1个、二等奖6个、三等奖10个，山西省教育厅获最佳进步奖。

(冯　皓)

【成人继续教育】 2019年,山西省教育厅完成农村各类实用技术培训301万人次、社区教育培训752万人次、面向行业企业开展职工继续教育培训达3.03万人次。实施“农村干部学历提升工程”,覆盖全省11个地市97个县,全年共招生4800余人。在临汾市举办2019年山西省全民终身学习活动周开幕式暨推进社区教育发展现场会。对2019年高等学历继续教育拟招生的44所高校493个专业全部进行备案公布。完成2018年度普通高等学校在晋函授教育辅导站年检工作，对135个函授站进行年检，其中合格112个,不合格23个,对年检不合格的函授站将暂停其2019年招生计划。 (冯　皓)

高等教育

【省校战略合作】 2019年1月4日，山西省与9所高水平大学在太原举行战略合作座谈会暨签约仪式。会上，签署省校战略合作协议8项,校校战略合作协议5项,科技合作项目5项。5月9日,中国人民大学分别与山西财经大学、山西农业大学和山西师范大学签署战略合作协议。7月18日,北京理工大学与中北大学签署战略合作协议。7月20日,西安交通大学与中北大学签署战略合作协议。11月17日,中国科学技术大学分别与山西大学、太原理工大学和山西财经大学签署战略合作协议。12月20日，山西大学与南开大学签署对口合作工作协议。12月23日,山西大学与华中科技大学签署对口合作工作协议。 (冯　皓)

【“1331”工程】 2019年,山西省教育厅联合财政厅印发《山西省“1331工程”标志性成果奖补计划实施办法》，对做出突出贡献或取得标志性成果的单位、学科、平台和团队进行奖补。“1331工程”是山西省高等教育振兴计划工程,即一个根本任务立德树人;三项建设重点学科,重点实验室,重点创新团队;三项建设协同创新中心,工程研究中心,创新战略联盟;一批标志性成果。山西大学、中北大学的材料学学科进入ESI学科排名世界前1%(全省达到10个)。新增中国科学院院士1人、“杰青”3人、“优青”3人、“青年长江学者”2人,增量居中西部前列。入选省部共建国家协同创新中心3个；获批教育部工程研究中心2个。 (冯　皓)

【高校“放管服”改革】 截至2019年底，山西厅属28个高等学校共开展58次招聘工作,累计招聘1355人。其中博士研究生657人，硕士研究生698人。“三支队伍”专项计划招聘220人(专职辅导员160人,专职思政理论课教师19人，专职组织员41人)。16所高校利用空编引进共111人。推动高校在人员编制外自主制定编外用人办法，推进山西传媒学院、山西能源学院开展人员总量控制及取消行政级别试点工作。落实高校绩效分配自主权,支持各高校结合自身实际自主决定分配比例、分配项目，并落实二级学院分配自主权,向优秀教师、一线教师和贡献突出的人员倾斜,鼓励各高等学校探索年薪制、协议工资制、项目工资制等新的分配方式。22所厅管高校出台绩效工资分配办法。 (冯　皓)

【高等学校专业结构调整】 2019年，省教育厅发布专业增设指南,鼓励高校增设与高端制造业等9个行业相关的28个本科专业和6个专业方向。2019年,全省高校再撤销“错位、过剩、低质”本科专业54个、专业方向21个，新增新兴急需本科专业61个、专业方向8个,入选“国家一流专业建设点”60个、“省级一流专业建设点”80个。 (冯　皓)

【应用型高校建设】 2019年,省教育

厅召开应用型高校联盟2019年工作会议，印发《山西省应用型高等学校联盟2019年工作计划》，举办应用型高校建设专题研讨会，推动应用型高校课程体系建设。以把山西大学城建设成为“教育之城、人才之城、科技之城、创业之城”为目标，加快推进高校新校区“破围融合，聚能创新”工作。（冯 皓）

【高等教育质量工程】 2019年，省教育厅召开全省高等学校本科教育工作会议，出台“新时代山西高教二十条”和8个系列文件。成立山西省2019—2023年高等学校教学指导委员会，启动实施“一流专业建设计划”“服务地方产业发展特色专业(群)建设计划”“精品共享课程建设计划”“虚拟仿真实验教学项目”。山西省在第五届中国“互联网+”大学生创新创业大赛中实现金奖零突破。吕梁、长治两所高校通过本科教学工作评估。（冯 皓）

【高等学校学科内涵发展】 2019年，省教育厅印发《关于公布博士、硕士学位授予单位立项建设名单的通知》，新增太原师范学院为博士学位立项建设单位，新增太原工业学院、长治医学院、忻州师范学院、运城学院、晋中学院、长治学院6所高校为硕士学位立项建设单位。印发《公布博士、硕士学位授予单位立项培育名单的通知》，新增山西大同大学为博士学位立项培育单位，新增吕梁学院、山西传媒学院2所高校为硕士学位立项培育单位。教育厅联合厅规划处对每所立项建设(培育)高校的帮扶高校增加10名研究生专项计划，专门用于被帮扶高校教师指导研究生。印发《关于下达2019年增列学士学位授予专业名单的通知》,2019年，全省共有21所具有学士学位授予权的高校的47个本科专业增列为学士学位授予专业;4所具有暂行学士学位授予权的独立学院的7个本科专业增列为暂行学士学位授予专业。根据国务院学位委员会《关于下达工程硕士、博士专业学位授权点对应调整名单的通知》，对山西省7个硕士授权单位的28个授权专业学位类别进行调整。全省硕士专业学位类别从69个增至104个。根据国务院学位委员会《关于下达2018年动态调整撤销和增列的学位授权点名单的通知》，山西省5个学位授权单位的18个授权学科经动态调整撤销,2个学位授权单位的3个授权学科经动态调整增列。长治医学院服务国家特殊需求人才培养项目通过合格验收，项目再行进行1期(5年)。全省普通本科高校获批国家一流专业建设点60个，省级一流专业建设点80个。（冯 皓）

【研究生教育】 2019年，省教育厅印发《山西省教育厅关于组织申报2019年度研究生教育创新计划各类项目的通知》，拟支持研究生教育创新项目博士项目124项、硕士项目543项；研究生教育教学改革项目若干项;拟举办4期研究生暑期学校。为创新研究生培养模式，支持高校与部门、行业企业、科研院所建立联合培养研究生基地，实现学科建设、科学研究、人才培养、成果转化、创业就业五位一体，完善“扶优、扶需、扶新”三级协同育人机制。“扶优”以提升水平为牵引，重点支持山西大学、太原理工大学等博士学位授权单位与C9高校等高水平大学和国内顶尖科研机构共建博士研究生联合培养基地;“扶需”以需求导向为牵引，重点支持研究生培养单位与省有关部门、行业企业、科研院所围绕“示范区、排头兵、新高地”的战略定位和山西省经济社会发展需求共建研究生联合培养基地;“扶新”以培育特色为牵引，重点支持研究生培养单位与新建本科高校共建研究生联合培养基地。省教育厅、工信厅、科技厅、卫健委四部门联合下发《关于增列山西省研究生联合培养基地的通知》，遴选24个研究生联合培养基地，其中“扶优”6个、“扶需”13个、“扶新”5个。（冯 皓）

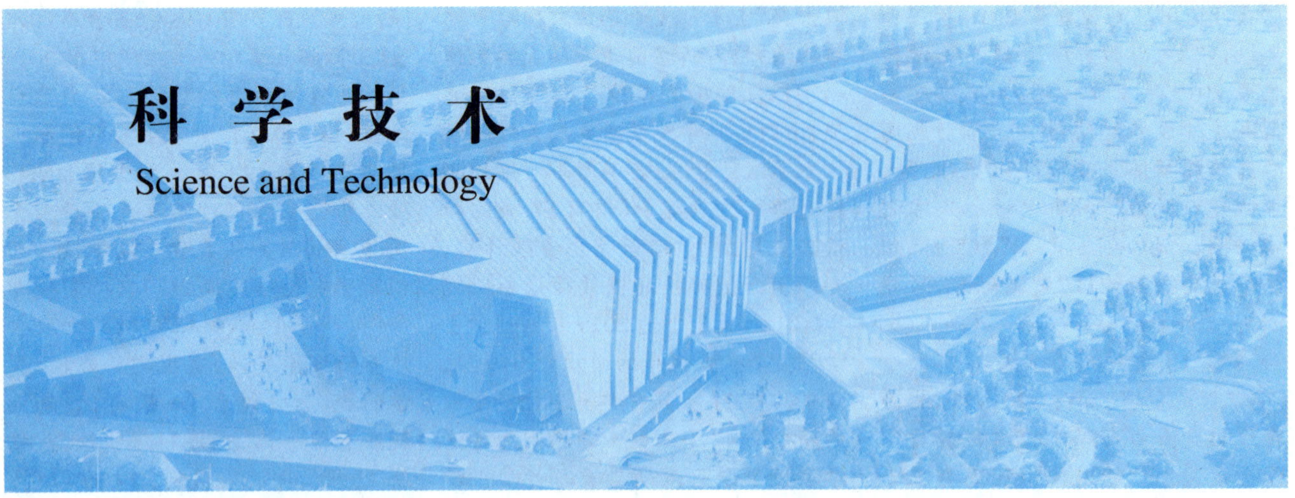

综 述

【概况】 2019年,山西省科技系统推进创新驱动、科教兴省、人才强省战略,抓关键核心技术研发攻关,完善科技创新治理体系,为全省高质量转型发展提供支撑。推动科技管理职能转变,建立便捷高效的科研项目管理机制。建立健全以诚信为基础的科技计划监督管理机制,优化科研管理流程,完善科技计划管理信息系统,推行申报材料一次报送,简化科研项目经费预算编制,减少各类检查评估。健全市场导向的创新资源配置机制。深化科技立项改革,强化市场意识,充分发挥市场对技术方向、路线选择、要素价格、要素配置的导向作用,提升计划实施的有效性。精选部分重点领域,探索设立重点专项,持续组织专题攻关。完善价值导向的科技创新评价机制。优化科研项目评审管理,改进科技人才评价方式,完善科研机构评估制度。坚持分类评价,对基础研究,突出原创性和学术贡献;对应用技术开发和成果转化,突出企业主体、市场导向、用户评价和市场绩效;对社会公益性研究,突出需求导向,以行业用户和社会评价为主。主办2019"创之盟"中德创新创业大赛节能环保与绿色创新领域决赛,率团参加2019年山西品牌丝路行(西欧站),促进与访问国政府、企业、科研机构的合作,扩大科技对外交流。

2019年,山西省共有科学研究机构175个,职工12037人,其中从事科研人员9322人。按机构所属学科分,其机构及科研人员数为自然科学17个、1285人;农业科学66个、2987人;医学科学19个、733人;工程技术44个、3326人,社会科学29个、991人。

(杨先锋 编辑部)

【科技"放管服效"改革】 2019年,山西省科技厅(简称省科技厅)出台政策举措,在调整研究方案和技术路线,扩大预算调剂自主权等6个方面赋予更大自主权。简化科研项目预算编制,将科研项目申报表格整合精减为6张表,直接经费17个预算科目精简为5个,大幅缩减项目申报填报的内容。在基础研究领域推出项目经费使用"包干制",实施项目全年申报"常态制"、分批评审立项的新模式。

(杨先锋)

【科技对外开放合作】 2019年,省科技厅参与组织并举办2019年中国太原能源低碳发展论坛。中共中央总书记习近平致贺信,中共中央政治局常委、国务院副总理韩正出席高峰论坛。论坛突出国家级、国际性、专业化的定位,成为国际能源科技创新与合作交流的重要平台。组织参加中国国际人才交流大会,举办2019年山西外国专家项目合作洽谈会,申报人才4名,引进国外高端专家384人次。组织11名外国专家参加庆祝中华人民共和国成立70周年活动。(杨先锋)

科技投入

【科技资金争取】 2019年,省科技厅加强科技领域开放与合作,争取国家项目659项,资金35789.50万元。1月至11月,全省高技术产业(制造业)增加值增长6.20%,战略性新兴产业增加值增长8.10%。强化民生保障科技支撑,支持太原市国家可持续发展议程创新示范区建设,组织申报"太原市高效节水和非常规水资源利用关键技术与示范"重点研发计划,获科技部支持立项2361万元;组织8个国家级可持续发展实验区开展梳理复核。推进"136"兴医工程建设,首批认定省级临床医学研究中心6家,培育15家。2019年年中追加人才支持计划科技人员专项经费中央部分资金993万元,NSFC山西煤基低碳联合基金资助经费3000万元,2019年中央引导地方科技发展专项资金6050万元。 (杨先锋)

【科技经费预算】 2019年,省科技厅部门预算安排118466.56万元。其中一般公共预算资金安排108028.39万元,其他资金安排10438.17万元(全部为差额事业单位、转制类科研院所自行经营收入负担的基本支出)。

在一般公共预算资金安排108028.39万元中,按支出功能科目分类包括一般公共服务支出类

218.27 万元，科学技术支出类 101186.90 万元，社会保障和就业支出类 6367.87 万元，卫生健康支出类 255.35 万元。

事业发展类项目资金 97249.95 万元。主要包括“山西省科技重大专项(战略性新兴产业和能源革命关键技术)”13000 万元;“山西省重点研发计划”14000 万元(包括高新、农业、社会发展、国际合作四个领域);“山西省应用基础研究计划”3000 万元;“山西省科技成果转化引导专项(基金)”7000 万元;“山西省平台基地和人才专项”2000 万元;“山西省软科学研究计划”1200 万元;“山西省深度贫困县科技精准扶贫专项”2000 万元;“山西省创新驱动发展能力提升专项”11000 万元;“山西省扶持众创空间发展专项”1000 万元;“山西省科技企业孵化器发展专项资金”1000 万元;“人才专项资金(平台基地和人才专项)”690 万元;“山西转型综改示范区科技创新资金”10000 万元;“清华大学山西清洁研究院运行管理及科研条件保障经费”6000 万元;“科学事业费专项”10925.32 万元;“省级科技奖励经费”5900 万元等。经费补助类项目资金 627.72 万元,主要为部门预算单位科技文献、单位运转经费、财务经费等专项。 (杨先锋)

【科技经费预算执行】 2019 年,省科技厅部门预算基本支出部分按照各单位工作进度稳步执行。项目支出中经费补助类项目资金由项目实施各单位按照年度支出计划按月开支,支出进度平稳。

事业发展类项目中“山西转型综改示范区科技创新专项”年中由省财政厅调整，调减省科技厅部门预算 10000 万元;其余预算资金按照年度计划稳步执行。执行内容主要包括山西省软科学计划重点项目资金 300 万元,上年科技计划项目分年度补助资金 5073 万元,2019 年支持科技创新若干政策奖补资金 11261.14 万元,2019 年人才支持计划科技人员专项经费 993 万元(省级,较年初预算追加 543 万元),2019 年山西省科技重大专项项目结转资金 1909 万元,2019 年科技成果转化引导专项结转项目资金 782 万元,2019 年山西省科技重大专项（揭榜招标项目第一批）1262 万元,2019 年山西省科技重大专项项目资金（第二批)5131 万元,2019 年山西省科技重大专项(揭榜招标项目第二批)1459 万元,2019 年山西省深度贫困县科技精准扶贫专项项目资金 1578 万元,2019 年山西省重点研发计划(高新领域)4840 万元,2019 年深度贫困县各乡镇科技特派员选派资金 726 万元,2019 年省级科技创新券资金 326 万元,2019 年软科学研究计划项目资金 684 万元,2019 年省级引进外国人才专项资金 690 万元,2019 年部分科技计划项目资金 17420 万元,2019 年山西省平台基地专项资金 1290 万元,2019 年山西省临床医学研究中心奖补资金 600 万元,2019 年山西省应用基础研究计划（一般项目）资金 2805 万元,2019 年山西省科技成果转化引导专项（基金)1520 万元，省级科技奖励经费 2899.41 万元等。 (杨先锋)

科技创新

【技术与人才机制创新】 2019 年,省科技厅分两批遴选 21 项关键核心技术面向国内外张榜发布,19 项揭榜,首次集聚北大、清华、复旦、中科院、奥地利 AVL 公司等国内外一流研发机构,共同攻关山西省关键核心技术问题。印发《关于深化项目评审、人才评价、机构评估改革实施方案》,着力推进立项评审、人才评价导向、中长期科研机构绩效评估等改革任务。启动新办法实施后的首次科学技术奖励申报与评审工作,获奖人员在全省科学技术大会上获通报表彰。增设山西省科技创新特殊贡献奖,主要奖励为山西省经济建设和社会发展做出特殊贡献的优秀企业家。 (杨先锋)

【企业创新主体地位培育】 2019 年,省科技厅以能源革命和制造业高质量发展为重点,实施“卡脖子”关键核心技术攻关,围绕 9 个重点攻关的领域和 12 个重点研发方向，启动实施 50 余个重点专项,已经实施的一批重大项目陆续取得突破。推进煤基清洁高效利用省重点实验室等创建省部共建国家重点实验室。新立项建设 13 家重点平台，组建 10 家省级产业技术创新战略联盟。启动建设重大传染性疾病防控与诊治山西省重点实验室。启动实施新一轮高企倍增计划，全省高企总数达到 2501 家，发放科技创新奖补经费约 1.30 亿元。

(杨先锋)

【科技创新平台建设】 2019 年,省科技厅推进煤科学与技术实验室等创建省部共建国家重点实验室,科技部完成建设方案论证。新立项建设 13 家国家级平台基地山西分支机构、省级重点实验室和工程技术研究中心、10 家省级产业技术创新战略联盟。落实《山西省企业技术创新发展三年行动计划》，与省工信厅共同推动规上企业研发机构和研发活动全覆盖。

(杨先锋)

【“揭榜制”项目立项改革】 2019 年,省科技厅以能源技术革命和战略新兴产业为重点,探索实施“揭榜制”项目立项改革,实施关键技术“攻尖”和重大技术“迭代创新”,面向国内外公开张榜发布 21 个项目，高性能碳纤维原丝油剂制备等 19 项“卡脖子”和关键共性技术揭榜。通过重点研发计划组织实施基于自主安全可信计算机主板研发等 92 个重点项目。第三代半导体材料等一批原创性成果成为全省高质量转型发展的重要动能。

(杨先锋)

【重大项目支持】 2019 年,省科技厅重点聚焦新材料、煤层气、焦化化工、装备制造、新能源等技术领域,组织实施 2 批山西省科技计划揭榜招标项目,完成 1 批科技重大专项项目立项工作,共资助项目 29 项(2 批揭榜招标项目 19 项、重大专项项目 10 项)，安排财政专项经费 15082.43 万元。根据《鼓励国家科技重大专项和重点研发计划实施细则(试行)》及有关要求，促进发展动能向创新驱动转变，2019年6月对山西省2017年以来承担的5项国家科技重大专项项目(课题)进行奖励。（杨先锋）

【新材料领域】 2019年，山西省在新材料领域有突破。中国科学院山西煤炭化学研究所承担的“煤基石墨烯及其复合材料批量化制备技术开发”项目建成年产1吨煤基石墨烯、年产8吨煤基电容炭和年产8吨煤基石墨烯复合电极材料三大中试技术开发平台及超级电容器组装评价平台，开发出高品质煤基石墨烯、煤基电容碳、煤基石墨烯复合材料三种新产品。中北大学承担的“新型碳材料与铝/镁合金复合集成制备和应用技术”开发铝合金半固态挤压铸造的方法及系统、铝合金半固态二次复合挤压铸造方法、混合颗粒增强型铝基复合材料的挤压铸造方法等新工艺和轻合金的液态成型装置，研究成果已经应用到共享单车镁合金轮毂、平衡车镁合金轮毂、航空航天结构件上。太原钢铁(集团)有限公司承担的“国产T1000级碳纤维工程化制备技术开发”项目形成T1000级聚丙烯腈碳纤维批量生产能力，产品规格包括6K、12K，满足航天、航空等高端用户对高性能碳纤维产品需求。大同新成新材料股份有限公司承担的“石墨烯增强碳基复合材料用于高铁受电弓滑板的研究”项目建成吨级石墨烯溶胶中试生产示范线。山西金宇科林科技有限公司承担的“超高孔隙率、高性能煤系煅烧高岭土制备技术与产业化示范”项目研发的煅烧高岭土新产品超高孔隙率BRITEX-108、BRITEX-108+产品已在广东冠豪、韩国Noroo等国内外客户中应用。（杨先锋）

【煤层气利用】 2019年，山西省在煤层气利用方面有新进展。山西晋城无烟煤矿业集团有限责任公司承担的“低浓度煤层气发电机组研制及示范”项目研发的高效低浓度瓦斯发电机组核心关键部件，与国外同类产品相比，发电效率达到国际先进水平，但成本可降低约30%。截至2019年底，产品厂内试验已经完成。（杨先锋）

【焦化化工开发】 2019年，山西省在焦化化工开发上不断突破。中美新能源技术研发(山西)有限公司承担的“粉煤快速热解技术”项目通过开发新型反应器和气固分离、焦油冷却等技术，建成50吨/天中试试验装置并能稳定运行80小时，以高温富氢气体作为热载体成功实现煤粉快速热解，焦油产率超过葛金分析值，在煤炭热解领域具有一定新颖性。中国科学院山西煤炭化学研究所承担的“高温煤焦油制轻质芳烃技术研发与工程示范”项目重点解决高温煤焦油利用中资源浪费、环境污染的问题，截至2019年底，已搭建完成数套催化剂小试评价装置、千吨级中试装置、催化剂制备中试平台和系统的油品及催化剂分析平台。（杨先锋）

【新能源汽车研发】 2019年，山西省继续加大新能源汽车的研试。江铃重型汽车有限公司承担的“重卡燃料电池动力系统及整车集成技术”项目整合国内优势科技资源，采用“氢燃料电池+动力电池”作为系统动力源，截至2019年底完成阶段性研发和试制目标，江陵重汽成为国内第一家获得氢燃料电池重卡牵引车产品公告的企业。山西春雷铜材有限责任公司承担的“新能源汽车用电连接器件高性能铜合金带材的开发及应用研究”项目形成完整的中试生产线，截至2019年底，开展蚀刻用Cu-Fe-P、Cu-Ni-Si、Cu-Cr-Zr等新产品的中试试验。（杨先锋）

【装备制造项目】 2019年，山西省多项装备制造项目取得进展。华能山西低碳技术有限责任公司承担的“煤质在线检测与优化配置关键技术及装备开发”项目开发出适合火电厂应用的皮带式煤质在线激光全工业分析技术与装备，实现煤质在线检测。太原科技大学承担的“智能化高强钢宽厚板精整线成套装备”项目针对高强钢宽厚板精整线装备智能化控制水平低下、设备结构不够优化、检测装置不完备且严重依赖进口等问题，开展高强宽厚板精整过程在线智能化工艺控制模型与装备研究，开发出智能化高强宽厚板精整线成套装备。中车永济电机有限公司承担的“‘复兴号’中国标准动车组牵引传动系统集成技术”项目研究开发出2种时速250千米中国标准动车组牵引辅助变流器和牵引电机，及1种时速350千米中国标准动车组牵引辅助变流器。太原锅炉集团有限公司承担的“第三代超低排放循环流化床锅炉技术开发及工程示范”项目截至2019年底已形成75蒸吨、130蒸吨、220蒸吨、440蒸吨、1000蒸吨级别超低排放循环流化床产品系列。（杨先锋）

【矿山预警监测】 2019年，山西省在矿山预警技术上有进步。西山煤电(集团)有限责任公司承担的“煤矿通风瓦斯面域化集成测控体系与实时预警系统”项目成功开发新型监测监控系统，减少工作面煤矿停风和因瓦斯超限停产事故，避免煤矿瓦斯事故，依安全状态优化调节生产强度，提高生产效率15%。（杨先锋）

【新药物研制】 2019年，山西制药企业加大新药研制。山西丰源药业有限公司承担的“治疗乳腺增生水凝胶巴布剂的研制”项目，取得CFDA的中药新药临床批件，成为国内首个治疗乳腺增生的中药水凝胶贴剂。山西康宝生物制品股份有限公司承担的“新型肿瘤血管靶向药物——重组人VEGF121突变体/白树籽核糖体失活蛋白融合毒素的研制”项目建设融合蛋白mtVEGF121/ rGEL30的基因工程药物原料及其制剂生产线，符合国家2010年实施的新版GMP的要求，生产规模为原料2.50千克，制剂250万支(规格1毫克/支)。（杨先锋）

科技成果

【农业科技成果】 2019年，山西省农业科学院开展科研课题1002项，其中：国家级163项、省级316项、横向协作82项、院级441项。新开课题275项，其中：国家级68项、省级143项、横向协作33项、院级31项。国家级课题主要包括：科技部中央引导地方科技发展专项2项，重点研发专项课题及子课题4项等。通过国家审定农作物新品种17个、省级审(认)定农作物新品种55个，登记品种77个。28个品种获农业农村部颁发的植物保护新品种权证书。获国家授权专利281件，其中：发明专利39件、实用新型专利236件、外观设计专利6件。获软件著作权5个。获神农中华农业科技奖科学研究类成果二等奖1项(第一单位)，获全国农牧渔业丰收奖三等奖2项(第一单位)；获山西省科学技术奖20项，其中：一等奖1项、二等奖10项、三等奖9项；获山西省标准创新贡献奖7项，其中：二等奖2项、三等奖5项。获山西省市场监督管理局颁布的山西省地方标准55项。发表学术论文657篇，其中国家级193篇。出版著作8部。(朱俊菲)

【林业和草原科技成果】 2019年，山西省林业和草原局加强林业科技专家库、实用技术库、科研成果库和林业标准库建设，收录314名专家候选人、317项科研成果、51项林业实用技术、74项林业标准。山西省林业科学研究院设立草原科学研究所，组建山西林草专家智库。依托山西大同大学和山西省桑干河杨树丰产林实验局建立"石墨烯材料林业产业应用技术国家林草局重点实验室"。中央财政林业科技推广示范项目安排资金1300万元，林业科技创新项目安排资金847万元，投资150万元用于"沙棘功能因子提取及产品研发"。"黄土丘陵区植被恢复与生态经济林经营集成技术研究与推广示范""枣果黑顶病发病机理及防控关键技术研究"2项科技研究成果，获得2018年度山西省科技进步奖二等奖。晋中市榆次区晋丰元农林有限公司的程永祥、长治市沁县天源核桃产业开发基地的张玉民、长治市长治县郝家庄村柒景苗木种植园的王七斤3人，获"全国林草乡土专家"称号。山西省林业种苗管理总站、吕梁野三坡食品有限责任公司、山西省管涔山国有林管理局、山西省交口县林业局、山西省黑茶山国有林管理局石桥林场5个单位以及闻喜县人民政府县长黄亚平、岚县林业局局长王志平、晋中市规划和自然资源局白英、山西省林业科学研究院科技信息研究所所长杨飞、大同市规划和自然资源局科员朱晓基5名个人，获授予第四届"中国林业产业突出贡献奖"。晋中市规划和自然资源局贺迎春主持完成的"贮水伸根免脱育苗杯研发与应用项目"和临县林业局唐五顺、王雪梅主持完成的"林木品种选育项目"获授予第四届"中国林业产业创新奖"。加强网络信息化建设，山西省林业和草原局门户网站正式改版上线，山西省风景名胜区网站重新开通。(贾向前)

【水利科技成果】 2019年，省水利厅围绕水利中心工作，以七河流域生态治理、水土保持水环境与水生态、工程技术、水安全、节水与水资源可持续利用等重大技术需求为导向，组织39项水利技术研究推广项目任务书、合同的签订，完成33个科研项目的验收工作；组织水利科研单位征集确定12项水利关键技术课题；优选44个项目水利技术推广项目上报山西省财政申报2020年水利科研省级财政资金；11月25日，受水利部科技推广中心委托，举办"天地一体化水利大数据仿真平台及相关技术推介会"。省水利厅制订下发《关于修订山西省水利厅水利科技项目管理暂行办法的通知》，建立项目申报、受理评审、过程监管、验收结题、绩效评价的全过程管理机制。(杨　晶)

【电力科技成果】 2019年，国网山西省电力公司加强重点领域科研布局，围绕输电线路防火防冰、电网智能感知等技术，加大科研攻关力度。完善创新激励机制，试点引入成果冠名、重大表彰和期权激励等措施，调动创新主体积极性。打磨重点科技项目，从成果、专利、标准等多层面提高成果申报质量。加强内外部实验室等科研资源协同，健全重大项目联合攻关机制，提高原始创新能力，建立健全以创新能力、绩效、贡献为导向的科研人才评价和激励机制，释放创新创造活力。130项专利获得授权，34项科技成果获省部级以上奖励，4项成果获国家首届安全科技进步奖。深化管理创新，推动智库实体化运作，首度参与国网"十大战略课题"研究。打造"配网精益管理"等百项管理创新示范项目，首获国家电网有限公司管理创新特等奖。鼓励全员创新，开展职工创新、大数据应用、青创赛等活动，63项职工创新成果、69项QC成果获得省部级以上表彰。(龙　云)

【制造业科技成果】 2019年9月30日，中车大同电力机车有限公司制造的首台FXD1J8001号动力车完成组装和试验工作，成功下线。该产品标志山西省轨道交通装备行业进入"复兴号"动车组整车制造产业链。FXD1J型动力车是时速160公里"动车组主要牵引动力单元，即"火车头"，是整列动车组控制及牵引的核心平台。中车大同公司继和谐型电力机车产品外，拥有两款以"复兴"命名的系列机车产品，分别是"复兴号"动力车和30吨轴重"复兴型"重载电力机车，涵盖铁路未来客货运输两大领域。

太重集团公司制造的800吨二氧化碳吸收塔设备于3月在太重滨海码头整体装船顺利发运。此项目相比传统产品，体积更大，重量更重，要求更严格，其筒体内直径8.20米，总长度54.15米，总重800吨。这是山西省装备制造业有史以来制造最重、直径最大且整装发运的重型装备。6月，太重为南京迪威尔生产制造的

350MN多向复合挤压机立柱成功发运。12月底,太重集团公司与墨西哥油田服务公司签订《波罗的海光船租赁合同》。此次租赁的"TZ-400"平台,将服务于墨西哥国家石油公司。"TZ-400"自升式钻井平台是由太重集团公司研发、具有完全自主知识产权的高端海工装备,填补山西省在海洋工程装备领域的空白。

中国煤科太原研究院有限公司牵头完成的"掘支运一体化快速掘进关键技术与装备"获得2019年度中国煤炭工业协会科学技术奖唯一特等奖。开创掘支运"三位一体"快速掘进新模式,攻克掘支平行、全宽截割、自动支护、柔性运输、协同控制、智能安防等核心技术,创新研制首台交流变频电牵引掘锚一体机、模块化智能锚杆转载机、柔性连续运输系统,形成具有自主知识产权的高效快速掘进系统,将巷道掘进平行作业时间由不足25%提高至最高70%,作业人员减少60%,掘进效率提高3倍以上,多次创巷道掘进世界纪录,技术指标国际领先,打破国际煤机巨头在高端掘进装备领域的垄断。

阳煤集团直角转弯大功率重型刮板输送机研究与应用获2019年度中国煤炭工业科学技术奖一等奖。

(董晨阳)

【冶金业科技成果】 钢铁工业。2019年,太钢集团突破高纯净316H特厚板研制的世界性难题,产品独家用于我国首座示范快堆主设备制造;核级不锈钢板用于"华龙一号"机组堆内构件制造;手撕钢生产技术获冶金科技奖特等奖,产品应用于手机折叠显示屏等高科技领域;高强钢和高牌号冷轧硅钢用于超大型水电站建设。创新工艺技术,优化原料结构,以不锈钢冶炼为重点的生产制造成本大幅下降,集团生产全线降成本超额完成预算目标,运行效率提高。参与国内外标准制定与修订,首次主导制定ISO国际标准——《火花源光谱法测定镍铁》,全年起草审定国家军工标准3项、国家标准4项、行业和团标2项,行业话语权和引导力持续增强。山西建龙实业2019年完成科技进步项目38项;累计申报专利93项,授权专利41项,其中发明专利2项、实用新型专利35项、软件著作权4项,实现软件著作权"零突破",获评"山西省优秀企业技术中心"。山西立恒钢铁集团打造创新型钢铁企业集团,2019年获认定为省级高新技术企业、省级企业技术中心、焦化市级企业技术中心,建立市级博士工作站,获得实用新型专利14项。

有色行业。中铝山西新材料经过一系列设备和技术攻关,A356.20方棒一经面世就供不应求,产品远销三门峡、西安等地,成为企业开拓市场的合金"拳头"产品。国家电投山西铝业SysCAD智能生产系统、无钙拜耳法溶出技术研发、焙烧燃气替代项目等多个创新项目应势启动。闻喜银光镁业集团发挥自主创新能力,在批量生产15吋至22.5吋锻造铝合金卡、客车车轮的基础上,又研发出一款16×6铝合金锻造商用车车轮。经中国汽车协会车轮质量监督检验中心检验,该款轮型从设计上保证径向疲劳试验500万转,是常规试验参数的5倍,体现银光锻压汽车轮毂的高质量水准。2019年8月,五台云海镁业有限公司院士专家服务站揭牌,标志着五台云海镁业与国家镁合金材料工程技术研究中心开启强强联手、强强合作模式。2019年8月,尚镁科技公司与卢建钢教授合作,精心组建汽车轻量化精英团队,成立"国家特聘专家"工作站,在大同建设国际一流研发平台,促进大同氢都建设和新能源产业发展。

(董晨阳)

【建设科技成果】 2019年,山西省推动企业创新,加强科技计划项目管理,开展建设科技成果登记。加大科技成果推广应用,纳入骨干企业、诚信评价、招投标、职称评定等管理。召开全省建设科技工作会,开设"山西建设大讲堂",传播先进技术,共享发展经验。全年立项建设科技计划项目30项,省科技厅立项4项,住建部立项11项,结题1项;登记建设科技成果90项,其中,重大成果(一等)10项,优秀成果(二等)28项,创新成果(三等)52项;获省部科学技术奖28项。

(米玉婷)

【生态环境科技成果】 2019年,山西省生态环境厅完成省生态环境厅直属单位"赋予科研机构和人员更大自主权"相关制度的制定和修订工作;向省科技厅推荐山西省环境科学研究院《山西省汾河流域雌激素等内分泌干扰物及其生态风险控制研究》项目和山西省环境规划院《山西省科技重大专项——焦化行业废水处理及资源化利用关键技术集成及验证平台研究》项目参加科学技术奖评选;山西省生态环境研究中心《煤矸石脱碳活化全组分利用技术与应用》获山西省科学技术奖三等奖;向省科技厅报送科研项目20个,包括山西省重点研发计划项目、山西省软科学研究计划项目、山西省应用基础研究计划项目及山西省科技成果转化引导专项项目等;安排环境综合治理托管服务模式试点项目推荐工作、2019年度生态环境科技成果登记申报工作,组织开展先进水污染防治技术推荐工作,推荐水污染防治技术5项;安排山西省生态环境公众科学活动,包括生态环境公众科学有奖征文、山西省环境监测中心站实验区开放参观、开展"美丽山西,我是行动者"主题系列活动、六五世界环境日暨生态环境公众科学宣传活动等;由山西省生态环境监测中心承办的"让我们共同行动,保护生态环境"公众科学素质活动,入选2019年度"山西省十项公众科学素质特色活动";下发《关于开展上年度山西省环境服务业财务统计调查工作的通知》,组织11市及18个厅直属单位进行技术培训,明确统计口径、填报要求及审核要点等,向生态环境部科技与财务司报送《山西省上年度环境服务业财务统计调查工作报告》;向省服务业发展领导小组办公室报送2019年上半年环保服务业运行情况。向生态环境部报送上年清洁生产审核工作总结表,下发《关于在全省开展强制性清洁生产审核调查工作的通知》,组织人员到11

市开展清洁生产调查工作；参加2019年全国生态环境科普工作交流会，向生态环境部推荐2家单位申报国家生态环境科普基地，截至2019年底，山西地质博物馆进入第二轮审核。

（王颖 王毅）

【智能制造业成果】 2019年，山西省培育省级智能制造试点示范企业18户，山西汾西重工有限责任公司等10户企业获评为山西省2019年智能制造示范企业；风神轮胎（太原）有限公司等8户企业获评为山西省2019年智能制造试点企业。太原重工股份有限公司TZ5000/153风力发电机组、LG530冷轧管机组、RB直缝埋弧焊管项目主机设备，山西阳煤化工机械（集团）有限公司晋华炉、水冷壁气化炉等2户企业8个项目获得首台（套）重大技术装备保险项目补偿。

（董晨阳）

成果转化

【科技成果转化政策】 2019年4月26日，山西省科技厅（简称省科技厅）出台《山西省科技成果转化示范基地和示范企业管理办法（试行）》，首批认定4家示范基地和33家示范企业，举办10余场科技成果推介对接活动。11月29日，《山西省促进科技成果转化条例》由山西省第十三届人民代表大会常务委员会第十四次会议审议通过，并正式发布实施。条例分6章39条规范科技成果转化活动。

（杨先锋）

【新产品开发】 2019年，山西省全省规模以上工业企业新产品的开发共4778项。按行业分，按行业分项目数前5名为医药制造533次、专用设备制造531项、金属制品414项、电气机械397项、煤炭开采和洗选380项。新产品开发经费支出数前5名为黑色金属冶炼325599万元，煤炭开采232418万元，金属制品102488万元，专用设备制造89353万元，电气机械76645万元。新产品销售收入前5名为煤炭开采2413288万元，计算机通信1889099万元，有色金属冶炼1639682万元，电气机械1053465万元。

（编辑部）

【专业化孵化器和众创空间建设】 2019年，省科技厅推进国家级专业化孵化器和专业化众创空间建设，推荐申报国家级科技企业孵化器2家，新认定省级科技企业孵化器8家，评测并重新核定49家，44家通过，总数达到65家；认定省级众创空间113家，总数达到267家。评价入库科技型中小企业4578家，同比增长65.82%，入库数量全国排第14位。发挥科技创新券在扶持科技型中小微企业创新活动中的作用，兑付2018年度创新券资金1540万元，惠及企业371家，兑付金额增长99%，惠及企业数增长120%。修订制定《山西省农业科技园区管理办法》《山西省星创天地管理办法》，启动省级星创天地认定工作，国家级星创天地备案总数达65家。举办中国创新创业大赛（山西赛区）比赛、科技活动周、创享行、双创论坛等“双创”活动22场，5家企业获全国行业总决赛优秀奖，全社会创新创业氛围更加浓厚。截至2019年底，全省技术合同交易额达328亿元。

（杨先锋）

【农业科技示范推广】 2019年，山西省农业科学院在全省不同生态区12个县实施“六个一”科技引领工程，立项18项，总投资600万元。集中展示先进科技成果，提升农科院科技服务品牌效应。建立核心示范田0.58万亩，示范推广品种82个，集中展示42项先进适用简约化技术，辐射推广6.80万亩。开展各类培训30多场次，培训农民0.70万人次。

打造乡村振兴科技引领示范村（镇）。25个研究所（中心、站）在25个县31个村（其中休闲农业示范村2个、特色农产品示范村14个、循环农业示范村3个、绿色发展模式示范村8个、产业带动增收示范村4个），分解示范村（镇）建设任务清单，实行工作进展周报制；选择10个优秀示范村挂牌，推进各项任务落实。

有机旱作农业关键技术研究与示范推广。山西省农业科学院抓好实施省级有机旱作重大研发专项和院级有机旱作农业研发专项实施。山西有机旱作农业关键技术研究与示范，重点在全省五大区域13个县，创新形成具有区域特色的六大技术模式。开展各类试验研究100多项，鉴选出抗旱节水特色作物品种74个，初步形成全省5个区域的特色有机旱作农业技术及模式20余项。获省市场监督管理局颁布的地方标准5项，立项9项。获专利1项。发表论文29篇。完成为企业提供技术支持的地理标志产品认证、有机产品认证（或有机转换认证）、绿色产品认证6个。院级有机旱作农业专项中16个单位32个科研团队收集各类种质资源200余份，选育2个通过省级审定的旱地小麦新品种和谷子中晚熟优质不育系汾21A-7。登记辣椒新品种1个，选育优良辣椒自交系材料6份。获得与小麦苗期根部抗旱相关的QTL 24个，其中主效QTL 6个。开发与小麦叶绿素及千粒重相关的功能标记2个。获计算机软件著作权2项。获省市场监督管理局颁布的地方标准3项。发表论文15篇，其中2篇被SCI收录。对接有机旱作农业示范区，构建技术应用体系。集成资源高效利用、土壤质量提升、绿色循环发展、艺机一体化等技术，在阳曲、长子、武乡、壶关等县建立有机旱作示范样板1200亩，集中展示玉米新品种30个、谷子新品种15个、西红柿新品种18个。

（朱俊菲）

【冶金工业科技成果运用】 钢铁行业。太钢集团将提质增效作为公司的新发展理念。在不锈钢方面，高端手机配件用不锈线材通过国际知名手机公司量产认证；超深冲400系材料首次进入新能源电池壳行业；国内首次试制出TTS445J1水管弯头和三通管件；高等级不锈钢管批量应用于北京冬奥会延庆赛区等项目；S32750超级双相不锈钢板和S31254超级奥氏体不锈钢板首次在船舶脱硫脱硝领域批量应用;N08825、N06625、N06600等镍基合金品种实现坯、板、线、管多品种批量供货能力。碳钢方面,高等级管线钢用于中石油中俄东线天然气管道项目,管线钢通过全球最大海水淡化公司认证;高等级磁极、磁轭钢中标"一带一路"多个水电项目;高端无磁钻铤用钢成功中标俄罗斯油田项目;时速400千米变轨距转向架车轴用DZ2材料实现独家首供,高铁齿轮钢实现在"复兴号"装车考核运行,出口俄罗斯高寒工况下车轮用钢GOST2实现首发和批量首供。降本增效方面,生产系统全年降成本10.01亿元,全年钢材销量实现产销率100%;搭建终端直供平台,400系不锈钢比例稳定提高到50%以上,不锈钢钢材销售量同比增长21%;应对国际贸易摩擦不利影响,宽幅冷轧、宽幅热轧、双相钢等不锈钢重点品种出口销量分别提升100%、39%和76%;优化电商销售平台,上线手机App;紧抓市场机遇,超细粉销售量、收入、利润均创历史新高。

山西建龙实业2019年累计开发汽车大梁钢、管道钢、耐酸钢、矿用压力支柱管钢等新品种19个,其中13个新品种开始批量生产;以产量和效益突破为抓手,推动转炉快节奏炼钢实现突破,每炉冶炼时间缩短到27分钟以内。

首钢长钢开发ER70S-M合金焊线盘条和制钉用HPB300T、Q235T盘条产品;棒材线开发18毫米带肋钢筋三切分、22毫米带肋钢筋二切分工艺并实现批量生产。

山西建邦集团2019年度获国家建筑钢材质量监督检验中心和中冶检测认证评为"2017-2018"年最具影响力企业;获中国质量检验协会评为"全国百家质量诚信标杆企业""全国钢铁行业质量领先企业";获中国钢铁协会评为"2019年度优秀建筑用钢生产企业品牌";获中国铁建股份有限公司授予"战略合作伙伴"称号。

有色金属行业。中铝山西新材料生产系统强化过程管控,上下游环节充分协调,挖掘现有生产潜能,每吨氧化铝矿耗较上年同期下降49千克,碱耗较上年同期下降53.41千克。实施不同品位铝土矿的差异化操作,通过科学调控配灰,精细管理流程工艺,把能源利用做到最优、吃干榨净。国家电投山西铝业坚定不移地实施低成本战略,深化物流运输费用管控,争取政策减税降费,推动生产节能改造,在矿石价格上涨22%,产品价格下跌10%、市场因素减利11.66亿元的情况下,多渠道成本压减增利7.50亿元。中条山集团通过对资金运行的全过程控制监督,优化资金运作水平,降低财务费用;利用国家减税降费政策,减少在重点工程项目建设、上市、工艺改造等工作中的费用支出;通过改变融资结构,增加进出口银行、国家开发银行等政策性银行融资额度,提高中长期贷款比重,置换高利率贷款;加强原料和产品销售库存管理,降低库存资金占用的方式,提高资金使用效率,全年降低财务费用8900万元。 (董晨阳)

山西省工业企业加大技术开发和新产品投入,图为2019年建设中的大运集团新能源汽车生产线 (山西画报供图)

【煤化工业科技成果运用】 2019年,山西省以重点企业为依托、重大项目为支撑,推动现代煤化工高端示范和传统煤化工优化升级。潞安煤基清洁能源60万吨/年减底油异构脱蜡项目、潞宝兴海新材料3万吨/年锦纶6棉型短纤维项目均已投产,襄矿泓通20万吨/年乙二醇、沃能化工30万吨/年乙二醇联产LNG等项目于2020年试生产。探索"分质分级、能化结合、集成联产"的新型煤炭利用方式,推进油化电热一体化发展。鼓励和引导企业组建创新联盟,发挥整体优势,打造产业集群系统性、协同性发展模式。 (董晨阳)

【甲醇制芳烃技术】 中科院山西煤化所MTA工艺集成具有自主知识产权的甲醇制芳烃及与之匹配的烷基化、烷基转移技术,具有催化剂稳定性长(>20天)、芳烃单程收率高(>30%)、二甲苯选择性高(>60%)、芳烃产品结构可灵活调节等优点。完成国内首套二段式百吨级甲醇制芳烃中试,各项技术指标达到要求。截至2019年底,处于中试技术优化阶段。 (董晨阳)

专业科技服务

·测 绘·

【概况】 2019年,山西省测绘地理信息院(简称省测绘院)完成省级基础测绘1.62万平方千米数字线化图更新生产和2019年度基础性地理国情监测，实施完成国家应急测绘保障能力建设山西单项工程。开展《山西省教育发展地图集》编制，完成图集设计及50幅样图制作。完成平陆县县级基础测绘项目和晋城市现代化测绘基准建设项目。启动自然资源山西省卫星应用技术中心建设，实施国土空间月度监测。开发“二青会地理信息服务平台”，提供专题性公共服务。为中央、省领导视察调研提供各类专题用图3500余幅。推进科研创新，完成跨年度科研项目2个，新实施生产型科研项目5个，参与的1项科研成果获2019年度国家科学技术进步奖一等奖，自主完成的1项科研成果获山西省科技进步奖二等奖；5人列为省学术技术带头人，6人列入“三晋英才”支持计划。（王文斌）

【基础测绘】 2019年，省测绘院落实省级基础测绘经费1080万元。完成上年省级1:1万基础测绘1.22万平方千米数字线划图和3.75万平方千米数字正射影像图更新数据入库。完成省级1:1万基础测绘1.62万平方千米数字线划图更新生产。落实国家边老少区基础测绘专项补助经费200万元，组织完成国家边老少区基础测绘专项补助项目——平陆县县级基础测绘项目。（王文斌）

【地理国情监测】 2019年，省测绘院落实基础性地理国情监测经费2383.13万元，完成2018年度基础性地理国情监测数据入库和2019年度基础性地理国情监测任务。

这次国情监测，是利用高分辨率航空航天遥感影像，整合最新的基础地理信息数据及相关部门专题数据，以6月30日为标准时点，为完成全国地理国情信息数据提供资料。到2020年1月，由中国测绘科学研究院完成全国地理国情监测基本统计。（王文斌）

【山西省主要河流自然资源调查】 2019年，省测绘院落实山西省主要河流自然资源调查项目经费3000万元，完成项目技术方案（设计书）编写和前期数据试生产及数据精度验证。开展像控点测量、数字高程模型和数字正射影像生产工作。（王文斌）

【测绘地理信息服务】 2019年，省测绘院服务自然资源管理，为自然资源卫片执法、国土空间规划等业务提供基础数据和技术支撑；协助完成全省违建别墅问题清查整治、第三次国土调查试点等工作；协助自然资源部国土卫星遥感应用中心完成我国首颗民用高光谱业务卫星发射观摩活动和卫星遥感技术应用研讨会议相关工作；选派专业技术人员协助做好自然资源督察工作，获国家自然资源督查北京局认可。配合省审计厅开展盐湖区、原平市、临离高速公路领导干部自然资源资产离任审计；根据省政府办公厅和省住建厅、忻州市政府要求，完成省政府周边、五台山景区环境三维模型制作。为重点工程项目测绘提供GPS点、水准点、三角点累计550多个。（王文斌）

【应急测绘保障服务】 2019年，省测绘院纳入省应急救援指挥体系，成立测绘应急救援指挥领导小组和相应的组织机构。组织实施国家应急测绘保障能力建设山西单项工程项目，按国家项目办进度安排，开发应急数据库系统，采购相关软硬件及应急装备，单项工程建设全面完成。3月15日至21日、3月29日至31日分别为乡宁县枣岭乡山体滑坡和沁源森林火灾抢险救援提供快捷高效测绘应急保障，遥感中心获“山西省‘3·15’乡宁山体滑坡抢险救援先进集体”称号。（王文斌）

【地图公共服务】 2019年，省测绘院完成《山西省教育发展地图集》前期数据资料收集、图集设计及50幅样图制作。编制完成《山西省历史地图集》。编制完成2019版《省领导工作用图》，增加地表覆盖、生态修复图幅。保障紧急公务用图，为中央领导视察和省委、省政府主要领导调研考察提供《工作态势》《突发事件分布图》等各类紧急公务专题用图3540余幅。编制完成并向社会公开发布2019版山西省系列标准地图，包括山西省和11个设区市共12个行政区域3个开本（8开、16开、32开）36幅。编制《太原市迎泽区精品手绘地图》宣传展现城市文化。编制中英双语版《中国晋商万里茶路图》，在外交部蓝厅推荐山西时展出。编制繁体版《山西法制历史文化地图》，受邀参加港澳交流。为“全民义务植树系列宣传

2019年7月2日，山西省测绘地理信息院派员到晋城市沁水测区现场指导（王文斌供图）

国家科学技术进步奖

证 书

为表彰国家科学技术进步奖获得者，特颁发此证书。

项目名称：中国高精度数字高程基准建立的关键技术及其推广应用

奖励等级：一等

获 奖 者：山西省测绘工程院

2019年12月18日

证书号：2019-J-25201-1-01-D09

2019年12月18日，山西省测绘工程院参与的“中国高精度数字高程基准建立的关键技术及其推广应用”项目成果获得2019年度国家科学技术进步奖一等奖 （王文斌供图）

山西站”活动制作系列地图产品。围绕中部盆地城市群建设、全域旅游以及地方政府决策和行业部门业务等需求，共编制提供图集(册)9部、专题地图300余幅，提供区域卫星影像图和不同比例尺纸质地形图6000余幅，提供不同精度数字线划图、数字高程模型4000余幅。 （王文斌）

【“天地图”建设与应用】 2019年，省测绘院推进天地图一体化，实现“天地图·山西”省级节点服务、门户、域名、用户和应用开发接口“五统一”。完成省级节点年度更新以及国家、省、市三级节点数据融合，提高平台数据的现势性和精度。发布山西省多时相历史影像，协助国家地信中心完成“新中国70周年专题系统”建设工作。开发建设“二青会地理信息服务平台”，提供专题性地理信息公共服务，完成“天地图·山西”平台迁移上云，迁移数据量达2TB，实现山西省空间地理信息大数据资源的整合共享，为山西云时代技术有限公司提供技术支持。 （王文斌）

【测绘基准建设与应用】 2019年，省测绘院加强卫星导航定位基准站网运维和服务，完成CORS站101个站点的现场故障处理及巡查；完成岚县气象局观测场基站搬迁重建和95个基站资料整理，13个国家基准站踏勘；全年新增终端320个，新增用户单位34家，为全省600余家测绘单位、3000余个专业用户提供高精度实时定位服务。提供国家CGCS2000坐标系统服务，为全省政府机关及各类企业提供1466余次坐标转换服务，转换点数84647个。完成晋城市现代化测绘基准建设。 （王文斌）

【卫星遥感影像获取与应用】 2019年，山西省遥感中心接收的高分一号、高分二号、资源三号、北京二号等卫星遥感影像，实现2米分辨率覆盖全省5期，1米分辨率覆盖全省97%。累计分发卫星影像5501景、生产卫星影像4623景，保障全省多项重点工作需求。落实省政府领导关于加强国土空间管控的要求和卫片执法防灾减灾信息系统建设专题会议部署，8月起运用卫星遥感影像开展国土空间月度监测。结合自然资源山西省卫星应用技术中心建设，编制卫星中心建设及国土空间月度监测实施方案，落实卫星中心建设及近年国土空间月度监测经费3500余万元。 （王文斌）

【测绘科技项目】 2019年，省测绘院完成“基于无人机倾斜摄影技术在城市三维建模和应急测绘中的应用研究”和“自然资源要素监测技术研究”2个跨年度科研项目。安排科研经费200万元，实施5个生产型科研项目。山西省测绘工程院参与的“中国高精度数字高程基准建立的关键技术及其推广应用”项目成果获2019年度国家科学技术进步奖一等奖。山西省综合地理信息中心主持完成“自然资源监测省级地理国情云服务平台关键技术及规模化应用”项目成果获山西省科技进步奖二等奖。 （王文斌）

【测绘成果质量检验】 2019年，省测绘院组织完成2018国家地理国情监测——城市地理国情监测山西省监测区项目（山西省2018年城市地理国情监测项目)验收。完成三调项目太原市城六区、运城市、临汾市等1:2000航空摄影分辨率优于0.20米的数字正射影像图制作项目最终检查。完成山西省晋西测区1:1万更新项目首件成果监督检查和过程质量监督检查和成果质量检查验收。完成晋城市现代基准建设项目和平陆县县级基础测绘项目的验收。完成山西省2019年基础性地理国情监测第一次、第二次过程质量检查、复查工作以及成果验收，通过国检中心复核。完成汾阳市基础测绘1:500(258幅)、1:2000(75幅)航测地形图项目验收工作。 （王文斌）

【测绘仪器计量检定】 2019年，省测绘院检定测绘仪器2165台，其中全站仪612台，GPS接收机860台，水准仪304台，测距仪371台，经纬仪18台。 （王文斌）

【测量标志维护】 2019年，省测绘院完成全省中北部7个地级市50个SXCORS基准站点标志的调查维护。 （王文斌）

【地图审核监管】 2019年，省测绘院完成公开出版地图技术审查项目13个。开展互联网地理信息监管技术审查，共分析图片54.90万幅，查出问题图片127幅。 （王文斌）

【测绘法制宣传】 2019年，省测绘院成立院法治建设工作领导小组及办事机构，配合省自然资源厅组织开展第50个世界地球日主题宣传周活动，在办公楼一层大厅电子显示屏循环播放、院门户网站设置飘窗刊发宣传标语。8月下旬，组织开展测绘法宣传日暨国家版图意识宣传教育周宣传活动，通过张贴宣传海报、播放宣传视频、设置咨询展台、发放宣传资料等方式进行测绘地理信息普及和宣传，共发放宣传折页、太原手绘地图、太原城区地图等3000余份。12月初，组织开展“12·4”国家宪法日宣传

周系列活动。12月11日，组织开展2019年法治专题讲座，全院50余人参加学习。（王文斌）

【测绘对外合作与交流】 2019年3月7日，山西省地理信息系统协会与广州南方测绘科技股份有限公司太原分公司在太原联合举办“测绘地理信息行业新技术新装备及新形势下测绘应用解决方案研讨会”，全省测绘资质单位150余人参加培训交流。3月15日，省地理信息系统协会与上海华测导航技术股份有限公司在太原举办“2019年测绘地理信息行业高端装备技术应用研讨会暨华测导航用户大会”，省内各市测绘地理信息主管部门、测绘行业相关单位及测绘资质单位280余人参加培训交流。4月25日，山西省测绘学会与徕卡测量系统（贸易）北京有限公司在太原联合举办“2019年测绘地理信息行业先进装备技术应用研讨会”，各地测绘行业相关单位及测绘资质单位300余人参加培训交流。6月1日至3日，与省地理信息系统协会、山西能源学院和中海达山西分公司联合举办首届“中海达杯”山西省本科院校测绘技能竞赛，全省10个本科院校80余名选手参加。6月17日，山西省测绘学会与深圳市大疆创新科技有限公司在太原举办“把握大疆小趋势，拥抱行业大未来——2019大疆无人机航测应用技术论坛”，省内测绘地理信息及相关行业的专家学者和测绘资质单位100余人参加研讨。7月29日，省测绘院到陕西测绘地理信息局围绕党建工作、大数据中心建设、测绘生产管理及科技创新等进行交流。（王文斌）

·气　象·

【气象服务生态建设】 2019年，省气象局完成汾河源头生态修复人工影响天气能力一期工程建设。开展《山西省黄河流域生态保护和高质量发展气象保障规划》编制工作。生态气象监测评估、云水资源开发利用等分析报告为省委、省政府领导决策提供重要参考。与省生态环境厅签署深化合作框架协议。持续助力“两山七河一流域”生态修复，合理开发利用空中云水等资源。对雄安新区海河流域上游山西水源涵养区人工影响天气需求进行前期工作调研。全省实施飞机人工增雨（雪）作业152架次，开展地面增雨（雪）作业1029次，累计增雨量近30.98亿立方米。编制完成《山西省气候可行性论证质量管理办法》和6个开发区气候可行性论证工作方案。《山西省开发区气候可行性论证实施意见》《山西省工程建设项目区域气候可行性论证管理办法（试行）》正式印发。助力山西国家全域旅游示范区建设，服务产品实现4A级以上景点全覆盖。夏县、沁源、静乐三县和翼城历山获评“中国天然氧吧”称号。长治市获评首批“中国天气·避暑之城”称号。太行山国家气象公园建设工作正式启动。（杨　柳）

【气象现代化建设】 2019年，山西省各级财政支持山西生态文明建设人工影响天气保障、现代农业气象保障、温室气体监测站网与节能减排支撑能力建设、基层台站基础设施建设等项目资金1.20亿元。完成生态文明人工影响天气保障工程项目一期，现代农业气象保障工程等项目建设有序开展。太原、五寨新一代天气雷达建设主体完工，投入试运行。各类气象观测业务系统运行稳定，地面、高空、雷达等业务可用性稳定在99%以上，各项指标均超过目标任务要求。气象数据传输及时率稳定在99%以上。国家气象观测站观测自动化试运行良好。风云卫星数据及产品进入省级数据库，实现全省共享。气象信息化持续推进，国省带宽达到400M。基础设施资源池完成扩容，大数据云平台建设进展顺利。全省一体化综合业务实时监控系统（“天镜”系统）建设完成。暴雨预警准确率为83%，强对流天气预警时间提前量为27.92分钟，较过去三年平均有明显提高。汛期气候预测PS评分全国排名第四。“基于山西睿图模式的降水客观预报”在中国气象局第一届智能预报技术方法交流大赛中获得第14名，其中强降水预报技巧评分全国排名第2。在第七届全国气象行业天气预报技能竞赛中，山西荣获全能团体第10名。（杨　柳）

【气象改革与法治建设】 2019年，山西省明确省级行政审批事项，优化气象行政审批流程，签署授权委托书，部门审批事项上线“三晋通”App，审批事项及时办结率达100%。制定企

2019年6月16日，山西省常务副省长胡玉亭（前排左二）在省气象局安全生产月宣传咨询日现场参观人工影响天气装备（杨　柳供图）

业投资项目承诺制改革系列配套制度，率先在全国取消企业投资项目施工图审查。办理部门改革推进类文件190余件。完成全省气象部门116个行政执法主体确认工作，全年气象执法检查总计1490次。修订《山西省人工影响天气管理办法》，召开全省气象部门防雷安全监管工作督导会、全省防雷检测企业督导会、全省防雷减灾安全管理联席会，2019年度共认定防雷装置检测乙级资质21个。通过“双随机一公开”监管方式，对防雷重点单位抽查2051次。积极参与山西建设国家标准化综合改革示范省建设，成立山西省气象标准化技术委员会。气象防灾减灾领域标准体系建设纳入《全省推进标准化工作改革发展2019—2020年行动计划》；推广应用40项气象行业标准，新发布10项地方气象标准。通过引入ISO9001国际质量管理体系标准，建成山西省气象观测质量管理体系，完成35个程序文件和82个作业指导书的体系文件编写和评审。首次制定《山西省气象标准化工作报告(2019)》。（杨　柳）

【气象人才与科技创新】 2019年，省气象局推进气象科技创新基地建设，“五台山云物理野外科学试验基地”入选中国气象局野外科学试验基地序列，填补山西气象野外科学试验基地的空白，为提高华北地区预报准确率和生态环境气象保障能力提供科技支撑。推进气象科技研发工作，2019年获山西省科学技术进步三等奖1项，山西省自然科学三等奖1项，中国航空学会科学技术三等奖1项。获批实用新型专利1项，软件著作权5项。发表核心期刊论文28篇。出版著作《第二届全国青年运动会(太原)气象灾害风险评估》。共获批中国局气候变化专项1项、气候模式产品释用项目1项、预报员专项5项、关键技术项目子项目1项，山西省科技计划项目6项。年内1人获聘正研二级岗，5人取得正高级职称任职资格；新增1人享受国务院政府特殊津贴，新增3名首席预报员和1名首席科技专家；5人入选省委“三晋英才”支持计划；1人获得参加气象科技骨干海外项目机会。贯彻新时代党的组织路线，优化各级领导班子结构，加大领导干部交流轮岗力度，大胆提拔使用优秀年轻干部。年内调整14个处级单位主要负责人，选拔任用处级干部17名。45岁以下处级领导干部占比较2018年底提高2.32%。开展优秀县局长表彰、优秀公务员评选和首次事业单位奖励。开展公务员职务与职级并行工作。省委、省政府继续将气象工作纳入目标管理绩效考核和安全生产考核，省局连续6年获评促进山西经济社会发展突出贡献单位。连续10年获评安全生产先进单位。执行保密制度，没有发生失密、泄密事件。认真做好老干部工作，落实老干部“两项待遇”。开放业务单位、台站和气象科普教育基地145个，接待参观群众近10万人次，发放各种科普资料近30万份（册），“四进”活动累计受众约14.20万人，多项气象科普作品和多个科普场馆获得表彰奖励。（杨　柳）

·地震监测·

【概况】 2019年，山西省共发生MS≥1.0级地震152次，其中MS1.0级至1.9级地震128次，MS2.0级至2.9级地震21次，MS3.0级至3.9级地震3次，最大地震是8月23日大同市灵丘MS3.2级地震。（和　炜）

【台网运行】 2019年，山西数字测震台网运行台站57个，总体运行率99.14%，向中国地震台网中心速报地震18次，分析处理地震事件3850条，其中可定位地震事件2578条，塌陷18条，爆破24条，不可定位地震事件1230条，编写完成《山西省测震台网运行年报》。山西地球物理台网运行台站39个，在运行前兆观测仪器138台(套)，共计417个测项，数据汇集率100%，数据有效率98.50%，编写完成运行年报和观测数据跟踪分析年报。山西地震信息台网运行节点21个，网络综合运行率99.80%。山西陆态GNSS观测网络直属和托管基准站5个，数据连续率99.75%，有效率96.99%。山西强震动台网运行台站56个，总体运行率100%，向中国地震局强震动台网中心速报地震1次，编写完成《山西省强震动台网2018年度运行报告》。观测质量保持稳定，22个测项获得全国地震监测预报观测资料质量评估前三名。

（和　炜）

【震情跟踪】 2019年，山西省地震局(简称省地震局）制定全省震情监视跟踪工作方案，完成各类会商137次，报送《震情反映》12期，现场异常核实8次，编写异常核实报告17份。完成全国“两会”“高考”“二青会”“庆祝新中国成立70周年”及“十九届四中全会”等特殊时段的地震安全服务保障工作。开展晋冀蒙、陕晋豫区域协作联防，分别在运城市和大同市召开陕晋豫、晋冀蒙协作区震情跟踪专题会商会，形成会商意见和工作措施。

（和　炜）

【国家地震烈度速报与预警工程（山西子项目)建设】 2019年，省地震局推进国家地震烈度速报与预警工程(山西子项目)建设，27个新建基准站建设工程完工26个，30个新建基准站防雷工程完工18个，122个新建基本站和3个新建井下基准站完工38个，场地勘测完成钻孔121个，完成861个一般站的合同签订，51个改造基准站工程全部完成。完成预警中心机房装修工程、新风空调工程、配电系统、防雷接地系统、气体消防工程、机柜封闭冷通道系统、动环监控门禁系统建设。完成山西省128个县区的248所学校和10个厅局单位的预警终端点位基本信息复核和编码工作。

（和　炜）

【冬奥会保障晋冀蒙监测能力提升项目】 2019年4月3日，省地震局组织召开冬奥会保障晋冀蒙监测能力提升项目启动会，成立管理实施机构，编制完成大同台、代县台和临汾台的项目实施方案，完成3个台站的土地租用合同签订。开展大同分项钻孔施工项目，包括11口观测井建设、电极下放及钻孔封闭回填、12个检查装置建设、观测线路敷设连接、水位井供电、通讯、视频监控系统建设及线路测试。

（和　炜）

【台站标准化改造】 2019年，省地震局成立台站标准化试点改造领导小组和实施机构，对太原基准地震台流体测点和祁县地震观测站进行改造，主要包括仪器设备防震加固、综合布线改造、标识标牌安装等，达到室内风格统一、设备布设合理、综合布线规范的标准，为台站标准化建设起到示范借鉴作用。（和　炜）

【地震台建设】 2019年，省地震局推进台站改革工作，印发《忻州综合地震台改革试点实施方案》，1月1日起按照忻州综合地震台模式管理和运维。代县中心地震台完成五台地震科技中心、定襄地震台的整合工作。昔阳地震台并入太原基准地震台管理。

省地震局推进一县一台建设，完善市级地震监测中心建设，提升县级地震信息平台覆盖率，实现市县地震观测数据整合与共享。协助市县完成14个台站建设任务，共计19套仪器接入省级台网。大同、临汾、忻州、阳泉市的县级地震信息平台实现全覆盖，太原、运城、晋中市覆盖率超过50%。

（和　炜）

【地震信息化建设】 2019年，省地震局完成与应急管理厅应急指挥骨干网通信链路架设。加强信息基础设施建设，利用阿里云、大数据技术建设山西地震台网数据共享系统，完善核心业务系统，实现应急会商产品、周例会、月会商产品、综合学科会商产品、加密会商产品的自动产出等功能。完成统一办公平台和电子公文系统建设，在太原市公安局完成系统备案。强化地震网络安全能力，按照等保2.0标准完成等级保护测评工作。

（和　炜）

【抗震设防管理与地震灾害风险防控】 2019年9月3日，省政府办公厅印发《山西省关于推进区域性地震安全性评价工作的实施意见》，省地震局印发《山西省区域性地震安全性评价工作技术大纲》和《需开展地震安全性评价的建设工程目录》。河津市经济技术开发区完成区域性地震安全性评价项目招投标工作。山西综改示范区（阳曲产业园区及潇河产业园区）完成区域性地震安全性评价项目建议书编制。对《太原市小井峪村城中村改造项目工程场地及附近活动断裂勘探评价报告》评审。完成朔州机场、黄河古贤水利枢纽等重大工程项目可行性研究报告的审查。与省住建厅联合对416家建筑单位共计983项建设工程的《中国地震动参数区划图》执行情况进行检查。到运城、临汾、忻州、大同4个市的应急管理局、住建局、防震减灾中心开展“如何防范化解地震灾害风险”的专题调研，并编制完成调研报告。编制地震灾害风险调查和重点隐患排查工程项目建议书，提出《山西地震烈度速报与预警工程项目》和《山西省城市活断层探测与地震危险性评价项目》2个项目建议报省应急管理厅。

（和　炜）

【震害防御基础探查】 2019年，省地震局继续推进城市活动断层探测和震害防御基础项目建设工作。“忻州市区活断层探测与地震危险性评价项目（一期）”4个专题全部通过验收。“大同市活断层探测与地震危险性评价项目（一期御东片区）”启动，“控制性浅层地震探测专题”通过验收。“晋中市活动断层探测与地震危险性评价项目”完成招投标工作。阳泉市震害预测项目实施方案通过论证，启动实施。霍州市启动城区地震小区划项目。推广基础探测成果的应用，山西省综改示范区有58个工程建设项目、大同市装备产业园区有10个工程建设项目均应用基础探测成果，为城市规划和基础设施建设提供科学依据。（和　炜）

【防震减灾宣传教育】 2019年3月27日，举办首届山西省防震减灾科普讲解大赛，选拔4名选手参加全国防震减灾科普讲解大赛，均获优秀奖。举办全省防震减灾科普作品比赛，组织参加第二届全国防震减灾科普作品大赛。7月19日联合省教育厅举办第二届山西省防震减灾知识竞赛，选拔晋中队参加全国防震减灾知识大赛，获得优秀奖。完成影视片《足迹》，影册《辉煌70年》，公益广告《地震科技托起城市安全梦（韧性城市）》《提高防震减灾科学素养，安全你我他》4件科普原创作品创作。组建传播师队伍，经过推荐和专家评选，42人被评选为首批山西省防震减灾科学传播师。在太原市青年宫举办防灾减灾大型主题宣传活动，举办媒体开放日、防震减灾科普讲座进学校、进机关、进企业等系列宣传活动。开展“平安中国”防灾宣导系列公益活动，在山西省科技馆、太原国际机场有限责任公司、山西省好艺中专学校举办防震减灾知识讲座，各市县共举办各类科普讲座57场。

（和　炜）

【科研管理】 2019年，省地震局出台科技成果转化实施细则，对科技人员取得的专利、软件著作权进行登记备案。争取省部级和中国地震局司局级科研项目18项，其中山西省重点研发计划项目1项、山西省面上自然基金项目2项、山西省面上青年基金项目3项、地震科技星火计划项目1项、地震监测预报科研三结合项目3项、震情跟踪工作任务6项、地震应急青年重点课题2项。下达局属科研项目36项，其中一般项目21项、青年项目9项、重点项目5项、攻关项目1项。组织验收局属科研项目35项、2019年度地震监测预报科研三结合课题3项。承担的地震科技星火计划项目《区域前兆应急产品产出软件研制》通过中国地震局验收。承担的省社会发展科技攻关计划项目《基于InSAR技术的山西地震重点监视防御区现今地壳形变场监测与研究》和省面上自然基金项目《临汾盆地地震波速度和衰减结构层析成像及孕震构造研究》通过省科技厅验收。

（和　炜）

【山西省防震减灾科普体验馆建设项目获批复】 2019年9月，山西省防震减灾科普体验馆建设项目初步设计获省发改委批复，项目总建筑面积5913.26平方米，其中地上三层，建筑面积3888.80平方米，地下一层，建筑面积2024.46平方米，设计使用年限50年。（和　炜）

文化场馆

·图书馆·

【概况】 2019年，山西省图书馆（简称省图书馆）累计接待读者1379343人次，借阅1370138册次，办证21100个；数字资源的访问量共计38663人次，数字资源点击量6950626次，数字资源下载量共计150666次；举办讲座216场，受益读者3039500人次；举办展览95场，参观读者443868人次；面向基层文化工作者主办、承办各类培训班共32次，参加培训人员2477人次。举办读书会70场，受益读者3726人次。举办其他各类活动331场，受益群众477130人次。 （赵中梁）

【文源讲坛】 2019年文源讲坛·星期日讲座在省图书馆长风馆共开展107场，线下累计接待读者2.10万人次。"彩票公益金资助·文化行三晋 讲座走基层——山西省图书馆文源讲坛基层服务项目"初步实现市、县、乡村（社区）三级覆盖，全年举办讲座79场，累计覆盖读者300余万人次（含网络直播）。文源讲坛微信订阅号现有粉丝2.10万人，全年发布原创图文消息190条，累计阅读量近20万次，读者留言近300条。 （赵中梁）

【文源视界】 2019年，文源视界共举办展览49场，其中馆内展览38场，巡展11场，线上线下共惠及读者31.5万余人次。结合展览作品元素，经展览作者授权，文源视界策划"《杨吉魁写意花鸟画法》新书出版暨迎春小品展""书香盈岁月 新桃换旧符——山西省图书馆新春楹联书法作品展"等4场精品展览。配合新中国成立70周年、省图书馆建馆110周年策划一系列主题展览，"时尚回响70年大型实物展"获学习强国·山西平台作视频报道。践行省图书馆"空间再造、功能再造、形象再造"的目标任务，对现有展厅的性质和定位、规模、门槛分析，明确第一展厅精品展、第二展厅普及展、三层多功能展厅大型展的功能定位，以及品牌展与平台展相结合的发展模式。 （赵中梁）

【长风读书会】 2019年共举办线上线下读书会25期，微信公众号发布活动宣传信息87条，参与读者2000余人次，并策划和组织"上图杯"2019阅读马拉松秋季赛山西省图书馆赛区比赛。一是分享内容体现时代主题。举办《权力的游戏》背后的历史镜像——"欧洲中世纪史"、百合看黛玉——"红楼梦读书会"、财商训练营——"小狗钱钱"、量子波动速读VS慢阅读、《重回1937》VS《再回1949》：两个重要年份的青春"温度"、读书会+青年企业家论坛——区块链专题。二是开展线上线下结合的推广形式。2019年5月，启动线上读书会。通过线上平台分享《马未都说收藏·陶瓷篇（上下）》；在微信群"山西省图书馆长风读书会""长风读书会红楼梦微信群"中，利用语音、文字与图片相结合的方式，开展"红楼文物说"系列线上读书会。线下举办的"青铜华彩——《中国青铜器鉴赏图典》读书会"，专门编写为青铜器生僻字注拼音的小程序；"来自三体的邀请，这次你要不要回答？——《三体》三部曲读书会"上，参与讨论的20余位嘉宾用诙谐、简洁的语言介绍自己所扮演的角色在《三体》里的主要事迹。三是打造融研学文旅于一体的新体验。在"大好春光宅在家 不如去校园识花！——《中国常见植物野外识别手册·北京册》读书会"活动中，组织读者到山西大学识花；在"守望飞羽——《中国鸟类野外手册》读书会暨户外观鸟活动"中，组织读者到湿地公园观鸟。四是体现山西地方文化新特色。举办"一身诗意不朽，万古'徽音'留踪——《林徽因集：建筑·美术》读书会"，带读者解应县木塔、五台山佛光寺等三晋古建瑰宝；"陶冶三晋——山西古代陶瓷特展"，带读者解山西特有的瓷器等。 （赵中梁）

【图书馆科技成果新应用】 2019年，省图书馆开通芝麻信用读者证馆际互借功能；开通移动借阅服务，读者通过手机、平板电脑、微信等设备及平台即可自助借阅图书；在全国首家

使用"AI光影阅读"系统，利用激光投影和成像技术，将优质电子资源投影到桌面，读者可以直接在投影位置触控操作。（赵中梁）

【图书馆新年惠民活动】 2019年，省图书馆第十四届新年诗歌朗诵古琴音乐会"'扬帆新时代'2019少儿元旦嘉年华"精彩演出先后开场；"书香盈岁月 新桃换旧符——山西省图书馆新春楹联书法作品展"和"右玉精神的人民性、历史性、文化性探源"公益讲座、"书香联萃 上元雅集——山西省图书馆2019元宵节楹联书法作品展""关爱特殊儿童，同绘新年梦想"公益画展、"赏楹联 话年俗——2019年山西省图书馆楹联与年俗文化沙龙活动""表里山河无限风光 民俗风情独特人文——山西旅游文献展"等多项活动为读者带去节日的文化大餐。（杨　超）

【碑帖拓片保护与修复培训】 2019年4月9日，由国家古籍保护中心主办、省图书馆承办的"第三期全国碑帖拓片保护与修复技术培训班"在省图书馆开班，来自全国各地的29名学员和山西省的26名旁听学员参加开班仪式。培训设立碑帖编目与鉴定、石刻文献拓制、拓片修复与装帧技术等课程。复旦大学图书馆特聘专家、传习导师赵嘉福，国家图书馆研究馆员冀亚平，山西省图书馆特聘专家、传习导师胡玉清，上海图书馆传习导师邢跃华将碑帖保护理论与修复实践紧密结合，为学员作讲授。在几位专家的指导下，学员们学习碑帖鉴定常识，掌握拓碑技术，学会拓片的经折、册页、简裱等装帧形式制作和拓片折叠保存等方法，参与修复清及以前的石刻拓片136张。省图书馆于2010年启动"山西民间石刻文献拓制保护工程"以来，对全省范围内所存民间石刻资源进行拓制保护，截至2019年底，取得阶段性成果。2019年，山西省图书馆以馆藏拓片整理、编目和修复工作为重点，为下一步石刻拓片整理保护工作开展提供人才支撑和经验储备。（杨　超）

【"图书馆之夜嘉年华"活动】 2019年4月21日，省图书馆举办"阅知三晋·图书馆之夜嘉年华"大型活动。本次活动以"读经典、学新知，链接美好生活"为主题，近300名读者朋友参与其中。主会场活动在少儿诵读《逐梦》中拉开帷幕。馆长王建军带领馆领导集体宣读《服务全民阅读 共创美好生活——中国图书馆界4·23全民阅读活动倡议书》，在活动中分别揭晓和宣读2018年度读者最喜爱的图书、期刊、少儿图书，以及"爱心点亮你我的世界"视障读者征文和年度阅读达人获奖名单。现场进行"'润民杯'生态文明看三晋"征文颁奖和读者最喜爱的图书有奖竞猜活动。

为展示省图书馆业务总分馆建设成果，活动首次发布山西公共阅读年度数据，全省公共图书馆持证读者量、纸质图书借阅量、数字资源利用情况和读者结构、地域对比、各类图书借阅比例等全民阅读大数据。300余名读者"夜游"图书馆，参加"书海觅影"及亲子阅读营等分主题阅读体验活动。（杨　超）

【24小时书房开放】 2019年，迎着"4·23世界读书日"，省图书馆24小时书房对外开放。书房位于长风馆负一层，功能布局动静分离，内分阅览和会展两大区域，涵盖图书阅览、自习研讨、讲读活动、文创展示等多元文化空间，是省图书馆空间再造的尝试和典范。24小时书房内藏书丰富，重点为文史哲类经典著作以及新版优秀图书，旨在快阅读、浅阅读和碎片阅读、数字阅读时代，为读者打造慢阅读、深阅读和经典阅读、纸质阅读的新空间。24小时书房为促进阅读推广和阅读交流，专设有讲读交流区，定期举办长风读书会等主题读书活动和文化沙龙。设有文创产品专区，展现特色文化与创意设计的完美融合，以满足读者阅读之余的多元文化需求。（杨　超）

【省图建馆110周年活动】 2019年7月9日，"晋图抒宏远 礼赞新中国"山西省图书馆建馆110周年系列活动在省图书馆拉开帷幕，来自国家图书馆、省文旅厅的领导，全国及省内图书馆界的同仁、知名专家学者以及读者代表等300余人参加启动仪式。启动仪式上播放"百年奋斗路 阔步新征程"纪录片，回顾山西省图书馆110年栉风沐雨、求索奉献，勤思笃行、勇于创新的奋斗历程；举办省图书馆建馆110周年阅读推广朗诵音乐会；开展"省图书馆为我圆梦 助我成功"——利用省图书馆优秀成果征集与"我与省图的情缘"征文、山西省图书馆建馆110周年吉祥物征集三项表彰活动；特别设置"卅五风雨路 丹心绘晋图"山西省图书馆三十五年及以上馆龄馆员颁发荣誉证书环节。系列活动期间，省图书馆还面向读者推出9个展览。系列活动中，省图书馆借与同仁聚首之机，搭建共享平台、共谋协同发展，举办"图书馆总分馆制建设实践与发展模式研讨会"和"图书馆阅读推广与服务创新经验交流会"。两场业务研讨内容包括图书馆总分馆制分享、专家论坛、省外优秀案例展示、省内优秀案例分享交流等内容。（杨　超）

【数字文化工程宣传推广】 2019年10月29日至11月1日，省图书馆与海南省图书馆联合举办2019年公共数字文化工程宣传推广暨总分馆建设第二期培训班在海南省琼海市举办，两省各级公共图书馆馆长和业务骨干共218人参加培训。培训围绕公共数字文化工程融合创新发展、总分馆建设、智慧图书馆等主题，阐述公共数字文化工程融合创新发展的方向、路径和平台，总分馆建设的任务、方法和趋势，描述未来智能化图书馆的背景、创新和前景。课堂教学以外，培训班安排学员到海南省图书馆"途图"民宿分馆现场教学，课余时间两省公共图书馆同仁就重点业务和热点话题分组对口交流。（杨　超）

【公共图书馆地方文献工作交流会】 2019年12月5日至6日，由山西省

2019 年 12 月 18 日，山西省图书馆与中阳县图书馆联合举办少儿民俗冬令营活动 (杨 超供图)

图书馆、山西省图书馆学会主办的山西省公共图书馆地方文献工作交流会在太原市举办,来自省内外的专家及全省公共图书馆业务骨干、地方文献业务骨干近 170 人参加交流会。会议分嘉宾演讲与工作经济分享两环节。南开大学、中国人民大学、万方数据公司等单位专家作专题讲座。湖南、甘肃等省图书馆介绍经验。

(杨 超)

【馆银合作】 2019 年 12 月 29 日,"书香三晋·文化山西"山西省图书馆兴业银行分馆启动仪式在太原市举行。兴业银行分馆是省图书馆在银行业内建立的第二家分馆,这种"馆银合作"模式,利用银行的网点优势,延伸公共图书馆的服务触角，是省图书馆联合社会力量提升公共图书馆服务能力的重要举措和有益探索。分馆位于兴业银行太原分行北城分中心，分馆为市民打造一个典雅文艺的阅读空间,阅览室、多功能影音室等设施齐备,图书、期刊等资源丰富,方便附近的市民读者便捷地享受阅读服务。 (杨 超)

【庆祝中华人民共和国成立 70 周年时尚回响大型实物展】 2019 年 8 月 26 日,"庆祝新中国成立 70 周年——时尚回响大型实物展"在山西省图书馆开幕。该次展览由山西省文化和旅游厅主办,山西省图书馆、时尚回响工作室、丰瑞达文化集团承办,山西省艺术档案馆指导。展览分为新生·希望(1949–1959)、理想·探索(1960–1977)、开放·变革(1978–1991)、生活大爆炸（1992–2012)、梦想·征程(2013–2019)五部分。旨在通过精心甄选的 3000 多件实物展品，讲好中国故事、山西故事、太原故事,由细微处让参观者亲身体会祖国 70 年的巨大变化。展览的展品全部来自普通百姓的真实生活,留存人民追求幸福的渴望,吸引数千市民的慕名参观。

(杨 超)

【"晋风石韵 拓古传今"石刻拓片展】 2019 年 7 月 9 日,"晋风石韵 拓古传今——山西省图书馆石刻拓片展"在山西省图书馆(长风馆)历史文献阅览室开展。该次展览特别选取部分山西省图书馆藏石刻拓片精品,展示秦汉时期、三国两晋南北朝时期、隋唐五代时期、宋辽金元时期、明清及近现代时期石刻文献这一与书籍相媲美的重要文献形式,展现中国文字铭刻艺术的博大精深和晋风石韵的无穷魅力。"石刻文献保护——义不容辞"单元展示近年来山西省图书馆"山西民间石刻文献拓制保护工程"所取得的成绩和在石刻文献保护方面所做的努力。 (杨 超)

·博物馆·

【文博展览交流与合作】 2019 年,全省各博物馆共举办展览 400 余个。山西省文物局与太原市园林局联合主办"中华滋味——醋与生活的故事"。启动"永乐宫壁画展"国际巡展项目。

山西博物院策划举办"百年传承 守正创新——山西博物院百年特展""山鹰之子——安第斯古代文明特展""百代标程——董其昌书画艺术展""玉见你——周代与当代关于玉的对话""壁上乾坤——北朝墓葬壁画展"等展览。山西青铜博物馆"吉金光华"基本陈列对外开放。

山西省民俗博物馆"美美与共——山西木版年画展"在深圳美术馆展出,"无锁不谈——古代锁具展"在鸦片战争博物馆(广东东莞)展出。举办"墨客书画展""文化进万家共筑中国梦——省城·文庙时代新人迎春书画展""孔子文化研究会书画院·迎春书画展""'劝学杯'山西省首届百县、千校、万人中小学生正书大展"等。策划完成河津市文物保护服务中心委托的"河津宋金瓷窑专题展"。

山西省艺术博物馆举办"三晋珐琅精华展""道与书画——李德仁书画展"等展览。

太原市晋祠博物馆举办"晋祠——中国祠庙园林之典范"巡展。

大同市博物馆举办"西京印迹——大同辽金元文物展"巡展。

(孙婉姝)

【中国煤炭博物馆】 2019 年,中国煤炭博物馆(以下简称中煤博)基本陈列总体规划为"七馆一井":煤的生成馆、煤炭与人类馆、煤炭开发技术馆、当代中国煤炭工业馆、煤炭艺术馆、煤炭文献馆、中外交流馆和模拟矿井。为重现中华灿烂的古代文明,中煤博设立古代壁画艺术精品馆。中煤博先后获得全国科普教育基地、全国工业旅游示范基地、全国煤炭行业科普教育基地、山西省青少年教育基地、山西省爱国主义教育基地、山西省直文明单位标兵等称号。2017年11月,获教育部授予首批全国中小学生研学实践教育基地,2019年1月获国家留学基金管理委员会授予首批中国政府奖学金来华留学生社会实践与文化体验基地。中煤博镇馆之宝——"模拟矿井"首次获山西省文物局、山西广播电视台、山西省博物馆协会评为山西十大镇馆之宝。

2019年,中煤博筹备能源革命展、开展能源革命博物馆建设。1月,开始收集整理能源革命及山西开展能源革命综合改革相关文件资料,进行研究。5月30日,按照省能源局安排部署,组织本馆专业力量,编制《能源革命展设计大纲》《内容设计》共40余稿,总字数百万字,召开十几次专家论证会,其中院士专家59人,确保2019能源革命展如期开展。中煤博贯彻落实省委、省政府"将中国煤炭博物馆打造成为山西能源革命展示的高端平台"的指示精神,筹划中国煤炭博物馆(能源革命博物馆)改造建设初步思路,开展各项准备工作,确保2020年建成能源革命博物馆,成为能源革命山西特色的展示窗口。

申报国家一级博物馆建设取得进展。中煤博围绕国家一级博物馆运行评估相关要求和具体标准,就文物征集、完善基本陈列内容、学术研究、传播科普知识、展示煤炭文明等方面梳理、总结、改进,边自我评估边整改补课。

策划举办大型旅游活动。推动文化旅游融合发展,提升景区品质,创建AAAA精品景区。11月6日,中煤博与四川嘉阳矿山博物馆、山东坊子炭矿博物馆、大同煤炭博物馆签订分馆建设合作协议,3家博物馆成为中国煤炭博物馆分馆,中国煤炭博物馆家族增添3名新成员,实现共建共享。在工信部、省工信厅支持下,山西省工业旅游、工业博物馆联盟成立。截至2019年底,中煤博成为山西省工业博物馆、工业旅游、研学旅游的龙头,获教育部、工信部的关注和表扬。

(张程飞)

【山西青铜博物馆】 山西青铜博物馆位于太原长风商务区,与太原博物馆共用一个馆址,是山西省委、省政府安排部署的重要公共文化项目。自2018年10月以来,经过将近一年的筹备建设,于2019年7月27日开馆。山西青铜博物馆立足于展示山西发现的青铜器,以全新的文化视角、设计理念和展示方式,讲述中国青铜时代的故事。展品主要来自山西省多年来考古发掘出土文物和近年打击文物犯罪专项斗争追缴的文物。其展览服务体系包括基本陈列、教育互动、数字青铜、临时展览和文创空间5个部分,展示面积1.10万平方米。基本陈列《吉金光华》共展出文物2200余件,上起陶寺,下至秦汉,跨越整个青铜时代,演绎中国青铜文明的辉煌乐章。展示内容分"华夏印迹""礼乐春秋""技艺模范"三部分。"华夏印迹"主要讲述山西在华夏文明形成与发展进程中的特殊地位。"礼乐春秋"深度解读器用制度,展示两周时期礼乐制度发展演变的历程,阐释中国青铜器的精神内涵。"技艺模范"展示青铜器铸造的精湛技术和造型、装饰艺术。开馆以来,共接收打击文物犯罪以来追缴及山西省近年来考古发掘青铜文物3万余件,共接待观众20余万人次。

(张程飞)

·文化馆·

【文化馆业务活动】 2019年,山西省共有文化馆(站)1540个,其中文化馆130个,文化站1410个(含乡镇文化站1196个)。全年文化馆(站)举办各类展览3778个,举办各类培训班19573次,组织文艺活动27172次。总支出42663万元,较上年度多支出6914万元。

(赵中梁)

【省际群众文艺交流】 2019年,"春雨工程"山西文化志愿者西藏行暨山西民间美术作品展走进西藏,展出极具山西地方特色的农民画、民间剪纸、平阳木版年画105件。

10月29日至11月2日,"山西省重庆市文化馆系统公共数字文化建设培训班"在重庆市举办。来自山西省11个市群众艺术馆、55个县文化馆馆长同重庆市各区文化馆馆长及馆数字化部门负责人共计140余人参加培训。分别以"公共数字文化工程融合创新发展""数字资源建设及宣传推广""文化旅游融合发展""抓创新 强融合 重应用 大力推进公共数字文化科学发展"为题进行理论探讨、政策解读、发展分析和经验分享。

(赵中梁)

【文艺普及与推动】 2019年在中国福利彩票基金资助下,省文化馆组织13个群星奖获奖作品及优秀节目在全省革命老区、贫困地区、边远山区演出20余场。

9月23日至29日,省文化馆组织实施"传经典 颂中华"十九省区民歌展演,来自新疆、宁夏、青海、西藏、云南、贵州、四川、广西的少数民族歌手参加展演。

(赵中梁)

公共文化服务

【公共数字文化建设】 截至2019年底,全省建成信息资源共享中心省级分中心1个,市级支中心6个,县级支中心117个;建成电子阅览室2199个;省图书馆(太原)和5个市级图书馆(大同、阳泉、长治、朔州、吕梁)列入国家数字图书馆推广试点工程。

2019年,云平台发布各类信息及资源共计500余条次;用户总量5400余人;平台资源建设总量8000余条,约7TB;开展公共数字文化服务推广活动17次;庆祝中华人民共和国成立70周年群众文化系列活动网络直播10场,网络观看人数95.30万人次;山西省第十一届网络摄影活动线上访问量31.80万人次,活动参与用户3000余人,投票总数达8.10万余票;平台累计浏览量250余万人次。2019年,云平台实现与国家公共文化云平台对接,实现国家级共享资源约3800分钟。建立山西省数字文化馆总分馆体系,实现省市县级互联互通,面向市县级文化馆100%端口开放，128个市县级分馆平台有105个正常使用，占总数的81%。2019年举办全省公共数字文化专题培训3期，培训市县两级文化馆长及业务人员300余人次。

（赵中梁）

【公共文化示范区创建】 2019年，山西省晋中市成为第三批国家公共文化服务体系建设示范区。8月中旬，山西省文旅厅（简称省文旅厅）抽调专门工作组到晋城市、吕梁市临县开展国家公共文化服务体系示范区（项目）创建工作指导调研。9月17日，会同晋城市文旅局主要负责人到北京参加文旅部第四批国家公共文化服务示范区（项目）创建中期调度培训班。对晋城市、吕梁市临县第四批创建国家公共文化体系示范区（项目）进行跟踪问效。（赵中梁）

【文化志愿者服务】 2019年，省文旅厅通过国家"阳光工程""圆梦工程"农村文化志愿服务项目，共招募80名农村文化志愿者，支持浑源县生态修复工作，解决朔州公共文化机构专业人员短缺问题。9月24日至26日，在大同市举办山西省"阳光工程"农村文化志愿者培训班，共培训志愿者50人。

5月28日至6月3日，由山西省图书馆承办的晋疆文旅一家亲——2019年"春雨工程"山西省文化和旅游志愿者新疆行系列活动，共组织32名文旅志愿者，通过"大展台、大讲堂、大舞台"等服务形式，培训学员、服务新疆各民族群众近2000人。10月22日至24日，由省图书馆、省文化馆承办的山西省公共数字文化·静乐·娄烦专题培训班暨"春雨工程"公共数字文化走基层活动在静乐县举办。来自静乐、娄烦两县文化馆、图书馆及乡镇文化站的55名学员参训。11月1日至6日，省文化馆承办的"春雨工程"山西文化志愿者西藏行暨山西民间美术展文化交流活动，共组织10名文旅志愿者带着山西特色农民画、民间剪纸、平阳木版年画等百余件民间艺术精品到西藏拉萨开展文化交流，服务西藏各族群众近2000人。（赵中梁）

【图书馆、文化馆总分馆制建设】 2019年3月，省文旅厅举办"对标一流"山西省公共图书馆总分馆建设工作会议暨业务培训班。8月，举办全省县级总分馆制、基层综合性文化服务中心建设业务培训班，覆盖省市县三级，文旅行政部门、文化馆图书馆相关负责人及业务骨干近700人参训。截至9月，县级图书馆总分馆制建设完成82个，占总任务数的77.40%；县级文化馆总分馆制建设完成84个，占总任务数的78.50%。（赵中梁）

【文化市场综合执法队整合】 截至2019年4月底，全省11个市级文化市场综合行政执法队挂牌成立并实现同城一支队。全省117个县（市、区）中，21个执法队伍实现同城一支队，93个县文化市场综合执法队完成挂牌。

（赵中梁）

【庆祝中华人民共和国成立70周年系列活动】 2019年6月至11月，省文旅厅组织开展庆祝中华人民共和国成立70周年群众文化系列活动。系列活动省市县乡村五级联动，近3000项示范活动、2.50万余场活动，以基层为主阵地，整合基层最具特色的文化资源，培育建设群众文化品牌。据统计，活动惠及2000余万人次。其中，近百万人次通过网络直播观看系列活动，单次最高在线观看为23.70万人次，各级各类媒体报道达2000余条。

完成70周年群众游行活动。"奋进山西"国庆彩车获国庆70周年群众游行地方彩车"华美奖"。10月15日至11月2日，组织开展"奋进山西"国庆彩车全省巡展活动。组织长治学院50名大学生参加天安门广场群众联欢活动背阁表演。在晋北、晋中、晋南三大片区巡展期间，组织开展10余场特色群众文化活动，惠及10万余人次。活动受到各级各类媒体报道达300余条。（赵中梁）

【群星奖入围】 2019年，省文旅厅选拔8部群文作品入围第十八届"群星奖"，其中，平定武迓鼓《保卫娘子关》、舞蹈《乐秋》获"群星奖"音乐类第1名。（赵中梁）

【基层文化惠民】 2019年，省文旅厅调动全省300多个文艺院团分到各地农村开展"免费送戏下乡一万场"惠民演出，共完成免费送戏下乡演出16628场。演出向贫困地区倾斜，在国家级和省级贫困县演出8000余场，开展"免费送戏进景区"活动。开展"我们的中国梦"——文化进万家、"做新时代红色文艺轻骑兵"等主题实践活动。打造"周二戏曲专场""长风之夜""龙城剧场"等常态化文化惠民品牌，累计完成演出140多场。开展"不忘初心、牢记使命"主题教育系列专场演出活动，组织文艺工作者进工地、进部队、进赛场、进景区。完成高雅艺术进校园演出78场，受益学生8.35万人次，完成戏曲进校园演出302场，受益学生达23.60万人次。（赵中梁）

【集邮展览】 2019年9月25日至27日，"壮丽七十年阔步新时代"庆祝中华人民共和国成立70周年山西省集邮巡回展（太原站）暨山西省第十一届集邮展览在山西省展览馆举行。展览以庆祝中华人民共和国成立70周年为宗旨，集邮为载体，展示中华人民共和国成立70年来取得的伟大成就，综合提升山西省集邮水平，促进集邮文化的普及与提高。邮展为全省综合性邮展，由非竞赛性和竞赛性展品组成，规模为294框。非竞赛展品80框，展出有关中华人民共和国成立70年来政治、经济、文化、军事等领域取得的伟大成就，包括"一带一路"、全面建成小康社会、中国梦等为主题的邮集。竞赛性展品214框，类别有传统集邮类、邮政历史类、邮政用品类、航天类、专题类、极限类、青少年集邮类、框展品类、现代集邮类、开放集邮类、原地集邮类、图画明信片类。参展的多数展品都是近年来的新人新作。

（韩一平）

【"春雨工程"新疆行】 2019年5月28日至6月3日，省文旅厅组织32名文化和旅游志愿者围绕"大展台、大讲堂、大舞台"三大主题，分别在伊犁哈萨克自治州、乌鲁木齐市、新疆建设兵团第六师五家渠市举办“晋在新疆 晋来疆往——山西新疆民俗古建摄影文旅交流展”、新疆基层文化工作者能力素质提升班、晋来疆往——阅读推广朗诵音乐会等5场活动。培训学员近百名、服务新疆各族群众近2000人，活动累计行程近7000千米。活动以艺术之美展现山西风光、传递山西精神，向山西援疆干部带去慰问，以实际行动架起晋疆文化交流的桥梁，促进民族间的和睦互融。 （杨 超）

艺术活动

【艺术团体演出】 2019年，山西省共有艺术表演团体151个，其中国有经营86个、集体经营53个，其他12个。按剧种分，地方戏曲为主，计117个，次为歌舞音乐21个。在经费上，国家经营补贴的国有经营团体78个、集体团体41个、其他11个。全年大小艺术演出团体共演出各类表演32790场次，其中在农村演出27430场次。演出总收入21135万元，总支出71714万元。 （赵中梁）

【艺术展演展览】 2019年9月19日至10月8日，第二届以“艺术的盛会 人民的节日”为主题的山西艺术节在太原举办。举办杏花奖评比、梅花奖荟萃、优秀舞台剧交流、稀有剧种展示、廉政文化优秀剧目汇演等7项展演活动和“庆祝新中国成立70周年”山西优秀美术、书法篆刻作品展、“人说山西好风光”大型书画展等10项展览活动。共103场演出、2000余件展品、38个杏花奖。约有4500万人次观众参与网络艺术节，中央、省直等上百家新闻媒体追踪报道，播发原创报道1100余篇，中央电视台戏曲频道进行《晋韵流芳，积淀成自然》专题报道，中国文化报两次通栏报道。举办山西省庆祝中华人民共和国成立70周年优秀舞台艺术作品展演，组织全省近年创作的10部优秀舞台艺术作品在省城太原演出，与第二届山西艺术节共同庆祝中华人民共和国成立70周年。组织全省优秀舞台剧目和美术作品参加全国基层院团戏曲会演、第六届丝绸之路艺术节、2019年戏曲百戏（昆山）盛典、全国净行、丑行暨武戏展演、第十三届全国美术作品展览、第六届全国画院联展等各类国家级展演展览活动。山西画院共有13幅美术作品入选“第十三届全国美术作品展览”。 （赵中梁）

【艺术创作】 2019年，省文旅厅印发《山西省省级国有文艺院团社会效益评价考核实施细则（试行）》。加强现实题材创作，组织全省文艺工作者开展“深入生活、扎根人民”主题实践活动，围绕中华人民共和国成立70周年、全面建成小康社会等重要时间节点，重点规划、创排舞蹈史诗《黄河》、鼓乐舞诗《大河之东》、话剧《为我先锋》、京剧《文明太后》、上党梆子《长江支队》等一批舞台作品。山西省11部大戏、10部小戏、7项传播交流推广项目、4项艺术人才培养项目、9项青年艺术创作人才资助项目共41个项目获得2019年度国家艺术基金资助，资助金额3660万元。 （赵中梁）

【戏剧重点项目】 2019年，上党梆子《太行娘亲》获第十六届中国文化艺术政府奖“文华”大奖提名剧目，主演陈素琴获文华表演奖；舞剧《吕梁英雄传》入选第十五届精神文明建设“五个一工程”优秀作品奖；民族歌剧《三把锁》入选“中国民族歌剧传承发展工程”重点扶持剧目；晋剧《起凤街》入选全国舞台艺术重点创作剧目。制作完成蒲剧《枣儿谣》、眉户《父亲啊父亲》两部原创戏曲电影。依托国家艺术基金实施“晋剧表演人才培养项目”，依托中华优秀传统艺术传承发展工程开展6项“名家传戏——当代戏曲名家收徒传艺工程”。与山西广播电视台联合主办2019山西青年戏曲演员擂台赛，选拔优秀青年戏曲演员。完成《中国戏曲剧种全集》山西35个剧种中5个剧种的编写任务。 （赵中梁）

【中国艺术节山西参加】 2019年，由文化和旅游部、上海市人民政府共同主办的第十二届中国艺术节上，上党梆子现代戏《太行娘亲》获“文华大奖”提名剧目。鼓乐《保卫娘子关》获第十八届“群星奖”，位居音乐类作品榜首；群舞作品《乐秋》受称赞。山西画院李新铭等3人的作品入选全国优秀美术作品展览，山西书法院韩少辉等6人的作品入选全国优秀书法篆刻展览。20余家演艺团体、20余个

2019年，山西省话剧院承接“免费送戏下乡一万场”惠民演出20场

（赵中梁供图）

特色文化演艺节目、近百个优质项目、上千件优秀文化创意产品参加中国艺术节演艺及文创产品博览会。省文旅厅获组委会授予第十二届中国艺术节演艺及文创产品博览会优秀组织单位。（赵中梁）

【舞剧《吕梁英雄传》获"五个一工程"奖】 2019年8月19日，根据著名"山药蛋派"作家马烽、西戎创作的红色经典小说改编，由吕梁市民间艺术团、临县道情研究中心打造，百余名山里娃参演的舞剧《吕梁英雄传》获第十五届精神文明建设"五个一工程"优秀作品奖。（赵中梁）

【艺术科研项目管理】 2019年，山西省获2019年度国家哲学社会科学基金艺术学项目立项3项，项目总经费54万元；获2019年度文化艺术和旅游研究项目信息化发展专项立项1项，项目经费25万元；获2019年度国家文化和旅游科技创新工程项目立项1项，项目经费20万元。

2019年，山西省艺术科学规划课题项目立项75项，结项59项。

（赵中梁）

【山西省话剧院演出】 山西省话剧院（简称省话剧院）的前身是1945年成立的八路军吕梁军区吕梁剧社。1984年更名为山西省话剧院，2011年12月核销事业编制，2012年7月转企改制为山西省话剧院有限责任公司。2019年，剧院全年完成各类演出共计139场，其中先后参加国家艺术基金、全国高雅艺术进校园、中央彩票基金、中央补助地方公共文化服务专项演出（庆祝中华人民共和国成立70周年）、"免费送戏下乡一万场"、中华人民共和国成立70周年文艺汇演等演出活动，到山西、山东、湖北、广西、海南、贵州、安徽、甘肃、宁夏等多个省区，演出足迹遍布全国各地。

2019年，由省话剧院创作完成新创话剧《为我先锋》，是一部汇聚追梦奋斗、振兴崛起的强大正能量的工业题材话剧。该剧获国家艺术基金2019年度大型舞台艺术作品新创作项目资助。于2019年3月1日至3日在太原市青年宫演艺中心首演，连演三场，获社会各界关注。之后完成全国巡演工作，共计25场，受邀参加中华人民共和国成立70周年文艺汇演。

省话剧院探索发展合作模式，推进校企联盟与合作。2019年，与山西医科大学联合创作现实题材原创话剧《赵雪芳》。该剧先后在山西医科大学百年校庆、第二个中国医师节、山西医科大学团学双代会以及南宫工人文化宫上演出。话剧《赵雪芳》的创作与演出得到新闻媒体关注，新华网、山西卫视、《山西日报》等多家媒体对演出活动予以报道。

2019年，由省话剧院完成的大型话剧《甲午祭》参加2019年度国家艺术基金传播交流推广项目，宣传的是"向海图强"的巡演主旨，"甲午祭"，意在重温中华民族的危机和屈辱，警醒今天的中国人铭记历史、开创未来。话剧《甲午祭》将巡演地点定在渤海湾，历时一个月，走过天津、营口、鲅鱼圈、大连、青岛、东营、济南、济宁8个城市，用18场演出成绩，向中国人民解放军建军90周年、中国人民解放军海军成立70周年献上一份厚礼。

免费送戏下乡一万场。2019年，省话剧院承接"免费送戏下乡一万场"的惠民演出活动共计20场。

（省话剧院）

物质文化遗产

【概况】 截至2019年底，山西省共有不可移动文物53875处，其中全国重点文物保护单位（简称国保）531处，省级文物保护单位（简称省保）408处，市、县级文物保护单位12466处。山西省共设立备案48家博物馆，博物馆总量增至198家。全省备案博物馆（纪念馆）全年举办陈列展览478个、教育活动4000余次，参观人次2600余万。共投入47639万元文物保护专项资金，其中中央财政30892万元，省级财政16745万元。

（孙婉姝）

【第八批"国保"申报】 2019年，山西省共有369处申报参与全国重点文物保护单位（简称国保）评选，入选79处。截至2019年底，山西省一至八批的全国重点文物保护单位总数为531处，占比10.60%，继续保持全国第一的位置。（孙婉姝）

【重要考古项目发掘】 2019年，山西省开展46项考古发掘，其中比较重要的有：太原古交狮子河流域考古调查新发现旧石器地点95处，包括14处原生埋藏地点。德岗仰韶中期聚落中发现山西迄今规格最大的史前房址，天峰坪遗址发现河套地区较早的石城遗迹。绛县西吴壁遗址揭露二里头时期木炭窑、二里冈下层冶铜炉等大量夏至早商时期冶铜相关遗存，填补中原地区青铜器铸造环节的空白。闻喜邱家庄墓地M5001大墓，是山西发掘规模最大的东周时期墓葬。长子庆丰、新绛西关发掘两处保存完整、成组分布的汉代陶窑址。晋阳古城发掘苗圃建筑基址。兴县发掘西磁窑沟瓷窑址。

（孙婉姝）

【文明守望工程】 2019年，在运城河津市和晋城高平市召开山西省文物建筑认养南部片区和北部片区推介会。共有20家企业和个人与所认养建筑的所有人签订认养协议。2019年，全省认领认养（出资修缮）项目共计88个，完工项目48个，正在实施项目12个，拟开工项目28个。

（孙婉姝）

【文物密集区体制改革】 2019年，山西省文物局选定晋城市作为古堡密集区的改革试点市，武乡县作为革命文物密集区改革试点县，每处改革试点安排1000万元专项经费。2019年3月，省政府与国家文物局签订《关于深化山西文物保护利用改革战略合作协议》。试点片区按照文物保护及活化利用的思路，科学制定古堡修缮规划和保护方案。针对武乡县革命文物密集区改革，组织当地文物部门编制《武乡县革命文物保护利用片区规划》与《武乡县八路军总司令部旧址王家峪片区整体保护利用实施方案》。（孙婉姝）

表 42 2019 年山西省第八批全国重点文物保护单位名录

序号	文物单位名称	公布类型	年代	所在市	所在县	备注
1	峙峪遗址	古遗址	旧石器时代	朔州市	朔城区	
2	碧村遗址	古遗址	新石器时代	吕梁市	兴县	
3	大河口遗址	古遗址	西周至春秋	临汾市	翼城县	
4	南梁古城遗址	古遗址	周	临汾市	翼城县	
5	苇沟－北寿城遗址	古遗址	周	临汾市	翼城县	
6	解梁故城遗址	古遗址	东周	运城市	永济市	
7	童子寺遗址	古遗址	北齐至唐	太原市	晋源区	
8	蒙山开化寺遗址	古遗址	北齐	太原市	晋源区	
9	汾阳宫遗址	古遗址	隋	忻州市	宁武县	
10	陶寺北墓地	古墓葬	东周	临汾市	襄汾县	
11	沙岭墓群	古墓葬	北魏	大同市	平城区	
12	上党西岩寺塔	古建筑	唐	长治市	上党区	
13	栖岩寺塔林	古建筑	唐至清	运城市	永济市	
14	泽州崇寿寺	古建筑	北宋至清	晋城市	泽州县	
15	上党长春玉皇庙	古建筑	北宋至清	长治市	上党区	
16	昔阳离相寺	古建筑	宋至清	晋中市	昔阳县	
17	原平普济桥	古建筑	金	忻州市	原平市	
18	平定马齿岩寺	古建筑	金清	阳泉市	平定县	
19	新绛寿圣寺大殿	古建筑	元	运城市	新绛县	
20	长子文庙大成殿	古建筑	元	长治市	长子县	
21	峪口圣母庙	古建筑	元至清	吕梁市	汾阳市	
22	盂北泰山庙	古建筑	元至清	阳泉市	盂县	
23	潦河头关帝庙	古建筑	元至清	长治市	潞城区	
24	西社卫公庙	古建筑	元至清	长治市	平顺县	
25	西下庄昭泽王庙	古建筑	元至清	长治市	黎城县	
26	武乡福源院	古建筑	元至清	长治市	武乡县	
27	田庄全神庙	古建筑	元至清	晋城市	陵川县	
28	团东清化寺	古建筑	元至清	晋城市	高平市	
29	梁村洪福寺	古建筑	元至清	晋中市	祁县	
30	霍州祝圣寺	古建筑	元至清	临汾市	霍州市	
31	北辛舍利塔	古建筑	明	运城市	万荣县	

续表

序号	文物单位名称	公布类型	年代	所在市	所在县	备注
32	祁县镇河楼	古建筑	明	晋中市	祁县	
33	大武鼓楼	古建筑	明	吕梁市	方山县	
34	右玉宝宁寺	古建筑	明	朔州市	右玉县	
35	汾阳关帝庙	古建筑	明	吕梁市	汾阳市	
36	胡家沟砖塔	古建筑	明	吕梁市	兴县	
37	普救寺塔	古建筑	明	运城市	永济市	
38	永济万固寺	古建筑	明	运城市	永济市	
39	繁峙琉璃塔	古建筑	明	忻州市	繁峙县	
40	平城兴国寺	古建筑	明	大同市	平城区	
41	大同鼓楼	古建筑	明	大同市	平城区	
42	西关三圣寺大殿	古建筑	明	阳泉市	盂县	
43	永济扁鹊庙	古建筑	明	运城市	永济市	
44	董村戏台	古建筑	明	运城市	永济市	
45	崞阳文庙	古建筑	明清	忻州市	原平市	
46	阳城文庙	古建筑	明清	晋城市	阳城县	
47	长则普明寺	古建筑	明清	晋中市	平遥县	
48	热留关帝庙	古建筑	明清	临汾市	古县	
49	阳曲轩辕庙	古建筑	明清	太原市	阳曲县	
50	霍州鼓楼	古建筑	明清	临汾市	霍州市	
51	东姚温牌坊	古建筑	明清	运城市	永济市	
52	阳城寿圣寺及琉璃塔	古建筑	明清	晋城市	阳城县	
53	高平铁佛寺	古建筑	明清	晋城市	高平市	
54	墙下关帝庙	古建筑	明清	运城市	夏县	
55	留晖洪福寺	古建筑	明清	忻州市	定襄县	
56	五台山南山寺	古建筑	明至民国	忻州市	五台县	
57	静乐文庙	古建筑	明至民国	忻州市	静乐县	
58	汾阳后土圣母庙	古建筑	明至民国	吕梁市	汾阳市	
59	于成龙故居	古建筑	清	吕梁市	方山县	
60	阳武朱氏牌楼	古建筑	清	忻州市	原平市	
61	阮氏双碑楼	古建筑	清	运城市	河津市	
62	解州同善义仓	古建筑	清	运城市	盐湖区	

续表

序号	文物单位名称	公布类型	年代	所在市	所在县	备注
63	曲沃薛家大院	古建筑	清	临汾市	曲沃县	
64	怀覃会馆	古建筑	清	晋城市	城区	
65	五台山尊胜寺	古建筑	民国	忻州市	五台县	
66	山神峪千佛洞石窟	石窟寺及石刻	元、清	吕梁市	交口县	
67	挂甲山摩崖造像	石窟寺及石刻	北朝至明	临汾市	吉县	
68	营里千佛洞石窟	石窟寺及石刻	北齐至唐	临汾市	乡宁县	
69	竖石佛摩崖造像	石窟寺及石刻	北齐至唐	吕梁市	交城县	
70	静居寺石窟	石窟寺及石刻	唐	忻州市	静乐县	
71	高君宇故居	近现代	1896~1912 年	太原市	娄烦县	
72	山西督军府旧址	近现代	1916~1937 年	太原市	杏花岭区	
73	忻口战役遗址	近现代	1937 年	忻州市	忻府区	
74	金岗库村晋察冀军区司令部旧址	近现代	1938 年	忻州市	五台县	
75	晋绥日报社旧址	近现代	1940~1949 年	吕梁市	兴县	
76	小李村太岳行署旧址	近现代	1942~1944 年	临汾市	安泽县	
77	北坡中共中央晋绥分局旧址	近现代	1942~1949 年	吕梁市	兴县	
78	临县陕甘宁晋绥联防军指挥部旧址部旧址	近现代	1947 年	吕梁市	临县	
79	临县中央后委机关旧址	近现代	1947~1948 年	吕梁市	临县	
80	长城新广武村段、荷叶坪–王家岔段、竹帛口段、阳方口段	与现有国保单位合并	北齐、明	朔州市、忻州市	山阴县、岢岚县、繁峙县、宁武县	并入第五批全国重点文物保护单位长城
81	吴官屯石窟	与现有国保单位合并	北魏	大同市	云冈区	并入第一批公布的全国重点文物保护单位云冈石窟
82	鲁班窑石窟	与现有国保单位合并	北魏	大同市	云冈区	并入第一批公布的全国重点文物保护单位云冈石窟

【两权分离改革】 截至2019年底，全省62处涉旅文物单位或引进外来合作单位或成立内部运营实体，全部明确管理和经营主体，理清权责内容，实现两权分离，为下一步涉旅文物单位盘活资源存量、实现资源增量创造条件。 (孙婉姝)

【文物安全】 2019年，文物安全工作被纳入对地方政府的年度考核评价体系。与公安机关联合开展打击文物犯罪专项行动，共移送文物犯罪线索27条，鉴定涉案文物96133件组，实现文物案件零发案率。与省消防总队联合启动文物安全消防的“百日行动”。开展文物保护单位文物的“三防”工程，2019年推进项目35个，总投入1亿元左右。 (孙婉姝)

【文物年度荣誉】 2019年，闻喜酒务头墓地入选全国十大考古新发现。闻喜酒务头墓地位于闻喜县河底镇酒务头村西北200米处，距闻喜县城约20千米。山西省考古研究所发掘。发掘出商代晚期墓葬12座、车马坑6座以及灰坑5个。墓葬共出土青铜器、陶器、玉器、骨蚌器等共600余件。墓地发掘为重新认识晚商文化的区域类型，以及商王朝西部势力范围的变迁、中央对地方管控方式和国家政治地理结构等研究课题意义重大。灵丘觉山寺塔修缮项目获得全国优秀古迹遗址保护项目。“中华滋味——醋与生活的故事”和“红色记忆——大同现代革命历史文物展”被评为全国弘扬优秀传统文化、培育社会主义核心价值观百大主题展览。《云冈石窟全集》历时七年正式面世，在全国引起较大反响。云冈石窟第12窟大佛3D打印项目在深圳完成上色总装，即将从浙江大学艺术与考古博物馆开启行走世界的第一步。“天龙山石窟造像数字复原国际巡展项目”被中宣部正式列入中华文化走出去重点项目。

(孙婉姝)

【文化生态保护实验区】 2019年，省文旅厅开展保护区建设工作验收自查，向文化和旅游部提交《晋中文化生态保护区建设自评报告》。组织召开全省国家级文化生态保护实验区建设工作培训暨推进会议。

完成晋东南文化生态保护实验区申报工作。截至2019年底，《晋东南国家级文化生态保护区规划纲要》及相关申报材料由省政府批复同意，提交文化和旅游部。 (赵忠梁)

非物质文化遗产

【非遗项目名录体系】 2019年，省文旅厅组织开展第五批省级非遗传承人评审认定工作，最终确定294人入选省级传承人名录，山西省省级非遗代表性传承人达1109名。

组织开展第五批国家级非物质文化遗产代表性项目推荐申报工作。从全省申报的91个非遗代表性项目中遴选出30个推荐上报至文化和旅游部终评。

推进山西省国家级非遗代表性项目保护单位检查与调整工作。在项目保护单位自查的基础上，由市文旅局进行初查，省文旅厅进行复查，完成并按时提交文化和旅游部非物质文化遗产司。 (赵中梁)

【非遗传承人传承能力建设】 2019年，山西省获文化和旅游部列为国家级非遗代表性传承人传承活动评估工作的试点省份。

启动山西省非遗传承人群和工艺美术人才培训计划。将山西省非遗传承人群和工艺美术人才培训纳入“山西省全民技能提升工程”。研究出台《山西省非物质文化遗产传承人群、工艺美术人才培训计划实施方案》。实施中国非遗传承人群研培计划。全年共开展洪洞道情等5期培训班。

(赵中梁)

【山西“三宝”座谈会】 2019年12月24日，省文旅厅主办的“山西三宝”(晋南低温釉陶器法华器、平遥推光漆、五台与新绛澄泥砚)技艺研究及品牌塑造座谈会在太原召开。山西通过挖掘法华器、推光漆、澄泥砚的历史价值和地位，塑造“山西三宝”品牌价值并以此为“杠杆”，撬动全省文化发展的“大转盘”，寻找产业和经济发展新的增长点。 (赵中梁)

【工艺美术大师评选】 2019年，省文旅厅对全省工艺美术实行统一归口管理，出台《山西省工艺美术大师评选工作管理办法(试行)》，明确工艺雕刻、工艺陶瓷、工艺印染、工艺织绣、工艺编结、工艺织毯、漆器工艺、工艺家具、金属工艺、首饰工艺、其他工艺共11个评选专业门类。9月26日，省政府新闻办举行2019年山西省工艺美术大师评选结果新闻发布会，产生2019年山西省工艺美术大师27名。

(赵中梁)

【非物质文化遗产传播推广】 举办“传承中华文脉，讴歌新时代”2019山西非遗春晚·元宵晚会。

组织“文化和自然遗产日”系列活动。组织静乐剪纸到广州参加“文化和自然遗产日”主会场活动。山西皮影戏获得联合国教科文组织非遗名录名册项目证书。

选派安福高台花鼓演艺中心等单位参与《非遗公开课》的现场节目录制。选派绛州鼓乐到河南参加第十届“中原古韵——中国·淮阳非物质文化遗产展演”活动。选派风火流星参加“2019全国杂技类非遗代表性项目会演”。组织山西剪纸、面塑等项目参加第33届匈牙利民俗手工工艺艺术节。 (赵中梁)

【传承保护传统工艺】 2019年，山西工美整理汇总省工艺美术馆内现有大师的作品，以及历年获“百花杯”“金凤凰”金奖作品，完成《手艺山西大师精品展》项目，并举办展览；完善数字化平台建设，购置多媒体一体机和翻书机，将馆藏品、各类技艺精品、专题展品等拍照编辑上传，全方位数字化宣传展示；完成《山西民间故事系列丛书》(太原卷)初稿；完成工艺美术馆宣传视频和传统工艺美术技艺书籍《玉见》初稿；完成《山西传统工艺“千顶古代童帽”展陈抢救性保护资料整理》前期作品的清理、修补、文字收集整理、画册印刷出版工作。 (孙红秀)

表 43　2019 年山西省第五批非物质文化遗产代表性项目代表性传承人名录

序号	项目编号	项目名称	申报地区或单位	姓名
一、民间文艺(6 人)				
1	Ⅰ-18	舜的传说	垣曲县文化馆	吕步震
2	Ⅰ-24	稷王的传说	稷山县人民文化馆	宁水龙
3	Ⅰ-50	汾州民间故事	汾阳市文化局	刘瑞祥
4	Ⅰ-62	蚩尤传说	运城市盐湖区文化馆	相秋喜
5	Ⅰ-63	汤王传说	垣曲县乡情莲藕种植专业合作社	周正民
6	Ⅰ-64	清凉山传说	山西云中飞龙文化传媒有限公司	王　成
二、传统音乐(14 人)				
1	Ⅱ-1	左权开花调	左权县	郝利宏
2	Ⅱ-3	安陵寺佛教音乐	潞城市	高志义
3	Ⅱ-6	上党八音会	长治县	吴建山
4	Ⅱ-8	太原锣鼓	太原市群艺馆	韩起祥
5	Ⅱ-9	晋北鼓吹	阳高县文化馆	滑　云
6	Ⅱ-10	道教音乐	绛县文化馆	李永保
7	Ⅱ-11	上党乐户	潞城市	王文波
8	Ⅱ-12	临县大唢呐	临县大唢呐培训活动中心	渠建伟
9	Ⅱ-13	九大套	太原市小店区	王贵宝
10	Ⅱ-17	西闫民歌	翼城县	张军海
11	Ⅱ-24	壶关迓鼓	壶关县	马何来
12	Ⅱ-40	高村鼓坊	阳曲县恒泰民间鼓坊传承协会	张宝生
13	Ⅱ-43	孙嘉淦故里鼓社牌子	山西省残疾人文化艺术促进会	高志鹏
14	Ⅱ-44	古琴艺术	山西元音古琴艺术研究院	张志红
三、传统舞蹈(14 人)				
1	Ⅲ-2	高跷(庙前高跷)	太原市民间文艺家协会	黄效宏
2	Ⅲ-2	垣曲武高跷	垣曲县文化馆	冯爱民
3	Ⅲ-2	高跷走兽	稷山县人民文化馆	杨志林
4	Ⅲ-3	十二生肖民俗花鼓	稷山县人民文化馆	宁喜发
5	Ⅲ-3	西河花鼓	沁水县文化馆	高志儒
7	Ⅲ-4	离石旱船秧歌	离石秧歌协会	武玉花
8	Ⅲ-4	柳林水船秧歌	柳林县青龙文化活动中心	张利平
9	Ⅲ-6	踢鼓子秧歌	平鲁区	杜成印
10	Ⅲ-8	寿阳竹马	晋中市寿阳县	郭永虎

续表

序号	项目编号	项目名称	申报地区或单位	姓名
11	Ⅲ-9	汾阳地秧歌	汾阳市文化馆	李长喜
12	Ⅲ-11	背铁棍(抬阁、挠阁)	祁县文化馆	程振林
13	Ⅲ-32	西华门舞狮	太原市杏花岭区	郑　福
14	Ⅲ-48	西黄头高跷顶桩	泽州县文化馆	程堆善
15	Ⅲ-49	平定移穰龙灯舞	平定县巨城镇移穰村	李成聚
四、传统戏剧(39人)				
1	Ⅳ-1	晋剧	山西省晋剧院	陈　红
2	Ⅳ-1	晋剧	山西省晋剧院	陈转英
3	Ⅳ-1	晋剧	山西省晋剧院	杜玉丰
4	Ⅳ-1	晋剧	山西省晋剧院	郑海玉
5	Ⅳ-1	晋剧	山西省晋剧院	刘建平
6	Ⅳ-1	晋剧	山西省晋剧院	李建清
7	Ⅳ-1	晋剧	山西省晋剧院	金小毅
8	Ⅳ-1	晋剧	山西省晋剧院	孙红丽
9	Ⅳ-1	晋剧	山西省晋剧院	王春海
10	Ⅳ-1	晋剧	山西省晋剧院	荣爱梅
11	Ⅳ-1	晋剧	山西戏剧职业学院	李红梅
12	Ⅳ-1	晋剧	大同市晋剧院	孙岚岚
13	Ⅳ-1	晋剧	大同市晋剧院	李　蕊
14	Ⅳ-1	晋剧	晋中市晋剧艺术研究院	刘丽玲
15	Ⅳ-1	晋剧	晋中市晋剧艺术研究院	范金萍
16	Ⅳ-3	北路梆子	忻州市北路梆子二团	张宇平
17	Ⅳ-3	北路梆子	忻州市梅琳北路梆子剧团	苏瑞芳
18	Ⅳ-3	北路梆子	大同市北路梆子剧种传习中心	孟怀军
19	Ⅳ-4	上党梆子	长治市	崔嫦娟
20	Ⅳ-4	上党梆子	上党戏剧研究院	陈素琴
21	Ⅳ-4	上党梆子	上党戏剧研究院	成静云
22	Ⅳ-5	雁北耍孩儿	应县耍孩儿综合艺术团	薄善德
23	Ⅳ-6	灵丘罗罗腔	灵丘县人民文化馆	李美生
24	Ⅳ-7	岗北秧歌	太原市非物质文化遗产保护中心	何生荣
25	Ⅳ-7	西火干板秧歌	长治县	肖何堂
26	Ⅳ-7	广灵秧歌	广灵县文化馆	薛永利
27	Ⅳ-7	襄垣秧歌	襄垣县	张宏亮

续表

序号	项目编号	项目名称	申报地区或单位	姓名
28	Ⅳ-8	临县道情戏	临县道情研究中心	贺桂芳
29	Ⅳ-8	临县道情戏	临县道情研究中心	李香勤
30	Ⅳ-8	临县道情戏	临县道情研究中心	马少异
31	Ⅳ-8	神池道情	神池县	梁存义
32	Ⅳ-9	二人台	忻州市二人台戏曲研究所	梁美琴
33	Ⅳ-9	二人台	忻州市二人台戏曲研究所	郝云婧
34	Ⅳ-10	锣鼓杂戏	临猗县文化馆	李国印
35	Ⅳ-11	绛州皮影戏	新绛县文化馆	文志学
36	Ⅳ-16	广灵县八角地木偶戏	广灵县木偶皮影协会	邱贵德
37	Ⅳ-19	五台赛戏	五台县	周四槐
38	Ⅳ-22	凤台小戏	晋中市和顺县文化馆	白喜云
39	Ⅳ-24	曲剧	垣曲县曲剧文化传媒有限责任公司	白雪琴
五、曲艺(13人)				
1	Ⅴ-1	潞安大鼓	长治县	王付贵
2	Ⅴ-2	莲花落	太原市歌舞杂技团	王灏玮
3	Ⅴ-3	长子鼓书	长子县	鲍先平
4	Ⅴ-3	长子鼓书	长子县	刘海燕
5	Ⅴ-3	壶关鼓书	壶关县	秦彩霞
6	Ⅴ-5	屯留道情	屯留县	申海花
7	Ⅴ-6	河东说唱道情	运城市盐湖区文化馆	张汉庭
8	Ⅴ-7	沁州三弦书	沁县	李志忠
9	Ⅴ-7	沁州三弦书	沁源县	孙建锐
10	Ⅴ-7	沁州三弦书	沁源县	王小虎
11	Ⅴ-13	陵川钢板书	陵川县	侯安凤
12	Ⅴ-14	长子鼓儿词	长子县	李先玲
13	Ⅴ-18	壶关评书	壶关县	冯文山
六、传统体育、游艺与杂技(16人)				
1	Ⅵ-2	心意拳	祁县戴氏心意拳协会	刘润斌
2	Ⅵ-8	太谷绞活龙	晋中市太谷县文化馆	唐晋国
3	Ⅵ-16	寿阳耍叉	晋中市寿阳县	赵河林
4	Ⅵ-16	晋阳三三叉	晋源区文化馆	梁富贵
5	Ⅵ-20(3)	杨氏太极拳	山西省杨氏太极拳协会	杨　斌
6	Ⅵ-20(4)	鞭杆	万柏林区	毛明春

续表

序号	项目编号	项目名称	申报地区或单位	姓名
7	Ⅵ-23	太行意拳	长治市郊区师旷古传太极文化研究会	师江旺
8	Ⅵ-24	战功拳	晋中市灵石县南关镇仁义村委	张世强
9	Ⅵ-25	祁县弓力拳	祁县弓力拳协会	韩晋卫
10	Ⅵ-26	王宗岳太极拳	晋中市太谷县王宗岳太极拳协会	李国樑
11	Ⅵ-27	河东风筝	运城市盐湖区体育事业发展中心	李汝珍
12	Ⅵ-28	流星锤	万荣县武术协会	张四义
13	Ⅵ-29	散手迎风掌	临猗县武术协会	岳建峰
14	Ⅵ-29	散手迎风掌	临猗县武术协会	岳燕川
15	Ⅵ-32	孝义秘传64式活步大架太极拳	孝义广平太极拳研究会	王永耀
16	Ⅵ-33	手搏术	山西省介子推文化研究会	梁晓峰
七、传统美术(60人)				
1	Ⅶ-1	太原传统剪纸	太原市小店区	王银凤
2	Ⅶ-1	剪纸—右玉民俗剪纸	右玉县剪纸刺绣协会	侯彩英
3	Ⅶ-1	孝义剪纸	孝义市传统文化研究会	赵宝香
4	Ⅶ-1	盐湖剪纸	运城市盐湖区李建肖剪纸工作室	李建肖
5	Ⅶ-1	忻州黄土风情剪纸	忻府区文化馆	李斌杰
6	Ⅶ-1	静乐剪纸	静乐县文化馆	吕　慧
7	Ⅶ-1	静乐剪纸	静乐县文化馆	孟仙凤
8	Ⅶ-1	静乐剪纸	静乐县文化馆	冯润成
9	Ⅶ-1	静乐剪纸	静乐县文化馆	李白则
10	Ⅶ-1	剪纸(阳泉盘合)	矿区文化馆	梁盛萍
11	Ⅶ-1	永和剪纸	临汾市永和县	刘林翠
12	Ⅶ-1	高平剪纸	高平市文化馆	赵玉先
13	Ⅶ-1	沁源剪纸	沁源县	赵国清(庆)
14	Ⅶ-1	剪纸	山西省民间剪纸艺术家协会	张金莲
15	Ⅶ-2	柳林刘家焉头木版年画	柳林县文化馆	白奴心
16	Ⅶ-3	闻喜花馍	闻喜县人民文化馆	杨亭枝

续表

序号	项目编号	项目名称	申报地区或单位	姓名
17	Ⅶ-3	万荣面塑	万荣县城镇云仙传统工艺面塑铺	赵　锐
18	Ⅶ-3	万荣面人	万荣县文化馆	董金龙
19	Ⅶ-3	岚县面塑	岚县文化馆	袁建花
20	Ⅶ-3	面花太原面塑	太原市杏花岭区	岳桂花
21	Ⅶ-3	面花(太原传统面塑)	太原市民间文艺家协会	王　博
22	Ⅶ-3	高平面塑	高平市文化馆	白仙娥
23	Ⅶ-3	代县面塑	代县	张海平
24	Ⅶ-4	河津吕氏砖雕	河津市吕氏祖传砖雕厂	吕仁义
25	Ⅶ-5	芮城布艺	芮城张氏雅婷传统布艺制作中心	任淑娥
26	Ⅶ-5	潞城布艺	潞城市	冯禄芝
27	Ⅶ-6	襄垣炕围画	襄垣县	范长征
28	Ⅶ-7	上党堆锦	城区	王俊挺
29	Ⅶ-7	和顺刺绣	晋中市和顺县文化馆	白巧英
30	Ⅶ-7	民居脊饰制作技艺	襄垣县	张海荣
31	Ⅶ-8	民间绣活(武氏绣法)	万柏林区	武俊敏
32	Ⅶ-11	泥塑(泥塑佛像)	晋中市灵石县静升镇苏溪村	李福年
33	Ⅶ-11	古泫泥塑	高平市叶铭雕塑艺术工作室	史月明
34	Ⅶ-11	代县泥塑彩绘	代县	张占平
35	Ⅶ-11	泥塑	稷山县宏艺青铜雕塑工艺厂	梁宏志
36	Ⅶ-11	代县泥塑彩绘	代县	胡华泰
37	Ⅶ-18	壶关石雕	壶关县	刘雄伟
38	Ⅶ-18	石雕	新绛县玉顺石雕工艺品有限公司	家玉顺
39	Ⅶ-19	平遥木雕神像传统技艺	晋中市平遥县	梁卫国
40	Ⅶ-19	平遥木雕神像传统技艺	晋中市平遥县	呼光华
41	Ⅶ-19	木雕	山西益泰永木雕有限公司	曹兴勃
42	Ⅶ-19	木雕	山西泓福木雕工艺有限公司	高杰生
43	Ⅶ-19	永乐桃木雕刻技艺	芮城县理天木雕文化研究所	郑烈平

续表

序号	项目编号	项目名称	申报地区或单位	姓名
44	Ⅶ-21	平遥古灯艺	晋中市平遥县	李孝前
45	Ⅶ-23	广灵内画	广灵县文化馆	张建宏
46	Ⅶ-24	平遥彩塑	晋中市平遥县	陈　琳
47	Ⅶ-24	山西彩塑制作技艺	长治市彩塑艺术研究院	史延春
48	Ⅶ-24	山西传统彩塑(李氏技艺)	山西文化产业发展中心	李慧青
49	Ⅶ-24	临县传统彩塑艺术	临县传统彩塑研学保护中心	秦清平
50	Ⅶ-26	泥皮画	芮城县三月三文化发展中心	阴会盈
51	Ⅶ-26	泥皮画	晋城市城区文化馆	杨淑云
52	Ⅶ-27	沁源手工编织	沁源县	杨丽俊
53	Ⅶ-28	传统刻瓷	太原市迎泽区晋瓷轩文化艺术有限公司(太原市迎泽区羽洁工艺品经销部)	苗振洁
54	Ⅶ-29	长治潞绣	壶关县	郭志强
55	Ⅶ-31	太平绣球	临汾市襄汾县	刘云芳
56	Ⅶ-32	拨金漆画	新绛县世杰拨金漆画研究所	勾素勤
57	Ⅶ-33	草编(玉米皮编织)	闻喜县蓬笠草编专业合作社	叶菊英
58	Ⅶ-35	代县雁绣	代　县	高凤兰
59	Ⅶ-36	交城传统堆绫艺术	交城县旺英堆绫艺术制作	解爱英
60	Ⅶ-37	武氏剪纸撕纸艺术	太原市古交市文化馆	武四新
八、传统技艺(92人)				
1	Ⅷ-2	平遥推光漆器髹饰技艺	晋中市平遥县	胡晓明
2	Ⅷ-2	平遥推光漆器髹饰技艺	晋中市平遥县	刘金海
3	Ⅷ-3	杏花村汾酒酿造技艺	山西杏花村汾酒集团有限责任公司	李秋喜
4	Ⅷ-4	山西老陈醋同步发酵传统酿造工艺	山西紫林醋业股份有限公司	罗建纯
5	Ⅷ-4	山西老陈醋古法酿制技艺(“德盛昌”老陈醋酿制技艺)	山西省文化馆	曹庆红
6	Ⅷ-6	云雕制作技艺(漆器髹饰技艺、剔犀)	新绛县绛州漆器研究所	何鹏飞
7	Ⅷ-8	长子县响铜乐器制作技艺	长子县	郭岩峰
8	Ⅷ-12	寒湖月饼	晋中市和顺县文化馆	郭彦栋
9	Ⅷ-12	盂县桃仁月饼	盂县人民文化馆	张晓文
10	Ⅷ-14	玉堂春酒传统酿造技艺	山西玉堂春酒业有限公司	李红明

续表

序号	项目编号	项目名称	申报地区或单位	姓名
11	Ⅷ-14	浑源烧酒制作技艺	浑源县恒山酿酒厂	于　梓
12	Ⅷ-17	太谷饼传统制作工艺	晋中市太谷县荣欣堂食品有限公司	冀　飞
13	Ⅷ-17	太谷饼传统制作工艺	晋中市鑫炳记实业有限公司	李俊伟
14	Ⅷ-19	琉璃烧制技艺	山西省非遗保护中心(晋中市介休唐源古建琉璃制品有限公司)	刘开宝
15	Ⅷ-21	大阳手工制针技艺	泽州县文化馆	裴向南
16	Ⅷ-23	稷山麻花传统制作技艺	稷山赵氏四味坊传统面点传习中心	赵天录
17	Ⅷ-28	手工挂面制作技艺	襄垣县	李艳军
18	Ⅷ-30	平定砂货烧制工艺	阳泉市郊区南小西庄村	张世亮
19	Ⅷ-31	老汉元宵	太原市小店区	贾三成
20	Ⅷ-32	云香制作技艺	交城县鸿泽制香有限公司	米鸿德
21	Ⅷ-34	山西传统寺观建筑营造技艺	山西华夏营造建筑有限公司	荀　建
22	Ⅷ-39	交城卫生馆五香调料面	山西奇人傅山调味品有限公司	蔚　鸣
23	Ⅷ-42	稷山螺钿漆器制作技艺	稷山螺钿漆器研究中心	裴丽娟
24	Ⅷ-42	嵌螺钿漆器制作技艺	稷山县禹龙工艺美术厂	翟有兰
25	Ⅷ-42	嵌稷山螺钿漆器制作技艺	稷山县禹龙工艺美术厂	杨禹龙
26	Ⅷ-43	绛墨制作技艺	新绛县城镇积文斋笔墨庄	王壮升
27	Ⅷ-44	绛笔制作技艺	新绛县城镇积文斋笔墨庄	张喜婷
28	Ⅷ-53	惠畅土布制作技艺	永济市惠畅文化创意有限公司	余艳平
29	Ⅷ-53	襄子老粗布织造技艺	襄垣县	赵志清
30	Ⅷ-56	手工麻纸制作技艺	沁源县	郑变和
31	Ⅷ-65	壶关郭氏羊汤手工制作技艺	壶关县	郭树义
32	Ⅷ-67	苇编技艺	襄垣县	李留庆
33	Ⅷ-70	金银器制作工艺	交城县永德盛金属工艺品有限公司	杨德贵
34	Ⅷ-72	山西珐花器制作技艺	阳泉市郊区大龙珐花器制作中心	甄世强
35	Ⅷ-78	传统鞋帽制作技艺	稷山县传统鞋帽制作中心	卫永爱

续表

序号	项目编号	项目名称	申报地区或单位	姓名
36	Ⅷ-80	沁州黄米醋	沁县	宋俊鹏
37	Ⅷ-81	陶器制作技艺	新绛县龙兴镇文红陶器工艺厂	王文红
38	Ⅷ-92	潞绸织造技艺	山西吉利尔潞绸集团织造股份有限公司	李建华
39	Ⅷ-93	陵川平城纸龙	陵川县	靳鹏里
40	Ⅷ-102	潞城甩饼	潞城市	韩世兴
41	Ⅷ-103	荫城猪汤	长治县	李春生
42	Ⅷ-104	潞酒酿造技艺	长治市	王敬宇
43	Ⅷ-105	“盛康源”枣酒酿制技艺	山西盛康源酒业有限公司	康志明
44	Ⅷ-107	寿阳茶食技艺	晋中市寿阳县	张永兵
45	Ⅷ-108	传统油茶制作技艺	晋中市平遥县	庞建民
46	Ⅷ-109	“三圪垯”碗托子制作技艺	晋中市平遥县	董守吉
47	Ⅷ-110	认一力蒸饺制作技艺	太原市认一力饭庄	安国辉
48	Ⅷ-111	大同贺老人羊杂	大同市城区	贺秀娥
49	Ⅷ-111	鼓楼羊杂割制作技艺	太原市鼎洋餐饮管理有限公司	李晓军
50	Ⅷ-112	清徐沾片子传统技艺	清徐县晋韵农家乐	王瑞红
51	Ⅷ-113	冠山连翘茶(延年翘)传统制作技艺	冠霖农业科技有限公司	张怀军
52	Ⅷ-114	赵城卤肉传统制作技艺	洪洞县贾安邦肉制品有限公司	贾争气
53	Ⅷ-115	尧香茶制作技艺	山西叶绿钙茶饮品有限公司	王佩峰
54	Ⅷ-117	芮城麻片传统制作技艺	山西省芮城县糖酒副食公司	张军定
55	Ⅷ-120	毛建茶制作技艺	宁武县九峰农产品加工合作社	张存海
56	Ⅷ-121	伏姜制作技艺	晋城市城区文化馆	宋翀瑜
57	Ⅷ-124	山西泡泡油糕	山西北国芙蓉餐饮有限公司	赵芙蓉
58	Ⅷ-125	糖醋鱼制作流程	山西省烹饪餐饮饭店行业协会	李晨伟
59	Ⅷ-125	糖醋鱼制作流程	山西天星海外海餐饮集团有限公司	王志强
60	Ⅷ-126	一窝丝制作流程	山西会馆餐饮文化有限公司	王张龙

续表

序号	项目编号	项目名称	申报地区或单位	姓名
61	Ⅷ－126	一窝酥制作流程	山西天星海外海餐饮集团有限公司	徐文涛
62	Ⅷ－127	山西过油肉制作工艺	山西丽华大酒店	王云浩
63	Ⅷ－128	神仙鸡传统制作工艺	山西大酒店	靖中宽
64	Ⅷ－129	清和元“头脑”传统制作技艺	太原市清和元饭店	王和茂
65	Ⅷ－130	贤美牛肉传统加工技艺	山西贤美食业有限公司	韩维义
66	Ⅷ－132	南曹村豆腐传统技艺	孝义市九州香豆制品有限公司	郭守云
67	Ⅷ－133	老山西葱花脂油饼制作技艺	太原千福缘酒店管理有限公司	白小平
68	Ⅷ－134	沁河古堡谷柿醋制作技艺	山西沁河古堡农业开发有限公司	李小兰
69	Ⅷ－135	浮雕彩绘戏曲脸谱	黎城县	张学义
70	Ⅷ－136	上党彩灯	城区	韩慧波
71	Ⅷ－137	舒心养生枕头	潞城市	舒富先
72	Ⅷ－138	手工地毯	长治县	宋云康
73	Ⅷ－139	潞麻种植技艺	长子县	苏保祥
74	Ⅷ－140	洪山名香“全料香”制作工艺	晋中市介休市恒瑞制香有限公司	郭建美
75	Ⅷ－142	平遥传统石刻技艺	晋中市平遥县	李健生
76	Ⅷ－145	传统鎏金工艺	朔州市朔城区肖岗工艺品加工工作室	肖　岗
77	Ⅷ－147	张氏墨宝斋毛笔传统手工制作技艺	山西省书法院	张劲松
78	Ⅷ－149	平定紫砂制作技艺	平定紫砂研发中心	张文泽
79	Ⅷ－150	晋派木工技术	阳泉市群众艺术馆	路玉章
80	Ⅷ－153	木制模型制作技艺	永济市蒲州镇学院手工艺品厂	宁学院

续表

序号	项目编号	项目名称	申报地区或单位	姓名
81	Ⅷ-154	婴幼儿服饰制作技艺	芮城县婴幼儿服饰研究所	唐海卜
82	Ⅷ-155	灰陶制作技艺	河津市西窑头琉璃灰陶工艺厂	侯金柱
83	Ⅷ-156	金银累丝制作技艺	山西虎头娃娃商贸有限公司	薛新明
84	Ⅷ-157	铁器锻造技艺	万荣县文化馆	冯　勇
85	Ⅷ-158	刻灰技艺	新绛县大家云雕艺术研制所	王素平
86	Ⅷ-159	大同结艺	大同市城区	杨雪飞
87	Ⅷ-160	泽州铁货手工制作技艺	晋城市晋韵堂古泽州铁货开发有限公司	晋战平
88	Ⅷ-165	麻葛纸制造技艺	山西省文史研究中心	王建旗
89	Ⅷ-166	古器物全形拓	山西正时金石传拓文化传播有限公司	张新潮
90	Ⅷ-167	北派扇制作技艺	山西黄河美术馆	郑　高
91	Ⅷ-168	长子根雕	长子县	王长宇
92	Ⅷ-169	河东花灯制作技艺	运城市明德源彩灯装饰工程有限公司	张鹏程
九、传统医药（28人）				
1	Ⅸ-1	竹叶青泡制技艺	杏花村汾酒集团	郝持胜
2	Ⅸ-2	龟龄集酒药传统制作技艺	山西广誉远国药有限公司	李建东
3	Ⅸ-3	安宫牛黄丸传统制作技艺	山西广誉远国药有限公司	王　锋
4	Ⅸ-3	正肤百应散	阳泉市群众艺术馆	赵致恒
5	Ⅸ-3	夏氏外治及其家传膏药	山西省文史研究中心	夏连保
6	Ⅸ-3	姚氏乳病消药膏	襄汾县	姚许旺
7	Ⅸ-3	东南李烧伤生肌膏	襄汾县西贾乡	李绍斌
8	Ⅸ-9	摸骨正脊术	晋中市灵石县	郭　华
9	Ⅸ-9	应县王氏祖传中医正骨术	应县中医骨科医院	王文普
10	Ⅸ-9	应县王氏祖传中医正骨术	应县中医骨科医院	王文海

续表

序号	项目编号	项目名称	申报地区或单位	姓名
11	Ⅸ-10	九宫腹部推拿疗法	山西三通摄生健康服务有限公司	刘金福
12	Ⅸ-10	冀氏针法	山西省文史研究中心	冀述祖
13	Ⅸ-10	中医诊法(道虎壁王氏中医妇科)	晋中市	刘小英
14	Ⅸ-10	田德蛙堂鼻窦炎中医疗法	晋中市平遥县	田志远
15	Ⅸ-10	吴氏妇科中医诊疗法	晋中市太谷县康福药店	高宝贵
16	Ⅸ-10	许氏中医八针疗法	稷山中医耳病专科医院	许万山
17	Ⅸ-10	九针疗法	太原	王文德
18	Ⅸ-16	浑源正北芪加工技艺	浑源县黄芪合作协会	康 尧
19	Ⅸ-17	麝雄至宝丸制作技艺	山西广誉远国药有限公司	郭青利
20	Ⅸ-18	牛黄清心丸制作技艺	山西黄河中药有限公司	杨履中
21	Ⅸ-18	牛黄清心丸制作技艺	山西广誉远国药有限公司	王 强
22	Ⅸ-19	“百应健脾王”丸药制作技艺	晋中市平遥县	王凤卿
23	Ⅸ-20	“大生堂”孔氏医术	介休“大生堂”中医诊所	孔繁亮
24	Ⅸ-21	补肾通督汤制作技艺	太原侯丽萍风湿骨病中医医院	侯丽萍
25	Ⅸ-22	谢氏艾灸	山西省侯马市	杨艳杰
26	Ⅸ-23	祛风息痛丸制作技艺	山西康意制药有限公司	寇立朝
27	Ⅸ-24	运城市关氏腰间盘突出手法一捏复位	运城市关氏腰颈椎间盘突出手法一捏复位科技研究所	关智全
28	Ⅸ-25	疼痛中医内治法	山西省文史研究中心	王建新
十、民俗(12人)				
1	Ⅹ-3	舜的祭祀	垣曲县舜文化研究会	马永喜
2	Ⅹ-7	寒食节	沁源县	曹玉宏
3	Ⅹ-13	河曲河灯会	河曲县	刘喜才
4	Ⅹ-16	柳林盘子会	柳林县文化馆	贾玉萍
5	Ⅹ-17	孝义贾家庄婚俗	孝义市新义街道贾家庄村民委员会	王正杰
6	Ⅹ-19	小店牺汤	太原市小店区	武建忠

续表

序号	项目编号	项目名称	申报地区或单位	姓名
7	X-27	礼生唱祭文习俗	山西省柳林文化研究会	杨建文
8	X-48	泽州打铁花	泽州县文化馆	杨全发
9	X-57	后稷祭祀	稷山县民间文艺家协会	梁　华
10	X-60	宇文武社火	太原市尖草坪区文化馆	张宝林
11	X-65	北岳恒山祭祀活动	浑源县北岳恒山登山协会	张建德
12	X-68	孝义苏家庄年俗	孝义市龙天民间年俗文化传承研究	武克强

【传统技艺和人才展演活动】 2019年，山西工美和太原市教育局合作，承办“双百工程”——非物质文化遗产走进校园活动，涉及木偶、绛州鼓乐、皮影、剪纸、面塑、堆锦、刺绣、木版年画、陶瓷、木雕等20项非遗项目，共进行19场活动，走进19所中小学、幼儿园，参与人数累计达1.20万余人。传统技艺和人才展演系列活动共走进校园9场、军营2场、乡村5场、社区3场、企业3场共计22场，惠及学生及社会大众人数达7000余人。

（孙红秀）

【山西工美集团】 2019年，山西工美集团理顺整体架构，完善顶层设计，配齐集团领导层，将集团本部原有的12个部门精减优化为6个部门；对自成立以来连续亏损且没有具体盈利项目的所属企业进行审计评估后注销整合，将集团所属子公司由9户精减为5户。

工美集团参与山西省重大展览及宣介活动：外交部山西全球推介活动非遗展区、庆祝中华人民共和国成立70周年山西专场新闻发布会非遗精品展区、山西省工艺美术行业大会2019年山西省工艺美术大师作品展、2019中国工艺美术博览会、第四届山西文化产业博览交易会山西工美集团展区、山西省第三届文创产品展暨迎新春书画惠民展销活动、山西省第五次旅发大会国际旅行商推介会等展览宣介活动的设计策展工作，设计并制作的锦绣山西·文旅三晋、一带一路、万里茶路三个大地图，更好的宣传推广山西省境内三个文化板块区域内的旅游发展资源。

组织参与澳门“欢乐春节”系列活动之“祈祥纳福——山西省和湖南省年画艺术展”、埃及“欢乐春节——中国·意大利美食周”、第54届全国工艺品交易会暨2019“金凤凰”创新设计大奖赛、韩国全罗南道展览活动、第二十届全国工艺美术大师暨手工艺术精品博览会、2019中国工艺美术博览会等展会。

山西工美集团承办非物质文化遗产走进鼓楼街帽儿巷·食品文化一条街活动，邀请传承人现场展演，促进传统工艺传播。协助省工美协会参评并荣获“百花杯”“金凤凰”金奖11项，银奖21项，铜奖26项，优秀奖21项的优异成绩。山西工美文创基地被列为第二届全国青年运动会及府城一日游指定参观景点。

山西省工美协会协助山西省文旅厅承担2019年山西省工艺美术大师评选工作，对全省256人申报材料进行预审、初审，并参与制定评审细则，组织评审会议等工作。最终经严格审核评选和公示，全省有27人获“2019年山西省工艺美术大师”称号。

（孙红秀）

【“人人持证、技能社会”推进】 2019年8月2日，全省“人人持证、技能社会”推进会暨首届全省职业技能大赛启动仪式在太原举行。省长楼阳生讲话，并宣布首届全省职业技能大赛正式启动。人力资源和社会保障部副部长汤涛出席并讲话。省委常委、副省长胡玉亭主持会议并作工作部署。

同日，由省城联社主办，省二轻文教中心、省工艺美术馆承办的山西省工艺美术职业技能大赛成果展开展，通过文字、图片、展品展示，获奖选手、艺人展演等形式展示2019年及历届工艺美术职业技能大赛中漆器彩绘雕填工、陶瓷装饰工、民间工艺品制作工（剪纸工）、抽纱刺绣工（手绣工）、工艺品雕刻工等五项大赛的成果。汤涛、楼阳生等领导参观成果展区。

（孙红秀）

【漆器职业技能大赛】 2019年10月10日至11日，由省人社厅、省总工会、省文旅厅、省妇联、省小企业局、省城联社、省工美协会主办，省二轻文教事业发展中心、中国推光漆器博物馆承办，平遥县人民政府、晋中市城联社、平遥县城联社协办的以“人人持证、技能社会”为主题的2019年中国技能大赛——山西省工艺美术第六届“神工杯”漆器职业技能大赛在中国推光漆器博物馆举行。经过紧张有序的角逐和严格的评审，评选出2个优秀组织奖，6名优秀选手，1名创意金奖，6名贡献奖。

（孙红秀）

社科研究

·山西省社会科学院（山西省政府发展研究中心）·

【概况】 2019年，山西省社会科学院（山西省政府发展研究中心）（简称省社科院）提升“中国特色社会主义理论研究中心”与“廉政中心”两大品牌的社会影响力，争取中宣部“马工程”重大项目支持，创建山西省重点马克思主义研究院。先后发表重大理论文章20余篇，开展10项重点课题和2项大型调研课题。围绕能源革命重大使命，组织开展《推进能源革命综合改革试点对策研究》等重大研究项目，刊发《以改革创新精神将能源革命进行到底》等理论文章；围绕优秀传统文化和革命文化，研究撰写和出版《三晋名人》《八路军在山西》，组织研究和编撰《山西文明史·民俗卷》《山西抗战志》《晋冀鲁豫根据地史》；围绕山西历史文化，编撰出版《新中国成立七十周年山西发展丛书》（共六册）；围绕名品期刊建设，推进《经济问题》《晋阳学刊》《语文研究》《五台山研究》“晋字品牌”学术期刊工程建设。（郑必奇）

【决策咨询服务】 2019年，省社科院强化决策咨询服务。创办《书记专阅》《省长专阅》等6类7种内刊，获省领导批示13件16次，其中省委主要领导重要肯定性批示3次。开展《山西全面优化营商环境研究》《2019年山西经济运行情况分析》等10项重大决策咨询课题研究。举办全国性高级别研讨会议。举办“加强示范区建设、推动高质量发展研讨会”“山西省能源革命综合改革试点专家咨询座谈会”和“一带一路与山西对外开放学术研讨会”三个全国性研讨会。与吕梁市共同举办“吕梁市非常规天然气产业发展研讨会”。建立经济运行分析机制。在巩固和完善全省11市102个“调查研究联系点”的基础上，建立全省政府发展研究中心系统经济运行分析交流会议机制，定期召开经济运行分析会，形成经济形势分析报告。完成领导交办任务。完成省委主要领导交办的“优化营商环境”“推动区域协调发展”研究任务，其他省领导交办的“建设基层综合性文化服务中心”研究任务，完成《2019年省政府工作报告》省内外专家征求意见工作。（郑必奇）

【新型高端智库建设】 2019年，省社科院推动山西特色高端智库建设，通过各个研讨会，调研活动集中智力资源，使智库建设进入轨道。

6月14日至16日，省社科院应邀到黑龙江省出席沿边九省区社科院院长联席会议暨新型智库战略联盟研讨会，会议围绕“哲学社会科学创新工程”建设展开专题调研。

7月19日，由省社科院主办、运城市政府发展研究中心承办的全省政府发展研究中心系统智库建设座谈会在运城举行。与会人员围绕地方党委政府中心工作、关键环节、调查研究、提出管用的政策建议、打造智库人才队伍、大数据与智库结合等方面展开交流和探讨。

9月18日至20日，由省社科院主办，院经济研究所承办的全国省级社科院经济所长会议暨“加强示范区建设，推动高质量发展”学术研讨会在山西太原举行。全国各地社会科学院的专家学者和山西省部分地市政府发展研究中心专家，围绕“加强示范区建设，推动高质量发展”主题进行学术研讨和交流。

9月23日，省社科院与中国能源研究会在北京共同组织召开山西省能源革命综合改革试点专家咨询座谈会，邀请专家围绕《关于在山西开展能源革命综合改革试点的意见》和《山西能源革命综合改革试点行动方案》，梳理突破点、重点、难点、风险点等，开拓思路，建言献策。与会专家建议综合改革试点工作分轻重缓急，短期内在燃煤发电机组进行超低排放和节能改造、致密气和页岩气生产、清洁供暖、新能源利用等方面取得突破。把握低碳绿色的客观形势，突出煤层气、电网建设、生态修复等重点工作。

10月31日，省社科院创新工程办公室到中国人民大学重阳金融研究院开展“中国特色新型智库建设”专题调研并召开座谈会。与会人员围绕能源革命综合改革试点、“一带一路”人文交流合作以及黄河文化研究等重大任务，加强交流与合作，联合开展重点课题研究，共同举办论坛和研讨会，互派访问交流学者，提

2019年6月25日，山西省和韩国全罗南道共同举办“山西日”活动签约仪式

（郑必奇供图）

升服务省委、省政府决策咨询能力,做到高起点开局、高质量研究、高水平服务。(郑必奇)

【韩国"山西日"活动】 2019年6月25日,由山西省与韩国全罗南道共同举办的"山西日"活动在韩国全罗南道举行,活动旨在推动山西省对韩经贸人文交流合作,深化两省道间友好合作关系,安排省道首脑会谈、活动推介、特色产品展示、图片展览等多项内容。省委书记骆惠宁、韩国全罗南道知事金瑛禄等省道首脑共同出席活动。

省社科院(中心)与光州全南研究院共同签署为期5年的《山西省社会科学院与韩国光州全南研究院合作交流协议书》。(郑必奇)

【智库交流合作】 2019年,省社科院强化智库交流合作。主动对接中国社会科学院和国务院发展研究中心,主动对接各省直单位,主动深化与市县合作,分别同省机关事务管理局、省税务局、省红十字会签订合作协议。联手高等院校,加强协同创新。与山西大学马克思主义学院合作打造山西省"1331教学科研协同育人中心",同太原理工大学签订共建"人才培养与科学研究"协同创新战略协议。开展省外调研,参加学术活动。到国务院发展研究中心、北京社会科学院等单位开展专题调研,参加习近平新时代中国特色社会主义思想高端论坛、第二届虹桥国际经济论坛等多次高级智库建设会议。组织相关领域专家与美国驻华使馆经济参赞贝莎兰交流座谈,组织专家学者到韩国、日本等地开展智库交流与合作,接待韩国京畿道博物馆领导专家到晋访问。(郑必奇)

【协同创新平台建设】 2019年3月27日,省社科院与太原理工大学签订战略合作协议,双方共建"人才培养与科学研究"协同创新平台。协议约定,双方发挥人才和资源优势,共同推进马克思主义理论研究及哲学社科领域科研项目的联合申报;成立人才培养、科学研究、政策服务与咨询创新平台建设领导小组,全面提高学生实践能力和创新创业能力,促进大学生创新创业;搭建人才资源共享平台、建立资源共享机制,共建山西省智库、搭建社会服务平台,共同推进山西省哲学社会科学理论研究与人才培养。将省社科院设为太原理工大学实践教学基地,太原理工大学设为"山西省社会科学院研究基地"。(郑必奇)

2019年12月26日至27日,大型民族歌剧《三把锁》在青年宫演艺中心首演

(郑必奇供图)

【大型歌剧《三把锁》首演】 2019年12月26日至27日,由省社科院(中心)文学所副研究员朱伊文担任编剧的大型民族歌剧《三把锁》在青年宫演艺中心首演,全剧由山西省歌舞剧院演出,共分六场,长100分钟。此剧先后获得国家艺术基金2019年度舞台艺术创作资助项目、文化和旅游部2019年中国民族歌剧传承发展重点扶持剧目。

《三把锁》是一部反映当代精准扶贫题材的民族歌剧,由山西省几个第一书记的真实事迹创作改编而成,参考省社科院扶贫工作过程中的部分故事。(郑必奇)

·山西省社会科学界联合会·

【社科社团建设】 2019年4月11日至14日,山西省社会科学界联合会(简称省社科联)第三次代表大会召开,总结部署新时代山西社科联工作,选举产生新的领导班子。3月到6月,组织社科类社会组织集中开展"改革创新、奋发有为"大讨论活动,6月到9月,开展"不忘初心、牢记使命"主题教育工作。出台《省社科联举办形势政策报告活动有关规定》,举办社科类社会组织形势政策报告8场。加强社科类社会组织规范化建设和管理。开展"双强六好"党组织品牌创建活动,培育省经济转型与企业发展研究会、省职业发展研究会、省老年学和老年健康学会、省世界经济学会、省钱币学会等"党建强、发展强"的社会组织党建品牌。在全国社科联第二十次学会工作会议中,山西省中国特色社会主义研究会等5个社会组织获评为先进社会组织,省伦理学会刘晓哲等5人获评为全国社科联优秀社会组织工作者。(杜伟琴)

【重点课题研究与评奖】 2019年,省社科联确立重点课题195项。对2018至2019年度155项重点课题评审结项,评出优秀成果38项。

开展一年一度的"百部(篇)工程"评审工作,评出优秀成果102项,

其中一等奖20项、二等奖31项、三等奖51项。 （杜伟琴）

【社会科学展及宣传】 2019年3月22日,《山西省哲学社会科学普及条例》(简称《条例》)经山西省第十三届人民代表大会常务委员会第九次会议通过,6月1日起实施。3月26日,省社科联与省人大有关部门举办新闻发布会,5月31日,举办《条例》贯彻实施座谈会,印制发放《条例》单行本1万册,向学会研究会、各市社科联、高校社科联、科普基地下发《关于学习宣传贯彻实施〈山西省哲学社会科学普及条例〉的通知》。太原、大同、忻州、晋中等市社科联结合实际,开展宣传活动。

修订完善《山西省社会科学普及宣传基地管理办法》,全年命名大同市图书馆、云冈石窟研究院等14个单位为"山西省社会科学普及宣传基地",截至2019年底,共建成科普基地44个。在省图书馆举办"红色文化""钱币知识"等多场迎接新中国成立70周年纪念活动,与山西电视台联合,推荐专家学者参加"理论天天学"栏目,宣讲《习近平新时代中国特色社会主义思想学习纲要》。

（杜伟琴）

【考察交流学习】 2019年,省社科联主要领导带队到河南、陕西、重庆等兄弟省市考察学习;领导班子成员参加全国社科联协作会议、华北五省市社科联联席会议,介绍山西社科联工作业绩,借鉴兄弟省市先进工作经验,参加沿黄河流域9省市自治区"黄河文化高峰论坛";派机关干部到四川大学、武汉大学、井冈山干部学院等地交流学习,对标一流,改进工作。 （杜伟琴）

·三晋文化研究会·

【三晋文化研讨系列活动】 2019年,三晋文化研究会承担和参与重大课题,拓展学术视野,培育潜在的学术文化能力,提高研究水平,参与举办三晋文化系列活动。

1月6日至12日,三晋文化研究会、迎泽区教育局教研室和太原美术馆共同主办的"我眼中的世界——图片故事"优秀作品展在太原市美术馆展出。

4月11日,三晋文化研究会联合萁中书院在山西大学召开"改革创新、奋发有为"大讨论会议。

4月20日,由中共太原市委宣传部、太原市文化和旅游局、三晋文化研究会、中国书画家联谊会军旅书画家工作委员会主办的新中国七十华诞"太原解放七十周年主题纪念展"在太原美术馆开展。

4月24日,举行纪念太原解放70周年暨三晋文化研究会成立31周年座谈会。

4月25日,三晋文化研究会组织的"走基层、访贫困、送文化、送智慧"活动,在吕梁市岚县社科乡举行。

6月17日,隋大儒文中子王通逝世1402周年祭祀大典在山西稷山化峪镇白牛溪举行。

6月22日,"一带一路"与山西对外开放学术研讨会、中国明史学会明史国际学术研讨会在大同举行。

6月30日,山西红色文化交流中心举办庆祝中国共产党成立98周年座谈会。

9月3日,山西万国红酒文化研究院启动仪式在太原举办。

9月28日,三晋文化研究会举办"庆祝新中国成立七十周年座谈会暨《治国方略史鉴》出版发行会"。

10月30日,山西省第二届农耕文化论坛暨田园诗歌作品征集和美丽乡村摄影展征集活动新闻发布会在山西省平定县举行。活动分为两大板块,诗歌征集主题为《田园诗歌,棉田风情》,摄影展征集主题为《美丽乡村,我的家》。两大征集活动和评选时间长达一年,评选出一等奖1名,二等奖2名,三等奖3名,优秀奖30名。

12月2日,山西省三晋文化研究会和萁中书院文化下基层读书学习研讨会在文水举行。

12月4日,三晋文化研究会在忻州秀容古城五福轩举办书画惠民交流活动。

12月10日,三晋文化研究会府东公寓老干部活动中心举办图书捐赠仪式。

12月21日晚,"汾酒杯"第六届"感动百姓·山西乡村爱心大使"颁奖典礼在太原市举行,共有10人被评选为第六届"感动百姓·山西乡村爱心大使",6人获得第六届"感动百姓·山西乡村爱心大使"提名奖。 （王　岳）

【尧文化高峰论坛】 2019年5月31日,以"溯文明之源·寻华夏之根"为主题的尧文化高峰论坛在临汾市尧都区举办。活动由中共临汾市委、临汾市人民政府、中国考古学会、中国先秦史学会主办,中共临汾市委宣传部、中共尧都区委、尧都区人民政府、三晋文化研究会承办。

论坛认为,尧文化作为中华优秀传统文化的精神魂魄,是涵养社会主义核心价值观的重要源泉,也是中华传统文化在世界文化激荡中站稳脚跟的坚实根基。 （王　岳）

【专业研究分支机构】 2019年1月17日,三晋文化研究会古陶瓷研究院、三晋文化研究会玻璃艺术研究院在太原市迎泽区孟家井村挂牌成立。

1月,三晋文化研究会企业文化中心成立。

7月9日,由山西三晋文化研究会、山西三晋报刊传媒集团主办的山西金石研究院成立。

8月8日,三晋文化研究会地方志专业委员会在太原举行揭牌仪式。

12月23日,三晋文化研究会山西勿忘初心文化艺术学院成立大会暨文化艺术学院、勿忘初心艺术团表彰会在太原举行。

12月27日,举行迎新年书画展暨三晋文化研究会书画院、姚萁中研究所揭牌仪式。 （王　岳）

【"影视剧本创作基地"挂牌】 2019年10月22日,"晋阳文化民间研究会影视剧本创作基地"在晋源区明太原县城挂牌成立。截至2019年底,创作完成共储备《巡台御史杨二酉》《醋葫芦》《蒙山大佛》《蒙山大佛传奇》《天龙山石窟风云》5部可视性强的原创精品、热点影视剧本。(王 岳)

文化交流与合作

【山西文化展示】 2019年,山西省文化和旅游厅组织静乐剪纸到广州参加"文化和自然遗产日"主会场活动。选派安福高台花鼓演艺中心等单位参与"非遗公开课"现场节目录制。选派绛州鼓乐到河南参加第十届"中原古韵——中国·淮阳非物质文化遗产展演"活动。选派风火流星参加"2019全国杂技类非遗代表性项目会演"。组织山西剪纸、面塑等项目参加第33届匈牙利民俗手工工艺艺术节。山西皮影戏获得联合国教科文组织非遗名录名册项目证书。

山西省文化馆全年共组织13个群星奖获奖作品及优秀节目在全省革命老区、贫困地区、边远山区演出20余场。山西省组织全省优秀舞台剧目和美术作品参加全国基层院团戏曲会演、第六届丝绸之路艺术节、2019年戏曲百戏(昆山)盛典、全国净行、丑行暨武戏展演、第十三届全国美术作品展览、第六届全国画院联展等各类国家级展演展览活动。如晋剧《御史梁中靖》参加全国基层剧团戏曲展演,在全国30多部同台竞艺的优秀剧目中居第二位。山西画院共有13幅美术作品入选"第十三届全国美术作品展览"。(赵中梁)

【省际文化交流】 2019年,山西省实施"春雨工程"全国文化志愿者边疆行计划,增进山西与新疆、西藏等少数民族地区的文化交流。山西省文化馆组织实施"传经典 颂中华"十九省区民歌展演,来自于新疆、宁夏、青海、西藏、云南、贵州、四川、广西的少数民族歌手参加展演,促进民族民间文化艺术交流。10月29日至11月2日,山西省11个市群众艺术馆、55个县文化馆馆长参加在重庆举办的"山西省重庆市文化馆系统公共数字文化建设培训班"。(赵中梁)

【对外交流与合作】 2019年,山西省以"华夏古文明山西好风光"为主题,讲好山西故事,提升文旅对外对港澳台交流合作能级。组织、派遣境外文旅交流合作团组32批次、出访人员300余人次(不含营业性演出);举办请进来大型推介交流活动5场;配合参与省外事部门会见会谈活动14场;组织参加中国国际旅游交易会(昆明)、中国——东盟博览会、中国阿拉伯国家旅行商大会等活动8次。全年共接待入境过夜旅游者76.22万人次;同比增长6.64%。实现入境旅游创汇4.10亿美元,同比增长8.46%。

将非遗、演艺、文创等山西特色文化元素创新融入旅游推介项目,先后在意大利罗马、克罗地亚萨格勒布、奥地利维也纳和俄罗斯圣彼得堡等"一带一路"重点国家举办4场大型海外推介会;分6批组织省内各相关单位100余人次到埃及、斯里兰卡等地举办美食周、大庙会、年画展及精品剧目演出等系列展演活动;配合省外事、商务部门完成日本东京、韩国全罗南道推介和演展项目以及南非、法国、美国、德国、克罗地亚、韩国、蒙古、意大利等国家来访政要会见交流任务,彰显特色优势、宣传山西文旅资源;分别与克罗地亚、韩国、俄罗斯、哈萨克斯坦、白俄罗斯、捷克等国家的地方文旅部门签署官方协定7份、推动各国旅行商间签署合作意向20余份;出访匈牙利等"一带一路"沿线重点国家的国际展会分批组织旅行商洽谈会、非遗展演和舞台艺术精品演出等系列活动。主动对接并借助海外中国文化中心、旅游办事处进行推广宣介。通过LED大屏在美国时代广场推广山西文化旅游品牌。(赵中梁)

档 案

【概况】 截至2019年底,山西省共有国家综合档案馆129个,专职档案工作者8064人,兼职档案人员14347人。

2019年,山西省档案馆学习贯彻习近平总书记"三篇光辉文献"重要指示精神,履行"为党管档、为国守史、为民服务"的工作职责,发挥留凭、存史、资政、育人的重要作用,推进档案事业治理体系和治理能力现代化。在坚持全面从严治党、完善档案工作"三个体系"(资源体系、利用体系、安全体系)、提升档案服务水平、加强档案人才队伍建设等方面取得成绩。(柳 杨 段丽婧)

【档案资政进全国第一方阵】 2019年,山西省档案馆(简称省档案馆)围绕中心工作,发挥馆藏优势,成立专班,经过反复甄选、仔细审核,首次编印《档案资政参考》,以专报形式呈送省委主要领导参阅。7月23日,省委常委、秘书长廉毅敏对省档案馆资政工作作出批示:"围绕中心、服务大局,充分挖掘档案价值,积极开放利用档案的有益尝试,很好。"此项工作挺进全国第一方阵。(柳 杨 段丽婧)

【档案资源体系建设】 2019年,省档案馆聚焦主责主业,规范进馆档案管理,丰富馆藏档案资源。先后制定《省档案馆档案接收规程》《省档案馆档案接收标准》等工作规范。对省委、省政府及省直单位等应进馆档案资料跟踪评估。征集范围逐步向省外延伸,实现跨地区、跨行业征集。拓展渠道,确保收集征集全覆盖、以"民生、民企、民间、名家"为主线,征集到省委书记原王谦工作笔记、南下干部档案、"晋西事变"史料、名家书画等档案资料。加大重大活动档案收集力度,参与第二届全国青年运动会档案管理工作,获国家体育总局的表扬与省委省政府的表彰,形成全国体育系统推广的档案管理经验。与省残联、省文旅厅、省外办等单位联合完成3.50万助残项目、首届山西艺术节、纪念改革开放40周年群众文化季系列活动、外交部山西推介会等重大活动档案的收集工作。(柳 杨 段丽婧)

【档案利用体系建设】 2019年,省档案馆提升服务水平、创新服务方式、拓宽服务渠道、优化服务流程，满足人民群众对档案工作的需求。完成查阅接待大厅搬迁工作，查阅大厅由原84平方米升级为540平方米。通过实行首问负责、一次性告知、工作日延时、函电网络代查、闭馆日特事特办、开辟绿色通道等特色服务，提升利用者的满意度和获得感。全年共接待查阅利用者2397人次，利用档案3159卷次、数字档案11808件次、资料2558卷次，复制5597页，做到服务零距离、查阅零失误、程序零障碍、群众零投诉。 （柳 杨 段丽婧）

【档案安全体系建设】 2019年，省档案馆坚持将档案安全作为生命线，突出防范体系构建，强化日常环节管理。修订《省档案馆库房安全管理制度（试行）》《省档案馆互联网门户网站运行管理办法》等多项制度。开展档案安全风险隐患排查整治工作，组织安全隐患“清零”专项行动。加强数字化现场管理，严抓信息安全，明确信息安全岗位责任。按照国家档案局要求，馆藏重要档案资源在江西省档案馆和河南省档案馆异地异质备份。馆务会先后7次研究综合治理（平安建设）工作，逐层签订责任书，推进创建“平安单位”工作。完善消防安全等应急预案和值守工作，开展反恐、消防安全、联勤联动联防等应急演练。在重大活动、敏感节点组织安全大检查，排查处理。安全工作多措并举，取得实效，连续7年获省级或省城“平安标兵单位”称号。

（柳 杨 段丽婧）

【档案信息化建设】 2019年，山西省区域性数字档案馆提前建成，实现全省域范围内的数字档案资源集约化管理。其中区域性数字档案馆系统，推进全省数字档案资源的共享利用。电子档案移交与接收系统促进省直各单位电子档案的规范化管理，实现电子档案的在线管理和移交接收。为完善档案信息化建设，先后修订《山西省档案馆档案开放鉴定工作实施细则》等8项工作制度和标准。全年完成馆藏档案109万页的划控鉴定任务，完成56万画幅、11765卷档案的数字化工作，馆藏档案数字化率提高到18%。挂接71个全宗、9187卷、66315件、444515页档案数据，公共服务效能提升。通过完善相关管理制度，严格技术要求，明确目标任务，完成国家重点档案目录编制工作，全年重点档案著录工作共调档案6826卷，著录条目140438件，扫描图片840301画幅，移交条目34051件，全部完成23万条目数据的著录工作，为省档案馆对外利用提供完整、翔实的目录数据。 （柳 杨 段丽婧）

2019年7月26日，山西省档案馆举办全省“三基建设”省直单位档案岗位专业能力测试 （杨 柳供图）

【档案编研成果】 2019年，省档案馆坚定文化自信，发挥馆藏特色，编研展览工作取得丰硕成果。国家重点项目《抗日战争档案汇编·山西省档案馆卷》第一、二册陆续编纂完成，进入出版流程。5月，协助国家档案局在晋举办山西、湖南两省《汇编》工作培训班，推动这一重点项目在全省开展。编撰完成《中国精品档案解析》，以“中国档案文献遗产名录”中部分珍贵档案为主题，邀请各地专家学者深度挖掘解读。探索黄河流域9省区档案馆协作机制，深挖黄河文化蕴涵的时代价值。省档案馆举办“不忘初心、牢记使命”主题教育档案文献展、新中国的山西记忆图片展、庆祝中华人民共和国成立70周年全省档案编研成果展，征集全省档案编研成果近400件（套），编印“双百名录”，设立“馆藏档案珍品陈列室”，恢复“光辉的历程——馆藏革命历史档案文献展”和“全省明清、民国档案史料展”。9月，省档案学会举办“档案工作创新与实践”学术研讨会，为促进全省档案事业发展提供创新动力与智力支撑。

（柳 杨 段丽婧）

【“不忘初心、牢记使命”主题教育档案文献展】 2019年7月1日，山西省档案馆举办“不忘初心、牢记使命”主题教育档案文献展，成为全国率先举办主题教育展览的省级档案馆之一。省委常委、省委秘书长廉毅敏亲临调研，对主题教育档案文献展提出指导意见。展览凸显三晋珍档特色，挖掘山西红色文化档案资源。以此为依托，创新馆校“1+1”合作机制，与中共山西省委党校共建“党性教育基地”，与中央档案馆，中共山西省委党校、山西行政学院合作建立“党性教育主题教室”，成为全省党员干部党性教育的“第二课堂”。展览全年接待参观单位两百多家，参观人数2万余人。《中国档案报》《山西日报》、山西新闻网、学习强国等媒体予以专题报道。

（柳 杨 段丽婧）

表 44　2019 年度山西省社会科学“百部(篇)工程”获奖成果

一等奖(20 项)

单位	题目	成果形式	作者	出版单位	出版时间
山西师范大学	中国特色社会主义制度自信研究	专著	贾绘泽	人民出版社	2018 年 3 月
山西师范大学	农村主流意识形态宣传机制创新研究	专著	郭学旺	中国社会科学出版社	2018 年 12 月
山西省社科院(省政府发展研究中心)	坚拒历史虚无主义对文艺创作的袭扰与侵蚀	论文	艾　斐	《求是》	2018 年 10 月
山西大学	文化认同的哲学论纲	专著	邢　媛	人民出版社	2018 年 6 月
山西财经大学	中国现阶段私营企业劳资关系的属性及特点——马克思主义政治经济学的解释	论文	李玲娥	《政治经济学评论》	2018 年 9 月
山西财经大学	人口流动研究方法与应用——基于大数据与智慧城市视角	专著	李　毅	中国农业大学出版社	2018 年 12 月
中北大学	职务级别、法律制度设计与腐败惩罚扭曲	论文	褚红丽 孙圣民 魏　建	《经济学》	2018 年第 3 期
山西大学	村治实验:中国农村基层民主的发展样态及逻辑	论文	马　华	《中国社会科学》	2018 年第 5 期
山西大学	商汤雩祭文化与人水关系	论文	朱丽君	《博览群书》	2018 年 10 月
山西师范大学	信仰与教化:刘一明的信仰之道与教化之论	专著	白娴棠	中国社会科学出版社	2018 年 12 月
山西大学	德国教育学在中国的传播和影响	专著	侯怀银 张小丽 辛　萌 齐　姗等	商务印书馆	2018 年 12 月
山西财经大学	边地文化与中国西部小说研究(1976–2018)	专著	金春平	人民出版社	2018 年 12 月
山西大学	从“学诗”到“诗学”——中国古代诗学的学理转换与特色生成	论文	郭　鹏	《文学评论》	2018 年 3 月
山西省考古研究所	晋阳古城晋源苗圃发掘报告	编著	韩炳华 王普军	科学出版社	2018 年 10 月
山西大学	泉域社会:对明清山西环境史的一种解读	专著	张俊峰	商务印书馆	2018 年 7 月
山西医科大学	Topology-driven trend analysis for drug discovery(基于网络拓扑驱动的药物新价值发现)	论文	吕艳华 Ying Ding, Min Song, 段志光	*Journal of Informetrics*(情报计量学)	2018 年第 8 期

二等奖(31 项)

单 位	题 目	成果形式	作 者	出版单位	出版时间
太原理工大学	基于人才聚集效应的区域协同创新网络研究	专著	王 聪	知识产权出版社	2018 年 10 月
山西省风险管理研究会(山西财经大学	预期对中国商品住宅市场的影响研究	专著	李 斌	中国财政经济出版社	2018 年 12 月
山西大学	中国古典戏曲批评范畴研究	专著	梁晓萍	北京师范大学出版社	2018 年 9 月
太原工业学院	成器思论	专著	谢 玮	中国书籍出版社	2018 年 1 月
山西师范大学	马克思恩格斯城乡融合思想与我国城乡一体化发展研究	专著	陈燕妮	中国社会科学出版社	2017 年 11 月
山西大学	社会主义文化建设 40 年：基于八次党代会报告文本的分析	论文	姬会然	《贵州社会科学》	2018 年 8 月
山西大学	20 世纪 50 年代以来英国马克思主义的主体理论流变	论文	薛 稷	《江西社会科学》	2018 年 1 月
山西师范大学	控制论对生成认知科学范式的影响	论文	武建峰	《自然辩证法通讯》	2018 年 1 月
山西大学	基于三维责任视角的中国分省碳排放责任再核算	论文	从建辉 常 盼 刘庆燕	《统计研究》	2018 年 4 月
山西财经大学	金融发展、产业转移与中西部产业升级	论文	史恩义 王 娜	《南开经济研究》	2018 年 第 6 期
中国人民银行太原中心支行	变系数空间计量模型的理论和应用	专著	陈建宝 乔宁宁	科学出版社	2018 年 3 月
山西财经大学	控制权竞争和公司债务期限结构研究	论文	李燕平 高 雅	《财经理论与实践》	2018 年 3 月
太原科技大学	民国山西村治研究	专著	刘 娟	知识产权出版社	2018 年 6 月
山西大学	产权与治权关系视角的村民自治演变逻辑——一个资源型村庄的典型案例分析	论文	王慧斌 董江爱	《中国行政管理》	2018 年 第 2 期
山西大学	改革开放 40 年：中国医疗保障体系的创新与发展	论文	孙淑云	《甘肃社会科学》	2018 年 9 月
山西师范大学	教育实务与反思——来自一线的 100 个典型教育案例	专著	王承吉	北京师范大学出版集团	2018 年 4 月
山西大学	Self-esteem and depression among Chinese adults: A moderated mediation model of relationship satisfaction and positive affect	论文	王兴超 王 伟 谢笑春 王鹏程等	*Personality and IndividualDifferences*	2018 年 12 月
山西大学	基础教育场域论	专著	娜 仁 高 娃	重庆大学出版社	2018 年 4 月
山西师范大学	赋权学习理论及实践案例研究:赋权视域中的技术变革学习	论文	王永军	《中国电化教育》	2018 年 11 月

续表

单 位	题 目	成果形式	作 者	出版单位	出版时间
山西师范大学	楚文字形近、同形现象源流考	专著	谭生力	中国社会科学出版社	2018年12月
山西大学	山西平遥方言复句关联标记“门”的演变——从前置到后置	论文	史秀菊 郝晶晶	《中国语文》	2018年第6期
山西大学	“泛交流时代”：社交直播热像下的交流幻象	论文	李雪枫 罗　喆	《山西大学学报（哲学社会科学版）》	2018年1月
山西大学	田野考古发掘记录中的系络图	论文	霍东峰	《考古》	2018年1月
山西大学	晋南龙祠：黄土高原一个水利社区的结构与变迁	专著	周　亚	商务印书馆	2018年7月
山西大学	凿井而饮：明清以来黄土高原的生活用水与节水	专著	胡英泽	商务印书馆	2018年7月
山西大学	Hesitant fuzzy linguistic rough set over two universes model and its applications	论文	张　超 李德玉 梁吉业	*International Journal of Machine Learning and Cybernetics*	2018年4月
太原科技大学	煤矿安全事故的人因分析	专著	陈兆波	科学出版社	2018年1月
山西财经大学	模糊环境下企业环境行为激励机制及评价方法研究	专著	曲国华	中国财政经济出版社	2018年7月
山西省儿童医院山西省妇幼保健院	战略驱动下的公立医院管理会计实践与创新	专著	郭秋霞	经济科学出版社	2018年7月
太原科技大学	组织衰落与组织创新：管理者风险规避与制度化组织使命的作用	论文	唐朝永 彭　灿 林　琳	《研究与发展管理》	2018年2月
山西师范大学	20世纪山西戏曲音乐多声形态研究	专著	陈　甜	中国戏剧出版社	2018年12月
山西大学	艺术性与神圣性——太行山说书人的民俗认同研究	论文	卫才华	《民俗研究》	2018年4月
山西大学	山西平顺大云院壁画维摩诘经变图像研究	论文	李雅君	《南京艺术学院学报（美术与设计）》	2018年5月
山西大学	俄罗斯转型时期军事文学研究（1985—2004）	专著	赵建常	南京大学出版社	2018年9月
山西大学	英语中“事实”的系统功能语言学研究	专著	梁红艳	山西教育出版社	2018年9月

三等奖(51 项)

单 位	题 目	成果形式	作 者	出版单位	出版时间
山西财经大学	正确把握习近平关于全面从严治党论述的五个着力点	论文	李 鹏 任梦格	《思想理论教育导刊》	2018 年 11 月
山西警察学院	人民公安为人民的马克思主义世界观方法论意蕴	论文	刘克华	《思想理论教育导刊》	2018 年 6 月
山西省委党校	为了人民是贯穿改革开放的清晰主线	论文	赵晋泰	《人民日报》理论版	2018 年 11 月
山西大学商务学院	“劳动力商品”概念应让位于“人力资本”吗?	论文	韩 英	《政治经济学评论》	2018 年 1 月
山西大学	严复论格致与科学在方法上的差异	论文	赵云波 范丽媛	《自然辩证法研究》	2018 年 5 月
忻州师范学院	清凉山志校释	专著	冯大北	山西人民出版社	2018 年 8 月
山西大学	非契约性社会资本与“两弹一星”元勋——兼论我国当代科技创新	论文	吴文清 沈俊宇	《科学技术哲学研究》	2018 年 第 5 期
山西省社会科学院(省政府发展研究中心)	转变山西省农业发展方式新论	专著	武甲斐	山西经济出版社	2018 年 7 月
山西财经大学	多维框架下的中国不平等测度及分解	论文	王曦璟 高艳云	《统计研究》	2018 年 2 月
山西财经大学	资源型地区产业结构调整与税制优化研究	专著	孔翠英	中国财政经济出版社	2018 年 5 月
山西财经大学	国际资金流量表的编制与模型应用研究	专著	王 涛	中国财政经济出版社	2018 年 6 月
运城学院	基于产业结构视角的能源富集区碳排放效应研究——以山西省为例	专著	董洁芳	新华出版社	2018 年 5 月
山西师范大学	全球科技创新发展趋势与中国创新驱动的战略抉择	论文	樊增强	《中州学刊》	2018 年 10 月
山西大学	Durable Policy Facilitation of Sustainable Industrial Parks in China: a perspective of coevolution of policy processes	论文	焦文婷 Frank Boons, Geert-Teisman 李常洪	*Journal of Cleaner Production*	2018 年 4 月
山西警察学院	“互联网+”警务模式研究	论文	张蕾华	《山西警察学院学报》	2018 年第 2 期
太原理工大学	资本下乡与隐蔽的水权流动——以广西大规模甘蔗种植为例	论文	李 华 汪淳玉 叶敬忠	《开放时代》	2018 年 7 月
中共山西省委党校(山西行政学院)	话语传播：盲点的形成及其消弭路径——改革开放以来话语权认识与实践发展的启示	论文	张志芳	《中国浦东干部学院学报》	2018 年 第 6 期

续表

单 位	题 目	成果形式	作 者	出版单位	出版时间
山西大学	民生政治：惠农政策的政治效应分析	论文	綦良泽	《马克思主义与现实》	2018 年第 1 期
山西省青少年心理与教育研究会	民众信仰状况调查研究——以山西省为例	论文	裴秀芳 郝慧颖 安彩红 李鑫洁	《中北大学学报》	2018 年第 2 期
山西传媒学院	跨越式发展的思考与实践——以山西传媒学院为例	专著	张汉静	山西人民出版社	2018 年 9 月
山西工商学院	在改革开放中砥砺前行——山西民办高等教育发展报告（1978–2018）	编著	牛三平	山西人民出版社	2018 年 12 月
太原师范学院	牛津大学导师制下学生学习模式探索及启示	论文	畅肇沁	《中国高教研究》	2018 年 10 月
山西师范大学	研学旅行的内涵、类型与实施策略	论文	杨 晓	《课程·教材·教法》	2018 年 4 月
大同大学	生态文明视域下农村体育生态化研究	专著	孙 刚	科学出版社	2018 年 7 月
山西大学	理论知识是可有可无的赘物吗？——对"实践优先"教师专业发展路径的质疑与反思	论文	朱文辉	《课程·教材·教法》	2018 年第 1 期
运城学院	高等教育质量价值取向的逻辑分歧及耦合	论文	李俊义	《教育科学》	2018 年 4 月
太原师范学院	3500 常用字繁简字形变化解析	编著	潘 杰 王璐瑶	山西人民出版社	2018 年 8 月
山西大学	宋代理学家的文艺本体论——以诗文书画为中心的综合考察	论文	杨万里	《东南大学学报》	2018 年 3 月
大同大学	晋北沿边堡寨的宗教信仰及神庙戏台	论文	王鹏龙	《文艺研究》	2018 年 2 月
大同大学	云冈石窟造像的鲜卑特色与文化多样性	论文	彭栓红	《中央民族大学学报（哲学社会科学版）》	2018 年第 5 期
山西大学	英国曼彻斯特大学约翰·赖兰兹图书馆中文古籍目录	编著	李国英 周晓文 张宪荣	中华书局	2018 年 1 月
太原师范学院	宋代泰山香社再研究——基于碑铭的考察	论文	高 莹	《中国社会经济史研究》	2018 年 9 月
山西省五台山菩萨顶管委会	五台山史志典籍	编著	林 虎 任玉前 范丁忠	山西人民出版社	2018 年 2 月
山西大学	朱棣"革除"建文年号考——以孔尚任所藏《燕王靖难札付》为证	论文	杨永康	《文史哲》	2018 年 9 月
太原师范学院	地域社会与行政区划：基于平顺县置废的研究	论文	田 毅	《历史地理》	2018 年 2 月

续表

单 位	题 目	成果形式	作 者	出版单位	出版时间
山西大学	困境下的多重博弈：战后上海卷烟业政企关系研究(1945~1949)	专著	魏晓锴	中国社会科学出版社	2018年1月
山西财经大学	定位绿色消费的“黄金象限”：基于刻板印象内容模型的响应面分析	论文	王汉瑛 邢红卫 田 虹	《南开管理评论》	2018年 第3期
山西大学	网络关系能力对新创企业绩效的影响：理论构建与实证分析	专著	李智俊	中国财政经济出版社	2018年6月
山西大学	教练型领导对员工创新行为的影响：差错管理氛围的跨层次效应	论文	王艳子	《科学学与科学技术管理》	2018年8月
运城学院	The Relationship between Tacit Knowledge Acquisition and Innovation Performance in Chinese Local High-tech Enterprises	论文	卢 昕	韩国专门经营人学会	2018年12月
山西财经大学	中国城市房价空间非线性机理研究	专著	范新英	中国财政经济出版社	2018年5月
山西医科大学	中国食源性疾病的风险特征研究	专著	陆 姣 吴林海	社会科学文献出版社	2018年12月
忻州师范学院	基于基尼系数的中国酒店区域与结构均衡性分析	论文	赵鹏宇 路 恒	《重庆交通大学学报(社会科学版)》	2018年 第3期
山西财经大学	非正式员工心理感知对其尽职行为的影响机制研究	专著	曹 霞	知识产权出版社	2018年4月
山西传媒学院	山西戏曲市场研究	专著	张艳琴	三晋出版社	2018年8月
山西省戏剧研究所	晋剧唱腔音乐研究	专著	荆 晶	三晋出版社	2018年4月
山西大学	差异性的政治——平面设计风格中的本土化思考	论文	于 跃	《美术研究》	2018年 第5期
山西大学	北京钟楼声效应初探——以永乐青铜古钟为中心	论文	杨 阳 丁 宏	《自然科学史研究》	2018年9月
山西传媒学院	太行山成汤庙碑刻资料集	编著	蔡 敏	三晋出版社	2018年11月
山西大学	Double Hound	编著	郝 琳 郅丽梅	黎巴嫩时代未来出版社	2018年5月
山西大学	《福楼拜的鹦鹉》的自反叙事策略	论文	赵胜杰	《当代外国文学》	2018年7月

(杜伟琴)

综　述

【习近平新时代中国特色社会主义思想宣传】 2019 年，山西新闻出版系统将宣传习近平新时代中国特色社会主义思想作为重要任务，发挥不同传媒的各自优势，形成主流舆论氛围。《山西日报》设置“新时代、新作为、新篇章”“深入学习贯彻党的十九届四中全会精神”等 10 多个重点栏目，《山西日报》学习周刊每周推出重大理论文章，为全省上下学懂、弄通、做实提供辅导和交流平台。《山西日报》客户端“好好学习”专题受到中央网信办通报表扬。

《山西日报》围绕习近平总书记 2017 年视察山西重要讲话“四个扎实、一个严肃”要求，开设 13 个栏目，组织稿件 100 多篇，推动重要讲话精神在山西落地生根、落地见效。

报道山西省组织开展“不忘初心、牢记使命”主题教育，党报先后开设 8 个栏目，客户端、微博、微信推出宣传海报、动漫、图解、视频、直播等融媒产品，做到网上网下栏目天天有、稿件不断线。其中微博话题“初心晋行时”、图解《“不忘初心 牢记使命”主题教育 看山西咋开展》等作品受到网友关注。

2019 年，省出版集团落实中央和省委、省政府决策部署，发挥国有文化企业的阵地作用。在主题读物发行方面，全省各级新华书店累计发行《习近平新时代中国特色社会主义思想学习纲要》209 万余册，创同类图书发行历史新高，全省党员覆盖率达到 87%，位列全国前茅；发行第五批“全国干部学习培训教材”4.80 万套，共 67.20 万册；发行《中国共产党第十九届中央委员会第四次全体会议公报》《中国共产党第十九届中央委员会第四次全体会议文件汇编》等十九届四中全会文件及辅导读物 18 万余册，集团政治读物发行取得新业绩。在主题出版方面，出台《关于贯彻落实中央和省委重大决策部署做好相关出版工作的实施意见》《关于围绕全面建成小康社会和建党一百周年做好出版工作的实施意见》《关于加强“一带一路”主题出版工作的意见》等一系列工作方案，坚持和不断加强党对出版工作的绝对领导。以新中国成立 70 周年、山西红色文化、脱贫攻坚为三个主攻方向，出版《苏联人镜头中的新中国》《珍藏共和国》《中国经济 70 年》《决战雁门》等一批重点主题出版物，配合省委宣传部出版《三晋英模》《山西革命烈士家书》两本主题教育读本，满足全省党员干部的学习需求；举办“新时代主题出版新思路”研讨会，邀请知名专家共同讨论主题出版发展规律，探索山西主题出版新路径。教材中心、书店集团、三厂两公司面对环保压力大、供版时间晚、原辅材料涨价等不利因素，加班加点，通力合作，保质保量完成“课前到书、人手一册”的政治任务。

（郭成强　张　茂）

【媒体融合发展】 2019 年，山西省推动传统媒体与新媒体融合发展，扩大主流媒体的影响力，尤其加速建设以数字技术为核心的广电多媒体传播体系。2019 年，山西日报报业集团报网端微统一策划、合力发声，制作 400 多个融媒体产品。外交部推介会微博话题阅读量超亿人次，国新办新闻发布会微博阅读量超过 6500 万人次，大讨论图解发布一日内阅读量突破 10 万人次。《山西日报》客户端下载量达到 183 万，《山西晚报》官方微博粉丝量达到 740 万，文博山西、山西视觉志等新媒体关注度增加，集团媒体融合影响力得到提升。中国报业协会为集团颁发“中国报业媒体融合、信息化和网络安全项目创新奖”。

2019 年 4 月，省委办公厅、省政府办公厅印发《山西省扎实推进县级融媒体中心建设实施方案》。6 月，省委办公厅、省政府办公厅联合印发《山西广播电视台改革方案》，对推进山西省媒体融合作出安排部署。省广电局建成山西省媒体融合发展专家库，向国家广电总局筛选推荐山西省 12 个媒体融合发展典型案例、先导单位和成长项目，申报国家级广播电视新媒体教学研究基地，推动全省广播电视媒体融合发展。全省各级广播电视播出机构按照要求，积极构建新型媒体机构、打造平台项目、探索新生代社交新媒体以及商业运行模式，取得新的突破。

2019年,以省级媒体智慧云平台为支撑的广播电视多媒体传播体系初具规模。山西省县级融媒体中心的技术支撑平台由山西云媒体发展有限公司建设的山西媒体智慧云平台承担,该平台通过发挥基础云资源技术支撑和“中央厨房”的调度指挥功能,实现与山西日报社、山西广播电视台、山西出版传媒集团内容生产系统以及县级融媒体中心的互联互通互用和资源共享、流程再造,提供最快、最新融媒体产品,实现新闻资讯在“微、端”等新媒体平台的“一次汇聚、多元编辑、多端发布”功能,能提供全域舆情监控和影响力分析服务。全省共有31个县级融媒体中心与媒体智慧云平台实现互联互通,使用媒体智慧云平台作为技术支撑的有13个,在构建覆盖全省的广播电视新媒体传播体系方面迈出重要一步。

山西广播电视台运用省级媒体智慧云平台的调度指挥、聚合分发作用,自建二级融媒体平台,各个频道频率都通过建立微信公众号、微博账号发布资讯和节目。山西广播电视传媒集团推出为政务人群提供资讯服务的新闻类融合媒体客户端,根据用户需要的不同精准推送,为用户提供政务和决策参考。全省11个市级广播电视播出机构全部开展新媒体业务,其中大同、晋中、运城3个市的广播电视台搭建支撑平台,晋中市台完成采编播的高清化改造;太原、阳泉、长治、晋城4个市的广播电视台支撑平台处于建设中。全省96个县级广播电视播出机构中,开展新媒体业务的有67个,其中使用新媒体开展广播业务的有34个,开展电视业务的有42个,开通PC端网站的有8个,开通手机App客户端的有14个,通过微信公众号开展业务的有35个,通过微博账号开展业务的有13个,开展短视频业务的有6个。山西省广播电视媒体借助互联网和移动终端多渠道发布,使传播力、引导力、公信力提升。

2019年,全省11个市级广播电视播出机构全部成立新媒体经营管理部门。晋城市将太行日报社、市广播电视台合并组建新闻传媒集团,实行集团、日报社和广播电视台三块牌子、一套人马的运行体制。晋中市台按照媒体融合的要求完成内容生产的全流程再造。运城市组建新媒体中心,在传统媒体经营管理部门之外独立运行。全省117个县级行政区域中,拟建设融媒体中心的有91个,挂牌的县级融媒体中心50个,其中完成县域内各类媒体(包括报纸、网站、新闻中心等)与广播电视台整合的有14个。各广播电视播出机构按照媒体融合“一次采集、多种生成、多元传播”和一体化发展方向的要求,对内部机构设置、策采编审发流程、人事薪酬分配、考核评价激励、管理经营运行等方面的机制进行探索。

(丁耿彪　郭成强)

【机制改革转型探索】 2019年,山西日报报业集团落实《山西日报报业集团深化改革推动媒体深度融合方案》明确的5个方面19项改革举措,5个方面均取得阶段性成效。

在一体化生产,打造全媒体生产平台方面:建成《山西日报》融媒体平台和《山西日报》“公共稿件库”,为各子报子刊预留端口;《山西日报》融媒体平台作为前台与省级“中央厨房”常态化互通,推送融媒体产品和山西广播电视台视频拆条新闻。

在提升策划水平,推进内容生产供给侧结构性改革方面:完成《山西日报》改版,实现全彩印刷;推动各个环节的工作向移动端倾斜,所有新闻产品通过视频、图片等形式第一时间在网端微发布。

在用好信息革命成果,打造新型传播平台方面:建立新闻数据库,实现历史数据电子化,通过数据交互、云端存储和推荐分析等新技术,提升融媒体内容生产力和传播覆盖力;《山西日报》客户端连续升级改版至4.3.2版,《山西晚报》客户端改版升级,“中华联墨”客户端上线,“文博山西”等新媒体影响力增强;与商业网站、第三方社交平台合作深化,党报影响力版图扩大。

在强化制度管理,激发内生动力与活力方面:修订完善《山西日报社绝重大差错管理办法》,在全体采编校检人员中开展“强责任、固阵地、零差错”活动,分三个层面对量多质优的采编人员、管理人员和部门进行奖励,向独家、原创、首发倾斜;培养全媒体人才,一批年轻记者率先做到“提笔能写、对镜能讲、举机能拍”。

在改革管理体制,推进媒体供给侧结构性改革方面:在2018年注销4家下属公司、整合两张文摘报的基础上,关停影响式微、难以为继的《三晋都市报》《发展导报》和《青少年日记》,“2报1刊”151名员工除25人离职外,全部在集团内转岗安置。

2019年11月,在省委宣传部指导下,由《山西晚报》具体承担,与中国日报社合作开办《中国日报》“发现山西”英文专版,另编2版随《山西日报》一起发行。2019年,省出版集团以项目建设为抓手,在转型升级、优化结构、增强后劲上下功夫。推广“VR党建书房”“城市智慧书房”项目。全国首个红色文化阅读一体化特色项目“VR党建书房”落地山西图书大厦,完成设计方案15个,建成5家,并整体输出至吉林、浙江等省市的12个基层党组织;全省首家“24小时城市智慧书房”在朔州建成,阳曲“24小时智慧图书馆”开馆。加大数字出版项目实施力度。教育社“问导网”升级至2.0版本,形成集教案、课件、学案与虚拟实验为一体,资源总量达2T以上的数字资源平台,覆盖全省200余所学校。拓展现代教育服务新项目。书店集团研学旅行稳步拓展,新增教育装备体验基地和洪洞大槐树研学营地,组织1.30万余人开展研学活动;教装基地运营,入驻42家企业。启动资本运作。集团与中合盛资本管理有限公司达成战略合作,成立投资与对外合作部,做好构建山西数字出版基地等大型项目的调研论证、申报立项等工作。推进新华印业园区搬迁工作。集团成立工作领导小组,山印公司、美印公司做好新华印业园区建设收尾,出台园区建设和搬迁工作方案,相关工作推进顺利。

(郭成强　张　茂)

【图书报刊出版总量】 2019年,山西省共出版图书3380种,较上年增加76种;总发行11185万册,较上年增加1011万册。报纸60种,与上年度相同;总发行196882万份,较上年减1223万份。期刊201种,与上年相同;总发行2250万份,较上年减9万份。

(张　茂)

新　闻

【山西日报报业集团】 2019年,山西日报报业集团党委带领全体干部职工,学习宣传贯彻习近平总书记视察山西重要讲话重要指示和全国"两会"精神,贯彻落实中央和省委决策部署,坚定发展信心,以深化改革推动媒体深度融合为牵引,把中央和省委各项决策部署落到实处,开创集团各项事业新局面。

开展"不忘初心、牢记使命"主题教育,完成动员部署、学习交流、讲好专题党课、开学用交流会、深入调研、征求意见、开展"三服务"、抓专项整治、开好民主生活会、推动整改落实工作等规定动作。集团把"改"字贯穿始终,解决政治、思想、作风、纪律、能力等方面的问题,解决群众的操心事、烦心事、揪心事,实施宿舍院道路大修、采编大楼电梯更新、住宅楼房产证办理、三好学校旱厕改造等一批民生工程。

组织干部职工传达学习庆祝中华人民共和国成立70周年大会、党的十九届四中全会和省委十一届八次、九次全会、省委经济工作会议精神,及时跟进、正确领会中央和省委各项重大决策精神。组织全体党员干部集中传达学习贯彻《中国共产党宣传工作条例》,推动党报宣传工作科学化规范化制度化。

落实意识形态工作责任制,在做大做强正面宣传的基础上,运用媒体融合形成的优势抢占网络意识形态舆论阵地,办好《山西内参》收集社情民意,加强网络统一战线建设,筛查有害信息,用好手中资源密切关注网络舆情,发现问题及时上报。

推进"三基建设"各项工作,在加强基层组织和基础工作的同时,结合开展"四力"教育实践工作,推动全体干部职工在实践中增强基本能力。全年选派600人次参加各类学习培训17次;邀请米博华、徐涛、梁衡等专家学者在集团举办专题讲座;举行深化"四力"教育实践演讲比赛,引导集团树立精品意识、勇于争先创优。

组织开展"改革创新、奋发有为"大讨论,激发干部职工敢于创新的动力与活力,提升工作标杆,深化重点领域和关键环节的改革。

按照省委部署要求,组织全体党员重温"三篇光辉文献"。加强科学理论武装,提高办报水平,增强做到"两个维护"的定力和能力。

落实省委关于做好中央巡视整改落实工作的部署要求,推动《山西日报》在党员中的覆盖率由原来的8%提高到14.30%;发行量34.80万份,由2018年的中部六省倒数第一变为达到全国平均水平。

推进驻村帮扶工作,落实帮扶政策;争取外部支持,发挥自身优势宣传推介贫困地区特色优质农产品,推动集团对口帮扶的静乐县梁家村、永安镇村在实现整村脱贫的基础上,巩固和拓展扶贫成果。集团连续两年在年度考核中获"好"的等次,驻永安镇村第一书记获2019年度省级脱贫攻坚贡献奖。

落实援疆工作部署,向农六师五家渠市传媒中心派出援疆专业技术人才;按照省委宣传部统一安排,承担庆祝中华人民共和国成立70周年大型图片展的筹备、布展及部分后勤保障工作;抽调业务骨干配合"学习强国"山西学习平台建设,做好相关内容推送。

(郭成强)

【重大报道任务】 2019年,山西日报报业集团用好媒体融合形成的优势,高标准完成重大报道任务。聚焦庆祝中华人民共和国成立70周年报道,《山西日报》先后刊发各类稿件300余篇、专版50余块,制作推送融媒体产品44个,营造共庆祖国华诞、共筑复兴伟业的氛围。

集团所属各报刊、新闻网、新媒体突出山西转型发展和能源革命重大主题,持续关注经济工作,推出季度经济亮点分析。围绕山西通航试点启动、大西线太原至怀仁通动车、项目承诺制全国首立法、太原(尧城)飞行大会等经济热点开设贯穿全年的栏目,具有解读式、行进式、体验式报道的鲜明特点。

借助"二青会"平台,做好山西形象的全景展示。《山西日报》、山西新闻网分别承办"二青会"会刊、画册,集团各报先后于3月下旬开设"二青会"相关专栏,至"二青会"开幕前,从群众参与、山西魅力、城市建设、文明新风、生态美景和科技创新等角度,共刊发相关稿件近500篇。

集团所属各媒体完成全国"两会"、外交部"蓝厅"推介会、国新办专场新闻发布会、"2019年太原能源低碳发展论坛"等重大报道。(郭成强)

【子报子刊转型发展】 2019年,山西日报报业集团按照"一报一策"的原则,推动各子报子刊、山西新闻网差异化发展,在强化新闻服务的同时,转变经营模式,增加收入。《山西晚报》策划推出"感动山西"十大人物评选、"最美社区干部"评选、千里走沁河大型报道等重大活动,制作的相关融媒体报道全网阅读量达到3581万人次;《山西经济日报》立足自身特点做大做精经济报道,开设"山西经济新观察""聚焦国企改革""2019年山西工业在行动""山西工业高质量发展巡礼"等有影响力的专栏;《人民摄影报》策划主办"沁源褐马鸡"杯全国野生动物摄影大赛、广灵杯"记录中国"纪实摄影大赛等一批在国内有影响力的活动,实现社会效益、经济效益双丰收;《对联》杂志上线"中华联墨"客户端,通过组织"成联月赛"等活动扩大"日活量",全年有50多个融媒体产品被"学习强国"平台转载;

山西新闻网完成省政府、省人社厅、朔州市政府门户网站和组工网等政务项目的运维保障工作，全年实现收入近千万元。

《山西日报》连续多年名列“全国百强报刊”，编辑记者自2017年以来连续三年摘取“中国新闻奖”一、二等奖；全年多篇报道受到中宣部阅评组和省领导肯定和表扬。（郭成强）

【精细化经营管理】 2019年，山西日报报业集团总收入和利税总额同比双增加，总收入达到2.39亿元，利税总额为集团成立以来最好水平。

1.报刊发行、广告两大主业保持平稳态势。集团报刊期总发行量实现7年来首次上涨，达到73.21万份，提高20.90%。广告收入稳中有升，总收入同比增加599万元，增长11%。

2.加强规范管理，通过科学制定经营指标、完善经营管理制度、规范招投标活动、强化资金收支内部控制、强化内审等手段，各项成本费用均有明显下降。精打细算盘活资金存量，通过理财增加资金收益。配合省审计厅完成集团经济责任审计工作。

3.以山西日报传媒(集团)公司为龙头加快多元产业发展。(1)“《山西日报》文创园暨文化旅游大数据项目”完成14座精品古建的三维数据采集和部分古建的虚拟示范片制作，在国家版权局获得61个知识产权证书。(2)承担第15届深圳文博会山西馆搭建和第四届山西文博会基础运营工作，扩大传媒集团影响力，获得较好的经济效益。(3)集团争取财政资金支持2126万元，完成印报设备更新改造。传媒印务公司拓展印刷业务，和地质出版社签署战略协议，在承印教材教辅业务上取得突破，实现扭亏为盈。(4)将传媒印务公司西区45亩土地开发列入第四届文博会招商引资项目，寻求合作对象，取得进展。

（郭成强）

出 版

【山西出版集团】 山西出版传媒集团有限责任公司（简称省出版集团）是一家集纸质出版、数字出版、版权贸易、印刷复制、物资供应、出版物发行于一体的专业化、大型文化企业集团。截至2019年底，成员单位16家，包括山西人民出版社(简称人民社)、山西教育出版社(简称教育社)、希望出版社(简称希望社)、北岳文艺出版社(简称北岳社)、山西科学技术出版社（简称科技社）、山西经济出版社(简称经济社)、三晋出版社(简称三晋社)、山西春秋电子音像出版社(简称春秋社)等8个出版社，山西新华书店集团(简称书店集团)和三晋报刊传媒集团(简称报刊集团)2个子集团，山西新华印业有限公司(简称新华印业)、山西美术印务有限责任公司(简称美印公司)、山西人民印刷有限责任公司(简称人印公司)3个印刷企业，山西省新闻出版纸张有限责任公司(简称纸张公司)、山西省印刷物资有限责任公司(简称物资公司)2个物资供应公司及集团教材中心(简称教材中心)，共有职工6202名，是全国文化体制改革工作先进单位、山西省文化体制改革和改革工作先进单位、山西省首批文化产业示范基地。

2019年，省出版集团完善管理体系、优化管理流程，提高科学管理水平。强化导向管理。集团出台《关于进一步加强出版物内容导向和质量把关的实施意见》，成立编辑委员会，聘请省内外优秀专家、学者15人担任出版顾问，强化落实总编辑、常务副总编辑职责和干部配置，加强政治导向把关和内容质量管理。加强制度建设。对集团2012年以来出台的制度进行系统梳理，修订制度59项，新出台制度20项，从主题出版、网络宣传、财务分析、审计法务、纪检监察等多个方面提升集团的管控能力和管理水平。部分单位在项目化管理、绩效考核等方面制度创新。加强人才建设。开展增强“四力”教育实践工作，举办融合出版等方面的业务培训和图书选题创意大赛、印刷技能竞赛，与省委宣传部联合举办第六届“编辑之友杯”全省新闻出版单位青年编校大赛；出台《山西出版传媒集团年轻干部上挂下派暂行办法》，选拔一批年轻同志到集团本部挂职锻炼；面向名校开展校园招聘工作，引进出版后备人才。书店集团成立“晋新大学”，截至2019年底，为4个批次、600余名学员提供理论知识和业务技能培训。

（张 茂）

2019年12月19日，山西出版传媒集团参加在山东省泰安市举行的第三届国际新闻出版合作大会，并与来自葡萄牙的出版商现场签订版权输出合同

（张 茂供图）

【晋版书获奖】 2019年,省出版集团出版物再次获重量级奖项,在国家出版三大奖之一的中华优秀出版物奖评选中,人民社的《傅山全书》,希望社的《一诺的家风》,教育社的《中国古代制陶工程技术史》,春秋社的《爸爸读过的英雄故事》荣获图书和音像电子出版物奖,春秋社的《凝固的历史》荣获提名奖,董润泽、孟绍勇荣获论文奖,获奖数量为近年来最多。经济社的《苏联人镜头中的新中国》被评为中国"最美的书",全国仅25种图书获得这一奖项。三晋社的《河东盐业文献集成》《山右金石文献集成》分别荣获全国古籍出版社年度百佳图书一等奖、二等奖,希望社的《奶奶的旗袍》获冰心儿童图书奖,人民社的《风从塞上来》和希望社的《沙漠菁绿》受到央视科教频道《读书》栏目推荐。《编辑之友》入选"中华人民共和国成立70周年精品期刊展"。《小学生拼音报》亮相央视。科技社的《中医的名义》等126种出版物获第二届山西出版奖。北岳社的《中国丈夫》等10种出版物获"赵树理文学奖"。 (张 茂)

【重点出版项目】 2019年,经济社的《印刷文化十二讲》《中国经济70年》和教育社的《中国小说发展史》增补入选国家"十三五"重点出版物出版规划,集团入选项目增加至20个。教育社的《教育身体史研究引论》、科技社的《中华方剂本源剂量大典》、北岳社的《王富仁学术文集》等5个项目入选国家出版基金资助项目。三晋社的《上党赛社古钞本辑校》和《张穆文集》入选古籍整理出版专项资助。春秋社的《太谷秧歌》和《山西经典民歌》入选中华民族音乐传承出版工程精品出版项目。希望社的《春暖花开》等23种出版物入选全国农家书屋重点推荐目录。科技社的《急救自救:家庭版》入选新时代阅读季2019"农民喜爱的百种图书"目录,全国仅64家出版社获此殊荣。北岳社的《贾植芳全集》等39种出版物选题入选山西省重点图书、音像、电子出版物目录。

(张 茂)

【版权输出】 2019年,省出版集团实现版权输出122种(次),是上年版权输出的4.30倍(上年度全年版权输出28种),取得晋版图书版权输出新突破。山西人民出版社、北岳文艺出版社入选中国图书海外馆藏影响力百强,希望出版社、山西春秋电子音像出版社被评为"山西省版权示范单位"。集团与中国图书进出口(集团)总公司签署战略合作协议,加入中国出版"走出去"联盟;参加莫斯科书展、北京国际图博会等国内外重要展会,加强与企鹅兰登书屋、厦门墨客版权代理公司等机构的业务合作,集团出版物在海外的影响力增强。

(张 茂)

广 电

【广电主旋律宣传】 2019年,山西省广播电视局(简称省广电局)发挥广播电视宣传一体化统筹管理机制作用,组织召开广电宣传管理会议45次,确保中华人民共和国成立70周年宣传政令畅通、令行禁止。各级广播电视播出机构开展"壮丽70年 奋斗新时代"主题宣传,精心策划"爱国情、奋斗者""我们的70年"等专题专栏。指导创作、编排优秀广播电视节目、纪录片、动画片、主题歌曲,做好国歌播放。指导做好国庆重大活动转播工作。10月1日,全省广播电视机构主频道主频率完成庆祝大会、阅兵、群众游行和首都国庆联欢活动的转播工作。

全省广电媒体强化广电媒体"头条"建设和新媒体"首页首屏首条"建设,用心用情用力,精心精细精准,完成各项重大宣传报道任务,唱响学习近平新时代中国特色社会主义思想的最强音。省广电局指导全省广播电视机构做好2019年元旦春节广播电视文化活动、全国全省两会、"不忘初心、牢记使命"主题教育、"中华人民共和国第二届青年运动会"等重大活动的宣传报道;围绕省委、省政府中心工作,聚焦脱贫攻坚、转型发展、安全生产等重大工作开展宣传,为全省经济社会发展营造良好舆论氛围。

2019年,全省共有持证视听网站8家、备案视听网站13家。在全省新媒体平台重点安排7项主题主线宣传工作,包括"我们的70年""不忘初心 牢记使命""网络安全宣传周""扫黑除恶宣传""国庆大型活动直转播""十九届四中全会宣传""国家宪法日宣传周"等主题主线宣传工作,设置首屏首页专题,大屏小屏互动,"两微一端"传播,发挥新媒体的传播优势,扩大网络宣传覆盖面,让党的声音传遍千家万户。运城市广播电视台通过"中央厨房"对广播、电视、网站、客户端、微信、微博和移动端直播的全面调度,实现多平台发布;临汾市广播电视台开展智慧广电全IP融合业务网建设,建成覆盖全区域、高清、点播回看、多屏互动、宽带、大数据分析双向交互式网络;阳泉市广播电视台结合"智慧城市"建设,建立融合平台,开通移动客户端,开展智慧政务、指挥、教育、医疗、交通、视联网、互联网+监管等业务;大同、晋城、朔州、晋中等市广播电视台通过开发手机客户端、微信公众号、微博账号,入驻头条、百家等第三方平台,拓展传播渠道。太原市广播电视台在市人代会期间,通过制作H5页面、发布市政府工作报告"我们都是追梦人",拉近与百姓的距离。长治市上党区发展多媒体传播途径,搭建报纸、电视、广播、网站、微信、客户端、户外广告的"7+N"运行模式;平遥、孝义、垣曲、长子、沁水等县搭建技术服务平台,开发"平遥智慧城市""孝义视界""智慧孝义""智慧垣曲""大美长子""树理云"等具有地方特色的手机客户端;文水县开展台网融合,实施网络双向化、节目高清化改造,实现从看电视到用电视的转变;汾阳市开通"智慧汾阳"手机平台。代县、岢岚、祁县、吉县、泽州、平定等县通过开通网站、微信公众号、微博账号以及入驻央视新闻+、今日头条、腾讯企鹅、百度百家号、人民号等平台,扩大信息的传播力。

(丁耿彪)

【广播电视覆盖】 2019年，山西省广播综合覆盖率为98.93%，电视综合覆盖率为99.63%。全省共有中短波转播发射台18座、调频电视转播发射台203座、移动多媒体广播(CMMB)发射机10部。全省有线广播电视传输干线网络总长71933.52千米，有线广播电视覆盖用户852.39万户，实际用户数372.50万户，其中数字电视实际用户数300.53万户。全省广播电视直播卫星用户360万户，IPTV用户550万户。在15个县完成应急广播体系建设工程。全省共有持证视听网站8家、备案视听网站13家。有广播电视播出机构112个，开办274套广播电视节目；有广播电视节目制作经营机构235个及2个电视剧制作（甲种）机构，全年新增广播电视节目制作经营机构46个。全年电视剧立项9部、完成1部；网络影视剧规划备案18部、发放备案号13部。全年制作公益广告3790余条，约4000分钟；播放182.30万条次，约226万分钟。全年广播电视总收入63.0886亿元，其中广告收入9.0055亿元。全省广播电视行业从业人员26642人。（丁耿彪）

【播出机构】 2019年，山西省共有广播电视播出机构112个，开办274套广播电视节目。其中省级1个(山西广播电视台)、市级11个(各市广播电视台)、县级96个、教育电视台4个。截至2019年底，全省共有电视频道140个，其中省级电视频道8个、市级电视频道32个（含4个教育电视台)、县级电视频道96个、付费电视频道4个。全省共有广播频率134个，与上年度一致，其中省级广播频率8个、市级广播频率30个、县级广播频率96个。因行政区划变更，提请国家广播电视总局为怀仁市广播电视台、潞城区广播电视台、上党区广播电视台、云州区广播电视台、屯留区广播电视台5家播出机构变更名称和台标。（丁耿彪）

【节目制作播出】 广播节目制作时间。2019年，广播节目制作时间256386小时。其中，制作新闻资讯类广播节目时长49211小时，制作专题服务类广播节目时间80739小时，制作综艺益智类广播节目时间58100小时，制作广播剧类广播节目时间18579小时，制作广告类广播节目时间21520小时(其中制作广播公益广告4672小时2082条)，制作其他类广播节目时间28237小时。无制作译制外语广播节目时间。

电视节目制作时间。全年电视节目制作时间113545小时。其中：制作新闻资讯类电视节目时间37949小时，制作专题服务类电视节目时间24604小时（其中纪录片制作时间2403小时)，制作综艺益智类电视节目时间14097小时，制作影视剧类电视节目时间4149小时(其中电视剧5部44集，电视动画量4部145集)，制作广告类电视节目时长20037小时（其中制作电视公益广告1911小时16619条)，制作其他类电视节目时间12708小时。无制作译制外语电视节目时间。

广播节目播出时间。2019年，广播节目播出时间576450小时。按播出类型分：播出新闻资讯类广播节目时间130784小时，播出专题服务类广播节目时间119261小时，播出综艺益智类广播节目时间126023小时，播出广播剧类广播节目时间57167小时，播出广告类广播节目时间43144小时(其中播出广播公益广告时间14172小时)，播出其他类广播节目时间100071小时。按播出节目来源分：转播中央台节目时间89029小时，转播省级台节目时间36043小时，转播市地级台节目时间27392小时，播出自制节目时间311608小时，播出购买、交换节目时间112378小时。

电视节目播出时间。2019年，电视节目播出时间643946小时。按节目类型分，播出新闻资讯类节目时间91131小时，播出专题服务类节目时间76577小时(其中纪录片播出时间13394小时)，播出综艺益智类节目时间40258小时，播出影视剧类节目时间303962小时，播出广告类节目时间68089小时(其中播出公益广告时间16958小时)，播出其他类节目时间63928小时。按节目来源分，转播中央台节目时间59055小时，转播省级台节目时间28220小时，转播市地级台节目时间21184小时，播出自制节目时间184505小时，播出购买、交换节目时间350982小时。（丁耿彪）

【传输覆盖】 广播电视传输发射情况。2019年，山西省有中短波转播发射台共计18座，其中10千瓦以上（含10千瓦)中波发射台16座，有中波发射机45部，发射功率519千瓦。全省调频电视转播发射台共203座，其中100瓦以上(含100瓦)调频、电视发射台169座，有调频发射机232部，功率410.20千瓦；有电视发射机454部，功率431.72千瓦。全省移动多媒体广播(CMMB)发射机10部，功率11.10千瓦。

广播电视覆盖情况。2019年，山西省有线广播电视传输干线网络总长71933.52千米，有线广播电视覆盖用户数8523870户，其中数字电视覆盖用户数6692546户（双向电视覆盖用户数1321933户)；有线广播电视实际用户数3724965户，其中数字电视实际用户数3005249户（付费数字电视实际用户881322户，双向电视实际用户数249344户)；有线电视网络互联网实际用户数155796户；无线数字广播覆盖用户数803160户，无线数字电视覆盖用户数1140885户。2019年，全省广播综合覆盖率为98.93%，比上年增加0.13%；全省电视综合覆盖率为99.63%，比上年增加0.06%。山西卫视全国覆盖人口达到10.16亿。

（丁耿彪）

【视听文艺创作】 2019年，省广电局加强对重点创作的规划引导，建立优秀广播电视节目、纪录片、动画片选题项目库，及时跟踪指导和扶持引导。完善对全省广播电视好片、好节目、好作品的扶持激励机制。全年电视剧立项9部、发证1部。网络影视剧规划备案18部、发放备案号13

2019 年，山西省以省级媒体智慧云平台为支撑的广播电视多媒体传播体系初具规模　　（丁耿彪供图）

部。电视剧《右玉和她的县委书记们》、广播剧《闻宁镇》获第十五届精神文明建设“五个一工程”奖。电视剧《立秋》入选国庆展播剧目，重大革命历史题材电视剧《柳亚子和毛泽东》通过审查立项。弘扬山西省红色革命精神的 6 集大型文献纪录片《晋绥根据地》制作完成。广播电视节目《国乐大典》和国产动画片《汉字学堂》入选国家“丝绸之路影视桥工程”项目。微电影《北京的冬天很温暖》获得国家新闻出版广电总局“优秀节目奖”。纪录片《三矿》获中国电视纪录片长片十佳，并获 2019 中国（广州）国际纪录片节“金红棉”中国故事优秀纪录片长片奖，2019 年 12 月 13 日在央视纪录频道首映。《希望树》《红领巾 少年派》《小主播大声说 我爱你中国》等多档广播电视节目受到表彰或扶持。组织山西省持证网站向国家新闻出版广电总局申请引进境外剧和港澳台剧，获批境外剧引进配额 218 集，申报引进港澳台剧 540 集。举办优秀网络视听节目评选活动，《生命微光》等 20 部作品参加全国评选；《考不好没关系》《永恒的守护》等作品获全国表彰，《老高回到洛江沟》《高原上的心愿》《太行军工》等 5 部作品进入“学习强国”平台；《永恒的守护》在“中国共产党员网”展播。　　（丁耿彪）

【广电公共服务】 2019 年，山西省争取中央补助资金 5474 万元，在山西省娄烦县、天镇县、广灵县、左权县、榆社县、宁武县、大宁县、永和县、临县、石楼县、方山县、兴县等 12 个县实施应急广播体系建设工程，建设应急广播县级平台，健全传输覆盖网络，布置应急广播终端，具备完整的应急广播功能，为当地群众提供灾害预警应急广播和政务信息发布、政策宣讲等服务。在调研的基础上，按照深度贫困县应急广播体系建设要求，制定工程实施方案，召开动员部署会和推进会，明确具体要求，加强建设指导，强化综合协调，坚持跟踪问效，解决问题，每月按时向国家广播电视总局报送应急广播体系建设报表，保证年度建设任务提前完成。向中央财政争取到 2020 年度应急广播建设资金 5162 万元，在山西省 11 个县实施应急广播体系建设。

2019 年，山西省广播电视直播卫星用户规模 360 万户。省广电局树牢为民思想，协调解决广播电视直播卫星“户户通”使用中存在的各种问题，与国家广播电视总局广播电视直播卫星管理中心沟通协调，为广大“户户通”用户解决设备接收方面存在的实际问题，协调解决长治市潞城区、临汾市汾西县、晋中市榆社县等地数百套直播卫星接收设备存在的问题，解决汾西县、昔阳县、和顺县、寿阳县、平遥县、祁县、左权县等地广播电视中心不能登录问题。

2019 年，山西省落实中央补助资金为 6400 万元，完成 16 个广播电视无线发射台站基础设施工程。完成全省短波广播频率使用情况核查任务。协调频率资源，完成对平顺县、黎城县、盂县、闻喜县等 4 地调频测算、报批。完成山西广播电视台“彩民在线”卫星传输、系列广播上星覆盖、新闻中心改造及阳泉广播电视台高标清同播改造传输等技术方案的审核报批。

2019 年，省广电局发挥广播电视公益广告导向作用，连续四年发布《山西省广播电视公益广告宣传主题指南》，为全省广播电视公益广告创作播放提供指导。2019 年，全省各级广播电视台共计制作公益广告 3790 余条，约 4000 分钟；播放 182.30 万条次，约 226 万分钟。在国家广播电视总局组织的年度公益广告扶持项目评审中，选送的山西广播电视台创作的《遇见唐诗宋词 爱上中国文字》和《孝·顺时代》获得广播类作品三等奖，长治市广播电视台获得优秀传播机构奖。在庆祝中华人民共和国成立 70 周年的公益广告评选中，山西广播电视台的《70 年的问候》在 300 余部作品中获第 7 名。　　（丁耿彪）

【广电播送管理】 2019 年，省广电局坚持网上网下统一导向、统一标准，坚持广播电视宣传例会、广播电视通气会、网络视听宣传工作通气会机制。落实内容和产品备案、审核、审查等制度机制。落实“谁主管，谁负责”和属地管理的工作责任制，将播出安全、网络安全、设施安全统筹考虑，一体化安排部署。

省广电局以庆祝中华人民共和国成立 70 周年为主线，统筹做好全年安全播出工作。为确保庆祝中华人民共和国成立 70 周年广播电视安全播出，坚持播出安全、传输安全、网络安全、设施安全的目标导向，经省委、省政府批准，组织开展全省广播电视行业安全大检查，行业自查、检查发现的1473项隐患、问题全部完成整改，推动全省安全播出保障工作稳中有进、持续提高，保障国庆重大活动期间转播工作完成，受到国家广播电视总局通报表扬。全年完成元旦、春节、全国“两会”、第二届“一带一路”国际合作高峰论坛、庆祝新中国成立70周年、“第七届军人运动会开幕式”、党的十九届四中全会和“第二届进口博览会”等40天安全播出重要保障期安全保障任务。全年接收国家广播电视总局预警信息146次，发布预警信息160次，发送预警信息总数约52500余条，上报国家广播电视总局停机检修备案表65份，处理事故事件快速报告单35份，全年未接报安全播出事件和重大事故。（丁耿彪）

【安全播出管理】 2019年，山西省广电局推进安全播出管理制度化规范化。在市县机构改革基础上，督促各级广播电视行政部门和安全播出责任单位健全安全播出调度指挥部机构，完善应急预案和各项制度。修订《山西省广播电视安全播出应急预案》《山西省广播电视局安全播出管理办法》《山西省广播电视局技术系统例行检修和临时停播(传/机)管理办法》《山西省广播电视网络技术安全事件应急预案》《山西省广播电视局网络安全信息通报工作规范》《山西省广播电视局广播电视发射台运行维护规程》等制度，建立《山西省广播电视局安全播出例会（专题会)制度》《山西省广播电视局防范化解5G基站干扰广播电视安全播出协调管理办法》《关于IPTV集成播控分平台及传输服务机构安全播出事件/事故上报管理规定》等制度，提高行业安全播出管理科学化、规范化、制度化的水平。

省广电局坚持导向管理全覆盖。完成全省112家播出机构、8家持证视听网站和13家备案视听机构年度工作检查，对71家视听机构备案管理。严格频道频率管理，关闭晴彩运城文化旅游频道、离石综合频道等5个违规擅开频道。开展IPTV专项治理，下线违规内容13557小时，下线违规直播频道3套；打击违规视听节目和网站，查处下架违规节目74个。开展境外卫星电视专项整治，收缴非法卫星地面接收设施2391套件，查处并拆除非法设置的卫星接收设施779座，取缔非法销售安装点52个。发现并查处“黑广播”案件39起，维护全省广播电视无线电秩序安全。全年受理和查处违法违规广告23起26条，下发整改通知22份，停播违规广告3600余条次。（丁耿彪）

【广电依法行政】 2019年，省广电局制定修订《行政审批工作规程》等27项工作制度，构架完善依法行政制度体系。规范行政执法。根据机构改革后的实际情况，报请省政府对省广播电视局行政执法主体资格和人员资格重新确认。制定出台全面落实行政执法信息公示、执法全过程记录、重大行政执法决定法制审核“三项制度”工作方案和实施办法，健全完善行政执法清单、指南和流程。全年对35家企业单位随机抽查，将抽查结果对外公示，接受社会监督。

省广电局加快推进“互联网+”改革。梳理公布省级政务服务事项“四级四同”目录清单(33项)，纳入全国一体化政务平台。推进“三晋通”手机App办事，实现审批服务窗口、平台和移动端同步办理。加快推进“互联网+监管”，梳理完成监管事项目录清单和监管事项检查实施清单，纳入全国“互联网+监管”系统，报送监管业务数据等各类信息987条，完成国务院设定的75%的覆盖目标。

省广电局推进“最多跑一次”改革。编制《行政审批办理时限清单》《行政审批事项申请材料清单》《行政审批“马上办网上办就近办一次办”事项清单》。简化审批材料，取消不必要的申请材料，精简率达30%；压缩审批时限，压缩率达50.7%。2019年，省广播电视局政务窗口共受理行政审批办事申请78件，全部在规定时限内办结。（丁耿彪）

【从业人员与收入】 截至2019年底，全省广播电视从业人员27013人，其中管理人员4187人，专业人员14872人。2019年，全国广播电视编辑记者、播音员主持人资格考试山西省报名人数共计1076人。

2019年，全省广播电视行业总收入630886.39万元，其中行政事业单位总收入453232.05万元、企业单位总收入177654.34万元。全年实际创收收入292958.94万元，其中广告收入88842.56万元，网络收入87101.95万元，新媒体业务收入13222.23万元(主要是IPTV〔交互式网络电视〕收入)，广播电视节目销售收入3517.2万元。全年完成固定资产投入102443.25万元。全行业资产总额1470160.27万元，年度增加值303795.45万元。（丁耿彪）

【第十四届全国网络媒体山西行】 2019年9月2日至7日，由中共山西省委宣传部指导、中共山西省委网信办主办、黄河新闻网承办的“能源革命看山西”——第十四届全国网络媒体山西行活动举行。活动历时6天，行程近2000千米。人民网、新华网、今日头条、腾讯网等近40家主流网络媒体、平台60余名采编人员先后到太原、阳泉、晋中、晋城、长治等地多家企业采访报道。被采访企业涵盖太钢集团、太重集团等山西省装备制造企业，晋煤集团、潞安集团等传统煤炭企业，吉利汽车等新兴产业。截至9月20日，各类媒体平台共开设专题31个，发布原创稿件308篇(条)，转载发布稿件3500余篇，微信群圈推送10万余条次，微博话题阅读量近2000万人次。活动全方位、多角度、立体式展现全省聚焦能源革命、推进转型发展的生动实践。

（周　颖）

医疗卫生

Medical Treatment and Public Health

综　述

【概况】 2019年，山西省卫生健康系统完成省政府2019年目标责任书确定的13项任务43个指标，其中11个超额完成。护理服务、12320卫生热线等8项工作14次在全国大会作经验交流，山西省基本公共卫生服务、慢性病监测等工作6次被国家部委通报表彰，改善医疗服务、县乡财务管理一体化等13项工作得到国家卫健委的肯定，护理事业发展作为省级唯一代表在国家卫健委新闻发布会上做介绍。整建制选派和培训援外医疗队，得到受援国政府和人民的一致好评。新华社、中央电视台等中央媒体18次报道山西省健康扶贫、合理用药监控等工作经验做法和成效。刘桂芝、习玲、孙郁芝3人获评"中国好医生、好护士"月度人物，贺星龙被推选为全国"最美奋斗者"。完成"二青会"、庆祝中华人民共和国成立70周年等重大活动医疗、卫生应急、公共卫生等保障任务。（季　巍）

【医疗机构】 截至2019年底，山西省有医疗卫生机构42154个，其中，医院1398个（三级61个、二级379个、一级304个、民营928个），乡镇卫生院1313个，社区卫生服务机构985个，村卫生室28106个，门诊部493个，专业公共卫生机构445个，其他机构56个。乡村医疗卫生机构基本实现服务全覆盖，91%的县级综合医院达到二级甲等及以上水平。共有医疗机构床位21.80万张，每千人口床位为5.85张，较上年度增加0.25张。共有卫生技术人员25.70万人，其中，执业（助理）医师105723人，每千人口2.83人；注册护士108825人，每千人口2.92人。2019年度，山西省各级医疗卫生机构总诊疗量达1.31亿人次，入院总量498.40万人次，门诊病人次均诊疗费用为196.80元，住院病人人均住院费用为9706.80元。

（季　巍）

【医疗卫生体制改革】 2019年，山西省卫生健康委员会（简称省卫健委）在全国率先启动一体化改革地方立法工作，117个县级医疗集团全部应用"一兼两管三统一"医防融合管理模式。开发应用覆盖省市县三级的县域综合医改监管平台。全省半数以上的县（市、区）县域内就诊率达到80%以上，寿阳、左云等25个县达到90%。国务院深化医改领导小组第89期简报专题刊发山西省孝义市、介休市县域综合医改成效及做法。山西省被确立为国家紧密型县域医共体建设两个试点省份之一。公立医院综合改革纵深推进。推动各级公立医院全面配备、优先使用基本药物。落实党委领导下的院长负责制，全省36所三级公立医院、47所二级公立医院、20所社会办非营利性医院完成章程制定。启动三级公立医院绩效考核，上传病案首页完整率、准确率分别排名全国第一、第二。全省公立医院医疗服务收入占比由改革前的22%上升到27%。国家"4+7"谈判25种降价药品开始在山西省执行使用。启动取消医用耗材加成工作，制订全省公立医院医疗服务项目价格（2020版）规范，新增、调整医疗服务78项。108个县医疗集团实行医保基金总额打包付费改革。在全国率先将298个日间手术病种纳入医保支付。整合型医疗卫生服务体系健全。医联体建设覆盖全部三级医院和县级医疗集团，安排3452名三级医院专业骨干对口帮扶117个县级医院。11个地级市全部开展城市医疗集团网格化布局管理，大同市城市医疗三大集团对口帮扶县区效果明显。山医大一院与太原市万柏林区、运城市盐湖区，省人民医院与太原市清徐县、运城市河津市、阳泉市盂县等组建紧密型医联体取得进展。家庭医生重点人群签约率70.60%。省级远程医疗平台联通20所三级医院和88所县医院。（季　巍）

【医疗服务体系与质量安全管理】 2019年，省卫健委"136"兴医工程高水平推进累计投入省财政资金5.18亿元，遴选10个领军临床专科，整合

59个亚专科，新建8个院士工作站、34个卓越医学团队,建成省级重点实验室4个，引进开发85项国际国内一流前沿医疗技术,38个病区开展优质护理(无陪护)服务及医护一体化工作模式。运城市打造特色医疗品牌,建立2个院士工作站。区域医疗中心建设取得进展。山西省纳入区域医疗中心建设试点省份建议名单,华中科技大学同济医院帮扶山西白求恩医院建设区域医疗中心项目进入国家首批试点名单,华中科技大学协和医院帮扶山医大一院、二院、省心血管医院、省妇幼保健院4所医院5个专科打造国内一流学科。上海龙华医院与省中医院、中国中医科学院西苑医院与省中医学院附属医院分别签订区域医疗中心建设协议。山医大一院在国家创伤救治区域医疗中心建设上取得进展。基层医疗卫生服务“网底”加固,在75所县医院(含20所中医院)实施能力提升工程。58个贫困县乡村两级医疗机构提前完成达标建设任务,全省村卫生室建设达标率达到100%。医疗质量安全管理强化。成立52个专业省级医疗质量控制中心。投入1200万元扶持社会办医院建设临床重点专科。启动新一轮优质护理评价,完成1.90万余所医疗机构感染防控排查整顿。临床用血安全水平居全国先进行列。推进扫黑除恶专项斗争和“平安医院”建设,未发生重大医疗纠纷事件。（季　巍）

【重大民生工程】 2019年,山西省卫健委落实财政投入43.41亿元用于保障卫生健康民生事业,其中省级卫生健康投入增长16.58%。健康扶贫大病救治病种扩大到33种，累计救治12.40万人,“山西护工”培训护理员2.70万人。省政府投资8亿元兴建的省儿童医院新院区投入运行。10种儿童血液病和儿童恶性肿瘤救治自付费用大幅降低。“健康山西”预约诊疗平台提供网上挂号1700万次。农村妇女免费“两癌”检查在58个贫困县实现全覆盖。免费产前筛查城乡怀孕妇女30.50万人，确诊干预出生缺陷298人。计划生育奖励114万余人(户)8亿余元。山西省城乡居民健康指数位列全国第17位。（季　巍）

【计划生育保障机制】 2019年,山西省委办公厅、省政府办公厅印发《关于坚持和完善人口和计划生育工作目标管理责任制的实施意见》，各市把完善全面两孩政策配套措施纳入各级党委政府重大事项督查范围,并发挥党委政府整体谋划、统筹协调、组织实施和监督指导的作用,年度计划生育经费投入足额到位,保障全省计划生育事业的健康发展。全省各级党委政府自觉将实施全面两孩政策、改革完善计划生育服务管理作为全面深化改革的重要任务,坚持将人口和计划生育工作作为“一票否决”内容列入年度目标责任考核。坚持目标管理责任制。省政府坚持每年与各市政府及30个省直单位签订年度人口计生工作目标管理责任书,发挥目标管理责任制引领改革、促进发展的导向作用,实行年初签订、年终考核、兑现奖惩,保证年度人口和计划生育工作目标任务的落实。坚持人口计生工作领导小组制度,专题研究部署人口计生工作,研究解决人口计生问题。（季　巍）

疾病防控

【重大疾病防控】 2019年,山西省推进医防融合,通过信息自报和现场调研,市县全省117县(市、区)医防融合,重大疾病有效防控。全年全省人均基本公共卫生服务经费补助标准从55元提高到69元,在上年绩效评价中排名全国第七、中部省份第二。食品污染物和有害因素监测实现县域全覆盖。山西省成为全国第五个实现消除疟疾目标的省份。全省扩大免疫规划疫苗报告接种率97.35%,艾滋病检测任务完成率138.70%、抗病毒治疗比例90.50%,肺结核患者管理率97.10%,高血压、Ⅱ型糖尿病患者、严重精神障碍规范管理率分别达79.50%、78.50%和85.30%,均超国家年度计划任务。5项重点地方病监测评价全覆盖。推进健康教育“六进”活动,“三减三健”专项行动实现县级全覆盖。省疾控中心、阳泉市肿瘤防治研究所、阳城县肿瘤医院等单位癌症早诊早治、肿瘤随访登记等工作10次被通报表彰。牵头10部门联合开展尘肺病防治攻坚行动，尘毒危害专项治理2028家单位。成立山西省癌症中心和山西省首个尘肺病诊疗中心。新申报40个国家卫生城镇,阳泉市通过国家卫生城市暗访。高效处置“3·15”乡宁山体滑坡等突发事件27起。（季　巍）

【职业病防治】 2019年,山西省卫生健康委推进尘肺病攻坚行动。10月，十部门联合印发《山西省尘肺病防治攻坚行动实施方案》,11月与各市一把手市长签订完毕《尘肺病防治攻坚行动目标责任书》，并督促各市与县人民政府签订目标责任书。省级财政2019年投入职业病防治经费835万元。推出五项重点举措。落实职业健康保护行动。省总工会联合省卫生健康委、省应急厅、省人社厅等部门举办“山西省首届职工劳动保护技能竞赛”。开展县域试点工作,促进职业健康医防融合。将职业健康融入医改大局,纳入山西省基本公共卫生服务范畴,制定《全省县域职业健康服务试点工作方案》。试点工作在清徐县等11个县(市)开展,利用山西省县乡医疗卫生机构一体化改革优势,建立县域医疗集团为核心、卫生监督与疾控机构联动的工作机制,探索构建“体检发现、疾控监测、监督护航、签约保障、专科指导、健康促进”的闭环式职业健康医防融合工作模式。借助136兴医工程,成立“山西省尘肺病诊疗中心”。山西医科大学第一医院呼吸科作为“136”领军专科,成立“山西省尘肺病诊疗中心”，建立国家尘肺病专家委员会主委王辰院士的工作站，重点开展尘肺病等领域的合作。建设三级技术支撑网络。针对山西省约95%职业病为尘肺病及粉尘、噪声危害严重的现状，投入资金1767万元，为11个市、117个县（市、区）疾控中心购置粉尘、噪声等检测设备，委托省疾控中心（职业卫生技术服务甲级资质）开展人员培训，基本绘就省、市、县三级职业卫生技术支撑网络的蓝图。健全信息化系统。将职业病信息系统纳入全民健康信息平台管理范畴，比对患者信息，共完成4万余例患者职业性尘肺病随访与回顾性调查。在全省职业健康检查机构推行体检软件信息化管理。在省职业病医院建设完成职业健康检查机构网络质控平台。（季　巍）

【疾病防控体系建设】 2019年，山西省卫生健康委进一步推进医防融合，就是让医疗渗透到基本公共卫生服务中，形成"未病早防治、小病就近看、大病专家看、慢病有管理、转诊1帮对接"防治体系。通过信息月报和现场调研，督促落实"一兼两管三统一"管理模式，截至12月底，全省11市117个县（市、区）全面启动医防融合。建立疾病防控工作通报制度，督促重点工作落实。（季　巍）

【慢性病综合防控】 2019年，山西省慢性病综合防控能力得到提升。省、市级癌症防治机构建设得到加强。经省委编办批复同意，成立山西省癌症中心，（山西省肿瘤医院增挂山西省癌症中心的牌子），强化省级癌症防治与研究工作职责。阳泉市在省级指导下率先成立市级肿瘤防治中心，有力推动市级癌症防治能力建设。加强慢性病防控人员培训。组织开展省级培训班17期，培训市、县级卫生健康行政部门、疾控机构、医疗机构慢性病防治工作人员2478人次。特别是与中华预防医学会共同主办"运动是良医"山西培训班，是全国唯一培训长达一周的省份，重点提高基层医疗卫生人员对运动医学的认识和身体活动技能的掌握，指导基层卫生人员为居民提供"运动处方"服务。通过多维度、多角度、理论加实践的方式，丰富培训内涵，慢性病综合防控能力得到提升。

慢性病综合防控策略得到推进。加强以政府主导、部门协作、动员社会、全民参与为工作机制的慢性病综合防控示范区建设。2019年新建设国家示范区6个。全省累计建成国家示范区8个、省级示范区35个。全民健康生活方式"三减三健"专项行动实现县级全覆盖，新建"健康社区、健康学校、健康主题公园"等健康支持性环境655个，群众健康的生活和行为方式逐渐养成。督促落实慢性病患者健康管理服务。加大对县级医疗集团做好高血压、糖尿病患者健康管理服务的技术指导，督促基层医疗卫生机构落实健康管理服务规范，提高患者规范管理率和血压、血糖控制率。针对健康人群、高危人群和患者等不同人群，采取健康教育与促进、健康干预、疾病管理等不同措施，推进慢性病综合防控策略进一步落实。

慢性病早期筛查和早诊早治覆盖面扩大。争取省级经费，扩大脑卒中、心血管病高危人群早期筛查和癌症早诊早治项目覆盖范围，共完成人群筛查10.53万人，干预管理4.96万人。脑卒中和心血管病高危人群筛查与干预工作在全国排名分别为第二和第八名，受到国家项目办公室表彰。阳泉市肿瘤防治中心、垣曲县中医院获得全国上消化道癌早诊早治项目质量技术竞赛优秀奖。省癌症中心获得全国上消化道癌早诊早治项目省级管理先进单位。

慢性病相关监测工作质量得到提高。2019年加大全人群死因监测和肿瘤随访登记经费投入力度，监测质量进一步提高。截至12月底，全省共报告死亡人数18.30万例。肿瘤随访登记、心脑血管事件报告、慢性阻塞性肺疾病监测、贫困地区学生营养健康状况评估等项目顺利开展，共监测4.92万人，其中癌症新发病例1.95万人。省疾控中心在慢阻肺和慢性病及危险因素监测工作方面获得了省级组织管理奖，国家癌症中心授予阳城县肿瘤医院杰出贡献奖、阳泉市肿瘤防治中心和寿阳县疾控中心肿瘤登记优秀奖。（季　巍）

【儿童口腔疾病综合干预项目和第一次全省口腔健康流行病学现场调查】 2019年，山西省完成11市58个县（市、区）的3.55万名适应证儿童窝沟封闭11.80万颗牙，口腔健康教育覆盖学校1144所，覆盖小学生、老师及家长50.40万人，窝沟封闭完好率为87.65%，知晓率为85.01%，刷牙率为86.40%。完成对8市16个县（区）6个年龄组28608人的口腔健康流行病学的现场调查工作。（季　巍）

【精神卫生】 2019年，山西省探索"互联网+精神卫生"宣教模式。通过青年之声、心理服务联盟线上服务直播、健康山西网络平台网课以及省精神卫生防控办公室公众号信息推送等方式，传播严重精神障碍、心理健康知识。编制表格和流程图式的《严重精神障碍管理服务指导手册（基层医疗机构版）》，指导基层服务。多部门联合开展肇事肇祸等严重精神障碍患者专项摸排工作，加强安全隐患源头管控。推进社会心理服务建设临汾、运城、太原试点工作，完成"五个一"目标任务，即印发一个试点实施方案、成立一个领导小组和跨部门专家组、联合多部门召开一次启动会、举办一期多部门培训，接受国家省级一次专项调研，国家专项调研专家组给予"工作有创新，服务有保障"的评价。山西医科大学第一医院精神卫生科作为"136"兴医工程领军临床专科，以心身疾病与临床心理病区设置为试点，开展无陪护病房建设，得到患者和家属好评。根据《精神卫生法》《"健康中国2030"规划纲要》等法律政策要求，联合省信访局在信访领域开展心理健康服务工作，印发实施意见，着力实现群众诉求合理的解决问题到位，诉求无理的思想教育到位，完善多元化矛盾化解体系，最大限度维护人民群众合法权益。完善老年人心理健康与精神疾病早期预防及干预机制，加强基层医疗机构老年心理健康服务，畅通社区与专科医疗机构之间的双向转诊通道。全年严重精神障碍患者在册157992人，患者报告患病率为4.27‰，规范管理率为83.44%，达到年度任务要求。

（季　巍）

【地方病防治攻坚行动】 2019年，山西省开展监测全覆盖行动。在全省117个县(市、区)开展碘缺乏病监测；在12个县298个行政村开展水源性高碘监测暨高碘病区划定工作；在62个县3917个病区村开展饮水型氟中毒监测；在20个县3292个病区村开展燃煤污染型氟中毒监测；在16个县157个病区村开展饮水型砷中毒监测；在35个县713个病区村开展大骨节病监测；在11个县17个乡开展克山病监测。

开展群众防病意识提高行动。制作完成全省地方病防治宣教片《防治地病、造福三晋》，编排录制碘缺乏病健康教育戏剧《岭山人家》。组织在全省完成79所学校的碘缺乏病防治知识进校园活动年，通过“小手拉大手”向社会辐射。围绕“科学补碘益智，健康扶贫利民”宣传主题，在全省范围内组织开展5·15碘缺乏病防治日活动。开展地方病防治知识进病区活动。

开展现症病人救治行动。联合省医保局下发通知，将大骨节病等地方病纳入城乡居民门诊慢性病和重特大保障范围，并确定山西医科大学第二医院和山西省地方病防治研究所附属医院为大骨节病、氟骨症、克山病省级定点救治医院。省、市、县各级成立各级地方病临床诊疗专家组。

开展防治能力提升行动。省地方病所科研防治楼建设项目经省发改委批复同意并立项。开展8次省级防治技术培训，多次邀请国内地方病防治专家授课，直接培训到县级。为省地方病所、部分市、县疾控中心配置化学发光仪、彩超、心电图仪等设备，检测能力得到提升。

开展科学防病攻关行动。开展“大骨节病全基因组外显子测序筛选易感基因及其致病机制课题研究”预调查工作。开展“改水后砷中毒病区居民恶性肿瘤死亡的调查与分析”“不同水碘地区成人甲状腺疾病流行病学调查”“不同水碘含量的地区供应碘盐模式探讨”“碘适宜地区自身免疫性甲状腺疾病患者甲状腺体积与自身抗体关系研究”等多项课题。

开展重点防治措施强化行动。2019年发布关于山西省水源性高碘地区范围的公告，为防控措施落实提供依据。联合省水利厅下发《山西省饮水型氟超标地方病防治工作实施方案》，加快病区改水工作进度。

（季　巍）

【重点卫生监测】 2019年，山西省完成年度城乡饮用水监测任务，在117个县(市、区)组织开展城乡饮用水监测工作，其中城区监测点1136个，乡镇监测点3920个，截至2019年10月底城市饮用水监测水样数2273份，农村饮用水7842份，任务完成率均超过100%。空气污染对人群健康影响监测工作有序开展，如期完成2018年度健康状况调查数据收集上报工作。会同省生态环境厅、省教育厅、省气象局共同制定印发《2019年山西省空气污染(雾霾)对人群健康影响监测与防护实施方案》，组织举办技术培训班，指导3市6个项目区(县)监测工作。完成公共场所健康危害因素监测任务，太原、大同、长治、晋城4个市均对5类50家公共场所两轮健康危害因素监测，夏季监测任务完成率100%。农村环境卫生监测顺利推进，完成11市36个项目县(市、区)现场调查和实验室检测工作，共调查180个乡镇720个村3600户农户、279所农村学校，检验农田土壤样本720份。推进儿童青少年近视等学生常见病和健康影响因素监测与干预工作。制定印发《〈综合防控儿童青少年近视实施方案〉重点任务委内分工方案》，成立儿童青少年近视综合防控工作领导组和领导组办公室，负责全省儿童青少年近视防控工作的组织、管理和监督指导。与省教育厅联合召开视频会议，印发《2019年全省学生常见病和健康影响因素监测与干预项目实施方案》，指导全省儿童青少年近视防控等学校卫生工作。完成11市22个县(市、区)学生常见病和健康影响因素监测。

（季　巍）

妇幼保健

【母婴安全行动】 2019年，山西省卫健委印发《进一步加强母婴安全保障工作的通知》，明确各级卫生行政部门、妇幼保健机构、医疗卫生机构职责，加强对母婴安全工作的领导。下发母婴安全通报，提出降低孕产妇、婴儿死亡率的措施要求，保障母婴安全。对各市卫生健康委、省级危重孕产妇和新生儿救治中心进行集体约谈，召开全省母婴安全座谈会和推进会。完成孕产妇死亡省级评审，并派出省级母婴安全管理专家到基层进行指导并参与孕产妇死亡评审。举办全省母婴安全管理培训班，建立母婴安全工作月报制度，提高全省母婴安全管理水平。建立省级督导市一级、市级督导县一级的督导工作机制。7月，组织六个督导组对各市母婴安全工作进行督导，各市、县也开展督导，坚持问题导向，对督导发现的问题要求及时整改，并采取回头看，排除母婴安全隐患。对发生孕产妇死亡较多的运城、长治和忻州市下发母婴安全督办函并抄送同级市政府。共开展约谈91次，通报35次，共开展督导456次。全年共筛查孕产525896例，评估孕产妇669403例，对1846例不适宜继续妊娠的孕妇提出科学合理建议；救治危重孕产妇7888例，转诊危重孕产妇1965例，举办实地演练251次。（季　巍）

【母婴设施建设】 2019年，山西省卫健委建立全省母婴设施建设进展情况季报制度，并与省总工会联合印发《关于继续开展“妈咪小屋”（母婴室）建设工作的通知》，11 月在全省范围组织开展“妈咪小屋”（母婴室）实地抽查验收，规范全省母婴设施建设。截至 12 月底，全省建成母婴设施 1185 个，在建 52 个，母婴设施总面积达 24293.14 平方米，覆盖机场、车站、医院、商业中心、旅游景区等公共场所，全省公共场所母婴设施配置率达到 98.80%。2019 年省总工会命名第五批“妈咪小屋”（母婴室）148 家。

（季　巍）

健康促进

【卫生健康“互联网 +”】 2019 年，山西省卫健委以“互联网+”推进医疗服务。优化预约诊疗服务。整合预约诊疗资源，全面接入山西省全民健康信息平台，优化各级医疗卫生机构在线预约诊疗服务途径，规范服务流程。截至 2019 年 9 月底，全省三级医院、县级综合医院全部接入“健康山西”预约平台，放号率 100%，可预约 7 天的号源，精确到 1 小时；上线诊间支付医院75 所，可向基层医疗机构预留 10%门诊号源的三级医院 20 所。推进远程医疗体系建设。建设山西省远程医疗管理中心和远程医疗平台，强化远程医疗服务体系建设。截至 2019 年底，有 20 所三级医院、88 所县级医院（包含中医、妇幼医院）接入平台，实现互联互通。平台可连接北京协和医院、安贞医院等北京市 20 所三级甲等医院。开展互联网医院建设工作。开启互联网医院申报工作，建设省级互联网医疗服务监管平台。

以“互联网+”推进公共卫生服务。推进公共卫生服务信息化发展。建成覆盖全省各级疾控中心、接种单位的免疫规划信息系统，实现受种者产科新生儿信息与门诊接种信息的无缝整合，在省内实现“一地建卡、就近接种”。提高妇幼保健服务信息化水平。加强出生医学证明的管理，提高出生医学证明签发上报率。推广使用出生缺陷干预管理信息系统，提高全省妇幼健康服务管理水平。探索“互联网+妇幼健康”服务模式，推广在线预约诊疗、候诊提醒、缴费支付、医疗信息查询等便民服务。强化卫生应急信息化建设。2019 年，省卫生健康委开发“卫生应急资源力量信息管理平台”，实现卫生应急队伍和人员的精准管理和动态管理。

以“互联网+”推进家庭医生签约服务。建设家庭医生签约服务管理信息系统，在线提供健康咨询、预约转诊、慢性病随访、健康管理等功能。建立家庭医生签约服务制度，以及签约服务收付费、服务内涵、工作规范、考核激励等各项机制。“1 名村医+1 名乡医＋多名县级医生”的“1+1+X”团队服务模式全面推行，形成以家庭医生签约服务为带动，基层首诊、双向转诊、全程连续、防治结合的新型基层医疗卫生服务模式。

以“互联网+”推进医疗保障服务。省卫生健康委与省医保局共同印发《关于制定部分“互联网+”医疗服务项目价格（试行）的通知》，明确公立医疗机构开展互联网医疗服务项目的政策依据、服务方式、收费方式等，并将相关费用纳入医保，按乙类项目支付。会同省医保局就远程相关项目（远程多学科会诊、远程单学科会诊、远程心电、远程影像、远程 B 超、远程病理）定价并落实报销比例。

以“互联网+”推进医学教育服务。完成省继续医学教育管理平台系统优化升级，建立分级分类管理体制，完善统计查询管理功能，对继续医学教育进行一站式、科学化、规范化服务指导。

（季　巍）

2019 年 12 月 20 日，山西省卫生健康委员会与山西医科大学签署健康医疗大数据合作框架协议，标志着山西省健康医疗大数据应用发展、“互联网 + 医疗健康”进入新的发展阶段

（季　巍供图）

【医疗服务行动】 2019 年，山西省卫健委推进抗菌药物 AMS 科学化管理，全面停止公立医疗机构药房托管，全面实行麻精药品印鉴卡电子化管理；制定山西的《重点监控合理用药药品临床使用管理细则》和《医疗机构麻精药品管理细则》，是全国率先制定相关管理细则的省份。优质护理服务内涵建设成效显著。出台《山西省促进护理服务业改革与发展的实施方案》；26 所医院试点开展“互联网+护理服务”工作；优质护理链条向基层医疗机构延伸，34 家三级医院的 367 名护理骨干在 117 个县级医疗集

团开展优质护理帮扶；推动开展老年护理需要评估工作，培训评估师103名，指导试点县规范开展评估工作；在国家卫生健康委召开以“壮丽70年奋斗新时代”为主题的例行新闻发布会上，山西省作为省级层面唯一代表介绍经验。急诊急救体系完善。全省11个市发布的卒中地图完成合拢；43所医院通过国家胸痛中心认证；山医大一院通过中国创伤联盟省级创伤中心认证，11个市都建立市级创伤中心。改善医疗服务向纵深进展。298个日间手术病种纳入医保支付，此举属全国首例；197家医院接入“健康山西”预约挂号平台，66所公立三级医院和100个县级医疗集团开通预约挂号服务，20所三级医院和88所县级医院接入省级远程医疗系统，会同省医保局落实项目定价和医保报销政策，预约挂号和远程医疗分别在《健康报》头版头条进行全面报道。“5G医疗”服务模式推陈出新。山西白求恩医院建成全省首个5G医疗示范基地，完成首次5G信号传输下的场外急救演练，首开5G远程B超和5G高清4K远程会诊先河。提升无偿献血服务能力。全省无偿献血39万人次，临床供血140吨。（季　巍）

【家庭医生签约服务】 2019年，山西省卫健委加强签约团队建设。一是优化团队服务模式。在全省推行“1+1+X”(1+X)即“1名村医+1名乡医+多名县级医院医生”(1名社区医生+多名上级医院医生)的家庭医生团队模式，全省共组建家庭医生签约团队17124个。实施乡村干部、家庭医生与因病致贫、因病返贫群众“健康扶贫双签约”服务。二是以医疗集团为招聘主体，采取“县招乡用”模式，为基层医疗机构补充适宜人才。启动实施“基层卫生人员能力提升培训项目”，培训基层骨干全科医生、临床医师、护士、乡村医生。省卫健委制定《山西省重点人群签约服务项目（第一批）》，公布首批高血压、糖尿病等5类重点人群的签约服务项目。各地结合当地人群健康状况、疾病谱构成及不同人群看病就医需求，结合基层服务提供能力，对项目内容进行完善，制定形成本土化签约服务包。2019年，省卫健委会同省医保局等有关部门出台《关于城乡居民高血压糖尿病门诊用药机制的实施方案》，家庭医生可为符合条件的高血压、糖尿病患者一次性开具4个月至12个月长期用药处方。依托县乡医疗卫生机构一体化改革信息化建设，融通整合基本公共卫生服务平台、基层医疗卫生信息平台，结合“健康山西”信息平台建设工程，推进签约服务信息化建设。试点通过平台提前向家庭医生团队预留三级医院专家号源。建立签约服务进展信息定期报送制度。将家庭医生签约服务开展情况纳入基本公共卫生服务绩效考核内容，建立县级全面考核、省市抽查考核制度。2019年，省级考核覆盖11个市22个县，将考核结果与基本公共卫生服务资金拨付挂钩，推动签约服务的有序规范开展。截至2019年底，全省城乡居民签约服务覆盖率和重点人群签约率稳定在50%和70%以上。（季　巍）

【村级医疗卫生服务】 2019年，山西省卫健委加强村卫生室建设，实施“县提高、乡达标、村覆盖”工程，累计筹资70.13亿元，启动农村医疗卫生建设项目7645个，一次性解决6971个行政村无卫生室的问题，建立巡回医疗、邻村代管、指定医生定期服务的卫生室“空白村”责任包干服务模式。加强村卫生室管理，实行乡村卫生服务一体化管理，建立乡镇卫生院对村卫生室行政、业务、财务、药械、绩效考核统一管理制度，推动村卫生室运营管理规范化、监督指导体系化。组织开展乡村医生执业证书有效期满再注册工作。全年全省再注册乡村医生36000余名。加强村医队伍建设。采取招聘选拔培养一批、县乡医疗机构派驻一批、县域内调剂补充一批、巡回医疗解决一批等4种方式，解决村医短缺问题，2019年全省贫困地区累计补充村医2054名，实现每个行政村卫生室至少有1名合格村医。加强村医在职人员培训，推进村卫生室后备人才补充机制建立。落实多渠道补偿政策，持续改善村医待遇。采取购买服务、政府补助的办法，落实多渠道的乡村医生补偿机制。村

2019年7月18日，山西省卫生健康委、太原市和晋中市卫生健康委在太原联合举办大型赛事活动卫生应急保障暨“直面实战2019”卫生应急模块化演练

（季　巍供图）

医服务补助从医改前的720元/年提高到21000元/年。落实乡村医生“在岗”和“退岗”双轨养老补助政策。深化服务提供，提升群众获得感。一是深化家庭医生签约服务，优化团队构成，引导县乡医疗资源下沉，拓展服务内涵，提升签约服务质量；二是深化基本公共卫生服务，启动高血压糖尿病医防融合试点，推行网格化管理、签约式服务、责任制指导、“三统一”考核，做实做细老年人、孕产妇、儿童、重性精神疾病患者、高血压和糖尿病患者等重点人群健康管理。2019年，全省基本公卫服务各项指标均达到或超过国家要求。（季 巍）

【精神卫生服务】 2019年，山西省卫健委通过青年之声心理服务联盟线上服务直播、健康山西网络平台网课以及省精防办公众号信息推送等方式，传播严重精神障碍知识、心理健康知识。编制表格和流程图式的《严重精神障碍管理服务指导手册（基层医疗机构版）》，指导基层服务。多部门联合开展肇事肇祸等严重精神障碍患者专项摸排工作，加强安全隐患源头管控。推进社会心理服务建设临汾、运城、太原试点工作，完成“五个一”目标任务，印发一个试点实施方案、成立一个领导小组和跨部门专家组、联合多部门召开一次启动会、举办一期多部门培训，接受国家省级一次专项调研，国家专项调研专家组给予“工作有创新，服务有保障”的评价。山西医科大学第一医院精神卫生科作为“136”兴医工程领军临床专科，以心身疾病与临床心理病区设置为试点，开展无陪护病房建设。联合省信访局在信访领域开展心理健康服务工作，印发实施意见，实现群众诉求合理地解决问题到位、诉求无理的思想教育到位，完善多元化矛盾化解体系。完善老年人心理健康与精神疾病早期预防及干预机制，畅通社区与专科医疗机构之间的双向转诊通道。全年严重精神障碍患者在册157992人，患者报告患病率为4.27‰，规范管理率为83.44%。（季 巍）

【医养结合】 2019年，山西省11市31个县（市、区）40个社区（村）开展老年人心理关爱项目工作，太原、长治两市开展安宁疗护试点工作。山西省率先在迎泽区和昔阳县启动实施失能老人健康评估与服务试点，为失能老年人开展健康管理服务进行探索。依托“山西护工”探索培训养老护理员6790人，超额完成率达126.30%。探索推进医养结合工作。2019年与省民政厅联合，重点做好养老机构医疗服务能力提升工作。全省120所在民政部门备案且正在运营的150张及以上床位的养老机构建立医疗机构或与周边医疗机构签订协议。截至2019年底，全省建成医养结合机构77所，其中医办养38所，养办医39所；医疗机构与养老机构建立协作关系的402对，与日间照料中心建立协作关系的1710对。（季 巍）

中医中药

【中医药事业发展】 2019年，山西省卫健委推动建设中医药强省。联合省发改委、省财政厅等部门印发《关于全面加强县域综合医改中医药工作的意见》，以县域综合医改为抓手，出台20条举措，加强县域中医药工作。深化中医药医改工作。改善中医医疗服务，提出15条举措，推动高水平中医医师团队下基层。中医非药物疗法纳入门诊报销试点等倾斜政策取得突破性进展。印发《关于调整和规范部分中医医疗服务项目价格的通知》，对针刺、灸法、推拿疗法中的19个项目进行价格调整。加快建设中医医疗联合体，成立中医肿瘤、肛肠、肺病、康复4个专科联盟。落实中医诊所备案制，全省备案中医诊所达到504所。落实原卫生部52号令，传统医学师承和确有专长参加考核人员近2000人。联合省药监局、省公安厅开展全省中药饮片质量专项整治。印发《关于做好互联网医疗服务工作的通知》等系列文件，规范中医医疗机构管理。完善中医药服务体系建设。推进中医药传承创新工程等重大项目建设。上海中医药大学附属龙华医院——山西省中医院、中国中医科学院西苑医院——山西中医学院附属医院签署合作协议，共建区域中医医疗中心。深化对口帮扶，组织三级中医院与贫困县中医医院补充签订帮扶协议，完善对口帮扶关系。开展三级公立中医医院绩效考核和中医医院等级评审。启动中医医院级别核定和全面提升县级中医院医疗服务能力工作，新增三级中医院5家，评（复）审二甲中医院12家。成立省级中医病案和中药药事质控中心。推进基层中医药服务能力提升工程“十三五”行动计划。推进“互联网+中医医疗”，推进省级中医药数据中心建设，启动中医医院电子病历应用评级评价工作。于载畿、王学诗获“全国中医药杰出贡献奖”。吕梁市中医药研究院名誉院长、山西仁爱医院院长李廷俊获第七届全国道德模范荣誉称号。完成2019年度中医住培招录、结业考核和师资培训等工作。山西中医药大学——山西省中医院获批国家级中医药高层次人才培养基地。5人入选第四批全国优秀中医临床人才（西学中）培养对象。获批7个名老中医药专家传承工作室。获批20个国家级中医药继续教育项目等。

（季 巍）

【中医药科技创新】 2019年，山西省卫健委推进国家中医临床研究基地、重点中医药科研机构的科研能力建设。下达2019年度中医药科研课题143项。启动新一轮省级重点研究室申报工作。启动中医循证能力建设项目。编制2019年度中药资源普查实施方案，完成44个中药资源普查项目县的外业调查，推进中药资源动态监测和中药材种子种苗繁育基地建设。配合国家中医药管理局开展中药标准化项目验收评估。启动中药材质量保障项目。支持运城市举办第二届特色医药博览会，组织参加第六届中国（山西）农产品交易博览会（中药品展区）、中药材产业联盟博览会（天津）。（季　巍）

【中医药文化传播】 2019年，山西省卫健委推进"中医中药中国行"系列活动。在山西中医学院附属医院举行启动仪式。4个国家级中医药文化宣传基地参加全国交流。10个县（市、区）开展中医药健康文化素养调查。支持山西中医学院附属医院荷兰运动康复中心项目建设；实施援非项目，启动建立"喀麦隆中医中心"。开展"山西省名中医新疆行大型活动"，选派10名省级名中医到新疆阜康、五家渠等地，共义诊患者1200多人次。

（季　巍）

医政管理

【医卫人才建设】 2019年，山西省卫健委实施"住院（专科）医师规范化培训""紧缺专业人才转岗培训""全科医生培养"等工程，为村卫生室新招录免费医学中专生430名，累计培养住院医师近4000名，基层适宜人才1.60万余人次，免费培养医学生2140名，"村来村去"定向培养村医5000多名。县级医疗集团人才招聘大会现场签约4652人次。确定首批省级临床医学研究中心、培育中心21所。国家"重大新药创制"科技重大专项实现零的突破。获省自然科学一等奖1项、二等奖2项，省科技进步二等奖18项。全省9所医院和24个专科跻身全国科技量值排名百强。评选表彰"三晋英才"高端领军人才41名、拔尖骨干人才559名、青年优秀人才763名。1人入选国家"百千万人才工程"。（季　巍）

【医疗卫生国际合作】 2019年9月，山西省卫健委召开"2019年中法妇儿健康学术研讨会"。逐步建立中德合作心身疾病专科。4月，山西省中医学院附属医院与荷兰康复中心签署战略合作协议。"一带一路"沿线国家卫技和管理人员培训工作取得新成效。5月，山西省申报的合作项目方案通过国家卫健委国际交流与合作中心审核评议，下拨项目专项资金120万元。11月，山西医科大学第一医院与德国阿库尔巴登巴登医院签订"中德合作共建——心身疾病专科"的框架协议。截至12月底，共办理因公出国（境）团组45个，出国110人。参与海峡两岸和港澳地区卫生交流活动。提升援外医疗工作质量。按照山西省出台的整建制选派援外医疗队的工作要求，省、市卫健委、责任单位签订三方责任书，缩短援外医疗任务期限，调动责任医院的积极性，提升医疗队综合实力。组派援喀麦隆、多哥、吉布提三支援非医疗队。2019年省卫健委首次采取政府购买服务，通过公开招投标，利用高校教育的优质资源，在山西大学商务学院开展医疗队员出国前培训。推进援喀麦隆"中医中心"建设。起草《援喀麦隆"中医中心"项目协议（初稿）》。省卫健委国际交流中心完成2019年国家援外人力资源培训项目13期，共为31个国家的313名卫生领域技术及管理人员提供专业的培训及研修。（季　巍）

【医疗审批便民服务】 2019年，山西省卫健委推动网上审批服务。落实一体化在线政务服务平台和"一部手机三晋通"App建设，率先在省直部门中完成审批事项"网上办""指尖办"的流程部署和卫生健康公共服务事项网络端口对接。压缩申请材料和办理时限。根据全省"马上办、网上办、就近办、一次办事项清单"等工作要求，压缩办理时限，平均办理时限比法定办理时限压缩50%以上，全国最短。其中医师执业注册办理时限压缩85%。优化审批流程管理。以OA办公系统行政许可审批表代替行政审批集中审批表手工签批环节，流程更优。改革医护人员执业注册等个人资质类事项审批流程为即办件。

（季　巍）

第二届全国青年运动会

【二青会组委会第一次会议】 2019年3月29日，二青会组织委员会第一次会议暨单项竞委会成立大会在山西太原举行。二青会组委会主任、国家体育总局局长苟仲文，组委会执行主任、山西省委副书记、省长楼阳生，组委会副主任、国家体育总局副局长李建明，组委会副主任兼秘书长、山西省副省长张复明出席会议。张复明介绍二青会总体筹备进展情况。楼阳生表示，加快场馆设施建设，积极备战文明参赛，加强风险防范和沟通协调，严格落实责任，坚持廉洁节俭办赛，加强宣传营造氛围，切实把二青会办成一届精彩、惠民、难忘的盛会。 （王宏德）

【二青会圣火采集传递】 2019年3月28日，二青会圣火在芮城县西侯度遗址点燃，同时开启火炬网络传递，是史上最长的一次网络火炬传递，依次途径33个省级行政区。于5月4日抵达山西省运城市芮城县与实体火炬传递同步进入山西省传递，3000余名火炬手在全省11个市108个站点进行，围绕太行山、黄河、长城三大旅游板块，展现自然风光、民俗文化和城市景观，奏响"华夏古文明、山西好风光"的华美乐章。8月6日，火炬收火仪式在太原举行。 （王宏德）

【二青会决战动员誓师大会】 2019年4月28日，二青会决战动员誓师大会在太原举行。山西省备战二青会运动员、场馆建设者、志愿者、赞助企业、安保人员、群众体育参与者、二青会组委会工作人员等各方代表组成一个个方阵，省城学生送上鼓乐、大合唱表演，共同向青春致敬，为青运加油。二青会组委会执行主任、省长楼阳生强调，举行决战动员誓师大会，目的就是吹响冲锋号、擂响冲刺鼓，以奋战一百天、决胜二青会的信心和决心，争分夺秒、全力以赴做好各项筹备工作，秉承更快、更高、更强的奥林匹克精神，发扬青春拼搏的青运精神，全面动员、全力以赴、全面细致做好各项筹备工作，切实把二青会办成一届精彩、惠民、难忘的体育盛会，以优异成绩庆祝中华人民共和国70华诞。会上播放二青会网络火炬传递情况视频短片、《锦绣之旅》墙体秀。 （王宏德）

【二青会建设改造】 2019年，山西省借力二青会，对比赛场馆进行建设改造。建成太原水上运动中心、太原极限运动中心，对17所大型场馆进行智能化改造，同时建设二青会体育公园17个，在二青会后留下文化记忆。 （王宏德）

【二青会山西代表团成立】 2019年7月14日，第二届全国青年运动会山西代表团成立大会在太原举行。"二青会"组委会执行主任、省长楼阳生向代表团授旗，宣布青运村开村，并为山西省水上运动训练基地揭牌。省委常委、太原市委书记罗清宇，副省长张复明，省政协副主席、太原市市长李晓波参加有关活动。 （王宏德）

【山西迎"二青会倒计时30天"全民健身展示嘉年华活动启动】 2019年6月24日，山西省迎"二青会倒计时30天"全民健身项目展示嘉年华活动启动。本次活动以举办二青会为契机，以迎接"二青会倒计时30天"为节点，广场舞、啦啦操、健美操、武术、散打、太极拳、形意拳、球类、棋类、射击、射箭、航模、柔力球、艺术体操、游泳等40多项全民健身项目分为10个专场进行为期一个月的展示。数千名表演者在"全民健身大舞台"上相互交流、切磋技艺、展示魅力，吸引更多群众关注体育、热爱体育、参与体育，喜迎二青盛会。 （王宏德）

【第二届全国青年运动会开闭幕式】 2019年8月8日晚，第二届全国青年运动会（简称二青会）在山西体育中心红灯笼体育场正式开幕。这是中华人民共和国成立以来在山西省举办的规模最大、规格最高的体育盛会。开幕仪式上，中央政治局委员、国务院副总理孙春兰出席并宣布开幕。省委书记骆惠宁致欢迎辞，二青会组委会主任、国家体育总局局长苟仲文致开幕辞，二青会组委会执行主任、省长楼阳生主持。

中华人民共和国国旗、中华人民共和国青年运动会会旗、第二届全国青年运动会会旗相继入场。来自全国各地的34个代表团依次入场。山西2800余名运动健儿参加摔跤、柔道、体操等45个大项的比赛。

开幕式文体展演，共分为序《时代召唤》和《红日照东方》《水击三千里》《万里长空行》三个篇章。太行、黄河、长城作为山西旅游的三大板块依次展现，实现国际视野、中国气派、山西特色有机融合。

担任火炬手的是山西省优秀教练员代表蔡光亮、二青会赞助商代表李秋喜、“三晋英才”代表李立博、“时代新人”代表高思恩、农村妇女体育代表李英和优秀运动员代表赵若竹。6名火炬手与智能机械臂共同点燃“浑天仪”造型的主火炬装置，象征山西转型发展的强劲态势和浴火重生的坚定决心。

8月18日晚，第二届全国青年运动会闭幕式举行。骆惠宁宣布闭幕，苟仲文致闭幕辞，楼阳生致答谢辞。省委常委、太原市委书记罗清宇将青运会旗交与国家体育总局副局长李建明，李建明再将会旗传至广西壮族自治区人民政府副主席黄俊华。青运会交接仪式结束，第二届全国青年运动会闭幕。（王宏德）

2019年8月8日，第二届全国青年运动会在山西太原开幕　（王宏德供图）

【参加二青会首个冲浪比赛】 2019年2月20日至3月1日，二青会冲浪项目比赛在海南万宁举行，山西冲浪队共获得12枚金牌、7枚银牌、3枚铜牌，取得开门红。山西省体育局2017年选拔一批有蹦床、体操、游泳基础的运动员通过跨界跨项选拔到国家冲浪队，山西省首支冲浪队2018年成立。（王宏德）

【二青会冬季项目启动】 2019年1月13日，二青会冬季项目在大同启动，国家体育总局副局长李建明宣布启动，山西省委常委、大同市委书记张吉福出席，副省长张复明致辞。启动仪式以“冰雪青春梦，畅享大同蓝”为主题，以“中国·山西·大同　青春·冰雪·运动”为口号。比赛设单板滑雪平行回转、单板滑雪平行大回转两个项目，设体校组、社会俱乐部组的男女组别，共产生8枚金牌。15个省市区37支代表队200余名青少年参赛。5个代表团、10支参赛队获得奖牌。（王宏德）

【首届中国·太原体育电影展开幕】 2019年5月26日，首届中国·太原体育电影展开幕式在并举行。著名导演张继刚、著名表演艺术家唐国强、著名射击运动员许海峰等来自全国各地的众多体育界、影视界及艺术界的知名人士参加开幕式。本次体育电影展的主题是“相约二青盛会喜迎祖国华诞”，分为开幕式、体育电影展映和体育电影海报展三大板块。体育电影展映时间为5月27日至31日，30余部参展影片均为精选出来的含体育题材的优秀电影，在太原30家主要影院和太原农村电影放映点进行展映。（王宏德）

【二青会综合效应】 2019年，山西省在取得办赛、参赛工作双丰收的同时，发挥二青会综合效应，省体育局与公安、环保、住建、文明办五部门联合开展“迎二青·靓二青”专项攻坚行动，在环境整治、城市建设、精神文明建设、交通治理和全民健身等方面集中发力，形成各具特色的“二青蓝、二青亮、二青美、二青畅、二青风”，有效提升人民群众幸福指数，提升城市品位。（王宏德）

【二青会山西获得佳绩】 2019年8月8日至18日，二青会在山西太原开幕，全国34个代表团3.30万余名运动员参赛。本届青运会共设49个大项1868个小项，涵盖夏季奥运会全部项目和北京冬奥会绝大部分项目，并增设龙舟、中国跤等传统体育项目。山西省承办34个夏季项目和2个冬季项目，承办小项1270项，占小项设置总数的68%。参赛运动员4万人，接待总规模接近6万人，是中国之最，更是世界之最。山西代表团在二青会上获得286枚金牌、218枚银牌、197枚铜牌，位列金牌榜、奖牌榜两项全国第一。（王宏德）

【二青会总结表彰大会举行】 2019年10月16日，二青会总结表彰大会在太原举行。省委书记、省人大常委会主任骆惠宁出席会议并讲话，省委副书记、省长楼阳生主持，省政协主席李佳出席。国家体育总局副局长杨宁出席会议并讲话。会议指出，山西坚持以习近平新时代中国特色社会主义思想为指引，构建良好政治生态，着力推动经济稳步向好，全省各项事业迈上新的征程，为二青会的举办营造良好的大环境。在二青会申办、筹办到举办的四年多时间里，国家体育总局精心指导，筹委会、组委会科学统筹、周密部署，省市协同，抓好场馆建设、赛事安排、重大活动、氛围营造、服务接待、安保维稳、宣传报道等各项工作，全体体育人员、工作人员奋发进取，全社会大力支持，共同保障二青会顺利进行。二青会的成功举办，推动体育事业的发展，改善体育健身的场馆，扮靓赛会城市的容妆，提升三晋的文化映象，对全省经济社会发展发挥重要的助推作用，在山西发展史上留下深刻难忘的印迹。

（王宏德）

群众体育

【全民健身】 2019年，省体育局以举办二青会为契机，提请省政府办公厅印发《强健体魄·阳光生活·共享青运推动全省全民健身事业向纵深发展工作方案》，研究制定《山西省积极生活全民健身促进实施意见》等政策性文件，全民健身活动内涵不断丰富，广大群众体育习惯经常化、生活化、个性化、自动化程度提升。

以“强健体魄·阳光生活·共享青运”“青运惠民”等为主题的全民健身系列活动掀起，全年全省开展300余项全民健身活动。县级以上全民健身活动达3000余次，直接参与人数280余万人次。开展职工、老年人、妇女、农民、少数民族、残疾人等人群健身活动，会同相关部门组织省城女职工趣味运动项目比赛、省直机关干部职工趣味体育比赛、全省第二十四届农民象棋比赛，组队参加第三届全国农民健身大赛、第四届全国智力运动会；省老年人体育协会承办2项全国活动和9项省内活动，开设2项培训班；由长治市组队参加2019京津冀晋鲁豫革命老区红色运动会。

组织举办以“阳光少年、助力青运”为主题的全省青少年体育冬夏令营系列活动49个，参与青少年人数达12000余人。开展校园足球比赛和培训，与省教育厅共同举办全省校园足球赛和2020年全国青少年校园足球夏令营选拔活动，参与人数达到2800余人。

（王宏德）

【体育社会组织建设】 2019年，省体育局制定印发《关于加强体育社会组织建设 推动全民健身事业发展的指导意见》。全民健身工作委员会在促进全民参与健身活动方面发挥作用。推进42家省级体育类社团全部按照时间节点完成脱钩工作。支持体育科研机构、高等院校、社会机构开办大众健身科研服务，破解人民群众“如何健身”的难题。第五次国民体质监测推进。

（王宏德）

【体育场馆】 2019年，省体育局推进“百万公里健身步道建设”工程建设；加大体育助力脱贫攻坚力度，实现全省1271个移民新村体育场地普及工程全覆盖；以中央财政补助资金为引导，全省30个大型体育场馆免费或低收费向群众开放，共接待480余万人次；推进大型场馆信息化监管系统平台建设，17个大型场馆纳入信息化监管系统。国家体育总局场地调查数据显示，2019年山西人均体育场地面积1.83平方米，较2013年底的1.29平方米增长0.54平方米，增长率为41.86%。

2019年，山西省场馆运营能力提升。太原水上运动中心成为太原城市新地标。民营企业投资建设的太原极限运动中心成为全省首座极限运动比赛场所。各类场馆在二青会后逐步向社会开放，满足人民群众日益提升的身体锻炼和观赏体育赛事的需求。推进政府购买服务，扶持体育经营活动场所开展市场经营，促进体育场馆经营管理能力的提升。

（王宏德）

【山西迎新年登高主会场活动】 2019年1月1日，山西省迎新年登高主会场活动在永济市鹳雀楼进行，来自山西、陕西、河南等地的369名体育竞技队员进行登高竞技比赛。运城市3000余人也参加活动。新年登高活动是传统的群众体育活动，已成为引领健康生活方式的品牌活动。除主会场活动，各市、县分会场同时开展，以登高、健步走、徒步等不同形式迎

2019年9月9日，翼城花鼓少年亮相全国民族运动会　（王宏德供图）

接新年的到来，形成全省上下联动的大好局面。以此次活动为契机，在全省范围内开展以“强健体魄、阳光生活、共享青运”为主题的全民健身活动，再掀全民健身热潮。永济中学200名学生现场诵读《登鹳雀楼》。随后，500人的动感广场舞团队、100人的太极拳团队、100人的形意拳团队、曳步舞团队、柔力球团队、毽球团队共计1000余人在鹳雀楼景区广场进行全民健身节目展演。该次活动主题为强健体魄·阳光生活·共享青运。

（王宏德）

【“全民健身大拜年”活动】 2019年2月，山西省春节、元宵节期间“全民健身大拜年”活动启动。该活动是传统的全民健身活动之一，也是利用重要时间节点开展全民健身的品牌活动之一，连续举办多年，深受广大群众喜爱，成为人民群众春节、元宵节期间的体育文化大餐。（王宏德）

【全国青少年体育冬夏令营山西站启动】 2019年5月12日，以“阳光少年 助力青运”为主题的2019年全国青少年体育冬夏令营山西站在临汾启动，近千名青少年欢聚在一起，以实际行动助力办好二青盛会，以青春、阳光、快乐、健康的方式为二青会加油助力。此次活动由山西省体育局主办，临汾市体育局、临汾市汾河景区管理处承办。（王宏德）

【山西省青运惠民·全民健身社区行系列活动】 2019年5月18日，山西省青运惠民·太原市全民健身社区行系列活动在太原启动。为迎接第二届全国青年运动会，营造浓郁的全民健身氛围，鼓励群众参加体育健身运动，让各地群众共享二青盛会，二青会组委会决定在全省范围开展青运惠民·全民健身社区行活动，提供丰富多彩的全民健身服务，动员和引导更多人参与到全民健身活动中，使“全民健身”“青运惠民”深入人心，唱响“强健体魄·阳光生活·共享青运”“全民健身与青运同行”“青运惠民”主题，掀起人人参与全民健身、喜迎二青盛会热潮。全省主会场设在太原市，其余市和承担二青会比赛项目的县（市）利用体育设施、健身广场，组织群众喜爱的全民健身项目展演活动，结合地方特色、传统文化，扩大全民健身活动服务供给，引导社区居民、社会团体、体育组织等广泛参与全民健身活动。（王宏德）

【拜仁太原足校开工奠基暨首届青训营正式启动】 2019年6月5日，拜仁太原足球学校奠基暨拜仁太原校园足球青训营启动仪式举行。省委常委、市委书记罗清宇出席，省政协副主席、市委副书记、市长李晓波，拜仁慕尼黑俱乐部副主席瓦尔特·梅内克斯，中国驻德国前大使史明德分别致辞。拜仁太原足球学校位于晋源区晋阳湖北岸，招生范围涵盖小学、初中、高中全阶段，内部配建4块标准11人制球场、4块标准7人制球场、1块守门员训练场。学校倡导无边界办学理念，引入顶级拜仁俱乐部足球理念，融合本土优势教育资源，打造“国际顶级品牌+国际化名校”“体教结合、产学融合、德智体综合发展”的办学模式，独具风格。（王宏德）

竞技体育

【特色品牌赛事】 2019年，太原国际马拉松赛被评为国际田联金标赛事和中国马拉松金牌赛事（双金赛事），跻身国内马拉松赛事第一军团；举办首届环太原国际公路自行车赛暨中国太原国际自行车周，赛道跨越“黄河、长城、太行三大旅游板块”和“云冈石窟、五台山、平遥古城三大世界文化遗产”，使国内顶级自行车赛事时隔30余年之后重返山西。全省共举办马拉松赛47项次，举办山西省第二届国际风筝节、“关公门前耍大刀”系列赛事、龙城赛龙舟、雁门关国际骑游大会、晋中国际柔力球赛等一系列具有浓郁地方特色的品牌赛事，品牌影响力扩大。（王宏德）

【竞技体育模式创新】 2019年，全省竞技体育模式创新初见成效。以跨界跨项选材和联合培养模式打造竞技精兵，组建的冬季项目运动队，为山西省夺得二青会首金并取得优异成绩，首次参加全国冬季运动会获冬季两项项目金牌，实现山西省参加全国冬运会金牌“零的突破”。选拔具有蹦床、体操、游泳基础的运动员组建山西省冲浪队，与海南省共同培养，在二青会冲浪项目上夺得12枚金牌，与皮划艇、赛艇项目优势省份联合培养运动员，夺得二青会17枚金牌。

面对东京奥运会、北京冬奥会、第十四届全运会、全冬会等重大赛事，围绕获得参赛资格和提升备战实力，针对不同项目、不同队员特点制定周详方案，不断强化体能，重视科技助力，各项备战工作进展顺利。山西省运动员在射击步手枪和跆拳道混合团体项目上，为中国队争得3个东京奥运席位。苏翊鸣等冬季项目运动员取得一系列优异成绩。全年全省运动员在国际单项比赛中获得金牌16枚、银牌15枚、铜牌15枚，在全国性单项赛事（包括分站赛）中获金牌55枚、银牌72枚、铜牌61枚。高端赛事增加。全年共承办中国场地自行车联赛总决赛、中国BMX自行车联赛、全国女子水球锦标赛等全国比赛和二青会测试赛68项。

完善青少年体育竞赛体系，全年共举办青少年体育比赛66项，实现山西省开设的奥运项目一年双赛“全覆盖”；实施“山西省业余训练精英教练员培养计划”，35名教练员获得资助；举办全省业余训练教练员、传统校体育教师、俱乐部管理人员、校园足球骨干培训班，参训学员达900余人。拜仁足球学校开工建设。（王宏德）

【省运会改革和反兴奋剂工作】 2019年，印发《山西省运动会改革方案》，出台《山西省第十六届运动会竞技体育竞赛规程总则》，明确竞赛项目设置、运动员年龄规定和运动员资格管理办法等相关细则。保护运动员

身心健康，维护纯洁体育，成立山西省反兴奋剂中心，完成二青会期间针对所有参赛运动员的准入教育工作。（王宏德）

【太原国际马拉松赛跻身“金牌赛事”】 2019年3月，太原国际马拉松赛被中国田径协会评为金牌赛事，连续第6年获得金牌赛事称号。6月，太原马拉松升级为国际田联(IAAF)金标赛事，步入“双金”(国内金牌、国际金标)赛事行列。太原国际马拉松赛由中国田径协会、山西省体育局、太原市人民政府主办，太原市体育局、山西省田径协会和乐视体育承办，累计吸引近30个国家和地区逾23万人次报名参赛。（王宏德）

【CUBA西北赛区太原理工大学第十七次夺冠】 2019年4月29日，第21届CUBA中国大学生篮球联赛西北赛区比赛在青海鸣金，太原理工大学男篮摘取西北王桂冠，第十七次捧起CUBA西北赛区冠军金篮板。（王宏德）

【山西跳伞射击运动员打破世界纪录】 2019年2月22日国家体育总局航管中心收到国际航联贺电，山西跳伞运动员贺亚楠在保加利亚第35届世界跳伞锦标赛上打破世界和亚洲青年特技跳伞纪录，成绩：五轮最低33.41秒，等级G，分级G-1竞赛纪录，号码：18839erden保加利亚。这是山西省跳伞队自建队以来首次在世界跳伞锦标赛上打破世界纪录。23日，印度新德里国际射联世界杯第一站，女子射击运动员赵若竹在10米气步枪资格赛中，以第一名634环打破世界纪录，决赛赵若竹获第二名，夺得一个东京奥运会女子气步枪参赛席位。27日10米气步枪混合团体比赛，赵若竹与队友刘宇坤联手以503.6环的成绩获得冠军，并打破该项目决赛世界纪录。（王宏德）

【李俊霖打破全国室内田径锦标赛纪录】 2019年2月27日至3月4日，2019年全国室内田径锦标赛分区赛三、四站在陕西西安举行，山西田径选手李俊霖在第四站男子800米预赛中跑出1分49秒62的成绩，打破保持16年的男子800米全国室内纪录。（王宏德）

【郝双燕为中国队首夺定向世界杯桂冠】 2019年10月29日，2019年定向世界杯决赛暨南粤古驿道“天翼4K高清杯”定向大赛(佛山·南海站)短距离争夺结束，中国山西籍选手郝双燕以13分18秒的成绩夺冠，这是中国选手在该项赛事夺得的首枚金牌。（王宏德）

【参赛全国冬运会】 2019年7月27日，第十四届全国冬季运动会在内蒙古牙克石迎来首场比赛，在男子滑轮+射击4×7.5公里接力赛中，由山西队员王文强与八一、内蒙古联合组建的队伍获得金牌。这是山西省首次参加冬运会，首次获得冬运会金牌。（王宏德）

【参赛全国民族运动会】 2019年9月，第十一届全国少数民族传统体育运动会在郑州举行，山西派出由16个民族组成的165人的代表团参赛，8个竞赛项目和3个表演项目凯歌高奏，参赛人数和项目创历届之最，并获体育道德风尚奖，捧起民族团结的“最高奖杯”。（王宏德）

【环太原国际公路自行车赛暨中国太原国际自行车周开幕】 2019年5月25日，2019环太原国际公路自行车赛暨中国太原国际自行车周开幕式在并举行。省委副书记、省长楼阳生出席并宣布开幕。省委副书记林武，国家体育总局副局长杨宁，省委常委、政法委书记商黎光，副省长张复明出席。省委常委、太原市委书记罗清宇致辞。省政协副主席、太原市市长李晓波主持。2019环太原国际公路自行车赛暨中国太原国际自行车周于5月25日至31日举行。赛事由男子UCI2.2级多日赛和女子UCI1.2级单日赛组成，是继环青海湖、环海南岛、环太湖、环福州之后，国内第5个以区域特色命名的国际品牌自行车赛事，也是2020年东京奥运会的积分赛之一。该次活动由中国自行车运动协会、山西省体育局、太原市人民政府主办。男子多日赛参赛车手5月26日至31日先后在太原赛段、长城赛段、五台山赛段、太行赛段、黄河赛段、平遥古城赛段一较车技，最终回到山西体育中心。赛事总距离约730千米，转场总距离近2400千米。（王宏德）

2019年5月27日，2019环太原国际公路自行车赛发车（王宏德供图）

【山西省男篮联赛开赛】 2019年9月1日，山西省男子篮球联赛全面开打，太原、临汾、晋城、晋中、忻州分别战胜各自对手，取得首场胜利。篮球联赛于9月1日至11月23日分别在太原、大同、阳泉、长治、晋城、朔州、忻州、晋中、临汾、运城10个市举行，比赛采取主客场制方式，分为常规赛和季后赛两部分。 （王宏德）

【参加全国残运特奥会】 2019年9月1日，全国第十届残疾人运动会暨第七届特殊奥林匹克运动会在天津闭幕。山西体育代表团由136人组成，85名运动员代表山西225万残疾人参加田径、游泳、盲人柔道、乒乓球、飞镖、轮滑等13个大项154个小项的比赛。山西在残运会项目获7金9银9铜，其中，郑杰桐的女子S12级100米蝶泳成绩打破全国纪录；在特奥比赛项目中获18金19银11铜。山西代表团被组委会授予体育道德风尚奖。 （王宏德）

体育产业

【航空运动产业带动】 2019年，省体育局整合通用航空资源，组建山西省航空运动管理中心。申办第六届世界航空运动会。开展航空运动、航空旅游、航空娱乐休闲和航空科普教育活动，承办全国热气球锦标赛（包括选拔赛、锦标赛）、全国跳伞锦标赛、中国国际轻型飞机公开赛暨全国轻型飞机锦标赛等赛事。举办2019尧城（太原）国际通用航空飞行大会，推动山西省建设“通航示范省”，促进山西经济社会发展。 （王宏德）

【体育产业优质项目】 2019年，山西省举办首届2019环太原国际自行车运动产业高峰论坛、后二青时期城市与体育发展高峰论坛、首届2019太原国际体育（自行车）产业博览会，参加2019斯迈夫国际体育消费展、晋澳经贸洽谈会、“两博会”，山西6项目入选“两博会体育旅游精品项目”，1项目入选全国十佳精品赛事，7家体育产业优质项目登录省政府招商引资平台。右玉“玉龙文体产业园”被授予“国家体育产业示范项目”称号。 （王宏德）

2019年8月22日，在2019年国家体育产业基地工作会议上，山西右玉“玉龙文体产业园”被授予“国家体育产业示范项目”荣誉称号，正式成为了体育产业“国家队”一员。图为玉龙国际赛马公开赛比赛盛况 （王宏德供图）

【体彩管理】 2019年，山西省体彩管理安全平稳，场地调查顺利完成。规范体育彩票公益金的管理和使用，加强监督管理，确保运行安全，全年全省体育彩票共计实现销售额31.08亿元。 （王宏德）

【山西展区亮相广州两博会】 2019年11月28日，2019中国体育文化博览会、中国体育旅游博览会在广州开幕，本次两博会山西展区设体育文化旅游主题板块，围绕“大力发展航空运动产业，助推通航示范强省建设”，展区搭建选择以机翼为原型的设计理念，以天蓝色为主色调，整个展区清新简约。展区设置三大板块：三晋体育成就篇一（体育文化）、三晋体育成就篇二（各市体育旅游）、三晋体育展望篇（航空运动），彰显新时代山西人民对健康生活的美好期待，为山西体育走出去、引进来搭建良好平台。 （王宏德）

【2019尧城（太原）国际通用航空飞行大会】 2019年10月11日，2019尧城（太原）国际通用航空飞行大会开幕，这是山西举办的首届通用航空展会，是建设通航强省进程中具有标志性意义的一件大事。来自9个国家的20名国际跳伞队员和国内20名跳伞队员进行跳伞、热气球、动力伞表演。本届大会以“打造一流通用航空展会品牌、市场化运作、创新高效务实办展”为原则，设论坛招商和展览两大板块。 （王宏德）

【“体育+”模式推广】 2019年，山西省体育局与省文化与旅游厅、海南省旅游和文化广电体育厅、省煤炭交易中心、中体产业集团、中信置业投资控股有限公司、京汉实业投资集团股份有限公司等部门和单位签署战略合作框架协议，在共建竞赛队伍、品牌赛事、资源整合及文创产业等方面进行深度合作。推进体医融合，山西医科大学第一医院运动医学专家门诊在省运动康复基地挂牌。

（王宏德）

表 45　2019 年山西省运动员参加世界和亚洲比赛录取名次

比赛名称	姓名	性别	项目	成绩	名次	时间	地点
射击世界杯印度站	赵若竹	女	10 米气步枪混合团体	841.1/503.6 环	1	2.23	印度
德国青年射击世界杯	张益梵	男	10 米气手枪团体	1719 环	1	7.19	德国
第 14 届射击亚洲锦标赛	史梦瑶 孙　婷 赵若竹 (山西)	女	女子 50 米步枪三姿	3520–187x	1	11.9	卡塔尔
亚洲艺术体操锦标赛	赵雅婷	女	个人单项圈		1	6.19	芭提雅
亚洲艺术体操锦标赛	赵雅婷	女	个人单项球		1	6.19	芭提雅
亚洲艺术体操锦标赛	赵雅婷	女	个人单项棒		1	6.19	芭提雅
亚洲艺术体操锦标赛	赵雅婷	女	个人单项带		1	6.19	芭提雅
国际投掷邀请赛	陈夏蓉	女	铅球	17.31 米	1	6.1	德国哈勒
中日韩对抗赛	李俊霖	男	800 米	1.50	1	6.15	韩国
奥林匹克希望杯体操比赛	吕君靓	女	团体	207.83 分	1	11.28–30	捷克
第 7 届世界军人运动会	杨　畅	女	200 米混合泳	2:13.37	1	10.19–23	武汉
国际泳联大奖赛	苗展铭	男	3 米板		1	11 月	马来西亚
国际泳联大奖赛	苗展铭	男	3 米板		1	11 月	新加坡
亚洲青年跳水锦标赛	梁朝辉	男	1 米板 A 组		1	12 月	泰国
亚洲青年跳水锦标赛	李亚杰	女	1 米板 A 组		1	12 月	泰国
亚洲青年跳水锦标赛	李亚杰	女	3 米板 A 组		1	12 月	泰国
亚洲青年跳水锦标赛	任　真	女	1 米板 B 组		1	12 月	泰国
亚洲青年跳水锦标赛	任　真	女	3 米板 B 组		1	12 月	泰国
亚洲青年跳水锦标赛	苗展铭	男	3 米板 A 组		1	12 月	泰国
亚洲青年跳水锦标赛	李　政	男	3 米板〇组		1	12 月	泰国
亚洲青年跳水锦标赛	李　政	男	10 米台〇组		1	12 月	泰国
亚洲青年跳水锦标赛	刘星雨	女	10 米台 A 组		1	12 月	泰国
第 15 届世界武术锦标赛	崔碧晖	男	太极拳	9.713 分	1	10.20–23	上海
第 10 届亚洲青少年武术锦标赛	李　毅	男	少年组棍术	9.41 分	1	8.16–24	文莱
中俄青少年运动会跆拳道比赛	王杨茜	女	–55 公斤级		1	6.14–22	萨马拉
第 10 届亚洲青年跆拳道锦标赛	王杨茜	女	–55 公斤级		1	7.18–23	约旦安曼
世界跆拳道团体世界杯锦标赛	唐　皓	男	男女混双		1	8.22–25	无锡
第 9 届系东流空手道世界锦标赛	张晓玲	女	+68 公斤级		1	3.15–19	东京

续表

比赛名称	姓名	性别	项目	成绩	名次	时间	地点
第 9 届东亚空手道锦标赛	陈晓东	男	+76 公斤级		1	5.11–13	香港
第 9 届东亚空手道锦标赛	陈　虎	男	–60 公斤级		1	5.11–13	香港
国际乒联青少年公开赛 U15 组	张明昊	男	男子团体		1	9.15–24	克罗地亚
国际乒联青少年公开赛 U15 组	张明昊	男	男子双打		1	9.15–24	克罗地亚
国际乒联青少年公开赛 U15 组	张明昊	男	男子团体		1	11.3–11	匈牙利
国际乒联青少年公开赛 U15 组	张明昊	男	男子双打		1	11.3–11	匈牙利
ICF 皮划艇马拉松世界锦标赛暨亚洲锦标赛	朱嘉栋	男	青年组单人划艇 18.3 千米		1	10.17–20	绍兴
新西兰滑雪公开赛	苏翊鸣	男	单板滑雪大跳台		1	8.16	新西兰
韩国 Fls 国际雪联积分赛大跳台 Big Air	苏翊鸣	男	单板滑雪大跳台	175	1	2.2	韩国
跳伞世界杯	贺亚楠	男	男子集体定点	23	1	5.17–28	阿根廷
跳伞世界杯	贺亚楠	男	男子国家团体	18	1	5.17–28	阿根廷
亚洲跳伞锦标赛	贺亚楠	男	男子国家团体	13	1	11.3–10	荆门
亚洲跳伞锦标赛	贺亚楠	男	男子集体定点	0.35	2	11.3–10	荆门
亚洲跳伞锦标赛	贺亚楠	男	个人特技	33.17	2	11.3–10	荆门
韩国 Fls 国际雪联积分赛大跳台 Big Air	苏翊鸣	男	单板滑雪坡面障碍技巧		2	2.2	韩国
ICF 皮划艇马拉松世界锦标赛暨亚洲锦标赛	朱嘉栋	男	青年组双人划艇 18.3 千米		2	10.17–20	绍兴
国际乒联青少年公开赛 U15 组	张明昊	男	男子单打		2	9.15–24	克罗地亚
世界蹦床锦标赛	董　栋 涂　潇	男	团体		2	11.25	东京
蹦床世界杯阿塞拜疆站	董　栋	男	网上个人	60.32 分	2	2.14–17	巴库
世界蹦床锦标赛	张欣欣	女	网上个人	55.245 分	2	11.26	东京
奥林匹克希望杯体操比赛	吕君靓	女	平衡木	13.67 分	2	11.28–30	捷克
射击世界杯印度站	赵若竹	女	10 米气步枪	634.0/ 251.8 环	2	2.23	印度
射击世界杯总决赛	裴蕊娇	女	50 米步枪三姿	1158–48x/ 457.4 环	2	11.18	莆田
第 14 届射击亚洲锦标赛	万翔燕 陈　芳 裴蕊娇 （山西）	女	50 米卧射团体	1862.4 环	2	11.8	卡塔尔
第 14 届射击亚洲锦标赛	熊雅萱 张静静 陈　妍 （山西）	女	25 米手枪团体	1751–56x 环	2	11.7	卡塔尔

续表

比赛名称	姓名	性别	项目	成绩	名次	时间	地点
自由式摔跤A级赛	裴星茹	女	59公斤级		2	2月	瑞典
亚洲青年跳水锦标赛	苗展铭	男	1米板A组		2	12月	泰国
亚洲青年跳水锦标赛	梁朝辉	男	3米板A组		2	12月	泰国
亚洲青年跳水锦标赛	刘星雨	女	3米板A组		2	12月	泰国
亚洲击剑锦标赛	许　杰	男	花剑个人		2	6.13—18	日本
亚洲青少年击剑锦标赛	许　杰	男	花剑团体		2	2.27—3.8	约旦
世界青年体操锦标赛	韦筱圆	女	平衡木	13.733分	2	6.25—30	匈牙利
世界青年体操锦标赛	韦筱圆	女	团体	109.497分	2	6.25—30	匈牙利
亚洲艺术体操锦标赛	赵雅婷	女	个人团体		2	6.19	芭提雅
亚洲艺术体操锦标赛	赵雅婷	女	个人全能		2	6.19	芭提雅
韩国金云龙杯国际公开锦标赛	肖树楠	女	67公斤级		2	7.12—17	韩国
越南跆拳道公开赛	肖树楠	女	67公斤级		2	8.14—18	越南
第18届亚洲青少年空手道锦标赛	陈佳怡	女	−48公斤级		2	4.23—28	马来西亚
第9届东亚空手道锦标赛	张晓玲	女	−68公斤级		2	5.11—13	香港
第9届东亚空手道锦标赛	张晓玲 邱　桐	女	女子团体		2	5.11—13	香港
第9届东亚空手道锦标赛	邱　桐	女	−61公斤级		3	5.11—13	香港
第9届东亚空手道锦标赛	赵国然	男	−67公斤级		3	5.11—13	香港
第9届东亚空手道锦标赛	赵国然 陈　虎 王熙睿	男	男子团体		3	5.11—13	香港
第18届亚洲青少年空手道锦标赛	宁成博	男	−55公斤级		3	4.23—28	马来西亚
第7届世界军人运动会	杨　畅	女	400米混合泳	4:46.77	3	10.19—23	武汉
世界蹦床锦标赛	董　栋	男	网上个人		3	11.25	东京
世界蹦床锦标赛	方璐鹭	女	大团体		3	11.25	东京
世界青年体操锦标赛	韦筱圆	女	高低杠	13.8分	3	6.25—30	匈牙利
射击世界杯巴西站	裴蕊娇	女	50米步枪三姿	448.1环	3	9.3	里约
世界少年击剑锦标赛	许　杰	男	花剑个人		3	7.15—23	匈牙利
亚洲击剑锦标赛	许　杰	男	花剑团体		3	6.13—18	日本
奥运摔跤测试赛	裴星茹	女	62公斤级		3		日本
世界摔跤锦标赛	裴星茹	女	59公斤级		3		哈萨克斯坦

续表

比赛名称	姓 名	性别	项 目	成 绩	名次	时间	地 点
亚洲摔跤锦标赛	钱海涛	男	82 公斤级		3	4.28	西安
世界摔跤锦标赛	钱海涛	男	82 公斤级		3	9.17	哈萨克斯坦
世界柔道公开赛	张 雯	女	–57 公斤级		3	2.16	奥地利
世界柔道大奖赛	张 雯	女	–57 公斤级		3	4.6	土尔其
跆拳道大满贯春季海选赛	唐 皓	男	–80 公斤级		3	4.26–29	无锡
韩国春川国际公开锦标赛	肖树楠	女	67 公斤级		3	7.4–10	韩国
世界跆拳道团体世界杯锦标赛	赵鑫博	男	男子团体		3	8.22–25	无锡
世界跆拳道团体世界杯锦标赛	周泽琪	女	女子团体		3	8.22–25	无锡
第 9 届系东流空手道世界锦标赛	邱 桐	女	–61 公斤级		3	3.15–19	东京
第 9 届系东流空手道世界锦标赛	王熙睿	男	男团组手		3	3.15–19	东京
第 16 届空手道亚洲锦标赛	张晓玲	女	女团组手		3	7.19–21	乌兹别克斯坦
世界空手道 A 级系列赛智利站	张晓玲	女	–61 公斤级		3	9.20–22	智利
国际乒联青少年公开赛 U15 组	张明昊	男	男子单打		3	11.3–11	匈牙利
世界沙滩排球巡回赛	陈春霞	女	沙滩排球		3	8.20–26	中卫
静水皮划艇世界杯比波兹南站	马亚男	女	双人划艇 500 米	1′55″	3	5.25	波兰

表 46 2019 年山西省运动员参加全国第十四届冬季运动会录取名次

大项	姓 名	性别	项 目	成 绩	名次	时间	地 点
冬季两项	王文强(山西) 李学志(内蒙) 唐金乐(解放军) 闫星元(解放军)	男	4×7.5 千米接力	总时间 1:26:29.7	1	7.27	牙克石
冬季两项	王文强	男	10 千米短距离个人赛	25:13.0	3	7.27	牙克石
滑轮	杨 路(广东) 尚金财(黑龙江) 朱明亮(山西) 程方明(辽宁)	女	4×10 千米接力	35:29.5	3	8.3	牙克石
跳台滑草	蔡万成 张 坤 孙 婧(山西) 任娇娇(山西)		混合团体 45 米跳台	659.7	3	10.13	普莱尼察

表 47　2019 年山西省运动员参加全国锦标赛冠军赛录取名次

比赛名称	姓名	性别	项目	成绩	名次	时间	地点
全国女子举重锦标赛	张　倩	女	总成绩	240 公斤	1	4.3—6	宜昌
全国女子举重锦标赛	张　倩	女	挺举	136 公斤	1	4.3—6	宜昌
全国柔道冠军赛	张　雯	女	−57 公斤级		1	9.26—29	迁安
全国柔道冠军赛	梁翻翻	女	+78 公斤级		1	9.26—29	迁安
全国柔道大师赛	吴红桃	女	−78 公斤级		1	11.9—10	四会
全国柔道大奖赛	孟根苍	男	−81 公斤级		1	6.28—30	东莞
中国公路自行车联赛第二站	乐彩悦	女	个人计时赛		1	6.27	右玉
中国 BMX 自由式联赛第二站	鲍佳富	男	自由式		1	6.16	武夷山
全国射击协作区锦标赛(全国冠军赛华北 东北区分站赛)	杜　彪	男	成年组 50 米步枪三姿	1163—54x/457.9 环	1	11.8	石家庄
全国射击协作区锦标赛(全国冠军赛华北 东北区分站赛)	刘锦尧	男	成年组 50 米手枪慢射	548—7x 环	1	11.8	石家庄
全国射击协作区锦标赛(全国冠军赛华北 东北区分站赛)	解清雅	女	成年组 25 米运动手枪	583—13x/33 环	1	11.8	石家庄
全国射击协作区锦标赛(全国冠军赛华北 东北区分站赛)	解清雅	女	成年组 10 米气手枪	578—18x/240.8 环	1	11.8	石家庄
全国射击协作区锦标赛(全国冠军赛华北 东北区分站赛)	梁佳宜	女	成年组 10 米气步枪	626.9/249.1 环	1	11.8	石家庄
全国射击协作区锦标赛(全国冠军赛华北 东北区分站赛)	张益梵	男	成年组 10 米气手枪	572—16x/239.8 环	1	11.8	石家庄
全国射击协作区锦标赛(全国冠军赛华北 东北区分站赛)	解清雅 刘锦尧		成年组 10 米气手枪混合团体	386—11x/16 环	1	11.8	石家庄
全国射击协作区锦标赛(全国冠军赛华北 东北区分站赛)	解清雅 李思雨 赵　楠	女	成年组 25 米运动手枪	1742—52x 环	1	11.8	石家庄
全国射击协作区锦标赛(全国冠军赛华北 东北区分站赛)	解清雅 李思雨 赵　楠	女	成年组 10 米气手枪	1709—41x 环	1	11.8	石家庄
全国射击协作区锦标赛(全国冠军赛华北 东北区分站赛)	张仕博 白小瑞 袁　兵	男	成年组 25 米手枪速射	1732—52x 环	1	11.8	石家庄
全国射击协作区锦标赛(全国冠军赛华北 东北区分站赛)	刘锦尧 张益梵 李景泽	男	成年组 10 米气手枪	1708—49x 环	1	11.8	石家庄
全国射击协作区锦标赛(全国冠军赛华北 东北区分站赛)	陈　涛 胡亚东 程思源	男	青年组 10 米气手枪	1681—27x 环	1	11.8	石家庄
全国射击团体锦标赛	刘锦尧	男	10 米气手枪	237.7 环	1	7.6	成都
全国射击团体锦标赛	裴蕊娇	女	50 米步枪卧射	625.8 环	1	7.6	长兴

续表

比赛名称	姓　名	性别	项　目	成　绩	名次	时间	地　点
全国射击个人锦标赛	裴蕊娇	女	50 米步枪三姿	1178/ 463.8 环	1	7.6	长兴
全国射击个人锦标赛	裴蕊娇	女	50 米步枪卧射	627.6 环	1	7.6	长兴
全国射箭分站赛(第四站)	李柯鑫 申佳璐 樊玫芝	女	反曲弓团体淘汰赛决赛		1	9.21–27	合肥
全国射箭分站赛(第四站)	范勃辉 宫颖佶 任沿舟	男	反曲弓团体淘汰赛决赛		1	9.21–27	合肥
全国射箭锦标赛(室外)	吕　娜	女	反曲弓个人单轮 50 米	341 环	1	10.10–17	长兴
全国田径冠军赛	李俊霖	男	800 米	1:53.35	1	8.22–24	大庆
全国田径锦标赛	李俊霖	男	800 米	1:48.14	1	7.12	意大利 (外赛带入)
全国田径锦标赛	蒋义帆	女	4×100 米接力	44.51	1	7.8–11	沈阳
全国田径大奖赛(1)站	李俊霖	男	800 米	1:49.36	1	4.7–9	肇庆
全国田径大奖赛(1)站	孙振江	男	110 米栏	13.83	1	4.7–9	肇庆
全国田径大奖赛(1)站	蒋义帆	女	4×100 米接力	45.75	1	4.7–9	肇庆
全国田径大奖赛(2)站	李鑫铭	男	1500 米	3:48.95	1	4.12–14	黄石
全国田径大奖赛(3)站	孙振江	男	110 米栏	13.71	1	5.22–24	金华
全国田径大奖赛(3)站	李晓东	男	十项全能	7192 分	1	5.22–24	金华
全国室内田径锦标赛(3)站	李俊霖	男	800 米	1:53.82	1	2.27–28	西安
全国室内田径锦标赛(3)站	李鑫铭	男	1500 米	3:48.41	1	2.27–28	西安
全国室内田径锦标赛(3)站	孙振江	男	60 米栏	7.8	1	2.27–28	西安
全国田径精英赛(1)暨七军会测试赛	庾石锁	男	跳高	2.15 米	1	9.17	武汉
全国田径精英赛(2)	庾石锁	男	跳高	2.10 米	1	10.12	白沙
第三十三届“李宁杯”西南体操大联盟协作区比赛	姚建杉	男	鞍马	14.55 分	1	3.29–4.2	遵义
全国蹦床锦标赛	方璐鹭 杨宇诗 夏琳娜	女	单跳团体	61.900 分	1	5.20	天津
全国蹦床冠军赛	董　栋 涂　潇 廉时栋 杨颜苇	男	网上团体	179.66 分	1	8.20	安徽
全国蹦床冠军赛	廉时栋 杨颜苇	男	双人同步	50.12 分	1	8.20	安徽

续表

比赛名称	姓名	性别	项目	成绩	名次	时间	地点
全国蹦床冠军赛	赵嘉辉 吕国华 王伟铎 穆世萱	男	双蹦床团体	70.3 分	1	8.20	安徽
全国蹦床冠军赛	赵嘉辉	男	双蹦床个人	701.3 分	1	8.20	安徽
全国蹦床冠军赛	王欣懿 张欣欣 王梓仪	女	双蹦床团体	65.3 分	1	8.20	安徽
全国蹦床冠军赛	张欣欣	女	双蹦床个人	67 分	1	8.20	安徽
全国蹦床冠军赛	方璐鹭 夏琳娜	女	单跳团体	61.4 分	1	8.20	安徽
全国蹦床冠军赛	方璐鹭	女	单跳个人	61.9 分	1	8.20	安徽
全国艺术体操个人冠军赛	赵雅婷	女	成年个人全能		1	3.23—30	南充
全国艺术体操个人冠军赛	赵雅婷	女	成年个人单项圈		1	3.23—30	南充
全国艺术体操个人冠军赛	赵雅婷	女	成年个人单项球		1	3.23—30	南充
全国艺术体操个人冠军赛	赵雅婷	女	成年个人单项棒		1	3.23—30	南充
全国艺术体操冠军赛	赵雅婷	女	成年个人全能		1	6.5—13	孝义
全国艺术体操冠军赛	赵雅婷	女	成年个人单项球		1	6.5—13	孝义
全国艺术体操冠军赛	赵雅婷	女	成年个人单项棒		1	6.5—13	孝义
全国艺术体操冠军赛	赵雅婷	女	成年个人单项带		1	6.5—13	孝义
全国艺术体操锦标赛暨U系列锦标赛暨全国青少年艺术体操冠军赛	赵雅婷	女	成年个人全能		1	10.8—17	扬州
全国艺术体操锦标赛暨U系列锦标赛暨全国青少年艺术体操冠军赛	赵雅婷	女	成年个人单项棒		1	10.8—17	扬州
首届全国冲浪锦标赛	吴世栋	男	接力公开组短板		1	11.17—24	汕头
首届全国冲浪锦标赛	王嘉璐	女	接力公开组长板		1	11.17—24	汕头
首届全国冲浪锦标赛	吴世栋	男	团体公开组短板		1	11.17—24	汕头
首届全国冲浪锦标赛	王依瑶	女	团体公开组短板		1	11.17—24	汕头
首届全国冲浪锦标赛	马毅豪	男	团体公开组长板		1	11.17—24	汕头
首届全国冲浪锦标赛	朱　燕	女	团体公开组长板		1	11.17—24	汕头
首届全国冲浪锦标赛	霍霏淇	女	团体公开组长板		1	11.17—24	汕头
首届全国冲浪锦标赛	侯晨阳	女	团体U18短板		1	11.17—24	汕头
中国冲浪冠军巡回赛暨U系列赛	符世媛	女	短板		1	12.9—15	万宁

续表

比赛名称	姓名	性别	项目	成绩	名次	时间	地点
中国冲浪冠军巡回赛暨U系列赛	刘 琛	男	U15短板接力赛		1	12.9—15	万宁
中国冲浪冠军巡回赛暨U系列赛	王雪敏	女	U15短板接力赛		1	12.9—15	万宁
中国冲浪冠军巡回赛暨U系列赛	王铁田	女	U15短板接力赛		1	12.9—15	万宁
中国冲浪冠军巡回赛暨U系列	黄云柯	男	短板团体赛		1	11.11—16	深圳
中国冲浪冠军巡回赛暨U系列	王泽福	男	短板团体赛		1	11.11—16	深圳
中国冲浪冠军巡回赛暨U系列	黄云柯	男	U18短板		1	11.11—16	深圳
中国冲浪冠军巡回赛暨U系列	黄云柯	男	U18短板团体		1	11.11—16	深圳
中国冲浪冠军巡回赛暨U系列	董可盈	女	U18短板团体		1	11.11—16	深圳
中国冲浪冠军巡回赛暨U系列	朱 燕	女	长板团体		1	11.11—16	深圳
中国冲浪冠军巡回赛暨U系列	符 情 符世媛 王志涛 陶朕杰 张文彦 董文悦		U18混合长板接力		1	11.11—16	深圳
冲浪冠军赛暨中国极限运动大会	王雪敏	女	短板		1	8.20.—2	濮阳
冲浪冠军赛暨中国极限运动大会	符世媛	女	混合短板		1	8.20.—2	濮阳
全国武术套路冠军赛（传统项目赛区）	曹 磊	女	形意拳	9.08分	1	4.12—15	重庆
全国武术套路冠军赛（传统项目赛区）	姚 洋	女	华拳	9.00分	1	4.12—15	重庆
全国武术套路锦标赛(男子赛区)暨第15届世界武术锦标赛选拔赛	崔碧晖	男	太极剑	9.80分	1	5.23—26	常熟
全国武术套路冠军赛	姚 洋	女	枪术	9.81分	1	9.1—4	株洲
全国武术套路冠军赛	高晓彬	男	刀术	9.82分	1	9.1—4	株洲
全国跆拳道锦标系列赛(第一站)	唐 皓	男	−80公斤级		1	3.21—25	迁安
全国跆拳道锦标系列赛(第一站)	周泽琪	女	−67公斤级		1	3.21—25	迁安
全国跆拳道锦标系列赛(第三站)	赵鑫博	男	−87公斤级		1	7.11—14	无锡
全国跆拳道锦标系列赛(第三站)	唐 皓	男	−80公斤级		1	7.11—14	无锡
全国跆拳道锦标系列赛(第三站)	张延浩	男	−68公斤级		1	7.11—14	无锡
全国跆拳道锦标系列赛(第四站)	赵鑫博	男	−87公斤级		1	9.3—7	武汉
全国跆拳道锦标系列赛总成绩	唐 皓	男	80公斤级		1	12.23—25	无锡
全国空手道锦标系列赛(第一站)	陈晓东	男	+84公斤级		1	3.6—10	宜昌
全国空手道锦标系列赛(第一站)	陈佳怡	女	−50公斤级		1	3.6—10	宜昌

续表

比赛名称	姓名	性别	项目	成绩	名次	时间	地点
全国空手道锦标系列赛（第二站）	张晓玲	女	−68 公斤级		1	4.4—8	西安
全国空手道锦标系列赛（第二站）	邱　桐	女	−61 公斤级		1	4.4—8	西安
全国空手道锦标系列赛（第三站）	瓮宁宁	男	−67 公斤级		1	7.25—30	温州
全国空手道锦标系列赛（第三站）	张晓玲 邱　桐 胡育华 刘　加	女	团体		1	7.25—30	温州
全国空手道锦标系列赛（第三站）	张晓玲	女	−68 公斤级		1	7.25—30	温州
全国空手道锦标赛总成绩	陈佳怡	女	−50 公斤级		1	12.25—30	无锡
全国沙滩排球巡回赛	陈春霞 朱玲娣	女	沙滩排球		1	6.20—23	吴忠
2018—2019 赛季全国自由式滑雪空中技巧冠军赛	闫俐臻	女	空中技巧青年组规定动作		1	3.15—18	扎兰屯
全国航空航天模型锦标赛	王辅南 高小东 王一峰	男	遥控特技（F3A—P）团体		1	8.23—9.1	吴忠
全国航空航天模型锦标赛	王辅南	男	遥控特技（F3A—P）	个人	1	8.23—9.1	吴忠
全国航空航天模型锦标赛	闫铁林	男	遥控涡喷特技飞行	个人	1	8.23—9.1	吴忠
全国热气球锦标赛	杜普金	男		个人	1	7.5—15	大同
全国跳伞锦标赛	贺亚楠	男	个人全能	9	1	7.16—22	太原
全国跳伞锦标赛	郭晓东	男	个人定点	0.06	1	7.16—22	太原
全国跳伞冠军赛	贺亚楠	男	个人全能	6	1	8.2—12	衡水

（王宏德）

组织领导

【概况】 2019年是山西省脱贫攻坚任务最艰巨、决战决胜的一年。山西省紧盯攻坚深度贫困重点，集中解决"两不愁三保障"突出问题，强化巩固提升和风险防范两大支撑，高位推动、持续发力，分类指导、统筹推进，年度减贫任务顺利完成，"两不愁三保障"突出问题静态清零、动态保障，"十三五"易地扶贫搬迁建设任务全面完成，巩固提升取得新进展，实现脱贫攻坚决战决胜。持续强化责任担当，保持五级书记抓扶贫强劲态势。省委常委会、省政府常务会13次专题研究脱贫攻坚工作，省脱贫攻坚领导小组3次全体会、23次专题会逐项落实工作任务。调整充实省领导小组，成员单位增加到50个。专项扶贫"双组长"制领导组从8个增加到10个，管行业就要管扶贫。持续加大财政扶贫资金支持，中央和省市县各级投入153.21亿元。出台解决"两不愁三保障"突出问题、做好易地扶贫搬迁后续扶持工作及加强扶贫资产管理等重要文件，建立完善返贫防贫预警机制，强化带贫益贫利益联结，规范光伏扶贫运维管理收益分配，释放攻坚深度"一县一策"政策红利，推动八大工程（即特色产业扶贫、易地扶贫搬迁、培训就业扶贫、生态补偿脱贫、社会保障兜底、基础设施改善、公共服务提升、社会力量帮扶工程）二十个专项行动，创新开展消费扶贫、扶贫扶志、社会扶贫等工作。推进各类问题整改，对问题整改台账管理、跟踪督办、提级验收、清单交账，提升脱贫质量成色。坚持底线思维，有效防范和化解各类风险隐患。截至2019年底，58个贫困县全部脱贫摘帽，7993个贫困村全部退出，贫困人口由329万人减少到2.16万人，贫困发生率由13.6%下降到0.10%以下，贫困地区农民人均可支配收入从2012年的3967元增加到9379元，年均增长13.10%。

（刘源源）

【全省脱贫攻坚工作会议】 2019年1月20日，全省脱贫攻坚工作会议在太原召开。省委副书记、省长楼阳生出席并讲话。他强调，要以习近平新时代中国特色社会主义思想为指导，全面贯彻中央经济工作会议、中央农村工作会议、全国扶贫开发工作会议精神，按照省委、省政府部署，咬定目标、坚持标准，一鼓作气、决战决胜，为如期打赢脱贫攻坚战奠定基础。副省长林武主持并作总结讲话。会议表彰2018年度全省脱贫攻坚奖获得者。阳高县、繁峙县、交口县、大宁县、和顺县和垣曲县主要负责人作交流发言。会议以电视电话会议形式召开，开到乡镇一级。

（刘源源）

【贫困县脱贫摘帽】 2019年，山西省剩余17个贫困县（16个国家扶贫开发工作重点县、1个省级扶贫开发工作重点县）全部脱贫摘帽，剩余918个贫困村全部退出，23.90万人脱贫，贫困发生率降到0.10%以下。贫困地区农村居民人均可支配收入为9379元，比上年增加1129元，增长13.70%。贫困地区农村居民人均可支配收入增速比全省农村居民人均可支配收入增速高3.90个百分点，比全国贫困地区农村居民人均可支配收入增速高2.20个百分点，增速在全国22个中西部省（市、区）中位列第一。

（刘源源）

【解决"两不愁三保障"突出问题】 2019年，山西省脱贫攻坚领导小组出台《山西省关于解决"两不愁三保障"突出问题的实施意见》，市县和省直部门联动、线上线下同步摸排，省直牵头部门出台工作方案，明确工作标准、任务清单和支持政策，已达标县重点提高达标率和达标成色，未达标县重点推进基础设施建设和设备、人员填平补齐，逐村逐户查漏补缺。义务教育"一县一案"控辍保学，劝返529人全部复学。新建改造乡镇寄宿制学校508所，完成"全面改薄"任务。各阶段贫困家庭学生应助尽助。基本医疗开展乡村医疗卫生机构人员空白点"清零"行动，村卫生室1035所建设达标、1245所配齐设备，为149个村配齐合格村医。住房安全方面开展农村危房鉴定、规范档案管理、质量提升专项行动，完成危房改造6.90万户（建档立卡1.95万户、非建档立卡4.95万户）。饮水安全方面聚焦水量、水质、方便程度和供水保证率，饮水安全建设工程4962处，21.90万人(建档立卡4.40万人、非建档立卡17.50万人）饮水安全问题基本解决。全年常态化约谈、年终成效考核,各类问题实现动态清零。

（刘源源）

【脱贫攻坚问题整改】 2019年,山西省召开省直部门问题整改专题部署会、17个计划摘帽县、41个摘帽县、45个非贫困县“三类县”问题整改交办会，逐市逐县逐部门交办问题清单,实行“点办理、批处理”,省直部门横向联动，省市县乡村纵向贯通,建立台账、对账销号。市县旬报告、省直部门月调度、省委督导组重点督导,对整改全程监督、全程管理、全程指导。建立问题整改提级验收、跟踪督办和督导考核制度,重点问题逐月交办、逐月督办,整改成效列为常态督导、年度考核重点。紧盯不落实的事,问责不落实的人。省领导小组召集38个省直单位主要负责人集体谈话,集中约谈省考综合评价一般且存在突出问题的6个县,专题约谈计划摘帽县、易地扶贫搬迁项目县主要负责人,常态化约谈扶贫资金、建档立卡数据存在突出问题的10个县。截至2019年底，国考反馈7方面41条问题、省考反馈195条问题、督导发现356条问题、中央巡视对照自查3146条问题全部整改完成。（刘源源）

【扶贫“四库”建设】 2019年,山西省扶贫办推进“四库”建设。数据库完善数据分析、质量监测、成效展示系统,提升数据统计分析、专项数据分析能力,为宏观决策和工作指导提供数据支撑。政策库梳理集成党的十八大以来全省“三农”普惠政策、扶贫特惠政策、部门优惠政策11类210余条,实时动态更新、平台公布公开。2019年,省级行业部门为各级各部门解读宣讲脱贫攻坚政策10余次。完善补充项目库,对实施主体、建设内容、资金投入、带贫机制精准管理。持续推进人才库建设,为脱贫攻坚提供人才保障智力支持。省级脱贫攻坚专家库1个、260人,各市县两级组建“脱贫攻坚人才库”103个、专家5720名。

（刘源源）

【建档立卡和动态监测】 2019年,山西省扶贫办紧盯识别贫困户、认定返贫户、纠正错退户、清退错评户、确定脱贫户“五个重点”，按季度动态管理。新识别贫困人口1.20万人,认定返贫人口193人。排查脱贫监测户7.70万人、边缘户4.70万人,动态监测、跟踪帮扶。以动态管理常态化为基本制度,以驻村帮扶干部为基本力量,以“三保障”突出问题和项目资金工程大排查为基本切入点,以贫困监测和舆情监测为基本手段,对脱贫人口开展“回头看、回头帮”。（刘源源）

【防范化解风险隐患】 2019年,山西省扶贫办对2014年以来各类扶贫工程项目开展风险隐患大排查大清底,发现整改隐患项目1096个。与人民网合作,对涉贫舆情适时预警、一周双报,分类研判、及时处置。对到期贷款、逾期贷款、“户贷企用”存量贷款,逐笔评估风险,制定处置预案,及时稳妥处置。全年为7.98万贫困户发放贷款38.14亿元,逾期率0.38%,低于全国平均水平。推广以返贫险为基础的“一保通”扶贫保险。全省84个县推广返贫险,44个县开展“一保通”。

（刘源源）

【扶贫干部培训】 2019年,山西省培训各级扶贫干部1300期、41.42万人次。其中地方党政领导干部2.58万人次,扶贫系统干部2.81万人次,行业部门干部2.72万人次,帮扶干部9.57万人次,贫困村干部19.19万人次,其他干部4.55万人次。省级成员单位共培训31期3422人次。举办三期“学习贯彻习近平总书记关于扶贫工作的重要论述 坚决打赢脱贫攻坚战”示范培训班，分别对全省58个贫困县和44个有扶贫工作任务的非贫困县扶贫办主任、各市扶贫办主任,省脱贫攻坚领导小组成员单位分管领导、承担专项扶贫工作处室负责人、22个省定贫困县县长，各市市委副书记、副市长,省委脱贫攻坚督导组成员进行专题培训。（刘源源）

【脱贫攻坚舆论氛围】 2019年,山西省组织中央媒体网络行，集中报道109篇。全国扶贫日开展“尽锐出战、决战决胜”主题活动,省市联动举办脱贫攻坚成就网络展、开展优秀摄影作品征集评选活动,乡村振兴(太谷)论坛专设脱贫攻坚分论坛,举办脱贫攻坚奖先进事迹报告会。在京举办纪实报告文学《掷地有声——山西脱贫攻坚故事》研讨会,新出版《掷地有声——山西第一书记故事》。扶贫题材电影《一个不落》入选国家精品电影,《迟来的告白》参加平遥国际电影展。推出脱贫攻坚先进事迹汇编、中央单位在晋定点扶贫案例、省领导联系帮扶案例、百户脱贫案例。《“一个战场”打赢“两场战役”——山西省生态脱贫之路》《好点子“照”亮脱贫之路——山西省天镇县许家窑村的脱贫实践》案例入选全国案例。《人民日报》、新华社、中央电视台等在重要节点推出生态扶贫、深度贫困村整村搬迁、特色产业扶贫专题报道。《山西日报》、山西电视台开设“一县一策”“攻坚深度贫困”“脱贫攻坚战场上的第一书记”等专题专栏。2019年中央媒体报道本省脱贫攻坚973篇,省内媒体1.80万篇(次),增长35%。

（刘源源）

【脱贫攻坚奖励表彰】 2019年10月11日,省委、省政府召开2019年山西省脱贫攻坚奖表彰大会暨先进事迹报告会。楼阳生出席并为获奖者颁奖,林武讲话，曲孝丽宣读表彰决定,省人大常委会副主任高卫东、省政协副主席席小军出席会议,副省长王成主持会议。

会议对30个先进集体和80名先进个人进行表彰。程玉珍、冯毅、李玲义、巨彦军爱人周艳、常明昌等受表彰代表先后作先进事迹报告。（严志刚）

政策措施

【扶贫资金投入】 2019年,山西省各级财政扶贫投入153.21亿元,其中专项扶贫资金133.11亿元,比上年增长11.40%。统筹整合资金使用明确“负面清单”,2019年整合150.60亿元。扶贫再贷款64亿元。58个贫困县单列土地计划指标2.82万亩。资金拨付上,奖励绩效评价好、统筹整合好的县,序时支出进度不达标的县等额核减。2019年全省到县财政专项资金拨付率96.60%,实现2017年资金清零,2018年资金结余2%以内,2019年资金结余8%目标。 (刘源源)

【扶贫项目管理】 2019年,山西省加强扶贫项目管理,加强前期论证,提升储备质量,县级补录2014年至2018年项目全部入库,全省储备项目68923个,投资规模628.5亿元。2019年入库项目19802个,总投资208.78亿元,实施项目17653个,完成投资141.96亿元。监督管理上,落实“两个一律”要求,公告公示纳入政府信息公开范畴,注明“12317”举报电话。对58个贫困县审计全覆盖,发现问题立行立改。 (刘源源)

【扶贫资产管理】 2019年,山西省政府出台《关于进一步加强扶贫资产管理的意见》,建立“四明确五规范”(明确资产管理范围、类型、职责、收益分配,规范资产登记、确权、管护、盘活和处置)的管理制度,梳理脱贫攻坚期内扶贫资金投入形成的资产,全面厘清行业主管部门、建设单位、使用单位权责,抓好扶贫资产管理,确保扶贫资产安全运行、保值增值、集体和群众长期受益。 (刘源源)

【财政金融脱贫攻坚保障】 2019年,山西省本级安排财政专项扶贫资金49亿元,增长26.60%。集中力量攻坚深度贫困,10个深度贫困县享受到扶贫资金20.80亿元,占分配市县总量的38.90%。加大省对县的财力性转移支付力度,引导有助于脱贫的农业、教育、医疗、交通、生态等行业部门资金向贫困地区特别是深度贫困地区倾斜,集中财力办大事的“拳头效应”逐步显现。向10个市37个县的107户企业发放扶贫周转金23.80亿元,财政资金放大近3.50倍,支持贫困地区涉农产业发展。继续加强扶贫资金监管,开展贫困县涉农资金整合政策落实情况评估,督促指导贫困县管好用好扶贫资金。全省财政扶贫资金绩效被国务院扶贫办和财政部评为优秀等次,奖励资金8000万元。 (梁智腾 卫忠梅)

【贫困村提升工程】 2019年,山西省分类推进空心撤并、退出达标、巩固提升、典型示范四类村,投资58.03亿元,在5220个村实施项目10602个。新改建农村公路1.31万千米,年底实现全省所有具备条件的建制村通硬化路,具备通车条件的建制村通车率达到99.80%。推进电信普遍服务试点项目。2019年,54个行政村通光纤,1455个行政村通4G网络,1059个行政村通宽带,全省贫困村宽带覆盖率99%以上。行政村全部实现村村通电、村村通动力电,贫困地区供电可靠率和综合电压合格率均超过国家标准。全年全省58个贫困县有12942个行政村开展村庄清洁行动,拆除残垣断壁4.10万处、清理农村生活垃圾96.70万吨,清理村内河渠沟塘垃圾和淤泥58.20万吨,清理畜禽养殖粪污等农业生产废弃物88.20万吨,村容村貌、户容户貌、精神面貌改善。 (刘源源)

【深度贫困地区倾斜支持】 2019年,山西省加大政策、资金、项目、帮扶向10个深度贫困县倾斜支持,推动“一县一策”(为10个深度贫困县量身定制10条共享政策、每县1条专享政策)落地见效。中央和省财政专项扶贫资金投入23.06亿元,占到县资金的39.30%;省级扶贫周转金安排1亿元,占资金总量的20%;地方政府债安排3.64亿元,占总量的20.60%。人工造林30.60%、退耕还林29%、光伏扶贫19.60%,重点布局到10个县。10个深度贫困县1505个扶贫工作队,以议标方式承接项目554个,项目金额2.94亿元,带动3.68万贫困人口增收。深化拓展领导联系、单位包村、县际结对、企县合作、专业人才挂职、学校医院对口“六个帮扶”。省级15家新增帮扶单位全部安排至深度县。10个县贫困发生率下降到0.45%。 (刘源源)

【驻村帮扶】 2019年,山西省扶贫办落实派驻力量、帮扶投入、驻村时间、管理力度“四个不减”。按照“一村一队、一队三人”选派要求,组织36名省直驻县大队长、13985支驻村工作队、40472名工作队员、10009名第一书记,开展驻村帮扶。强化驻村帮扶属地在编管理,“五天四夜”全脱产帮扶。随机明察暗访,暗访结果点对点反馈各市,调整召回120人。严格工作要求,开展村情民意走访、基础工作巩固、政策举措落实、资金项目盘点、内生动力提升、作风问题整治等“六大行动”,帮助解决问题18.9万余个,引进帮扶资金17.43亿元,实施万元以上项目6046个。印发关心爱护驻村干部通知,提拔使用1374人,表彰奖励2637人次。评选推荐脱贫攻坚奖,4名个人、1个集体获全国脱贫攻坚奖,80名个人、30个集体获全省脱贫攻坚奖。 (刘源源)

精准脱贫

【易地扶贫搬迁】 2019年,山西省政府出台《关于做好易地扶贫搬迁后续扶持工作的实施意见》,召开现场推进会。聚焦3350个深度贫困自然村,紧盯项目竣工率、搬迁入住率、稳定脱贫率和拆除复垦率,六环联动(即精准识别对象、新区安置配套、旧村拆除复垦、生态修复整治、产业就业保障、社区治理跟进)、闭环推进。建立质量验收、质量安全鉴定省市两级备案制度。安置点后续产业纳入“一村一品一主体”优先支持,开发就业岗位，确保每户至少一人就业。落实养老、低保、健康和残疾人等政策，配套养老中心、日间照料中心、卫生院所等设施。截至2019年底，完成整村搬迁3345个、整村拆除2647个、复垦1785个，土地增减挂牌交易5.59万亩、104.68亿元。 （刘源源）

截至2019年底，山西省完成整村易地扶贫搬迁3345个。图为临县五和居易地扶贫搬迁安置点 （刘源源供图）

【农业科技扶贫】 2019年，山西省农业科学院在6个县实施5项技术示范，包括临县和永和县300亩红枣、左权县200亩核桃、隰县50亩玉露香梨、静乐县180亩藜麦、和顺县800头太行类群牛高效繁育技术示范等。做好帮扶村技术示范。在娄烦县柴厂村和石峪村实施杂粮新品种新技术示范200亩、马铃薯种薯繁育200亩、青贮玉米种植打包艺机一体化技术示范100亩、西梅（李子）采摘园生态技术100亩、反季节香菇大棚生产技术示范棚10个。落实好省科技扶贫行动计划。派出“三区人才”、科技特派员259名。在32个贫困县培训150场，培养乡土人才300人，进村服务200多次。其中牛自勉、张中东获科技部“优秀科技特派员”称号。

（朱俊菲）

【生态扶贫】 2019年，山西省坚持“一个战场”上打赢脱贫攻坚和生态治理“两个攻坚战”，实施退耕还林奖补、荒山绿化务工、森林管护就业、经济林提质增效和特色林产业增收“五大项目”，深化生态建设参与机制。全省58个贫困县退耕还林48.1万亩，兑现农户补助7.10亿元。造林绿化258.30万亩，带动3.10万贫困人口。森林管护3.08万贫困护林员人均增收7000元。经济林提质增效65.50万亩，带动14.10万贫困户户均增收550元。建设生态庄园513处，打造经济林高效管理示范园300多个。

（刘源源）

【林业生态扶贫】 2019年，山西省林业和草原局联动实施林草生态扶贫“五大项目”，将资金项目集中向58个贫困县，特别是10个深度贫困县倾斜安排，助推贫困地区脱贫攻坚，共安排58个贫困县人工造林17.98万公顷（含退耕还林3.58万公顷），占全省人工造林的62.60%。林草生态扶贫“五大项目”，惠及52.30万贫困人口，实现增收10.50亿元。规范扶贫造林攻坚专业合作社运行机制，推行“党建+合作社”的模式铸造脱贫攻坚主心骨，引导贫困社员参与造林营林、管林护林和经济林管理，由“平面参与”向“立体参与”转变。截至2019年底，全省58个贫困县共组建合作社3378个、吸纳8.90万人，其中贫困社员7万余人；退耕还林涉及16.60万户46万建档立卡贫困人口；聘用3.08万名贫困护林员，其中生态护林员1.75万名，工程聘用护林员1.33万名；干果经济林提质增效项目惠及贫困人口35.30万人。引入PPP政府与社会资本合作模式推进林草生态扶贫工作，组建山西省林业生态扶贫PPP项目公司，引导贫困户以林地经营权、林木所有权等入股，开展林业资产性收益改革试点。山西省林业生态扶贫PPP项目公司与国家开发银行山西省分行签订61.76亿元的借款合同，其中首批贷款资金20亿元。《人民日报》《山西日报》头版头条，分别以“山绿了、日子也红火了”和“着绿生金、百姓得益”为题，宣传报道山西省生态扶贫的实践。

坚持以落实“三权分置”为重点，推进和深化集体林权制度改革。开展《山西省集体林权流转管理办法》修订完善工作，印发《山西省公益林补偿收益权质押贷款工作暂行办法》，在4个县开展集体林地经营权抵押贷款和公益林补偿收益权质押担保贷款试点。持续推进生态公益林保险工作，11个市115个县（市、区）9个省直林局续保面积389.40万公顷；将红枣、核桃纳入省级政策性农业保险范围，写入《关于加快政策性农业保险高质量发展的实施意见》。推进大宁县林业综合改革试点工作，支持大宁县发展家庭林场3个、股份制林场3个、股份经济合作社84个，建立县级生态效益补偿专项基金，推进以购买式造林为主的市场化造林绿化机制的落地见效，开展资产性收益改革。围绕撬动社会资本参与造林，在太原、大宁等16个市、县和单位试点推行市场化造林“八大机制”，重点推广太原市西山城郊森林公园建设典型经验。创新义务植树机制，拓展网络和实体尽责项目，全年线上义务植树项目接受社会各界捐款捐苗等共折合130余万元。规范集体公益林委托国有林场管理工作,托管集体公益林13.44万公顷(包含2018年已签订托管协议未补助面积),其中国家级公益林3.15万公顷、省级公益林4.35万公顷、地方公益林5.93万公顷。推进"一局带三县"合作机制,省直林局与30多个县(区)签订合作协议。

（贾向前）

【培训就业扶贫】 2019年,山西省实施全民技能提升工程,打造特色劳务品牌,拓展有组织劳务输出、扶贫车间、公益岗位等就业渠道,开展"春风行动",组织"民营企业招聘周活动"贫困劳动力专场,举办就业扶贫专场招聘会,促进贫困劳动力实现就业创业。全年培训贫困劳动力4.54万人,转移就业9.27万人。山西省各类特色劳务品牌近70个,主要涵盖家政服务、护理护工、烹饪烹调、交通运输、建筑施工等行业。"打造天镇保姆品牌脱贫致富"事例入选人社部"2019年人社扶贫典型事例"。规范和扶持扶贫车间发展,建设扶贫车间794个,带动1.61万贫困劳动力就近就业。（刘源源）

【畜牧产业扶贫】 2019年,山西省畜牧局开展畜牧产业扶贫,与山西大象集团、牧原公司等单位创新产业服务,引导帮扶贫困户脱贫。全年帮扶3.70万户贫困户出栏生猪132万头,帮扶0.72万户贫困户饲养驴0.83万头,并建立全省畜牧特色产业扶贫情况统计台账,总结出繁峙养驴、大象集团生猪等扶贫经验。（郑晓静）

【健康扶贫】 2019年,山西省规范落实"三保险三救助""双签约"及"一站式"结算等政策,全年贫困人口住院75.60万人次,综合保障比例达到90%;全省建档立卡贫困人口全部纳入基本医疗保险、大病保险、补充医疗保险和医疗救助保障范围,基本医疗保险率100%。对贫困县35岁至64岁农村妇女免费进行"两癌"检查,开展健康服务和慢性病综合防控。开展残疾人服务设施建设改造提升工程,落实残疾人"两项补贴",补助生活困难22.80万人、重度残疾31万人。

（刘源源）

【社会兜底扶贫】 2019年,山西省民政部门制定实施农村低保扶贫和特殊群体关爱行动计划,强化农村最低生活保障制度和扶贫开发政策的有效衔接,畅通双向进入通道,组织开展脱贫人口"回头看",持续抓好脱贫攻坚兜底保障巩固提升工作。43.55万建档立卡贫困对象纳入农村低保保障范围,占农村低保对象的45%,实现应保尽保、应扶尽扶。救助水平提高,农村低保平均保障标准达到4760元/人年,所有涉农县(市、区)农村低保标准均达到或超过国家扶贫标准。加大对深度贫困地区的资金倾斜力度,对10个深度贫困下拨各类社会救助资金10.37亿元,比上年增长41%。引导和动员社会组织参与脱贫攻坚,有2309个社会组织参与扶贫,开展扶贫项目546个,投入资金3.20亿元,受益群众18.60万余人次。鼓励支持社会工作参与脱贫攻坚,实施社会工作专业人才服务边远贫困地区、边疆民族地区和革命老区的"三区"计划和"牵手计划",直接受益人达5943人次,间接受益人达13403人次。核对系统为实施兜底保障提供精准靶向,面向全省开展核对业务3679批次,核对城乡低保、特困人员225.50万人次。（薛文静）

【产业扶贫模式】 2019年,山西省推动发展"一村一品一主体"产业扶贫模式。特色农业扶贫完善提升"五有机制"(村有产业、有带动企业、有合作社,户有项目、有技能)。省级出台支持农业龙头企业10条政策,认定省市县三级扶贫龙头企业426家,扶贫农民专业合作社448家,吸纳贫困劳动力务工2.41万人,带动23.46万贫困户。选聘产业指导员10749人,覆盖9931个村。光伏扶贫"十三五"第二批23.2万千瓦村级电站全部建成并网,总规模达到294.84万千瓦,居全国第二,惠及8512个村(其中贫困村6077个,非贫困村2435个)、36.39万贫困户。电商扶贫县级服务中心贫困县实现全覆盖,村级服务点覆盖6575个贫困村,带动15.90万贫困人口。旅游扶贫依托黄河、长城、太行三大旅游板块,推进300个示范村建设,累计带动16.10万贫困人口。山西包容性农业产业融合发展项目完成投资合同额2亿元,培训1100人次。

（刘源源）

【消费扶贫】 2019年,省级出台工作推进方案,落实"五进九销"措施,建立完善组织领导、协调推进、工作支撑、工作保障和考核评价五大体系,省机关事务管理局"四购六销进机关模式"由国务院扶贫办总结推广。全年全省农产品实现销售量48.14万吨,销售产值23.36亿元(其中"五进"对接承销2.47亿元、龙头企业带销7.28亿元、宣传推介展销1.61亿元、商场超市直销1.94亿元、电子商务营销5.01亿元、基地认领订销1.38亿元、旅游带动促销0.48亿元、帮扶单位助销2.73亿元、劳动就业推销0.37亿元、其他消费扶贫0.09亿元),带动49.20万户贫困户,户均增收2398元。

（刘源源）

【林业生态扶贫PPP项目】 2019年,为贯彻落实党中央"以脱贫攻坚统领经济社会发展全局"和省委"在一个战场打赢生态治理和脱贫攻坚两场战役"重大战略部署,省政府决定以PPP模式实施林业生态扶贫项目,授权山西省林业和草原局为PPP项目实施机构。山西林业开发投资有限公司为PPP项目政府方出资代表。为加强林业生态扶贫PPP项目管理,山西林业开发投资有限公司专门成立山西省林业生态扶贫PPP项目公司具体管理。2019年8月26日,山西省林业生态扶贫PPP项目公司成立暨第一次股东会议召开,标志着项目进入实质性建设运营阶段。截至2019年底,项目融资总量89.71亿元,首期融资合同签订61.76亿元,实现PPP模式在林业生态扶贫领域落地。

（贾向前）

【能源扶贫】 2019年,山西省能源局编制全省光伏扶贫项目计划建议,上报国家能源局、国务院扶贫办。截至2019年底,山西省争取到光伏扶贫总规模294.80万千瓦,累计结算收益15.29亿元,惠及8316个村。落实省委"一县一策"脱贫攻坚。聚焦永和县天然气特色,协调国新能源在永和县成立永和国新燃气销售有限公司,带动当地天然气发展。全年该县天然气勘探开发共计投资4.44亿元,累计纳税2.12亿元,占全县财政总收入的70%。 (秦旭日 李伟斌)

【扶贫扶志】 2019年,山西省扶贫办深化政策、教育和典型引导,落实"有志想做、有事可做、有技会做、有钱能做、有人领做"的帮扶机制。推广中国社会扶贫网+爱心扶贫超市、项目扶贫超市、消费扶贫超市"一网三超"社会扶贫,设立爱心扶贫超市4090个、帮扶65万人,项目扶贫超市1710个、惠及85.50万人。实施农村本土人才回归工程,开展感恩奋进教育,选树自主脱贫典型,开设夜技校8414个,培训贫困村创业致富带头人12853人,自主创业3526人,带动贫困人口3.34万人。 (刘源源)

【教育扶贫】 2019年,省教育厅制定《山西省2019年教育扶贫行动计划》《山西省教育脱贫攻坚推进工作方案》《关于进一步做好我省高校帮扶贫困地区工作的意见》等系列政策文件,117个县全部制定控辍保学方案,10个深度贫困县被纳入重点监测范围。中央和省级共拨付各级各类资助资金约19.40亿元,惠及学生约124万人次。继续实施深度贫困县建档立卡贫困学生教育扶贫个人资助账户,对具有当地户籍和正式学籍的普通高中三年级且当年被高校正式录取的建档立卡贫困学生进行资助,共133.36万元。推进国家生源地信用助学贷款管理工作,全年生源地助学贷款受理25.50亿元,贷款学生39万人。畅通家庭经济困难学生入学"绿色通道",对被公办普通高等学校录取入学、家庭贫困的新生,先办理入学手续,全年安排国家助学金及励志奖学金8.81亿元,惠及22.62万人次。67所职业院校被列为全民技能提升工程培训单位,面向农村贫困劳动力等重点人群开展各类职业技能和实用技术培训。优化贫困地区教师资源配置,招聘3310名特岗教师,其中中央特岗2344名、省特岗966名。组织学校采购贫困地区生产的学生公寓用品、饮食物资及农特产品。组织开展全省教育脱贫攻坚政策落实排查摸底工作并集中开展问题整改。组织指导高校参选教育部第二届省属高校精准扶贫精准脱贫典型项目,山西财经大学入选。忻州师范学院扶贫实习支教管理处和山西农业大学"三农"服务中心荣获全省脱贫攻坚奖组织创新奖,5人分别荣获贡献奖、奉献奖和创新奖。

(刘源源 冯 皓)

2019年,山西省推动光伏产业扶贫。图为永和县村级光伏电站 (刘源源供图)

【科技精准扶贫】 2019年,省科技厅以科技精准扶贫为支撑,推进脱贫攻坚和乡村振兴。支持有机旱作农业、功能农业发展,国务院批复以有机旱作农业为主题建设山西晋中国家农业高新技术产业示范区。实施深度贫困县科技精准扶贫专项、"三区"人才支持计划科技人员专项计划,为全省10个深度贫困县121个乡镇选派科技特派员363名。开展驻村帮扶、消费扶贫、调研慰问、捐赠物品、走访贫困户、"一网三超""六大行动"、扶贫培训等各种活动。 (杨先锋)

【交通扶贫】 2019年,山西省交通运输厅以10个深度贫困县和年度退贫摘帽县为重点,加大资金补助力度,全年共安排贫困县"四好农村路"建设补助资金19亿元,占全省70%。全省贫困地区完成"四好农村路"新改建1.31万千米,完成投资111亿元,夯实交通扶贫富民基础。

(师国梁 陈瑞丽)

【社会保障扶贫】 2019年,山西省人力资源和社会保障厅加大政策支持力度,制定出台支持深度贫困地区人社扶贫、就业扶贫、易地搬迁群众就业帮扶和支持扶贫车间参加工伤保险等政策性文件。实施培训就业扶贫行动,组织开展技能脱贫技校行动,全省转移农村贫困劳动力10.10万人,完成全年任务126%。支持劳务品牌建设,"山西省打造天镇保姆品牌脱贫致富"事例入选人社部"2019年人社扶贫典型事例"。建档立卡贫困人口城乡居民养老保险参保率和待遇发放率达到100%。推进"扶贫车间"参加工伤保险,惠及62户企业5601人。动员组织医疗、林业、农业等方面专家助力脱贫攻坚工作,将天镇县通过“乡招村用”招聘乡镇卫生院工作人员专享政策扩展到所有深度贫困县，为每个深度贫困县专项保障15个“三支一扶”招募名额，促进人才、智力、技术等要素向贫困地区流动。协助人社部做好定点扶贫工作。

（王俊杰）

【网络扶贫】 2019年，省网信办发挥信息化创新驱动作用，为转型发展提供新动能。推动网络扶贫向纵深发展，制定《山西省2019年网络扶贫行动计划》，组织召开网络扶贫工作座谈会，建立网络扶贫专项行动计划月报制度，完成网络扶贫工作省际交叉检查。组织开展网络扶贫项目推荐工作。 （周 颖）

社会参与

【政协助力脱贫攻坚】 2019年，山西省政协主席班子成员到扶贫联系点，走访困难群众，研究制定帮困措施，协调解决实际问题；组织开展结对帮扶活动，抽调精干力量参与工作督导，选派干部蹲点帮扶，动员各方面力量，投身脱贫攻坚主战场。聚焦易地扶贫搬迁后的公共服务，召开专题议政会议，就产业培育、就业帮扶、基础设施、基层治理等提出意见建议，跟踪落实，推动相关问题解决。聚焦生态扶贫“五个一批”、改善农村人居环境、推进农村土地流转、壮大农技推广队伍，开展专项视察或监督性调研，助力“三农”事业。聚焦农业品牌建设，从制度机制、品牌振兴、宣传营销、科技创新、公用品牌建设等角度提出意见建议，推动山西省农业特色产业做大做强。

聚力污染防治、生态保护。与沿黄九省（区）全国政协委员联名提案，助力黄河流域生态保护和高质量发展上升为重大国家战略。围绕汾河流域水污染防治，召开省政协常委会议专题协商，针对性提出完善防治规划、加快生态修复、推进污水处理提标提效、推动产业转型升级、防治农业面源污染、提高系统治理能力等6个方面意见建议，为推动汾河“水量丰起来、水质好起来、风光美起来”贡献政协智慧。围绕吕梁山生态修复治理，开展专题议政，凝聚“绿色动力”，助推美丽山西建设。 （周志清）

【工会组织脱贫攻坚行动】 2019年，省总工会加大人财物和项目投入，确保5个包扶村在全部脱贫基础上持续巩固。省总工会党组先后10次召开党组会、省总脱贫攻坚领导小组会议专题学习脱贫攻坚相关政策、中央和省委领导关于脱贫攻坚工作的重要讲话精神，研究部署脱贫攻坚工作。省总工会领导班子成员3次到岢岚县宋家沟乡实地走访慰问调研，现场研究脱贫攻坚工作；组织机关承担结对帮扶任务的党员干部到岢岚县宋家沟乡入户走访调研。将脱贫攻坚纳入全省工会干部教育培训内容，开展助力脱贫攻坚“手拉手”援助行动，制定《山西省总工会关于围绕打赢全省脱贫攻坚战三年行动充分发挥工会组织作用的实施细化方案》。针对贫困群众反映较为集中的健康、文化需求，联合山西省人民医院专家到宋家沟乡开展大型义诊活动，赠送价值2万余元的药品；联合山西省曲艺团，为宋家沟乡群众送去精彩的文艺节目。为全面推进消费扶贫工作，下发《山西省总工会关于深入开展消费扶贫助力打赢脱贫攻坚战的通知》，明确有条件的基层工会每年将不低于会员节日慰问品年度总额的30%用于购买扶贫产品，全省工会共组织消费扶贫6200万余元。

（肖 翰 文慧霞）

【团组织脱贫攻坚行动】 2019年，山西省各级团组织投身脱贫攻坚战，选派专职团干部定点扶贫，全部如期完成对口帮扶脱贫摘帽任务。开展双争双兴工程、希望工程“1+1”“圆梦行动”“健康扶贫”专项行动等，落实全团3个“10万+”部署，帮助1726名建档立卡贫困家庭学生就业，资助2526名贫困家庭学生完成学业，帮扶创业青年4969人，培养乡村振兴青年电商人才7710人。实施青年志愿者助力脱贫攻坚行动，组织3264名医疗志愿者对口帮扶深度贫困县乡镇农村卫生院（室），组建6687支大学生志愿服务队到贫困县开展支教支农服务，选派741名西部计划志愿者到贫困县参与教育、卫生、农技、扶贫等志愿服务，动员1150名青联委员志愿者、青年企业家志愿者对口扶助深度贫困地区贫困户。此外按照全团统一要求，选派团干部、青联委员到新疆挂职锻炼，开展“晋疆青少年手拉手融情实践营”活动，深化援疆工作。

（赵舒悦）

【妇联组织脱贫攻坚行动】 2019年，省妇联围绕决胜脱贫攻坚，扶志与扶智相结合，加大对贫困妇女的宣传教育和帮扶力度。组织开展“巾帼脱贫大篷车”活动，新建144个“三晋巾帼脱贫示范基地”，举办贫困妇女脱贫技能培训班345期，帮助贫困妇女脱贫致富。选树巾帼脱贫（带贫）先进典型，激发妇女群众脱贫内生动力，增强脱贫致富本领。加强定点帮扶工作，省妇联领导班子成员先后5次带队深入扶贫点开展结对帮扶工作，3个帮扶村全部实现整村脱贫，并不断巩固提升脱贫成果。 （侯少华）

【民盟脱贫攻坚民主监督】 2019年，民盟山西省委会重点解决脱贫质量和成果巩固等方面存在的问题，及时向当地党委、政府反馈脱贫攻坚工作中存在的问题和不足，提出整改建议。

开展全省统一战线助力攻坚深度贫困“百千百”工程，逐步落实实施方案，提升帮扶实效，2019年11月初，民盟山西省委会再次到静乐开展“百千百”帮扶工程，由班子成员和骨干盟员共同出资，为11名贫寒学子送去5.50万元助学金。

民盟山西省委会响应中共山西省委的号召，先后选派4名机关干部下乡驻村，2019年5月又派驻1名第一书记。 （严 珺 梁俊娜）

【民建脱贫攻坚民主监督】 2019年，民建山西省委会开展脱贫攻坚民主监督，省委会始终高度重视，年初制定全年工作计划，继续对所对口临汾市的5个国家级贫困县、5个省级贫困县监督调研，实现对临汾市国家级贫困县走访调研全覆盖。通过专项监督协助当地党委政府打好脱贫攻坚战，针对政策举措落实、帮扶干部攻坚能力、产业扶贫等方面重点考察，及时发现和反映存在的问题，有针对性地开展工作，取得有重点、有特色的工作成果，为山西省打赢脱贫攻坚战、临汾市完成整体脱贫摘帽发挥积极作用。 （张云鹏）

【民进脱贫攻坚民主监督】 2019年，民进山西省委会坚持将山西统一战线开展的“百千百”工程结对帮扶，作为有效拓宽脱贫攻坚民主监督的渠道，加强组织领导，落实小组帮扶机制，通过召开帮扶座谈会、帮扶微信群交流等形式，深化与大同广灵县10名深度贫困户大学生开展结对帮扶活动。截至2019年底，省委会10个帮扶小组共资助10名贫困户子女学费、住宿费、生活费及其他费用26万余元，确保被帮扶对象上得了学、上得起学、上得好学。省委会“百千百”工程结对帮扶工作受到当地党委政府和社会好评，团结网予以专题报道。

（赵柱家）

【农工党脱贫攻坚民主监督】 2019年，农工党山西省委会开展脱贫攻坚民主监督和助力攻坚深度贫困“百千百”工程助学家访活动。到吕梁临县开展脱贫攻坚民主监督工作，形成专项调研报告。11个帮扶小组走进临县贫困学子家庭，发放助学金、赠送书籍。在全省统一战线助力攻坚深度贫困“百千百”工程观摩推进会上，省委会作典型发言。省委会获农工党中央评为“2019年度脱贫攻坚民主监督工作先进集体”，2名党员获评为“2019年度脱贫攻坚民主监督工作先进个人”。开展健康扶贫跟踪调研和送健康义诊活动。依托各市委会走访183户建档立卡贫困户，形成健康扶贫跟踪调研报告。省委会和阳泉市委会组织医疗专家联合开展送健康义诊活动，各级组织累计开展送健康义诊活动40余次。 （杨 露）

【工商联脱贫助力】 2019年，山西省工商联以产业扶贫、就业扶贫、消费扶贫为重点，助推山西省脱贫攻坚决战决胜。截至2019年底，全省共有2419家企业投入37.43亿元，实施项目9383个，帮扶5536个村的41.13万贫困人口，121家企业和58个贫困县签订企县帮扶协议，山西平遥煤化集团等3家企业获评2019年全国“万企帮万村”行动先进民营企业，展现出本省民营企业家积极履行社会责任的良好形象。 （武学亮）

【科协精准扶贫助力】 2019年，山西省科协协助中国科协、吕梁市人民政府举办2019中国马铃薯产业发展高端论坛、2019全国枣产业发展高端论坛，推动集中连片贫困地区马铃薯、红枣产业发展提质增效；分别在吕梁市、山西农谷举办以“乡村振兴扶智脱贫”为主题的干旱半干旱地区有机旱作农业技术交流活动和以“发展功能农业 助力乡村振兴”为主题的技术交流活动，支持农业特色产业发展。

开展百万农民“提素质、强本领、促振兴”培训，培训高级人才200人，农业专业技术人员2200人，新型农业经营、服务主体1000人，农村实用技术人才5万人(次)；发挥科普中国乡村e站优势，开展线上培训140场(次)，覆盖培训人数约21万人；通过“农村微课堂”微信平台推送农业技术科普课件1439期，“咱们的带头人”微信平台累计发布消息89期267条；在所属的《科学导报》《山西科技报》《今日农业》等报刊出版科技扶贫专刊专版144期。

开展“放心农资下乡，优质农产品返城”双向服务活动；举办为期12天的第七届山西省科普惠农特色优质农产品展销会及第二届第一书记年货节，300多家企业2000多种产品参展，企业及产品数量创历届新高；联合山西农业大学、山西省农资商会等单位举办以“服务乡村振兴，助力脱贫攻坚”为主题的科普惠农319行动，开展送技术、送信息、送物资、送政策活动；联合省农业农村厅举办2019年山西功能农产品品牌建设活动，推动全省农产品品牌建设高标准发展。

联合省农业农村厅举办第三届“三晋新农人”创业创新竞赛、第三届山西省农村创业创新大赛等系列活动，联合省总工会、团省委开展“五小”竞赛活动，培育一批有志于农业发展的科技创新创业团队，推动优秀农业项目与强农惠农实践相结合，促进现代农业产业结构调整和优化升级。 （吕 伟）

【残联脱贫攻坚】 2019年，山西省残疾人联合会(简称省残联)围绕“全面建成小康社会，残疾人一个也不能少”的目标，勇于担当、主动作为，全省残疾人脱贫率实现90.50%。全省18.76万建档立卡贫困残疾人实现脱贫18.47万人。15万残疾人纳入低保范围(其中重度残疾人62904人)，为54.50万困难残疾人和重度残疾人发放“两项补贴”，为1万名贫困重度残疾人提供托养照料服务，为1022户农村困难残疾人家庭实施危房改造，为8366名农村贫困残疾人或其家庭成员实施实用技术培训，农村基层党组织“助残扶贫工程”帮扶5000户建档立卡贫困残疾人家庭发展种植业、养殖业、农副产品加工业。省委第七巡视组对省残联党组开展脱贫攻坚专项巡视，得到省委巡视办肯定。注重发挥省政府残工委成员单位作用，召开成员单位工作会议，明确目标、分清职责，集中资源、合力攻坚。调整选派3名驻村扶贫干部，组织干部进村入户开展结对帮扶4次。

（陈贺峰）

【农垦国有农场脱贫攻坚】 2019年，山西省农垦贫困农场扶贫项目取得突破性进展。组织研究落实全省国有贫困农场脱贫攻坚工作。按照全国农垦贫困农场脱贫攻坚工作推进会精神要求，组织召开全省贫困农场脱贫攻坚工作推进会，及时将全国农垦贫困农场脱贫攻坚工作推进会议精神传达学习，就具体工作做出安排部署，明确山西省农垦国有贫困农场脱贫攻坚目标任务。召集“十三五”期间有扶贫项目的8个农垦国有贫困农场相关负责人座谈，共同研究制定脱贫攻坚计划和脱贫认定的指标体系及工作程序。

研究出台全省农垦国有农场脱贫攻坚工作指导文件。按照“精准扶贫、不落一人”的总体要求，与农垦渔业局研究出台《中共山西省委农办、山西省农业农村厅关于做好全省农垦国有农场脱贫攻坚工作的通知》，厘清责任、明确目标。在多次征求相关农场及市农垦主管部门意见的基础上，起草制定《山西农垦国有农场脱贫认定工作指南》，明确脱贫认定工作的总体要求、基本原则、脱贫标准、基本程序和组织保障，制定脱贫认定的指标体系和评分方法，为确保2020年底前山西省农垦国有农场全面脱贫提供工作指南。

借力省委巡视大检查，促进扶贫项目顺利实施。在省委第七巡视组驻厅巡视期间，巡视组对各贫困农场扶贫项目开展大检查。针对省委第七巡视组发现的国有贫困农场扶贫资金使用、项目实施监管不力的问题，及时制定整改工作方案和落实责任清单，会同农垦渔业局组织开展整改落实情况“回头看”，帮助农场认真梳理分析农垦扶贫项目执行缓慢等问题，因场施策、分类指导加以推进。 （李国华）

【邮政助力脱贫】 2019年，山西省邮政管理局推进“邮政在乡”“快递下乡”工程，推广“寄递+电商+农特产品+农户”产业脱贫模式。邮政企业打造娄烦小米、浑源凉粉、壶关旱地西红柿等精准扶贫项目13个，惠及25个国家级贫困县，带动贫困户增收449.60万元。快递企业在右玉、万荣等贫困县打造精准扶贫项目4个，带动农业总产值8465万元。（裴璟睿）

【气象服务助力脱贫】 2019年，省气象局围绕“产业兴旺、生态宜居、乡风文明、治理有效、生活富裕”五大任务，结合本地农业发展需求，做好特色农产品气象服务，推进气象助力乡村产业发展；发挥现代农场主、新型农业经营主体带头人作用，利用气象条件趋利避害。为1.10万余个种植大户提供互动服务。在22个县累计投资1012万元开展现代农业气象服务体系建设。完成6种特色农产品气候品质评估，打造气候好产品。在太谷等13县开展玉米和谷子政策性农业保险气象服务。全省气象部门294名扶贫队员，坚守岗位，克服种种困难，在持续开展扶贫“六大行动”中做出贡献。贯彻落实消费扶贫有关政策，多种形式开展爱心帮扶，购买农产品共计19万元。在全省12个国定贫困县开展特色农产品气候品质评估。建立山西助农扶贫第一书记超市，引进38个贫困县180余种扶贫产品，累计为贫困户增收30余万元。（杨 柳）

【省城名老专家扶贫行】 2019年4月22日至26日，“省城名老专家健康扶贫行”和“省城知名专家农技扶贫行”系列活动启动，省委老干部局联合省卫健委、省农科院，组织9位名老专家深入闻喜、垣曲两县，为百姓送去健康关爱和农技知识。全年省委老干部局联合组织医疗名老专家43人次，到12个县区开展健康扶贫行活动，接诊患者5000余人；组织农技老专家19人次，到10个贫困县区，举办农技专题讲座15场，惠及农户3000余人。 （郭李芳）

【电信扶贫】 2019年，电信山西分公司贯彻中央脱贫攻坚重大战略部署，立足行业优势持续加强扶贫力度。加强组织领导，完善工作机制，推进网络扶贫和业务扶贫。按照“一县一店、一店一柜、一柜两终端（至少）”的要求，在全省36个国家级贫困县均设立扶贫终端专柜，提供11款简单易用、价格低的扶贫终端；面向全省建档立卡贫困村及建档立卡贫困户和扶贫干部，提供专属扶贫资费，截至2019年底，扶贫政策惠及贫困人口4.58万用户，优惠套餐资费25081个，宽带资费968条，累计让利143.2万元；推广扶贫致富信息应用，针对“中国社会扶贫网”“公益山西”两款App提供定向免流包，并为使用电信业务的贫困户及扶贫干部免费加载（0元可选包形式），助力贫困村信息化建设，拓宽信息渠道，增创致富机会。抓好扶贫队伍建设，选配优秀扶贫干部。全年全省选派市级及以上工作队13个，选派专职扶贫人员73人，兼职扶贫人员150人。结合贫困地区特点，开展扶贫投入。全省承担扶贫任务共89个行政村，精准识别贫困人口8600余人，脱贫6500余人，脱贫人口占比76%。全年通过产业扶贫、办公设施改善、村容村貌修整等形式直接投入资金约68万元；消费扶贫完成采购86.30万元，超额完成年度任务目标。 （于 俊）

【银保监系统助力脱贫】 2019年，山西银保监局召开金融扶贫工作会议，开展扶贫小额信贷问题排查和督导调研，协调化解逾期和不良贷款风险。推广“两减四推一倾斜”和“一保通”扶贫模式，扩大脱（返）贫责任险范围，督促“政融保”合作项目落地。全年扶贫小额信贷支持建档立卡贫困户8.15万户39.05亿元，超额完成年度目标计划。全省保险业为贫困人口大病补充医疗保险累计赔付74.39万人次2.82亿元。支持乡村振兴和“三农”发展，涉农贷款余额较年初增长4.81%，基础金融服务“村村通”覆盖率达99.39%。联合出台《山西省公益林补偿收益权质押贷款工作暂行办法》。推进农险扩面、提标、增品，做好非洲猪瘟防控和赔付工作。扩大目

标价格保险、气象指数保险和“保险+期货”试点范围。（贾杰伟）

【证券系统助力脱贫】 2019年，山西证监局推动辖区上市公司履行社会责任，加大对脱贫攻坚的投入力度。辖区15家上市公司在年报中披露扶贫工作开展情况，投入扶贫资金合计6680万元，参与扶贫助困的公司数量和投入金额稳步增长。支持山西证券、大同证券、和合期货与部分贫困县建立“一司一县”帮扶机制。持续跟踪协调证监会在山西定点帮扶的汾西和隰县的扶贫工作措施和成效。相关期货经营机构在山西开展玉米、苹果的“保险+期货”试点项目，累计为超过1.60万户贫困户提供保险补偿和价格风险对冲服务，帮助贫困果农实现保收增收。指导山西股权交易中心组织多个贫困县开展企业改制暨融资上市培训会，并对扶贫县干部开展资本市场培训。山西证监局通过引入龙头企业支持包扶村娄烦县白家滩村发展蛋鸡养殖产业，首期投资2400万元、可容纳10万只蛋鸡的两座现代化养殖大棚和机械化饲料车间建成投产，支持包扶村实现整村脱贫，“金融+产业”精准脱贫长效机制成效显现。（张　军）

【人行金融精准扶贫】 2019年，中国人民银行太原支行深化金融精准扶贫工作。制定2019年至2020年金融精准扶贫工作实施意见、金融服务乡村振兴指导意见，扩大扶贫再贷款质押品范围，截至2019年底，扶贫再贷款使用率达97%。指导金融机构因地制宜推出“云州模式”“繁峙模式”“交口模式”等金融支持产业扶贫模式，推动金融扶贫与产业扶贫深度融合，2019年人民银行太原中心支行荣获“全省脱贫攻坚组织创新奖”。开展驻村帮扶工作，扶贫工作经验被中国人民银行总行《金融简报》(扶贫专刊)、山西省扶贫办《山西扶贫开发信息》刊发。（扈照轼）

【农行助力脱贫攻坚】 2019年，农业银行山西省分行围绕山西省脱贫攻坚部署，加大对贫困地区重点项目、重点产业和龙头企业投放，持续深化金融扶贫，全年投放精准扶贫贷款14.65亿元，带动建档立卡贫困人口44175人；发放扶贫小额贷款2.85亿元，连续3年超额完成政府下达计划；深度贫困地区贷款余额达到59.03亿元，比年初增加13.67亿元。打造“光伏扶贫”模式，落实交通、水利、电力扶贫行动计划。投放信贷资金29.88亿元支持大同左云、晋中榆社、忻州偏关等14个项目，通过支付土地租金和组织生产就业等，带动贫困户7000余户增收。打造“景区+贫困户”模式，落实文化和旅游扶贫行动计划。与山西省文化和旅游厅签署支持乡村旅游扶贫合作协议。未来3年内，提供人民币100亿元意向性信用额度。新增授信3.44亿元支持皇城相府生态文化旅游区，带动贫困人口184人。投放贷款1.57亿元支持乡宁县云丘山景区，直接吸纳贫困人口77人就业。推广“公司+贫困户”带动模式，发挥龙头企业带动作用。围绕产业扶贫项目，支持当地乳业、中药材、小杂粮、面粉加工等特色产业发展，向山西古城乳业集团发放贷款8300万元，通过吸纳就业和权益分红带动贫困人口486人增收；围绕企业合作奶站下2300户奶牛养殖户储备饲料时面临的资金需求，创新推出“青贮贷”特色产品，累计投放900万元。扶贫周转金“委贷+自贷”业务模式列入全国金融扶贫推荐案例目录，在2019年全国金融扶贫政策与优秀案例研讨会(第2期)上研讨。（李晓伟　武　敏）

【中行助力脱贫攻坚】 2019年，中国银行山西省分行抓好产业扶贫、基础建设、扶贫扶志扶智三项重点工作，完善“党建+扶贫”“支部+支部”“支部+农户”的精准扶贫模式，选派138名专兼职扶贫干部到贫困村开展定点帮扶，省分行本部定点帮扶村投入30多万元、争取“公益山西”扶贫资金35万元、争取总行专项党费19.80万元、争取兄弟分行捐赠资金10万元，优选3家成熟合作社进行帮扶村产业扶贫贷款并放款70万元。利用公益中行、手机银行等方式开展消费扶贫，国家扶贫日期间，联系“公益中国”平台助理人收购临汾市永和县白家崖村核桃1万余千克，帮助购买吕梁市岚县栗家村土豆17万元、红十字会木耳扶贫产品12万元。共帮扶54个贫困村的贫困户共1874户4746人，已脱贫需要巩固的户数有1799户4578人。（宁裕东）

【农发行助力脱贫攻坚】 2019年，农业发展银行山西省分行累计发放扶贫贷款53亿元，年末余额230亿元，占全省金融系统扶贫贷款总额近1/4，金融扶贫先锋主力模范作用凸显。专项扶贫成效显著。聚焦黄河、长城、太行三大旅游板块，审批贷款14亿元，支持五台山、王莽岭风景区和“黄河一号”旅游公路偏关段等项目建设，提升旅游产业带贫减贫能力。审批贷款0.76亿元，支持阳曲光伏扶贫、曲沃网络扶贫项目，提升当地农村电商网络节点服务能力。支持纳入全省“千企帮千村”精准扶贫台账管理企业95户，截至2019年底，贷款余额达10亿元，惠及建档立卡贫困人口1.30万余人。产业扶贫“吕梁模式”推广加速。自模式创立以来，累放贷款9亿元，支持生猪养殖、红枣、核桃、沙棘等特色种养和农产品精深加工企业87户，覆盖吕梁全部13个县域，带动5000余名建档立卡贫困人口就业增收。该模式在忻州市推广，截至2019年底，信贷支持4户企业。决战决胜定点扶贫。通过捐资援建、兴办合作社、结对帮扶、消费扶贫等有效手段，实现扶贫、扶智、扶志“三结合”。省分行在广灵县的两个定点贫困村通过验收，实现脱贫摘帽。（席晓军）

【华夏银行助力脱贫攻坚】 2019年，华夏银行太原分行以驻村帮扶、党员干部结对帮扶、扶贫小额信贷、金融服务为抓手，推进金融扶贫工作，助力山西打赢脱贫攻坚战。加大扶贫小额信贷力度，实现扶贫小额信贷精准投放。全年累计发放扶贫小额贷款1090万元、218户，余额5235万元，支持建档立卡贫困户1047户。开展驻村帮扶，分行党委班子多次到帮扶村开展调研，研究帮扶政策。注资维护“爱心超市”运营，捐款专用维修桥梁、卫生健身等基础设施，开展“孝善敬老”活动，提升村民的满意度和幸福感。增派25名党员干部，共计49名帮扶干部对两村村民结对帮扶100%全覆盖。推进消费扶贫，将消费扶贫与社会公益相结合，开创“以购代捐”的良好风尚，帮助村民增收。2019年，华夏银行太原分行将于定点帮扶村购买的1.50万元农产品捐赠给太原市环卫工，帮助村贫困户销售农产品小米、土鸡蛋及玉米糁3.17万元，分行员工购买帮扶村农产品3.26万元。（韩　雪）

【晋商银行助力脱贫攻坚】 2019年，晋商银行贯彻落实党中央和省委关于脱贫攻坚的决策部署，在脱贫攻坚中担起金融扶贫的责任义务，做好金融精准扶贫和结对帮扶工作，推动金融扶贫工作取得新的成果。开展信贷扶贫。在监管部门的指导下，结合贫困地区自身特点，探索开展“主动式、授渔式、帮扶式”可持续扶贫。2019年，完成小额扶贫贷款全年任务指标的101.25%，实现全年精准扶贫贷款余额净增长目标，完成监管部门下达任务目标。做好驻村帮扶。体现省属地方金融企业的责任担当，做好承担的大同市云州区、长治市壶关县12个定点帮扶村的扶贫工作。（闫　慧）

【农信社助力脱贫攻坚】 2019年，省农村信用社联合社分别印发《关于2019年助力深度贫困地区脱贫攻坚的指导意见》和《关于切实做好2019年—2020年金融精准扶贫工作的实施意见》，为推进全省农信社金融精准扶贫工作开展提供有效指导。1月29日，组织召开“助力乡村振兴和脱贫攻坚工作推进会”；5月16日，组织召开“金融精准扶贫和民营经济约见谈话会”；9月11日，组织召开“助力脱贫攻坚巩固提升现场推进会”。配合省委第六巡视组对全省农信社开展脱贫攻坚专项巡视，将专项巡视作为检验助力脱贫攻坚取得成效的重要标尺，对照巡视反馈三个清单，推进问题整改落实，提升金融精准扶贫工作质效。

2019年，省农信社实施“万名客户经理进村入户行动计划”，开展“大摸排、大调研、大起底”主题活动，实现对93.30万户贫困户信贷基础资料的收集、评级、授信“三个全覆盖”；建立并落实扶贫工作“七专”机制（即：制定专项规划，打造专业队伍，单列专项规模，开发专门产品，提供专优利率，建立专门档案，实施专项考核），推动金融扶贫贷款持续增长。截至2019年底，全系统金融精准扶贫贷款余额达261.28亿元，全年累计投放201.3亿元，支持13.39万户贫困户走上脱贫致富之路。在“倾力重点”方面，围绕转型综改示范区建设、国资国企改革、新兴产业培育发展等重点领域，主动对接省政府下发的重点工程项目名单，向省内融资需求较大的实体企业投放贷款总额达890.41亿元，较上年增加186.05亿元；通过投资债券直接支持省内企业融资余额达593.19亿元，较年初增加15.79亿元。

（韩晓东）

【人寿保险助推脱贫攻坚】 2019年，中国人寿保险公司山西省分公司向96个帮扶点派驻扶贫工作人员200余人，包括产业项目、慰问等各类投入超过130万元。加大保险扶贫力度，“扶贫保”累计承保130余万人，赔款5524.29万元；小额保险承保467.18万人，累计赔付1.04亿元；实施“一升一降”优惠政策，贫困人口大病保险起付线降至5000元或者取消，平均赔付比例提高8个百分点；用心经办扶贫补充医疗保险，累计为21.58万人次的建档立卡贫困人口支付赔款6147.56万元，总医疗费用的报销比例达到90%以上。承担电商扶贫任务，购置扶贫产品87万元，任务完成率达112%。中国人寿忻州分公司与忻州市慈善总会、忻州市教育局设立“国寿教育资助资金”公益性基金。在2018年捐助100万元的基础上，2019年又定向捐助120万元，用于贫困师生救助工作。（王平均）

【人财保险助力脱贫攻坚】 2019年，中国人民财产保险股份有限公司山西分公司深化定点扶贫，充实驻村帮扶干部，产业扶贫、教育扶贫、健康扶贫同步推进，提高扶贫扶智成效；深化“中国人保助学公益行”，为贫困乡村小学捐助国学教室，赠送国学书籍、书包、运动服等体育助学用品；开展志愿者活动，传递社会正能量，共同构建和谐社会。光伏扶贫项目入选国务院扶贫办金融扶贫典型经验案例。在10个深度贫困县和隰县推广“两减四推一倾斜”，全年减免保费363.74万元，受益农户16.33万户。帮助销售扶贫村苹果、核桃、花椒等，为建档立卡贫困人口赠送人身意外伤害保险，扶贫扶智同步推进。开展机关党员干部结对帮扶。（武立昊）

【文联文化扶贫】 2019年1月7日，山西省文学艺术界联合会到浑源文家庄村和东留村访贫慰问。广大文艺工作者为老百姓写春联，送福进农家，帮扶干部深入帮扶对象（贫困户）慰问对接。6月16日，由山西省文学艺术界联合会主办，山西省书法家协会、山西省美术家协会、山西省晋宝斋艺术总公司承办的以“奉献爱心、精准扶贫”为主题的书画捐赠作品义拍会举行。650多名书画艺术家为活动捐赠作品750余幅，总计成交价近45万元。该次“奉献爱心、精准扶贫”捐赠作品公益拍卖会所有善款和流拍的作品一并移交给大同市浑源县政府，用于贫困县的基础设施建设。

（樊丽红）

人口家庭

【人口】 2019 年，据山西省人口抽样调查，全年全省常住人口 3729.22 万人，比上年末增加 10.88 万人。出生人口 33.97 万人，人口出生率 9.12‰；死亡人口 21.79 万人，死亡率 5.85‰；自然增长率 3.27‰。（季 巍）

【家庭】 2019 年，据山西省人口抽样调查，全省共有家庭户 1307.86 万户，家庭户人口为 3688.16 万人，占常住人口的 98.90%。平均每个家庭户人口为 2.82 人。（省统计局）

【婚姻登记】 2019 年，山西省登记结婚数 254897 例，其中复婚 10262 例。初婚人数 426325 人，再婚人数 83761 人。登记离婚数 73647 例。（省统计局）

【殡葬改革】 2019 年，山西省民政部门推进殡葬改革，组织开展殡葬领域突出问题专项整治行动“回头看”，取得明显成效。殡葬基础设施建设加强，全年新开工建设殡仪馆 8 所、维修改造 6 所，建成后，火葬区殡仪馆覆盖率将从 44%提高到 54%。推进惠民殡葬和节地生态安葬奖补政策，行政村普遍建立红白理事会。各地涌现出一批崇尚节俭、文明的先进乡镇和个人，婚丧陋习有效遏制，节俭文明的新观念逐步树立。推进殡葬改革，推行惠民殡葬和行政村红白理事会建立。（薛文静）

劳动就业

【人口就业情况】 2019 年，山西省 16 岁以上人口 3105 万人，其中就业者 1902.53 人，城镇登记失业人数 21.30 万人，城镇登记失业率 2.70%。在就业人员中，按三次产业划分，第一产业 666.70 万人，占全部就业人口 35%；第二产业 396.20 万人，占全部就业人口 20.80%；第三产业 839.60 万人，占全部就业人口 44.10%。从事第三产业的劳动者已占社会的绝对多数。据调查，在第三产业从业者中，约四分之一为修理和其他服务业。约六分之一为批发和零售业，交通运输速递约占八分之一，从事教育相关约近十分之一。（编辑部）

【全民技能提升工程】 2019 年，山西省人力资源和社会保障厅（简称省人社厅）实施全民技能提升工程，召开全省“人人持证、技能社会”推进会，筹集专项资金 38.70 亿元，全面推行培训实名制，制定培训内容、能力评价、技能竞赛等 8 项培训地方标准，

2019 年 8 月 2 日，山西省人社厅举办首届全省职业技能大赛启动仪式

（王俊杰供图）

在全国首家颁布职业技能建设规范。举办首届全省技能大赛，其中19个项目对接世界技能大赛，2万余名选手参赛，67名选手被省人民政府授予“三晋技术能手”荣誉称号。开展失业保险支持技能提升“展翅行动”，为1.67万名职工发放技能提升补贴2917.20万元。全年共组织技能培训104.74万人，超额完成全年任务，培训人数在全国排名第三位。国家人社部汤涛副部长给予高度评价，指出“山西提出的‘人人持证、技能社会’是职业培训工作的一大创新，山西的经验在全国范围可学习、可复制、可借鉴”。（王俊杰）

【就业促进】 2019年，山西省人社厅出台《关于做好当前和今后一个时期促进就业工作的实施意见》等系列政策，举办新闻发布会，就业优先政策持续发力。失业保险援企稳岗加力增效，全省发放稳岗返还资金6.40亿元，同比增长47.40%，惠及3195户企业133.80万名职工，指标完成度全国排名第四，发放额全国排名第九。突出抓好高校毕业生就业创业、农民工转移就业、去产能职工分流安置等群体就业工作，“零就业家庭”实现动态清零。全年全省城镇新增就业55.70万人，完成全年目标任务的121.09%。全省农村劳动力转移就业40.22万人，完成全年目标任务121.88%。全省城镇登记失业率为2.71%，控制在4.20%目标以内。（王俊杰）

【根治欠薪攻坚行动】 2019年，山西省成立由省委常委、副省长胡玉亭任组长的山西省人民政府农民工工作暨根治拖欠农民工工资工作领导小组。畅通欠薪投诉举报渠道，全省在建工程项目工地全部张贴悬挂宣传标语，明示省市县三级投诉举报电话。联合省住建厅、中国建设银行山西省分行，上线运行山西省建筑工程从业人员实名制管理系统，全省所有在建工程项目信息、从业人员基本信息、考勤信息、按月足额发放工资信息、专户信息等全部录入平台，实施动态监管。山西省在全国农民工工作暨保障农民工工资支付电视电话会议上做典型经验发言，根治农民工欠薪工作位列全国第一方阵、排名A级第5名，欠薪案件数、涉及人数、金额同比分别下降82%、87%、85%，农民工获得感、安全感增强。（王俊杰）

收入消费

【居民家庭生活状况】 2019年，山西省对居民家庭生活基本状况调查中，调查4500户，共有常住人口12525人，平均每户常住2.78人，平均每户就业1.54人，平均每人全年可支配收入23828元，消费支出15863元。城镇调查2730户，共有常住人口7824人，平均每户常住2.87人，平均每户就业1.38人，平均每人全年可支配收入33262元，消费支出21159元。农村调查1770户，共有常住人口4701人，平均每户常住2.66人，平均每户就业1.79人，平均每人全年可支配收入12902元，消费9728元。

（省统计局）

【城乡居民收入】 2019年，山西省城镇居民人均可支配收入33262元，同比增加2227元，增长7.20%，增速比上年(6.50%)高0.70个百分点。从收入构成看:(1)工资性收入平稳增长。全年全省城镇居民人均工资性收入19697元，比上年增加1125元，增长6.10%。对可支配收入增长的贡献率为50.50%，拉动可支配收入增长3.60个百分点。工资性收入占可支配收入的比重为59.20%，比上年微降0.60个百分点，基本保持平稳态势。(2)经营净收入增幅较大。全年全省城镇居民人均经营净收入为2860元，比上年增加286元，增长11.10%，对可支配收入增长的贡献率为12.80%，拉动可支配收入增长1个百分点。经营净收入占可支配收入的比重为8.60%，比上年提高0.30个百分点。(3)转移净收入较快增长。全年全省城镇居民人均转移净收入为8452元，比上年增加850元，增长11.20%。对可支配收入增长的贡献率为38.20%，拉动可支配收入增长2.70个百分点。转移净收入占可支配收入的比重为25.40%，比上年提高0.90个百分点。(4)财产净收入小幅下降。全年全省城镇居民人均财产净收入2253元，比上年减少33元，下降1.50%。财产净收入占可支配收入的比重为6.80%，比上年降低0.60个百分点。

2019年，山西农村居民人均可支配收入12902元，比上年同期增加1152元，增长9.80%，增速比上年(8.90%)高0.90个百分点。从收入构成看，呈现出工资性收入、经营净收入、财产净收入和转移净收入等四项构成全面增长的态势:(1)工资性收入稳步增长。山西农村居民人均工资性收入6098元，比上年增长6.30%，占可支配收入的比重为47.30%，拉动居民收入增长3.10个百分点，是农村居民收入的主要来源。(2)经营净收入较快增长。山西农村居民人均经营净收入3396元，比上年增长10.40%，继续保持较快增长；占可支配收入的比重为26.30%，拉动居民收入增长2.70个百分点，是农村居民收入的重要构成，也是促进农民增收不可或缺的重要力量。(3)财产净收入同步增长。山西农村居民人均财产净收入210元，比上年增长9%；占可支配收入的比重为1.60%，对可支配收入增长的贡献率为1.50%，拉动居民收入增长0.10个百分点。(4)转移净收入增速最快。山西农村居民人均转移净收入3198元，比上年增长16.50%；占可支配收入的比重为24.80%，对可支配收入增长的贡献率为39.20%，拉动居民收入增长3.80个百分点。受政府各项惠民政策推动，转移净收入快速增长，成为促进山西省农村居民增收的重要因素。

2019年，山西省城镇居民人均可支配收入增速低于全国平均水平0.70个百分点，居全国第24位，在中部六省居末位、周边五省居第4位；收入绝对额在全国居第28位，在中部六

表 48　2010—2019 年山西省人民物质文化生活情况统计表

指　　标	2010	2015	2019
城乡居民收入 (元)			
城镇居民人均可支配收入	15510	25828	33262
农村居民人均可支配收入	5263	9454	12902
在岗职工平均工资	33544	52960	72207
平均每人住房面积(平方米)			
城镇居民住房面积	28.00	32.00	34.30
农村居民住房面积	28.70	33.50	39.90
生活、文化、教育、卫生			
每百户拥有(抽样)			
彩色电视机(台)			
城镇居民	111.80	107.20	103.20
农村居民	109.00	104.60	104.40
洗衣机(台)			
城镇居民	100.70	98.90	100
农村居民	81.00	83.20	89.20
移动电话(部)			
城镇居民	146.60	220.60	242.30
农村居民	107.70	201.20	225.30
每人每年拥有期刊(份)	1.10	0.70	0.60
每百人每天拥有报纸(份)	16.20	15.30	14.50
每万人拥有在校大学生(人)	160.80	202.50	215.40
每千人拥有医院床位数(张)	3.10	3.80	4.70
每千人拥有卫生技术人员数(人)	5.50	5.80	6.70

(省统计局提供)

省和周边五省均居末位。农村居民人均可支配收入增速高于全国平均水平0.20个百分点,居第11位,在中部六省居第2位、周边五省居第3位;收入绝对额在全国居第25位,在中部六省居第6位、周边五省居第4位。

（贾　帅）

【居民消费价格调查（CPI）】2019年,山西省居民消费价格总水平比上年同期上涨2.70%,涨幅较上年同期扩大0.90个百分点,呈现出明显的结构性上涨特征,总体处于可控区间。其中,城市上涨2.60%,农村上涨3%;食品价格上涨8%,非食品价格上涨1.40%;消费品价格上涨3.30%,服务价格上涨1.80%。

食品烟酒价格一直处于领涨地位,其他各类呈现温和上涨态势,交通和通信价格则小幅下降。具体来看,与上年相比,食品烟酒价格上涨6.30%,教育文化和娱乐价格上涨2.90%,其他用品和服务价格上涨2.50%,医疗保健价格上涨1.80%,居住价格上涨1.70%,衣着价格上涨1.10%,生活用品及服务价格上涨0.40%,交通和通信价格下降1.30%。

从全国来看,2019年山西居民消费价格总水平低于全国平均水平(2.90%)0.20个百分点,与安徽、重庆、天津并居全国第16位,在中部六省和周边五省均处下游。（贾　帅）

社会保险

【全民参保计划】2019年,山西省人力资源和社会保障厅推进全民参保计划,基本养老保险、失业保险、工伤保险参保人数分别达2499.10万人、443.90万人、624.20万人,均超额完成年度目标任务。企业和机关事业单位退休人员基本养老金分别实现"十五连涨"和"四连涨",提高工伤职工三项待遇和失业人员丧葬费、抚恤金标准,参保农民工可与城镇失业人员享受同等待遇,保障水平稳步提高。落实中央减税降费决策部署,养老、失业、工伤三项社会保险共为企业减负162.70亿元,实现企业降成本、市场增活力、个人得实惠。（王俊杰）

【企业职工基本养老保险省级统筹】2019年,山西省人力资源和社会保障厅在全国率先出台《关于完善企业职工基本养老保险省级统筹制度的通知》及5个配套政策。推进机关事业单位养老保险制度改革,启动职业年金投资运营。在全国率先完善被征地农民社保补贴政策。出台工伤保险基金省级统筹方案,建立起省直部门间工伤认定疑难案件定期会商机制。

（王俊杰）

【社保经办信息化服务建设】2019年,山西省累计发放社保卡3364万张,完成全年目标任务的101%;签发电子社保卡503万张,全国排名第五;"民生山西"App注册人数达到567万人。"互联网+人社"服务体系框架基本形成。（王俊杰）

【劳动关系宏观调整】2019年,山西省人力资源和社会保障厅加强企业工资宏观调控,建立企业薪酬调查和信息发布制度,发布2019年企业工资指导线。加快国企负责人薪酬制度改革步伐,推动国有企业工资决定机制落地,清退省属金融企业负责人超发薪酬1619万元。加强劳动合同和集体合同备案管理,全省企业劳动合同签订率达到93.5%,企业集体合同覆盖率达到85%。完成厂办大集体处僵治困、事业单位转企等改革中的人员分流安置、劳动关系处理及社保转移接续等工作,出台国有企业下岗人员到民营企业就业社保转移接续办法,审核批复222户省属企业的厂办大集体改革职工安置方案,完成省直18户生产经营类事业单位转企改革职工安置工作,劳动关系保持总体和谐稳定。全国模范劳动关系和谐企业巡回演讲活动首站在山西省举办,推荐太钢集团炼钢工陈光在全国总工会大讲堂等地进行巡回演讲。（王俊杰）

社会救助

【城乡低保】2019年,山西省民政部门按照全省城乡低保保障标准至少提高30元的要求,全省城市、农村低保平均保障标准达到每人每月551元、每人每年4760元,分别比上年提高55元、680元。及时启动价格临时补贴机制,连续8个月按城市低保和特困人员每人每月30元、农村低保每人每月20元的标准,发放价格临时补贴资金2.25亿元,受益困难群众达976万人次。全年共下达困难群众救助补助资金66.60亿元。（薛文静）

【孤儿与留守儿童救助】2019年,山西省民政部门加强对孤儿与农村留守儿童救助。机构养育孤儿基本生活费标准从每人每月1000元提高到1500元,社会散居孤儿基本生活费标准从每人每月600元提高到1000元,下拨各类儿童福利资金1.88亿元,9270名孤儿全部纳入基本生活保障。加强事实无人抚养儿童保障工作,将事实无人抚养儿童纳入保障范围,参照孤儿标准发放基本生活费。健全农村留守儿童和困境儿童关爱服务体系,开展各类活动,做好农村留守儿童关爱保护和困境儿童保障工作。（薛文静）

【流浪人员救助】2019年,山西省加强和改进生活无着流浪乞讨人员救助管理工作,明确长期滞留人员落户安置政策,落实工作人员享受特殊教育工资和津贴待遇问题,全省累计救助生活无着的流浪乞讨人员5.30万余人次。全面落实残疾人两项补贴政策,省级下拨补贴资金1.60亿元,帮助生活困难残疾人和重度残疾人55.50万人。（薛文静）

【慈善救济】2019年,山西省慈善总会接收捐赠款物合计1382.37万元;捐赠支出达1834.46万元。其中直接接收捐赠善款858.10万元,接收捐赠物资价值524.27万元。其中:“脱贫攻坚”扶贫工作全年发放扶贫款487.25万元;“留守儿童”项目全年下拨资金122.98万元;“免费午餐”项目在山西省吕梁、晋城、运城等地的4所小学为400余名小学生提供免费午餐,筹集支出善款18.90万元。截至2019年底,全省11个市全部成立慈善总会,85个县(市、区)成立慈善组织,全省三级慈善网络初具规模。（武学亮）

【慈善助医】 2019年,山西省慈善总会开展微笑列车、格列卫、达希纳、易瑞沙、特罗凯、多吉美、倍泰龙、安维汀、全可利、泰瑞沙、捷恪卫、维全特等助医项目。“微笑列车”项目全年救助贫困唇腭裂患者204人,减免手术金额65.17万元;格列卫、达希纳、易瑞沙、特罗凯、多吉美、安维汀、泰瑞沙、捷恪卫、维全特、恩瑞格、多泽润等项目为11090人次的贫困重症患者提供价值27736.79万元的药品救助。全年省总会开展“中国移动‘爱’心行动”三期项目,截至2019年底,救助三期贫困心脏病患者108人,减免金额322.64万元。（武学亮）

【慈善助学】 2019年8月8日,山西省慈善总会领导出席运城临猗中学衣恋阳光毕业班“不忘感恩初心 牢记奋斗使命”主题班会。临猗中学2014—2016三届150名受到衣恋集团资助的衣恋阳光生全部毕业,学生们通过举办此次主题班会表达对衣恋集团连续三年资助的感恩之情。“衣恋阳光班”助学项目是省总会与衣恋集团联合开展的一个品牌助学项目,为家庭贫困生搭建慈善爱心桥梁。美籍华人陈海珠女士在海外多方筹集助学款98.67万元,用于冯村博爱学校的发展;中国人寿山西省分公司向山西省慈善总会捐赠120万元,定向用于山西省忻州市教育扶贫工作。(武学亮)

【慈善宣传】 2019年,山西省慈善总会及时更新和发布省总会和各市县慈善组织的慈善网站信息;向《慈善》杂志社及时提供全省慈善组织的重要新闻稿件;联合省城各大新闻媒体报道慈善活动;整顿和加强《山西慈善》杂志宣传阵地,提高刊物质量,扩大赠发范围,全年共发行6期,发放9000余册。山西省慈善总会推出“山西省慈善总会”微信公众号,全年在微信公众号上发布信息100余篇。（武学亮）

【“慈善情暖万家”活动】 2019年1月26日,山西省慈善总会2019年“慈善情暖万家”活动在闻喜县启动,山西省慈善总会领导出席活动。活动现场为闻喜县200户困难群众每户发放500元慰问金以及粮油一份,为当地困境儿童家庭发放慰问金及棉被、棉衣等物品。11月13日,全国人大社会建设委员会副主委、中华慈善总会会长宫蒲光,秘书长边志伟以及波司登公益基金会副秘书长沈敏艳一行专程到吕梁市兴县蔡家崖开展“慈善情暖万家”慰问活动,为该县捐赠2000件波司登羽绒服价值60万元,看望走访3户特困老党员、老军人。11月29日,山西省慈善总会和太原市慈善总会响应中华慈善总会号召,在太原市万柏林区环卫局举办“慈善情暖万家”慰问活动。活动现场,为万柏林区家庭困难的环卫工人每人发放冬衣一件、棉被一条,还有粮油一份;这是山西省慈善总会连续17年开展“慈善情暖万家”活动。全年山西省慈善总会“慈善情暖万家”活动陆续在晋城、大同、运城等地开展,累计发放款物319.29万元。(武学亮)

【首届慈善扶贫培训班】 2019年6月28日,“首届慈善扶贫培训班开班”在中华慈善总会培训基地—太原慈善职业技术学校举办。此次培训对来自西藏那曲、阿里、当雄和江西遂川、莲花贫困家庭的30名西藏籍学员、16名江西籍学员,进行为期6个月的烹饪专业技能培训,帮助他们掌握厨艺技能、脱贫致富的“金钥匙”。中华慈善总会、山西省慈善总会、太原市慈善总会及援助西藏发展基金会领导出席开班仪式。（武学亮）

社会福利

【老龄康养保障】 2019年,山西省民政部门完成“新建500个农村老年人日间照料中心”和“实施经济困难的高龄和失能老年人关爱行动”两件省政府民生实事任务,全省农村老年人日间照料中心达到6678个,农村受益老人超过30万人;将经济困难的高龄老人补贴由每人每月30元提高到50元,经济困难的失能老人补贴由每人每月60元提高到100元,全年共为10.5万名高龄老人发放补贴5220.70万元、为2.30万名失能老人发放补贴1883.50万元。全面推进康养产业快速发展,与发改、财政等部门联合制定《支持康养产业发展行动计划(2019—2021)》,对谋划实施的康养产业重点项目给予土地、财政、金融等多方面突破性政策支持。连续三年推动建设30个具有示范引领作用的康养园区、康养小镇、康养社区项目,可形成投资380亿元。挂牌推进重大项目9个,完成投资3.60亿元。（薛文静）

【“中国石化光明号”送光明】 2019年7月至9月,“中国石化光明号”健康快车在山西长治停靠。“中国石化光明号”健康快车由中国石油化工集团公司于2007年全资捐建,是第一列也是国内企业捐赠的唯一健康快车。列车停靠长治期间共计为1062名贫困白内障患者免费实施复明手术。作为中国石化驻晋企业,山西石油分公司高度重视“中国石化光明号”健康快车的到来,专门成立青年志愿小分队,为快车和患者提供各方面的帮助和服务保障,确保健康快车在长治停靠期间各项工作的平稳运行。（王喜梅）

【养老服务】 2019年,山西民政部门推动农村养老服务提质升级,制定印发推进农村养老服务三年行动计划和实施敬老院提质升级工程的文件,推广武乡、昔阳县集中供养先进经验,在垣曲、怀仁开展农村老年人日

2019年6月，长治市潞州区故南村康乐托老中心，老人们喜领养老保险证

（山西画报供图）

间照料中心连锁运行试点，通过补齐农村基础设施短板，提高敬老院建设服务标准，支持敬老院进行升级改造，加快推动农村养老服务发展。做好提高养老院服务质量专项行动，全面清除养老机构排查出的重大风险隐患，推出一批星级示范养老机构，辐射带动养老机构服务质量持续改善。开展五期全省养老机构养老护理员培训，提高机构管理人员和护理人员的业务和专业水平。开展消防安全隐患排查整治工作，重点做好民办养老院和敬老院的安全监管，确保全年安全无事故。指导长治市申报为第四批居家和社区养老服务改革试点市，推广太原"易照护"和晋城"幸福汇"城市社区养老模式，实现养老体系健全、运营机制多样、服务质量提升。（薛文静）

住房保障

【住房保障安居工程】2019年，山西省实施棚户区住房改造开工3.26万套、建成6.71万套，城镇保障性安居工程投资309亿元，城镇住房保障家庭租赁补贴发放6.89万户。全年全省棚户区住房改造开工4.76万套，占年度任务的146.10%；棚户区住房改造建成11.20万套，占年度任务的166.80%；城镇保障性安居工程投资413.4亿元，占年度任务的133.80%；城镇住房保障家庭租赁补贴发放7.54万户，占年度任务的109.60%，均超额完成年度目标任务。（米玉婷）

【棚改资金筹集】2019年，山西省住建厅配合省财政厅、发改委下达城镇保障性安居工程中央财政专项资金8.88亿元、城镇保障性安居工程配套基础设施建设中央预算内投资7亿元、城市棚户区住房改造省级补助资金9705.30万元、城镇住房保障家庭租赁补贴省级补助资金3000万元，发行棚改专项债券92.05亿元。协调省财政厅按照当前录入债务金额全额保障贷款本金发放的原则，保障棚改专项贷款发放。截至2019年底，全省累计发放贷款1202.91亿元（其中年度发放149.72亿元），占累计授信1704.85亿元的70.60%。（米玉婷）

【租赁补贴】2019年，山西省住建厅加大对重点群体和重点产业困难职工的精准保障力度，租赁补贴发放范围逐步扩大至城镇中等偏下收入住房困难家庭、新就业无房职工和外来务工人员，鼓励保障家庭通过市场租赁满足个性化住房需求。（米玉婷）

【信用体系和信息化建设】2019年，山西省住建厅印发《住房保障领域信用信息管理办法（试行）》，对住房保障信用信息的认定、归集、应用、管理、修复等方面作明确规定，加快推进住房保障领域信用体系建设，规范保障性住房的运营管理工作。落实住建部要求，对接建设银行山西分行，成立山西省全国公租房信息系统贯标联网推进工作领导组，印发《山西省公租房信息系统建设实施方案》，组织各市开展系统培训，加快推进公共租赁住房信息系统建设。截至2019年底，全省11个市均完成系统上线，录入房源4.28万户，保障家庭2.50万户，配给信息45.30万条。（米玉婷）

【审计发现问题整改】山西省住建厅印发《关于加快解决城镇保障性安居工程建设项目前期手续不全等遗留问题的通知》，要求各市、县严格落实相关问题解决措施，全面促进审计发现问题整改。截至2019年底，2016年度城镇保障性安居工程跟踪审计发现的853个问题，完成整改720个，整改率为84.41%；2017年度城镇保障性安居工程跟踪审计发现的825个问题，完成整改588个，整改率为71.27%；2018年度城镇保障性安居工程跟踪审计发现的512个问题，完成整改263个，整改率为51.37%。印发《山西省城镇保障性安居工程建设管理"二十个严禁"》，要求举一反三，堵塞漏洞，防止问题屡审屡犯。（米玉婷）

【数据互联共享平台】2019年，山西省住房公积金数据互联共享平台建成，实现11个市住房公积金管理中心和省直分中心之间，各市住房公积金管理中心（含省直分中心）与省公安厅、省民政厅、省自然资源厅、省税务局、省市场监管局之间，及19家相关商业银行之间信息壁垒彻底破除，为省内实现跨中心、跨区域业务协作奠定基础，为铲除和治理"骗提骗贷、

一人多户、一户多贷”等乱象打造长效利器；公积金“马上办、网上办、就近办、一次办、一周7天24小时办”等便民服务改革，获住建部“住房公积金信息共享课题研究项目组”认可，向全国提供可复制推广借鉴的做法。

（米玉婷）

【全国数据平台进入】 2019年，山西省11个市公积金中心和省直分中心，贯彻住建部《关于做好全国住房公积金数据平台接入工作的通知》要求，经过开发测试、数据上传、上线申请等工作，与全国数据平台顺利对接上线，为计算个税扣减提供数据支持。接入全国住房公积金数据平台后，也实现山西省公积金数据的远程备份，对防范风险、保障数据安全发挥作用。（米玉婷）

【公积金“三服务”】 2019年8月25日，为深化“服务地方、服务基层、服务群众”活动，山西省住建厅成立11个调研组，紧扣解决公积金异地办理来回跑、不方便问题，通过实地走访、电话解释、面对面交流等方式进行“回头看”。

9月30日，山西省住建厅会同省公安厅、省民政厅、省自然资源厅、省市场监督管理局、省税务局联合印发《山西省住房公积金便民利民“三服务”实施方案》，成立“三服务”领导组，推进完成省住房公积金数据互联共享平台与省公安厅、省民政厅、省自然资源厅、省市场监督管理局、省税务局的信息共享。截至2019年底，山西省11个市住房公积金管理中心和省直分中心均建成手机App。山西省缴存单位和职工可通过手机App实现公积金基本信息查询、部分公积金业务提取等功能；完成省政府安排的全省政务服务“一网通办”工作任务，将山西省公积金手机App纳入“一部手机三晋通”，为缴存职工查询其公积金信息新增一个渠道。（米玉婷）

【公积金年度信息】 2019年，山西省住建厅根据国务院《住房公积金管理条例》和住房城乡建设部、财政部、人民银行《关于健全住房公积金信息披露制度的通知》要求及全省公积金管理机构运行情况，向社会披露山西省住房公积金2018年年度报告。

2018年，山西省住房公积金运行总体健康平稳，全省当年住房公积金缴存383.07亿元，提取205.77亿元，发放个人住房贷款214.06亿元，支持职工购建住房面积1632万平方米，通过申请住房公积金个人住房贷款，职工节约购房利息支出60.29亿元。全年实现增值收益19.19亿元，同比增长22.47%，其中增值收益率1.91%，市场占有率24.47%，均排全国第一，分别高出全国平均值0.35和8.28个百分点。（米玉婷）

【信用体系建设】 2019年，山西省住建厅公积金监管处出台《山西省住房公积金失信行为管理办法（试行）》（以下简称办法）。《办法》遵循客观公正、分类分级、动态调整、诚信便利、失信惩戒的原则，由各市公积金中心、分中心根据信用主体（缴存单位、缴存职工和关联单位）的信用状况，采取直接判级方式认定其信用等级，分守信A级、一般失信B级、严重失信C级三个等级。经信息核实、调查取证、逐级审核、告知、异议处理、公示、集体研究决定后纳入公积金信用信息管理系统，定期将信用评价结果上传至山西省智慧建筑管理信息服务平台。

（米玉婷）

【公积金业务标准规范】 2019年，山西省开展公积金审计整改，督促违规问题及时整改到位；归并银行账户，集中资金管理，优化存款结构，提升公积金存款利率；清理历史数据和逾期个人住房贷款，降低逾期风险。规定各地公积金活期存款最高限额，提出存款上浮利率要求，并纳入年度目标责任书进行约束，减少损失浪费，提高资金收益。依托省级电子稽查监管平台，对全省各市公积金中心、省直分中心电子稽查疑似问题情况通报，督促各市公积金中心、分中心对疑似问题分类梳理、逐条核实、完善整改，完善基础数据信息，减少风险隐患。（米玉婷）

民政事务

【概况】 2019年，山西省各级民政部门树立以人民为中心的发展思想，践行“民政为民、民政爱民”工作理念，聚焦脱贫攻坚、聚焦特殊群体、聚焦群众关切，把脱贫兜底保障、重大改革事项、目标责任考核和全面从严治党抓在手上，谋划安排，强化统筹协调，深化改革创新，勤奋工作，民政部门担负的各项工作任务完成。坚持问题导向，上下联动，到基层民政服务机构和社会组织，检视民政事业发展的短板、弱项、难题，掌握第一手资料。在为民服务解难题方面，把敬老院提质升级作为“三服务”的重点内容，整合不合格敬老院、落实法人登记和运行经费、加强队伍建设、实施消防设施改造，推进问题有效解决，在社区综合服务设施建设不足、社会组织党建率概率不高、重点民政项目推进迟缓等问题上，加大力度，跟踪落实，解决一些群众的操心事烦心事。在专项整治整改方面，结合山西省民政实际，形成“8+5+2”的专项整治工作体系，坚持把“改”字贯穿始终，做到即知即改、立行立改，取得成效。聚焦基层和群众反映强烈的问题，组织研究制定主题教育上下联动整改清单，明确8项民政系统重点整治整改任务，明确责任，细化措施，逐条逐项推进落实。法治建设加强。坚持把法治建设作为一项管根本、管长远的重要工作摆在突出位置，履行推进法治建设第一责任人职责。出台《关于推进农村养老服务计划（2019—2021）》《关于进一步加强事实无人抚养儿童保障工作的实施意见》等6个突破性文件，全部合法性审查。制定行政执行“三项制度”，规范民政行政执法。基层服务能力提升。加大政府购买服务力度，全省有75个县开展政府购买社会救助服务，通过购买服务为基层增加工作人员 6195 人，缓解基层工作人员紧张的状况。

（薛文静）

【行政区划管理】 2019 年，山西省民政厅加强改善地名管理，全面启动地名图录典志编纂等普查成果转化项目。开展界线管理，完成省界晋豫线和 4 条市界、38 条县界的联检任务，推进平安边界建设。

加大行政村合并力度，出台《加强行政村合并工作的指导意见》和“十问十答”指导措施，全年合并行政村 3233 个，完成省定两年合并计划的 53%。同时完成村委干部配备工作，排查出不符合条件的村委干部 886 人，既清理到位，又补齐配强。

（薛文静）

【基层社会治理】 2019 年，山西省民政部门落实乡村振兴治理有效专项规划，选树 37 个乡村治理服务示范社区，超额 85%。村规民约居民公约修订完善率 75%，超额 15%完成。培训城乡示范社区骨干 600 名。上下联动强力推进社区综合服务设施建设，指导完成 102 个建设项目，拨付财政补助资金、省管党费共 8050 万元，省级扶持项目社区服务设施面积净增 8.50 万平方米，带动各地社区设施年增长 23.90 万平方米，完成“彻底解决社区无场所和面积不达 200 平方米、500 平方米以上比例提高”的“三基建设”工作任务。指导 11 个单位开展省级社区治理创新实验，山西省创新经验在全国会议上交流。完成国有企业退休人员进社区“1+N”政策体系制定落实任务。开展新建小区社区管理专项整治，研究制定政策，破解新建住宅区社区设施移交问题。会同省委组织部下发《加强和改进新时代全省城市基层党建工作的若干措施》，提出调整社区规模、加强社区投入保障、优化社区工作人员配备及待遇提升等系列举措。

（薛文静）

【行业组织建设】 2019 年，山西省规范行业组织，推开行业协会商会与行政机关脱钩改革工作，全省 1575 家行业协会商会与行政机关脱钩，在全国率先完成行业协会商会与行政机关脱钩工作。规范行业协会商会收费工作，418 家全省性行业协会商会会费档次全部调整，96 家降低会费标准，为企业减负 1221 万元。健全完善社会组织党建工作体制机制，省、市、县全部建立社会组织党委，“两个覆盖”清零攻坚行动完成，截至 2019 年底，全省有党员的行业组织党组织覆盖率 100%，无党员的行业组织由上级党组织派驻党建指导员，党的工作覆盖率 100%。

（薛文静）

【志愿服务组织】 2019 年，山西省民政部门配合省人大、司法厅完成《山西省志愿服务条例》修订相关工作，志愿服务立法走在全国前列。推动“山西省注册志愿者证”落地推广，促进各行业领域、各社会阶层更加关注志愿服务事业。“二青会”期间，有 4.50 万志愿者参加活动，志愿服务工作成效得到检验。全年山西省在全国志愿服务信息系统上注册的志愿者突破 100 万人，总注册人数达 312 万人。组织社会工作人才队伍建设培养工作，组织社会工作者职业水平考试和能力提升培训，1252 人通过考试取得证书，全省累计持证社工达到 6413 人。

（薛文静）

退役军人事务

【退役军人事务机构】 2019 年，山西省组建退役军人服务保障管理机构，完成机构组建任务。坚持建好机构、配强队伍、理顺职能和规范运行齐头并进，推动各级党委成立退役军人事务工作领导机构，加强对退役军人工作的组织领导和统筹协调。指导市、县如期完成退役军人事务局组建工作，全省退役军人系统机构改革任务全面完成，形成服务保障体系。经省政府常务会议、省委常委会审议，出台《关于加强山西省退役军人服务保障体系建设的实施意见》，指导全省各级退役军人服务中心（站）建设。坚持典型引路，在吕梁市召开现场推进会，以点带面推动体系建设。截至 6 月底，省市县三级退役军人服务中心和 1440 个乡镇（街道）、28315 个村（社区）退役军人服务站全部成立，构建起横向到边、纵向到底、覆盖全员的退役军人服务保障网络。科学规范体系建设。组织 10 个调研组到各市开展督导调研，抽查 31 个县（区）、41 个乡镇（街道）、57 个村（社区）服务中心（站）运行情况，针对人员不到位、专业能力欠缺、建设不规范等问题，督促限期整改。联合编办、人社等部门印发《退役军人服务中心（站）建设与工作规范（暂行）的通知》《基层退役军人服务中心（站）工作指南》，精准指导市县服务中心（站）建设，提升服务工作规范化、专业化、便捷化水平。（王文飞）

【退役军人教育管理】 2019 年，山西省退役军人事务厅坚持示范引领，选树典型人物，宣传退役军人永葆本色、奋发作为、奉献社会的精神风尚。加强退役军人党员教育管理。到基层调研，研究提出规范退役军人党员组织关系转接工作的意见建议，联合组织、民政和省军区印发《关于进一步做好退役军人党员组织关系转接工作的通知》，指导各地分类管理退役军人党员，为组织关系转接提供“一站式”服务。开展优秀退役军人学习宣传。联合省委宣传部、省军区政治工作局评选“山西最美退役军人”10 名，层层推荐全国模范退役军人 11 名，组织省内主流媒体集中宣传“山西最美退役军人”和“全国模范退役军人”事迹。择优选拔 6 名优秀退役军人代表，成立山西“优秀退役军人”先进事迹巡回报告团，到各地持续巡回宣讲，激励广大退役军人争当模范。弘扬英烈精神。组织开展“传承·2019 清明祭英烈”宣传教育活动，发出“铭记革命奋斗历程、传承英烈红色血脉”的号召，开展山西省重点烈士纪念设施电子地图网上祭英烈活动（全国首创），举行省城各界向烈士纪念碑敬献花篮仪式。指导完成“山西英烈展”，联合军地检察机关开展英雄烈士纪念设施调查摸底保护行动。

（王文飞）

【退役军人安置】 2019 年，山西省退役军人事务厅统筹开展军转干部安置。召开全省军转干部安置工作电视电话会议进行部署，强化工作流程，推进军转安置档案移交、考核赋分、培训教育、组织考试等工作。统筹考虑省直军转干部安置任务，结合用人单位历年接收数量、干部结构、用人需求和空编实际，按人数与岗位1:1.3的比例编制安置计划。全年全省军转干部全部完成选岗，党政机关和参公单位安置比例达到94.30%。做好退役士兵安置。综合各市安置任务、退役士兵人数等情况，编制安置计划，事业单位计划比例由上年的26%增至30%。召开全省退役士兵安置工作会议，推动各级全力做好退役士兵计划配套、量化评分、适应性培训、岗位调整、按序选岗等工作，安置到事业单位比例比上年提升17%。创新安置管理办法。针对退役士兵安排工作期间"谁来管、管什么、怎么管"的问题，会同组织、人社等部门出台《关于做好新时代退役士兵待安排工作期间服务管理工作的意见(试行)》，细化待安排工作期间现实表现考评和养老医疗保险缴纳、接续的具体办法。（王文飞）

【转业干部移交安置】 2019年5月至12月，山西省军区完成转业干部档案接收审查及计划分配转业干部考核赋分，召开全省交档会，组织计划分配转业干部考试，12月上旬全部完成全年任务，全省接收转业干部及随调家属、现役干部转改文职人员等工作完成。团职领导干部职务得到有效落实，部队和转业干部普遍满意。

（侯　懿　苏林和）

【退役军人社会安置】 2019年，山西省退役军人事务厅坚持把退役军人作为重要人力资源，多点发力搭建平台、组织培训、举办招聘，推动就业创业工作。打好政策"组合拳"，出台《关于促进新时代退役军人就业创业工作的实施意见》，联合省财政厅、省税务局印发《关于进一步扶持自主就业退役士兵创业就业有关税收政策的通知》，为推进全省就业创业工作提供政策支撑。举办"送政策进军营 送服务进基层"活动134场，培训人数11444人，发放资料16078份，引导退役军人合理调整就业预期，科学规划职业发展，奏响服务"前奏曲"。指导各地举办招聘会119场，入场退役军人累计18916人次，达成就业意向7166人。与省军区、省文旅集团联合举办山西退役军人网络预约出租汽车(迷彩网约车队)项目启动仪式，拓宽退役军人就业创业渠道。组织"星火山西"创业创新大赛及系列活动，推荐报送3名"创响山西"退役军人代表。练好培训"基本功"，下拨中央和省级配套教育培训经费3565.14万元，完成培训3893人，实现有参训意愿退役士兵100%参训。联合省教育厅等七部门印发《山西省高职扩招专项工作实施方案》，将符合政策的退役军人纳入高职扩招的范围，为退役军人接受高等教育提供保障。打造特色"形象牌"，创新开展税务部门与退役军人互动"五个一"(即开展一轮宣传辅导、寄送一封慰问信、举办一期培训班、编写一本小册子、开展一次主题党日)活动，推动自主创业退役军人减税降费政策精准落地；举办首期全省退役军人创业大赛，全省退役军人就业创业平台上线，实现与山西人才网互联互通，更精准全面服务退役军人。（王文飞）

2019年12月15日，山西省退役军人事务厅在山西煤炭交易中心举办山西省退役军人迎新春招聘会　（王文飞供图）

【退役士兵安置工作"山西品牌"】 2019年，山西省军区以军地合署办公的形式，派驻现役干部作为"联络员"参加退役军人事务厅工作，更好发挥"面向三军、协调军地"的作用。会同省退役军人事务厅等相关部门，研究出台《关于进一步加强由政府安排工作退役士兵就业安置工作的意见》《关于做好退役士兵返乡工作的通知》《关于做好新时代退役士兵待安排工作期间服务管理工作的意见》等文件，军地合力开展退役士兵安置工作，其做法被多家国家级媒体报道和转载，《中国国防报》先后4次进行报道，打造退役士兵安置工作的"山西品牌"。

（刘春松）

【退役军人待遇保障体系建设】 2019年，山西省退役军人事务厅按照贡献与待遇匹配原则，合理确定享受抚恤优待政策对象范围，给予区别化优先优惠，形成动态增长机制。提升部分优抚对象抚恤补助标准。调整部分优抚对象等人员抚恤和生活补助标准要求，下达优抚对象提标补助经费5968万元、1—4级分散供养残疾义务兵建房补助费43.50万元。调整一至四级伤残人员护理费标准，月均增长

200元。督促市、县两级落实配套资金，确保及时足额发放。

信息采集数据校核精准真实。推动信息采集工作常态化，成立信息审核校对专班，实行问题数据日报制度，信息审核校对严谨细致，截至11月1日，全省信息采集校核工作完成，省级审核通过率99.60%，同步开展对象数据修正和收尾工作。悬挂“光荣牌”工作基本完成。把“光荣牌”悬挂作为重要政治任务，招标采购“光荣牌”分发各市，省级带头举行悬挂启动仪式，指导市县入户上门为山西省烈属、军属和退役军人等家庭悬挂光荣牌，传递“牌子虽小、全家光荣”的价值导向，营造“尊崇英雄、关爱军人”的社会氛围。部分退役士兵保险接续全面铺开。以省委办公厅、省政府办公厅名义印发《关于做好部分退役士兵保险接续工作的实施意见》，联合税务、社保、医保等部门举行业务培训，动员各级开展宣传，督促各地连通全国统一信息管理系统。按照“一门受理、协同办理”原则，指导市县全面推开退役士兵保险接续申报受理工作。截至2019年底，山西省省级补助资金预算报省政府审批。（王文飞）

【双拥工作】 2019年，山西省退役军人事务厅开展双拥宣传。春节、“八一”期间，组织开展以发扬爱国主义精神、激发军民双拥热情、服务强国强军目标为主题的走访慰问系列活动，在全省媒体播发双拥《慰问信》，印制双拥年画，采购慰问物品，组织各级党委、政府领导到基层部队开展慰问，为官兵送上温暖和关怀。评选宣传双拥先进典型，太原市退役军人事务局安小科当选“2019中国双拥年度人物”，拥军妈妈梁秀娥当选“感动山西”年度人物，山西双拥名片在全国叫响。解决双拥热点难点问题。贴近基层部队和一线官兵，全省累计投入资金13亿元，为驻晋部队办实事、解难题。接受安置随军家属520多人，优先安排3000多名官兵子女就近择优入学，在全国率先实现随军未就业家属生活补助发放全覆盖。

10月16日，在太原召开山西省双拥模范城(县)命名暨双拥模范单位和个人表彰大会，省四大班子主要领导和驻晋部队军级领导出席会议，命名表彰省级双拥模范城(县)58个、双拥模范单位96个、双拥模范个人95个。（王文飞）

【退役军人合法权益维护】 2019年，山西省退役军人事务厅坚持“属地管理、分级负责、谁主管、谁负责”原则，指导地市精准开展矛盾攻坚化解工作。实行各级退役军人部门领导干部包地区、包群体、包重点、包人员和带案下访“四包一带”工作制度，省市县三级班子成员带头接访，解决信访事项。走访慰问取得实效。变上访为下访、重点排查为全面走访，登门入户，见面谈心，灵活开展思想疏导、法治教育、矛盾化解和困难帮扶等工作，开展走访慰问，为退役军人解决实际问题，维护合法权益。解决遗留问题。多措并举解决退役士兵安置遗留问题，通过开展政策落实“回头看”，解决安置后未上岗、同工不同酬、未发放待岗生活费等问题。（王文飞）

民族宗教事务

【民族团结】 2019年，省委统战部以第七次全国民族团结进步表彰大会为契机，推进创建活动，宣传模范典型事迹。太原市晋源区义井街道办事处等6个模范集体和忻州市公安局直属分局新建路派出所退休民警骆国泉等7名模范个人在第七次全国民族团结进步表彰大会上受到国务院表彰，推动民族团结进步创建工作向纵深拓展。做好全国民族团结进步创建示范单位、教育基地推荐工作。山西省“晋中市榆次区南窑社区”“运城市阳光少数民族服务管理站”两家单位被国家民委命名为第六批“全国民族团结进步创建示范区(单位)”。山西大学附属中学被国家民委命名为第六批“全国民族团结进步教育基地”。（董志强）

【民族教育】 2019年，省委统战部做好高校少数民族学生教育管理工作。组织少数民族学生开展社会实践活动，指导太原科技大学成立大学生民汉双语志愿服务团，促进各民族学生交流交往交融，增进“五个认同”。与团省委共同组织全省中、小学及高校参加国家民委主办的“建设伟大家乡建设伟大祖国”征文活动，推选出的参赛作品入选作品展示。支持关心山大附中办好内地西藏班。会同省教育厅指导山大附中结合实际，实化举措，加强民族班建设。指导学校总结“低起点、密台阶、小步走”的教育方法，形成适合西藏班学生的教学模式，提升办学水平。开展民族团结教育，组织西藏班学生参观爱国主义教育基地，强化构建中华民族共同体意识。关心、关注学生健康成长，开展手拉手系列活动，引导汉、藏学生互相尊重、友好相处、互相学习、共同进步。（董志强）

【少数民族服务体系】 2019年，省委统战部结合山西省实际，在各市建立健全基层民族工作网络，将城市少数民族工作纳入基层社会治理和服务体系。通过建立少数民族服务站，解决城市少数民族群众在生产生活中的困难和问题，促进各民族交往交流交融。以社区民族工作为抓手，提高少数民族流动人口服务管理水平。建立健全社区做好少数民族流动人口服务管理工作的组织机构，配备专(兼)职工作人员，提供工作经费保障。结合社区创建、社区治理等，为少数民族流动人员提供高效便捷服务，夯实基础、因地制宜、注重引导，建立相互嵌入式居住结构和社区环境，创造各民族同胞共居、共学、共事、共享的社会条件和生存环境。（董志强）

【少数民族聚居村发展】 2019年，山西省省委省政府多方推动民族经济快速发展。巩固少数民族聚居村脱贫攻坚成果。按照中央“扶贫项目责任主体到县”的要求，做好少数民族发展资金分配工作，在2018年全省少数民族聚居的贫困村全部脱贫的基础上,2019年明确少数民族发展资金729万元、省财政配套100万元,用于基础设施建设,少数民族聚居村、少数民族建档立卡贫困户脱贫攻坚成果巩固等。推进少数民族特需商品定点生产工作。涉及的门类有纺织、清真食品等行业,主要集中在清真食品行业,按照国家民委关于确定"十三五"少数民族特需商品定点生产企业的要求,省财政厅、人行山西分行出台山西省《民族特需商品生产贷款贴息资金管理办法》,对民品企业实行动态管理,切实落实民族用品企业贷款优惠政策,全省少数民族特需商品定点生产企业共享受流动资金贴息金额392.36万元。 (董志强)

【宗教事务管理】 2019年,全省宗教工作围绕中心,服务大局,维护全省宗教领域和谐稳定。省委统战部制定出台整改方案,采取有力举措扎实推进落实。制定《山西省宗教工作领导小组成员单位职责》,梳理完成《宗教工作应知应会》《山西省民族宗教工作典型案例汇编》等。贯彻落实国务院《宗教事务条例》,启动《山西省宗教事务条例》修订工作。按照立法修订程序稳步推进修法进程。《山西省宗教事务条例(修订草案)》通过省人大常委会第十四次全体会议第一次审议。推动理顺机构改革后宗教领域行政执法相关工作。推动执法主体资格信息采集、执法人员资格认证等。健全宗教工作制度机制,形成做好宗教工作的合力。依法加强宗教事务管理。开展佛道教商业化问题治理工作,推进开展大型露天宗教造像治理工作,依法打击境外势力渗透活动。 (董志强)

【宗教工作基层基础建设】 2019年,山西省推进基层宗教工作三级责任和两级责任制落实,推动各地搭建起主体在县(市、区)、延伸至乡(镇、街道)、落实到村(社区)、规范到点的宗教工作网络。召开全省农村宗教工作现场会,分析当前山西省信教群众聚居村新形势新情况,研究加强和改进全省农村宗教工作的新举措。加强市县宗教工作力量建设。结合市、县机构改革,开展宗教工作力量专题调研,加大宗教工作干部培训力度,确保具备宗教工作行政执法主体资格。 (董志强)

【宗教团体建设】 2019年,山西省贯彻落实《关于坚持我国宗教中国化方向的意见》,推进各宗教讲经讲道交流活动。引导宗教界开展"四进"宗教活动场所活动,在实现全覆盖的基础上,推进入脑入心工程。省级五大宗教团体全部完成换届任务,并以换届为契机加强宗教团体思想、组织、作风、制度建设,推动团体班子素质提升。落实《山西省宗教教职人员三年培训规划方案》,完成对全省认定备案的教职人员轮训一遍任务。解决增加省级宗教团体办公经费和集中办公用房问题。督促各地加强宗教团体自身建设,加强教职人员队伍培养。 (董志强)

【新加坡宗教代表团访晋】 2019年10月18日至23日,根据中国基督教两会安排,新加坡弗兰克福音堂代表团一行31人参访省基督教"两会",与本省神职人员交流,并实地参观考察太原市桥头街基督堂、晋城市阳城县基督堂。 (董志强)

【民族团结模范表彰】 2019年9月27日,全国民族团结表彰大会在北京举行,中共中央总书记、国家主席、中央军委主席习近平出席大会并发表重要讲话,此次大会共表彰665个模范集体和812个模范个人。山西省有6个模范集体和7个模范个人受到表彰。

山西省受表彰的6个模范集体是:太原市晋源区义井街道办事处、阳泉市城区上站街道德胜街社区居民委员会、晋中市榆次区晋华街道南窑社区居民委员会、临汾市翼城县唐兴镇北关村村民委员会、省总工会援疆工作办公室、山西艺术职业学院附属中等艺术学校;7个模范个人是:忻州市公安局直属分局新建路派出所退休民警骆国泉、孝义市政协社会事业委主任王凤雷、大同清真大寺管委会副主任杨法珍、长治市橡胶工业有限公司董事长程俊林、省发展和改革委员会副处长张骞、山西大学附属中学校西藏部主任张煜、山西医科大学思想政治辅导员王斌。 (董志强)

应急管理
Emergency Management

综 述

【概况】 2019年，山西省应急管理厅按照省政府工作安排，坚持边组建、边应急、边防范，在风险防范上出实招、在防灾减灾上下功夫、在应急救援上求突破。

山西地处黄土高原东翼、黄河流域中部，国土面积15.67万平方千米，辖11个地级市，117个县(市、区)。省内地形较为复杂，有山地、丘陵、高原、盆地等多种地貌类型，大部分地区的海拔在1000米以上，山地丘陵区约占全省总面积的80%；山西属汾渭地震带，由一系列断陷盆地构成，是全国重要的地震活动区；地形高差变化大，地质构造条件复杂，易发生崩塌、滑坡、泥石流、地裂缝等地质灾害；山西属半湿润气候与半干旱气候过渡地带，气象条件复杂，干旱与洪涝并存，森林防火和防汛抗旱形势严峻。

山西省应急管理厅自2018年10月成立起就抓紧建立应急指挥体系。成立山西省应急指挥总指挥部，统一领导协调山西省域内突发事件风险防范和应对处置工作。下设抗震救灾、森林草原防灭火、防汛抗旱、地质灾害、气象灾害、生产安全、煤矿安全、交通事故、文化旅游、校园安全、城乡建设、特种设备、生态环境、公共卫生、市场监管、动物疫情、社会安全17个专项指挥部，统筹指导本行业领域突发事件风险防范和应对处置工作。截至2019年底，全省有应对自然灾害、事故灾难类突发事件应急救援队伍1471支，指战员134528人。

截至2019年底，全省有煤矿966座，非煤矿山906个；危险化学品生产企业437家、经营单位5095家、化工生产企业104家；一、二级危险化学品重大危险源143个，现有烟花爆竹经营企业5912家；油气输送管道企业17家，液氨制冷企业432家、粉尘涉爆企业572家。

山西省应急管理厅建立应急救援指挥体系，完善应急管理“十项机制”(风险防控、会商研判、监测预警、信息共享、分级响应、协调联动、调查评估、善后救助、灾后重建、监督考核机制)，提升应急救援“四种能力”(应急指挥、队伍作战、信息化保障、航空救援能力)。全省安全生产形势的总体稳定。全年发生各类生产安全亡人事故640起、死亡762人，同比分别下降32.84%、28.79%，降幅大于全国平均水平；未发生特别重大事故，农林牧渔业未发生生产安全事故。自然灾害应对有序。针对灾情启动省级四级救灾应急响应2次，三级救灾应急响应1次。建立省级救灾物资调拨机制，向灾区调拨救灾应急物资。8次派出省级工作组深入重灾县核查灾情，5次进行救助情况调研，指导灾区抗灾救灾。下拨资金支持灾区倒损住房恢复重建，争取国家抗旱资金10200万元，会同省财政厅下拨省级救灾资金3400万元。 (张小生)

【应急管理体制完善】 2019年，省应急管理厅加强职能整合重塑，推进应急管理组织结构、应急体系、管理机制发生“化学反应”，省政府建立应急救援指挥体系，成立全省应急救援总指挥部和17个专项指挥部，出台《关于推进应急管理体制机制建设的意见》，启动突发事件总体应急预案、专项预案修订工作，对53部省级专项预案进行全面修订。修订《山西省消防条例》，建立省级预案专家库。

(张小生)

【应急救援指挥体系建立】 2019年，山西省围绕建立“统”“分”结合的指挥体系、“防”“救”结合的衔接机制、“平”“战”结合的运行模式，成立山西省应急指挥总指挥部，由省长楼阳生担任总指挥，副省长胡玉亭担任常务副总指挥，其他副省长和省政府秘书长担任副总指挥，统一领导协调山西省域内突发事件风险防范和应对处置工作。下设的17个专项指挥部，分别由分管副省长担任指挥长，统筹指导本行业领域突发事件风险防范和应对处置工作。省应急救援指挥体系建立后，省应急救援总指挥部办公室开始运行，成立应急指挥专班，组织开展桌面推演，在长治、运城分别开展危险化学品爆炸和防汛实战演练。各专项指挥部根据总指挥部要求，做好相关类别突发事件防范排查工作，根据事态发展及时启动应急响应。

强化应急救援预案建设。2019年全省各级政府、部门、企业和其他社会单位共计编制应急预案16万部，其中各级政府预案8243部。省级政府层面应急预案103部，省级部门预案49部。（张小生）

防灾减灾

【灾害防治管理】 2019年，省应急管理厅建立自然灾害防治工作厅（局）际联席会议等制度，出台《关于推进九项重点工程提升全省自然灾害防治能力的实施方案》。组织开展全国“两会”“二青会”和国庆节前后执法检查和突查抽查，保障重大活动和重要时段安全稳定。及时启动旱灾应急响应，争取国家抗旱和灾害救助资金4.29亿元，对受灾群众进行生活救助。完成春季森林防火、安全度汛等任务，处置乡宁“3·15”山体滑坡、沁源“3·29”森林火灾等突发事件。

（张小生）

【突发事件处置】 2019年累计启动应急响应5次，派出73个工作组指导各地应急处置。处置太原呼延蓄水坝漏水、忻府区“3·10”、沁源“3·29”、阳城“5·22”森林火灾，乡宁“3·15”山体滑坡等突发事件。特别是乡宁“3·15”山体滑坡救援和沁源“3·29”森林火灾扑救，救出16人（其中3人抢救无效死亡），搜救出17名遇难人员。同时，在救援过程中同步做好善后工作。乡宁县政府对20名遇难人员每人发放自然灾害救助金20万元、意外保险赔付每人3万元。对成为单亲或者父母双亡的6名学生（3名失去单亲、3名失去双亲），按不同教育阶段给予1000—2000元的资助，免除寄宿制全年生活费，并由县级领导牵头包联帮助。对13名受伤人员，由县领导，乡镇、卫健局和县医疗集团干部分组包联、全程服务。3月21日救援结束当天，省委召开常委扩大会议，对恢复重建提出具体要求，并迅速展开恢复重建工作。救援和善后处置受到应急管理部和省委省政府的充分肯定。经省委、省政府同意，联合省人社厅对在这两次抢险救援中表现突出的42个先进集体和193名先进个人进行表彰奖励。（张小生）

【水旱灾害】 2019年，山西省旱涝并存、旱涝交替现象突出。8月3日至5日，山西省遭遇入汛以来最强降雨过程，覆盖全省大部，过程降雨量达32.60毫米（48小时），单站累计雨量最大站点阳城县蟒河达320.20毫米，造成不同程度灾情。全省共8市24县（市、区）16.52万人受灾。8月3日14时，山西省水利厅启动全省水旱灾害防御Ⅳ级应急响应。受降雨偏少和时空分布不均的影响，山西省出现不同程度的旱情，南部地区较为严重，旱情最重的7月，全省作物受旱面积超过1300万亩，因旱造成6.43万人出现临时性饮水困难。（杨　晶）

【水旱灾害防御】 山西省水旱灾害防御中心是2018年机构改革后，由原山西省防汛应急抢险总队和原省防汛抗旱指挥部办公室留下职工组建成立。承担防御全省水旱灾害防御的技术支撑和保障服务工作。

2019年3月初，下发《关于做好2019年水旱灾害防御工作的通知》，从全面落实防汛责任制、水库年检和安全度汛、河道行洪安全、汛前自查抽查督查、防汛抢险技术支撑等方面作出安排部署。5月10日至20日，山西省水利厅对各市防汛工作进行督查抽查，共督查单位67个，排查出隐患102条。2019年度山洪灾害防治项目中央补助资金4972万元。5月，下达中央水利发展资金505万元至全省36个贫困县，用于山洪灾害防治非工程措施维修养护。全省累计投入抗旱资金1.589亿元，投入抗旱人数18.84万人，开动各类水利设施3.59万眼（处），出动抗旱设备1654台套，完成夏浇面积739万亩次，累计缓解20.50万人、10.30万头大畜临时性饮水困难。建立省级防汛抢险专家库，共有专家50名，分为水文、坝工、防汛、抢险、气象等五个专业。实行汛期24小时值班制度，严密监控水情、雨情、汛情、灾情。汛期及时向各市和有关部门发布强降雨防范通知16个，发布预警信息40次，发布洪水预报信息1次，发布《重要汛情信息》3期，发布山洪灾害防范有关通知4个，全省山洪灾害监测预警平台发布预警信息700余次。通过预警撤避转移3016人。（杨　晶）

【水旱灾害救助】 2019年，山西省遭受多年未遇的严重旱灾，同时，洪涝、风雹、低温冷冻、山体滑坡、病虫害等自然灾害在局部地区也较为严重。各类自然灾害共造成11市109个县（市、区）940.50万人受灾，因灾死亡32人，紧急转移安置2562人；农作物受灾面积142.16万公顷；1962间房屋倒塌，1745间严重损坏；直接经济损失120.80亿元。省防汛抗旱指挥部于7月26日启动四级抗旱应急响应。省应急厅多次与省气象、农业农村、粮食和物资储备、统计等部门及相关市开展灾情会商，派出工作组到重灾市县查看灾情，督促指导相关市县应急部门做好灾情核查、统计、评估、报送工作；省应急救援总指挥部办公室、省应急管理厅于8月9日9时，启动省级四级救灾应急响应；9月2日8时，省级旱灾应急响应提升为三级，省应急管理厅决定下拨省级救灾资金3400万元；9月3日，国家减灾委、应急管理部针对山西省严重旱灾，启动国家四级救灾应急响应，9月4日派工作组到晋查看旱情，指导和协助山西省做好抗旱救灾和受灾群众生活救助等工作。（张小生）

【雨水情服务】 2019年，山西省报送雨水情短信550余条，编发雨水情快报83份，发送2883万余份，服务相关行业50余家单位；开展水库水雨情预报调度一体化试点工作，编制《柏叶口水库预报调度一体化实施方案》《漳泽水库预报调度一体化实施方案》;完成《山西省水文现代化建设规划》《2018年山西省水资源简报》《2018年山西省水资源公报》编制工作。

（杨 晶）

【气象防灾减灾服务】 2019年,山西省气象局(简称省气象局)发布预警信息1.67万条,发送预警短信1409万人次。启动应急响应2次,进入特别工作状态3次。修订《山西省重大气象灾害应急预案》。在25个县开展基层气象防灾减灾“六个一”标准化建设。乡宁“3·15”山体滑坡等重大突发事件气象服务有力,省市县三级气象部门上下联动,为现场救援提供精细化天气信息。协调临汾、吕梁、延安三部天气雷达对天气过程开展加密气象观测,多渠道多频次向指挥部汇报天气情况及对现场救援的影响。在沁源“3·29”森林火灾扑救气象服务工作中,气象部门共计118人参与林火扑救应急气象服务,现场每半小时向指挥部提供一次火灾现场12个乡镇的风向、风速、气温等气象要素实况,利用卫星遥感监测手段向指挥部提供地面热点监测信息,抓住有利时机开展飞机和地面人工增雨作业,对彻底扑灭余火起到重要作用,受到省委书记骆惠宁、省长楼阳生等领导的批示表扬。健全和发挥中央和地方两个积极性体制机制,把垂直管理与服务地方有机结合,推进省、市、县三级气象灾害应急组织管理体系建设,截至年底11市、73县政府成立气象灾害应急指挥部。通过层层压实地方政府责任,实现层层凸显气象应急作用。建立统一指挥的气象应急管理体制机制。初步实现指挥主体由气象机构向各级政府转变,工作规则由发布预警向下达命令转变,工作关系由部门协调向指挥调度转变。通过短信、声讯、网站、微博、微信等渠道发布气象信息。通过移动气象通、联通、电信短信平台为公众用户及时准确地发布天气预报、气象预警信息、各类专题预报。开展面向重点服务对象的个性化专业气象服务。逐步实现分散服务向集约服务、单兵作战向协同配合、单向服务向互动服务的转变,并着力于传统服务向智能服务转变,推动专业气象服务向个性化、订制化、精细化、市场化方向发展。为第二届全国青年运动会等重大活动提供高水平气象服务保障。省气象局成立气象保障服务领导小组和8个技术支撑中心,在赛事期间准确预报短时强降水、冰雹、雷电、大风等灾害性天气。省委书记骆惠宁三次致电省气象局,对二青会气象保障服务工作提出表扬。圆满保障太原国际通用航空飞行大会。参与新中国70周年庆祝活动、第二届“一带一路”国际合作高峰论坛开幕式、北京世园会开幕式、亚洲文明对话大会开幕式、第十一届少数民族运动会开幕式、第七届世界军人运动会开幕式等重大活动气象服务保障,得到好评。

（杨 柳）

【气象灾害与事件】 2019年,山西省气象灾害和气候事件主要有干旱、高温、冰雹、暴雨、寒潮、冻害、连阴雨、雾霾,给工农业生产和部分农田、道路、房屋等设施带来一定的损失。

干旱。2019年出现三次较强的干旱过程,分别是1月上旬至4月上旬,6月下旬至8月上旬和8月中旬至9月中旬。7月中旬,干旱发展至最为严重。8月中旬至9月中旬,山西省平均降水量为44.60毫米,较常年同期均值偏少46.60毫米,为近十年来第二少。山西中南部9月上旬气象干旱最为严重,全省大部都出现不同程度的气象干旱。

冰雹。2019年夏季,山西省冰雹、雷暴大风和短时强降水等强对流天气频发,其中冰雹发生69站次,冰雹对局地农作物造成较为严重损失。6月7日,阳曲县范围内遭遇强对流天气,部分乡(镇)降雨量约30毫米,并伴有雷电、大风、冰雹,致使干水果经济林受灾5975亩。7日,原平市中阳乡的中庄村全村800余亩大杏受灾,杏果受伤率达50%以上。6月17日,天镇县新平镇的平远堡村、大营盘村、八墩村等6个村庄遭受冰雹袭击,20公顷杏树严重受损。7月5日13时,大同市阳高县境内出现大风、强降水、冰雹天气,一人遭受雷击死亡。下深井、王官屯、古城、鳌石4个乡镇冰雹持续约15分钟,使得杏果等果实掉落,玉米、高粱、谷黍等秸秆作物折断受损严重,瓜类、蔬菜、葵花及豆类基本绝收,直接经济损失为7686万元。8月1日,临汾市蒲县古县乡、红道乡出现强对流天气过程,伴随冰雹、大风天气过程。造成蒲县古县乡8个行政村的苹果、梨、烟叶、核桃等经济作物受灾,受灾人口6330人,经济作物受灾面积1185.40公顷,成灾面积1185.40公顷,绝收面积1185.40公顷。蒲县红道乡5个自然村的苹果、烟叶、核桃、玉米等经济作物受灾,受灾人口1383人,经济作物受灾面积390公顷,成灾面积390公顷,绝收面积90公顷,造成农业经济损失6891万元。8月5日,大同市云州区、浑源县和天镇县三县区遭受冰雹、洪涝灾害,主要受灾作物有玉米、黄花、豆类等,玉米受灾面积104公顷,受灾程度31%,黄花受灾面积22公顷,受损程度32%,豆类杂粮受损面积10公顷,受损程度31%;浑源县官儿乡李家庄村、穆家庄村遭受暴雨冰雹灾害,受灾农田836亩,护坝毁坏,水泥桥梁受损严重;天镇县部分乡镇也出现冰雹等灾害性天气,玉米、豆类、葵花、谷黍、露天蔬菜等农作物受灾。

暴雨。2019年,全省共发生暴雨90站次,较常年偏多23站次。其中9月暴雨站次最多,为45站次,8月3日至6日,晋城市出现入汛以来最强降水过程,泽州县晋庙铺镇、大箕镇,阳城县蟒河镇、北留镇、町店镇、东冶镇等10个乡镇遭受暴雨袭击,其中蟒河景区受灾最为严重。晋城市全市农作物受灾面积1613.70公顷,成灾面积640.70公顷,绝收面积85.30公顷,损坏耕地21.30公顷,倒塌房屋548间,直接经济损失1.50亿元。

8月4日,阳泉市盂县西潘乡、西烟镇、下社乡、梁家寨乡等多地短时间出现大到暴雨,引发洪涝灾害。受灾人口 1.20 万人，农作受灾面积 499 公顷，成灾面积 407 公顷，绝收面积 199 公顷。同日，长治市沁源县郭道镇、官滩乡出现短时强降雨天气，灾害造成玉米、高粱等粮食作物，部分桥梁和道路等基础设施，以及部分农户房屋受灾。农作物受灾面积 111.80 公顷，成灾面积 111.80 绝收面积 76.20 公顷，直接经济损失约 1842 万元。

2019 年，全省寒潮天气共出现 787 站次，主要出现在 1 月至 5 月和 10 月至 12 月，全年大同县出现寒潮天气最多，为 20 次，其次是广灵和右玉，出现 19 次。全省大范围寒潮过程有 3 次，3 月至 5 月的寒潮过程对农作物和经济林果等造成较重损失。

5 月 1 日，晋中市寿阳县上湖乡玉露香梨遭受低温冷冻灾害，受灾面积 113.30 公顷，梨树在开花期，基本绝收，经济损失约 1360 万元。5 月 13 日，大同市大同县气温骤降，杏果、玉米、蔬菜等受灾面积达 2981.10 公顷，其中绝收面积 761 公顷，直接经济损失 4203 万元。同日，吕梁市岚县受强冷空气影响，出现强降温、大风天气过程，全县各乡镇不同程度遭受严重低温冷冻灾害。全县农业受灾面积 5285.70 公顷，其中成灾面积 1535.60 公顷，绝收面积达 100.30 公顷。造成直接经济损失 1837 万元。5 月 21 日，忻州市岢岚县出现低温冷冻，三井镇、神堂坪乡、阳坪乡等 10 个乡镇，农作物玉米、谷子、高粱、黑豆受灾严重。全县受灾人口约 8088 人，农作物受灾面积约 5356 公顷，成灾面积约 4009 公顷，绝收面积约 1347 公顷，造成农业损失约 2005 万元。（杨　柳）

【地震预警防震减灾】《山西省地震预警管理办法》经山西省政府第 49 次常务会审议通过，并以省政府第 264 号令形式进行公告，自 2020 年 3 月 1 日起施行。该办法共 6 章 31 条，主要规定地震预警系统的规划建设、地震预警信息的发布与处置、监督管理与保障、法律责任等方面的内容，为全省开展地震预警工作提供重要法律依据。

5 月 30 日，山西省第十三届人民代表大会常务委员会第十一次会议对《山西省防震减灾条例》《山西省建设工程抗震设防条例》进行修改。

（和　炜）

【防震减灾规范化】 2019 年，省地震局起草的《地震应急指挥技术系统建设规范》，由省市场监督管理局批准发布，于 2019 年 9 月 8 日起实施。10 月 24 日，省地震局组织召开新闻通气会进行宣贯和解读。《防震减灾科普教育基地建设规范》和《地震应急基础数据库规范》列入省市场监管局 2019 年地方标准制度修订计划。12 月 17 日，《防震减灾科普教育基地建设规范》通过技术审查。（和　炜）

【防震减灾示范创建】 2019 年，省地震局完成全省 2019 年度防震减灾示范县评定工作，4 个县（区）认定为省级防震减灾示范县。持续推进市、县防震减灾科普教育基地建设，新增省级科普教育基地 7 个，申报国家级科普基地 2 个。联合省教育厅开展防震减灾示范学校创建认定工作，新认定省级防震减灾示范校 52 个，推荐国家级示范校 9 个。与省应急管理厅、省气象局联合开展综合减灾示范社区创建，对 11 个市的 25 个社区联合开展认定检查，推荐 15 个社区申报国家级示范社区，全部通过认定。

（和　炜）

【地震应急救援准备】 2019 年，省地震局重新修订《山西省地震局地震应急预案》和《地震应急信息编报规程及模板》。

省地震局牵头，应急管理厅、发改委、住建厅、交通运输厅等单位组成检查组开展地震应急准备和抗震设防工作检查，全面检查临汾市、晋中市、太原市及曲沃县、蒲县、灵石县、太谷县、小店区、万柏林区的应急物资储备、地震应急演练、相关行业地震风险隐患排查、活断层探测等震害防御基础工作、农村危房改造等提高抗震性能措施情况，将检查情况报告省政府，将整改要求通报市政府。

5 月 8 日，省地震局与省应急管理厅共同开展全省防震减灾系统地震应急演练，省、市、县地震部门 600 余人参加演练，各市应急管理局通过视频全程观摩。此次演练采用“互联网+平台+桌面推演+现场实战”的方式，模拟启动应急响应、指挥部署、应急处置三部分内容，省地震局各应急工作组、各市地震部门、各地震台站按照地震应急预案和演练程序开展震后 4 小时内的应急处置行动。

为确保在机构改革过渡期间高效履行抗震救灾和防震减灾工作职责、有序应对地震灾害事件，省地震局与省应急管理厅进行沟通，研究制定抗震救灾和防震减灾协调联动机制，2019 年 8 月印发执行。

（和　炜）

【地震灾害风险预评估】 2019 年，省地震局对朔州市山阴县 10 个乡镇 25 个村庄 4 个企业、大同市天镇县 4 个乡镇 10 个村庄开展地震灾害风险评估调研工作，重点对地理地貌、重大次生灾害、建筑物抗震能力、交通道路、应急能力等情况调研，对人口稠密的乡镇进行无人机航拍。编制完成 2015 年以来实地调研地区的地震灾害预评估报告。（和　炜）

【防震减灾科技成果】 2019 年，省地震局共评出防震减灾科技成果奖 17 项，包括：科学技术类成果 12 项（一等奖 1 项、二等奖 5 项、三等奖 6 项），基础工作类成果 5 项（二等奖 1 项、三等奖 4 项）。推荐申报 2019 年度山西省科学技术进步奖 2 项。省地震局职工以第一作者发表论文 103 篇，其中北大中文核心期刊发表论文 13 篇，被 SCI 收录 1 篇，被 EI 收录 3 篇。

（和　炜）

安全监管

【安全生产】 2019 年，省应急管理厅实施党政领导干部安全生产责任制，推动全省 11 个市、110 个县（区）落实政府常务副职分管安全生产和应急管理工作，在全国率先明确党委常委会及其成员责任清单、政府领导干部年度安全生产重点工作责任清单，强化对安全生产工作的组织领导。组织起草省政府1号文件谋划全年安全生产工作，组织签订安全生产和消防目标责任书。调整明确部分行业领域安全监管职责，落实省属五大煤炭集团煤矿属地监管责任。在各行业企业全面推行安全生产挂牌责任制，全省挂牌企业106万家，重点行业企业实现全覆盖。加大宣传培训力度。制定下发《大力推行"举国救援不如全民预防"理念扎实推进2019年安全生产宣传教育"七进"活动工作要点》，以"安全生产月"为载体，举办安全生产宣传咨询日、防灾减灾日、"三晋安全行"等系列宣传活动；加强对企业主要负责人、安全管理人员和特种作业人员"三项岗位"人员的培训考核，指导全省应急管理系统培训企业主要负责人和其他从业人员11.60万人次。推进信息化建设和科技强安工作。编制并实施山西省应急管理信息化规划，沟通协调业务相关单位，推进与气象、林草、水利等相关厅局间业务系统共享共用。在重点行业领域开展"机械化换人、自动化减人"智能化作业，科技强安专项行动，推进煤矿"四化"建设，实施"一优三减"。加强安全生产标准化建设。全省所有生产煤矿全部达到二级以上标准，其中160座达到国家一级标准。危险化学品生产企业全部达到三级标准，11家达到二级标准。冶金工贸行业共有1815家企业达标，非煤矿山企业共有563家达标。开展安全生产大检查。共发现重大事故隐患896项，已整改749项，责令停产停业整顿企业1694家、暂扣吊销有关证照489个、关闭取缔企业410家，行政罚款3.86亿元。 （张小生）

【重大安全风险防范】 2019年，山西省组织开展高陡边坡隐患排查、护林防火专项督查和安全生产大检查三个"专项行动"，排查确定隐患点4016个，消除治理高陡边坡隐患155处，对337个隐患点周边居民进行搬迁；排查护林防火单位及站点1.30万个，发现和整改火灾隐患785条，处理相关责任人178人，刑事拘留森林火灾肇事者41人。全省高危行业企业全部进行安全风险辨识，落实风险管控责任。 （张小生）

【重点行业领域专项整治】 2019年，省应急管理厅推进瓦斯"三区联动"立体化抽采，累计抽采瓦斯47亿立方米。非煤矿山，治理地下矿山采空区2500万立方米，湿排改干排尾矿库22座，关闭不具备安全生产条件矿山35座。危险化学品，对涉及硝化反应、易制爆、空分装置企业进行全覆盖检查，推进189家危化品企业完成装卸车系统改造，搬迁两家人员密集区危险化学品生产企业。消防，出台防范"小火亡人"事故7项措施，组织开展"防保迎"、电动自行车、博物馆和文物建筑、打通消防"生命通道"等专项整治，对有关大型商业综合体等火灾隐患单位进行诫勉约谈。组织开展商业综合体消防安全、防建筑物外围附着物坠落、防高空作业人员作业不系安全带、禁止餐饮场所直接使用燃气加热火锅"四个专项治理"。按照"全覆盖、零容忍、严执法、重实效"的要求，组织开展打非治违专项行动，打击安全生产领域非法违法生产经营行为，确保"二青会""庆祝中华人民共和国成立70周年"等大型活动、重点时段的安全稳定。（张小生）

【隐患排查治理和高危企业体检】 2019年，省应急管理厅对涉及硝化反应企业、易制爆企业、精细化工企业、空分装置企业，分别组织开展安全隐患排查、专项执法检查和安全风险评估，提高企业本质安全水平。组织高危行业企业安全"体检"，共体检"六类高风险"煤矿252座，氯碱、合成氨、剧毒等危险化学品生产企业153家，尾矿库196座，钢铁铸造企业506家。持续推动涉及搬迁的6家企业，其中山西三佳化工新材料有限公司、山西潞宝兴海新材料有限公司2家企业完成搬迁改造工作，忻州繁荣富化工有限公司、东方红制漆有限公司榆社分公司、晋中市诚宏福得一化工有限公司、山西宏特煤化工有限公司等4家的搬迁工作推进。 （张小生）

【《山西省煤矿矿长安全生产考核记分办法》出台】 2019年，省应急管理厅以落实煤矿安全生产主体责任为核心，从抓住煤矿矿长这个关键人入手、从抓实责任规定这个具体事着手、从抓严考核记分这个环节上下手，运用创新思维实施过程监管，运用科学方式考核煤矿矿长，运用法律法规进行综合施策，在全国范围内率先出台并实施《山西省煤矿矿长安全生产考核记分办法》，明确矿长必须履行的十项安全生产职责，并推行矿长考核记分，实现事后追责向事前明责和事中问责转变，推动主体责任落实，构建煤矿安全生产长效机制。自实施以来对283名矿长进行考核记分，25名积分达到上限的矿长被责令调离岗位。 （张小生）

【气候与交通安全】 2019年影响山西省交通的天气事件主要有雨雪、雾霾天气和局地强对流等天气。年初各地出现雨雪天气，给道路交通安全带来了不利影响。1月山西省南部出现明显降雪天气，部分地区出现积雪和道路结冰，导致多地高速公路关闭，由于恰逢春节返乡高峰期，对交通出行影响较大。2月13日至14日和18日至19日全省降雪天气，其中，14和18日，全省雨雪范围较大，造成道路湿滑、结冰和积雪等，对春运和人们出行造成不利影响。

年初、春秋季和年末霾、雾天气各地出现较多，对人们出行及健康不利。年初(1月)雾霾日数较多区域主要出现在太原、吕梁、晋中、临汾和运城等地;2月主要出现在大同、忻州、吕梁、阳泉、晋中和晋城等地。3月1日至5日，全省1/3以上县市出现霾天气。秋季全省有65个县市出现霾（287站次），年末（12月）山西出现霾459站日，霾主要分布在东西两山之间的盆地区，大部分在5天以上。夏季部分地区出现的雷雨大风、局地强对流天气等，造成路面损毁、城市内涝等灾害，对人们出行和交通运输带来一定的不利影响。（杨　柳）

消防救援

【概况】 2019年，山西省消防救援总队下辖12个支队级单位（太原、大同、阳泉、长治、晋城、朔州、晋中、运城、忻州、临汾、吕梁、训练与战勤保障支队）。其中，太原支队为一类支队，大同支队为二类支队，长治、晋城、朔州、晋中、运城、忻州、临汾、吕梁支队为三类支队，阳泉支队为四类支队。

全省共有154个消防救援大队，其中，支队级正职大队1个（太原特勤大队），支队级副职大队61个，大队级正职大队92个。

全省共有108个消防救援站。

此外，全省还有政府专职消防队139支。其中，县级政府专职队54支，乡镇政府专职队85支。

2019年，山西省消防救援总队完成“二青会”、新中国成立70周年等多项重大消防安保任务，成功处置临汾乡宁“3·15”山体滑坡事故和长治沁源“3·29”森林火灾等急难险重任务。全省全年共发生火灾4625起，死亡51人，受伤25人，直接财产损失8446.6万元，未发生重特大亡人火灾事故。（朱耀杰）

【火灾隐患整治】 2019年，山西省消防救援总队联合5个相关行业部门，对13家五万平方米以上的大型商业综合体、18家省属大型企业、10家一级博物馆及国保文物单位、8家重大火灾隐患和18家超高层建筑的负责人开展警示约谈。扎实推进“防风险保平安迎大庆”、博物馆和文物建筑、电气火灾整治等专项行动，检查社会单位24.20万家，督促整改火灾隐患35.20万处，临时查封2229家，责令“三停”1972家，罚款4116万元，拘留578人，挂牌督办重大火灾隐患单位164家。（朱耀杰）

【灭火救援能力提升】 2019年，山西省消防救援总队举办深入学习贯彻习近平总书记向国家综合性消防救援队伍授旗训词精神建设成果展示和全员岗位大练兵综合实战演练，开展高层、水域、隧道、危化品、文物古建筑及重特大地震灾害等实战拉动；组建综合应急救援机动支队和抗洪抢险救援队，分批次组织开展山岳、水域、地震、石化、绳索、车辆事故救援及信息通信等专项培训；试点研发灭火救援数字化预案平台，建立一体化、跨区域应急救援指挥机制，健全“一综多专”的消防救援力量体系。全省消防救援队伍共接警出动1.60万起，出动车辆2.70万辆，出动消防救援人员14.30万人次，抢救疏散人员1.50万人，抢救财产价值1.50亿元。（朱耀杰）

【消防宣传教育】 2019年，山西省消防救援总队拍摄微电影《我在》在全国消防救援队伍首届主题微电影评比中获一等奖；建立“微博+微信+App客户端+抖音号”两微一端一抖的新媒体矩阵，微信发布文章1万余条、微博发文1.20万条、抖音推送视频2000余条，矩阵粉丝达1000余万人；推进消防宣传教育“八进”工作，组织消防宣传大使在全省养老服务机构及文化和旅游行业集中开展消防安全大宣传、大培训、大警示活动；策划开展“千年古建话消防”特色宣传活动。（朱耀杰）

【基层基础建设】 2019年，全省18个消防站完成立项和开工建设，4个支队训练基地和2个支队战勤保障大队完成主体建设，1个支队战勤保障大队投入使用，6个支队249套公寓房开工在建。投入3.86亿元用于装备建设，新增各类消防车129辆、防护装备8.60万件套、抢险救援器材及灭火器材4万件套、灭火药剂370.20吨；建立战勤保障应急响应、保障物资“模块化”储运机制。（朱耀杰）

人物

Figures

革命烈士

高二虎(又名高翔) 男,汉族,生于1902年2月,山西省左权县龙泉乡(原堡则乡)望阳垴后庄人。1937年任区动委会农委主任,长期从事抗日工作。1944年在为八路军前方阵地运送粮食弹药途中,不幸被日军残杀。2019年6月25日被追认为烈士。

庞加朴 男,汉族,生于1910年,山西省祁县北梁村人。1940年参加游击队和北梁民兵。1948年5月,因逃亡地主告密,庞加朴等民兵被伪乡公所作为政治犯押解到太原,关进双塔寺监狱被杀害。2019年6月25日被追认为烈士。

武俊文 男,汉族,中共党员,生于1985年6月,沁源县赤石桥乡善朴村人。1999年9月至2002年7月就读于沁源二中,2003年至2008年服役于武警山西总队,服役期间于2008年5月加入中国共产党。2011年8月23日参加沁源县森林消防大队,2011年12月被任命为三排八班班长,2012年12月因工作表现突出被任命为三排排长。在扑灭"3·14"森林火灾中牺牲。2019年4月4日被评定为烈士。

阴楷 男,汉族,生于1990年6月,沁源县王陶乡北道庄村人。2009年9月至2012年7月就读于山西省铁路工程学院,2012年3月参加沁源县森林消防大队,2017年8月被任命为三排八班班长,在扑灭"3·14"森林火灾中牺牲。2019年4月4日被评定为烈士。

牛鹏飞 男,汉族,生于1994年7月,山西省潞城区翟店镇贾村人。2008年9月至2011年7月就读于长治市高级技校,2018年3月参加沁源县森林消防大队,县森林消防队三排九班队员,在扑灭"3·14"森林火灾中牺牲。2019年4月4日被评定为烈士。

平亚琦 男,汉族,生于1996年5月,壶关县晋庄镇池则掌村人。高中学历,2019年1月参加沁源县森林消防大队,县森林消防队三排八班队员。在扑灭"3·14"森林火灾中牺牲。2019年4月4日被评定为烈士。

霍成 男,汉族,生于2000年2月,沁源县交口乡北洪林村人。2016年9月就读于长治技师学院,2018年9月参加沁源县森林消防大队,县森林消防队三排八班队员。在扑灭"3·14"森林火灾中牺牲。2019年4月4日被评定为烈士。

杨智丞 男,汉族,生于1999年4月,沁源县王和镇西沟村人。2014年9月至2017年6月就读于石家庄华美专业学校,2017年9月参加沁源县森林消防大队,县森林消防队三排八班队员。在扑灭"3·14"森林火灾中牺牲。2019年4月4日被评定为烈士。

(山西省退役军人事务厅)

先进人物

2019年山西省获"全国五一劳动奖章"名单

韩利萍(女) 山西航天清华装备有限责任公司数控铣工组长
李志超 山西太钢不锈钢股份有限公司不锈冷轧厂电气作业区系统班班长
王保勤 山西中阳钢铁有限公司技术中心主任
朱少辉 太原重型机械集团有限公司太原重工技术中心设计员
吉克达富(彝族) 山西一建集团有限公司塔吊司机
姚武江 阳泉煤业(集团)有限责任公司一矿机电工区机电队技术员
刘 辉 临汾市中心医院心脏大血管外科主任
王 健 山西省交通运输厅重点公路工程建设办公室工程师
邵高波 中铁十二局集团第四工程有限公司盾构分公司总工

程师
鲍永生　大同煤矿集团有限责任公司总工程师
李　宁　祁县红海玻璃有限公司李宁职工创新工作室带头人
门九章　山西中医药大学教师
张素华(女)　山西省眼科医院白内障科主任
赵少婷(女)　山西省农业生态环境建设总站科长
王张龙　山西会馆餐饮文化有限公司面艺总监
王全锁　山西斯普瑞机械制造股份有限公司总经理(省总工会)

2019年山西省获第九届全国“人民满意的公务员”名单

王永茂　山西省监狱管理局规划处副处长,阳泉第一监狱党委委员、副监狱长(挂职)、副总工程师
巨彦军　左权县羊角乡人民政府原乡长
郭进卫　长治市潞州区西街街道党工委书记
徐宏杰　山西省信访局综合处主任科员
闫俊力　太原市城乡管理行政执法局迎泽区分局局长

(编辑部)

2019年山西省劳动模范名单

太原市

山西省特级劳模

秦爱华　太原重型机械集团有限公司太原重工冶铸分公司铸钢厂造型一工部造型组组长
马黎明　山西西山煤电股份有限分公司镇城底矿通风科监控队副队长
张翠鱼(女)　太原公共交通控股(集团)有限公司第四分公司一车队驾驶员
李国平　山西太钢不锈钢股份有限公司技术中心不锈钢研究所一室主任
郑梅梅(女)　山西梅芝园艺有限公司组培科研中心主任
赵士权　山西乐村淘网络科技有限公司董事长
杨金喜　山西示范区众德利建筑工程股份有限公司董事长
赵乃平　古交市赵乃平种植养殖专业合作社社长
胡雄彪　太原聚兴劳务有限公司施工队队长
杨　蓉(女)　太原市杏花岭公安分局三桥派出所社区中队副中队长兼金刚里社区民警
安慧霞(女)　太原市万柏林区兴华礼仪幼儿园园长
许希武　山西转型综合改革示范区阳曲产业园区企业服务中心主任

山西省劳动模范

赵　君(女)　太重煤机有限公司刘胡兰小组组长
尹　嵬　山西太钢不锈钢股份有限公司技术中心不锈钢研究所二室研发员
陈　强　山西太钢不锈钢股份有限公司不锈冷轧厂宽幅原酸作业区作业长
靳造造　山西西山晋兴能源有限责任公司斜沟煤矿综采一队队长
张瑞峰　太原重型机械集团有限公司太原重工矿山设备分公司焊接厂装焊二组组长
郑晓亮　太原煤气化华苑煤业公司综采二队队长
冯　强　太原煤气化龙泉能源公司铁路项目部部长
邵　泉　山西太钢医疗有限公司党委副书记、常务副总经理
张海龙　中化二建集团第四安装防腐工程有限公司电焊工
芦建春　太原供水集团有限公司企业发展策划处处长
张国峰　太原供水集团有限公司河西营销分公司机运队队长
王福成　太原市热力集团有限责任公司第二供热分公司副经理、电控所所长
赵　宏　太原市热力集团有限责任公司太古供热分公司经理
梁建荣　太原东山王封煤业有限公司副总经理
张桂鸣(女)　中国移动通信集团山西有限公司太原分公司集团客户部经理
郭世江　中车太原机车车辆有限公司钢二车间铆工
胡国庆　太原市建筑工程质量检测站有限公司技术总工
贾文红　山西大众电子信息产业集团有限公司军品第一研究所研究员
梁润宇　太原东山东峰煤业有限公司综掘队队长
王　钰　山西百一机械设备制造有限公司经营部主任
石志涛　中国人民解放军第六九〇四工厂信息系统与特种装备研发部技术员
李志宏　山西云时代太钢信息自动化技术有限公司自动化事业部研发中心工程师
王　伟　山西兴业投资控股集团有限公司供电公司厂外维修服务站站长
张　旺　山西意佳巨美环境科技有限公司技术科科长
赵建平　太原市京丰铁路电务器材制造有限公司开发中心主任
刘忠忠　古交市矾石沟煤矿综采队综采班组长
王国栋　青岛啤酒(太原)有限公司设备包装部部长
毛继伟　中国煤科(太原)研究院市场服务部主任
刘　云　山西昆明烟草有限责任公司技改办副主任
时炜杰　山西太水市政工程有限公司项目经理
张　芳(女)　迪爱生(太原)油墨有限公司一车间操作工
闫润明　太原闫润明食品研发工作

室领军人
任惠湧 太原雪山餐饮有限公司疯爆融合菜馆主管
王全德 太原市小店区环卫清运队司机
吴慧政 国网太原供电公司工程部主任
冀新江 太原市恒伦口腔医院有限公司院长
王 荣 太原四联重工股份有限公司董事长
张旭升 太原化学工业集团有限公司党委书记、董事长
赵燕燕 太原市凯特嘉机械有限公司总经理
倪日北 山西瑞飞机械制造有限公司总经理兼总工程师
陈姜兵 富士康(太原)科技工业园党委副书记、工会主席
梁晓峰 山西盛科投资有限公司太原锦麟东方酒店有限公司经理
边卫东 中化二建集团有限公司晋东南分公司副经理
李永健 国网古交市供电公司副经理
张立新 阳曲县高村乡北社村种粮大户
王旭强 娄烦县娄烦镇城北村旭强专业合作社理事长
郭奋生 娄烦县米峪镇乡郭家庄村云昇昌养殖专业合作社理事长
丁拖保 清徐县日前果业专业合作社理事长
杜枭非 山西正和堂中医药文化产业园董事长
孙立斌 清徐县清源镇六合村村民委员会主任
张才伟 太原市万柏林区王封乡周家山村党支部书记
杜金锁 太原市晋源区晋祠镇东院村党支部书记
吴贵生 太原市小店区黄陵街办北营社区主任
王贵明 太原市杏花岭区杨家峪街道东沟村党支部书记、村委会主任
刘文玉 山西圆通速递有限公司太原恒大绿洲分公司日常事务负责人
井春权 富士康(太原)科技工业园IPEG事业处锻造厂班长
周 婕(女) 红马甲集团股份有限公司主管
巩宝亮 太原六味斋实业有限公司豆制品厂"巩宝亮创新工作室"带头人
武问琴(女) 山西华辰高科农业观光集团有限公司总经理
董振邦 清徐县徐沟中学校校长
冯希云(女) 太原市中心医院内分泌科主任
张小红(女) 太原市尖草坪区第一中学校教师
刘桂英(女) 太原市育星幼儿园党支部书记兼园长
郝永刚 太原市市政工程设计研究院环境所所长
冯立新 太原市杏花岭区中心医院党支部书记兼院长
冯新宇 太原市环境监测中心站自动监控室主任
杨晓丽(女) 太原市中心医院妇产生殖中心主任
张月亮 太原市万柏林区城乡管理局局长
马文杰 娄烦县天池店乡党委副书记、乡长
刘 卫 太原市中级人民法院立案二庭庭长
张贵平 阳曲县国土资源局信息中心主任
郝晋平 国家税务总局太原市税务局稽查局举报中心副主任
田肉虎 古交市种子管理站站长
王艳萍(女) 太原市人民检察院政治部副主任
赵东会 太原市尖草坪区司法局汇丰司法所所长
刘志刚 太原市晋源区总工会主席
冯国雷 太原市第十二中学校校长
郭进升 太原市妇幼保健院院长
王小东 太原市文化艺术学校书记
王 洪 太原市迎泽公园主任
赵和贵 太原北辰双语学校校长
李晓玉(女) 山西转型综改示范区阳曲产业园区事业服务中心工会主席
杜二春(女) 清徐县东湖街道南二街社区居民委员会党支部书记兼居委会主任
孟庆玲(女) 太原市杏花岭区巨轮街道小北关社区党支部书记兼居委会主任

大同市

山西省特级劳模

余 良 大同煤矿集团有限责任公司煤峪口矿维修队副队长
苏国新 国电电力大同第二发电厂副总工程师兼运行管理部主任
张 飞 山西大同变压器有限公司工人
韩飞宇 山西威奇达光明制药有限公司技术总工
王来生 大同大张铁路客运专线管理有限责任公司总经理
赵 喜 天镇县喜祥建材有限公司经理
潘 廷 阳高县平顺养殖种植综合专业合作社理事长
崔守武 大同市云州区党留庄乡邢庄村守武黄花种植专业合作社经理
刘雁民 大同一中教师
杨继文 大同市平城区环卫处清洁三公司副经理

山西省劳动模范

田 瑞 大同煤矿集团有限责任公司雁崖煤业有限公司电气区区长
张 凯 国电电力山西新能源开发有限公司大仁庄基建项目部经理
秦 龙 中车大同电力机车有限公司机车大修车间电力机车钳工
张志和 中车大同电力机车有限公司技术中心研究院主任设计师

刘文弟　国网山西省电力公司大同供电公司检修公司输电运检室检修工
刘　俊　大同市公共交通有限责任公司一公司驾驶员
张雪珍（女）　大同大昶移动能源有限公司财务总监
姚顺利　大同市供水排水集团有限责任公司南城营业处处长
张海兵　大同市吴官屯煤业有限责任公司综采队长
李　瑛（女）　大同银行股份有限公司营业部总经理
张　翔（女）　中国农业银行股份有限公司大同南郊支行大堂经理
刘静敏（女）　中国建设银行股份有限公司大同分行客户经理
任旭红（女）　大同泰瑞集团建设有限公司总裁助理兼技术中心主任
邓宗军　山西普德药业有限公司车间主任
高治华（女）　山西振东泰盛制药有限公司副总经理
皇志刚　大同市云冈区环境卫生管理处清扫队队长
辛　亮　山西柴机油工业有限责任公司数控机床操作工
贺守印　山西华青活性炭集团股份有限公司主任
刘学慧（女）　山西建泰输变电制造有限公司生产车间车间主任
刘　迁　同煤国电同忻煤矿有限公司同忻矿综采二队队长
许丁丁　大同煤矿集团有限责任公司马脊梁矿综采一队副队长
芮聿杰　大同华润燃气有限公司县区经理
马占元　同煤大唐塔山煤矿有限公司党委书记、董事长
匡铁军　大同煤矿集团有限责任公司云岗矿矿长
曹东亚　中煤大同能源有限责任公司党委书记、董事长
曹育中　大同鹊山精煤有限责任公司党委书记、董事长
李　毅　大同市矿山建设工程总公司总经理
李怀东　大同恒泰热力有限公司董事长
侯　普　大同市嘉和众美商贸有限公司董事长
侯文生　中国工商银行股份有限公司灵丘支行行长
马建华　大同市新城环境卫生工程有限公司项目部经理
龚彩云（女）　大同市新荣区利国种鸡场经理
胡清俊　中国移动通信集团山西有限公司大同分公司党办主任
陈瑞叶（女）　中国邮政集团公司大同市武定邮政所支局长
张国恒　广灵县金隅水泥有限公司经理
赵建功　山西中新唐山沟煤业有限责任公司副总工程师
张　桦（女）　山西仟源医药集团股份有限公司行政人力部经理、团委书记
刘　中　天镇县永存种养专业合作社主任
梁　军　浑源县西留村乡宝峰寨村恒宝养牛专业合作社经理
史　斌　山西合创农业科技有限公司总经理
温　军　天镇县博诚蔬菜有限公司经理
赵　军　广灵县来福农牧专业合作社经理
卢永青　灵丘县康馨苦荞科技有限公司总经理
王　慧　浑源县华宸食品有限公司经理
李自芳　灵丘县东河南镇王品村党支部书记
王美珍（女）　大同市云州区瓜园乡东坪村党支部书记
杨连武　大同市水泊寺乡寺儿村党支部书记
张　革　大同市城区张革烙画工作室经理
王友文　大同市城区新泉文博广场王铜匠工艺品店经理
魏丙先（女）　广灵县鸿棉制衣有限公司总经理
张　剑（女）　大同市云冈区实验小学校校长
张占福　灵丘县第三中学校校长
张孝图　大同第二中校教师
张爱莲（女）　浑源县示范中学校教师
徐学勤　左云县人民医院院长
刘世芳　大同市第五人民医院科主任
叶建军　阳高县委纪委、监委科员
闫　伟　大同市平城区市容监察管理处处长
史海湘　大同经济技术开发区总工会主席
宋鹏程　大同市总工会宣教部部长
张海燕　天镇县住房保障和城乡建设管理局局长
曹振宇　大同市建筑企业劳动保险费用统筹管理办公室副书记、副主任
魏官元　大同市新荣区司法局西村乡司法所所长
李建生　大同市逸夫小学校长
赫建光　大同市云州区人民医院医生
左世娟（女）　山西省公路局大同分局副局长
马轶明　大同市第二人民医院副院长
马洪山　大同市第三人民医院院长
朱爱霞（女）　阳高县社区管理工作领导组办公室光明路社区党支部书记、主任
杨河芬　天镇县许家夭村驻村第一书记
王志强　灵丘县柳科乡柳科村扶贫工作队员
王　亮　左云欣源中学校董事长

阳泉市

山西省特级劳模

姚武江　阳泉煤业（集团）有限责任公司一矿机电工区机电队技术员
王建忠　中国电信股份有限公司阳泉分公司网络发展部总经理
张为民　山西省阳泉荫营煤矿选煤厂副厂长
石建忠　盂县建平优质核桃种植专

业合作社理事
王重阳 阳泉市第一中学校教师

山西省劳动模范

李 杰 阳泉煤业(集团)有限责任公司三矿机电动力部综采技术组工人
秦卫峰 阳泉煤业(集团)有限责任公司五矿开拓三队队长
王建宏 山西新景矿煤业有限责任公司调度室自动化小组组长
苗奋明 阳泉市南庄煤炭集团有限责任公司南庄分公司综采二队工人
秦 杰 山西宏厦第一建设有限责任公司矿建工程第九项目部钻机队队长
李 杰 山西阳光发电有限责任公司发电部主任
高喜明 山西省阳泉固庄煤矿水暖大队供暖一队副中队长
王永明 阳泉市燕龛煤炭有限责任公司生产技术部部长
武春明 中国邮政储蓄银行股份有限公司山西省阳泉市分行公司业务部经理
赵建军 中国铁路北京局集团有限公司阳泉站调度员
葛银平 平定古窑陶艺有限公司工艺师
胡存玉 山西阳泉华岭耐火材料有限公司车间主任
要俊叶(女) 山西盛丰源食品有限公司销售小组组长
徐金林 阳泉市顺达出租汽车有限公司共产党员车队队长
任战虹 国网山西省电力公司阳泉供电公司总经理、党委副书记
魏艾玲(女) 阳泉天元家用电器有限责任公司董事长
李晓光 阳泉市利阳农产品有限公司总经理
王新哲 山西志远建设集团有限公司董事长
姚海祥 阳泉阀门股份有限公司副总经理
李占刚 阳泉市长青石油压裂支撑剂有限公司总经理
魏景云(女) 阳泉市豪门家私城运营部经理、工会主席
史云章 平定县富硒香农作物种植专业合作社理事
韩树平 盂县梁家寨乡沙湖滩村养殖专业户
王爱军 盂县孙家庄镇禅房村种植专业户
陈培银 平定县巨城镇半沟村党支部书记
陈润祥 阳泉市郊区李家庄乡李家庄村村委会主任
葛会林 阳泉市城区义井镇河下村党支部书记、村委会主任
梁成印 山西省盂县公路管理段养护中心工人
聂喜军 阳泉市郊区荫营中学校教师
李美芩(女) 阳泉市第一人民医院护理部主任
李永军 阳泉市第三人民医院手外科主任
刘海军 阳泉经济技术开发区管理委员会建设管理部部长
葛云琳(女) 阳泉市统计局能源科科长
韩文来 阳泉市公安局刑侦支队技侦支队支队长
陈友福 国家税务总局阳泉市税务局局长
谈永刚 阳泉市郊区旧街乡虎峪村驻村第一书记
卢晓刚 山西盂县上社镇外独头村驻村第一书记
任红梅(女) 山西省阳泉市矿区桥头街道段南沟社区党总支书记居委会主任

长治市

山西省特级劳模

赵宏卫 山西襄矿集团顺达物流有限公司司机
刘 锐 淮海工业集团有限公司工人
宋卫国 山西三元煤业股份有限公司职工
马国利 山西成功投资集团有限公司董事长
程玉珍(女) 长治市壶关县新天地种养专业合作社社长
景秀萍(女) 长治市潞州区东街小学校长

山西省劳动模范

李 琦 长治市澳瑞特欣鑫健身器材有限公司技术员
吴俊文 山西康宝生物制品股份有限公司副总经理
牛旭红 首钢长治钢铁有限公司电控作业区作业长
武建波 黎城县粉末冶金有限责任公司经济部部长
张旭波 潞安集团王庄煤矿北栗工区班长
张 奇 潞安集团李村煤矿综采队队长
朱治国 中国人民解放军第四三二八工厂技术处处长
李旭魁 山西漳泽电力股份公司漳泽发电分公司生产技术部副主任
郭永明 潞安集团五阳煤矿供电队队长
李保国 长治市出租汽车公司司机
段亚丽(女) 长治市公共交通总公司乘务员
王建华 山西三元煤业股份有限公司综采队队长
韩跃华 长治液压有限公司设备科科长
刘建信 山西航天清华装备有限责任公司一分厂阀件加工单元单元长
程亚丽(女) 中国邮政集团公司长治市分公司市场营销部经理
王慧芳 山西潞安矿业(集团)高河能源公司监控站副站长
程 功 中国移动通信集团山西有限公司长治分公司潞州区分公司副经理
贾向刚 首钢长治钢铁有限公司党委书记、董事长
芦志刚 山西潞安矿业(集团)有限责任公司常村煤矿矿长

段素宏　山西汽运集团长治汽车运输有限公司董事长
郝虎山　澳瑞特体育产业股份有限公司总经理
贾牛骏　山西霍尔辛赫煤业有限责任公司党委书记、董事长
郭翠兰(女)　建设银行长治分行英雄路支行业务经理
梁余妮(女)　平顺县麦丰农业电子商务有限公司总经理
魏安根　天脊集团复肥厂厂长、书记
郭双元　长治市潞州区飞马建材有限公司党支部书记
闫向军　长治市类通堆锦工艺有限公司总经理
马金虎　屯留区源顺设备安装有限公司技术员
宋俊鹏　山西惠而旺食品开发有限公司专业技术人员
关晓先　长子县新拓养殖有限公司总经理
陈雪亮　上党区红都生态种植专业合作社理事长
郭国芳　山西郭氏食品工业有限公司董事长、总经理
张先保　武乡县故县乡五村党支部书记、主任
秦向阳　上党区苏店镇西申家庄村党总支书记
赵建国　黎城县建国农机服务专业合作社理事长
李建平　山西长治八义窑红绿彩陶瓷文化有限公司董事长
张学义　黎城四品民间文化产业有限公司总经理
樊体武　长治医学院附属和平医院主任
董力芳(女)　长治市第六中学校教师
李玉琴(女)　襄垣县第一中学校教师
侯克青　长治职业技术学院机械电子工程系总支书记
王峰松(女)　山西省沁县中学教师
宋雯霞(女)　山西省长治市人民医院副院长、科主任
范建宏　长子县市容环卫管理中心主任
董慧军　长治市房屋拆迁管理办公室主任
王雁椿　黎城县东阳关镇党委书记
张　伟　山西省长治市公安局交警支队办公室主任
李　彬　长治宾馆经理
刘　强　国家税务总局长治市税务局党委书记、局长
韩洪泽　山西省公路局长治分局局长
郭忠义　平顺县青羊镇吾乐村扶贫工作队队长
杨勇彪　平顺县龙溪镇底河村扶贫工作队队长、驻村第一书记

晋城市

山西省特级劳模

焦宇强　山西蓝焰煤层气集团有限责任公司钻机机长
李　虎　山西兰花科技创业股份有限公司化工总工程师
郜　鹏　山西科兴能源发展有限公司党委副书记、副董事长
董沁樑　沁和能源集团有限公司侯村煤矿监控维修工
栗红连(女)　阳城县东关村红连理发店理发师
陈素琴(女)　晋城市上党梆子传习所所长

山西省劳动模范

武　虎　山西兰花科技创业股份有限公司唐安煤矿分公司综掘二队支护工
窦文武　晋煤集团技术研究院有限责任公司职工
路晓荣　晋煤集团寺河矿生产技术管理部部长
汪进宝　晋煤集团救护消防中心技术员
张永国　山西天地王坡煤业有限公司综采队长
李建强　山西兰花科技创业股份有限公司大阳煤矿分公司开拓队队长
范剑英　晋煤集团金鼎煤机支架分公司装配车间车间主任
李　超　山西煤炭运销集团晋城有限公司总会计师
王西栋　山西兰花科技创业股份有限公司化工生产经营管理中心主任
孙秋林　山西清慧机械制造有限公司总工程师
梁宽命　阳城县华泰电力杆塔有限公司总工程师
李庚田　晋城市同兴盛商贸有限公司部门负责人
程永新　晋煤集团赵庄煤业有限责任公司党委书记、董事长
李晓明　山西兰花科技创业股份有限公司董事长、总经理
史军民　浩翔控股集团有限公司党总支书记、董事长
马晋章　山西祥达后勤服务集团股份有限公司董事长
邢　武　国网山西省电力公司高平市供电公司经理
闫玉喜　富士康(晋城)科技工业园区工会主席
申国义　山西高平科兴新庄煤业有限公司党总支书记、矿长
牛惠波　陵川县昌城供热有限公司经理
李爱玲(女)　晋城市幸福汇老年养护服务中心主任
许雪梅(女)　陵川县乡土人家农业综合开发有限公司董事长
秦朝泥　沁水县郑村镇夏荷村兴荷养鸡专业合作社社长
胡　凯　山西凯永养殖有限公司董事长
陈晓拴　阳城县北留镇皇城村党委书记、村委主任
石爱国　陵川县附城镇丈河村党支部书记
李绪枝(女)　晋城市城区北石店镇王台铺村党支部书记、村委会主任
尚利刚　泽州县金秋铸造有限责任公司总工程师、设备科长
郭晚平(女)　阳城县旭东商贸有限公司业务主管
郭刘杰　沁和能源集团有限公司救护队小队长
李得中　高平市百恒运输有限公司

货车司机
张旭芳(女) 高平市第二中学校教师
马克俭 阳城县第一中学校教师
张晋斌 晋城市第一中学校工会主席
石李强 陵川县抗旱服务队队长
张淑平(女) 晋城博物馆讲解员
张雪峰 国家税务总局阳城县税务局党委书记、局长
牛玉万 中共泽州县委组织部常务副部长
李跃进 高平市公安局交通警察大队副队长
杨全民 国家税务总局晋城经济技术开发区税务局党委书记、局长
靳照胜 山西省陵川公路管理段养路工

朔州市

山西省特级劳模

高建国 国网朔州供电公司运维专业室四级职员
李亚军 山西晋坤矿产品股份有限公司副经理
赵海军 朔州市朔城区兴和种植专业合作社负责人
魏育堂 朔州市实验小学教师

山西省劳动模范

徐志平 朔州市平鲁区供热服务中心工人
赵 先 山西梨花春酿酒集体有限公司车间主任
张洪祥 中煤平朔集团有限公司井工三矿采煤机司机
乔淑芳(女) 中电神头发电有限责任公司生技部电气二次主管
张 林 大同煤矿集团朔煤小峪煤业有限公司调度室主任
薛国建 大同煤矿集团朔州朔煤王坪煤电有限责任公司生产技术科科长
张凯辉 同煤浙能麻家梁煤业有限责任公司技术员
曹 君 中国移动通信集团山西有限公司朔州分公司网络部经理
张志伟 朔州市环卫清洁中心主任
王玉军 山阴县医疗集团人民医院科主任
张银政 山西怀仁农村商业银行股份有限公司党委书记、董事长
冉金红 山西经纬通达股份有限公司董事长
郝 凡 右玉西口农业科技产业党支部书记
王生斌 平鲁区忠生专业合作社负责人
岳玉文 应县南泉乡东楼固村农民
白文功 山阴县三兄蔬菜专业合作社负责人
马焕武 朔州市怀仁市云中镇西小寨村党支部书记兼村委会主任
王 旭 中煤平朔集团有限公司煤炭洗选中心工人
丁爱国 朔州市朔城区人民医院医生
段雁平(女) 右玉县中医院主任
池兴华 朔州经济开发区法律事务中心副主任
张建国 朔州市公安局指挥中心主任
潘永平(女) 朔州市人民检察院行政检察部副部长
肖宇峰 国家税务总局朔州市朔城区税务局局长

忻州市

山西省特级劳模

石先桃(女) 同煤集团轩岗煤电有限责任公司焦家寨矿女子绞车班组长
郭焕平(女) 山西天宝集团有限公司技术部部长
刘桂珍(女) 代县段家湾刘桂珍林木种植专业合作社理事长
马玉印 岢岚县阳坪乡赵二坡村优种谷子种植户
郭彦君(女) 忻州市七一路小学副校长

山西省劳动模范

郭俊义 阳煤忻州通用机械有限责任公司车间主任
郭 军 宁武县供水有限责任公司安装队队长
王美英(女) 中国石化销售有限公司山西忻州石油分公司加油员
唱洪波 山西鲁能河曲电煤开发有限责任公司上榆泉煤矿综采队队长
岳变芳(女) 山西晨辉锻压设备有限公司技术中心主任
王 云(女) 原平市天成东大购物商贸有限公司人力资源部经理
郑 勇 山西恒跃锻造有限公司信息中心主任
孟 源 五台县五台山酿酒厂酿酒车间主任
刘六六 山西省繁峙县天河牧业有限公司专业技术员
郝彦军 山西宁武大运华盛老窑沟煤业公司监控中心主任
马旭军 山西省静乐县新能源热电有限公司锅炉车间技术专工
甄建英(女) 神池县长祥圆食品有限责任公司技术总监
彭礼新 五寨县润泽粉业有限责任公司工会主席
芦爱萍(女) 山西山阳药业有限公司职工创新工作室带头人
权素维 山西河曲发电有限公司锅炉队副主任
元乐义 晋能集团山西王家岭煤业有限公司技术员
常彦鑫 偏关县晋电化工公司工程技术研发中心主任
武 骏 山西浩业通用设备有限公司技术中心技术员
任国庆 忻州神达能源集团有限公司董事长
刘学新 五台山机场有限责任公司党委书记、总经理
高 峰 同煤集团轩岗煤电有限公

司党委书记
赵保义　静乐县神农种植有限公司玛卡种植户
李桂成　神池县长畛乡红崖子村杂粮种植户
刘俊希　五寨县道地中药材农民专业合作社理事长
孙爱玲(女)　岢岚县岚漪镇东街村蘑菇种植户
刘月平(女)　河曲县金亥肉猪养殖专业合作社社长
张三厚　偏关县宏福农牧专业合作社种养殖户
董　勇　忻州蓝天救援队(民间志愿者组织)队长
杨喜园　山西省忻州市保德县南河沟乡寨塌村党支部书记
范银莲(女)　山西陶瓷业有限公司施釉工段组长
张俊才　繁峙县晋味食品经销部销售经理
李树卫　定襄县村连云生态农业发展有限公司技术中心技术员
赵俊瑞　忻州市第十二中学副校长
葛延峰(女)　忻州师范学院中文系教师
郭冬青(女)　山西省原平市范亭中学教师
吕彦玲(女)　忻州市幼儿园副园长
董芳梅(女)　忻州市住建局城管科副科长
张晋兰(女)　忻州市公安局交警支队一大队大队长
王东华(女)　忻州市人民医院妇科护士长
解雁文　代县脱贫攻坚指挥部副主任
何建强　忻州市纪委派驻岢岚县三井镇张义庄村、宋家寨村工作队队长
吴东升　国家税务总局忻州市税务局党组副书记、副局长
帅志梅(女)　忻州市规划和自然资源局党组成员
刘晓鹏　代县峪口乡王家会村驻村第一书记
张尚富　宁武县余庄乡东坝村驻村第一书记

吕梁市

山西省特级劳模

秦　勇　临县裕民焦煤有限公司煤矿采煤工区副区长
荆小明　霍州煤电集团吕梁山煤电有限公司洗煤厂厂长
许连红(女)　吕梁曹操到家政北航服务部护工
杨虎平　山西离柳焦煤集团有限公司党委书记、董事长
朱继尧　汾阳市栗家庄乡栗家庄村农工贸公司负责人
王海荣　离石区严村蔬菜协会会长
田　曜　孝义市教育局局长

山西省劳动模范

李宏耀　汾阳市市政工程公司技术中心主任
颜永贵　吕梁市烟草公司汾阳市营销部主任
胡　敏　山西锦兴能源有限公司综放队队长
牛彦君　山西焦煤集团岚县正利煤业有限公司环保科科长
李大军　山西汾阳医院山西省汾阳市医药药材公司副院长
李　剑　中国邮政集团公司山西省方山县分公司渠道平台中心经理
王锋珍　中国移动通信集团公司山西有限公司吕梁分公司市场部主管
薛建平　临县总工会工人俱乐部干事
武　清(女)　临县市容环境卫生管理中心职工
徐天玉　山西晋阳煤焦集团有限公司炼焦车间主任
李计平　交口县旺庄生铁有限责任公司高炉炉长
张　伟　吕梁市泰化集团有限公司扶贫工作队队长
郝秀海　山西粮缘金土地科技股份有限公司研发部部长
牛　娟(女)　吕梁市好大姐家政服务有限公司客服老师、指导老师
任晓炜　孝义市市政工程总公司总经理
梁春豪　华晋焦煤有限责任公司党委副书记、董事、总经理
王再武　山西汾阳王酒业有限责任公司董事长
张　宏　孝义市医疗集团总院长
蓟东红(女)　山西金地煤焦有限公司赤峪煤矿政工科科长
雒彦彬　吕梁市集中供热服务中心负责人
吴小玲(女)　山西金岩和嘉能源有限公司人力资源部经理
李建明　交城县东坡底乡大石头农业专业合作社理事长
宋艳军　中阳县仁味仁农产品加工有限公司经理
李　亮　交口县韦禾农业发展有限公司董事长
薛贵生　岚县老磨坊农业科技有限公司创办人
乔支平　兴县贺家会乡中药材种植发展协会会长
刘　毅　临县大唢呐培训活动中心省级非物质文化传承人
郑小勇　石楼县灵泉镇城关村委主任
郭建民　孝义市振兴街道东庄村党支部书记
马德茂　文水德茂肉牛养殖合作社负责人
刘元平　柳林县达滋食品有限责任公司副总经理
张新勤　临县青塘食品有限公司负责人
熊文生　交城中学校年级主任
侯进勋　孝义市第二中学校校长
李金萍(女)　离石区人民医院医生
王彩萍(女)　山西省农业科学院经济作物研究所职工
闫晋韦(女)　吕梁市离石区东关小学校长
柳树亮　吕梁市卫生学校培训科副主任
王凤莲(女)　吕梁市纪律检查委员会案件审理室主任
霍志华　孝义市公安局中阳楼责任区刑警队指导员
高艳琴(女)　柳林县财政局国库股

股长
武美萍(女) 孝义市中阳楼街道办事处工会主席
刘福林 柳林县城市综合执法大队队长助理
刘晓梅(女) 临县青凉寺乡青蒿焉村驻村工作队员
郭肖宏 临县城庄镇挂职副镇长
赵 隆 方山县圪洞镇后东旺坪村驻村第一书记
王明明 柳林县薛村镇军渡村驻村第一书记
李玉昌 临县临泉镇万安坪村驻村第一书记

晋中市

山西省特级劳模

王克泰 山西汾西矿业(集团)有限责任公司双柳煤矿综采队队长
史学峰 华能榆社发电有限责任公司检修部主任
李祖能 左权金隅水泥有限公司电气主任工程师
刘爱忠 国网山西省电力公司晋中供电公司总经理、党委副书记
南润昌 灵石县仁和农牧专业合作社负责人
马毓玺 祁县同力奶业专业合作社理事长
王文清 山西省榆次第二中学校校长
崔永刚 晋中市公安局交通警察支队高校大队大队长

山西省劳动模范

汤 海 晋中市瑞阳热电联产供热有限责任公司规划设计部副部长
秦海旺 山西寿阳段王煤业集团段王矿动力区区长
王 勇 太重榆次工业有限公司技术员
王建军 寿阳县医疗集团人民医院行政与人事中心常务副主任
陈晓武 山西晋阳碳素有限公司陈晓武劳模创新工作室带头人
郝贵忠 山西海玉园食品有限公司技术员
商玉成 山西卡耐夫管业股份有限公司品质保障部部长
郝汝檀 山西大华玻璃实业有限公司技术副总
张红亮 山西亮宇炭素有限公司营销部主任
任建强 山西广宇通科技股份有限公司车间主任
邢保科 晋中市鑫阳顺建筑有限公司铲车司机
孙江涛 山西介休义棠安益煤业有限公司综采队队长
赵奕良 平遥牛肉集团有限公司企划部、技开部主任
闫忠生 山西安泰集团股份有限公司焦化厂安全科科长
李彦军 和顺方圆安装有限公司钳工组组长
续子龙 晋中君约餐饮服务有限公司厨师长
李粉乐 晋中瑞达公交有限公司驾驶员
吴海平 山西榆社化工股份有限公司技术员
管幼平 经纬纺织机械股份有限公司副总经理
李千保 山西奥泰科工贸集团有限公司董事长
乔志军 晋中开发区农村商业银行股份有限公司党委书记、董事长
黄祥苗 山西昔阳丰汇煤业有限责任公司董事长
郭春平 山西全安新技术开发有限公司董事长
高 源 山西国新和盛新能源有限公司行政事业部副经理
李全发 国电榆次热电有限公司副总经理
李彦彬(女) 中国石化销售有限公司山西晋中石油分公司党委副书记
王 峰 中国移动通信集团山西有限公司晋中分公司副总经理
郭伦铭 平遥煤化(集团)有限责任公司常务副总经理
乔添锋 山西祁县乔家大院民俗博物馆馆长
陈帅武 介休市帅达农牧发展有限公司董事长
陈永升 平头镇寨上村旭升养殖专业合作社理事长
祁培亮 寿阳县耀亮养殖专业合作社理事长
王小兵 榆次区庄子乡杨壁村老知青种养专业合作社负责人
秦俊莉(女) 榆次区东阳镇老黑蔬菜合作社理事长
张国忠 左权县龙鑫种植农民专业合作社理事长
宋以斌 昔阳县大寨镇毕家岭村、安家沟村党支部书记
陈忠祥 和顺县义兴镇井玉沟村党支部书记
郭应林 左权县龙泉乡连壁村支部书记
韩效兵 榆社县北寨乡水磨头村党支部书记
武兵斌 平遥峰岩煤焦集团车间主任
梁建宏 山西聚义实业集团鑫鑫洗煤厂生产厂长
王来虎 山西介休鑫峪沟左则沟煤业公司皮带运输队队长
李立明 晋中市第三人民医院院长
王 敏(女) 晋中市第一人民医院妇科主任
邓颖仁 介休市人民医院风湿免疫科主任
乔乃曦 昔阳县人民医院心内科主任
辛跃清(女) 晋中市戏剧研究创作室副主任
赵戌晨 太谷县职工学校职员
张 素(女) 灵石县段纯镇水泉塔小学教师
郭侠锋(女) 晋中市青少年科技中心副主任
郭长安 晋中师范高等专科学校附属学校校长
范俊强 晋中市人民政府森林防火办公室主任
梁建宏 和顺县农业农村局局长
庞晓芳(女) 国家税务总局晋中市税务局副局长
任巧萍(女) 晋中市果树技术服务

中心主任

临汾市

山西省特级劳模

闫亚鹏　山西乡宁焦煤集团台头煤焦有限责任公司职工

刘小元　国网山西省电力公司临汾供电公司技术员

申青林　临汾市鑫锐机械设备有限公司技术员

蔡伟锋　中信机电制造公司科研设计院设计所所长

郭喜志　山西乡宁焦煤集团有限责任公司台头前湾煤业有限公司董事长、总经理

贺星龙　大宁县徐家垛乡乐堂村乡村医生

邱玉河　山西瑞河食用菌合作社农民

郭小燕(女)　临汾市射击射箭运动管理中心主任

陈相君　临汾市公安局交警支队环城大队事故中队负责人

山西省劳动模范

郑海军　山西地方电力有限公司安泽分公司电网建设办公室副主任

李　强　古县正泰煤气化有限公司班长

李彦良　山西乡宁焦煤集团神角煤业有限公司坑口主任

成　宇　霍州市自来水公司专业技术人员

高红亮　山西泰鑫塑胶制品有限公司班长

赵宝庆　国电华北电力有限公司霍州发电厂车间主任

毛　义　国网山西省电力公司襄汾供电公司运维检修部主任

郜海龙　霍州煤电集团公司辛置煤矿东区掘进一队副队长

张临生　山西焦化集团有限公司临汾建筑安装有限公司甲醇检修车间班长

秦荣荣　霍州煤电集团木瓜煤矿综采队班组长

葛成稳　吉县东城乡果业站技术员

段禹光　尧都区红陶坊陶艺工作室平阳窑非遗传承人

郝秀亲(女)　山西华夏中青家政服务有限公司职工

魏从军　山西好利阀机械制造有限公司车间主任

李耀兵　汾西县城镇环卫队清洁工

乔小红(女)　临汾市环境卫生管理局路东环卫所职工

贾雪梅(女)　弘泰城建集团有限公司技术员

冯林宇　大宁县同德化工有限公司工人

段永平　襄汾县鸿达集团水泥建材有限公司项目带头人

荆冰寅　山西路桥集团高速公路有限公司党委书记、董事长

李晓军　山西煤炭运销集团临汾有限公司党委书记、经理

屈　平　霍州煤电集团李雅庄煤矿矿长

和金财　山西古县老母坡煤业有限公司董事长、总经理

张天福　山西立恒钢铁集团股份有限公司总经理

牛锦岚　山西临汾(染化)集团有限责任公司总经理

郝炎军　山西漳泽电力股份有限公司侯马热电分公司总工程师

许燕新　大宁县污水处理厂负责人

刘　钢　临汾市尧都区恒和东星建材市场有限公司经理

李建学　山西省农村信用社联合社临汾办事处党组书记、主任

刘金印　临汾电力高级技工学校校长

郭高升　襄汾县南贾高升玉米种植专业合作社理事长

尉昌华　安泽天乐综合服务专业合作社带头人

王　萍　翼城县隆化小米专业合作社带头人

任玉林　洪洞县四季鲜花莲藕种植专业合作社带头人

朱秋记　霍州市许村秋记核桃种植专业合作社带头人

冯爱文　永和县爱文种植专业合作社带头人

徐靖华　尧都区枕头乡枕头村党支部书记

贺彦荣　吉县柏山寺乡东石泉村委会主任

崔保彦　蒲县蒲城镇城关村党支部书记

鲁清海　浮山县北王乡臣南河村党支部书记

石防震　临汾恒盛酒店厨师

余荣中　吉县中垛乡三堠村苹果交易信息员

张开华　山西蒲县宏源煤业凤凰台煤业有限公司生产矿长

王忠民　临汾市解放路学校校长

王爱玲(女)　汾西县人民医院医师

张俊霞(女)　侯马市第二中学教师

张丽霞(女)　临汾市第二人民医院功检科主任

崔永峰　翼城中学教师

李全忠　永和县中医院医师

宁良杰　临汾广播电视台党组成员、副台长

高勇军　霍州市职业中专学校工会主席

周文泉　临汾市公安局直属分局尧庙派出所所长

王洪锁　尧都区住房和城乡建设局局长

赵怀忠　尧都区段店乡党委书记

崔春源　洪洞县农业综合开发办副主任

申红星　蒲县公安局党委委员、交警大队大队长

崔　军　安泽县人民政府副县长,公安局党委书记、局长

李保龙　临汾市水利机械工程局局长

张宏杰　临汾市总工会副主席

马华剑　蒲县总工会驻公峪村帮扶工作队队长

吴德平　隰县果业局驻阳头升乡竹干村帮扶工作组组长

刘志东　临汾市尧都区诚信建设促进会副秘书长

运城市

山西省特级劳模

王经君　山西凯盛生物科技有限公

司生物发酵攻关组组长
王建伟 中铝山西铝业有限公司焊接研究培训中心二班班长
高丙伟 山西华圣铝业有限公司电解厂电解一车间副主任
张志祥 山西建龙实业有限公司总裁
郭崇喜 山西国澳崇基电梯股份有限公司董事长
杨良杰 盐湖区龙居镇西张耿村现代果品示范基地农民
王国清 河津市下化乡南桑峪村花椒种植户
吴中定 临猗县吴中定苹果种植专业合作社理事长
郭建朝 盐湖区人民医院党组书记
牛江丽(女) 运城中学教师

山西省劳动模范

王黎军 国网运城客户服务中心计量室采集运维二班班长
吕春红(女) 际华三五三四制衣有限公司技术处技术员
尚 军 中铁隧道集团蒙华铁路3标一工区负责人
王普选 山西丰喜化工设备有限公司工程师
张 巨 运城市蒲剧团演员
吕金升 山西交通控股集团有限公司运城南高速公路分公司永济路产维护站站长
赵新荣 南风化工集团股份有限公司钡盐分公司技术员
葛亚楠 中车永济电机有限公司铆工
刘全有 中国邮政集团公司运城市分公司三路里镇邮政支局乡邮投递员
刘 佳 亚宝医药集团股份有限公司工人
周红军 山西阳光焦化集团焦化厂捣固队队长
郭晋梅(女) 中铝山西新材料有限公司技术研发中心科技科主管
相红联(女) 运城市城市建设投资开发集团有限公司工程管理部部长
赵 佳(女) 交通银行股份有限公司运城分行个人金融业务部经理
黄 玥 万荣县华荣果业有限公司业务主管
张伟忠 垣曲县五龙镁业有限责任公司镁合金厂生产车间主任
闫凌鹏 山西大禹生物工程股份有限公司技术员
王群力 山西佳惠科技电子有限公司工程师
端木英芳(女) 山西信泽达人力资源有限公司培训师
罗 进 中铁隧道集团二处有限公司蒙华铁路MHSS-3标段项目经理部三工区负责人
黄俊荣 平陆县老黄商贸有限责任公司经理
夏佳铨 山西建龙实业有限公司总经理
秦江峰 运城市农村信用合作社联合社主任
王哲波 山西运城建工集团有限公司总经理
吕增军 山西溪域旅游开发有限公司董事长
史永民 山西稷山农村商业银行股份有限公司党委书记、董事长
孟小军 山西佳能达华禹制药有限公司厂长
陈皓利 大运汽车股份有限公司副总经理
李望增 国网永济市供电公司经理
庞利荣 国网新绛县供电公司经理
崔文科 阳煤丰喜肥业(集团)有限责任公司平陆分公司总工程师
董永凯 万荣县医疗集团院长
郝跃飞 运城市北赵引黄工程建设管理局基建科副科长
黄海根 北方铜业股份有限公司铜矿峪矿矿长
李加顺 稷山县加顺红枣种植专业合作社理事长
李玉仙(女) 闻喜县半山腰山楂种植专业合作社理事长
李如意(女) 绛县古绛镇东关村花馍面塑师
李建平 夏县尉郭乡郭村养鸡养殖户
张敏斋 河津市润兴种植专业合作社负责人
陈水朝 万荣县南张乡东苏村种植葡萄种植户
晁贞良 新绛县珍粮粮食种植专业合作社理事长
范世锁 万荣县王显乡范家村支部书记村委会主任
拜惠珍(女) 新绛县龙兴镇西关村党支部书记
张刘生 垣曲县皋落乡皋落村村委会主任
穆云峰 临猗县楚侯乡王见村党支部书记
田映辉 夏县宏伟瓜业专业合作社技术员
王亚平(女) 芮城县惠丰果品专业合作社理事长
王仙梅(女) 山西中邦旅游开发有限公司经理
张耀武 运城市河东商贸技术学校、晋南面食研发中心主任
乔会武 稷山县海涛商贸有限公司技术员
张丹薇(女) 夏县中学教师
张锋利 运城幼儿师范高等专科学校教师
吉建强 运城市教育局基教科科长
支立平 中共运城市委党校当代知识教研室副主任
倪 妍(女) 运城市中心医院妇产科主任
吴丽霞(女) 运城市口腔卫生学校附属口腔医院医生
刘 英 临猗县嵋阳镇中心卫生院医生
张耀斌 运城市急救中心儿科主任
林全虎 垣曲县发展和改革局局长
朱军虎 芮城县商务局局长
王利军 绛县人民法院法官
蔡高雨 运城市公安局盐湖分局交警大队中队长
周 凌(女) 运城市广播电视台采编播记者
董明磊(女) 运城市财政局农业科科长
张军刚 永济市环境卫生管理中心

主任
伊能忠　平陆县公安局巡特警大队大队长
陶小翠(女)　运城市龙翔工业技术学校校长

国防工会

山西省特级劳模

杨兴隆　淮海工业集团有限公司工人

山西省劳动模范

谢丙友　山西柴油机工业有限责任公司工人
郝建栋　中信机电华晋冶金铸造厂工长
王玉良　山西北方兴安化学工业有限公司生产组组长
王永军　山西平阳重工机械有限责任公司班组长
王昭辉　山西汾西重工有限责任公司钳铣组组长
周竹青(女)　山西北方机械制造有限责任公司科技带头人
车　军　中核新能核工业工程有限责任公司副总工程师
魏力钧　晋西集团山西利民工业有限责任公司工人
柳惠敏　山西航天清华装备有限责任公司组长
董智斌　淮海工业集团有限公司工人
付　海　淮海工业集团有限公司工人
崔　帅　山西航天清华装备有限责任公司副组长
刘占旗　中国辐射防护研究院放射医学与环境医学研究所所长
王增全　中国北方发动机研究所研究员

煤矿工会

山西省特级劳模

童明全　阳泉煤业(集团)有限责任公司化工研究院化工新材料研究室工程师

山西省劳动模范

崔小康　潞安矿业(集团)公司漳村煤矿综采队队长
豆忠源　晋城蓝焰煤业股份有限公司古书院矿采掘三队班组长
温金平　山西焦煤集团化工有限责任公司董事长兼总经理
金　江　中国煤炭科工集团太原研究院有限公司测试中心主任

公路运输工会

山西省劳动模范

王安宏　山西交控集团长治高速公路分公司长邯隧道管理站站长
刘　晓　山西省交通科学研究院有限公司信息机电技术研究所副所长
王　健　山西省交通运输厅重点公路工程建设办公室职员
甄俊杰　山西交科公路勘察设计院院长
高　平　山西省大同交通运输执法局天镇县分局局长
柴慧理　山西交通职业技术学院系主任

省直机关工会

山西省特级劳模

田悦慧(女)　八路军太行纪念馆宣教部主任

山西省劳动模范

杨　静(女)　山西省科学技术厅政策法规与创新体系建设处主任科员
常亚琦(女)　太原海关动植处动检科科长
孟东风　中共山西省委党校后勤管理处司务长
卫　东(女)　山西省综合地理信息中心总工程师
韩建书　山西省计量科学研究院院长
方祥华(女)　山西省工商业联合会宣教部部长
尚慧辉(女)　山西日报报业集团副主任
张文萍(女)　国家税务总局山西省税务局非税收入处处长
孙朝晖　山西省政法委执法检查处处长
高生记　中共山西省委党史研究院(山西省地方志研究院)方志编研六室主任,和顺县青城镇大窑底村第一书记
闫保全　方山县麻地会乡郝家庄村第一书记

农林水工会

山西省特级劳模

郭黄萍(女)　山西省农业科学院果树研究所研究员

山西省劳动模范

王思懋(女)　山西省气象台短时临近预报一科副科长
王卫刚　黄河万家寨水利枢纽有限公司电站管理局工程师
李江深　山西省黄河万家寨水务集团有限公司阳曲供水公司经理
平俊爱(女)　山西省农业科学院高粱研究所研究员
王　曦　山西省农业机械化服务中心主任
李建平　山西省黑茶山国有林管理局党委书记、局长

财贸工会

山西省特级劳模

房桂萍(女)　中国石油天然气股份有限公司山西太原销售分公司北大街加油站经理
李爱红(女)　太原市贝亲好家政服务有限公司经理

山西省劳动模范

高永莲(女) 山西汽运集团朔州汽车运输有限公司偏关汽车站站长
田莲花(女) 山西宏益华商贸有限公司茶艺师
王福荣 山西焦煤集团中源物贸有限责任公司行政总厨
张国平 山西粮油集团晋粮植物油储备库有限责任公司仓储部副科长
牛变珍(女) 山西省投资集团有限公司党委副书记、副董事长、总经理
陈程丽(女) 山西皇城相府文化旅游有限公司相府景区管理处导游
王张龙 山西会馆餐饮文化有限公司面艺总监
郭梅花(女) 山西艺术职业学院教师
王力群 山西省经贸学校教师
陈 琦 山西省财政厅机关党委专职副书记

教育工会

山西省特级劳模

张 靖 山西大学光电研究所所长
董红霖 山西医科大学第二医院血管外科主任

山西省劳动模范

冯国瑞 太原理工大学科学技术研究院院长
薛晨阳 中北大学仪器科学与动态测试教育部重点实验室主任
延保全 山西师范大学戏剧与影视学院院长
王安红(女) 太原科技大学电子信息工程学院副院长
宋洁富 山西省人民医院骨科主任
李虹蔚 山西广播电视传媒(集团)有限责任公司专职党委副书记
韩肖清(女) 太原理工大学电气与动力工程学院院长
赵立新 山西省中医院针灸科主任
曹果清(女) 山西农业大学动物科技学院教师
李粉霞(女) 山西机电职业技术学院数控工程系主任

直属基层工会

山西省特级劳模

杨文府 山西省煤炭地质物探测绘院副院长

山西省劳动模范

张民栓 中铁三局集团有限公司新建京张铁路六标项目部经理
刘运泽 中铁十二局集团第一工程有限公司董事长
井庆宝 中铁十二局集团第二工程有限公司技术员
安晋哲 中铁六局集团太原铁路建设有限公司市政项目部架子队队长
陈勇明 山西压缩天然气集团有限公司董事长
孟凡勇 山西煤层气(天然气)集输有限公司副总经理
张海峰 太原国际机场有限责任公司旅客服务部客运一队主管
王卫宏 山西三元煤业股份有限公司综掘队副队长

电业工会

山西省特级劳模

张文娜(女) 国网运城供电公司运检部副主任

山西省劳动模范

刘文军 山西漳电同华发电有限公司总工程师
袁振宇 山西漳电国电王坪发电有限公司设备管理部副主任
李丽丽(女) 山西国际能源集团水务投资管理有限公司运行班组长
宰红斌 国网晋城供电公司运维检修部五级职员
陈继平 中国能源建设集团山西省电力勘测设计院有限公司党委书记、董事长
王先文 中国能源建设集团山西电力建设有限公司党委书记、董事长
曹效众 国网山西省电力公司后勤工作部主任

信息业工会

山西省劳动模范

武晓华 中国铁塔股份有限公司山西省分公司技术支撑中心总监
马文涛 中国移动通信集团山西有限公司太原分公司网络部经理
张瑞臣 中国移动通信集团山西有限公司大同分公司平城区分公司经理
薛万强 中国电信股份有限公司太原分公司助理
门高伟 中国联合网络通信有限公司山西省分公司政企客户事业部总经理
马煜彤 中移铁通有限公司山西分公司市场拓展部经理

建筑业工会

山西省特级劳模

吉克达富 山西一建集团有限公司塔机分公司塔吊司机

山西省劳动模范

鞠玮琦 中国建筑第二工程局有限公司山西分公司项目副总工程师
张德良 山西建设投资集团有限公司晋中工程建设项目指挥部总工程师
邵 江 山西省宏图建设集团有限公司项目经理
赵 瑜 太原市第一建筑工程集团

有限公司作业队队长

刘跃生 山西省住房和城乡建设厅稽查办公室主任

金融工委

山西省特级劳模

高　日 中国民生银行股份有限公司太原分行副行长

山西省劳动模范

卫东锋 吕梁市农村信用合作社联合社统计信息科科长

张丽娜（女） 中国农业银行股份有限公司忻州分行营业部主任

赵苏娜（女） 中国人寿保险股份有限公司山西省分公司监察审计部经理助理

田小青（女） 交通银行股份有限公司太原高新技术开发区支行行长

高　亮 山西省产权交易市场有限责任公司党委书记、董事长

李淑荣（女） 阳泉市财贸工会工作委员会主任

侯　龙 中国人民银行临汾市中心支行党委书记、行长

机冶建工会

山西省特级劳模

李煊生 太钢集团岚县矿业有限公司选矿部主任

山西省劳动模范

朱少辉 太原重型机械集团有限公司太原重工技术中心设计员

孙　键 中车太原机车车辆有限公司机车分厂转向架车间调度组长

刘艳晌 中车大同电力机车有限公司车体车间铆工

王明才 中色十二冶金建设有限公司华北分公司施工员

王永晶 太原重型机械集团太原重工轧钢设备分公司工部主任

监狱工会

山西省劳动模范

苏　记 山西省太原第一监狱科长

李文骏 山西省阳泉荫营煤矿新闻中心主任

张金海 山西省女子监狱工人

非公企业工会

山西省劳动模范

张宏亮 平定县冠窑砂器陶艺有限公司总工艺师

罗琴琴（女） 山西大华玻璃实业有限公司工人

毛书红（女） 太原禧宝汇家政服务有限公司总经理

太铁工会

山西省特级劳模

景生启 大秦铁路股份有限公司湖东电力机务段机车司机

山西省劳动模范

王晓霞（女） 大秦铁路股份有限公司太原电务段党支部书记

王养国 大秦铁路股份有限公司大同西供电段工长

刘书学 大秦铁路股份有限公司湖东车辆段工长

（省总工会）

2019 年山西省获“全国脱贫攻坚奖”名单

奋进奖

郭志强 山西省长治市壶关县石坡乡南平头坞村党支部书记兼村委会主任

贡献奖

贺星龙 山西省临汾市大宁县徐家垛乡乐堂村卫生所医生

奉献奖

李安平 山西振东健康产业集团有限公司董事长

创新奖

姚建民 山西省农村专业技术协会理事长

2018 年度山西省脱贫攻坚奖获得者

（2019 年 2 月表彰）

奋进奖

（共 20 人，按姓氏笔划排序）

王巨明 阳泉市平定县柏井镇将军峪村党支部书记

王月龙 晋城市沁水县土沃乡岭东村党支部书记

王会军 大同市灵丘县石家田乡东张庄村村委会主任

王保元 晋城市陵川县西河底镇秦山村原党支部书记

刘智军 太原市阳曲县黄寨镇录古咀村村委会主任

许艳平（女） 吕梁市艳平家政服务有限公司总经理

苏耀康 太原市娄烦县娄烦镇西果园村村委会主任

张会岗 晋中市榆社县箕城镇河南街村党支部书记

陈永和 朔州市山阴县合盛堡乡东双山村泰和牧业专业合作社董事长

陈建明 临汾市汾西县永安镇后加楼村绿阳种植专业合作社理事长

郑二小 吕梁市岚县界河口镇东口子村党支部书记

姜　宏 大同市广灵县梁庄乡刘家沟村村民

贾永平 长治市平顺县龙溪镇龙镇村党支部书记

郭志强 长治市壶关县石坡乡南平头坞村党支部书记、村委会主任

郭应林 晋中市左权县龙泉乡连壁村党支部书记

龚来文 长治市沁县杨安乡佛堂岩村党支部书记

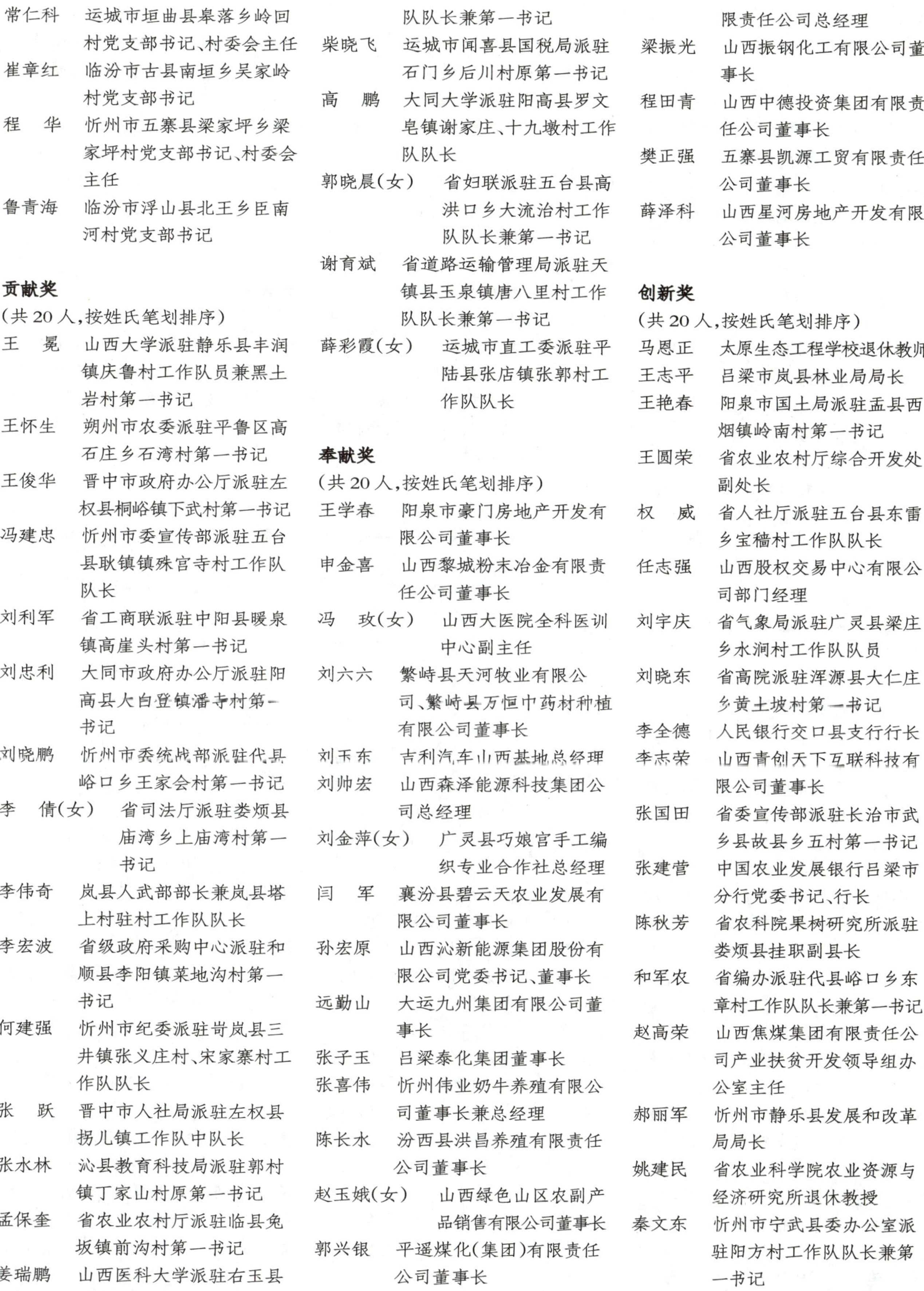

常仁科　运城市垣曲县皋落乡岭回村党支部书记、村委会主任
崔章红　临汾市古县南垣乡吴家岭村党支部书记
程　华　忻州市五寨县梁家坪乡梁家坪村党支部书记、村委会主任
鲁青海　临汾市浮山县北王乡臣南河村党支部书记

贡献奖

（共20人，按姓氏笔划排序）

王　冕　山西大学派驻静乐县丰润镇庆鲁村工作队员兼黑土岩村第一书记
王怀生　朔州市农委派驻平鲁区高石庄乡石湾村第一书记
王俊华　晋中市政府办公厅派驻左权县桐峪镇下武村第一书记
冯建忠　忻州市委宣传部派驻五台县耿镇镇殊宫寺村工作队队长
刘利军　省工商联派驻中阳县暖泉镇高崖头村第一书记
刘忠利　大同市政府办公厅派驻阳高县大白登镇潘寺村第一书记
刘晓鹏　忻州市委统战部派驻代县峪口乡王家会村第一书记
李　倩（女）　省司法厅派驻娄烦县庙湾乡上庙湾村第一书记
李伟奇　岚县人武部部长兼岚县塔上村驻村工作队队长
李宏波　省级政府采购中心派驻和顺县李阳镇菜地沟村第一书记
何建强　忻州市纪委派驻岢岚县三井镇张义庄村、宋家寨村工作队队长
张　跃　晋中市人社局派驻左权县拐儿镇工作队中队长
张水林　沁县教育科技局派驻郭村镇丁家山村原第一书记
孟保奎　省农业农村厅派驻临县兔坂镇前沟村第一书记
姜瑞鹏　山西医科大学派驻右玉县元堡子镇小油坊头村工作队队长兼第一书记
柴晓飞　运城市闻喜县国税局派驻石门乡后川村原第一书记
高　鹏　大同大学派驻阳高县罗文皂镇谢家庄、十九墩村工作队队长
郭晓晨（女）　省妇联派驻五台县高洪口乡大流治村工作队队长兼第一书记
谢育斌　省道路运输管理局派驻天镇县玉泉镇唐八里村工作队队长兼第一书记
薛彩霞（女）　运城市直工委派驻平陆县张店镇张郭村工作队队长

奉献奖

（共20人，按姓氏笔划排序）

王学春　阳泉市豪门房地产开发有限公司董事长
申金喜　山西黎城粉末冶金有限责任公司董事长
冯　玫（女）　山西大医院全科医训中心副主任
刘六六　繁峙县天河牧业有限公司、繁峙县万恒中药材种植有限公司董事长
刘玉东　吉利汽车山西基地总经理
刘帅宏　山西森泽能源科技集团公司总经理
刘金萍（女）　广灵县巧娘宫手工编织专业合作社总经理
闫　军　襄汾县碧云天农业发展有限公司董事长
孙宏原　山西沁新能源集团股份有限公司党委书记、董事长
远勤山　大运九州集团有限公司董事长
张子玉　吕梁泰化集团董事长
张喜伟　忻州伟业奶牛养殖有限公司董事长兼总经理
陈长水　汾西县洪昌养殖有限责任公司董事长
赵玉娥（女）　山西绿色山区农副产品销售有限公司董事长
郭兴银　平遥煤化（集团）有限责任公司董事长
曹云贵　晋能清洁能源光伏工程有限责任公司总经理
梁振光　山西振钢化工有限公司董事长
程田青　山西中德投资集团有限责任公司董事长
樊正强　五寨县凯源工贸有限责任公司董事长
薛泽科　山西星河房地产开发有限公司董事长

创新奖

（共20人，按姓氏笔划排序）

马恩正　太原生态工程学校退休教师
王志平　吕梁市岚县林业局局长
王艳春　阳泉市国土局派驻盂县西烟镇岭南村第一书记
王圆荣　省农业农村厅综合开发处副处长
权　威　省人社厅派驻五台县东雷乡宝稿村工作队队长
任志强　山西股权交易中心有限公司部门经理
刘宇庆　省气象局派驻广灵县梁庄乡水涧村工作队队员
刘晓东　省高院派驻浑源县大仁庄乡黄土坡村第一书记
李全德　人民银行交口县支行行长
李志荣　山西青创天下互联科技有限公司董事长
张国田　省委宣传部派驻长治市武乡县故县乡五村第一书记
张建营　中国农业发展银行吕梁市分行党委书记、行长
陈秋芳　省农科院果树研究所派驻娄烦县挂职副县长
和军农　省编办派驻代县峪口乡东章村工作队队长兼第一书记
赵高荣　山西焦煤集团有限责任公司产业扶贫开发领导组办公室主任
郝丽军　忻州市静乐县发展和改革局局长
姚建民　省农业科学院农业资源与经济研究所退休教授
秦文东　忻州市宁武县委办公室派驻阳方村工作队队长兼第一书记
高　林　太原市娄烦县扶贫办主任

路东红　临汾市永和县东征村村委会主任

（省扶贫办）

2019年山西省脱贫攻坚奖获奖名单

奋进奖

（共20人，按姓氏笔划排序）

王翠萍（女）　长治市平顺县石城镇王家庄村党支部书记
尤金莲（女）　山西莲芯硒美农业科技开发有限公司董事长
石金平　临汾市蒲县山中乡山中村党支部书记
叶　青（女）　晋城市陵川县西河底镇秦山村党支部负责人
冯海荣　太原市阳曲县东黄水镇吉家岗村村委会主任
朱　义　朔州市右玉县杀虎口风景区马营河村党支部书记
任晋宝　临汾市古县北平镇贾寨村党支部书记
刘炯岩　朔州市山阴县恒兴农牧专业合作社负责人
闫学珍　吕梁市石楼县前山乡前山村原党支部书记
杨明明（女）　吕梁市临县森宝农产品专业合作社负责人
吴秋会　晋城市阳城县东冶镇枪杆村党支部书记
张中强　长治市武乡县贾豁乡副乡长兼古台村党支部书记
武志锋　忻州市五台县豆村镇东柳院村党支部书记
周永平　运城市夏县埝掌镇北坡村党支部书记
赵蛇则　忻州市保德县南河沟乡中赵家墕村村民
赵得宝　大同市新荣区破鲁堡乡黄土口村党支部书记
郭千寿　阳泉市平定县岔口乡红岩岭村党支部书记
董慧勃（女）　运城市平陆县众达花椒合作社负责人
韩效兵　晋中市榆社县北寨乡水磨头村党支部书记
潘　廷　大同市阳高县大白登镇潘寺村党支部书记

贡献奖

（共20人，按姓氏笔划排序）

冯　毅　省住房和城乡建设厅派驻河曲县前川乡南也村第一书记
任　伟　省基督教“三自”爱国运动委员会派驻隰县黄土镇上庄村第一书记
刘文军　山西财经大学派驻武乡县故城镇西渠村第一书记
刘金虎　晋能集团派驻石楼县包村工作队队长
孙英浩　国家应急管理部派驻阳高县狮子屯乡后营村第一书记
孙清清　临汾市尧都区交通运输局派驻刘村镇北段村工作队副队长
李　伟　晋中市住建局派驻榆社县云簇镇云簇村第一书记
李　俊　省粮食和物资储备局派驻永和县打石腰乡冯家山村第一书记
李云飞　山西省特色产业扶贫工作领导小组办公室科长、原省农业农村厅派驻临县大禹乡前阳塔村第一书记
李春泽　山西日报报业集团派驻静乐县段家寨乡永安镇村第一书记兼工作队队长
李雪梅（女）　山西省工商业联合会扶贫与社会服务部部长
杨　剑　太原市纪委监委挂职娄烦县庙湾乡党委副书记
宋俊杰　省委办公厅派驻吕梁市临县林家坪镇新民村工作队队长
张俊光　省国资委派驻兴县康宁镇安家庄村第一书记兼包村工作队队长
张彩霞（女）　太原市水利工程质量与安全监督站派驻娄烦县杜交曲镇程家岭村第一书记
高姗姗（女）　共青团中央派驻灵丘县红石塄乡边台村第一书记
郭爱斌　中共沁县县委副书记、政法委书记
常国平　临汾职业技术学院派驻大宁县曲娥镇黑城村原第一书记
崔　贵　朔州市委宣传部派驻山阴县下喇叭乡刘家窑村第一书记兼工作队队长
翟纪亭　中共平陆县委副书记、县脱贫办主任

奉献奖

（共20人，按姓氏笔划排序）

马长江　运城职业技术学院董事长
王俊峰　山西黄土坡煤业集团有限公司党委书记、董事
王庭良　晋中市榆社县天生农牧发展有限公司董事长
木玉梅（女）　忻州市繁峙县晋鲁诺佳食品有限公司总经理
许雪梅（女）　晋城市陵川县乡土人家农业综合开发有限公司董事长
李　政　大同市浑源县政通有限责任公司董事长
李志国　山西绿源康达肉类食品有限公司董事长
李玲义　太原市市场监督管理局退休干部
李　亮　吕梁市交口县韦禾农业发展有限公司董事长
宋四清　山西九州天润道地药材开发有限公司总经理
张连水　临汾市乡宁县云丘山有限责任公司董事长
张明忠　大同泰瑞集团总裁
张福田　忻州市五寨县隆泰煤焦化有限责任公司董事长
段忍刚　山西宇泽包装制品有限公司总经理
贾峰耀　山西省吕梁市文水县人民武装部职工
高三元　吕梁市中阳县厚通科技养殖有限公司总经理
桑英姿（女）　山西晋婆婆农业开发有限公司董事长
梁余妮（女）　长治市平顺县麦丰农业电子商务有限公司总经理

葛才贵　大同市灵丘县平型关义工联合会会长
雷秉义　山西平遥牛肉集团有限公司董事长

创新奖

（共20人，按姓氏笔划排序）

冯海岗　长治市壶关县扶贫开发办公室主任
刘晓辉　太原工业学院派驻保德县杨家湾镇石洼村第一书记
闫斌胜　中共方山县委副书记、县脱贫攻坚领导组常务副组长兼办公室主任
米小飞　大同市就业指导中心派驻阳高县罗文皂镇平山村第一书记兼工作队队长
江　洋　太原市建设工程质量监督站派驻娄烦县杜交曲镇新建村第一书记
李元海　省文旅集团资产管理有限公司派驻偏关县包村工作队队长
李淑辉　关帝山国有林管理局副局长、静乐县挂职科技副县长
李慧芳（女）　省农业农村厅派驻临县包村工作队队长
杨彬彬　晋中学院派驻左权县羊角乡武家坪村第一书记兼工作队队长
张耀翔　太原市扶贫办驻村帮扶工作小组组长、太原市委第28批驻村帮扶工作队娄烦大队队长
陈　川　阳泉市水利局派驻平定县柏井镇多乐沟村第一书记
范先红　省卫生健康委派驻繁峙县金山铺乡农发村第一书记兼工作队队长
庞　君　中共阳高县委副书记、统战部部长
郑有文　省农村信用社联合社派驻临县包村工作队队长
赵开成　交通银行大同分行副行长、浑源县挂职金融副县长
姚俊峰　山西银保监局派驻娄烦县米峪镇乡白刁岭村驻村工作队队长、米峪镇乡党委挂职副书记
郭　伟　临汾市蒲县住建局派驻黑龙关镇黎掌村第一书记
窦兴华　临汾市吉县果树科技研究所所长
裴石明　省国家税务局派驻石楼县寨子上村第一书记兼工作队队长
魏　东　中国重汽集团大同齿轮有限公司派驻天镇县新平堡镇保平堡村第一书记兼工作队队长

2019年度山西省三八红旗手名单

（146名）

太原（12名）

李晓玫　山西九知教育科技有限公司董事长
刘淑琴　太原市尖草坪区尖草坪街道党工委副书记、街道办事处主任
张　莹　太原市万柏林区兴华街道党工委书记
康　磊　阳曲县妇联主席
李小绞　太原市灵星社区服务中心负责人
郭书明　太原市公安局小店分局王村派出所副所长
贺燕茹　太原市晋剧艺术研究院四级演员
霍　萍　太原市财政局行政政法科副科长
李建华　山西森海源农林科技有限公司经理
李　敏　太原市迎泽区市场监督管理局党组书记、局长
陈国清　太原市政府妇女儿童工作委员会办公室主任
杨　霞　山西锦波生物医药股份有限公司董事长

大同（9名）

王雅丽　大同市第三人民医院消化内科主任、主任医师
王建平　大同市妇联党组成员、副主席
李　娜　阳高县玉安实业有限公司总经理
杜鹃华　大同市书法家协会主席
翟晓枝　大同市第一人民医院生殖医学科主任、主任医师
王继华　大同市政府办公室信息办主任
郭娅楠　大同市云冈区高山镇党委委员、副镇长
张金金　山西巧娘宫科技有限公司党支部书记
郭丽荣　大同市平城区环卫处机扫公司分队长

朔州（7名）

吴云雁　怀仁市妇联主席
解玉婷　九三学社朔州市委员会专职副主委、会计师
赵耀卿　朔州市企事业单位退休人员社会化服务中心主任
李静涛　中煤平朔集团有限公司地质室主管、工程师
冯　静　朔州市人民检察院科员
宋艳玲　朔州市纪委监委案件监督管理室主任
周香梅　山阴县薛圐圙乡双寨村党支部书记

忻州（9名）

王　丹　定襄县电视台记者、五台县东雷乡北文西村第一书记
张一枝　忻州市委组织部部务委员、人才办主任
张巧香　繁峙县妇联党组书记、主席
曲亚男　忻州市纪委监委案件监督管理室副主任
刘月平　山西月平养殖股份有限公司董事长
张艳霞　忻州市委社情民意办公室主任
刘小燕　忻州市广播电视台社会新闻部主任
田月花　中国银行股份有限公司定襄支行理财经理
朱俊林　代县财政局国库股股长

吕梁（8名）

梁红艳　交口县石口乡人大主席

杨正云　孝义市新农村建设管理中心副主任
孙燕飞　中阳县委副书记
高艳丽　临县组织部干部科科长
杨　波　山西杏花村汾酒集团有限责任公司党委委员、董事
任淑宏　汾阳市农业农村局局长
卫秋羽　吕梁市妇联副主席
梁一彤　吕梁市卫生学校妇工委主任

晋中（9名）

魏荣华　晋中市榆次区妇联党组书记、主席
李静玲　晋中市第一人民医院消化科主任、主任医师
高红燕　介休市图书馆馆长、中级馆员
王　鸽　平遥县东泉镇党委委员、组织委员
刘丽娟　山西德兴隆酒业有限公司总经理
贾兰庆　和顺县统计局普查中心主任
王　珍　左权县芹泉镇镇长
许志艳　祁县人民医院儿科主任、副主任医师
侯月媛　晋中市中小学生综合实践学校教务主任、中小学一级教师

阳泉（6名）

刘列萍　平定县妇联主席
张红英　盂县跨世纪书城经理
尚娟敏　阳泉市郊区人大常委会教科文卫工委主任
张　云　阳泉市城区上站街道党工委书记
李凤英　阳泉市矿区教育局科员
尚向晖　阳泉市委机构编制委员会办公室副主任

长治（8名）

崔永明　长治市潞州区延安南路街道淮海社区党委书记
马秀红　长治市上党区韩店镇党办干事
王　昉　壶关县东井岭乡党委书记
曹翠红　长子县中医院党支部书记、院长
李迎芬　黎城县教育科技局教研员、妇委会主任
申丽枋　平顺县妇联主席
汤秀兰　沁源县实验小学中小学高级教师
常晓英　潞安集团司马煤业公寓服务队政工师

晋城（7名）

徐　静　陵川县财政局副局长
李建玲　高平市丹河幼儿园教师
韩利亚　国家税务总局阳城县税务局机关党委专职副书记
徐春团　山西交通控股集团有限公司晋城高速公路分公司票证员
冯银香　晋城市城区凤凰山矿小学校长
谭俊丽　沁水县财政局副局长
申晋鱼　泽州县教育局机关综合党支部书记

临汾（11名）

任丽芳　临汾市中心医院产科主任、主任医师
许俊霞　洪洞县广胜寺镇道觉村党支部书记
贺秀云　临汾市裕丰特新农业开发有限公司执行总裁
冯　平　浮山县妇联党组书记、主席
王丽娟　临汾市委组织部举报中心主任
陈晓荣　临汾市委办公室文电管理科科长
张晓霞　临汾市纪委监委第二监督检查室主任
张　静　侯马经济开发区经济科技发展部副部长
郇海燕　临汾市直工委工会经审委员
卫丽丽　临汾市妇联办公室主任
李　莉　临汾市尧都区公安局交警大队车管所所长

运城（11名）

刘　瑛　运城市盐湖区呱呱香甜瓜蔬菜种植专业合作社理事长
阮国珍　河津市僧楼镇党委书记
王小红　临猗慧爱教育咨询服务有限公司总经理
徐美娜　万荣县贾村乡大谢村扶贫干部
王俊玲　绛县百惠商贸有限公司总经理
赵春晖　垣曲县妇联党组书记、主席
王　琳　闻喜县人社局专业技术人员管理股股长
彭爱枝　夏县水头镇闫赵村村民
赵泽红　平陆县卫生健康和体育局党组书记、局长
王仙梅　山西中邦旅游开发有限公司总经理
陶小翠　运城市龙翔工业技术学校校长

省法院（1名）

宋丽蓉　山西省高级人民法院破产案件审判庭审判员

省检察院（1名）

郭雪莲　朔州市人民检察院第一检察部主任

省委组织部（3名）

刘桂香　山西省统计局政策法规处四级调研员、忻州市岢岚县高家会乡上村第一书记、驻村工作队队长
王　晶　山西省建设工程安全监督管理总站工程师、河曲县前川乡下沟北村第一书记、驻村工作队队长
胡超峰　山西传媒学院副教授、吕梁市临县碛口镇马家洼村党支部书记

省教育系统（4名）

赵笑蕾　山西师范大学马克思主义学院副院长、教授
王玉芬　长治医学院第一临床学院主任医师
孙元琳　运城学院教授
乔秋花　山西省实验中学教师

省公安系统（4名）

郭冬梅　怀仁市公安局云东派出所四级警长
胡　芳　晋中市公安局城区分局安宁派出所副所长
贾晓莉　襄汾县公安局法制大队大队长

张　勤　山西省公安厅禁毒总队毒品案件查缉协调科科长

省文旅系统(2名)

张晓旭　太原市导游协会理事

吴晓丽　山西艺术职业学院声乐系党支部书记、教授

省科技厅(1名)

王　斐　山西省科学技术厅四级调研员

省卫健系统(4名)

王艳芬　山西白求恩医院儿科主任、主任医师

韩慧媛　山西省心血管病医院心衰病区主任、主任医师

刘彩霞　山西省儿童医院心胸外科主任、主任医师

刘丽坤　山西省中医院肿瘤科主任、主任医师

省国资委(3名)

李丽丽　山西正阳污水净化有限公司工程师

武丽爱　太重集团太原重工齿轮传动分公司工人、技师

韩　英　山西杏花村汾酒厂股份有限公司技术中心副主任

省非公和社会组织工委(1名)

李艳红　山西中吕律师事务所主任、三级律师

省税务系统(3名)

王　琰　国家税务总局山西省税务局主任科员

郝　淼　国家税务总局太原市迎泽区税务局纳税服务股股长

陈晶晶　国家税务总局临汾市税务局人事教育科科长、中级经济师

省体育系统(4名)

张　雯　山西省举重摔跤柔道运动管理中心运动员

赵雅婷　山西省体操运动管理中心运动员

杨　畅　山西省游泳运动管理中心运动员

白欣卉　山西省冰雪运动管理中心运动员

省金融系统(3名)

时东梅　中国银行股份有限公司山西省分行渠道与运营管理部总经理

吉雅楠　晋商银行股份有限公司零售银行部私人银行中心副主任

郑宝晶　中国光大银行股份有限公司太原分行营业部副总经理

省扶贫办(1名)

王园芳　隰县野丫头农产品农民合作社法人

省军民融合办(2名)

郑泽丽　山西平阳重工机械有限责任公司高级工程师

陈锦芳　山西北方兴安化学工业有限公司科研一所副所长、高级工程师

省总工会(4名)

薛秀慧　中车永济电机有限公司高级工程师

谢小伟　中国铁路太原局集团有限公司秦皇岛西工务段工长

马伟兰　山西大学附属子弟小学校长兼党支部书记

刘亚平　太原市怡安居物业管理有限公司项目经理

省妇联(1名)

郭丽琼　山西省妇联组织部二级主任科员

省残联(1名)

郑杰桐　山西省残疾人体育协会协议运动员

省电力公司(1名)

张　鑫　国网山西省电力公司检修分公司二次检修中心主任

中国移动山西分公司(1名)

温天敏　中国移动通信集团山西有限公司太原分公司高级客户经理

中国电信山西分公司(1名)

顾艳丽　中国电信股份有限公司晋中分公司政企客户部副总经理

中国联通山西分公司(1名)

杜娜娜　中国联合网络通信有限公司长治分公司城北区域营销中心小CEO

省军区(驻晋部队,2名)

刘梅玲　山西省军区太原第一离职干部休养所主管护师

李明明　山西武警总队晋城支队机要助理工程师

(省妇联)

2019年山西省获“全国模范退役军人”称号名单

冯黎明　太原市公共交通控股(集团)有限公司职工

高养利　大同市广灵县养丽食用菌种植合作社理事长

杨红涛　长治市唯美诺双创科技园有限公司董事长

张建国　临汾市尧都区贺家庄乡漫天岭村党总支书记

李永发　山西省信访局接待一处调研员

牛何松　壶关县桥上乡后脑村民兵连长

骆国泉　忻州市公安局退休民警

惠建武　大同市公安局云冈区分局刑警大队副主任科员ΘΘ

陈俊生　山西省退役军人事务厅退役士兵安置处处长

陈　俊(女)　太原市退役军人事务局退役士兵安置科科长

谷守东　山西省军队离退休干部第三休养所军休干部

2019年山西省获“全国五一巾帼标兵”称号名单

刘芳萍　漳泽电力股份有限公司工会女职工委员会主任

李明君　晋中市第一幼儿园园长

李晓峰　阳煤三矿机电动力部液压队党支部书记

李爱红　太原市贝亲好家政服务有限公司总经理

陆华英　国网山西省电力公司阳泉供电公司建设部五级职员

孟庆芳　山西交通技师学院教师、公路养护学科带头人

岳变芳　山西晨辉锻压设备制造有限公司技术中心主任、机械设计工程师

高红霞　中条山集团北方铜业垣曲冶炼厂生产技术部部长、冶炼高级工程师

谭迎新　中北大学出版中心主任

滕　芸　吕梁市离石区公安局政工

监督室副主任、一级警司

2019年度山西省巾帼建功标兵名单

太原（10名）

李　琼　山西省高速公路集团有限责任公司高级会计师
侯丽琳　太原市小店区平阳路街道亲贤社区党委书记
廉效清　太原市小店区小店街道汾东南路社区书记、主任
李红红　太原市迎泽区庙前街道办事处水西关街一社区书记
高　宁　太原高氏刺绣文化艺术发展有限公司艺术总监
屈跃丽　太原市杏花岭区中心医院科主任
李雁鸿　太原市晋源区一电学校校长
刘晓珍　清徐县清源幼儿园园长
欧红艳　娄烦县妇幼保健计划生育服务中心副主任护师
史竹敏　北京盈科（太原）律师事务所管委会主任

大同（9人）

高　杰　阳高县委党校高级讲师
徐莉莉　大同市第三人民医院护理部主任
李文媛　大同广播电视台七峰山微波站站长
崔晓霞　大同市云冈石窟研究院游客服务科科长
马月红　大同市文化艺术学校讲师
陈晓丽　广灵县妇联党组书记、主席
秦海燕　大同市直工委督查室主任
宋桂珍　天镇县委宣传部部长
常学青　大同市人民政府办公室人事科科长

朔州（5名）

张文玲　朔州市爱心家政服务有限公司董事长
马秀清　应县大黄巍乡曹庄铺村党支部书记、村委会主任
马　霞　朔州市植物保护植物检疫站助理农艺师
张叶平　朔州市朔城区第四小学副校长
韩晓晖　右玉县威远镇党委副书记、镇长

忻州（9名）

赵　妍　忻州市财政局二级主任科员
张　华　神池县妇联党组书记、主席
崔丽娟　忻州市城市管理局机关党支部书记
唐雪莲　五台县耿镇镇河北村畜来旺养牛专业合作社负责人
陶新平　忻州市供气供热管理处财务科科长
姚艳梅　静乐县静禾创意农业科技有限公司总经理
高艳芳　山西大正保安服务有限公司业拓科科长
王鲜梅　岢岚第四中学教师
白　静　忻州经济开发区审计事务中心副主任

吕梁（9名）

王　芳　共青团吕梁市委书记
张新红　方山县中医院妇产科主任
侯艳红　孝义市妇联党组书记、主席
刘翻芹　吕梁市昌泰农业科技发展有限公司董事长
武素文　汾阳市委组织部副部长
郝晓芳　吕梁市岚县人社局驻临县三交镇双塔村驻村帮扶工作队队员
杜慧娟　共青团中阳县委副书记
高　洁　临县石白头乡党委副书记、乡长
王　珊　柳林县人民检察院刑事检察部副部长

晋中（9名）

郝志兰　山西风雅和装饰工程有限公司董事长
王锦绣　晋中市第一幼儿园副园长
王　梅　晋中市住房公积金管理中心副主任
白　妍　和顺县阳光占乡党委书记
杨　静　晋中市融威保安押运护卫有限公司审计部经理
王　艳　太谷县小白乡党委书记
武永丽　晋中市妇幼保健院妇产科主任
侯晓燕　灵石县农业综合开发办公室高级工程师
肖秀峰　榆社县教育科技局股长

阳泉（5名）

窦　逗　阳泉市直机关事务管理局科员
李文平　阳泉市矿区贵石沟街道枣岭山社区办事员
张珊红　山西宏厦建筑工程第三有限公司中级会计师
李素芳　阳泉煤气有限责任公司工会副主席
张丽琴　阳泉市商业银行平定支行行长

长治（9名）

韩秀丽　长治市杏林康复医院有限公司院长
苏艳慧　壶关县龙泉镇人民政府农艺师
刘　芳　平顺县水电管理有限公司工勤、驻平顺县阳高乡任家庄村第一书记
张华平　黎城常春寺小米种植专业合作社法人代表
张淑峰　沁州黄小米（集团）有限公司质量管理经理
姚风仙　沁源县金沁农业开发有限公司总经理
王亚丽　长治职业技术学院团委书记
陈黎阳　国家税务总局长治市税务局科长
张　慧　长治市第二中学妇委会主任

晋城（5名）

王俊妮　晋城市龙谷仓粮油有限责任公司总经理
赵海霞　晋城市凤展购物广场有限公司副总经理
宋俊芬　陵川县巴黎春天美容连锁机构总经理
李海峰　泽州县妇幼保健院医疗集团工会主席
周秋霞　国家税务总局晋城市税务局科长

临汾（12名）

药应红　永和县南庄乡组织委员

刘凯华　交通银行股份有限公司临汾分行行政助理
董海霞　晋商银行临汾分行行长助理
杨变花　吉县西关小学校长
张秀俊　乡宁县又一村农业电子商务有限公司总经理
吕　华　临汾市直属机关事务管理局
孙　诚　临汾市人民医院住院医师
韩清萍　隰县城南乡乡长
张兵兵　洪洞县泽盛种植有限公司董事长
张淑丽　古县永乐乡松树坡村第一书记
葛晓燕　临汾市妇联权益部部长
贾　莹　汾西县对竹镇副镇长

运城(11名)

马　萍　运城市中心医院产科副主任
严沁峰　运城市房地产服务中心市场交易管理科科长
王　丽　运城市盐湖区禹都学校副校长
闫赞霞　运城中学教师
李　晶　永济市城西街道办事处干部
蔡冬梅　河津市教科局妇委会主任
贾海洁　临猗县融媒体中心副主任
薛红燕　稷山县稷王中学校长
平　燕　新绛县纪委监委纪委常委、监委委员
朱　月　运城市生态环境局闻喜分局行政审批股副股长
薛　丽　芮城县妇联党组书记、主席

省直及社会化推选(55名)

郑　媛　省民政厅低收入家庭认定指导中心工勤
张　甜　省康复研究中心教师
李　枫　审计署驻太原特派员办事处一级调研员、娄烦县娄烦镇党委副书记
李　婧　省高级人民法院一级主任科员、浑源县大仁庄乡岔口村第一书记
要建华　省高级人民法院一级主任科员、大同市浑源县大仁庄乡净石村第一书记
段娟娟　省人大常委会城建环保工委、五台县东冶镇大朴村第一书记
张巧莲　山西广播电视台主任编辑
王　平　2019年全国第十届残疾人运动会盲人柔道项目银牌获得者
王潇冉　省科学技术厅一级主任科员
李　涛　人民摄影报社社长、总编辑
侯彦珍　太钢集团工会权益保障部部长、娄烦县马家庄乡党委副书记(挂职)
胡效珍　省水文水资源勘测局高级工程师、驻吕梁兴县高家村扶贫工作队队员
林　业　省幼儿教育中心信息技术部副主任、驻方山县积翠乡东王村第一书记
赵宇宏　中北大学材料科学与工程学院教授
赵爱花　阳泉阀门股份有限公司副总工程师
宁　苹　省总工会女职工部副部长
孔　霞　省就业服务局创业指导处四级调研员
祁慧丽　省职业技能鉴定中心高级经济师
代文惠　山西柴油机工业有限公司高级工程师
张钰婧　国家税务总局太谷县税务局科员
雷红珍　省女子强制隔离戒毒所二大队大队长
姚仁隽　省财政厅财产评估管理中心科员
郑东萍　省眼科医院眼底病科副主任
王晓燕　省人民医院医学情报图书科副研究馆员
范惠霞　省儿童医院保健部主任
杨林花　山西医科大学第二医院主任医师
王　瑾　山西好玩旅游开发有限公司项目经理
王春燕　国家税务总局忻州市税务局考评科科长
赵俊英　原平市十月阳光月嫂公司月嫂
郝雪静　山西凯森健康管理集团有限公司护师
吴彦荣　天镇县天基蔬菜扶贫专业合作社副理事长
王蒲文　蒲县兴龙养殖专业合作社法人
李汝英　省畜牧产品质量安全检验监测中心副科长
殷润秀　忻州市忻府区东街村农民
王慧英　阳泉市矿区永珍艺术文化工作室省级助理工艺美术师
冯雪梅　山西悦诗手工艺品专业合作社职工
张慧芳　乡宁县第二中学教师
曹丽媛　长治八义窑红绿彩陶瓷文化有限公司画师
孙玉英　惠生福有限公司高级技师
刘志英　繁峙县双英民间工艺品有限公司职员
李一瑶　怀仁经济技术开发区科技创新部记者
田首红　大同市第二实验中学校教师
刘景丽　大同市云冈区新胜第三小学校政教主任
杨素娟　太平洋人寿保险股份有限公司晋中中心支公司总经理
刘丽萍　运城市盐湖区自然资源局信访办主任
姚玉杰　大同星光职业培训学校校长
赵　玮　晋城市中级人民法院法医
李　昆　山西会馆餐饮文化服务总监
乔梦娇　太原市安全生产信息调度中心科员
李姣娜　山西府衙博物馆文博助理馆员
张亮爱　古交市第二中学教师
徐艳芳　太原市社会救助管理中心社工师
陈俊卿　省人民检察院太原铁路运输分院案件管理中心主任
陈　丽　山西晨报文化传媒有限公司经理
王　蕊　阳光产险山西太原中心支公司经理

(省妇联)

山西省五好家庭名单

太原

吕　芳家庭　太原市尖草坪区千峰北路122号兴华东小区
李　丽家庭　太原市梭峪乡梭峪社区
郭林娟家庭　太原市晋源区晋源新城政府小区
贾永红家庭　清徐县清华苑一期

(省妇联)

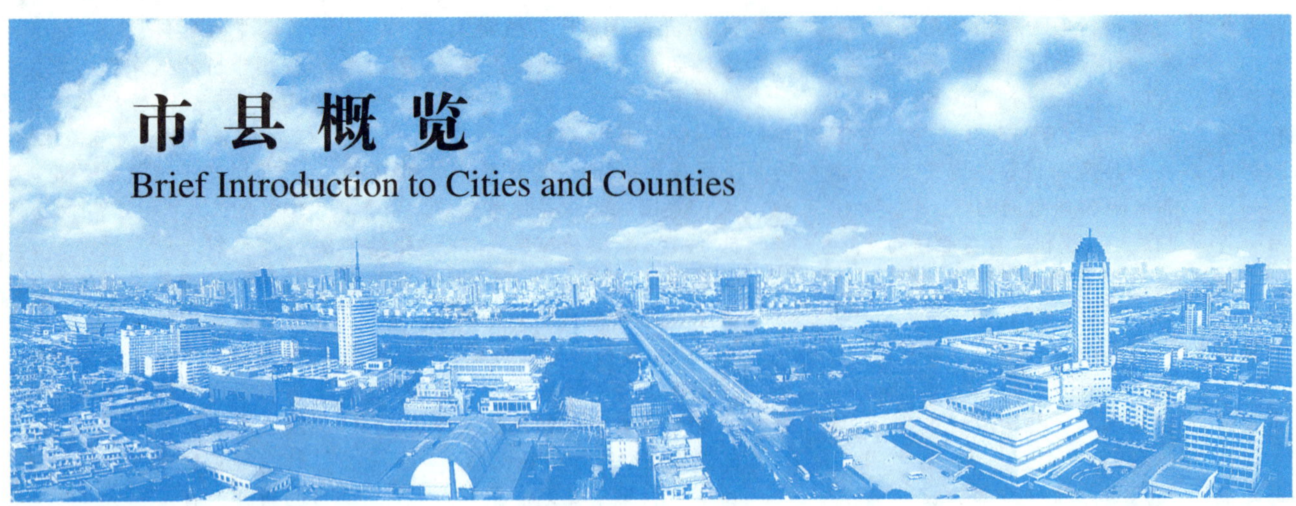

太原市

【概况】 太原市总面积6988平方千米，下辖6区3县，1个县级市。截至2019年底，全市常住人口446.19万人，比上年末增加4.04万人。城镇化率85.25%，比上年提高0.37个百分点。全年出生人口5.07万人，人口出生率11.42‰。

2019年，太原市地区生产总值完成4028.51亿元，比上年增长6.60%。其中，第一产业增加值42.48亿元，增长2.10%；第二产业增加值1518.64亿元，增长5.90%；第三产业增加值2467.39亿元，增长7.10%。一般公共预算收入386.62亿元，比上年增长3.60%，其中，税收收入301.77亿元，增长1.60%。一般公共预算支出610.62亿元，比上年增长12.60%。

全年全市居民人均可支配收入33563元，比上年增长8.20%。按常住地分，城镇居民人均可支配收入36362元，增长8%，城镇居民人均消费支出21305元，增长7%；农村居民人均可支配收入18377元，增长9%，农村居民人均消费支出13228元，增长7%。

农业 2019年，太原市农作物种植面积120.60万亩。粮食种植面积92.70万亩。蔬菜种植面积17.40万亩。药材种植面积15750亩。肉类产量3.93万吨，禽蛋产量3.41万吨，牛奶产量8.97万吨。

工业 2019年，太原市规模以上工业增加值比上年增长4.50%。其中，中央企业增加值增长4.30%；地方企业增加值增长4.50%；其他企业增加值增长7.40%。战略性新兴产业增加值增长4.10%，占全市规模以上工业增加值的比重为15.50%。高技术产业增加值增长5.30%，占全市规模以上工业增加值的比重为11.40%。利税总额182.68亿元，下降26.80%。利润总额59.72亿元，下降40.10%。

能源 2019年，太原市一次能源生产折标准煤2552.07万吨，比上年增长6.80%；二次能源生产折标准煤4107.64万吨，增长1%。全年全社会用电量287.95亿千瓦时，下降1.20%。

投资 2019年，太原市固定资产投资比上年增长10.20%。其中，中央投资增长54.80%，地方投资下降27.20%，其他投资增长52.30%。分经济类型看，国有投资下降3.10%；非国有投资增长27.90%，其中，民间投资增长20.20%。

金融 2019年，太原市金融机构本外币各项存款余额13117.20亿元，比年初增长6.50%；本外币各项贷款余额14063.12亿元，增长10.60%。人民币各项存款余额12663.72亿元，增长5.30%，其中，住户存款余额5252.08亿元，增长10.10%；人民币各项贷款余额13707.47亿元，增长9.50%。

城乡建设 2019年，太原市通达桥、晋阳桥、迎宾桥以及滨河东路南延工程、晋阳大道、天龙山旅游通道、火车站东广场及配套路网等27项工程建成通车，镇城大街、中北东街等10条新开工道路和19座人行天桥的建设竣工交付。轨道交通2号线一期工程实现“轨通”“电通”，1号线一期工程开工建设。按照节能标准设计施工民用建筑569个，共970.37万平方米；完成海绵城市建设面积52.80平方千米，出台国内首批关于海绵城市建设管理的地方性法规《太原市海绵城市建设管理条例》。全市共有综合性公园52个，专类公园11个，带状公园6个，街头游园269个，社区游园55个，街旁绿地214块。

环境保护 2019年，太原市空气质量二级以上天数200天，空气质量综合指数6.39。集中式饮用水水源地水质达标率保持100%，地表水国家和省考核断面水质优良比例55.60%。全年建成区绿化覆盖面积达15617公顷，园林绿地13788公顷，公园绿地面积4601公顷。

文化旅游 2019年，太原市共有各类专业院团及具备规模的民营艺术表演团体21个。群艺文化馆12个，博物馆17个。公共图书馆12个，馆藏图书811.20万册。列入国家级非物质文化遗产保护项目17项、省级保护项目83项、市级保护项目195项。

全年全市接待海内外游客9655.39万人次，比上年增长18.80%。其中，国内游客9629.59万人次，增长

18.90%;海(境)外游客 25.80 万人次,增长 8%。

交通邮政 2019 年,太原市公路线路里程累计达 7621 千米,其中高速公路 287 千米。公路密度 109.10 千米/百平方千米。太原地区铁路客运量 3096.38 万人次,增长 5%;铁路货运量 3886.57 万吨,增长 8.10%。航空客运量 1400.26 万人次,增长 3%;航空货运量 5.76 万吨,增长 7.90%。全年新注册汽车 14.65 万辆,增长 0.10%,其中新注册轿车 7.58 万辆,下降 1.70%。

全年全市邮政行业业务总量 42.50 亿元,比上年增长 15.20%;电信业务总量 467.74 亿元,增长 62.30%。移动电话普及率达 187 部/百人。计算机互联网宽带用户 221.85 万户。

教育科技 2019 年,太原市共有普通高等院校 45 所(其中高职院校 22 所),成人高等学校 7 所,中等职业教育学校 48 所,普通高中 91 所,普通初中 136 所,小学 448 所,幼儿园 728 所。全市学前三年毛入园率 95.90%;小学、初中巩固率均达到国家标准;高中阶段毛入学率 97.80%。

全年全市技术市场共登记技术合同 2209 项,成交金额 252.72 亿元。拥有国家级技术中心 16 家,省级技术中心 107 家。太钢“手撕钢”获冶金科学技术特等奖,山西电机“YE4 系列超高效电机”获中国机械工业科技一等奖。全年发明专利申请量 5293 件、授权量 1759 件,有效发明专利拥有量 9438 件。

社会保障 2019 年,太原市企业职工参加养老保险(不含离退休人员)96.64 万人,参加基本医疗保险 366.65 万人,参加失业保险 102.88 万人,农村低保覆盖人口 3.42 万人,3752 人纳入农村五保供养。

(刘　敏　单　伟)

【太原市小店区】 太原市小店区位于太原市东南部,总面积 295 平方千米,下辖 1 镇 2 乡,7 个街道办事处,29 个农村,136 个社区。截至 2019 年底,全区常住人口 86.30 万人。

农业 2019 年,太原市小店区完成土地流转 3.50 万亩,发展特色农业 7.80 万亩。新建汾恒现代农业科技等 20 个城郊农业项目,建成日光温室 3000 亩。

转型发展 2019 年,太原市小店区推进“百项千亿”行动,提速苏宁

表 49　2019 年太原市辖县(市、区)经济指标统计表

县　市	地区生产总值(万元)	农林牧渔业总产值(万元)	固定资产投资增长速度(%)	社会消费品零售总额(万元)	一般公共预算收入(万元)	一般公共预算支出(万元)	人均可支配收入(元)	
							城镇居民	农村居民
小店区	9996027	79675	20.30	5156605	243697	459760	37750	–
迎泽区	8601614	6303	4.10	4032401	195162	293604	37508	–
杏花岭区	7307771	11772	16.60	2392753	155248	267421	37488	–
尖草坪区	3407836	54978	13.70	1119558	141031	262754	36142	–
万柏林区	4759791	6451	6.70	2069296	232645	388678	36171	–
晋源区	754974	65628	–27.10	494470	93344	293633	36532	–
清徐县	1863574	156883	80.60	520241	143475	330826	34968	20732
阳曲县	494756	108294	17	142097	65369	225617	26699	10754
娄烦县	248994	43063	7	50565	42256	169088	22931	8521
古交市	435198	40226	17.50	410614	161072	230575	33486	17272

(省统计局)

广场等54个在建项目，启动路桥科技等43个新建项目，谋划招商环球公园等13个储备项目，签约阿凡达机器人等亿元项目11个。培育科技型中小企业1545家，发展高新技术企业1222家，分别占全市70.10%、75.90%。

城乡建设 2019年，太原市小店区加快城市建设。服务保障南中环东延等28项重点工程，征地拆迁21.60万平方米，推进轨道交通2号线。基本建成城镇保障性安居工程2303套。推进乡村振兴。累计建成19个美丽乡村，打造10个省市示范村，推进20个休闲观光园。改造提升背街小巷139条、老旧小区427个、集贸市场30个，更新立面344万平方米。

环境保护 2019年，太原市小店区整治环保问题757个，布局微观站点169个，精准监测污染物。开展建筑工地扬尘"六个百分百"治理，修补城乡道路50千米。低氮改造燃气锅炉140台，安装油烟净化装置3877台，可吸入颗粒物浓度下降4.30%，二氧化硫浓度下降15.60%。推进环卫体制改革，市场化管理运行41万平方米。垃圾分类"4+2"模式试点工作成效显现。

民生事业 2019年，太原市小店区规范居民健康档案72.30万人，孕妇产前免费筛查2.20万例，新生儿疾病免费筛查1.50万例，60岁以上老年人免费体检4.60万人。新改扩建幼儿园、小学4所，完成6所小区配建小学，1.50万名适龄儿童入学。免费送戏下乡107场，提档升级136个基层(村居)文化服务中心。坚持就业优先战略，新增就业1.80万人。

(吕少华　侯盼洁)

【太原市迎泽区】 太原市迎泽区位于太原市中部，总面积117平方千米，下辖1镇，6个街道办事处，89个社区，22个行政村。截至2019年底，全区总人口52.30万余人。

转型发展 2019年，太原市迎泽区推进农村集体产权制度改革。发展园区经济，推进国家火炬计划迎泽特色产业基地建设，打造承接、孵化、集聚现代生产性服务业平台，创新运营管理方式，通过园中园、功能区等模式，规划医疗器械、文化创意等新兴产业园区。

城乡建设 2019年，太原市迎泽区推进城中村改造拆迁"清零"、安置房建设和手续办理；推进桥东街、青年东街、并州东街等棚户区回迁安置，完善水电气暖等基础设施。推进厕所革命，按需布点建设公厕。开展文明交通、背街小巷、老旧小区等"九乱"专项整治。建立小街巷管理全民参与机制，选聘一批"小巷管家"。规划建设一批集贸市场、停车场和垃圾中转站。推进"四好农村路"建设，实施松小线水峪—观家峪段道路改造，打通港道—锦林路、麻地沟—小店界等断头路。

环境保护 2019年，太原市迎泽区推进南沙河等河道治理和水毁修复工程。实施大小线森防通道绿化，实施小山沟、占道等村庄绿化，完成董家庄灌改林工程，改善村居环境。建设分类收运和终端处理体系，设立大件垃圾和装修垃圾分解中心，扩大垃圾上门收集范围。推进无物业楼院管理，执行"两扫全保"和末位考核淘汰等制度，解决无物业院落环境脏、乱、差等问题。

文化旅游 2019年，太原市迎泽区实施"文旅+"战略，启动集文化馆、图书馆、美术馆、档案馆和全民健身活动中心等为一体的区综合文体中心建设。整合食品街国家AAA级景区和柳巷、文庙、庙前等地区商文旅资源，建设老城老街特色旅游片区。

科学教育 2019年，太原市迎泽区依托中科院煤化所、省林科院、省日化所等科研机构，搭建科研院所与企业对接平台，打造环科研院所高新产业服务带。推进学校基础设施建设，启动36中、37中、39中二期和王家峰、小五台、二实验等学校改扩建工程，引进志达中学等知名教育资源。

民生事业 2019年，太原市迎泽区落实就业创业扶持政策，新增就业1.67万人，创业带动就业4000人。实施就业援助，帮助2000名城镇就业困难人员就业、7500名城镇失业人员再就业，完成300名农村劳动力转移就业。实施全民参保计划，扩大社会保险参保人群和险种覆盖面。探索"医养结合"服务新模式，通过设置康复床位、开展居家护理服务和家庭医生签约服务三方联动，打造15分钟医养融合服务圈。(杨水云)

【太原市杏花岭区】 太原市杏花岭区位于太原市区东北部，总面积170.20平方千米，下辖2个乡，10个街道办事处，120个社区居民委员会，28个村民委员会。

产业转型 2019年，太原市杏花岭区共谋划各类项目186个，总投资2364.71亿元。省市重点工程投资完成29.27亿元，完成全年目标任务的124%。中华老字号酿造特色小镇、春光锻造扩产项目、远东宝真空助力器等项目进展顺利，泰享里新经济产业园建成营业，望府广场、北京华联太原胜利街购物中心主体完工。累计拥有高新技术企业61家，179家科技型中小企业纳入国家信息库，新认定省级众创空间3家。民营经济平稳发展，全年新增认定中小微企业54户，培育"小升规"企业5家。

深化改革 2019年，太原市杏花岭区推进"三供一业"剥离移交和公司制改革，启动和完成小区"三供一业"71个。推行"大学区制"教育体制改革，实施12所学校维修改造工程，新增普惠性民办幼儿园9所，全区普惠性幼儿园达77所，普惠幼儿在园率达85.30%。全市率先开展"小学生课后托管延时服务"，惠及4.60万余名小学生。推进区乡医疗卫生机构一体化改革。全区家庭医生签约服务惠及居民22.27万人。财税体制改革完成，落实减税降费政策，全年新增减税降费7.14亿元。

城乡建设 2019年，太原市杏花岭区加快推进中涧河、东涧河、柏杨树、南窊、谷旦5个村的城中村整村改造，完成4个棚户区改造动迁"清零"、马道坡拓宽改造和轨道交通2号线拆迁任务，累计动迁1036户

22.34万平方米。回迁安置推进，累计回迁15472套。开展文明城市创建活动，开展“九乱”治理，整治老旧小区618个、背街小巷124条、集贸市场11个、小街巷交通秩序199条，改进环卫、数字城管等工作机制，西华门片区率先实现“零摊点”“零店外经营”，取缔程家村东巷、柏杨树北一巷、敦化化工路等顽固马路市场。

环境保护 2019年，太原市杏花岭区打好污染防治攻坚战，671件环保督察督办事项和各类媒体曝光问题全部整改完毕。完成130台燃气锅炉低氮改造“清零”以及565户“煤改电”“煤改气”和集中供热改造，整治裸露地面63.40万平方米、城乡接合部道路32条18.26千米。全年全区空气质量优良天数204天，同比增加12天；环境综合指数6.41。

民生事业 2019年，太原市杏花岭区新增就业数15673人，城镇登记失业率2.77%。全民技能提升培训人数达10013人，就业形势保持总体稳定。全国首家实现“智慧婚姻登记”。全面建成区乡村三级退役军人服务平台，服务保障网络实现全覆盖。累计发放各类低保金、救助金等6610.66万元。窑头、野鸡庄、后李家山、麦坪等4个村新建蓄水池5座，30个村57座24369立方米人畜饮水蓄水池完成清理消毒，11个村农村生活污水完成整治，保障8000余名村民的饮水安全。 （刘彩秀）

【太原市尖草坪区】 尖草坪区位于太原市北部，总面积295.70平方千米。下辖3乡、2镇，9个街道，58个居民委员会、85个村民委员会。辖区总人口34.44万人。

2019年尖草坪区地区生产总值完成341.13亿元，增速2.20%；固定资产投资完成126.89亿元，同比增长18.80%；规模以上工业增加值增速1.70%；社会消费品零售总额完成121.71亿元，同比增长8.60%；服务业增加值完成108.87亿元，增速5.30%；一般公共预算收入完成11.40亿元；城镇居民人均可支配收入同比增长7.10%。

农业 2019年，尖草坪区完成2.20万亩籽粒玉米的调减任务，九牛、老智、金大豆等龙头企业发展壮大。打造以呼延村为中心的“崛嵎山品牌食用菌生产基地”，新增金花葵、秋花葵、樱桃西红柿等稀特蔬菜种植。

工业 2019年，尖草坪区推进尖草坪区和不锈钢园区深度融合。长城智能制造、同创谷等一批新项目、大项目落户园区，“两区”与辰兴高科就中德产业园项目签订三方协议，10家德国制造企业、11家国内制造企业完成签约。鼓励支持企业不断进行技术改造，区域企业完成技改项目32项、工业技改投资达17.20亿元，同比增长111.80%。争取高新技术企业扶持资金、技术改造项目资金、工业转型升级发展资金3447万元。二电厂、小微工业园建设等项目全面完工，太钢投资27亿元的高端冷轧取向硅钢项目全面开工建设。

城乡建设 2019年，尖草坪区全年新（改）建县乡村道路36条55.04公里，“村村通”工程全面提质提速。推进“三园共建”，太原北部现代农业产业园建成循环道路11.60千米。全年完成99条背街小巷，139个老旧小区，9个集贸市场的整治任务，打造200个“九乱”整治示范点。兴华东社区被评为全市创城标杆，兴华菜市场“超市化”改造、兴华东社区“15分钟生活圈”相继入选太原市12个民心工程。电缆入地68.87万米，规范和拆除各类广告4631处3.16万平方米，施划道路交通标线3.70万平方米，新增机动车位2000余个。推进违建别墅清查整治工作，拆除违建79.92万平方米。改造完成30座公厕，新增10台道路机械清扫车辆，全区机械清扫率提升至90%。

环境保护 2019年，尖草坪区百日清零行动收官，57台燃气锅炉低氮改造年度任务完成，67个入汾排污口完成治理，上兰断面持续稳定超过国家考核标准。全年二级以上优良天数228天，高出全市平均天数28天。

科教文卫 2019年，尖草坪区一中“1+1”课堂教学模式改革被教育部在全国推广。总投资1.86亿元的尖草坪区实验小学和机关幼儿园项目主体完工，万科实验小学投入使用，一外以及富力、融创配建小学基本建成。与北师大签订教师培训三年合作协议，先后组织近400人到杭州和嘉兴参加能力提升培训。

发挥窦大夫祠、多福寺、中华傅山园等景区的带动作用，全年共接待游客近1000万人（次）。开展第三届“山西花馍、花灯艺术节”“西梅采摘节”等特色农游活动。

社会保障 2019年，尖草坪区参保人数39.20万人（次），征缴社保基金3.40亿元；领取和享受社会保险待遇近12.80万人（次），发放享受各项社会保险（救济、补贴）金10.90亿元。打造全省首个“一站式司法服务大厅”。 （朱永钢）

【太原市晋源区】 太原市晋源区位于太原市西南部，总面积290平方千米，下辖3镇，3个街道办事处，57个行政村、48个社区（20个村改居）。截至2019年底，全区常住人口23.62万。

农业 2019年，太原市晋源区实现农林牧渔业总产值10.02亿元，同比增长2.10%。全年调减籽粒玉米2.69万亩，新增蔬菜、花卉、杂粮等特色农作物1.85万亩。晋祠大米累计恢复1879.62亩。全年农作物总播种面积3.88万亩。全年粮食产量7505.20吨，减少3519.20吨。全年奶类产量10952.89吨，减少1028吨；肉类产量2324.46吨，减少1290.44吨；禽蛋产量6074.40吨，减少17吨。

工业建筑业 2019年，太原市晋源区规模以上工业总产值20.47亿元，同比增长3%，实现规模以上工业增加值3.50亿元，同比下降2.30%。

全年全区完成建筑业总产值83.97亿元，同比增长18.80%；实现建筑业增加值13.74亿元，按不变价计算，同比下降5.70%。截至2019年底，全区拥有资质的建筑业企业64家，增加16家，其中，特级资质建筑企业1家。

投资贸易 2019年，太原市晋源区完成全社会固定资产投资额111.41亿元，同比下降27.10%。全年全区房地产开发施工面积845.63万平方米，同比增长39.40%。全部建成投产项目22个（不含房地产）。新增固定资产34.58亿元。

全年全区实现社会消费品零售总额54.14亿元，同比增长8.50%。

城乡建设 2019年，太原市晋源区63个老旧小区提档达标、23条背街小巷整治、93条84.20千米“四好农村路”、西中环南延建筑风貌整治、唐城公路周边综合整治、天龙山路及晋祠景区道路两侧整治、晋源区供热二次管网改造、15座公厕新改建等工程基本完工。城中村、棚户区改造推进，累计开工城改安置房23076套271.73万平方米，建成交付8146套100.30万平方米。

环境保护 2019年，太原市晋源区完成627户“煤改气”760户“煤改电”清洁供暖改造，全年全区空气质量优良率为53.20%（达194天）。完成造林提档升级50.28公顷、幼林管护117.53公顷，森林覆盖率达26.33%。

文化旅游 2019年，太原市晋源区实施“旅游+”战略，获首批“山西省文旅产业融合示范区创建单位”称号。全年全区共接待游客1587.17万人次，同比增长11.93%；旅游总收入203.80亿元，同比增长18.92%。

科教文卫 2019年，太原市晋源区申请注册商标743件，核准407件，全区注册商标拥有量共计1497件。全区学前教育毛入园率95.50%，小学学龄儿童净入学率100%，高中阶段毛入学率96.70%。全年新生儿基础疫苗接种率100%，累计为城乡居民建立健康档案201597份，建档率86.90%。区村卫生室达标率90.10%。

民生事业 2019年，太原市晋源区民生支出251123万元，占总支出85.50%。城镇新增就业6367人，失业人员再就业2835人，城镇登记失业率3.39%。全年共发放临时救助金113.57万元，救助888人次；救助集体企业未参保人员共计100人次，支出资金15.60万元；审批大额临时救助163人次，支出资金74.62万元；困难群众小额临时救助626人次，支出资金23.35万元。（王利明）

【太原市万柏林区】 太原市万柏林区位于太原市西部，总面积304.80平方千米，下辖1个乡、14个街道办事处，17个行政村、136个社区。截至2019年底，全市人口59.22万。

转型发展 2019年，太原市万柏林区建立小升规企业信息资源库，培育凯钟电气等5家小升规企业。建立省级以上科技企业孵化器4家、众创空间18家，在孵企业1703个，高新技术企业达121家，省级“双创”示范基地建设通过中期评估。全年累计减税16.64亿元，惠及市场主体9.48万户次。

城乡建设 2019年，太原市万柏林区九院沙河、虎峪河西延工程拆除各类建筑6.80万平方米，南上庄片区、煤气化片区路网配套工程及西机东路等8条道路建设进展顺利，40余条土路硬化全面完成。王封“一线天”旅游公路完工通车，累计投资1.07亿元，背街小巷、老旧小区整治分别完成125条、192个；新建西兴苑等5个便民市场。回迁安置房累计完工或封顶316.85万平方米，完善西山石膏矿棚改项目手续。九院村、小西铭村获评为美丽宜居示范村。推进环卫体制改革，全区清扫保洁社会化率76.48%，主次干道清扫保洁全覆盖。

环境保护 2019年，太原市万柏林区空气质量优良天数233天，空气质量综合指数5.34。黑臭水体治理工程、县域节水型社会达标建设通过省级验收。清理整治违建别墅和“大棚房”。高标准完成提档升级造林233.33公顷，全区森林覆盖率达38.03%。

文化旅游 2019年，太原市万柏林区投资建设西铭文化旅游特色区，西山枫情城郊森林公园完成整体规划和设计；“一线天”景区进行总体规划，完善偏桥沟、狮子崖景区配套设施和功能布局，优化神堂沟温泉休闲度假区与企业合作方案。种植油菜花、薰衣草等80余万株，建成百公里“网红打卡赛道”。偏桥沟主题文化园建设初具规模，玉泉山城郊森林公园设施完善，桃花节、樱花节接待游客110余万人次。

民生事业 2019年，太原市万柏林区启动中小学校长、幼儿园园长职级制改革，通过遴选评审，63名优秀人才走上校（园）长管理岗位；同步推进区管校聘、绩效工资改革，全区2916名一线教师实现满工作量聘用，占比84.27%；建成“双名”工作室217个，开展各类研究课题132项。城镇居民人均可支配收入增长7.30%，城镇新增就业1.83万人。城乡低保标准由每人每月600元提高至650元。在全市开展支出型困难家庭社会救助综合改革试点。为采煤沉陷区移民搬迁困难群众累计发放临时救助1099.43万元。超额完成保障房建设任务，建成5327套，完成投资8.37亿元。

（梁文青）

【清徐县】 清徐县位于山西省中部，太原市南端。总面积609.13平方千米。下辖1个街道、4个镇、5个乡、28个社区、143个村民委员会。辖区总人口35.46万人。

2019年，清徐县实现地区生产总值191.9亿元，同比增长9.60%；规模以上工业增加值75.8亿元，同比增长3.10%；社会消费品零售总额73.60亿元，同比增长8.50%；一般公共预算收入14.40亿元，同比增长10.30%；城镇常住居民人均可支配收入34968元，同比增长7.90%；农村常住居民人均可支配收入20732元，同比增长8.30%。

农业 2019年，清徐县以“减玉米、增葡果、扩杂粮、强设施”为抓手，统筹整合支农资金3.50亿元，发展万亩设施果蔬种植乡镇3个，建成新品试验示范推广基地5个，新发展设施蔬菜4200亩，建设高标准农田9700亩，农业发展由增产向提质转变。

工业 2019年，清徐县新培育规上企业11家，新认定高新技术企业2家，21家企业纳入国家科技型中小企业信息库，工业技改投入14.50亿元，全县新兴与科技型产业增加值占工业增加值比重达20%。

重点项目建设 2019年，清徐县精细化工循环产业园、晋韵文化产业园等一批重大项目落地，万科、怡和等房地产项目推进，西关大街南延、清徐老年福利院等项目竣工，山西华晋骨科医院项目建成使用，清泉湖、东湖实现两湖连通。强化用地指标向重点项目倾斜，土地累计报批8045亩，储备10895亩，出让建设用地27宗1587亩。

城乡建设 2019年，清徐县新改建、养护县乡村道路14条87.80千米，建成“四好农村路”22条134千米。完成124个老旧楼院、18条背街小巷专项整治。全县累计完成征拆427万平方米。新建4个惠农服务中心，提档升级30家综合服务社，全力支持徐沟“农业农村部农业产业强镇”示范建设项目。打造精品村36个、示范村123个、达标村27个。

环境建设 2019年，清徐县全年空气质量优良天数达211天，同比增加9天，空气质量综合指数达6.55，同比下降8.40%。取缔淘汰落后产能。累计关停淘汰洗煤、水泥等企业78家，迎宪焦化关停转型，迎宪铸造关闭拆除，美锦焦化、梗阳焦化、亚鑫焦化实质性启动退城入园。推进清洁能源改造。累计完成近10万户“煤改电”“煤改气”和“清洁煤取暖”任务，新改建供热管网29.60千米。系统推进水污染治理。全县绿地率、建成区绿化覆盖率、人均公园绿地面积分别达34.70%、39.20%、10.20平方米。

民生事业 2019年，清徐县发放各类救济金52.20万元，支付医疗救助资金631.60万元，提供就业岗位2万余个，实现城镇新增就业7097人，城镇登记失业率控制在3.43%以内。完成611套经济适用房分配。统筹抓好退役军人服务保障、行政村撤并等工作。健全完善各类应急预案，加强食品药品安全监管，平安清徐建设、扫黑除恶专项斗争推进，完成新中国成立70周年大庆等重大安保维稳任务。（杨晓霆）

【阳曲县】 阳曲县位于太原市北郊，总面积2070平方千米，下辖4镇6乡，124个行政村，11个居委会。总人口15.12万人。

2019年地区生产总值完成50.87亿元，增速3%；服务业增加值完成16.05亿元，增速11.70%；固定资产投资完成61.24亿元，增速17%；社会消费品零售总额完成18.66亿元，增速10%；一般公共预算收入完成6.54亿元，增速5.5%；城镇居民人均可支配收入完成26699元，增速8.1%；农村居民人均可支配收入完成10754元，增速13.1%。

农业 2019年，阳曲县现代农业产业示范区顺利起步，“一减五增”稳步实施，累计调减籽粒玉米6.20万亩，新增谷子杂粮1.30万亩、蔬菜2.60万亩、葡果0.50万亩、花卉0.20万亩、中药材1.60万亩。全县设施蔬菜面积达到1万余亩，温室、大棚总数达到2500余栋，集中连片设施园区41个。规模养殖场达到82个，全年猪肉产量4292.62吨、羊肉2697.28吨、禽肉737.82吨、禽蛋1.08万吨、牛奶1万吨。建设胡麻机械化种植示范区100亩、农田残膜回收示范区500亩。2万亩高标准农田建设项目加速实施，泥屯、东黄水2个有机旱作谷子主产区和高村县级有机旱作谷子试验示范区建成。“阳曲小米”获得国家知识产权局颁发的地理标志证明商标。阳曲县成为阿里巴巴集团“一县一业”项目全省首家合作县。全县谷子价格普遍上涨1元以上，农民直接增收4000余万元。

工业 2019年，阳曲县汇诚建筑、昊瑞机械等项目完工，国新天然气、昊业新材料、德盛机电等项目建成投产，全县规模以上企业总数达到42家。提质降耗效果明显，万元GDP用水量降幅达到1.60%，万元工业增加值用水量降幅达到0.65%。开展高新技术企业倍增计划，新认定高新技术企业11家，总数达到20家，位列三县一市之首。工业技术改造加快实施，支持企业申报各项技改资金达7367万元。

服务业 2019年，阳曲县中远通达、穗华申通等物流项目主体完工，大福通仓储物流园项目正式运营。万科、阳兴府、龙城晋府等房地产项目快速推进，完成总投资5.71亿元。华夏历史文明传承园11个项目主体和19个附属项目完工。青龙古镇被评为中国特色创客小镇；泥屯镇龙泉村、杨兴乡坪里村入选第二批山西省旅游扶贫示范村名单；东黄水镇马驼村、黄寨镇上安村、泥屯镇龙泉村入选山西省首批100家AAA级乡村旅游示范村名单。2019年全县旅游景区累计接待游客218万人次，实现旅游总收入约2785万元。

城乡基础设施建设 2019年，阳曲县投资2.25亿元建设“四好农村路”98.74千米。总投资约1.98亿元完成县城44条街巷改造。首邑南路、阳兴公园停车场和交通枢纽停车区域等工程基本完工，新增停车位600余个。新安西街棚户区改造项目新开工318套，主体建设即将竣工，共计完成投资1.16亿元。整治背街小巷44条、老旧小区25个、“五小”门店303家、窗口单位25家。大力开展文明交通综合治理，文明交通工作在二类县区中排名第一，全市排名第二。推进“烟头革命”“垃圾清零”“门前五包”等13个专项攻坚行动。

民生事业 2019年，阳曲县城镇新增就业人数1105人，创业带动就业232人，转移农村劳动力2238人全民技能提升工程培训2710人。

全力保障科教文卫等民生重点，全年累计投入19.26亿元，同比增长19.74%。投资1000余万元对全县校舍进行维修加固和提档升级。中小学、幼儿园“县管校聘”管理改革工作完成。首邑学校荣获“全国教育系统先进集体”称号。全年免费送戏下乡158场，农村电影免费放映1538场。（崔振刚）

【娄烦县】 娄烦县位于太原市西北部，总面积1289.90平方千米，下辖3镇5乡，6个居委会，142个行政村。

全年地区生产总值增长5.80%，服务业增加值增长80%，规模以上工业增加值增长 2.50%，社会消费品零售总额增长 1.90%，固定资产投资增长 7%，一般公共预算收入增长 11.30%，农村居民人均可支配收入增长 11%，城镇居民人均可支配收入增长 6.80%。

农业 2019 年，娄烦县完成托管服务补助面积 5 万亩。种植马铃薯 10 万亩、中药材 1.10 万亩、小杂粮 6 万亩。实施万亩渗水地膜谷子种植项目，农产品安全质量追溯体系辐射面积 3000 亩，农业支持保护补贴面积 13.20 万亩。新认证“三品一标”产品 22 个，30 余种农产品在第六届中国（山西）特色农产品交易博览会上走俏。

重点项目 全年安排实施重点项目 43 个，总投资 48.80 亿元，开复工率 100%。转型项目 14 个，开复工率 100%。列入省、市项目库的 31 项重点项目，开工建设 30 项，开复工率 97%。有序推进总规模 199 兆瓦的 4 个风电项目建设，30 兆瓦云鼎光伏项目开工建设。

城乡建设 2019 年娄烦县实施滨河南路西延、县医院环路建设等工程，对 20 个老旧小区、15 条背街小巷进行集中整治，总投资 4.6 亿元的农村基础设施建设 PPP 项目基本完工，实施 10 个村污水综合治理，完成农户改厕 1212 个，扩面延伸农村公路 62 千米。改造农村电网 67 个村，新增负荷 51.10 兆伏安。开展水土综合治理 5.25 万亩，对县域 6 条主河道开展清河疏浚。县城建成区绿化覆盖率、绿地率均提高 0.50 个百分点。

环境建设 2019 年，娄烦县推进水源涵养、生态修复、山体治理等 12 项工程，高标准造林 5.96 万亩，完成“创森”提档升级 1.55 万亩，生态扶贫带动 1.50 万人增收。全县森林覆盖率达 24%、绿化率达 55%。启动汾河中上游山水林田湖草生态保护修复试点 12 项工程，实施汾河晋祠泉域补水工程和汾河库尾河道应急整治，推进汾河水库生态环境保护综合治理项目，岚河、汾河水质改善工程主体基本完工，新建环汾河水库防护网 6.30 千米，入库水质、出境断面水质均达地表水三类以上。查处环境违法问题企业 825 家次、取缔露天经营 343 处。

文化旅游 编制完成全域旅游发展规划，启动实施“全国贫困地区公共文化服务和旅游发展示范县”建设，举办“乡村文化旅游节”系列活动，河北村、下石村、峰岭底入选全省首批 AAA 级乡村旅游示范村，全年旅游接待 11.30 万人次。

民生事业 2019 年，娄烦县第三实验学校、职教中心、娄烦中学综合教学楼项目主体完工。开工建设县城二级汽车站，新建县妇幼计划生育、县疾控所业务用房。1035 套采煤沉陷区综合治理搬迁安置房分配到户。乡村便民购药服务实现全覆盖，乡镇卫生院、村级卫生室药品品种分别增加到 200 种、50 种以上。贫困人口县域内住院治疗个人自付医疗费用降至 7.40%。转移农村劳动力 1911 人，城镇新增就业 2170 人，城镇登记失业率 3.77%。引申文化惠民活动，开展送戏进村、送电影下乡 1807 场次。

（李爱民）

【古交市】 古交市位于太原市西部，总面积 1584 平方千米，下辖 7 乡 3 镇、4 个街道办事处，53 个社区居委会，116 个行政村。截至 2019 年底，全市总人口 21.48 万，其中城镇人口 12.24 万，农村人口 9.24 万。

农业 2019 年，古交市建设榛子、沙棘、中药材 3 个万亩特色产业园，高标准打造 2 个有机旱作示范片，镇城底林麝驯养繁殖基地规模扩大，龙庄沟榛子基地获评为省级（榛子）经济林示范基地，福山田园综合体启动第二批省级现代农业产业园创建工作。

工业 2019 年，古交市规模以上工业增加值 25.94 亿元，增长 35.90%。推进煤炭传统产业提档升级，实现 4 座煤矿联合试运转、2 座正常生产，原煤产量同比增长近 100 万吨；焦炭、洗煤产量分别增长 53%和 45%，对外销售煤焦产品 2260 万吨；完成 4 对煤矿减量重组，落实压减焦化产能任务 242 万吨。推进西山华通水泥砂石骨料、中电投岔口风电、国盛恒泰邢家社煤层气等 30 项重点转型项目，完成投资 14.70 亿元。推进省级经济技术开发区申报工作。落实减税降费政策，全年减税降费 2.76 亿元。扶持民营经济发展，出台《关于支持民营企业发展的意见》，9 户企业实现小升规；清偿民营企业中小企业账款 9242 万元，激发民营经济活力。

城乡建设 2019 年，古交市推进基础设施建设，天然气置换工程完成户内改造 3.60 万户，“三供一业”分离移交改造推进，2 万余户居民实现按时供暖；棚户区改造完成征收任务 1402 户，发放征收补偿款 5178 万元；改造 17 个老旧小区，滨河便民市场提升改造。打造关头、龙庄沟等 4 个乡村振兴示范村，完成 49 个村饮水安全工程，实施 26 个村生活污水收集和道路改造，建成 11 所农村日间照料中心，改造农村户厕 1318 座，完成“四好农村路”133 千米。

环境保护 2019 年，古交市推进“三环生态圈”战略，完成造林 4.74 万亩；推进城市园林绿化建设，实施水泉寨公园（西园）、迎宾园等 4 项提质改造工程，全市森林覆盖率 28.16%，城市绿化覆盖率 43.31%。完成 9332 户农村“煤改电”工程和 987 户集中供热改造工程，为 14094 户村民发放清洁兰炭，实施违法排污整治“百日清零”专项行动。全年全市空气质量优良天数 306 天，优良率 84.10%。治理汾河流域水环境，整治沿河 74 个入河排污口，实施二污厂提标改造和 4 座污水厂保温提效工程，完成 3 个建制镇污水收集和 19 家工业企业废水治理设施改造，汾河出口断面水质全年稳定达标，其中 5 个月达到地表水Ⅱ类以上标准。

民生事业 2019 年，古交市用于民生支出 19.70 亿元，比上年增长 5.19 亿元。推进教师绩效工资改革，启动“县管校聘”，择优招聘教师 100 名，完成古交二高升级改造工程和教师公寓改造任务。承办第四届全国中华优秀传统文化教育论坛。深化医疗卫生体制改革，建成县级医院心脏介入导管室和首家精准医疗实验室，中心医院智能云影像平台投入运行；依托乡镇卫生院、社区卫生服务中心，完成23个中医馆建设，全市连续14年被评为省级卫生城市。60周岁以上老人免费乘坐市内公交、为在校学生办理国寿补充医疗保险、智能家庭医生签约平台建设等十件实事基本完成。推进采煤沉陷区综合治理，全年共投入治理资金3.26亿元，统一安置房建设主体竣工3036套，竣工率89.65%；自主选择安置户货币补偿款发放6.79亿元，发放率65%；统一安置户房屋分配2649户，分配率62%；货币补偿安置签约率98.65%，获太原市2019年度采煤沉陷区综合治理搬迁安置工作先进县（市、区）称号。（赵志英）

大同市

【概况】 大同市总面积14176平方千米，下辖4区6县。截至2019年底，常住人口346.30万人，比上年增加0.70万人。

2019年，大同市地区生产总值1318.80亿元，按不变价格计算，比上年增长6.70%。全市人均地区生产总值38122元,比上年增长6.40%。全年全市一般公共预算收入130.10亿元，比上年增长8.70%，一般公共预算支出364.20亿元，比上年增长8.80%。居民人均可支配收入23533元，比上年增长9%。全年全市居民消费价格比上年上涨2.50%。商品零售价格比上年上涨1.40%。城镇新增就业5.50万人。转移农村劳动力4万人。截至2019年底，城镇登记失业率2.70%。

农业 2019年，大同市农作物种植面积495.15万亩，比上年增加2.55万亩。其中，粮食种植面积425.25万亩。全年全市粮食总产量123.20万吨，比上年增加16.60万吨。全年全市完成造林面积43.70万亩。其中，人工造林完成35.30万亩。全年全市肉类总产量15.10万吨，比上年增长3.20%。

工业建筑业 2019年，大同市规模以上工业增加值比上年增长6%，其中煤炭工业增加值增长10.80%。

全年全市建筑业增加值73.80亿元，比上年增长10.40%。全年全市资质以上建筑业企业总产值210.80亿元，比上年增长14.30%。房屋建筑施工面积901万平方米，增长15.80%；房屋竣工面积318.40万平方米，下降0.10%。

国内贸易 2019年，大同市社会消费品零售总额755亿元，比上年增长7.90%。按经营地统计，城镇消费品零售额581.10亿元，增长7.80%；乡村消费品零售额173.90亿元，增长8%。按消费形态统计，商品零售额662.80亿元，增长7.80%；餐饮收入额92.20亿元，增长8.40%。全年全市限额以上单位消费品零售额157亿元，比上年下降0.90%。在限额以上批发零售业中，石油及制品类下降4.30%；中西药品类增长16.90%；烟酒类增长

表50 2019年大同市辖县(区)经济指标统计表

县 市	地区生产总值（万元）	农林牧渔业总产值（万元）	固定资产投资增长速度（%）	社会消费品零售总额（万元）	一般公共预算收入（万元）	一般公共预算支出（万元）	人均可支配收入(元)	
							城镇居民	农村居民
平城区	4136028	19523	12.40	3576258	87107	241816	35366	17011
云冈区	3858963	99189	21.70	1363723	115818	278607	34337	17027
云州区	1252023	133974	4.20	185980	24704	157093	22430	10682
新荣区	590971	82748	12.20	141236	23823	121538	27062	10471
阳高县	510331	256381	12.50	123044	14770	211196	23861	8803
天镇县	374746	144153	−14.30	120064	24543	280291	24179	8752
广灵县	407690	131532	15.90	113445	25284	256600	24055	9185
灵丘县	506582	95373	40.20	349831	18793	232610	29293	8806
浑源县	464205	155224	10	369993	15658	335608	24929	9151
左云县	1007541	58063	−18.50	263864	103497	173557	29773	13668

（省统计局）

4.80%;服装、鞋帽、针纺织品类下降2.20%;汽车类下降4.10%。

环境保护 2019年,大同市耕地保有量37.61万公顷。水库蓄水量1.1亿立方米。全年全市空气质量二级以上良好天数318天,全省排名第一。空气质量综合指数4.97。全年全市集中供热率99.80%;天然气气化率98.70%;城市供水普及率95%,水质合格率100%;市本级污水处理率95%;中水回用率25%;市区城市生活垃圾无害化处理率100%。全年全市建成区新增绿化面积108.90万平方米。城市建成区绿化覆盖率、绿地率、人均公园绿地分别为43.70%、39.60%和16.30平方米/人。

旅游 2019年,大同市旅游总收入762.10亿元,比上年增长22.70%。其中,国内旅游收入758.80亿元,增长22.90%。旅游外汇收入5496.80万美元,比上年增长12.40%。接待国内游客8386.30万人次,比上年增长21.30%;接待入境旅游者9.10万人次,比上年增长11.10%。

教育科技 2019年,大同市有普通高等学校2所,中等职业教育学校33所,普通高中46所,普通初中155所,普通小学348所,特殊教育5所,学前教育551所。全年全市申请国家专利2245件,其中发明专利427件。全市获国家授权专利1189件,其中发明专利123件。省级以上重点实验室3家,工程技术研究中心8家。截至2019年底,高新技术企业有58家。开展人工影响天气业务单位7个。人工增雨累计收益面积1.40万平方千米,增雨量0.60亿立方米。

文化体育 2019年,大同市有文化艺术馆11个,公共图书馆12个,博物馆16个,档案馆11个。1月31日至2月20日,“世家小镇”2019大同古都灯会举行。该灯会由大同市委、大同市政府主办,以“观古都灯会,赏天下大同”为主题,设置传统彩灯、当地工艺花灯、大型裸眼3D光影秀、城市地标光柱等灯组113组,分“能源革命”“改革开放40周年”“大同故事”“灯的发展史”“中华优秀文化”“传统民俗”“儿童世界”7大主题。央视《新闻联播》《新闻直播间》《共同关注》等栏目全景展现古都灯会景象,央视CGTN英文频道客户端全方位报道古都灯会。9月10日至10月7日,2019“影像的力量”中国(大同)国际摄影文化展在大同举行,摄影文化展由中国公共关系协会与大同市人民政府共同主办。

全年全市组织承办20项全国、省级品牌体育赛事。第二届全国青年运动会中全市承担冬季单板滑雪和夏季U16男女篮球、U18男子篮球、U17-18男子足球比赛项目。

社会保障 截至2019年底,全市卫生机构有卫生技术人员23689人。其中,执业医师和执业助理医师10150人;注册护士9674人;疾病预防控制中心卫生技术人员304人;妇幼保健卫生技术人员283人;农村乡镇卫生院卫生技术人员1322人。全年全市基本养老保险参保人数191.10万人。基本医疗保险参保人数285.10万人。其中,职工基本医疗保险参保人数82.90万人;城乡居民基本医疗保险参保人数202.20万人。失业保险参保人数44.40万人;工伤保险参保人数62.40万人;生育保险参保人数44.30万人。全年全市纳入城市最低生活保障的居民4.80万人,发放城市低保资金2.50亿元;纳入农村最低生活保障的居民16.80万人,发放农村低保资金5.80亿元。

(冯晋慧)

【大同市平城区】 大同市平城区位于山西北部,大同盆地中心,总面积246平方千米,下辖3个乡,13个街道办事处,139个社区居民委员会,59个村民委员会。截至2019年底,全区常住人口94.17万人。

乡村振兴 2019年,大同市平城区现代农业产业示范区获批设立,农业嘉年华项目建成运营,报批省级现代农业产业园。推进农村人居环境整治,实施“六大专项”(指拆违治乱、垃圾治理、污水治理、厕所革命、卫生乡村、清洁能源)行动,总投资2.29亿元。提升农村基础设施建设和公共服务水平,推进西谷庄、田村、上皇庄、小石子等8个美丽乡村建设。推进农村集体产权制度改革工作,完成清产核资和农村集体经济组织成员身份确认两项阶段性任务。

工业建筑业 2019年,大同市平城区规模以上工业增加值37.92亿元,同比下降9.80%。工业企业累计总产值122.20亿元,同比下降11.60%。全年全区具有建筑业资质等级企业完成建筑业总产值108.83亿元,比上年增长23.90%。

助企发展 2019年,大同市平城区新认定高新技术企业2家,重新认定高新技术企业3家。确定资助发明专利申请56件,发放资助资金16.80万元。召开政银企对接会8次,为32个企业项目融资2.99亿元;通过线上平台对接项目92个,累计融资11.75亿元。

项目建设 2019年,大同市平城区开工29个项目,总投资233.38亿元。开展入企服务,畅通“96302”服务企业热线,召开政企联席会议,帮助企业解决困难。推进总投资2.40亿元供暖电替代项目建设,建设能源站11座,提供清洁能源供热面积21万平方米。培育入库“小升规”企业6家,新上亿元产业项目6个。

科技教育 2019年,大同市平城区发明专利151件,实用新型专利529件,外观设计专利46件。平城区有职业中学学校1所,小学学校58所,幼儿园19所,特殊教育学校1所,普通中学学校2所。

文化旅游 2019年,大同市平城区成立古城复兴项目协调服务领导组,助推总投资119亿元的20个古城项目建设。打造精品旅游公共空间,在10座公共空间投放LED屏、数字图书阅览器、旅游推介平台等。保护核查区内158处不可移动文物,原大同三中礼堂确定为区级文物保护单位。推出《太后巡游》《大明·锦绣鸿途》等历史文化情景剧,开展古都灯会、庆祝国庆等系列活动,旅游总收入244.87亿元。

社会保障 2019年,大同市平

城区城镇新增就业人数6801人；创业带动就业人数1789人，城镇失业人员实现再就业2983人；就业困难人员就业1032人。全年城镇登记失业率1.88%。全年全区国家抚恤、补助各类优抚对象1392人。低保对象6720户，发放低保金6644.08万元。

（张琮敏）

【大同市云冈区】 大同市云冈区位于山西北部，大同市西南，总面积737.81平方千米，下辖2镇4乡，120个行政村，28个街道办事处，138个社区。截至2019年底，常住人口74.39万人。

农业 2019年，大同市云冈区农作物播种面积17.55万亩。发展市级有机旱作农业项目2700亩。建设5个杂粮绿色增产攻关田建设项目，种植面1300亩。以农耕文化、休闲观光、都市旅游为特点，发展现代生态观光杏、李子、毛桃、西瓜、葡萄、草莓等瓜果类采摘园区，花卉休闲农业园区，传统农耕文化休闲园区，农耕文化园区。

工业 2019年，大同市云冈区开工建设总投资5.90亿元同煤四盘区风井工业广场、总投资2.90亿元冀东水泥技改项目、总投资1.24亿元富乔垃圾发电厂扩容二期。盘活破产闲置十多年的原大同水泥厂，引进武汉东湖大同碳谷、石英砂加工、除雪剂、高瓦斯灰综合利用等10余个项目。推进能源革命，建成并网中电、中广核等11个新能源企业光伏发电厂。

项目建设 2019年，大同市云冈区投资各类项目115个，总投资332.86亿元。亿元以上项目25个，总投资315.67亿元。转型项目53个，总投资173.94亿元，占全部建设项目总投资比重的52.26%。规模以上企业从年初的44个，增加至52个。

城乡建设 2019年，大同市云冈区"三供一业"（指供水、供电、供热和物业管理）改造工程总投资378796万元，改造住宅面积1140万平方米。总投资10037.93万元，实施10条街巷道路改造工程，改造道路长度13.77千米。总投资795万元，建设恒安新区居住区3个公园，建设规模2万平方米。危旧房改造5万平方米，实施兴云华庭住宅项目节能工程4.90万平方米。老旧小区改造8个项目，投资6881.38万元，涉及10个小区、67栋、32.28万平方米、3431户。建成保障房2344套，其中城中村改造建成2144套。城市棚户区改造投资11645万元，占年度投资101%。

环境保护 2019年，大同市云冈区新建采煤沉陷区搬迁安置工程住宅8477套，开工建设马营城市棚户区连片改造项目。投入资金4082万元改造提升22个示范村。总投资1.60亿元，完成40.94千米"四好"（指建好、管好、护好、运营好）农村路及13.77千米的10条街巷道路改造工程。环境空气二级以上天数324天，优良天数比例90.30%。

教育 2019年，大同市云冈区有各类学校75所。其中，完全中学3所，高中2所，初中7所，九年制学校3所，小学58所，特教学校1所，进修校1所，职业学校2所，青少年校外活动中心1所。在校学生49310名。全年全市增加教育经费1.60亿元，完善学校基础工程。出资2880万元，发放班主任津贴、爱岗敬业津贴和校长基金，重奖先进教育工作者695名。

民生事业 2019年，大同市云冈区贫困人口新型农村合作医疗参合率100%。为计划生育家庭发放奖励金732万元，投入222万元为50所村卫生室统一购置配备设施、设备。为城市、农村低保对象17083户21890人累计发放低保金约1.30亿元。为退役军人发放优抚金862.30万元。开展各种招聘会12次，全区城镇新增就业人数7214人。接收同煤移交街道社区社会化管理退休人员8.70万余人。临时救助2050人次，发放救助金158.65万元。困难残疾人生活补贴4770人，发放生活补贴297.07万元；享受重度残疾人护理补贴5076人，发放护理补贴306.86万元。

（石有团）

【大同市云州区】 大同市云州区位于大同市中部，总面积1503平方千米。下辖3镇7乡，13个社区居民委员会，175个行政村。截至2019年底，常住总人口194289人。

农业 2019年，大同市云州区农作物播种面积62万亩，比上年减少5200亩，下降0.83%。粮食总产量109169.10吨，比上年减少22531.60吨，下降17.10%。奶类产量29467吨，比上年增加1889吨，增长6.85%；禽蛋产量30910吨，比上年增加2877吨，增长10.26%；肉类产量22474.10吨，比上年增加1927.10吨，增长9.38%。全区人工造林面积2.70万亩，增长5.80%。农林牧渔业总产值15.36亿元，比上年增长1.32%。

工业 2019年，大同市云州区规模以上工业增加值38.83亿元元（含大同市经济技术开发区），增长23.50%。云州区有规模以上工业企业24家，实现总产值65.87亿元，比上年增长70.87%。

金融 2019年，大同市云州区金融机构存款余额931534万元，比年初增加109753万元，增长13.40%。各项贷款余额359512元，比年初增加42305万元，增长13.30%。票据融资115695万元，比年初增加1195万元，增长1%。

文体卫生 2019年，大同市云州区拥有数字影院1座，区级文化馆图书馆各1个，乡（镇）文化站10个，村级文化（图书）室175个，拥有各类图书405369册。年内各类文艺演出150场，送电影下乡村2130场。拥有区级医疗卫生机构5个，乡（镇）卫生院10个，卫生院分院6个，农村村级卫生机构159个，个体诊所23个。

社会保障 2019年，大同市云州区为633户1239人城镇低保对象支付低保金432.32万元，为8065户11911人农村低保对象支付低保金4057.78万元。全年企业职工养老保险参保人数10534人，征缴养老保险费7525万元，发放退休人员养老金15798万元。城乡居民养老保险参保人数87048人，累计为2.80万人发放养老金3273.21万元。

（吉广仁）

【大同市新荣区】 大同市新荣区位于大同市北部，总面积1091.27平方千米，下辖2镇6乡，150个行政村。全年全县总人口11.80万人。

农业 2019年，大同市新荣区围绕猪、鸡、羊特色养殖，在8个乡镇各择优选取2个村，利用村边整治出的废弃宅基地，发展特色养殖产业，全区牛、猪、羊饲养量分别达3.70万头、9.50万头和48.55万只，蛋鸡存栏35.11万只，肉蛋奶总产量3.40万吨。因地制宜发展有机旱作农业，投资174万元，完成有机旱作农业示范区3200亩，建设省级封闭示范片1个、市级农业样板区2个、市级农业示范片2个。发展以西梅为主的特色经济林生态产业，形成规模916亩。

工业 2019年，大同市新荣区规模以上工业增加值完成6.46亿元，比上年下降8.20%；服务业增加值完成21.04亿元，比上年增长7.20%。全年累计生产原煤233.98万吨，实现煤炭产业增加值7.87亿元。新成欣荣活性炭2万吨脱硫脱硝活性炭项目建成，泰旺1万吨破碎活性炭项目开工。培育发展先进制造业、服务业。在花园屯乡引进开工建设科达物流货物仓储配送和博和现代物流园区项目，建设成大同北部物流集散基地。

招商引资 2019年，大同市新荣区同上海东方龙商务咨询公司签订委托招商协议，引入第三方进行招商，实现"招商主体由以政府为主转变为以中介招商、委托招商为主"。全区共签订招商引资协议31个，签约金额达67.53亿元。截至2019年底，31个项目中有27个项目开工建设，开工率达87%。

城乡建设 2019年，大同市新荣区实施乡村提质工程，全面推动农村人居环境集中整治向纵深拓展。投资7179万元，完成15个示范村规划编制，22个村庄新建道路22.60千米；村庄亮化完成村15个，打造绿化村庄48个。实施农村垃圾治理，整治完成17处。完成农村改厕510座，规模养殖场粪污处理5座。

环境建设 2019年，大同市新荣区做好大气污染防治工作。落实"决战300天，提升大同蓝"实施方案，1台40吨、3台20吨锅炉超低排放改造完成，实现集中供热方式替代散煤用户6189户。完成同煤天建炼钢厂等无组织排放企业除尘改造。取缔"散乱污"企业18家，处罚企业9家，共罚款493.10万元。全区二级以上优良天数为321天，优良天数达87.90%。

文化旅游 2019年，大同市新荣区打造以得胜堡为核心、以长城旅游为主板的全域旅游工作。实施得胜堡堡墙、河东窑龙王庙保护修缮工程和助马堡南门抢险加固工程。发展以云特小镇、塞尚驿栈、饮马山庄为代表的乡村体验游和以饮马河、万泉河为代表的生态湿地游，构筑吃、住、行、游、购、娱全产业链。

民生事业 2019年，大同市新荣区招聘特岗教师20名，优化教师队伍结构；培训教师2323人次，促进教师专业成长。推进教育现代化。配备计算机615台、智慧黑板13套。加强学前教育规模，长城东街幼儿园基本建成。推进医疗、医保、医药"三医"联动，推进区乡医疗卫生机构一体化改革。区医院和12家乡镇卫生院及分院全部实行农村贫困住院患者区域内先诊疗、后付费；区医疗集团"八大管理中心"和"八大业务中心"投入正常运行。农村劳动力转移就业1501人，创业带动就业576人，城镇登记失业率2.17%。 （贺雨顺）

【阳高县】 阳高县位于大同市东北部，总面积1598.29平方千米。下辖7镇5乡，253个村民委员会、15个社区居民委员会。截至2019年底，全县总人口268682人。

农业 2019年，阳高县粮食播种面积92.90万亩，粮食总产量5.60亿千克，蔬菜产量52.50万吨。调减籽粒玉米种植面积14万亩，发展青贮玉米、蔬菜等种植面积19.60万亩，围绕"两岸两带"（即古长城旅游公路和桑干河沿岸；高铁沿线和神丰公路沿线）发展集观赏性和经济性为一体的农作物5万亩；遴选规划有机旱作农业片区12个，有机旱作农业26万亩；改造中低产果园4000亩；建成省级标准园1个，市级标准园5个。

工业 2019年，阳高县规模以上工业增加值6.27亿元，比上年增长14.90%。实施工业振兴战略，招商引资签约项目19个，总投资92.90亿元；开工并统计入库项目15个，开工率78.94%。龙泉工业园区入驻企业36家，同比增加64%。推进产业转型项目33个，总投资56.98亿元，同比增长20%。完成古城镇"能源小镇"长远发展规划，全县新能源装机容量42.60万千瓦时，发电量总量突破7.74亿度。综合投资200亿元的中联绿色大数据产业基地项目达成意向。

城乡建设 2019年，阳高县建设完工阳和大道南延拓宽亮化工程、暄阳街东延道路硬化和同煤电厂县城供热主管网等工程。843套保障房分配、配租到户。持续推进云林寺周边棚户区改造项目拆迁征收工作，拆迁76户。

环境建设 2019年，阳高县推进山水林田湖草系统治理，开展散乱污企业、工业企业无组织排放、锅炉、工业炉窑、重点行业挥发性有机物等治理工作，取缔"散乱污"企业2家、停产治理搅拌站3家、关闭燃煤锅炉4台、改造低氮燃烧天然气锅炉7家9台，拆除轮窑4座，完成山纳橡胶挥发性有机物治理。

文化旅游 2019年，阳高县举办2019杏花文化旅游节、电商杏果采摘节、长城花海季等活动。推进九龙温泉、玉安生态岛、杏泉峪、长城乡镇边堡村、龙泉镇守口堡村、大白登镇大泉山村A级景区（景点）申报工作。全年接待游客347.20万人次，同比增长21.67%，旅游收入27.06亿元，同比增长24.76%。

社会事业 2019年，阳高县城镇常住居民人均可支配收入23839元，同比增长7.50%，农村常住居民人均可支配收入8940元，同比增长12%。以农村夜校、大喇叭为平台，开展常态化扶志教育和感恩教育，4300

余名贫困人口获得自主脱贫奖补基金1020万元。实施“全面改薄”项目中新建、维修学校48所并全部投入使用。全县适龄儿童学前入园率、九年义务教育阶段适龄儿童少年入学率分别达96.20%、100%。落实基本公共卫生服务，居民健康档案建档209009人份，建档率78.42%。家庭医生累计签约14.32万人，签约率53.30%。全县城乡居民参保人数159677人，社保卡持有人数252056人。城乡居民养老保险按时足额发放。职工和城乡居民实现跨省异地就医直接结算。（陆　飞）

【天镇县】 天镇县位于大同市东北部，总面积1716平方千米，下辖5镇7乡，227个村民委员会，12个社区居民委员会，截至2019年底，常住人口23.10万人。

农业 2019年，天镇县农作物播种面积67万亩，全县粮食总产量20.60万吨。农田水利建设投资1840万元，实施坡耕地水土流失综合治理工程，修建水平梯田1万亩，修筑和改造生产道路12.10千米；投资2488.04万元，实施谷前堡镇等6乡（镇）19个村高标准农田建设2.90万亩。确保农产品质量安全，全县“三品一标”认证面积20020公顷、36个品种。

工业 2019年，天镇县推进华能天台山10万千瓦、闫家梁5万千瓦等6个风电项目发展；促进山西国际能源5万千瓦竞价、10万千瓦平价、晋能7万千瓦竞价3个光伏发电项目落地开工。推进科技创新等一批重点工业转型项目，抓天镇县产业园区、北辰装配式建筑产业园（PC构件工厂化生产线）二期项目、高铁站城一体化站前广场、天镇县“白羊口康养山庄”建设等一系列项目建设。

特色产业 2019年，天镇县依托国家级出口小杂粮质量安全示范区品牌，集中红芸豆、黄花、中药材、设施蔬菜、高效饲草5个万亩级种植产业。依托全县15个肉牛养殖场、9个奶牛园区、80个肉羊养殖场，带动700户贫困户稳定脱贫。引进北京大伟嘉“50万头生态循环金猪”扶贫项目，建成占地16.80公顷、存栏5000头种猪场基地，推行1对夫妻、经营1000头家庭猪场、带动20个贫困户脱贫的“1120”扶贫模式，一期发展35个千头规模“家庭猪场”，年末建成3个。

环境建设 2019年，天镇县完成京津风沙源治理二期工程人工造林0.40万公顷、封山育林0.14万公顷，退化林修复333.33公顷，环京津生态屏障0.10万公顷，交通沿线荒山造林0.07万公顷，东要泉村等8个村村庄绿化及东要泉村至张家窑村通道绿化工程完工。推进0.19万公顷退耕还林。通过实施煤改电、煤改气、集中供热、环保设施升级改造等方式，降低减少污染物排放，二氧化硫减排140.32吨，氮氧化物减排28.25吨。全年全县空气质量二级以上优良天数270天。

教育卫生 2019年，天镇县落实教育扶贫政策，发放各类资助金免学费841.43万元，资助各学段学生7668人次。投资3080万元，新建小学2所，幼儿园2所；投资3021万元，新建县一中教学楼1万平方米；义务教育阶段学生入学率100%，小学巩固率99.60%，初中巩固率99.20%以上。基本公共卫生服务项目人均经费标准69元，服务项目17类64项，全县建立健康档案人数18.83万人、建档率88.57%，电子健康档案建档人数18.27万人、建档率85.94%，免费发放叶酸4542份，65岁以上老年人全部免费体检，体检11458人。

社会保障 2019年，天镇县建档立卡贫困人口参加居民基本养老保险38192人，参保率100%，按时足额发放居民养老保险基础养老金，由每人每月103元提高至108元，养老金领取率100%。企业基本养老保险参保1.74万人，机关事业单位基本养老保险参保8574人，城乡居民医疗保险参保17.92万人，城乡居民社会养老保险参保12.38万人，失业保险参保7468人，工伤保险参保8896人。新增城镇就业2929人，城镇失业人员再就业1844人，就业困难人员就业396人，转移农村劳动力3046人，城镇登记失业率0.05%。打造“天镇保姆”品牌，开展培训40期培训1668人，累计输出8300余人，“党建+保姆”引领妇女就业入选中宣部《新时代农村思想政治工作创新案例选编》，“天镇保姆”脱贫致富案例入选人社部2019扶贫典型案例。（闫　芳）

【广灵县】 大同市广灵县位于大同市东部，总面积1283平方千米，下辖2镇7乡，149个村民委员会，6个社区居民委员会。截至2019年底，全县总人口18.21万人。

农业 2019年，广灵县耕地总面积51.30万亩，粮食总产量182140.50吨，比上年减产0.98%。完成农村集体经济清产核资、土地承包确权颁证。实施“双十双百”产业扶贫示范工程（即建设30个产业扶贫示范村，培育20家扶贫龙头企业，建立100家“扶贫车间”，发展100名农村致富带头人），推进省级食用菌产业园、海高牧业、新大象等全产业链项目。

工业 2019年，广灵县引进新兴产业项目22个，实施重点工业项目11个，推进亿晨环保、钕铁硼永磁、万吨钢结构、国昶风电、上墨家沟风电等项目建设，全年新增规模以上工业企业4家，申报“专精特新”项目企业10家，工业总产值21.48亿元，同比增长36.10%。

城乡建设 2019年，广灵县实施路灯改建、地下管道修建、道路路面整修等市政建设工程，提档优化县城主要街道牌匾8千米，整治美化街道5万平方米，清理陈年生活垃圾4000余吨，整治城中村老旧街道10条。新建维修农村住房7878户，“清零”C、D级危房12865户，改造通村公路38条97.30千米，巩固提升106个村饮水安全，163个村实现自来水入户，新建客运班车候车亭106个，创建市级改善农村人居环境示范村3个、乡村环境提升示范村30个，涧西村被认定为全国乡村治理示范村。

环境建设 2019年，广灵县开展环保督察及“回头看”反馈问题整改。落实“河（湖）长制”，开展小流域水环境综合治理和河道“清四乱”（即集中清理整治乱占、乱采、乱堆、乱建）集中整治行动，投资2590万元实施壶流河河道治理工程。巩固提升养殖业污染防治成果，国控、省控断面水质达标率100%。统筹实施林草9大重点工程，全年造林4460公顷，森林覆盖率24.50%。开展大气污染综合治理，取缔“散乱污”企业8家，治理无组织排放企业7家，投资2755万元实施矿山环境恢复治理工程，县城空气质量二级以上天数304天。

文化旅游 2019年，广灵县举办第三届湿地文化节和第二届湿地研讨及文旅招商推介会。启动实施“山水白羊”乡村旅游项目。涧西村被评为全省AAA级乡村旅游示范村。全年全县旅游业总收入40.52亿元。

脱贫攻坚 2019年，广灵县发展特色种植、规模养殖、手工编织、光伏电站等富民产业，推进易地扶贫搬迁、危房改造、乡村提升、安居工程等项目，实施道路提质、饮水安全、电网改造等工程，落实教育、健康、生态、金融、兜底保障等扶贫政策，全年15个贫困村摘帽，脱贫4775人，贫困发生率降至0.49%，经省政府批准，广灵退出贫困县。

民生事业 2019年，广灵县民生支出占财政总支出88%以上，年初承诺的10件民生实事全部落实。改扩建寄宿制学校4所、村级幼儿园6所，维修中小学校34所。卫生普惠，新建维修村级卫生室136个，开工建设中医院业务用房项目，医疗养老康复中心主体工程完工。落实就业创业政策，新增城镇就业2985人，转移就业农村劳动力2863人。 （姜成晋）

【灵丘县】 灵丘县位于大同市东南部，总面积2732平方千米，下辖3镇9乡、255个行政村，13个社区居委会。截至2019年底，全县常住人口25万人。

农业 2019年，灵丘县农作物总播种面积53万亩，粮食作物播种面积49万亩，粮食总产量10.58万吨。实施旱作农业区农牧绿色融合项目，建设有机旱作农业样板区1200公顷。创建中国农业大学有机旱作农业示范园，试验示范种植160余个农作物品种。培育特色农业产业。在武灵、东河南、落水河、史庄4乡（镇）新发展黄花1万亩，带动贫困户3895户。加强“三品一标”认证，全年新认证有机产品19个，绿色产品3个，无公害产品7个，灵丘大青背山羊获农业农村部地理标志登记。推进电子商务进农村，网络交易3.81亿元，农特产品网络零售额351万元。

工业 2019年，灵丘县规模以上工业总产值15.16亿元，同比增长16.64%；规模以上工业增加值6.90亿元，同比增长15.40%；规模以上工业企业实现利税1.31亿元，同比增长37.90%。全年实施工业项目102个，总投资309.49亿元。其中，总投资200亿元的秦淮数据环首都·太行山能源信息技术产业基地项目一期、二期机房交付使用，三期机房主体结构完工，四期机房开工建设；总投资3.85亿元的建投凤凰山5万千瓦风电项目并网发电。6家工业企业“小升规”，荞之源、德威众创、康馨苦荞、东田矿业、豪洋矿业5家企业被评为山西省“专精特新”中小企业。

环境建设 2019年，灵丘县治理无组织排放企业7家、餐饮服务单位油烟净化器安装215家；取缔拆除“散乱污”企业9家，取缔县城控制区范围内露天烧烤点7家。推进水污染防治行动，开展集中式饮用水水源地水质监测工作；改造所有运营加油站双层罐工程；实施水污染防治重点工程15个；建成花塔村、王庄堡村2个自动水质监测站。清理唐河、沙河、大东河等主要河流和21条乡管河流河道160.70千米，清理沟渠23.90千米，清理外运各类垃圾和废弃物16086立方米。全年营造林0.25万公顷，恢复采矿区植被106.67公顷。全年县城空气质量二级以上天数259天，较上年增加34天。

城乡建设 2019年，灵丘县投资10.75亿元，改善城乡面貌，创建全域旅游示范县。投资5.80亿元，综合治理“三河”（泽水河、沙河槽、塌涧河三河贯通工程）县城段；投资2.40亿元，改善城乡路网，实施青年路、马走线道路改造工程和富强大道建设工程。投资1.26亿元，推进能源革命进乡村，“煤改电”3689户、“煤改气”322户、生物质取暖改造1790户，改厕4909户，实施东河南、上寨垃圾填埋场及南山区6个垃圾转运站建设工程。房地产去库存1361套，15.03万平方米，存量房转移登记确认86件，1.02万平方米。

文化旅游 2019年，灵丘县举办第十三届平型关文化旅游节、灵丘首届民宿论坛、“灵山秀水——这就是灵丘”主题摄影展；开展传统非遗民俗戏曲文化、红色文艺进景区、旅游宣传推介会等系列活动；推出《灵丘风景美如画》专题片。灵丘城头会—觉山寺—车河—桃花溶洞—北泉—花塔民俗风情游线路入选全国150条“夏纳凉”系列休闲农业与乡村旅游精品景点线路。全年全县旅游总收入29.68亿元，同比增长22.39%；接待游客360.47万人次，同比增长16.87%。

社会事业 2019年，灵丘县城镇常住居民人均可支配收入29293元，增长7.40%；农村常住居民人均可支配收入8806元，增长10.50%。民生支出20.40亿元，同比增长3.40%。农村劳动力转移就业2903人，城镇新增就业2948人，城镇登记失业率控制在3%。全民技能提升工程培训4801人，其中建档立卡贫困人口986人。城乡居民基本养老保险128020人，参保率100%。高龄城乡居民基础养老金达每人每月118元。发放1429户2557人城市低保金1059万元；发放15735户20892人农村低保金7362万元。推进县乡医疗机构一体化改革，落实医保打包付费工作；建立居民健康档案21万份；免费产前筛查1101人、农村妇女免费“两癌”检

查 11792 人。 （张迎春 马秀梅）

【浑源县】 大同市浑源县位于大同市东南部，总面积 1968.49 平方千米，下辖 6 镇 12 乡，301 个村民委员会，11 个社区居民委员会。截至 2019 年底，全县常住人口 34.68 万人。

农业 2019 年，浑源县耕地面积 62 万亩，粮食播种面积 54 万亩，粮食产量 17.60 万吨。建设省、市级旱作农业封闭示范片 2000 亩；黄芪种植面积 28 万亩，发展黄花 5000 亩、柴胡 1.30 万亩、山桃 0.60 万亩；建设现代化食用菌产业园区，食用菌规模 250 万棒，产量突破 190 万千克；推广杂粮渗水地膜穴播覆盖技术 8.50 万亩；全县牛、猪、羊、禽类饲养量分别达 4.80 万头、21.50 万头、87.20 万只、70.33 万羽；14 个农产品获得"三品一标"认证；全年农产品加工企业销售收入 6.12 亿元。

工业 2019 年，浑源县项目管理库储备项目 134 个，总投资 322.96 亿元。其中，新建续建项目 91 个，投资 41.84 亿元；转型项目 28 个，投资 9.36 亿元。开展能源革命，推进新能源发展，发挥风能、太阳能资源优势，鼓励发展风电、水电等清洁能源，出台《浑源县能源革命行动方案》，风电项目建成并网发电 50 万千瓦，光电项目建成并网发电 28.06 万千瓦，抽水蓄能电站完成收口。规模以上工业增加值 1.99 亿元，培育规模以上工业企业 5 家；投资 2600 万元技术改造升级民营企业 2 家。

城乡建设 2019 年，浑源县建设"四好"（指建好、管好、护好、运营好）农村路 491.70 千米，通硬化路建制村 15 个，全县 301 个建制村全部实现通硬化路，通硬化路率 100%。县城建成区累计完成地下管网 132 千米，道路 111 千米，城镇常住人口低收入家庭住房保障实现全覆盖；公共供水普及率 89%，建成区绿地率 38.56%；建筑业总产值 5700 万元。

环境保护 2019 年，浑源县推进矿山生态修复，出台《关于贯彻习近平生态文明思想加快推进全县采矿区自然生态修复的决定》，成立矿山生态修复总指挥部，组建生态文明建设投资有限公司，落实省市资金 6.07 亿元，整形矿区山体面积 2693.33 公顷，栽种各类树木 172.75 万株（丛），造地 145.33 公顷。新增集中供热面积 35 万平方米，实施"煤改电" 500 户，全年全县二级以上优良天数 222 天，比上年度增加 47 天。

文化旅游 2019 年，浑源县拓展旅游项目延伸，贯穿恒山 13 个子景区和沿线乡村的探岳之旅浑源天路全线开通；投资 800 余万元，打造《神溪记忆》大型山水实景演出项目；举办第五届成龙国际动作电影周、五岳年会等活动。全年全县旅游门票收入 5807.50 万元，旅游综合收入 98 亿元。浑源县入选"2019 中国最美县域榜"，北岳恒山入选"2019 中国百佳避暑名山榜"。

脱贫攻坚 2019 年，浑源县 45 个贫困村摘帽、7550 人脱贫。贫困县 14 项退出指标全部达要求，贫困发生率降到 0.40%，全县 149 个贫困村退出率 100%，省政府批准退出贫困县序列。

民生事业 2019 年，浑源县民生财政支出 30.70 亿元，占公共财政预算支出 91%，较上年增支 5.90 亿元，增长 24%。布局调整全县乡镇初中 19 所，完成中小学校长竞聘上岗等改革；投资 2789 万元提升 5 所学校办学条件。县乡医疗卫生机构一体化改革提速增效，建档立卡贫困人口、计划生育特殊家庭签约服务率和城乡居民医保参保率均达 100%。举办招聘会 35 场，接待服务对象 6800 余人次，进村入户"一对一"服务 1780 户，提供就业岗位 8000 余个。

（李 桃）

【左云县】 大同市左云县位于大同市西部。全县总面积 1314 平方千米。下辖 3 镇 6 乡，226 个村民委员会，7 个社区居民委员会。截至 2019 年底，全县总人口 13.68 万。

农业 2019 年，左云县农作物种植面积 40 万亩。全年粮食产量 38857.40 吨，增长 18.40%；油料产量 5180.90 吨，增长 36.70%。全年造林面积 5.87 万亩，四旁植树 65 万株，育苗 8100 亩。全年猪牛羊肉总产量 7594 吨，增长 4.10%。全年农林牧渔业总产值 59059.90 万元，增长 5.17%。农林牧渔业增加值 30367.20 万元，增长 9.24%。年末全县农业机械总动力 7.90 万千瓦，增长 1.30%；使用化肥 5136.20 吨，下降 17.60%；地膜 125.60 吨，增长 62.50%。

工业建筑业 2019 年，左云县规模以上工业企业 21 家，规模以上工业增加值比上年增长 7.77%。规模以上工业企业实现主营业务收入 43.95 亿元，下降 2.05%。全年规模以上工业实现利润 5.68 亿元，下降 33.25%；实现利税 12.52 亿元，下降 15.70%。全年建筑业总产值 0.67 亿元，增长 5.90%。

投资 2019 年，左云县固定资产投资下降 18.50%。全年全县社会消费品零售总额 289523 万元，增长 8.40%。按经营地分，城镇消费品零售额 170809.70 万元，增长 7.80%；乡村消费品零售额 118713.30 万元，增长 9.20%。按消费形态分，餐饮收入 14800.10 万元，增长 13.70%；商品零售 274722.90 万元，增长 8.10%。

交通邮电 2019 年，左云县全年全县邮电业务总量 6006 万元，下降 3.50%。年末固定电话用户 1050 户，移动电话用户 105750 户。全县计算机互联网络用户 27040 户。全县邮政局所 10 个，邮路总长度 1504 千米。

财政金融 2019 年，左云县一般公共财政预算收入 103497 万元，增长 2.50%。税收收入 78746 万元，增长 19.40%。一般公共财政预算支出 173557 万元，下降 5.70%。

全年全县金融机构各项存款余额 1097475 万元，比年初增加 42791 万元，增长 4.06%，年末各项贷款余额 355054 万元，比年初增加 8812 万元，增长 2.55%。全年保险公司发展至 13 家，保费收入 11131.70 万元，全年支付各类赔款及给付 2917.47 万元。

科教文卫 2019 年，左云县普通中小学校 21 所，专任教师 1506

人，在校学生数10005人。其中，小学生5138人，初中生2644人，普通高中生2223人。幼儿园（不包括附属幼儿园）8所，在园幼儿2475人。“送戏下乡”演出80场、农村电影“2131”惠民工程2736场。全年全县旅游总收入21.27亿元，同比增长24%；接待人数267.41万人次，同比增长24.40%。全年全县有卫生机构（含诊所、村卫生室）224个，床位571张。年末全县卫生机构有卫生技术人员797人。

社会事业 2019年，左云县基本养老保险参保人数81548人。其中，职工基本养老保险参保人数17138人；城乡居民基本养老保险参保人数64410人。基本医疗保险参保人数115291人。全年全县纳入城市最低生活保障的居民544人，发放城市低保资金2338841元；纳入农村最低生活保障的居民8929人，发放农村低保资金26951690元。年末提供住宿的社会服务机构5个，床位365张，收养救助102人。全县建立各种社区服务设施31个。（邵明仁）

阳泉市

【概况】 阳泉市总面积4558.93平方千米，下辖3区2县。截至2019年底，全市常住人口141.75万人，人口密度311人/平方千米，城镇化率68.50%。

2019年，阳泉市地区生产总值完成718.90亿元，按可比价计算，比上年增长5%。其中，第一产业完成增加值11.80亿元，增长1.90%；第二产业完成增加值327.30亿元，增长4.40%；第三产业完成增加值379.80亿元，增长5.60%；三次产业构成由上年1.50：47：51.50调整为1.60：45.50：52.90。人均地区生产总值50775元。城镇常住居民人均可支配收入33582元，比上年增长6.70%；农村常住居民人均可支配收入15390元，增长9.30%。

农业 2019年，阳泉市农作物种植面积85.50万亩，比上年增长1.10%。其中，粮食种植面积82.50万亩，增长1.30%；油料种植面积2230.50亩，增长31.20%；中草药收获面积7323亩，下降10.90%；蔬菜及食用菌种植面积1.50万亩，下降4.20%。肉类总产量2.10万吨，增长6.20%。林地面积95万亩，森林覆盖率28.50%。造林面积完成7.35万亩，增长16.10%。农业机械总动力35万千瓦，增长2.70%。机械耕地面积67.50万亩，增长6.20%；机械播种面积70.50万亩，增长8.60%；机械收获面积25.50万亩，增长0.40%。

工业建筑业 2019年，阳泉市规模以上工业企业152个，工业增加值比上年增长3.40%。规模以上工业企业实现主营业务收入485.10亿元，下降4.60%；实现利税54.90亿元，增长10.30%。其中，实现利润总额8.20亿元，增加12.70亿元。亏损企业60家，亏损面39.50%；亏损额21.10亿元，下降26.70%。

全年全市建筑业实现增加值43.20亿元，增长8.10%。资质以上建筑业企业实现总产值108.20亿元，增长13.20%；签订合同额185.90亿元，增长6.30%。房屋建筑施工面积325.30万平方米，增长26.70%；竣工面积16.30万平方米，下降74.10%。

表51　2019年阳泉市辖县（区）经济指标统计表

县　市	地区生产总值（万元）	农林牧渔业总产值（万元）	固定资产投资增长速度（%）	社会消费品零售总额（万元）	一般公共预算收入（万元）	一般公共预算支出（万元）	人均可支配收入（元）	
							城镇居民	农村居民
城　区	2024177	—	1.50	1256209	30135	75650	34865	—
矿　区	1519711	—	13.30	324403	27264	88828	34386	—
郊　区	1228188	29593	19.20	435812	47933	170448	28555	16265
平定县	1112228	91737	8.10	521985	47794	265617	30928	14743
盂　县	1292797	75761	15.30	560410	86286	267982	33423	15349

（省统计局）

能源 2019年，阳泉市一次能源生产折标准煤3637.40万吨，比上年下降8.46%；二次能源生产折标准煤319.53万吨，增长7.30%。全社会用电总量82.70亿千瓦小时，下降0.60%。其中，第一产业用电0.40亿千瓦小时，增长3.20%；第二产业用电62.40亿千瓦小时，下降3.70%，其中工业用电61.80亿千瓦小时，下降4%；第三产业用电12.70亿千瓦小时，增长12.70%；城乡居民生活用电7.20亿千瓦小时，增长7.10%。一、二、三产及城乡居民生活用电占全社会用电量比重分别为0.50%、75.50%、15.30%、8.70%。

项目建设 阳泉与百度公司合作智能物联项目2019年1月22日，22辆搭载百度“阿波罗(Apollo)”平台的自动驾驶数据采集及测试车辆，在山西五盂高速阳泉段开展封闭测试及科研工作。11月21日，百度云计算(阳泉)中心项目二期暨山西(阳泉)自动驾驶车路协同示范区项目签约，百度云计算(阳泉)中心项目二期开工奠基。阳泉与百度公司合作智能物联项目，旨在以百度(阳泉)数据中心为载体，汇聚阳泉市、山西省乃至全国区域性自动驾驶大数据，形成一流大数据中心，带动相关产业链发展。

山西阳中新材纳米气凝胶项目投产。2019年10月，阳煤集团与深圳中凝科技有限公司合作建设的“新型纳米二氧化硅气凝胶技术应用研究及工业性示范”项目投产。合资公司山西阳中新材有限责任公司于2018年11月日成立，其中深圳中凝科技有限公司持股51%，山西阳煤新型发展股权投资合伙企业（有限合伙）持股49%。

投资贸易 2019年，阳泉市固定资产投资增长7.70%，其中国有及国有控股投资增长28.60%，民间投资下降21.80%。全市在建固定资产投资项目(含房地产开发项目)617个。其中，亿元以上项目193个，亿元以上项目完成投资增长8.90%。全市房地产开发投资29.10亿元，下降6.60%。

全年全市社会消费品零售总额完成371.85亿元，比上年增长7.20%。其中，城镇消费品零售额333.12亿元，增长7.20%，占全市比重为89.60%；乡村消费品零售额38.73亿元，增长7.70%，占10.40%。按消费形态分，全年商品零售319.18亿元，增长6.90%，占85.80%；餐饮收入52.67亿元，增长9.70%，占14.20%。

金融保险 2019年，阳泉市金融机构本外币各项存款余额1736.60亿元，比年初增加157.50亿元。各项贷款余额1134.70亿元，比年初增加97.40亿元。全年保费收入35.70亿元，增长11.90%。支付各类赔款及给付11.20亿元，下降2.30%。

城乡建设 2019年，阳泉市出台《阳泉市爱国卫生条例》《阳泉市市容和环境卫生管理条例》。修缮主次干道、背街小巷共175条60余万平方米。建成区街道全部更换路牌1050个，公园标识牌802个；新建及改造公厕212座，新建及规范农贸市场12个；拆违拆临3500余处21.30万平方米，整饰城市外立面192万平方米，规范门头牌匾2892块；全市道路照明覆盖率大幅提高，管辖道路装灯率100%，亮灯率达98%以上；建成区共施划交通标识线7.30万余平方米、施划停车位5034个。

环境保护 2019年，阳泉市区大气环境质量达标天数221天，达标天数比例60.70%；细颗粒物平均浓度51微克/立方米，下降3.80%；可吸入颗粒物平均浓度88微克/立方米，下降8.30%；空气质量综合指数5.81，下降2.20%。新增城市生活垃圾无害化处理厂1个、垃圾焚烧电厂1个，建成区生活垃圾无害化处理率达100%，城市生活污水集中处理率达94%；创卫区域基层医疗卫生机构73个，规范整治达标率97.26%；生活垃圾实现日产日清，清运率达100%；建成区绿地率36.57%，绿化覆盖率37.89%，人均公园绿化面积达9.79平方米。10月，创卫工作通过全国爱国卫生运动委员会办公室暗访验收。

文化旅游 2019年，阳泉市有群众艺术馆和文化馆6个、艺术表演团体5个、公共图书馆6个。年末有线电视用户15.30万户。发行《阳泉日报》582万份。全年全市旅游总收入420.21亿元，增长17%。商业住宿设施共接待入境游客6277人次，比上年增长3.65%。

交通邮电 2019年，阳泉市交通运输、仓储邮政业完成增加值36.90亿元，比上年增长6.30%。截至2019年底，公路线路里程5695.80千米，比上年末减少10千米。铁路货运量3987.10万吨，下降12.30%；铁路客运量192.70万人，下降23.20%。

全年全市邮电业务总量完成73.50亿元。其中，邮政业务总量3.50亿元，增长48.20%；电信业务总量70亿元。移动电话用户达207.70万户，其中4G移动电话用户124.90万户。互联网接入用户49万户。

教育科技 2019年，阳泉市普通高等教育招生6227人，在校生18274人，毕业生5049人。中等职业教育招生2850人，在校生7291人，毕业生2327人。普通高中招生8329人，在校生23565人，毕业生8569人。初中招生13622人，在校生42162人，毕业生13786人。普通小学招生12562人，在校生77607人，毕业生13854人。特殊教育招生48人，在校生346人，毕业生64人。学前教育招生11143人，在校生29642人，毕业生11154人。

全年全市农民实用技术培训6万人次。专利申请量798件，下降13.40%，其中发明专利申请量241件，下降39%。专利授权量380件，下降8.40%，其中发明专利授权量30件，下降26.80%。

社会保障 2019年，阳泉市卫生机构(含诊所、村卫生室)1551个，编制床位7053张。妇幼保健院(所、站)6个。卫生机构卫生技术人员10430人。参加城镇职工基本养老保险35.75万人，增加2.41万人；参加城乡居民养老保险46.55万人，增加1.78万人；城镇职工基本医疗保险参保39.08万人，增加0.48万人；城乡居民基本医疗保险参保82.70万人，与上年持平；参加工伤保险26.92万人，增加 0.74 万人；参加失业保险 26.38 万人，增加 0.73 万人；参加生育保险 25.38 万人，增加 0.27 万人。全市三区两县最低工资标准：城区、矿区、郊区为 1700 元，平定县、盂县为 1500 元。共有城市最低生活保障对象 2.67 万人，减少 4422 人，农村最低生活保障对象 3.38 万人，减少 3276 人；城市特困供养人员 145 人，农村特困供养人员 5859 人；发放最低保障资金 2.71 亿元，增加 0.13 亿元。全市共有救助站 3 个。各类提供住宿社会服务机构 28 个，养老服务机构床位数 1659 张，各类福利院床位数 350 张，收养 102 人。城镇各种社区服务设施 640 个，其中综合性社区服务中心 6 个。销售福利彩票 1.57 亿元，筹集社会福利资金 1229.98 万元。

（郭玉珠　张卫萍　孟学武）

【阳泉市城区】 阳泉市城区位于市区中部偏南，面积 14.77 平方千米，下辖 6 个街道办事处，1 个镇，50 个社区居民委员会，14 个村，截至 2019 年底，全区常住人口 23.15 万人。

经济发展 2019 年，阳泉市城区进出口总额完成 4821 万元，增长 5%；煤炭产业增值占工业增加值比重降低 9.36%，制造业增加值占工业增加值比重上升 5.36%。培育“小升规”企业 3 户；全区新增民营企业 667 户，达 4570 户；新增个体工商户 2729 户，达 13021 户。

项目建设 2019 年，阳泉市城区签订各类合资合作项目 13 项，总投资 56.35 亿元。“大唐阳泉 369 云工厂”启动运营，与天创瑞华（北京）科技、上海翰笠科技、阳光弘信（大连）财务咨询等 5 家公司签订合作意向书，聘请创业导师 5 名；与 30 余家高科技项目和企业进行接洽，正式入驻小豆科技、迈尔康养、京轩网络科技等企业和创业团队 17 家；阿里巴巴神马搜索项目启动运行；VR 冰雪运动模拟系统开发项目立项；乐村淘 F2F 智慧零售新模式开启，成为新消费模式下的服务社区的“蔬菜水果一站式菜篮子工程”。9 月，举办第三届体育舞蹈全国公开赛，来自 9 省的 44 支代表队 800 余选手参赛。

国企改革 2019 年，阳泉市城区推进国有企业职工家属区“三供一业”分离移交工作，与 48 家涉及中央、省、市国有企业签订移交协议。完成 14 家产权单位移交资产登记和接收工作，涉及商铺、建筑用房 54 处，接收小区面积 95 万平方米。维修改造工作完成投资 1.70 亿元，投资进度为 86%，改造完成 2.30 万户，完成户数进度为 86%。推进区国有企业退休人员社会化管理工作，制定《阳泉市城区国有企业退休人员社会化管理服务工作方案》，明确移交事项、移交步骤、单位职责。与阳煤集团签订档案移交协议，涉及 27 个单位，移交人员 5052 人。

城乡建设 2019 年，阳泉市城区坚持以城带乡、城乡互动，全区 14 个村纳入“中心城区”总体规划，编制实用性村庄规划。整合 5 所乡村学校，优化城乡教师，农村地区中学生全部就近安排到城市学校就读。统筹城乡卫生资源，拓展社区卫生服务网络建设，提升农村卫生医疗水平，实现群众就近就医。14 个行政村全部完成清产核资、身份确认、股份量化工作，成立股份经济合作社。12 月完成行政村合并工作，牛家峪、西峪掌两村并入义东沟村。完成“大棚房”问题整改。打造以义井镇为依托，集红色记忆、生态休闲、康复养老、文化旅游等为一体的“文旅康养小镇”。举办第一届“漾泉文化节”。

生态环保 2019 年，阳泉市城区开展“百日行动”“夏季攻坚行动”“百日清零攻坚行动”，区域大气污染防治取得明显成效。累计排查企业 255 家，立案查处各类环境违法案件 19 件，罚款金额近 140 万元。对冬季清洁取暖工作查漏补缺，清理散煤 1.30 万余吨。解决白羊墅河坡铁路小区多年来无集中供热、供气问题。绿化硬化城市裸露地 347 块。完成大阳泉矿、南庄矿市级生态修复治理示范工程，王家峪村、西峪村无主矸山治理成效明显，完成黑臭水体治理。

全年全区为创建卫生城市投入 4 亿多元，拆除临建违建 2433 处 12 万平方米，粉刷 126 万平方米，新增绿地面积 3 万平方米，新建改造公厕 67 座，改造户厕 749 个，规范 60 条街道占道经营摊点，取缔废品收购站点 130 个，清运垃圾 30 万余吨。开展环卫一体化运营，开展餐厨废弃物分类集中收运处理，建成小区微型垃圾中转站。打造三角线、德胜街“窗改门”整治示范街。通过国家创建卫生城市专家组暗访验收。

社会事业 2019 年，阳泉市城区开展社区居家养老服务标准化建设，启动社区居家养老服务项目。投入 79.19 万元将南山路街道阳坡垴社区闲置服务场所改造为社区“嵌入”式养老场所，投入 20 万元改建两个农村日间照料中心。投入 190 余万元，采取新建、改建、购置等方式改善社区服务办公环境，全区 50 个社区服务活动场所面积全部达 500 平方米以上。城镇居民人均可支配收入 34865 元，同比增长 6.70%。城镇登记失业率控制在 3.29%左右。（王　珍）

【阳泉市矿区】 阳泉市矿区位于阳泉市西南部，总面积为 11.83 平方千米，下辖 6 个街道办事处，44 个社区、18 个托管行政村。截至 2019 年底，全区常住总人口 26.91 万人。

工业 2019 年，阳泉市矿区三矿矿井关闭通过验收，退出产能 350 万吨，阳煤先进产能占比高于全省 15.70 个百分点。非煤工业增加值增长 10.10%，对工业贡献率达 20.20%；新兴产业增加值增长 24.60%，快于传统产业增速 15.10 个百分点，其中战略性新兴产业增长 26.70%，占全市比重 62.40%；制造业增长 11.80%，其中装备制造业增长 48.70%。第三产业增长 3.10%，占 GDP 比重 28.90%。

项目建设 2019 年，阳泉市矿区特色产业集聚区获全省首批 12 个试点之一，起步区 40 亩土地平整完成；“一点一线一区”发展布局初步确定，入驻企业 8 家，完成投资 1.10 亿元。34 个重点项目投资完成率居全市第一，储备项目60个。落实支持民营经济"1+6"行动方案等政策举措，减税降费6432万元，偿还民营企业欠款率90%。全年新登记各类市场主体1488家、增长16.20%。

改革发展 2019年，阳泉市矿区云潭物业全面承接28家企业148个小区物业管理职能，移交小区改造完成序时进度；"放管服效"改革深入，首批77项审批事项实现"一枚印章管审批"，承诺制事项全市第一。推行财政体制改革，机关事业单位会计核算体制改革、国库授权支付改革、街道财务授权管理试点改革等落实到位。大数据审计试点任务推进。推进课改、教育信息化试点等教育教学改革，中小学"县管校聘"改革全部完成，3所学校"校长职级制"改革试点开展。医疗卫生体制改革推进。行政村合并提前超额完成，总数减少1/3。农村集体产权制度改革提前10个月完成市定目标。

科技创新 2019年，阳泉市矿区院士科创中心挂牌落地，承办阳泉能源革命高峰论坛。"中国·纳谷"产业园启动，16条扶持政策出台，1600万元专项补助到位，晋韩洁等21家高科技企业入驻。与山西工程技术学院等院校、金融机构建立"政银企校研用"合作平台。培育小升规、专精特新、高新技术企业7家。

环境建设 2019年，阳泉市矿区全面开展"五城联创"，推动创建卫生城市。累计投入资金2.48亿元，拆除、清理几十年遗留积存的临建违建、生产生活垃圾，维修路面近10万平方米，施划标线4万余米，改造户厕1255座，新建公共停车位500余个，建成使用赛鱼商业步行街、新沙坪农贸市场等5个便民市场。全年全区开展夏季攻坚、百日清零、秋冬防等专项行动，狠抓"治企、清煤、管车、抑尘"专项整治，冬季清洁取暖工程完成，5个矸石山生态环境恢复治理工程、4个地质环境治理项目如期完工。

2019年，阳泉市郊区学习浙江"千万工程"经验，改厕1200余座，建成垃圾中转站7座，污水处理站4座，垃圾集中转运服务覆盖5个乡镇的71个行政村。推进西南舁"北七村"示范片区建设。郊区被评为全省"农村人居环境整治示范县(区)"，争取中央专项资金2000万元。

民生事业 2019年，阳泉市矿区民生投入占财政支出的76.69%。城乡居民人均可支配收入分别增长6.60%、9.40%。城镇新增就业2383人，超额完成目标任务。保障性住房安居工程完成806套，公租房分配69套。城乡居民基础养老金、医疗保险等按要求到位。基层医疗卫生机构标准化建设达标率95%。免费产前筛查和诊断服务1550人次。发放城乡低保、临时救助、退役军人优抚金等帮扶资金4900余万元。新增8家普惠性幼儿园、取缔9家无证幼儿园，小学课后服务全面实施。

社会治理 2019年，阳泉市矿区16个社区基础设施维修改造项目完工，500平方米以上社区达91%。馨怡小区智慧社区试点建设完成。4名社区(村)优秀主干被选拔为事业编制人员。推进"社区治理和服务创新实验区"项目。在册社会组织173支、志愿者2.60万余人。免费法律咨询便民工程惠及群众2400余人次。

阳泉市矿区组建应急救援总指挥部和15个专项指挥部，开展高陡边坡隐患排查等"三个专项行动"，防火防汛、非洲猪瘟防控、"大棚房"问题清理整治等工作完成，安全生产事故起数、死亡人数"双下降"。

（郭维民）

【阳泉市郊区】 阳泉市郊区位于阳泉市区北部，总面积517.80平方千米，下辖4乡3镇1个开发区社会事务服务中心，157个村民委员会和18个居民委员会。截至2019年底，全区常住人口为24.55万人。

农业 2019年，阳泉市郊区新发展果园1387亩，肉蛋奶产量分别达337.20、449.30、51.80万千克，粮食总产量达1458万千克。农民专业合作社达234个，入社农户5423户，入社资金1.48亿元。千亩坪现代农业产业园基础设施完善，千百绿、汉博光伏、鑫品益食品加工等一批项目开工建设。

产业转型 2019年，阳泉市郊区园区建设推进，荫营工业园区打造2000亩的工业平台，白泉工业园区清退"僵尸企业"释放600亩工业用地，园区配套设施完善。中科泓源资源循环利用项目、日加科技高端铸造砂及水处理剂项目开工建设，航天气凝胶毡中试基地项目建成投产，灿坤工贸PVC建材、加林科技宝珠砂生产线等项目投产运营。全年新增规上企业9家，规上工业增加值中煤炭行业占比下降5.10个百分点，制造业占比提升0.90个百分点，经济发展对煤炭的依赖降低。在全市率先开展工业企业环保治理，13家企业基本完成治理，75家未完成的企业全部进行关停。出台"招商十条"优惠政策，全年引进百万元以上项目25项，当年开工19项，万达商业综合体项目开工建设。

项目建设 2019年，阳泉市郊区先后完成宁波北路、洪城北路、二青会射击射箭馆、综合交通客运枢纽、中兴大道等重点工程的拆迁扫障。漾泉大道一期通车。G207绕城改线、中兴大道先后贯通。G239改线工程推进，苇泊以南路段的关键性节点工程全部开工。水务一体化项目实质性启动建设。北部集中供热管网工程正式开工。区职业高级中学和文体中心项目完成大量前期工作。城中村和采煤沉陷区治理工作推进。

文化旅游 2019年，阳泉市郊区接待游客125万人次，收入达1845万元，郊区连续五年被评为全省"休闲农业与乡村旅游示范县（区）"，桃林沟、咀子上入选山西省首批AAA级乡村旅游示范村。举办各类文化活动1300余场，30余万人次受益。三泉村"珐花器"参展山西省第四届文博会，被誉为"山西三宝"之一。

人才招引 2019年，阳泉市郊区建立重点大学毕业生和研究生进入事业单位的绿色通道，为68名急需紧缺人才发放奖补资金137万元，投资600余万元装修"拎包入住"的高标准人才公寓112套。

农村改革 2019年，阳泉市郊区完成农村产权制度改革省级试点工作，启动农村产权交易中心建设，68个行政村实现分红。初步构建村社治理新体系，郊区被列为“全国乡村治理体系试点县（区）”。合并行政村工作推进，合并减少47个行政村，新设立9个城市社区。

民生事业 2019年，阳泉市郊区财政民生支出达13.02亿元，占一般公共预算支出的76.39%。实施中小学布局结构调整，中小学从64所减少到39所，整合学校的学生享受免费校车服务。荫营中学完成教学楼和宿舍楼改造。义务教育“六率”全部达100%。健康档案建档率、家庭医生签约率分别达89.60%和70.10%，县乡医疗一体化改革推进，区人民医院信息化改造完成。区融媒体中心建设工程推进。全年新增城镇就业人员4509人，城镇登记失业率控制在4%以内，基本医疗保险参保率持续稳定在90%以上，城乡居民养老保险中心获“全国优质服务窗口”称号。安全生产事故起数和死亡人数实现“双下降”，推进“全国双拥模范城”创建工作。 （云 霞）

【平定县】 平定县位于阳泉东南部，太行山西麓。总面积1390.94平方千米，下辖8镇2乡，304个村民委员会和23个社区居委会。截至2019年底，全区常住人口34.58万人。

农业 2019年，平定县新申报无公害农产品32个，“三品一标”认证累积达85个，占全市一半以上。半沟村成为全国“一村一品”示范村。鑫生园、远鹏达部级标准化养殖示范场。全县农产品加工龙头企业销售收入达13亿元，增长7.40%。

工业 2019年，平定县煤炭工业增加值占比下降2.50个百分点，制造业占比上升0.77个百分点。新兴产业增加值增长13.80%，增速快于传统产业20.70个百分点。新能源装机容量占比达17.50%。贝特瑞高端人造石墨项目达产达效，现代化工、新能源、新材料等新兴产业出现趋势性、关键性变化，呈现集群化、链条化发展态势。第三届“南宜兴·北平定”紫砂发展论坛举行，紫砂企业和工作室达74个。

产业转型 2019年，平定县推进开发区改革创新，与阳煤集团签订《战略合作和投资项目落地协议》，出台承诺制+“标准地”、土地“弹性出让”等创新政策。打造产业平台1300亩，建成标准厂房3.90万平方米，龙川东路、龙川南路桥梁和路基相继贯通，入区企业44家，主营收入达50.70亿元。招商引资全面签约项目21个，合同协议利用外资148亿元，当年签约项目开工率达76%。国资国企改革推进，12家涉改企业改革任务基本完成，推进“三供一业”分离移交、维修改造。出台促进民营经济发展的36条措施，为企业减负1.30亿元，清理民营企业账款3.46亿元。平定公交客运公共服务标准化国家级试点项目验收。农村集体产权制度改革基本完成。平定农商银行正式挂牌运营。7家优质企业在“晋兴版”挂牌，总数达13家，平定县成为全省首批资本市场县域工程示范县。创建省级小微企业双创基地2个、高新技术企业8个。

城乡建设 2019年，平定县建成“四好农村路”188千米、“太行山一号”旅游公路49.40千米，行政村通硬化（油）路和县乡公路临崖临水路段防护实现全覆盖。新建改造城市道路8.70千米、各类管网103千米，新增城市绿化面积2万平方米。县城宪法广场、枫景苑建成投用，推进新民街、南川河景观路等市政道路和停车场建设。南关街（二期）等棚改项目基本完工并分配入住。采煤沉陷区治理16个村全部开工，累计完成投资8.50亿元。张庄阳胜河流域、207国道庄窝到昔阳段整治和乡村振兴示范村40个，张庄镇圣堂村、冶西镇赵家村、岔口乡大前村入选第二批国家森林乡村，岔口乡甘泉井村获“中国美丽休闲乡村”称号。

环境建设 2019年，平定县空气污染指数下降8%，细颗粒物、可吸入颗粒物、二氧化硫等主要污染物降幅为历年最大。2.10万户冬季清洁取暖任务完成。推进南川河环境综合治理，完成尚怡水库饮用水源地保护工程。完成营林造林3.30万亩。柏井镇多乐沟村被评为全国科技助力精准扶贫示范点，全国贫困发生率降至0.17‰。

旅游 2019年，平定县入选全国避暑旅游标准城市，娘子关村入选全国第一批乡村旅游重点村，红岩岭等5个村成为全省首批AAA级乡村旅游示范村。服务业总产值占比达43.80%，经济贡献率同比增长27.10个百分点。

民生事业 2019年，平定县开展重点人群就业创业帮扶，城镇登记失业率控制在3.10%。改扩建农村老年人日间照料中心6个，总数达215个。全县65周岁以上老年人免费乘坐公交车。立壁学校被评为全国教育系统先进集体。推进平定一中、实验小学改扩建、红卫学校新建等一批重点民生工程。推进县医院门诊大楼和中医院新建项目。创建省级食品安全示范县。 （梁艳仙 洪晓琴）

【盂县】 盂县位于阳泉市北部，面积2514.40平方千米，下辖8镇6乡，1个城镇办事处，432个村民委员会和11个居民委员会。截至2019年底，全县常住人口32.55万人。

经济转型 2019年，盂县煤炭占比下降2.40个百分点，煤矿瓦斯综合利用率达37%，电力产业增加值同比增长20.30%。盘活南娄特耐、耀森耐火、恒耀化工闲置资产，通过技改实现产值3.70亿元；全县技改项目累计完成投资5.80亿元。非煤工业增加值增长17%，高于煤炭工业增长16.10个百分点；制造业增加值增长16.40%，占比提高1.70个百分点；战略性新兴产业增加值增长20.30%，占工业增加值比重达5.10%。全年新培育小升规企业6家，高新技术企业达5家。37家规模以上工业企业利税同比增长8.60%。农业增加值实现4.50

亿元，同比增长 2%。第三产业增加值实现 56.20 亿元，同比增长 7.10%；全县游客接待量、旅游综合收入分别同比增长 56%、49%。三次产业结构由上年的 3.30:55.50:41.20 调整为 3.40:53.30:43.30。全年新增存款 11 亿元，新增贷款 23 亿元。

重点改革 2019 年，盂县推进“三去一降一补”，退出煤炭落后产能 60 万吨，化解房地产库存 1630 套 19 万平方米，减税降费 2.60 亿元，加强银企对接协调，南娄特耐、耀森耐火、恒耀化工等“僵尸”企业重新启动，盘活沉淀资产 3.90 亿元，西小坪耐材入选全省 26 个专精特新“小巨人”名单。全面完成农村集体产权清产核资、成员界定、折股量化、成立集体经济组织等工作。村(社)治理新体系在 3 个村试点基础上扩大到所有乡镇 107 个村。开展营商环境典型案例剖析，签署相对集中行政许可权改革审管衔接备忘录，启用集中审批印章。针对行政村“多、小、散、弱”的实际情况，采取就近合并、强弱合并、中心村带边缘村等方式，行政村由原来的 443 个减少到 277 个，减少 166 个。完成供热公司改制，投资 2 亿元实施供热管网提标改造。

项目工程 2019 年，盂县共安排重点公路建设项目（含前期）7 项，建设规模约 33 亿元。其中，新建项目 2 个，续建项目 3 个，前期项目 2 个。完成有效投资 3.57 亿元。对供热体制进行改革，将盂县供热公司转隶晋盂集团管理，投资近 2 亿元，完成城西、城南、城北三个热源厂 9 台锅炉的检修，维修改造 36 个老旧小区公共管网和 104 个换热站的设施设备，新增集中供热能力 58 兆瓦、入网面积达 500 万平方米。推进香河滨水空间环境综合治理工程。直堤段项目年内完成全部施工。自然段项目年底完成主体工程。安置回迁房建设工程接近扫尾，北村新区安置房三幢楼主体完工。秀水片区安置房、北关片区主体工程全部完工。既有建筑节能改造面积为 17.34 万平方米，投资约 5000 万元。

生态环境 2019 年，盂县完成 2 处矿山生态修复试点示范工程建设，推进西林尖、白土坡、秀寨垃圾填埋场生态修复。造林 3.33 万亩，实施义务植树 90 万株，四旁植树 90 万株。实施县城周边裸露山体生态恢复治理造林，对运煤专线出口（七里沟）裸露地面实施绿化美化。改造县城小街小巷 13.20 万平方米，新建改建 10 个星级公厕、1 处停车场，人居环境连片整治。3 万户煤改电工作实施；全面完成“大棚房”问题 20 项专项清理整治任务。县城建成区优良天数 252 天，同比增加 48 天。PM2.5、一氧化碳等主要指标同比呈双位下降。

民生事业 2019 年，盂县 59 个贫困村全部实现“五有”建设目标。投入 2 亿元提标改造供热设施，集中供热问题得到解决。推进李宾山路北段、香河滨水空间工程，东关街、府后街等街巷改造完工，全年维修改造县城道路沥青路面 5200 余平方米；完成农村 23 处饮水安全巩固提升工程，完成 11 个村农村老年人日间照料中心建设，完成秀水镇北关村千亩核桃园健身步道建设项目的前期工作。（郝丽花）

长治市

【概况】 长治市总面积 13955 平方千米，下辖 4 区 8 县，1 个国家级开放区。截至 2019 年底，全市常住人口为 347.80 万人，比上年末增加 1 万人。

2019 年，长治市地区生产总值 1652.10 亿元，比上年增长 6%。全年全市一般公共预算收入 161.90 亿元，增长 7.50%。税收收入 124.70 亿元，增长 8.30%。一般公共预算支出 354.80 亿元，增长 11.40%。居民消费价格比上年上涨 2.60%，其中，食品烟酒价格上涨 5.30%。商品零售价格上涨 1.80%。全年全市城镇常住居民人均可支配收入 34426 元，比上年增长 7.50%；农村常住居民人均可支配收入 15151 元，比上年增长 9.60%。

农业 2019 年，长治市粮食种植面积 379.05 万亩，油料种植面积 5.40 万亩，棉花种植面积 30 公顷。全年粮食产量 107.40 万吨。其中，夏粮 1.80 万吨，秋粮 105.50 万吨。全年全市农业机械总动力 122 万千瓦，机械耕地面积 343.50 万亩，机械播种面积 21.80 万公顷，机械收获面积 12 万公顷。

发展现代农业，围绕创建全国绿色有机旱作农业示范市，高标准建设 12 个 5000 亩以上封闭示范区，示范区规模达到 8.20 万亩；围绕打造农产品精深加工产业集群，重点实施 104 个农业产业化项目，农产品加工企业销售收入完成 264.70 亿元、增长 7.10%；新认证“三品一标”农产品 186 个，上党党参和沁州黄小米入选全国农产品区域公用品牌。

工业建筑业 2019 年，长治市规模以上工业企业 383 家，规模以上工业增加值增长 4.50%。规模以上工业企业实现主营业务收入 2265.30 亿元，增长 21.20%。全年全市建筑业实现增加值 50.30 亿元，比上年增长 5.50%。

产业转型 2019 年，长治市重点推进 507 个产业转型项目，完成投资 361.70 亿元，潞安太阳能 2GW 太阳能电池、潞宝尼龙 6 短纤维、京凯达 3C 产品生产线、高测金刚石线等 112 个产业转型项目建成投产，形成一批新的增长点；出台承接东部地区产业转移实施方案，兑现招商引资奖励 2720 万元。改造提升传统产业，压减钢铁产能 35 万吨、焦炭产能 354.40 万吨，煤炭先进产能占比达 67%。煤炭产业占工业增加值比重降低 1.10 个百分点，制造业占比提高 1.30 个百分点。

深化改革 2019 年，长治市推动能源革命综合改革试点，长治光伏发电技术领跑基地并网发电，总装机容量 464 万千瓦的潞光、漳泽、鑫光 3 个电厂电力外送通道开工建设，获 2019 年度能源创新应用城市奖。推动市属国企改革，市属 64 户正常经营企业全部完成公司制改革，通过整合重组成立山西长粮集团、山西潞欣商贸集团，14 户企业市场化出清，2 户企业盘活脱困,1600余名职工享受“内养”政策。

投资贸易 2019年,长治市固定资产投资746.50亿元,增长9.8%。其中,国有及国有控股投资322.70亿元,增长6.90%。全年全市在建固定资产投资项目1306个。其中,5亿元以上项目92个,计划总投资1838.80亿元,完成投资233.60亿元。全年房地产开发投资128.30亿元,增长24.20%。其中,住宅投资100.10亿元,增长35.20%。

全年全市社会消费品零售总额715.10亿元,增长7.60%。其中,城镇消费品零售额579.60亿元,增长7.60%;乡村消费品零售额135.50亿元,增长7.70%。

金融保险 截至2019年底,长治市金融机构本外币各项存款余额2965亿元,比年初增加280亿元,比年初增长10.40%。各项贷款余额1743亿元,比年初增加187亿元,比年初增长12%。

全年全市保费收入70.80亿元,增长8.30%。全年支付各类赔款及给付21.10亿元,下降0.60%。

城乡建设 2019年,长治市围绕省域副中心城市建设,坚持规划引领,加强重大基础设施建设,推进太郑高铁建设,长临高速全线通车,黎霍高速长治段开工建设,完成189千米太行一号旅游公路建设。围绕拉大城市框架、完善城市功能、提升城市品质,在主城区实施20项城建重点工程,完成投资112亿元。国道208线市区过境段建成通车。环漳泽湖“五行”系统、滨湖大道一期工程主体完工。各县区围绕“1+6”城镇群建设,同步实施一大批城建重点工程。改善农村人居环境,新建改建“四好农村路”3110千米,改善118个村庄饮水安全条件,完成农村户厕改造5.90万座。

环境保护 2019年,长治市引入第三方机构对主城区周边30千米范围内的53家重点工业企业深度治理,完成3家钢铁企业超低排放改造、23家焦化企业特别排放限值改

表52 2019年长治市辖县(市、区)经济指标统计表

县 市	地区生产总值(万元)	农林牧渔业总产值(万元)	固定资产投资增长速度(%)	社会消费品零售总额(万元)	一般公共预算收入(万元)	一般公共预算支出(万元)	人均可支配收入(元)	
							城镇居民	农村居民
潞州区	4560214	33670	9.60	3559668	114863	271277	38105	20211
上党区	2161812	126627	25.10	318423	202751	286993	34594	19082
屯留区	1317413	106731	7.50	239054	110079	206386	29560	17656
潞城区	1242811	59059	9.30	231055	79216	177255	31617	15623
襄垣县	2147786	87880	6.90	354717	175817	278851	38816	17405
平顺县	230936	51083	11.90	132260	11439	232813	25160	7854
黎城县	303581	42937	11.20	146667	21301	141586	20750	9785
壶关县	536090	89902	10.10	205103	22505	240115	25212	7515
长子县	1706323	164115	8.10	284701	152987	292530	32386	15954
武乡县	596831	63020	10.90	183199	49566	196056	25989	8195
沁 县	306154	87691	10.80	144758	11239	148366	21806	7488
沁源县	1289451	42645	8.50	234545	131375	197903	37113	16443

(省统计局)

造;新增城市集中供热面积500万平方米，完成冬季清洁取暖改造25.60万户,淘汰燃煤锅炉808台;市县两级财政补助2.30亿元,淘汰老旧柴油货车8380辆，环境空气质量综合指数在全省和“2+26”城市均排名第三。启动土壤调查评估及修复项目,完成91个工业固废堆场“三防”整治,全年利用煤矸石、粉煤灰等各类工业固废1000万吨。

文化旅游 2019年，长治市有艺术表演团体18个，文化馆14个，博物馆22个，公共图书馆14个,公共图书馆藏书量225.80万册。发展文化旅游业,太行山大峡谷八泉峡景区创建国家AAAAA级景区,开通到临汾城际旅游公交，举办首届文化产业周。

旅游外汇收入1784.60万美元，国内旅游收入688.30亿元,旅游总收入689.50亿元，分别增长6.80%、19.50%和19.40%。

教育科技 截至2019年底,长治市普通高等学校5所,中等职业学校37所，普通高中53所，初中153所,小学503所。

全年全市新增高新技术企业52家,完成技术合同交易额19亿元。新申请发明专利355件,全市有效发明专利拥有量691件。专利申请量与授权量分别为2588件和1367件。全年全市共签订各类技术合同588项,技术合同成交总额19亿元。举办第二届长治技能大赛,获得全省首届职业技能大赛团体总分第一,入选全省首批产教融合试点市。出台柔性引才支持奖励办法,引进各类人才725名。

社会保障 截至2019年底,长治市参加基本养老保险218.60万人,其中企业职工50.30万人，城乡居民154.40万人；参加失业保险44.90万人;参加工伤保险59.70万人,其中农民工26.60万人。全年全市纳入城市最低生活保障的居民2.10万人,发放城市低保资金1.10亿元;纳入农村最低生活保障的居民9.10万人,发放农村低保资金3.50亿元。截至2019年底，全市各类福利单位床位数6447张,收养2937人。城镇各种社区服务设施412个。全年销售社会福利彩票1.70亿元，接收社会捐赠款31.70万元。

保障性住房建成12015套,棚户区改造新开工4814套，推进天晚集、长丰两大片区棚户区改造项目。

（曾晋芳）

【长治市潞州区】 长治市潞州区位于山西省东南部，上党盆地东部,总面积346.44平方千米。下辖1个乡,5个镇,12个街道办事处,139个行政村,80个社区。总面积380.60平方千米。截至2019年底,全区城镇常住人口73.83万人。

农业 2019年，长治市潞州区全年农作物播种面积13.08万亩。全年粮食总产量3.70万吨，蔬菜产量3.79万吨,水果产量0.13万吨。肉类总产量3100吨,蛋产量7500吨,牛奶产量4300吨。全年全区有效灌溉面积13.05万亩，实际耕地灌溉面积13.02万亩。

工业建筑业 2019年，长治市潞州区规模以上工业增加值完成133.68亿元,增速2.16%。全区建筑业实现总产值1918617.10万元，比上年增长4.28%。

投资贸易 2019年，长治市潞州区固定资产投资180.90亿元,比上年增长9.60%，其中国有及国有控股投资76.98亿元,增长43.75%。全年房地产开发投资51.61亿元。全区社会消费品零售总额470.90亿元，比上年增长7.70%。全年进出口总额72837.36万元,其中进口64231.45万元,出口8605.90万元。

城乡建设 2019年，长治市潞州区污水处理能力30.30万吨每日,全年污水处理量7971万吨。生活垃圾年清运量30万吨。全区建成区面积59.30平方千米，绿化覆盖面积28.07平方千米,建成区绿化覆盖率47.34%。全区空气质量达标天数为245天。全民义务植树20万株,其他植树20万株。城市供水量5442万吨,同比增长5.66%。

科教文卫 2019年，长治市潞州区基础教育学校323所。其中,小学89所,普通高中23所,普通初中28所。全年高中在校学生2.58万人。全年初中在校学生3.36万人。全年小学在校学生6.05万人。全区幼儿园182所,在园幼儿2.79万人。全年全区专利申请与授权量分别为750件和234件。

2019年，全区共有艺术表演团16个,文化馆20个,博物馆1个,公共图书馆16个。全区共有医疗卫生机构574个，卫生技术人员12067人,其中医生4563人,注册护士5912人,药师(士)469人。

民生事业 2019年,长治市潞州区农村常住居民人均可支配收入2.02万元,比上年增长8.90%;城镇居民人均可支配收入3.81万元,比上年增长6.80%。全区参加基本养老保险17.80万人,其中企业职工2.17万人,城乡居民14.75万人。全区城市居民最低生活保障共有4636户、7647人,农村居民最低生活保障共有1289户、1995人,共发放低保资金4662.20万元,247人纳入农村五保供养。全区各类收养性单位19所，床位2623张,收养各类人员979人,国家抚恤、补助各类优抚对象1610人。

（刘瑞林）

【长治市上党区】 长治市上党区位于山西省东南部，上党盆地南缘,总面积483平方千米。下辖1个街道,6个镇,4个乡,另有1个新区和2个开发区。截至2019年底，全区总人口35.75万人。

农业 2019年，长治市上党区粮食种植面积24.85万亩，油料种植面积4353亩。在粮食种植面积中,玉米种植面积22.51万亩，小麦种植面积3225亩。全年粮食产量71419.50吨。其中，夏粮1204.80吨，秋粮70214.70吨。全年全区农业机械总动力57891千瓦，机械耕地面积23.45万亩,机械播种面积22.67万亩,机械收获面积11.66万亩。

工业建筑业 2019年,长治市上党区规模以上工业总产值完成227.97亿元,同比增长7.44%。规模以上工业增加值同比增长 9.94%。全年规模以上工业企业实现主营业务收入 225.71 亿元,同比增长 6%。全年全区规模以上工业实现利税 70.08 亿元,同比下降 11.88%,其中实现利润 39.97 亿元,同比下降 12.41%。亏损企业亏损额 2.60 亿元,同比下降 40.52%。全年规模以上工业企业产品销售率达 98.80%。全年资质以上建筑企业实现建筑业总产值 1.55 亿元,同比增长 90.80%;全区建筑业增加值实现 1.15 亿元,同比增长 25%。

投资贸易 2019 年,长治市上党区固定资产投资完成 591480 万元,同比增长 25.10%。全年全区在建项目 140 个。其中,亿元以上项目 44 个,亿元项目完成投资 467631 万元。3 月 4 日,上党区经济开发区第一批项目集中举行开工仪式,共 19 个项目,总投资 56.70 亿元。全年房地产开发投资完成 164851 万元,同比增长 171.60%,商品房销售面积 122039 平方米,同比增长 112.60%。全区社会消费品零售总额 377307.30 万元,同比增长6.50%。其中,城镇消费品零售额 158019.10 万元,增长 6.20%;乡村消费品零售额 219288.20 万元,增长 6.70%。

交通邮电 2019 年,长治市上党区全年全区完成邮电业务总量 16263.20 万元,同比下降 2.80%。拥有固定电话用户 13640 户,同比下降 4.01%;拥有移动电话 316787 户,同比下降 4.22%,全年宽带接入用户达 74999 户,同比增长 16.66%。

2019 年,长治市上党区商业住宿设施接待入境游客 603 人次,外汇收入 34.40 万美元;接待国内游客 375.30 万人次,实现国内旅游收入 34.80 亿元,同比增长 22.26%。

金融 2019 年,长治市上党区金融机构各项存款余额 1897781 万元,比年初增加 118234 万元,比年初增长 6.64%。各项贷款余额 637125 万元,比年初增加 39389 万元,比年初增长 6.59%。

教育 2019 年,长治市上党区共有 168 所学校。其中,中等职业教育学校 1 所,普通高中 4 所,初中 14 所,小学 62 所,幼儿园 85 所,特殊教育学校 1 所,进修学校 1 所。全年全区有专任职教师 3216 人。全区专利申请量与授权量分别为 159 件和 111 件。

城乡建设 2019 年,上党区城市建成区面积 990 万平方米,建成区绿地覆盖面积 411.40 万平方米,建成区绿化覆盖率 41.56%。建成区污水处理能力 1.20 万立方米/日,全年污水处理量 297 万立方米。

民生保障 2019 年,长治市上党区城镇常住居民人均可支配收入 34594 元,同比增长 7.30%。农村常住居民人均可支配收入 19082 元,同比增长 9.50%。全年全区实有城镇登记失业人数 471 人,城镇登记失业率 1.20%。城乡居民基本医疗保险覆盖率 99%,城乡居民基本养老保险覆盖率 100%。全年全区共有 433 人享受城市居民最低生活保障,5340 人享受农村居民最低生活保障。

(付小波 武俊英)

【长治市屯留区】 长治市屯留区位于山西省东南部,上党盆地西侧,总面积 1190.38 平方千米。2019 年,全区辖 4 个乡,7 个镇,3 个开发区,294 个行政村。截至 2019 年底,全区总人口 27.42 万人。

农业 2019 年,长治市屯留区共有耕地 72.90 万亩。肉类总产量 1.14 万吨,其中,猪牛羊肉类总产量 0.99 万吨,禽蛋产量 1.18 万吨。全年农用化肥施用量(折纯)2.23 万吨,农用塑料薄膜使用量 158.90 吨,农村用电量 9993.10 万千瓦时,农用柴油使用量 0.25 万吨,农药使用量 99.20 吨。

工业 2019 年,长治市屯留区规模以上工业企业 35 家,全年规模以上工业增加值比上年增长 6.02%。全年全区规模以上工业企业实现销售收入 158.30 亿元,比上年下降 5.70%。实现利税 16.68 亿元,下降 42.80%,其中实现利润 4.22 亿元,下降 69.57 %。

投资贸易 2019 年,长治市屯留区固定资产投资 58.19 亿元,比上年增长 7.50%,其中,国有及国有控股投资 30.55 亿元,增长 10.40%。非国有投资 27.64 亿元,增长 4.60%。全区在建固定资产投资项目 143 个,其中,亿元以上项目 37 个,房地产项目 16 个,全年全区在建固定资产计划总投资 303.21 亿元,完成投资 58.19 亿元,全年全区社会消费品零售总额 20.29 亿元,比上年增长 8.60%。

环境保护 2019 年,长治市屯留区空气质量二级以上良好天数 218 天,其中一级天数 44 天。空气质量综合指数 4.96。全区污水处理能力 2 万吨/日,污水处理率 96%。全区生活垃圾清运量 2.83 万吨。全年全区建成区绿化面积 2.89 平方千米,公园 5 座。城市建成区绿化覆盖率、绿地率分别达 46.13%和 41.31%。

交通邮政 2019 年,长治市屯留区公路通车里程 1024.44 千米。其中,高速 63.61 千米,国道 93.25 千米,省道 32.65 千米,农村公路 834.94 千米。全年全区完成邮电业务总量 1200.41 万元,邮政业务收入 1454.29 万元;邮政单程长度 170 千米,农村投递线路单程长度 1200 千米。

科教文卫 2019 年,长治市屯留区各级各类学校共 209 所。全区在校学生 4.11 万人,中小学教职工 2684 人。全年高中在校学生 3442 人。全年初中在校学生 8392 人。全年小学在校学生 1.92 万人。共有产品质量检验机构 1 个。全年强制检定计量器具 330 台件。

全年全区共有文化馆 1 个,公共图书馆 1 个,公共图书馆藏书量 9.22 万册,农村书屋实现 293 个行政村全覆盖。全区广播电视台 1 座,接收数字信号用户达 5 万户。全区成立各类体育协会 3 个(含俱乐部),基层健身辅导站 13 个,各级社会体育指导员 293 人。全区共有医疗卫生机构 386 个,全区病床位 1028 张,卫生技术人员 844 人,其中,执业医师和执业助理医师 436 人,注册护士 408 人。

民生事业 2019 年,长治市屯留区主城区实际集中供热面积 266.70 万平方米,城市集中供热率达 95%。天然气用户 1.97 万户,城市气化

率 99%。城市供水量 198 万吨，人均日用水量 120 升。2019 年，全区农村居民人均可支配收入 1.77 万元，比上年增长 9.60 %；城镇居民人均可支配收入 2.96 万元，比上年增长 7.40%。全区参加基本医疗保险人数为 24.29 万人，其中，参加城镇基本医疗保险职工人数为 1.84 万人，参加城乡居民基本医疗保险人数为 22.45 万人。全年全区累计发放城区低保资金 592.86 万元；享受农村最低生活保障的居民 6104 人，发放农村低保资金 2618.23 万元。（段蓓蓓）

【长治市潞城区】 长治市潞城区位于山西东南部，上党盆地东北边缘，总面积 615 平方千米。下辖 3 个乡，4 个镇，2 个办事处，17 个社区，134 个行政村。截至 2019 年底，全区总人口 23.70 万人，比上年增加 794 人。

农业 2019 年，长治市潞城区粮食种植面积 25.95 万亩，其中玉米种植面积 23.10 万亩，小麦种植面积 0.94 万亩；全年全区粮食总产量 7.80 万吨，其中，夏粮 0.21 万吨，秋粮 7.59 万吨。

工业 2019 年，长治市潞城区规模以上工业企业 44 家。全年规模以上工业增加值增长 6.10%。规模以上工业企业原煤产量 45.44 万吨，发电量 64.06 亿千瓦时，焦炭产量 558.36 万吨，钢材产量 114.70 万吨。全年全区规模以上工业企业主营业务收入 276.30 亿元，比上年增长 5.69%。

投资贸易 2019 年，长治市潞城区固定资产投资 76.80 亿元，比上年增长 9.30%。全区在建固定资产投资项目 107 个。全年房地产开发投资 12.08 亿元。全区社会消费品零售总额 19.60 亿元，比上年增长 6.90%。

城乡建设 2019 年，长治市潞城区城市建成区面积 10.50 平方千米，全区有公园 3 座，总面积 24 公顷。全年供水总量 382.34 万吨，人均日用水量 110 升。全区天然气供气供应量 1187 万立方米。其中生活用天然气 787 万立方米。燃气普及率 95%。全区集中供热面积 555.20 万平方米，其中住宅供热面积 421 万平方米。全区污水处理能力 1 万吨每日，全年污水处理量 388 万吨。生活垃圾年清运量 4.35 万吨。

交通邮电 2019 年，长治市潞城区公路通车里程 627.64 千米。全年全区完成邮政业务总量 1655 万元，电信业务总量 10609 万元。移动电话用户 21.16 万户，其中，4G 移动电话用户 20.32 万户。全区互联网接入用户 6.50 万户。

科技教育 2019 年，长治市潞城区各级各类学校 155 所，其中小学 67 所，普通高中 4 所，普通初中 13 所。全年高中在校学生 4224 人。全年初中在校学生 7016 人。全年小学在校学生 12569 人。全区幼儿园 69 所，在园幼儿 5758 人。全年全区专利申请量 110 件。

文化旅游 2019 年，长治市潞城区共有文化事业机构 5 个，公共图书馆藏书量 7 万册，档案馆 1 个。全区人均体育场地面积 1.84 平方米。全年全区接待游客 438.01 万人次，旅游收入 44.22 亿元。

民生事业 2019 年，潞城区农村居民人均可支配收入 1.56 万元，比上年增长 9.10%；城镇居民人均可支配收入 3.16 万元，比上年增长 7.10%。全区共有医疗卫生机构 298 个。全区参加基本养老保险人数为 2.83 万人，其中企业职工 2.25 万人，城乡居民 11.33 万人；参加失业保险职 2.79 万人；参加工伤保险 4.74 万人。全区全年纳入城市最低生活保障的居民 1073 人，发放城市低保资金 435.58 万元；纳入农村最低生活保障的居民 5136 人，发放农村低保资金 1859.09 万元。（申俊良）

【襄垣县】 襄垣县位于山西东南部，长治市正中。总面积 1178 平方千米。下辖 8 镇、3 乡、229 个行政村、8 个社区。截至 2019 年底，全县总人口 28.06 万人。

农业 2019 年，襄垣县耕地保有量 6.32 万亩。农林牧渔业总产值完成 11.99 亿元。其中，农业产值 8.10 亿元，比上年下降 10.10%；林业产值 4175.20 万元，比上年增长 30.40%；牧业产值 2.51 亿元，比上年增长 2.96%；渔业产值 426.80 万元，比上年增长 3.28%；农林牧渔服务业产值 9150 万元，比上年增长 7.02%。2019 年肉类总产量 1 万吨，其中猪肉产量 4925 吨，牛肉产量 434.10 吨，羊肉产量 782 吨。

工业建筑业 2019 年，襄垣县规模以上工业总产值比上年下降 5.90%，工业产品销售率 97.80%。全年规模以上工业增加值比上年下降 80%。全年全县规模以上工业企业主营业务收入 690.10 亿元，比上年增长 96%。实现利税 81.50 亿元，比上年增长 0.80%，其中实现利润 42.60 亿元，增长 8.30%。全县具有建筑企业资质等级建筑企业 7 家，实现总产值 15697.70 万元，实现利润 396.80 万元。

投资贸易 2019 年，襄垣县全社会固定资产投资完成 89.80 亿元，比上年增长 6.90%，全年房地产开发投资完成 7.40 亿元，商品房销售面积 14.70 万平方米，销售额 5.90 亿元。2019 年全县社会消费品零售总额 33.40 亿元，比上年增长 6.80%。

环境保护 2019 年，襄垣县建成区绿地面积 736.39 万平方米，建成区绿化覆盖面积 805.22 万平方米，建成区绿化覆盖率 39.08%。全年城市供水总量 584 万立方米。全县集中供热面积 625.90 万平方米。煤气供气总量 2620 万立方米。污水处理量 510.40 万立方米。生活垃圾年处理量 39772 吨。全年全县县城建成区空气质量二级及二级以上天数 193 天。

交通邮电 2019 年，太焦高铁襄垣隧道全线贯通，全长 10.15 千米。襄垣县公路通车总里程 1293.60 千米。其中，高速 1 条 41 千米，国道 3 条 115.60 千米，省道 1 条 26.30 千米，县道 11 条 202.80 千米，乡道 43 条 358.20 千米，村道 520.60 千米。电信业务总量 1.49 亿元，互联网用户 7.35 万户，移动电话用户 23.50 万户，固定电话用户 2.17 万户。

科教文卫 2019年，襄垣县各级各类学校118所，其中中等职业学校1所、普通中学12所、小学39所、特殊教育学校1所、幼儿园65所。在校学生3.57万人，教职工2277人，在园幼儿8264人。全县有高新技术企业5个，申报山西省农业技术集团承包项目3项，有省级民营科技企业8个。

全年全县馆藏图书9.63万册。县电视台自主播出固定栏目7个，播出时间5680小时。全县体育健身场地总面积72.95万平方米，人均场地面积2.61平方米。全县有卫生健康和体育机构463个。床位1457张，卫生计生技术人员1872人，其中医生688人。2019年，襄垣县承办中华连氏文化节，第三届梨花文化节，法显文化国际交流高峰论坛等活动。全县接待旅游人数506.26万人次，旅游综合收入50.06亿元。

民生事业 2019年，襄垣县城镇常住居民人均可支配收入3.88万元，比上年增长7.40%；农村常住居民人均可支配收入1.74万元，比上年增长9.80%。全年全县参加企业职工养老保险人数为2.83万人，参加机关事业养老保险9334人，参加城乡居民养老保险12.28万人，参加城镇职工基本医疗保险3.74万人，参加城乡居民基本医疗保险18.50万人，参加工伤保险4.73万人，参加失业保险1.76万人。全年城市低保对象318人，共发放城市低保资金193.50万元。农村低保对象3445人，共发放农村低保金1657万元。（黄旭琴）

【平顺县】 平顺县位于山西东南部，长治市东，总面积1510平方千米。下辖7个乡5个镇262个行政村。截至2019年底，全县总人口15.16万人。

农业 2019年，平顺县粮食种植面积14.73万亩，比上年增加0.23万亩；中药材种植面积2.73万亩，比上年增加0.93万亩；油料种植面积768亩，比上年增加550.50亩；蔬菜种植面积1.04万亩，比上年增加0.29万亩。全年全县粮食产量42982.22吨，其中，夏粮2953.39吨，秋粮40028.82吨。

工业建筑业 2019年，平顺县规模以上工业企业15家，全年规模以上工业增加值比上年增长9.25%。规模以上工业总产值21.37亿元，比上年增长13.95%；规模以上工业实现工业销售产值20.52亿元，比上年增长16.65%；工业产品销售率96.03%，比上年增长2.21%。规模以上工业企业实现主营业务收入20.44亿元，比上年增长21.74%，实现利税2.07亿元，比上年增长45.10%。

全年全县有资质等级建筑企业2家，建筑业企业完成总产值2737万元，同比增长15.10%；实现营业利润36.50万元，同比下降46.10%。

投资贸易 2019年，平顺县固定资产投资27.36亿元，比上年增长11.9%，其中，国有及国有控股投资8.84亿元。全县在建固定资产投资项目61个。全年房地产开发完成投资1.22亿元。全县社会消费品零售总额11.02亿元，比上年增长7.20%。

城乡建设 2019年，平顺县城市交通运营车辆176辆，其中市区公共汽车90辆，出租汽车86辆。全县森林面积58325公顷，森林覆盖率达到38.55%。全年完成造林面积3093公顷，其中人工造林2760公顷，林业重点工程完成造林面积1600公顷。全年水资源总量1.72亿立方米，人均水资源790.65立方米，全年总降水量491.50毫米。全年总用水量1568万立方米，其中，生活用水463万立方米，工业用水75万立方米，农业用水980万立方米，生态补水50万立方米。全县天然气供气供应量108万立方米，其中生活用天然气108万立方米。燃气普及率96.70%。全县集中供热面积140万平方米，其中住宅供热面积100万平方米。

环境保护 2019年，平顺县污水处理能力1万吨每日，全年污水处理量108万吨。生活垃圾年清运量2.20万吨。空气质量综合指数为4.10，全年环境空气质量二级以上天数达278天。

交通邮电 2019年，平顺县公路线路里程1372.77千米。全县民用汽车保有量15583辆，比上年增长83.74%。全年全县完成邮电业务总量5461.17万元。全年全县移动电话用户89404户，其中，4G移动电话用户6.75万户。全县互联网接入用户2.40万户，新增互联网用户0.21万户。

科技教育 2019年，平顺县普通中小学40所，其中小学33所，普通高中2所，普通初中5所。全年高中在校学生1790人。全年初中在校学生3125人。全年小学在校学生5614人。全县幼儿园28所，在园幼儿2413人。全县共完成有效发明专利2件。

文化旅游 2019年，平顺县共有艺术表演团2个，文化馆1个，博物馆1个，公共图书馆1个，公共图书馆藏书量8.70万册，档案馆1个。全县人均体育场地面积20.48万平方米。

全年全县接待游客353.19万人次，旅游总收入26.77亿元。2019年5月，第二届穿越太行国际山地马拉松赛在平顺县通天峡景区举行，8个国家和地区的2000余名运动员参加。

民生事业 2019年，平顺县农村常住居民人均可支配收入7854元，比上年增长14.70%；城镇居民人均可支配收入25160元，比上年增长8%。全县共有医疗卫生机构284个，床位755张。卫生技术人员743人，其中医生267人，注册护士126人，药剂人员19人。全县参加基本养老保险11.10万人；参加失业保险0.81万人；参加工伤保险1.56万人，其中农民工0.44万人。全县全年纳入城市最低生活保障的居民0.13万人，发放城市低保资金668.80万元；纳入农村最低生活保障的居民1.10万人，发放农村低保资金4366.12万元。全县各类福利院床位280张，收养1142人。

（谷田子 王振彦）

【黎城县】 黎城县位于山西东南部，地处晋冀豫三省交界，总面积1101平方千米。2019年辖4个乡、5个镇、1个生态功能保护区、1个开发区、172个行政村、12个居民委员会，截至

2019年底,全县总人口16.31万人。

农业 2019年，黎城县粮食种植面积23.24万亩，其中玉米种植面积20.11万亩,小麦种植面积1.35万亩,油料种植面积0.48万亩,蔬菜种植面积0.54万亩。全年全县粮食总产量47270.10吨，比上年下降30.60%。蔬菜总产量1256.60吨。全年全县猪牛羊肉类总产量4381吨，比上年增长0.57%。年末生猪存栏4.07万头,生猪出栏5.18万头。禽蛋产量5884吨，牛奶产量426吨。

工业 2019年，黎城县规模以上工业企业9家,全年规模以上工业增加值增长16.46%。发电量0.44亿千瓦时(协鑫光伏发电),焦炭产量86.14万吨,钢材产量76.95万吨。全年全县规模以上工业企业主营业务收入51.10亿元,比上年增长13.90%,实现利税3.34亿元,增长8.35%;实现利润1.61亿元,增长12.10%。

投资贸易 2019年，黎城县固定资产投资35.76亿元，比上年增长11.20%。在建固定资产投资项目68个,房地产开发投资4.21亿元。社会消费品零售总额16.78亿元，比上年增长8.80%。

环境保护 2019年，黎城县城市建成区面积6.02平方千米,建成区绿化覆盖率38.10%。全县有公园1座,总面积80.30万平方米。全年城市供水总量5405万立方米，生活用水量510万立方米。全县液化气供气总量510吨,天然气供应量310万立方米。全县集中供热面积180万平方米，其中住宅供热面积137万平方米。全县全年污泥处理量931.94吨，全年污水处理量267.90万吨。生活垃圾年清运量1.13万吨,无害化处理率为100%。

交通邮电 2019年，黎城县公路线路里程1022.44千米。全县道路运输行业生产经营单位共计80余家。全县货运输车辆共有2762辆(含挂车)、城市公交车辆32辆、免费公交线路2条;城市出租车70辆,农村客运车辆29辆、农村客运班线29条。全年全县完成邮电业务总量8175.60万元。截至2019年底,全县移动电话用户12.71万户。全县互联网接入用户3.58万户,新增互联网用户0.38万户。

科技教育 2019年，黎城县普通中小学80所，其中小学70所,普通高中1所,普通初中9所,职业高中1所。全年高中在校学生2632人,全年初中在校学生5864人，全年小学在校学生9623人。全县幼儿园81所,在园幼儿1881人。全年全县发明专利拥有量10件。

文化旅游 2019年,黎城县共有艺术表演团13个,文化馆1个,博物馆1个,公共图书馆1个,文化馆分馆9个,图书馆分馆22个,公共图书馆藏书量12万册,档案馆1个。全县广播电台1座,电视台1座。全县有线电视用户7960户，其中数字信号用户5716户。全县人均体育场地面积1.52平方米。

全年全县接待游客568.28万人次,旅游收入56.93亿元。山西首批命名AAA级乡村旅游示范村中，霞庄村和佛崖底村入选。9月太行山旅游文化节在黎城举行。

民生事业 2019年，黎城县农村常住居民人均可支配收入9785元,比上年增长9.20%;城镇居民人均可支配收入2.08万元，比上年增长8.30%。全县共有医疗卫生机构220个,其中医院、卫生院15个,妇幼保健院1个，疾病预防控制中心1个。床位602张，卫生技术人员451人，其中医生224人，注册护士108人，药剂人员38人。乡镇卫生院13个，床位284张,乡村医生和卫生技术人员77人。全县城乡居民医疗保险覆盖率98%。全县参加基本养老保险10.10万人。其中,企业职工0.71万人(不含离退休),参加城乡居民养老保险8.18万人,参加城镇职工基本医疗保险12298人,参加城乡居民基本医疗保险14.48万人，参加失业保险1.50万人，参加工伤保险2.99万人，参加生育保险8086人。全县全年纳入城市最低生活保障的居民1063人，共发放城市低保资金531.60万元；纳入农村最低生活保障的居民6004人，共发放保障金2230.50万元。全县各类福利院床位819张,收养463人。全县城镇各种社区服务设施68个。接收社会捐赠款246.81万元，其中慈善接收捐款200.51万元，民政接收捐款24.30万元，红十字会接收捐款22万元。 （王利芳）

【壶关县】 壶关县位于山西东南部，总面积1007.70平方千米。下辖7个乡5个镇1个开发区387个行政村。截至2019年底,全县总人口为30万人。

农业 2019年，壶关县粮食种植面积26.07万亩。油料种植面积0.55万亩，蔬菜及食用菌种植面积2.38万亩。全年农林牧渔业总产值100081.70万元。肉类总产量16322.90吨，禽蛋产量11739.23吨，牛奶产量415.20吨。结合产业扶贫和有机旱作农业示范县创建,增加以旱地西红柿为代表的特色农业种植面积。晋庄谷子示范片亩产达578.22千克。推进有机旱作农业示范区建设,应用"网膜"双覆盖等现代集成技术,先后创建3个绿色有机旱作农业示范村、3个集中连片旱作农业封闭示范区和1个有机谷子示范片。店上镇绍良村被列为全国"一村一品"示范村。

工业 2019年,壶关县规模以上工业企业13家。全年规模以上工业增加值增长10.70%。规模以上工业企业主营业务收入67.89亿元，实现利税4.25亿元,比上年增长2.80%;实现利润3.52亿元，比上年增长8.04%。软饮料、纸制品、饲料、商品混凝土和食醋比上年产量下降。生铁产量85.78万吨,钢材产量107.28万吨,粗钢产量93.71万吨,生铁产量70.19万吨。全县建筑业增加值7658万元。

投资贸易 2019年，壶关县固定资产投资完成36.56亿元，比上年增长10.10%。其中,国有控股7.92亿元,非国有控股28.64亿元。全年房地产开发投资完成10.11亿元。全年进出口总额822.17万美元,其中,进口总额20.46万美元，出口总额801.71万美元。

金融保险 2019年，壶关县城镇参加基本养老保险25600人，其中职工17061人；参加城乡居民基本医疗保险240806人，其中职工14809人。参加失业保险20614人，参加农村社会养老保险173857人。城镇基本社会保障覆盖率达99.80%。

城乡建设 2019年，壶关县城住房居住面积368万平方米，人均住房面积41平方米。县城公交车线路共13条，公共汽车营运152辆，出租车112辆。县城供水总量288.50万吨，其中工业供水103.36万吨，生活供水185.14万吨。县城集中供热面积达200万平方米，其中住宅供热面积152万平方米。截至2019年底，旧城改造、安置楼房推进，路街改造陆续完工。改造主干道，打通微循环，注重城市规划引领和城市风貌管控。

文化旅游 2019年，壶关县共接待海内外游客652.71万人次，旅游总收入66.09亿元。太行山大峡谷八泉峡景区创建全市首个国家AAAAA级景区。

交通邮电 2019年，壶关县公路通车里程达1199.46千米。民用车辆拥有量33145辆，其中个人30851辆。全年邮政业务总量1449.60万元，电信业务总量998万元，移动业务总量34624万元，联通业务总量3055万元。

科教文卫 2019年，壶关县高中3所，初中21所，小学24所，幼儿园65所，职业高中3所。全年高中在校学生4341人；职业高中在校生1129人。全年初中在校学生7709人。全年小学在校学生16348人。全县幼儿园在园幼儿7329人。全年认定高新技术企业2家，全年专利申请21件，其中全年专利授权数16件。

全年全县共有艺术表演团体9个，文化馆1个，文物博物馆1个，公共图书馆1个，档案馆1个。公共图书馆图书总藏量124.74千册。有体育场馆数2个，各级体育赛事举办26次。有线广播电视用户达到52740户，接收数字信号用户20606户。全县共有卫生机构479个，其中医院2个，卫生院12个，妇幼保健机构1个，疾病预防控制中心1个，卫生监督机构1个。实有病床位1235张，卫生技术人员1310人。

民生事业 2019年，壶关县农村常住居民人均可支配收入7515元，比上年增长15%；城镇常住居民人均可支配收入25212元，比上年增长7.50%。城镇新增就业人数4344人，城镇登记失业率为1.40%。城镇居民最低生活保障人数1371人，发放城市低保资金802万元；农村居民最低生活保障人数14426人，发放农村低保资金5229.40万元；农村五保供养人数1596人。全县各类收养性社会福利单位13个，床位737张，收养347人。全县285个贫困村32226户78258人达脱贫标准，贫困发生率从29.96%下降到0.32%。2019年，共发放各类救助资金6000余万元。壶关一中初中部、特殊教育学校、县医院住院楼主体完工，妇幼院综合楼建成投用，38个贫困村村通道路建设、23个村文化广场建设全部完工。

（王林茂）

【长子县】 长子县位于山西东南部，上党盆地西南侧，总面积1029平方千米。下辖5个乡7个镇2个办事处1个开发区399个行政村。截至2019年底，全县总人口36.72万人。

农业 2019年，长子县粮食种植面积54.87万亩，其中玉米种植面积51.90万亩，小麦种植面积1.26万亩。全年经济作物播种面积14.79万亩，其中，蔬菜种植面积6.60万亩。全年全县粮食总产量155291.10吨，其中，夏粮5537.90吨，秋粮149753.20吨。全年蔬菜产量239818吨。全年农用化肥施用量（折纯）20648.90吨，地膜使用量435.30吨，农村用电量9036.60万千瓦时，农用柴油使用量3145.30吨，农药使用量261.80吨。全年全县农业机械总动力166002千瓦，增长6.20%。机械耕地面积46.99万亩，下降24.50%；机械播种面积43.36万亩，下降26.70%；机械收获面积26.55万亩，增长2.10%。全县农机服务收入7538万元，与上年持平。

工业建筑业 2019年，长子县规模以上工业企业33家，全年规模以上工业增加值102.79亿元，增长10.09%。全年全县规模以上工业企业实现主营业务收入165.87亿元，比上年增长3.20%；实现利税55.24亿元，下降4.30%。全年全县建筑业实现增加值0.48亿元，比上年增长2.10%。

投资贸易 2019年，长子县固定资产投资699416万元，比上年增长8.10%，其中，国有及国有控股投资344596万元，下降15.64%。全县在建固定资产投资项目154个。其中，5亿元以上项目7个。全年房地产完成投资69409万元。全县社会消费品零售总额226767.20万元，比上年增长8%。其中，城镇消费品零售额87420.50万元，增长7.80%；乡村消费品零售额139346.70万元，增长8.10%。

城乡建设 2019年，长子县城市建成区面积916万平方米。建成区绿化覆盖面积376.01万平方米，建成区绿化覆盖率41.04%，人均公共绿地面积12.77平方米。年末实有县城免费公交车10辆，出租汽车150辆。全县有公园4座，总面积103.37公顷。全年县城供水总量387万吨，人均日生活用水量132升。全年液化气供气总量1430吨，天然气供应量2500万立方米。县城集中供热面积340万平方米。全年污水处理量436.68万吨，生活垃圾年清运量3.35万吨，无害化处理率达100%。

交通邮电 2019年，长子县公路线路通车里程883.30千米。全县民用汽车保有量45801辆，其中私人汽车45428辆。全县完成邮电业务总量14891万元，下降0.20%。截至2019年底，全县互联网用户86530户，增长19.70%。移动电话用户达270727户，增长0.96%。

教育 2019年，长子县各级各学校共86所，其中高级中学3所，初级中学6所，职业中学1所，教师进修学校1所，九年一贯制学校12所，特殊教育学校1所，小学62所。高中在校学生6127人，初中在校学生9009人，小学在校学生18813

人。全县幼儿园 73 所，在园幼儿 10342 人。

文化旅游 2019 年，长子县共有艺术表演团 67 个，文化馆 1 个，博物馆 1 个，公共图书馆 1 个，公共图书馆藏书量 19.64 万册，档案馆 1 个，农村书屋实现 399 个行政村全覆盖。全县广播电视台 1 座，接收数字信号用户达 34188 户，电视综合人口覆盖率 45%。全县人均体育场地面积 1.83 平方米。全年全县接待国内外游客 445.50 万人次，旅游收入 419500 万元。

民生事业 2019 年，长子县农村居民人均可支配收入 15896 元，增长 9.40%；城镇居民人均可支配收入 32386 元，增长 7.80%。全县共有医疗卫生机构 539 个，其中医院、卫生院 26 个，采供血机构 1 个。妇幼保健机构 1 个。病床位 1421 张。卫生技术人员 1537 人。全年全县基本养老保险参保人数 225664 人。其中，城镇职工基本养老保险参保人数 33867 人，城乡居民基本养老保险参保人数 195121 人。年末全县城镇职工基本医疗保险参保人数 30189 人，城乡居民基本医疗保险参保人数 297506 人。其中城镇居民基本医疗保险参保人数 11642 人，农村居民基本医疗保险参保人数 285864 人。参加失业保险 28506 人。参加工伤保险 46989 人。参加生育保险 26577 人。全县全年纳入城市最低生活保障的居民 1536 人，发放城市低保资金 709 万元；纳入农村最低生活保障的居民 10934 人，发放农村低保资金 4105 万元。截至2019 年底，全县各类福利单位 18 所，收养 568 人。 （张 俏）

【武乡县】 武乡县位于山西东南部，长治市最北端，总面积 1610 平方千米。辖 9 个乡 5 个镇 1 个办事处 328 个行政村。截至 2019 年底，全县总人口 20.91 万人。

农业 2019 年，武乡县粮食种植面积 43.80 万亩。其中，玉米种植面积 26.40 万亩，小麦种植面积 0.12 万亩；油料种植面积 0.29 万亩；杂粮种植面积 1.80 万亩；蔬菜种植面积 2.70 万亩；花卉种植面积 214.95 亩，中药材种植面积 0.16 万亩。蔬菜总产量 11.79 万吨。全年全县猪牛羊鸡肉类总产量 2.71 万吨，生猪存栏 23893 头，生猪出栏 60400 头。禽蛋产量 1346 吨；牛奶产量 301.50 吨。10 月，中国小米产业发展大会在武乡县举行。

工业 2019 年，武乡县规模以上工业企业 16 家，全年规模以上工业增加值完成 27.40 亿元，增长 9.80%。规模以上工业企业原煤产量 746 万吨，发电量 57.60 亿千瓦时。全年全县规模以上工业企业主营业务收入 61 亿元，比上年增长 7.20%，实现利税 5.70 亿元，降低 12.30%；实现利润 0.65 亿元，增长 11%。

投资贸易 2019 年，武乡县固定资产投资 228445 万元，比上年增长 10.90%。分产业看，第一产业投资 23189 万元，增长 144.40%；第二产业投资 56489 万元，增长 –36 %；第三产业投资 148767 万元，增长 37.50%。全年全县社会消费品零售总额 169800 万元，比上年增长 7.60%。

环境保护 2019 年，武乡县污水处理能力 8000 立方米/日，全年污水处理量 265.23 万立方米。生活垃圾年清运量 3.09 万吨，无害化处理率为 100 %。全年全县空气质量二级以上天数为 257 天，比上年增加 7 天。

交通邮电 2019 年，武乡县公路线路里程 1216.87 千米，高速 37.59 千米，省道 63.28 千米，国道 96.09 千米，县道 169.50 千米，乡道 359 千米，村道 529 千米。全县民用汽车保有量 13711 辆，比上年增长 10.12 %。全年全县完成邮电业务总量 2490 万元。其中，邮政业务总量 2490 万元，移动业务总量 4600 万元，联通业务总量 2340 万元，电信业务总量 600 万元。全县互联网接入用户 3.69 万户。

科技教育 2019 年，武乡县普通中小学 93 所（含教学点及民办学校），其中小学 22 所，普通初中 7 所，九年一贯制 6 所，普通高中 1 所，职中 1 所，特校 1 所，教学点 55 所。全年高中招生 900 人，在校学生 2848 人。全年初中招生 1800 人，在校学生 5822 人。全年小学招生 1540 人，在校学生 9670 人。全县幼儿园 36 所，在园幼儿 4221 人。全年全县专利申请与授权量分别为 2 件和 4 件。

文化旅游 2019 年，武乡县共有艺术表演团 11 个，文化馆 1 个，博物馆 1 个，公共图书馆 1 个，公共图书馆藏书量 11 万册，档案馆 1 个。全县广播电台 1 座，电视台 1 座。全县有线电视用户 2 万户，其中数字信号用户 2 万户。全县人均体育场地面积 2.08 平方米。

全年全县接待游客 617.10 万人次，同比增长 11.03%；旅游收入 63.98 亿元，同比增长 19.14%。

民生事业 2019 年，武乡县城镇居民人均可支配收入 25989 元。共有医疗卫生机构 394 个，其中医院、卫生院 17 个，妇幼保健院 1 个，疾病预防控制中心 1 个。床位 348 张，卫生技术人员 599 人。全县新型农村合作医疗覆盖率 100%。全县参加基本养老保险 138811 人，其中企业职工养老保险 16449 人，机关事业养老保险 8266 人，参加城乡居民养老保险 114096 人；参加失业保险 14441 人，参加工伤保险 30740 人。全县全年纳入城市最低生活保障的居民 1244 人，发放城市低保资金 692 万元；纳入农村最低生活保障的居民 1.09 万人，发放农村低保资金 2932.74 万元。全县各类福利性养老机构 58 个。其中，敬老院 4 个，光荣院 1 户，老年人日间照料中心 53 户。有床位数 558 张，入住对象 206 人。全县城镇各种社区服务设施 5 个。全县全年销售社会福利彩票 344.66 万元，接收社会捐赠款 16.58 万元。 （贯成丽）

【沁县】 沁县位于长治市西北部，总面积 1320 平方千米，下辖 7 乡 6 镇，1 个现代农业开发区，6 个社区居民委员会，306 个行政村。截至 2019 年底，全县总人口 17.38 万人。

农业 2019 年，沁县农林牧渔业总产值完成 99197 万元，同比减少 1.90%。农作物总播种面积 39.83 万亩，同比增长 2.50%。粮食作物播种面积37.37万亩，同比减少0.50%。全年粮食产量119373吨，同比减少33.50%。其中，夏粮22吨，同比减少47.20%；秋粮119351吨，同比减少33.50%。玉米产量106961吨，同比减少34.50%；蔬菜产量19457吨，同比增长5.14%。

肉类总产量达17886吨，其中猪肉2322吨、牛肉2221吨、羊肉857吨、禽肉12486吨；禽蛋总产量8012吨；牛奶总产量151吨。

工业建筑业 2019年，沁县规模以上工业总产值累计增长速度为46.64%，工业增加值比上年同期增长42.27%。全年全县具有资质等级的总承包和专业承包建筑业企业有1家。建筑业总产值完成0.91亿元，比上年同期增长29.82%。

投资贸易 2019年，沁县固定资产投资总额累计完成195670万元，同比增长10.80%，其中投资完成186029万元，房地产完成9591万元。投资项目共计50个，其中新开工37个，新开工项目占施工项目比重74%。房地产企业5家，本年建设项目3个。

全年全县实现社会消费品零售总额122485.60万元，同比增长6.60%。

交通邮电 2019年，沁县民用车辆保有量达29638辆。全县出租车113辆、农村公交43辆、营运货车794辆。

全年全县完成邮政业务收入1890万元。全年全县固定电话用户达0.98万户，移动电话用户达到13.26万户，宽带用户达3.71万户，全年移动、联通、电信3家公司业务总量达6304万元。

文化卫生 2019年，沁县共有艺术表演团体1个，文化馆1个，博物馆1个，体育场馆1个，公共图书馆1个，公共图书馆藏书量9.53万册。全县城网用户8015户，其中有效用户5351户，农网用户5千户；中波台转播覆盖面积4000平方千米；村村通覆盖率100%。广播人口覆盖率60%，城市有线数字电视覆盖率100%，农村有线电视覆盖率95%。全年全县共有医疗卫生机构378个，病床608张。卫生技术人员672人，其中执业（助理）医师408人。

环境保护 2019年，沁县二级以上天数227天（其中一级天数为25天），占全年的62.20%。县城空气质量综合污染指数为5.79，同比上升3.40%。

社会保障 2019年，沁县参加城镇职工基本养老保险16343人，其中：企业职工养老保险9786人，机关事业养老保险6557人。参加城乡居民养老保险78835人。参加城镇职工基本医疗保险9723人，参加城乡居民基本医疗保险140809人。参加失业保险6513人，参加工伤保险9771人，参加生育保险9283人。

全年全县共有农村低保对象8372户、9963人，全年累计发放保障金3703.21万元；共有城市低保对象2226户、3717人，全年累计发放保障金1956.66万元。全年全县临时救助累计救助728人，累计发放救助金135.30万元；享受困难残疾人生活补贴3025人，累计发放困难残疾人生活补贴182.74万元；享受重度残疾人护理补贴2485人，累计发放补贴144.12万元。全年全县共有特困供养人员2220人，共发放特困供养金1946.20万元（其中农村特困供养金1920.60万元，城市特困供养金25.60万元）。全县有孤儿62人，发放救助金80.17万元。 （霍静亚）

【沁源县】 沁源县位于山西省中南部，长治市西北，系沁河发源之地。全县总面积2548.80平方千米，下辖9乡5镇254个行政村，总人口16.45万。

投资贸易 2019年，沁源县招商引资签约资金141亿元，转型项目投资占固定资产投资的85.20%。战略性新兴产业增加值增长8%。经济作物产值增长10%，先进产能占比达57%。推进乾和源10万只湖羊养殖、金豆豆万吨豆制品加工等重点项目，“水漾年华”田园综合体开园，创建绿色有机旱作农业封闭示范区402公顷。

城乡建设 2019年，沁源县启动西环路、丁城渠景观带建设，开工棚改安置房595套。新建县委党校、人才公寓，文化中心（影剧院）投入使用，县城公租房完成配租。实施篮球广场、内河生态修复、4个乡镇周转房建设、一水厂水质提升、郭道污水处理厂、天然气入户、污水处理提标改造等工程建设。

举办“乡村复兴论坛·沁源峰会”。建设美丽宜居示范乡镇1个、示范村38个、整治村68个，实施危房改造1072户、旱厕改造9243户，沁源县被确定为首批国家级农房建设试点县。下兴居村、大栅村入选第五批中国传统村落，古寨村入选第七批中国历史文化名村。

环境保护 2019年，沁源县实施退耕还林、荒山绿化、森林管护、经济林提质和林产业增收“五大项目”，实现生态生计良性互动。实施造林绿化0.28公顷，创建国家森林乡村6个，菩提山国家森林公园批复设立。实施清洁取暖改造20750户，开展国三及以下老旧柴油车淘汰工作，全年空气质量优良天数比例达75.60%。落实河长制，开展河道（水库）确权划界，沁河龙头、孔家坡国考省考断面保持二类水质标准。推进煤矸石、粉煤灰等固体废弃物综合利用。出台《沁源县生态文明建设规划》《沁源县生态文明建设实施方案》《沁源县自然资源负债表》等系列文件，建立完善绿色制度。龙头国控断面水质持续达到Ⅱ类以上标准，全县国土绿化率提高1个百分点，被国家生态环保部评为“国家生态文明建设示范县”称号。

文化旅游 2019年，沁源县委推进灵空山康养小镇、韩洪沟红色旧址等项目，举办二青会三人篮球赛等赛事，承办第五届中国深呼吸小城暨金山银山灵空山旅游文化节。官滩赛羊会入选2019年中国农民丰收节“100个乡村文化活动”，旅游收入同比增长23%。全年接待旅游人数突破450万人次，增长23%。

科教文卫 2019年，沁源县推进任之恭小学、姚基金希望小学篮球季项目等工程，招聘引进教师150人。完善紧密型医共体建设、慢病管理、家庭医生签约、县乡村三级医疗服务机制。选聘乡村文书员244人，融媒体中心投入运行。

民生事业 2019年，沁源县贫困发生率降至0.01%。落实全民参保登记计划，引进高层次人才63名、沁源籍在外在编人员12名，招聘事业人员64名，城镇新增就业3545人，城镇登记失业率控制在1.80%。新建农村日间照料中心8个，城乡最低生活保障标准平均每人每月分别提高30元、62.50元，落实退役军人安置、权益保障和双拥优抚政策，全年民生支出16.03亿元。（宋江华）

晋城市

【概况】 晋城市总面积9424.90平方千米。下辖1区1市4县，共设48个镇、26个乡、10个街道办事处。截至2019年底，全市常住总人口为235.30万人，比上年末增加0.99万人。

2019年，晋城市地区总值完成1362.40亿元，比上年增长6.50%。人均地区生产总值58024元。固定资产投资完成523亿元，增长10.40%。社会消费品零售总额490.30亿元，增长8.30%。财政总收入281.20亿元，增长6.60%。一般公共预算收入138.20亿元，增长10.30%。其中，税收收入92.50亿元，增长5.60%。一般公共预算支出252.50亿元，增长10.50%。居民人均可支配收入25897元，增长8.60%。城镇居民人均可支配收入34627元，增长7.70%；农村居民人均可支配收入14809元，增长9.20%。

农业 2019年，晋城市农作物种植面积256.50万亩，增加2.40万亩。其中，粮食种植面积234.90万亩，减少1192.50亩；油料种植面积5.25万亩，增加1.20万亩；棉花种植面积877.50亩，减少204亩。全年粮食产量64.20万吨，减少16.60万吨，下降20.60%。其中，夏粮17.50万吨，增长6.80%；秋粮46.60万吨，下降27.60%。完成造林面积3.30万亩，增长14.10%。肉类总产量13.20万吨，下降20.40%。全年猪牛羊肉总产量10.10万吨。农业机械总动力61.30万千瓦，增长2.40%。机械耕地面积199.95万亩，下降1.40%；机械播种面积183.75万亩，下降0.70%；机械收获面积137.85万亩，增长1.20%。

工业建筑业 2019年，晋城市规模以上工业企业294家。工业增加值688.90亿元，比上年增长7.70%。规模以上工业增加值比上年增长7.60%。全年规模以上工业企业实现主营业务收入1655.10亿元，增长4.90%。规模以上工业实现利税312.70亿元，下降8.50%；实现利润185.70亿元，下降5.10%。

全年全市具有资质等级的总承包和专业承包建筑业企业164家，总产值89.40亿元，增长18.30%；房屋施工面积390万平方米，增长1.30%；签订合同额为173.40亿元，增长17.60%。

能源 2019年，晋城市一次能源生产折标准煤8595.11万吨，增长9.30%；二次能源生产折标准煤4459.30万吨，增长16.20%。向省外运输煤炭5965.20万吨，下降9.50%，外运煤炭占原煤产量53%。向省外输送电力182亿千瓦小时，增长

表53 2019年晋城市辖县（市、区）经济指标统计表

县市	地区生产总值（万元）	农林牧渔业总产值（万元）	固定资产投资增长速度（%）	社会消费品零售总额（万元）	一般公共预算收入（万元）	一般公共预算支出（万元）	人均可支配收入（元）	
							城镇居民	农村居民
城区	3426739	10682	14.20	2825083	94848	245629	37023	—
沁水县	2195418	139654	13.70	267450	188270	280735	30792	13113
阳城县	2171845	156643	13	345937	191086	345548	32069	14569
陵川县	441862	96348	15.70	167342	18860	207562	21061	10309
泽州县	3019950	250156	19.50	486688	235833	387298	35832	16595
高平市	2295739	234188	13.40	583102	220392	406240	34623	15392

（省统计局）

0.20%，外输电量占发电量的67.70%。全社会用电总量211.12亿千瓦小时。

金融保险 2019年，晋城市金融机构本外币各项存款余额2631.30亿元，比年初增加312亿元，增长13.50%。各项贷款余额1547.10亿元，比年初增加156亿元，增长11.20%。农村金融合作机构（农村信用社、农村合作银行、农村商业银行）人民币贷款余额275.60亿元，比年初增加45.70亿元，增长19.90%；人民币存款余额595.80亿元，比年初增加52.10亿元，增长9.60%。共有证券营业部6家，从业人员83人。累计资金开户数185546户，银证转入资金52.30亿元，增长16.80%。全年营业收入0.40亿元，增长24.20%；利润总额0.10亿元，增长1.60倍。全年全市保费收入54.80亿元，增长3.90%。其中，寿险业务保费收入38.90亿元，增长1.70%；财产险业务保费收入15.90亿元，增长9.60%。

环境保护 2019年，晋城市市区环境空气质量二级以上天数达到184天。其中，一级天数14天。空气综合污染指数为6.26，较上年上升1.50%。城市污水处理率95%；城市生活垃圾无害化处理率100%。

旅游 2019年，晋城市全年全市接待海外旅游者17414人次，接待国内旅游者7326.76万人次，分别增长7.40%和20.50%；旅游外汇收入893.37万美元，国内旅游收入668.21亿元，旅游总收入668.75亿元，分别增长8.20%、20%和20%。

交通邮电 2019年，晋城市公路线路里程9611千米。其中，高速公路389千米。民用汽车保有量46.70万辆（包括专项作业车、三轮汽车和低速货车0.30万辆），比上年末增长7.40%。

全年全市交通运输、仓储和邮政业增加值82.50亿元，增长4.70%。邮政业务总量3.10亿元，比上年下降2.19%。电信业务总量121.15亿元，增长79.70%。年末移动电话用户249万户，比上年末减少7万户，全市宽带接入用户76.10万户。

教育科技 2019年，晋城市有普通高等学校1所，独立设置的成人高等学校1所。高中阶段毛入学率96.80%。全年晋城市组织实施省级科技项目7项。其中，列入重点研发项目（高新技术领域）2项，农村技术承包项目5项。全年全市技术合同交易256项，交易额35.90亿元；新认定国家高新技术企业13个，新认定省级众创空间1个，新认定省级科技企业孵化器1个，新认定省民营科技企业10家。

文体卫生 2019年，晋城市共有艺术表演团体10个，演出场次5018场，演出收入1568万元；全市共有艺术表演场馆4个，群众艺术馆1个，文化馆6个，美术馆2个，公共图书馆7个，总藏书153.50万册。各级各类体育场馆6217个，中小学体育锻炼标准达标人数达20.50万人。全年全市共有各级医疗卫生机构3179个，其中妇幼保健院（所、站）7个。医院和卫生院床位12.90千张，卫生专业技术人员1.47万人，每千人拥有病床5.80张，每千人拥有医生数2.60人。村卫生室覆盖率100%。

社会保障 2019年，晋城市参加基本养老保险162.40万人，比上年末增加4.80万人，其中，参加职工基本养老保险50.50万人，增加3.60万人；参加城乡居民基本养老保险111.90万人，增加1.20万人。参加基本医疗保险212万人，增加1.50万人，其中，参加职工基本医疗保险46.8万人，增加3.40万人；参加城乡居民基本医疗保险165.20万人，减少1.90万人。参加失业保险32.10万人，增加0.50万人。参加工伤保险48.60万人，增加0.30万人，其中，农民工22.40万人，增加4.30万人。全年资助基本医疗保险12.50万人，医疗救助7万人。城市低保人数8597人，减少1815人；农村低保人数35960人，减少3369人。享受国家定期抚恤补助的优抚对象16309人。全年共发放最低保障资金2.20亿元。（张　燕）

【晋城市城区】 晋城市城区位于晋城市中心。下辖北石店1个镇，7个街道，共8个乡级政区。设84个社区委员会，62个村民委员会。截至2019年底，全区常住人口为50.48万人。

农业 2019年，晋城市城区全年城区农作物总种植面积24501亩，比上年减少2426亩。粮食总产量5832吨，比上年减少781吨，减产11.80%。全年全区肉类总产量220吨，比上年下降74.10%。年末生猪存栏1256头，下降83.40%；生猪出栏74头，下降99.10%。禽蛋产量1094吨，增长29.90%。年末全区农业机械总动力14394千瓦，比上年末增长0.90%。

工业建筑业 2019年，晋城市城区全区规模以上工业企业23家。全年规模以上工业完成增加值12.29亿元，比上年增长6.30%；完成总产值51.59亿元，增长8.30%；完成销售产值51.58亿元，增长11.90%。规模以上工业全年实现主营业务收入51.13亿元，比上年增长9.50%；实现利润总额1.22亿元，比上年增长85.30%。二轻集体企业全年实现利税总额0.33亿元，增长6.40%。

全年全区具有资质等级建筑业企业78家；签订合同额113.13亿元，增长22.30%；完成总产值57.12亿元，增长25.40%。房屋建筑施工面积2179951平方米，下降1.50%；竣工产值40.88亿元，增长24.20%。

城乡建设 2019年，晋城市城区推进老城更新与保护，老城一期居民住宅征收完成3589户，完成率99.80%；公建征收完成113处，完成率95%，老城改造进入到由拆到建新阶段。推进原有模式38个棚户区（城中村）改造，协调解决历史遗留问题，连川社区、中原街社区、司徒村等一批改造项目重新启动。全年全区棚户区（城中村）改造完成投资28.07亿元，拆迁31.51万平方米，回迁1392套、17.73万平方米，完成建筑面积80.97万平方米。集中打响“提升城市品质、攻坚五项任务百日大会战”。“十纵十横”主次干道累计拆除广告牌匾484处，约7920平方米，拆除违建1.65万平方米，施划车位4504个；218条背街小巷累计粉刷和整治墙壁 1.98 万平方米，扩宽道路 2.47 万平方米，修建挡墙 80 米。

生态建设 2019 年，晋城市城区开展违法排污大整治“百日清零”专项行动，对整改不彻底 19 家“散乱污”企业进行整治，1560 家大中型餐饮单位全部安装高效油烟净化设施。完成 2900 户清洁取暖改造任务。全年完成生态环境部强化监督帮扶工作组转办问题整改 52 个，完成省生态环境保护专项督察组转办问题整改 5 个。

民生事业 2019 年，晋城市城区民生支出达 21.89 亿元，占全年支出 89.13%。新增就业 1.30 万人，下岗失业人员再就业 2106 人。东南学校、西城小学加快建设，苗匠幼儿园、东后河幼儿园进展顺利，全年全区财政性教育投入达到 4.80 亿元，占财政总支出的 19.40%。落实取消药品加成政策，为群众减轻药费负担 720 万元。开工建设保障性安居住房 2585 套，为 686 户住房困难家庭发放廉租住房补贴。建成 8 个镇(街道)标准文化站、141 个村(社区)基层综合文化服务中心。完成北石店村村改居和君悦湾、寺河嘉苑、皇城新区 3 个片区社区居委会组建工作。八件民生工程全部兑现。 （王翠平）

【沁水县】 沁水县位于晋城市西北部，地形东西长，南北窄，总面积 2676.60 平方千米，下辖 7 镇 7 乡，242 个建制村，9 个社区。截至 2019 年底，全县常住人口 21.81 万人。

农业 2019 年，沁水县农作物播种面积 38.90 万亩，其中粮食作物播种面积 34.88 万亩，粮食总产量 91650.20 吨。设施农业达到 0.69 万亩，苗木花卉 2.70 万亩，肉鸡出栏 1340 万只，羊群饲养量 28.20 万只，蜜蜂存栏 4.48 万箱，“沁水蜂蜜”获国家地理标志证明商标，中国蜜蜂博物馆(山西馆)落地沁水。

工业建筑业 2019 年，沁水县规模以上工业企业 48 家,规上工业增加值完成 154.90 亿元，增长 4.60%。打造煤层气“头号工程”，成立国家煤层气产业化基地(中国·沁水)专家工作站，新增产能 6.90 亿方，完成地面抽采 31.80 亿方、液化 74.80 万吨。煤炭产业化解过剩产能 415.60 万吨，释放先进产能 240 万吨，完成原煤产量 3128 万吨。具有资质等级建筑业企业 14 家，完成建筑业总产值 1.80 亿元，增长 9.80%。

招商引资 2019 年，沁水县签约招商引资项目 36 个，总投资 217.10 亿元，完成市目标 106.40%；签约项目当年开工 21 个，开工率 58.30%(市定目标 30%)；新开工固投项目总投资 87.70 亿元，完成市目标 68 亿元的 129%；新开工固投项目到位资金 21.40 亿元，完成市目标 20 亿元的 107.20%；非固定资产投资项目到位资金 3 亿元，完成市目标 2 亿元的 150%。

教育科技 2019 年，沁水县共有各级各类学校 132 所，在校学生 20480 人。出台《沁水县教育局关于落实高层次人才(团队)申报国家级、省级科技重大专项配套资金的办法》，对新申报成功国家科技重大专项，予以一次性扶持 20 万元，对新申报成功省级科技重大专项，予以一次性扶持 10 万元。

文化旅游 2019 年，沁水县接待海外旅游者 2172 人次，接待国内旅游者 1010.28 万人次，旅游总收入 92.62 亿元。旅游总收入和游客接待量均增长 21%。举办“爱羽杯”城市羽毛球邀请赛、“母亲河杯”原生态钓鱼比赛、第二届“圣康蜂业杯”农民乒乓球比赛、第二届全国青少年跆拳道邀请赛等 15 项体育赛事，成立沁水县长跑、武术、体育指导员协会。

城乡建设 2019 年，沁水县推进“三城同创”工作和公园、小游园、游泳馆、梅杏剧院、大医院项目、棚户区改造、街巷拓宽改造、主要街景绿化等工程。县城建成区面积 6.10 平方千米，市政道路长度达到 95.99 千米，集中供气覆盖率达到 98%，供暖普及率达到 82%以上，自来水普及率达到 98%。全县城镇人口 99946 人，城镇化率达到 45.82%，比上年提高 1.16 个百分点。全县城市建设项目 27 项(开展前期 9 项、新建 13 项、续建 5 项)，总投资达 42 亿元。南山片区和玉皇山片区纳入县城核心区建设，完成南外环城市道路、玉皇山外环路部分项目前期；桃园小区市政道路延伸段作为玉皇山外环路重要组成部分，完成土石方路基工程；南山城市道路一期工程，建成通车。开展农村人居环境整治，全县 12 个村获市级“村庄清洁行动”先进村，窦庄村荣获“山西省级农村人居环境整治示范村”。南阳村获“山西省 AAA 级乡村旅游示范村”。

民生事业 2019 年，沁水县建成东关幼儿园、定都小学。“四好农村路”建改扩 366 千米，城乡五级公交开通。第三水厂提前通水，农村饮水安全巩固提升工程惠及 52646 人。新改建标准公厕 21 座，完成旱厕改造 2000 座，清洁取暖改造 9618 户。新增城镇就业 5444 人，转移农村劳动力 4624 人。城乡社会养老保险参保 15.60 万人，基本医疗保险参保 18.60 万人。农村低保标准由年 3960 元提高到年 4440 元；特困人员基本生活标准由年 5160 元提高到年 5820 元。出台《支持民营企业发展 35 条》，新登记各类市场主体 2290 户，新增民营企业 719 家。 （张丽霞）

【阳城县】 阳城县位于山西东南部，地处太行、太岳、中条 3 山交汇处，县域面积 1918 平方千米，下辖 17 个乡(镇)，426 个行政村。截至 2019 年底，全县常住人口 39.49 万人。

农业 2019 年，阳城县粮食种植面积 43.84 万亩，比上年减少 0.11 万亩。全年粮食产量 103608.30 吨，减产 27.50%。棉花播种面积 30 亩，总产量 2 吨，比上年减产 63%。油料播种面积 2.69 万亩，总产量 3274.70 吨，比上年增产 52.20%。蔬菜播种面积 1.69 万亩，总产量 56645 吨，比上年增产 17.10%。全年造林面积 0.45 万亩，四旁(零星)植树 110 万株，育苗面积 0.85 万亩。全年肉类总产量 20731.30 吨，比上年增长 4.40%。禽蛋总产量

38183吨，比上年增长22.90%。全年阳城蚕茧总产量1217.90吨，比上年增长9.90%。

工业建筑业 2019年，阳城县全部工业增加值125.11亿元，比上年增长7.60%。其中，全县规模以上工业企业共64家，增加值比上年增长7.60%。全年规模以上工业企业实现主营业务收入233.64亿元，比上年增长9.60%。规模以上工业企业实现利税54.96亿元，比上年增长3.10%。规模以上工业企业实现利润32.42亿元，比上年增长13.10%。

全年全县完成建筑业增加值1.55亿元，比上年增长10.20%。年末全县具有资质等级建筑业企业12家，完成总产值2.01亿元，比上年增长18.30%。

投资贸易 2019年，阳城县固定资产投资完成954683万元，比上年增长13%。全年房地产开发投资68528万元，比上年增长80.70%。全年社会消费品零售总额545567万元，比上年增长8%。全年外贸进出口总额14081万元，比上年增长20.10%。

交通邮电 2019年，阳城县公路货运总量2262万吨，比上年增长1.40%。公路货物周转量79170万吨公里，比上年增长5.10%。全年公路旅客运输总量20万人次，比上年下降99%。公路旅客周转量79170万人公里，比上年下降94.40%。

全年全县邮政业务总量4403万元，比上年增长49.30%。全年电信业务总量19481万元，比上年下降9%。

财政金融 2019年，阳城县完成财政总收入493312万元，比上年增长10.70%。完成一般公共预算收入191086万元，比上年增长14.90%，其中，税收收入完成114965万元，增长8.30%。一般公共预算支出345548万元，比上年增长16.40%。年末全县金融机构各项人民币存款余额2458991万元，比年初增加201284万元。金融机构各项贷款余额1029723万元，比年初增加9351万元。全年保费收入75528万元，比上年增长6.60%。

教育科技 2019年，阳城县普通中学26所，职业高级中学2所，小学62所，幼儿园107所，成人中等专业学校1所。全县科技研发专项资金支持引导科技研发、科技创新、成果转化等项目共36项，研发经费740万元。组织实施市级农村地区分布式光伏发电扶持项目，下达专项资金2462万元。新增高新技术企业2家。

文化旅游 2019年，阳城县共有文化馆1个，公共图书馆1个，文物博物馆1个，档案馆1个，电视台1座。举办第四届农业嘉年华、东西方古堡文明论坛等系列活动。精选优秀剧目进行370余场展演。放映公益电影4631场。全年共接待游客1477.90万人次，实现旅游综合收入137.70亿元。

体育卫生 2019年，阳城县共举办各类体育比赛28场次。组织120人参加晋城市职工运动会。县乡村共有医疗卫生机构624个，卫生技术人员2813人（乡村医生576人，医师783人，助理医师148人），编制床位1790张，实际开放2116张。村级卫生所达标率99%。

社会保障 2019年，阳城县非私营单位在岗职工平均工资65053元，比上年增长6.60%。居民人均可支配收入22096元，比上年增长8.60%。农村居民人均可支配收入14569元，比上年增长9.30%；人均生活消费支出7891元，下降13.20%。全年全县企业职工养老保险参保49131人，机关事业养老保险参保15516人，城乡居民养老保险参保211501人，职工医疗保险参保62891人，城乡居民医疗保险参保300975人，工伤保险参保71597人，失业保险参保31420人。

（邹　帅）

【陵川县】 陵川县位于山西省东南端，全县总面积1751平方千米。2019年，下辖7镇5乡，312个行政村，7个居民社区。截至2019年底，全县常住人口23.75万人。

农业 2019年，陵川县农作物播种面积38.96万亩，同比增长16.33%。粮食种植面积34.36万亩，较上年增加4.82万亩。全年粮食总产量80519.20吨，减产16.24%。全年油料产量589.10吨，增产0.02%；药材产量5053吨，增产32.97%；水果产量4097吨，增产116.78%；干果1295.20吨，增产230.75%；蔬菜产量40568吨，增产18.51%。全年肉类总产量达到12619.70吨，下降8.37%。全县森林面积139万亩，森林覆盖率达到54.35%。全年完成造林面积0.95万亩；四旁植树65万株；育苗面积0.50万亩，其中新增育苗面积0.10万亩。全县农业机械总动力达到5.11万千瓦，同比增长1.80%。

工业建筑业 2019年，陵川县规模以上工业15个，当年培育“小升规”企业数量4个，净增2个。全年规模以上工业增加值增长9.70%。规模以上工业企业实现主营业务收入13.32亿元，增长7.30%。其中，煤炭行业5.93亿元，增长15.50%；化工行业1.78亿元，下降1%；医药制造业0.35亿元，下降23.10%；非金属矿物制品业3.72亿元，增长15.50%；电力、热力生产和供应业1.53亿元，增长67.80%。规模以上工业企业实现利税3.65亿元，增长3.20%；实现利润2.22亿元，增长6.60%。全县民营经济增加值完成19.84亿元，同比增长0.40%；总产值完成61.56亿元，同比增长0.30%；营业收入达到52.10亿元，增长0.30%。

全年全县建筑业增加值完成1.80亿元，同比增长5.80%。全县具有资质等级建筑业企业共有2家，完成总产值0.59亿元，下降14.30%；竣工产值0.38亿元，增长34%。

投资贸易 2019年，陵川县招商引资签约项目28个，签约金额40.98亿元。当年签约项目开工数14个，开工率50%；固定资产投资项目到位资金6.24亿元。全年固定资产投资累计完成25.99亿元，同比增长15.70%。全年在建固定资产投资项目80个。其中5000万元以上项目30个，比上年同期增加6个，累计完成投资212636万元，占全县固定资产投资比重81.80%。

全年全县限额以上贸易业共21个，其中批发零售业17个，住宿餐饮业4个。全年社会消费品零售总额累计完成22.10亿元，同比增长8.20%。在限额以上批发和零售业零售额中，粮油食品类增长21%，饮料类增长17.30%，烟酒类增长28%，服装鞋帽、针、纺织类增长0.90%，化妆品类下降6.60%，金银珠宝类下降7.60%，日用品类增长9.50%，五金电器类增长6.60%，体育娱乐用品类增长8.90%，中西药品类下降17.90%，文化办公用品类增长11.10%，机电产品及设备类增长8.50%，汽车类增长69.10%，其他类下降3.20%。

交通邮电 2019年，陵川县公路通车里程达到1691.70千米。其中高速44.80千米，国道135.30千米，省道30.20千米，县道199.70千米，乡村道1281.70千米。全年全县邮政业务总量完成1799万元，增长4.40%；全县电信业务总量完成10968万元，同比下降3.60%。

旅游 2019年，陵川县以省级生态文化旅游示范区正式获批为契机，实施王莽岭景区整治提升、太行风景一号道建设等标杆工程。截至2019年末全县旅游企业个数达到26个，全年共接待旅游人数530万人次，增长10.20%；旅游总收入实现24.90亿元，增长20.10%。

金融保险 2019年，陵川县金融机构各项存款余额1048129万元，比年初增长8.20%。各项贷款余额363766万元，比年初增长42.50%。全年全县保险费收入23649.59万元，同比增长29.20%。全年支付各类赔款支出5633.20万元，同比上升124.90%。

教育科技 2019年，陵川县共有各级各类学校141所，其中，中学17所，小学88所，幼儿园及其他36个。共有各级各类在校学生28300人。截至2019年底，全县教职工2992人。全县科技三项经费支出210万元，同比下降45%。全年科技项目立项数14项（其中：省级1项，县级13项），完成科技项目数22项（其中：省级1项，县级21项）。

文体卫生 2019年，陵川县有1个县级文化馆，12个乡镇文化站；1个公共图书馆，总藏书量12.50万册；1个文物馆，藏品件数13084件；2个电影院，全年放映收入达到374.44万元。年末全县拥有室内体育场馆2个，公共体育场1个，各级裁判员45人，举办各级运动会13次。截至2019年底，全县共有各级医疗卫生机构370个，开放床位881张，卫生从业人员1073人，执业医师219人。村卫生室达到365个，覆盖率达到92.70%，县、乡、村三级医疗机构达标率96.80%。

环境保护 2019年，陵川县县城集中供热普及率达到94.60%；建成区绿化覆盖率达到39.97%。全年县区环境空气质量二级以上天数达到266天，空气质量优良比例达到72.90%，较上年降低3.20个百分点。

（焦国锋）

【泽州县】 泽州县位于太行山南端、山西省东南部。总面积2023平方千米。下辖14镇3乡，共有590个行政村，9个居委会。截至2019年底，全县常住人口为49.82万人。

农业 2019年，泽州县农作物种植面积70.75万亩，比上年减少8.70万亩。粮食总产量19.30万吨，比上年增加0.50万吨，同比增产2.40%。全年完成造林面积0.55万亩，增长176%；经济林面积495亩，下降106.30%。全年肉类总产量38831.20吨，比上年下降26.20%。禽蛋总产量24692吨，下降14.90%；水产品产量350吨，增长16.70%。截至2019年底，全县农业机械总动力18.70万千瓦，增长1.60%。机械耕地面积64.43万亩，下降7.40%；机械播种面积61.32万亩，下降5.90%；机械收获面积46.50万亩，下降8.70%。全县农机服务收入18989万元，其中：农机作业服务收入12349万元。

2019年，泽州县推进农村"三块地"改革，高都镇南焦庄宅改试点启动，农地入市累计完成85宗3008.50亩，征收农村土地1469亩，腾退宅基地1575.60亩。农林文旅康融合发展，新增市乡农业产业园5家，全年粮食产量完成2.11亿千克，41家龙头企业完成销售收入16.40亿元、同比增长8.75%。

工业建筑业 2019年，泽州县规模以上工业企业62家，规模以上工业增加值同比增长8.50%。规模以上工业实现主营业务收入506.50亿元，比上年增长13.20%；工业企业实现利润42.90亿元，比上年下降29.30%；实现利税97.70亿元，同比下降21.80%。

全年全县建筑业实现增加值59650万元，同比下降19.30%。截至2019年底，全县具有资质等级建筑业企业15家，完成总产值790466万元，同比下降15.70%。

产业转型 2019年，泽州县推进国企改制民企股改，21家国企完成国有股权划转，20家中小企业成功挂牌，挂牌企业总数71家，15家企业实现"小升规"，5家企业被认定为国家级高新技术企业，荣获全省资本市场县域工程试点县。

环境建设 2019年，泽州县对2588个重点污染源实现监管全覆盖，211家企业开展绿色评估，华昱输煤管廊和晋钢铁路专用线主体完工，畜禽粪污资源化利用整县推进项目奠基开工，细颗粒物、重污染天数实现双下降。

投资贸易 2019年，泽州县固定资产投资完成99.50亿元，增长19.50%。全年房地产投资44556万元，比上年增长72.40%；商品房销售额完成43124万元，同比下降42.60%。

全年全县社会消费品零售总额48.10亿元，增长8.10%。全县海关进出口总额242565万元，增长49.60%。

金融保险 截至2019年底，泽州县金融机构各项存款余额293.20亿元，比年初增加41.90亿元，增长16.70%。各项贷款余额107.90亿元，比年初增加9.30亿元，增长9.40%。全县保费收入20822.90万元，同比增长4.50%。全年支付各类赔款及给付6791.60万元，增长33.50%。

交通邮电 2019年，泽州县公路线路里程2490千米，其中高速公路134千米。公路密度123.10千米/百平方千米。全县完成邮电业务总量18862万元。农村固定电话用户1.10万户，移动电话用户31.40万户，全县宽带接入用户数9.40万户。

文化旅游 2019年，泽州县共有艺术表演团体7个，新创作首演剧目2个，本年上演剧目53余个，演出场次2600余场，收入530万元。全县共有公共文化馆1个，公共图书馆1个，乡镇文化站17个，村级农家书屋590个。全年共接待游客1554.50万人次。实现旅游总收入143.50亿元。2019年，大阳古镇成功创建AAAA级景区，大阳旅游公路开工建设，举办第四届文化旅游节和第三季《谁不说俺泽州好》电视竞演。

教育科技 2019年，泽州县共有幼儿园79所，小学122所，普通初中31所，普通高中学校4所，完中1所，高职中学2所，教师进修学校1所，特殊教育学校1所。年末全县共有各级各类在校学生人数41520人。截至2019年底，全县教职工人数4447人。小学学龄儿童入学率100%；小学和初中升学率100%。2019年共申请各类专利101件。其中：发明专利申请量40件，实用新型专利48件，有效发明专利拥有量34件。

卫生体育 2019年，泽州县共有卫生机构（含诊所）719个。床位数2325张，卫生技术人员1942人，其中执业医师和执业助理医师848人，注册护士679人。县乡村三级医疗机构达标率为100%。

全年全县共举办各级各类体育赛事10余次，参加运动会运动员人数5000余人。全年全县体育锻炼标准达标人数达到90.70%，约48万人。

社会保障 2019年，泽州县参加城镇职工基本养老保险47855人，比上年末增加2618人；参加城乡居民基本养老保险306699人，增加3505人；参加城镇职工基本医疗保险41284人，增加4223人；参加城乡居民基本医疗保险406602人，减少6181人；参加失业保险25046人，增加606人；参加工伤保险80339人，增加13887人；参加生育保险32867人，增加3967人。全县城镇基本社会保障覆盖率达99%以上。全年城镇低保人数652人，保障户数593户；农村低保人数6568人，保障户数4261户。

（张　静）

【高平市】 高平市位于山西省东南部，泽州盆地北端，下辖3个街道，9个镇和4个乡，总面积946平方千米，截至2019年底，全市常住人口49.95万人。

农业 2019年，高平市出台农业可持续发展扶持办法和生猪产业转型升级奖补意见，创建国家生猪育种创新标准化示范区和省级现代农业产业园、食品安全示范县、出口农产品质量安全示范区。建立城乡一体化基准地价体系，购买1500亩土地增减挂指标，破解耕地占补平衡难题。

转型发展 2019年，高平市市域原煤产量3290万吨，先进产能占比63.10%。173项“一纲十目”重点工程完成投资101.20亿元，转型项目投资占比65.80%。开发区“三化三制”改革、“启航”产业基金、招商引资“12条”、1200亩熟地等政策效应显现，新兴产业渐成态势。出台支持民营经济发展“33条”，清偿民营企业账款3.80亿元，减免企业税费4.20亿元，凯永养殖、海诺科技、泫氏实业分别入选国家级重点龙头企业、全省优秀企业和“小巨人”企业。服务业同比增长7.40%。

深化改革 2019年，高平市“一枚印章管审批”改革经验全省复制推广，92家市县考察团前来学习交流；学前教育改革在全省教育大会交流发言；医改信息化建设全省现场会再次开到本市；农业生产托管服务连续两年被确定为全省试点，经验做法在全国供销合作总社介绍交流。神农炎帝经贸文化旅游招商系列活动成为两岸交流合作重要平台。

城乡建设 2019年，高平市实施13条市政道路改扩建，完成建设路人行天桥和30条背街小巷硬化亮化，城市第三水厂投入试运行。筹措资金保障太焦高铁征拆和主线建设，高铁东站、站前广场及周边道路陆续开工。改造提升208国道6.50千米，新建“四好农村路”159千米，太行一号国家风景道，北诗至米山快速路全线开工，一元票价城乡、镇村公交全覆盖。建设神农、野川、陈区特色小镇；寺庄、建宁、石末等乡镇39个村入选中国传统村落，河西牛村入选中国历史文化名村，东城沟北获评中国美丽休闲乡村。

环境建设 2019年，高平市完成农村饮水安全巩固提升50个村，开工建设供排水及污水治理60个村，改厕2.20万座，清洁取暖改造2.32万户，“冬煤夏供”惠及361个村、3.12万户；永禄庙儿沟、南城梨园、东城果则沟3个村获批省级改善人居环境示范村。全年全市空气质量改善，三项大气考核指标达省级要求。城市第二污水处理厂和马村、河西、野川、永禄4个乡镇污水处理站建成投运，丹河出境断面水质持续改善，累计获奖补资金3300万元。

（牛　彬）

朔州市

【概况】 朔州市总面积1.06万平方千米。下辖3个市辖区，3个县，74个乡镇（含街道），3个管委会，1564个行政村。截至2019年底，全市常住人口178.45万人，比上年增加3281人。

2019年，朔州市地区生产总值1061.70亿元，同比增长6.50%；规模以上工业增加值增长8.90%；固定资产投资增长90%；一般公共预算收入增长2.08%；社会消费品零售总额增长7.80%；城镇居民人均可支配收入增长6.90%；农村居民人均可支配收入增长9.60%。新增就业2.40万人，城镇登记失业率控制在4.20%以内。

农业 2019年，朔州市“三农”领域重点工作取得新进展。雁门关农牧交错带核心示范区建设成效明显，牧草种植85万亩、奶牛存栏18.50万头、鲜奶产量57.50万吨、出栏肉羊410万只、农民人均草牧业纯收入3500元。新增2个有机旱作农业省级封闭示范片，辐射带动实施有机旱作农业面积200万亩，全国有机旱作农业现场会在朔州市召开。粮食总产136.50万吨。认证“三品”产品122个，基地面积49万亩。朔州市获“中国杂粮强市”称号，朔城区获“全国粮食生产大县”称号，山阴县获“中国富硒小米之乡”称号。开展农村集体产权制度改革整市推进试点，1799个农村集体经济组织完成清产核资和成员身份确认，960个农村集体经济组织完成产权制度改革。

产业转型 2019年，朔州市转型发展呈现新态势，实施转型项目183个，其中亿元以上83个，总投资829.50亿元;年度完成投资151.50亿元，占全部固定资产投资的56%。工业投资结构优化，非煤投资比重达到83.70%。煤电产业提质增效。落实“减优、绿”要求，3座兼并重组整合矿井竣工投产，4座生产矿井核增产能640万吨，二级以上标准化矿井达到57座，先进产能占比73%。生产原煤1.80亿吨，洗煤1.30亿吨。同煤朔南、神电、平朔木瓜界3个火电项目移出缓建名单，并网发电和在建电厂总装机容量达到1779万千瓦，发电381.70亿千瓦时。特色产业壮大。与台州合作共建年产100万台智能马桶项目进展顺利，日用瓷外贸出口突破总产量的10%。全省首列粉煤灰绿色交通固废综合利用列车开行。新增93家规上企业，其中非煤企业76家，占比81.80%。

深化改革 2019年，朔州市深化电力体制改革。“风电打捆”交易电量4.20亿千瓦时，为82户非煤企业降低用电成本5544万元。深化金融改革创新。右玉农商行正式挂牌，应县农信社改制完成不良资产清单。实施对公存款竞争性存放，金融机构各项贷款余额增长16.30%，存贷比提升3.18个百分点。5家企业完成股改，新增“晋兴板”挂牌企业3家。深化用地制度改革。推进闲置宅基地及农房盘活利用、工矿废弃地复垦，落实城乡建设用地增减挂6000多亩。深化财税体制改革。落实减税降费政策，为中小企业减免税费16.50亿元。深化开发区改革创新。朔州经济开发区实现“办事不出区”，建设标准化厂房，为企业提供“拎包进驻”服务，4家外资企业落户。怀仁医药园区以企办园、以商招商，为开发区发展提供示范。全市开发区投资强度340.30万元/亩，产出强度97.70万元/亩，税收强度8.20万元/亩。

招商引资 2019年，朔州市深化招商引资工作。举办“一节三会”，打造对外开放新平台，签约招商项目157个，总投资682.20亿元，其中当年签约、当年开工110个，开工率达到70.10%。

城乡建设 2019年，朔州市全面实施“交通强市”。韩原线“朔州号”动车组开行。右平高速全线通车。朔神高速和阳方口—平鲁干线公路开工。新改建“四好农村路”1553千米，建设长城旅游公路166.40千米。推进“城市双修”。实施“两下两进两拆”、道路交通秩序整治、城市风貌管控等七大行动，主城区综合整治20个老旧住宅小区和6个老旧片区。新改建城市道路32千米、供气供热污水等各类管网347千米，改造雨污合流管网20千米。新增绿地面积13.30万平方米，建成区绿化覆盖率43%，城市功能生态品质提升。

环境保护 2019年，朔州市清洁取暖改造约5.10万户，整治露天开采、道路交通、建筑工地扬尘，取缔“散乱污”企业，全年优良天数262天。推进桑干河清河行动，新改扩建11个城市污水处理厂，建成7个重点建制镇生活污水处理站、13座地表水跨界断面水质自动监测站，劣V类水体比例下降到16.67%，完成省定目标。完成营造林82.82万亩。

文化旅游 2019年，朔州市推进右玉生态文化旅游示范区建设，举办右玉生态国际马拉松、右玉西口风情牛态文化旅游节、右玉西口风情冰雪嘉年华等活动，全年接待游客人数和旅游总收入保持20%以上增速。

民生事业 2019年，朔州市民生事业支出155.90亿元，占一般公共预算支出的80.60%。认定76所普惠性幼儿园，市区10所中小学校加快建设。开展全民技能提升工程，城镇

表54 2019年朔州市辖县(区、市)经济指标统计表

县 市	地区生产总值（万元）	农林牧渔业总产值（万元）	固定资产投资增长速度（%）	社会消费品零售总额（万元）	一般公共预算收入（万元）	一般公共预算支出（万元）	人均可支配收入(元)	
							城镇居民	农村居民
朔城区	3144883	151425	10.80	816425	80150	257244	36437	16506
平鲁区	2178921	112820	2.80	338591	126809	227104	27117	11426
山阴县	1360446	179288	37.10	405339	150077	257066	36667	18184
应 县	707541	315804	12.60	307492	17757	229128	26653	11905
右玉县	912619	133216	10	154196	44089	187608	26568	9106
怀仁市	2263792	208048	6.60	802058	130571	293736	37639	18050

（省统计局）

新增就业和农村劳动力转移均超额完成省定任务。年初动态调整新识别的80户、207名贫困人口全部脱贫，6.50万名建档立卡贫困人口和1万名低收入非贫困人口全部纳入防贫保险，997名贫困大学生得到资助。平山右供水提升工程全部完成，保障12个乡镇9000余名贫困人口饮水安全。

（元雷花）

【朔州市朔城区】 朔州市朔城区地处晋、陕、蒙交界处，山西省北部，雁门关外，古称马邑、朔州、鄯阳。总面积1793平方千米，下辖15个乡镇、街道，280个行政村，54个社区。截至2019年底，全区总人口52万人。

农业 2019年，朔州市朔城区粮食总产量达3.40亿千克，获全国产粮大县（区）称号。新大象1万头种猪养殖园投产，新希望70万头生猪养殖项目推进，推进枸杞、玫瑰、水稻、圣女果等七大特色种植基地。扶持农产品加工业，“帅林”牌小米、莜面和“山老汉”牌胡麻油获中国绿色食品博览会金奖。滚动发展扶贫产业项目31个，建成区乡村电商平台、服务站、服务网点21个，完善“双签约”“三保险三救助”机制。

产业建设 2019年，朔州市朔城区加快构建“一核两翼三圈”产业体系。西沙河煤矿退出产能150万吨，下窑煤矿完成产能置换6万吨/年，峪沟、石碣峪等5座煤矿达二级标准化矿井。新能源产业推进，朔南电厂2×35万千瓦低热值煤发电项目并网发电，晋能清洁能源50兆瓦牛家岭二期风电项目推进，全区电力总装机容量达344万千瓦。

城乡建设 2019年，朔州市朔城区鄯阳街拓宽改造及下穿张辽路立交工程和紫金街东延线贯通工程建成通车，“四好农村公路”完成140千米，长城和黑驼山两条旅游公路全面开工。高标准建成滨河公园、源头源公园、汽摩公园。城市“双修”推进，迎宾小区、老干局等6个老旧片区改造全部完工，市政府家属院等20个住宅小区进行物业综合治理，一、二电厂等4家企业“三供一业”接收改造任务完成。规范鄯阳街、张辽路等5街5路，集中整治银建、豪德等大型集贸市场，全面取缔高速路两侧广告牌匾。

生态环境 2019年，朔州市朔城区践行“两山”理论，推进全域绿化，建成东南乡高标准万亩农田林网，完成南山生态治理三期、洪涛山生态修复一期、京津风沙源治理等六大工程，新增造林面积8.77万亩。开展“四水”治理，完成5个乡镇15个村生活污水集中处理项目，农牧废水、雨季降水、煤矿黑水基本实现达标排放。实施清洁能源替代工程，争取上级清洁取暖资金2.25亿元，完成上庄头村等12个片区的集中供热改造，新增供热面积115万平方米；完成煤改电1000户，清理散煤1.20万吨，发放优质煤、生物质燃料等9275吨；取缔散乱污企业120家，恢复土地900亩。

民生事业 2019年，朔州市朔城区启动区一中鄯阳校区改造工程，新改扩建和认定普惠性幼儿园24所，组建六大教育联合体。区人民医院改扩建工程正式启动，区中医药集团住院门诊楼、区妇幼保健中心完成改造，建成标准化村卫生室90个。全民法定人群参保基本实现全覆盖，提高五类人群补助标准。新增城镇就业3396人。组织开展三轮安全生产大检查，煤矿、非煤矿山等重点行业实现安全生产无事故。“朔城街坊”治理模式连续三年获“全国创新社会治理”20个优秀案例之一。

（李玉春）

【朔州市平鲁区】 朔州市平鲁区位于晋西北内外长城之间，全区总面积2314平方千米，下辖11乡，2镇，352村。截至2019年底，全区总人口21万人。

农业 2019年，朔州市平鲁区粮食播种面积55万亩，产量达1.60亿斤，增长0.70%。认证“三品一标”产品15个，基地面积3.30万亩。新增人工草地3.20万亩，粮经饲结构优化为42:23:35。新改扩建标准化养殖小区5家，累计达98家，规模养殖户达2000户，全区养殖总量达200万头只。全区农林牧渔业总产值突破10亿元，增长28.40%。农民人均纯收入较上年净增1029元，增幅高于城市2.80个百分点。完成植树造林任务30万亩，其中经济林20万亩。家庭承包耕地流转面积11万亩。农村土地承包经营权确权登记颁证完成99%，农村集体产权制度改革完成95%，推进集体经济组织登记赋码、颁证工作。

工业 2019年，朔州市平鲁区生产矿井全部按照一级标准化矿井要求建设管理，累计建成标准化矿井24座，其中一级标准化矿井6座，煤矿先进产能占比提高到91%。全年累计生产原煤1亿吨，增长21.60%，原煤洗选率达90%。全区建成和在建电力项目总装机容量达794.80万千瓦，新能源电力总装机占比25.50%。中电投一期500千伏送出工程接入晋北换流站，平朔2×66万千瓦电厂500千伏送出工程建设完成。全年实施重点工程项目65个，总投资592.60亿元，当年完成投资64.30亿元，其中26个转型项目完成投资48.90亿元，占比76%，比上年同期提高9.60个百分点。制造业增加值增长51.90%，高新技术产业增加值增长30.80%。全年签约项目15个，签约金额127亿元，当年签约开工项目10个，开工率66.70%，超目标任务36.70个百分点。

城乡建设 2019年，朔州市平鲁区开展以“三清三治三提升”为重点的城乡人居环境整治专项行动。古城小区棚户区改造一期工程22栋楼主体完工，堡子沟城中村改造一期工程12栋楼主体完工，善学小区41栋楼全部完工，井西小区21栋楼主体全部完工。城区热电联产集中供热完成一级管网49.60千米、二级管网123千米，建成换热站8座。完成“两街两路”改造9.80千米，整治建筑立面12.80万平方米，新增城市绿化面积4.30万平方米。建成城镇垃圾中转站，日处理垃圾200吨。建成北坪三水厂，日供水1.50万立方米。建成“四好农村路”41.20千米，建设长城旅游公路38.80千米。

环境保护 2019年，朔州市平

鲁区空气质量优良天数 278 天，达标比例 76%，空气质量综合指数 5.34。22 家工业企业完成排污口规范化设置，8 家企业完成工业废水提标改造，新建 19 千米城市污水管网，建成乡村污水治理项目 3 个，农村生活垃圾收运体系覆盖率达 93%。推广使用有机肥 10 万亩，完成矸石处置场生态恢复治理 10 处。

民生事业 2019 年，朔州市平鲁区民生事业支出占一般公共预算支出的 81%。全面推进"6+1"教育改革。完成总投资 1700 万元的井坪一小改扩建、总投资 820 万元的李林中学操场改造工程。建成朔州知达常青藤学校，建成固山、小精灵两所普惠性幼儿园。全区 13 个乡镇卫生院、274 个村级卫生室全部达标。设立 5 个巡回医疗服务团队，开展巡回医疗服务 44 次，治疗患者 6200 人次。开展全民技能提升工程，城镇新增就业完成市定任务的 114.30%，农村劳动力转移就业完成市定任务的 105%。推进脱贫攻坚，年初动态调整新识别贫困户 41 户、124 人全部脱贫，发放贫困助学金 122 万元，资助贫困学生 376 人，发放扶贫小额贷款 1233.50 万元，完成总任务的 102.80%。平山右供水工程全部完工，解决 108 个村、7848 户、3.60 万人饮水困难。光伏扶贫成效显著，贫困家庭户均年增收 2600 元。 （马　军）

【山阴县】 山阴县位于朔州市东北部，总面积 1651 平方千米，下辖 4 镇 9 乡，257 个行政村。截至 2019 年底，全县总人口 24.10 万人。

农业 2019 年，山阴县有机旱作农业发展壮大。重点实施农牧交错带桑干河灌区高效节水灌溉工程、京津风沙源治理二期工程水利水保项目、高标准农田建设项目等，建成高标准农田 3.38 万亩，新增高效节水灌溉面积 1.20 万亩。扶持有机旱作农业，连续五年对渗水地膜旱地谷子补贴，全年旱地谷子种植面积达 7 万亩，杂粮播种总面积 27 万亩，粮食产量 2.80 亿千克。培育有机旱作农业品牌，鑫霏、恒兴入选市级农产品龙头加工企业，农产品加工企业达 20 家；"塞外火山土""雁门香"小米品牌获中国第 17 届国际粮油产品及设备技术展示交易会金奖，"农食美"牌小米获省粮食行业协会放心粮油产品称号；举办全国旱作节水技术培训现场会、全省粮食产业经验交流现场会、全省农业生产托管会、全省农机现场会，获"中国富硒小米之乡"称号。

项目建设 2019 年，山阴县新建续建项目 70 个，完成投资 28.17 亿元。朱和咀煤业与水泉煤业两个 90 万吨/年矿井开工建设，奕光电厂 2×350 兆瓦低热值煤发电供热工程投产运行，超牌 10 万吨/年煅烧高岭土二期生产线建成投产，晋能 8 万千瓦光伏发电、同煤织女泉 10 万千瓦风电、漳泽吴马营 10 万千瓦风电并网发电，新能源发电占比达 38.84%。先后 16 次举行招商引资洽谈会，签约产业项目 21 个，总投资 127 亿元。

城乡建设 2019 年，山阴县韩原线山阴动车站建成运行，府东街城市棚户区跨线立交桥项目累计完成投资 75%以上；供水供热能力提升，日供水量增加 5000 立方米；新增供热面积 100 多万平方米，热均衡水平提高；世纪大道、王润路等城市主干道路建成通车；完成 24 条小街小巷硬化、8 座公厕和土牛沟泄洪改造、两处人行通道和 1 座批发市场建设；对集贤社区等区域私搭乱建整治，治理乱点 8000 余处。完成 3 个建制镇 11 个村污水处理设施建设，完成 1700 户农村厕所改造和 14 个奶牛规模养殖场粪污集中收集池建设。

环境保护 2019 年，山阴县集中开展工业扬尘、道路扬尘和建筑扬尘专项治理，推进集中供热和清洁取暖改造，环境空气质量综合指数为 5.65，同比下降 10.90%；深化桑干河清河行动，推进全流域治理，完成县城污水处理厂提温提标工程、玉马小区污水处理工程、31 家涉煤企业"黑水"（废水）治理，城镇污水排放由二级 A 标准提升为地表水五类、古城乳业工业企业废水排放标准由地表水五类提升为四类标准，河头、南湛两个断面水质标准达四类；推进西山生态修复工程，治理 102 处、种植树木 8.50 万株、绿化 126.60 万平方米；整改生态环境保护督察及"回头看"交办问题。

民生事业 2019 年，山阴县启动实施《振兴山阴教育五年行动目标》，新建职教中心通过省级评估验收，完成北周庄小学、安荣幼儿园建设和标准化考点升级改造工程；建立朔州市心血管病和骨科两个专科联盟。城乡居民医保参保人数达 17.90 万人，制作社保卡 23.30 万张，超年度目标 4.60 个百分点。新建 23 个屋顶分布式光伏发电项目，总装机容量 1661.50 千伏；完成 490 户农村危房改造、121.50 千米"四好农村路"建设、79 户易地扶贫搬迁拆迁复垦任务；发放扶贫小额贷款 1960.21 万元，完成率 122.51%；培训贫困人口 312 人，推荐就业岗位 2000 余人。 （侯志林）

【应县】 应县位于山西省北部，朔州市东部，桑干河上游，总面积 1708 平方千米，下辖 3 镇 9 乡，284 个行政村。截至 2019 年底，全县总人口 33 万人。

农业 2019 年，应县粮食总产 3.50 亿千克，蔬菜总产 6.50 亿千克；奶牛存栏、肉羊、生猪饲养量分别达 6.50 万头、130 万只、20 万头。完成高标准农田建设、基本农田整理 6.55 万亩，建成一个省级有机旱作农业示范片。加快推进农业品牌化、产业化建设，新增"三品一标"认证 13 个，发展产地认证 3.33 万亩。

产业转型 2019 年，应县投资 16.33 亿元的 18 个产业转型项目推进，盛达包装、晋北废矿物油再生利用等项目建成投产。日用瓷产能达 10 亿件，建筑瓷产能达 3300 万平方米。申报国家高新技术企业、省级企业技术中心、省级专精特新企业 8 家，培植"小升规"企业 4 家。

项目建设 2019 年，应县实施重点项目 80 个，全部开复工，竣工 45 个，完成投资 17.12 亿元。举办 2019 山西·朔州陶瓷产品进出口交易会、应商应才助力家乡经济社会发展恳谈会，参加各类招商活动9次，到浙江台州、江西景德镇等地区组织开展精准招商30多批次，全年签约项目13个，签约总额29.56亿元，开工8个，开工率61.50%。年产2万台智能马桶项目落地。

城乡建设 2019年，应县瑞东北路、梨花北路、东关街雨污管网及道路改造和集中供热改造、生活垃圾填埋场渗滤液处理等工程全部完工，书香园、安泰小区等保障性住房工程全部建成，火车站、左砂路等周边环境整治，韩原线应县——太原南4对动车组开通。改造农村厕所3996座、农村危房2190户，打造一批示范村。完成"四好农村路"、镇子梁水库大桥工程，实施环长城旅游公路建设工程、韩镇线路基路面工程。

环境保护 2019年，应县完成营造林19.70万亩，县城建成区绿地总面积达433万平方米。完成城市集中供热超低排放改造，完成清洁能源改造3550户，清理取缔"散乱污"企业57家。完成桑干河6个沿河村庄垃圾污水治理等工程，实施133个村的垃圾治理、5个垃圾中转站建设项目，完成沿河61家规模养殖场畜禽粪污处理设施配套工程，完成污水处理厂提温提标改造、3个自动水质监测站和县城中水回用建设工程，启动4个县城集中式饮用水源地规范化建设项目。

文化旅游 2019年，应县承办山西省"金唢呐"八音竞技大赛；《我和我的祖国》快闪、MV在央视新闻移动网等媒体推出。在北京景山公园举办应县文化旅游摄影艺术展和紫禁之巅推介展，举办首届应县乡村文化旅游节、乡村旅游风光摄影展等活动，打响木塔品牌。木塔景区门票收入和接待游客数量分别增长24.75%、24.86%。实施净土寺文化遗产保护建设项目，推进木塔与陶瓷艺术官、迎宾公园、祇园广场等周边景点互联整合，木塔大景区格局形成。传统戏剧雁北耍孩入选省第五批国家级非遗代表性项目推荐申报名单。

民生事业 2019年，应县民生性运转性支出12.40亿元。实施镇中教学楼新建、七幼扩建工程，完成一中公寓楼改扩建和城乡学校基建维修工程。启动一中新校区建设项目，签订山西航空旅游职业学院建设项目合作协议。制定出台医疗集团绩效考核办法，县医疗集团与北京大学人民医院、省肛肠医院等三甲医院建立医联体关系。县中医院综合楼建设项目投入运营，提升中医药服务能力。完成家庭医生签约、免费产前筛查、城乡妇女"两癌"筛查等任务，完成1个省级示范乡镇、7个卫生示范村、70个卫生乡村创建工作。新增城镇就业3744人，完成全民技能培训2000人。征缴各类保险3.30亿元，发放2.48亿元。发放各类民政资金2.10多亿元，受益群众6万人次。新建2所农村老年人日间照料中心，全县达48所。完成残疾预防重点干预和残疾儿童抢救性康复项目422例。救助经济困难的高龄和失能老人97.20万元。完成免费法律咨询便民事项1700例。发放食品价格临时补贴983.70万元。

全年全县累计稳定脱贫6299户11972人。提升8个贫困村基础设施，维修提升安全饮水工程54处。落实教育补助311.82万元，资助建档立卡贫困学生2782人次。全县12223名建档立卡贫困人口全部实现健康扶贫"双签约"，为全县2112名50—64周岁贫困人口免费健康体检，为贫困户缴纳基本医疗保险、大病保险、补充医疗保险241.28万元，报销医药费2490.33万元。落实兜底保障，将84名符合条件的贫困户纳入低保范围。

（安培兴）

【右玉县】 右玉县位于晋西北边陲，是山西的北大门，总面积1969平方千米，下辖4镇6乡1个风景名胜区，288个行政村，12个居民委员会。截至2019年底，全县总人口11万人。

产业发展 2019年，右玉县种植优质鲜食马铃薯2982亩、苦参600亩、油菜花8700亩。建设高标准农田1.50万亩。加快推进生态羊全产业链开发，建成500只以上羊养殖场42个、圈舍8.90万平方米，右玉生态羊入选"山西特色农产品优势区"创建名单。新发展农民专业合作社30家，培育市级农业产业化龙头企业2家，8家企业入选省级农业产业化经营重点龙头企业名单。新增电商扶贫村级网点75个，全年完成电子商务网络交易额和零售额共8145万元，受益人口6500多人。累计减贫16337人，贫困发生率由2014的18%降低至0.06‰。完成中大科技绿色亚麻油深加工、献果园沙棘饮料系列产品技术改造。献果园、富朔联创2家企业被命名为"省级高新技术产业"。

项目建设 2019年，右玉县国电投高家堡10万千瓦、大唐丁家窑二期5万千瓦、天景李达窑5万千瓦、巽丰威远5万千瓦等5个风电项目开工建设。中大科技年产100万套法闺莱β亚麻酸系列化妆品项目试生产。加快推进能源革命改革，两座煤矿核增产能240万吨。

文化旅游 2019年，右玉县举办右玉生态国际马拉松、中国公路自行车联赛（山西右玉站）、二青会马术项目比赛、山西·右玉西口风情生态文化旅游招商系列活动等重大文体赛事和活动，杀虎口风景名胜区3个村入选"全省首批100家AAA级乡村旅游示范村"，3家单位入选全省首批"长城人家"评定名单。全年接待旅游总人数388.30万人次，实现收入35.60亿元，分别增长33.80%、31.90%。

环境保护 2019年，右玉县完成营造林31.18万亩，实现全县域宜林荒山基本绿化。承办全省国土绿化现场推进会。开展违法排污大整治"百日清零"行动，取缔"散乱污"企业22家。京玉电厂全封闭煤场基础工程完工。全年环境空气质量优良天数305天，比上年增长13天。杀虎口出境断面水体水质保持三类水质标准。

城乡建设 2019年，右玉县实施供水、供热、住房、道路等一大批基础设施工程，完成第一污水处理厂提标改造和第二污水处理厂新建工程，完成北环一级管网连通、8个片区供热管网扩容改造，新增平房集中供热440户，拆迁改造棚户区620套。古长城旅游公路开工建设,右平高速、109国道右玉段改线通车。完成24个村庄农村饮水安全巩固提升工程,南部山区引黄供水工程投入运行。实施乡村环卫作业一体化政府购买服务项目,对157个村进行垃圾污水治理,建成农村生活污水处理站7座,完成改厕310座,2个村获批全省改善农村人居环境示范村。

社会事业 2019年,右玉县县乡医疗卫生机构一体化改革十项任务全部完成,全面推行医保总额预算打包付费,通过开展分级诊疗,按病种付费,基层常见病、多发病患者县内就诊率提高。城乡低保保障水平再次提标,农村低保标准由每人每年3840元增加到4440元,城市低保标准由每人每月449元提高到479元。全县各项社会保险参保人数累计10.87万人。其中,企业12409人,机关事业6052人,居民63950人,失业保险9500人,工伤保险16800人,不含职工医保11105人,不含居民医保81247人。城镇新增就业2481人,农村劳动力转移就业2808人,创业带动就业429人。老干部活动中心主体工程完工。 (李建堂)

【怀仁市】 怀仁市位于山西省北部,桑干河上游,大同盆地中部,总面积1234平方千米。下辖4个镇,6个乡,22个社区,162个行政村。截至2019年底,全市常住人口43万人。

农业 2019年,怀仁市农作物面积76.47万亩,粮经饲结构优化为56:22:22,全市粮食产量稳定在2.53亿千克,粮改饲超任务完成69%。河头、毛皂的10万亩露地瓜果蔬菜种植。全年农产品加工企业销售收入完成38.85亿元,同比增长9.70%。推进基础母羊基地建设,从浙江湖州引进优种湖羊母羊4300只,全市肉羊饲养量422万只。

工业 2019年,怀仁市推动煤炭"减、优、绿",退出煤炭产能21万吨,先进产能占比达80%,高于全省平均水平12个百分点,煤矿企业综合利用水平接近100%。煤炭工业增加值占工业增加值比重降低1.34个百分点,制造业增加值占工业增加值比重提高0.87个百分点。推进风能、太阳能、生物质能等新能源开发。山西鸿狮腾达新能源有限公司新建生物质热电联产项目一期工程开始试运行,山西天润瑞风装机容量50兆瓦风电项目开工建设。全市新能源电力装机达287兆瓦。

产业转型 2019年,怀仁市全年全市新增市场主体为3739家,拥有在业各类市场经营主体26514家。完成中小企业及民营经济总收入471亿元,实现利润56亿元。制定《支持民营企业专项资金管理办法》,全市银行业金融机构共276家小微企业(不含个体工商户)贷款270.10亿元,较上年增加106家、6.83亿元。融资担保公司为80家中小微企业担保贷款7684.40万元。设立"一县一业"产业项目库,23家陶瓷企业列入产业项目库。山西海宁皮革城发展有限公司进入2019山西民营企业100强行列。

城乡建设 2019年,怀仁市推进农村集体产权制度改革,清产核资的村162个,完成率100%。农村集体资产清产核资工作通过省级验收。发展农村电商,重点打造集"产品+冷链设施+服务"为一体的公共信息服务平台,完成建设10个乡镇级中转站、65个村级电商服务网点和20个社区电商服务网点任务,电商覆盖率达90%。完成5个乡镇58个村的文化记忆资料搜集、文化记忆行政建档。新建农村污水处理工程4处,建设污水管网7901米。推进厕所革命,完成36个村、4446座改厕任务。新打造中街、北街2个精品乡村旅游点。新建、改扩建村级活动场所86个,建成村史(党史)馆27个。

环境保护 2019年,怀仁市清凉山生态绿化工程全部完成,累计完成造林1.27万亩。公路绿化完成9.30千米,栽植各类树种3.10万株(丛)。坚持控煤、治污、管车、降尘"四管齐下",冬季清洁取暖改造完成集中供热取暖5837户,农村地区煤改气或煤改电清洁取暖9384户。实施耕地质量提升化肥减量增效工程,测土配方施肥技术覆盖率达95%以上。推广地膜减量增效技术,发放降解地膜42吨,完成降解膜推广面积1.70万亩。

民生事业 2019年,怀仁市民生领域支出17.90亿元,占支出总量的83.34%。全市城镇累计新增就业人数3868人,登记失业率控制在2.38%以内。城镇和农村常住居民人均可支配收入分别为27884元、13880元,分别增长7.40%、8.80%。小峪矿一小、王坪矿二小完成搬迁,新建、改扩建公办幼儿园5所,规范普惠性民办幼儿园4所,公开招聘中小学教师36名。开展打击"两定"机构骗取医疗保障基金专项行动,追回医保基金16.58万元。推动县乡医疗机构一体化发展,招聘10名医疗卫生专业人才。全市农村老年人日间照料中心达99家。

(杨志雁)

晋中市

【概况】 晋中市总面积1.64万平方千米。下辖1区、9县,代管1个县级市。截至2019年底,全市常住人口3389484人,比上年末增加7908人。

2019年,晋中市地区生产总值1460亿元,比上年增长6.30%。全年全市一般公共预算收入163亿元,比上年增长8.10%。税收收入114亿元,增长15.10%,全年全市一般公共预算支出371亿元,增长14.90%。全年市区居民消费价格比上年上涨2.40%,其中,食品类价格上涨6.40%,非食品类价格上涨0.90%;八大类商品及服务中食品烟酒类价格上涨6%。市区商品零售价格上涨0.60%。

农业 2019年,晋中市农作物种植面积421.65万亩。其中,粮食种植面积374.85万亩,比上年增加1.20万亩;蔬菜种植面积36.9万亩,增加6000亩;油料种植面积2.55万亩,增加1500亩;棉花种植面积55.50亩,减少46.50亩。在粮食种植面积中,玉米种植面积306万亩,减少2.70万亩;小麦种植面积10.20万亩,增加4500亩。果园面积38.85万亩,增加

2.70万亩。全年粮食产量145.40万吨,减少8.80万吨,减产5.70%。其中,夏粮2.40万吨,减产3.40%;秋粮143万吨,减产5.80%。

工业 2019年,晋中市规模以上工业法人企业623家。全年规模以上工业增加值比上年增长4.20%,其中,战略性新兴产业增加值增长15.70%,占比10.20%。在战略性新兴产业中,新能源产业增长13.70%,新能源汽车增长50.60%,新材料产业增长0.80%,生物产业增长4.30%。全年全市规模以上工业企业实现营业收入2059.50亿元,比上年增长0.60%。全年全市规模以上工业实现利税131.50亿元,下降38.60%;实现利润31.60亿元,比上年减少56.20亿元,下降64%。规模以上工业企业每百元营业收入中的成本86.20元,增加2.80元。

产业转型 2019年,晋中市全年竣工转型项目331个,传统产业技改扩产107个。新兴产业集群集聚,千亿新能源汽车产业蓄势勃发,斯纳德专用车一期、尚太锂电池负极材料一期等投产;百亿装备制造、功能食品、光伏电池、医药、现代煤化工、新材料、现代物流等产业加快成长。新增高新技术企业48户、"小升规"119户,战略性新兴产业、高技术产业增速分别快于规上工业11.40、8.20个百分点。现代农业级次提升,秸秆深松还田、玉米丰产等与墨西哥合作有机旱作经验全国推广,11个现代农业产业园"一园一特色"初步形成。

投资贸易 2019年,晋中市固定资产投资756.20亿元,增长7.60%。基础设施投资165.90亿元,增长23.30%。国有及国有控股投资292.60亿元,增长17.30%。民间投资453.50亿元,增长0.50%。全市工业投资230.20亿元,下降7.10%。

全市在建固定资产投资项目1854个。其中,亿元以上项目380个,计划总投资3588.50亿元,完成投资591.70亿元。全年全市房地产开发投资208亿元,增长29.30%。其中,住宅投资157.60亿元,增长36.60%。

城乡建设 2019年,晋中市城市功能完善,龙城大街、农谷大道、锦东大道等全线贯通,实现骨干路网连接、内外双环闭合;实验小学、文苑街小学、体育副馆等投入运行。管线下地管廊全部铺设,拆除违建15.20万平方米,施划开放停车位5.20万个,拆墙透绿释放绿量59万平方米,晋中在全省首家实现国家卫生县城创建县域全覆盖。

环境保护 2019年,晋中市禁煤区由295平方千米扩至456平方千米,新增集中供热和煤改醇、煤改气、煤改电15.30万户,淘汰燃煤锅炉286台,治理工业窑炉171台,共减少民用散煤69万吨,二氧化硫减排1万余吨;落实汾河流域治污硬任务,整治入汾排污口778个、封堵取缔

表55 2019年晋中市辖县(市、区)经济指标统计表

县市	地区生产总值(万元)	农林牧渔业总产值(万元)	固定资产投资增长速度(%)	社会消费品零售总额(万元)	一般公共预算收入(万元)	一般公共预算支出(万元)	人均可支配收入(元)	
							城镇居民	农村居民
榆次区	3075352	241114	12	1999385	141628	369655	37856	19877
榆社县	353947	81046	14.70	113975	36669	213444	24206	6999
左权县	568753	76253	0.70	151992	49234	186939	28909	7182
和顺县	577798	59834	1.40	137746	60058	185852	26909	8370
昔阳县	878377	91977	3.50	263132	75038	187105	27548	11189
寿阳县	1266418	184771	30.90	275557	127226	240283	36865	15040
太谷县	1026207	360011	3.30	408389	62021	240727	33266	20789
祁县	872060	289923	−5.90	436502	51097	207566	34537	18830
平遥县	1154389	206804	3.10	649536	78614	373766	32726	13557
灵石县	2343124	77239	1.20	680878	201279	265059	40226	18914
介休市	2444053	94513	12	918523	213026	326452	37477	15503

(省统计局)

251个，沿汾160个村全面实施污水管网收集，全市11个国考、省考断面全部达省考核目标，郝村断面首次达地表Ⅲ类。市城区增加园林绿地685万平方米、公园绿地68.33万平方米，全市林木绿化率新增1个百分点。森林面积29.46万公顷，比上年增加4.10万公顷，森林覆盖率17.95%。全市自然保护区总数5个，自然保护区面积9.78万公顷，占全市国土面积的6%。全年全市各县(区、市)环境空气优良天数范围在162天~288天之间。

文化旅游 2019年，晋中市文旅融合全域推进，打响A级景区保卫战，景区形象和服务质量提升;12个村入选全省首批AAA级乡村旅游示范村;平遥创建首批国家级全域旅游示范区。

交通邮电 2019年，晋中市公路通车里程16087千米，比上年增加50千米，增长0.30%。全年全市完成邮政行业业务总量7.70亿元，增长37.20%;电信业务总量178亿元，增长68.20%。

规模以上快递服务企业业务量完成2555万件，同比增长50.20%;快递业务收入完成3.60亿元，增长28.90%。全市固定电话用户年末达到15.20万户;移动电话用户372.90万户，其中，4G移动电话用户305.70万户。全市宽带接入用户73.30万户，手机互联网上网人数313.30万人。

民生事业 2019年，晋中市民生领域支出占82%，市政府承诺的13件民生实事全部兑现。贫困村全部退出，贫困发生率降到0.06%。建成“四好农村路”1725千米。

全年参加城镇职工基本养老保险61万人;参加城乡居民社会养老保险157.50万人，增加2.70万人。参加城镇职工医疗保险59.70万人，增加2.30万人;参加城乡居民基本医疗保险250.30万人，减少3.30万人。参加失业保险33.10万人，增加0.10万人。参加工伤保险40.60万人，增加0.10万人。参加生育保险38.70万人，增加0.15万人。全年全市纳入城市最低生活保障的居民8696人;纳入农村最低生活保障的居民66711人;纳入农村五保供养16756人。全年共发放城乡最低保障资金27171.50万元。全市卫生机构共有床位17789张，卫生技术人员20509人。 (王　虹)

【晋中市榆次区】 晋中市榆次区位于山西中部腹地，全区面积1328平方千米，下辖6镇4乡1个社管中心、286个行政村(含7个撤村未转居村)，9个街道、71个社区。截至2019年底，全区总人口69万。

农业 2019年，榆次区耕地面积66.20万亩。其中，基本农田53.40万亩;全面实施乡村振兴战略，投资1.62亿元打造87千米乡村振兴精品示范廊带;推广新品种540个、新技术83项、新装备35种，引入种植南方特色果蔬20余种、2470亩，成为山西省南方水果种植品种最多、面积最大县区;农产品加工销售达68亿元。农村集体产权制度改革推进，土地确权基本完成，清产核资通过省市验收;农业生产托管面积达10.40万亩;落实减税降费改革，全年减免15.49亿元。

工业 2019年，榆次区工业技改资金完成21亿元，全区高新技术企业增至124家，制造业比重上升1.98%，煤炭占比下降0.64%。深化国企国资改革，金恒化工进入扫尾，音响厂、鼎泽州加快推进，“三供一业”移交改造完成13344户;实施品牌战略，10家醋企获得“山西老陈醋”地理标志认证，22家企业荣获市级品牌创新、质量攻关、标准创新优秀企业;

投资贸易 2019年，榆次区实施“手续集中办理月”和“项目集中开工月”行动，总投资515亿元的35项重点项目，完成投资110亿元;全年完成项目签约15项，总投资115亿元;向上对接，争取中央预算内项目资金6500万元。

城乡建设 2019年，榆次区围绕60项城建重点工程和17项开发区重点项目，完成征地0.13公顷，拆迁96万平方米，有效保障龙城大街区域开发、职教城、潇河四期等重大项目顺利实施。新建农村生活垃圾转运站8座，平川乡镇垃圾转运服务实现全覆盖。

环境保护 2019年，榆次区完成36个村、1.87万户、312万平方米清洁供暖扩面，减少燃煤9.35万吨，减排二氧化硫300万千克;投入1080万元加强秸秆综合利用，焚烧秸秆基本杜绝;市城区空气综合指数、可吸入颗粒物、二氧化氮好转率全省第1;完成造林0.09万公顷，北田镇张胡村、修文镇中郝村被评为中国森林乡村;加强河长制管理，在潇河沿岸新建7座污水处理站，修文、东阳污水处理站扩容提标。

文化旅游 2019年，榆次区发展现代服务产业，打好A级景区保卫战，乌金山创AAAAA项目获批国家发改委补短板项目支持，乌金山镇后沟村成为全省首批AAA级乡村旅游示范村，全区游客接待量突破2200万人次，旅游收入实现250.70亿元。

交通邮电 2019年，榆次区全区公路总里程1466.64千米，公路密度111.30千米/百平方千米，所有行政村全部实现街巷硬化全覆盖。

科教文卫 2019年，榆次区扩大优质教育资源供给，文苑街小学、实验小学、潇河湾小学、郭家堡小学投入使用，新增学位5000个，10所民办幼儿园完成普惠认定;巩固校长职级制改革，54所学校4913名教师完成“县管校聘”;投资2900万元加强医疗集团建设，中医药门诊报销40%，区域综合医改实质推进，医疗集团实现“六统一”管理，通过全国基层中医药先进县复审。完成健身步道200千米;完善公共文化服务体系，送戏下乡340场;

民生事业 2019年，榆次区民生支出比例达83.90%。“六帮一”精准扶贫，累计投入资金7172万元，协调贷款540万元，22个相对贫困村基础设施全面改善;坚持就业导向，全区城镇新增就业6507人，技能培训8505人;投资3.50亿元，完成347千米“四好农村路”;开展“扫黑除恶”，打掉恶势力集团4个，团伙1个，破获刑事案件26起;坚持领导包案定期接访，化解一大批突出矛盾问题。 (黄志娟)

【榆社县】 榆社县位于晋中市东南部，总面积1699平方千米，下辖4镇10乡，1个城区管理委员会。截至2019年底，全县常住人口14.04万人。

农业 2019年，榆社县农业产业实现分散经营向规模发展的转变。依托十四只绵羊公司，发展奶绵羊全产业链，打造太行奶绵羊循环产业园。依托保森公司，加快发展羊肉养殖，年内羊出栏量达10万只，实现年产值1.20亿元。依托青亿农牧公司，抢抓国家恢复生猪生产的政策机遇，投资5000万元发展养猪产业，年内生猪出栏量达10万头，实现年产值3.50亿元。依托牧乐嘉公司，发展肉牛养殖，出栏量达9000头，实现年产值8100万元。依托河南即可达公司，新增鹌鹑养殖60万只，养殖规模达到110万只，实现年产值3630万元。依托天生农牧公司、山西省医药集团，中药材发展到2万亩，实现产值2000万元，打造中药材产业园。依托五福农产品公司，发展谷子3万亩，实现产值3800万元；重点实施好1万亩谷子地膜覆盖穴播技术推广工程，亩均增产100千克左右，实现扩产提质，打造小杂粮产业园。聚焦设施蔬菜和笨鸡养殖两大传统产业，培育或引进新型经营主体，蔬菜由1.60万亩发展到1.80万亩，实现产值2.20亿元。笨鸡养殖新增30万只，养殖量稳定在230万只，实现年产值1.70亿元。肉鸡出栏200万只，实现年产值3000万元。

工业 2019年，榆社县规模以上工业增加值10.37亿元，增幅9%。新增规模以上企业2户，累计达14户，全年工业总产值突破50亿元，同比增长9.10%，实现利税2.07亿元，同比增长5.60%。外贸出口预计6700万元，同比增长42.50%。社城10兆瓦光伏、禅山100兆瓦风电项目相继并网发电，煤层气东区块实现排采见气，榆社区块全面启动勘查。

城乡建设 2019年，榆社县以创建国家卫生城镇为标准，建设山水生态型县城，城乡建设扩容提质。全面完成229个村村容户貌整治提升工程。

文化旅游 2019年，榆社县云竹湖旅游开发完成投资4亿元，累计投资21.67亿元，环湖路、心灵驿站、帐篷营地等一批项目建成投用，景区建设初具规模。举办全国二青会公路自行车赛、云竹湖休闲旅游垂钓节。

民生事业 2019年，榆社县城镇常住居民人均可支配收入24274，增幅7%；农村常住居民人均可支配收入6800元，增幅15.20%，城镇新增就业2842人，城镇登记失业率为2.81%，控制在4.20%以内。城乡保障水平提升，“医养结合”模式受到国家发改委检查组肯定。全年未发生一起较大以上安全生产事故，安全生产形势稳定。 （孟思诗）

【左权县】 左权县位于山西省东部边缘，太行山主脉西侧。地域总面积2028.1平方千米。2019年，全县下辖5镇、5乡、1个城区管理委员会，1个省级示范区（山西左权生态文化旅游示范区），160个行政村、8个居民委员会。截至2019年底，全县总人口16.80万人。

农业 2019年，左权县全年农林牧渔总产值完成76253万元。其中，农业产值50690万元；林业产值2822万元；牧业产值18071万元；渔业产值519万元。全年全县农作物播种面积为20万亩，比上年减少0.40万亩。其中，粮食播种面积为17.40万亩。全年粮食总产量50749.90吨，比上年减少1945吨，同比下降3.70%。其中，夏粮产量52.50吨，与上年同期持平，秋粮产量50697.40吨，同比下降3.70%。全年全县植树造林面积2.90万亩，新增育苗4000亩，四旁植树68.50万株。全年大牲畜存栏4981头；猪存栏11308头；羊存栏84309只；禽存栏55.64万只。全年肉类总产量4605.20吨。

工业 2019年，左权县规模以上工业企业实现工业总产值48.85亿元，同比增长6.73%；完成工业增加值20.30亿元，同比增长6.80%。主要工业产品产量中，原煤产量322.26万吨，同比增长8.80%；洗精煤产量290.53万吨，同比增长47.60%；铁精粉产量8.40万吨，同比下降11.70%；发电量634456万千瓦时，同比增长5.70%；水泥产量136.10万吨，同比增长13%；服装制造82.40万件，同比增长92.50%。全县规模以上工业企业主营业务收入35.80亿元，同比增长0.30%；实现税金2.50亿元，同比下降1.20%；利润总额为-1.34亿元；亏损企业亏损额3.35亿元，同比下降16.60%，利税总额-0.09亿元，同比增长93.90%。

全年全县建筑业增加值5.58亿元，增长3%。资质以上建筑企业总产值1.12亿元，同比下降22.10%，共签订合同额2.59亿元，同比下降8.80%。

投资贸易 2019年，左权县全社会固定资产投资在库项目111个，完成投资532496万元，同比增长0.70%。其中，5000万元以上项目43个，占全部项目个数的比重为38.70%，完成391016万元，同比增长9.90%；5000万元以下项58个，占全部项目个数比重为52.30%，完成99280万元，同比下降19.70%。全年房地产开发投资42200万元，同比下降14%。房屋施工面积371843平方米。全年全县实现社会消费品零售总额179793万元，同比增长8.50%。

金融保险 2019年，左权县金融机构各项存款余额累计1207375.20万元，较年初增加52900万元。其中住户存款875155.6万元，较年初增加85749.30万元，占到全部存款余额的72.50%。截至2019年底，金融机构各项贷款余额749560.70万元，较年初增加7748.30万元。

城乡建设 2019年，左权县推进左涉公路开工，新改造通村公路9条、31千米。太行一号旅游公路，9条通车、2条完成主体。6个村完成污水管网和处理设施建设，泽城成为全市首家示范点。完成旅游公路通道绿化等造林工程，全年造林绿化6.20万亩。全年全县空气质量指数4.89，同比增长2.09%。清漳河麻田断面水质平均浓度一直稳定在二类水质标准。

文化旅游 2019年，左权县境内有革命遗址150余处，名胜古迹44处，自然景观800余处。全年全县共接待旅客达529.83万人次，旅游综合收入达45亿元。

交通邮电 2019年，左权县境内公路通车里程达1531.747千米，11月，"全国四好农村路示范县"83个受表彰，左权名列其中。全县民用汽车拥有量为27517辆，比上年增加3585辆。

全年全县邮电业务收入完成9426.70万元，同比增长0.46%。固定电话用户0.47万户，移动电话用户12.18户。全县宽带接入用户达3.45万户。

科教文卫 2019年，左权县各类学校在校学生人数26299人(包括幼儿)，小学适龄儿童入学率达100%。全年全县文艺表演团体40个。全社会馆藏图书达到8.90万册，电视综合人口覆盖率达100%，有线电视用户达1.10万户。全县共有医疗卫生机构(含诊所和村卫生室)225个。全县医疗卫生机构共有床位273张，卫生技术人员622人。全县有134959人参加居民医疗保险，参保率99%，覆盖率达到100%。农村社会养老保险92279人。

民生事业 2019年，左权县财政用于民生事业支出达16亿元，占总支出的86%。思源学校、拐儿小学等学生宿舍楼建成，县城内寄宿制学校实现"放心食堂"全覆盖。开展技能提升"展翅行动"，技能培训57期，新增城镇就业3243人，转移农村劳动力3555人。建档立卡贫困人口参保缴费率、省内医疗待遇医保帮扶政策兑现率均实现100%。2019年退出贫困县序列。 (宋 丽)

【和顺县】 和顺地处山西省境东陲，太行之巅。总面积2250平方千米，辖5镇5乡，294个行政村。截至2019年底，全县总人口14.38万人。

农业 2019年，和顺县农作物总播种面积26万亩，粮食产量达6163.77万千克；优化粮经饲比例，设施蔬菜、食用菌中药材、火麻种植面积达3.05万亩，油料总产172.73万千克，实现规模化，高效益生产；农林牧渔业增加值15839.30万元；全年农产品加工企业销售收入3.61亿元。规范土地流转8万亩，集中连片流转2.16万亩。成功申报肉牛——火麻省级现代农业产业园和肉牛——中药材市级现代农业产业园。全县人均养牛收入达2271元，同比增长11%。开展"国家良好农业规范认证示范区(县)"和"全国有机产品认证示范县"创建工作，全县有机认证、GAP认证企业17家、获得证书63个，认证面积8.06万亩。苦荞茶、原醋和火麻油入选"全国名特优新产品"名录。截至2019年底，全县农作物总播种面积为177453亩，比上年减少16336.50亩。其中，粮食作物播种面积161970亩，比上年减少6085.50亩。全年粮食总产量达到61373.80吨，比上年减少317.42吨，同比下降4.90%。截至2019年底，全县农业机械总动力9.20万千瓦，比上年增长3.40%，机械收获面积5.90万亩。

全年全县肉类总产量3750.97吨，禽蛋产量8255.89吨。年末生猪存栏9672头，同比增长14.90%；肉牛存栏17224头，同比减少10.70%；羊存栏39463只，同比减少5%；家禽存栏66.86万只，同比增长87.10%。

工业 2019年，和顺县规模以上工业企业完成工业增加值23.73亿元，比上年同期增长6.30%。在本县主导行业中，煤炭行业完成工业增加值21.48亿元，制造行业完成2.25亿元。全县原煤产量完成1065万吨，同比增长11.20%。规模以上工业企业总产值完成45.95亿元，同比增长5.90%，其中轻工业完成0.31亿元，同比下降4.90%，重工业完成45.65亿元，同比增长6%。全年实现主营业务收入45.05亿元，比上年同期增长26%；实现利税6.55亿元；实现利润0.64亿元，亏损企业亏损额达到3.39亿元。

投资贸易 2019年，和顺县确定66个重点项目，总投资71.33亿元，当年完成投资41.70亿元。其中，转型项目30个，完成投资18.47亿元。全年全社会固定资产投资达到416859万元，比上年同期增长1.40%。全县固定资产投资项目个数96个，新增固定资产280520万元，比上年同期增长11.88%，全年房地产开发企业投资59111万元，比上年同期增长37.07%。

全县全年实现社会消费品零售总额180841万元，可比口径同比增长8%。

金融保险 2019年，和顺县财政总收入128563万元，比上年同期增长8%，一般公共预算收入60058万元，比上年同期增长6.11%。全县一般公共预算支出完成185852万元，比上年同期增长21.77%。

截至2019年底，全县金融机构人民币各项存款金额923594万元，同比增长7.41%。各项贷款余额为322883万元，同比增长15.72%。2019年，全年寿险业务保费收入8828.56万元；全年寿险业务支付各类赔款746.98万元。

城乡建设 2019年，和顺县创建市级美丽宜居示范村13个、市级乡村振兴示范村5个，农村改厕3226座。建成"四好农村路"44.24千米；完成农村公路窄路面改造、养护提质、安防工程148.20千米、生命防护工程338千米。解决16个村、13493口人的饮水安全提升问题。开展城市提档升级攻坚行动，实施县城集中供热、县医院门诊住院楼、棚户区改造、县城供水二期工程等重点工程16个，完成投资5.80亿元。县城违规广告牌下墙1.50万平方米，强、弱电管线入地7.85千米，拆除违建5100平方米，增加停车位700余个，绿化补植5.20万平方米，立面整治26万平方米。国家卫生县城(乡镇)通过验收。城乡建设用地增减挂钩易地交易1452亩、复垦1043亩。获"山西省农业机械化综合示范县"。

环境保护 2019年，和顺县划定禁煤区2.34平方千米，实施煤改电、煤改醇、煤改气、生物质供暖等1万余户，新增集中供热80万平方米，35

蒸吨以下工业企业燃煤锅炉全部拆除，“散乱污”企业动态“清零”。全年空气优良天数288天，同比增长60天，优良率78.90%。加强潇河流域治理，封堵马坊乡2个入河排口，5个地表水出境断面水质全部达标。完成露天煤矿土地复垦3860亩，边坡绿化1600亩。

文化旅游 2019年，和顺县共有艺术表演团队3个，文化馆1个，公共图书馆1个，乡镇文化站10个，电视台1座，电视人口覆盖率98.70%。共接待国内旅游人数达246.39万人次，全县旅游综合收入达21.46亿元。

教育科技 2019年，和顺县共有普通中学15所，在校学生6524人，其中高中1所，在校生数2050人，初中14所，在校生数4474人，全县有职业中学1所，在校生数1508人，小学24所，在校生数7507人。幼儿37所，在园幼儿3192人。全年申报各种专利10件。其中，发明专利2件，新型实用专利8件。

民生事业 2019年，和顺县财政用于民生支出15.20亿元，占公共财政支出的81.90%。和邢铁路和顺段累计投资15.18亿元，阳左高速和顺互通、318省道董榆线寒湖岭隧道工程前期进展顺利。截至2019年底，全县公立医疗卫生机构20个。全县卫生机构拥有床位530张，卫生技术人员721人，(含乡村医生284人)。举办全县各项大型比赛15次，举办全民健身活动65次，参加人数达7.80万人次。新增城镇就业2795人，再就业622人，转移农村劳动力2884人。城乡居民养老保险参保率达97%、医疗保险参保人数达110759人。生产安全事故起数和死亡人数同比下降75%和57%。全年全县投资扶贫产业，推进易地扶贫搬迁后续产业发展，退出贫困县序列。 (张 静)

【昔阳县】 昔阳县位于山西省东境中部，太行山西麓。总面积1954平方千米，辖5镇7乡1社区，231个行政村。截至2019年底，全县总人口23.80万人。

农业 2019年，昔阳县“菜果猪菌药”五大产业分别达2.50万亩、20万亩、30万头、70万平方米和3万亩，打造台上苹果和杜庄中药材种植示范区，建设压饼产业园。农林牧渔业增加值完成1.85亿元。

工业 2019年，昔阳县以开发区发展为突破口，入驻企业14家，落地转型项目12个，昔阳县获批山西省首批特色产业集聚区。锂离子电池负极材料一体化项目一期投产，二期落地开工，填补晋中“电子核心产业和新型功能材料”空白，开发区成为昔阳转型升级主引擎。丰汇煤业、安顺煤业跻身全省百强企业。

投资贸易 2019年，昔阳县在上海举行山西昔阳招商引资推介暨重点项目签约仪式，全年签约项目10个，签约总投资118.90亿元；储备项目7个，总投资111.40亿元。启动投资1.60亿元大寨博物馆建设项目。

城乡建设 2019年，昔阳县实施总投资2.60亿元环城生态水系提标工程，打造串联滨河、颐民、澳垴山三大公园10千米健康步道，建设全市首家国防教育主题公园。打造花画河南、古村长岭、儒雅孔家沟、生态潘掌、梯田南垴、稻香南营、山水南郝峪等标杆村。投资5000余万元在29个村实施污水管网改造，投资400万元推进2000座农村户厕改造，全县无害化卫生厕所达1.20万座，垃圾清运保洁村达293个，乐平镇成功创建国家级卫生乡镇。建设高标准农田0.21万公顷，增减挂钩拆旧复垦45.73公顷，种植特色经济林533.33公顷，培育种苗186.67公顷，新增和改善节水灌溉80公顷，治理水土流失0.48万公顷。

环境保护 2019年，昔阳县划定禁煤区5.13平方千米，全县大气环境质量持续向好。开展饮用水源地环境整治，国家省市出境断面水质全部达标。统筹资金2.20亿元，实施三都露天矿生态恢复治理、太行山绿化等工程，推进重点监管企业土壤环境隐患排查与自行监测。

文化旅游 2019年，昔阳县大寨村入选全国乡村旅游重点村名录；举办“美丽中国”全国门球赛、二青会火炬传递、国际山地马拉松赛、中国汽车场地越野赛等活动，建设太行山板块旅游路32.70千米，昔阳县登山健身步道建设走在全省前列。

科教文卫 2019年，昔阳县国家级慢病综合防控示范区创建通过验收。城乡十大民生工程全面竣工，城乡供水、片区改造、健康步道等百项惠民工程收官，中小学入学率、巩固率达100%，城乡居民医疗保险参合率达98%，城镇就业、农村劳动力转移就业分别完成年度任务137.20%、118%，1.90万人次享受救助保障5370余万元；农村广播电视网络全覆盖工程让5.60万农户受益，昔阳县2人获“省第七届道德模范”称号，本土电影《岭上花开》在全国院线上映。

民生事业 2019年，昔阳县脱贫348户661人，贫困发生率降至0.08%。城乡居民个人存款达117亿元。投资3000余万元实施农村饮水安全工程72处，惠及4.50万群众；继续落实阳光助学、雨露计划等政策，4500余名贫困学生全部覆盖；实施医疗救助2376人次，“双签约”服务覆盖100%；为所有建档立卡贫困人口购买住院津贴险、意外伤害险。把财政专项扶贫资金投入到产业项目形成的资产，转变为贫困户持有的股份，并折股量化到户，全县5000余户贫困户拿到股权证。探索“五进六统一”消费扶贫新模式，151个贫困村设立爱心扶贫超市，解决贫困户“丰产不丰收”问题。依托扶贫车间，成功引进大寨制衣、天津仿真花、手工刺绣等企业，吸纳400余名贫困人口就近就业，实现有劳动力家庭就业全覆盖。

(刘利国)

【寿阳县】 寿阳县位于晋中市东部，总面积2115平方千米，下辖7个镇，7个乡，2个城区管委会。截至2019年底，全县总人口21.47万。

农业 2019年，寿阳县农作物播种面积80万亩。其中，粮食作物67.40万亩，经济作物12.60万亩。新发展果园 0.50 万亩、中药材 0.50 万亩。打造富硒马铃薯、富硒小米等生产基地，杂粮面积稳定在 9 万亩。农产品“三品一标”认证总面积 38.60 万亩，认证产品 53 个，认证企业 19 家。依托中墨有机旱作功能玉米产业园，实现托管耕地 3 万亩，平均亩产达 1015 千克，创造全省旱作农业高产新纪录。寿阳被列入山西省有机旱作农业示范县。

工业 2019 年，寿阳县推进煤矿安全质量标准化建设，3 座矿井达一级安全质量标准化，其余均达二级安全质量标准。推进以新元为试点的智能化矿井建设，打造安全高效的现代化智能矿井。七元煤矿正式获得核准。工业园区获批省级经济技术开发区，现入驻企业 20 家，生产经营 13 家，实现工业总产值 30 亿元，上缴税金 2.80 亿元。全年全县民营企业总产值达到 62.20 亿元，同比增长 18.40%，营业收入完成 62.60 亿元，同比增长 16.30%。

城乡建设 2019 年，寿阳县实施 34 项城市建设工程。建成朝阳街、恒阳路等 10 条、17.30 千米的城市道路，“六纵六横”格局基本形成。完成县城及周边 11 条、总长 27.80 千米污水管网建设。分步启动旧县衙、行政中心、化肥厂和棚改片区改造。结合“创卫”工作和提档升级攻坚行动，新开工 8 处绿化工程，拆除违建 1.40 万平方米，硬化街巷、裸地 1.80 万平方米。新增集中供热面积 49.10 万平方米。坚持规划先行，高标准定位，全力推进乡村振兴精品廊带建设，改造平头黑水、山底、华南 3 个村，绿化整治 307 国道、秋郭线、旅游路沿线 29.60 千米，打造“休闲黑水、康养山底、乐享华南”寿阳新名片；围绕 307 国道、216 省道和潇河风情廊带“一圈一带”建设 7 个乡村振兴示范村、34 个人居环境改善示范村，全县 42%的行政村达到乡村振兴示范标准。

环境保护 2019 年，寿阳县实施环城水系生态治理，先期建设石门河水环境提升工程。对照国家卫生县城 9 大类、52 项指标进行深入整治，通过省级技术评估。整合资金 2600 万元，与全县 98%的农户签订秸秆综合利用委托处理协议，杜绝秸秆焚烧，综合利用率提高。

交通邮电 2019 年，寿阳县总投资 9.82 亿元，启动 10 条道路，共 17.30 千米的路网改造工程。聘请专业设计团队，对县城总规、城市绿化、功能布局、路网改造、城市风貌等进行全方位规划设计，朝阳街、恒阳路两条主要干道的地下综合管廊和机动车道路面及非机动车道的第一层油面已全部铺设完成。8 条道路的主路建设工程全部竣工，10 条道路主路都按预期具备通车条件。县城“六纵六横”大通道基本贯通。

科教文卫 2019 年，寿阳县校长职级制改革、“县管校聘”改革全覆盖。乡镇综合文化站提档升级，205 个村综合文化服务中心 80%达标；免费送戏下乡 81 场，送综艺下乡 300 余场。县政府与微医集团签署战略框架协议，启动互联网+医疗健康体系建设；县医疗集团与晋中一院制定医联体发展三年规划。

民生事业 2019 年，寿阳民生类财政支出 18.10 亿元，占一般公共预算支出 75%，同比增长 14%，卫生健康、城乡社区、住房保障等财政支出创历史最高水平。围绕“人脱贫、村摘帽”目标，开展精准识别、精准施策、精准帮扶、精准脱贫，全县 5739 户 10706 人建档立卡贫困户，仅剩 27 户 66 人未脱贫，贫困发生率由 9.57%降到 0.04%。创业就业工作推进，全县城镇新增就业 4412 人，农村劳动力转移就业 3533 人，城镇登记失业率低于控制线 1.70 个百分点。 **（李丽萍）**

【晋中市太谷区】 太谷县于 2019 年 12 月撤销，设立太谷区。太谷区位于山西省中部，晋中盆地东北部，下辖 3 镇 6 乡，3 个社区，152 个行政村。截至 2019 年底，全区总人口 31.30 万人。

农业 2019 年，太谷区国家现代农业产业园 6 大板块 15 个项目 36 个子项目全部完成，杜氏番茄、晋汾白猪、东辉种业、金砖五谷成为行业龙头领军企业和知名品牌，示范引领产业发展。新型经营主体壮大，新增“三品一标”认证品种 15 个，龙头企业达 59 家，完成销售收入 56 亿元。在全省率先完成农村集体产权制度改革，全县行政村集体经济实现破零。乡镇农民经济组织联合会实现全覆盖。累计发放贷款 3.30 亿元。农谷“四院八中心”等创新平台初步建成，华为、阿里巴巴等一批领军企业落户，山西农产品国际交易中心、农民培训中心等一批标杆项目投运。

工业 2019 年，太谷区规上工业增加值、社会消费品零售总额分别完成增长 2.60%、8.40%；战略性新兴产业领跑全县工业经济，增加值占 42.40%。传统产业加速转型，中外合资企业高硕新材料落户太谷，三晋碳素石墨化阴极碳块产能在全国同行业中名列前茅，以广誉远为龙头的医药行业完成税收 1.40 亿元。玛钢企业 76 家累计投入近 15 亿元，深度技改得到中铸协、省市环保部门认同，上缴税收 1.10 亿元。

投资贸易 2019 年，太谷区 100 个重点项目累计完成投资 52.50 亿元，转型项目投资占到 69%。经济开发区入驻企业 74 家，投资、税收实现翻番。全社会固定资产投资完成 61.60 亿元。

城乡建设 2019 年，太谷区推进城市提档升级，整治广告牌匾 6391 处 4 万余平方米，外立面 13.60 万平方米，管线下地 73 千米，新划停车位 1.32 万个，硬化街巷 100 余条，人行道 4 万平方米，拆除私搭乱建 992 处 1 万余平方米，新增绿化 1.80 万平方米，整治东海市场、南门外街、城西市场等群众关注热点问题。打造白燕、沙子地、闫村 3 个典型示范村，提升万亩苗木园区、万亩红枣园区、万亩设施园区 3 个产业基地，建成闫村拱棚示范园区和苗木红枣展示中心，形成 50 千米的美丽乡村廊带。

环境保护 2019 年，太谷区 15151 户居民完成清洁取暖改造，空气质量优良天数同比增加 26 天，达 188 天。落实汾河流域治污硬任务，污水处理厂提标改造工程完工达标，畜禽粪污、工业固废处理项目加快推进。

交通邮电 2019年，太谷区主动融入太原都市区、山西中部盆地城市群一体化发展，投资15.60亿元，推进南山旅游公路、园区连接线等180千米的道路工程，建成农谷大道、农谷路二三标段路段等86千米，"一环七横五纵"的路网格局雏形初现。

科教文卫 2019年，太谷传统秧歌曲谱正式出版，阳邑小镇成为国家级AAA景区，鑫炳记、润月山庄、杏林庄园入选省级太行人家。完成义务教育阶段"县管校聘"改革，太谷二中明德楼、二幼西分园投入使用。医药卫生体制改革推进，国家级慢性病综合防控示范区创建全面实施，9个分院标准化医疗设备配齐配足，人民医院住院大楼封顶，2所乡镇卫生院改造完工。

民生事业 2019年，太谷区民生事业类支出20.50亿元，占当年总支出85%。精准实施"五个一批"、26项专项扶贫行动，加压推进"两不愁三保障"，脱贫1692人。创业就业工作稳步推进。城镇、农村居民人均可支配收入分别增长7.10%、8.60%。

（王少静）

【祁县】 祁县位于晋中市中部，总面积854平方千米，下辖6镇2乡，3个城区，1个省级经济开发区，117个行政村，16个社区。截至2019年底，全县总人口27.47万人。

农业 2019年，祁县粮食播种面积35万亩、水果种植面积19万亩、蔬菜种植面积4万亩、牛饲养量17万头。争取到省级酥梨现代农业产业园和市级蔬菜现代农业产业园项目；"峪口苹果"地理标志通过省级认证。利用东山供水和子洪水库水源，投资4200多万元的"万亩酥梨基地"提水灌溉工程开工建设，工程涉及酥梨灌溉面积3.04万亩，惠及15个村万余名群众。

特色产业 2019年，"一带一路"中小企业特色产业合作区获工信部批准，在德国设立海外仓储中心，挂牌成立"'一带一路'(祁县)中小企业特色产业合作区德国办事处"和"祁县玻璃器皿产业德国代表处"，与德国比肯菲尔德市开展互访活动。举办第二届中国玻璃器皿博览会暨"一带一路"特色产业产品交易会，展会参展企业超过400家，展品超过5万件，参会人员达3万余人次，扩大"玻璃器皿之都"品牌影响力。

城乡建设 2019年，祁县完成城区14条主次干道的升级改造修复工程，实施城区61条老街小巷道路修复工程；对108国道过境公路拓宽改造；贾丰线完成路基、管网、桥梁工程，建成高速直达高铁13千米金祁大道；对东关综合市场、新建丹枫西路供销社、粮贸大厦等三个便民市场综合整治和提档升级；实施155千米"四好农村路"建设，累计完成建设400千米。实施16所学校旱厕、139座公共旱厕和5500座居民户厕改造工程。建立健全农村饮水县级统管长效管护机制，农村集中供水率达100%，自来水普及率达100%。

环境保护 2019年，祁县禁煤区面积由15平方千米扩大到20平方千米，新增集中供热和煤改电、煤改醇、煤改气、生物质等清洁供暖1.30万余户。淘汰燃煤锅炉37台，整治工业窑炉57台，完成玻璃窑炉脱硝改造52台，秋冬季细颗粒物改善率全市第一，空气质量综合指数改善率全市第一。沿汾23个入河排污口完成整治，三支退改造工程全面完工，二支退、三支退配套设施建成投运，县城污水处理达地表V类标准，实现中水回用湿地公园。县城、东观污水处理厂完成提标改造，乌马河17千米河道治理全部完工，西建安水质监测站如期投运。昌源河、乌马河"两河"治理工程累计完成河道整治29千米。城区新增绿地面积15万平方米，绿化覆盖面积达587万平方米，城区生活垃圾无害化处理率达到100%。累计完成农村改厕9600户；实施20万亩秸秆综合利用项目；64个重点村生活垃圾实现集中清理。

文化旅游 2019年，祁县举办万人大合唱竞演、《我和我的中国》快闪展演、"聚焦70年·影像话变迁"系列展览等各项活动580余场。整改提升乔家大院景区，取缔"四堂一园"主景区1050平方米商铺摊点、占道照相及演出等商业活动、全面清理无关广告，同步启动硬化、绿化、亮化工程，完善景区各项配套设施，新建生态停车场，聘请专家对景区工作人员、导游、保洁人员集中培训。

民生事业 2019年，祁县民生投入累计达16亿元，同比增长7.80%，占一般公共财政预算支出的77.60%。玻璃公园建设、三支退水渠改造、职业中学迁建等一批重大民生改善工程建成运营，1000名新型职业农民全部完成职业技能培训提升；1519名贫困人口实现脱贫；1600名学生入驻职中新校区，职业教育质量考核位居全市第二。全年累计新增就业3910人，城镇失业人员再就业1250人，城镇登记失业率低于全市平均水平。全年累计投入扶贫资金1.30亿元，完成危房改造540户，教育扶贫惠及4322人次，健康扶贫惠及9.20万人次，民政扶贫惠及2.80万人次，残联扶贫惠及8610人次。连续3年实施"订单辣椒""爱心小米""富民梨"等12个产业扶贫模式，惠及2000余户贫困户，完成年度脱贫任务，贫困发生率下降至0.04%。

（岳丽霞）

【平遥县】 平遥县位于山西中部，总面积1260平方千米，辖5镇9乡，3个街道办事处，16个居民委员会，226个行政村。截至2019年底，全县总人口52.55万人。

农业 2019年，平遥县粮食总产21万吨，调减玉米5000亩，新发展中药材6000亩，中药材产业园列入全市十大产业园；创新"央企+合作社+农户"新型发展模式，与中化集团合作，打造玉米提升示范园2.10万亩，全县玉米全产业链全程托管面积达8.50万亩；新增国家级龙头企业1户、省级龙头企业6户、市级龙头企业10户，农业龙头企业完成销售收入60亿元；横坡村、桑冀村等7个村

申报为省级人居环境示范村；投资1620万元，铺开14个县级和28个乡级人居环境示范村建设。

工业 2019年，平遥县完成平遥经济技术开发区控规、详规编制，园区道路、供气、供热、供电等基础设施项目启建；智能机器人运营中心、粉煤灰生产线项目投产运营；中科钢研蓝宝石项目投入试生产；废旧轮胎再生利用、康华纸业项目设备安装到位；中科鸿基公司唾液酸生产经营步入良性化轨道；亚太绿建数字化产业园落地启建。北海橡胶、华骏轮胎等企业完成生产线自动化、智能化升级改造和环保深度治理。依托新金属材料院士工作站，华兴铸造和汇钰铸造成功申报国家级高新技术企业，全年新增高新技术企业10个。华兴电机2万吨新型消失模技改项目和2500吨高性能铝合金电机壳项目即将投产。煤化集团宇皓新型光学材料项目扭亏为盈，宇皓环保纸业生产销售翻番，产品远销美国、智利、加拿大等国外市场。

城乡建设 2019年，平遥县以古城保护管理条例颁布为契机，投资2261万元完成3段城墙内墙抢险修缮，清虚观保护修缮完成90%、馆藏文物预防性保护完成60%；投资3亿元，建成区完成4个便民市场和近1万座户厕、189座公厕新改建任务，对48个老旧小区、210余个破旧院落展开历史性整治，创建国家卫生城镇通过省级专家技术评估；投资7000万元，开展"两下两进两拆两补三严禁"整治；总投资13.90亿元的古城基础设施提升改造工程进展顺利，同步实施古城内423户"煤改电"；康宁路改造完工，惠济路改造顺利启建；投资6.27亿元，完成东城村城中村拆迁3万平方米。新改建"四好农村路"140千米，建制村通硬化路率、通客车率全部达100%。

文化旅游 2019年，平遥县共接待游客1765万人次，旅游总收入209.70亿元。平遥中国年、平遥国际摄影大展、平遥国际电影展、平遥国际雕塑节继续成功举办；首届平遥文化遗产国际交流周和平遥国际街舞大赛举办；与俄罗斯恰克图市缔结为友好城市；旅游小火车启动建设，3D灯光秀精彩上演；全县341辆电瓶车安装智慧系统规范运营；开展A级景区保卫战，旅游秩序好转。创建为首批国家级全域旅游示范区，全省首批文旅融合示范区，登2019中国旅游影响力县区榜单。

民生事业 2019年，平遥县财政民生支出占比达87.42%，十件民生实事基本完成。全县40个贫困村先后摘帽，8440户、17790名贫困人口陆续脱贫，贫困发生率降至0.02%；投资3.47亿元，完成清洁取暖改造312万平方米，全县"禁煤区"范围扩大到33平方千米；投资1.34亿元，完成污水处理厂保温提效工程。投资1.70亿元，南政乡里村污水处理厂和段村、洪善、东泉3个污水处理站顺利启建；宁杜香饮水安全工程投入使用；农村居民最低生活保障标准由每人每年3840元调整至4560元；投资6亿元的县人民医院新院区体检科、住院楼等部分投入使用，县中医院通过三级中医医院省级初审验收；15所学校实施改扩建工程；66所寄宿制学校实施"明厨亮灶"改造，创建"省级食品安全示范县"。（籍晓莉）

【灵石县】 灵石县位于山西省中部，晋中市西南端，总面积1202平方千米，下辖12个乡镇和3个城区管委会，278个行政村，36个居民委员会。截至2019年底，全县总人口27.48万人。

农业 2019年，灵石县农作物总播种面积为199429.77亩，比上年减少4082.07亩。其中，粮食作物播种面积168976.77亩，减少6360.57亩。全年粮食总产量达29116.99吨，减少21506.93吨。其中，夏粮产量1060.22吨，减产69%；秋粮产量28056.77吨，减产40.50%。肉类总产量17971.5吨，同比下降28.20%。2019年，完成造林面积4005亩，下降79%。全县农业机械总动力100120千瓦，增长6.50%。机械耕地面积18.24万亩，增长0.50%；机械播种面积13.62万亩，增长0.50%；机械收获面积6.51万亩，增长5.50%。全县农机化经营总收入16324万元，下降1.50%。

全年全县发展特色农业，新建核桃示范基地30个，新发展中药材1.50万亩，养蜂专业户达825户，新改扩建标准化规模养殖示范场14个，肉蛋奶产量达2.40万吨，全县农林牧渔增加值完成4.10亿元，农产品加工销售收入达4.50亿元。推进有机旱作农业机械化，深松整地3.50万亩，机械化秸秆还田5万亩。

工业 2019年，灵石县规模以上工业企业完成工业增加值143.40亿元，比上年增长1.93%。煤炭行业增加值实现115.60亿元，比上年增长0.28%，非煤产业实现27.80亿元，非金属矿物制品业实现1.20亿元，同比增长36.40%，有色金属冶炼和压延加工业实现13亿元，比上年增长11.60%，电力行业实现0.07亿元，比上年下降43.80%。规模以上工业企业实现产品销售收入409.30亿元，比上年下降1.40%；实现税金23.80亿元，同比下降26.50%；实现利润13.20亿元，比上年下降28.90%。资质以上建筑业实现总产值132223万元，较上年下降31.20%。

投资贸易 2019年，灵石县130项重点项目完成投资74.60亿元，聚源焦化、聚义焦化、扬帆碳素等一批重大项目启动、投产、试产；新引进项目12项，协议引资额166.50亿元。2019年，灵石县实现社会消费品零售总额87.90亿元，比上年增长7.70%。分地域看，城镇实现社会消费品零售总额65.10亿元，增长7.20%，乡村实现社会消费品零售总额22.80亿元，增长9.30%。外贸进出口总额完成1750万人民币，同比下降3.45%。

金融保险 2019年，灵石县城乡居民社会养老保险参保12.40万人，城乡居民养老保险参保率达100%。城镇职工养老保险参保人数5.60万人，其中，企业养老保险参保单位615户，参保46034人；机关事业养老保险参保单位236户，参保9774人（含退休人员）。

城乡建设 2019年，灵石县实施城建重点工程30项，新建、开放公共停车场11个、增加车位5500个，广告下墙3750处、2.40万平方米，规整涂装建筑立面4万平方米，新改建便民市场4处，改造老旧小区10个。举办金秋菊花展，参观群众超过20万人次。坚持把静升古镇提质作为城市提档升级的重点，投资3亿元实施仿古式风貌改造2.60万平方米，镇区景区面貌发生巨变。

环境保护 2019年，灵石县工业企业35蒸吨及以下燃煤锅炉全部淘汰，完成“以醇代煤”改造1.20万户，禁煤区面积扩大到40平方千米，整治各类排污口301个，第二污水处理厂建成投用，新改建乡镇污水处理厂6座，完成55处煤矸石堆场封场治理，环境空气质量明显好转，汾河王庄桥南断面水质达到年度考核要求。

文化旅游 2019年，灵石县4个A级旅游景区共接待国内外游客1781.70万人次，同比增长19.20%，综合收入163.26亿元，同比增长18%。

交通邮电 2019年，灵石县公路通车里程（包括高速、国省道路）为1515.88千米，县区共有运营的公交汽车153辆，全年运送乘客1350万人次；出租汽车150辆，运送乘客432万人次。完成邮政业务总量2140.60万元，比上年增幅17.24%。

民生事业 2019年，灵石县财政民生投入22亿元，占一般公共预算支出83%。投资3.40亿元新建灵石五中、静升小学、南关小学、鑫源新村小学幼儿园，新增学位3300个。人民医院改建工程重新启动，仁康医院投入试运行。承办全市第五届运动会暨中学生田径锦标赛，送戏下乡完成100场、惠及群众2万余人。城镇新增就业3630人，为5636名低保对象发放低保金2580万元，为城乡特困人员发放生活费、护理费及临时价格补贴950万元，建成老年日间照料中心8个。 （曹 华 尤嘉辉）

【介休市】 介休市位于晋中市南部，总面积744平方千米，下辖7镇3乡，5个街道办事处，231个行政村，35个社区。截至2019年底，全市常住总人口42.71万人。

农业 2019年，介休市完成20.60万亩粮食生产功能区划定，新发展贝贝南瓜、黄花菜2000亩，万亩中药材特色产业园区基本形成，发展休闲观光农业19处。土地确权、集体产权改革基本完成，全面推行“村务监督月例会”制度。全省农村综合改革、设施蔬菜产业、生活垃圾治理现场会在介休市召开。

产业升级 2019年，介休市民营经济活力迸发，减税降费4.87亿元，“小升规”25户，“晋兴板”挂牌17户，国家级高新企业达9户，利达机械入选省“专精特新”中小企业，安泰、凯嘉、昌盛、金泉入围全省民企百强，安泰产值达202亿元。能源革命引领传统产业升级，建设千万吨级焦化产业集聚区，甲醇、氢能、针状焦、锂电池负极材料等新能源、新材料项目加快布局；鑫峪沟煤矿入选全省煤炭绿色开采试点矿，桃园、小尾沟煤矿由徐矿集团整体托管。现代智慧物流异军突起，税收贡献超2亿元，成丰快运成为全省互联网物流平台试点企业，介休无水港获批中部六省首家全牌照无水港。

项目建设 2019年，介休市推进“深化转型项目建设年”活动，转型项目占到总项目盘子的51%，总投资53.30亿元的昌盛180万吨/年机焦炉技改，配套20万吨/年甲醇联产、4亿立方米/年提氢项目开工，鹏盛精密铸造、国能中电炭基催化剂等项目建成，崇光电厂即将投运，推进福马针状焦、聚贤超高功率石墨电极等项目。“双招双引”签约项目21个，总投资341.33亿元。开发区总体规划基本完成，区域环评送审报批，入园“规上”企业32户，“双创”基地吸纳小微企业24户，完成规模以上工业增加值67.10亿元，占全市的45.10%。

城乡建设 2019年，介休市高标准完成东夏线、定阳西路、安康路和20条小街巷建设改造；铺设10千米热电联产供热主管网，安泰热源顺利接入；新增小游园42个，铺设城市绿道12千米，美化墙体立面46万平方米，更换LED路灯8500余盏。推动环卫精细化管理，流动保洁实现8分钟循环，56个公厕24小时开放，生活垃圾试点智能分类回收。开展“街乡吹哨、部门报到”管理，“两下两进两拆两补三严禁”规范城市秩序，探索出城市治理新路径。农村环境改善，创建美丽宜居示范村15个，完成农村改厕7700余座，农村学校改厕28个，建设养护“四好农村路”128千米，在20个村试点垃圾分类，“两高一道”整治垃圾山143.30万立方米，绵山镇创建国家卫生乡镇，张壁、南庄、北庄获“国家森林村庄”称号。

环境保护 2019年，介休市划定40平方千米“禁煤区”，完成清洁取暖替换3万户；关停淘汰“两高一低”企业38户，完成183户排污企业提标改造，对348户企业“一厂一策”管控、48户错峰生产；开展扬尘治理12项专项行动，6户民营企业捐赠12辆大型环卫车辆，降尘量达到国家考核标准。完成城市污水处理厂保温提效改造和龙凤河龙头段治理，12处农村污水治理项目投入使用，整治“四乱”24处、入汾排污口183处，考核断面水质改善。开展“清废”行动，建成8处煤矸石处置场，中央环保督察交办51处煤矸石整治任务清零销号。

文化旅游 2019年，介休市建成文公祠廉政文化教育基地，介休图书馆获评为全国2019阅读推广星级单位。绵山、张壁古堡在A级景区保卫战中提档升级，南庄、张村成为全省首批AAA级乡村旅游示范村，旅游综合收入同比增长18%。

民生事业 2019年，介休市财政投入民生领域27亿元，增加5.60亿元，3.50亿元用于十件民生实事。创新县乡医疗一体化改革，成为医改省级示范县。开建公安合成作战指挥平台，汽车客运站建成投运，开通介休至孝义城际公交，新建人民医院全面复工,体育馆完成改造。投入3200余万元结对帮扶榆社县云簇镇脱贫。民生保障服务平台处置民生诉求11.80万件。持续深化扫黑除恶,破获刑事案件276起,打掉黑社会犯罪组织1个,恶势力犯罪集团3个、团伙4个。举办第四届"介休好人"评选,获"省级文明城市"称号。 (王亚丽)

运城市

【概况】 运城市总面积1.40万平方千米。下辖1区2市10县,7个省级开发区,149个乡镇(街道办事处),3173个行政村。截至2019年底,全市常住人口535.97万人。

2019年,运城市地区生产总值1562.90亿元,比上年增长6.30%。人均地区生产总值29126元,比上年增长6%。全年全市居民人均可支配收入20406元,比上年增长9.10%。居民人均消费支出12368元,比上年增长15.50%。城镇占调查总户数20%的低收入家庭人均可支配收入10571元,增长9.70%;农村占调查总户数20%的低收入家庭人均可支配收入4064元,增长14.20%。

农业 2019年,运城市农林牧渔业总产值完成502.70亿元,比上年增长3.20%。农林牧渔业增加值完成263.08亿元,增长3.20%。农作物种植面积913.20万亩,比上年下降7.20%。粮食种植面积799.20万亩,下降7.80%。粮食总产量26.50亿千克,比上年增加1.30亿千克,增长5.10%。肉类总产量13.40万吨,增长4.20%。禽蛋产量29.90万吨,增长11.80%;奶类产量2.80万吨,下降21.30%。水产品产量2.20万吨,下降4.40%。全市造林面积22.60万亩,其中,荒山荒地造林面积99990亩。全市农业机械总动力306.10万千瓦,比上年增长3%。机械耕地面积598.50万亩,机械播种面积739.50万亩,机械收获面积712.50万亩。

工业建筑业 2019年,运城市工业增加值451.30亿元,比上年增长5.90%。规模以上工业增加值比上年增长5.40%。规模以上工业中,战略性新兴产业增加值下降1.30%。其中,高端装备制造业增加值增长8.60%,新能源产业增长2.80%,新材料产业下降0.20%,节能环保产业下降2.60%,生物产业下降3.30%。全年规模以上工业产品销售率为98.70%。

全年全市建筑业实现增加值89.40亿元,比上年增长9.50%。资质以上建筑企业总产值170.50亿元,增长16.40%,共签订承建合同额272.20亿元,增长34.30%。资质以上建筑企业共230家,其中,一级企业14家。

产业转型 2019年,运城市招商引资签约项目455个,总投资1526.40亿元,大运新能源汽车、蓝科途锂电池隔膜、芮城光伏二期、华兆东南装配式建筑等405个产业转型项目全面推进,高技术产业投资增长41.90%。23个"国字号"现代农业示范区和示范项目先后获批,省级现代农业产业园达到6个。农产品出口国家和地区新增9个,达到68个,出口量3.80亿千克。

投资贸易 2019年,运城市固定资产投资完成574.70亿元,比上年增长7.10%。其中,民间投资增长5.90%,占全市投资比重70.90%。社会领域投资中,文化体育娱乐业投资比上年增长20.30%,教育投资下降23%,卫生和社会工作投资增长15.10%。全年全市房地产开发投资150.10亿元,比上年增长44.40%。

全年全市社会消费品零售总额857亿元,比上年增长8.20%。货物进出口总额73.60亿元,比上年下降3.40%。其中,进口45.60亿元,下降6.60%;出口27.90亿元,增长2.40%。

城乡建设 2019年,运城市中心城区北扩和东部片区开发拓展,安邑古镇启动重塑,城市商业综合体建设步伐加快,中心城区辐射带动作用凸显。22个乡撤乡设镇工作展开。创建省级美丽宜居示范村24个、市级美丽乡村200个,完成农村改厕3.40万座,农村人居环境改善。

文化旅游 2019年,运城市共有艺术表演团体16个,群众艺术馆1个,文化馆13个。公共图书馆13个,馆藏图书162.30万册。博物馆23个,档案馆14个。市级以上重点文物保护单位272处,其中国家级102处,省级67处,市级103处。拥有广播电视台13座,有线电视用户43.30万户。广播人口覆盖率99.10%,电视人口覆盖率99.30%。全年送戏下乡演出2511场,农村公益电影放映38076场,寄宿制学校公益电影放映3879场。

全年全市接待国内游客9768.20万人次,增长16.90%。接待入境游客37480人次,增长5.60%。全年旅游总收入831亿元,增长17.70%。其中,国内旅游收入830.30亿元,增长17.70%;旅游外汇收入1103万美元,增长5.90%。

交通邮电 2019年,运城市公路通车里程15959千米,其中,国道1236千米,省道707千米,县道2613千米,乡、村道及专用道11402千米;高速公路603千米。公路客运量1706万人,比上年下降36.10%;公路货运量21531万吨,比上年增长33.90%。公路旅客运输周转量11.30亿人千米,比上年下降18.10%;公路货物运输周转量485亿吨千米,比上年增长22.50%。全年民航旅客运输量248.50万人,比上年增长21%;货运量0.60万吨,比上年增长17.70%。全年飞机起降总架次为37761架次,增长9%;有航线架次为22481架次,增长23.90%。民用车辆拥有量121.50万辆,比上年末增加5.80%。民用汽车保有量达91.30万辆(包括三轮汽车和低速货车301辆),比上年末增长9.20%。新注册汽车8.20万辆,比上年下降6.10%。

全年全市邮电业务总量263.50亿元,比上年增长89.60%。固定及移动电话用户总数达473.10万户。电话普及率达90.30部/百人。其中,固定电话和移动电话普及率分别为5.30部/百人和85部/百人。全市宽带接入用户达154.40万户,增长12.70%。

教育科技 2019年,运城市普通高等院校招生20666人,在校生

56615人，毕业生17117人。在园幼儿数176704人。

全年全市受理专利申请3165件，比上年增长32.30%。其中，受理发明专利申请639件，比上年下降7.30%。全市授予专利权1411件，下降1%。其中，授予发明专利权87件。全年有18个项目列入国家、省各类科技计划，获得项目研究资金1082万元。

卫生体育 2019年，运城市共有医疗卫生机构5610个。卫生技术人员32230人，其中执业医师和执业助理医师13278人，注册护士12939人。医疗卫生机构床位34013张，其中医院24791张，卫生院7587张。

全年全市运动员在省级重大比赛项目中获得金牌8枚、银牌28枚、铜牌32枚。全年销售中国体育彩票4.50亿元，比上年下降16.80%。

社会保障 2019年，运城市参加城镇职工基本养老保险64.90万人，参加城乡居民社会养老保险284.90万人，参加城镇职工基本医疗保险49.90万人，参加城乡居民基本医疗保险421.50万人，参加失业保险35.20万人，参加工伤保险69.10万人，参加生育保险43.10万人。全市共有各类提供住宿的社会服务机构163个，床位14066张。其中，老年人与残疾人服务机构162个，床位13846张。共有社区服务中心120个，社区服务站95个。共有1.50万人纳入城市居民最低生活保障，发放城市低保资金9033万元；7.50万人纳入农村居民最低生活保障，发放农村低保资金3亿元。9140人享受农村特困人员救助供养。（张　涛）

【运城市盐湖区】 盐湖区位于运城市西南部，总面积1237平方千米，下辖7镇6乡，8个街道办事处，33个居

表56　2019年运城市辖县（市、区）经济指标统计表

县　市	地区生产总值（万元）	农林牧渔业总产值（万元）	固定资产投资增长速度（%）	社会消费品零售总额（万元）	一般公共预算收入（万元）	一般公共预算支出（万元）	人均可支配收入（元）	
							城镇居民	农村居民
盐湖区	2897834	345222	16.40	2636241	110139	315999	33822	13556
临猗县	1427446	972629	11.20	634348	26378	261208	30938	14408
万荣县	772803	400668	3.40	374540	18278	237661	27540	11071
闻喜县	1385304	331572	7.60	330481	60831	248845	31923	11333
稷山县	874889	255380	7.70	239189	28800	176546	29030	12316
新绛县	1142554	349186	14.40	465569	56398	211592	30936	13159
绛　县	611737	169182	9.40	177625	14735	179335	27996	10710
垣曲县	653643	137826	10	292563	32104	205436	28664	8508
夏　县	584258	367146	−17.30	304182	27624	197003	28055	9084
平陆县	503957	178903	8.60	273971	28537	205611	26214	8717
芮城县	902979	448395	36.90	275929	36563	204715	31293	12373
永济市	1243550	422364	−23.70	533935	48507	261836	31819	14742
河津市	2500972	166909	8.50	711292	158100	294317	31241	15076

（省统计局）

委会、305个行政村、112个社区。截至2019年底,全区总人口70.67万人。

农业 2019年，运城市盐湖区粮食播种面积55万亩，总产1.60亿千克。北京世园会优质果品大赛,盐湖区获4项金奖。水果出口41个国家和地区,出口量突破6万吨。盐湖区获确定为省级农业产业园、省级城郊农业示范区,获批国家农村产业融合发展示范园。

工业 2019年，运城市盐湖区规模以上工业增加值完成13.90亿元,增长8.60%;高新技术制造业和战略性新兴产业对工业增加值贡献率超过56%。中小企业达5900余家,新增市场主体14704户,增长10%。石药银湖、运城制版、同天翔铝业等重点企业运行稳健。孵化小微企业375家,新增“小升规”企业15家、“专精特新”企业7家、省级“两化融合”贯标试点8家、省市企业技术中心4家。北辰涂料、奇星农药等13家通过省级高新技术企业认定。专利授权量421件,院士工作站4个,省级创新平台20个,盐湖高新区获“全国产学研合作创新示范基地”称号。

项目建设 2019年，运城市盐湖区恒隆二期主体封顶,红星美凯龙加快建设,国科欢乐港开门营业。与阿里巴巴合作,成立外贸综合服务平台,孵化跨境电商企业15家。实施蒙华铁路隧道排水利用工程,官道河城市水系通水复流,城北污水处理厂投入运行。恒慧凯、经纬燃气、绿色循环产业园等27个重点项目进展顺利。

城乡建设 2019年,运城市盐湖区完成“三大拆迁战”,原王庄改造42天拆迁542户,100天打通中银路;陶上村拆迁190户，畅通高铁站交通微循环；机场改扩建113.33公顷土地征迁到位，为运城航空口岸开放奠定基础。启动安邑古镇综合开发,高标准改造四街主干道路,567条小街小巷改造提升清零。193条小街小巷提档升级,高标准打造113千米“四好农村路”,完成11个村水网、36个村电网、44个村8000座旱厕改造。亮化提升主街道和太平兴国寺塔，成立安邑历史文化研究会。加快3个特色小城镇建设,科学编制总体规划,推进基础设施、景观绿化、社区配套等建设。

环境建设 2019年，运城市盐湖区开展“百日清零”专项行动,中央、省环保督察及“回头看”48条反馈意见整改到位,取缔整治“散乱污”企业3045家。完成“煤改电”19716户，“煤改气”969户,群众清洁温暖过冬。改善涑水河、姚暹渠水环境。实施大西高铁沿线环境综合整治,179处隐患整改到位。开展“百日大会战”,理顺环卫管理机制，清运垃圾5.40万吨,拆除违建859处。安邑、姚孟、金井、冯村4座垃圾中转站投入运行,高新区污水处理厂通水调试。实施五大造林绿化工程，全年绿化面积达0.25万公顷。

文化旅游 2019年，运城市盐湖区举办民俗文化旅游年、“花开盐湖”活动。盐湖文化旅游参加深圳文博会、上海艺术节。“岚山根·运城印象”获山西省特色商业街。开展“我和我的祖国”歌咏比赛,庆祝中华人民共和国成立70周年。

民生事业 2019年,运城市盐湖区一般公共预算收入完成11亿元,增长12%;城镇居民人均可支配收入完成33822元,增长7.80%;农村居民人均可支配收入完成13556元,增长9.70%。2348名群众稳定脱贫,13个摘帽村巩固成效。投入资金720万元,实施扶贫项目19个。集中开展“60天大会战”。首家启动“一枚印章管审批”,企业、群众办事便捷。教育改革,举办第二届全国新样态学校论坛,与真爱梦想基金开展第二轮战略合作,被确定为“智慧教育示范区”首批试点。改建2所公立幼儿园,扩建魏风小学,新增学位1100个。各类高等院校、职业院校64所,在校学生12万人。盐湖高新区托管城西机电化工园区,完成“三制”改革,申报国家级高新区。完成9000名妇女产前筛查,城乡低保、残疾人补贴、老龄津贴提标发放到位。 （张瑞玲）

【临猗县】 临猗县位于运城市中部，总面积1339.32平方千米，下辖9镇5乡,2个工贸区,375个行政村,550个自然村。截至2019年底,全县总人口58万人。

农业 2019年，临猗县培育国投中鲁、华鑫腾跃、临猗有机农业等4家省级农业龙头企业，支持皓美果蔬、万华果品新上两条现代化水果分级生产线。规范发展农民专业合作社200个,被农业农村部确定为“全国农民合作社质量提升试点县”。培育新型职业农民1022人。产业发展提质增效。改造老旧果园6.70万亩,新建枣树设施大棚1万亩,完成有机肥替代化肥2万亩,打造标准化水果出口示范区12个,建成5500亩苹果和冬枣无公害、有机化绿色防控示范区,辐射带动3.50万亩,全国盲蝽绿色防控技术现场会在临猗县召开。被农业农村部认定为“国家区域性良种繁育基地”和“临猗苹果中国特色农产品优势区”。

全面推进农村集体产权制度改革,为首批农村集体经济组织颁发产权证书,村级集体经济收入5万元以上的村达345个,占比95.80%;“薛公经验”成为全市黄河经济带集体经济发展的典型。启动乡镇财政体制改革试点,5个试点乡镇全年财力增收超千万元。

实体经济 2019年,临猗县培育豪钢锻造、力达纸业等一批优势企业,引进国耀新能源、建华机械、季诚生物等一批新兴企业,扶持壮大御品一园、金之乐、恬果惠等一批电商企业，为两家企业应急周转到期贷款7笔6900万元,缓解企业融资难、融资贵问题;召开临猗县防范化解金融风险支持民营经济发展恳谈会，制定“一揽子”解决担保链建议方案,与市中院、驻运金融机构、山西焦煤运城盐化集团签订一系列战略合作框架协议。新增省级两化融合贯标试点企业2家,培育“小升规”企业9个，孵化“五小企业”503家。商贸流通日益繁荣。临猗县电子商务进农村受到国务院督查激励通报,获奖励资金2000万元。发展阿里巴巴天猫优品店45

家,通过电商销售各类果品5亿斤,占全县总产量近八分之一,销量同比增长60%。完成外贸出口总额7.30亿元,占全市出口总额三分之一。

项目建设 2019年,临猗县开展“转型项目建设年”活动,推进企业投资项目承诺制改革,政府靠前服务集中办理经验获全省推广。招商引资签约项目23个,落地开工15个,总投资29.72亿元,到位资金9.84亿元。46个重点项目完工或完成年度计划16项,开工建设24项,完成投资18.50亿元,项目开工率和完成投资率均创历年之最。

城乡建设 2019年,临猗县完善基础设施建设。冬季清洁取暖集中供热提标扩容工程如期竣工,新增供热能力150万平方米。完成经济林建设3.65万亩、通道绿化51千米,新增绿化面积6万平方米。高标准打造7个美丽宜居示范村、20个园林村;构建农村人居环境整治长效机制,对各乡镇各村环境卫生按季度考核排队,农村面貌改善。完成农村卫生改厕4020座,临猗农村改厕模式获省、市通报表彰,在全省范围推广。道路交通提档升级。小风线改造、沿黄旅游道路改造(孙吉南樊—西张家营)等工程如期竣工,新开通两条城际公交线路。

环境建设 2019年,临猗县开展违法排污“百日清零”专项行动,完成阳煤丰喜临猗分公司燃煤锅炉超低排放改造,如期解除生态环境部挂牌督办。落实重污染天气应急防控措施,全年二级以上天数同比增加19天,空气质量提升。涑水河断面水质全面达标,实现退出劣V类目标,扭转长期以来水质超标的局面。

文化旅游 2019年,临猗县农文旅融合快速发展。完成傅作义故居二期、猗顿墓环境整治、胥村石桥迁建等工程。举办第二届运城峨嵋果品博物院生态文化旅游节,开展油菜花节、梨花节、黄河湿地旅游节、银杏节等14场“春花秋实”特色乡村游活动,临猗农文旅品牌逐渐形成。

民生事业 2019年,临猗县468户1246人实现脱贫。为1.30万人次贫困人口发放教育扶贫资金928万元,为2.30万人次贫困人口报销医疗费用2961万元,为3389名贫困人口提供兜底保障2179万元,80家贫困户危房改造成安居房。加强社会保障,城乡低保对象补助标准每人每月提高30元,1037名患者异地就医结算1632万元。城镇新增就业4916人,农村劳动力转移就业5954人,就业困难人员和失业人员再就业1335人,城镇登记失业率控制在1.24%。新建3个乡村记忆工程展馆,锣鼓杂戏《铜雀台》代表全市参加全国戏曲百戏(昆山)盛典,获优秀奖。县医院成为国家“胸痛、卒中”双认证医院,县中医院获确定为全国500家医疗服务能力提升试点医院,14家乡镇卫生院中医馆实现全覆盖,医疗服务能力提升。 (杨晓娟)

【万荣县】 万荣县位于山西省西南部黄河与汾河交汇处,运城市西北部,总面积1081.50平方千米,下辖4镇10乡,274个行政村。截至2019年底,全县总人口45.80万人。

农业 2019年,万荣县被确定为首批国家农村产业融合发展示范园,被认定为国家农业绿色发展先行区,被命名为全国农村创新创业典型县、全国农作物病虫害“绿色防控示范县”、全国农作物病虫害专业化“统防统治百县”,并经省政府批准设立全省第一个现代农业产业示范区。汉薛桃果主题公园被确定为全国农村创新创业园区,薛李香菇基地被确定为全国创新创业孵化实训基地,“万荣智农”大数据系统被认定为全国数字农业农村新技术、新产品、新模式优秀项目并获国家专利。全国农作物病虫害绿色防控现场会在本县召开,“全程托管+异地服务”农业社会化服务模式在全国农业生产托管联盟会议上交流发言。万荣苹果首次出口乌兹别克斯坦,香菇首次出口东南亚国家,芦笋贸易拓展到非洲。

工业 2019年,万荣县获批国家火炬特色产业基地,荣河工业园成为全省首批新型建材特色产业集聚区,举办中国·万荣外加剂产业发展大会,首次发布4项外加剂团体标准。全县规模企业达31家,亿元产值企业达13家,新孵化小微企业506家,股改后备企业、AAA级信用认证企业、地理标志证明商标数量均位居全市第一。华康药业公司、牧原公司被确定为省级两化融合贯标试点企业。

城乡建设 2019年,万荣县编制完成《万荣县东西城区空间规划》,城东民康文化城、城西农邦新城的城市布局轮廓初定,延伸改造恒磁南路、西内环路、宝鼎北路等一批路街。文化体育中心试运营,县委党校、城东生态公园主体成型,孤峰街、宝鼎南路、南内环的街景绿化完成;同步完善新建路段的地下管网,改建一批县城公厕,提标一批小街小巷。乡村建设上,新修翻修道路16条45千米,养护提质道路146千米,实施生命防护工程59.80千米,完成县乡通道绿化80多千米,建成和正在建设美丽乡村达82个。全省社会主义核心价值观示范点创建现场会、全省乡村治理暨农村星级文明户创评工作观摩会、全市深化拓展新时代文明实践中心推进会相继在万荣县召开。

环境保护 2019年,万荣县持续打好蓝天、碧水、净土三大保卫战和农村人居环境治理攻坚战,实现“散乱污”企业动态清零,重点排污单位超标、排水问题清零。

文化旅游 2019年,央视《乡约》栏目走进万荣县贾村苹果主题公园,山西卫视专题节目走进汉薛桃果主题公园。后土祠被授予“山西省海峡两岸交流基地”,闫景村、北涧村入选全省首批AAA级乡村旅游示范村,小涧村、桥上村、长乐村被确定为省级乡村旅游扶贫示范村,杏花节、桃花节、樱桃节等主题活动开展,农旅融合品牌凸显。

民生事业 2019年,万荣县完成脱贫攻坚巩固提升“四季行动”74项任务,全县843人脱贫,贫困发生率下降至0.05%。教育事业“两达标,两提升”行动推进,组建并运营3个义务教育集团、5个幼儿教育集团，中小学教师全部实现“县管校聘”，农村义务教育阶段学生全部享受免费营养餐，学前教育接受全国现场会观摩。县医院列入国家三级医院创建名单，县中医院晋升二级甲等医院，乡镇卫生院全覆盖，星级卫生室达210个，本县成为全国县域综合医改培训观摩会场，并代表山西省在全国基础卫生健康工作会上作典型发言，创建省级卫生县城，省级食品安全示范县。打掉涉恶犯罪团体3个，刑事案件发生率下降12.80%，治安案件下降51.70%。（张东宏）

【闻喜县】 闻喜县位于运城市北端，总面积1171.31平方千米，下辖7镇6乡，343个行政村。截至2019年底，全县总人口42.22万人。

农业 2019年，闻喜县农作物播种面积118.69万亩，其中粮食播种面积94.46万亩，小麦播种面积62.16万亩，秋粮播种面积32.26万亩。粮食总产量303140吨，油料总产量2257吨，中草药材总产量98297吨，水果总产量46458吨，蔬菜及食用菌总产量225169吨。猪存栏166264头，牛存栏1687头，羊存栏38145只，家禽存栏309万只。全年完成农林牧渔业总产值281033万元、农林牧渔服务业增加值155666万元。

工业建筑业 2019年，闻喜县规模以上工业企业完成总产值313亿元，实现增加值68.81亿元、利税40.65亿元、利润34.43亿元，应交增值税4.77亿元。“龙榜”企业建龙集团年销售收入突破3亿元，“虎榜”企业银光集团、象丰农牧、瑞格镁业发展稳健。孵化创办“五小企业”637家，完成“小升规”企业5家。全县建筑业完成总产值2.08亿元，实现营业利润0.05亿元，实现主营业务税金及附加0.0078亿元。竣工产值0.37亿元，全部从业人员年平均人数1123人。

投资贸易 2019年，闻喜县完成固定资产投资362111万元，房地产开发投资70505万元。社会消费品零售总额524640万元，同比增长9%。全年外贸进出口总额完成56849万元，同比增长182.30%。

交通邮电 2019年，闻喜县高速里程81千米；二级公路101.80千米；县域公路通车里程1314.80千米，包括县级公路199千米，乡级公路680千米，村级公路431千米，专用公路4.80千米。民用汽车拥有量17649辆，包括载客汽车9507辆，载货汽车2501辆。邮路总长度113088千米；邮电局、所17处，包括自办邮局、所7处；邮电业务收入22410万元，其中邮政收入3927万元；移动收入18483万元。

财政金融 2019年，闻喜县完成地方财政总收入162465万元，同比增长27.80%。一般公共预算收入完成60831万元，同比增长14.20%。金融机构各项存款余额1716631万元，其中住户储蓄存款1458528万元；广义政府存款119620万元；非金融企业存款138448万元。金融机构贷款余额606918万元，其中住户贷款265301万元；非金融企业及机关团体贷款341617万元。

教育 2019年，闻喜县有高级中学4所，专任教师707人，在校生6712人；初级中学20所（包含少体校和活动中心各1所），专任教师1613人，在校生11178人；职业高中4所，专任教师80人，在校生2181人；小学校110所，专任教师2095人，在校生23727人；幼儿园78所，专任教师1103人，在校生12619人。还有特殊教育学校1所，教师进修学校1所。

文体卫生 2019年，闻喜县有艺术表演团体1个，文体类协会25个，图书馆1个，青少年校外活动中心1个，剧场、影剧院3个，公共体育场1个，体育馆2个。全县有医疗卫生机构41个，其中私立医院14个；公立卫生机构27个，其中公立医院2个，乡（镇）卫生院20个，其他卫生机构5个。公共医疗卫生机构床位数1159个，职工总数1091人，医疗卫生机构技术人员848人，其中执业医师259人、执业助理医师64人、注册护士314人、药师48人。

社会保障 2019年，闻喜县农村居民人均可支配收入11333元，同比增长11%；城镇居民人均可支配收入31923元，同比增长7.90%。基本养老保险参保289315人。其中，城镇职工基本养老保险参保56319人，城乡居民基本养老保险参保232996人。参加失业保险职工人数27970人，工伤保险56100人，生育保险38220人。参加基本医疗保险人数367812人，其中城镇职工医疗保险参保37529人，城乡居民医疗保险参保330283人；基金收入38525万元。职工医保最高报销48万元，居民医保最高报销60万元。

（樊香叶　孟令燕）

【稷山县】 稷山县位于运城市北部，总面积686平方千米，下辖5镇2乡，200个行政村。截至2019年底，全县常住人口36.38万人。

农业 2019年，稷山县粮食种植面积67.10万亩。其中，夏粮种植面积38.04万亩，秋粮种植面积29.06万亩。全年粮食产量24.67万吨。其中，夏粮11.91万吨，秋粮12.77万吨。稷山县国家级绿色循环优质高效特色农业促进项目获农业农村部审批，申报省级农产品出口安全示范区，板枣生产系统入选中国全球重要农业文化遗产预备名单，省级板枣现代农业产业园创建开展，东位村珍果园“克伦生”葡萄出口肯尼亚。全年全县板枣产量4.40万吨，增长9.90%；葡萄产量1.30万吨，增长79.60%。

工业 2019年，稷山县25家规模以上工业企业产值124.94亿元，增长7.60%；增加值21.36亿元，增长8.80%。全年全县规模以上工业企业实现利润3.53亿元，下降36%；税金总额2.60亿元，下降22.60%。全年全县累计孵化培育小微企业554家，新增规模企业6家。

投资贸易 2019年，稷山县完成固定资产投资38.86亿元，增长7.70%。在固定资产投资中，国有投资5.99亿元，下降4.20%；非国有投资32.88亿元，增长10.20%。全年全县固定资产投资施工项目92个，新开工项目54个，当年竣工项目75个。其中5000万元以上项目23个，计划总投资86.95亿元，完成投资21.24亿元。

全年全县社会消费品零售总额35.66亿元，增长8.90%。全年全县外贸进出口总额14.86亿元，增长1.40%。其中，进口额11.05亿元，增长6.80%；出口额3.81亿元，下降11.60%。

金融保险 截至2019年底，稷山县金融机构存款余额121.22亿元，比年初增长11.80%。金融机构贷款余额40.98亿元，比年初增加8.72亿元，比年初增长27%。年末全县农村商业银行存款余额50.58亿元，比年初增长9.50%；农村商业银行人民币贷款余额30.55亿元，比年初增长27.10%。年末全县村镇银行人民币存款余额1.62亿元，比年初增长268.70%；村镇银行人民币贷款余额5928万元，比年初增长147.30%。全年全县人寿保险业务保费收入1.28亿元，增长3%，支付赔款及给付2625.30万元，下降36%。全年全县财产险业务保费收入3647.80万元，增长101%，支付赔款及给付1904万元，增长115.40%。

科技教育 2019年，稷山县发明专利申请量20件，申报科技计划项目7项，其中，市级2项，县级5项。全县有气象台站13个，预警信息发布平台1个，卫星云图接收站1个，电子显示屏7个。全年开展人工影响天气业务3次，防雹、增雨累计受益面积480平方千米，增雨量480立方米。全县有幼儿园62所，小学97所，普通初中15所，普通高中5所，特殊教育学校1所。全年全县普通高中在校生6236人，初中在校生9755人，普通小学在校生23275人。幼儿园在园幼儿1.35万人。全县中等职业学校在校学生实现免费全覆盖，惠及学生1811人。

文体卫生 2019年，稷山县共有文化馆1个，文化站7个，农村文化活动场所200个，专业艺术表演团体7个，公共图书馆1个，广播电视台1座，电台1座，调频转播发射台1座，100瓦以上电视转播发射台2座。全年共计放映电影2839场。全县共拥有国家级非物质文化遗产5项（高跷走兽、高台花鼓、麻花传统制作技艺、螺钿漆器技艺、金银细工制作技艺）。2019年，稷山县举办第三届桃花节、第九届板枣文化节等活动。蒲剧电影《枣儿谣》获全国“优秀戏曲电影”奖，《铁面御史姚天福》获第二届山西省艺术节暨第十六届“杏花奖”评选4项大奖（新剧目奖、编剧奖、导演奖、音乐设计奖）。总投资30亿的圣王山文化旅游景区开发建设前期规划完成。马跑泉村获评为“山西省首批AAA级乡村旅游示范村”。

截至2019年底，全县共有医疗卫生机构289个。全县卫生健康系统拥有执业医师（执业助理医师）873人，注册护士1159人。医疗卫生机构床位2636张。

环境建设 2019年，稷山县完成造林面积2000公顷。其中，人工造林0.17万公顷，封山育林333.33公顷。县城绿地总面积272.20万平方米，绿地率30.70%。全年全县城市生活污水处理347.30万吨，城市污水处理率100%。2级以上良好天数稳定在135天以上。

民生事业 2019年，稷山县城镇新增就业4548人。其中，创业就业人数744人，城镇失业人员144人，再就业人数988人，就业困难人员就业人数418人。转移农村劳动力6586人，高技能人才培养137人。城镇基本养老保险参保人数2.99万人，城镇职工基本养老保险参保人数1.04万人，企业基本养老保险参保职工人数1.94万人，城乡居民基本养老保险参保人数17.51万人。城镇职工基本医疗保险参保人数1.51万人，城乡居民医疗保险参保人数33.12万人。失业保险参保人数1.65万人，工伤保险参保人数5.07万人。全年全县共审定城市低保对象185户335人，共发放城市低保金207万元。审定农村低保对象1703户3396人，共发放农村低保金1409万元。全年共发放五保供养经费478.50万元。全年国家抚恤、补助各类优抚对象8046人，共发放补助款1562.90万元。（段美云）

【新绛县】 新绛县位于运城市东北部，总面积597.18平方千米，下辖8镇1乡，210个村。截至2019年底，全县常住人口34.81万人。

农业 2019年，新绛县粮食播种面积70.36万亩，同比下降4.40%。其中，夏粮39.30万亩，同比下降0.20%；秋粮31.06万亩，同比下降9.20%；全年蔬菜及食用菌播种面积14.19万亩，同比下降0.80%。全年粮食总产量231985吨，比上年增产5.80%。其中，小麦117000吨，增产1.60%；秋粮114985吨，增产10.50%；蔬菜及食用菌产量548229吨，增产0.20%。

全年全县猪牛羊禽肉产量14127吨，同比增长1.40%。其中，猪肉产量11035吨，同比下降2.70%；牛肉产量488吨，同比增长10.90%；羊肉产量178吨，同比下降2.30%；禽肉产量2426吨，同比增长23.50%。牛奶产量6306吨，同比增长14.40%。鸡蛋产量50688吨，同比增长2.70%。

工业建筑业 2019年，新绛县工业增加值54.53亿元，比上年增长9.80%。全年规模以上工业主营业务收入23.22亿元，比上年增长11.40%；实现利税26.83亿元，比上年下降36.10%；实现利润20.92亿元，比上年下降38.80%；亏损额0.26亿元，增长135.20%。

全年全县具有资质等级建筑企业5个。实现总产值1.94亿元，同比增长10.10%，其中，建筑工程产值1.87亿元，同比增长27.20%；安装工程产值0.06亿元，同比下降78.40%；无其他产值。

投资贸易 2019年，新绛县固定资产投资288541万元，比上年增长14.40%，其中，房地产开发完成53289万元，增长5.90%。

全县社会消费品零售总额完成523474万元，同比增长8.30%。

交通邮电 2019年，新绛县境内铁路营运里程18.30千米。公路通车里程832.90千米(含村道)。其中,高速公路18.80千米,国道、省道72.90千米,县道、乡道、村道及专用道741.20千米。

全年全县邮政业务总量4355.10万元,增长92.30%。电信业务收入13373.60万元,下降0.10%。固定及移动电话用户294404户,增长6.40%。全县互联网宽带接入用户达75159户,增长10.40%;移动互联网用户212508户,增长1.70%。

财政金融 2019年,新绛县财政总收入完成157906万元,同比增长13.70%。一般公共预算收入完成56398万元,同比增长16.50%。全年一般公共预算支出211592万元,比上年增长24.60%。财政8项支出142754万元,占到一般公共财政预算支出的67.50%。

截至2019年底,全县金融机构各项存款余额1318325万元,比年初增长11.80%。年末金融机构各项贷款余额433761万元,比年初增长26.30%。

科教文卫 2019年,新绛县专利申请量201项。其中,发明专利申请量14项;专利授权量92项。其中,发明专利授权量3项。各类学校在校学生52820人。其中,小学在校学生19131人,初中在校学生12350人,高中在校生7556人,中职在校生2693人,特教在校生92人,幼儿在园人数10998人。全县各类学校专任教师4759人。截至2019年底,全县共有艺术表演团体3个,文化馆1个,公共图书馆1个(馆藏图书8.5万册),体育场1个,体育馆1个,博物馆1个(馆藏文物1482件/套)。2019"古中国·大运城"民俗文化旅游年系列活动完成,完成幸福新绛欢乐行8场演出任务,送戏下乡100场演出任务,举办鼓乐文化节,实施绛州澄泥砚文化产业园二期建设并搞好文化交流活动,文化旅游体制机制改革任务按期完成。全县共有医疗卫生机构439个。医疗卫生机构编制床位1899张。各类医疗卫生技术人员2069人。

社会保障 2019年,新绛县居民人均可支配收入20273元,同比增长9.80%。按常住地分,城镇居民人均可支配收入30936元,增长7.70%;农村居民人均可支配收入13159元,增长10.10%。城乡居民储蓄存款余额1106551万元,比上年增长11.90%。截至2019年底,城镇职工基本养老保险参保40925人。城乡居民基本养老保险参保179815人。其中,城镇居民9410人,农村居民170405人。城镇职工基本医疗保险参保17631人。城乡居民基本医疗保险参保283963人。其中,城镇居民16476人,农村居民267487人。失业保险参保20187人,工伤保险参保36537人,生育保险参保20745人。

截至2019年底,全县共有各类提供住宿的社会服务机构11个,床位909张,社会福利院收养人数33人。发放农村低保资金1542.66万元,农村特困人员救助288人;临时救助1148人。 (牛慧敏)

【绛县】 绛县位于山西南部,中条山西北麓,总面积996平方千米。下辖8个镇,2个乡,1个开发区。截至2019年底,全县常住人口29.20万人。

农业 2019年,绛县发展现代农业园区,西灌底樱桃、郑柴山楂、横岭关蓝莓等一批高标准的现代农业示范园区初具规模。全县山楂种植面积发展到10万亩、大樱桃发展到3.80万亩、苗木发展到5万亩、干果经济林发展到14万亩。全县市级以上龙头企业发展到14家,专业合作社达到990个,家庭农场发展到83家。继上年山楂出口日本后,2019年又实现大樱桃出口马来西亚。推进紫家峪、陈村峪、里册峪等"六大峪口",东华山、紫云寺、绛北大峡谷等"八大景区"和郝家窑田园综合体、白家涧花卉苗木示范园等"十大农业园区"配套、依托、融合。

转型发展 2019年,绛县推进亚新科发动机零部件智能化加工生产线项目,建设东龟智能工业机器人项目。带动红山机械厂、华晋铸造、中信车桥、中科晶电、龙舟机械等重点企业智能化转型。亚新科、恒大化工2家企业被评为市级工业化、信息化两化融合试点企业。推进总投资33.30亿元山西晋煤大唐2×350兆瓦热电联产项目、总投资1.95亿元1×25兆瓦江河生物质发电提标改造。200兆瓦禹泰新能源磨里镇光伏发电、99.50兆瓦九鼎横水风电、40兆瓦亚丰垣绛县光伏发电等项目正在建设。招商引资签约资金完成107.41亿元,签约开工项目26个,开工率92.86%。培育红山机械厂提质升级;孵化创办"五小企业"1042个,新创造就业岗位10487个;吸引在外人才返乡创办企业38个,带动就业3708人。细化总投资233.26亿元"五个十"重点工程,全年共实施省市县各级重点项目25个。"绛县黄芩""绛县连翘""绛县柴胡"取得国家农产品地理标志认证。提标改造既有的丕康药业公司,目前可年产中成药1.08亿片。引进总投资5.20亿元中焱恒制药,建设8万余平方米厂房,新增1000台(套)工艺设备,可年加工中药材3万吨。

城乡建设 2019年,绛县收尾绛山街改造,贯通和平路、厢城街东段、倗国路中段。开展小街小巷整治。打造一批高标准美丽农村,新增7个乡镇农村垃圾中转站。8月,县城和陈村镇通过省爱卫办技术评估检查,绛县被推荐上报国家卫生县城。

民生事业 2019年,绛县选派98名能力高、素质强的年轻干部充实驻村帮扶工作队。为32个贫困村全部派驻第一书记。全面落实各类扶贫政策,实施扶贫产业项目57个。推进易地搬迁,4008人全部交接钥匙。截至2019年底,绛县32个贫困村全部退出,贫困发生率降至0.11%。完成新建绛县中学一期工程,二期工程建设PPP项目已经签约。东城幼儿园二期工程完成主体建设。县医院内科大楼、县红十字会医院放化疗中心主体建设完工。新建中医医院、新建妇幼保健院正在办理土地手续。全县90%村级卫生室达到国家标准化建设要求。累计建设园林村70个,全县森林覆盖率提升至38.60%。完成"煤改电"

“煤改气”3200余户。开展排污大整治“百日清零”专项行动。破获传销组织1个,打击网络诈骗案件182起。消化企业债务6.10亿元。打掉黑社会性质组织1个,恶势力犯罪集团2个,文物犯罪团伙8个,“村霸”1个,涉黑涉恶“保护伞”1件。(谢彦军)

【垣曲县】 垣曲县位于黄河北岸,中条山北部,山西省南端,运城市东北隅。总面积1620平方千米。下辖5镇6乡,188个行政村。截至2019年底,全县常住人口24.16万人。

农业 2019年,垣曲县农林牧渔业总产值147125.70万元,比上年增长3.20%。全年全县农作物种植面积395488亩,比上年减少116907亩。全年全县粮食产量82554.80吨,比上年增加3522.28吨,增产4.50%。经济作物中,油料产量1588.60吨,减产2.40%;棉花产量104.90吨,减产7.20%;蔬菜产量68908.20吨,增产5.10%;园林水果产量34448.50吨,减产0.40%。全县全年完成造林面积16500亩,比上年减少43035亩。全年全县肉类总产量6013吨。全年全县农用化肥施用量(折纯)5269.6吨,比上年减少2.10%;农村用电量4020万千瓦时,比上年增长6.90%。

工业建筑业 2019年,垣曲县全部工业增加值23.20亿元,同比增长7.20%。全县14家规模以上工业企业总产值同比增长10.60%,规模以上工业增加值同比增长7%。全年规模以上工业产品销售率为105.60%。全年全县规模以上工业企业主营业务收入105.08亿元,比上年增长15.10%,实现利润0.55亿元,比上年下降39.70%,实现利税4.70亿元,比上年增长94.30%。

全年全县建筑业实现增加值2.30亿元,同比增长0.10%。具有资质等级建筑业企业实现产值3.88亿元,下降3.50%;房屋建筑施工面积431271平方米,增长14.20%;竣工面积98826平方米,增长7.10%。

投资贸易 2019年,垣曲县固定资产投资完成385672万元,比上年增长10%。其中,民间投资增长11.40%,占全县投资比重37.90%。

全年全县房地产开发投资48993万元,比上年下降9.70%。截至2019年底,商品房待售面积25685平方米,比上年末减少2264平方米。年末商品住宅待售面积19541平方米,比上年末减少2264平方米。

全年全县社会消费品零售总额292563.20万元,比上年增长9.10%。全年全县外贸进出口总额完成282353万元,比上年下降18.90%。其中,进口总额完成282353万元。

交通邮电 截至2019年底,垣曲县公路通车里程1007.29千米。全年全县邮电业务总量13434万元,比上年增长0.90%。全县移动电话用户217309户,增长0.90%,固定电话用户7667户,下降4.30%。互联网宽带接入用户64893户,增长14.20%。

财政金融 2019年,垣曲县财政总收入73848万元,比上年增长12.71%,一般公共预算收入32104万元,比上年增长16.36%,专项收入3185万元,比上年增长58.69%;行政性收费收入1859万元,比上年增长194.61%。一般公共预算支出205436万元,比上年增长1.33%。

年末全县金融机构本外币各项存款余额1087021万元,比年初增加130372万元,比年初增长13.60%。全年全县金融机构本外币各项贷款余额416485万元,比年初增加8135万元,比年初增长2%。全年全县保费收入39156.61万元,比上年增长7.90%,支付各类赔款及给付9747.08万元,比上年下降40.30%。

教育卫生 2019年,垣曲县各级各类学校共80所。其中,幼儿园29所,小学39所,初级中学7所,高级中学3所,聋哑人学校1所。普通高中在校生3861人,初中在校生5201人,毕业生2152人。普通小学在校生11974人,在园幼儿数6232人。九年义务教育巩固率为99.10%。

全年全县共有医疗卫生机构(含村卫生所和个体诊所)331个。年末卫生技术人员1852人,其中执业医师和执业助理医师882人,注册护士720人。医疗卫生机构床位1414张。城乡居民医疗保险参保率达99.90%。其中,建档立卡贫困人口参保率为100%。

社会保障 2019年,垣曲县居民人均可支配收入17883元,增长9.80%。其中,城镇居民人均可支配收入28664元,比上年增长7.20%;城镇居民人均消费支出17095元,比上年增长7.20%;农村居民人均可支配收入8508元,比上年增长12.30%;农村居民人均生活消费支出7348元,比上年增长12.30%。截至2019年底,全县农村贫困人口由2014年4.03万人降为88人,贫困发生率由2014年25.80%降至0.05%。全县参加城镇职工基本养老保险人数33340人,比上年末增加2025人。参加城乡居民基本养老保险人数108135人,增加370人。参加城镇职工基本医疗保险人数40048人,减少295人。参加城乡居民基本医疗保险人数169738人,减少460人。参加失业保险人数24200人,增加230人。参加工伤保险人数37700人,增加95人。参加生育保险人数23197人,与上年持平。城镇登记失业率0.93%。城镇新增就业人数5186人,增加337人。农村劳动力转移就业人数6580人,减少20人。(李心海 郭红霞)

【夏县】 夏县位于山西西南端,中条山西麓,总面积1352.60平方千米,下辖6镇5乡。截至2019年底,全县常住人口36.79万人。

乡村振兴 2019年,夏县编制完成全县乡村振兴战略总体规划和8个关联规划,制定出台4个配套方案;打造葡萄、蔬菜、西瓜等“八大现代农业产业园”。申报“三品一标”认证17个。全县村集体经济收入突破5万元村达203个,占村总数的81.50%;完成11个县级美丽乡村建设,庙前镇西村和水头镇被评为全国乡村治理示范村镇。实施“四好农村路”和沿黄旅游公路工程建设,获评全省“四好农村路”示范县。

工业 2019年，夏县新增市级虎榜培育企业3个；培育“小升规”企业8个、“专精特新”企业6个；发展“五小企业”478个，创造就业岗位4114个；吸引返乡人员创办小微企业37个，带动就业204人；设立返乡创业孵化基地3个，征集优秀创业项目27个，带动就业312人。21家规模以上企业完成产值24.40亿元，增长5.90%；增加值完成4.37亿元，增长4.50%；全县完成工业技改投资2.69亿元，增长800.40%。加大招商引资力度，全年共签约项目17个，总投资76.30亿元；开工项目10个，开工率58.80%。

文化旅游 2019年，夏县获“全国首批百强文化名县”“中国最美休闲养生度假旅游名县”和“中国最佳文化遗产旅游名县”等称号；推动全县11个乡村旅游示范点实行差异化发展。其中，泗交镇王家河村被评为全省AAA级乡村旅游示范村；卫夫人书法艺术节、司马光诞辰1000周年系列活动，吸引网络平台参与586.90万余人次；接待游客人数407.48万人次，增长25.19%；实现旅游总收入30.33亿元，增长17.55%。

生态文明 2019年，夏县获“中国天然氧吧”称号。完成国土绿化2.58万亩，绿化和提档升级园林村40个；涑水河夏县段河道治理工程、污水处理厂提效扩容改造基本完工。全年优良天数206天，优良率57.20%。

民生事业 2019年，夏县民生支出14.90亿元，占一般公共预算支出的81.60%，增长19.70%。全县贫困发生率降至0.01%，全年整合资金1.27亿元，实施贫困村提升项目171个。参加“全国危化品及全民安全应急知识网上竞赛”，排名全市第一。安全生产形势稳定好转，全年全县生产安全事故起数下降67%，死亡人数下降86%，实现“双下降”。（任巧杰）

【平陆县】 平陆县位于山西省最南端，总面积1173.50平方千米。2019年，全县下辖6镇4乡，218个村民委员会，4个居民委员会。截至2019年底，全县总人口26.90万人。

脱贫攻坚 2019年4月28日，省政府公告，宣布平陆县退出贫困县序列。8月，对全县140个贫困村驻村工作队及时调整，调整后全县共有帮扶工作队140个，帮扶单位129个，驻村干部443人。全年整合涉农资金19362.30万元，安排项目178个，受益贫困人口18297人次。9个集中安置点全部完工，基础设施和公共服务设施全部达到“五通六有”目标（通路、通电、通水、通电视、通网络，有活动广场、有购物点、有卫生室、有文化站、有垃圾收运点、有污水处理设施）；入住1740户、入住率达99.50%，拆除1617户、拆除率达93%，复垦完成1594户、复垦率达91%。确定脱贫不稳定户526户1412人、边缘易致贫户184户437人，全县仅剩64户147人未脱贫，贫困发生率降至0.07%。

环境保护 2019年，平陆县完成清洁取暖7372户，全年二级以上优良天数达211天。完成国土绿化13943亩、通道绿化50千米、园林村绿化20个、新育苗104.60公顷，村旁、路旁、水旁、宅旁义务植树90万株，系完成目标任务401.67公顷的131.40%；湿地保护工作站李小平同志获“2019年度全国绿化奖章”，西祁、后窑、张家沟、三湾、下涧5个村被国家林业和草原局评价认定为“国家森林乡村”，万亩红叶被省林业和草原局授予“山西省特色花海基地”称号。

城乡建设 2019年，平陆县“大县城”战略实施，向阳街西扩（古虞路—桥西路段）、茅津路道路整修工程、傅岩路（条山大街—学苑街段）工程、红旗街东段改造工程完工通车；县委党校（县行政学校）主体工程完成，完成投资2645万元。城区新增绿化面积3000余平方米，审核复核公租房住户869户。0.11万公顷有机小麦旱作节水农业示范园区建成，粮食总产量达9939万千克；果品总产量超6亿千克，出口果品5万余吨；电子商务进农村示范体系初步形成。10座乡镇垃圾中转站全部建成；完成改厕4687座、新改建农村路155千米；创建省级改善农村人居环境示范村2个、市级美丽乡村15个；创评“四好家庭”“星级文明户”1.53万个，省级文明校园4所，通过省文明委组织检查验收。

文化旅游 2019年，平陆县打造黄河快旅慢游走廊和中条山生态旅游走廊。投资1.80亿元沿黄扶贫旅游公路工程，完成投资1.60亿元，达到通车条件；投资2000万元，提升张沟村道路通行条件、新建“六十一个阶级弟兄纪念馆”和窑洞博物馆；“杜马战役”上村作战指挥部投资120余万元，新建旅游厕所、恢复作战指挥部等设施；周仓文化园项目一期工程旅游主体和基础配套设施完工并投入运营，二期工程正在进行，周仓文化园AAAA级景区规划论证会召开；坡底乡后窑村旅游基础设施项目，景区大门、生态停车场，观景亭台、星级厕所、硬化林间步道等景区基础设施完工；杜马东坪头民俗文化园旅游厕所建设完工。全年全县完成旅游总收入8.83亿元，同比增长15%。

招商引资 2019年，平陆县签约项目36个，协议总投资81.20亿元，完成市下达75亿元招商引资签约任务108.30%；全县签约开工项目19个，开工率为52.78%；固定资产到位资金5.96亿元，完成任务119.20%，非固定资产到位资金1.01亿元，完成任务101%；“凤还巢”项目落地5个，总投资3.58亿元，可新增就业岗位350余个，完成市下达3个企业带动就业人数300人目标任务。（王永波）

【芮城县】 芮城县位于运城市西南部，面积1175.55平方千米，下辖7镇3乡，1个城镇社区管理委员会，1个省级经济开发区。截至2019年底，全县常住人口41.26万人。

农业 2019年，芮城县建设高标准农田2.1万亩，粮食总产量达到3.40亿千克，连续九年获“全国产粮大县”称号；大禹渡礼教水源站建成投运，新增灌溉面积5.33万亩；南卫万亩循环农业示范园完成投资1.19亿元，风陵渡花椒现代农业产业园初具规模；芮城水果进军高端市场，在全市第四届果博会上，签约金额达到3.04亿元，全年水果出口量达8万吨。脱贫攻坚实现脱贫1087户2687人，全县贫困发生率降至0.04%以下。土地制度改革推进，确权颁证工作全部完成；集体产权制度改革完成试点任务，清产核资、股权量化等工作通过市级验收，农村集体经济发展壮大；农业水价综合改革面积完成5.70万亩；农村电子商务发展，农副产品网络营销成为农村零售新业态。

工业 2019年，芮城县规模以上工业增加值完成9.48亿元，增长6.20%。新培育"小升规"企业6家，全县规上企业总数达到37家，实现利润3.48亿元，同比增长314%；实现利税5.40亿元，同比增长103%；制造业占工业增加值比重同比提高5.10个百分点，利税同比增长20%。全县高新技术企业达到14家，工业技改项目完成投资2.72亿元，同比增长87%；亚宝药业入选2019年度国家知识产权示范企业，获"中国医药研发产品线最佳工业企业"和"最具科技创新力中药企业"称号，5年登上"中国医药工业百强企业"榜单。新能源产业崛起。发展风电、光伏和生物质发电；召开"能源变革下低压直流配电全国研讨会"，全年清洁能源发电量达10亿千瓦时。

项目建设 2019年，芮城县重点项目推进。"双十工程"和60个重点项目开工率达到86%；运宝黄河大桥通车；光伏二期项目部分实现并网发电；芮城通用机场全面开工。

文化旅游 2019年，芮城县推进永乐宫周边环境整治，投资2200余万元，完成一期拆迁和绿化提升。举办二青会"两活动一赛事"，完成一点、一馆、一场、一院、一路"五个一"工程。加快大禹渡、圣天湖等重点景区改造提升，全年接待游客700万人次，同比增长17.80%，实现旅游总收入62.90亿元，同比增长17%。

环境保护 2019年，芮城县聚焦"转型、治企、减煤、控车、降尘"五大领域，常态化开展专项整治；全年空气质量优良天数达258天，稳居全市第一。完成污水处理厂和中水回用工程建设项目，城区污水处理率达92.30%；礼教小桥入黄断面水质好转，达到地表水V类标准。新增绿化面积3.30万亩，超出市定任务15个百分点。人居环境改善，建成运行垃圾中转站7个，完成改厕2600余户，新建省级美丽宜居示范村2个、市级15个、县级22个，创建"五星级文明户"3300余户。创建国家卫生县城，获"山西省文明县城"称号。

民生事业 2019年，芮城县财政民生支出17.20亿元，占一般预算支出的83.80%，学前教育、义务教育、高中教育全市领先，芮城中学2名学生分别被清华、北大录取，举办2019年大学新生入学"行囊记忆"活动。完成第二届全国幼儿园课程与游戏论坛教育活动观摩任务，学前教育城乡一体化办园形成"芮城模式"。城乡低保实现应保尽保，养老保险基本实现全覆盖，各项保障政策全面落实。医疗改革进展顺利，人均基本公共卫生服务费提高到50元，家庭医生签约服务惠及20余万城乡居民，适龄儿童疫苗报告接种率、慢性病管理率等多项指标均高于国家标准。

（薛　容）

【永济市】 永济市位于运城市西南部，总面积1207.99平方千米，下辖7镇3个街道，253个行政村，22个社区，415个自然村。截至2019年底，全市常住人口46.42万人。

农业 2019年，永济市农业总产值完成367485.30万元，增长3.76%。农作物种植面积105.40万亩，比上年下降6.50%。全年粮食总产量3.83亿千克，比上年增加0.25亿千克，增长7%。全年肉类总产量1.49万吨，增长3.50%。禽蛋产量0.59万吨，增长37.20%；奶类产量0.97万吨，下降43.60%。水产品产量1.69万吨，增长3.30%。年末全市农业机械总动力35.84万千瓦，比上年增长2.30%，机械耕地面积68.90万亩，机械播种面积84.40万亩，机械收获面积83.10万亩。全年农机化经营总收入1.59亿元，同比增长0.60%。

工业 2019年，永济市工业增加值34.52亿元，比上年下降1.30%，全市规模以上工业企业中，电气机械和器材制造业及铁路运输设备制造业同比下降2.80%，有色金属冶炼和压延加工业下降67.20%，农副食品加工业下降49.20%，化工专用设备制造业下降25.30%，电力生产业上升10.75%。全年规模以上工业主营业务收入90.20亿元，比上年下降30.60%；实现利税4.70亿元，比上年增长20.90%；实现利润3.30亿元。

投资贸易 2019年，永济市固定资产投资43.80亿元，同比下降23.70%。5000万元以上项目完成投资14.30亿元，同比增长21.90%，5000万元以下项目完成投资19.80亿元，同比下降52.20%，房地产投资9.70亿元，同比增长128.20%。全市房屋施工面积77.50万平方米，比上年增加18.10万平方米。全市商品房销售面积12.20万平方米，同比下降46%，商品房销售额4.45亿元，同比下降44.80%。

全年全市社会消费品零售总额完成70.40亿元，同比增长7.80%。按经营地统计，城镇消费品零售额完成64.80亿元，同比增长7%；乡村社会消费品零售额完成5.60亿元，同比增长18.10%。全年外贸进出口总额25415万元，比上年下降10.20%。

交通邮电 2019年，永济市交通运输、仓储和邮政业增加值66472万元，同比增长3.20%。公路密度达1.22千米/百平方千米。全市民用车辆拥有量达到114204辆，其中轿车64512辆。

全年完成邮电业务总量22772万元，同比增长0.38%。全市固话用户21400户，同比下降28.20%；移动用户402191户，同比增长4.80%；宽带用户117803户，同比增长8.50%。

文化旅游 2019年，永济市有广播电台1套，电视台2套，有线数字电视用户2.60万户。其中，城市

1.50万户，农村1.10万户；农村无线电视用户1.10万户。“三馆一站”免费开放，图书馆藏书12.10万册，电子图书10.90万册，全年举办读者活动26次，“舜都讲坛”12期。普救寺塔、万古寺等7处文物获确定为全国重点文保单位，成为全国第八批评定国保单位最多的县市。创建国家全域旅游示范区通过省级初审，鹳雀楼景区获“全国年度魅力文化景区”称号。全年对外营业旅游景点9家，共接待国内游客1434.40万人次；旅游总收入达到125.77亿元，同比增长18.14%。

金融保险 2019年，永济市金融机构各项存款余额173.10亿元，同比增长9.80%。各项贷款余额65亿元，同比下降4.90%。城乡居民储蓄存款余额147.60亿元，同比增长12.30%。全年寿险、财险保费收入55488万元，全年寿险、财险支付各类赔款8724万元。

科技教育 2019年，永济市科学技术项目18项，发明专利申请18件。学校总数180所。其中，幼儿园95所，小学61所，初中18所，高中3所，职中2所，特殊教育学校1所，全市在校学生55090人。其中，幼儿园在校生14092人，小学在校学生22818人，初中在校学生9919人，高中在校学生5764人，职业高中2384人，特教学校学生113人。全市专任教师4821人。

卫生体育 2019年，永济市共有卫生机构39个，其中，公立医院6家，专业卫生机构3家，镇卫生(分)院15家，街道社区卫生服务中心3家，民营医院12家；卫生专业技术人员1807人，医院和卫生院床位数2135张。举办鹳雀楼山西省“体彩杯”迎新年登高活动、2019年全国群众登山健身大会(永济站)暨第19届五老峰登山节、2019年太原国际公路自行车赛黄河赛段比赛、中国中西部篮球锦标赛永济争霸等赛事。

社会保障 2019年，永济市居民收入为22824元，同比增长8.50%；城镇居民人均可支配收入为31819元，同比增长6.80%；农村居民人均可支配收入14742元，同比增长9.20%。全年城镇新增就业人数5628人，失业人员再就业人数1124人，就业困难人员就业人数380人，城镇登记失业率0.87%，农村劳动力转移就业6767人，建档立卡贫困劳动力转移就业人数755人。全年全市参加各类保险人数共367970人。全年全市确定城市低保3260户、共5994人，发放城市低保金219.31万元；农村低保7104户、共15475人，发放农村低保金387.40万元。全市城乡贫困对象大病医疗救助人数为1485人，发放大病医疗救助金为140.80万元；全市特困供养对象3240人，全年共发放供养金696.95万元。

（张洋洋　岳晓转）

【河津市】 河津市地处山西省西南部，运城市西北隅，吕梁山南麓，汾河与黄河交汇的三角地带。总面积593平方千米。全市共辖2个街道、3镇、4乡，143个行政村。截至2019年底，全市常住人口41.44万人。

乡村振兴 2019年，河津市以产业为龙头，打造赵家庄苗木、黄河滩山药和中药材、连伯韭菜、通和富硒小麦4个万亩现代产业园，完成连伯村连绿种植合作社等4个精品示范园建设。实施“八大提档升级行动”，划定粮食生产功能区19.20万亩，建设高标准农田2.94万亩，主要农作物综合机械化率达90%以上，农业综合开发项目1.17万亩建设任务基本完成，粮食总产量达2亿千克。农民专业合作社达735家，家庭农场达62家，运城市级以上农业龙头企业达16家，全市农产品加工企业销售收入达13亿元。建立劳务用工基地40余个，输出劳动人员1.70万人，培训农民5100人次，培育新型职业农民325人。组织72家规模企业结对帮扶集体经济薄弱村，落实帮扶项目55个、资金762万元，121个村集体经济收入达到10万元以上。聚焦“两不愁三保障”，全年脱贫1852人，超额完成年度目标任务。截至2019年底，在17个村实施。农村饮水巩固提升工程使74个村16万人喝上优质岩溶水。开展村庄清洁行动，清理生活垃圾2.50万余吨、河道塘沟垃圾1600余吨、畜禽粪污等农业废弃物1300余吨。

工业 2019年，河津市实施“工业强市”战略，以总投资158亿元的60个重点项目为主抓手，实现河津工业振兴崛起。实施3个发展计划和“3515重大工程项目”。年初确定20项工业重点项目全部建成，73家规模企业发展势头良好。共实施22个重点工业项目，总投资101.50亿元。启动龙门、阳光4个大机焦项目建设，退出煤炭产能30万吨；“腾笼换鸟”，压减焦化行业过剩产能84万吨；推进工业化、信息化“两化”融合，总投资0.40亿元12个两化融合重点项目，截至2019年底，建成9个。战略性新兴产业倍增发展集群，实施三联顺驰高性能发动机缸体缸盖、潞安毓华50兆瓦风力发电、宏达10万千瓦超高压发电等项目。培育高新技术企业7家，入库科技型中小企业4家，阳光、宏达入选全省“两化融合”贯标试点企业。以河津经济技术开发区为突破点，推进企业整合、升级、入园。截至2019年底，入驻企业42家。

招商引资 2019年，河津市签约项目26个，签约金额121.36亿元；其中开工项目15个，开工率达58%，到位资金11.10亿元。在北京开展招商考察活动，签约投资5亿元新型智慧城市项目和投资1亿元年产20000吨低糖面条项目；与上海康拜公司对接，签订秸秆综合利用项目战略合作协议；与华中科大对接总投资1.50亿元无人机项目，签订产品意向订单。

城乡建设 2019年，河津市总投资7.30亿元先后铺开11项城建重点工程。推进“大通道”建设，浩吉铁路河津段建成通车，沿黄旅游路一期工程竣工，沿黄公路改线工程开工建设，韩河侯客运专线前期工作进展顺利。全年累计投资4495万元新增绿地面积21万平方米，超额完成上级下达任务40%，主要实施东赵路西延、华兴路、振兴路、体育中心、兴耿园和龙脊园等地绿化。投资500余万元在全运城率先使用数字城管监督指挥中心，开通“河津全民城管”手机App，获十三届全国智慧城市大会“应用成果优秀奖”。

生态建设 2019年，河津市环保技术改造治理投资近6亿元，完成11家焦化企业大气特别排放限值改造和熄焦废水深度治理、2家钢铁企业无组织超低排放提标改造、115座工业炉窑治理、29家工业企业VOCs治理。对洗煤、高钙灰、采石场等10个行业实行全面禁入，关停洗煤厂25家，关停高钙灰30家；2468家“散乱污”企业取缔1157家，完成整改1311家，困扰河津多年的“散乱污”企业面源污染问题基本解决。打击各类环境违法行为，排查企业810家（次），立案查处127起，处罚金额2985.77万元，移交公安机关34人；对超标排污行为实施即时处罚，立案查处17起，罚款1925万余元。共完成国土绿化2666.67公顷，完成三北人工造林66.67公顷，完成天保封山育林66.67公顷，完成区域特色造林133.33公顷，完成未成林补植补栽133.33公顷，完成未成林管护780公顷，完成森林植被恢复249.23公顷。

文化旅游 2019年，河津市加快沿黄旅游路建设。黄河大梯子崖、古今天下景区、西窑沟民俗村成为乡村旅游新热点，龙门村荣获“山西省AAA级乡村旅游示范村”。举办“三月三”真武庙庙会系列文化活动、“中澳国际风尚文化交流周”、美丽乡村百花节、“大禹文化节”及全国陶瓷产业高峰论坛活动等大型文化节庆活动。全年接待游客380万人次，实现综合收入1.20亿元。

民生事业 2019年，河津市发放农村低保金1053.91万元、城市低保金504.01万元、临时救助资金122.60万元、特困供养人员资金441.51万元、困难残疾人补贴资金139.27万元。新增城镇就业人数5380人，创业带动就业人数851人，城镇失业人员实现再就业人数3295人，就业困难人员就业365人，转移农村劳动力5195人，建档立卡贫困劳动力转移就业500人。推进总投资3.60亿元5项教育重点工程，实验小学教学楼主体完工、第五小学教学区投入使用、城南教学区维修改造及配套工程基本完成。98所农村公办小学合并为73所，农村义务教育阶段布局调整基本到位。市人民医院与省人民医院启动第二轮托管合作，3个乡镇卫生院48个村卫生室智慧医疗示范点建设扎实推进，市中医院与山西中医药大学签约合作打造二级甲等综合医院。 （李世杰）

忻州市

【概况】 忻州市总面积2.52万平方千米，下辖1区1市12县，191个乡镇（办事处）、3204个行政村。还有6个省级经济技术开发区，1个五台山国家风景名胜区管委会。截至2019年底，全市总人口317.29万人。

2019年，忻州市地区生产总值完成1001.60亿元，同比增长5.40%；规模以上工业增加值同比增长2.10%。固定资产投资（不含农户）同比增长9.30%。社会消费品零售总额419.80亿元，增长7.60%。公共预算收入90.90亿元，同比增长11.60%。外贸进出口总额17.60亿元，同比增长2.10%。城镇居民人均可支配收入30375元，同比增长7.20%；农村常住居民人均可支配收入9183元，同比增长10.60%。城镇新增就业4.43万人、登记失业率2.80%。居民消费价格涨幅在3%以内。

农业 2019年，忻州市农作物种植面积46.72万公顷，粮食产量192.80万吨，完成造林6.30万公顷。猪、牛羊肉总产量13.40万吨，截至2019年底，生猪存栏57.70万头，生猪出栏84.10万头，禽蛋产量9.60万吨，牛奶产量6.20万吨。机械耕地面积34.46万公顷，机械播种面积31.39万公顷，机械收获面积21.14万公顷。打造杂粮食品、中药材、肉制品、饮品（药茶）、酿品、保健食品（功能农产品）六大农产品精深加工产业集群，加快乳品、果品产业发展。粮食生产新增“三品一标”产品432个，创建5个省级有机旱作农业示范区，忻府区被授予“中国甘甜红薯之乡”。

工业建筑业 2019年，忻州市规模以上工业企业实现营业收入749.10亿元。规模以上工业企业实现利税总额132.90亿元，实现利润总额76.70亿元。

全年全市建筑业增加值34亿元，按不变价增长5.40%。资质以上建筑业企业完成总产值101.80亿元，增长7.60%，共签订合同额117.50亿元，下降0.80%。房屋建筑施工面积332万平方米，竣工面积216.80万平方米。资质以上建筑业企业共136家。

能源 2019年，忻州市晋能保德低热值煤电厂首台机组建成，华润宁武低热值煤发电项目移出停缓建名单。晋北风电基地新建145万千瓦风电项目加快建设，山西钢瑞等5个生物质发电项目核准建设，神池渊林2×15兆瓦生物质热电联产项目主体完工，全市绿色能源装机容量达到592.30万千瓦，占全省绿色能源装机容量的23.77%。

项目建设 2019年，忻州市储备项目转化率62.80%，签约项目当年开工率71.43%，工业技改投资同比增长43.80%，均排名全省靠前。实施工业转型升级重点项目68个，13个项目竣工投产，泰山石膏等4个项目列入全省工业转型升级重大项目。对外开放扩大，五台山机场口岸临时开放。五台东冶陆港开工建设。忻州海关通关综合服务中心大楼主体完工。山西永旺国际物流园区成为全省首批服务业集聚区示范区。定襄庄力法兰产业集聚区获批全省首批特色产业集聚区。对接京津冀、雄安新区、长三角、珠三角等重点招商区域，组织开展（天津）招商暨项目集中签约等活动。全年招商引资签约项目252个，总投资1305亿元。民营经济发展活力激发。新培育“小升规”企业75户、省级“专精特新”企业24户。

深化改革 2019年，忻州市深化供给侧结构性改革。煤炭退出落后产能150万吨/年，先进产能占比达78.90%。新增29户电力直接交易企业。五台云海镁业设立潘复生院士专家服务站。深化开发区改革创新，静乐现代农业产业示范区和岢岚、定襄经济技术开发区获批设立，全市省级开发区数量增至6个。忻州、原平、繁峙开发区“三制”改革完成，新批设的静乐、定襄、岢岚开发区“三制”改革推进。提升承载能力，推动工业项目向开发区集聚，全市开发区投资、产出、税收强度分别完成省定目标值122%、131%、210%，转型发展主战场、主引擎作用发挥。深化国企国资改革。市直国有企业“九个一批”改革深化，云河集团与田森集团联合开发的转型项目商业综合体投运，锻压机床厂、铁合金厂转型改革项目进展顺利，五交化供应站产权转让、大广云母材料公司破产加快推进。“三供一业”分离移交推进。深化农村综合改革。中央农村集体产权制度改革整市试点任务高质量完成，集体林权制度改革和国有林场改革推进，农村承包地“三权分置”完善，培育国家级示范社19个、省级示范社209个。深化质量标准改革。坚持以标准化引领转型，87家企业公布企业标准186项。建成国家级法兰产品质量检验监测中心和省级杂粮产品质量检验中心。忻州市被国家标准委等10部门确定为第一批对标达标提升行动城市。深化商事制度改革。市本级企业开办时间由5天压减到3天。全市实有市场主体同比增长18.4%。深化金融服务改革。小微企业贷款持续增长，减税降费政策认真落实。市级政府性融资担保公司（忻州汇丰中小企业融资担保公司）引入省融资再担保集团有限公司增资扩股，资本金规模达到3亿元。推出“政融保”金融产品，142户企业在山西股权交易中心“晋兴板”“培育板”和“展示板”挂牌。静乐等5个县级农信社改制为农商行。

城乡建设 2019年，忻州市如期创建国家园林城市，市本级新增绿化积30.04万平方米。全国文明城市创建工作全面提升，国家智慧城市、环保城市、海绵城市创建推进。五台、河曲两县创建国家级园林县城。定襄县创建省级园林县城。153个村开展特色风貌整治，新改建“四好农村路”3473千米，实施农村公路安全生命防护工程715千米。

环境保护 2019年，忻州市推进汾河、桑干河、滹沱河、大清河流域生态修复的治理，实施汾河中上游山水林田湖草生态保护修复试点工程，完成造林绿化57.74万亩。制定《忻州市大气污染防治条例》，坚持转型、治企、减煤、控车、降尘五管齐下，持续改善空气环境质量。全面压实河湖长责任，建立市县两级水利、环保、住

表57 2019年忻州市辖县（市、区）经济指标统计表

县市	地区生产总值（万元）	农林牧渔业总产值（万元）	固定资产投资增长速度(%)	社会消费品零售总额（万元）	一般公共预算收入（万元）	一般公共预算支出（万元）	人均可支配收入(元)	
							城镇居民	农村居民
忻府区	1800620	163732	12.60	1456070	60002	239886	32755	11618
定襄县	520482	87368	9.70	231413	22039	154991	32509	14425
五台县	582623	86500	9.30	220280	65720	299890	28481	7676
代县	673255	59165	9.10	115920	34018	189013	28528	6843
繁峙县	720683	118617	9.50	235848	31349	235591	32416	9252
宁武县	671722	40452	4	139613	91259	252303	26550	6843
静乐县	353327	74122	9.30	126081	28748	257018	25406	8177
神池县	279272	159070	12.30	124046	16908	125254	25535	9154
五寨县	303277	85857	8.10	136296	26548	154688	25831	8827
岢岚县	326959	73737	12.40	122894	18594	156446	29656	8159
河曲县	1081379	58927	3.50	191253	100695	164940	29903	8067
保德县	832901	70809	8.90	214480	81467	211210	31297	8516
偏关县	341507	68529	44.70	69061	21101	200470	24095	8180
原平市	1426311	237713	8.80	573468	85071	289870	33261	12074

（省统计局）

建、农业等部门监管信息互通机制，切实办好事关河流、水环境、水生态的事。持续加强固体废物和危险废物规范化管理，按期完成12家钢铁和独立球团企业无组织超低排放改造。

文化旅游 2019年，忻州市探索出以忻州古城为代表的文旅融合新路径，15处文保单位列入全国第八批重点文物保护单位名录。完成"二青会"忻州赛区承办事宜。代县雁门关国际骑游大会列入全省十佳品牌赛事。全域旅游发展势头强劲，忻州古城开门迎客，东大街成为山西省特色商业街。云中河康养项目进度加快。创建全省首批"黄河人家、长城人家、太行人家"54家。全市旅游总收入同比增长21.80%。

民生事业 2019年，忻州市落实创业就业扶持政策，深化公共就业服务，突出抓好高校毕业生等重点群体就业。实施"人人持证、技能社会"工程，技能培训5.50万人。社会保障水平提升，对65岁以上城乡参保居民每人每月增发5元基础养老金，城乡低保保障标准每人每月平均提高75元，特困人员基本生活标准每人每月平均提高98元。城乡居民基本医保人均财政补助标准提高30元，高血压、糖尿病门诊用药纳入医保报销，扩大异地就医直接结算范围，落实谈判药使用报销政策。教育振兴成效明显，教学质量进入全省第一方阵，中小学生课后免费服务、中小学办学模式等改革走在全省前列，忻州现代双语学校投运，城区和平小学、长征小学西校区等一批新改扩建学校加快建设，忻州高级技工学校开工建设。 (赵　芳)

【忻州市忻府区】 忻州市忻府区位于忻州市中部，总面积1986.53平方千米，下辖11乡6镇，3个街道办事处，234个行政村，34个社区居委会。截至2019年底，全区总人口56.70万人。

农业 2019年，忻州市忻府区编制完成《忻府区现代农业特色产业总体规划(2019—2023)》，调整优化种植结构，减少玉米种植1.50万亩。5.50万亩高标准农田开工建设。获"中国甘甜红薯之乡""中国香瓜之乡""中国优质辣椒生产基地""忻州甜糯玉米"等称号，被列为山西省市级区域公共品牌，24个产品获批认证"三品一标"。粮食功能区划定46万亩任务全部完成，通过省级验收。实施沙棘种植等20个产业扶贫项目，发展特色种植业2.99万亩，发展家畜家禽养殖30.23万头(只)，建成10个标准化养殖小区，680.62亩渗水膜谷子示范项目全部完成种植。

工业 2019年，忻州市忻府区规模以上工业企业实现产值78.40亿元，同比增长8.90%；工业企业实现利税11.40亿元，同比增长16.70%。实施工业企业规范化管理，在全区57户工业企业中推行6s、6σ管理。山西晨辉锻压设备制造有限公司与中北大学校企合作，建立专家工作站。忻跃新材料、佳拓混凝土、中泛混凝土、水务集团4户企业"小升规"，山西蓝天环保设备有限公司、山西金宇科林科技有限公司等9家企业申报高新技术企业。培育"专精特新"中小企业16家入库。山西四方恒泰防水材料有限公司、山西中通管业有限公司2户企业通过"2019山西省中小微企业发展专项资金'专精特新'中小企业项目"省级认定。

项目建设 2019年，忻州市忻府区推进"1789"重点项目建设计划，总投资101.36亿元的17个续建转型项目全部复工，完成年度投资24.60亿元，古城保护二期、现代双语学校等8个项目建成投运；总投资89.92亿元的22个新建转型项目中，泰山石膏、俊燕冶金等14个项目开工建设，完成年度投资26.40亿元；总投资238.26亿元的33个拟落地转型项目中，13个项目完成签约，10个项目完成立项。

文化旅游 2019年，忻州市忻府区完成省级国家全域旅游示范区初审验收，《忻府区全域旅游规划》《陀罗山风景区旅游总体规划》初稿编制完成。"旅游+非遗""旅游+文化""旅游+康养"新业态融合发展。忻府区合索乡北合索村被命名为山西省首批AAA级乡村旅游示范村，黄龙王沟村申报2019年度山西省旅游扶贫示范村。忻州秀容古城盛大开街，忻府院落投入运营，被评为2019年山西省8个特色商业街之一。全年全区旅游总收入107.73亿元，同比增长23.23%；接待游客1131.70万人次，同比增长20.71%。

环境建设 2019年，忻州市忻府区对40个村实施农村特色风貌整治，在所有行政村开展人居环境整治村庄清洁行动，拆违建、清垃圾、整河渠、治粪污四项工作提前两年全部完成。区财政每年投入1288万元用于农村环境卫生保洁，实现农村保洁常态化。完成农村改厕5800座。完成绿化面积126847.33平方米，完成古钟公园提质改造等4项重点工程项目。建成区内燃煤锅炉全面淘汰，"煤改电"清洁取暖、违法排污大整治"百日清零"任务完成。落实"河长制"，全面清除河道垃圾、农作物，加强工业污染排放监管，定襄桥国考断面退出劣V类水体。"大棚房"整治和忻府区奇村镇双乳湖17栋违建别墅拆除任务完成。

民生事业 2019年，忻州市忻府区中心医院门诊楼启用，医技楼项目土建全部完工。城乡怀孕妇女免费产前筛查、诊断服务和农村适龄妇女宫颈癌免费筛查服务任务完成，实施残疾预防重点干预和残疾儿童抢救性康复项目，10所老年人日间照料中心改造完成。忻府区光明消防站、奇村消防站开工建设，光明西街地质灾害治理工程、部落村地下水位治理工程完工。忻州三中操场新建、二中操场和教室实验室改建项目竣工，投入使用。秀容高中恢复招生，增加400个高中名额。支持忻州现代双语学校建设，2019年秋季如期招生。文艺演出80余场，免费送戏下乡演出74场。村级综合文化服务设施配套工作全部完成。 (胡国英)

【定襄县】 定襄县位于忻州市东南

部，总面积865平方千米，下辖3镇6乡，155个行政村。截至2019年底，全县总人口21.75万人。

农业 2019年，定襄县以调结构、育龙头、强品牌、抓整治、促增收为导向，全县瓜菜、小杂粮突破5万亩，辣椒突破8万亩，水稻、芦笋、莲藕、玉露香梨等特色种植集中连片、规模扩大，栽桑养蚕效益逐年提高，过百万元，生猪养殖向“双百万”进军，“三品”认证农产品达48种194个。

项目建设 2019年，定襄县签约项目25个，总投资62.50亿元，落地开工22个，开工率88%。14个省市重点项目共完成投资11.50亿元，超出年度计划34个百分点。全年财政总收入、争取增加转移支付资金和债券资金首次突破5亿元，分别达5.45亿元、5.97亿元；入库总投资9.49亿元3个PPP项目；法兰锻造产业总产值、销售收入双双突破百亿元，分别完成114亿元、111亿元。全县法兰锻造钢材利用率由56%提高到75%，生产效率提高8倍以上；组建集团公司26个，全县锻造企业整合到189户。定襄经济技术开发区获批省级开发区，签约15个项目，其中7个项目已落地并开工建设，总投资10.30亿元；开工续建项目8个，总投资16.97亿元，已全部完成投资并投产运营。311户入园企业完成工业总产值46.48亿元，占全县78%；销售收入41.78亿元，占全县78%；实现利税2.86亿元，占全县75%。

产业建设 2019年，定襄县规模以上工业增加值同比增长10.60%，高于全市8.50个百分点。庄力法兰产业集聚区、永旺现代物流集聚区分别获批全省首批特色产业集聚区和现代服务业集聚区。与省股权交易中心合作开创法兰锻造产业专板，推动10户企业完成股改并在“晋兴板”挂牌、22户企业在“展示板”挂牌；与省产业基金合作成立法兰锻造产业基金；与忻州汇丰中小企业融资担保公司合作，成立融资担保机构，为全县小微企业及“三农”项目提供融资担保服务；与中行、中国进出口信用保险公司合作，为企业量身打造“融信达”“中信保”等金融产品，为全县外贸出口企业提供保险并实现项目融资；与山西证券签订合作协议。全县各项贷款增长29.90%，达39.70亿元；增量贷存比增长16.60%，达52.40%，全县民营小微企业贷款增长21.40%，达13.40亿元，定襄县确定为省级资本市场县域工程试点县。全年全县新增“小升规”企业7户、“规改股”企业5户、省级“专精特新”企业8户、“专精特新”小巨人企业2户、“两化融合”企业3户、高新技术企业3户、省级技术中心3户、股份制改造企业21户，天宝集团、恒跃集团、管家营集团3家企业进入全省制造业100强，定襄县获批“国家火炬特色产业基地”。

环境保护 2019年，定襄县开展“百日清零”专项行动，启动脱硝改造试点工作，299家企业安装脱硝设备452台(套)，实施牧马河移动式应急处理设备项目和牧马河陈家营断面综合治理工程，完善定襄滹沱河南庄断面、定襄桥断面两个水质自动监测站建设，实现实时自动监测。在10个村开展特色风貌整治，在7个乡镇19个村改厕6000座。西河头村入选全省首批AAA级乡村旅游示范村。城乡环卫一体化建设全面启动，全县农村生活垃圾有效治理达80%以上。

民生事业 2019年，定襄县创建省级文明县城通过复审验收，取得阶段性重要成果；全县中小学校布局持续优化，整合15个空壳学校和教学点，率先在全市组建3个教育发展联盟集团，精英双语学校投入启运；医疗集团县乡信息一体化建设全部完成，实现县医院与乡镇卫生院互联互通，创建全省慢性病综合防控示范县和全省基层中医药工作先进县；全面拓展体育运动，举办二青会火炬传递；完成28场文化活动系列展演，组织免费送戏下乡65场；留辉洪福寺被公布为国宝文物；突出共建共享共治，西关、南关城中村棚户区改造项目完工，新增集中供热面积105万平方米，城中公园、城郊森林公园建成使用。全年脱贫151人，57个贫困村全部完成退出，7576名脱贫人口巩固提升。 (薄振宇)

【五台县】 五台县位于忻州市东部，总面积2865平方千米，下辖6镇24乡，573个行政村。截至2019年底，全县总人口32.66万人。

农业 2019年，五台县发展有机旱作农业，建成小杂粮基地13万亩，马铃薯基地7万亩，中药材基地5.10万亩，水果基地1.60万亩，干果基地12万亩，蔬菜基地1.50万亩。完成“三品一标”认证25个。全县猪发展到12.30万头、牛11.10万头、羊58.90万只、鸡54.90万只。种植优质牧草0.40万亩，推广粮改饲0.60万亩。实施冷冻猪肉储备，发放价格补贴，应对猪肉价格上涨。培育五台山沙棘制品有限公司、五台山酿酒厂、山西百草绿源中药材有限公司等农产品加工龙头企业24个，完成销售收入3.52亿元，增长8%。

转型改革 2019年，五台县“三供一业”分离移交基本完成，县属3个企业全部完成分离移交任务，驻地2个企业完成管理职能移交、资产移交。发布2项地方标准、1项企业标准。云海镁业设立潘复生院士专家服务站，列入山西省转型发展百强潜力企业。城园丰农机制造有限公司小籽粒杂粮膜侧播种机、山西德奥电梯股份有限公司全智能垂直升降停车设备列入省级科技重大专项和重点研发计划项目。全县高新技术企业达3个。

城乡建设 2019年，五台县率先开展“并村简干”改革，全县行政村从510个减少到249个，全省现场推进会在五台县召开。农村集体产权制度改革通过验收。集体林权制度改革和国有林场改革推进。农村承包地“三权分置”改革完善。东冶镇永兴村、阳白乡善文村、神西乡神西村等10个村开展特色风貌整治。新改建“四好农村路”519千米。建成垃圾中转站14个。改造农村厕所4000座。

环境保护 2019年，五台县完成清洁取暖“煤改电”13570户，城区环境空气质量优良天数比例86.80%，空气质量综合指数4.07。建成东冶镇污水处理厂和豆村镇污水处理厂，地表水达Ⅰ类水质标准，无劣Ⅴ类水体。开展土壤污染防治、露天矿山整治和绿色矿山创建工作。

项目建设 2019年，五台县储备项目107个，总投资108.81亿元。签约项目18个、金额56.83亿元。实施省市重点工程14个，完成投资6.48亿元。培育"小升规"企业4户。五台现代农业产业园区建成民生路和扬帆路，完成投资强度46.33万元/亩，销售收入1.86亿元。山西德奥电梯股份有限公司实现销售收入4321万元，城园丰农机制造有限公司实现销售收入2874.10万元，五台山沙棘制品有限公司实现销售收入2587.10万元。总投资21亿元的五台陆港建设项目完成土地征用。华能峨岭4.95万千瓦风电项目、华能黄花梁6.20万千瓦风电项目并网发电。中电建耿镇镇10万千瓦风电项目主体完工。晋能莲花山9.95万千瓦风电项目开工。全县绿色能源装机容量达160万千瓦。

文化旅游 2019年，五台县全面实施《五台县旅游发展总体规划》，总投资31.85亿元的门限石乡三岔沟7个整沟治理项目，完成投资2.80亿元。徐向前元帅故居创建国家AAA级旅游景区，五台县五峰慧果沙棘产业园创建国家AA级旅游景区。3个一号旅游公路进展顺利。全年全县旅游总收入14.38亿元，增长21.04%。

民生事业 2019年，五台县公共财政预算收入240亿元，增长-4.50%；城镇居民人均可支配收入28481元，增长6.90%；农村居民人均可支配收入7676元，增长13.10%。城镇新增就业3190人，失业人员再就业1412人，城镇登记失业率控制在3.25%。普高二本以上达线256人，职业教育对口升学达线231人，中考保持全市前三名；建成春芽幼儿园、春笋幼儿园；继奮学校综合楼、餐厅主体完工。机关企事业单位职工基本养老保险单位缴费比例降至16%，失业保险总费率降至1%；建成农村老年日间照料中心5个。深化县乡医疗卫生机构一体化改革，完善公立医院管理运行新机制，健全科学合理的分级诊疗制度。 （赵世靓）

【代县】 代县位于忻州市东北部，总面积1728.90平方千米，下辖6镇5乡，308个行政村，1个城区居民委员会。截至2019年底，全县总人口22.10万人。

农业 2019年，代县农作物播种面积38.90万亩，粮食总产达10万吨，增产13.6%。深化农业供给侧结构性改革，县财政奖补476万元发展特色农业种植百亩连片区2.13万亩。建设谷子有机旱作农业封闭示范基地1115亩，新增中药材种植1万亩。扶持农产品加工项目，农产品加工企业完成销售收入5.60亿元，增长7%。完成电子商务进农村综合示范县项目建设，县级服务中心和201个村级服务网点建成运行，农产品线上销售收入4000万元。全县15个农产品取得"三品一标"认证，4000亩中药材获"全国有机农产品基地"称号，"代县黄酒"入选全国特色食品目录。农村承包地确权登记颁证工作基本完成，农村集体产权制度改革试点工作全面完成。

产业转型 2019年，代县实施转型项目49个，完成投资19亿元。久力年产150万吨球团项目和恒诚福年产150万吨球团项目竣工投产。宇森科技年产20万吨生态复合肥和晶玉建材年产1.20亿块免烧砖新型环保产业项目建成投产。推进新华能风电、雁门关风电等新能源项目建设，15座联村光伏扶贫电站并网发电。县域经济转型升级考核指标大幅跃升，招商引资签约项目当年开工率78.90%，培育"小升规"企业15家，制造业增加值占工业增加值比重上升率达7%。

城乡建设 2019年，代县整合资金4527万元在245个村实施整村提升工程。上馆镇创建省级美丽宜居集中连片示范区，新高村、段家湾村创建省级农村人居环境整治示范村。县财政投资1500万元完成五里村、峨西村、堡内村等12个村的农村特色风貌整治，补助396万元完成危房改造2168户，配套9168万元新建改建、提质完善农村公路208条165千米。

环境保护 2019年，代县开展违法排污大整治"百日清零"专项行动，整改环境违法问题356个，立案查处环境违法行为81起，关停取缔"散乱污"企业34家。取缔8平方米以下球团竖炉22台，淘汰10蒸吨及以下燃煤锅炉149台，新增集中供暖面积7万平方米，实施"煤改电"16.30万平方米，全年全县优良天数同比上升13.20%。落实"河长制"，开展"河道四乱"整治行动，遏制多年来河道内种植农作物的违法行为。完成滹沱河代县段生态修复建设工程，建成滹沱河出境断面阳明堡泊水水质自动监测站。国考断面水质达II类标准。对69家工业企业固体堆场进行集中整治。完成造林3.25万亩，新增绿化面积7万平方米。

文化旅游 2019年，代县雁门关景区完成总体提升规划，投资1400万元对停车场、旅游步道等基础设施进行改造，通过国家AAAAA级景区复核。玉带湖公园旅游项目基本完工，历史文化名城西北街十字街区及传统民居提升改造项目开工建设。"体育+文化+旅游"融合发展成效显著，完成二青会中国式摔跤赛事，举办全国旅游城市定向系列赛、全国大学生篮球精英赛等赛事活动，雁门关国际骑游大会入选全省十佳品牌赛事。鹿蹄洞创建省级乡村旅游AAA示范村和省级旅游扶贫示范村，橙槽沟、陈家庄创建省级旅游扶贫示范村。全年全县景区景点共接待游客509万人次，实现旅游综合收入49亿元，同比增长23%。

民生事业 2019年，代县建立县乡村三级公共就业服务体系，技能提升培训4186人，城镇新增就业3809人，转移农村劳动力4118人。城镇登记失业率控制在3%以内。学前教育适龄幼儿入园率达96%，义务教育适龄儿童全部入学,“两免一补”政策全面落实。雁门济困助学基金会、牧原公司持续资助906名贫困学生完成学业。整合资金1039万元,新建村卫生室74个,改造维修村卫生室28个。城乡居民医疗保险基本实现全覆盖。农村饮水安全达100%。社会救助加强,城乡低保标准每人每月提高75元,全年发放低保金5512万元。

(常 雲)

【繁峙县】 繁峙县位于忻州市东北部,总面积2368平方千米。下辖4镇9乡,1个经济技术开发区,224个行政村。截至2019年底,全县总人口27.65万人。

产业转型 2019年,繁峙县共实施128个项目。全县农林牧渔业总产值完成5.81亿元,增长6.60%。装备制造业增加值占工业增加值比重提高3.30%;工业企业实现利税8.79亿元,同比增长32.80%。新能源产业投资完成9.33亿元,占全县固定资产投资的20.11%。

文化旅游 2019年,繁峙县巩固提升滹源国家AAAA级景区,创建伯强村省级首批AAA级乡村旅游示范村。平型关景区、桥儿沟景区创建国家AAA级景区通过评审。创建4个省级首批“长城人家”和1个“太行人家”。新增韩庄长城、狮子窝琉璃塔2处全国重点文物保护单位,全县国保文物单位增至8家。

民生事业 2019年,繁峙县一般公共预算收入完成3.13亿元,同比增长18.60%;城镇常住居民人均可支配收入完成32416元,同比增长8.30%;农村常住居民人均可支配收入完成9252元,同比增长11.20%。民生支出20.15亿元,同比增长2.10%,占财政总支出的83%。深化教育体制改革,县管校聘改革深入推进。中考均分、及格率、优生率3项指标综合排名全市第四。基本公共卫生服务项目考核全市前三。为3410名城镇低保对象发放资金1890.84万元,为20599名农村低保对象发放资金7122.56万元。城镇新增就业5178人。举办“奥跑中国”等国家级赛事。化解信访积案32件,实现重要节点“零非访”。安全生产形势持续向好,亿元地区生产总值生产安全事故死亡率0.57‰。绿化造林4.90万亩。县城建成区清洁取暖率达90%以上。横涧乡撤乡设平型关镇获批复,63个行政村通过“并村简干”进行撤并。

脱贫攻坚 2019年,繁峙县剩余3个贫困村、1360名贫困人口全部脱贫退出,贫困发生率下降至0.13%,贫困村退出率达100%。4月,山西省人民政府批准繁峙县退出贫困县,7月,通过国务院扶贫上年贫困县退出抽查。

(冯占军)

【宁武县】 宁武县位于忻州市西部,总面积1936.40平方千米,下辖4镇10乡,464个行政村,8个居委会。截至2019年底,全县总人口15.99万人。

农业 2019年,宁武县发展有机旱作农业,推广综合集成技术,种植地域特色的小杂粮、马铃薯、中药材等17万亩,粮食产量达3.05万吨、同比增长8%,实现“八连增”。做强农业品牌,认证“三品一标”10个,农副产品加工销售收入4.36亿元、同比增长7.40%。发展健康规模养殖,大象生猪12个养殖小区顺利投用,驴、牛、猪、羊饲养量分别达0.40万、1.90万、10.20万、45万头(只)。基本完成国家电子商务进农村综合示范县建设,构建县、乡、村三级物流体系,推出“芦芽山珍”“汾源印象”两大区域公共品牌。

工业 2019年,宁武县培育规模以上工业企业29户,完成产值57亿元、同比增长7.10%。能源革命综合改革开局良好,全年生产原煤1510.80万吨、现价产值42.70亿元,原煤销量1537.10万吨、销售产值43.90亿元。6个风电企业正常运行发电,华润低热值煤电厂移出缓建名单复工建设,北辛窑煤矿电力项目加速推进,北京首欣风电和中广核光电项目具备开工条件。

转型改革 2019年,宁武县拓展企业投资项目承诺制改革,政府统一服务事项7个,企业自行办理事项缩减70%以上、待办时间压缩50%以上,新增备案企业46家。落实商事制度改革举措,推进电子营业执照办理,实行简易注销登记管理,新增企业240家、农民专业合作社49家。开展“法人知税、算出红利”活动,落实国家减税降费政策,减免各项税费1.57亿元。完成中央农村集体经济产权制度改革试点任务,完成集体经济组织成员身份确认,土地规模流转2.60万亩,农业生产托管服务2.70万亩。大运华盛能源集团重组董事会、监事会,完成干部职工队伍改革,建立煤炭销售网上竞价平台;推动3户国有企业“三供一业”分离办社会职能,开展28户“僵尸企业”出清和40户国有企业退休人员社会化管理前期工作。

城乡建设 2019年,宁武县统筹城乡发展,完成城区25条小街小巷提升改造工程,新建改建管网14千米,新增集中供热面积18万平方米。保障困难群众住房需求,城镇棚户区住房改造基本建成1336套、货币化补偿75套,住房保障租赁补贴发放412户,农村危房改造614户。改善路网通行条件,完成改造县道18.50千米、乡道11.30千米、村道217千米。结合整村提升工程,开展村容村貌专项整治234个村。集聚乡村发展资源,发挥中心村带动作用,撤并行政村35个。统筹做好旧村拆除复垦,城乡建设用地增减挂钩完成易地交易指标584亩、收益1.75亿元。

环境保护 2019年,宁武县实施大气、水、土壤污染防治年度计划,治理无组织排放企业83家、入河排污口35个,国家确定点位土壤取样7处。开展造林绿化,人工造林2.70万亩、封山育林2.30万亩、退耕还林1.80万亩。开展绿色矿山创建,企业存储创建基金3020万元、土地复垦保证金3687万元,神达栖凤煤业被评为“忻州市绿色矿山企业”。

文化旅游 2019年,宁武县启动县融媒体中心建设,实现农家书屋、农村文化活动室、乡镇综合文化站、广播电视户户通、农村电影放映5

个全覆盖。《懒三脱贫记》获“中国文化管理协会、中国演出行业协会优秀团队”称号。创新用好“一县一策”，实施宁化村旅游扶贫试点项目。王化沟村入选全省首批AAA级乡村旅游示范村，坝沟湾村、大石洞村、高桥洼村被评为全省旅游扶贫示范村。全年全县接待游客136万人次，旅游综合收入12.60亿元，分别同比增长26.60%、30.20%。

民生事业 2019年，宁武县开展就业援助和就业招聘活动，实施全民技能提升工程培训3058人，转移农村剩余劳动力2104人。教育发展教育扶贫政策持续发力，发放资助补助金1281万元、生源地助学贷款1532万元；城区幼儿园完成改造，职业中学基本完工，示范性高中投入使用。医疗卫生全面落实二孩配套政策，实施基本公共卫生服务和妇幼惠民工作，建档立卡贫困人口累计补偿13116人次、报销救助7510余万元。民政实现农村低保制度与扶贫开发标准“两线合一”，发放城市低保金1215万元、农村低保金3686万元和农村特困人员救助金1086万元，受益贫困群众15589人。发放其他救助金、补贴金和生活费等1284万元，保障困难群众基本生活。社会救助完成38例残疾儿童诊断筛查和抢救性康复，为3338名重度残疾人缴纳医疗保险，为4681名残疾人缴纳意外救助保险。（李金平）

【静乐县】 静乐县位于忻州市西北部，总面积2058平方千米，下辖4镇10乡，381个行政村。截至2019年底，全县总人口16.02万人。

农业 2019年，静乐县加大农业种植结构调整，实施标准化种植1.19万亩，特色种植面积发展到20万亩，农作物种植面积稳定在44.35万亩，粮食总产达1.36万斤。全县牛、驴、羊、猪、鸡等畜禽饲养总量达66.20万头（只）。新增农机具468台，完成农机作业面积51万亩。新认证“三品一标”农产品28个，认证面积累计达15.30万亩。实施杂粮（莜麦）全产业链开发，推进省级杂粮（藜麦）现代农业产业园建设，获“中国生态食材示范区”称号。坚持以“一村一品一主体”为抓手，发展各类合作社16168个、种养大户126户，构建“公司+合作社+农户”的产业利益联结机制。

项目建设 2019年，静乐县实施省市重点项目13个，完成投资11.85亿元。汾源煤业、晋北煤业矿井兼并重组整合技改项目达验收标准并投入生产；杜家村镇采煤沉陷区综合治理搬迁安置项目主体完工；小康苑、利民小区易地搬迁安置项目建成并交付使用；黄金山生态旅游区初具规模；县热源技改项目投入运行。深化企业投资项目承诺制改革，审批项目38个，计划总投资63.30亿元。组织外出招商活动6次，签约项目14个，总投资62.40亿元，当年开工率达71.40%。积极申报中央预算内投资项目、地方专项债券资金项目10个，完成项目储备52个。静乐现代农业产业示范区获批省级开发区。全市重点项目观摩评比获三等奖。

产业建设 2019年，静乐县规模以上工业增加值同比增长23.30%，增幅全市排名第一；完成工业技改投资4.20亿元，培育“小升规”和高新技术企业3户。分类推动国企改革，7户企业列入“处僵治困”名单，5户商业企业列入“以改制转”名单，“三供一业”分离改造完成。落实减费降税政策，减免税费4625.20万元。全面推行“证照分离”改革，新增注册登记1222户，市场主体总计达8996户。

城乡建设 2019年，静乐县卫生县城通过国家复审验收，完成广电网络双向平移改造升级1600户，新增园林绿化面积4.90万平方米，新建污水管网3千米，改造供热管网4.20千米。实施农村环境综合整治37个村，改造卫生厕所2000座，新建乡村文体广场107处。拓宽改造乡村公路30.40千米，实施畅返不畅道路整治48.70千米，建设旅游公路10.60千米。

环境建设 2019年，静乐县完成水土流失治理17.50万亩、造林绿化21.50万亩、通道绿化65千米。汾河川国家湿地公园通过验收并正式挂牌。完成清洁取暖“煤改电”707户，全年二级以上优良天数达336天。

文化旅游 2019年，静乐县举办乡村文化节、农民春晚、“奔跑静乐”越野赛，教师合唱团获全国合唱大赛一等奖；启动深度贫困地区公共文化服务和旅游发展示范县创建，纳入黄河流域文化保护规划和太行山旅游板块规划，静乐文庙、净居寺石窟列入第八批国家重点文物保护单位名录，庆鲁窑洞、木瓜山民宿入选全省首批“黄河人家”名单。

民生事业 2019年，静乐县推进医保制度改革，异地就医直接结算、县域内贫困户医疗救助“一站式”“一单制”及时结算政策全面落实。实施“人人持证、技能社会”工程，技能培训2378人，全县城镇登记失业率控制在2%以内。扩容改造县城小学3所，解决城区学校超大班额问题。购置巡回医疗服务车、大型巡回体检车10辆。低保对象每人每月提标70元，城乡居民基本医疗保险参保率、基本养老保险参保率分别达99.50%、98.40%。新建日间照料中心4所，鹅城敬老院被授予“全国敬老文明号”称号。建成村级光伏扶贫电站14座，总规模达94.50兆瓦。实施“五个一批”工程，21293个贫困户通过生态扶贫实现增收，占到建档立卡贫困人口的45%。建成扶贫车间1.40万平方米，引进久冠、东紫等服装加工企业，实现家门口就业。新建、改扩建标准化村级卫生室251个，实施危房改造846户，行政村饮水安全达标。全县14992户46878人脱贫、192个贫困村退出、县14项摘帽指标全部达标，贫困发生率下降到0.49%，省政府批准退出贫困县。（李青春）

【神池县】 神池县位于忻州市西北部，总面积1470.75平方千米，下辖3镇7乡。截至2019年底，全县总人口10.92万人。

农业 2019年，神池县深化农业供给侧结构性改革，坚持“稳粮优经扩饲”，调减玉米，增加谷子，突出品牌，与中国三农控股有限公司合作，创建国家有机旱作农业示范县。全县粮食作物总产21.60万吨，比上年增产22.70%；油料产量690万千克，比上年增产7.40%，种植业产值达8.10亿元。全县羊、猪、大畜存栏分别达51.23万只、1.99万头、2.73万头，出栏51.16万只、1.99万头、0.99万头，肉(羊、牛猪、鸡)产量1.10万吨，畜牧业总产值达5.20亿元。农机化水平提升，发放农机补贴1914万元，农机总动力达23万马力，农业综合机械化率达56%以上。品牌化、集约化发展步伐加快，完成“三品”认证17个，新增省级农民专业合作社3个、市级示范社4个、县级示范社7个，农业专业合作社达810个，家庭农场达572个。东湖乡入选农业农村部、财政部2020年农业产业强镇建设名单。

项目建设 2019年，神池县储备项目39个，总投资56.70亿元；签约项目12个、总投资39.56亿元；项目建设库在库项目42个，总投资49.70亿元，其中新建29个，全部开工建设；续建13个，全部复工。完成“小升规”企业5家，高新技术企业3家。加快百万千瓦级绿色能源基地县建设，润宏风电一期、艾特科创五连山风电二期，以及2.54万千瓦光伏扶贫村级电站均如期并网发电，全县新能源项目总规模达97.04万千瓦。

城乡建设 2019年，神池县改善城乡基础设施，总投资1.51亿元的崞水街提质改造、南山景区旅游公路2个项目开工建设，改造县村道路66.40千米、城内街道7条，硬化小街小巷3万余平方米；完成改厕374座，建成垃圾中转站4座。

环境建设 2019年，神池县开展大气、水、土壤污染防治三大战役，完成全县第二次污染源普查。全县二级以上优良天气达331天，优良天数比率为91%，细颗粒物、可吸入颗粒物平均浓度分别下降13.30%、17.70%；完成全县11条河流的清查工作，疏通河道5处800余米；投资1.40亿元实施后草庵高效农业型整沟治理，完成坡改梯及高标准农田建设3000亩；实施京津风沙源治理、吕梁山生态脆弱区治理等工程5.80万亩，全县生态绿化水平提升。

文化旅游 2019年，神池县文旅事业发展，总投资6611万元的“两馆一院”开工建设，投资130万元为4乡8村建设文化舞台，投资150万元为乡村配送文艺器材2055件，送戏下乡145场，为农家书屋补充图书13335册。

社会事业 2019年，神池县民生支出10.58亿元，统筹发展各项社会事业。健全医疗卫生服务体系，投资2243万元，新建神池县中医院门诊综合楼，完成主体工程；投资1033万元，建成妇幼计划保健中心；投资80万元，完成义井、八角两所乡镇卫生院能力提升改造工程；中医院二级甲等申报通过评审。城镇新增就业1999人。

脱贫攻坚 2019年，神池县整合涉农资金1.65亿元，县财政投入1983.60万元，推进脱贫攻坚。以有机旱作、健康养殖等为主的脱贫产业实现全覆盖，贫困户人均收入稳定达5000元以上；开展农村不安全住房“清零”行动，35户危房改造任务完成；实施饮水安全巩固提升工程10处，惠及贫困人口2472人；推进健康扶贫，考试选拔乡村医生72人，建档立卡贫困人口参保率100%；全面落实“雨露计划”“两免一补”等教育扶贫政策，累计资助7315人，实现学前、义务教育等不同阶段资助政策全覆盖；31家造林合作社累计造林7.14万亩，带动455户贫困户年均增收8810元；实施退耕还林3.30万亩，859户户均获得转移性收入10346元；开展森林管护就业，新增护林员75人，人均获得年工资性收入7800元；制定完善易地搬迁后续扶持实施方案，通过组织劳务输出、扶贫车间等措施，实现易地搬迁零就业家庭全部清零；完成62个整体搬迁村2555.17亩复垦工作，清理登记62个整村搬迁村资产1896.50万元。

（杨向东）

【五寨县】 五寨县位于忻州市西北部，总面积1387.60平方千米，下辖3镇9乡，2个办事处。截至2019年底，全县总人口11.60万人。

农业 2019年，五寨县推进有机旱作农业，重点发展甜糯玉米、小杂粮、马铃薯、中药材、蔬菜五大优质特色种植业，落实种植面积69.30万亩，粮食总产达24万吨。依托雁门关生态畜牧经济区优势，实施养殖场棚圈、青贮窖、粪污处理、粮改饲等项目。建成标准化养殖场78个，规模养殖户达580家，羊存栏48.30万只，大畜、猪、鸡存栏分别达6.60万头、5.80万头、32万只，畜产品总产量达1.50万吨。甚喜茶园被认定为全国高新技术企业，全县新认证“三品一标”14个，无公害、绿色、有机产品基地保持在30万亩以上，农机总动力达25.61万千瓦，农业综合机械化作业率达75%以上。累计发展农民专业合作社590个，年销售额达100万元以上的农业加工企业25个，完成销售9.28亿元。

项目建设 2019年，五寨县实施重大转型项目16个、县级骨干项目25个，总投资59.70亿元，转型项目投资完成额占固投比重达80%以上。总投资28.40亿元的4个风电项目落地实施，生物质热电联产项目开工建设，总规模78.60兆瓦光伏发电项目投产运营。金航综合服务区二期、旭来驾校、物流扶贫产业园、新大象育肥猪场等一批产业项目建成投运。园区各项工作推进，入选国家首批农村产业融合发展示范园，入园企业达15个、各类新主体达38家、社会化服务组织达10家，园区总产值达2.10亿元、年销售收入达1.78亿元。招商引资签约项目17个，投资41.89亿元。推行企业投资项目承诺制、审批服务便民化，35个单位认领监管事项887项，35个项目实行承诺制无审批管理，企业开办时间压缩至3个工作日内、90%的手续实现当天办结。落实减税降费政策，全年减免税费1.20亿元，中小企业税收负担减轻。全县民营主体4424户、民营经济占GDP比重达58%。

城乡建设 2019年，五寨县不动产登记中心、残疾人服务中心、棚户区改造、晋华公园等项目全部建成，第一人民医院综合楼、工人文化宫、华丰商贸、北方顺通物流城等项目推进。宁远街、颐峰街等道路建成通车，园区大道一期、运输北路等项目开工建设；路面、人行道修补1万余平方米。完成清涟河综合治理堰体工程11座；实施南山排洪工程；峤峪引水工程近期供水，马家寺引水工程推进。铺设供水主管道1.30千米、供热管道2.70千米、排污管道3.70千米；建成垃圾中转站8座，三岔污水处理厂基本完工；数字化城市管理平台通过验收，城区综合执法加强；神岢高速（五寨段）建成通车，实现县城通高速目标；“创卫”通过复审，县城绿化、美化、亮化工程有序实施，市政基础持续改善。乡村实施垃圾治理、污水处理、农村改厕、村容村貌提升、卫生乡村“五大工程”，累计完成26个村特色风貌整治。完成11个村、5408人的饮水安全工程及颐峰水库项目前期工作；农村“四好公路”建设108千米，所有建制村全部通客车。

环境保护 2019年，五寨县完成营造林6.20万亩；整治矿山2座。实施城区主街道、公园、广场以及南山森林公园等绿化，栽植乔木6.69万株，栽植花灌木8.25万平方米，全县绿地率达39.14%，绿化覆盖率达42.17%。取缔燃煤锅炉35台，关闭砂场10个，没收非法采砂4万余方。实施清洁能源替代工程，新增供热面积23万平方米，新接入天燃气用户1100户，完成煤改电130户，全县空气质量优良天数比例达90%。

民生事业 2019年，五寨县财政投入10.50亿元（占公共财政预算支出的77.20%）解决民生实事。投资300余万元实施中小学、幼儿园校舍维修工程；投资200余万元建设中小学录播教室。百梦园幼儿园、阳光幼儿园建成启用，五寨一中学生宿舍楼完成招投标。招聘特岗教师28人。高考二本B类以上达线210人，较上年增加20人；中考600分以上126人，位居全市第六。第一人民医院综合楼项目5层封顶。北京望京医院、山大二院等北京和省城的8所医院对口帮扶成效显著。全民技能提升培训2693人，培训贫困劳动力驾驶员80人，农村劳动力转移就业1626人，城镇新增就业1685人，城镇登记失业率控制在2.90%以内。机关事业单位养老保险、失业保险、城乡低保金、农村五保金、优抚对象及各类救助及时足额发放。改造城市棚户区50套，分配经适房21套，改造农村危房36户，地质灾害避让搬迁项目基本完工，砚城镇中所村老年人日间照料中心建成启用。完成基层文化服务中心建设，举办纪念五四运动100周年、庆祝中华人民共和国成立70周年活动和文化“三下乡”等活动。

（朱和森）

【岢岚县】 岢岚县位于忻州市西北部，总面积1984平方千米，下辖2镇10乡，1个城区居民办事处。截至2019年底，全县总人口8.70万人。

农业 2019年，岢岚县发展现代农业，建设科技示范园区9.60万亩、有机旱作封闭示范片红芸豆2000亩，种植中药材3000亩，完成“三品”认证19个，粮食总产量1.30亿斤。推进特色养殖，完成晋岚绒山羊产育繁推一体化项目，山西新大象7个育肥猪场建成运营，全县羊饲养量62万只、猪饲养量4.50万头，畜牧业总产值4.10亿元。

产业建设 2019年，岢岚县培育“小升规”企业4个、高新技术企业1个，煤炭工业增加值占工业增加值比重下降0.90%，制造业增加值比重上升2.60%，工业企业利税增长速度6.20%，服务业增加值增长速度8.89%。

转型改革 2019年，岢岚县争取和实施重大基础设施、社会民生项目12个12.75亿元，引进清洁能源开发、箱包制造、石材加工等一批生产型、经营型、技能型企业。全县农村土地确权颁证14400本；确认集体经济组织成员61925个，完成214个集体经济组织的成员身份界定、折股量化，成立集体经济股份合作社；流转土地6640亩，交易金额127万元。完善市场主体退出制度，新增市场主体561户，简易注销48户，全县市场主体达5823户。支持各类金融机构深化改革，扩大资金投放规模，贷款余额14.87亿元，较年初增长4.16%，全县各类金融机构存贷比17.53%。提升“三支贷”融资水平，贷款余额6510万元。

项目建设 2019年，岢岚县招商引资签约50.10亿元，签约项目当年开工率46.50%，新增项目储备71.10亿元，实施转型项目30个71.10亿元。省级经济技术开发区获批，投资强度184.31万元/亩，产出强度178.45万元/亩，税收强度8.05万元/亩。晋兴奥隆热电技改项目、宋家沟沙棘功能食品开发项目完工，山地阳光10万吨沙棘系列饮料无菌冷罐技改项目启动。鑫磊石材、立源皮具等项目开工建设，天盛缘玻纤环保空气过滤新材料研发取得重大突破，总规模105.50兆瓦的风电光电项目完工、250兆瓦的风电项目在建。

环境保护 2019年，岢岚县完成13.04万亩营造林任务，实施山水林田湖草一体化生态保护与修复，推进岚漪河、北川河等重点流域生态保护修复，开展露天矿山整治和绿色矿山创建工作，对29个矿山集中整治。强化污染防治，淘汰燃煤锅炉41台，“煤改电”451户，各项减排任务较好完成，全年二级以上天数326天，占比89.60%。落实“河长制”，定期监测岚漪河3个断面和城区污水处理厂出水水质，III类水体比例、集中式水源地水质、地表水考核断面达标率均为100%，劣V类水体比例保持为0。启动“五村联创”3年行动，实施改善农村人居环境建设项目，农村垃圾分类工程配置地埋式垃圾分类桶86村104套、地上式垃圾分类桶46村62套、个户分类桶1020个，建成三井污水处理站，完成王家岔乡7村污水处理体系建设，改厕2235座，创建三井、宋家沟、阳坪3个国家卫生乡镇。

文化旅游 2019年，岢岚县宋长城景区、岢岚古城、吴家庄生态农业园进展顺利，岢岚古城游客集散中心建设启动，创建宋家沟全国美丽休闲乡村和宋家沟、王家岔、吴家庄3个省级乡村旅游示范村。

民生事业 2019年，岢岚县全民技能提升培训2402人，转移农村劳动力1305人，新增城镇就业1586人，城镇登记失业率2.20%。健全教师考核评价机制，中考综合成绩位居全市前列。免费体检1.20万余人，"双服务"2.30万人次，"三保险、三救助"、136兜底、先诊疗后付费、一站式结算等政策全面落实。送戏下乡72场、文化下乡演出57场、公益放映1778场，建成数字影院和20个农村电子阅览室。五大保险健康运行，城乡低保、重度残疾人、孤儿等弱势困难群体实现应保尽保、应补尽补，新建闫家坪、吴家庄、黄道川3所日间照料中心投入使用。再脱贫86户216人，贫困发生率下降到0.08%。2019年4月，省政府批准岢岚县退出贫困县。

（贾润高）

【河曲县】 河曲县位于忻州市西北部，总面积1323平方千米，下辖4镇9乡，340个行政村。截至2019年底，全县总人口14.70万人。

农业 2019年，河曲县发展红辣椒7248亩，发展渗水地膜谷子等杂粮2万亩，实施有机旱作农业示范片1000亩、马铃薯标准化生产基地1万亩，打造蓖麻养蚕示范片2800亩。投入使用8个标准化养殖车间，奶牛、猪、鸡、羊规模化养殖比例分别达98%、85%、100%、70%。"许诺"牌小米跻身"山西好粮油"产品名录。扶贫农业产业园区建设加快，8家企业签订入园协议，3家开工建设。

工业 2019年，河曲县规模以上工业增加值完成51.37亿元，同比增长10.60%。规模以上工业实现销售产值106.43亿元，同比增长9.17%，产销率为99%。漳泽电力3万千瓦光伏电站并网发电，国京风电10万千瓦风电项目有序推进，总投资17亿元5万吨磷酸铁锂新材料和总投资10.50亿元现代纺织产业园项目落地，6个工业技改项目建设完成。万联节能材料焦宝石获第六届铝硅质耐火原料博览会金奖，香山酒厂被认定为"专精特新"中小企业，燠晶硅和莲心硒美被认定为高新技术企业。

项目建设 2019年，河曲县围绕战略性新兴产业、现代农业、生态环保等转型项目精准招商。签约项目27个，总投资97.92亿元，开工入库21个，开工率77.80%。实施省市重点工程18项，完成投资26.97亿元，完成年度任务的161.73%。

城乡建设 2019年，河曲县市政基础设施建设完成投资2.30亿元。新建改造城市道路5.45千米，新建改造城市供水、供气、供热管网22.60千米、城市污水管网3千米，新增城市集中供热12万平方米。灵河高速与黄河大街连接线和黄河东大街改造工程建成通车。通过国家创卫复审，国家园林县城挂牌。省级文明县城经过省市两轮验收效果良好。建成区绿化覆盖率达43.88%，高于国家考核指标5.90个百分点；人均公园绿地面积15.26平方米，高于国家考核指标6.26平方米。城市生活垃圾、污水无害化处理率均达100%。杨桥洼、榆岭洼等10个村的农村建筑特色风貌整治成效明显，农村人居环境整治"五个专项行动"推进。赵家沟乡水泉村地质灾害治理搬迁有序实施。66千米的农村公路窄路基拓宽改造工程、132千米的安全生命防护工程和31.50千米的畅返不畅改造等交通工程投入使用。

环境保护 2019年，河曲县实施退耕还林、天然林保护等重点生态项目，全年营造林面积达8.05万亩，全县森林覆盖率达24.13%，高出全省1.34个百分点。推进田巨卯、张家也、榆岭洼3条试点沟域整沟治理。开展"清四乱"专项行动，4处乱点全部清理整治。县城饮用水源水质每月检测符合《生活饮用水卫生标准》。禹庙断面水质稳定达地表水Ⅲ类标准。28家加油站双层罐或防渗池改造全部完成。开展秸秆禁烧、涉煤企业扬尘污染管控工作，关停取缔"散乱污"企业2家，改造或淘汰工业炉窑36个、燃煤锅炉23台。市"百日清零"行动转办的149个清零问题全部销号。鲁能上榆泉煤矿等9家煤矿企业全部通过市级绿色矿山验收，神达梁家碛煤业等5家矿山企业入选国家级绿色矿山。县自然资源局、晋神沙坪煤业获全国首届绿色矿山突出贡献奖。

民生事业 2019年，河曲县城乡居民养老保险、基本医疗保险参保率分别达98.30%、96.80%。城乡低保标准分别提高18.61%、25.58%。城镇新增就业2321人，转移农村劳动力2934人。改造完成棚户区住房543套。2所县敬老院、1所乡养老院、15所农村老年人日间照料中心运营良好。45个贫困村自来水入户工程全部投用。40名特岗教师全部充实到农村教育岗位。长城小学、幸福小区幼儿园投入使用。新建县人民医院住院楼主体结构完工，充实医卫人才26名，公共医疗卫生服务体系完善。创建省级慢性病综合防控示范县。扫黑除恶专项斗争取得阶段性成效，依法打掉黑恶势力团伙1个，破获敲诈勒索案件5起。

（白耀欢）

【保德县】 保德县位于忻州市西北部，总面积997.50平方千米，下辖4镇9乡，1个城区居民办事处。截至2019年底，全县总人口16.59万人。

产业转型 2019年，保德县推进转型项目73个，总投资189.30亿元。推广有机旱作农业3万亩，新增"三品"认证产品27个，粮食产量达5.25万吨，连续4年稳定在5万吨以上；发展规模养殖场区10个，规模畜禽养殖场达150个，规模饲养比重大幅提高；农业产业化企业发展到40多个，年销售收入达4.60亿元。全年生产原煤1751.39万吨，与上年同期相比产量下降70.80万吨，产值增长9.30亿元；光伏电站装机规模达86.70兆瓦；经济技术园区入驻企业达11个，培育"小升规"企业5个。发展乡村旅游、传统商贸、物流运输、电子商务，第三产业增加值28.05亿元，同比增长9.10%，占地区生产总值比重达33.50%。

改革创新 2019年，保德县农村集体产权制度改革进入总结验收阶段。网上全程电子营业执照占到企业注册总数的73.50%，办理时限压缩到1个工作日，新增各类市场主体2028户。土地复垦增减挂钩取得成效，48个易地扶贫整村搬迁村旧房拆除后恢复耕地618.10亩。"并村简干"取得新进展，撤并行政村71个，减少"两委"干部328名。刘家塔红崖沟整沟治理项目完成土地整理736亩，新增耕地494亩。清理拖欠民营企业中小企业账款4234.83万元，为各类市场主体减税降费1.64亿元。

环境保护 2019年，保德县改造工业企业炉窑、锅炉44台，新增燃气用户3934户，新增集中供热2700户28万平方米，全年全县空气质量优良天数达297天。推进碧水保卫战，全面落实"河长制"，基本完成"清四乱"工作，累计拆除住房39户413间、企业7家、厂房180间，动用土石方39.37万方；花园子省考断面和碛楞国考断面稳定达标，全县未出现劣Ⅴ类水体。全年造林5.11万亩，森林覆盖率达16.51%。推进露天矿山综合整治和绿色矿山创建工作，非煤矿山企业累计投入生态修复治理经费1104万元，完成治理面积2676亩；神华保德煤矿完成国家级绿色矿山创建，神达晋保、金山、望田煤业通过市级绿色矿山创建验收。

城乡建设 2019年，保德县新建改造供气管网9.20千米、供热管网31.50千米、城市道路2.63千米，完成林涛大道绿化19.60万平方米和景观1000平方米，污水处理站改造和截留干管铺设工程完工。新建6个乡镇生活垃圾中转站，完成10个农村建筑特色风貌整治村，故城村成为全省"美好环境与幸福生活共同缔造"3个示范村之一。实施农村饮水安全巩固提升工程11处、维修养护工程11处，新建农村水窖1300多眼，李家湾水库完成总工程量的50%。道路交通方面，完成"四好农村路"建设41.13千米、养护91千米，冯家川至兴县界黄河一号旅游公路开工。

文化旅游 2019年，保德县初步完成故城旅游标准化建设，完成《保德县故城·钓鱼台景区总体规划》，故城村被评为全省首批AAA级乡村旅游示范村，道座山村被评为全省旅游扶贫示范村，陈家梁村入选第五批中国传统村落名录。

民生事业 2019年，保德县财政用于民生事业支出16.90亿元，占到一般公共预算支出的80%。开展全民技能提升工程，完成各类培训2952人次，城镇新增就业2207人，转移农村劳动力2378人；全县城镇退休人员基本养老金人均月增168元，城市、农村低保保障标准每人每月分别提高75元、70元，建成日间照料中心5个。幼儿园入园率达96.80%，超过全省5.60个百分点；新城区4轨制幼儿园和6轨制小学建设完成主体，"全面改薄"项目收尾工程全部完成，义务教育学校稳定达省定办学标准；农村教学点整合为24所，初中学校整合为10所；县管校聘改革推进。家庭医生签约服务惠及城乡3.10万户8.20万人；免费孕前优生健康检查、农村适龄妇女免费"两癌"检查、城乡怀孕妇女免费产前筛查与诊断等民生实事进展顺利。

(张宇智　吴　婧)

【偏关县】 偏关县位于山西省西北部，下辖4镇6乡，245个行政村，459个自然村，1个城区居民办事处，6个居民委员会。截至2019年底，全县总人口115870人。

农业 2019年，偏关县农作物播种完成41.70万亩，粮油产量稳定在1亿斤以上。全县新获"三品一标"认证产品19个，累计"三品一标"产品认证达52个，"粮言谷香"牌小米陈醋获"山西省功能农产品品牌"称号。试点推进"一村一沟一片区"有机旱作模式，推进高品质谷子、渗水地膜小黑豆、中药材、汉麻等特色品种，带动作用明显。偏关县被评为省级"优质粮食试点县"。以羊、猪、鸡、牛为主的健康养殖业，呈现出市场牵龙头、龙头带基地、基地联农户、农户加科技的新模式。新建养殖园区1个、畜牧养殖场10个，完成人工种草0.90万亩。山西益生元生物科技有限公司和偏关县鼎盛种猪繁育有限公司被确定为2019年度省级扶贫龙头企业。"种养经济"成为偏关农民持续增收的保障性产业。建成县级电子商务公共服务中心、9个乡镇电商服务站、146个电商服务点、57个电商服务"三员村"，偏关县被列为"国家电子商务进农村综合示范县"。

工业 2019年，偏关县改造提升传统产业，晋电化工2×1.20万千瓦生物质热电联产项目获省发改委核准，前期手续正常推进，开创偏关县工业企业利用大额外资的先例；华电2×110万千瓦火电项目借助"晋电送浙"机遇出现转机，重新启动；晋电化工企业技术中心被评为山西省省级企业技术中心，全省仅入选34家企业。

城乡建设 2019年，偏关县投资0.78亿元启动7大类34项市政工程，实施"一线两街"城乡环境综合整治，完成高速支线两侧绿化亮化、高速支线至马梁段道路两侧提升改造、龙华西街综合改造、文笔大街两侧临街楼宇亮化等市政工程。建设"四好农村路"75条242千米。实施10个村的农村建筑特色风貌整治。全面完成245个行政村的村容村貌大整治大提升工程。长城一号、黄河一号133千米旅游公路整体推进，一期工程路基成型65.80千米，13座大中桥全部开工，163米的隧道全线贯通，二期工程向上级报批。5个月争取到133千米两条1号公路落地，16个月完成建设里程的一半。持续巩固老牛湾、乾坤湾和紫金山"两湾一山"12万亩的黄河流域生态工程。

环境建设 截至2019年底，偏关县城区环境空气质量二级以上天数为305天，优良率为83.60%。二氧化硫年均浓度为27微克立方米，较上年同期下降25%；可吸入颗粒物年均浓度为67微克立方米，较上年同期下降10.70%；细颗粒物年均浓度为31微克立方米，较上年同期下降13.90%。全年完成造林任务13.14

万亩，通道绿化完成88千米，全县森林绿化率达7.16%。

文化旅游 2019年，偏关县多次同山西文旅集团对接，协调偏关普惠同山西文旅集团的重组并购事宜。引进专业规划公司对东长咀村乡村旅游深度规划，争取到山西省烟草专卖局1000万元援助资金用于发展乡村旅游，全县5家乡村旅游特色业态服务单位入选山西首批“黄河人家”“长城人家”评定。老牛湾村入选全省首批100家AAA旅游示范村，老牛湾村魏家大院和第一湾驿站、关河口村张满三鱼家乐、黑草埝村聚龙湾避暑山庄入围山西省“黄河人家”名单，老牛湾村神牛庄园农家院入围山西省“长城人家”名单。偏关县职业中学设置旅游服务管理等5个全新专业。完成护宁寺、隆岗寺第八批国家级文物保护单位申报工作。完成549处文物的清查登记造册，确保文物不流失。

民生事业 2019年，偏关县城镇新增就业1494人、失业人员再就业709人、农村劳动力转移1087人，城镇登记失业率控制在2.15%以内，就业形势稳定。机关事业单位养老保险完成率为97.30%，企业养老保险、城乡居民养老保险、失业保险、工伤保险完成率均达100%。出台《偏关县“县管校聘”管理体制改革实施方案(草案)》，制定《义务教育阶段学校教育教学质量考评奖励办法》，实行免费课后1小时托管。县人民医院医技综合楼建设项目、信息化建设，中医院南楼改造项目完工投用，民营“东升医院”挂牌运营，成立“县医保基金监督管理工作领导组”，对全县38家定点医疗机构和19家定点零售药店实施监督检查。启动省级园林县城创建工作，完成县城南入口景观、路灯安装和龙华西街综合改造项目。

脱贫攻坚 2019年，偏关县特色种植覆盖贫困户86%，带动8604户贫困户户均年纯收入6000元以上；“三种模式”光伏扶贫电站实现贫困村、贫困户全覆盖，实现村集体经济收入年均25万元左右，成为贫困群众持续增收的支柱产业；健康养殖覆盖贫困户65.77%，带动6607户户均年增收3500元以上；落实生态补偿脱贫政策，带动全县5699户贫困户年均增收4600元以上。全县电商服务覆盖率达82.80%，全网销售600万元。15个整村易地搬迁任务全部完成，拆旧复垦土地1489亩，第一批交易完成9600万元。改造和新建“一县一策”沙棘10万亩，新建沙棘育苗基地1处，收储仓库2座，带动50%以上的贫困户稳定增收。其中特色种植、光伏扶贫、健康养殖、整沟治理、特色风貌整治5项工作被国家第三方评估组列为典型经验。先后完成6718户危房改造，完成408处农村饮水安全巩固提升工程，新建个户水窖537座，安全饮水达标率100%。全县新建“爱心超市”127个，所有行政村建立“一约四会”制度。先后开展“春风行动暨大型人才招聘会”“就业援助月”等活动，实现2341人就业。通过光伏电站等多种方式壮大村级集体经济，全县245个行政村集体经济收入大幅增长，5万元以上的189个，1—5万元的56个。2019年实现91个建档立卡贫困村全部退出，退出率为100%。 (刘爱青)

【原平市】 原平市位于忻州市北中部，总面积2571平方千米，下辖7镇11乡，3个街道办事处，1个省级开发区，16个社区居委会，352个行政村，141个自然村。截至2019年底，全市常住人口50.71万人。

农业 2019年，原平市粮食生产保持35万吨以上，调产面积达18.40万亩。双惠现代农业示范园、王家庄乡聚满园示范园、西镇乡现代节能温室大棚，引领城郊农业发展。河南牧原、山西新大象生猪项目扩建。石鼓、如亮等龙头企业规模发展，农产品加工企业销售收入突破15亿元。全市新型农业经营主体发展到1000余个，数量位居忻州市前列。农村居民人均可支配收入达12074元，增幅高于GDP和城镇居民收入增速。

产业转型 2019年，原平市启动实施重点项目55个，总投资209.30亿元。开发区累计入驻企业80个，产业集聚效应显现。万吨级新材料生物炼制项目、煤矿无轨运输防护系统项目开工建设，中铁十二局钢结构、中盈万维钢铸件、新石清洁能源冶金焦等项目投产。能源革命深化，地热资源开发利用项目完成温泉井2眼，井底水温达101℃；煤层气液化项目辐射100千米范围LNG加气站；神沐生物天然气及有机肥项目试生产，促进秸秆等农业废弃物转化利用。全年培育“小升规”企业6户，发展“专精特新”中小企业2户，高新技术企业达11户。

城乡建设 2019年，原平市国道338线朱东社至原平段改建工程完工，东山地区交通环境改善；前进街东拓工程全面铺开；永兴北路、文殊东街一期主干道工程竣工通车，东北部移民区形成新的经济活跃区。实施城市供水保障能力提升、东北片区排水系统工程，完成天然气老旧管网改造、供热老旧管网改造、范亭广场提质改造。农村危房改造完成1245户，采煤沉陷区搬迁安置累计完成5458户、1.50万人。“四好农村路”完成28条181千米。启动建设5个乡镇垃圾中转站，在12个乡镇设置76个地埋桶垃圾收集点，在130个村(点)开展生活垃圾分类试点，整治非正规垃圾堆放点208处。10个行政村开展特色风貌整治。东社镇王东社村、中阳乡大阳村、王家庄乡南怀化村列入第五批中国传统村落名录。

环境建设 2019年，原平市推进清洁取暖和工业企业污染治理，煤改电累计完成8.90万平方米，淘汰改造燃煤锅炉92台，严格建筑施工扬尘、禁燃禁放、秸秆禁烧管控，改善空气质量。推进滹沱河流域生态治理，实施退耕还河，加强入河污染排放管理，建设崞阳污水处理厂、新原乡张村生活污水处理站、界河铺水质自动监测站，实施中荷水务污水处理厂提标改造工程、滹沱河入河净化工程，水环境考核指标全部完成。完成矿山生态治理1.90万亩,实施营造林9万亩,全市畜禽粪污综合利用率达75%以上,粪污处理率达90%以上。

文化旅游 2019年,原平市忻州古城原平文化展示项目启动实施,3条农村旅游公路完工通车,西神头、大龙门、清水沟等乡村旅游点兴旺。举办第11届梨花诗歌艺术节。国家文物保护单位增至4处,天涯山风景区列入AAAA景区名单。举办原平首届全国自行车公开赛,普及和发展全民健身运动。

民生事业 2019年,原平市城镇新增就业、农村劳动力转移、创业就业等目标任务均超额完成。教育改革完成"去行政化",振兴范中"软硬件"一起抓,引进怀仁七中优质办学资源,实验、实达两大联盟并肩发展。推进"健康原平"建设,疾控工作与县域综合医改融合,中医院建设完成主体工程。社会保障水平提升,企业退休人员基本养老金月人均增加167元;65岁以上城乡参保居民每人每月增发5元基础养老金;高血压、糖尿病等慢性病门诊用药纳入医保报销范围;城乡低保每人每月提标85元,集中和分散供养特困人员每人每月提高98元。新建10个农村老年人日间照料中心。完成棚户区住房改造3227套。 (武会文)

临汾市

【概况】 临汾市总面积2.03万平方千米。下辖1区2市14县,151个乡镇,20个街道办事处,2818个村民委员会。截至2019年底,全市常住人口450.80万人。

2019年,临汾市地区生产总值完成1452.60亿元,比上年增长6%。人均地区生产总值32250元。全年全市城镇新增就业5.50万人。转移农村劳动力5.07万人。年末城镇登记失业率1.80%。全市居民消费价格比上年上涨2.70%,其中,居住类价格上涨1.60%。全年全市一般公共预算收入138.10亿元,比上年增长9.60%。其中,税收收入100亿元,增长12.10%,占一般公共预算收入的比重72.50%,比上年提高1.70个百分点。全年全市一般公共预算支出411.30亿元,增长6.60%。其中,城乡社区事务支出增长32.40%,交通运输支出增长25.30%,节能环保支出增长21.10%,社会保障就业支出增长7.30%,卫生健康支出增长3.30%。固定资产投资完成462.30亿元,比上年增长14.40%;社会消费品零售总额完成736.90亿元,比上年增长7.30%;城镇居民人均可支配收入完成32895元,比上年增长7.20%;农村居民人均可支配收入完成12809元,比上年增长10.10%。

农业 2019年,临汾市农作物种植面积789.45万亩,比上年减少11.40万亩,下降1.43%。粮食产量213.30万吨,比上年减产16.90%。其中,夏粮86.10万吨,减产3.50%;秋粮127.20万吨,减产24.10%。全年全市完成造林48.60万亩,下降5%。猪牛羊肉总产量12.54万吨,比上年增长0.40%。年末全市农业机械总动力216.90万千瓦,比上年增长4.20%。农机化经营总收入达到9.45亿元,增长1.20%。加快发展有机旱作农业,打造农产品精深加工十大产业集群,实施高标准农田改造、特色种植基地建设等项目,一产完成投资12.60亿元,增长11.90%。全年全市申报1个国家级、4个省级现代农业产业园,启动建设"曲沃智慧菜谷";创建省级有机旱作农业整体推进县1个;新增省级以上农产品加工企业24家,全市农产品加工销售收入突破130亿元;"三品一标"认证总数482个,"玉露香梨"升级为省级战略品牌。

工业 2019年,临汾市规模以上工业企业384家,规模以上工业增加值完成549.70亿元,比上年增长3.50%,实现营业收入1824.70亿元,增长5.70%。规模以上工业企业实现利税226.10亿元,下降13.60%;实现利润132.10亿元,下降11%。

产业转型 2019年,临汾市深化重点领域改革,市转型综改行动计划确定的103项任务完成90%。

全年全市推进煤焦冶电等传统产业"减优绿",关闭退出矿井18座,退出煤炭、铁、钢产能1395万吨、82万吨、170万吨。实施16座矿井智能化改造,建成立恒170万吨7米顶装焦炉、晋南钢铁2×1860立方米高炉等项目。沃能化工30万吨乙二醇联产LNG、山西焦煤集团60万吨/年烯烃及焦炉煤气制甲醇等大项目开工建设。培育壮大新兴产业,装备制造业、战略性新兴产业和高技术产业分别增长9.80%、9.60%和3.50%。商贸物流、电子商务、现代金融、信息咨询、健康养老等生产生活性服务业加快发展,全市第三产业增长7.60%。

招商引资 2019年,临汾市全市招商引资签约项目225个,计划总投资1393亿元。发挥尧都文化旅游节、大槐树寻根祭祖节的品牌效应,经济外向度提升,与临汾市有贸易往来的"一带一路"沿线国家31个,与柬埔寨拜林省拜林市、德国马格德堡市、南非克里斯哈尼市、津巴布韦北马省维多利亚瀑布城签约发展友好城市关系备忘录,推进与澳大利亚杰拉尔顿友好城市关系,促成"中澳联通"跨境电商平台建设落地。

城乡建设 2019年,临汾市依法拆除违章建筑32处1.10万平方米,广告下墙1238处4.80万平方米,设停车位1524个,打通5条城市"断头路",查处市区道路交通违法行为108.50万起。实施市区解放东路拓宽改造、体育街南延等城建项目;开工建设隰吉高速等交通重点项目,续建沿黄旅游公路77千米、新开工299千米,新改建"四好农村路"3940千米;推进中部引黄、引沁入浮等水利工程。73个村获命名为省级改善农村人居环境示范村,完成农村改厕13684座。

环境保护 2019年,临汾市实现市区及周边10千米范围内焦化、钢铁等企业全部"清零",关停市区及周边重污染企业5家,取缔"散乱污"企业563家;8家钢铁企业、6家焦化企业完成超低排放改造;完成清洁取暖改造2413万平方米,收缴置换劣质散煤6.10万吨；对钢铁、焦化和水泥企业采取季节差异化生产管控措施，实施“错峰减排”。落实建筑工地施工扬尘“六个百分之百”管控要求，推进柴油货车污染治理专项行动。全市环境空气质量综合指数6.75。狠抓地表水治理、水源地保护、水污染治理等工作，实施污水处理厂保温提效工程31项，完成入河排污口整治225个，全市优良水体和劣V类水体均达到省考核要求。地表水水质改善。加强土壤污染防治，107家煤矿治理矸石210万吨，绿化12万平方米。开展固体废物专项执法检查和产废企业的危险废物规范化工作专项检查，推进矿山生态修复工作。

文化旅游 2019年，临汾市体育局组织二青会临汾火炬传递活动，各级各行业400名火炬手历时9天，转战1400千米，贯穿17个县（市、区）。组织举办二青会花样滑冰、射击飞碟、空手道3项赛事共6次比赛。实施总投资185亿元的旅游重点项目11个，洪洞创建国家全域旅游示范区；曲沃晋园、洪洞广胜寺晋级AAAA景区，创建省级AAA乡村旅游示范村10个、“黄河人家”19个、“太行人家”11个；山西光大工业旅游示范园创建AAA景区。全市旅游总收入768亿元，同比增长21%。

民生事业 2019年，临汾市推动第三期学前教育行动计划和市区学校建设3年行动计划，新改建乡镇寄宿制学校75所；高中阶段集团化办学模式改革迈出实质性步伐，全市高考二本B类以上达线人数1.90万人，同比增长3.20%。新建公办幼儿园4所，认定普惠性民办幼儿园87所。落实基本公共卫生服务项目，市域公办医疗机构实现基本药物的零差率销售和全覆盖，县级医疗集团医防融合完成；临汾市被确定为DRG付费国家试点城市。推进城乡就业，实施全民技能提升工程，城镇登记失业率1.50%，城镇新增就业54955人。城乡居民基本养老、医疗、失业、工伤等保险超额完成省定任务。推进城镇保障性安居工程建设，新开工棚户区改造3920套，完成农村危房改造2444户；培育住房租赁市场，建立住房租赁综合服务平台。全市社会事业发展，人民生活改善。 （李艳洁）

【临汾市尧都区】 尧都区位于临汾市中部，总面积1316平方千米，下辖16个乡镇、10个街道办事处，263个行政村、84个社区居委会。截至2019

表58 2019年临汾市辖县(市、区)经济指标统计表

县市	地区生产总值（万元）	农林牧渔业总产值（万元）	固定资产投资增长速度(%)	社会消费品零售总额（万元）	一般公共预算收入（万元）	一般公共预算支出（万元）	人均可支配收入(元)	
							城镇居民	农村居民
尧都区	3337732	156542	−11.20	2750045	182923	449415	37414	16347
曲沃县	1097480	272754	66.20	291624	42882	186483	35348	16590
翼城县	709908	191640	8.80	382495	33196	213899	32404	12796
襄汾县	1274786	299940	16.40	551662	75502	311593	32845	14718
洪洞县	1509920	177447	11.20	756572	97092	385846	30848	13025
古县	500779	40794	9.30	110471	47691	118826	34036	11951
安泽县	628426	57540	13.20	107911	66828	131704	31358	11205
浮山县	411888	87935	60.30	130103	9255	112062	32219	10322
吉县	226685	130053	12.90	91154	13825	138662	22572	6426
乡宁县	1315563	75334	10.20	210569	189760	311909	32458	11509
大宁县	94005	30906	19.10	55346	6199	140500	21375	4485
隰县	179968	75679	−45.40	103485	9565	153199	25323	7418
永和县	107583	50069	13.90	65497	12617	138189	24508	4774
蒲县	922419	50014	13.30	89872	118235	188155	29792	10421
汾西县	223143	59945	−22.90	150792	8617	152404	29024	4962
侯马市	1145717	57394	11.40	631091	52923	177187	31248	16413
霍州市	794720	58974	−2.80	332028	54668	167921	32951	15026

（省统计局）

年底，全区总人口99.25万人。

农业 2019年，临汾市尧都区农业五大基地稳步发展，十大特色农业示范区成效显著。贾得新兴产业园亨瑞达制药等5个项目投产达效。

转型发展 2019年，临汾市尧都区总投资748亿元、81个重点工程完成投资105亿元。创新招商方式，全年签约项目20个，签约资金143.60亿元，落实资金18.90亿元。办理企业投资承诺制试点项目16个，226项审批事项"一枚印章"集中审批。改革政府机构，实施"河长制"，农村集体产权制度改革通过省级验收。2019年，尧都高新技术产业开发区获批。13家高新技术企业获得省级认定。全区高新技术和战略性新兴产业增加值分别增长4.70%、3.70%。大阳高端装备制造产业园康腾威10万件精密铸造项目投入生产。鼎晨现代物流园建成运营，华夏国际商贸城一期完工。

城乡建设 2019年，临汾市尧都区解放东路拓宽改造工程竣工通车。涝洰河台地市政工程开局起步，星河湾、平阳中学等优势项目落地实施。启动总投资112亿元、22个棚改城改项目，完成拆迁165万平方米。市级重点工程，"两园三街" 等12项工程取得突破，河西片区师大搬迁等重点项目征地拆迁进展顺利。拆除水塔街游园、汾东二期东关片、尧庙西赵等长期违法建筑，化解二中路、汾东路、五一东路拓宽改造等还迁安置遗留问题。清理沿汾"四乱"37处，实施"四好农村路"50千米，建设美丽宜居示范村6个。实施六大扶贫工程，投入运营消费扶贫超市。

环境保护 2019年，临汾市尧都区设立环保"博士工作站"，推进国控监测点"一点一策"精准治理。落实空气质量改善20条，出台清洁取暖阶梯式补贴政策，财政补贴资金2.50亿元。市区空气质量在全国168个重点城市位次前移4位，退出全国倒一。

文化旅游 2019年，尧都区全省首家"对台交流基地"挂牌，推动与国际友城日本秩父市交流互动。举办第二届尧都文化旅游节，全年接待游客1760万人次。

民生事业 2019年，临汾市尧都区滳汾小学、第四幼儿园投入使用。组建五一路学校、解放路小学两大教育集团。启动130名教师公开招聘工作，落实班主任津贴944.50万元。举办"谁都说咱尧都好·请人民阅卷"电视竞演活动；图书馆、群艺馆免费开放。区级医疗集团平稳运行，全区家庭医生签约68万人，43家基层医疗机构开展中医特色服务。城镇新增就业7145人，创业就业915人，转移农村劳动力6145人。全区参保人数达105万人次。实行领导包联孤儿制度。为困难群众免费发放米面85万斤，为贫困家庭学生筹集捐款347万元。网格化服务中心提质运行，矛盾纠纷多元化解中心挂牌。（杨递峰）

【曲沃县】 曲沃县位于临汾市南部。总面积437.90平方千米，下辖5镇2乡，149个行政村。截至2019年底，全县总人口24.80万人。

农业 2019年，曲沃县举办首届中国·山西曲沃国际蔬菜博览会，推动"智慧菜谷"项目落地实施，8家农业科研院所进驻曲沃，全年认证无公害产地3.50万亩、无公害农产品5个、绿色食品3个，"三品一标"产品42个。曲沃县被农业农村部确定为"国家农产品质量安全县"和"国家农村产业融合发展示范园创建县"，获得 "一带一路·中国优质蔬菜生产基地"和"乡村振兴·中国农产品流通创新示范县"称号。

工业 2019年，曲沃县完成生态工业园区发展规划，晋南钢铁集团2座1860立方高炉、2座150吨转炉，立恒公司170万吨焦化和杭氧6.50万立方空分及一批环保提标改造项目相继竣工，沃能化工年产30万吨乙二醇联产LNG项目进入扫尾阶段，晋南钢铁集团100万吨型钢、通才公司60万吨优特钢等项目建设，立恒、通才两家企业蝉联中国民营企业500强和中国民营企业制造业500强。

环境保护 2019年，曲沃县开展18个生态环境治理专项行动，4家重点企业达到超低排放限值标准，清洁能源和新能源车辆置换完成80%以上。补贴资金4390万元，推进集中供热、"煤改气"和"煤改电"工程，全县清洁取暖新增供热覆盖面积86.33万平方米，总覆盖面积391.78万平方米。全年大气综合质量指数下降6.90%。污水处理厂保温提效治理、黑河河道修复等工程建成投用，浍河（东韩段）深度提质治理三期工程完工，县域出境断面水质达到V类标准。推动土壤风险管控、固体废物整治、危险废物规范化管理和矿山生态修复治理，开展国土绿化行动。

城乡建设 2019年，曲沃县实施曲郑路改造和东城全民健身中心、工业园区还迁房等建设工程。研究制定西城区建设方向性意见，谋划千万吨级晋南钢铁基地物流通道和108国道（曲沃段）改线工程。完成涉及58个行政村4.40万人的农村饮水安全巩固提升工程建设，投资560余万元为各乡镇购置垃圾压缩收集车，推进39个行政村11350户农村改厕工作和总长162千米"四好农村路"整治工程，7个村分别被评为省级改善农村人居环境示范村和全省AAA级乡村旅游示范村。通过国家卫生县城创建省级技术评估，全县省级以上文明单位和村镇达到13个。

文化旅游 2019年，曲沃县启动全域旅游总体规划编制工作，30个特色场馆建成投用，举办"来晋都曲沃过大年""文化旅游系列活动月"等主题宣传推介活动。西明德村地坑院和西吉必村浍贤庄进入全省首批"黄河人家" 之列，晋园被评为国家AAAA级景区。

民生事业 2019年，曲沃县为393户1100余人发放金融扶贫贷款660.31万元，为135户499人提供产业扶贫支持，对13户贫困家庭危房进行重建、修缮、置换，25户66名建档立卡贫困户退出。推进曲沃县人民医院综合楼建设和县中医院住院楼内部装修，完成县口腔医院改建。为机关、企事业单位离退休人员调整养老金待遇,人均月增资160元、启动为曲沃籍80周岁至99周岁非离退休人员发放高龄补贴。举办二青会火炬传递及临汾市收火仪式。曲沃县法律援助中心被评为全国法律援助工作先进集体,双拥工作连续7年受到省委、省政府和省军区表彰。

(张淑霞)

【翼城县】 翼城县位于临汾市东南部,总面积1170平方千米,下辖6镇4乡,202个行政村,6个社区居民委员会。截至2019年底,全县总人口32.35万人。

农业 2019年,翼城县新发展苹果5300余亩,连翘20000亩,农产品销售总收入达到12亿元,实施有机旱作农业整县推进、"省级农产品质量安全县"、省级现代农业产业园和国家绿色循环优质高效农业促进等项目。全县农村土地确权登记颁证基本完成,202个行政村集体产权制度改革完成成员身份确认和清产核资,农业生产托管服务"三级体系"得到农业农村部肯定,被列为全国20个典型案例之一。

产业建设 2019年,翼城县6座生产型煤矿正常生产运营,推进上河、东沟2座煤矿矿井建设,晋源公司铸造烧结机改造技改项目、年产30万吨水渣微粉生产线技改项目投产运行,投资3000万元山西锻造厂前轴机加线技术改造项目和3000千瓦中频加热炉项目建设完成。推进高端装备制造、铜合金新材料产业园建设,高端装备制造园区详规设计完成,"六通一平"基础设施条件完善,春雷高性能高精度铜合金板带材、腾达3万吨专用铜合金棒材、高铁用合金钢辙叉、汽车前轴机加工生产线等项目相继落地。

城乡建设 2019年,翼城县绵山大街、新华路北段改造完工通车,绛源路、翔翼大街、解放西街、新民路道路改造工程开工建设。新增集中供热9700户187万平方米,实施农村"煤改电"2089户、"煤改气"4963户。新建、改扩建"四好农村路"99.50千米,完成乡村道路绿化60千米,革命老区道路建设主体工程基本完工。农村改厕经验做法得到国务院督查组肯定。完成垃圾处理厂渗滤液改造工程,6个乡镇垃圾中转站达到运行条件。里砦镇创建"国家卫生乡镇"通过技术评估。

环境保护 2019年,翼城县治理21家工业企业,取缔"散乱污"企业13家,开展劣质散煤4个"清零"专项行动。里砦、南梁2个乡镇污水处理厂基本完工,县城周边11个村污水管网接入城区主管网。完成浍河北冶至辛庄段河道治理,县城生活污水处理厂提标改造和保温增效工程竣工投用,出水水质达到地表水Ⅴ类标准。完成58处固废堆场整治和30家企业废渣填沟造地。

文化旅游 2019年,翼城县将历山作为全域旅游发展龙头。上年被授予"历法之源"称号后,历山又创建"中国天然氧吧"。苇沟—北寿城遗址、南梁故城遗址、大河口霸国遗址被列为全国重点文物保护单位,翼城县国保单位增至10处。武池乔泽庙—故城遗址旅游公路主体工程和相关附属设施全部完成,桥上王良纪念馆—西阎四圣宫旅游公路前期工作有序推进,佛爷山、翼城古城2个AAA级景区接待中心即将投入使用。乡村旅游多点开花,里砦神沟、隆化史伯被评为省级旅游扶贫示范村,唐兴封壁、城内2个村入选全省首批100个乡村旅游示范村。翼城花鼓、翼城琴书入选国家非物质文化遗产名录。举办第三届"翼城花鼓"大赛,打响"中国花鼓之乡"文化名片。

民生事业 2019年,翼城县各项社保基金按时足额支付,实现城乡低保和特困人员按标施保、应保尽保。就业和社会保障服务中心完成主体工程建设,7家农村老年人日间照料中心建成投用。完成395套城镇棚户区改造和387户农村危房改造。实施脱贫"八大工程",全年减贫177户、431人。实施18个贫困村危房改造和饮水安全巩固提升工程,完成3个贫困村电网扩容改造,闫村、史伯被评为省级旅游扶贫示范村。退役军人服务保障体系基本实现全覆盖。北关村被国务院授予"全国民族团结进步模范集体",里砦"小巷总理"模式被2019年《山西法治蓝皮书》收录。建成3个乡村幼儿园,完善翼城中学、翼城二中基础设施。县医院迁建项目主体工程、中医院新住院楼建设基本完工,完成3个乡镇卫生院业务用房达标改造,县中医院被省卫健委核定为三级中医医院。被授予"全国计生基层群众自治示范县"称号。举办首届山地半程马拉松赛,承办临汾市第五届运动会青少年5人制足球赛。翼城琴书《我是你的眼》获第十八届群星奖,传统琴剧《家风》受邀参演山西省第二届文化艺术节。

(刘晓霞)

【襄汾县】 襄汾县位于临汾市南部,总面积1034平方千米,下辖7镇6乡,1个社区委员会,333个行政村。截至2019年底,全县总人口50.4万人。

农业 2019年,襄汾县启动7.20万亩高标准农田建设,建成智旺牧业年出栏1万头生猪和众高养殖年存栏5万只蛋鸡项目,引进总投资1.90亿元绿色循环农业项目。万之源香菇菌棒出口韩国,尧京酒庄获"中国酒庄酒"证明商标,林乡四季田园综合体项目获全省农业农村创业大赛一等奖。全省首家三产融合农业产业化联合体——襄汾县兴民三产融合农业产业化联合体挂牌。跻身全国农村创新创业典型县,举办全国农民丰收节。

项目建设 2019年,襄汾县新金山265平方米带式烧结机项目基本完工,万鑫达150万吨干熄焦项目建成投用。光大焦炉封闭项目通过验收,成为全国首家全封闭焦炉,受到生态环境部认可。与泰富重装集团合作,引进总投资35亿元高端散料输送装备智能制造基地项目。促成万鑫达同马钢公司合作,投资50亿元建设500万吨精细化工项目。星原、中升等8家企业启动组建钢焦铸新能源集团,与上海大学合作建立联合创新中心,建设中试基地。新培育"小升规"企业10家,帮助企业解决融资、用地等问题32个,碧云天生物科技等7家企业登陆山西股权交易中心。

城乡建设 2019年，襄汾县新改建“四好农村路”572千米，完成农村改厕1200座，实施115个村清洁取暖改造，搬迁108户地质灾害隐患户，建成12座农村垃圾中转站和汾城、古城2个建制镇污水处理厂。开展省级文明县城创建，取缔违章占道经营、流动推点3200起，规范流动摊点入市300余个，清理占道广告牌400余块。开展土地清理整改行动，拆除违法建设26处。

环境保护 2019年，襄汾县实施“八大工程”，对钢铁、焦化、铸造等行业实施差异化管控，治理道路扬尘，推行全封闭公路运输，完成污水处理厂提标改造主体工程建设，开展入河排污口排查整治，汾河出境断面水质明显好于入境断面，全年营造林面积1.64万亩，植树120万株，二级以上天数达到192天，空气质量综合指数6.42，同比下降7.40%。

文化旅游 2019年，襄汾县启动陶寺、丁村等十大研学营地建设。荷花小镇与山西师范大学、临汾市教育局合作，建立大学生创业就业培训基地和中小学生社会实践活动教育基地。山西光大工业旅游景区成为全国首家AAA级焦化工业旅游景区。双龙湖国家湿地公园通过验收，龙澍峪景区完成晋南第一瀑建设。中科院无人机综合验证基地项目落户。汾城古镇旅游开发项目签约。陶寺北两周墓地入围“2018年中国考古新发现”。全年接待游客392万人次，旅游总收入40亿元，同比增长279%。

民生事业 2019年，襄汾县取缔无证幼儿园14所，全县公办幼儿园达122所。县域初中实现集团化办学，推进县城优质学校对结帮扶农村薄弱学校机制。公开招聘145名教师，师资队伍结构向年轻化、专业化方向发展。县职教中心被评为“全国教育先进集体”。全国第二家“少年硅谷”人工智能中心落户襄汾，填补山西省人工智能中心空白。县中医院新院区建成使用，县医疗集团与山西大医院、西安市红会医院签订医联体协议。举办临汾市非遗物质文化遗产进景区，完成农村公益电形放映4176场，送戏下乡200场。完成全国二青会火炬在丁村景区传递，举办乒乓球交流赛、干部职工篮球赛、“健康中国·你我同行”健步走等10余项赛事活动。新增城镇就业6758人。“襄汾家政”“丁陶月嫂”“绣娘巧匠”等劳务品牌影响力扩大，“襄汾烧饼”被确定为省级劳务品牌。新增各类社保参保人员5985人，发放各类低保金、救助金4708万元。发展养老事业，新增老年养老机构1个，养老床位总数达640张。（王建刚）

【洪洞县】 洪洞县位于临汾市北部，总面积1493.80平方千米，下辖9镇7乡，432个村民委员会、1个居民委员会。截至2019年底，全县总人口76.66万人。

产业建设 2019年，洪洞县依托洪洞经济技术开发区、甘亭工业园区，引进埠瑞联特煤机制造、华翔智能制造产业园（一期）、智能阀门装备制造等项目。创建首批国家全域旅游示范区。洪崖煤矿投产，西山光道、晋圣荣康煤矿基建工程推进。实施瓦日铁路洪洞煤焦集运站及煤运通道、国耀兆林1×30兆瓦生物质发电、安顺达激光熔覆技术处理等项目。佑德文化产业基地、飞虹微纳米外延片、柏之源有机肥等一批新型产业项目投产达效。

改革创新 2019年，洪洞县洪洞经济技术开发区“三制”改革完成。初步建立“互联网+政务服务”体系。融媒体中心建成，实现与省级技术平台的互联互通。推行农业生产“五位一体”托管改革，经验在全国推广。

乡村振兴 2019年，洪洞县粮食生产稳定在40万吨左右，被省农业厅确定为“粮食生产功能区划定”试点县。推进有机旱作农业，实施有机旱作农业示范工程，建成3个省市示范片。落实农作物政策性保险、农机购置补贴、农业支持保护补贴等惠农政策，累计落实补贴6500万元。学习浙江“千万工程”经验，推进乡村环境卫生整治，清除农村“脏乱差”顽疾，全市现场会在洪洞召开，经验在全省推广。

环境保护 2019年，洪洞县开展工业企业深度治理和“散乱污”企业整治，落实企业错峰生产政策。推进清洁能源取暖改造和散煤治理，农村“煤改气”用户达到6.60万户，供应洁净煤19万吨，实现禁煤区无煤化、禁燃区无劣质煤。推进汾河流域治理，汾河断面水质改善。

民生事业 2019年，洪洞县投资6.40亿元河西新区完全中学进展顺利，乡镇中心幼儿园和薄弱学校建设改造完工，327名新招录教师步入工作岗位。推进医药卫生体制改革，完善基本医疗卫生制度，提升全民医疗卫生水平。实施全民技能提升工程，全年新增就业4900余人，转移农村劳动力6000余人。城乡居民基本医保制度实现并轨提质，城乡居民大病保险制度建立，全县共发放城乡低保、城乡医疗和各类救助金8000余万元。

（胡俊平）

【古县】 古县位于临汾市东北部，总面积1206.38平方千米，下辖4镇3乡，4个社区居民委员会，111个行政村。截至2019年底，全县总人口9.56万人。

改革推进 2019年，古县取消、下放、承接行政审批事项11项，241项审批及关联事项集中办理，统一封存24个单位29枚印章，开启“一枚印章管审批”。培育“小升规”企业3户。新增省级农业龙头企业1户。县级财政清偿政府存量债务1.10亿元，政府性债务风险有效化解。

产业建设 2019年，古县国新正泰年产1000万立方高纯氢技改项目可研编制完成。正泰煤气化、利达焦化合作筹建200万吨焦化项目，产能已备案。宏源200万吨焦化项目土地手续办结。古县新源盛能源材料公司特种微纤维项目厂房建成，部分生产线投入生产。西山鸿兴60万吨改扩建项目竣工验收。东瑞煤业60万吨改扩建井下二期工程完工。金谷煤业配套120万吨选煤厂建成投运。“古岳古树”核桃品牌注册，投资3500余万元建设年加工核桃仁500吨核桃精深加工项目。全长15.80千米长临高速古县连接线完成工程量的95%。全长54.69千米国道341线改建工程经省发改委立项并开始“两阶段”设计。

城乡建设 2019年，古县教育街、小河街等8条街巷提质改造。修缮改建相如公园、十里长廊等市民主要休闲场所。利用城市边角地、闲置地等小区域打造“口袋公园”，新增绿化面积5.49万平方米。完善人行道、盲道、消防通道及公共区域“无障碍”设施。城市集中供热扩容40万平方米，清洁取暖改造18.92万平方米。新建续建“四好农村路”271.56千米。

环境建设 2019年，古县完成天保二期工程和中幼林抚育9000亩、通道及荒山绿化2000亩、四旁植树65万株，全县森林覆盖率达到40.50%。完成农村改厕5083座，卫生厕所普及率达到58.85%。启动农村垃圾中转站建设。五马岭、松树坡被评为省级改善农村人居环境示范村。

文化旅游 2019年，古县举办第十二届“天下第一牡丹”文化旅游节。贾寨太岳区第一军分区旧址修复工程主体完工。热留关帝庙申报为国家级文物保护单位。国有林场祖师顶获全国首批“森林康养林场”称号和“全国森林康养基地试点建设单位”，并获准开展森林康养国家级试点建设。

民生事业 2019年，古县220千伏输变电工程开工建设。洪安涧河跨界断面水质自动监测站建成。上杨庄村至涧上村段河道治理工程基本完工。正泰、利达、锦华、国新正泰、顺杰、金翔龙、金谷、老母坡、安吉欣源、登福康、古鑫、兰花宝欣、鸿兴、东瑞、泓翔、蔺润、圪堆等沿河企业参与“清河”行动，发挥“企业河长”作用。古县国有林场被评为全国“十佳林场”。古县一中、三中与北京师范大学亚太国际培训中心合作，实施“创新型学校打造项目”。“爱心助学”“金秋助学”资助434名困难学生。创建省级食品安全示范县。引用中国扶贫开发协会资金7000余万元，自筹1900余万元，购进64排CT、数字化血管造影机、健康一体机等县、乡、村三级医疗设备。二青会古县站火炬传递顺利完成。新建城市供水深井1座。实施建筑节能改造8300平方米。建成保障性安居工程205套，公租房累计分配入住392套，完成采煤沉陷区治理搬迁968户。1160名残疾人得到政策服务，临时救助638人次。大气污染综合指数下降9.10%。出境断面水质达到地表水Ⅳ类标准。重新划定畜禽养殖禁养区11个。统筹整合涉农资金7200余万元，实施特色产业、基础建设等扶贫项目85个。古县司法局被司法部授予“全国公共法律服务工作先进集体”称号。古县被国家信访局授予全省唯一“信访工作‘三无’县”称号。《中国影像方志·古县篇》在央视科教频道播出。 (蔺燕艳)

【安泽县】 安泽县位于临汾市东部，总面积1967.30平方千米，下辖4镇3乡，102个行政村，4个社区，513个自然村。截至2019年底，全县总人口8.56万人。

农业 2019年，安泽县发展以连翘为主中药材产业，全国连翘产业联盟成立大会召开，国内首家连翘产业博士工作站、山西师范大学博士工作站挂牌，创建“安泽连翘”国家级特优区。发展鸡枞菌、连翘茶饮品及蜂蜜等农特产品。申报省级樱桃有机旱作农业、市级谷子有机旱作农业封闭示范片。打造绿色健康食品供应地，实施耕地质量提升、农机配套融合等工程，开展农药瓶等农业废弃物回收工作。

工业 2019年，安泽县4座煤矿中2座达到国家一级安全生产标准化、2座达到国家二级安全生产标准化。推进蔺鑫10万吨/年LNG清洁能源配套170万吨/年焦化项目、科鑫8万吨/年针状焦配套30万吨/年焦油加氢处理项目。永乐区块等三大煤层气勘探项目建设加快，中石油马壁东煤层气勘探项目年生产能力达到4亿方。微波能应用战略同盟研发基地落户安泽。开发区管委会组建成立。签约浙江品达元拾5G高性能铝镁合金材料、石家庄鸿锐集团丁腈乳胶新材料等项目。出台《安泽县关于支持民营经济发展的意见》等文件。

改革创新 2019年，安泽县明确46项重大改革任务和100余项重点推进事项，建立改革“三个三”台账。推行“四走”工作法，累计争取扶持资金2.23亿元。改革财税金融、“放管服”、商事制度等，累计减税降费1.24亿元。县乡一体医疗卫生服务体系基本形成。

招商引资 2019年，安泽县打造北京世界园艺博览会山西展园安泽荀子生态文化广场板块。借助平遥国际电影展“一市一县”推介平台对安泽进行宣传推介。制定出台《安泽县投资促进优惠政策（试行）》《安泽县招商引资重点产业指导目录》，引进招商引资项目8个，总投资77.80亿元，完成市定签约任务的129.70%。推进与山西省环科院、山西省农科院、山西师范大学、山西财经大学、山西传媒学院等科研院所战略合作。引进山西绿建科技有限公司落地安泽。

城乡建设 2019年，安泽县长临高速连接线工程建设基本完工。启动实施县文教街路南等7个片区棚户区改造项目，推进新安花园、新泽花园等住房项目。完成县城段污水管网改造、义唐河县城段治污、污水处理厂扩容提标等重点工程项目。实施供热供气综合利用工程，完成马壁东里至县城输气管道建设35.20千米，新建县城热源站2座。安泽县城、冀氏镇、马壁乡通过创建国家卫生县城（乡镇）技术评估、暗访评估。实施县城网格化管理，“智慧安泽”一站式便民政务智慧应用平台1.0测试版上线。实施农村饮水巩固提升工程55处，解决7个乡（镇）、73个自然村、2.17万人饮水问题。

环境保护 2019年，安泽县推进工业企业综合整治，完成永鑫焦化深度治理改造工作，16家涉气重点企业基本完成深度治理。推进对建筑工地、道路扬尘等扬尘主要污染源管控。推进柴油车污染治理，检查过境柴油货车及散装物料车辆。完成清洁取暖改造420户。制定《安泽县地表水生态环境治理攻坚方案（2019–

2020)》，沁河水质始终保持在Ⅲ类水标准。完善7个乡镇的垃圾中转站和垃圾处置点。推进煤矿矿山生态恢复治理项目。完成太行山、重要水源地绿化造林8400亩。

民生事业 2019年，安泽县实施全民技能提升工程，打造“安泽技工”品牌，全县城镇新增就业、下岗失业人员再就业、就业困难人员就业、转移农村劳动力就业人数，超额完成市定目标任务。累计投资2000余万元，完成职业中学改扩建、唐城小学维修改造等工程；将3所乡镇初中合并成立安泽一中初中部；安泽一中与晋城一中开展为期3年结对帮扶，开展学生、教师双交流。推进医疗保障各项工作，实现出院即时结算，开展城乡医疗救助1217人次，发放救助金122.23万元。贫困人口医保目录外费用报销比例达90%以上。推进县融媒体中心建设，实现与省级技术平台互联互通。免费开放各类文化、体育场馆，开展“文化消夏月系列晚会”等活动。小李村太岳行署旧址入选第八批全国重点文物保护单位名录。做好退役军人服务保障工作，安泽县交警大队城市中队女子岗班长张国林被评为山西省“最美退役军人”、山西公安“最美基层民警”。打掉恶势力犯罪团伙1个、黑社会犯罪组织1个、涉恶集团1个、涉恶团伙2个。

（尚晓玲）

【浮山县】 浮山县位于临汾市东南部，总面积940.60平方千米，下辖2镇7乡，173个村民委员会，2个居民委员会，652个自然村。截至2019年底，全县总人口13.15万人。

农业 2019年，浮山县与省农科院签订“院县共建”农业合作协议，开展“南果北移”、浅耙硬茬玉米播种等11项农业新技术试验示范，建立谷子提质增效、苹果老树提质等21个科技成果转化基地，围绕32个产业项目开展技术对接，培养新型职业农民1048人，完成“三品一标”认证6个。全县共种植蔬菜6.50万亩，杂粮3万亩，中药材4万亩，新增水果0.20万亩，全年粮食总产量完成8.30万吨。农村集体产权制度改革完成清产核资、成员身份确认和行政村折股量化工作，98%村庄成立股份经济合作组织；完成农村土地承包经营权证颁发工作，全县农村土地登记确权颁证工作基本结束；培育农民专业合作社国家级示范社2个、省级19个、市级15个，清理“空壳社”100余个；粮食类农业政策性保险完成赔付696万余元；流转城乡建设用地增减挂钩指标500余亩，交易金额7506万元。古桓牧业投资2300万元，完成新建养殖场主体工程；推进徐民牧业黄牛生产基地扩建项目；尧田杂粮醋、汉中洋食品饮料、神山土特产等企业参加各类国际糖酒会和投资贸易洽谈会，累计签订贸易合同1700余万元。各企业通过原料订单、代养代种等模式，帮助2000余户农民实现年均增收3000元以上。

产业转型 2019年，浮山县立足“双新”产业园区基础优势和功能定位，承接一批平川地区产业转移项目。华恒环保科技有限公司年产1万吨活性炭项目，正式调试运行。太原煤气化新能源项目和山西海兰农业科技公司年产2000吨种衣剂迁建项目进展顺利。威盛达通防火建材公司等2家企业年收入达到2000万元以上，实现“小升规”。尧田杂粮醋、富达陶瓷微珠等新兴产业正式投产达效。华润二期风电项目开工建设。国和风力发电项目取得突破。完善源源旺物流配送系统建设，培育琮琦电子商务服务，电子商务和城乡物流体系覆盖所有乡镇。

城乡建设 2019年，浮山县实施县城集中供水设施维修改造，日供水量从3000立方米提高至5000立方米。完成尧山路人行道改造、杜老凹巷等街巷改造、承天门及东环路街道美化工程。实施城北路防涝排水工程。开展露天摊点专项整治和城乡清洁绿化行动，对城中村、城乡接合部、背街小巷监管治理。购置吸尘、抑尘车辆，对城区8条主街道和21条巷道街面、垃圾点开展精细化、全方位清洗维护。推进对城区餐厨废弃物收集。

环境保护 2019年，浮山县开展柴油货车治理、城乡大清洁、散煤清缴、入河排污口整治等专项行动。完成工业企业深度治理23家，累计整治或取缔“散乱污”企业69家，关停或拆除35蒸吨以下燃煤锅炉133台，县城集中供热面积达到175万平方米。实施农村生活污水治理工程，完成9处排污口整治和25处固体废物存量点治理工作。全年二级以上天数256天，空气质量优良率70.10%，综合污染指数同比下降10.20%。

文化旅游 2019年，浮山县举办深圳旅游招商引资专场推介会，开展2019年全域旅游、第六届广场文化消夏月、中国农民丰收节等系列旅游主题活动，全年累计接待游客约88.44万人次，实现旅游综合收入4.07亿元，同比增长30%。

民生事业 2019年，浮山县东张、梁家河、北王小学，寨圪塔中学宿舍楼和城关小学操场改造完成。投入108万元奖励中高考成绩优异集体和个人。成立浮山汉德三维实验学校。打造乡镇中心寄宿制小学。与市人民医院实施“院县共建、健康浮山”托管项目，实现市县乡村四级医疗机构联动。投资127.90万元完成县医院住院楼修缮。投资85万元实施贫困户关爱行动，为全县4635户贫困患者家庭发放健康实用工具。推进健康扶贫、健康教育义诊，累计服务群众2万人次。完成全民技能提升培训2668人，实现城镇新增就业1202人，农村劳动力转移就业1749人，城镇登记失业率控制在3.30%以内。发放低保金1165万元，发放各类特殊群体补助1317万元，社会救助实现“应助尽助”，五大险种基本实现全覆盖。

脱贫攻坚 2019年，浮山县实施饮水安全提升工程。完成23户贫困户危房改造任务。先诊疗后付费、“一站式”结算、“136”医疗保障等各类健康扶贫政策精准落地，建档立卡人口住院报销比例达到92.55%。全县学前适龄儿童入园率达到99.50%，义务教育阶段无辍学学生。推进扶贫项目入库管理，统筹整合资金9680万元，实施各类扶贫项目137个。投资1920万元，支持24家农民专业合作社带动群众发展产业。实施生态扶贫，带动4727名贫困户实现增收。推进消费扶贫，帮助贫困户销售农产品500余万元。全年发放各类教育资助金247.49万元，惠及贫困学生2132人。为贫困人口代缴城乡居民基本养老保险费和各类医疗保险费1170万元。为660名低保对象发放低保金82万元，为410名农村特困对象发放生活补助200余万元，为536名80岁以上老人发放补助16万元，临时救助161人4.90万元。

（李春燕　陈聪聪）

【吉县】 吉县位于临汾市西部，总面积1780平方千米。下辖3镇5乡，77个村民委员会。截至2019年底，全县总人口11万人。

脱贫攻坚 2019年，吉县统筹整合财政涉农资金1.93亿元，发展特色种植、养殖业，完善农村道路、饮水、移民安置点配套设施等基础建设，落实社保、健康、教育、生态扶贫等政策措施，剩余19户48名贫困人口全部脱贫退出，全县贫困发生率为0。

工业 2019年，吉县远景屯里风电一期50兆瓦项目基本完工；3个大型光伏电站、79个村级光伏电站和9兆瓦多村联建光伏扶贫电站全年共发电7959万度，结算电费4253.21万元，惠及4600余户贫困户。临汾西（吉县）500千伏输变电工程竣工运营。中石油、中石化新增钻井215口；大宁—吉县、吉县—延川输气管道和隰吉高速（吉县段）等重点工程顺利实施。

产业建设 2019年，吉县新栽果树1500亩，实施减密间伐5600亩，办理苹果生产保险8万余亩，新搭建防雹网1000余亩，新建5座防雹炮台；开展栽培管理、整形修剪、病虫害防治、土肥水管理、市场营销、期货保险等县乡村技术培训100余场，培训果农1万余人；推出"吉祥吉县、吉地吉品"农产品区域公共品牌，举办中国苹果年会暨山西吉县苹果品牌发展高峰论坛。

城乡建设 2019年，吉县推进新华、小府两个棚户区改造项目，拆迁补偿已近结束。桥南农贸市场建设完成。中心广场至小河畔片区、交电公司片区等改造项目顺利实施。推进中医院、体育场等建设工程，并实施新城绿化、硬化、美化工程。完成污水处理厂提标改造、垃圾无害化处理等项目工程，引进北控公司管理城区环卫工作。完成农村窄路基路面拓宽改造及撤并建制村道路硬化22.70千米，整村提升道路硬化85.50千米，完成农村供水提质改造工程32处。

环境保护 2019年，吉县收缴置换劣质散煤610吨，推行清洁能源，完成清洁取暖1394户、14.77万平方米，超计划任务53%。空气质量主要约束性指标全部实现同比下降，全年二级以上优良天数达289天，秋冬季重污染天气为0。州川河人工湿地公园、污水处理厂提温提效和提标改造、城区污水管网配套、垃圾处理场渗滤液处理4项工程完工投入使用，6处入河排污口污水全部实现达标排放。回收农业生产废弃物700余吨，农业面源污染得到治理。完成"三北"工程黄土高原综合治理人工造林建设项目2.40万亩。

文化旅游 2019年，吉县举办2019"春华秋实"文化旅游系列活动，世界大河文明国际旅游论坛会址与秘书处落户吉县，国家全域旅游示范区创建工作推进。深化壶口景区体制机制改革，引进山西宏源集团开发建设、经营管理景区，创建AAAAA级景区。壶口景区全年接待游客161万人次，门票收入9656万元。

民生事业 2019年，吉县改建农村寄宿制学校4所，新招聘农村特岗教师30名，东关幼儿园搬入新园。落实健康扶贫"136"政策，贫困人口住院治疗全部享受"先诊疗后付费"和"一站式"服务。完成可集中供养100名特困人员敬老院主体工程，新建日间照料中心7个。连续七年获"全省双拥模范县"称号。

（强爱武　白新萍）

【乡宁县】 乡宁县位于临汾市西南部，总面积为2029平方千米，下辖5镇5乡，130个行政村，7个社区，1063个自然村。截至2019年底，全县总人口24万人。

农业 2019年，乡宁县创建省级现代农业产业园，打造枣岭全国农业产业强镇，认证有机、绿色、无公害产品23种6.23万亩。启动高标准农田建设4.05万亩，粮食总产量7.65万吨。培育农业龙头企业32个，3家农业产业化联合体挂牌。

产业转型 2019年，乡宁县重点项目完成投资20.77亿元。其中，煤炭产业改造提升，元甲煤业一期完工，通合煤业竣工验收，全年生产原煤1510.39万吨，先进产能占比达70%，原煤入洗率达80%。紫砂陶小镇开工建设；延川南煤层气勘探开发项目持续增产，中电投风力发电、贝林清洁能源光伏发电等新能源项目加快推进。减税降费3.10亿元，5家企业挂牌"晋兴板"，5家企业"小升规"，1家企业被评为省级优秀"专精特新"小巨人企业。

城乡建设 2019年，乡宁县推动县城扩容提质工作，城中村拆迁改造等项目持续推进，民俗广场、杨笃广场、城市亮化等市政工程完工投用。第二热源厂工程启动实施，县城集中供热面积达到275.50万平方米，新增天然气用户1800余户。光华至关王庙35千伏、王蟒沟至光华110千伏输电线路完工投用。县城建成区和管头镇同时高标准通过创建国家卫生城镇技术评估验收，4个乡镇、19个行政村分别创建为省级卫生乡镇和省级卫生村。

环境保护 2019年，乡宁县完成焦化企业和煤炭洗选企业产能压减和关停工作。推进工业企业深度治理，实施提标升级创A行动计划，对达到A类企业免于错峰，重污染天气可自主减排，推动企业由被动错峰向主动治理转变，69家企业完成深度治理。推进砖瓦行业和采石场专项整治，开展"散乱污"企业大排查大整治，加强散煤管控，实施清洁取暖改造，农村生物质取暖改造6262户。推进道路运输和施工工地等扬尘管控，推进秸秆露天焚烧和烟花爆竹禁燃禁放措施，全年二级以上天数达288天。县城污水处理厂提标改造完成，筹建县城第二污水处理厂，推进4个乡镇污水处理站及配套管网建设，推进农村生活污水治理。严格落实水源地保护措施，实施黄华峪（乡宁段）河道生态治理工程，落实"河长制"，组织开展"清河行动"及河道"清四乱"整治行动，监测入河排污口，鄂河万宝山断面水质稳定达到地表水Ⅳ类标准。鼓励引导企业推进煤矸石综合利用。实行重点行业企业用地土壤污染调查。推进生活垃圾减量化、资源化和无害化处理。推行"林长制"，开展国土绿化行动，完成退耕还林4万亩、宜林荒山造林0.90万亩。完善生态环境监管执法机制，推行领导干部自然资源资产离任审计。推进开发建设项目水土保持工作，打击人为造成水土流失行为。

文化旅游 2019年，乡宁县实施文明守望工程、文物安全及保护利用工程、乡村文化记忆工程和文化惠民工程。开展送戏下乡、送电影下乡等文化惠民活动。乡宁生态文化旅游示范区通过省级评审，云丘山国家AAAAA级旅游景区创建通过文化和旅游部景观质量评审，胡村至云丘山旅游公路主体完工。

民生事业 2019年，乡宁县推进城乡教育一体化发展，新建幸福湾小学、幸福湾幼儿园，完成迎旭小学、新城区幼儿园改扩建；落实农村义务教育寄宿制学生营养改善计划，实施普通高中集团化办学模式改革，开展城乡结对帮扶。推进职业教育"校企合作、产教融合"，培养实用人才。推进教师"县管校聘"管理改革，优化中小学校教育教学质量综合评估。完成乡镇卫生院和村卫生室达标工作，完善三级医疗服务网络。启动全民健身中心项目，推动以治病为中心向以人民健康为中心转变。建成投用县城图书馆，建设爱国主义教育基地。实施融媒体中心建设项目，农村"双向网"光纤入户9000户。按照"人人持证、技能社会"要求，对全县14周岁以上劳动力建档立卡，职业技能培训3000人以上，新增就业1800人。深化机关事业单位养老保险制度改革，推进生育保险和职工基本医疗保险合并实施，为城乡重度残疾人、低保户等缴费困难群体代缴养老保险。获得省级双拥模范县、创建省级文明县城先进县、全省采煤沉陷区综合治理搬迁安置先进县等荣誉。（郭　峰）

【大宁县】 大宁县位于临汾市西部，总面积967平方千米，下辖2镇4乡，1个城区街道办，84个自然村，3个社区，297个村民小组，309个自然村。截至2019年底，全县常住人口6.69万人。

产业发展 2019年，大宁县实施相对集中行政许可权改革，启动"一枚印章管审批"。鸿锐集团新建8条手套生产线，实现产值1.8亿元，出口创汇2780万美元。隆泰花卉投产3万平方米连栋温室，建设1.23万平方米连栋温室，被评为市级"花卉培育人才工作基地"。新大象生猪养殖投入运行1个种猪场、2个育肥场，规划新建3个种猪场。签约太德农业废弃物综合处理利用项目。轻工业园区入驻企业达到4家，实现产值约3200万元。中石油煤层气勘探、宁扬煤层气液化项目进展顺利。"有机大宁"创建进入新阶段，推广"六不用"有机农业生产技术，布局有机苹果、蔬菜、小杂粮等示范点2.10万亩，在省城太原举办"大宁红"区域公共品牌发布会，与乐村淘签署平台入驻协议，与国家卫健委、山西国贸签署消费扶贫协议，推动农业转型、农民增收。推动全域旅游，与宏源公司签订开发笊篱寨合作协议，与北京共仁基金会合作建设大中小学生地质地貌教学实践基地。

改革创新 2019年，大宁县形成购买式造林、资产化管护、生态效益补偿、林业资产性收益、建立森林市场、林业碳汇开发、创建"园艺大宁"、创建"有机大宁"、赋予股份经济合作社资源开发权9条"两山"转变有效实现途径。完成购买式造林8.20万亩，群众获得收入2257万元，带动1640户4920人经济脱贫。将黄河采砂权交由股份经济合作社承办，发动村集体和群众入股635万元，年可采砂50万吨，实现产值1300万元，平均每村可分红10万元以上。"中央农村集体产权制度改革试点县"任务基本完成，全县84个村成立股份经济合作社，组织群众承接工程、发展产业、实行自治。投资1.50亿元用于80个贫困村的造林、修路、安全饮水等工程，群众获得劳务收入3474.90万元，参与工程建设的3096户10588人户均增收8897元、人均增收3282元；带动村集体增收908万元，村均11.35万元。成立全省首家乡村振兴研究院，下设"三农"政策研究、生态经济研究、城乡融合发展研究、乡村振兴人才培养等5个中心，大宁乡村振兴研究院被评为"市级乡村振兴战略智库人才工作基地"。

环境保护 2019年，大宁县推进工业企业治理、散煤治理、柴油车污染治理、扬尘治理，完成新昕污水处理厂提标改造和第二污水处理厂建设工程，新增集中供热面积约12万平方米，优良天数比例全市排名第一，集中式饮用水源地水质达标率100%，昕水河出境断面水质稳定在Ⅳ类水质标准。

脱贫攻坚 2019年，大宁县27个移民搬迁集中安置点全部完成，1539户4689人全部搬迁入住。实施农村危房改造696户，饮水安全工程117处，通村公路改造23条，购置客运班车13辆。84个行政村实现标准化卫生室、综合文化活动场所、通动力电、通互联网全覆盖。为建档立卡贫困人口缴纳基本医疗、补充医疗、意外伤害、大病、长期护理5类保险和最低标准养老保险费，开展贫困中小学生资助、大学生助学贷款、"雨露计划"、低保、养老等惠民政策。全县80个贫困村全部退出，累计脱贫6343户17470人，贫困发生率下降至0.40%，14项指标全部完成。

民生事业 2019年，大宁县发展民生事业，县直机关幼儿园、县直第二幼儿园、幸福小学建成并投入使用，深化教育教学改革和“县管校聘”人事制度改革。大宁县人民医院新医院建设推进，北京大学第三医院对口帮扶，三甲医院定期巡回义诊、远程会诊、捐赠药品，县乡村三级医疗机构医疗服务能力水平提升。加强全民技能培训，新增就业807人，转移就业1413人，城镇登记失业率控制在3.80%以内。推进文化馆、美术馆、图书馆建设，举办元宵节、黄河仙子文化旅游节、桃花节等大型文化活动30余场，开展文化惠民活动1100余场次。

（申玉华　王海平）

【隰县】 隰县位于临汾市西北部，总面积1415.30平方千米。下辖3镇5乡，70个村民委员会，409个村民小组，364个自然村。截至2019年底，全县总人口11万人。

梨果产业 2019年，隰县抓好梨果产业升级。拓展院县合作，加强果农培训，推广标准化管理，完善果水、果库、果肥、果路配套，玉露香梨产量5000万斤，商品果率93%。由北纬36度、北京地中宝、善品公社等18家企业和合作社，组建供应链联盟，形成集分选分拣、仓储物流、电商服务等为一体的玉露香梨供应体系。举办梨花节、采摘节，参加北京精品生活、北京千企万品、北京一县一品、上海盒马鲜生、浙江杭州云集消费扶贫推荐会等活动，与中国证券业协会等20家企业、电商平台签订销售合同。隰县玉露香梨登上中国农业品牌目录，评估品牌价值87.43亿元。建立农村电商运营综合服务体系，电子商务交易额达2.03亿元。2019年，隰县获批设立省级现代农业产业示范区，获批创建国家现代农业产业园、中国特色农产品优势区。

新兴产业 2019年，隰县培育新能源产业，盾安98兆瓦风电一期项目49台机组全部并网发电；云畅15兆瓦分散式风电项目取得建设指标；昌盛日电30兆瓦农光互补集中扶贫电站项目并网发电；隰县新能源公司地热能开发利用进展顺利，建成地热井7口，供热面积50余万平方米。依托梨果资源，支持发展农产品加工业和农村电商，好乐佳建成年转化3.50万吨果蔬冻干食品生产线，孵化出野里垣、善品公社、广鑫农业等“农”字号企业，培育出授渔、玉露香网络科技等电商企业。

城乡建设 2019年，隰县启动东外环道路、县城弱电入地等市政项目，新建、改造城区道路6条，供水、供气、供热、污水管网45.50千米。空气质量优良天数达311天。落实“河长制”，开展确权定界，实施清河行动，治理河道采砂，完成县城污水处理厂二期、湿地生态修复一、二期工程，启动下李污水处理厂项目，水环境持续改善。实施农村水、电、路、网基础设施提升项目，推进农村拆违治乱、垃圾治理、污水治理、厕所革命、卫生乡村“五大专项行动”。

民生事业 2019年，隰县推进城乡教育均衡发展，职教中心通过省级督导评估验收；落实新高考制度改革，引进北京“新越领航百校双提升”计划。新医院项目进展顺利，疾控中心业务用房主体完工。5项保险参保总人数达19万人次，实现社保全覆盖。实施全民技能提升工程，转移劳动力3305人，城镇登记失业率控制在4%以内。全县道路交通领域死亡人数同比下降71.40%，工矿商贸领域未发生较大事故。深入开展信访矛盾纠纷大排查、大化解“百日攻坚战”活动，化解信访积案40件。刑事案件发案率下降19%，破案率同比提升21%。

脱贫攻坚 2019年，隰县累计投入30.50亿元，完成一批农村公路建设、饮水安全、果水配套等脱贫巩固提升项目；建立返贫预警和动态帮扶机制，落实“四个不摘”，对脱贫户、未脱贫户、深度贫困户、边缘户分类管理、分类监测、精准帮扶，累计完成79个村、7114户、20112人脱贫任务，综合贫困发生率从25.60%降至0.15%。4月，省政府批准隰县退出贫困县。

（赵兵兵）

【永和县】 永和县位于临汾市西北部，总面积1214.38平方千米，下辖2镇5乡，4个社区，75个村民委员会，306个自然村。截至2019年底，全县常住人口6.61万人。

农业 2019年，永和县推进农业供给侧改革，深化院县合作。实施红枣、核桃提质增效625亩，新栽植苹果树750亩，实施1000亩果园旱作节水工程，建设2.20万亩高标准农田。阎西塬沿黄提水灌溉工程调试上水，发展高效节水灌溉面积1.20万亩。每个乡镇选派3名科技特派员，开展示范基地建设和田间指导工作，经济林常规病虫害无公害防治率达到95%以上。完成县级电商公共服务中心、53个村级电商服务站建设，县域物流快递服务体系初步建成。

工业 2019年，永和县新增天然气钻井46口，日产能达到300万立方米，年销售天然气12.67亿立方米；铺设集气管线20.50千米、长输管线35千米，县域集气管线达112.34千米、全县长输管线达到175千米，年输气能力达到38.50亿立方米，县域天然气管道融入全省管网，与周边县市实现互联互通；推动“一县一策”专享政策落地，国新能源公司在永和县注册入驻，石油压裂支撑剂、LNG液化调峰站、CNG母站和LNG加气站项目竣工调试，天然气勘探开发、管道输送、转化利用全产业链初步形成。

城乡建设 2019年，永和县实施243处农村饮水安全工程，为7117个167户群众免费安装净化设备。新建及改造线路621.60千米、配电变压器422台，行政村和自然村全部通照明电和动力电。建设“四好农村路”149千米，实现行政村道路硬化“全覆盖”。实施危房改造8069户、地质灾害搬迁665户，解决人民群众住房安全问题。

环境保护 2019年，永和县推进清洁取暖工程，新增清洁取暖面积5.45万平方米，集中供热改造263户，“煤改气”126户，清洁取暖面积71.43万平方米，城区清洁取暖覆盖率93%。推进散煤治理工作，划定城区约1.55平方千米为禁煤区。开展工业企业提标改造，对全县6家混凝土拌合站、2家砖厂进行提标改造，5家企业燃气锅炉实施低氮改造。开展扬尘治理，整治建筑工地2家，新增湿扫车、雾炮车各1辆，城区机扫率达83%。推广电动公交车20辆，占公交车总量63%。清理道路两侧售沙点18家。县域内餐饮服务单位全部使用油烟净化装置和清洁型能源，7个加油站全部安装油气回收装置。实施污水处理厂提标改造工程，建成水质自动监测站，对全县7个养殖场实施粪污处理配套设施建设。开展河道直排污口和河段四乱问题整治，清除各类垃圾2万余立方米。对300亩耕地实施质量提升和化肥减量增效，实施千亩果园秸秆覆盖增肥项目，减少化肥使用量。全年二级以上天数295天，优良天数比例达到80.80%。

文化旅游 2019年，永和县“黄河一号”旅游公路一期工程基本完工，二期工程完成征地拆迁39千米。开展重走《黄河大合唱》创作之路“寻根活动”暨永和专场音乐会、2019健行者公益徒步等文体活动。实施乾坤湾景区于家咀服务区、白家山服务区等旅游基础设施项目。东征、石家湾等6个村入选“山西省旅游扶贫示范村”。奇奇里村和东征村入围2019年山西省首批100家AAA级乡村旅游示范村。2019年，接待游客人数达22.82万人次，旅游收入增幅30%以上。

社会事业 2019年，永和县健全从学前教育到高等教育各个阶段资助体系，实现二本B类以上大学生、中等职业教育和学前教育贫困生资助全覆盖，2016–2019年累计资助187人103.70万元。贫困人口健康扶贫“双签约”实现全覆盖；实行“先诊疗后付费”，在临汾市率先开发医疗保险“一站式”信息结算平台。实施基站建设、改造提升等工程，79个行政村实现网络全覆盖。全县行政村卫生室标准化建设、村医配备实现全覆盖。新建的县医院投入使用，引入山西白求恩医院实行全面托管。北京大学第一医院、山西白求恩医院、山西省心血管病医院对口帮扶永和县医院21个重点科室。实施幼小一体化、农村中小学校舍改造等工程。挂牌成立“中国工农红军山西永和红军小学”。建设37个行政村综合文化活动场所，开展文体活动1370余场。落实《永和县特色种植业发展奖补办法》《永和县特色养殖业发展奖补办法》《永和县外出务工人员奖励办法》等激励措施，支持特色产业和外出务工，为761户农户发放特色种植业、养殖业补贴549.30万元，为231人兑付外出务工补贴36.76万元。

（李保成　冯瑞红）

【蒲县】 蒲县位于临汾市西部，总面积1510.61平方千米。下辖4镇5乡，93个行政村，526个自然村。截至2019年底，全县总人口11.21万人。

农业 2019年，蒲县提升生猪、肉牛、核桃、连翘四大产业，发展核桃10万亩、连翘10万亩，猪存栏4.50万头、出栏3.40万头，牛存栏1.90万头、出栏0.90万头，规模以上养猪场22个、规模以上养牛场37个。发展苹果、马铃薯产业，种植苹果1.40万亩、马铃薯1.10万亩。发展食用菌、小杂粮、中药材、蔬菜等时令性、区域性特色产业，种植中药材1万亩、食用菌270棚、设施蔬菜168棚，全县食用菌大棚共416个。

工业建筑业 2019年，蒲县引进奥鑫博、煜盛、建邦、华翔等铸锻企业。规模以上工业企业达到36家，2019年全县工业增加值71.29亿元，增长5.20%。工业对GDP贡献率为60.50%，拉动GDP增长3.90个百分点。全年规模以上工业实现销售产值143.02亿元，增长2.58%；规模以上工业实现主营业务收入142亿元；实现利税31.80亿元；实现利润17.66亿元。全年全县规模以上工业企业生产原煤1203万吨，增长0.50%。洗精煤905万吨，增长1%。

全年全县资质以上建筑企业4家，建筑业总产值1.54亿元，增长5.90%，建筑业增加值1.04亿元，增长3.10%。房屋建筑施工面积6.30万平方米，增长5.70%。

城乡建设 2019年，蒲县推进旧城改造，实施府前街、滨河路西延联通、翠屏山旅游路跨线桥等12个项目，昌平东街、昕水湾等4个小区完成，锦绣广场建成开放。新建“四好农村路”26.50千米、达到1076千米，获“四好农村路”全省示范县，全省、全市现场会在蒲县召开。全县城镇化率达到49.44%。

环境保护 2019年，蒲县创建省级卫生乡镇1个、卫生村3个，黎掌村获评首批全国乡村治理示范村。完成全县822户“煤改电”任务，清洁取暖设备全部安装完毕。昕水河人工湿地纯物理净化水质做法得到推广，出境断面地表水达到III类标准，集中饮用水源地水质达标率100%。完成人工造林2400公顷、封山育林1000公顷，义务植树20万株，全县森林覆盖率40.18%。实施4个村新农村绿化工程，绿化率100%。全年空气质量优良天数308天，优良率为84.40%。

民生事业 2019年，蒲县拥有各类艺术表演团体3个，文化馆1个，公共图书馆2个，档案馆1个。广播电台1座，广播辐射半径50千米，放映农村公益电影1358场。各类卫生机构23个，床位540张。为城市最低生活保障986户2304人，累计发放城市低保金1547万元；农村居民得到政府最低生活保障居民1369户2713人，累计发放农村低保金1093万元；城乡医疗救助2084人，发放资金605万元。街道、巷道硬化2260.50平方米。举办第十五届广场文化消夏月活动。全年接待国内外游客299.63万余人次，实现旅游收入30.94亿元。

脱贫攻坚 2019年，蒲县实施32个持债经营项目，兑现特色产业奖补资金2953万元。巩固1.80万人脱贫成效，全年脱贫147户400人，全县贫困村全部退出，贫困人口从18933人减至33户102人，贫困发生率降至0.13%。全县共派出93支县级以上帮扶工作队、279名工作队员，实现驻村帮扶全覆盖，实施县级项目89个；新增扶贫小额信贷3735.63万元。获全省脱贫攻坚组织创新奖，在全国扶贫论坛作主旨发言。2019年5月，被省政府批准退出贫困县，年度市际交叉考核小组第一。（曹立华）

【汾西县】 汾西县位于临汾市北部，总面积880平方千米。下辖5镇3乡，1个社区管理委员会，120个行政村，6个居民委员会，418个自然村。截至2019年底，全县总人口15.05万人。

农业 2019年，汾西县发展肉鸡养殖深加工产业，投资2.40亿元，建成63个3万只规模标准化、现代化肉鸡养殖大棚，年产1.80万吨熟食调理品生产线投产运行，鸡肉食品进入香港市场，并通过俄罗斯、马来西亚和中东国家出口认证。新建核桃经济林3000亩，总面积19.60万亩，挂果8万亩，产值6000万元，纯收入5000万元，全县农民人均增收420元。光伏总装机容量186.70兆瓦，年收益2.20亿元，扶贫收益6300万元。新建玉露香梨基地2000亩，总面积1.20万亩，挂果4000亩，产值3200万元，纯收入2000万元。实施黄粉虫养殖项目，汾西康瑞莱公司被认定为国家高新技术企业。招商引进天惠江风、协鑫智慧两个40兆瓦风能发电项目落地开工。"一村一品一主体"产业项目92个。

城乡建设 2019年，汾西县推进"六城联创"，汾西中学、汾西大医院主体工程完工。汾西大道东延工程竣工通车。马沟河流域治理三期工程、县城旧街巷改造、古楼公园建设阳光大道绿化等工程完工。启动实施马沟村城中村、古郡新区西八街改造、第二热源厂建设等城市建设项目。桃临公路汾西段改造竣工通车。北掌水库和连接线建设工程完成。"四好农村路"建设基本完成。申家庄水库、城市供水工程和北掌水库灌区项目纳入国家财政部PPP项目管理库。府底移民新区2000户贫困户乔迁新居。

环境保护 2019年，汾西县投资1.20亿元，实施垃圾处理、污水治理、造林绿化等11项生态环境治理项目，整改完成各类环境问题913个。取缔"散乱污"企业106家，深度治理工业企业16家。收缴散煤5000吨，置换销售5800吨。集中供热、"煤改电"等清洁取暖面积新增27万平方米。修补沿街沿道残垣断壁2174.20平方米，建设围栏、围墙安全防护1.30万平方米，粉刷墙壁25万平方米、刷白树木2万棵，设置文化墙1371平方米。建设大小垃圾池230个、配备垃圾桶1051个，垃圾车117辆，实施农村厕所改造489座。

文化旅游 2019年，汾西县实施"农家书屋"、送戏曲、送图书、送电影等文化惠民工程，送戏下乡130场次，送电影下乡1440场次，举办专场文艺晚会30余场，为全县120个行政村"农家书屋"配备学习辅导读物。挖掘《汾西民歌》70余首，推动汾西干口、威风锣鼓等"汾西声音"走向更大舞台。实施真武祠保护及环境治理、师家沟古建筑群二期保护修缮、窑洞文化公共服务设施建设等项目，启动佃坪至姑射山旅游公路建设。创作"天下第一村，古韵师家沟"实景剧本，举办师家沟"五一"传统文化展演、二青会火炬传递、庆祝中华人民共和国成立70周年等系列活动。开展招商引资，在第四届山西文化产业博览交易会上与山西电影制片厂签约电影《山桃花》拍摄项目。制作《千年古邑美丽汾西》宣传片和画册，展示汾西形象。

脱贫攻坚 2019年，汾西县实施8个乡镇易地移民搬迁，改造危房454户；实施覆盖全县120个行政村农村供水工程210处，实现120个贫困村村级卫生室全覆盖；成立126个医疗团队，开展"双签约"服务，贫困人口覆盖率100%；贫困户享受"先诊疗后付费""一站式"服务政策7481人(次)，医疗报销6979万元，报销比例达91.17%；落实教育扶贫6项政策，全县农村3至5周岁适龄儿童入园率99%，达到全省平均水平；实现贫困村九年义务教育阶段无因贫辍学学生。

(赵鸿虎)

【侯马市】 侯马市位于临汾市南部，总面积220.10平方千米，下辖3乡，5个街道办事处。截至2019年底，全市总人口25.04万人。

农业 2019年，侯马市小麦播种面积11.50万亩，总产量47610吨；玉米种植面积11万亩，总产量44990吨。发展中药材种植，以半夏、远志、黄芩、白芍等为主要品种中药材面积达到近8000亩，其中新增半夏800亩，达3100亩，实现收入5088万元。培育瑞河食用菌、祥丰蔬菜、文杰蔬菜、丰馨源蔬菜、山西茂州牛业、鑫鸿皓蛋鸡养殖等一批现代农业企业和专业合作社。基本完成土地确权登记颁证工作，发放土地承包经营权证书2.10万本。

新型产业 2019年，侯马市推进产业新旧接续，"2+N"现代产业体系初步形成。推进汤荣、平阳、东鑫等骨干企业为支撑装备制造业，被列为山西省首批"特色产业(汽车零部件)集聚区"；推进正大制管、汇丰水泥、双慧玻璃、平阳保温装饰一体板等重点新型建材企业，完善供应链；推动紫金山风电、益通液化天然气(LNG)、菲尔曼智能穿戴等新兴特色产业项目落地。推进远大装配式建筑生产基地及示范园区、旺龙医药园区等产业集群建设。全市工业企业拥有省级技术研发中心8家，临汾市级15家。东鑫衡隆公司成为全国《铁型覆砂球墨铸铁曲轴铸件》行业标准制定者。

商贸物流 2019年，侯马市巩固"三园区、一中心"物流体系，方略保税物流中心"通道+枢纽+网络"运作模式成效显著，中欧班列常态化运行；综合保税区进入国家部委审批层面；完成公路枢纽货运中心项目二期规划，项目资金到位1.08亿元；建成振通电商产业园二期3000平方米跨境电商展区；推动厚德兴盛医药物流园建设，实现药品采购、储存、配送全链条管理。推进电商进农村综合示范县(市)建设，"赤焰辣椒""晋南娇葡萄"等区域品牌影响力增强，赤焰辣椒全国订货会在侯马市举办。启动1701地下商业街、上海百联华翔时尚中心项目建设，招引居然之家等一批品牌化连锁商家落户主城区。2019年1月，侯马市商贸市场党委被山西省委组织部、省非公和社会组织工委授予全省非公经济组织和社会组织"双强六好"省级示范党组织称号。

重点改革 2019年，侯马市推进省直管县财政管理体制改革、国企国资改革、开发区“三化三制”改革、现代物流业集聚区试点等45项年度改革任务。完成党政机构改革、农村集体产权制度改革。完成土地承包经营权确权登记颁证工作。推进22户驻侯企业“三供一业”改革。政务服务标准化建设通过国家终期评估验收，企业投资项目承诺制改革得到国家、省级层面认可。企业投资项目承诺制改革，优化形成新“21221”服务机制，改革成果受到《光明日报》《经济时报》等媒体关注。

城乡建设 2019年，侯马市完善城乡基础设施建设，完成城市东城公园、大西高铁侯马西站扩建规划设计；新建或改造程王路东延、侯张街拓宽等主干街道和循环路网工程，城市道路通达能力增强；推进农村“六个全覆盖”，实现城市自来水、垃圾集中处理全覆盖，47个村接上大暖，28个村用上天然气，32个村实现污水集中处理，8875户完成旱厕改造；全市有12个村实现“六个全覆盖”目标。

环境保护 2019年，侯马市推进联动治污、深度治水。推进企业减排、能源替代、运输管控、污水处理等一系列举措，全市大气质量在全省排名位次前移，浍河西曲断面水质退出劣Ⅴ类。全市非正规垃圾堆放点整治率达80%，规模化养殖场粪污处理设施实现全配套。

文化旅游 2019年，侯马市启动《侯马市全域旅游创建总体规划》编撰工作。举办“中国飞镖公开赛”“垤上红色旅游文化活动”。启动八路军北上抗日纪念碑设计和建设工作。组织开展“万步有约”健走激励大赛，被评为全国健走示范市；彭真故居纪念馆被中国关工委、山西省关工委确定为“关心下一代党史国史教育基地”。

民生事业 2019年，侯马市启动新二中、东城小学、市府路幼儿园等建设项目。优化医保结算流程，实现就医花费出院即时结算；新人民医院正式启动搬迁。被评为国家慢性病综合防控示范区。城镇登记失业率维持在较低水平，新增城镇就业6109人，其中农村劳动转移就业3450人。侯马市高村乡虒祁村村民张建敏家庭当选全国最美家庭。

（郑 岐 耿文静）

【霍州市】 霍州市位于临汾市北部，总面积765平方千米，下辖4镇3乡，5个街道，18个社区，189个行政村。截至2019年底，全市总人口29.47万人。

农业 2019年，霍州市实施“一园五基地”建设，示范带动全市农业产业化发展。全市以苹果、核桃等为主干鲜果种植面积7万亩，年销售额近4亿元，规模养殖企业60个，小杂粮种植面积4万亩，文冠果种植面积8000亩。北京中商构能公司投资20亿元，在三教乡打造国家级构树田园综合体，已流转土地2000亩，栽植构树700亩。北京新发地霍州分市场落户退沙办，一期投资达5000多万元，打造农产品冷藏集散中心。枣夹核桃、干鲜水果等农副产品与海航集团等企业签订常年供货协议，实现销售收入2000多万元。扶持壮大裕鑫博康、鸣梦老粗布、绿和祥福等特色农产品品牌。

工业 2019年，霍州市以霍东新产业园区为依托，布局以煤矿机电设备制造、中汽商用环保车辆和设备制造、激光熔覆技术等为代表现代装备制造业和新型技术产业。中汽商用环保汽车生产线投入使用；鑫钜出行新能源汽车发展分公司申请国家网约车证照；激光熔覆项目签订协议，初步形成带动转型发展的产业集群。山西建筑产业现代化绿色建材（霍州）园区项目投资为省级重点项目，正式投产，由山西建投装饰产业有限公司、天津建筑建材有限公司和山西兆光发电有限责任公司三方联合建设，主要利用电厂排放出的粉煤灰、脱硫石膏等固体废弃物，生产新型绿色建材，实现工业固体废弃物从末端治理到源头控制质的转变。以航空食品加工为龙头，对接海航等航空企业，引进先进技术和管理模式，对枣夹核桃、年馍、烧饼、苹果等特色食品进行深加工，打造航空食品加工基地。

文旅商贸 2019年，霍州市七里峪森林康养小镇项目推进，投资8200万元七里峪旅游公路开工。霍州鼓楼和祝圣寺成为全国重点文物保护单位。朱家大院、贾村娲皇庙、蝴蝶谷等文旅“新八景”重点项目基本完工。设立霍州文旅产业发展基金，与临汾市政府城投公司合作，成立文化旅游发展有限公司。居然之家入驻霍州，鼓楼地下商业街日趋繁华，南街商贸城成为商业新地标。

城乡建设 2019年，霍州市开展工业污染治理、“散乱污”企业整治、散煤污染治理、水环境治理等综合整治工作。推行“公改铁”，开通霍州兆光电厂运煤专列，每年可为兆光、国电两个电厂“公改铁”运输煤炭200万吨、粉煤灰100万吨，减少汽运30万车次，减少扬尘3000余吨，粉煤灰销售额增加3000多万元。启动汾河、南涧河、对竹河城区段生态治理工程。实施汾河沿线6500亩荒山绿化工程。建成城市垃圾处理场、城市污水处理厂，城市垃圾无害化处理和污水处理率100%。实施热电联产、集中供热、天然气扩户等工程，全市集中供热总面积达到860万平方米，天然气扩户工程在市区全覆盖基础上，延伸到9个乡镇（街道）26个村居，近4.50万住户。

民生事业 2019年，霍州市建成4个100千瓦大型光伏电站和41个30千瓦小型光伏电站，对311名建档立卡贫困人员进行厨师、家政、母婴护理等免费技能培训，累计安置67名贫困人口就业，完成36户建档立卡贫困户危房改造，落实“136”保障制度，报销比例96.35%。开展“爱心助学”，累计为711名贫困学生发放救助金158.40万元。全市建档立卡贫困户中共有低保542户1274人，五保户167户171人。全国老年人门球交流赛活动举办。全年新增就业人员4600余人。开展急难救助、助学救助、低收入家庭中重残重病人员生活补助、农村80岁以上高龄人员等临时救助共计1277人次，发放救助补助金211万元。新建改扩建公办幼儿园6所，新认定普惠性幼儿园7所。组建辛置教育集团。面向社会公开招聘教师186人充实教师队伍。（王晓英）

吕梁市

【概况】 吕梁市总面积21140平方千米，下辖1个市辖区,10个县,2个县级市。截至2019年底,吕梁市常住人口为389.09万人,比上年增加0.53万人。全年全市出生人口3.67万人,人口出生率为9.42%；死亡人口2.01万人,死亡率为5.17%;自然增长率为4.25%。

2019年，吕梁市地区生产总值完成1512.10亿元,增长5.70%;规模以上工业增加值完成963.20亿元,增长4.60%；一般公共预算收入完成192.60亿元,增长10.20%;固定资产投资完成523.30亿元，增长11.20%;社会消费品零售总额增长7.70%,城乡居民人均可支配收入分别增长6.80%、10.30%。

农业 2019年，吕梁市农作物种植面积507.30万亩，比上年减少33.90万亩。其中，粮食种植面积460.80万亩,减少36.90万亩;油料种植面积11.25万亩,减少6.75万亩;棉花种植面积4500亩,与去年持平。在粮食种植面积中，玉米种植面积256.50万亩,减少1.50万亩;小麦种植面积2.85万亩,减少3000亩。

全年粮食产量92.60万吨，减少30.10万吨,同比下降24.50%。其中,夏粮0.40万吨，同比下降42.90%;秋粮92.10万吨,同比下降24.50%。全年全市猪牛羊肉总产量11.90万吨，同比下降42.20%。其中，猪肉产量8.90万吨,同比增长14.10%;牛肉产量1.90万吨,同比下降5%;羊肉产量1.10万吨,同比下降8.30%。年末生猪存栏73.60万头,生猪出栏106万头。牛奶产量2.90万吨,同比增长7.40%。禽蛋产量9.80万吨,同比增长263%。水产品产量0.09万吨,与去年持平。

全年全市农业机械总动力131.10万千瓦,同比增长8%。机械耕地面积397.50万亩,同比下降0.45%;机械播种面积和机械收获面积分别为317.40万亩和221.55万亩，同比分别增长2.55%和2.50%。

2019年,吕梁市农业产业化水平提高,“一乡一特一园区、一村一品一基地”建设取得成效,成立红枣、核桃

表59 2019年吕梁市辖县(市、区)经济指标统计表

县市	地区生产总值(万元)	农林牧渔业总产值(万元)	固定资产投资增长速度(%)	社会消费品零售总额(万元)	一般公共预算收入(万元)	一般公共预算支出(万元)	人均可支配收入(元)	
							城镇居民	农村居民
离石区	1370982	38723	−11.90	704415	146126	244196	31648	7315
文水县	734354	240306	−9.90	216328	35114	239595	23701	11387
交城县	913209	73956	20.10	201172	70716	189729	24105	11367
兴县	1137383	86281	11.40	162802	177019	431153	23218	5785
临县	897203	170994	10.40	454947	78896	554435	19771	6263
柳林县	2043262	66850	3.80	397812	287588	397103	33683	13317
石楼县	139699	53701	8.10	33877	5169	220562	15719	4333
岚县	489723	62847	0.60	112709	53306	179990	21833	6206
方山县	502856	55983	4.90	98257	51000	161232	23012	5579
中阳县	1070345	52409	1.40	143902	117404	193028	24569	8053
交口县	547586	63623	−16.10	81694	68103	129610	22137	8916
孝义市	3182297	137365	9.50	1433846	289237	359591	36532	18673
汾阳市	2041222	129818	19.90	655918	162348	320898	26151	15484

（省统计局）

等8大产业联盟，创建“全国农业综合标准化示范市”，方山肉牛等11个农业循环经济园区基本成型，岚县创建“山西省特色花海基地”，全省特色产业扶贫现场会在吕梁市召开。连续举办第三、第四届名特优功能食品展销会，吕粮山猪直供香港，交口食用菌出口韩国，兴县中药材参加“中国品牌商品（中东欧）展”，柳林沟门前碗团成为“中华品牌行”知名品牌。

产业转型 2019年，吕梁市煤炭产业占工业经济比重下降0.90个百分点，制造业占比提高1.20个百分点。打造五大产业集群，产业结构由一煤独大向多业支撑转变，吕梁铝镁新材料产业园区加快建设。第三产业增加值增长6.50%，对经济增长的贡献率达46.70%，成为经济增长的重要支撑。工业技改投资完成119亿元。

全年全市煤矿先进产能占比达70%以上。8个省级经济开发区全部推行“三化三制”改革，方山生态文化旅游示范区获批。22户国有企业“三供一业”分离移交工作全部完成，离柳集团债转股进展顺利，汾酒集团上市，吕梁农商行获批筹建。联盛破产重整计划执行完毕。组织基金招商、股权招商，“数谷吕梁”推介会等招商平台知名度和影响力提升。减税降费45亿元，激发各类市场主体活力。

城乡建设 2019年，吕梁市完成“二青会”比赛场馆周边城市风貌整治、东川河人行步道等10项工程，吕梁一中、吕梁师范高等专科学校、国投财经中心、医疗卫生园区、群艺馆等一批项目加快建设。静兴、祁离高速公路进展顺利，国道209吕梁新区段改线工程全线开工，黄河一号旅游公路一期主线基本贯通。建成“四好农村路”2223千米；新建改造农村饮水工程888处，惠及53.50万人。推进“百村示范、千村整治”，高标准打造美丽宜居示范村95个，近1000个村庄初步实现干净整洁有序。

环境保护 2019年，吕梁市市区优良天数达280天，环境空气质量综合指数、PM2.5平均浓度降幅均在15%以上。9条重点河流指数由上年的31.06%降至17.30%，全市重点城镇污水收集处理率达75%，汾河流域沿线9个重点乡镇生活污水处理厂建成投运。持续实施“三个100万亩生态工程”，森林覆盖率全省排名第三，吕梁市获全国“2019最具生态竞争力城市”称号。

文化旅游 2019年，吕梁市组织庆祝中华人民共和国成立70周年系列活动，红色经典舞剧《吕梁英雄传》获中宣部“五个一工程”优秀作品奖。举办吕梁首届文学季、第四届中国古村镇大会，高标准承办“二青会”蹦床、艺术体操比赛。举办第20届布鲁塞尔国际烈性酒大赛和第三届世界酒文化博览会。全市旅游总收入、接待游客人数均实现18%以上增长。

民生事业 2019年，吕梁市启动市区29个中小学、幼儿园项目建设，学前三年毛入园率超过全省平均水平，高考二本B类以上达线1.55万人。农村建档立卡贫困人口医保政策全面落实，全市综合医改信息化平台、县域内外“一站式”结算服务平台建成运行。农村低保人均提标600元，特困供养标准和65周岁以上人员基础养老金大幅提升。农村、社区“两委”主干年人均报酬分别达2.90万元、4.10万元。吕梁获省级“双拥”模范城称号，岚县创建国家园林城市。截至2019年底，全市10个贫困县全部脱贫摘帽，1439个贫困村全部退出，累计减贫58.50万人，贫困发生率降至0.18%。创新脱贫攻坚“吕梁模式”，生态扶贫、吕梁山护工、光伏扶贫三张品牌持续打响。“吕梁山护工”品牌入选全国家政服务业发展典型案例。累计培训6期，实现就业7000余人，就业辐射全国8省20多个城市。全年完成营造林60.21万亩，经济林提质增效78.90万亩，林下经济108万亩。全市有造林合作社1300多个，吸纳社员3.50万人，聘用管护员8000余人，每人每年可获得7000多元的收入；实施光伏扶贫，全市建成708座总规模55万千瓦的村级电站和集中式电站。光伏扶贫获全省2019年脱贫攻坚组织创新奖。“两不愁三保障”突出问题解决，教育扶贫、健康扶贫等工作取得成效，“一码清”管理、“一保通”扶贫保险等做法全省推广。以“石楼小镇”为典型的移民安置点相继建成，11.40万户群众迁新居。

（刘翠翠）

【吕梁市离石区】 吕梁市离石区位于吕梁市中部，总面积1324平方千米，下辖2镇3乡，7个街道办，194个行政村，43个居委会。截至2019年底，全市总人口32.50万人。

农业 2019年，吕梁市离石区粮食种植面积16.72万亩、总产量2.84万吨；肉类总产量5308.90吨、禽蛋总产量4325.40吨。推进“一乡一特一园区、一村一品一基地”建设，培育农业产业化联合体2个、农业产业园区3个、村级种养生产基地24个，建设高级示范区3个、百亩绿色攻关片1个，完成“三品一标”无公害认证3个。

产业转型 2019年，吕梁市离石区淘汰落后焦化产能71万吨，新增先进煤炭产能60万吨。发展大数据、新材料产业，实现工业增加值3.60亿元，同比增长50.17%，占规模以上工业增加值的8.25%，华为山西（吕梁）大数据中心建成运营，推进水煤浆清洁能源利用、中包凌云无机壁纸、中磁尚善软磁粉芯智能化，薛公岭、于家背风力发电等项目；推进新龙重工液压支架、离石电缆技改、山西建设晋西北建筑产业园等项目。

深化改革 2019年，吕梁市离石区推动煤炭产业“减、优、率”，全区煤矿先进产能占比达38.20%。加强政银企对接，为吕梁环城高速等五户龙头企业达成融资意向29.58亿元，珍味谱、鑫东大公司登陆“晋兴板”；农村信用联社完成股本筹集，农商行改制工作推进。落实减税降费政策，全年减免各类税费39055万元。科技人才引进机制改革，引进张光华博士科技团队和韩国技术研发团队。深化农村产权制度改革，行政村（组）清点核资和成员身份界定工作全部完成，成立193个股份经济合作社,10个试点村率先展开"三变"改革,农业生产托管工作全面铺开;推行"放管服"改革,审批与监管分离,"一枚印章管审批",实现群众"只进一个门,只跑一次腿"。

城乡建设 2019年,吕梁市离石区35滴瓦线、西茂线、小吴线、小西线、千西线、枣林循环线公路路基工程、沙会则大桥至吉家村主干道路和苏家村安置小区配套道路工程全部完工。开展"五大专项行动",全区120个涉贫村全部实现亮化、美化、净化、绿化,推进31个美丽宜居乡村建设。提档升级14个贫困村55千米村通道路。

环境保护 2019年,吕梁市离石区森林公园园林景观提升工程竣工。荒山绿化、退耕还林、核桃林提质增效14.50万亩。城区可视山体绿化、三川河生态修复综合整治工程推进,龙山二期绿化工程完成前期准备。全面完成秋冬季大气污染综合治理攻坚目标任务,市区优良天数达到208天,全省排名第二,细颗粒物平均浓度最低、改善幅度最大、优良天数最多。完成"煤改气"6343户,完善集中供热785户,城市建设区基本实现清洁取暖全覆盖。枣林沟、刘家湾黑臭水体整治全部完成,实施城区周边村雨污分流工程,总投资1.09亿元,铺设管网60.90千米,安装检查井2708个。

文化旅游 2019年,吕梁市离石区持续打造"美丽乡村离石游"品牌,交口村和杜家山村分别被评为"全国文明村""全国传统村落",彩家庄村入选"中国历史文化名村",归化村、永红村和任家沟村入选全省首批AAA乡村旅游示范村,全年接待游客875.50万人次,增幅17.45%。

民生事业 2019年,吕梁市离石区民生支出18亿元,同比增长5.60%,占全部财政支出的65.40%。统筹抓好就业岗位开发、职业技能培训、打造青年创业孵化园等系列举措,全区城镇新增就业4569人,全民技能培训完成5200人,城镇登记失业率1.04%。基本公共卫生服务开展,居民健康档案建档率达98%以上。提高农村低保标准,每人年均达4344元,特困供养标准提高到低保的1.30倍;65周岁以上人员基础养老金提标134元/月/人。

全年共投入专项资金2亿元,实施扶贫项目176个,减贫221户403人,贫困发生率降至0.06%。全区127支扶贫驻村工作队、68个帮扶企业投身脱贫攻坚主战场。实施以"吕梁山护工"为龙头的全民技能培训,推动扶贫车间建设运行,1622人实现稳定就业;举办围绕"二青会"主体的一系列文旅推介会,带动1500名贫困群众增收;实施生态造林和经济林管护28.50万亩,4127名群众实现增收,15个电商扶贫平台销售农副产品11.20万千克。完善贫困群众生活保障网。发放教育补助资金7571万元,实现义务教育阶段无因贫困辍学目标;财政投入资金4970万元,实施健康扶贫项目11个,贫困人口医疗报销比例达90%以上;投资3.26亿元,建成移民安置点13个,实施危房改造2987处;投资2888万元完成安全饮水工程105处,农村安全饮水率达100%。

(张潇丹 王 毅)

【文水县】 文水县位于吕梁市东部,下辖7镇5乡,199个行政村,11个社区。截至2019年底,全县常住人口43.95余万人。

农业 2019年,文水县完成乡村振兴战略总体规划和六个分项规划编制。新建高标准农田1.48万亩,完成35.87万亩粮食生产功能区划定,全年粮食总产21.51万吨。诚信种业晋升为国家农业产业化重点龙头企业,新增省级龙头企业8户,全县国家级龙头企业5户、省级19户,农业销售收入142亿元。大象农牧成为全省唯一百亿级农业龙头企业,进入全国养猪巨头20强。南安镇梨果产业园、胡兰镇肉牛产业园纳入市级示范产业园建设项目。吕梁野三坡被评为国家林业重点龙头企业,保贤村成为全国"一村一品"示范村。农村土地改革制度推进,流转土地12万亩,完成农村集体经济组织清产核资、数据系统录入和成员身份界定。新注册农民专业合作社70家、家庭农场31家,孝义镇农机合作社土地托管模式入选全国典型备选案例。

工业 2019年,文水县规模以上工业增加值下降15.70%。新培育规模以上企业20户,总数58户。赤峪煤矿投入使用,国金固废综合利用项目竣工。益鑫泰获评定为国家高新技术企业,康欣药业、金源煤化被获认定为省级专精特新"小巨人"企业,鑫源昌钢结构、鑫海化工、象丰饲料、盛达威科技等4户企业入选省级"专精特新"企业,鑫海化工在省股权交易中心专精特新板挂牌。

全年全县开展企业投资承诺制改革,项目在线审批平台投入运行,办结时限由5天压缩为3天;开展工程建设项目审批制度改革,审批时限压减四分之三。出台支持民营经济发展12条措施,全年减免税费1.20亿元,清理拖欠民营企业中小企业账款5000余万元。推进"多证合一""证照分离"改革,企业开办时间缩短为1个工作日,新注册市场主体3671户,同比增长22.30%。开发区"一区四园"产业发展和招商规划编制完成。举办第三届"迎老乡、回故乡、建家乡"活动,民间投资占到固定资产投资的74.50%。金融服务实体累计发放贷款11.39亿元。

城乡建设 2019年,文水县城乡基础设施建设总投资81.60亿元的13个项目纳入全省中部盆地城市群一体化发展规划。县城集中供热连续4年扩面,新增供热面积127万平方米、煤改电2058户,城区基本实现清洁能源全覆盖。启动胡兰大街棚户区第三地块改造,则天大街东延拓宽通车,县城北环路雨污分流工程开工,改造县城小街小巷29条,新建城区公厕10座。离祁高速完成路基清表,307国道文峪河大桥拓宽改造。启动总投资1.10亿元的241国道改建,实施320省道城区段改线7.50千米。推进农村"四好农村路"建设项目,完成建制村通硬化路135千米,改造危桥

14 座,拓宽柳杜—西城公路 4 千米。建成 12 个农村垃圾转运站,完成农村改厕 2000 户。6 个村成功申报国家级传统村落,8 个美丽宜居示范村建设。

环境保护 2019 年,文水县争取专项债券 3.60 亿元,投资 16 余亿元实施生态环保项目 13 个。县城胡兰污水处理厂提标改造和杭城污水处理厂新建工程主体完工。启动总投资 9.90 亿元、涉及 6 个乡镇、62 个村 5.90 万户农村集中供热工程。全面落实河长制,强化人防技防群防,三条河流布设监控点位 514 个,河道"清四乱"22 处。取缔"散乱污"企业 438 户,"禁煤区"由建城区 9 个村扩大到 51 个村,完成清洁煤置换 6 万余吨。集中整治畜禽养殖污染,规模养殖场配套建成堆粪场 632 户,安装好氧发酵罐 38 台。开展国土绿化,栽植苗木 36.82 万株。引进太原康培园林绿化公司实施开栅砂坑生态修复治理工程。主要河流断面化学需氧量、氨氮平均浓度同比下降超过两位数,生态补偿金较上年减少扣缴 3350 万元。

民生事业 2019 年,文水县民生领域支出 18.43 亿元,占一般公共预算支出比重 77%。完成"四类人员"危房改造 1580 户,17 个村实现饮水提标改造;农村低保提高到 4344 元,新增脱贫保障综合保险、实现贫困人口全覆盖。新增小额信贷 225 万元,产业扶贫分红 860 万元。实施"全民技能提升工程",培训各类劳动力 4295 人,实现就业 1467 人。新建老年人日间照料中心 6 个,全年社保降费 1.30 亿元。职教中心一期工程主体完工,文水二中学生餐厅和体育场建成投运,改扩建农村幼儿园 18 所,整合农村小学教学点 22 个,调整优化县城中小学布局 6 个。门诊住院医保整体打包付费、家庭医生"双签约"等政策惠及广大群众,实施县域内城镇职工和城乡居民基本医疗保险慢性病直接结算制度。 (彭秀芬)

【交城县】 交城县位于吕梁市东北部,总面积 1822.11 平方千米,下辖 6 镇 4 乡,148 个行政村。

农业 2019 年,交城县发展壮大畜牧、旅游、设施蔬菜、食用菌、中药材等特色产业,引进湖北襄大农牧实施 1 万头能繁母猪养殖项目,一期工程 4 月份建成。启动 16 个乡级园区、100 个村级基地建设,县对带贫能力强的分级奖励 50 万–200 万、10 万–30 万。

转型发展 2019 年,交城县开展"深化转型项目建设年"活动,推进 20 个、总投资 119 亿元的转型项目建设,完成固定资产投资 28.5 亿元。培育以"一大三新"为主攻方向的战略性新兴产业。煤炭工业占工业经济比重降低 1 个百分点,制造业占工业经济比重提高 1 个百分点,新培育 6 户高新技术企业。全县外贸自营出口总额完成 8.90 亿元,同比增长 10%。

项目建设 2019 年,山西交城大数据产业园中西部数据中心项目一期主体封顶,义望铁合金年产 30 万吨锰合金液态废渣制取微晶石材项目中试生产线建成,三喜化工有限公司年产 10 万吨稀硝酸和 3 万吨精细硝酸盐项目投产达效。

城乡建设 2019 年,交城县投资 3500 万元,实施连村路、连组路工程 20 个,打造美丽乡村示范村 5 个。投资 1514 万元,完成农村饮水安全工程 23 个,对管网老化的 4 个非贫困村维修改造。启动沙河东街棚户区改造工程。柰林村搬迁完成规划选址。引导 3071 户房屋鉴定为 B 级的农户局部修缮,确保达到安全标准。

环境保护 2019 年,交城县实施总投资 13.64 亿元的 15 项环保重点工程项目,开展生态环境保护。推进焦化、铸造、化工等行业企业提升改造,严控采暖季燃煤污染,完成集中供热 2090 户、煤改气 7000 余户;推进"散乱污"企业整治,取缔 177 户、搬迁 75 户、升级改造 236 户。实施磁窑河水质提升和生态修复工程。4 个污水处理厂完成提标改造和保温提效改造;76 户涉水企业全部采取"水六条"措施。玖珑腾固废处置工程一期基本完工,具备入场条件;完成水峪贯镇岭上村生态植被恢复工程,分类处置工业固体废物违法堆放点 62 处。打击生态环境违法行为。下达责令改正违法决定书 498 份,实施停产整治 97 户,查封扣押 101 户,行政处罚 168 户,罚款 1368.25 万元,查处环境违法犯罪案件 14 起,行政拘留 21 人。

文化旅游 2019 年,交城县旅游体制改革取得突破,玄中寺宗教活动与景区管理实现分离,举办"山水交城 康养一夏"2019 康养交城旅游推介、"大美交城·古韵磁窑"磁窑村乡村文化旅游节、二青会火炬传递等一系列旅游推介活动,国家全域旅游示范县创建通过省级初验。

民生事业 2019 年,交城县开展农村生活垃圾治理试点,编制完成城乡环卫一体化 PPP 项目方案。发展教育事业。74 名移民搬迁子女全部就近入学,移民小区配套小学完成基础施工,职中技能培训楼、城西小学投入使用。与省眼科医院合作成立专科眼科医院,山医大一院交城分院加快建设,妇幼保健中心和中医院合并新建项目主体完工。扩大就业,城镇新增就业人员 3310 人,农村转移劳动力 3100 人,"吕梁山"护理护工培训完成 6 期 608 人,就业率达 60%以上。开展扩大病种问题自查自纠,将 63 名新增因病致贫对象纳入救助范围。完善"一证一卡一档",全年资助 3429 人,资助金额 559 万元。全县贫困发生率降到 0.04%。开展"脱贫人口回头看",新识别贫困户 26 户 63 人,清退 25 户 87 人。整合扶贫资金 1.98 亿元,发放金融小额信贷 5278.5 万元。防范化解重大风险。开展护林防火、安全生产、地质灾害防治"三个专项行动",开展安全生产大排查大整治工作,排查隐患 2718 条,完成整改 2647 条。开展重信重访专项整治,化解省市交办信访案件 29 件。

(李大斌 燕保平 苏婷婷)

【兴县】 兴县位于山西省西北部、吕梁市北端,总面积 3168 平方千米,下辖 7 镇 10 乡、376 个行政村。截至 2019 年底,全县总人口约 30 万人。

农业 2019年，兴县建成乡级园区3个、村级基地142个，培育绿色杂粮基地22万亩、有机旱作谷子基地2万亩，建设绿色优质马铃薯基地5.10万亩，发展食用菌181万棒，经济林、中药材种植面积分别达58万亩和20万亩。举办第一届兴县特色农产品(太原)展销暨文旅推介会。

改革创新 2019年，兴县开发区“三制”改革全部完成。农村“三变”改革探索出6种模式、6种股份、6种机制。“放管服效”改革稳步推进，各类市场主体更具活力，全年新增企业510户(其中规模以上企业12户)，新增农民专业合作社75户、个体工商户689户。外贸进出口实现零突破，兴县对外开放大门越开越大。

项目建设 2019年，兴县中润公司一期50万吨电解铝项目25万吨产能投产，局域电网二期输变电线路加快建设，嘉德亿谱装备制造项目开工建设，铝镁产业占工业经济比重达到10.80%。华盛燃气兴县东门站、瓦塘应急调峰站、康宁加注站建成投用；中联煤层气、中澳煤层气非常规油气勘探开发进展顺利，全县煤层气日产达130万立方米。赵家塔铁路集运站及与之配套的晋陕蒙公铁海联运物流园项目开工建设，“五站一园”大物流格局初具雏形。358旅旅部旧址修复布展完成，蔡家崖游客集散中心开工建设，第三届“红色兴县”旅游文化季活动举办，旅游人数和旅游收入均保持18%以上的增幅。

生态环境 2019年，兴县深入开展违法排污大整治“百日清零”专项行动，实施清洁取暖改造工程，全年新增集中供热面积112万平方米，清洁取暖改造21984户，城区空气优良率达到64.70%。推进水污染防治，岚漪河裴家川口和蔚汾河碧村断面均达考核要求。全年完成生态修复15万亩。

城乡建设 2019年，兴县棚改一期工程基本完成，二期工程进展顺利。城区南北两山可视山体绿化有序推进。工业大道全面竣工验收，瓦裴线具备通行条件，静兴高速、北山公路、黄河一号旅游公路项目加快推进，客运西站开工建设，新建“四好农村路”157千米。启动创建美丽宜居示范村6个，忻黑线、岢大线沿线人居环境综合治理工程全面完成，农村生活垃圾治理示范项目进展顺利。

社会民生 2019年，兴县阳光小学、公共实训基地、老年大学相继投入使用，千城明德小学等4所农村寄宿制学校改造完成，阳光幼儿园、魏家滩幼儿园、枣峁梁幼儿园改扩建全部完成，友兰中学图书艺术综合楼主体竣工，城南小学和县级职教中心开工建设。新区医院全面建成，改建3所乡镇卫生院，完成332个村级卫生室的标准化建设。建成老年公寓楼1座，新建农村老年人日间照料中心27个，农村低保和城市低保分别提标600元和1200元。“蔡家崖号”旅游专列于上年6月开通，全年共接待游客121.40万人次，旅游收入10.13亿元。

脱贫攻坚 2019年，兴县建成扶贫车间3个，完成全民技能培训12172人，实现就业5521人。建成易地搬迁安置点19个，搬迁建档立卡贫困人口10572人，同步搬迁一般农户4247人；101.80兆瓦光伏电站全部并网发电；农村危房全部“清零”。“两免一补”等教育扶贫政策全部落实到位。贫困人口新农合参保费用政府全额负担，省内住院个人自付费用比例严格控制在10%以内。农村路、水、电、网等基础设施和村级卫生室、文化室、文化广场全面达标，贫困群众“两不愁三保障”问题基本解决。全年退出102个村、减贫17487人，贫困发生率降至0.56%。 （刘支军）

【临县】 临县位于吕梁市西北部，总面积2979平方千米，下辖13镇10乡，631个行政村，14个社区居民委员会。截至2019年底，全县总人口66.07万人。

农业 2019年，临县发展杂粮产业、马铃薯产业、食用菌产业、蔬菜产业、中药材产业、农产品加工业等，实施“3N35”产业扶贫计划，发展食用菌1500万棒，绿色马铃薯、肾型大豆、小杂粮等特色种植16万亩，培育发展种养加专业合作社1060个、种养加基地160个，建成农业产业园区9个，带动1.34万户贫困人口户均增收5000元左右。

项目建设 2019年，临县实施重点项目87个，总投资699.81亿元，完成投资36.55亿元。其中11个省市重点项目，立项办结11个，土地办结10个，环评办结7个，选址办结9个，复工10个，入统计库9个。1月至11月省市重点项目完成投资14亿元，投资完成率112%，占固定资产投资比重为41.17%。

城乡建设 2019年，临县开展美丽宜居示范村建设，铺开上城庄村、西湾村等8个村美丽乡村建设。新建7座卫生填埋场、22处垃圾转运站。推进建成11处旅游厕所，投资1500余万元，加强千年古柏群落风景区基础设施建设。完成农村危房改造任务4747户；完成旧村拆除82个；实施农村饮水安全工程285处，解决315个自然村饮水问题，涉及贫困户6450户14868人；完成“四好农村路”331千米，全面实现631个建制村客车通达率100%的目标。

文化旅游 2019年，临县县城图书馆开放运营，由成人阅览室、少儿阅览室和期刊室组成，藏书8万余册，实现“一卡通”和异地借还。建成村级文化活动广场202个、活动室416个，272个村建设图书阅览室。5月23日到25日，第四届古村镇大会在碛口古镇举行。大会发布《中国古村镇保护与发展碛口新宣言》。

全年全县接待海外游客857人次，接待国内游客575.21万人次，分别增长17.10%和30.10%；旅游外汇收入135.10万元，国内旅游收入45.79亿元。

社会事业 2019年，临县落实“7+5+4”教育扶贫政策，累计投入8600余万元，惠及全县建档立卡家庭经济困难学生16102人、农村义务教育学生23587人和农村幼儿7547人，实现全覆盖。医疗卫生方面落实“三保险三救助”“一站式”结算、“双签约”服务、“先诊疗后付费”等政策措施。制定《家庭医生签约服务考核办法》，全年累计开展基本医疗服务151.30万人次，基本公共卫生服务145.20万人次。将农村低保标准由上年的3588元提高到4188元，将扶贫孝心基金工程由70周岁以上拓展到65周岁以上，惠及2.10万名贫困老年人口。开展“百企帮百村”、县际结对帮扶，全年退出贫困村136个，脱贫21114户45308人，剩余贫困人口1187户2282人，贫困发生率为0.39%。全年建成光伏扶贫电站197.02兆瓦，全部并网发电；实施经济林提质增效12万亩，完成退耕还林5.20万亩、补植补造完善工程20万亩、旅游乡村绿化26个，兑现历年退耕还林补助资金16230万元，涉及74635户农户。其中，贫困户29045户；完成吕梁山护工培训3405人、输出就业1662人。其中，贫困劳动力培训1429人、就业687人；全年新增小额扶贫贷款2.28亿元，全县累计发放小额信贷8.18亿元，共带动16695户46746贫困人口。全年全县参加城镇职工基本养老保险36836人，参加城乡居民基本养老保险448000人；参加基本医疗保险576190人，参加失业保险19523人，参加工伤保险23450人，参加生育保险21万人。（张海红）

【柳林县】 柳林县位于吕梁市西南部，总面积1287.29平方千米，下辖8镇7乡，5个街道办事处，257个行政村。截至2019年底，全县常住人口为332535人，比上年增加166人。

农业 2019年，柳林县农作物种植面积347986.50亩，比上年增加14317.50亩。其中，粮食种植面积29.71万亩，比上年减少1758亩；油料种植面积9495亩，比上年少1500亩；棉花种植面积514.50亩。全年粮食产量39558吨，比上年减少14263.50吨，同比下降26.50%。其中，秋粮39546.10吨，同比下降26.50%。全年全县猪牛羊肉总产量5983.20吨，同比增长12.80%。

全年完成造林2.25万亩，森林覆盖率36.15%。年末生猪存栏51907头，比上年增长15.84%；生猪出栏63397头，比上年增长9.13%。羊存栏59694头，比上年增长35.98%；羊出栏36185头，比上年增长6.93%；牛奶产量1524吨，同比增长11.65%。禽蛋产量2793吨，同比增长−22.95%。年末全县农业机械总动力7.81万千瓦，同比增长4.17%。机械耕地面积18.48万亩，同比下降20%；机械播种面积18.03万亩，同比增长−3%；机械收获面积11.97万亩。

工业建筑业 2019年，柳林县规模以上工业企业40家，与上年相比减少2家。全年全县规模以上工业增加值同比下降8.90%。其中，煤炭工业增加值同比下降10.80%，非煤工业增加值同比增长9%。规模以上工业中，战略性新兴产业增加值同比下降2.21%。规模以上工业企业实现主营业务收入338.60亿元，同比下降15.90%。规模以上工业实现税金54.40亿元，同比下降18.80%；规模以上工业实现利税95.70亿元，同比下降20.40%；实现利润53.10亿元，同比下降21%。

全年全县资质以上建筑业企业共3家，完成总产值8208万元，同比增长47.50%，共签订合同额95093万元，同比增长−24.90%；竣工面积27697平方米。

能源 2019年，柳林县全社会综合能源消费量217.85万吨标准煤，万元GDP能耗比上年下降4.32%；规模以上工业企业综合能源消费量322.90万吨标准煤，万元工业增加值能耗比上年下降1.43%；万元GDP电耗比上年上升25.10%。全年全县全社会总用电总量17.55亿千瓦小时。

交通邮电 2019年，柳林县公路线路里程1575.96千米，其中高速公路11.70千米，与上年持平。年末全县大型汽车保有量14170辆；小型汽车保有量75905辆，挂车2423辆；摩托车、低速货车17633辆。全年全县旅客运输量75.43万人，同比增长−13.70%，货物运输量2930.04万吨。

全年全县邮政业务总量1498.17万元。其中，邮政业务完成838.98万元，快递服务企业业务收入累计完成659.19万元。

文化旅游 2019年，柳林县有群众艺术馆1个，文化馆1个，文化站15个（其中：乡镇综合文化站15个），农村文化活动场所212个。全县共有专业艺术表演团体1个。全县有公共图书馆1个。全县共有广播电台1座，电视台1座，调频转播发射台1座，一百瓦以上电视转播发射台4座。广播人口覆盖率95.14%，电视人口覆盖率98.99%，有线电视用户4.90万户。

全年全县接待入境旅游者703人次，接待国内旅游者1224.7万人次，同比分别增长−3.03%和14.14%;旅游外汇收入20.33万美元；国内旅游收入84.86亿元，同比增长19.47%；旅游总收入86.82亿元，同比增长22.22%。

教育科技 2019年，柳林县共有幼儿园72所，小学118所，普通初中26所，普通高中3所，中等职业学校1所。

全县有气象台站1个，开展电话天气自动答询的台站1个，气象系统开展人工影响天气业务的单位1个，卫星云图接收站1个。全县有专业综合地震台站2个，县级地震台网中心1个。

社会保障 2019年，柳林县居民人均可支配收入20892元，同比增长8.90%。参加城镇职工基本养老保险2.71万人，增加1.36万人；参加城乡居民社会养老保险17.97万人，增加0.18万人；参加城镇职工基本医疗保险3.66万人，增加0.32万人；参加失业保险2.41万人，增加0.31万人；参加工伤保险5.41万人；参加生育保险3.60万人。全年城市最低生活保障救济人数1857人，全年共发放城市最低保障资金956.20万元；农村最低生活保障救济人数18167人，共发放农村最低保障资金6136.60万元，898人纳入农村特困，共发放农村特困金额760.13万元。39人纳入城市特困，共发放城市特困金额44.37万元。年末全县城镇有各种社区服务设施6

个，其中综合性社区服务中心6个，各类收养性单位床位数202张，国家抚恤、补助各类优抚对象1487人。

（张景尧）

【石楼县】 石楼县位于吕梁市西部，总面积1808平方千米，下辖4镇5乡，134个行政村。

农业 2019年，石楼县推广“旱作农业”技术，推动渗水地膜面积稳定增加，全县达10万亩，提高耕地亩产。“农业生产托管”，推动农业种植产前、产中、产后生产托管、半托管面积达2.20万亩次，推广新品种面积1.50万亩次，破解农业耕种方式粗放、农村劳动力短缺问题，走出农业改革新路径。

转型发展 2019年，石楼县实施一批涉及产业发展、基础设施、社会民生类等补短板、强弱项、惠民生的重点项目。全年在实施总投资90.16亿元的26个重点项目的基础上，将清洁能源作为转型发展的突破口，推进“一气双电”项目建设。年产5亿立方米天然气开发项目具备生产条件。100兆瓦风电项目和86.30兆瓦光伏发电项目全部投产达效。

环境保护 2019年，石楼县坚持造林绿化不动摇，全县累计实施退耕还林90余万亩。在村容村貌整治上，累计发动群众投工9300余人次，清理农村生活垃圾7650吨，残垣断壁120处，畜禽养殖粪污297吨，沟道淤泥垃圾7.90万吨，村内沟渠422.51千米。推进市政建设，实施鼓楼街和西岭山棚户区改造、污水处理厂提保温提质改造、垃圾无害化处理厂等项目，新建石楼小镇和龙山水岸两项安置工程。新增20名城区综合执法大队协管人员，投资730余万元安装34个河道管理监控装置，完善城区交通标志、隔离栏和违章停车抓拍系统等设施，建设城区河道景观工程。

城乡建设 2019年，石楼县累计整合资金2700万元实施农村饮水工程建设，实现全县119个行政村安全饮水全覆盖，解决58个自然村氟超标问题。在实施小蒜至曹家垣乡、马村至龙交乡等县级道路升级改造的基础上，创新“四好农村路”PPP项目融资模式，投资5.60亿元完成96条503千米通村硬化和窄路拓宽等工程，实现全县行政村道路硬化全覆盖。全县119个行政村495个自然村实现村村通动力电全覆盖。农网改造升级工程改造5个乡镇56个村的6541户，增强农村供电保障能力。全县所有行政村互联网和光纤宽带接入实现双覆盖，通4G行政村118个，行政村4G覆盖率达88%，网络覆盖农村区域95%以上。

民生事业 2019年，石楼县实施转移就业。通过“转移就业增岗、公益岗位增岗、扶贫车间增岗，创优培训、创新服务、创业帮扶”举措，累计增加农村劳动力转移就业8099人。全面落实学前幼儿资助、“两免一补”、普通高中学生资助等十二项教育扶贫政策，有7500余户贫困户享受教育扶贫政策。建立“六道防线”，贫困户基本医疗保险个人部分均由县财政代缴，参保率达100%。贫困户入院救治自付比例控制在10%以内。每个行政村配置村卫生室，每个慢性病贫困人口实行“双签约”服务。实施危房改造。危房改造4999户，实现应改尽改。“金鸡产业”扶贫。建成一期80万只的规模，存栏实现60万只，二期20万只规模开工建设，完成资产收益分配570万元，形成“稳长清”产业带贫减贫机制。建成村级光伏电站56.30兆瓦，集中式光伏电站30兆瓦，惠及全县113个贫困村9600户贫困户。贫困村光伏电站分配规模平均数达500瓦特，村集体光伏收益平均达50万元以上，关联贫困户的户均光伏收益达6000元以上。坚持农村低保制度与扶贫开发政策有效衔接，提高农村低保标准，2019年达每人每年4188元。建成投用敬老院和33个农村老年日间照料中心。

（郑凤斌）

【岚县】 岚县位于吕梁市西北部，总面积1508.90平方千米，下辖4镇7乡，1个城区管委会，167个行政村，336个自然村。

农业 2019年，岚县土豆全产业链布局初步形成。土豆种薯基地扩大，岚县土豆宴全国推广总部基地及中央厨房项目建成投用，“可展示、可体验、可直销、可示范、可推广”的土豆宴美食文化太原旗舰店正式运营，“世界主粮、中国味道、岚县智造”影响力扩大。创建吕梁山上第一家国家级园林县城，创建省级食品安全示范县，创建“山西省特色花海基地”（土豆花）。

工业 2019年，岚县规模以上工业增加值完成32.90亿元，同比增长1.40%，规模以上工业企业达到15户，全县新兴产业占工业经济比重同比增长40%。

项目建设 2019年，岚县推进精密铸造、新能源、新材料等产业。国电投河口二期50兆瓦风力发电和岚县“十三五”第二批8兆瓦村级光伏扶贫电站项目实现并网发电。虎悦通大蛇头一期风力发电项目主体建成，国电投河口三期风力发电项目开工建设。晨远10万吨精密铸件加工生产线项目运行良好，继亨20万吨短流程球磨铸造项目推进。

环境保护 2019年，岚县在全省率先实行林长制，推动林业生态产业“绿化、彩化、财化”高质量发展。岚县污水处理厂二期稳定运行，三期加快推进，普明、岚城生活污水处理站建成投用。推进“河长制”，狠抓岚河水质改善，岚河出境断面水质改善。取缔燃煤锅炉84台，整治散乱污企业20户。空气环境质量改善，全年空气质量优良天数达242天，同比增长17%。全年投入3500余万元，城乡环卫一体化机制完善，城乡环境面貌提升。岚县在全国首届“绿水青山”论坛大会上，获“生态文明建设贡献奖”。

文化旅游 2019年，岚县完成送戏下乡122场，公益电影放映2229场。建设6个面塑文化大院、4个面塑纸艺专业合作社。岚县土豆花文旅品牌持续打响，举办中国·岚县第五届

“土豆花开了”旅游文化月和第十三届面塑文化艺术节、第十九届白龙山旅游文化节，全年共接待游客80万人次，拉动经济增长5亿元，成为全县新的经济增长点。岚县在国家旅游联合会举办的“第四届旅游年会”上，被评为“中国最美文化旅游县”，在2019年中国国际生态文化旅游品牌推介大会上，被评为“中国最美生态文旅小城”“中国避暑养生休闲旅游最佳目的地”，在《半月谈》2019文旅产业资源链接会上，被评为“2019中国文旅产业最具开发（投资）价值县”。

民生事业 2019年，岚县民生领域支出15亿元，占一般公共预算支出的79%。配售经适房513套，分配公（廉）租房911套，新建保障性住房200套，新增集中供热4120户45万余平方米，完成煤改气5168户。社保覆盖范围扩展，将基础养老金标准提高10元，达每人每月134元。

全年统筹整合使用资金3.03亿元，推进脱贫巩固提升工程，县级配套8000万元，确保扶贫资金投入“双增长”。截至2019年底，剩余2个贫困村实现退出，421户850人实现脱贫，贫困发生率下降为0.32%。马铃薯主导脱贫产业发力，马铃薯种植覆盖全县95%以上贫困人口，全年提供农民人均纯收入2350元。累计发放个人精准扶贫贷款1934笔9240.85万元。全县56兆瓦光伏扶贫项目实现收益3000万元，带动112个贫困村和55个非贫困村，惠及贫困户1万余户。实施全民技能提升工程，打造具有岚县地方特色“岚县土豆宴厨师”“岚县面塑制作”两个市级劳务品牌，完成全民技能培训4920人，全年实现外出稳定务工就业5000余人次，人均年收入达到3万元以上。发放外出务工人员技能提升奖补资金1554.15万元，全县3.30万人提升技能实现就业，务工总收入达3.50亿元。（赵　丽）

【方山县】 方山县位于吕梁市西北部，总面积1434.10平方千米，下辖5镇2乡，169个行政村。截至2019年底，全县总人口14.87万人。

农业 2019年，方山县推动“一乡一特一园区、一村一品一基地”建设和农业供给侧结构性改革，粮食总产量达4.86万吨，中药材种植、肉牛养殖规模分别达5.80万亩、3.50万头；完成无公害产品认证5个、绿色产品认证5个、有机产品认证8个；农民专业合作社、家庭农场分别达426个、36个。

工业 2019年，方山县规模以上工业增加值完成38.50亿元，增长18.90%。推进国电马坊风电二期项目，吕梁山矿产品有限公司年产20万吨电熔改性料生产线基本完工，庞泉重型机械技改扩建项目建成投运。

深化改革 2019年，方山县出台国有（集体）企业改革实施方案，推进粮食、商贸、物资、供销等系统国有（集体）企业改制。县财政统一解决到龄职工养老金42人391万元，按照每年10%比例解决个人垫交集体部分养老金及滞纳金531人165万元。县信用联社改制2亿元股本金基本募集到位，2亿元不良资产完成出表。完成县政府机构改革，推进相对集中行政许可权改革。落实减税降费政策，全年减免各类税费1.37亿元。

城乡建设 2019年，方山县棚户区改造东一区、东二区安置房和商铺分配完成520套，东三区项目全面启动；县城提升改造完成拆迁340户4.80万平方米；城区雨污分流及道路改造工程开工建设；方正花园一期项目完工，二期项目完成75%；城北热源厂主体工程基本完工，新建换热站2座，新增供热面积40万平方米。建设大武安置区，累计拆迁4586户59万平方米；开工建设安置区9个、安置楼46栋。其中，25栋安置楼主楼及楼内水暖电三级管网工程完工，安置房分配完成2140套；大武小学、大武医院推进顺利，启动13万平方米商铺建设。

环境保护 2019年，方山县坚持“人防、技防、联防”综合施策，淘汰10蒸吨以下锅炉37台，改造加油站双层罐或防渗池27户，完成“煤改气”任务700户；污水处理厂冬季保温提标改造和中水外排工程竣工，城镇污水收集处理率提升；以横泉水库水源地保护为重点，整改各类环保问题277个。加大造林绿化力度，完成生态造林绿化和经济林提质增效面积6.70万亩。

文化旅游 2019年，方山县生态文化旅游示范区经省政府批准设立为省级开发区；承办北武当山半程马拉松、二青会吕梁方山火炬传递等旅游季系列活动；实施完成于成龙茔园广场及配套基础设施项目；“圪张线”旅游公路完工85%，北武当山景区环线公路北线工程开工建设。方山县获“中国最佳康养休闲旅游名县”和“2019中国最美县域”称号。

民生事业 2019年，方山县新建农村老年人日间照料中心4所，社会福利院养护楼项目基本建成。启动实施教育系统绩效工资考核，全面提高义务教育阶段教师工资水平，发放表彰奖励资金278万元；高中新校区一期项目建成投运，高中新校区二期、职教中心项目分别完工80%、85%。进行医卫体制综合改革，县医疗集团实现行政、人员、资金、业务、绩效、药械管理“六统一”；“一站式”结算服务实现全县定点医疗机构全覆盖；“136”兜底保障、“三保险三救助”报销比例达90%以上。全县退出贫困村7个，减贫341户703人，贫困发生率降至0.21%。资金投入力度加大，整合资金和专项资金累计投入3.80亿元。深化拓展“3X+522”模式，壮大肉牛、中药材、光伏三大主导产业，中药材产业成为方山一张产业“名片”，光伏扶贫电站成效评估位居全省前列，贫困村村均分配光伏收益达14.40万元。完成住房安全提升77户、贫困村提升工程433个；发放扶贫小额贴息贷款1778户8705万元；开展吕梁山护工培训6期802人，实现就业320人。“一保通”“一码清”政策在方山县全面推广，民政、卫健、教育等利民惠民政策全部落实。（刘林林）

【中阳县】 中阳县位于吕梁市西南部，总面积1438.61平方千米，下辖5镇2乡，100个行政村(居)委员会。截至2019年底，全县常住人口14.713万人。

农业 2019年，中阳县农林牧渔服务业总产值为43109.90万元，共完成农作物播种面积14.50万亩，粮食产量17321.50吨。完成造林78048亩，猪牛羊禽肉类总产量12587.20吨。全县黑木耳产量29万斤，新希望肉鸡养殖项目招商落地，设施蔬菜大棚建成45个并试种成功。

产业建设 2019年，中阳县协同推进传统产业和新兴产业，煤炭资源重组后，全县整合保留矿井17对(含市营2对)。推动煤炭链条化发展，加快钢铁产业升级。招商引资签约项目11个，共投资41.15亿元，开工项目9个。中阳剪纸、布艺刺绣等非遗精品荣登央视，亮相省市各类推介平台；柏洼山AAAA级景区项目签约落地；电商公共服务中心及69个乡村电商服务站点建成投运，电子商务交易额突破2000万元。

环境建设 2019年，中阳县城区空气环境质量二级以上天数256天，空气质量优良率70.30%。城区绿化面积240万平方米，建成区绿化覆盖率38%，人均公共绿地面积9.66平方米，绿地率33%。

交通电力 2019年，中阳县公路总里程924.50千米。87个行政村通村公路硬化率100%，具备条件行政村开通客运班车率100%。纯电动公交车30辆，出租车120辆，营运客车25辆。12个新能源发电项目建成并网6个，形成304.30兆瓦的新能源发电能力。全年完成供电量6.96亿千瓦时，售电量6.55亿千瓦时。

金融邮政 2019年，中阳县金融机构本外币各项存款金额115.20亿元，比年初增加15.40亿元，比年初增长15.50%。各项贷款余额47亿元，比年初减少1.90亿元，比年初下降3.80%。邮政业务收入累计完成1102万元，同比增幅4.65%，其中金融业务收入755.22万元，寄递业务完成49万元，党报收订流转额185万元。新增农村便民服务点6个，累计发展48个。

科教文卫 2019年，中阳县共有各级各类学校57所。其中，普通高中1所，职业高中1所，初中5所，小学29所(含2个教学点)，九年一贯制学校4所，单办幼儿园17所，附设幼儿班16个。在校(园)生25290人，其中，普通高中2764人，职中高中1144人，初中5345人，小学10965人，幼儿5072人。教职工2396人，其中高中336人，职业高中52人，初中633人，小学1002人，幼儿373人；专任教师2219人，其中高中327人，职业高中52人，初中578人，小学942人，幼儿320人。总投资700万的升辉全民健身中心项目正式开馆。创作庆祝新中国成立70周年70米中阳剪纸艺术长卷。7个乡镇文化站全部完成挂牌。各级各类医疗卫生机构(医院、卫生院)167个。医师443人，其中执业医师317人，执业助理医师136人。医疗卫生床位数486张，其中县医院拥有177张，乡镇医院拥有129张。

民生事业 2019年，中阳县民生支出15.51亿元，占一般公共预算支出的80%。城镇新增就业人数2285人，城镇登记失业率在4.20%以内；就业困难人员就业102人，转移农村劳动力2385人。累计投资4.60亿元，陆续建成50千米8条“四好农村路”、180千米县乡道安防工程，新增公共停车位1100个。累计投入32.80亿元，建成采煤沉陷区安置房2659套、棚改安置房4576套，易地扶贫搬迁安置房1959套，惠及群众3.10万余人。解决脏乱差等“老大难”问题。城乡低保全年分别提标1200元、600元，城乡特困人员基本生活全年分别提标1600元、800元。全县剩余贫困户22户66人，贫困发生率降至0.06%。“产业+就业”覆盖面稳步增加，累计投入各类扶贫资金12.30亿元，实施项目522个，覆盖所有贫困群众。

(高 芳)

【交口县】 交口县位于吕梁市西南部，总面积1259.92平方千米，下辖4镇3乡，95个行政村、381个自然村。截至2019年底，全县总人口12.45万人。其中，农业人口6.70万，占人口总数53.90%。

农业 2019年，交口县耕地面积约36万亩，基本农田约30万亩，农作物播种面积约21万亩，主要作物有玉米、大豆、谷子、土豆、小麦等。拓展以食用菌为主的“3+N”特色产业，食用菌规模达3200万棒。新增无公害农产品认证4个，绿色农产品认证4个。举办“吕粮山猪”直供港澳品牌发布会和直供香港首发仪式、全国森林质量提升暨交口夏菇推介会，“吕粮山猪”先后2次供港生猪1000余头，韦禾公司50万棒食用菌菌棒、天麟公司12万斤香菇出口韩国。全年农业产值突破15亿元。

项目建设 2019年，交口县实施33个重点工程项目。道尔铝业200万吨低品位铝土矿浮选分级生产线废物综合利用项目、信发肥美铝业、兴华科技90万吨铝基新材料环保提升改造项目完工投运。推进道尔新建100万吨氧化铝及20万吨铝型材项目、旺庄干熄焦技术改造项目和信发肥镁铝业综合能效提升改造等项目。阳光电源100兆瓦光伏竞价上网项目开工建设，完成20兆瓦并网发电。棋盘山风电二期49.50兆瓦项目完工投用。特变电工300兆瓦平价上网示范项目办理前期手续。总投资6.80亿元的香港泰丰集团电子产品制造项目开工建设。

深化改革 2019年，交口县成立投资项目“一站式”服务中心，实现申报项目审批事项全流程一次性告知、“一网通办”。深化相对集中行政许可权改革，推动“一枚印章管审批”，261项审批事项实现“一门办理”。全面落实减税降费政策，全年完成减税降费1.78亿元。加大招商引资力度，完成签约项目4个31.76亿元。

城乡建设 2019年，交口县完成城区拆迁1300余户30万平方米，水头、龙泉棚户区改造相继交付使用，迎宾、河东棚户区全面开工建设。惠民苑、英才苑公租房项目全部竣工，南山生态综合治理和人民广场项目主体工程完工。国道209线绕城改造项目开工建设，离隰高速公路启动建设，汾石高速取得进展，完成42条150千米“四好农村路”建设任务。

环境保护 2019年，交口县打好蓝天、碧水、净土三大环保攻坚战，第一污水处理厂提标改造工程全部完成，第二污水处理厂建设项目投入运营，出境断面水质达到地表水Ⅴ类标准。工业企业污染治理任务全面完成，全县细颗粒物年平均浓度29，空气质量综合指数4.02，优良天数303天。

民生事业 2019年，交口县落实振兴教育“20条”意见，推进义务教育一体化改革，全县学前教育幼儿入园率达98.20%，义务教育向优质均衡方向迈进。药品全部实行零差率销售，标准化村级卫生室建设达标率100%，超过全省平均水平10个百分点。提高城乡低保、失能补贴、高龄补贴、孤儿基本生活保障补助标准。安置符合政策退役士兵90余名。全年退出2个贫困村、脱贫297户659人，累计完成脱贫8657户23459人，贫困发生率降至0.10%，全县农民人均收入达到8851元，同比增长8.30%。

（陈玲容）

【孝义市】 孝义市位于吕梁市东部，总面积945.8平方千米，下辖7镇5乡、5个街道办事处，379个行政村、51个社区。截至2019年底，全市总人口49.03万人。

现代农业 2019年，孝义市加快“一乡一特一园区、一村一品一基地”建设，创建特色农业产业园12个，农林牧循环种养生产基地80个。创建第二批国家农产品质量安全市，胜溪新村现代农业园区被评为全国农业标准化优秀示范区。完成农村集体产权制度改革，探索实施农村“两权”抵押贷款。开展农业生产托管服务，启动以新型农业经营主体为服务对象“新农贷”试点工作，入选全国农民合作社质量提升整县推进试点。推进11个吕梁市美丽宜居示范村创建。

工业 2019年，孝义市凸显经济开发区转型发展主引擎作用，举办2019中日氢能产业专家孝义论证会，推动鹏飞集团与美国GCES公司签约氢能源项目。全年经济开发区GDP、工业增加值分别完成149亿元、141亿元，分别占全市46.50%、66.50%，投资、产出、税收强度分别完成100.30%、140.20%、121.10%。

产业建设 2019年，孝义市18个项目建成投产。煤焦化工产业，鹏飞10万吨合成氨建成投产，金州10万吨针状焦恢复生产，金岩二期254万吨顶装焦等开工建设。铝系产业，信发120万吨、田园40万吨氧化铝技改项目建成投产。农业产业，一果3000吨亚麻籽加工项目建成投产，春塔30万只肉鸡养殖场项目试运营。新兴产业，华庆20万吨赤泥综合利用高效净水剂项目部分投产。全省第六家万达广场入驻运营，居然之家签约，马佩勋事迹展馆等文旅项目投入运营。

深化改革 2019年，孝义市深化“最多跑一次”“一网通办”、改革投资项目承诺制、相对集中行政许可权等营商环境改革，启动运行“一枚印章管审批”，服务事项网办率达到87%，审批效率整体提速55%。制定鼓励投资加速经济转型优惠办法（试行）、支持民营经济发展15条。深化重点领域改革。

城乡建设 2019年，孝义市城区主干街道机扫率、生活垃圾收集清运率分别达80%、100%，开展图书馆、文化馆、美术馆“1630”总分馆制运行改革。推进棚户区、城中村改造。开展14项拆迁工程调查、测量工作，面积约22万平方米，共补偿资金2013万元。中心城区棚户区改造项目合计开工701套，完成年度投资超2.64亿元。投资11.60亿元，完成20个基础设施和公共服务工程。永安路改造工程完工通车，阳泉曲循环线开工建设，金龙山旅游公路等加快推进，完成孝义—介休客运班线公交化改造，构建起便捷综合交通网络。

环境保护 2019年，孝义市市级领导牵头领办生态环保重点任务51件。完成25项中央环保督察“回头看”反馈问题整改。深化城乡环境卫生综合整治，落实严企、治污、控煤、禁烧、管车、降尘、绿化“6+1”举措，推进“煤改气”“煤改电”和集中供暖工程。规范化整治入河排污口141个，全市新增雨水管网7000余米、污水管网5000余米，城区污水收集处理率达95%以上。推行工业固废规范化管理，完工矸石山生态恢复治理工程4个。推进煤炭“减优绿”，11户焦化企业完成环保改造，26个在建工程达到“六个百分百”治理标准。探索“能源管家”等绿色发展模式，提高污染治理效率和专业化水平。建成区绿化覆盖面积达11.60平方千米，公园绿地面积达3.20平方千米，绿地率达37.30%，绿化覆盖率达41.20%；全市林地面积达67万亩，森林覆盖率提升到33.20%。

民生事业 2019年，孝义市深化“县管校聘”改革，加快城乡义务教育一体化，新增公立幼儿园3所，改造维修农村学校、幼儿园23所；优化教育资源，稳妥整合农村小规模学校。医疗综合能力提升，三医联动、分级诊疗、慢性病管理取得新进展，市域内就诊率达90.20%，个人医疗费用占比降至33.80%。举办首届孝义非遗文化艺术节，创作《风雨核桃情》《天女散花》等原创文艺精品。承办第二届全国青年运动会艺术体操比赛等大型体育赛事。农村“五保户”全部集中供养，城镇“三无”人员全部纳入特困供养人员范围。调整优化驻村工作队10支，帮扶工作队伍增加至123支。脱贫主题碗碗腔剧《枣花》列入2019年全国重点创作剧目、山西省2019年文化旅游重点扶持剧目。全市贫困人口人均可支配收入达9693元。实施全民技能提升培训工程，举办各类就业招聘会15场，提供就业岗位1.8万个，6000余人达成就业意向。城镇登记失业率控制在3.10%。构建起市、乡、村三级退役

军人服务保障体系。（张彩琴）

【汾阳市】 汾阳市地处吕梁市东部，总面积1178.91平方千米，下辖9镇2乡5个街道，262个行政村，37个社区。截至2019年底，全市常住人口43.61万人。

农业 2019年，汾阳市发展谷子、高粱等特色农业基地9万亩，完成核桃经济林提质增效5万亩，发展林下养鹅13.30万只。铺开大象4000万只肉鸡等一批龙头项目。全年农业增加值6.50亿元。实施12项贫困村提升工程。完成322个农村组织土地确权和集体资产清产核算。

项目建设 2019年，汾阳市项目建设库动态保持到83个。其中，转型项目占比超65%。杏花村经济技术开发区内转型项目14个，总投资46亿元，5亿元以上大项目2个。杏花村经济技术开发区财政、土地等改革和管运分离推进，实现企业投资项目承诺制审批“四统一”，设立酒类发展服务中心。山西(中国)白酒交易中心、山西省白酒产品质量监督检测中心及10万吨白酒资源整合等项目推进，挂牌成立山西杏花村学院(山西酿造产业研究院)。年产100万吨氧化铝项目、金塔山136万吨焦化等项目落地。汾酒集团机械化技改等6个产业提质技改项目完成，山西华电汾阳杨家庄100兆瓦风电50台机组全部并网发电。

汾酒文化 2019年8月23日，第20届比利时布鲁塞尔国际烈性酒大奖赛在汾阳市开幕。来自29个国家和地区的104名评委对来自全球59个国家和地区的1748款酒品进行品评。中国大陆地区参赛酒品共获得191枚奖牌。其中，汾酒股份有限公司清纯玫瑰汾酒获最高奖——大金奖。汾阳王酒业御清酒、贾家庄盛世酒业贾家庄名庄酒等19个酒类品牌获金奖，汾阳市酒厂汾州府酒等14个酒类品牌获银奖。9月19日至9月22日，第三届山西(汾阳·杏花村)世界酒文化博览会在汾阳市举办。酒博会以“举杯汾阳·品味世界”为主题，展览面积3.50万平方米，特展面积2万平方米，标准展位310个，参展企业650家。

城乡建设 2019年，汾阳市编制完成《杏花村酒文旅融合开发项目规划》等6项规划，“多规合一”工作推进。28宗“大棚房”问题全部整改到位，恢复农业生产功能169.60亩。推进总投资7.80亿元的市政基础设施PPP项目。完成红旗街、幸福街棚改工程。汾市线改线竣工通车，307国道改线、文峰西段打通工程基本完工。对城区城市广场等12个游园广场提质改造。实施城市绿化、美化，栽植各类苗木2.20万株。开展农村人居环境整治，打造贾家庄等10个美丽宜居示范村，完成农村改厕13011座。

环境保护 2019年，汾阳市实施煤改电9896户，发放清洁煤4.56万吨，城区清洁取暖实现“全覆盖”。清理散乱污企业546户，全年二级优良天数达197天，同比增加45天。完成董寺河、禹门河截污工程。城区污水处理厂、杏花污水处理厂完成一期提标改造和二期扩容，新建污水管网5.26千米，改造雨污合流管网3.09千米，基本实现污水应收尽收。汾河流域生态修复与保护PPP项目推进，总投资13.50亿元。实施城乡环卫一体化，开展垃圾歼灭战、农村“厕所革命”，建设美丽宜居示范村10个。

民生事业 2019年，汾阳市新增供热面积125万平方米，城区供热总面积超过944万平方米。补齐农村义务段学校生人均公用经费，落实班主任津贴。启动北门小学、吕梁现代双语高级中学等教育工程。创建“国家级慢性病综合防控示范区”。组织开展“就业援助月”等6项活动，城镇新增就业6634人，转移农村劳动力3625人。创建“国家级慢性病综合防控示范区”和“省级食品安全示范市”。全市家庭医生签约服务24.40万人，开通“村医通”338人。乡镇(街道)村(社区)成立退役军人服务站，279名退役军人通过公开选岗实现再就业。（郭宇霞）

文　献

中共山西省委 山西省人民政府 关于印发《山西省建立更加有效的区域协调发展新机制实施方案》的通知

（晋发〔2019〕21 号）

各市、县委，各市、县人民政府，省委各部委，省直各委、办、厅、局，各人民团体：

省委、省政府同意《山西省建立更加有效的区域协调发展新机制实施方案》，现印发给你们，请认真贯彻落实。

中共山西省委
山西省人民政府
2019 年 6 月 24 日

为适应新时代实施区域协调发展战略需要，促进区域协调发展向更高水平和更高质量迈进，根据《中共中央、国务院关于建立更加有效的区域协调发展新机制的意见》（中发〔2018〕43 号）精神，结合我省实际，制定本方案。

一、总体要求

认真贯彻落实党中央、国务院决策部署，聚焦“示范区”“排头兵”“新高地”三大目标，围绕努力实现基本公共服务均等化、基础设施通达程度比较均衡、人民基本生活保障水平大体相当的目标，坚持市场主导与政府引导相结合、服务大局与主动作为相结合、区别对待与公平竞争相结合、继承完善与改革创新相结合、目标导向与问题导向相结合的原则，坚决破除省际间和区际间利益藩篱和政策壁垒，加快形成统筹有力、竞争有序、绿色协调、共享共赢的区域协调发展新机制。

——到 2022 年，全省区域协调发展新格局初步形成。“两山”与平川、城市与乡村、经济与生态协调发展取得重大进展，区域合作发展机制基本建立，产业联动发展水平稳步提升，区域性整体贫困问题得到解决，绿色循环低碳发展水平明显提高，区域基础设施互联互通，基本公共服务均等化水平显著提升，广大人民群众的获得感、幸福感、安全感显著增强。

——到 2035 年，全省区域协调发展取得决定性进展。经济发展水平、综合竞争力和可持续发展能力全面提升,区域发展不平衡不充分的矛盾得到有效解决,人民生活更为宽裕,基本公共服务均等化基本实现。

——到2050年,全省区域协调发展格局全面形成。与全国同步实现社会主义现代化,基本实现全体人民共同富裕。

二、落实区域战略统筹机制

(一)推动国家重大区域战略融合发展

稳定开行中欧(亚)班列、至沿海港口铁海联运班列。开通和优化至北美、欧洲航线,推动太原跨境电子商务产业发展。推动省内国际产业合作示范区和海外园区建设。加大外贸主体、国际自主品牌培育,推动外贸高质量发展。利用好国家及我省现有国际交流合作平台、国际友城平台,深化对外交流合作。将太原市、大同市打造成参与"一带一路"建设的节点城市。深入推进口岸建设,提升开放和服务水平。(省参与"一带一路"建设工作领导小组有关成员单位负责)

落实国家支持山西与京津冀加强协作实现联动发展的意见,完善合作机制,增强协同创新能力,形成山西省与京津冀协同联动发展、互惠互利共赢新格局。(省发改委、省投资促进局负责)

落实省政府与长江经济带地区相关省市签署的战略合作协议。积极组织和参与各类招商引资活动、展会、论坛等,提升与长江经济带地区在经济、科技等领域的合作水平。(省投资促进局负责)

落实省政府与深圳市政府签署的全面战略合作框架协议,加强与粤港澳大湾区在政务、创新、重点产业等领域的合作,加快推进山西省国家资源型经济转型综合配套改革试验区建设。(省发改委、省投资促进局负责)

落实国务院批复的《中原城市群发展规划》及我省贯彻落实《中原城市群发展规划》实施方案,协调晋城市、长治市、运城市加快发展战略性新兴产业、现代农业和现代服务业,建设高效互联的基础设施网络,增强城际互联互通能力,提高基本公共服务均等化水平,不断提升三个市的区域竞争力和影响力。(省发改委负责)

(二)加强与发达地区联动发展

有计划地推进党政机关与企事业单位干部双向挂职锻炼。选派优秀年轻干部到发达地区挂职锻炼。邀请发达地区选派合适干部人才到山西转型综改示范区等国家级开发区挂职。(省委组织部负责)

依托发达地区知名高校的智库及学科优势资源,开展山西省重大战略政策研究。联合发达地区知名高校加快山西高校的学科建设,鼓励省内外专家学者联合申报国家级教科研项目、联合发表高级别论文、共建实验实训基地,促进山西高校的学科建设上位进阶。(省教育厅负责)

与发达地区加强合作,提升山西科技创新载体建设水平。加大承接发达地区技术转移力度,鼓励国内外技术转移服务机构在山西设立分支机构,完善山西科技成果转化和知识产权交易服务平台系统各项功能,鼓励科技成果转化示范基地和示范企业加强与省内外企业、高校、科研院所开展合作,推动山西科技创新成果转化。(省科技厅负责)

围绕先进装备制造、新能源汽车等十二大制造业重点领域,引导各市以特色产业集群为依托,深化区域合作,提高产业转移承接力,促进新旧动能转换。(省工信厅负责)

推动与发达地区人社部门核发的专业技术职务任职资格证书互认。(省人社厅负责)

落实《山西省打赢蓝天保卫战三年行动计划》,积极参与京津冀及周边、汾渭平原大气污染联防联控,"转、治、减、控、降"五管齐下,持续改善环境空气质量。(省生态环境厅负责)

完善高速公路路网结构,推进国家高速公路待贯通路段、出省口和省内重要连接线建设。加快国省干线公路交通繁忙路段扩容改造和低等级路段升级改造。推进以三大板块旅游公路为重点的"四好农村路"建设。争取中央资金支持跨区域交通基础设施建设,积极创新交通投融资模式。(省交通厅负责)

搭建合作交流平台,组织开发区根据主导产业,筛选确定与京津冀、东部地区合作的目标开发区,加强交流对接。(省商务厅负责)

加强与发达地区的文化和旅游交流合作,积极参加文旅部组织的系列主题推广活动和知名文化旅游会展,打造跨区域精品文化旅游线路,扩大山西文化旅游影响力。(省文旅厅负责)

实施“136”兴医工程，引进京津冀地区高层次临床和科研专家，建设院士工作站、卓越医学团队及卓越医师工作站。与京津冀地区电子健康卡系统对接，推进区域内就医“一卡通”。引进前沿医疗技术，提供优质便民诊疗服务。鼓励社会资本参与的医养结合机构与京津冀地区开展合作，发展连锁产业，共建具有康养一体化功能的医疗机构。（省卫健委负责）

建立健全区域现代金融业体系，探索优化区域现代金融业服务，提升区域现代金融业开放水平，促进与发达地区在现代金融业领域的合作。（省地方金融监管局负责）

三、健全市场一体化发展机制

（三）促进城乡区域间要素自由流动

落实《市场准入负面清单（2018 年版）》，建立健全相关推进机制，实施全国统一的市场准入负面清单制度，消除歧视性、隐蔽性的区域市场准入限制。（省发改委负责）

落实我省《关于在市场体系建设中建立公平竞争审查制度的实施意见》，减少对微观经济的行政干预。按照《公平竞争审查制度实施细则（暂行）》进行公平竞争审查。查处垄断协议和滥用市场支配地位行为，及时纠正滥用行政权力排除、限制竞争行为。（省市场监管局负责）

以推动非户籍人口在城市落户为目标，深化户籍制度改革，推广太原市人才户口迁入的做法和经验，进一步放宽落户政策，拓宽落户通道。（省公安厅负责）

加快建设人力资源市场，完善人才流动机制，畅通人才流动渠道。落实单位用人自主权，支持专业技术人员创新创业，实施更加开放的区域间人才交流合作。（省人社厅负责）

深化农村土地征收制度改革和农村集体经营性建设用地入市改革，加快建立城乡统一的建设用地市场。稳慎推进宅基地制度改革。（省自然资源厅负责）

做好修订《山西省实施〈中华人民共和国农村土地承包 法〉办法》的有关工作，巩固承包地“三权分置”制度。加强农村产权流转交易市场建设，建立健全市场交易规则及运行机制；鼓励与其他部门和机构合作，拓展服务内容；建立交易和管理信息网络平台，完善服务功能和手段。加强农村土地承包经营纠纷调解仲裁体系建设，及时化解农村土地承包经营纠纷。（省农业农村厅负责）

实施省级科技计划项目，组织高新技术企业认定和科技型中小企业评价工作，开展省级科技企业孵化器、众创空间认定工作。加强省级重点实验室、科技创新团队等科技创新平台基地和人才团队建设，认定一批省级产业技术创新战略联盟。发挥奖励引导作用，组织开展省科学技术奖评审工作。（省科技厅负责）

（四）完善区域交易平台和制度

建立完善水权改革配套制度，加快推进全省水权分配与交易平台建设。在全省范围内选取试点县，推进初始水权分配。逐步确定各行业用水水权，作为水权交易基础。（省水利厅负责）

修订完善《排污权交易管理办法》，制定相关法规制度，全面开展排污权初始核定工作，完善排污权交易平台体系建设。（省生态环境厅负责）

开展山西重点排放单位碳排放报告与核查及监测计划制定工作。开展发电行业碳配额分配及对山西经济发展的影响课题研究，制定山西碳配额分配方案。开展山西发电行业参加全国碳排放配额模拟交易。完成山西企（事）业单位温室气体排放报告和核查信息平台验收工作及碳交易数据平台续建工作。（省生态环境厅负责）

认真执行国家有关自然资源资产有偿使用、市场化配置、集体所有自然资源有偿使用政策制度，健全全省自然资源市场交易规则和交易平台，组织开展自然资源市场调控和动态监测。（省自然资源厅负责）

根据国务院向我省下达的“十三五”能源消费总量和强度“双控”目标任务，向各市分解能源消费总量预算指标，监测预算执行进度，控制用能总量增长。（省能源局负责）

加快推动符合山西省产业政策的企业在主板、中小板、创业板、科创板和新三板上市挂牌。推动上市公司跨区域并购重组，引导企业积极对接省外优质产业项目和优质资产。积极引进省外知名投资机构和基金公司。支持山西股权交易中心与省外其他区域股权市场的合作。（省地方金融监管局负责）

四、深化区域合作机制

(五)推动区域合作互动

引导、帮助异地山西商(协)会发展。推动省外驻晋商(协)会扩大企业再投资。搭建晋商回乡投资合作平台。创新商会工作服务机制。畅通政企沟通渠道,构筑平等对话平台,引导社会组织健康发展。(省工商联、省投资促进局负责)

鼓励企业组建跨地区跨行业产业、技术、创新、人才等合作平台。(省工信厅、省科技厅、省人社厅、省国资委、省工商联负责)

在编制省级国土空间规划、跨市级行政区重点区域规划工作中,明确城镇空间结构体系和城镇等级、职能,充分考虑城市群内部城市间的紧密合作,为推动城市间产业分工、基础设施、公共服务、环境治理等协调联动提供合理的自然资源空间结构和布局,助推构建大中小城市和小城镇协调发展的城镇化格局。(省自然资源厅、省发改委负责)

(六)加强省际交界地区合作

推进晋陕豫黄河金三角承接产业转移示范区建设。加快形成外联内畅、衔接紧密、便捷高效的公路、铁路、航空综合网络。实施黄土高原生态治理,将山水林田湖草作为一个生命共同体进行统一保护、统一修复。协调推进蒙晋冀(乌大张)长城金三角区域合作向深层次、多领域、高水平、务实型一体化迈进。(省发改委、省投资促进局负责)

(七)积极开展国际区域合作

推动我省企业积极稳妥"走出去",鼓励企业以并购、新设、参股等多种形式开展跨国经营。加强国际产能合作,将优势产能向有市场需求的重点区域和国家转移,带动设备、技术、标准"走出去"。持续推进我省企业开展对外承包工程业务,开拓承包工程海外市场。推动晋非经贸合作区建设,引导企业赴合作区投资兴业。(省商务厅、省工信厅负责)

五、优化区域互助机制

(八)深入开展对口支援

提高对口援疆工作质量,拓宽援助领域,深化援助层次,提升援助水平。按照《山西省对口支援新疆项目管理办法》《山西省对口支援新疆建设资金管理暂行办法》,推进援疆项目建设。配合国家发展改革委年度绩效综合评价工作,定期对援疆项目进行督促指导。(省发改委负责)

(九)创新开展对口帮扶

推进省内贫困地区与发达地区干部交流,完善干部"育选管用"机制。继续推动省直机关、省属企业选派干部到对口帮扶贫困县参与脱贫攻坚工作。鼓励和支持贫困县选派干部到对口帮扶单位进行挂职锻炼。(省委组织部负责)

加快建立和完善市级政府机关、企事业单位对口帮扶本市贫困地区的工作机制,深化"六个帮扶"责任制。(省扶贫办负责)

六、健全区际利益补偿机制

(十)建立跨省流域水环境综合治理协调机制

积极与相邻省份开展沟通对话,在唐河、沙河流域推动建立跨省水生态环境保护综合协调机制。(省生态环境厅、省财政厅、省发改委、省水利厅负责)

(十一)健全资源输出地与输入地之间利益补偿机制

完善有利于资源集约节约利用和可持续发展的资源价格形成机制。积极推进电力市场化改革,有序放开除公益性以外的发售电价格,由市场形成交易电价。(省发改委负责)

引导省属企业积极参与周边地区地下储气库等大型储气设施建设;支持省内管输企业与周边省市合作成立跨省管道输配公司。以现有LNG生产集群为基础,鼓励省内外投资主体在煤层气资源地加快应急储备和调峰基地建设。(省能源局负责)

七、完善基本公共服务均等化机制

(十二)提升基本公共服务财政保障能力

加大省对市县基本财力保障、均衡性转移支付等财力性转移支付力度,调整完善转移支付测算分配方案,对存在标准收支缺口的市县予以财力性转移支付补助。着力加大对脱贫攻坚事业的扶持力度,2020年年底前,关于省对县级基本财力保障奖补资金、均衡性转移支付等财力性转移支付,要重点加大对贫困县特别是深度贫困县的倾斜力度,确保省财政对贫困县财力性转移支付

增幅高于对县级平均增幅，省财政对深度贫困县财力性转移支付增幅高于对贫困县平均增幅。（省财政厅负责）

（十三）提高基本公共服务统筹层次

落实企业职工基本养老保险基金中央调剂制度，做好中央调剂金的缴拨工作。完善山西省企业职工基本养老保险省级统筹制度，从2020年起，实行养老保险基金省级统收统支。（省人社厅负责）

完善基本医疗保险制度。健全全民医保体系，完善城镇职工医疗保险市级统筹政策措施，逐步缩小统筹地区间的待遇差距，积极推进城乡居民医疗保险省级统筹。（省医保局负责）

稳步推进基本公共卫生服务均等化。持续提升基层医疗卫生机构服务能力。扎实做好重大疾病防控工作。（省卫健委负责）

推动城镇优质教育资源向乡村学校辐射，加强乡村小规模学校和乡镇寄宿制学校建设，重点从保障学位供给、配置教师资源、提升教育质量、促进教育公平四个方面统筹推进县域内城乡义务教育一体化改革发展。（省教育厅负责）

推动公共就业服务覆盖全民、贯穿全程、辐射全城、便捷高效。拓宽就业服务渠道，规范服务流程。提高公共就业服务信息化水平，落实简化就业失业登记手续有关政策。在全省实行《就业创业证》和社会保障卡“证卡合一”制度，全面推行《就业创业证》电子证书，推进网上自助服务平台建设。（省人社厅负责）

（十四）推动城乡区域间基本公共服务衔接

加快建立医疗卫生等基本公共服务跨城乡跨区域流转衔 接制度，研究完善跨制度跨统筹地区医疗保险关系转移接续具体办法，确保参保人员基本医疗保险关系顺畅接续。（省卫健委、省医保局负责）

八、创新区域政策调控机制

（十五）实行差别化的区域政策

统筹安排跨市域重大基础设施和民生工程项目的用地规模与布局，充分保障项目用地需求。年度用地计划对国定贫困县实行指标单列、应保尽保，对省级贫困县优先保障。对跨市域重点工程项目优先安排年度新增建设用地计划指标。（省自然资源厅负责）

依据各市生态功能定位和资源环境承载能力，实施分市环境管控。（省生态环境厅负责）

出台鼓励引导人才向艰苦边远地区和基层一线流动的实施意见，支持他们到基层创新创业。鼓励各市制定出台符合当地高质量发展需求的人才政策。（省委组织部、省人社厅负责）

（十六）建立健全区域金融政策联动机制

加强跨区域金融信息交流与合作，促进区域间各类金融 机构、分支机构之间的协调配合，优势互补。综合制定融资方案，提供多元化综合金融服务，加大对跨区域重大工程项目的支持力度。稳妥处置非法集资风险等各类金融领域风险，做好重大跨省金融类案件查处工作。（省地方金融监管局负责）

九、健全区域发展保障机制

（十七）规范区域规划编制管理

完善区域规划编制、审批和实施工作程序。根据国家及我省重大战略和重大布局需要，适时编制实施新的区域规划。（省发改委、省自然资源厅负责）

（十八）建立区域发展监测评估预警体系

探索建立区域协调发展评价指标体系。对照区域经济转型升级年度目标任务，加强对各市经济运行的监测，按季度通报主要经济指标完成情况。（省发改委、省统计局负责）

十、切实加强组织实施

（十九）加强组织领导

坚持和加强党对区域协调发展工作的领导，强化主体责任。省委、省政府有关部门要按照职能分工，研究具体政策措施，对接国家部委，及时落实有关新机制新政策，协同推动区域协调发展。

（二十）强化协调指导

省发改委要会同有关部门加强对区域协调发展新机制实 施情况的跟踪分析和协调指导，重大问题要及时向省委、省政府报告。

除束缚区域合作发展的体制机制障碍，构建山西省与京津冀联动发展新机制。把联动发展的基点

政府工作报告(节选)

——在山西省第十三届人民代表大会第二次会议上

山西省省长 楼阳生

(2019年1月26日)

一、2018年工作回顾

2018年是全面贯彻党的十九大精神的开局之年。面对错综复杂的国际环境和艰巨繁重的改革发展稳定任务,在省委坚强领导下,全省上下坚持以习近平新时代中国特色社会主义思想为指导,全面贯彻党的十九大和十九届二中、三中全会精神,深入贯彻习近平总书记视察山西重要讲话精神,坚持"一个指引、两手硬"工作思路和要求,认真落实省委十一届六次、七次全会决策部署,以"示范区""排头兵""新高地"三大目标为牵引,扎实推进三大攻坚战,统筹做好稳增长、促改革、调结构、惠民生、防风险各项工作,保持了经济持续健康发展和社会大局稳定。

2018年全省地区生产总值达到1.68万亿,增长6.7%。一般公共预算收入增长22.8%,全省固定资产投资增长5.7%,社会消费品零售总额增长8.2%,城乡居民人均可支配收入分别增长6.5%和8.9%,全省城镇新增就业和农村劳动力转移就业分别达到55.7万人和40.9万人,城镇登记失业率3.3%,居民消费价格涨幅1.8%。空气质量优良天数比例、国考劣V类水体断面虽未完成年度目标任务,但已取得明显改善,其他约束性指标都较好地完成了年度目标。

一年来,我们主要做了以下工作:

有效推动经济平稳增长。认真落实中央宏观调控政策,以转型项目促进有效投资,深入开展转型项目建设年活动,一批具有战略性的重大项目相继落地开工,全省固定资产投资完成6050亿元。投资结构发生重大变化,转型项目投资占比达到62.1%。持续扩大消费需求,出台消费升级行动计划,推进商贸服务提质扩容,加快城乡便民消费服务中心建设,推动商业模式创新,新零售企业快速发展,太原成为全国现代供应链体系建设试点城市,全省限额以上网络零售额增长27.6%。大力发展外向型经济,扎实推进对外经贸合作,加大外贸主体培育力度,推动外贸新业态发展,积极应对中美经贸摩擦影响,全省进出口总额增长17.8%。加强经济形势预判研判和监测调度,及时解决经济运行中的苗头性、倾向性问题。加大服务企业工作力度,有效解决企业实际困难。

持续深化供给侧结构性改革。有效提升供给质量,退出煤炭过剩产能3090万吨,三年累计退出8841万吨;退出焦化过剩产能691万吨,化解钢铁过剩产能225万吨,关停煤电机组203.3万千瓦。加大房地产去库存力度,全省商品房待售面积、库存消化周期实现"双下降"。多措并举降低国有企业负债率,全年下降3.16个百分点。加大减税降费力度,全年落实各项税收优惠政策和深化税制改革减税573亿元。脱贫攻坚、基础设施、科技创新、社会民生、生态环保等薄弱环节补短板力度不断加强。

倾力推进转型发展。坚持把转型发展基点放在创新上,一手抓新兴产业培育壮大,一手抓传统产业改造升级。贯彻国发42号文件取得重大进展。太原国家可持续发展议程创新示范区启动建设,与中国工程院等合作建立的先进研发机构相继落地,军民融合科技成果转化和知识产权交易平台正式上线,省级众创空间增长25.5%,重载水泥混凝土铺面关键技术与工程应用等3项科研成果获国家科学技术奖。大力培育新兴产业,新一代信息技术、高端装备制造、新能源汽车等战略性新兴产业保持两位数以上快速增长,传统产业高端化绿色化智能化改造提速，工业结构调整取得积极进展。现代服务业加快发展，黄河、长城、太行三大旅游板块建设取得良好开局，全省旅游总收入达6729亿元，增长25.5%，服务业占地区生产总值比重达到53.4%，连续四年保持在50%以上，成为经济平稳增长的压舱石。全年新登记市场主体增长12.1%，日均新设1600余户；高新技术企业总数超过1500家，提前两年完成五年倍增计划；认定“专精特新”中小企业216户，规上工业企业新增329户，限额以上商贸流通企业新增937家，集聚起转型发展的磅礴力量！

着力提高能源供给体系质量。推动煤炭产业走“减、优、绿”的路子，全省煤炭先进产能占比达到57%，提高15个百分点。建成“两交一直”特高压输电通道，外送能力达到3830万千瓦，国家电网运营区内第一家股份制电力交易中心正式运营。加快发展煤层气、光伏、风电、氢能等清洁能源和新能源，全省煤层气地面抽采量占到全国90%以上，新能源发电装机占全省电力装机比重突破30%，光伏领跑者发电规模位居全国第一，氢能产业加快布局，能源革命排头兵建设迈出坚实步伐。

大力拓展对外开放空间。主动融入国家开放大战略，积极与“一带一路”沿线国家（地区）开展经贸合作。新增国际友好城市（省、州）6对。太原铁路口岸国际货物作业区获批，大同进口肉类指定查验场正式运营。国际互联网数据专用通道在转型综改示范区落地。开行中欧（中亚）班列50列。武宿机场新开通3条洲际航线，年旅客吞吐量超过1300万人次，进一步巩固了全国大型繁忙机场地位。太原国际邮件互换局（交换站）正式运营，邮件最高日处理量由3000件提升至1.6万件。具备条件的69项国家自贸试验区改革试点经验在我省推广落地，国际贸易“单一窗口”货物申报覆盖率达到80%以上，外资企业商务备案与工商登记实现“一口办理”，投资贸易便利化水平进一步提升。

扎实推进重点领域改革。坚持“改革决不能落后”的决心和“三个三”工作方法，狠抓基础性、牵引性重大改革，率先开展企业投资项目承诺制、县乡医疗卫生机构一体化等改革。国资国企改革步伐加快，有序推进混合所有制改革，实施“腾笼换鸟”股权转让，省属二级企业混改比例达到70.9%。推进专业化重组，山西路桥成功登陆A股。稳妥处置“僵尸企业”，全面完成“三供一业”剥离移交，大力清收企业应收账款，省属国企主要运营指标创2012年以来最好水平。开发区改革创新发展成效明显，“三化三制”改革深入推进，转型综改示范区加速成长，示范引领作用更加凸显。全年新设24个省级开发区，总数达到64个，工业类开发区规划面积是2016年底的11.3倍，全省开发区发展势头强劲，正在成为转型发展主引擎。支持民营经济发展全面加力，制定支持民营经济发展30条，建立省市县三级领导干部联系民营企业制度，优选108个混改项目向民营企业和社会资本开放，民营经济发展活力进一步增强。行政区划调整取得突破，大同、长治完成行政区划调整，怀仁撤县设市，实现了我省县级以上行政区划调整的历史性重大突破！

稳步实施乡村振兴战略。编制完成全省乡村振兴战略总体规划和“5+1”专项规划。农业供给侧结构性改革深入推进，山西农谷、雁门关农牧交错带示范区、运城农产品出口平台三大省级战略初见成效，杂粮、有机旱作、城郊农业、功能食品等特色产业加快发展，粮食生产再获丰收，是历史上第二高产年。深入开展农村人居环境整治，“五大专项行动”全面启动，示范县（村）建设有序推开，农村公路新改建2万公里。农村改革稳步推进，成功举办全国农村改革（太谷）论坛。

扎实推进三大攻坚战。全力防范化解重大风险，严厉打击非法集资，稳妥推进互联网金融风险专项整治，成功化解公路、铁路等政府性债务，各类风险隐患总体可控。全力攻坚深度贫困，生态扶贫、光伏扶贫、易地扶贫搬迁、特色产业扶贫和健康扶贫扎实开展。26个县进入脱贫摘帽程序，2255个贫困村退出，64.9万人口脱贫，贫困发生率下降到1.1%，脱贫攻坚实现连战连胜！全力打好污染防治攻坚战，制定完善相关法规政策及量化问责办法，狠抓中央环保督察整改，扎实推进蓝天保卫战、黑臭水体歼灭战、柴油货车污染治理攻坚战等标志性战役，着力解决人民群众反映强烈的突出环境问题。推进“两山七河”生态修复治理，全面实施河湖长制，汾河流域生态修复取得阶段性成果，晋祠难老泉地下水位累计回升26.15米。全省环境空气质量综合指数同比下降10.8%，细颗粒物(PM2.5)和优良水质断面指标超额完成国家考核目标，初步实现了经济运行和生态环保同向好转。

切实增进民生福祉。坚持在发展中保障和改善民生，全省财政民生支出占比达到80%。突出抓好重点群体就业，大学应届毕业生就业率达到93.7%，零就业家庭基本实现动态销零。强力推进义务教育均衡发展，全域通过了国家义务教育发展基本均衡县督导检查。“1331”工程加快推进，与C9高校合作不断深入，全省高校撤停低质过剩错位本科专业182个，新增新兴急需专业66个。实施“136”兴医工程，启动12个领军临床专科建设，家庭医生签约服务惠及全省2110万城乡居民。全民参保计划持续推进，社会保险综合参保率达到95%，城镇退休人员基本养老金每人每月增加170元，企业退休人员基本养老金实现“十四连涨”，城乡居民基础养老金最低标准由每人每月80元提高到103元，农村建档立卡贫困人口住院医疗费用综合报销比例平均达90%，省市县定点医疗机构基本实现住院费用“一站式”即时结算。公共图书馆、文化馆、美术馆全部实现免费开放。上党梆子《太行娘亲》入选国家舞台艺术精品工程重点扶持剧目，电视剧《右玉和她的县委书记们》受到好评。媒体融合发展深入推进。第十五届省运会成功举办，第二届全国青年运动会筹备有序推进。安全生产形势持续好转，全省安全生产事故起数和死亡人数分别下降12.7%、12.4%。扫黑除恶专项斗争深入推进，社会保持和谐稳定。六件民生实事全部落实，全民技能提升工程培训人员达到109万人，全年免费送戏下乡1.6万余场，新建农村老年人日间照料中心600个，超额完成年度目标任务。农村妇女免费“两癌”检查服务、怀孕妇女免费产前检查和诊断服务、残疾预防重点干预和残疾儿童抢救性康复项目完成年度目标任务。

全面加强政府自身建设。严格落实政府系统全面从严治党主体责任，坚持不懈推进党风廉政建设和反腐败斗争。完成省级政府机构改革。向省人大常委会提请审议地方性法规（草案)9件，出台省政府规章5件，办理人大代表建议916件、政协提案826件。大力开展“六最”营商环境建设年活动，持续深化“放管服效”改革，公布省市县三级政府部门行政职权事项标准清单，省级行政审批事项审批时间大幅压缩，项目落地周期平均缩短三分之一。推动一体化在线政务服务平台实现省市县乡四级全覆盖，山西公安“一网通一次办”平台用户突破1000万。“13710”督办制度深化拓展，政府效能不断提升。开展“3545”专项改革，多项营商环境指标在全国位次大幅前移。

各位代表，过去一年的成绩来之不易。这是以习近平同志为核心的党中央坚强领导的结果，是习近平新时代中国特色社会主义思想科学指引的结果，是全省上下在省委坚强领导下，坚持转型发展“三条基本经验”，团结一心、努力奋斗的结果。在此，我代表省人民政府，向全省人民，向各民主党派、工商联和无党派人士，向各位人大代表、政协委员，向驻晋部队、公安民警和中央驻晋单位，向所有关心支持山西改革发展的各界朋友，表示崇高的敬意和衷心的感谢！

在肯定成绩的同时，我们清醒地看到，我省长期积累的结构性、体制性、素质性矛盾远未从根本上解决，发展质量和效益还不高，新兴产业支撑能力不足，创新能力还需大幅提升；民营经济发展不快，实体经济发展活力有待增强；脱贫攻坚任务艰巨，城乡居民收入与全国尚有不小差距，民生领域还有不少短板；污染防治压力较大，生态环境保护任重道远；政府职能转变还不到位，营商环境尚需进一步优化；一些干部适应新时代发展要求的能力不足，有些改革举措落实不到位，少数干部懒政怠政，一些领域不正之风和腐败问题不容忽视。对此，我们要增强忧患意识，把困难估计得更充分一些，把举措谋划得更周密一些，以更大的决心和有效举措切实加以解决。

各位代表，当今世界面临百年未有之大变局，我国发展仍处于并将长期处于重要战略机遇期。我省正处于经济转型的重要窗口期、攻坚期，我们要深刻领会、准确把握中央经济工作会议提出的“五个必须”规律性认识，紧扣重要战略机遇期新内涵，坚定战略自信，保持战略定力，坚定不移沿着转型综改、创新驱动的路子走下去，向着全面建成小康社会、实现振兴崛起的宏伟目标阔步前进！

二、2019年工作安排

2019年是中华人民共和国成立70周年，是全面建成小康社会关键之年，是我省在“两转”基础上拓展新局面的攻坚之年。今年政府工作的总体要求是：以习近平新时代中国特色社会主义思想为指导，全面贯彻党的十九大和十九届二中、三中全会精神，统筹推进“五位一体”总体布局，协调推进“四个全面”战略布局，深入贯彻习近平总书记视察山西重要讲话精神，按照中央经济工作会议部署，在省委坚强领导下，坚持稳中求进工作总基调，坚持新发展理念，坚持推动高质量发展，坚持把供给侧结构性改革与转型综改试验区建设相结合作为经济工作主线，坚持深化市场化改革，扩大高水平开放；以“三大目标”为牵引，坚持和发展“三条基本经验”，着力激发微观主体活力，释放市场需求潜力，推动能源革命综合改革，加快构建现代产业体系，继续打好三大攻坚战，统筹推进稳增长、促改革、调结构、惠民生、防风险工作；进一步稳就业、稳金融、稳外贸、稳外资、稳投资、稳预期，提振市场信心，保持经济运行在合理区间，增强人民群众获得感、幸福感、安全感，保持经济持续健康发展和社会大局稳定，推动全省经济在由“疲”转“兴”基础上拓展转型发展新局面，为全面建成小康社会收官打下决定性基础，以优异成绩迎接中华人民共和国成立70周年。

主要预期指标是：全省地区生产总值增长6.3%左右，全社会固定资产投资增长6.5%，社会消费品零售总额增长7.5%，一般公共预算收入增长6.3%以上，城乡居民人均可支配收入分别增长6.5%和6.5%以上，居民消费价格涨幅控制在3%左右，城镇新增就业46万人，城镇调查失业率、城镇登记失业率分别控制在6.5%、4.2%以内。

约束性指标是：万元地区生产总值能耗下降3.2%，万元地区生产总值二氧化碳排放量下降3.9%，万元地区生产总值用水量下降3%。环境质量改善指标和主要污染物总量减排指标，完成国家下达年度目标任务。农村贫困人口脱贫22万人，城镇棚户区住房改造3.5万套。

2019年指标的设定，是立足决胜全面建成小康社会、把握我省转型发展阶段性特征和经济运行趋势而确定的，突出了高质量发展要求，体现了稳中求进总基调，考虑了稳就业稳预期需求，为转型发展留出了空间。

实现上述目标，任务繁重艰巨，必须准确把握国家宏观政策、结构性政策、社会政策等重大政策取向，聚焦主要矛盾，按照“巩固、增强、提升、畅通”八字方针，深化供给侧结构性改革，推动经济高质量发展。今年，要重点抓好以下工作：

（一）聚焦转型项目建设，保持经济运行在合理区间。紧紧扭住转型项目这个“牛鼻子”，扩大有效投资，满足消费需求，为经济平稳健康发展提供更强支撑。

全力推进转型项目建设。深化转型项目建设年活动，围绕我省转型发展目标，在产业转型、基础设施、科技创新、生态环保、民生改善等领域，谋划实施一批打基础、利长远、补短板、增动能的新项目、大项目、好项目，力争完成固定资产投资6441亿元，夯实转型基础，增强发展后劲。实施百项工业转型升级项目，总投资2110亿元，其中新兴产业项目82个，投资1706亿元；传统产业项目20个，投资404亿元，以项目建设推动工业转型升级和技术改造，加快新旧动能转换，形成新的经济增长点。加快构建立体联网、内外联通、多式联运的现代综合交通运输体系，深入研究制定布局合理、有机接驳的综合交通枢纽建设方案，全面提升太原国家级枢纽城市地位。铁路方面，确保大张高铁、太焦高铁按期建成运营；加快推进雄安至忻州高铁项目前期工作，力争年内开工建设；做好集宁至大同至原平高铁前期工作，利用韩原线“五一”前开通太原南至怀仁东动车组，力争年底开通至大同南，努力实现大同至西安动车全线贯通！推进瓦日、蒙华铁路集运系统建设以及“公转铁”货物运输专用线建设，加快阳大铁路建设，开展太原至绥德、长治至邯郸至聊城、运城至三门峡铁路项目前期研究。公路方面，加快完善高速路网结构，建成右玉至平鲁、阳城至蟒河高速公路，打通蟒河出省口。新开工太原西北环、朔州至神池、离石至隰县、黎城至古县等高速公路断头路项目，新开工临猗黄河大桥及引线工程、运三高速三门峡公铁黄河大桥连接线等出省口项目，力争新开工汾阳至石楼、昔阳至榆次等连接线项目，推进普通国省干线公路升级改造和“四好农村路”、旅游公路建设。机场方面，推进太原、运城、大同、长治、临汾机场改扩建，推动朔州机场开工建设，启动晋城机场前期工作。开工建设芮城、阳城通用机场。轨道交通方面，加快太原地铁2号线建设，确保2020年开通运营。稳步推进地铁1号线、3号线前期工作，做好太原都市区轨道交通线网优化。加快构建安全、高速、泛在、智能的信息网络，制定实施通信基础设施建设三年行动计划，研究制定城市改造中的通信基础设施建设支持政策，将通信基础设施纳入市政规划体系，推动通信塔与社会塔双向开放共享。开通运营转型综改示范区国际互联网数据专用通道。优化城乡4G网络覆盖。抢占5G发展先机，加快商用进程，推动5G站址规划和基站建设，助力数字经济发展。加快水利、电力项目建设，推进古贤水利枢纽工程前期工作，做好小浪底引黄、中部引黄、东山供水等大水网骨干工程扫尾，加快县域小水网建设。力争蒙西—晋中特高压交流工程建成运营，确保晋北“一交一直”特高压配套工程投运，开工建设晋东南特高压长治站配套电源工程和太原北、大同新荣等500千伏输变电工程。推进浑源、垣曲抽水蓄能电站项目前期工作。

稳步扩大消费需求。全面提升产品和服务质量，深入实施消费品工业“三品”行动，推进文化旅游体育、健康养老家政、教育培训托幼等服务消费提质扩容，大力培育电子商务、共享经济、信息消费等新业态、新热点。有效增强消费能力，落实好个人收入所得税专项附加扣除等政策，实施国有企业工资决定机制改革，加大支农惠农力度，激发消费潜力。全力优化消费环境，打造高品质步行街，改建提升城乡便民消费服务中心，健全农村流通网络体系和售后服务体系。大力倡导绿色消费，加强消费领域信用建设，整顿市场秩序，健全维权机制，让消费者吃得放心，穿得称心，用得舒心！

（二）聚焦实施创新驱动，推动制造业高质量发展。坚持把创新摆在核心位置，大力培育优势产业集群，加快构建现代产业体系，建设全国重要的现代制造业基地。

提升科技创新能力。围绕转型发展需求，大力实施“卡脖子”关键核心技术“攻尖”行动和重大技术“迭代创新”，在能源颠覆性技术和新兴产业前沿技术领域，组织实施“不对称创新”超前布局，谋划布局一批重点科技攻关项目，力争在碳纤维储氢气瓶、氢燃料电池、自主安全计算机、杂交小麦等关键技术领域取得突破，增强产业核心竞争力。鼓励引导企业增加研发投入、开展研发活动、组建研发机构，启动新一轮高新技术企业五年倍增计划。加强与大院大所、强院强所合作，加快建设省部级以上重点实验室，构建特色重点产业学科专业联盟，高质量推动量子光学与光量子器件、煤科学与技术、不锈钢等重点实验室和工程技术研究中心建设。推进产学研深度结合，支持科研院所和高校建立技术转移中心，加强知识产权保护和运用，促进科技成果转化。推进军民融合协同创新，实施“民参军”规模倍增计划，积极创建国家军民融合创新示范区。全面推动国家和我省科技创新、人才激励政策落地落实，实施“三晋英才”支持计划，大力引进培育高水平科技人才和创业团队，留住用好本土人才，建立全省人才津贴制度，赋予科研机构和人员更大自主权，优化科研项目评审、科技人才评价、科研机构评估，让更多创新活动获得支持结出硕果，让更多科技成果资本化产业化,让科技人才更加受尊重得实惠!

打造新兴产业集群。按照龙头带动、链式布局、研发支撑、园区承载思路,推动产业规模化、集群化发展。加快提升研发能力,延伸产业链条,积极培育智能制造试点示范,推进华翔智能化工厂、锦波医药人源Ⅲ型胶原蛋白、潞安180技改扩产、太钢高端碳纤维千吨级基地三期、中电科三代半导体等项目建设,打造高端装备、轨道交通、新能源汽车、生物医药、现代煤化工、新材料等支柱性产业集群。积极引进培育优势企业和研究机构,发展人工智能、信息安全、传感器等数字产业,推动工业互联网平台在重点行业和区域落地,大力实施"企业上云",加快太原安全可靠示范基地、阳泉智能物联网应用基地等项目建设,推进通航产业发展示范省建设,打造新一代信息技术、大数据、物联网、人工智能、增材制造、通用航空、节能环保等高成长性产业集群。

改造提升传统产业。实施新一轮企业技术改造,设立市县技改引导资金,省级资金增加到25亿元。深入推进煤-电-铝(镁)-材一体化改革试点,提升铝镁材精深加工水平。以煤-焦-化(钢)一体化发展为方向,推动焦化、钢铁行业优化产业布局,实施减量置换,提升装备水平,延伸产业链条。大力推广应用绿色技术,加快高污染产业技术改造,提升清洁发展水平。积极推动白酒、老陈醋、陶瓷、玻璃器皿、轻纺日用品等特色轻工产业向集群化方向发展。

推进先进制造业与现代服务业深度融合。加快省级服务业集聚区建设,遴选认定培育一批省级示范园区。积极开展服务型制造示范,促进生产型制造向服务型制造转变。大力发展研发设计、中介咨询、电子商务、现代会展等生产性服务业。引进国内外著名咨询机构,支持咨询服务在开发区集聚发展。推进物流园区建设,发展大型综合性仓储物流,完善物流网络,打造一批制造业与物流业联动融合发展示范企业。推进国家标准化工作综合改革试点,制定一批产品、服务和技术标准,以先进标准助力产品质量提升、产业转型升级。

(三)聚焦关键领域改革,激发转型发展活力。准确把握市场化改革要求,推动四梁八柱性质的改革走深走实,以改革"一子落"带动转型"满盘活"。

扎实推进能源革命综合试点。坚定走"减、优、绿"之路,继续运用市场化法治化手段退出煤炭过剩产能,稳妥处置已关闭退出煤矿的资产债务问题,不断提高先进产能占比,有序释放在建煤矿产能,提升煤炭产业综合竞争力。深化煤层气体制改革,全面建立煤层气矿业权退出机制,加快煤层气勘查区块出让和"三气"综合开发,提高抽采能力,推进输气管网设施互联互通和储气设施建设,加快煤层气产业发展。深化电力体制改革,健全电力中长期交易机制,加快输配电价改革,完善现货市场交易试点,加快国家级增量配电网试点建设,拓展城乡居民用电市场,大力开拓外送电市场,建设清洁电力外送基地。大力推进风能、太阳能、生物质能、地热能等新能源开发,加大氢能开发和利用力度,加快千万千瓦级光伏风电基地建设,提升新能源可持续发展能力。实施能源消费总量和强度"双控"工程,推进绿色交通绿色建筑计划,加快22个城市绿色建筑集中示范区建设。积极参与国际能源合作,开展能源先进技术集中攻关,打造能源交易交流合作平台,增强山西能源的话语权和竞争力。

深化财税金融体制改革。认真贯彻中央部署的财税体制改革重大任务,深入推进省以下财政事权与支出责任划分改革,推进预算绩效管理体系建设,按照不低于5%的比例压减全省一般性支出,盘活财政存量资金,继续推进6个省直管县财政管理体制改革试点。认真落实国家税改政策。调整优化我省金融体系结构,积极引进战略投资者参与地方金融机构改革,加快农信社改制化险,引导城商行、农商行、农信社业务回归本源,推进设立民营银行,发展社区银行。大力发展直接融资,支持企业债券融资,推动企业上市挂牌培育,加快发展基金业,提升政府投资基金运营水平。推动政府性融资担保机构增资展业,深化农村"两权"抵押贷款试点工作,提升金融服务民营企业、“三农”、小微企业水平。

深化国资国企改革。优化调整国有资本布局，继续推动专业化重组，引导国有资本向主业集中、向基础行业和关键领域集中、向攸关全省转型发展的产业集中。全面开展混合所有制改革，推动已公布的股权转让项目加快成交。继续筛选出一批更具吸引力的优质资产和项目，向社会资本开放股权。稳步推进员工持股试点。全力做好处僵治困工作，推动市场化出清。巩固企业办社会分离移交成果，积极推动企业市政社区管理职能移交和厂办大集体改革，继续化解国企历史包袱。全面提升国企创新能力，鼓励企业加大研发投入，构建创新生态体系。全面深化一企一策契约化管理考核，试点职业经理人制度。继续完善国有资产监督管理体制机制。加快推进市县国企改革。

大力支持民营企业发展。坚持“两个毫不动摇”，认真落实全省支持民营企业发展大会精神，着力破解民营经济发展中的问题。保障民营企业合法权益，实施市场准入负面清单制度，实现“非禁即入”，鼓励民间资本参与政府和社会资本合作项目。完善产权保护措施，依法保护企业家财产和人身安全，抓好清理政府部门和大型国有企业拖欠民营企业账款工作。强化民营企业融资服务，继续在融资授信、信贷投放等方面给予优先支持，鼓励金融机构加大信贷支持力度，实施好民营企业债券融资支持工具，提高政府性融资担保水平。构建“亲”“清”新型政商关系，完善领导干部联系民营企业制度，健全企业家参与涉企政策制定机制，营造支持民营企业家干事创业的良好氛围。着力打造“双创”升级版，完善“双创”和“小升规”支持政策，持续加大双创示范基地建设力度，推进小微企业双创基地梯次培育计划，推行“基地+活动+资本”模式，积极争取投贷联动试点，支持创投健康发展，推动中小企业“专精特新”发展，再培育600户“小升规”企业。

推进开发区改革创新发展。进一步完善开发区空间布局，完善开发区基础设施，提升产业承载能力，支持条件成熟的地区新设开发区，推动临汾、运城开发区升级为国家级开发区。深化“三化三制”改革，全面落实领导班子任期制、全员岗位聘任制和绩效工资制。积极支持管运分离改革，鼓励开发区与发达地区或优势企业合作共建产业园区，鼓励具备条件的开发区建设国际产业合作园区。复制推广转型综改示范区改革创新经验，依法依规做好向开发区授权工作，落实属地政府配套服务责任。加强投资强度、产出强度、税收强度考核，开展开发区土地利用节约集约评价，推动开发区提质升级。支持转型综改示范区在建设高效政务服务体系、促进新兴产业集群发展、推动科技协同创新、加快绿色发展等方面进一步改革创新，再形成一批可复制可推广的制度成果，当好全省开发区改革创新发展的排头兵、领头雁。

各位代表，我省开发区改革创新发展已进入以产业集聚为核心任务的新阶段，要将工作重心转移到招商引资上来，围绕产业招商图谱，推行产业链招商、“产业基金+项目”招商、股权招商，引进建设一批重大转型项目，形成主导产业集群，真正把开发区打造成全省转型发展的主战场、创新驱动的主引擎！

（四）聚焦融入国家战略，不断提高对外开放水平。以培育外贸主体、完善提升开放平台为抓手，大力发展开放型经济，加快构建对外开放新高地。

深度对接国家战略。加快融入“一带一路”建设，提升“山西品牌丝路行”功能，推进综合物流枢纽建设，力争中欧（中亚）班列常态化运行。加强与京津冀地区协作联动发展，强化生态、能源、科技、产业、基础设施、医疗教育等领域的共享合作。对接长三角一体化和粤港澳大湾区建设，加强新兴产业、文化旅游等方面的合作。用好区域合作推进平台，促进区域合作向更高水平、更高质量迈进。

充分发挥开放平台功能。提升太原航空口岸开放水平，推进大同和运城航空口岸正式开放、五台山航空口岸和太原铁路口岸临时开放。支持航产集团一体化管理省内机场，积极开辟国际航线，增加国际航班，大力发展临空经济。完善太原武宿综保区功能，申建进境水果、冰鲜产品指定口岸查验场，拓展保税加工、保税物流、检测维修、国际结算等新业务。推进大同保税物流中心（B型）申报。支持全省11个隶属海关机构发挥好职能作用。推动晋非合作区打造特色海外园区。

大力发展开放型经济。实施对外贸易主体培育三年行动计划，建立省市两级外贸企业孵化中心，推动龙头外贸企业国际化发展。支持太原市争取国家跨境电子商务综合试验区，加快省级跨境电商示范园区建设，充分发挥太原国际邮件互换局（交换站）功能，引进第三方跨境电商平台和知名进口龙头企业，大力推动跨境电商发展。深入实施国际市场开拓“千企百展”行动计划，支持我省特色产品开拓国际市场。精准帮扶企业应对中美经贸摩擦影响。扩大传统服务出口，发展新型服务出口。组织参加好第二届进口博览会。全面实施准入前国民待遇和负面清单管理制度，扩大利用外资规模，推动更多外商投资项目落地。有效引导对外投资。全面复制推广自贸试验区改革试点经验，提高投资贸易便利化水平，加快赶上新一轮高水平开放步伐。

（五）聚焦提升城市品质，促进区域协调发展。全面增强中心城市辐射带动作用，发挥各地比较优势，形成中心带动、内外联动的区域协调发展新格局。

全面提升中心城市品质。坚持以质取胜，同步推进行政区划调整和区域中心城市建设，以先进理念加强城市设计，做好城市规划，统筹推进基础设施建设、生产力布局和公共服务提升，扎实开展城市修补和生态修复，建设功能完善、绿色智慧、管理科学、宜居宜业的高品质城市，做大区域中心城市。高起点谋划太原的建设和发展，提升城市品质和开放能级，建设富有特色的国家区域中心城市。加快晋中与太原一体化发展进程。支持大同、长治优化空间布局，提高产业和人口集聚水平，增强城市综合竞争力，打造各具特色的区域中心城市。推动其他设区市加快解决“一市一区”“城郊矿”等突出问题，拓展城镇空间，提升城市内涵，带动城乡区域一体化发展。

构建区域协调发展新格局。按照“一核一圈三群”总体布局，合理规划城镇群生产、生活、生态空间，打造特色鲜明、竞相发展的区域板块。强力推进中部盆地城镇群一体化发展战略，突出太原都市区龙头作用，打造具有全国影响力的城镇群。做强晋北城镇群，壮大晋南城镇群，优化晋东南城镇群，促进“两山”与平川地区协调发展。支持晋陕豫黄河金三角、晋冀蒙长城金三角地区协作发展。

切实提高城镇化质量。积极推进农业转移人口市民化，全面放宽重点群体落户限制，实施城镇建设用地增加规模与吸纳农业转移人口落户挂钩机制，提高户籍人口城镇化率。统筹推进地上地下市政基础设施建设，完善便民服务设施，推动综合交通、信息、能源等基础设施向农村延伸。强化跨区域基本公共服务统筹合作，促进基本公共服务均等化。推动特色小镇有序发展。

（六）聚焦全面小康目标，深入实施乡村振兴战略。坚持农业农村优先发展，统筹抓好“五个振兴”，为全面建成小康社会打下坚实基础。

加快特色现代农业发展。大力发展有机旱作农业，提升农业科技创新和机械化水平，扩大有机旱作示范创建范围。做好杂粮全产业链开发，推进忻州、大同吕梁等国家优质杂粮产地交易市场建设，做大做强“山西小米”“山西高粱”“山西马铃薯”“山西荞麦”等区域公共品牌。加强功能食品研发，开展中药材、食用菌、果品等深加工及资源综合利用技术研究。抓好高标准农田建设，做好粮食生产功能区划定工作，实施好优质粮食工程。扎实推进国家级特优区和产业园建设。大力发展循环农业、城郊农业、休闲农业、创意农业等新业态，加快推进“互联网+现代农业”发展，开展农林文旅康产业融合试点，促进农牧渔循环、产加销一体、农文旅有机融合。加快培育农产品加工企业和农业高新技术企业，支持家庭农场、农民合作社、龙头企业、农业社会化服务组织做大做强，发展多种形式适度规模经营，促进小农户和现代农业发展有机衔接。

高标准推进山西农谷等省级战略。加快山西农谷建设，升级建设国家农业高新技术产业示范区，抓好太谷国家现代农业产业科技创新中心和国家现代农业产业园建设，加快建设国家功能杂粮技术创新中心，力争在农业科技创新、成果转化等方面取得突破性进展。加快推进雁门关农牧交错带示范区建设，实施粮改饲项目和国家苜蓿行动计划，推进奶业大省建设。加快运城农产品出口平台建设，推进出口水果及特色农产品质量安全示范区、水果标准园、水果出口检验检疫服务平台建设，培育壮大农产品出口企业。

持续改善农村人居环境。推广浙江“千村示范、万村整治”经验，扎实推进省级示范县、示范村建设，开展风貌整治示范。继续扎实开展“五大专项行动”。新改建农村公路2万公里，再改善300万农村群众的饮水安全条件。毫不松懈抓好非洲猪瘟防控工作。继续清理整治“大棚房”，坚决遏制“农地非农化”。健全农村人居环境改善长效机制，压实县级主体责任，发动农民积极参与，加快建设各具特色的美丽宜居村庄。

加快推进农村改革。完善农村承包地“三权分置”制度。稳慎推动农村宅基地制度改革，开展农村宅基地使用权确权颁证工作。扎实推进农村集体产权制度改革，完成清产核资和集体经济组织成员身份确认，有序开展经营性资产股份合作制改革。有效推动生产要素“上山下乡”，鼓励人才、政策、资金等要素向乡村流动，促进更多工商资本、社会资本投资农业农村。继续深化林权、水权制度等改革。

（七）聚焦文旅融合发展，建设富有特色和魅力的文化旅游强省。统筹文化事业和文化旅游产业发展，完善“331”旅游布局，加快把文化旅游产业培育成战略性支柱产业，全面提升文化软实力。

全力推进黄河长城太行三大旅游板块建设。加快推进3个一号公路及“城景通、景景通”建设，开工建设2000公里旅游公路，推进黄河风景道、太行山步道建设，合理布局集散中心、旅游厕所、汽车营地、标牌标识等配套设施。大力引进战略投资者，加快五台山、雁门关、王莽岭、祁县古城等重点签约项目落地实施，推进已开工项目和100个旅游扶贫示范村建设。完善康养产业布局规划，培育一批康养小镇、康养社区、康养度假村，打响康养山西、夏养山西品牌。科学开发高端文旅资源，严格论证评审，高水平打造龙头景区，做优做强现有5A级景区，再建设一批高等级景区。持续开展旅游从业人员素质提升工程，强化文旅市场综合监管，加快智慧旅游建设，全面提升旅游服务质量。

全力推动文旅深度融合。统筹推进文化和旅游在发展理念、公共服务、行政审批、市场监管、行政执法、宣传营销等领域全方位对接。深化景区体制机制改革，推动涉旅文物保护单位“两权分离”。深入挖掘自然人文景观独特文化内涵，推动文物活化利用，加强文创产品开发，加快推进非遗和演艺进景区，打造高品质文旅“产品包”“景点群”和“线路套餐”。抓好晋中、忻州等全域旅游示范区创建，开展好右玉、左权、太原西山省级生态文化旅游开发区试点工作，积极创建全省域国家全域旅游示范区。推动文化保税区、文化产业园区建设，壮大文化企业实力，加快发展文化产业。推进“文化+”“旅游+”，用创意激活资源，培育发展研学游、文化休验游、自驾房车游等新业态，推动文旅产品融合、业态融合和产业重构，实现文化和旅游神与形的有机统一、水乳交融！

提升公共文化服务水平。培育和践行社会主义核心价值观，深入实施公民道德建设工程。加快构建现代公共文化服务体系，促进基本公共文化服务标准化均等化，推进基层综合性文化服务中心建设，加强公共数字文化服务，推动县级文化馆、图书馆总分馆制建设，提升新闻出版、广播电视、电影公共服务能力。深入推进文明守望工程、革命文物保护利用工程、乡村文化记忆工程和文化惠民工程。弘扬优秀传统文化，做好非遗保护传承工作。积极申报第八批国保单位，创新文物保护利用机制。继续开展好文化科技卫生“三下乡”。推动哲学社会科学繁荣发展，大力支持文艺精品创作，为人民群众提供更多更好的精神食粮。

大力开展文化交流。加强国际友好省州合作交流,扩大朋友圈,提升人文交流的规模层次。丰富平遥国际摄影展电影展等展会和文化活动内涵,办好山西省第二届艺术节,积极申办“中华根祖文化旅游节”,锻造国家级、国际化文化活动品牌。做好外事、侨务、港澳、对台工作。大力开展针对性宣传,强化新媒体推介,讲好山西故事。

(八)聚焦解决突出问题,坚决打好三大攻坚战。按照中央部署,巩固成果,针对突出问题,打好重点战役,全力攻坚,务求实效。

坚决防范化解重大风险。强化地方政府金融监管和服务能力,加强金融风险源头管控,健全风险监测预警处置长效机制。坚决打击各类非法金融机构和非法金融活动,有效防范、打击和处置非法集资,有序推进互联网金融风险专项整治。用好财政资金杠杆,引导金融机构扩大资金投放,推动已签约债转股资金落地,继续压降不良贷款,努力化解企业流动性风险和信用风险。压实市县政府主体责任,规范地方政府举债融资机制,争取更多国家债券支持,坚决遏制隐性债务增量,稳妥处置债务存量。

决战决胜脱贫攻坚。进一步聚焦深度贫困县、特殊贫困群体和影响“两不愁三保障”的突出问题,逐县研判、逐项对标、逐个突破,确保最后17个贫困县全部摘帽、800个左右贫困村退出、22万左右贫困人口脱贫,易地扶贫搬迁全面完成,实现脱贫攻坚决战决胜!坚持摘帽不摘责任、不摘政策、不摘帮扶、不摘监管,落实好已摘帽贫困县、已退出贫困村和脱贫人口的后续扶持政策,建立返贫预警机制,减少和防止脱贫人口返贫,巩固脱贫成果,提升发展能力,让贫困群众乘着乡村振兴的快车,奔向全面小康的幸福生活!

打好污染防治攻坚战。坚持转型、治企、减煤、控车、降尘“五管齐下”,持续开展“散乱污”企业整治,完成焦化行业特别排放限值改造,推动清洁取暖和散煤替代由城市建成区向农村扩展,持续开展柴油货车和散装物料运输车污染治理联合执法,开展建筑工地绿色施工,打赢蓝天保卫战。统筹推进“五水同治”,加快汾河、桑干河流域69座城镇生活污水处理厂提效改造,推进城镇污水管网和污水处理厂建设,打赢黑臭水体歼灭战,努力实现汾河国考断面全面达标,打好碧水保卫战。完成农用地土壤污染状况详查,加强农业面源污染防控,推进露天矿山综合整治,加强采煤沉陷区、矸石山治理,加快垃圾焚烧发电项目建设,推进净土保卫战。持续推进“两山七河”生态保护与修复,完成营造林400万亩,实施汾河百公里中游示范区项目,一河一策推进其他重点河流生态保护与修复。推进自然资源统一确权登记,开展自然资源资产负债表编制工作。强化国土空间规划和“三线一单”管控。深化生态环境损害赔偿制度改革,稳步实施排污许可证制度,健全生态环境督察工作机制。坚持环保倒逼转型不动摇,强化服务,精准施策,实现经济发展与环境保护协同共赢,让绿色发展成为山西的鲜明特质!

(九)聚焦人民群众普遍关心的切身利益问题,加强保障和改善民生。坚持以人民为中心的发展思想,继续把新增财力优先用于保障和改善民生,全力办好群众得实惠的好事、实事。

千方百计扩大就业。切实把稳就业摆在突出位置,加大创业就业支持力度,扎实做好高校毕业生、去产能安置职工、农村劳动力、就业困难人员、退役军人等重点群体就业工作。支持困难企业开展职工在岗培训,鼓励企业不裁员或少裁员,稳定劳动关系。加强全方位公共就业服务,加快人力资源市场建设,推进就业实名制管理服务,建立精准就业帮扶机制。创新“互联网+职业培训”模式,提高劳动者就业能力。

优先发展教育事业。建成400所普惠性幼儿园,建设500所乡镇寄宿制学校,办好乡村小规模学校。提高义务教育城乡一体化发展水平,推动县域义务教育向优质均衡迈进。不断改善高中学校办学条件,优化高中阶段教育结构,提升高中阶段教育水平。加快实施“消除大班额”计划,持续规范治理校外培训,切实减轻中小学生过重课外负担,让中小学生快乐学习、健康成长。加快“双一流”建设,推进山西大学、太原理工大学率先发展,深化与C9等高水平大学合作交流,推动

"1331"工程提质增效,加快山西大学、山西财经大学东山校区建设,深入推进学科专业优化调整,实施一流专业建设计划,建设高水平本科教育。推动应用型高校建设。积极推动独立学院转设。整合职业院校资源,推广现代学徒制,促进产教融合。支持和规范民办教育。强化教师队伍建设。加强校园安全风险防控和中小学生欺凌综合治理。

提升全民健康水平。继续实施"136"兴医工程。加快医保支付方式、公立医院医药价格和药械采购三项改革,促进"三医联动"。深化县域综合医改、城市医联体建设和公立医院改革,保持医改在全国的领先地位。全面提升"互联网+医疗健康"服务水平。推进健康扶贫和重点地方病防治攻坚。建设中医药强省。建立医疗、预防、养老整合型健康服务体系,推动以治病为中心向以健康为中心转变。

健全住房保障体系。坚持"房住不炒"基本定位,大力发展住房租赁市场,加大租赁住房建设力度,支持机构化、专业化住房租赁企业发展。继续抓好棚户区住房改造,加快推进农村危房改造。大力发展装配式建筑,提高全装修住宅覆盖率。建立健全房地产市场调控长效机制,夯实城市政府主体责任,保持房地产市场稳定,让住房保障政策惠及更多城镇中等及以下收入住房困难家庭,让广大人民群众"住有所居"。

完善社会保障制度。继续实施全民参保计划,稳步提高各项社会保险待遇水平。落实企业职工基本养老保险基金中央调剂制度,有序推进省级统筹工作。落实城乡居民基本养老保险待遇确定和基础养老金正常调整机制。继续提高城乡最低生活保障标准,每人每月再提高30元。提高城乡社区养老服务水平。深入开展农村特殊群体关爱、孤残儿童生活保障工作,加强和改进流浪乞讨人员救助管理,大力发展妇女、儿童、老龄、慈善、残疾人和红十字等事业。

各位代表,今年我省将举办第二届全国青年运动会,这是我省的一件大事盛事,要举全省之力,高质量完成场馆设施建设,精心组织开闭幕式、赛事活动、安全保卫、后勤保障等各项工作,做到既简约节约又出彩出色,办成一届精彩、惠民、难忘的体育盛会,充分展示城市综合实力和我省美好形象!

各位代表,今年省政府将在去年基础上,全力办好八件民生实事。继续实施全民技能提升工程,再培训100万人;将残疾预防重点干预和残疾儿童抢救性康复项目帮助对象由4万名增加到5万名;将国定贫困县农村妇女免费"两癌"检查服务扩大到全部贫困县;继续为怀孕妇女提供免费产前筛查与诊断服务;新建农村老年人日间照料中心500个;继续免费送戏下乡1万场;实施经济困难的高龄和失能老年人关爱行动工程;实施免费法律咨询便民工程。我们就是要把改善民生、惠及百姓的实事一件接着一件办,一年接着一年干,干一件成一件,让广大人民群众有实实在在的获得感、幸福感!

(十)聚焦平安山西建设,提升社会安全稳定水平。今年大事多、要事多、喜事多,防风险、保平安的任务更加艰巨,必须牢牢守住社会安全稳定这一底线。

全面贯彻总体国家安全观,提高风险预知预警预判能力,紧盯重大敏感节点,做到"零懈怠""零疏漏""零失误"。完善社会矛盾纠纷多元化解机制,做实做细各类利益诉求群体的信访维稳工作。严防群体性事件、突发环境事件、重大食品药品安全事故、重大交通事故等公共安全事件。持续推进扫黑除恶专项斗争。做好民族宗教工作和援疆工作。支持国防建设,加强国防动员、双拥和退役军人服务管理工作。更好发挥工会、共青团、妇联等群团组织作用,完善基层群众自治制度,加强社区治理,发挥社会组织作用,推动社会治理重心向基层下移。加强气象、地震、人防等工作,做好重大自然灾害的防灾减灾和救灾工作。

各位代表,安全生产是我们必须牢牢树立的红线、紧紧守住的底线。要压实安全生产责任,深化重点行业领域专项整治,夯实基层基础,坚决杜绝重特大事故。构建应急管理体制机制,加强应急救援队伍建设,强化应急物资配备,不断增强应急保障和处置能力,使社会安定和谐,让百姓安居乐业！

三、切实转变政府职能，打造“六最”营商环境

坚持以政治建设为统领，增强“四个意识”，坚定“四个自信”，做到“两个维护”，全面加强政府自身建设。对表中央要求、对标发达地区先进做法、对接国际投资贸易通行规则，提高政府治理能力现代化水平，推动我省营商环境进入全国第一方阵。

深化“放管服效”改革。引深审批制度改革，推行“承诺制+并联审批”模式，推进“承诺制+标准地”改革，实施“区域评估”，试行告知承诺制和“容缺受理”制度，大幅压缩核准类项目审批评估时限。巩固深化“3545”专项改革，大幅压缩企业开办、水电气报装、获得信贷、不动产登记办理时间。深化商事制度改革，全面推开“证照分离”“多证合一”改革，切实推进“照后减证”，大幅降低准营门槛。推广相对集中统一行政许可权改革经验，开展晋城市县两级改革试点，在省级推行“一枚印章管审批”改革。创新监管方式，推进“双随机、一公开”监管统一化、常态化。更大力度推动跨部门联合检查，实现“进一次门、查多项事”。加快推进全省涉企信息归集共享，完善守信联合激励和失信联合惩戒措施。规范涉审中介组织行为，建立“网上中介超市”，大力整治“红顶中介”。优化政务服务，全面深化“一门一网一次”改革，在省市县三级政务服务大厅全面推行“一窗受理、集成服务”模式，建设覆盖全省、联通国家的一体化政务服务平台，同步实现“互联网+监管”功能，提升移动政务服务“三晋通”覆盖度和体验度，让更多事项“一网通办”，必须到现场办的力争做到“只进一扇门”“最多跑一次”！

降低企业生产经营成本。积极落实国家和省各项惠企减税降费政策，坚决治理乱收费、乱罚款。扩大电力市场直接交易规模，完善工业用地弹性出让制度，降低各类要素成本。加快“公转铁”运输结构调整，推进高速公路差异化收费，降低企业物流成本。

营造良好发展环境。严格落实公平竞争审查制度，有序清理妨碍统一市场和公平竞争的各类显性和隐性障碍，加大反垄断和反不正当竞争执法力度，坚决打破“卷帘门”“玻璃门”“旋转门”。开展全省域营商环境第三方评估，组织居民和企业对本地营商环境进行评价，建立全省营商环境投诉举报跟踪督办机制。大力弘扬晋商精神，激发和保护企业家精神，支持企业家发展，营造公平公正的法治环境、规范守信的市场环境、重商亲商的社会环境。

各位代表，营商环境是政府治理效果的直接体现。各级政府要加快转变政府职能，改进工作方法，全面提高行政效能。要认真开展“不忘初心、牢记使命”主题教育，扎实开展“改革创新、奋发有为”大讨论，进一步解放思想，创造性贯彻落实党中央、国务院大政方针和省委决策部署。要自觉运用法治思维和法治方式推进工作，严格执行人大及其常委会的决议决定，认真办理人大代表建议、政协提案，自觉接受人大、政协监督以及社会、舆论监督，强化审计监督。加强政府立法，建立健全行政规范性文件管理制度和合法性审核机制，依法办理行政复议和行政应诉案件。推进省市县综合行政执法体制改革，严格规范公正文明执法。全面推进政务公开和政府信息公开。要加强政策研究和经济运行监测，开展好第四次经济普查，推进智库建设、参事、咨政等工作，强化政策储备。要以优良政风和过硬作风提升服务效能，深入推进政府系统党风廉政建设和反腐败斗争，严格落实中央八项规定精神和我省实施办法，坚决反对形式主义、官僚主义，坚决整治不敬畏、不在乎、喊口号、装样子的问题，用好“13710”政务督查督办手段，确保政策落地、政令畅通。健全容错纠错机制，激发和保护各级政府和广大干部改革创新、干事创业的激情与活力。全体公务人员要牢固树立“人人代表政府形象”“事事体现营商环境”理念，最大限度提升企业和群众办事便利度、满意率！

（摘自山西省人民政府办公厅网站）

机构设置和负责人名录*

中国共产党山西省第十一届委员会

书　记　骆惠宁*　楼阳生
副书记　楼阳生*　林　武
常　委　任建华*　王拥军　罗清宇　徐广国
　　　　吕岩松　张吉福　廉毅敏　商黎光
　　　　胡玉亭　韩　强　曲孝丽(女)
委　员(按姓氏笔画为序)
　　　　王　亚　王　成　王　宏　王　纯　王　震
　　　　王一新　王立业　王立伟　王创民　王安庞
　　　　王利波　王秀文*　王拥军　王建明
　　　　王联辉　卢建明　白秀平　师　帅　曲孝丽(女)
　　　　吕岩松　朱先奇　任建中　任建华*　向二牛*
　　　　刘　杰　刘予强　刘志宏　刘志杰　刘宏新
　　　　刘润民　闫喜春　关建勋　孙大军　李中元
　　　　孙海潮*　李凤岐　李正印　李建刚　李俊明
　　　　李晋平　李晓波　李福明　杨　司　吴俊清
　　　　汪　凡　张　葆(女)　张九萍(女)　张文栋
　　　　张吉福　张安顺*　张志川　张金旺
　　　　张建欣(女)　张瑞鹏　陈永奇*　陈学东*
　　　　陈振亮　武　涛　武宏文　林　武　罗清宇
　　　　岳普煜　郑连生　赵建平　赵雁峰　胡玉亭
　　　　胡苏平(女)　姜四清　贺天才　骆惠宁*
　　　　耿彦波　徐广国　郭长青　郭迎光　郭保民
　　　　郭海刚　席小军　盛佃清　笱惠明　商黎光
　　　　阎俊生　董一兵　韩　强　楼阳生　廉毅敏
　　　　翟　红　翟振新　薛延忠　薛维栋　霍红义
候补委员
(按得票多少为序,得票相等的按姓氏笔画为序)
　　　　姜四清*　阎俊生*　翟　红*　刘宏新*
　　　　李中元*　李晋平*　王创民*
　　　　郭　健　薛永辉
秘书长　胡玉亭*　廉毅敏
常务副秘书长　张瑞鹏
副秘书长　储祥好*　王利波　宋　伟　梁克昌
　　　　　王成禹　宋惠民　宋红波

山西省第十二届人大常委会

主　任　骆惠宁
副主任　郭迎光　卫小春　李悦娥(女)　高卫东
　　　　岳普煜　李俊明
秘书长　郭海刚
委　员(按姓名笔画排列)
　　　　于亚军(女)　王卫星　王安庞　王利波
　　　　王　宏　王继伟　王联辉　王斌全　卢晓中
　　　　卢　捷　白秀平　白德恭　冯改朵(女)
　　　　成锡峰　乔光明　刘本旺　刘　美　闫喜春
　　　　汤俊权　李仁和　李凤岐　李亚明　李栋梁
　　　　李俊林　李高山*　李效玲(女)　李福明　杨志钢
　　　　杨增武*　吴玉程　张华龙　张李锁　张高宏
　　　　张　葆(女)　张　锦(女)　陈继光　陈跃刚
　　　　武华太　赵向东　赵建平　郝　权　秦作栋
　　　　袁　进　贾向东　高新文　郭玉福
　　　　郭金刚(回族)　郭新民　黄卫东　梁若皓
　　　　梁俊明　董　岩　韩怡卓　蔡汾湘　熊继军
副秘书长　秦作栋　顾昭明　张世文　周世经

山西省人民政府

省　长　楼阳生*
代省长　林　武
常委、副省长　胡玉亭
副省长　王一新　张复明　贺天才　刘新云
　　　　曲孝丽(女)*　王　成　吴　伟
秘书长　王　纯
副秘书长　张文栋　翟振新　张金旺　梁敬华
　　　　　高建军　王延峰　丁纪岗

政协第十一届山西省委员会

主　席　李　佳
党组副书记　徐广国
副主席　李正印　李晓波　张瑞鹏　席小军
　　　　李武章　李青山　谢　红(女)　李思进
秘书长　赵光国*
常务委员(按姓氏笔画排序)
　　　　丁文禄　卫忠平　马　伟　马一清　马天荣*
　　　　王　杨　王　静(女)　王　蕾(女)
　　　　王月娥(女)　王书红　王志连　王怀荣
　　　　王国华　王建强　王晓立　王爱琴(女)
　　　　王维平　王维卿(女)　王瑞霞(女)
　　　　文武斌(满族)　邓蜀平　田玉成　宁立新
　　　　师　帅　朱晓明　朱新才　任晓娜(女)
　　　　刘文秀　刘国庆　刘海芸(女)　刘继隆
　　　　刘蓉华(女)　闫卫平　闫润德　孙　群
　　　　孙祥林　孙跃进　远勤山　苏　涛
　　　　苏亚君　杜宏瑞　李　菲(女)　李　猛
　　　　李太阳　李中元　李安平　李劲民
　　　　李忠人　李建明　李庭凯　李桂平(女)
　　　　李骏虎　杨社堂　杨忠华　杨建新　吴晓年
　　　　宋兴航　宋保民　宋新梅(女)　张子玉
　　　　张红健(女)　张培富　陆惠德　陈安平

陈国伟　武　强　武绍忠　苗　伟　法　海
孟　萧　赵　彬　赵士权　赵建华
贾桂梓(女)　高　凡(女)　郭海刚*
郭　颖(女)　郭长青　海　信(满族)
黄志强　曹　阳　曹建军　崔联会
章祥摩兰(蒙古族)　梁文海　梁俊明*
梁丽萍(女)　韩少辉　韩长安　韩文让
韩丽珍(女)　程田青(回族)　释一度
谢　刚　简　易　解　军　蔡志忠
薛国利　薛维梁　魏元平

副秘书长　张岐云　马　伟　蒋福新　冉莉萍(女)*
赵胜利　郭玉玺

中国共产党山西省第十一届纪律检查委员会

主　任　任建华*
书　记　王拥军
副书记　陈学东*　郝　权*　王　鹏
孟　萧　曾庆勇*
常　委　何　青　高金喜　王帅红
孙京民　刘东光　王晓鹏
委　员(按姓氏笔画为序)
马　彪　王　珍　王　鹏　王帅红　王建成
王拥军　王晓鹏　王增信　牛榆生　朱晓东
刘东光　任建华*　刘英魁　邢志茂　孙京民
李　政　李吉山　李江龙　李曾贵　杨　宏
吴纪平　吴跃平　何　青　宋文斌　张晓永
张晓玲(女)　张稳科　陈学东*　范晋昌
周计伟　周培斌　孟　萧　赵建平　赵建华
郝　权　荣　彰　荣奋刚　相里岩　姚安政
党志峰　高向新　高金喜　郭英杰　康吉仁
董赤凡　曾庆勇

山西省监察委员会

代主任　任建华*　王拥军
副主任　陈学东*　郝　权*　王　鹏
孟　萧　曾庆勇*
委　员　何　青　王帅红　孙京民　王海林
荣奋刚　王晓鹏

民主党派　工商联

中国国民党革命委员会山西省委员会

主　委　张复明
副主委　刘　美　辛　琰(女)　王　静(女)
杨林花(女)　刘继隆　谢　刚　陈继光

中国民主同盟山西省委员会

主　委　王维平
副主委　梁丽萍(女)　刘本旺　闫美珍(女)　王书红
闫卫平　韩清华(女)　阎美蓉(女)
卫忠平　徐佩雄

中国民主建国会山西省委员会

主　委　薛维梁
副主委　刘蓉华(女)　王庆荣　李俊林　李志强
白德荣　马一清　杨建新

中国民主促进会山西省委员会

主　委　卫小春
副主委　成锡锋　高新文　陈维毅　任建国
熊继军　焦斌龙

中国农工民主党山西省委员会

主　委　李思进
副主委　张李锁　牛三平　武金贵　解　军
张　锦　杜宏瑞

九三学社山西省委员会

主　委　李青山
副主委　杨社堂　张培富　张红健(女)　李效玲(女)
韩文让　王爱琴(女)　双少敏(女)

山西省工商业联合会(山西省总商会)

主　席　李武章
党组书记、常务副主席　刘海芸(女)
副主席　邢利民　梁　荣　隋淑静(女)　李剑英(女)

群众团体

省总工会

主　席　高卫东
副主席　王立业(常务)*　王　蕾(女,常务)
辛旭光　韩丽珍(女)　宋海兵*
张亚琳　李忠贵　刘海芸(女,兼职)*
张李锁(兼职)*　贾向东(兼职)

共青团山西省委员会

书　记　黄　巍*
副书记　苏　涛　赵　静(女)　周　鹏　吴　兴(挂职)
段宏飞(兼职)　田　玲(女,兼职)
秦　亮(兼职)

省妇女联合会

主　席　张　葆(女)*　黄岑丽(女)
副主席　李　菲(女)*　吕惠兰(女)　刘一平(女)
王玉花(女)　赵　晔(女)　张永莉(女,挂职)
韩　红(女,兼职)*　张　瑞(女,兼职)*
杜　荣(女,兼职)　茹栋梅(女,兼职)*
韩丽珍(女,兼职)　程芳琴(女,兼职)
阎少泉(女,兼职)　康文娟(女,兼职)

中国作家协会山西省分会

主　席　杜学文
副主席　张锐锋*　罗向东　李骏虎
兼职副主席　哲　夫*　吕　新　赵　瑜*　蒋　韵*

葛水平　王祥夫*　潞　潞*　李　杜*
秦　溱*　晋原平*　李骏虎*　刘慈欣
侯讵望　徐大为　王春林　鲁顺民
张行健　李拴亮　聂利民　杨全喜

省科学技术协会

党组书记　许富昌*
主　席　周　然
副主席　许富昌*　温万一　郝建新　张秀亲(女)

省文学艺术界联合会

党组书记　李太阳*　郭　健
主　席　张根虎*　郭　健
副主席　李太阳(常务)*　郭　健(常务)*
和　悦　王招宇

中国国际贸易促进会山西省分会
(中国国际商会山西商会)

会　长　陈河才
副会长　李秀生　焦育峰　陈晓红

省残疾人联合会

党组书记、理事长　卫　国
副理事长　刘　晔　吴　波(女)　李俊温

省社会科学界联合会

党组书记、常务副主席　张云泽
主　席　李高山
党组副书记　王纪山*
党组成员、副主席　王纪山　王志超
兼职副主席　李中元*　李劲民*　高建生*　张卓玉*
卫建国　王李金*　吴俊清　郭泽光*
王尚义*　夏　祯　王联辉　杨茂林
符惠明　刘维奇　张惠元

省归国华侨联合会

党组书记、主席　王维卿(女)
副主席　范安龙　李德增(挂职)
兼职副主席　方敬爱(女)　马金标　宋迎东
常新乐　谭　慷　王迪录　武　强

省台湾同胞联谊会

党组书记　李朝亮
会　长　曾跃飞*
副会长　王　杨　张林红(女)　张　巍　章　玫(女)

省红十字会

党组书记、常务副会长　郑　红(女)
会　长　张建欣(女)*　吴　伟
副会长　白　冰(女)

省法学会

会长　左世忠
党组书记、常务副会长　闫喜春
专职副会长　马　俊

山西省高级人民法院

院　长　孙洪山
副院长　朱　明*　管应时　王书红　方剑峰　翟瑞卿

山西省人民检察院

检察长　杨景海
副检察长　崔国红　闫绪安　王文娅(女)　苑　涛

省委工作部门和派出机构

省委组织部

部　长　吴汉圣*　曲孝丽(女)
副部长　李凤岐　陈跃钢*　卢建明　张晓峰
赵建华*　张晓永　齐海斌　辛艾艾(女)

省委宣传部

部　长　廉毅敏*　吕岩松
常务副部长　雷建国
副部长　张　峻　张　羽　夏　祯　骞　进

省委统战部

部　长　徐广国
主持日常工作的副部长　师　帅
副部长　赵雁峰　刘国庆　张晓光　刘海芸(女)
滕德刚　白　源(女)

省委政法委员会

书　记　商黎光
副书记　刘新云
常务副书记　闫喜春
副书记　苗　伟*　刘永生　邓彩彪　王富强(挂职)

省委政策研究室

主　任　宋　伟
副主任　加年丰*　张荣章　任　凯　马炜宏

省委网络安全和信息化委员会办公室
(省互联网信息办)

主　任　朱新才*　董晓林
副主任　米　杰

省委机构编制委员会办公室

主　任　李建刚
副主任　张立煌*　张吉祥

省委军民融合发展委员会办公室(省国防科技工业局)

主　任　冯志君*　林　武
副主任　安　华　齐建伟　吴泽兵　张慧雄

省委台湾工作办公室
(省政府台湾事务办公室、省政府港澳事务办公室)

主　任　曹荣湘
副主任　李　菲(女)　郝文杰(女)　吴　伟

省直机关工委
书　记　胡玉亭*　廉毅敏
常务副书记　王　宏
副书记　魏爱军　余国琦
省直纪检监察工委书记　闫建科
省委巡视组
正厅长级巡视委员　李　斌　罗　民　任在刚*
　　孙兴武*　郭英杰　李曾贵
　　董赤凡　贾文儒
副厅长级巡视委员　宋文斌　刘精瑛　杨立全*
　　路　露(女)　贾二元
省委巡视办
主　任　何　青
副主任　闫志强*　郝点亮　赵建民
省直属机关事务管理局
局　长　毛益民
副局长　高晋红　王　敏
省委老干部局
局　长　赵建华*　张晓峰
副局长　岳卫东　钟占荣　王小丽(女)

省委部委管理机构

省委机要局(省国家密码管理局)
局　长　景广学
副局长　李东强　赵　威
省委保密委员会办公室(省国家保密局)
主　任(局　长)　郝永明
副主任(副局长)　刘炜东　康焕玉
省精神文明建设指导委员会办公室
主　任　张　峻
副主任　周　峰

省人大及其常委会工作机构

省人大法制委员会
主任委员　赵建平
副主任委员　蔡汾湘　成　斌
省人大监察和司法委员会
主任委员　白秀平
副主任委员　杨增武　郝　权　赵贵义
省人大财政经济委员会
主任委员　张华龙
副主任委员　李永平　李　渊
省人大社会建设委员会
主任委员　李仁和
副主任委员　杨临生　李亚明　梁若皓　张晋仁
省人大常委会教育科学文化卫生工作委员会
主　任　李福明
副主任　刘有智　王进喜　尹天五　冯　睿
　　王岳红(女)　谭继海
省人大常委会农村工作委员会
主　任　冯改朵(女)
副主任　程银锁　刘　钢　郭艳成
省人大常委会城乡建设环境保护工作委员会
主　任　李栋梁
副主任　郭新民　乔锦瑞*　王志刚　高建平
省人大常委会人事代表工作委员会
主　任　张高宏
副主任　李高山　陈跃钢　张国富　李　鑫
省人大常委会民族宗教侨务外事工作委员会
主　任　王安庞
副主任　贾雪峰　吕　明　秦　钟*　陈腊平(女)
省人大常委会法制工作委员会
主　任　蔡汾湘
副主任　阎默彧　段宝燕(女)
省人大常委会预算工作委员会
主　任　卢晓中
副主任　董　岩　刘晓东
省人大常委会研究室
主　任　汤俊权
副主任　张拯瑜　张晋仁*　孙剑纲
省人大常委会信访局
局　长　叶增强
副局长　吴明禄

省政府组成部门

省发展和改革委员会
主　任　姜四清
副主任　赵友亭　姚少峰　李海生*
　　魏茹生*　李肇伟
省工业和信息化厅
厅　长　李晓波*　李晋平
副厅长　马运侠　张占祥　阳　军*　乔丽刚
省教育厅(省委教育工委)
厅　长(书记)　吴俊清
主持日常工作的副书记　张敬平(女)
副书记　何林有
副厅长　孙世新*　任月忠　马　骏　侯文一
省科学技术厅
厅　长　谢　红(女)*　张新伟
副厅长　李　敏*　牛青山　张克军
省公安厅
厅　长　杨景海*　刘新云
副厅长　汪　凡(常务)　李喜春　张立刚　杨通顺
省民政厅
厅　长　薛维栋

副厅长 曾庆勇 张 瑞(女)* 尹也刚*
宋海兵 琚李梅(女)

省司法厅

厅 长 薛永辉

副厅长 李云涛 翟新山* 王锁成
周 涛* 曾 涛

省财政厅

厅 长 武 涛

副厅长 黄 庙 常国华 武志远 陈向阳 安晓飞

省人力资源和社会保障厅

厅 长 卢建明

副厅长 贺德孝 吴海亮 师广卫

省自然资源厅(省绿化委员会)

厅 长 周建春

副厅长 任建中 武耀文 袁同锁

省生态环境厅

厅 长 董一兵* 潘贤掌

副厅长 刘 军 王学东(女) 刘大山 张继平

省住房和城乡建设厅

厅 长 王立业

副厅长 郭燕平* 张学锋 翟顺河 程永平

省交通运输厅

厅 长 闫晨曦

副厅长 雷天才* 秦红保 李贵顺
王 晋 段新源 王四小

省水利厅

厅 长 常书铭*

副厅长 白小丹 张建中* 王 兵(女)
陈 博(女)

省农业农村厅(省委农村工作领导小组办公室)

厅 长(主任) 乔建军

副厅长 茹栋梅(女) 张和平 郭建文*
赵文志

专职副主任 张软斌

省商务厅

厅 长 韩春霞

副厅长 王宏晋 赵贵全* 王 岫(女) 张效生

省文化和旅游厅

党组书记 刘润民*

厅 长 盛佃清

副厅长 张 健 郑中夏 李 贵 王 琳 戎劲光

省卫生健康委员会

主 任 李凤岐* 武 晋

副主任 武 晋* 冯立忠 张 波 廉月胜

省退役军人事务厅

厅 长 冯 征

副厅长 薛建军 吴建强* 范波涛

省应急管理厅(省地方煤矿安全监督管理局)

厅 长 薛军正

副厅长 武福玉* 彭建宏 王天庆 杨振中 邓维元

省审计厅

厅 长 王 亚

副厅长 宋世华 姚安政 南春林
张红谱(女)* 李建国

省政府外事办公室

主 任 武绍忠

副主任 梁淑娟(女) 张 源 秦 杰

省政府直属特设机构

省政府国有资产监督管理委员会(国资委党委)

党委书记 郭保民

副书记 马 进(常务) 王志清* 韩珍堂

主 任 郭保民

副主任 宋世华* 张宏永 韩珍堂* 贠 钊
张红谱(女)

省政府直属机构

省市场监督管理局(省知识产权局)

局 长 张九萍(女)

副局长 王国强 王亦兵 李志强 刘建国*
王德立 武小勤

省广播电视局

局 长 李海渊

副局长 李和林 安 洋* 吕芮宏

省体育局

局 长 赵晓春

副局长 杜 荣(女) 王 福 李俊文* 袁乃平

省统计局

局 长 张晓东

副局长 卢永良* 王德才 曹力民 卫永杰

省政府研究室

主 任 薛 荣

副主任 焦斌龙 王炤坤

省行政审批服务管理局(省政务信息管理局)

局 长 李秋柱

副局长 刘予强 马爱锋 连建林

省信访局

局 长 梁克昌

副局长 郝钦新 郭泽兵 姚云钢 侯永霞(女)

省文物局

局 长 雷建国* 刘润民

副局长 宁立新* 程书林 赵曙光

省粮食和物资储备局

局 长 王云龙

副局长 宋林根 韩华雄 徐晓峰

省人民防空办公室

主　任　霍红义

副主任　李　波　薄文杰　陈丙骞

省医疗保障局

局　长　刘中雨

副局长　李栋军　刘　磊　冯　智　康中南(女)

省地方金融监督管理局(省政府金融工作办公室)

主　任　竟　晖

副主任　张永胜　潘跃飞　王晓千　沈　力*

省能源局

局　长　王启瑞

副局长　苗还利　闫文泉　侯秉让

省扶贫办

主　任　刘志杰

副主任　张玉宏　张建成　龚孟建

山西转型综改示范区

主　任　张金旺

副主任　尤天权　胡志峰　赵瑞雪　董　良
　　　　仝清雷　薛江炤　刘　勇

省政府部门管理机构

省小企业发展促进局

局　长　李东洪

副局长　史国兵　冯志山　张会荣

省林业和草原局

局　长　张云龙

副局长　尹福建*　黄守孝　岳奎庆　杨俊志

省药品监督管理局

局　长　贠亚明

副局长　张少杰　郭景文　李庭芳

省监狱管理局

局　长　王锁成

政　委　李效民*

副局长　崔恩平　石玉泉

省公安厅交管局(省交警总队)

局　长(总队长)　郭丙福

副局长(副总队长)　武小彪　李怀玉

省政协工作机构

省政协提案委员会

主　任　孙　群

副主任　阎贵林*　李卫东

省政协经济委员会

主　任　孙跃进

副主任　曹慧昌　刘德政　郑富核　潘　云
　　　　李　岩*　刘新平

省政协人口资源环境委员会

主　任　郭长青

副主任　杨　波　郭泽光　杨春明

省政协农业和农村委员会

主　任　丁文禄

副主任　张建全*　赵志理*　王晓东

省政协教科卫体委员会

主　任　苏亚君

副主任　张建全*　李维靖

省政协社会法制委员会

主　任　李劲民

副主任　荣　彰　丁伟跃　韩培方

省政协民族和宗教委员会

主　任　刘文秀

副主任　陈晓东　李太阳　张建忠

省政协文化文史和学习委员会

主　任　闫润德

副主任　翁金明　梁宝印　王丽梅(女)

省政协港澳台侨和外事委员会

主　任　马天荣

副主任　郭　立　高绍柱

省政协调研和委员工作室

主　任　马　伟

副主任　郑丽君(女)　牛　牧　卢　成

省直属事业单位

省委党校(山西行政学院)

校长(院长)　吴汉圣*　曲孝丽(女)

常务副校长(副院长)　王联辉

副校长(副院长)　田忠宝　王浩学
　　　　　　　　薛勇民　王建军

山西广播电视台

台　长　刘英魁

副台长　王树勋　张晋斌*

总　编　李占鳌

副总编　张敬民*　邢书良　李占鳌*　罗庆东

山西日报报业集团

社　长　郭玉福

总编辑　丁伟跃*　焦玉强

副社长　冯爱民　席永明

副总编　焦玉强*　任灵杰　张巨霖　张占鹰　孟庆耀

省委党史研究院(省地方志研究院)

院　长　张志仁

副院长　刘益龄　钟启元(女)*　巨文辉
　　　　焦永萍(女)

省供销合作社联合社

理事会主任　狄重阳

理事会副主任 王彤宇 高建忠 尚有明
监事会主任 刘建光
监事会副主任 李 海*

省煤炭地质局

党委书记 卫洪平
局 长 王学军
副书记 王宏伟 李兴武
副局长 张学彦 张胤彬
总工程师 宋 儒

省地质勘查局

局 长 彭东晓
副书记 李俊敏
副局长 韩晋生 马斅民 江 荣
总工程师 王润福

省农业科学院

党委书记 李 斌*
院 长 乔雄梧* 赵春明*
副院长 聂安全* 王娟玲(女)* 张 强* 李晋陵*

省社会科学院(省政府发展研究中心)

院 长 李中元* 杨茂林
副院长 潘 云* 宋建平 侯广章 王凤鸿
王 云

中国(太原)煤炭交易中心

主 任 王宇魁
副主任 高 伐 阎世春 申彦杰 王 渊
总会计师 陈贵柱

省档案馆

馆 长 韩 红(女)
副馆长 樊秀清 孔凡春 白晓军

山西社会主义学院

院 长(兼) 刘滇生* 卫小春
常务副院长 张晓光
副院长 胡晨光 王朝晖

省城镇集体工业联合社

主 任 张 涛
副主任 杨润梅(女)

省招生考试管理中心

主 任 赵丽华
副主任 王双虎 杨建民 韩中文(女)

省公路局

党委书记 雷天才* 尹新平
局 长 惠高峰* 胡钢成
党委副书记 赵玉生
副局长 许秀銮 杨转科 郭晓军
总工程师 马德文

省农业机械发展中心

主 任 王进仁
副主任 侯振全 王五明 张建中 张本源

省煤炭基本建设局

局 长 王振海
副局长 温运峰
总工程师 王静波

省测绘地理信息院

院 长 李德胜
副院长 王秀珍(女) 裴彦明 李晓红

省公共资源交易中心(省省级政府采购中心)

主 任 卫继周
副主任 申志纯 李雪燕 武守强

省政务服务中心

主 任 王拥军
副主任 韩秀云 刘新才 曹学民

中国煤炭博物馆

馆 长 张继宏
副馆长 胡高伟 马召源

省投资咨询和发展规划院

院 长 赵新利
副院长 张立异 杨 勇 王 晋

山西博物院

院 长 张元成

省投资促进局

局 长 艾凌宇(女)
副局长 张保民 武 亮 刘乙佑

禹门口水利工程管理局

局 长 常建忠
党委副书记 张 宁

省交通运输执法局

局 长 曹居月

省高速公路管理局

党委书记 胡钢成*

省道路运输管理局

局 长 杨吉平*

省煤炭基金稽查总队(省财政厅煤炭基金稽查局)

总队长(局长) 韩海峰(女)

省委前进期刊总社*

社 长 边新文*

山西省人民医院

书 记 张晓清* 陈利民
院 长 李荣山

山西医科大学第一医院

书 记 陈利平* 刘 春
院 长 王斌全* 徐 钧

山西医科大学第二医院

书 记 徐 钧* 李 保
院 长 李 保* 赵 斌

山西白求恩医院(山西医学科学院)

书 记 苑 静* 吴 华

院　长　刘　强*　徐　钧*　吴　华

省就业服务局

局　长　薛春生

副局长　杨　军　郝东平　郭　敏(女)

省社会保险局

局　长　孔宪江

副局长　靳海云　刘云胜　鹿妙红(女)

省交通运输厅重点公路工程建设办公室

专职副主任　(缺)

中央部属单位

财政部山西监管局

监察专员　张庆增

审计署驻太原特派员办事处

特派员　庄　军

中国人民银行太原中心支行

行　长　李文森

中国银行保险监督管理委员会山西监管局

局　长　朱金渭

中国证券监督管理委员会山西监管局

局　长　孙才仁*　孙春生

中国工商银行股份有限公司山西分行

行　长　陆　钦

中国农业银行山西省分行

行　长　禹修德

中国银行山西分行

行　长　刘旭伟

中国建设银行股份有限公司山西省分行

行　长　江文波

中国邮政储蓄集团公司山西省分公司

行　长　孙江涛

山西省通信管理局

局　长　武　晋

山西省邮政局

总经理　张宗梁

省气象局

局　长　梁亚春

省地震局

局　长　赵晋红

国家税务总局山西省税务局

局　长　潘贤掌*　刘培平

山西省烟草专卖局(公司)

局　长(总经理)　王文忠

中国铁路太原局集团有限公司

董事长　程先东

总经理　陈　敏

太原海关

关　长　高继科

国家能源局山西监管办

专　员　薛　浒

中国石油化工集团公司山西石油总公司

总经理　董光明

驻外办事处

省政府驻北京办事处

主　任　陈晓东*　董　飚

副主任　王　荣(女)*　董　飚*　张　明

省政府驻上海办事处

主　任　韩　侠

副主任　李亚军

省政府驻天津办事处

主　任　魏成生

副主任　曲志鹏

省政府驻广州办事处

主　任　刘亚林

副主任　杨晓珍(女)　王红健

本科院校与高职高专院校

山西大学

党委书记　师　帅*　符惠明

党委副书记　贾锁堂*　黄桂田　李思殿*　丁耀武*　李富明

校　长　贾锁堂*　黄桂田

副校长　杨　军*　高　策*　梁吉业　殷　杰　韩勇鸿　程芳琴(女)　张天才　周小计(挂职)　杭　侃(挂职)　卢宇鸿

太原理工大学

党委书记　吴玉程

党委副书记　黄庆学　沈兴全*　李晋平　刘润祥

校　长　黄庆学

副校长　李晋平*　吕永康　吴斗庆　树学峰　梁卫国　李　明　张建胜(挂职)*

山西财经大学

党委书记　尹天五*　常乃军

党委副书记　刘维奇　顾昭明*　张兔元

校　长　刘维奇

副校长　卢庆山　马培生　杨有振*　杨俊青　沈沛龙　钟若愚(挂职)*

山西医科大学

党委书记　张俊龙

党委副书记　段志光*　王　军*　贺培凤

校　长　李思进

副校长　王宏伟　李思进*　解　军　张　辉(女)　刁海鹏　张　宏(挂职)*

山西农业大学(省农科院)

党委书记 陈利根* 廖允成

党委副书记 赵春明 齐利平* 马建平 张 强

校 长 赵春明

副校长 王娟玲(女) 李宏全 邢国明 杨武德
赵水民 孟秀祥(挂职)* 李晋陵

山西师范大学

党委书记 符惠明* 卫建国

党委副书记 卫建国* 杨 军 郝勇东* 高 峰

校 长 卫建国*

副校长 王 云 许小红(女) 车文明 张献明
王建华(挂职)*

太原科技大学

党委书记 王志连

党委副书记 左 良* 卫英慧 王宝儒*
师东海 刘翠荣(女)

校 长 左 良* 卫英慧

副校长 柴跃生 王枝茂 李俊林 邓学成
刘翠荣(女)* 谢 刚 靳秀荣(女)
姜 勇(挂职)*

中北大学

党委书记 李忠人

党委副书记 沈兴全 安建平* 薛 智

校 长 刘有智* 沈兴全

副校长 曾建潮 白培康* 雷锋斌 赵贵哲
潘晋孝 李东光(挂职)* 李东光(不挂职了)
苏铁熊

山西中医药大学

党委书记 段志光

党委副书记 刘 星 冯 海 高建军*

院 长 李青山* 刘 星

副院长 王新塘 冀来喜 闫敬来 郝慧琴(女)

长治医学院

党委书记 李荣华

党委副书记 郑建中 李玉冰* 张芳萍(女)

院 长 郑建中

副院长 宋晓亮 胡春香(女) 王金胜 郑金平

太原师范学院

党委书记 张惠元

党委副书记 梁吉业* 霍世平 王川龙
程太生 张立江

院 长 梁吉业* 霍世平

副院长 郭丕斌 王卫平(女) 赵 怡(女) 薛晋文

忻州师范学院

党委书记 王亦农* 王 军

党委副书记 张虎芳(女) 白宝林 乔永生

院 长 张虎芳(女)

副院长 罗小兰(女) 李 丹(女) 张文玉 张爱龙

山西大同大学

党委书记 马存根* 弓永华

党委副书记 冯 锋 郭 永* 孙 彦 刘 洪

校 长 冯 锋

副校长 张 策 寇福明 姚丽英(女) 翟大彤

运城学院

党委书记 姚纪欢

党委副书记 薛耀文 张凤琴 冯瑞明

院 长 薛耀文

副院长 李慎明 岳 澎(女) 贺正云 黄解宇

长治学院

党委书记 韩泽春* 郝勇东

党委副书记 茹文明 赵水琛 马健宏

院 长 茹文明

副院长 李长江 赵巨涛 史晓东 李 强

晋中学院

党委书记 刘玉平* 韩泽春

党委副书记 孙西欢 南志珍 刘光辉

院 长 孙西欢

副院长 柴 达* 李长萍(女) 李山岗
张存伟 刘 勇

太原工业学院

党委书记 吴 刚

党委副书记 霍世平* 杨述平 朱 光* 李国臣

院 长 霍世平* 杨述平

副院长 靳金贵 刘志明 吴跃焕(女) 梁玉蓉(女)

吕梁学院

党委书记 周富国

党委副书记 刘自强 马向东

院 长 熊继军

副院长 马向东* 闫 明 冀建峰*
薛光武 刘宝琦 谭英杰

山西传媒学院

党委书记 张汉静* 王亦农

党委副书记 李 伟 王俊刚* 刘 锐 陈利平

院 长 李 伟

副院长 张永德 武升平 郭卫东 王红叶(女)

太原学院

党委书记 李大公

党委副书记 张瑞君 马皖东 康晓红

院 长 张瑞君

副院长 徐秋琴(女) 荆在京 郑其芳 孙华东

山西工程技术学院

党委书记 韩保清

党委副书记 卫英慧* 白培康 郑德明* 韩永清

院 长 卫英慧*

副院长 王玉清 姜俊兵 王振林 郑捧柱

山西能源学院
党委书记　董　峰
党委副书记　常建忠　张春有　马光生
院　长　常建忠
副院长　李宏达　李桂平(女)　孙光辉　孟文俊
山西警察学院
党委书记　李喜春
党委副书记　张惠选　李亚尼　孟庆祥
院　长　张惠选
副院长　苏天照　闫龙江　任向东　尉安俊
山西广播电视大学
党委书记　张耀斌
党委副书记　李　忱*　齐利平　姜　海
校　长　李　忱*　齐利平
副校长　姜　海　牛白琳　吴　斌
山西经济管理干部学院
党委书记　丁怀民
党委副书记　武东升　秦长江*
院　长　武东升
副院长　李晋平　马　骥　高建军　景滨杰(女)
山西省财政税务专科学校
党委书记　贾明建*　王新淮
党委副书记　赵丽生　周巧红*　杨晓明
校　长　赵丽生
山西卫生健康职业学院
党委书记　王卫东
党委副书记　张　波*　王　旭　赵建君　龚晋文*　暴英杰
院　长　张　波*
山西青年职业学院
党委书记　暴英杰
党委副书记　李志权　李兵义
院　长　李志权
山西省政法管理干部学院
党委书记　秦绍璇
党委副书记　王海英*　冀建峰　田培乔
院　长　冀建峰
山西建筑职业技术学院
党委书记　符里刚*　贺　鑫
党委副书记　成　宏　黄跃春
院　长　成　宏
山西药科职业学院
党委书记　张瑞芳
党委副书记　张震云　邹本贵
院　长　张震云
山西交通职业技术学院
党委书记　李英杰
党委副书记　张文才　毕晋峰
院　长　张文才
山西艺术职业学院
党委书记　王艳芳
党委副书记　单红龙　岳建民*　燕　楠
院　长　单红龙
山西林业职业技术学院
党委书记　宋河山*　罗云龙
党委副书记　卢桂宾　杜庆先
院　长　卢桂宾
山西水利职业技术学院
党委书记　李振兴
党委副书记　闫顺茂　白继中
院　长　闫顺茂
山西旅游职业学院
党委书记　郑子全*　吴俊生
党委副书记　何乔锁　赵贤松
院　长　何乔锁
山西管理职业学院
党委书记　贾二元*
党委副书记　岳　澎*　马联合　郭敬仁
院　长　岳　澎*　马联合
山西体育职业学院
党委书记　陈　洁
党委副书记　曹景川　曹跃民*　岳建明
院　长　曹景川
山西警官职业学院
党委书记　谭恩惠
党委副书记　刘国垠　张永前
院　长　(缺)
山西国际商务职业学院
党委书记　王　毅
党委副书记　付　剑　王爱民
院　长　付　剑
山西戏剧职业学院
党委书记　杨小平
党委副书记　谢玉辉　百惠林
院　长　谢玉辉
山西煤炭职业技术学院*
党委书记　张主社*
党委副书记　宋　军*　李茂林*
院　长　宋　军*
山西医科大学汾阳学院
党委书记　薛东平
院　长　孟小平
山西工程职业学院
党委书记　张长青

院　长　秦华伟*　宋　军

山西职业技术学院

党委书记　弓永华*　雷承锋

院　长　雷承锋*　秦华伟

山西金融职业学院

党委书记　王小云

院　长　崔满红*　田祥宇

山西财贸职业技术学院

党委书记　柴　达*　冯瑞明

院　长　段文美(女)

山西机电职业技术学院

党委书记　张主社*　邱　峰

院　长　李向东

山西轻工职业技术学院

党委书记　岳高社

院　长　任利成

吕梁教育学院

党委书记　张耀峰

院　长　赵清明

长治市教育学院

党委书记　王淑彦

院　长　焦建中*

长治职业技术学院

党委书记　闫路平*

院　长　卫崇文

晋城职业技术学院

党委书记　朱　莉*

院　长　邱建国

临汾职业技术学院

党委书记　傅遵师

院　长　王　超*　段江燕

忻州职业技术学院

党委书记　晋原平*　荆漂丝

院　长　梁志文

晋中职业技术学院

党委书记　郝先伟

院　长　刘月红(女)

晋中师范高等专科学校

党委书记　苏耀中*　柴　达

院　长　张润喜

山西师范大学临汾学院

党委书记　张支平*　毛跟云

院　长　秦国杰*

山西运城农业职业技术学院

党委书记　张作伟

院　长　张苏勤

运城幼儿师范高等专科学校

党委书记　彭　刚

校　长　张汉语

运城师范高等专科学校

党委书记　李晋杰*　路胜利

校　长　王卫国

运城护理职业学院

党委书记　王国兴*　李百选

校　长　张红洲

太原旅游职业学院

党委书记　白玉明

院　长　马兆兴

太原城市职业技术学院

党委书记　张　勇

院　长　杨志家

朔州职业技术学院

党委书记　赵志坚

院　长　王茂兴

阳泉师范高等专科学校

党委书记　武建功

校　长　陈永昶

吕梁职业技术学院

党委书记　李殿育*　岳新风

校　长　刘俊珍*　孙永富

朔州师范高等专科学校

党委书记　张毓德

校　长　邵　福

阳泉职业技术学院

党委书记　荆存柱

院　长　曹学仁

太原幼儿师范高等专科学校

党委书记　陆克祥

校　长　范永丽(女)

大同幼儿师范高等专科学校

党委书记　岳艺斌

校　长　裴忠泽

市、县(市、区)

太原市

市委书记　罗清宇

副书记　李晓波　耿彦波*　李新春

市委常委　罗清宇　耿彦波*　李晓波　李新春
　　　　　李吉山*　周计伟　魏　民　薛东晓
　　　　　王立刚　赵忠保　刘　鹓　张　璐*
　　　　　王志校　杨继承

市人大常委会主任　弓　跃*

副主任　刘　斌*　王爱萍(女)*　郭建发*　张继刚
　　　　郭治明　李增锁　张　磊

市　长　李晓波

副市长　王立刚　王爱琴(女)　张齐山
　　　马润生　卢秋生　车建平
市政协主席　张明星*
副主席　冯　霞(女)*　陈远新*　雷学东　李俊林
　　　陈继光　郝宝清　王建堂　任　磊

·小店区·
区委书记　刘振华
区人大常委会主任　陈其武
区长　李卫平
区政协主席　李恩星

·迎泽区·
区委书记　冯原平
区人大常委会主任　张　霞
区长　李　慧
区政协主席　赵树文

·杏花岭区·
区委书记　李文权
区人大常委会主任　程有录
区长　李文权
区政协主席　施国立

·尖草坪区·
区委书记　卢俊峰
区人大常委会主任　王国卿
区长　卢俊峰
区政协主席　王春龙

·万柏林区·
区委书记　杨俊民
区人大常委会主任　侯　安(12月27日离职)
区长　袁尔铭
区政协主席　马金安

·晋源区·
区委书记　杨继承
区人大常委会主任　张奇峰
区长　李永强
区政协主席　董云飞

·清徐县·
县委书记　王琳玉
县人大常委会主任　张晋涛
县长　王剑峰(代)
县政协主席　杨保恒

·阳曲县·
县委书记　裴耀军
县人大常委会主任　韩　勇
县长　裴耀军
县政协主席　高保民

·娄烦县·
县委书记　薛东晓
县人大常委会主任　冯永魁
县长　李树忠
县政协主席　武润生

·古交市·
市委书记　翟永清
市人大常委会主任　张　刚
市长　刘锦春(女)
市政协主席　程顺旺

大同市

市委书记　张吉福
副书记　武宏文　刘振国*
市委常委　张吉福　武宏文　刘振国*　黄岑丽(女)*
　　　张　韬*　宋　涛　姚鸿波　王铁梅(女)
　　　薛明耀　尉连生　梁晓旭　穆国新
　　　冯苏京*　冯晓雷
市人大常委会主任　赵向东
副主任　雷雪峰*　刘　美　张翠萍(女)*　冯境城*
　　　张忠义　王淑琴(女)　张　强
市长　武宏文
副市长　薛明耀　尚建军　郭　蕾(女)　马安全
　　　荆　虎　郝献民　冯苏京*
市政协主席　郜向华
副主席　许进娥(女)*　郭俊岗*　任建刚
　　　杨硕平　王剑辉　王德成　李春平

·平城区·
区委书记　张　韬*　李继忠
区人大常委会主任　王丽萍(女)
区长　李继忠*　唐　胜
区政协主席　赵世彪

·云冈区·
区委书记　苏　智
区人大常委会主任　李　杰
区长　李东升
区政协主席　睢占文

·云州区·
区委书记　王凤瑞
区人大常委会主任　杨近源
区长　周聚德
区政协主席　闫　军

·新荣区·
区委书记　邓志蓉(女)
区人大常委会主任　乔　成
区长　李　纬
区政协主席　胡永祥

·阳高县·
县委书记　冯晓雷

县人大常委会主任 李晓红(女)
县长 丁国华
县政协主席 项征武

·天镇县·

县委书记 王建江
县人大常委会主任 刘世清
县长 刘川楠
县政协主席 吕广权

·广灵县·

县委书记 李润军
县人大常委会主任 苑在雨
县长 王丽萍(女)
县政协主席 刘宝贵

·灵丘县·

县委书记 张 强
县人大常委会主任 索根生
县长 罗永山
县政协主席 王瑞春

·浑源县·

县委书记 赵 宇
县人大常委会主任 王维平* 谢志海
县长 王继武* 高 莹
县政协主席 张振虎

·左云县·

县委书记 尹海斌
县人大常委会主任 刘志强
县长 罗士彬
县政协主席 张立波

阳泉市

市委书记 关建勋
副书记 雷健坤(女) 巩 成
市委常委 关建勋 雷健坤(女) 巩 成 吴纪平
任建华 王铁梅(女)* 杨自明
黄海涛 张其光 郭卫东 孙季鸿
市人大常委会主任 王旭明
副主任 孙金明* 吕昌政* 刘志强*
张永忠 张宝明 申 济
市长 雷健坤(女)
副市长 黄海涛 郭少敏 靳润喜 呼亚民
李 君 李文兵
市政协主席 杨永生
副主席 杨 勇 徐本宁 王良义 张立君
杨全生 史友松

·城 区·

区委书记 韩加政
区人大常委会主任 李保存
区长 王晓丽(女)
区政协主席 杨献斌

·矿 区·

区委书记 张志先
区人大常委会主任 侯彦军
区长 张立强
区政协主席 王贵平

·郊 区·

区委书记 王明厚
区人大常委会主任 王如生* 田进勇
区长 宁文鑫
区政协主席 王振杰* 刘瑞生

·平定县·

县委书记 申 济
县人大常委会主任 郝建国
县长 王建义(1–3月代县长)
县政协主席 高锦孝

·盂 县·

县委书记 张其光
县人大常委会主任 武润珍
县长 梁海昌(1–3月代县长)
县政协主席 闫庶民

长治市

市委书记 孙大军
副书记 杨勤荣 唐立浩
市委常委 孙大军 杨勤荣 唐立浩 姚 逊*
刘卓良 谷 明 孙刘琳(女) 吴小华
李 敏 王 震 胡 勇 艾志军
市人大常委会主任 郭康锋
副主任 石建旺 崔建泰* 郭海英(女)
王 耀 李全心 胡 坚
市长 杨勤荣
副市长 王 震 尚日红 景普秋(女) 郜双庆
张和平 成文碧
市政协主席 许 霞(女)
副主席 杨江波 姚中华 刘鹏飞
桂元平 焦吉林 王卫军

·潞州区·

区委书记 胡 勇
区人大常委会主任 张耀华
区长 张晋伟* 崔云峰
区政协主席 宋福庭

·上党区·

区委书记 王现敏* 张 弛
区人大常委会主任 张向东
区长 段尧刚
区政协主席 魏俊英(女)

·屯留区·

区委书记 马先明

区人大常委会主任　冯贵兴
区长　翟卫华(女)
区政协主席　杨志飞

·潞城区·
区委书记　秦苏良
区人大常委会主任　孙彩虹
区长　秦苏良*　郭　强
区政协主席　琚海鹏

·襄垣县·
县委书记　胡三虎*　张晋伟
县人大常委会主任　崔玉彪
县长　贺思宇
县政协主席　侯慧萍(女)

·平顺县·
县委书记　吴小华
县人大常委会主任　宋忠义
县长　秦　军
县政协主席　王建中

·黎城县·
县委书记　杨红旗
县人大常委会主任　高玉飞*　郭卫斌
县长　牛晨霞(女)
县政协主席　刘永清(女)

·壶关县·
县委书记　李全心
县人大常委会主任　卫　明
县长　崔江华
县政协主席　王明德

·长子县·
县委书记　李国强
县人大常委会主任　王成枝
县长　赵永进
县政协主席　郭志新

·武乡县·
县委书记　胡　坚
县人大常委会主任　路晓波*　李军印
县长　阎新平
县政协主席　魏书文

·沁　县·
县委书记　卢展明
县人大常委会主任　刘光清
县长　张宏伟
县政协主席　郭建宇

·沁源县·
县委书记　金所军
县人大常委会主任　王宏斌
县长　连树斌*　徐计连
县政协主席　马建峰

晋城市

市委书记　张志川
副书记　刘　锋　李根田*　姚　逊
市委常委　张志川　刘　锋　李根田*　姚　逊
　　赵沂旸*　孙世新　那志茂　卫明喜
　　王晋峰*　石云峰　张利锋　荆俊明
　　范兆森
市人大常委会主任　范丽霞(女)
副主任　张斌胜　郭治琛　冯裕民　李翠叶(女)
　　尹红岩　史晓莉(女)
市长　刘　锋
副市长　张利锋　王斌权　梁丽萍(女)
　　武健鹏　冯志亮　王宏微
市政协主席　常国荣
副主席　郭一峰*　崔守安　武四海(女)
　　阴建正　郭向阳　秦李芳*

·城　区·
区委书记　王文全
区人大常委会主任　宋春生
区长　李晓峰
区政协主席　晋　昕(女)

·沁水县·
县委书记　原光辉
县人大常委会主任　郭沁林
县长　任彩虹
县政协主席　张瑞忠

·阳城县·
县委书记　窦三马*　姚　逊
县人大常委会主任　张保国
县长　史小林
县政协主席　田龙社

·陵川县·
县委书记　侯宝贵
县人大常委会主任　张江龙*　王立新
县长　杨晓雷(1—2月代)
县政协主席　郎在陵*　侯贵宝

·泽州县·
县委书记　高喜全
县人大常委会主任　靳水生
县长　张　军
县政协主席　李正根

·高平市·
市委书记　胡晓刚
市人大常委会主任　张志刚
市长　原　健

市政协主席　李培安

朔州市

市委书记　陈振亮
副书记　高　键*　熊燕斌　操学诚*　张立新
市委常委　陈振亮　高　键*　熊燕斌　操学诚*
　康吉仁*　张立新　张　韬　王加关
　陈耳东*　刘义清　孟贵芳　王黎明*
　崔　魏　吴秀玲(女)　王琳玉
市人大常委会主任　冯云龙
副主任　李玉兰(女)　白　明　王　帆(女)
　郭海鸿　吴晓斌　蒋丽梅(女)
市长　高　键*　熊燕斌
副市长　陈耳东*　张　韬　韩文让*　张天茂
　田　东　武跃飞　刘　亮
市政协主席　贾桂梓(女)
副主席　赵景春　谭建国*　闫美珍　解志强
　刘守斌　李旭清

·朔城区·

区委书记　吴晓斌
区人大常委会主任　李　杰
区长　庞明明*　孟维君
区政协主席　史宝元*　王建军

·平鲁区·

区委书记　刘　旋
区人大常委会主任　焦　文
区长　马占文
区政协主席　贾志武

·山阴县·

县委书记　李旭清
县人大常委会主任　相　成
县长　苏　坡
县政协主席　段国强

·应　县·

县委书记　句爱云(女)
县人大常委会主任　张玉儒
县长　丁　裕
县政协主席　刘　竹

·右玉县·

县委书记　吴秀玲(女)
县人大常委会主任　曹占贵*　傅存新
县长　王志坚
县政协主席　谭德宝

·怀仁市·

市委书记　刘　亮*　苏斌如
市人大常委会主任　王万波
市长　苏斌如*　王　鑫(代)

市政协主席　朱玉罡

晋中市

市委书记　王　成*　赵建平
副书记　赵建平*　常书铭　尹乃明
市委常委　王　成*　赵建平　常书铭　尹乃明
　王建忠　张志刚　丁利军　任秀红(女)
　王　兵　贡　琦　鹿建平　文竑煊
市人大常委会主任　赵庆华
副主任　赵春雷*　张耀明*　陈水泉　王根元
市长　赵建平*　常书铭
副市长　王建忠　辛　琰(女)　郭建文
　郝向明　周　建　丁雪钦
市政协主席　王建林
副主席　邓　明*　杨定旺*　王继堂　张鲜苹(女)
　连建华　魏元平

·榆次区·

区委书记　张祖祁
区人大常委会主任　李鹏飞
区长　张　鹏*　李　军
区政协主席　王琳玉(女)

·榆社县·

县委书记　张英杰
县人大常委会主任　刘艳萍
县长　韩　军
县政协主席　王建华

·左权县·

县委书记　王　兵
县人大常委会主任　郑春华*　高儒林
县长　赵宏钟
县政协主席　高儒林　李左红

·和顺县·

县委书记　孙永胜
县人大常委会主任　韩祥书
县长　马海军
县政协主席　刘素英(女)　王雪琴(女)

·昔阳县·

县委书记　许利伟
县人大常委会主任　李显鸣
县长　许利伟*　侯文亮
县政协主席　石立军(审查调查)*　焦耀中

·寿阳县·

县委书记　杨　隽
县人大常委会主任　侯成元
县长　史　洁(女)
县政协主席　傅贵亨

·太谷县·

县委书记　刘　伟

县人大常委会主任　游大庆
县长　南　宏
县政协主席　武亚民

·祁　县·

县委书记　吴文胜
县人大常委会主任　卢建华
县长　冯耀黎
县政协主席　李郁明

·平遥县·

县委书记　武晓花(女)
县人大常委会主任　雷新平
县长　石　勇
县政协主席　王金宝

·灵石县·

县委书记　段燕翔
县人大常委会主任　王世强
县长　郭建雄
县政协主席　卫虎周

·介休市·

市委书记　丁雪钦*　张　鹏
市人大常委会主任　郭维新
市长　张　驰*　范亮珍(12月代)
市政协主席　赵江波

运城市

市委书记　刘志宏*　丁小强
副书记　朱　鹏　储祥好
市委常委　刘志宏*　丁小强　朱　鹏　储祥好
鞠　振　常社教　周跃武　邓雁平
陈　杰　王志峰　李　浓(女)
乔登州　范维山
市人大常委会主任　安雅文
副主任　杜自立　郭　宏　张守相*
贾爱珍(女)　张汪尤　王吉敏
市长　朱　鹏
副市长　陈　杰　陈竹琴(女)　郭尚礼　卫再学
崔元斌　董旭光
市政协主席　张润喜
副主席　赵玉明　王七庚*　张学会*　刘国义
翟冬鸿　张东婷(女)

·盐湖区·

区委书记　李　哲
区人大常委会主任　郭一民
区长　薛永琦
区政协主席　常　正

·临猗县·

县委书记　于鹏飞
县人大常委会主任　张建莉
县长　靳国全
县政协主席　张　猛

·万荣县·

县委书记　杜中伟
县人大常委会主任　刘政光
县长　李永辉
县政协主席　孙典孝

·闻喜县·

县委书记　段慧刚
县人大常委会主任　逯光耀
县长　黄亚平(女)
县政协主席　张武学

·稷山县·

县委书记　廉广锋
县人大常委会主任　王　钊
县长　吴　宣
县政协主席　赵高云

·新绛县·

县委书记　李玉林
县人大常委会主任　李铁路
县长　解　芳(女)
县政协主席　卫保平

·绛　县·

县委书记　王宏伟
县人大常委会主任　孙　晓
县长　薛玉马
县政协主席　丁　格(3月任)

·垣曲县·

县委书记　杨彦康
县人大常委会主任　刘社院
县长　麻军泽
县政协主席　王小虎

·夏　县·

县委书记　张宏志
县人大常委会主任　李永林
县长　樊双全*　王　云
县政协主席　王继瑞

·平陆县·

县委书记　郭　宏
县人大常委会主任　张孝木
县长　李　旸
县政协主席　郭淑文

·芮城县·

县委书记　张建军
县人大常委会主任　姚广升
县长　张建军*　尚玉良
县政协主席　杨　琳

·永济市·

市委书记　徐志英

市人大常委会主任　刘　明

市长　孙中全

市政协主席　张廷耀

·河津市·

市委书记　鞠　振

市人大常委会主任　胡凯旋

市长　何　伟

市政协主席　李　琦

忻州市

市委书记　李俊明*

副书记　郑连生　朱晓东

市委常委　李俊明　郑连生　朱晓东　陈义青(女)*
　王建廷*　范晋昌　秦书义　王黎明
　崔建新　王志东　赵新年　刘婷芳(女)
　刘瑞生

市人大常委会主任　王　珍

副主任　魏广才　王继明　程兴利
　贾玲香(女)　李德新　孔保宝

市长　郑连生

副市长　赵志坚　王月娥(女)　武宪堂　裴　峰
　安书田　范建民

市政协主席　刘钢柱

副主席　边升阳　王庆荣　高志伟　曹爱民
　黄登宇　吴培英(女)　边东圣

·忻府区·

区委书记　崔向松

区人大常委会主任　宁康平

区长　崔向松*　张生明

区政协主席　杨利民

·定襄县·

县委书记　张文斌

县人大常委会主任　曲建成

县长　王建峰

县政协主席　郭丽云

·五台县·

县委书记　王继明

县人大常委会主任　刘建坤

县长　武新亮

县政协主席　吕更美

·代　县·

县委书记　田永清

县人大常委会主任　郭万国

县长　郝江陵

县政协主席　陈月峰

·繁峙县·

县委书记　孔保宝

县人大常委会主任　姚力山

县长　崔峥岭

县政协主席　钟文秀

·宁武县·

县委书记　任宁虎

县人大常委会主任　马在岐

县长　王　卓

县政协主席　薛军良

·静乐县·

县委书记　李德新

县人大常委会主任　秦文明

县长　王　昕

县政协主席　李永成

·神池县·

县委书记　曹爱民

县人大常委会主任　刘国强

县长　孟宏斌

县政协主席　李生旺

·五寨县·

县委书记　张　春

县人大常委会主任　靳海珍

县长　张宇光

县政协主席　白效文

·岢岚县·

县委书记　王志东

县人大常委会主任　贾玉春

县长　侯俊生

县政协主席　岳永福

·河曲县·

县委书记　边东圣

县人大常委会主任　徐晓兰

县长　任鸿宾

县政协主席　丁二明

·保德县·

县委书记　温建军

县人大常委会主任　李迎熙

县长　韩　斌

县政协主席　马玉泉

·偏关县·

县委书记　王　源

县人大常委会主任　任清泉

县长　曲俊安

县政协主席　乔建华

·原平市·

市委书记　李贵增

市人大常委会主任　尚茂生(1—10月)

县长　马志强
市政协主席　高秀亭

临汾市

市委书记　岳普煜*　董一兵
副书记　刘予强*　董一兵*　李云峰
市委常委　岳普煜*　董一兵　刘予强*　李云峰
　　周计伟*　王振富　李朝旗　陈　纲
　　郭行杰　刘文华　常　青　曹晓亮　郝忠祥
市人大常委会主任　陈小洪
副主任　杨治平　王金珍(女)　张庚博
　　任天顺　王国平　冯建宁　张学伟
市长　刘予强*　董一兵
副市长　常　青　陈忠辉　潘海燕(女)
　　闫建国　张　翔　张　勇　胡小濛*
市政协主席　陈小洪
副主席　杨安虎　杨益民　杨忠华
　　刘小才　程明温　梁清燕(女)

·尧都区·

区委书记　陈　纲
区人大常委会主任　杨午生
区长　吴　勇
区政协主席　鲁立波

·曲沃县·

县委书记　杨保春
县人大常委会主任　刘　伟
县长　吴　滨
县政协主席　费向前

·翼城县·

县委书记　杨春权
县人大常委会主任　李殿梁
县长　高永贤*　刘　锋(代)
县政协主席　李　伦*　董　玲

·襄汾县·

县委书记　刘　浩
县人大常委会主任　贾安民
县长　白建成
县政协主席　张全管

·洪洞县·

县委书记　郑步电
县人大常委会主任　张玉龙
县长　杨建军(3月任)
县政协主席　程延平

·古　县·

县委书记　庞明明
县人大常委会主任　张金虎
县长　刘舒华(女)
县政协主席　阴和平

·安泽县·

县委书记　李　强
县人大常委会主任　韩建辉
县长　牛庆国*　赵晨伟
县政协主席　高成锁

·浮山县·

县委书记　乔飞鸿
县人大常委会主任　李　凡
县长　栗俊昌
县政协主席　段玉明

·吉　县·

县委书记　郝忠祥*　崔绍民
县人大常委会主任　李晓民
县长　崔绍民*　赵松强(代)
县政协主席　梁国刚(3月任)

·乡宁县·

县委书记　樊洪平
县人大常委会主任　张春龙
县长　王林波
县政协主席　张欢虎

·大宁县·

县委书记　王金龙
县人大常委会主任　张新平
县长　樊　宇
县政协主席　杨对明

·隰　县·

县委书记　李亚丽(女)
县人大常委会主任　任　静(女)
县长　王晓斌
县政协主席　薛小平

·永和县·

县委书记　加天山*　高永贤
县人大常委会主任　马连青
县长　范洋平
县政协主席　宋新亮

·蒲　县·

县委书记　薛凤奎
县人大常委会主任　陈金庄
县长　赵志慧*　杨晓舟
县政协主席　席建国*　张　鹏

·汾西县·

县委书记　任天顺
县人大常委会主任　贾文魁
县长　张安文
县政协主席　乔建平

·侯马市·

市委书记　王煦杰
市人大常委会主任　马兴民

市长　黄晓君
市政协主席　秦海玉(3月任)

·霍州市·

市委书记　崔山原
市人大常委会主任　陈占平
市长　黄晓君(女)*　李青雁
市政协主席　薛泽会

吕梁市

中共市委书记　李正印
副书记　王立伟　张广勇
常委　李正印　王立伟　张广勇　赵沂旸
　　张稳科*　张　选*　秦书义*　李建国
　　任　忠　李小明*　徐德峰　梁志勇
　　乔晓峰　郭震威*　周昌盛　张欣宁
市人大常委会主任　郝月生
副主任　梁来茂*　孙晋军　卫成印
　　郭卫民　刘　凯　张建国
市长　王立伟
副市长　李建国　李俊平*　杨巨才　李安林
　　尉文龙　刘晋萍(女)　郭震威*
市政协主席　刘云晨*
副主席　李　真　刘继隆　白荣欣*　闫广聪
　　薛爱平(女)　高永安　郝金光

·离石区·

区委书记　梁志勇*　张璐萍
区人大常委会主任　刘俊禄
区长　李　军
区政协主席　刘晓勤

·文水县·

县委书记　梁宝明
县人大常委会主任　张九聪
县长　许晋文*　王　峰
县政协主席　闫启明

·交城县·

县委书记　张振明
县人大常委会主任　李义祥
县长　张潞萍
县政协主席　桑小平

·兴　县·

县委书记　梁志锋
县人大常委会主任　白鹏昊
县长　刘世庆
县政协主席　史小军

·临　县·

县委书记　张建国
县人大常委会主任　张建国*　王少利
县长　李双会
县政协主席　薛全清

·柳林县·

县委书记　赵建喜
县人大常委会主任　陈繁昌
县长　刘惠民
县政协主席　王义平

·石楼县·

县委书记　油晓峰
县人大常委会主任　田文军
县长　陈　浩
县政协主席　张建峰

·岚　县·

县委书记　高奇英(女)
县人大常委会主任　尹永平
县长　乔　云
县政协主席　刘瑞峰

·方山县·

县委书记　王锦锋
县人大常委会主任　贺新众
县长　周小云
县政协主席　刘月顺

·中阳县·

县委书记　乔晓峰
县人大常委会主任　张喜旺
县长　田安平
县政协主席　赵有军

·交口县·

县委书记　霍慧文
县人大常委会主任　王隰平
县长　乔劲松
县政协主席　朱和平

·孝义市·

市委书记　李　真*　梁志勇
市人大常委会主任　李殿生
市长　王廷洪
市政协主席　王士礼

·汾阳市·

市委书记　郭红波
市人大常委会主任　白小勤
市长　吴晓东
市政协主席　姚翠萍

★"机构设置和负责人名录"主要收录2019年1月1日至12月31日的机构设置和负责人名录。2019年10月20日,《山西省机构改革实施方案》正式颁发,凡部门撤并、调离岗位人员在单位名称、人员姓名右上角标注*。

(省委组织部,各市、县(市、区)提供)

主题索引

说 明 (1)本索引以人名、地名、机构名称、活动名称、事件(事物)名称为主题词。(2)本索引按主题词汉语拼音字母顺序排列,主题词后面的数字和字母分别表示所在页码和分栏位置(a b c 表示本页码左 中 右栏位置)。(3)本索引主题词主要选自本年鉴正文部分,特载、大事记、附录不在本索引范围内。图(照)片、表格另有索引。

A

B

C

D

E

F

G

H

J

K

L

M

N

P

Q

R

S

T

Z

(高丽锋　李莉莉
郭　庆　仇小利)

图索引

说 明 图索引,以图照题名或部分题名为标目。出处页码的表示方式分三种情况:(1)前插图在表示页码的数字之后加“前”字。例如“38 前”表示前插图的第 38 页。(2)正文部分则以图照所在的页码表示,例如“136”表示第 136 页中照片;(3)索引以标目字的汉语拼音音序排列。

N

P

Q

R

S

（高丽锋 李莉莉
郭 庆 仇小利）

表索引

说 明 (1)表索引,以表格题名为标目,出处以表格所在的页码标示。(2)本索引按主题词汉语拼音字母顺序排列,主题词后面的数字表示所在页码。

(高丽锋 李莉莉 郭 庆 仇小利)

省直单位撰稿人名单

刘　斌	省委办公厅
办公室	省委组织部
丁一鸣	省委宣传部
董志强	省委统战部
成　伟	省委政法委
曹天奇	省委巡视办
周　颖	省网信办
许鹏丽	省委政研室
孙　杰	省台湾事务办
王振兴	省委机构编制办
赵　悦	省直属机关工委
贾　懿	省直属机关事务管理局
李菁菁	省行政审批服务管理局
张　超	省委党史研究院（省地方志研究院）
孟国丽	省委党校
杨卫兵	省委信访局
郭李芳	省委老干部局
郭　强	省人大常委会
杜天生	省政府办公厅
李卫兵	省外事侨务办
刘源源	省扶贫开发办
周志清	省政协
闫晓雅	省纪委监察厅
王瑞成	省公安厅
杜　虹	省公安厅交管局
王　娇	省司法厅
刘百锁	省检察院
白　婕	省高级法院
李　豪	省监狱管理局
梁智腾　卫忠梅	省财政厅
徐　靖	省国税局
秦　旭	省审计厅
董晨阳	省工信厅
徐宏新	省政府发展研究中心
朱耀杰	省消防总队
邓宏刚　刘　鑫　张培荣	省军区
许　炜	省武警总队
拜江宏	省人民防空办
温　斌	民革山西省委
严　珺　梁俊娜	民盟山西省委
赵柱家	民进山西省委
张云鹏	民建山西省委
杨　露	农工民主党山西省委
张全双	九三学社山西省委
冯学亮	省工商联
肖　翰　文慧霞	省总工会
赵舒悦	共青团山西省委
侯少华	省妇女联合会
吕　伟	省科学技术协会
樊丽红	省文学艺术界联合会
许小登	省作家协会
杜伟琴	省社会科学界联合会
刘　超	省归国华侨联合会
唐　浩　张继革 张林红　景丽娟	省台湾同胞联谊会
侯晓俊	省红十字会
张宇丰	省发展和改革委员会
赵　樾	省国有资产监督管理委员会
王　颖　王　毅	省自然资源厅
彭　博	省市场监督管理局
潘　洁	省能源监管办
周英巧	省投资促进局
张小至	省应急管理厅
冯子刚	省药品监督管理局
李　妍	审计署驻太原特派办
郭　帅	财政部驻山西监察专员办
贾　帅	国家统计局山西调查总队
宋晓薇	省口岸办
宋　阳	太原海关
张奇科	省统计局
秦旭日　李伟斌	省能源局
龙　云	国网省电力公司
赵登斌	省国防科技工业
黄永建　王　彬	食品工业
边　疆	省中小企业发展促进局
孙红秀	省城镇工业联合社
王宏伟　孙跃武	省农业农村厅
李国华	省农垦局
郑晓静	省畜牧兽医局
刘　洋	省农业机械管理局
朱俊菲	省农科院

贾向前	省林业和草原局
杨　晶	省水利厅
米玉婷	省住房和城乡建设厅
闫淑铮	山西省黄河万家寨水务集团有限公司
王　颖　王　毅	省生态环境厅
师国梁　陈瑞丽	省交通运输厅
孙淑环	太原铁路局
张　芮	山西航空产业集团公司
裴璟睿	省邮政管理局
李　江	省邮政公司
李金凤	省无线电管理局
魏程明	省通信管理局
于　俊	中国电信 山西分公司
黄云霞	中国联通山西分公司
王　婧	中国移动山西分公司
黄健文	省商务厅
赵　钢	省粮食和物资储备局
尤伟斌	省供销社
朱永胜	省烟草专卖局
王喜梅	中国石化山西石油分公司
扈照轼	中国人民银行太原中心支行
贾杰伟	省银保监局
张　军	省证监局
席晓军	中国农业发展银行山西省分行
闫洁琼	中国工商银行山西省分行
李晓伟　武　敏	中国农业银行山西省分行
宁裕东	中国银行山西省分行
薛　峰	中国建设银行山西省分行
韩　雪	华夏银行太原分行
逯培锋	中国(太原)煤炭交易中心
韩晓东	省农村信用社联合社
杨宏东	邮政储蓄银行山西省分行
王平均	中国人寿保险股份有限公司山西分公司
武立昊	中国人民财产保险股份有限公司山西分公司
张　熙	太平洋人寿保险股份有限公司山西分公司
周苗为	太平洋财产保险股份有限公司山西分公司
王　琛	中国平安人寿保险股份有限公司山西分公司
冯　皓	省教育厅
杨先锋	省科技厅
王文斌	省测绘地理信息院
郑必奇	省社会科学院
尚晋军　赵忠梁	省文化和旅游厅
王　岳	三晋文化研究会
杨　超	省图书馆
柳　杨　段丽婧	省档案局
孙婉姝	省文物局
丁耿彪	省广播电视局
郭成强	山西日报报业集团
张　茂	省出版传媒集团有限责任公司
郝子谋	省版权局
韩一平	省展览馆
闫　慧	晋商银行
张程飞	中国煤炭博物馆
季　巍	省卫生健康委员会
王宏德	省体育局
王俊杰	省人力资源和社会保障厅
薛文静	省民政厅
王文飞	省退役军人事务厅
陈贺峰	省残疾人联合会
武学亮	省慈善总会
韩晓艳	转型综合改革示范区管委会
郭　微	太原不锈钢产业园区
张　茸	晋中经济技术开发区
张晶晶	晋城经济技术开发区
张维新	大同经济开发区
刘　毅	风陵渡开发区
张瑞士　李浩然	绛县经济开发区
白　静	临汾经济开发区
牛　辉	侯马经济开发区
董松华	平定经济技术开发区
	山西省话剧院
李慧芳	晋能集团
杨　晶	省水文水资源勘测局
杨　柳	省气象局
和　炜	省地震局

市县(区)单位撰稿人名单

刘　敏　单　伟　中共太原市委党史研究室（太原市地方志研究室）

吕少华　中共小店区委党史研究室（小店区地方志研究室）

杨水云　中共迎泽区委党史研究室（迎泽区地方志研究室）

刘彩秀　中共杏花岭区委党史研究室（杏花岭区地方志研究室）

朱永钢　中共尖草坪区委党史研究室（尖草坪区地方志研究室）

梁文青　中共万柏林区委党史研究室（万柏林区地方志研究室）

王利明　中共晋源区委党史研究室（晋源区地方志研究室）

杨晓霆　中共清徐县委党史研究室（清徐县地方志研究室）

崔振刚　中共阳曲县委党史研究室（阳曲县地方志研究室）

李爱民　中共娄烦县委党史研究室（娄烦县地方志研究室）

赵志英　中共古交市委党史研究室（古交市地方志研究室）

冯晋慧　中共大同市委党史研究室（大同市地方志研究室）

张琮敏　中共平城区委党史研究室（平城区地方志研究室）

石有团　中共云冈区委党史研究室（云冈区地方志研究室）

吉广仁　中共云州区委党史研究室（云州区地方志研究室）

贺雨顺　中共新荣区委党史研究室（新荣区地方志研究室）

陆　飞　中共阳高县委党史研究室（阳高县地方志研究室）

闫　芳　中共天镇县委党史研究室（天镇县地方志研究室）

姜成晋　中共广灵县委党史研究室（广灵县地方志研究室）

张迎春　马秀梅　中共灵丘县委党史研究室（灵丘县地方志研究室）

李　桃　中共浑源县委党史研究室（浑源县地方志研究室）

邵明仁　中共左云县委党史研究室（左云县地方志研究室）

郭玉珠　张卫萍　孟学武　中共阳泉市委党史研究室（阳泉市地方志研究室）

王　珍　中共城区委党史研究室（城区地方志研究室）

郭维民　中共矿区委党史研究室（矿区地方志研究室）

云　霞　中共郊区委党史研究室（郊区地方志研究室）

梁艳仙　洪晓琴　中共平定县委党史研究室（平定县地方志研究室）

郝丽花　中共盂县县委党史研究室（盂县地方志研究室）

曾晋芳　中共长治市委党史研究室（长治市地方志研究室）

刘瑞林　中共潞州区委党史研究室（潞州区地方志研究室）

武俊英　付小波　中共上党区委党史研究室（上党区地方志研究室）

段蓓蓓　中共屯留区委党史研究室（屯留区地方志研究室）

申俊良　中共潞城区委党史研究室（潞城区地方志研究室）

黄旭琴　中共襄垣县委党史研究室（襄垣县地方志研究室）

谷田子　王振彦　中共平顺县委党史研究室（平顺县地方志研究室）

王利芳　中共黎城县委党史研究室（黎城县地方志研究室）

王林茂　中共壶关县委党史研究室（壶关县地方志研究室）

张　俏　中共长子县委党史研究室（长子县地方志研究室）

贾成丽　中共武乡县委党史研究室（武乡县地方志研究室）

霍静亚　中共沁县县委党史研究室（沁县地方志研究室）

宋江华　中共沁源县委党史研究室（沁源县地方志研究室）

张　燕　中共晋城市委党史研究室（晋城市地方志研究室）

王翠平　中共城区区委党史研究室（城区地方志研究室）

张丽霞　中共沁水县委党史研究室（沁水县地方志研究室）

邹　帅　中共阳城县委党史研究室（阳城县地方志研究室）

焦国锋　中共陵川县委党史研究室（陵川县地方志研究室）

张　静　中共泽州县委党史研究室（泽州县地方志研究室）

牛　彬　中共高平市委党史研究室（高平市地方志研究室）

元雷花　中共朔州市委党史研究室（朔州市地方志研究室）

李玉春　中共朔城区委党史研究室（朔城区地方志研究室）

马　军　中共平鲁区委党史研究室（平鲁区地方志研究室）

侯志林　中共山阴县委党史研究室（山阴县地方志研究室）

安培兴　中共应县县委党史研究室（应县地方志研究室）

李建堂　中共右玉县委党史研究室（右玉县地方志研究室）

杨志雁　中共怀仁市委党史研究室（怀仁市地方志研究室）

王　虹　晋中市史志研究室

黄志娟　榆次区史志研究室

孟思诗　榆社县史志研究室

宋　丽　左权县史志研究室

张　静　和顺县史志研究室

刘利国　昔阳县史志研究室

李丽萍　寿阳县史志研究室

王少静　太谷区史志研究室

岳丽霞　祁县史志研究室

籍晓莉　平遥县史志研究室

曹　华　尤嘉辉　灵石县史志研究室

王亚丽　介休市史志研究室

张　涛　中共运城市委党史研究室（运城市地方志研究室）

张瑞玲　中共盐湖区委党史研究室（盐湖区地方志研究室）

杨晓娟　中共临猗县委党史研究室（临猗县地方志研究室）

张东宏　中共万荣县委党史研究室（万荣县地方志研究室）

樊香叶　孟令燕　中共闻喜县委党史研究室（闻喜县地方志研究室）

段美云　中共稷山县委党史研究室（稷山县地方志研究室）

牛慧敏　中共新绛县委党史研究室（新绛县地方志研究室）

谢彦军　中共绛县县委党史研究室（绛县地方志研究室）

李心海　郭红霞　中共垣曲县委党史研究室（垣曲县地方志研究室）

任巧杰　中共夏县县委党史研究室（夏县地方志研究室）

王永波　中共平陆县委党史研究室（平陆县地方志研究室）

薛　容　中共芮城县委党史研究室（芮城县地方志研究室）

张洋洋　岳晓转　中共永济市委党史研究室（永济市地方志研究室）

李世杰　中共河津市委党史研究室（河津市地方志研究室）

赵　芳　中共忻州市委党史研究室（忻州市地方志研究室）

胡国英　中共忻府区委党史研究（忻府区地方志研究室）

薄振宇　中共定襄县委党史研究室（定襄县地方志研究室）

赵世靓　中共五台县委党史研究室（五台县地方志研究室）

常　雲　中共代县县委党史研究室（代县地方志研究室）

冯占军　中共繁峙县委党史研究室（繁峙县地方志研究室）

李金平 中共宁武县委党史研究室（宁武县地方志研究室）
李青春 中共静乐县委党史研究室（静乐县地方志研究室）
杨向东 中共神池县委党史研究室（神池县地方志研究室）
朱和森 中共五寨县委党史研究室（五寨县县地方志研究室）
贾润高 中共岢岚县委党史研究室（岢岚县地方志研究室）
白耀欢 中共河曲县委党史研究室（河曲县地方志研究室）
张宇智 吴 婧 中共保德县委党史研究室（保德县地方志研究室）
刘爱青 中共偏关县委党史研究室（偏关县地方志研究室）
武会文 中共原平市委党史研究室（原平市地方志研究室）
李艳洁 中共临汾市委党史研究室（临汾市地方志研究室）
杨逵峰 中共尧都区委党史研究中心（尧都区地方志研究中心）
张淑霞 中共曲沃县委党史研究中心（曲沃县地方志研究中心）
刘晓霞 中共翼城县委党史研究中心（翼城县地方志研究中心）
王建刚 中共襄汾县委党史研究中心（襄汾县地方志研究中心）
胡俊平 中共洪洞县委党史研究中心（洪洞县地方志研究中心）
蔺燕艳 中共古县县委党史研究中心（古县地方志研究中心）
尚晓玲 中共安泽县委党史研究中心（安泽县地方志研究中心）
李春燕 陈聪聪 中共浮山县委党史研究中心（浮山县地方志研究中心）
强爱武 白新萍 中共吉县县委党史研究中心（吉县地方志研究中心）
郭 峰 中共乡宁县委党史研究中心（乡宁县地方志研究中心）
申玉华 王海平 中共大宁县委党史研究中心（大宁县地方志研究中心）
赵兵兵 中共隰县县委党史研究中心（隰县地方志研究中心）
李保成 冯瑞红 中共永和县委党史研究中心（永和县地方志研究中心）
曹立华 中共蒲县县委党史研究中心（蒲县地方志研究中心）
赵鸿虎 中共汾西县委党史研究中心（汾西县地方志研究中心）
郑 岐 耿文静 中共侯马市委党史研究中心（侯马市地方志研究中心）
王晓英 中共霍州市委党史研究中心（霍州市地方志研究中心）
刘翠翠 中共吕梁市委党史研究室（吕梁市地方志研究室）
张潇丹 王 毅 中共离石区委党史研究室（离石区地方志研究室）
彭秀芬 中共文水县委党史研究室（文水县地方志研究室）
李大斌 燕保平 苏婷婷 中共交城县委党史研究室（交城县地方志研究室）
刘支军 兴县档案史志馆
张海红 中共临县县委党史研究室（临县地方志研究室）
张景尧 中共柳林县委党史研究室（柳林县地方志研究室）
郑凤斌 中共石楼县委党史研究室（石楼县地方志研究室）
赵 丽 中共岚县县委党史研究室（岚县地方志研究室）
刘林林 中共方山县委党史研究室（方山县地方志研究室）
高 芳 中共中阳县委党史研究室（中阳县地方志研究室）
陈玲容 中共交口县委党史研究室（交口县地方志研究室）
张彩琴 中共孝义市委党史研究室（孝义市地方志研究室）
郭宇霞 中共汾阳市委党史研究室（汾阳市地方志研究室）